中国社会科学年鉴

中国民俗学年鉴 2019

ALMANAC OF CHINA FOLKLORISTICS

中国社会科学院民族文学研究所 中国民俗学会 编

中国社会科学出版社

图书在版编目（CIP）数据

中国民俗学年鉴 . 2019 ／中国社会科学院民族文学研究所，中国民俗学会编 . —北京：中国社会科学出版社，2023.12
ISBN 978 - 7 - 5227 - 2931 - 2

Ⅰ. ①中…　Ⅱ. ①中…②中…　Ⅲ. ①民俗学—中国—2019—年鉴　Ⅳ. ①K892 - 54

中国国家版本馆 CIP 数据核字（2023）第 242991 号

出 版 人	赵剑英
责任编辑	王鸣迪
责任校对	韩海超
责任印制	张雪娇
出　　版	中国社会科学出版社
社　　址	北京鼓楼西大街甲 158 号
邮　　编	100720
网　　址	http：//www.csspw.cn
发 行 部	010 - 84083685
门 市 部	010 - 84029450
经　　销	新华书店及其他书店
印刷装订	三河市东方印刷有限公司
版　　次	2023 年 12 月第 1 版
印　　次	2023 年 12 月第 1 次印刷
开　　本	787×1092　1/16
印　　张	48.25
插　　页	2
字　　数	1235 千字
定　　价	398.00 元

凡购买中国社会科学出版社图书，如有质量问题请与本社营销中心联系调换
电话：010 - 84083683
版权所有　侵权必究

《中国民俗学年鉴2019》编辑委员会

主　　编　朝戈金

副 主 编　施爱东　巴莫曲布嫫

编　　委　（以姓氏拼音为序）

　　　　　安德明　敖其　巴莫曲布嫫　朝戈金
　　　　　陈岗龙　陈连山　陈泳超　林继富
　　　　　刘晓峰　吕微　漆凌云　施爱东
　　　　　田兆元　万建中　王霄冰　萧放
　　　　　杨利慧　叶涛　张勃　赵宗福
　　　　　郑土有

编　　辑　施爱东　王尧

编辑说明

《中国民俗学年鉴》是由中国社会科学院民族文学研究所、中国民俗学会两家单位共同主办的学术年鉴。年鉴工作得到了许多民俗学者的大力支持，研究综述的作者多是民俗学界的青年学者，他们敏锐而富于朝气；他们精力充沛，视野开阔，阅读量也比较大，最适合进行综述的写作。

每年的组稿和编稿，最难的部分就是"研究综述"。一个多年撰写综述的作者，当他逐渐熟悉了综述写作套路的时候，可能同时也会掉进每年说着重复性套话的怪圈，因为每年的学科格局都是大同小异的，如果没有学科大变局的发生、没有突破性学术成果的出世，就很难写出不一样的学术综述。每个学者每年能够看到的学术现象，能够想到的批评性话语，大致是差不多的，所以，要让每年的年鉴写出些新意，最好的办法就是更新作者队伍。《中国民俗学年鉴》编辑部不仅经常性地更新综述作者，也试着更换不同的学术团队来负责不同年份的学术综述的撰写。

这里需要特别感谢一批年轻的学术志愿者，他们是福建社会科学院社会学所的耿羽博士、云南大学文学院的高健博士、重庆工商大学的孟令法博士、中国农业博物馆的张建军博士、中国社会科学院文学研究所的朱佳艺博士。他们和中国社会科学院民族文学研究所的王尧博士一起，组建了一支年轻而充满活力的团队，努力而认真地完成了《中国民俗学年鉴》2019卷的编辑工作。

2019卷的具体分工及工作流程为："特辑"、"热点话题"、"研究综述"仍由施爱东和王尧负责组稿和编辑；"论著评介"由耿羽负责组稿和编辑；"年度优秀论文"由各学科"研究综述"的撰写人负责推荐，编辑部再据此进行综合平衡、精选；"重要论文摘编及摘要"由各学科"研究综述"的撰写人负责摘编、推荐；"优秀学术随笔"由孟令法负责组稿和编辑；"学人评介"由高健负责编选；"学术活动纪要"由张建军负责搜集、编辑。各篇完成之后，由王尧、朱佳艺进行统筹编辑，施爱东负责初审。初审完成后，再由朝戈金、巴莫曲布嫫做交稿前的最后审定。此后，出版社方面的意见反馈，主要由施爱东和王尧负责处理。有难以决断处，再交由朝戈金最后定夺。

2019卷的各篇与往年卷基本结构相同。兹将年鉴各篇简介如下。

"特辑"主要选编那些可能影响中国民俗文化及民俗研究方向的重要文件、重要事件，以及对于这些文件、事件的权威解读。

"热点话题"主要选编了2018年度以及此前几年已经逐渐在民俗学界产生一定影响，积聚了相当成果的学术话题。

"研究综述"该篇是全书最重要的部分，我们约请了各专业领域的知名学者，分头对民俗学各研究领域的学术成果进行了综合介绍与评述。

"论著评介"该篇以书评的形式，重点介绍了2018年出版的重要学术专著。

"年度优秀论文"是我们学术评议方式的一种尝试。我们希望借助年鉴一角,斑见中国民俗学的年度优秀成果。

"重要论文摘编及摘要"主要是对2018年的重要论文进行摘要存目,以此提请读者关注和了解民俗研究在该年度的发展状况。

"优秀学术随笔"从2018年刊行的各大报刊及学术刊物上搜集而来的,有关民俗文化问题的随笔性短论。我们从中遴选了部分最能反映当代民俗文化现状、当前民俗学学术动态,以及学人学术思考的优秀作品。

"学人评介"集中了一批以人物评价为主的学术史作品。作品来源主要是2018年刊行的各大报刊及学术刊物,评议对象均为当代知名民俗学者。由于这部分不是原创的邀约稿件,而是对已发表的学人评介作品的搜集、选编,因而没有厚此薄彼,写谁不写谁的主观倾向性,编排顺序也是按照历史人物出生时间的先后,不以贡献大小排座次。

"学术活动纪要"搜集、整理了2018年发生的,与民俗学、民间文化相关的重要学术活动和学术会议的报道、纪要、综述等,目的是尽可能忠实、全面地记录2018年度民俗学领域的重要学术事件、重要学人活动,全方位地、客观地为后人记录民俗学科的年度面貌。

《中国民俗学年鉴》编辑部　施爱东

目 录

特 辑

中共中央　国务院关于实施乡村振兴战略的意见 …………………………………（3）
文化和旅游部出台《国家级文化生态保护区管理办法》 ……………………………（16）
文化和旅游部《国家级文化生态保护区管理办法》 …………………………………（18）
文化和旅游部　教育部　人力资源和社会保障部　关于印发《中国非物质文化
　遗产传承人群研修研习培训计划实施方案（2018—2020）》的通知 ………………（23）
附件：中国非物质文化遗产传承人群研修研习培训
　计划实施方案（2018—2020） ……………………………………………………（24）
"中国民俗学会第九届代表大会暨2018年年会"在广州召开 ……………………（31）
中国民俗学会第八届理事会工作报告 …………………………………… 朝戈金（34）

热点话题

郑振铎与文学整体观视域中的民间文学 ………………………………… 安德明（43）
朝戈金对中国少数民族口头文学研究及
　其他领域的贡献 …………………………………… 马克·本德尔（Mark Bender）（51）
文化生态保护区：非遗保护的中国实践 ………………………………… 陈华文（60）
开创生动局面　提供中国经验
　——我国非遗保护工作行稳致远 ……………………………………… 王学思（63）
2018年民俗学研究动态一览 …………………………………………… 毛巧晖（66）
2018年度非物质文化遗产保护发展研究报告 …………………… 罗　微　张勍倩（71）
文化的力量
　——传统工艺工作站综述 ………………………………… 文化部非物质文化遗产司（87）

研究综述

2018年民俗学理论研究综述 …………………………………………… 孟令法（93）
2018年神话学研究综述 ……………………………………… 周诗语　陈昭玉（120）
2018年史诗研究综述 …………………………………………………… 冯文开（135）
2018年传说研究综述 …………………………………………… 朱佳艺　肖　涛（145）
2018年故事研究综述 …………………………………………… 漆凌云　严曼华（158）

2018年民间戏曲、曲艺研究综述 ……………………………………… 祝鹏程(173)
2018年歌谣研究综述 ……………………………………………………… 王 娟(186)
2018年民间艺术研究综述 ………………………………………………… 张 娜(200)
2018年物质民俗研究综述 ………………………………………………… 朱家钰(214)
2018年人生仪礼研究综述 ……………………………………… 邵凤丽 贺少雅(225)
2018年社会组织民俗研究综述 …………………………………………… 肖羽彤(246)
2018年节日研究综述 ……………………………………………………… 郑 艳(257)
2018年民间游戏研究综述 ……………………………………… 王 丹 裴世豪(277)
2018年旅游民俗研究综述 ………………………………………………… 程 鹏(292)
2018年民俗体育研究综述 ………………………………………………… 李翠含(302)
2018年少数民族民俗研究综述 ………………………………… 金 蕊 危庆跃(316)

论著评介

顾颉刚中山大学时期民俗学论集 …………………………………………………(361)
民间文艺学的诗学传统 ……………………………………………………………(366)
村寨里的纸文明——中国少数民族剪纸艺术传统调查与研究 …………………(375)
中国宗教性随葬文书研究——以买地券、镇墓文、衣物疏为主 …………………(380)
长辛店历史与文化 …………………………………………………………………(384)
文体的社会建构:以"十七年"(1949—1966)的相声为考察对象 ……………(387)
中国风俗发展简史 …………………………………………………………………(390)
钟敬文全集 …………………………………………………………………………(396)
图说中国人生礼仪 …………………………………………………………………(398)

年度优秀论文

民俗田野作业:让当地人说话 …………………………………………… 万建中(405)
"非物质文化遗产保护"与"民间文艺作品著作权保护"的内在矛盾 ………… 施爱东(413)
从感生到帝系:中国古史神话的轴心转折
　　——兼谈古典神话的层累生产 ……………………………………… 陈泳超(424)
史诗演述的常态与非常态:作为语境的前事件及其阐析 ……………… 乌·纳钦(440)
"传说动力学"理论模型及其反思 ………………………………………… 陈泳超(447)
论民间故事价值的多层级结构 …………………………………………… 张琼洁(457)
史实、传闻与历史书写
　　——中国戏曲、曲艺史中的俳优进谏传闻 ………………………… 祝鹏程(469)
当代传统婚礼的礼俗再造与价值重建 …………………………………… 何斯琴(480)
社会的民俗、历史民俗学与社会史
　　——社会组织民俗研究课题与方法浅议 …………………………… 彭伟文(490)

博弈与坚守:在传承与创新中发展
　　——关于中国传统节日中秋节命运的多维思考 ………… 黄永林　孙　佳(500)
语言文字类民间游戏的教育功能研究 ……………………………… 王　丹(510)
非物质文化遗产与民俗节庆文化的建构
　　——基于广西百色市布洛陀民俗文化旅游节的考察 ………… 毛巧晖(518)
"一带一路"倡议下中国"文化走出去"的战略转型
　　——以武术国际推广3.0时代为例 ……………………………… 吕韶钧(526)
"丝绸之路"作为方法
　　——联合国教科文组织"对话之路"系列项目的萌蘖与分孽 …… 巴莫曲布嫫(534)

重要论文摘编及摘要

非物质文化遗产与中国文化的自愈机制 ……………………………… 张举文(553)
劳作模式:民俗学关注村落生活的新视角 …………………………… 李向振(553)
现代技术、日常生活及民俗学研究思考 ……………………………… 张翠霞(553)
口头传统与图像叙事的交互指涉——以浙南畲族长
　　联和"功德歌"演述为例 …………………………………………… 孟令法(553)
反对社区主义——也从语词层面理解非物质文化遗产 …………… 吕　微(554)
以社区参与为基础构建人类命运共同体——社区在非物质
　　文化遗产保护中的重要地位 ……………………………………… 安德明(554)
非遗保护标准与文化多样性的矛盾与调谐 …………………………… 胡玉福(554)
民俗认同:民俗学关键词之一 ………………………………………… 张举文(555)
日常生活实践的"战术"——以北京"残街"的"占道经营"现象为个案 … 王杰文(555)
口头传统专业元数据标准定制:边界作业与数字
　　共同体 ………… 巴莫曲布嫫　郭翠潇　高瑜蔚　宋贞子　张建军(555)
生活叙事:"敞开"和"共情"的民俗研究 ……………………………… 黄静华(556)
"通过民俗":从生活文化到行动意义的摆渡——兼论当代
　　民俗学研究的日常生活转向 ……………………………………… 李向振(556)
羌人尚白与夏人尚黑——文化文本研究的四重证据法示例 ……… 叶舒宪(556)
民俗学的田野范式与伦理反思 ………………………………………… 张建军(557)
反思与革新:中国神话学的前沿发展 ………………………………… 谭　佳(557)
神话与现代性问题 ………………………………… 马修·斯滕伯格　王继超(557)
从《长生宴》到《神话与史诗》——杜梅齐尔的东方神话研究 …… 沈玉婵(557)
蟹与蛇:日本、东南亚和东亚之洪水和地震的神话与传说 …… 山田仁史　王立雪(557)
现象学神话理论概览 ……………………………………………………… 胥志强(558)
神话与科学:格雷戈里·施润普的神话学思想与研究实践 ……… 张　多(558)
心理学视角下的神话与神话主义——以罗洛·梅的
　　《祈望神话》为中心 ………………………………………………… 赖　婷(558)
历史中的神话与神话中的历史——1949年后西南少数民族
　　历史书写中的神话重述 …………………………………………… 高　健(558)

条目	作者	页码
巴·布林贝赫蒙古史诗诗学思想之论演	朝戈金	(559)
从诗歌美学到史诗诗学——巴·布林贝赫对蒙古史诗研究的理论贡献	斯钦巴图	(559)
诗心与哲思——论巴·布林贝赫《蒙古英雄史诗诗学》的汉译问题	陈岗龙	(559)
卫拉特—卡尔梅克《江格尔》在欧洲:以俄罗斯的搜集整理为中心	旦布尔加甫	(559)
作为体裁的史诗以及史诗传统存在的先决条件	尹虎彬	(560)
口头史诗的文本与语境——以《玛纳斯》史诗的演述传统为例	阿地里·居玛吐尔地	(560)
拉祜族史诗的生长与延展:书写文本的意义阐释	黄静华	(560)
傣族史诗的演述人与演述语境	屈永仙	(561)
音像记录者在场对史诗演述语境影响	杨杰宏	(561)
多元化的南方史诗类型思考——基于创世史诗《布洛陀》与《崇般突》比较研究	杨杰宏	(561)
比较视野下的《玛纳斯》研究与口头诗学	荣四华	(561)
中国文化生态保护实验区保护传承理论创新——以格萨尔文化(果洛)生态保护实验区为中心	桑子文 金元浦	(562)
《格萨尔》史诗说唱与藏族文化传承方式	丹珍草	(562)
壮族布洛陀叙事的历史化与经典化	李斯颖	(562)
论《格萨尔王传》人物唱段音乐的多样性——以西藏那曲地区艺人的演唱为例	郑龙吟	(562)
五十步笑百步:历史与传说的关系——以长辛店地名传说为例	施爱东	(563)
民间信仰起源传说的嬗变——以潮州双忠信仰为例	李国平	(563)
清代彝文抄本《董永记》整理与研究	普学旺 龙珊	(563)
族群历史记忆与多元文化互动——河湟汉人"南京珠玑巷移民"传说解读	赵宗福	(563)
顾颉刚"层累说"的再审视——以大禹传说研究为中心	马竹君	(564)
民间传说与文化景观的叙事建构——以嫘祖传说为例	毛巧晖	(564)
"老獭稚"故事的中国渊源及其东亚流播——以清初《莽男儿》小说、《绣衣郎》传奇为新资料	潘建国	(564)
藏族湖泊来历传说"泉水成湖"母题研究——兼与汉族湖泊来历传说"地陷为湖"母题比较	王丹	(564)
传说的框定:全国性神灵的地方化——以山西洪洞地区的杨戬二郎信仰为例	王尧	(565)
试论青海湖形成传说——以《中国民间故事集成·青海卷》收录者为考察范围	彭衍纶	(565)
祖先崇拜、家国意识、民间情怀——晋地赵氏孤儿传说的地域扩布与主题延展	段友文 柴春椿	(565)
论牛女传说在古代诗歌中的反映	赵逵夫	(566)
"五鼠闹东京"传说的类型与意义	祝秀丽 蔡世青	(566)

传说文本与历史记忆:明清时期洱海地区白族的族群认同	
及其历史变迁	刘灵坪(566)
神奇记忆:一个重要的欧洲传说学概念	刘文江(566)
在"逃离"与"加入"之间:从吴将军传说看山地族群的国家认同	刘秀丽(567)
他者"制造"与家园守护——"老虎外婆"型故事中的儿童教育观	毛巧晖(567)
"老鼠嗷铁"型故事及图像在古代亚欧的源流	陈 明(567)
"丝绸之路"沿线民族宝物故事的宝物类型与意涵	王 丹(567)
"诞生"与"出世":中日幽灵育儿故事比较研究	毕雪飞(568)
索引与故事类型研究文献搜集	宁稼雨(568)
顺服与反抗:关于"天子地"故事的文化分析	陈进国(568)
故事流:历史、文学及教育——燕大的民间故事研究	岳永逸(569)
从叙事心理学角度看靳景祥对其故事讲述人身份的建构	李敬儒(569)
《六度集经》与中韩民间故事和小说	李官福 权 辉(569)
从民间故事看中国家族关系——论"傻女婿""巧媳妇"的回娘家情节	鹿忆鹿(570)
"嘴茬子"与"笔头子":基于满族"民间故事家"傅英仁的建档研究	高荷红(570)
当代民间故事活动的价值发生研究	张琼洁(570)
中国少数民族屠龙故事文本与禳灾传统	李永平 樊 文(570)
中日学者眼中的《桃太郎》	乌日古木勒(571)
民间的视角与立场:钱南扬先生戏曲研究的特色	朱恒夫(571)
20世纪民间小戏研究路径及其范式考察——以新中国成立至	
20世纪末为主要讨论对象	王 萍(571)
山东地方戏曲小剧种分类方法研究	周爱华(571)
伞头秧歌考——兼论《元史》记载中的金门大社问题	彭恒礼(572)
"丁戊奇荒"视野下的山西演剧	段金龙(572)
"大闹"与"伏魔":《张四姐大闹东京宝卷》的禳灾结构	李永平(572)
行业神做为地方保护神:福建作场戏中所见"戏神群"探析	林鹤宜(572)
艺术性与神圣性——太行山说书人的民俗认同研究	卫才华(573)
地方戏曲复兴与乡村社会重建——艺术人类学视野中的	
宛梆剧种研究之二	赵 倩(573)
国家意识形态整合下的乡民艺术:"戏改"背景下的徽州戏曲变迁	陈元贵(573)
戏曲传承的路向抉择	宋俊华(573)
"政府主导"非遗保护模式意义再探讨——以国家级非物质文化遗产	
胡集书会为个案的分析	王加华(574)
变与不变:技术世界中的定州秧歌	谷子瑞(574)
时代、人物及问题:现代歌谣学的三个维度	万建中 廖元新(574)
保守与激进:委以重任的近世歌谣——李素英的《中国近世歌谣研究》	岳永逸(575)
行走的歌谣:"三原"论视阈下瑶族信歌探赜	袁君煊(575)
中国民间歌谣文学经典化的路径与价值	陈书录(575)
歌谣的形式美学:生发于"歌谣运动"的文学语言观	曹成竹(575)
从节气歌谣、谚语看二十四节气的活态传承	李中扬(576)

"四音"应"八调",韵味亦盎然:雷州歌即兴歌唱及创作规律分析 ………… 周　迎(576)
从"他者"到"本土":民国至今珠江三角洲疍民咸水歌的历史叙事与
　　文化变迁 ……………………………………………………………… 李　萍(576)
西南边地少数民族歌谣与中国现代文学 ………………………………… 彭兴滔(576)
儿歌:自觉于现代文学语境的百年 ………………………………………… 崔昕平(577)
由"匠"至"心":论民族艺术美学中的生命本体与历史理性 …………… 吴震东(577)
想象的农民与农民的想象——龙门农民画的规训与传播 ……………… 储冬爱(577)
手工艺共同体的理论、意义及问题——以陕西凤翔泥塑村为例 ……… 孟凡行(577)
失语与言说之间:非物质文化遗产语境中池州傩戏的不同话语与角力 … 李　静(578)
凝结在手工艺中的时间——论手工艺品的时间性 ……………………… 姜坤鹏(578)
从历史功能论角度谈传统手工艺的复兴——以潍坊风筝为例 ………… 安丽哲(578)
"非遗"语境中民间艺人社会身份的构建与认同——以山东潍坊
　　年画艺人为例 ………………………………………………………… 荣树云(578)
一座移民村落对传统的再生与利用——以广州市沙坑村及其
　　龙狮团为中心 ………………………………………………………… 彭伟文(579)
现代性的两面性与民俗艺术的传承困境、机遇及其应对
　　——以湖州石淙蚕花为例 …………………………………………… 季中扬(579)
身体性与祛身化:一种关于共同体衰变机制的分析 ……………………… 黄　剑(579)
从柳宗悦到柳宗理——日本"民艺运动"的现代性及其启示 …………… 刘晓春(579)
从"高地"到"低地"——从"佐米亚"概念看清代云南边境的
　　普洱茶贸易与族群互动 ……………………………………………… 肖坤冰(580)
面食之路与"秃秃麻食" ……………………………………… 周　星　惠　萌(580)
女为悦己者容:中国古代女性服饰表征与审美取向 ……………………… 宋金英(580)
"神圣空间"的理论建构与文化表征 ……………………………………… 王子涵(580)
藏族碉楼的"神性"——理性与遗产性 …………………………………… 李春霞(581)
门的信仰:符号与图像 …………………………………………………… 解玉峰(581)
从桃符到春联的演进——基于祝由文化兴衰的视角 ………… 钱　钰　刘　涛(581)
中国香文化的学术论域与当代复兴 ……………………………… 孙　亮　张　多(581)
视觉文本与史诗口头文本的互文性——以彝族毕颇身体装饰及
　　祖师坛神像为中心 …………………………………………………… 李世武(582)
谁是正统:中国古代耕织图政治象征意义探析 …………………………… 王加华(582)
交换的礼物:艺术人类学视域下"中国红"之名与实 …………………… 张　颖(582)
生命礼仪的过渡意义及精神价值 ………………………………………… 邢　莉(582)
中国都市民俗学的学科传统与日常转向——以北京生育礼俗
　　变迁为例 ……………………………………………………………… 岳永逸(583)
"人"的再生产——清末民初诞生礼俗的仪式结构与社会意涵 ………… 李　洁(583)
当代成人礼俗的类型、源流与发展 ……………………………………… 贺少雅(583)
潮汕"出花园"成人礼之祆教因素探究 ………………………………… 赵洪娟(583)
便溺·生育·婚嫁——马桶作为一个隐喻的力量 ……………………… 周　星(584)
回族"耍公婆"婚礼习俗的文化解读 …………………………………… 钟亚军(584)

家国情怀:民国以前南洋华人婚礼的"上头"仪式	王琛发(584)
当代民间礼俗秩序与日常生活——以湖南湘乡丧礼为例	龙晓添(585)
祖先祭祀与乡土文化传承——以浙江松阳江南叶氏 　祭祖为例	萧　放　邵凤丽(585)
当代祭祖礼仪传统重建的内在生命力	邵凤丽(586)
"信仰惯习":一个分析海外华人民间信仰的视角——基于新加坡 　中元祭鬼习俗的田野考察	李向振(586)
多元祭祀与礼俗互动:明清杨家埠家堂画特点探析	龙　圣(587)
现代日本社会的"祭礼"——以都市民俗学为视角	王晓葵(587)
袭旧与更新:近代经济变迁中的民间祭祀组织——以杭州湾 　南岸地区为例	蒋宏达(588)
文人礼书"以礼化俗"的基本类型——以朱子《家礼》祭礼为例	邵凤丽(588)
明清谱碑与鲁中宗族地域性的形成	周晓冀(589)
影像的神力:高淳的庙会与禳解法	杨德睿(589)
江南庙会的现代化转型:以上海金泽香汛和三林圣堂出巡为例	郁喆隽(589)
庙宇宗教、四大门与王奶奶——功能论视角下的燕大乡土宗教研究	岳永逸(590)
民间信仰的公共化困境——以浙江海滨社区的民间信仰为例	赵翠翠(590)
仪式中的礼物流动——以苏州上方山庙会为例	苏　静(590)
明清巴蜀地区迎神赛会的演进轨迹	张志全(591)
清代江南与徽州之间的运棺网络及其协作机制——以善堂为中心	张小坡(591)
礼物的竞争与调剂:民间信仰活动自我扩张的社会机制 　——以浙东福村为例	袁　松(592)
慧能信仰与地域祭祀共同体建构的人类学考察——广东新兴县 　"六祖轮斋"的个案研究	区锦联(592)
社会组织、治理与节庆:1930年代平郊的青苗会	岳永逸(592)
乡村剧团与社会动员——以1944年河北阜平县高阶《穷人乐》的 　编演为中心	韩朝建(593)
以民众为本位:当代节日志的价值旨归与实践追求 　——以"传统节庆文化论坛"相关讨论为核心	朱振华(593)
遗产化与民俗节日之转型:基于"2017'敛巧饭'民俗风情节"的考察	毛巧晖(593)
一个藏族村落"男人节"的多层社会记忆——普兰县科迦村节庆 　"普堆羌"的传统及其变迁	任赟娟(594)
"凝视"他者与女性身体展演——以广西龙胜瑶族"六月六" 　晒衣节为中心	冯智明(594)
节日狂欢与日常"律动":苏州评弹与近代江南乡土休闲节律	郝佩林(594)
节气与节日的文化结构	陶思炎(595)
寒食节的礼仪解读	柯　昊(595)
民族节日旅游中的文化表演及地方建构——以广西侗族多耶节为例	方昌敢(595)
闽台中元节习俗的特色、功能与治理	郭荣茂(595)
传统节日的现代性危机与日常生活批判	黄治国(596)

都市春节的重构与理想主义学术情结	万建中(596)
宋元节日文化与元杂剧孙悟空形象的塑造	潘超青(596)
消费视角下的北宋东京节日生活	董德英(596)
节日的定义、分类与重新命名	张 勃(596)
节日民俗志的提出及其关注重点	王霄冰(597)
作为一种规训与整合机制的节日——以平郊的青苗会为例	岳永逸(597)
地方节日与区域社会——以山东曹县花供会为例	刁统菊(597)
民节官庆：民族传统节日的发明与实践	蒋 彬(597)
重振传统节日体系	李汉秋(597)
儿童传统民间体育游戏的传承与创新	密 渊 段晓娅(598)
民间游戏资源在农村小学体育教学中的开发与利用	许 莉(598)
闽南民间体育游戏资源的开发与利用	刘雪芬(598)
白族民间儿童游戏的演变及开发对策	李秀芳(598)
游戏话语的历史转换	王炳钧(598)
藏族传统体育的历史文化内涵	耿献伟(599)
人类学仪式理论视角下的射柳功能分析	杨志林 孔德银(599)
困境与出路：新时代民族传统体育与学校教育的共生研究	冯发金 王 岗(599)
少数民族传统体育文化资源的旅游开发及应用	昝胜峰 陈 旭(599)
村落民俗体育文化传承问题的社会根源及解决对策	黄 聪 李金金(600)
民俗学视域下的朝圣旅游研究——以普陀山观音圣地为中心的考察	游红霞(600)
民俗旅游中被发明的传统与景观文化——以观陵山风景区的开发为例	赵 涵(600)
"不灭窑火"与非遗旅游开发——基于民俗主义视角的讨论	官茹瑶(601)
鲁南地区民宿建筑空间改造设计研究——以日照任家台民俗旅游村改造为例	甘丹丹(601)
民俗生态旅游与非物质文化遗产传承协同发展研究	邓广山(601)
我国民族传统体育改革发展40年回顾与展望	白晋湘(602)
民族国家建构视野下民族传统体育形成的历史动因	王广虎 冉学东(602)
社会思潮影响下国人近代体育观变迁研究	崔乐泉(602)
论体育民族志研究的方法论及其新趋势	韦晓康 熊 欢(603)
"国家—社会"关系中的民俗体育考察——来自骆山村"骆山大龙"的田野报告	杨中皖 袁广锋 麻晨俊 高 亮(603)
城市化进程中城市社区与城中村体育组织发展差异研究	崔雪梅(603)
以竹为生：乡村传统手工艺的集体记忆建构及价值传承	鲁可荣 胡凤娇(604)
遗产语境下民俗体育文化展演与族群认同——以连城隔田村"天川胜会"为例	冯 涛(604)
蚶江海上泼水节变迁的田野考察	陆昌兴(604)
"非遗"保护视域下农村民族民间体育的文化再生产	花家涛 余 涛 孙继龙(605)

体育非物质文化遗产概念及分类的诠释与重构——基于对达斡尔、
　鄂温克、鄂伦春族聚居区的田野考察 ………………………… 丛密林　张晓义(605)
闽台宋江阵的仪式、象征与认同研究 …………………………………… 郭学松(606)
场域演化与民俗体育文化再生产关系研究 ……………………………… 贺鑫森(607)
中华优秀传统体育文化传承发展的理论与实践——《关于实施中华
　优秀传统文化传承发展工程的意见》解读 …………………… 崔乐泉　孙喜和(607)
民族传统体育与区域文化的通融性诠释——河湾村摆手舞
　保护研究的再发现 ……………………… 张世威　袁革　李福良　张伟(608)
传统村镇活态文化保护的闽台合作机制——以福州嵩口镇
　社区营造为例 ………………………………………………………… 耿羽(608)
视觉描述与族群边界：历史书写中的景颇族认同考察 ………………… 罗瑛(608)
鄂伦春族日常生活节奏的变迁与适应 …………………………………… 张雨男(609)
傣族传统稻作农业生产体系的生态人类学考察 ……………… 张海超　雷廷加(609)
摩梭人"依米"文化及其变迁——基于云南落水村的调查 … 格则清珠　李安辉(609)
畲族服饰中传统元素的文化内涵以及应用研究 ……………… 吕亚持　方泽明(609)
白族本主崇拜：儒释道融合的民间典型 ………………………………… 杨晓薇(609)
鄂伦春族自然现象起源神话之日月星辰的产生 ………………………… 杨金戈(610)
当代裕固族鄂博祭祀的复兴与变迁——以肃南县明花乡
　"小海子"鄂博为例 …………………………………………… 钟梅燕　贾学锋(610)
从相遇到相离：一个多民族村落族际交往与分离的社会学考察 ……… 旦正才旦(610)
"显"与"隐"：从新旧族谱看赣南畲族族群认同的变迁 ……………… 曹大明(610)

优秀学术随笔

创造性转化　创新性发展 …………………………………………… 朝戈金(613)
从"刘基文化"看民俗认同 …………………………………………… 张举文(615)
从三个故事看文化遗产保护与"民心相通" ………………………… 朝戈金(617)
村落庙会彰显官民合作的管理水平 ………………………………… 万建中(622)
庙会文化是乡村文化振兴有效途径 …………………………………… 萧放(624)
清明节源流考 ………………………………………………………… 陈连山(626)
清明礼俗文化的传承与创新 …………………………………………… 萧放(629)
从招财猫传统到借势宠物消费
　——非遗传承新业态的创造性转化与创新性发展 ………………… 朝戈金(632)
非遗代表性传承人保护的中国实践 …………………………………… 林继富(634)
民间文学：在政治与文艺之间多面向重构 …………………………… 毛巧晖(637)
中国节：我们内心深处的幸福密码 …………………………………… 刘晓峰(640)
每个人都是二十四节气的传承人 ……………………………………… 安德明(642)
从中华民族神话中寻找追梦精神 ……………………………………… 王宪昭(644)
留住民间文学中的民族记忆 …………………………………………… 孙正国(647)
重塑"小世界"的"大上海" ………………………………………… 陈志勤(649)

学人评介

孙末楠:Folkways 与燕大民俗学研究 ……………………………………… 岳永逸(653)
江绍原:一生清贫的民俗学者 …………………………………………… 刘锡诚(666)
杨堃:学术"同工"的批评 ………………………………………………… 岳永逸(669)
钟敬文:抗战时期在广东的岁月 ………………………………………… 孙诗晴(674)
张振犁:中原神话学田野上的如歌行者 …………………… 史周宾　贺　杉　陈朝友(680)
乌丙安:穿透云层的那束光 ……………………………………………… 宋丹丹(683)
叶春生:民俗学是用脚走出来的学问 …………………………………… 施爱东(687)
朝戈金:面向人类口头表达文化的跨学科思维与实践 ………………… 姚　慧(690)

学术活动纪要

第十三届中国民间文艺山花奖颁奖活动在广州举行 …………………………… (699)
《中国民间文学大系》出版工程全面启动 ………………………………………… (700)
"中国二十四节气保护传承能力建设培训会"在衢州举办 ……………………… (701)
"我们的节日"春节民俗展演暨传统村落与庙会文化的当代价值
　　研讨会在井陉举行 ……………………………………………………………… (702)
"太湖流域民间信仰文艺学术研讨会"在北京大学召开 ………………………… (703)
中国民俗学会非遗团队与新加坡来宾举行会谈 ………………………………… (704)
推动"三大史诗"在新时代的传承与发展——贯彻习近平总书记
　　关于弘扬中华优秀传统文化系列重要讲话精神工作会议在京召开 ……… (705)
"2018年民俗学与非物质文化遗产暑期学校:社区如何向他者展示自身"
　　在美国新墨西哥州举办 ………………………………………………………… (707)
中国当选联合国教科文组织保护非遗政府间委员会委员国 …………………… (710)
"2018中国·嘉兴二十四节气全国学术研讨会"在嘉兴举行 …………………… (710)
"纪念居素普·玛玛依诞辰100周年座谈会"在乌鲁木齐举行 ………………… (711)
"中国创世神话产业开发学术研讨会"在上海大学举行 ………………………… (712)
"民俗学的本土话语与学科建设"学术研讨会在华东师范大学召开 …………… (713)
"第十五届民间文化青年论坛"在中国艺术研究院召开 ………………………… (715)
"口头与书面文学及其他——中国与澳大利亚少数民族及原住民文学"
　　学术研讨会分别在贵阳和西江苗寨两地举行 ……………………………… (715)
"民俗学的实践研究:村落传统与社会治理研讨会"在京召开 ………………… (716)
"中国秃尾巴老李传说学术研讨会"在济南举行 ………………………………… (719)
"都市化进程中的民俗走向"高端论坛在沪举行 ………………………………… (721)
"从启蒙民众到对话民众——纪念中国民间文学学科100周年学术
　　研讨会"在京召开 ……………………………………………………………… (723)
"中国少数民族文学学会2018年年会"在桂林市召开 …………………………… (724)
"《民俗》周刊创刊九十周年纪念"学术研讨会在广州召开 ……………………… (725)

中国"藏医药浴法"正式列入联合国非遗名录 …………………………………… (726)
在新起点上开启履约保护新征程——记"藏医药浴法"列入联合国教科文
　　组织人类非物质文化遗产代表作名录保护工作座谈会 ………………… (726)
中国民俗学会中国香文化研究中心在毛里求斯举办文化雅集 …………… (729)
"一带一路"国家的非物质文化遗产保护与乡村振兴国际学术研讨会在
　　北京师范大学召开 ……………………………………………………… (729)
"中国蒙古民俗研究百年历程回顾与展望学术研讨会"
　　在内蒙古师范大学举办 ………………………………………………… (731)
2018"中国非遗年度人物"揭晓 …………………………………………… (732)
2018 中国非遗十大事件 …………………………………………………… (733)

索　引 ………………………………………………………………………… (736)

Contents (Abstract)

Special Collections

.... (3)

Hot Topics

Zheng Zhenduo and Folk Literature in Perspective of
  Literature as a Whole ·· *An Deming* (43)

Research Reviews

A Review of Folklore Theories Study in 2018 ······················ *Meng Lingfa* (93)
A Review of Mythology Study in 2018 ················ *Zhou Shiyu, Chen Zhaoyu* (120)
A Review of Epic Study in 2018 ···································· *Feng Wenkai* (135)
A Review of Legend Study in 2018 ··················· *Zhu Jiayi, Xiao Tao* (145)
A Review of Folktale Study in 2018 ················ *Qi Lingyun, Yan Manhua* (158)
A Review of Folk Opera and Quyi Study in 2018 ················ *Zhu Pengcheng* (173)
A Review of Ballad Study in 2018 ································ *Wang Juan* (186)
A Review of Folk Art Study in 2018 ································ *Zhang Na* (200)
A Review of Material Folk-Customs Study in 2018 ················ *Zhu Jiayu* (214)
A Review of Etiquette in Human Life Study in 2018 ······ *Shao Fengli, He Shaoya* (225)
A Review of Folklore in Social Organizations Study in 2018 ············ *Xiao Yutong* (246)
A Review of Festival Study in 2018 ································ *Zheng Yan* (257)
A Review of Folk Game Study in 2018 ················ *Wang Dan, Pei Shihao* (277)
A Review of Travel Folk-Customs Study in 2018 ···················· *Cheng Peng* (292)
A Review of Folk Sports Study in 2018 ····························· *Li Cuihan* (302)
A Review of Folk-Customs of Minorities Study in 2018 ······ *Jin Rui, Wei Qingyue* (316)

Book Reviews

A Study of Religious Funeral Documents in China ······················· (380)
The Social Construction of Genre: Centered on Xiangsheng, 1949-1966 ·············· (387)

Selected Outstanding Articles

The Fieldwork in Folklore: Let the Locals Speak ⋯⋯⋯⋯⋯⋯⋯⋯ *Wan Jianzhong* (405)
Inner Contradictions of "Safeguarding of the Intangible Cultural Heritage" and
　　"Protection of Folk Literary and Artistic Works" ⋯⋯⋯⋯⋯⋯ *Shi Aidong* (413)
From Miraculous Conception to the Imperial Genealogy: The Axis Realignment of
　　Ancient Chinese Mythology, with a Discussion of
　　Stratum Accumulation ⋯⋯⋯⋯⋯⋯⋯⋯⋯⋯⋯⋯⋯⋯⋯⋯ *Chen Yongchao* (424)
The Normal and Abnormal State of Epic Performance: Pre-event as Context and
　　Its Interpretation ⋯⋯⋯⋯⋯⋯⋯⋯⋯⋯⋯⋯⋯⋯⋯⋯⋯⋯⋯⋯ *U. Nachin* (440)
A Theoretical Model of "Legend Dynamics" and a Reflection on it
　　⋯⋯⋯⋯⋯⋯⋯⋯⋯⋯⋯⋯⋯⋯⋯⋯⋯⋯⋯⋯⋯⋯⋯⋯ *Chen Yongchao* (447)
Multi-level Description of Folk Story Activities Value Occurrence:
　　Meaning and Means ⋯⋯⋯⋯⋯⋯⋯⋯⋯⋯⋯⋯⋯⋯⋯⋯ *Zhang Qiang-jie* (457)
Historical Facts, Hearsays and Historical Writing: The Hearsays of Comedians'
　　Remonstrance in Chinese Traditional History of
　　Opera and Quyi ⋯⋯⋯⋯⋯⋯⋯⋯⋯⋯⋯⋯⋯⋯⋯⋯⋯⋯ *Zhu Pengcheng* (469)
Gaming and Persevering: Developing in Inheritance and Innovation:
　　Multidimensional Thinking on the Fate of
　　Mid-Autumn Festival ⋯⋯⋯⋯⋯⋯⋯⋯⋯⋯⋯⋯ *Huang Yonglin, Sun Jia* (500)
The Strategy Transformation of China Culture "Going Out" in the
　　Initiative of the Belt and Road: Taking the 3.0 Era of
　　International Popularization of Wushu as An Example ⋯⋯⋯ *Lv Shao-jun* (526)
The "Silk Roads" as Methodological Approach: The Initiative and
　　Outreach of UNESCO's Intercultural Programme on
　　"Routes of Dialogue" ⋯⋯⋯⋯⋯⋯⋯⋯⋯⋯⋯⋯⋯⋯⋯⋯ *Bamo Qubumo* (534)

Important Extracts and Abstracts

Intangible Cultural Heritage and Self-Healing Mechanism in
　　Chinese Culture ⋯⋯⋯⋯⋯⋯⋯⋯⋯⋯⋯⋯⋯⋯⋯⋯⋯⋯⋯ *Zhang Juwen* (553)
Working Model: A New Perspective of Folklore Focusing on
　　Village life ⋯⋯⋯⋯⋯⋯⋯⋯⋯⋯⋯⋯⋯⋯⋯⋯⋯⋯⋯⋯ *Li Xiangzhen* (553)
A Research on Modern Technology, Daily Life and Folklore Study ⋯⋯ *Zhang Cuixia* (553)
Against the Communitarianism: To Understand the Intangible Cultural
　　Heritage from the Words from Linguistic Perspective ⋯⋯⋯⋯⋯⋯ *Lv Wei* (554)
Forming a Community with Shared Future for Mankind Based on
　　a Community-centered Safeguarding of Intangible
　　Cultural Heritage ⋯⋯⋯⋯⋯⋯⋯⋯⋯⋯⋯⋯⋯⋯⋯⋯⋯⋯⋯ *An Deming* (554)

The Contradiction and Harmony between the Standards for the Safeguarding of
　　the Intangible Cultural Heritage and Cultural Diversity ·················· *Hu Yufu*（554）
"Tactics" of Everyday Life Practice: Cast Study of the "Occupying the
　　Sideway" Business in Beijing's "Slum Street" ························ *Wang Jiewen*（555）
Narrative of Life: Folklore Study of "Opening up" and
　　"Compassionateness" ·· *Huang Jinghua*（556）
"Folklore As a Path" From Life Culture to Meaning in Action: Also on
　　the Academic Turn of Folklore Studies to Everyday Life ············· *Li Xiangzhen*（556）
Mythology and Modernity ····························· *Matthew Stenberg*, *Wang Jichao*（557）
From Le Festin d'immortalite to Mythe et epopee——A Review on
　　Georges Dumezil's Oriental Mythology Study ····················· *Shen Yuchan*（557）
Crab and Serpent: Myths and Legends of Flood and Earthquake in Japan,
　　South Asia and East Asia ················ *Yamada Hitoshi*, trans. By *Wang Lixue*（557）
An Overview of Mythological Phenomenology ······························ *Xu Zhiqiang*（558）
Myth and Science: Mythology Study of Gregory Schrempp ···················· *Zhang Duo*（558）
Myth and Mythologism from a Psychological Perspective——Centered on
　　The Cry for Myth by Rollo May ·· *Lai Ting*（558）
B. Burinbeki's Thoughts on Mongolian Epic Poetics: A Commentary
　　Review ·· *Chao Gejin*（559）
From Poetic Aesthetics to Epic Poetics: B. Burinbeki's Theoretical
　　Contributions to the Study of Mongolian Epics ························ *Setsenbat*（559）
Poetic Expression of Epic Studies and the Difficulty in Its Translation:
　　Taking The Poetics of Mongolian Heroic Epics By Burinbeki
　　as an Example ··· *Chen Ganglong*（559）
The Oirat-Kalmyk Epic Janggar in Europe: Centered on Collections and
　　Collations in Russia ·· *B. Damrinjab*（559）
Epic as Genre and Prerequisites for the Viability of Epic Tradition ············ *Yin Hubin*（560）
The Text and Context of Oral Epic: Taking the Performance Tradition of
　　Manas Epic as an Example ······································· *Adil Jumaturdu*（560）
Growth and Expansion of Epics of the Lahu Ethnic Group: The Interpretation of
　　Meanings in Written Text ··· *Huang Jinghua*（560）
The Performer and the Context of the Epic of the Dai Epic ················ *Qu Yongxian*（561）
The Influence of Audiovisual Recorders on the Context of Epic
　　Performance ·· *Yang Jiehong*（561）
Diversified Types of Southern Epics——A Comparative Study of Creation
　　Epics: Buluotuo and Chongbantu ································· *Yang Jiehong*（561）
Studies of Epic Manas and Oral Poetics from a Comparative
　　Perspective ··· *Rong Sihua*（561）
Historicization and Canonization: On Baeuqloegdo Narratives in the
　　Zhuang Ethnic Group ··· *Li Siying*（562）

On the Diversity of Characters' Aria Music in the Epic of King Gesar
　　——Taking the Epic Chanters from Nagchu County
　　in Tibet as an Example ·················· *Zheng Longyin* （562）
The Pot Calls the Kettle Black——The Relationship between History and
　　Legend: Taking the Legend of Changxindian's Geographic
　　Name as an Example ·························· *Shi Aidong* （563）
The Evolution of Original Legends of Popular Religion——With Chaozhou
　　Twin Loyalty Belief as an Example ··············· *Li Guoping* （563）
Collating and Interpreting the Yi Manuscripts of Records of Dong Yong
　　Completed in the Qing Dynasty ············ *Pu Xuewang*, *Long Shan* （563）
Ethnic Historical Memory and Multicultural Interaction
　　——An Interpretation of the Legend of "Nanjing Zhuji Lane
　　Immigrants" among the Han People in Hehuang valley ········ *Zhao Zongfu* （563）
Mutual Narrative Construction of Folk Tales and Cultural Landscapes:
　　Centered on the Lei Zu Tale ···················· *Mao Qiaohui* （564）
Chinese Roots of the Folktale Otter's Son and Its Transmission in East Asia:
　　Taking the Novel Mang Naner and the Short Story Xiu Yi Lang in the
　　Early Qing Dynasty as New Findings ················ *Pan Jianguo* （564）
Framing Legends: The Localization of Nationwide Recognized Deities: A Case
　　Study on Worshiping the God Erlang Yang Jian in Hongtong Region,
　　Shanxi Province ······························ *Wang Yao* （565）
A Study on the Formation Legend of Qinghai Lake——The Scope of the
　　Survey is Included in the Collection of "Anthology of Chinese Folkloric
　　Stories Qinghai Volume" ······················ *Peng Yanlun* （565）
Ancestral Worship, Patriotic Consciousness and Folk Feelings: The Theme
　　Evolution of Orphan Zhao Legend in Shanxi ······ *Duan Youwen*, *Chai Chunchun* （565）
A Study of Representations of the Legend of the Cowherd and the
　　Weaving Maid in Ancient Poetry ·················· *Zhao Kuifu* （566）
The Type and Significance of the Tale "Five Rats Making Mischief in the
　　Eastern Capital" ····················· *Zhu Xiuli*, *Cai Shiqing* （566）
The Ethnic Identity of the Bai People in the Lake Erhai Area and its
　　Historical Changes During the Ming and Qing Dynasties ········ *Liu Lingping* （566）
Between "Joining in" and "Escaping from" the State:
　　The Identification of the State by Reading the Legend
　　"General Wu" ····························· *Liu Xiuli* （567）
He Who "Makes" and the Home Guard—— "Tiger-grandmother"
　　Type Story of the Children Education View ············ *Mao Qiaohui* （567）
The Folk Story Such Like "The Iron-eating Mice": The Origins and
　　Dispersal of Its Texts and Images Through Ancient Asia and Europe ··· *Chen Ming* （567）

A Typological Study of the Treasures In The Treasure-related Stories of The
　　Ethnic Groups Along The Silk Road ················· *Wang Dan* (567)
"Being Born" and "Coming into the World": A Comparative Study of
　　Sino-Japanese Folktales about Children
　　Raised by Ghost and Spirit ································ *Bi Xuefei* (568)
Index and Literature Collection of Story Type Research ·············· *Ning Jiayu* (568)
Obedience and Resistance: A Cultural Analysis of the Stories of
　　"The Land of the Emperor" ························ *Chen Jinguo* (568)
Story Stream: History, Literature and Education: A Study of the
　　Folk Tales of Yenching University ······················ *Yue Yongyi* (569)
Jinjingxiang's Construction of His Folklore Narrator's Identity
　　from the Perspective of Narrative Psychology ··············· *Li Jingru* (569)
Six Paramitas Sutra and the Ancient Chinese and Korean Folk
　　Tales and Novels ···························· *Li Guanfu, Quan Hui* (569)
Viewing Chinese Family Relationship from Folktales: On the Plot of
　　"Sha-Nvxu" "Qiao-Xifu" Going Back to Niangjia ············ *Lu Yilu* (570)
Research on the Value Generation in Contemporary
　　Folktale-Telling Activities ······················· *Zhang Qiongjie* (570)
The Texts of Dragon-Slaying Tale and the Calamity-Averting
　　Traditions Among Ethnic Groups in China ········· *Li Yongping, Fan Wen* (570)
The Structure of Exorcism in "Fourth Sister Zhang Creating
　　Havoc in the Eastern Capital" ························ *Li Yongping* (572)
Patron Saints of Occupations as Local Tutelaries: An Analysis of
　　"Group of Theatre Patron Saints" Seen in the Ritual
　　Performances in Fujian ································ *Lin Ho-Yi* (572)
Artistry and Sacredness: The Research on Folklore Identities of
　　Storytellers in the Taihang Mountains ···················· *Wei Caihua* (573)
Time, Character, and Problem: Three Dimensions in Studies of
　　Folk Song and Ballad During the
　　Modern Period ····················· *Wan Jianzhong, Liao Yuanxin* (574)
Conservatism and Radicalism: Folk Songs and Their Historical
　　Implications in Modern Times through Li Suying's Study ········· *Yue Yongyi* (575)
Walking Ballads: Probing into Xinge of Yao Nationality from
　　Perspective of "Three Originals" ——Study of Xinge of
　　Yan Nationality ································· *Yuan Junxuan* (575)
Path and Value of the Literary Classic Process of Folk Ballads ············ *Chen Shulu* (575)
Formal Aesthetics of Ballads: Ideas of Literary Language in the
　　Chinese Ballad Campaign ························· *Cao Chengzhu* (575)
The Inheritance of Twenty-four Solar Terms through Living Ballads and
　　Proverbs ····································· *Ji Zhongyang* (576)

Ethnic Minority Ballads at Southwest Borderland and Modern
    Chinese Literature ·· *Peng Xingtao* (576)
From "Artisan" to "Spirit": On the Life Ontology and Historical Reason
    in the Aesthetics of National Art ························· *Wu Zhendong* (577)
Imagination of Farmers and Farmers' Imagination: The Discipline and
    Spread of Longmen Peasant Paintings ····················· *Chu Dongai* (577)
The Theory, Meaning and Problems of Handcraft Community:
    A Case Study of Fengxiang Clay Village
    in Shanxi Province ··· *Meng Fanhang* (577)
Between Aphasia and Speech: Different Discourses and Contest of
    Chizhou Nuo in the Context of Intangible Cultural Heritage ············ *Li Jing* (578)
The Time of Coagulating in Crafts: On the Timeliness of Handicrafts ··· *Jiang Kunpeng* (578)
On the Renaissance of Traditional Handicrafts from the Perspective of
    Historical Function Theory: Taking Weifang Kite as an Example ········ *An Lizhe* (578)
A Revival and Utilization of Tradition by an Immigrant Village: Taking the
    Lion and Dragon Dance Group in Shakeng Village of
    Guangzhou as a Main Subject ······························ *Peng Weiwen* (579)
The Dual Charcter of Modernity and the Dilemma, Opportunity and
    Countermeasure of Folk Art: Taking Huzhou Shicong Silkworm
    Flower as an Example ······································· *Ji Zhongyang* (579)
Bodyness and De-bodyness: An Analysis of Decay Mechanism of
    Community ··· *Huang Jian* (579)
From Highland to Lowland: Pu'er Tea Trade and Ethnic Interactions
    in the Yunnan's Border of Qing Dynasty from the Perspective of
    Zomia Theory ··· *Xiao Kunbing* (580)
The Cooked Wheaten Food Road and "Tutumas" ············· *Zhou Xing*, *Hui Meng* (580)
Theoretical Construction and Cultural Representation of Sacred Space ······ *Wang Zihan* (580)
The "Divinity" of Tibetan Diaolou: Rationality and Legacy ············· *Li Chunxia* (581)
The Intertextuality of Visual Text and Epic Oral Text: Taking Bipo's
    Body Decoration and Zu Shi (Ancient Master)'s Idol
    of Yi as the Center ··· *Li Shiwu* (582)
Who is the Orthodoxy? Exploring the Political Symbolism of Ancient
    Chinese Pictures of Tilling and Weaving ·················· *Wang Jiahua* (582)
Exchanged Gifts: The Name and Reality of "China Red" from the
    Perspective of the Anthropology of Art ····················· *Zhang Ying* (582)
The Transition Meaning and Spiritual Value of Life Etiquette ············· *Xing Li* (582)
Disciplinary Tradition of Chinese Urban Folklore and Its Academic Turn to
    Everyday Life: A Case Study of the Procreation Custom in Beijing ····· *Yue Yongyi* (583)
Reproducing Men: The Traditional Postpartum Ritual
    and Its Social Meaning ······································· *Li Jie* (583)

The Study on the Origin of Adult Ceremony—— "Chu Hua Yuan" in
　　Chaoshan Area .... *Zhao Hongjuan* (583)
Defecation, Procreation and Marriage: Closestool as a Metaphorical
　　Power .... *Zhou Xing* (584)
Native Land Emotion: The Ritual of "Shangtou" at the Weddings of
　　Nanyang Chinese before the Republic of China .... *Wang Chenfa* (584)
Ancestor Sacrifice and Local Cultural Inheritance .... *Xiao Fang*, *Shao Fengli* (585)
Sacrificial Rites of Modern Japanese Society——From the Perspective of
　　Urban Folklore .... *Wang Xiaokui* (587)
Renewing Traditon: Popular Cult Institutions in the Modern Economic
　　Transformation: A Case Study from the South Arm of
　　Hangzhou Bay .... *Jiang Hongda* (588)
The Efficacy of Image: Temple Festivals and Healing Magic in
　　Gaochun .... *Yang Derui* (589)
Modernizing Temple Fairs in Jiangnan Area: Pilgrimage Festival in Jinze and
　　Folk-religious Procession in Sanlin as Examples .... *Yu Zhejun* (589)
The Evolution Track of the Yinshen Saihui in Bashu Area in Ming and
　　Qing Dynasties .... *Zhang Zhiquan* (591)
The Coffin Network and Cooperation Mechanism Between Jiangnan and
　　Huizhou in the Qing Dynasty——Centering on Charitable
　　Institution .... *Zhang Xiaopo* (591)
Competition and Equilibrium of Gifts: The Social Mechanism of Folk
　　Belief Activities' Self-expansion: A Case Study of Fu Village in
　　Eastern Zhejiang Province .... *Yuan Song* (592)
The Anthropological Investigation on the Faith of Huineng and the
　　Construction of Regional Sacrificial Community——A Case Study of
　　"The Turning of Offering Sacrifice to the Sixth Patriarch Huineng"
　　on Xinxing County, Guangdong Province .... *Qu Jinlian* (592)
Social Organization, Governance and Festivals——the Green Crop
　　Association in the Northern Suburbs of Beijing in 1930s .... *Yue Yongyi* (592)
People Foremost: The Value Target and the Practical Pursuit of
　　Contemporary Festival Record .... *Zhu Zhenhua* (593)
Heritagization and the Transformation of Folk Festival: On the Folklore
　　Plot of Lianqiaofan in 2017 .... *Mao Qiaohui* (593)
Carnivals and Daily Life: Suzhou Pingtan and Leisure in Modern
　　South-Eastern China .... *Hao Peilin* (594)
The Cultural Structure of Solar Terms and Festival .... *Tao Siyan* (595)
An Interpretation of Cold Food Festival .... *Ke Hao* (595)
The Features, Functions and Governance of the Ghost Festival in
　　Fujian and Taiwan .... *Guo Rongmao* (595)

Crisis of Modernity and Daily Life Criticism of Traditional Festivals ······ *Huang Zhiguo* (596)
The Characterization of Monkey King in Relation to the Festival Culture in the
    Song and Yuan Dynasties ·· *Pan Chaoqing* (596)
Dongjing's Festival Life in the Northern Song Dynasty from the
    Perspective of Consumption ·· *Dong Deying* (596)
Inheritance and Innovation of Children's Traditional Folk
    Sports Game ·· *Mi Yuan*, *Duan Xiaoya* (598)
Development of Folk Sports Games Resource in Southern Fujian ·············· *Liu Xuefen* (598)
The Evolution and Development of Children's Folk Games of
    Bai Nationality ·· *Li Xiufang* (598)
Historical Transformations of the Play Discourse ·················· *Wang Bingjun* (598)
The Connotations of History and Culture of Tibetan Traditional
    Sports ··· *Geng Xianwei* (599)
Analysis on Functions of Shooting Willows under the Perspective of
    Anthropology Ceremony Theory ························ *Yang Zhilin*, *Kong Deyin* (599)
Difficulties and Solutions: Intergrowth of National Traditional Sports and
    School Education in the New Era ···················· *Feng Fajin*, *Wang Gang* (599)
Tourism Development and Application of Traditional Sports Culture
    Resources of Ethnic Minorities ·························· *Zan Shengfeng*, *Chen Xu* (599)
Social Roots and Solutions of the Problems of Village Folk Sports
    Cultural Inheritance ·· *Huang Cong*, *Li Jinjin* (600)
"Eternal Fire of Kiln" and the Tourism Development for Intangible
    Cultural Heritage——Based on the Perspective of
    Folklore Discussion ··· *Guan Ruyao* (601)
Study on the Collaborative Development of Folk Custom Ecotourism and
    Intangible Cultural Heritage Inheritance ···························· *Deng Guangshan* (601)
China's Traditional Ethnic Sports Reform and Development in the
    Past 40 Years: Retrospect and Prospect ····························· *Bai Jinxiang* (602)
Historical Cause of the Formation of National Traditional Sports from
    the Perspective of Nation-state Construction ········· *Wang Guanghu*, *Ran Xuedong* (602)
Study on the Change of Chinese Modern Sports View Under the
    Influence of Social Thought ·· *Cui Lequan* (602)
Methodology of Sports Ethnography and Its New Trend ······ *Wei Xiaokang*, *Xiong Huan* (603)
Research on Folk Sports in the Relationship Between "State and Society"
    —— A Field Work Report about "Luoshan Big Dragon" in
    Luoshan Village ··· *Yang Zhongwan*, *Yuan Guangfeng*, *Ma Chenjun*, *Gao Liang* (603)
Research on Differences of Sports Organizations between Urban Communitces and
    Urban Villages in the Process of Urbanization ························ *Cui Xuemei* (603)
Living off Bamboo: Collective Memory Construction and Value Inheritance of
    Rural Traditional Handicraft ·································· *Lu Kerong*, *Hu Fengjiao* (604)

Cultural Display of Folk Sports and Ethnic Identity in the Context of Heritage
　　——An Example of "Tian Chuan Sheng Hui" in Liancheng
　　Getian Village ·· *Feng Tao* （604）
Field Inspection on the Changes of Water-Sprinkling Festival on the
　　Hanjiang ·· *Lu Changxing* （604）
Cultural Reproduction of Folk Sports in Rural Areas from Intangible Cultural
　　Heritage ·· *Hua Jiatao*, *Yu Tao*, *Sun Jilong* （605）
Interpretation and Reconstruction of Concept and Classification of Sports
　　Intangible Cultural Heritage: Based on the Fieldwork of Daur, Ewenki and
　　Oroqen Inhabited Areas ································ *Cong Milin*, *Zhang Xiaoyi* （605）
A Study on the Ritual, Symbol and Identity of the Songjiang Array in
　　Fujian and Taiwan ·· *Guo Xuesong* （606）
Study on Relationship between Field Evolution and Reproduction of
　　Folk Sports Culture ·· *He Xinsen* （607）
Theory and Practice of the Inheritance and Development of Chinese
　　Excellent Traditional Sports Culture: An Interpretation of "On the
　　Views of the Implementation of Chinese Excellent Tradition Culture
　　Inheritance Project" ··· *Cui Lequan*, *Sun Xihe* （607）
Interpretation of the Compatibility between National Traditional Sports and
　　Regional Culture——New Finding of River Village Waving Dance
　　Protectionn Research ············ *Zhang Shiwei*, *Yuan Ge*, *Li Fuliang*, *Zhang Wei* （608）
The Cooperation System between Fujian and Taiwan to Protect the Living
　　Culture in the Traditional Villages, Taking the Community Construction in
　　Songkou Town of Fuzhou as an Example ···································· *Geng Yu* （608）
Visual Descriptions and Ethnic Boundaries: A Research on the Jingpo
　　People's Ethnic Identity in Historical Writings ······················ *Luo Ying* （608）
The Changes and Adaptation of the Oroqen's Pace of
　　Daily Life ··· *Zhang Yunan* （609）
Mosuo People's "Yimi" Culture and Its Changes: Based on the
　　Investigation of Luoshui Village in Yunnan ·················· *Geze Qingzhu*, *Li Anhui* （609）
Research on the Cultural Connotation and Application of Traditional
　　Elements in She Costume ································ *Lv Yachi*, *Fang Zeming* （609）
The Worship of the Bai Nationality: A Typical Example of the Fusion
　　Confucianism, Buddhism and Taoism ································ *Yang Xiaowei* （609）
Appearance of Sun, Moon and Stars Contained in the Myth of
　　Elunchun Nationality Reflecting the Origin of Natural
　　Phenomenon ·· *Yang Jinge* （610）
Rejuvenation and Evolution of Contemporary Woloy Sacrifice of Yugur
　　Nationality——Case Study of "Little Lake" Woloy in Minghua
　　Township of Sunan Count ··································· *Zhong Meiyan*, *Jia Xuefeng* （610）

The Explicitness and Implicitness: The Change of Ethnic Identity among the She People in Southern Jiangxi Proving from the Perspective of New and Old Genealogy ………………………………………… *Cao Daming* (610)

Excellent Academic Essay

Regionalism and Interitance of Folkloric Identity through the Representation of Liu Ji Culture as ICH ………………………………………… *Zhang Juwen* (615)

Famous Scholars

Sun Monan ……………………………………………………………… (653)
Jiang Shaoyuan ………………………………………………………… (666)
Yang Kun ………………………………………………………………… (669)
Zhong Jingwen ………………………………………………………… (674)
Zhang Zhenli …………………………………………………………… (680)
Wu Bingan ……………………………………………………………… (683)
Ye Chunsheng ………………………………………………………… (687)
Chao Gejin ……………………………………………………………… (690)

Minutes of Academic Activities

……………………………………………………………………………… (699)

Index ……………………………………………………………………… (736)

特 辑

中共中央 国务院关于实施乡村振兴战略的意见

(2018年1月2日)

实施乡村振兴战略，是党的十九大作出的重大决策部署，是决胜全面建成小康社会、全面建设社会主义现代化国家的重大历史任务，是新时代"三农"工作的总抓手。现就实施乡村振兴战略提出如下意见。

一 新时代实施乡村振兴战略的重大意义

党的十八大以来，在以习近平同志为核心的党中央坚强领导下，我们坚持把解决好"三农"问题作为全党工作重中之重，持续加大强农惠农富农政策力度，扎实推进农业现代化和新农村建设，全面深化农村改革，农业农村发展取得了历史性成就，为党和国家事业全面开创新局面提供了重要支撑。5年来，粮食生产能力跨上新台阶，农业供给侧结构性改革迈出新步伐，农民收入持续增长，农村民生全面改善，脱贫攻坚战取得决定性进展，农村生态文明建设显著加强，农民获得感显著提升，农村社会稳定和谐。农业农村发展取得的重大成就和"三农"工作积累的丰富经验，为实施乡村振兴战略奠定了良好基础。

农业农村农民问题是关系国计民生的根本性问题。没有农业农村的现代化，就没有国家的现代化。当前，我国发展不平衡不充分问题在乡村最为突出，主要表现在：农产品阶段性供过于求和供给不足并存，农业供给质量亟待提高；农民适应生产力发展和市场竞争的能力不足，新型职业农民队伍建设亟需加强；农村基础设施和民生领域欠账较多，农村环境和生态问题比较突出，乡村发展整体水平亟待提升；国家支农体系相对薄弱，农村金融改革任务繁重，城乡之间要素合理流动机制亟待健全；农村基层党建存在薄弱环节，乡村治理体系和治理能力亟待强化。实施乡村振兴战略，是解决人民日益增长的美好生活需要和不平衡不充分的发展之间矛盾的必然要求，是实现"两个一百年"奋斗目标的必然要求，是实现全体人民共同富裕的必然要求。

在中国特色社会主义新时代，乡村是一个可以大有作为的广阔天地，迎来了难得的发展机遇。我们有党的领导的政治优势，有社会主义的制度优势，有亿万农民的创造精神，有强大的经济实力支撑，有历史悠久的农耕文明，有旺盛的市场需求，完全有条件有能力实施乡村振兴战略。必须立足国情农情，顺势而为，切实增强责任感使命感紧迫感，举全党全国全社会之力，以更大的决心、更明确的目标、更有力的举措，推动农业全面升级、农村全面进步、农民全面发展，谱写新时代乡村全面振兴新篇章。

二 实施乡村振兴战略的总体要求

（一）指导思想。全面贯彻党的十九大精神，以习近平新时代中国特色社会主义思想为指导，加强党对"三农"工作的领导，坚持稳中求进工作总基调，牢固树立新发展理念，落实高质量发展的要求，紧紧围绕统筹推进"五位一体"总体布局和协调推进"四个全面"战略布局，坚持把解决好"三农"问题作为全党工作重中之重，坚持农业农村优先发展，按照产业兴旺、生态宜居、乡风文明、治理有效、生活富裕的总要求，建立健全城乡融合发展体制机制和政策体系，统筹推进农村经济建设、政治建设、文化建设、社会建设、生态文明建设和党的建设，加快推进乡村治理体系和治理能力现代化，加快推进农业农村现代化，走中国特色社会主义乡村振兴道路，让农业成为有奔头的产业，让农民成为有吸引力的职业，让农村成为安居乐业的美丽家园。

（二）目标任务。按照党的十九大提出的决胜全面建成小康社会、分两个阶段实现第二个百年奋斗目标的战略安排，实施乡村振兴战略的目标任务是：

到2020年，乡村振兴取得重要进展，制度框架和政策体系基本形成。农业综合生产能力稳步提升，农业供给体系质量明显提高，农村一二三产业融合发展水平进一步提升；农民增收渠道进一步拓宽，城乡居民生活水平差距持续缩小；现行标准下农村贫困人口实现脱贫，贫困县全部摘帽，解决区域性整体贫困；农村基础设施建设深入推进，农村人居环境明显改善，美丽宜居乡村建设扎实推进；城乡基本公共服务均等化水平进一步提高，城乡融合发展体制机制初步建立；农村对人才吸引力逐步增强；农村生态环境明显好转，农业生态服务能力进一步提高；以党组织为核心的农村基层组织建设进一步加强，乡村治理体系进一步完善；党的农村工作领导体制机制进一步健全；各地区各部门推进乡村振兴的思路举措得以确立。

到2035年，乡村振兴取得决定性进展，农业农村现代化基本实现。农业结构得到根本性改善，农民就业质量显著提高，相对贫困进一步缓解，共同富裕迈出坚实步伐；城乡基本公共服务均等化基本实现，城乡融合发展体制机制更加完善；乡风文明达到新高度，乡村治理体系更加完善；农村生态环境根本好转，美丽宜居乡村基本实现。

到2050年，乡村全面振兴，农业强、农村美、农民富全面实现。

（三）基本原则

——坚持党管农村工作。毫不动摇地坚持和加强党对农村工作的领导，健全党管农村工作领导体制机制和党内法规，确保党在农村工作中始终总揽全局、协调各方，为乡村振兴提供坚强有力的政治保障。

——坚持农业农村优先发展。把实现乡村振兴作为全党的共同意志、共同行动，做到认识统一、步调一致，在干部配备上优先考虑，在要素配置上优先满足，在资金投入上优先保障，在公共服务上优先安排，加快补齐农业农村短板。

——坚持农民主体地位。充分尊重农民意愿，切实发挥农民在乡村振兴中的主体作用，调动亿万农民的积极性、主动性、创造性，把维护农民群众根本利益、促进农民共同富裕作为出发点和落脚点，促进农民持续增收，不断提升农民的获得感、幸福感、安全感。

——坚持乡村全面振兴。准确把握乡村振兴的科学内涵，挖掘乡村多种功能和价值，统筹谋划农村经济建设、政治建设、文化建设、社会建设、生态文明建设和党的建设，注重协同性、关联性，整体部署，协调推进。

——坚持城乡融合发展。坚决破除体制机制弊端，使市场在资源配置中起决定性作用，更好发挥政府作用，推动城乡要素自由流动、平等交换，推动新型工业化、信息化、城镇化、农业现代化同步发展，加快形成工农互促、城乡互补、全面融合、共同繁荣的新型工农城乡关系。

——坚持人与自然和谐共生。牢固树立和践行绿水青山就是金山银山的理念，落实节约优先、保护优先、自然恢复为主的方针，统筹山水林田湖草系统治理，严守生态保护红线，以绿色发展引领乡村振兴。

——坚持因地制宜、循序渐进。科学把握乡村的差异性和发展走势分化特征，做好顶层设计，注重规划先行、突出重点、分类施策、典型引路。既尽力而为，又量力而行，不搞层层加码，不搞一刀切，不搞形式主义，久久为功，扎实推进。

三 提升农业发展质量，培育乡村发展新动能

乡村振兴，产业兴旺是重点。必须坚持质量兴农、绿色兴农，以农业供给侧结构性改革为主线，加快构建现代农业产业体系、生产体系、经营体系，提高农业创新力、竞争力和全要素生产率，加快实现由农业大国向农业强国转变。

（一）夯实农业生产能力基础。深入实施藏粮于地、藏粮于技战略，严守耕地红线，确保国家粮食安全，把中国人的饭碗牢牢端在自己手中。全面落实永久基本农田特殊保护制度，加快划定和建设粮食生产功能区、重要农产品生产保护区，完善支持政策。大规模推进农村土地整治和高标准农田建设，稳步提升耕地质量，强化监督考核和地方政府责任。加强农田水利建设，提高抗旱防洪除涝能力。实施国家农业节水行动，加快灌区续建配套与现代化改造，推进小型农田水利设施达标提质，建设一批重大高效节水灌溉工程。加快建设国家农业科技创新体系，加强面向全行业的科技创新基地建设。深化农业科技成果转化和推广应用改革。加快发展现代农作物、畜禽、水产、林木种业，提升自主创新能力。高标准建设国家南繁育种基地。推进我国农机装备产业转型升级，加强科研机构、设备制造企业联合攻关，进一步提高大宗农作物机械国产化水平，加快研发经济作物、养殖业、丘陵山区农林机械，发展高端农机装备制造。优化农业从业者结构，加快建设知识型、技能型、创新型农业经营者队伍。大力发展数字农业，实施智慧农业林业水利工程，推进物联网试验示范和遥感技术应用。

（二）实施质量兴农战略。制定和实施国家质量兴农战略规划，建立健全质量兴农评价体系、政策体系、工作体系和考核体系。深入推进农业绿色化、优质化、特色化、品牌化，调整优化农业生产力布局，推动农业由增产导向转向提质导向。推进特色农产品优势区创建，建设现代农业产业园、农业科技园。实施产业兴村强县行动，推行标准化生产，培育农产品品牌，保护地理标志农产品，打造一村一品、一县一业发展新格局。加快发展现代高效林业，实施兴林富民行动，推进森林生态标志产品建设工程。加强植物病虫害、动物疫病防控体系建设。优化养殖业空间布局，大力发展绿色生态健康养殖，做大做强民族奶业。统筹海洋渔业资源开发，科学布局近远海养殖和远洋渔业，建设现代化海洋牧场。建立产学研融合的农业科技创新联盟，加强农业绿色生态、提质增效技术研发应用。

切实发挥农垦在质量兴农中的带动引领作用。实施食品安全战略，完善农产品质量和食品安全标准体系，加强农业投入品和农产品质量安全追溯体系建设，健全农产品质量和食品安全监管体制，重点提高基层监管能力。

（三）构建农村一二三产业融合发展体系。大力开发农业多种功能，延长产业链、提升价值链、完善利益链，通过保底分红、股份合作、利润返还等多种形式，让农民合理分享全产业链增值收益。实施农产品加工业提升行动，鼓励企业兼并重组，淘汰落后产能，支持主产区农产品就地加工转化增值。重点解决农产品销售中的突出问题，加强农产品产后分级、包装、营销，建设现代化农产品冷链仓储物流体系，打造农产品销售公共服务平台，支持供销、邮政及各类企业把服务网点延伸到乡村，健全农产品产销稳定衔接机制，大力建设具有广泛性的促进农村电子商务发展的基础设施，鼓励支持各类市场主体创新发展基于互联网的新型农业产业模式，深入实施电子商务进农村综合示范，加快推进农村流通现代化。实施休闲农业和乡村旅游精品工程，建设一批设施完备、功能多样的休闲观光园区、森林人家、康养基地、乡村民宿、特色小镇。对利用闲置农房发展民宿、养老等项目，研究出台消防、特种行业经营等领域便利市场准入、加强事中事后监管的管理办法。发展乡村共享经济、创意农业、特色文化产业。

（四）构建农业对外开放新格局。优化资源配置，着力节本增效，提高我国农产品国际竞争力。实施特色优势农产品出口提升行动，扩大高附加值农产品出口。建立健全我国农业贸易政策体系。深化与"一带一路"沿线国家和地区农产品贸易关系。积极支持农业走出去，培育具有国际竞争力的大粮商和农业企业集团。积极参与全球粮食安全治理和农业贸易规则制定，促进形成更加公平合理的农业国际贸易秩序。进一步加大农产品反走私综合治理力度。

（五）促进小农户和现代农业发展有机衔接。统筹兼顾培育新型农业经营主体和扶持小农户，采取有针对性的措施，把小农生产引入现代农业发展轨道。培育各类专业化市场化服务组织，推进农业生产全程社会化服务，帮助小农户节本增效。发展多样化的联合与合作，提升小农户组织化程度。注重发挥新型农业经营主体带动作用，打造区域公用品牌，开展农超对接、农社对接，帮助小农户对接市场。扶持小农户发展生态农业、设施农业、体验农业、定制农业，提高产品档次和附加值，拓展增收空间。改善小农户生产设施条件，提升小农户抗风险能力。研究制定扶持小农生产的政策意见。

四　推进乡村绿色发展，打造人与自然和谐共生发展新格局

乡村振兴，生态宜居是关键。良好生态环境是农村最大优势和宝贵财富。必须尊重自然、顺应自然、保护自然，推动乡村自然资本加快增值，实现百姓富、生态美的统一。

（一）统筹山水林田湖草系统治理。把山水林田湖草作为一个生命共同体，进行统一保护、统一修复。实施重要生态系统保护和修复工程。健全耕地草原森林河流湖泊休养生息制度，分类有序退出超载的边际产能。扩大耕地轮作休耕制度试点。科学划定江河湖海限捕、禁捕区域，健全水生生态保护修复制度。实行水资源消耗总量和强度双控行动。开展河湖水系连通和农村河塘清淤整治，全面推行河长制、湖长制。加大农业水价综合改革工作力度。开展国土绿化行动，推进荒漠化、石漠化、水土流失综合治理。强化湿地保护和恢复，继续开展退耕还湿。完善天然林保护制度，把所有天然林都纳入保护范围。扩大

退耕还林还草、退牧还草，建立成果巩固长效机制。继续实施三北防护林体系建设等林业重点工程，实施森林质量精准提升工程。继续实施草原生态保护补助奖励政策。实施生物多样性保护重大工程，有效防范外来生物入侵。

（二）加强农村突出环境问题综合治理。加强农业面源污染防治，开展农业绿色发展行动，实现投入品减量化、生产清洁化、废弃物资源化、产业模式生态化。推进有机肥替代化肥、畜禽粪污处理、农作物秸秆综合利用、废弃农膜回收、病虫害绿色防控。加强农村水环境治理和农村饮用水水源保护，实施农村生态清洁小流域建设。扩大华北地下水超采区综合治理范围。推进重金属污染耕地防控和修复，开展土壤污染治理与修复技术应用试点，加大东北黑土地保护力度。实施流域环境和近岸海域综合治理。严禁工业和城镇污染向农业农村转移。加强农村环境监管能力建设，落实县乡两级农村环境保护主体责任。

（三）建立市场化多元化生态补偿机制。落实农业功能区制度，加大重点生态功能区转移支付力度，完善生态保护成效与资金分配挂钩的激励约束机制。鼓励地方在重点生态区位推行商品林赎买制度。健全地区间、流域上下游之间横向生态保护补偿机制，探索建立生态产品购买、森林碳汇等市场化补偿制度。建立长江流域重点水域禁捕补偿制度。推行生态建设和保护以工代赈做法，提供更多生态公益岗位。

（四）增加农业生态产品和服务供给。正确处理开发与保护的关系，运用现代科技和管理手段，将乡村生态优势转化为发展生态经济的优势，提供更多更好的绿色生态产品和服务，促进生态和经济良性循环。加快发展森林草原旅游、河湖湿地观光、冰雪海上运动、野生动物驯养观赏等产业，积极开发观光农业、游憩休闲、健康养生、生态教育等服务。创建一批特色生态旅游示范村镇和精品线路，打造绿色生态环保的乡村生态旅游产业链。

五 繁荣兴盛农村文化，焕发乡风文明新气象

乡村振兴，乡风文明是保障。必须坚持物质文明和精神文明一起抓，提升农民精神风貌，培育文明乡风、良好家风、淳朴民风，不断提高乡村社会文明程度。

（一）加强农村思想道德建设。以社会主义核心价值观为引领，坚持教育引导、实践养成、制度保障三管齐下，采取符合农村特点的有效方式，深化中国特色社会主义和中国梦宣传教育，大力弘扬民族精神和时代精神。加强爱国主义、集体主义、社会主义教育，深化民族团结进步教育，加强农村思想文化阵地建设。深入实施公民道德建设工程，挖掘农村传统道德教育资源，推进社会公德、职业道德、家庭美德、个人品德建设。推进诚信建设，强化农民的社会责任意识、规则意识、集体意识、主人翁意识。

（二）传承发展提升农村优秀传统文化。立足乡村文明，吸取城市文明及外来文化优秀成果，在保护传承的基础上，创造性转化、创新性发展，不断赋予时代内涵、丰富表现形式。切实保护好优秀农耕文化遗产，推动优秀农耕文化遗产合理适度利用。深入挖掘农耕文化蕴含的优秀思想观念、人文精神、道德规范，充分发挥其在凝聚人心、教化群众、淳化民风中的重要作用。划定乡村建设的历史文化保护线，保护好文物古迹、传统村落、民族村寨、传统建筑、农业遗迹、灌溉工程遗产。支持农村地区优秀戏曲曲艺、少数民族文化、民间文化等传承发展。

（三）加强农村公共文化建设。按照有标准、有网络、有内容、有人才的要求，健全

乡村公共文化服务体系。发挥县级公共文化机构辐射作用,推进基层综合性文化服务中心建设,实现乡村两级公共文化服务全覆盖,提升服务效能。深入推进文化惠民,公共文化资源要重点向乡村倾斜,提供更多更好的农村公共文化产品和服务。支持"三农"题材文艺创作生产,鼓励文艺工作者不断推出反映农民生产生活尤其是乡村振兴实践的优秀文艺作品,充分展示新时代农村农民的精神面貌。培育挖掘乡土文化本土人才,开展文化结对帮扶,引导社会各界人士投身乡村文化建设。活跃繁荣农村文化市场,丰富农村文化业态,加强农村文化市场监管。

(四)开展移风易俗行动。广泛开展文明村镇、星级文明户、文明家庭等群众性精神文明创建活动。遏制大操大办、厚葬薄养、人情攀比等陈规陋习。加强无神论宣传教育,丰富农民群众精神文化生活,抵制封建迷信活动。深化农村殡葬改革。加强农村科普工作,提高农民科学文化素养。

六 加强农村基层基础工作,构建乡村治理新体系

乡村振兴,治理有效是基础。必须把夯实基层基础作为固本之策,建立健全党委领导、政府负责、社会协同、公众参与、法治保障的现代乡村社会治理体制,坚持自治、法治、德治相结合,确保乡村社会充满活力、和谐有序。

(一)加强农村基层党组织建设。扎实推进抓党建促乡村振兴,突出政治功能,提升组织力,抓乡促村,把农村基层党组织建成坚强战斗堡垒。强化农村基层党组织领导核心地位,创新组织设置和活动方式,持续整顿软弱涣散村党组织,稳妥有序开展不合格党员处置工作,着力引导农村党员发挥先锋模范作用。建立选派第一书记工作长效机制,全面向贫困村、软弱涣散村和集体经济薄弱村党组织派出第一书记。实施农村带头人队伍整体优化提升行动,注重吸引高校毕业生、农民工、机关企事业单位优秀党员干部到村任职,选优配强村党组织书记。健全从优秀村党组织书记中选拔乡镇领导干部、考录乡镇机关公务员、招聘乡镇事业编制人员制度。加大在优秀青年农民中发展党员力度。建立农村党员定期培训制度。全面落实村级组织运转经费保障政策。推行村级小微权力清单制度,加大基层小微权力腐败惩处力度。严厉整治惠农补贴、集体资产管理、土地征收等领域侵害农民利益的不正之风和腐败问题。

(二)深化村民自治实践。坚持自治为基,加强农村群众性自治组织建设,健全和创新村党组织领导的充满活力的村民自治机制。推动村党组织书记通过选举担任村委会主任。发挥自治章程、村规民约的积极作用。全面建立健全村务监督委员会,推行村级事务阳光工程。依托村民会议、村民代表会议、村民议事会、村民理事会、村民监事会等,形成民事民议、民事民办、民事民管的多层次基层协商格局。积极发挥新乡贤作用。推动乡村治理重心下移,尽可能把资源、服务、管理下放到基层。继续开展以村民小组或自然村为基本单元的村民自治试点工作。加强农村社区治理创新。创新基层管理体制机制,整合优化公共服务和行政审批职责,打造"一门式办理"、"一站式服务"的综合服务平台。在村庄普遍建立网上服务站点,逐步形成完善的乡村便民服务体系。大力培育服务性、公益性、互助性农村社会组织,积极发展农村社会工作和志愿服务。集中清理上级对村级组织考核评比多、创建达标多、检查督查多等突出问题。维护村民委员会、农村集体经济组织、农村合作经济组织的特别法人地位和权利。

（三）建设法治乡村。坚持法治为本，树立依法治理理念，强化法律在维护农民权益、规范市场运行、农业支持保护、生态环境治理、化解农村社会矛盾等方面的权威地位。增强基层干部法治观念、法治为民意识，将政府涉农各项工作纳入法治化轨道。深入推进综合行政执法改革向基层延伸，创新监管方式，推动执法队伍整合、执法力量下沉，提高执法能力和水平。建立健全乡村调解、县市仲裁、司法保障的农村土地承包经营纠纷调处机制。加大农村普法力度，提高农民法治素养，引导广大农民增强尊法学法守法用法意识。健全农村公共法律服务体系，加强对农民的法律援助和司法救助。

（四）提升乡村德治水平。深入挖掘乡村熟人社会蕴含的道德规范，结合时代要求进行创新，强化道德教化作用，引导农民向上向善、孝老爱亲、重义守信、勤俭持家。建立道德激励约束机制，引导农民自我管理、自我教育、自我服务、自我提高，实现家庭和睦、邻里和谐、干群融洽。广泛开展好媳妇、好儿女、好公婆等评选表彰活动，开展寻找最美乡村教师、医生、村官、家庭等活动。深入宣传道德模范、身边好人的典型事迹，弘扬真善美，传播正能量。

（五）建设平安乡村。健全落实社会治安综合治理领导责任制，大力推进农村社会治安防控体系建设，推动社会治安防控力量下沉。深入开展扫黑除恶专项斗争，严厉打击农村黑恶势力、宗族恶势力，严厉打击黄赌毒盗拐骗等违法犯罪。依法加大对农村非法宗教活动和境外渗透活动打击力度，依法制止利用宗教干预农村公共事务，继续整治农村乱建庙宇、滥塑宗教造像。完善县乡村三级综治中心功能和运行机制。健全农村公共安全体系，持续开展农村安全隐患治理。加强农村警务、消防、安全生产工作，坚决遏制重特大安全事故。探索以网格化管理为抓手、以现代信息技术为支撑，实现基层服务和管理精细化精准化。推进农村"雪亮工程"建设。

七　提高农村民生保障水平，塑造美丽乡村新风貌

乡村振兴，生活富裕是根本。要坚持人人尽责、人人享有，按照抓重点、补短板、强弱项的要求，围绕农民群众最关心最直接最现实的利益问题，一件事情接着一件事情办，一年接着一年干，把乡村建设成为幸福美丽新家园。

（一）优先发展农村教育事业。高度重视发展农村义务教育，推动建立以城带乡、整体推进、城乡一体、均衡发展的义务教育发展机制。全面改善薄弱学校基本办学条件，加强寄宿制学校建设。实施农村义务教育学生营养改善计划。发展农村学前教育。推进农村普及高中阶段教育，支持教育基础薄弱县普通高中建设，加强职业教育，逐步分类推进中等职业教育免除学杂费。健全学生资助制度，使绝大多数农村新增劳动力接受高中阶段教育、更多接受高等教育。把农村需要的人群纳入特殊教育体系。以市县为单位，推动优质学校辐射农村薄弱学校常态化。统筹配置城乡师资，并向乡村倾斜，建好建强乡村教师队伍。

（二）促进农村劳动力转移就业和农民增收。健全覆盖城乡的公共就业服务体系，大规模开展职业技能培训，促进农民工多渠道转移就业，提高就业质量。深化户籍制度改革，促进有条件、有意愿、在城镇有稳定就业和住所的农业转移人口在城镇有序落户，依法平等享受城镇公共服务。加强扶持引导服务，实施乡村就业创业促进行动，大力发展文化、科技、旅游、生态等乡村特色产业，振兴传统工艺。培育一批家庭工场、手工作坊、

乡村车间，鼓励在乡村地区兴办环境友好型企业，实现乡村经济多元化，提供更多就业岗位。拓宽农民增收渠道，鼓励农民勤劳守法致富，增加农村低收入者收入，扩大农村中等收入群体，保持农村居民收入增速快于城镇居民。

（三）推动农村基础设施提档升级。继续把基础设施建设重点放在农村，加快农村公路、供水、供气、环保、电网、物流、信息、广播电视等基础设施建设，推动城乡基础设施互联互通。以示范县为载体全面推进"四好农村路"建设，加快实施通村组硬化路建设。加大成品油消费税转移支付资金用于农村公路养护力度。推进节水供水重大水利工程，实施农村饮水安全巩固提升工程。加快新一轮农村电网改造升级，制定农村通动力电规划，推进农村可再生能源开发利用。实施数字乡村战略，做好整体规划设计，加快农村地区宽带网络和第四代移动通信网络覆盖步伐，开发适应"三农"特点的信息技术、产品、应用和服务，推动远程医疗、远程教育等应用普及，弥合城乡数字鸿沟。提升气象为农服务能力。加强农村防灾减灾救灾能力建设。抓紧研究提出深化农村公共基础设施管护体制改革指导意见。

（四）加强农村社会保障体系建设。完善统一的城乡居民基本医疗保险制度和大病保险制度，做好农民重特大疾病救助工作。巩固城乡居民医保全国异地就医联网直接结算。完善城乡居民基本养老保险制度，建立城乡居民基本养老保险待遇确定和基础养老金标准正常调整机制。统筹城乡社会救助体系，完善最低生活保障制度，做好农村社会救助兜底工作。将进城落户农业转移人口全部纳入城镇住房保障体系。构建多层次农村养老保障体系，创新多元化照料服务模式。健全农村留守儿童和妇女、老年人以及困境儿童关爱服务体系。加强和改善农村残疾人服务。

（五）推进健康乡村建设。强化农村公共卫生服务，加强慢性病综合防控，大力推进农村地区精神卫生、职业病和重大传染病防治。完善基本公共卫生服务项目补助政策，加强基层医疗卫生服务体系建设，支持乡镇卫生院和村卫生室改善条件。加强乡村中医药服务。开展和规范家庭医生签约服务，加强妇幼、老人、残疾人等重点人群健康服务。倡导优生优育。深入开展乡村爱国卫生运动。

（六）持续改善农村人居环境。实施农村人居环境整治三年行动计划，以农村垃圾、污水治理和村容村貌提升为主攻方向，整合各种资源，强化各种举措，稳步有序推进农村人居环境突出问题治理。坚持不懈推进农村"厕所革命"，大力开展农村户用卫生厕所建设和改造，同步实施粪污治理，加快实现农村无害化卫生厕所全覆盖，努力补齐影响农民群众生活品质的短板。总结推广适用不同地区的农村污水治理模式，加强技术支撑和指导。深入推进农村环境综合整治。推进北方地区农村散煤替代，有条件的地方有序推进煤改气、煤改电和新能源利用。逐步建立农村低收入群体安全住房保障机制。强化新建农房规划管控，加强"空心村"服务管理和改造。保护保留乡村风貌，开展田园建筑示范，培养乡村传统建筑名匠。实施乡村绿化行动，全面保护古树名木。持续推进宜居宜业的美丽乡村建设。

八 打好精准脱贫攻坚战，增强贫困群众获得感

乡村振兴，摆脱贫困是前提。必须坚持精准扶贫、精准脱贫，把提高脱贫质量放在首位，既不降低扶贫标准，也不吊高胃口，采取更加有力的举措、更加集中的支持、更加精

细的工作，坚决打好精准脱贫这场对全面建成小康社会具有决定性意义的攻坚战。

（一）瞄准贫困人口精准帮扶。对有劳动能力的贫困人口，强化产业和就业扶持，着力做好产销衔接、劳务对接，实现稳定脱贫。有序推进易地扶贫搬迁，让搬迁群众搬得出、稳得住、能致富。对完全或部分丧失劳动能力的特殊贫困人口，综合实施保障性扶贫政策，确保病有所医、残有所助、生活有兜底。做好农村最低生活保障工作的动态化精细化管理，把符合条件的贫困人口全部纳入保障范围。

（二）聚焦深度贫困地区集中发力。全面改善贫困地区生产生活条件，确保实现贫困地区基本公共服务主要指标接近全国平均水平。以解决突出制约问题为重点，以重大扶贫工程和到村到户帮扶为抓手，加大政策倾斜和扶贫资金整合力度，着力改善深度贫困地区发展条件，增强贫困农户发展能力，重点攻克深度贫困地区脱贫任务。新增脱贫攻坚资金项目主要投向深度贫困地区，增加金融投入对深度贫困地区的支持，新增建设用地指标优先保障深度贫困地区发展用地需要。

（三）激发贫困人口内生动力。把扶贫同扶志、扶智结合起来，把救急纾困和内生脱贫结合起来，提升贫困群众发展生产和务工经商的基本技能，实现可持续稳固脱贫。引导贫困群众克服等靠要思想，逐步消除精神贫困。要打破贫困均衡，促进形成自强自立、争先脱贫的精神风貌。改进帮扶方式方法，更多采用生产奖补、劳务补助、以工代赈等机制，推动贫困群众通过自己的辛勤劳动脱贫致富。

（四）强化脱贫攻坚责任和监督。坚持中央统筹省负总责市县抓落实的工作机制，强化党政一把手负总责的责任制。强化县级党委作为全县脱贫攻坚总指挥部的关键作用，脱贫攻坚期内贫困县县级党政正职要保持稳定。开展扶贫领域腐败和作风问题专项治理，切实加强扶贫资金管理，对挪用和贪污扶贫款项的行为严惩不贷。将2018年作为脱贫攻坚作风建设年，集中力量解决突出作风问题。科学确定脱贫摘帽时间，对弄虚作假、搞数字脱贫的严肃查处。完善扶贫督查巡查、考核评估办法，除党中央、国务院统一部署外，各部门一律不准再组织其他检查考评。严格控制各地开展增加一线扶贫干部负担的各类检查考评，切实给基层减轻工作负担。关心爱护战斗在扶贫第一线的基层干部，制定激励政策，为他们工作生活排忧解难，保护和调动他们的工作积极性。做好实施乡村振兴战略与打好精准脱贫攻坚战的有机衔接。制定坚决打好精准脱贫攻坚战三年行动指导意见。研究提出持续减贫的意见。

九　推进体制机制创新，强化乡村振兴制度性供给

实施乡村振兴战略，必须把制度建设贯穿其中。要以完善产权制度和要素市场化配置为重点，激活主体、激活要素、激活市场，着力增强改革的系统性、整体性、协同性。

（一）巩固和完善农村基本经营制度。落实农村土地承包关系稳定并长久不变政策，衔接落实好第二轮土地承包到期后再延长30年的政策，让农民吃上长效"定心丸"。全面完成土地承包经营权确权登记颁证工作，实现承包土地信息联通共享。完善农村承包地"三权分置"制度，在依法保护集体土地所有权和农户承包权前提下，平等保护土地经营权。农村承包土地经营权可以依法向金融机构融资担保、入股从事农业产业化经营。实施新型农业经营主体培育工程，培育发展家庭农场、合作社、龙头企业、社会化服务组织和农业产业化联合体，发展多种形式适度规模经营。

（二）深化农村土地制度改革。系统总结农村土地征收、集体经营性建设用地入市、宅基地制度改革试点经验，逐步扩大试点，加快土地管理法修改，完善农村土地利用管理政策体系。扎实推进房地一体的农村集体建设用地和宅基地使用权确权登记颁证。完善农民闲置宅基地和闲置农房政策，探索宅基地所有权、资格权、使用权"三权分置"，落实宅基地集体所有权，保障宅基地农户资格权和农民房屋财产权，适度放活宅基地和农民房屋使用权，不得违规违法买卖宅基地，严格实行土地用途管制，严格禁止下乡利用农村宅基地建设别墅大院和私人会馆。在符合土地利用总体规划前提下，允许县级政府通过村土地利用规划，调整优化村庄用地布局，有效利用农村零星分散的存量建设用地；预留部分规划建设用地指标用于单独选址的农业设施和休闲旅游设施等建设。对利用收储农村闲置建设用地发展农村新产业新业态的，给予新增建设用地指标奖励。进一步完善设施农用地政策。

（三）深入推进农村集体产权制度改革。全面开展农村集体资产清产核资、集体成员身份确认，加快推进集体经营性资产股份合作制改革。推动资源变资产、资金变股金、农民变股东，探索农村集体经济新的实现形式和运行机制。坚持农村集体产权制度改革正确方向，发挥村党组织对集体经济组织的领导核心作用，防止内部少数人控制和外部资本侵占集体资产。维护进城落户农民土地承包权、宅基地使用权、集体收益分配权，引导进城落户农民依法自愿有偿转让上述权益。研究制定农村集体经济组织法，充实农村集体产权权能。全面深化供销合作社综合改革，深入推进集体林权、水利设施产权等领域改革，做好农村综合改革、农村改革试验区等工作。

（四）完善农业支持保护制度。以提升农业质量效益和竞争力为目标，强化绿色生态导向，创新完善政策工具和手段，扩大"绿箱"政策的实施范围和规模，加快建立新型农业支持保护政策体系。深化农产品收储制度和价格形成机制改革，加快培育多元市场购销主体，改革完善中央储备粮管理体制。通过完善拍卖机制、定向销售、包干销售等，加快消化政策性粮食库存。落实和完善对农民直接补贴制度，提高补贴效能。健全粮食主产区利益补偿机制。探索开展稻谷、小麦、玉米三大粮食作物完全成本保险和收入保险试点，加快建立多层次农业保险体系。

十 汇聚全社会力量，强化乡村振兴人才支撑

实施乡村振兴战略，必须破解人才瓶颈制约。要把人力资本开发放在首要位置，畅通智力、技术、管理下乡通道，造就更多乡土人才，聚天下人才而用之。

（一）大力培育新型职业农民。全面建立职业农民制度，完善配套政策体系。实施新型职业农民培育工程。支持新型职业农民通过弹性学制参加中高等农业职业教育。创新培训机制，支持农民专业合作社、专业技术协会、龙头企业等主体承担培训。引导符合条件的新型职业农民参加城镇职工养老、医疗等社会保障制度。鼓励各地开展职业农民职称评定试点。

（二）加强农村专业人才队伍建设。建立县域专业人才统筹使用制度，提高农村专业人才服务保障能力。推动人才管理职能部门简政放权，保障和落实基层用人主体自主权。推行乡村教师"县管校聘"。实施好边远贫困地区、边疆民族地区和革命老区人才支持计划，继续实施"三支一扶"、特岗教师计划等，组织实施高校毕业生基层成长计划。支持

地方高等学校、职业院校综合利用教育培训资源，灵活设置专业（方向），创新人才培养模式，为乡村振兴培养专业化人才。扶持培养一批农业职业经理人、经纪人、乡村工匠、文化能人、非遗传承人等。

（三）发挥科技人才支撑作用。全面建立高等院校、科研院所等事业单位专业技术人员到乡村和企业挂职、兼职和离岗创新创业制度，保障其在职称评定、工资福利、社会保障等方面的权益。深入实施农业科研杰出人才计划和杰出青年农业科学家项目。健全种业等领域科研人员以知识产权明晰为基础、以知识价值为导向的分配政策。探索公益性和经营性农技推广融合发展机制，允许农技人员通过提供增值服务合理取酬。全面实施农技推广服务特聘计划。

（四）鼓励社会各界投身乡村建设。建立有效激励机制，以乡情乡愁为纽带，吸引支持企业家、党政干部、专家学者、医生教师、规划师、建筑师、律师、技能人才等，通过下乡担任志愿者、投资兴业、包村包项目、行医办学、捐资捐物、法律服务等方式服务乡村振兴事业。研究制定管理办法，允许符合要求的公职人员回乡任职。吸引更多人才投身现代农业，培养造就新农民。加快制定鼓励引导工商资本参与乡村振兴的指导意见，落实和完善融资贷款、配套设施建设补助、税费减免、用地等扶持政策，明确政策边界，保护好农民利益。发挥工会、共青团、妇联、科协、残联等群团组织的优势和力量，发挥各民主党派、工商联、无党派人士等积极作用，支持农村产业发展、生态环境保护、乡风文明建设、农村弱势群体关爱等。实施乡村振兴"巾帼行动"。加强对下乡组织和人员的管理服务，使之成为乡村振兴的建设性力量。

（五）创新乡村人才培育引进使用机制。建立自主培养与人才引进相结合，学历教育、技能培训、实践锻炼等多种方式并举的人力资源开发机制。建立城乡、区域、校地之间人才培养合作与交流机制。全面建立城市医生教师、科技文化人员等定期服务乡村机制。研究制定鼓励城市专业人才参与乡村振兴的政策。

十一　开拓投融资渠道，强化乡村振兴投入保障

实施乡村振兴战略，必须解决钱从哪里来的问题。要健全投入保障制度，创新投融资机制，加快形成财政优先保障、金融重点倾斜、社会积极参与的多元投入格局，确保投入力度不断增强、总量持续增加。

（一）确保财政投入持续增长。建立健全实施乡村振兴战略财政投入保障制度，公共财政更大力度向"三农"倾斜，确保财政投入与乡村振兴目标任务相适应。优化财政供给结构，推进行业内资金整合与行业间资金统筹相互衔接配合，增加地方自主统筹空间，加快建立涉农资金统筹整合长效机制。充分发挥财政资金的引导作用，撬动金融和社会资本更多投向乡村振兴。切实发挥全国农业信贷担保体系作用，通过财政担保费率补助和以奖代补等，加大对新型农业经营主体支持力度。加快设立国家融资担保基金，强化担保融资增信功能，引导更多金融资源支持乡村振兴。支持地方政府发行一般债券用于支持乡村振兴、脱贫攻坚领域的公益性项目。稳步推进地方政府专项债券管理改革，鼓励地方政府试点发行项目融资和收益自平衡的专项债券，支持符合条件、有一定收益的乡村公益性项目建设。规范地方政府举债融资行为，不得借乡村振兴之名违法违规变相举债。

（二）拓宽资金筹集渠道。调整完善土地出让收入使用范围，进一步提高农业农村投

入比例。严格控制未利用地开垦，集中力量推进高标准农田建设。改进耕地占补平衡管理办法，建立高标准农田建设等新增耕地指标和城乡建设用地增减挂钩节余指标跨省域调剂机制，将所得收益通过支出预算全部用于巩固脱贫攻坚成果和支持实施乡村振兴战略。推广一事一议、以奖代补等方式，鼓励农民对直接受益的乡村基础设施建设投工投劳，让农民更多参与建设管护。

（三）提高金融服务水平。坚持农村金融改革发展的正确方向，健全适合农业农村特点的农村金融体系，推动农村金融机构回归本源，把更多金融资源配置到农村经济社会发展的重点领域和薄弱环节，更好满足乡村振兴多样化金融需求。要强化金融服务方式创新，防止脱实向虚倾向，严格管控风险，提高金融服务乡村振兴能力和水平。抓紧出台金融服务乡村振兴的指导意见。加大中国农业银行、中国邮政储蓄银行"三农"金融事业部对乡村振兴支持力度。明确国家开发银行、中国农业发展银行在乡村振兴中的职责定位，强化金融服务方式创新，加大对乡村振兴中长期信贷支持。推动农村信用社省联社改革，保持农村信用社县域法人地位和数量总体稳定，完善村镇银行准入条件，地方法人金融机构要服务好乡村振兴。普惠金融重点要放在乡村。推动出台非存款类放贷组织条例。制定金融机构服务乡村振兴考核评估办法。支持符合条件的涉农企业发行上市、新三板挂牌和融资、并购重组，深入推进农产品期货期权市场建设，稳步扩大"保险+期货"试点，探索"订单农业+保险+期货（权）"试点。改进农村金融差异化监管体系，强化地方政府金融风险防范处置责任。

十二　坚持和完善党对"三农"工作的领导

实施乡村振兴战略是党和国家的重大决策部署，各级党委和政府要提高对实施乡村振兴战略重大意义的认识，真正把实施乡村振兴战略摆在优先位置，把党管农村工作的要求落到实处。

（一）完善党的农村工作领导体制机制。各级党委和政府要坚持工业农业一起抓、城市农村一起抓，把农业农村优先发展原则体现到各个方面。健全党委统一领导、政府负责、党委农村工作部门统筹协调的农村工作领导体制。建立实施乡村振兴战略领导责任制，实行中央统筹省负总责市县抓落实的工作机制。党政一把手是第一责任人，五级书记抓乡村振兴。县委书记要下大气力抓好"三农"工作，当好乡村振兴"一线总指挥"。各部门要按照职责，加强工作指导，强化资源要素支持和制度供给，做好协同配合，形成乡村振兴工作合力。切实加强各级党委农村工作部门建设，按照《中国共产党工作机关条例（试行）》有关规定，做好党的农村工作机构设置和人员配置工作，充分发挥决策参谋、统筹协调、政策指导、推动落实、督导检查等职能。各省（自治区、直辖市）党委和政府每年要向党中央、国务院报告推进实施乡村振兴战略进展情况。建立市县党政领导班子和领导干部推进乡村振兴战略的实绩考核制度，将考核结果作为选拔任用领导干部的重要依据。

（二）研究制定中国共产党农村工作条例。根据坚持党对一切工作的领导的要求和新时代"三农"工作新形势新任务新要求，研究制定中国共产党农村工作条例，把党领导农村工作的传统、要求、政策等以党内法规形式确定下来，明确加强对农村工作领导的指导思想、原则要求、工作范围和对象、主要任务、机构职责、队伍建设等，完善领导体制和工作机制,确保乡村振兴战略有效实施。

(三)加强"三农"工作队伍建设。把懂农业、爱农村、爱农民作为基本要求,加强"三农"工作干部队伍培养、配备、管理、使用。各级党委和政府主要领导干部要懂"三农"工作、会抓"三农"工作,分管领导要真正成为"三农"工作行家里手。制定并实施培训计划,全面提升"三农"干部队伍能力和水平。拓宽县级"三农"工作部门和乡镇干部来源渠道。把到农村一线工作锻炼作为培养干部的重要途径,注重提拔使用实绩优秀的干部,形成人才向农村基层一线流动的用人导向。

(四)强化乡村振兴规划引领。制定国家乡村振兴战略规划(2018—2022年),分别明确至2020年全面建成小康社会和2022年召开党的二十大时的目标任务,细化实化工作重点和政策措施,部署若干重大工程、重大计划、重大行动。各地区各部门要编制乡村振兴地方规划和专项规划或方案。加强各类规划的统筹管理和系统衔接,形成城乡融合、区域一体、多规合一的规划体系。根据发展现状和需要分类有序推进乡村振兴,对具备条件的村庄,要加快推进城镇基础设施和公共服务向农村延伸;对自然历史文化资源丰富的村庄,要统筹兼顾保护与发展;对生存条件恶劣、生态环境脆弱的村庄,要加大力度实施生态移民搬迁。

(五)强化乡村振兴法治保障。抓紧研究制定乡村振兴法的有关工作,把行之有效的乡村振兴政策法定化,充分发挥立法在乡村振兴中的保障和推动作用。及时修改和废止不适应的法律法规。推进粮食安全保障立法。各地可以从本地乡村发展实际需要出发,制定促进乡村振兴的地方性法规、地方政府规章。加强乡村统计工作和数据开发应用。

(六)营造乡村振兴良好氛围。凝聚全党全国全社会振兴乡村强大合力,宣传党的乡村振兴方针政策和各地丰富实践,振奋基层干部群众精神。建立乡村振兴专家决策咨询制度,组织智库加强理论研究。促进乡村振兴国际交流合作,讲好乡村振兴中国故事,为世界贡献中国智慧和中国方案。

让我们更加紧密地团结在以习近平同志为核心的党中央周围,高举中国特色社会主义伟大旗帜,以习近平新时代中国特色社会主义思想为指导,迎难而上、埋头苦干、开拓进取,为决胜全面建成小康社会、夺取新时代中国特色社会主义伟大胜利作出新的贡献!

(新华社北京2月4日电,原载"中国政府网"
http://www.gov.cn/zhengce/2018-02/04/content_ 5263807.htm)

文化和旅游部出台
《国家级文化生态保护区管理办法》

为贯彻落实《中华人民共和国非物质文化遗产法》，深入实施中华优秀传统文化传承发展工程，加强非物质文化遗产（以下称"非遗"）区域性整体保护，近日，文化和旅游部出台了《国家级文化生态保护区管理办法》（以下称《办法》），将于2019年3月1日起正式施行。

设立文化生态保护区，对历史文化积淀丰厚、存续状态良好，具有重要价值和鲜明特色的文化形态进行区域性整体保护，是我国独具特色的非遗保护制度。目前，文化和旅游部已批准设立了21个国家级文化生态保护实验区，各省（区、市）也设立了146个特色鲜明的省级文化生态保护区。经过10多年文化生态保护区制度的探索和实践，将工作中行之有效的措施固定下来，上升为部门规章，十分必要。

《办法》明确了国家级文化生态保护区建设的指导思想和工作目标。《办法》规定建设国家级文化生态保护区要以习近平新时代中国特色社会主义思想为指导，贯彻落实党的十九大和十九届二中、三中全会精神，推动中华优秀传统文化创造性转化、创新性发展；要坚持保护优先、整体保护、见人见物见生活的理念，以"遗产丰富、氛围浓厚、特色鲜明、民众受益"为目标，将非遗及其得以孕育、滋养的人文环境加以整体性保护。

《办法》明确了国家级文化生态保护区申报设立的条件和程序。《办法》规定申报国家级文化生态保护区要具备良好的文化生态区域性整体保护工作基础，应当在本省（区、市）内已实行文化生态区域性整体保护两年以上，成效明显；国家级文化生态保护区设立后，总体规划不再由文化和旅游部批复实施，改为由省级文化主管部门审核，报省级人民政府审议通过后发布实施，并报文化和旅游部备案；总体规划实施三年后，省级文化主管部门可向文化和旅游部申请组织验收，验收合格的，正式公布为国家级文化生态保护区并授牌。

《办法》明确了国家级文化生态保护区建设的责任主体、主要任务和措施。《办法》规定要成立国家级文化生态保护区建设管理机构，负责统筹、指导、协调、推进国家级文化生态保护区建设工作；要通过加强工作机构和队伍建设、加大资金投入力度、引导社会广泛参与、加强理论和实践研究、开展自评报告等措施完善工作保障机制，通过实施非遗记录工程、传承人群研修研习培训计划、传统工艺振兴计划、开展分类保护、服务精准扶贫和乡村振兴国家重大战略实施等措施加强非遗传承实践能力建设，通过组织开展非遗主题活动、品牌活动、搭建展示平台、推进普及教育等措施加强非遗传播宣传；要对国家级文化生态保护区总体规划实施和建设情况进行检查评估。建设成绩突出的,予以通报表扬,并给予重点支持。因保护不力使文化生态遭到破坏的,将严肃处理,并予以摘牌。

(原载"中华人民共和国文化和旅游部"官网,https://www.mct.gov.cn/whzx/whyw/201812/t20181224_836643.htm)

文化和旅游部
《国家级文化生态保护区管理办法》

中华人民共和国文化和旅游部令

第 1 号

《国家级文化生态保护区管理办法》已经 2018 年 12 月 10 日文化和旅游部部务会议审议通过。现予发布,自 2019 年 3 月 1 日起施行。

部长　雒树刚
2018 年 12 月 10 日

国家级文化生态保护区管理办法

第一章　总则

第一条　为加强非物质文化遗产区域性整体保护,维护和培育文化生态,传承弘扬中华优秀传统文化,坚定文化自信,满足人民日益增长的美好生活需要,根据《中华人民共和国非物质文化遗产法》等法律法规,制定本办法。

第二条　本办法所称的"国家级文化生态保护区",是指以保护非物质文化遗产为核心,对历史文化积淀丰厚、存续状态良好,具有重要价值和鲜明特色的文化形态进行整体性保护,并经文化和旅游部同意设立的特定区域。

第三条　国家级文化生态保护区建设要以习近平新时代中国特色社会主义思想为指导,充分尊重人民群众的主体地位,贯彻新发展理念,弘扬社会主义核心价值观,推动中华优秀传统文化创造性转化、创新性发展。

第四条　国家级文化生态保护区建设应坚持保护优先、整体保护、见人见物见生活的理念,既保护非物质文化遗产,也保护孕育发展非物质文化遗产的人文环境和自然环境,实现"遗产丰富、氛围浓厚、特色鲜明、民众受益"的目标。

第二章　申报与设立

第五条　国家级文化生态保护区依托相关行政区域设立,区域范围为县、地市或若干县域。

第六条　申报和设立国家级文化生态保护区应本着少而精的原则,坚持公开、公平、公正，履行申报、审核、论证、批准等程序。

第七条 具备下列条件的，可以申报国家级文化生态保护区：

（一）传统文化历史积淀丰厚，具有鲜明地域或民族特色，文化生态保持良好；

（二）非物质文化遗产资源丰富，是当地生产生活的重要组成部分；

（三）非物质文化遗产传承有序，传承实践富有活力、氛围浓厚，当地民众广泛参与，认同感强；

（四）与非物质文化遗产密切相关的实物、场所保存利用良好，其周边的自然生态环境能为非物质文化遗产提供良性的发展空间；

（五）所在地人民政府重视文化生态保护，对非物质文化遗产项目集中、自然生态环境基本良好、传统文化生态保持较为完整的乡镇、村落、街区等重点区域以及开展非物质文化遗产传承所依存的重要场所开列清单，并已经制定实施保护办法和措施；

（六）有文化生态保护区建设管理机构和工作人员；

（七）在省（区、市）内已实行文化生态区域性整体保护两年以上，成效明显。

第八条 申报地区人民政府向省级人民政府文化主管部门提出申报国家级文化生态保护区的申请；省级人民政府文化主管部门组织开展审核论证，经省级人民政府同意后，向文化和旅游部提出设立国家级文化生态保护区的申请。

第九条 申报国家级文化生态保护区，应当提交下列材料：

（一）省级人民政府文化主管部门设立国家级文化生态保护区的申请和省级人民政府同意申请的相关文件；

（二）文化生态保护区规划纲要；

（三）省级人民政府文化主管部门组织的专家评审论证意见；

（四）本省（区、市）内实行文化生态区域性整体保护的相关文件；

（五）其他有关材料。

第十条 文化生态保护区规划纲要由省级人民政府文化主管部门、相关地区人民政府负责编制。编制工作应广泛听取非物质文化遗产传承人和当地民众意见，吸收非物质文化遗产保护、地方文化研究、规划等方面的专家学者参与。

第十一条 文化生态保护区规划纲要应包括下列内容：

（一）对文化形态形成的地理环境、历史沿革、现状、鲜明特色、文化内涵与价值的描述和分析；

（二）保护区域范围及重点区域，区域内县级以上非物质文化遗产代表性项目、文物保护单位、相关实物和重要场所清单等；

（三）建设目标、工作原则、保护内容、保护方式等；

（四）保障措施及保障机制；

（五）其他有关资料。

第十二条 文化和旅游部组织对申报材料进行审核。对申报材料齐全且符合要求的申请地区，文化和旅游部根据年度工作计划组织考察组进行实地考察。

考察组应当吸收非物质文化遗产保护、地方文化研究、规划等方面的专家学者参加。

第十三条 文化和旅游部根据实地考察情况，对文化生态保护区规划纲要组织专家论证。根据论证意见，文化和旅游部将符合条件的申请地区设立为国家级文化生态保护实验区。

第十四条　国家级文化生态保护实验区设立后一年内，所在地区人民政府应当在文化生态保护区规划纲要的基础上，细化形成国家级文化生态保护区总体规划，经省级人民政府文化主管部门审核，报省级人民政府审议通过后发布实施，并报文化和旅游部备案。

第十五条　国家级文化生态保护区总体规划应纳入本省（区、市）国民经济与社会发展总体规划，要与相关的生态保护、环境治理、土地利用、旅游发展、文化产业等专门性规划和国家公园、国家文化公园、自然保护区等专项规划相衔接。

第十六条　国家级文化生态保护区总体规划实施三年后，由省级人民政府文化主管部门向文化和旅游部提出验收申请；文化和旅游部根据申请组织开展国家级文化生态保护实验区建设成果验收。验收合格的，正式公布为国家级文化生态保护区并授牌。

第三章　建设与管理

第十七条　国家级文化生态保护区建设管理机构负责统筹、指导、协调、推进国家级文化生态保护区的建设工作。

第十八条　国家级文化生态保护区建设管理机构承担以下主要职责：

（一）贯彻落实国家有关文化建设、非物质文化遗产保护的法律、法规和方针、政策；

（二）制定实施国家级文化生态保护区的各项建设管理制度，创新工作机制和保护方式、措施；

（三）负责实施国家级文化生态保护区总体规划；

（四）组织或委托有关机构开展文化生态保护理论和实践研究；

（五）开展文化生态保护的宣传教育和培训；

（六）评估、报告和公布国家级文化生态保护区建设情况和成效。

第十九条　国家级文化生态保护区建设管理机构应当根据非物质文化遗产各个项目、文化遗产与人文和自然环境之间的关联性，依照确定的保护区域范围、重点区域和重要场所保护清单，制定落实保护办法和行动计划。

第二十条　国家级文化生态保护区建设管理机构应当尊重当地居民的意愿，保护当地居民权益，建立严格的管理制度，保持重点区域和重要场所的历史风貌。

第二十一条　国家级文化生态保护区建设管理机构应当进一步加强非物质文化遗产调查工作，建立完善非物质文化遗产档案和数据库，妥善保存非物质文化遗产珍贵实物资料，实施非物质文化遗产记录工程，促进记录成果广泛利用和社会共享。

第二十二条　国家级文化生态保护区建设管理机构应当依托相关研究机构和高等院校，组织或委托开展与当地非物质文化遗产保护传承和文化生态整体性保护理论和实践研究。

第二十三条　国家级文化生态保护区建设管理机构应当开展非物质文化遗产代表性项目存续状况评测和保护绩效评估，制定落实分类保护政策措施，优先保护急需保护的非物质文化遗产代表性项目，不断提高非物质文化遗产代表性项目的传承实践能力，弘扬当代价值，促进发展振兴。

第二十四条　国家级文化生态保护区建设管理机构应当制定相关制度，为各级非物质文化遗产代表性传承人开展传习活动创造条件、提供支持，资助传承人开展授徒传艺、教学、交流等活动。组织实施非物质文化遗产传承人群研修研习培训，帮助非物质文化遗产传承人群提高传承能力，增强传承后劲。

对传承工作有突出贡献的非物质文化遗产代表性传承人予以表彰、奖励，采取助学、奖学等方式支持从业者学习非物质文化遗产相关技艺。

第二十五条 在国家级文化生态保护区内，应当建设综合性非物质文化遗产展示场所，根据当地实际建设非物质文化遗产专题馆，根据传习需要设立各级非物质文化遗产代表性项目传习所或传习点。鼓励将具有地域、民族特色的传统文化元素或符号运用在当地城乡规划和设施建设中。

第二十六条 国家级文化生态保护区建设管理机构应当整合多方资源，推动将非物质文化遗产保护知识纳入当地国民教育体系，编写非物质文化遗产传承普及辅导读本，在保护区内的中小学开设非物质文化遗产乡土课程，在职业学校和高等院校设立非物质文化遗产相关专业或开设选修课，推进非物质文化遗产进校园、进课堂、进教材。

第二十七条 国家级文化生态保护区建设管理机构应当每年定期组织举办有影响力的非物质文化遗产展示展演活动，利用传统节日、文化和自然遗产日等重要节点开展非物质文化遗产宣传传播活动。鼓励和支持当地民众按照当地习俗依法依规举办传统文化活动。

第二十八条 国家级文化生态保护区建设管理机构应当挖掘区域内传统工艺项目资源，培养一批能工巧匠，培育一批知名品牌，推动传统工艺振兴；组织开展区域内建档立卡贫困人口参加传统工艺相关技能培训，带动就业，精准助力区域内贫困群众脱贫增收。

第二十九条 国家级文化生态保护区建设管理机构应当依托区域内独具特色的文化生态资源，开展文化观光游、文化体验游、文化休闲游等多种形式的旅游活动。

第三十条 国家级文化生态保护区建设管理机构应当深入挖掘、阐释非物质文化遗产蕴含的优秀思想观念、人文精神、道德规范，培育文明乡风、良好家风、淳朴民风，提升乡村文明水平，助力乡村振兴。

第三十一条 国家级文化生态保护区建设管理机构应当加强工作机构和队伍建设，配备一定数量的专职工作人员；定期组织开展文化生态保护培训，提高工作人员的业务水平和工作能力；委托相关高等院校或机构，培养一批文化生态保护专业人才；建立一支文化生态保护志愿者队伍，鼓励和引导社会力量参与文化生态保护工作。

第三十二条 国家级文化生态保护区建设经费应当纳入省市级当地公共财政经常性支出预算，并作为重要评估指标。文化和旅游部通过中央财政对国家级文化生态保护区建设予以补贴。鼓励社会资金参与国家级文化生态保护区建设工作。

第三十三条 国家级文化生态保护区建设管理机构应当依据总体规划，每年对总体规划实施情况和建设工作成效开展自评，将年度重点工作清单和自评报告广泛征求区域内民众的意见，并报送文化和旅游部备案。

第三十四条 文化和旅游部不定期对国家级文化生态保护区建设情况进行检查；每五年对国家级文化生态保护区开展一次总体规划实施情况和建设成效评估，评估报告向社会公布。

第三十五条 对建设成绩突出的国家级文化生态保护区，文化和旅游部予以通报表扬，并给予重点支持。因保护不力使文化生态遭到破坏的，文化和旅游部将严肃处理，并予以摘牌。

第四章 附则

第三十六条 文化和旅游部已公布的国家级文化生态保护实验区建设管理工作依据本办法执行。

第三十七条 本办法由文化和旅游部负责解释。

第三十八条 本办法自2019年3月1日起施行。

（原载"中华人民共和国文化和旅游部"官网，2018年12月10日发布，http：//zwgk.mct.gov.cn/auto255/201812/t20181225_836660.html？keywords=）

文化和旅游部 教育部 人力资源和社会保障部关于印发《中国非物质文化遗产传承人群研修研习培训计划实施方案(2018—2020)》的通知

各省、自治区、直辖市文化厅（局）、教育厅（教委）、人力资源社会保障厅（局），新疆生产建设兵团文化广播影视局、教育局、人力资源社会保障局：

为贯彻党的十九大精神，以习近平新时代中国特色社会主义思想为指引，落实中央《关于实施中华优秀传统文化传承发展工程的意见》，推动中华优秀传统文化创造性转化、创新性发展，提升非物质文化遗产保护传承能力和水平，文化和旅游部、教育部、人力资源社会保障部将共同实施中国非物质文化遗产传承人群研修研习培训计划。

现将《中国非物质文化遗产传承人群研修研习培训计划实施方案（2018—2020）》印发你们。请结合工作实际，认真组织落实。

特此通知。

文化和旅游部 教育部 人力资源和社会保障部
2018年4月26日

附件：中国非物质文化遗产传承人群研修研习培训计划实施方案（2018—2020）

中国非物质文化遗产传承人群研修研习培训计划实施方案（2018—2020）

前言

中国非物质文化遗产传承人群研修研习培训计划（以下称"研培计划"）是《国家"十三五"文化发展改革规划纲要》提出的重要任务，是非物质文化遗产（以下称"非遗"）保护事业的一项基础性、战略性工作。该计划旨在为非遗保护工作提供高校的学术和教学资源支持，通过组织非遗项目持有者、从业者等传承人群到高校学习专业知识、研究技艺和技术、开展交流研讨与实践，提高传承实践能力，促进非遗的可持续发展。

自 2015 年实施以来，研培计划得到社会各界的大力支持和广泛参与。全国 80 余所高校举办研修、研习、培训 390 余期，培训学员 1.8 万人次，部分省、自治区、直辖市启动了本地区研培，全国参与人数达到 5.6 万人次。研培计划有效地帮助传承人群增强了文化自信和传承实践能力，提升了非遗保护传承水平；丰富了非遗保护的举措，激发了非遗传承的活力，促进了非遗与现代生活的融合；密切了院校与地方社区的联系，促进了相关的学科专业建设，增强了高校的文化传承和文化创新能力。同时，研培计划在增加城乡居民就业、促进精准扶贫、带动地方经济社会发展等方面发挥了积极作用，社会影响力不断增强。

为落实党的十九大提出的加强文化遗产保护传承，推动中华优秀传统文化创造性转化、创新性发展的要求，文化和旅游部、教育部、人力资源和社会保障部将在未来 3 年内共同实施研培计划，进一步扩大实施范围，覆盖更多非遗门类，惠及更多传承人群，推动非遗的当代实践，提高非遗保护传承水平。

为保障研培计划有序实施，发挥更好效果，特制定本实施方案。

一 总体要求

（一）实施目的

以习近平新时代中国特色社会主义思想为指导，全面贯彻落实党的十九大精神，加强文化遗产保护传承，推动中华优秀传统文化的创造性转化、创新性发展。帮助非遗传承人群强基础、拓眼界、增学养，增强文化自信，提高专业技术能力和可持续发展能力，提升非遗保护传承水平。丰富参与院校的学术和科研积累，完善相关学科体系建设，更好地发挥文化传承创新功能。

（二）工作原则

1. 遵循《保护非物质文化遗产公约》和《中华人民共和国非物质文化遗产法》的原则和要求。

2. 坚持"见人见物见生活"的保护理念，注重弘扬非遗的当代价值，推动非遗融入现代生活。

3. 尊重传统文化和民族习俗，尊重非遗项目的基本文化内涵。

4. 尊重传承人群的主体地位，尊重传承人群保护、传承、发展和再创造的权利。

5. 重视青年人在实现非遗可持续发展中的重要作用，注重保持和扩大传承人群。

（三）工作任务

2018年至2020年，文化和旅游部、教育部、人力资源和社会保障部在全国范围内遴选约100所本科高校、职业院校（含技工院校）、科研机构和相关单位，每年组织开展约200期研修、研习和培训；各省级文化行政部门会同本级教育、人力资源社会保障行政部门，组织实施本地区的研培计划；年度参与研培人数约2万人次。

二 实施范围、实施重点、研培学员和参与单位

（一）实施范围

文化和旅游部、教育部、人力资源和社会保障部组织开展的研培计划主要针对国家级非遗代表性项目。各省（区、市）和新疆生产建设兵团实施的本地区研培计划主要针对国家级及以下非遗代表性项目。

（二）实施重点

落实《关于实施中华优秀传统文化传承发展工程的意见》工作要求，配合实施《中国传统工艺振兴计划》，继续将传统工艺类非遗项目作为研培计划实施重点，同时，积极开展传统表演艺术类非遗项目研培，探索并扩大其他门类非遗项目的研培工作。

1. 传统工艺领域的研培工作重点面向面广量大、从业人员较多、有助于带动就业增收、培育品牌的项目。鼓励结合精准扶贫，面向国家贫困县开展整建制培训。

2. 传统表演艺术领域的研培工作优先面向传统戏剧，优先面向县级及县级以下的基层表演团体，鼓励开展整建制培训。

（三）研培学员

研培学员为列入实施范围的非遗代表性项目的各级代表性传承人和相关从业人员，不包括爱好者和不直接持有技艺、技术的研究者。

其中，传统工艺领域的相关从业人员包括但不限于：从事相关项目的手工艺人，以相关项目为主要经营内容的小微企业、老字号企业、作坊、合作社的管理、设计、研发人员。面向国家贫困县的传统工艺培训可包括拟通过从事相关项目增加家庭收入的普通人群。

（四）参与单位

研培计划主要委托本科高校实施，同时支持职业院校（含技工院校）、科研机构和相关企业、社会组织参与。

1. 本科高校和科研机构须具有较强的非遗相关领域研究、教学基础和能力；具有相应的教学场地、后勤保障能力和专门工作团队。

2. 职业院校（含技工院校）主要面向贫困地区的普通从业人群开展培训。参与学校须设有相关专业，具有特色项目的教学、实践经验；具有相应的实训场地、后勤保障能力和专门工作团队。

3. 企业和社会组织主要参与传统工艺领域的研培。参与单位须具有相关传统工艺产品研发基础，具有较强的设计和市场开拓能力。

三　工作内容

研培计划以研修、研习、培训为主要形式，同时包括项目研究、学员回访、展览展示、研讨交流等拓展内容。

（一）主要形式

1. 研修

主要面向各级非遗代表性传承人和其他具有较高水平的从业者、业务骨干和管理人员，旨在帮助传承人群激发创作潜能，丰富作品题材，拓展应用空间，解决发展难题，引导跨界交流与合作，培养非遗保护传承的领军人才。研修班要注意以"研"带"培"，充分发挥院校科研优势的引领作用。

研修班参与人数不超过20人，时长1个月左右。

2. 研习

主要面向文化程度较高并具有一定研究、设计、创作能力的中青年传承人群。传统工艺领域的研习活动主要配合传统工艺工作站开展，围绕特定项目需求，利用院校和企业的研发力量与资源平台，帮助传承人解决作品创作、产品研发和成果转化中遇到的关键工艺和技术难题。

研习的组织形式和时长根据项目特点和具体需求确定。由院校组织的研习可以采取课题研究的形式；由企业、社会组织等实施的研习可以采取短期培训、驻站合作等形式。

3. 培训

主要面向普通传承人群，帮助其强化对优秀传统文化和重要技艺的把握，拓宽眼界和知识面，提高学习和传承能力。培训强调"跟项目、整建制、成氛围"，提倡1个班围绕1个或多个有相通之处的项目，集中招收1个地区，如1个县、1个乡或几个企业、作坊、合作社的学员，以利在培训结束后学员之间能够相互交流，形成持续性的学习研讨创作氛围和集聚效应。

培训班参与人数一般不超过50人，时长1个月左右。由技工院校实施的面向国家贫困县的传统工艺技能培训，可根据需要调整参与人数和培训时长。

（二）拓展内容

1. 项目研究

参与院校和单位应对准备实施研培的非遗项目开展深入调研和理论研究，了解项目发展现状和传承人群的现实需求，深化对相关项目文化内涵和知识体系的认识，建立更加系统的学术支撑。

鼓励各参与院校和单位申报专项课题，加强非遗保护、传承、发展的学术研究；鼓励设立传统工艺创意设计中心或非遗保护研究中心，建立实验室、大师工作室，加强相关学科专业建设，进一步提高非遗相关学科专业教学科研水平。

2. 学员回访

参与院校和单位应在集中学习结束后，对各期研培班学员开展不少于一次回访，进一步了解非遗项目保护传承现状和实际需求，评估教学效果，改进课程设置，总结研培经验，加强与学员及所在社区的交流互动。

3. 成果展示

参与院校和单位应在每期研培班结束后，举办研培成果展示。传统工艺的研培成果可采用学员作品展等方式，传统表演艺术的研培成果可采用汇报演出等方式。文化和旅游部支持各参与院校和单位参与中国非遗博览会、中国成都国际非遗节和相关会演、博览会、交易会等。鼓励各参与院校和单位结合其他工作，拓展展示方式，传播研培成果。

4. 跨界交流

鼓励参与院校或单位在研培期间，组织学员与学员，学员与设计师、技术人员、企业负责人等开展跨界交流与合作；鼓励利用自身平台优势，组织优秀学员与其他国家的专家和遗产持有者开展国际交流。

鼓励参与院校或单位之间开展互访交流，优化课程设置，互补优势资源，合作编写教材，通过学术研讨会、交流会等方式分享经验。

5. 定向合作

鼓励参与院校或单位在研培基础上，到学员所在地设立传统工艺工作站或非遗研究基地、教学基地、实训基地、培训基地等，建立与社区的长期合作。

鼓励参与院校或单位赴贫困地区参与扶贫工坊相关的讲习、培训、交流等活动，建立定向定点的帮扶合作。

四　课程体系与教学要求

（一）课程体系

研培计划的课程分为基础课程、拓展课程和实践课程三大板块。课程设置以"强基础、拓眼界、增学养"为目标。

1. 基础课程

着重帮助传承人群加深对非遗政策、传统文化和所持项目相关知识与技艺、技术原理的认识和理解。包括《保护非物质文化遗产公约》《中华人民共和国非物质文化遗产法》和相关非遗政策文件解读；项目的文化内涵；项目的基础知识和重要原理；传统工艺重要技艺和表演艺术重要技巧的剖析等。原理讲解和分析，要作为教学重点。重要技艺、技巧剖析可采取代表性传承人或资深从业者专业演示、传授、讲座、研讨交流等形式进行。原则上，非遗项目代表性传承人及资深从业者的授课时长不少于总课时的20%。

2. 拓展课程

着重帮助传承人群提高文化艺术修养，获取相关专业知识，增加对行业动态、社会需求的了解，促进解决关键技艺和创作难题。拓展课程可以选修课形式开设，包括与项目相对应的专业理论知识、企业管理、市场拓展、知识产权保护的知识和技能训练，案例研讨、实地考察以及行业间或地区间的互动交流。

3. 实践课程

着重帮助传承人群将学习的新知识应用于实践创作，帮助其加深理解，融会贯通。传统工艺的实践课程主要包括传统工艺重要技艺和技能的研究和练习，以及在指导教师指导下、与设计师或工程师合作进行的作品创作。传统表演艺术的实践课程主要包括演员的表演实训、剧目排练、剧本创作和演出现场管理等。

（二）教学要求

在传统工艺的研培中，参与的本科高校要深入研究，找准相关项目保护传承的难点所在。要强化"用"的观念，注重帮助手工艺人获得和增强发现当地之美的眼光、看世界的眼光、捕捉需求变化的眼光，获得材料处理、功能设计等方面的科学知识。要安排较多课时，有针对性地开设包括素描在内的造型艺术和色彩原理等方面课程，强化专业训练，帮助传承人群了解和掌握实现创意的多种工具和方法，掌握进一步学习提高的路径。开设上述课程，有助于帮助传承人群激发并实现创意，提升研培成效。

各类研修、研习和培训班，均应根据项目和学员特点，分设若干小组。各小组均应有相关指导教师，以随时了解研培进展和学员需求，开展互动交流，促进实现研培目的。

五　教学组织与管理

（一）合理制定教学计划

参与院校和单位应依据自身特色和优势，结合非遗项目需求，明确研培方向，并按年度制定工作计划，报经省级文化行政部门同意后实施。每期研培班都应指定专人安排授课内容，设置教学目标。授课教师以本单位师资为主，鼓励邀请相关领域国内外专家和相关非遗项目代表性传承人、资深从业者授课。鼓励编制特色研培教材，鼓励形成本校或本单位特色研培项目。

（二）做好学员组织与遴选

省级文化行政部门会同参与院校和单位开展学员组织和遴选，有条件的参与院校和单位可提前赴项目所在地开展学员摸底和推荐。学员应优先选择非遗项目的主要流布区域，优先选择有较长从业经历、能够发挥骨干带头作用的人员。对整建制研培班或有特别需要的研培班，学员所在地文化行政部门可派专人跟班，协助管理。

（三）加强学员管理和后勤保障

参与院校和单位应指定专人担任班主任，统筹负责研培班的教学管理工作；应为学员使用图书馆、实验室、排练室等教学设施提供便利；应严肃教学纪律，加强安全管理。对严重违反教学纪律的学员，应及时将情况反馈至学员所在地省级文化行政部门，并终止其参加研培。学业完成后，由参与院校和单位对考核合格的学员颁发结业证书。

六 工作机制和保障措施

（一）明确责任分工

文化和旅游部、教育部、人力资源和社会保障部是研培计划的组织单位，负责制定实施方案，按年度确定参与院校和单位，部署工作任务和重点，开展绩效考核，实施动态管理。探索性的研培试点由文化和旅游部组织开展。

各省级文化行政部门是研培计划的管理单位，负责会同本级教育、人力资源社会保障行政部门，推荐参与院校和单位，审核年度工作计划和研培班方案，协调招生组织，做好经费管理等。各省级文化行政部门在完成国家层面研培工作以外，应积极制定实施本地区的研培计划。鼓励有条件的市、县组织开展研培计划。

各参与院校和单位是研培计划的执行单位，负责组建研培项目组，制定教学计划，做好教学管理和后勤保障，开展研究、回访、展示和宣传，逐步形成规范的研培工作体系。各院校应将研培任务纳入年终考核内容，为本单位人员开展研培提供必要保障。

（二）落实经费保障

国家层面研培计划所需经费由国家非遗保护专项资金承担。各省级文化行政部门根据财政部下达的经费使用指标，做好资金拨付和使用管理。各参与院校和单位须建立研培经费的专项账户，按照规定做好经费使用。

各省级文化行政部门应争取将本级研培计划所需经费纳入省级非遗保护工作经费。鼓励地方政府为本地区非遗传承人群研培提供资金支持。

（三）实施考核评估

文化和旅游部、教育部和人力资源和社会保障部按年度对各省、自治区、直辖市和新疆生产建设兵团研培计划实施情况进行考核评估。对考核评估不合格的，提出限期整改意见，整改仍不合格的，将不再安排新的研培任务；对工作成效突出的，开展宣传表扬，推广优秀经验。

文化和旅游部适时会同教育部、人力资源和社会保障部遴选工作扎实、效果突出的院校或单位，授予"中国非物质文化遗产传承人群研修研习培训基地"称号。

（四）加强业务指导

文化和旅游部建立研培计划咨询专家库、优秀课程库和学员数据库，为各参与院校和单位更好地利用校外资源提供便利；建立信息管理平台和官方网络平台，形成信息报送制度，促进各地区、院校之间的信息交流和经验共享；组织多种形式的培训和交流，推动建立懂传统文化、懂非遗保护理论、善于教学实践的研培计划教师团队,为建立高质量的非遗保护工作队伍提供人才储备。

(原载"中华人民共和国文化和旅游部"官网,http://zwgk.mct.gov.cn/auto255/201805/t20180503_831970.html)

"中国民俗学会第九届代表大会暨2018年年会"在广州召开

中国民俗学会秘书处

2018年11月23—27日，中国民俗学会第九届代表大会暨2018年年会在广东省广州市召开，来自全国各地的260余名代表出席了这次大会。

11月24日上午，"中国民俗学会第九届代表大会暨2018年年会"开幕式在广东省博物馆多功能厅召开，中国民俗学会会长、国际哲学与人文科学理事会主席、中国社会科学院学部委员、中国社会科学院民族文学研究所所长朝戈金，文化和旅游部非物质文化遗产司副司长王晨阳，广东省文化和旅游厅巡视员陈杭，广东省博物馆党委副书记、副馆长、广东省民俗文化研究会会长肖海明，以及陈勤建、刘德龙、赵宗福、尹虎彬、万建中、黄永林、萧放、江帆、刘晓峰、陈泳超、安德明、郑土有、施爱东、刘晓春等出席了开幕式，叶涛主持了开幕式。

朝戈金在开幕致辞中指出，中国民俗学会自2014年召开第八届代表大会以来，在组织学术活动、培养青年学术人才、参与社会文化建设、进行国际学术交流等领域做了大量卓有成效的工作，在我国人文社会科学领域取得了有目共睹的成就，这些成绩的取得是学会全体会员共同努力的结果。即将召开的学会第九届代表大会，是在学会发展壮大过程中召开的一次重要会议，这次会议将总结过去四年中学会所做的工作，对学会未来的发展提出期望。

陈杭在致辞中介绍了广东民俗文化的特点，以及广东与中国民俗学的历史渊源。她认为，民俗学学科在弘扬中华优秀传统文化方面有重要作用，中国民俗学会近年来在传统文化的研究、推广和咨政方面做出了突出的成绩，在人文社科界有目共睹，希望学会在未来能进一步加强与广东民俗学界的合作，为深挖华南民俗文化做出更大贡献。

肖海明在致辞中介绍了广东省博物馆和广东省民俗文化研究会近年来在民俗文化刊物建设、非遗保护、民俗研究等方面做出的探索和实践；同时高度评价了中国民俗学会在学科建设、学术研究、非遗保护等方面取得的巨大成就。他也代表此次大会的广东主办方对全国各地民俗学者的到来表示热烈欢迎。

王晨阳代表文化和旅游部非遗司，对此次大会的召开表示热烈祝贺。他高度评价了中国民俗学会为国家非物质文化遗产保护工作做出的重要贡献，较为详细地回顾了近年来学会专家在各个层面为国家非遗保护工作提供的智力支持和人力支撑，并表示在未来非遗保护工作中，将进一步加强与中国民俗学会的务实合作。

叶涛宣读了美国民俗学会执行理事长蒋岚（Jessica Anderson Turner）教授的贺信。她代表美国民俗学会及其执行委员会，向朝戈金会长及出席本次大会的各位代表致以最诚挚的问候。她在信中回顾了美国民俗学会和中国民俗学会交往、合作的历程，希望两会继续加强合作，为国际民俗学的发展贡献力量。她尤其希望了解中国民俗学会在年会举办、分组讨论、议程设定、成果发布等方面的信息和经验。

开幕式的最后一个环节是致敬和缅怀已故前辈学者。在过去的一年中，有几位为中国民俗学发展做出贡献、付出心血的学者先后离去。开幕式上播放了由辽宁大学民俗学团队制作的缅怀中国民俗学会荣誉会长、著名民俗学家乌丙安教授的纪念视频。

开幕式后进入第九届代表大会大会报告阶段，资深副会长陈勤建主持了报告会。朝戈金代表第八届理事会作《中国民俗学会第八届理事会工作报告》，叶涛作《关于修改〈中国民俗学会章程〉的报告》，杨秀作《中国民俗学会财务工作报告》。朝戈金在报告中全面回顾了自2014年10月中国民俗学会第八届代表大会以来学会所开展的工作。报告分为六个部分：一、加强学科建设，健全年会制度，积极组织学术活动。二、发挥学会优势，深度参与国际与国家的非物质文化遗产保护工作。三、加大国际学术交流力度，建立制度化交流机制，在国际民俗学学科领域发挥积极作用。四、充分利用网络平台，做好民俗学的社会宣传与知识服务工作，进一步扩大学会的社会影响力。五、建立健全管理制度，深入挖掘学会内部潜力，努力增强学会活力。六、本届工作中存在的不足和对今后学会工作的期望。叶涛在报告中对学会章程修改的内容进行了说明，并就修改原则进行了详细介绍。杨秀就第八届代表大会以来学会财务收入和支出情况进行了说明。

刘德龙主持了24日下午对三个报告的大会表决。与会代表经讨论和表决，一致通过了《中国民俗学会第八届理事会工作报告》《关于修改〈中国民俗学会章程〉的报告》和《中国民俗学会财务工作报告》。

刘德龙还主持了大会表决之后的中国民俗学会第九届理事会理事选举。与会代表先经过表决通过了选举原则和程序，再经过投票选举，产生了第九届理事会。共有179名会员当选为中国民俗学会第九届理事会理事。

赵宗福主持了中国民俗学会第九届理事会第一次会议。经过投票选举，共有55名理事当选为中国民俗学会第九届理事会常务理事，名单如下：

安德明、敖其、巴莫曲布嫫、朝戈金、陈岗龙、陈华文、陈连山、陈泳超、刁统菊、董秀团、段友文、高丙中、郭崇林、黄涛、黄景春、黄永林、江帆、康丽、李刚、李扬、李春园、林继富、林晓平、刘德龙、刘德增、刘晓春、刘晓峰、陆建芳、吕韶钧、毛巧晖、米海萍、施爱东、孙亮、田兆元、万建中、王加华、王霄冰、王晓葵、吴效群、肖海明、萧放、杨秀、杨利慧、叶涛、尹虎彬、余悦、张勃、张朝敏、张士闪、赵德利、赵世瑜、赵宗福、郑土有、周福岩、朱刚。

朝戈金主持了中国民俗学会第九届常务理事会第一次会议。会议经讨论表决，通过了会长和副会长的选举办法和程序。经过投票选举，叶涛当选为中国民俗学会会长；施爱东、巴莫曲布嫫、安德明、陈泳超、赵宗福、萧放、江帆、刘晓春、刘晓峰、万建中、尹虎彬、郑土有、黄永林、敖其、林继富、张士闪、杨利慧、李刚当选为副会长。

11月25日全天，会议移师三寓宾馆继续进行。与会代表分为七个分会场发表论文，围绕民间文学的调查研究、文献与民俗研究、民间艺术调查与研究、民间手工技艺调查与研究、应用民俗学理论研究、民俗学与民间文学理论研究、外国民俗学研究、都市民俗调查研究、非物质文化遗产保护理论研究、文学与民俗研究、岁时节日与节气调查研究、人生仪礼调查研究、村落民俗与乡村建设调查与研究、民间信仰调查研究等议题进行学术研讨。分组讨论中共有240余名学者发表了210余篇论文。

会议期间，与会代表参观了广东省博物馆。11月24日，部分与会学者还观看了由中国（广州）国际纪录片节组委会提供的民俗纪录片展演。此外，美国民俗学会执行理事长蒋岚教授于24日晚抵达广州，参加了25日的学术研讨。

（原载"中国民俗学网"，https：//www.chinesefolklore.org.cn/web/index.php？NewsID=18444&from=groupmessage）

中国民俗学会第八届理事会工作报告*

朝戈金

各位会员代表：

自2014年10月召开中国民俗学会第八届代表大会以来，在全体会员的共同努力下，我会充分发挥群众性学术团体的优势，积极参与国家的文化建设事业，加强国际学术交流，组织举办了多项学术活动，为广大会员和民俗学爱好者搭建起学术交流的良好平台，使学会真正成为团结全国广大会员、促进民俗学学科发展、服务国家和地方文化建设的重要阵地。

在此，我受第八届理事会的委托，就四年以来学会的工作简要报告如下。

一、加强学科建设，健全年会制度，积极组织学术活动。

我会在成立之初，在20世纪八九十年代民俗学学科恢复的阶段，曾经承担起民俗学学科建设、人才培养、知识普及等多方面的使命，对民俗学在我国的发展做出过历史性贡献。

进入二十一世纪以来，与早期相比，学会在民俗学学科建设中的作用已经明显弱化。但是，作为群众性学术团体的学术组织，我会依旧在力所能及的范围内承担着应有的责任。

1. 学科建设与人才培养。

截止到2017年，全国有将近70个高校和科研单位建立了民俗学、民间文学的硕士点或博士点，每年大约有200余名民俗学、民间文学专业培养的研究生步入社会，服务民生，高校和科研单位已经完全承担起了民俗学学科建设和人才培养的重任。在这些高校和科研单位的民俗学教学和科研人员中，绝大多数都是我会会员。

在2016年度国家社会科学基金重大招标项目中，由我会学者起草、经中国社会科学院提交的选题"中国民俗学学科建设与理论创新研究"得以入选，这是民俗学学科基础理论方向的课题第一次出现在国家社科重大招标项目中，是民俗学基础学科建设领域中的一次重大突破。该课题经过激烈竞标，最终由中央民族大学民俗学学科团队中标。

2015年，由我会与中国社会科学院民族文学研究所共同编纂的《中国民俗学年鉴（2015）》正式出版，这是中国民俗学基础理论建设方面的最新成果，也是对我国民俗学学术成果的一次全面展示。来自全国民俗学界数十位学者承担了《中国民俗学年鉴》的写作任务。

---

* 《中国民俗学会第八届理事会工作报告》，已于2018年11月24日，经中国民俗学会第九届代表大会全体会议审议通过。

2. 健全年会制度，将年会办成全体会员最重要的学术交流平台。

自2008年我会开始举办年会以来，到今年已经连续举办了十一届。一年一度的学术年会，已经成为广大会员切磋学术、沟通信息、交流情感的良好平台，也是学会与会员之间最重要的交流渠道。

2015年至2017年的三届年会，分别在辽宁大学、南京农业大学和贵州民族大学举办，年会的征文数量逐年递增，参会会员的人数逐年攀高，参会论文的学术质量和会议研讨的规范化水平得到了广大会员的认可。年会探讨的主题，广泛涉及民俗学学科理论建设以及当前国家文化建设和社会发展的热点问题。例如，在非物质文化遗产保护的理论与实践领域，由我会参加联合国教科文组织非遗项目审查团队在年会上开设了专题论坛，该论坛对于非遗理论探讨、国际非遗领域最新信息、非遗实践中存在的问题等均有深度讨论，受到与会代表的热烈欢迎。

上述三届年会，得到了辽宁大学民俗学学科点、南京农业大学民俗学学科点、江苏省民俗学会、贵州民族大学民俗学学科点的大力支持，同时也得到了这些学科点所在学校和院系领导的支持。年会的举办，对于提升该民俗学学科点的学术水平、扩大学科点在学校的影响等方面也起到了积极的作用。

3. 组织多种形式的专题学术研讨活动。

四年来，学会及其下属二级研究机构，独立主办或参与组织了多个主题、多种形式的专题性学术研讨活动。据不完全统计，四年来共组织座谈会、研讨会、沙龙等学术活动五十余场次。

我会主要领导和部分学者参与了我国将二十四节气申报联合国教科文组织非遗名录的工作，二十四节气于2016年成功入选人类非遗代表作名录。我会作为申报主体和保护单位之一，在二十四节气的调查、研究和保护领域有着不可推卸的责任，为此，我会充分发挥学术优势，与文化部恭王府博物馆共同成立了"中国二十四节气研究中心"，与二十四节气申报社区代表单位浙江省衢州市柯城区人民政府、浙江省三门县人民政府分别成立了"中国立春文化研究中心"和"中国冬至文化研究中心"，同时，还举办了"二十四节气保护工作专家座谈会""首届立春文化传承保护研讨会""2017冬至文化论坛""中国二十四节气与养生美食高峰论坛"等学术研讨活动。我会会员还以学会的身份参与了中央电视台等新闻媒体在重要节日、节气期间的直播、访谈等节目的录播。

我会与浙江省嘉兴市人民政府共建的"中国端午文化研究基地"，自2009年至今，已经连续十年每年都举办学术活动。最近四年的学术活动，在充分发挥端午研究基地专项民俗调研优势的基础上，配合国家和地方政府的中心工作，分别举办了"二十一世纪民俗节庆文化发展及'嘉兴模式'探索"（2015）"民俗文化与美丽乡村"（2016）"民俗文化与特色小镇"（2017）"二十四节气"（2018）为主题的国际或全国学术研讨会，并且每年都编辑出版论文集。

我会与青海省格尔木市人民政府、青海省民俗学会共建的"中国昆仑文化研究基地"，每年均举办多项学术活动，在青海省文化建设方面发挥了重要的学术咨询作用。

中国民俗教育专业委员会、中国香文化研究中心、中国少数民族民俗研究中心、中国乡愁文化发展研究中心、中国茶艺文化研究专业委员会、中国餐饮文化研究专业委员会、中国牛郎织女传说研究中心、中国生肖文化研究中心、中国地域民俗文化研究中心、中国民俗文化产业研究中心等我会下辖的二级专业研究机构，也都举办了多次学术研讨活动。

四年来，我会还与相关部门合作，就重要议题举办专题研讨活动。联合国教科文组织于2015年通过的《保护非物质文化遗产伦理原则》是一个非常重要的国际性文件，我会学者除了撰写论文予以研究和阐释之外，学会还召开了三次专题学术会议——"民俗学专业责任与研究伦理工作坊""传统伦理下的非物质文化遗产传承与利用国际学术研讨会""非物质文化遗产保护伦理问题国际研讨会"——对非遗伦理原则进行深度探讨。

四年来，我会还与中国社会科学院民族文学研究所、中国社会科学院世界宗教研究所、中央民族大学民俗学学科点、中山大学中国非物质文化遗产研究中心、贵州民族大学民俗学民族文学学科点、华东师范大学国际汉语文化学院、上海大学中文系、牡丹江师范学院、浙江省天台县人民政府、河北省民俗文化协会、青海省民俗学会、江苏省民俗学会、山东省民俗学会、常州市民俗学会等联合举办了多项学术活动。

4. 发挥学术优势，参与社会服务，扩大民俗学的社会影响。

我会广泛地团结了全国民俗学民间文学领域的专家学者，在做好本职工作的同时，我会会员发挥学术优势，为政府部门制定政策提供咨询和服务。

例如，就涉及民俗学和民间文学领域诸多问题的《民间文学艺术作品著作权保护条例（草案）》，2015年1月，我会常务理事会经过长达十天的激烈辩论，最终同意以中国民俗学会的名义，将《中国民俗学会对于"民间文学艺术作品著作权保护条例"的几点意见》寄送国家版权局，该《意见》充分表达了我会学者对于仓促实施"民间文学艺术作品著作权保护条例"可能带来的不利影响的认识，对保护条例的实施提出了中肯的意见。

2017年6月，中国香文化研究中心组织编纂的《中国香文献集成》由中国书店出版社出版。该集成是中国香文化研究中心组织专家学者从大量香文化典籍中，按图索骥，征集文献近三百种，原样影印，合编为36册，这是我国迄今为止规模最大的古代香学文献集成。

2017年12月，由我会下辖的中国乡愁文化发展研究中心和中国地域民俗文化研究中心联合组织编纂的"记住乡愁——留给孩子们的中国民俗文化"系列丛书，第一辑共23种由黑龙江少年儿童出版社正式出版。该丛书拟编纂九辑120种，是一套点面结合，全方位向少年儿童呈现中国传统民俗文化的读物。

二、发挥学会优势，深度参与国际与国家的非物质文化遗产保护工作。

四年来，我会广大会员积极参与国家文化建设和非物质文化遗产保护方面的工作，充分发挥民俗学学科优势，为社会发展和政府服务建言献策。

2014年11月28日，在法国巴黎召开的联合国教科文组织保护非物质文化遗产政府间委员会第九次会议上，中国民俗学会竞选成功，进入保护非物质文化遗产政府间委员会新成立的"审查机构"，在此后2015—2017年三年间，全面参与了人类非物质文化遗产代表作名录、急需保护的非物质文化遗产名录、优秀实践名册及国际援助四类申报项目的评审工作。入选教科文组织非物质文化遗产审查机构，说明中国民俗学会作为国家一级学会能够在国际层面的非物质文化遗产保护工作中发挥更加重要的作用。为了做好审查工作，学会专门组建了专业的工作团队，投入了大量人力、物力，我会审查团队在三年审查工作中的出色表现，得到了联合国教科文组织和我国业务主管部门的高度评价。

自2015年之后的三年中，我会连续三届组团参加了联合国教科文组织保护非物质文化遗产政府间委员会常会，并参加"非物质文化遗产NGO论坛"，我会学者还在NGO论坛上发表主旨演讲，就中国的非遗保护、非遗理论等问题与国际学界进行充分交流。

近年来，我会的非遗审查团队，还承担了我国已经列入联合国教科文组织非遗名录项目的履约报告撰写辅导等工作，对于各个项目保护工作履约报告的资料搜集、报告撰写、英文翻译等全方位予以介入，为保证我国向教科文组织非遗公约秘书处提交的履约报告的水平提供了坚实可靠的学术支持。

在过去的四年中，我会主要领导和部分会员，还参与了我国业务主管部门负责的向联合国教科文组织推荐我国非物质文化遗产代表作名录等方面的工作，个别学者还参与了申报文本的讨论和撰写工作，参与了申报片的摄制、编辑和后期制作等工作，为推荐工作提供了极其专业的学术支持。

进入二十一世纪以来，我会广大会员积极参与到非物质文化遗产的保护工作之中，在我国非物质文化遗产保护工作的各个领域里，都有我会学者深度予以介入，特别是对于非遗保护的理论探讨和实践工作的反思等方面，部分会员的研究具有较大影响。

在国家和各级政府非遗调查、培训、评审、保护等工作中，我会会员都发挥了重要作用。特别是在各级专家委员会中，都活跃着我会会员的身影。

三、加大国际学术交流力度，建立制度化交流机制，在国际民俗学学科领域中发挥积极作用。

近年来，我会在国际学术交流方面做了许多工作，这与我会会员组成结构的变化有关。一批经过民俗学专业知识训练、具有良好外语水平和国际学术视野的新生力量的成长，是保证学会高水平国际学术交流的前提。

最近十多年，中美日三国民俗学会互派代表参加学术年会、联合培养青年学者、合作组织学术会议，开展了多项活动。其中，中日两国民俗学会2011年签署了两会合作协议，从制度层面上建立了两会的合作机制；我会与美国民俗学会联合举办的每年一届在中国和美国轮流主办的"中美非物质文化遗产论坛"、已经成功举办了三届的"非物质文化遗产保护理论实践国际研讨会暨暑期学校"等，都富有成效。

长期以来，虽然民俗学是一门在理论和方法上国际化和跨文化属性很强的学科，但除去一些区域性的国际学术组织，本学科一直缺少一个世界性的学术团体。随着国际学术交流日益加强，特别是与民俗学关系密切的非物质文化遗产保护运动影响日益扩大，建立国际学术联合体成为推进民俗学学科建设与发展、促进非遗保护等世界性社会文化现象的可持续发展的当务之急。

在我会会长、国际哲学与人文科学理事会主席朝戈金的倡导下，我会联合美国民俗学会、日本民俗学会于2017年共同成立了"国际民俗学会联合会"（International Federation of Folklore Societies，IFFS）。该联合会的目标是吸引更多国家的民俗学团体、专业机构的参与，促进世界民俗学的全面化和体系化发展。罗仪德（Tim Lloyd）担任临时会长，安德明、桑山敬已担任临时副会长。联合会将在后续的工作中筹备成员大会并正式选举产生新的领导机构。

我会的二级研究机构也十分重视国际学术交流。中国香文化研究中心与日本志野流香道建立了战略合作关系，在香文化的学术研究、中日香文化界的互访等领域开展了颇有成效的合作。中国乡愁文化发展研究中心也与俄罗斯联邦文化部主管非物质文化遗产保护工作的"俄罗斯民间创作之家"、俄罗斯科学院高尔基世界文学研究所建立了学术交流关系。

我会的国际交流活动和国际暑期学校的举办，得到了内蒙古师范大学、海拉尔学院、浙江省嘉兴市文化局、常州市民俗学会等高校和兄弟单位的大力支持。

四、充分利用网络平台，做好民俗学的社会宣传与知识服务工作，进一步扩大学会的社会影响力。

在信息化时代，各种传媒手段的广泛运用，对于学会的内部建设和学术的社会推广都有着不可忽视的作用。在人力、财力极其困难的情况下，在中研网的大力支持下，在志愿者团队的全力配合下，我会充分利用各种传媒手段，建立起包括学会官方网站、民俗学论坛、民俗学博客、中国民俗学会微博、中国民俗学微信公众号、中国民俗学 App 等在内的完备的网络学术平台，为中国民俗学的学科建设和学术推广做出了重要贡献。

学会官网——"中国民俗学网"是我会对内联络的纽带和对外展示的窗口。2014 年以来，中国民俗学网不仅是我会的会务管理平台，还成为中国民俗学的学术资料保存平台、学术信息分享平台、学人联络沟通平台，在学科内部建设和对外宣传交流方面发挥着不可替代的重要作用。2014 年 10 月—2018 年 9 月，主站累计发布或转载学术论文、会务公告、学界资讯、媒体报道等各类信息 4800 余条，首页保持良好的更新率和活跃度，领先国内同类学术公益网站。截至 2018 年 11 月，网站主站点击量突破 1 亿人次。

中国民俗学网的"民俗学论坛"在 2009—2014 年期间，是中国人文社科学术图景中非常活跃的互联网社交平台，一度成为民俗学青年学子中间非常热门的学习、研究虚拟园地。截至 2018 年 9 月 28 日，民俗学论坛注册会员 12335 人，其中发帖会员 4044 人，平均每日注册会员数 3 人；论坛版块数 133 个，主题数 37028 个，帖子数 168696 个，平均每日新增帖子 44 个，平均每个主题被回复次数 3.56 次；论坛总页面流量达 5.6 亿人次，共计来访约 4.97 亿人次。民俗学论坛·高校论坛已有 55 所高校、科研院所开设版块。

2014 年至今，随着互联网技术的升级换代，志愿者团队的网络平台建设发生了较大变化。除了传统的 BBS 论坛继续发挥交流作用之外，新生的微信迅速成为广为流行的社交媒体。由此，"民俗学论坛微信公众号"和"中国民俗学会微信服务号"应运而生，围绕着微信端的运营和编辑，又聚集了一批青年学子。民俗学论坛微信公众号于 2014 年 4 月 7 日开始运营，全年每天不间断推送，日均两条推文，截至目前已推送 1300 余篇图文资讯，总用户数达 3 万余人。中国民俗学会微信服务号于 2017 年 6 月 7 日开始运营，每周更新四篇文章，以学会活动、资讯为主，用户数近 3000 人。

五、建立健全管理制度，深入挖掘学会内部潜力，努力增强学会活力。

四年以来，我会在学会的制度化建设和数字化管理方面有了较大突破，使学会的会务工作和学术活动都呈现出崭新的面貌。

在会员管理方面，入会申请、会籍管理、会费缴纳均已经实现了网上办理。会员凡是可以公开发布的信息都已经录入学会主站"会员部"相关栏目中，凡是我会正式会员，均可以通过学会网站予以查证。过去，会员的会费管理是一项十分细致而繁重的工作，2017 年 3 月，我会秘书处已完成会员会费网上支付系统的设计，此后我会会员会费的缴纳全部采用在线支付的方式，通过支付宝接口收缴。为了规范会费管理，自 2017 年度起，会员费收缴一律采用网上系统，不再接受其他缴费方式。同时，秘书处会在主站定期公布会费缴纳名单。

截止到 2018 年 10 月 31 日，我会共有在册会员 2654 名。

学会主站重要的功能之一是每年年会的线上管理，网站会及时发布年会通告、征文信息、入选通告等年会相关信息。2015 年年会，秘书处首次开通了年会论文在线投稿系统，应征论文通过网上提交，秘书处组织学者网上进行论文审阅，秘书处安排专人负责入选论文的在线提交和管理工作，参会论文在会议期间实行网上阅读，从此，我会的学术年会不再接收和分发纸质版论文。

学会下属的二级研究机构，是国家社团管理部门鼓励学会设立的学术性分支组织。近年来，国家社团管理部门和学会业务主管部门在二级机构的管理方面也对学会有更加严格的要求。为此，我会在二级研究机构的建设和管理方面做了有益的尝试，取得了明显的效果。

在学会第八届常务理事会第二次会议上，讨论通过了秘书处拟定的《中国民俗学会二级研究机构管理条例（讨论稿）》。2015 年 7 月，学会在牡丹江市召开了"中国民俗学会二级研究机构工作交流会"，交流各个二级机构活动经验，贯彻落实《中国民俗学会二级研究机构管理条例》。会议要求各个二级机构在今后的工作中必须处理好以下几个关系：第一，要处理好学术研究与经营开发的关系。第二，要处理好全国性和地域性的关系。第三，要处理好独立组织活动与合作、交叉、发挥二级机构合力的关系。在 2017 年 10 月学会第八届常务理事会第四次会议上，决定对两个长期不开展学术活动、长期不与学会联络的二级研究机构予以撤销，对两个二级研究机构给予整改警告。截止到 2017 年 12 月，我会共下辖 24 个二级研究机构。

国家社团管理部门对于社会团体的财务制度建设和财务人员资质有十分严格的要求，为此，我会克服财力不足、人员有限的困难，按照规定聘用了具有财会资质的业务人员，达到了上级部门的基本要求。在财务管理制度方面，经过学会秘书处充分讨论，通过了《中国民俗学会财务管理条例（试行）》，进一步规范了学会的财务管理。

2015—2017 年，我会按照民政部民间组织管理局的规定，逐条逐项审核学会的各项工作，定期参加年度检查，每年均通过了年检。

六、本届工作中存在的不足和对今后学会工作的期望。

在社会各方力量的大力支持下，在广大会员的积极配合下，我会在学会内部管理、组织学术活动、开展国际学术交流、服务社会文化建设等方面取得了令人欣喜的成绩，但是，回顾这几年的工作，在以下几个方面还存在着明显的不足。

1. 如前所述，在民俗学的学科建设和人才培养方面，学会的功能虽然有所弱化，但如何发挥学会学术力量雄厚、组织系统强大、宣传手段超前的巨大优势，为高校和科研单位的学科建设和人才培养做好服务工作，对于这方面所存在的问题，在过去的四年中认识不够，讨论不足，有待加强。

2. 我们正处在中国社会新的转型期，在长期的历史发展过程中所形成的民俗文化迎来了前所未有的冲击，许多民俗文化现象面临着急速消失的危机，社会转型所带来的民俗问题涉及社会治理的多个领域，这对于民俗学这门学科及其从业人员而言，既是机遇，更是挑战。在社会发展和民俗变迁的面前，需要我们民俗学者充分发挥学科优势，对于社会上出现的民俗事件，要求我们快速做出反应，发出民俗学应有的声音。在这个方面，我们还有许多工作可以做。

3. 我会在册会员已达 2654 名，但是，根据四年来参加学会活动的会员信息统计，只有不到 800 人次的会员参加了学会及其下辖二级研究机构组织的学术活动，四年中缴纳会费的会员竟然不足 600 名。这反映出我会管理中依旧存在着许多不足。自 2008 年开始，秘书处就开始对会员的会籍进行复核工作，此后多次通过各种方式通知会员与学会建立联系，上述现象表明，在现有的在册会员名单中，依旧存在着数目可观、长期不参加学会活动的会员。

4. 我会能够发展到今天，能够有一个良好的学术氛围和积极向上的学术风气，离不开参与学会学术活动和学会事务性管理工作的各位会员的共同努力。长期以来，我会的各项工作，无论是会长还是广大会员，完全是依靠着对于学术的信仰和对于学会群众性组织的热爱，积极参与，无私奉献。特别是我会的许多事务性工作（如网络平台的管理、学会学术活动的服务等），志愿者团队发挥了重要作用。在网络升级换代、服务形式发生巨变的新形势面前，如何继续发挥志愿者团队代代相传、无私奉献的优良传统，是需要我们认真总结、积极应对的问题。

各位会员、各位代表，中国民俗学会已经走过了35年的历程，几代民俗学者为中国民俗学会的建设做出了贡献。中国民俗学会是广大民俗学者自己的学术家园，我们希望：在这个大家庭中，让我们共同为学会的健康发展，为迎接中国民俗学更加美好的明天，继续做出不懈的努力。

以上报告，请各位代表审议。

2018年11月24日

（原载"中国民俗学网"，https：//www.chinesefolklore.org.cn/web/index.php? Page =4&NewsID =18477）

热点话题

郑振铎与文学整体观视域中的民间文学

安德明

民间文学研究在许多国家的兴起，都同民族主义思潮的勃兴有密切关系。这一点，在作为现代民俗学发源国的德国、芬兰，有着显著的表现。[①] 中国的情况也不例外。"五四"时期，一批先觉的知识分子发起以歌谣搜集为标志的民间文学的调查和研究工作，一个主要目的就是重建民族精神。"他们觉得要振兴中国，必须改造人民的素质和传统文化。而传统文化中最要不得的是上层社会的那些文化。至于中、下层文化，虽然也有坏的部分，但却有许多可取的部分，甚至还是极可宝贵的遗产。""他们在诸多民俗活动中，看到民族中的下层社会文化所保持的'新鲜气象'，而这种气象，正是拯救民族衰老的'强壮性的血液'。"[②] 同时，在文字书写传统始终占有统治地位的中国，长期处在底层的民间文学与民间文化之所以能够获得知识界的青睐，又同民主思想在当时的日渐盛行密不可分[③]。可以说，中国的民间文学研究，从一开始就带有深刻的爱国主义（民族主义）与民主主义的烙印。

郑振铎就是在这个大的社会思潮与学术潮流中开始他的民间文学研究的。与同时代的许多民间文学研究者一样，他的学问中也带有强烈的家国情怀与民主立场，同时，又在具体观点和研究取向上发展出了自己的特点，这尤其突出地表现为从民族文学整体的角度对民间文学的观照：一方面，他始终把民间文学看做完整的文学系统的有机组成部分，忽略了民间文学，一个民族的文学必然是残缺不全的；另一方面，在他看来，要全面深入地理解民间文学，又必须把它放在文学整体的框架当中，按照这个框架统一的标准来观察、定位和分析。

一 民间文学对文学范畴的拓展及文学概念的改变

把民间文学视为文学的有机组成，以及认识文学总体面貌不可或缺的一个重要维度，

[①] 简涛：《德国民俗学的回顾与展望》，周星主编：《民俗学的历史、理论与方法》，商务印书馆2006年版，第808—858页；Juha Y. Pentikainen, *Kalevala Mythology*, translated and edited by Ritva Poom, Bloomington and Indianapolis: Indiana University Press, pp. 248-249.

[②] 钟敬文：《"五四"时期民俗文化学的兴起》，《钟敬文文集·民俗学卷》，安徽教育出版社2002年版，第104—149页。

[③] 钟敬文：《"五四"前后的歌谣学运动》，《钟敬文文集·民间文艺学卷》，安徽教育出版社2002年版，第353—369页。

在这一点上,郑振铎与同时代的其他学者之间并无二致。[1] 像其他同人一样,他对民间文学之于文学整体的价值与意义,给予了毫不吝惜的赞誉:"有一个重要的原动力,催促我们的文学向前发展不止的,那便是民间文学的发展。"[2] "假如一部英国文学史而遗落了莎士比亚与狄更司,一部意大利文学史而遗落了但丁与鲍卡契奥,那是可以原谅的小事吗?许多中国文学史却正是患着这个不可原谅的绝大缺憾。"这种缺憾,就是对于变文、诸宫调、短篇平话、宝卷、弹词等民间文学(或俗文学)的忽视。[3]

在不同论著中,郑振铎采用了三个不同的概念,来概括相关的研究对象。这三个概念,分别是"民间文学"、"俗文学"和"大众文学",在具体讨论中,他往往会根据实际需要来选用其中之一,而前两个用得最多。不过,从他对这三个概念的定义来看,尽管它们的使用语境略有不同,但其所指内容却基本一致,甚至可以相互解释:"'俗文学'就是通俗的文学,就是民间的文学,也就是大众的文学……就是不登大雅之堂,不为学士大夫所重视,而流行于民间,成为大众所嗜好,所喜悦的东西。"[4]

可见,凡是与"正统文学"相对、流行于民间却不为上层的文人士大夫所重视的语言艺术,都属于民间文学,或俗文学、大众文学。这样的定义,同其他学者对于民间文学(或民俗)的界定一样,主要是基于民主的立场、从上下层分野的角度做出的。[5] 不过,在该前提之下,与大多数专门的民间文学研究者不同,他更多强调的是这种文学在流传和应用过程中表现出的"草野"特质,尤其关注其以书写形式呈现的内容,却较少从创作主体的"民间"属性出发,把广大民众口头创作和传承的内容纳入观照范围。对这种"广义民间文学",钟敬文曾指出:民间文学有广狭之分,狭义的是指民众的口传文学,广义的中还包括书面形式创作和流传的唱本、通俗小说、变文等。[6] 范围中对书面呈现内容的特别关注,可以说是导致他有关民间文学的研究最后走向狭义的"俗文学"范畴的主要原因(详后文)。

从上下层的对立来定义民间文学或俗文学,势必会存在边界不确定的问题,因为在不同时代,上层阶级的构成群体并不一致,他们的观点不尽相同,所重视或忽视的文学形式也会不断改变,这必然会使参照其观点而定义的民间文学的领地经常处于变动状态。但这个看似矛盾的地方,却成了郑振铎探究"正统文学"与"民间文学"互动的出发点。在他看来,许多当下被视为正统文学的作品或文体里,包括了大量原先属于民间、后来"被升格了的"俗文学;[7] 民间文学,也"不是永久自安于'草野'的粗鄙的本色",而是处在经常的发展当中,"一方面,它们在空间方面渐渐地扩大了,常由地方性的而变为普遍性的;一方面它们在质的方面,又在精深地向前进步,由'草野'的而渐渐地成为

---

[1] 陈泳超:《中国民间文学研究的现代轨辙》,北京大学出版社2005年版,第157—158页。
[2] 郑振铎:《插图本中国文学史》,人民文学出版社1957年版,第11页。
[3] 郑振铎:《插图本中国文学史》,人民文学出版社1957年版,自序第1页。
[4] 郑振铎:《中国俗文学史》,商务印书馆2005年版,第1页。
[5] 参看钟敬文《"五四"前后的歌谣学运动》,见《钟敬文文集·民间文艺学卷》,安徽教育出版社2002年版,第353—369页。
[6] 钟敬文:《关心民间文艺的朋友们集合起来》,《民间文学谈薮》,湖南人民出版社1981年版,第11页。
[7] 郑振铎:《中国俗文学史》,商务印书馆2005年版,第1—2页。

文人学士的。这便是我们的文学不至永远被拘系于'古典'的旧堡中的一个重要原因。"①
"大众文学……等到成了士大夫阶级的筵席上的娱乐品时,民众便舍弃了它们,而别去成就他们自己的另一种的歌曲。"② 总之,无论是民间文学还是正统文学,其涵盖范围及文体和作品属性都不是一成不变的,而是具有显著的开放性,时刻处于复杂的相互影响与相互转换之中。

中国文学的发展历程,其实也是围绕对"民间文学"的重新定位,不断发现和接受新的文学形式与文体、拓展文学领域、丰富文学观念的过程。早期的中国文学史,由于人们仅以诗和古文为文学构成主体,因此,它只是一部诗歌与古文的发展史,后来才陆续增加了词、戏曲、小说等原属于"草野"的"民间文学"范畴的内容。但其中仍然存在着有待拓展的广阔空间,诸如变文、弹词、鼓词等属于"民间文学"领域的文体,都应该成为文学范畴的重要组成部分。它们不仅能够填补中国文学领域相比于西方文学而表现出的空白——比如,"有人说,中国没有史诗,弹词可真不能不算是中国的史诗。我们的史诗原来有那么多呢!"③ 而且,对诸多重要传统观念与形象的传播和流行也发挥着不可替代的作用。例如,"北方人之受鼓词之陶冶是至深且普遍的,正如南方人之受弹词的感化一样;许多人不会看《三国》、《水浒》,但他们知道鲁肃、孔明、周瑜……那都是说鼓词者教导他们的。"④

缺少了"民间文学"所包含的戏曲、变文、鼓词等各种文体及相关作品的"文学",必然是不完整的,这种不完整,在中外文学的对比当中会显得尤其严重——我们至今不能忘记"五四"以来的一大批学者因为中国没有西方文学体系中的"神话""史诗"等文体而耿耿于怀,又因为陆续发现相关内容而欢欣鼓舞的历史。⑤ 而那些过去被认为"不入流"的内容,一旦被纳入文学的范畴,就为文学研究带来了革命性的变化,具有从根本上颠覆传统文学观并确立新的文学范畴的作用。它不仅扩大了文学文体的范围,而且改变了有关文学与文学史的观念。它使文学从过去只局限于正统文人阶层的诗歌和散文这两种古老文体,拓展到了包括小说、戏曲、鼓词、弹词和变文等诸多新文体在内的广阔领域;从被主流文人视为"传道"或"娱乐"的工具,更多地变成了"人生的自然的呼声……是以真挚的情感来引起读者的同情的";⑥ 对文学史的关注,也从单纯梳理某一文体或相关作品的发展史,增加了有关不同文学形态的历史互动的考察。

---

① 郑振铎:《插图本中国文学史》,人民文学出版社1957年版,第11页。
② 郑振铎:《大众文学与为大众的文学》,《郑振铎文集》第六卷,人民文学出版社1988年版,第188页。
③ 郑振铎:《研究中国文学的新途径》,《郑振铎文集》第六卷,人民文学出版社1988年版,第290—291页。
④ 郑振铎:《研究中国文学的新途径》,《郑振铎文集》第六卷,人民文学出版社1988年版,第291页。
⑤ 参见朱光潜《中国文学之未开辟的领土》《长篇诗在中国何以不发达》,见《朱光潜文集》第8卷,安徽教育出版社1993年版,第134—143、352—357页;刘守华《汉族史诗〈黑暗传〉发现始末》,《中华读书报》2002年4月3日;杨利慧《一个西方学者眼中的中国神话——倭纳及其〈中国的神话与传说〉》,《湖南社会科学》2014年第1期。
⑥ 郑振铎:《新文学观的建设》,《郑振铎文集》第四卷,人民文学出版社1988年版,第347页。

二 在民族文学的整体框架中认识民间文学

与其他大多数民间文学研究者不同，郑振铎有关民间文学的认识和理解，不是仅仅限定于民间文学本身，而是把它放在整个文学的总体框架中来加以思考和解读。

他首先承认民间文学的特殊性，指出它是草野的，是大多数劳苦民众的所有物，具有"新鲜"的特质；同时，他又把它作为文学领域的"普通一员"来处理和理解。这一点，在他有关中国文学的总体分类中有显著的体现。在《研究中国文学的新途径》中，他把文学分为九大类，分别为"总集及选集"、"诗歌"、"戏曲"、"小说"、"佛曲弹词及鼓词"、"散文类"、"批评文学"、"个人文学"和"杂著"。这个分类，力图把文学中的所有文体都囊括在内。从中可以看出，作者并没有从"正统"与"草野"或"作家"与"民间"的角度对文学进行区分，而更强调不同文体之间的区别及每一种文体内在的统一性。这样，从民间文学与作家文学的二分角度来看属于民间文学的各种内容，都被一视同仁地划归到了大文学下的各类别当中。例如，民歌与《诗经》《楚辞》等均被归入了"诗歌"下的"总集及选集"分类，童话及民间故事集与短篇小说、长篇小说等并列，被归入了"小说"类，《古谣谚》《越谚》一类的谚语专辑，则被归入了"杂著"类的"其他"当中。①

这样的处理，为从"文学"的一般标准来观察和分析原属"草野"的民间文学奠定了基础。由于民主性立场的影响，民间文学的价值和地位得到了广泛认可和极大提升，并被接纳到了文学的园地中。然而，当它变成这个百花园中的一枝之后，它原先的特殊性，就不应该再是评判其价值的唯一标准，而是应该按照新系统对其所有构成要素的统一要求，即从文学性、艺术性或审美价值的角度，对它和作家书面文学等其他文学形态进行同等的观照。正是在这样的视角之下，郑振铎得出了民间文学（俗文学）"是新鲜的，但是粗鄙的"这种看法。认为它未经学士大夫之手的触动，所以保持鲜妍色彩，却也因未经雕饰，所以相当"粗鄙俗气"，有的地方"甚至不堪入目"。②

在这里，郑振铎表现出了与其他大多数民间文学研究者颇为不同的看法。在民间文学领域，普遍的观点是，民间文学是一种特殊的文学，属于民众生活文化的有机组成部分，它不单在题材和思想上不同于文人书面文学，在艺术上也有其自身的规定性，因此，不能完全凭借书面文学的标准去要求它，而应该结合民众的生活实践与民间文学的实际表演语境来理解它。③ 举例来说，许多按照书面文学的要求来看显得啰唆、重复、直白的表达，可能反而是活形态的民间文学必不可少的艺术手段。按理说，郑先生对这些观点并不陌生，郑振铎不仅同国内民间文学研究者保持着密切的互动，而且经常关注国际民俗学、民间文学的研究成果，曾翻译出版了英国柯克士（Cox）所著《民俗学浅说》等著作。④ 但是，由于他的民间文学（俗文学）观，"是一个从鲜明的雅俗文学分流意识中产生出来的

---

① 郑振铎：《郑振铎文集》第六卷，人民文学出版社1988年版，第293—297页。
② 郑振铎：《中国俗文学史》，商务印书馆2005年版，第3—4页。
③ 钟敬文：《把我国民间文艺学提高到新的水平》，《钟敬文文集·民间文艺学卷》，安徽教育出版社2002年版，第85—104页。
④ 参看刘锡诚《20世纪中国民间文学学术史》，河南大学出版社2006年版，第390—398页。

观念"，① 他始终坚持以雅文学含蓄蕴藉的艺术标准来判断民间文学，有意无意地忽视了其他同人在相关领域取得的新的研究成果，这不能不说是一种缺憾。

但这种缺憾，在"文学整体观"的视角下，却又能够得到合理化的解释。就其对创造和拥有它的主体所具有的意义而言，民间文学自然有着与作家文学或"正统"雅文学同样的权利和同等重要的地位，又有着各不相同的特征。然而，在承认这些原则与特征的前提下，这两种形态的文学又必然具有艺术审美方面的通约性，以及相互之间的可比较性。由于个人兴趣或立场的不同，研究者用来当做比较之依据的审美标准会有所不同，郑振铎选择的是由雅文学中积累、提炼和升华的标准，这种选择得当与否，自然存在着可以讨论的地方，但这并不能否定对民间文学与作家文学，或对不同文学体裁与作品的艺术高下进行比较的合理性。

这种从一个民族文学的整体出发、总结其一般性的艺术规律并据此对不同形态的文学作品进行比较的思路和做法，不仅对矫正今天民间文学领域由于过度强调语境研究而忽视民间文学艺术性的偏颇，② 有积极启发意义，也是促进文学艺术不断升华的重要动力。对于我们今天处理社会文化领域许多相关问题，也具有方法论上的参考价值。

三 作为上下层文学交汇点的俗文学

综上所述，在郑振铎看来，要认识中国文学的全貌，必须引入民间文学的视角；而要理解民间文学的特质，又必须把它放在文学整体框架中去观察。在这样的思路下，他尤其强调从正统雅文学与民间文学的互动中来理解文学发展史。这最终促成了他的民间文学研究中突出的"俗文学"研究取向，郑振铎也因此被概括为现代民间文学研究史上的"俗文学派"的代表。③

按照郑先生的归纳，俗文学有这样六个方面的特征：一是"大众的"，二是"无名的集体的创作"，三是"口传的"，四是"新鲜的，但是粗鄙的"，五是"想像力往往是很奔放的"，六是"勇于引进新的东西"。④

这些特征，基本上也是今天民间文学研究领域所公认的"民间文学"的特征。例如，钟敬文认为民间文学是"广大劳动人民的语言艺术——人民的口头创作"，它具有"口头性"、"集体性"、"变异性"和"传承性"等特征。⑤ 但是，他在《中国俗文学史》中所列举的"俗文学"的具体类型、文体与代表性作品，却又与这些特征之间存在着明显抵牾之处。至少，被他看做俗文学重要组成部分的《金瓶梅》《红楼梦》《儒林外史》等长篇小说，以及《玉娇梨》《平山冷燕》等中篇小说，就既不是"无名的集体的创作"，也不是"口传的"。有研究者指出："郑振铎在《中国俗文学史》中所阐述的关于俗文学的

---

① 刘宁：《雅俗张力中的"俗文学"——读郑振铎〈中国俗文学史〉》，《民间文化论坛》2018 年第 4 期。
② 杨利慧：《1970 年代末以来的中国民俗学》，《民俗研究》2012 年第 5 期。
③ 刘锡诚：《20 世纪中国民间文学学术史》，河南大学出版社 2006 年版，第 390—391 页。
④ 郑振铎：《中国俗文学史》，商务印书馆 2005 年版，第 2—4 页。
⑤ 钟敬文：《民间文学述要》，《钟敬文文集·民间文艺学卷》，安徽教育出版社 2002 年版，第 15—28 页。

理论，实质上是将'俗文学'内缩到'民间文学'的范畴，而实践中对俗文学的处理，又是将'俗文学'外化到'通俗文学'的领域，同一概念的内缩与外化，必然导致理论与实践的差距。"[1] 而产生这种差距的原因，主要在于"时代认识"、"研究方法"和"占有资料"三个方面的"局限"。[2] 在我看来，这种矛盾的产生原因，还同以上下层的二元对立来划分文学形态的视角有直接关系。这种划分方法，集中于阶级属性而忽略了文学艺术内在的统一性，以之为基础的相关具体研究中出现种种龃龉在所难免。它实际上也反映了民间文学在学科范畴方面过于宽泛、过于散漫的问题。

需要指出的是，尽管在郑振铎有关俗文学的定义中，"口传的"被视为一个重要特征，但它与今天民间文学领域所强调的"口头性"并不完全一致。郑先生所谓"口传"，主要是指俗文学在成为"有定形的"[3] 书面呈现形式之前所经历的流传状况，而民间文学学科所谓"口头性"，强调的则是民间文学本身常态的存在与传承方式。因此，无论在其有关文学一般属性的讨论还是在具体个案的研究中，郑振铎关注的重点，主要是"写下来"的"俗文学"，"口传的"最多只能算这种文学"前史"阶段的形态，真正以口头形式传承和流传的语言艺术，也即今天学科分类中狭义的"民间文学"，始终没有进入他直接的观照范围。他有关中国文学研究的总体框架，是依据书面文学的特征设计的，其中所涉及的"民间文学"，都是历代书面记录或创作的内容，并且都是按照书面文学的一般要求来安排它在整体框架中的位置。他有关具体民间故事、传说的多篇研究文章，如《老虎婆婆》《中山狼故事之变异》《榨牛奶的女郎》《民间故事的巧合与转变》《孟姜女》《螺壳中之女郎》《韩湘子》等，尽管篇幅不长，却均立足于故事类型学，在一种广阔的比较视角下展开讨论，既体现了作者涉猎材料之广博，又反映了其在民间文学类型与母题研究方面的敏锐性。然而，文中所用材料，都来自古今中外的文献，却几乎没有他自己或同人所采集的口头资料。这种取向的产生，一方面源于前述郑先生在雅文学传统上形成的学术理念，也就是说，他虽然力求从民间文学的视角来拓宽文学的范畴，改变文学的观念，但其立足点还是"正统"的书面文学所确立的标准；另一方面，又是其个人研究兴趣——对书面创作或书面文献的情有独钟——所致。事实上，对书面化的古代民间文学的重新重视和推崇，也是"五四"时期一批热心于民间文学的研究者的共同取向。[4]

由于是从上下层文学互动的角度来观察以书面形式呈现的（广义）民间文学，郑振铎的"俗文学"所涉及的主要范畴，自然就集中在了钟敬文文学分层论所说的上下层之间的"中间层"，即属于市民阶级的"通俗文学"之上。按照这种更细化的分层，文学被分为上、中、下三个层次，而不是以往常说的上、下两层。其中处于中层的俗文学，过去被笼统地认为属于文学二分说中的下层文学，但实际上，它与上层文人的创作和底层民众的口头传统都不尽相同，却又互相关联，有着千丝万缕的联系。[5] 从中既可以发现上层文

---

[1] 黄永林：《郑振铎与民间文艺》，南京大学出版社1996年版，第66页。
[2] 黄永林：《郑振铎与民间文艺》，南京大学出版社1996年版，第66—71页。
[3] 郑振铎：《中国俗文学史》，商务印书馆2005年版，第3页。
[4] 钟敬文：《"五四"时期民俗文化学的兴起》，《钟敬文文集·民俗学卷》，安徽教育出版社2002年版，第104—149页。
[5] 钟敬文：《话说民间文化》自序，人民日报出版社1990年版，第1—14页；马昌仪：《钟敬文与民俗文化学——访谈录》，《文艺报》1992年3月14日。

学的深刻烙印，又可以看到民间文学的显著影响，可以说，这是一种极富生机和活力的文学形态。以它为媒介，不仅可以向上观察正统文人的书面文学，又可以向下理解底层民众的民间文学，在对从社会地位来看处于民族文学两端的两种文学予以分别观照的同时，尤为重要的是，可以把上、下两个阶层的文学连接起来，集中探究二者之间的冲突、协商与互动，以及这种协商互动对民族文学整体发展的推进作用。

作为上下层的交汇点，俗文学中往往突出地体现着不同思想的交互影响。对这一点，郑振铎有着清醒的认识："在几十年来的威逼、利诱、蹂躏扫荡的种种打击之下，大众文学是久已被封锁于古旧的封建堡垒里，其所表现的，每每是很浓厚的封建的农村社会里所必然产生的题材、故事或内容；充满了运命的迷信，因果报应的幻觉。对于压迫者的无抵抗态度，对于统治阶级的虚华的歆羡，对于同辈的弱者的欺凌，对于女性的蔑视与高压；差不多是，要不得的东西占了大多数。"[①]

郑振铎褒扬民间文学本来的价值，贬抑其因文人学士而受到的歪曲，这种态度，体现了一种浪漫主义立场上对"纯粹民间"的想象，这几乎是"五四"以来知识分子共同拥有的理想化视角。鲁迅就说过："旧文学衰颓时，因为摄取民间文学或外国文学而起一个新的转变，这例子是常见于文学史上的。不识字的作家虽然不及文人的细腻，但他却刚健，清新。"[②] "士大夫是常要夺取民间的东西的，将竹枝词改为文言，将'小家碧玉'作为姨太太，但一沾他们的手，这东西就跟着他们灭亡。"[③] 在这种认识中，"民间"被视为一个纯洁、高尚而完美的主体，只是由于以文人士大夫为代表的统治阶层的干预，其纯粹性、完美性才遭到破坏。事实上，这种浪漫想象，只是基于"他者"或局外人视角的一种建构。因为并不存在一个纯粹的、完全独立的"民间"。所谓"民间"的或是"大众"的文学，不可避免要受到来自不同社会阶层观念与意识形态的影响；即使可能有一个相对独立、不受上层阶级思想"污染"的"民间"，民众当中也仍然会存在复杂多样的思想或观念，这些观念在我们今天看来属于消极的各种内容或因素，并不一定只是统治阶层"腐朽"思想影响的结果，而常常是广大民众在不同历史阶段适应不同自然与社会环境的过程中形成的特殊经验总结——当然，结合数千年来民众及其文化长期受压制的历史，以及"五四"新文化运动以来始终弘扬的"民主"精神来看，那些先进知识分子对于"民间"的这种相对激进的褒扬态度，也是完全可以理解的。

尽管存在着对"民间"过于绝对化的理解偏颇，但通过"归罪于"上层文化的不良影响，包括郑振铎在内的先进知识分子，还是清楚地看到了俗文学中存在的思想观念上的弊病和艺术上的不足，并在高度褒扬其对劳动大众及文学整体发展所具有的积极价值的同时，对它做出了中肯甚至严厉的批判。这种态度，可谓入乎其内又出乎其外，它既有助于全面认识民族文学的总体面貌，又必然有益于整个文学的健康发展。其中所体现的立足于高度文化自觉的积极反省精神，对于我们今天有关文化自信问题的讨论，也有着特别的启发意义。

---

① 郑振铎：《大众文学与为大众的文学》，《郑振铎文集》第六卷，人民文学出版社1988年版，第189页。
② 鲁迅：《且介亭杂文·门外文谈》，《鲁迅全集》第六卷，人民文学出版社2005年版，第98页。
③ 鲁迅：《花边文学·略论梅兰芳及其他》，《鲁迅全集》第五卷，人民文学出版社2005年版，第594页。

在作于 1938 年春夏间的《民族文话》中，郑振铎曾这样说过：

> 在这个伟大的时代，把往古的仁人志士、英雄先烈们的抗日战争故事，特别是表现在诗、文、小说、戏曲里的，以浅易之辞复述出来，当不会是没有作用的……我们将在这往昔的伟大的故事，不朽的名著里，学习得：该怎样为我们民族而奋斗。气节、人格、信仰乃是三个同意义的名辞，坚定、忠贞、牺牲乃是每个人所应有的精神。每一个人，都应为"大我"而牺牲"小我"，成功不必"自我"……人人有此信念，民族乃得永生。①

诚挚、深厚的爱国情怀可谓跃然纸上。可以说，这种自"五四"以来养成的爱国主义精神与民主主义立场，是支持郑振铎以及同时代许多研究者在民族文学的整体框架中持之以恒地展开民间文学探索的根本动力。

(原载《文学评论》2018 年第 6 期)

---

① 郑振铎：《郑振铎文集》第五卷，人民文学出版社 1988 年版，第 48—50 页。

朝戈金对中国少数民族口头文学研究及其他领域的贡献

马克·本德尔（Mark Bender）

朝戈金是一位在中国口头文学尤其是中国少数民族口头文学研究领域具有举足轻重地位的人物。朝戈金在充满活力的 20 世纪八九十年代获得了接受高等教育的机会，成为一名学者，继而走上了领导岗位。而这一切发生之时正值一个历史性时期，即当时中国正在重新融入世界格局并开始重新检视西方口头文学理论对中国口头传统研究的重要性和潜力。像其他几位同时代的杰出学者一样，朝戈金当年师从中国民俗学研究的泰斗——北京师范大学的钟敬文教授。钟教授可以说是 20 世纪杰出的中国民俗学者，同时也是中国现代民俗学研究的重要奠基人。中国现代民俗学植根于 1919 年的五四运动，这场运动在 20 世纪二三十年代的中国知识分子中开启了深度的知识启蒙、反思和变革。那个时代标志着从当时尚处于发展阶段的西方民俗学领域引入民俗理论。时至 20 世纪 80 年代，西方民俗学研究的方向已经从以收集和研究文本（故事、歌谣、谚语、以及物质文化事象等）为重心转向对民俗演述语境的多维度研究。在中国民俗学重新融入西方理论的这一时期，朝戈金最重要的贡献就是参与译介了以"演述"或"语境"的路径来研究口头文学和语词艺术的民俗理论。演述研究是对与朝戈金同时代的其他几位杰出民俗学者研究成果的补益，而朝戈金译介演述理论关键方面的载体则是他对中国少数民族史诗的研究，而这一研究在中国相对而言是个新领域。在朝戈金对蒙古史诗歌手坡·冉皮勒（P. Arimpil）的《江格尔》史诗演述研究中，他审慎地使用了帕里—洛德的口头创编理论，并用当代西方理论对其加以提升，从而开创了中国口头传统演述研究的新局面。确实，朝戈金的史诗研究和他的其他口头传统研究的显著特征，就是其所具有的全球性理论视野。朝戈金的研究工作反映出他对欧洲、美国和亚洲民俗研究的谙熟，这部分得益于他数次与外国同行一起参加工作坊及田野调查的经历，其中尤其值得一提的是他与研究中亚史诗的学者卡尔·赖歇尔（Karl Reichl）的合作和与史诗研究者约翰·迈尔斯·弗里（John Miles Foley）的共事。这些至关重要的经历以建立联结全球学者的广阔网络为旨归，而这些学者中很多人已经参加过由中国社会科学院民族文学研究所举办的学术会议或其他活动。朝戈金是该研究所在整个 21 世纪早期的重要管理者。

在朝戈金的领导下，民族文学研究所已经成为史诗和口头文学世界性研究的前沿重镇。而这一时期在欧洲和美国，对民俗研究的制度性支持常常遭到非议。不论是落实对濒危口头传统的研究项目、建立覆盖全国的史诗研究田野基地、创建口头文学和其他相关研究的档案、实施非物质文化遗产工程，还是以中国社会科学院研究生院少数民族文学系主任的身份培养一批经过严格学术训练的年轻民俗学者，朝戈金的领导和管理对民族文学研究所的发展乃至中国口头文学研究的发展都至关重要。朝戈金不仅是民族文学研究所的领导和学者，还是中国少数民族文学学会的会长和中国民俗学会副会长，同时还担任民族文学研究所主办的刊物《民族文学研究》的编委，以及美国密苏里大学口头传统研究中心的学术刊物《口头传统》（*Oral Tradition*）的编委。

朝戈金的贡献常常跨越了学科的界限，特别是在他对中国少数民族文学的研究和弘扬方面。少数民族文学研究是一门在1949年之后才逐渐勾连成形的新兴学科，既包含了传统口头作品和传统的与口头相关的作品，也包含了少数民族作家所创作的现代文学作品。朝戈金撰写了一系列文章，强调了诸如"中国少数民族文学写作由何组成"、"双语现象"和"在对多样性比以往更为认可的当今，中国文学史应如何将少数民族文学纳入其中"等关键问题。朝戈金对中国少数民族文学研究的推动，部分是通过撰文这样的方式实现的。与朝戈金在民族写作方面的兴趣相关联的是他对翻译的兴趣。他将迻译作为文化间交互和全球性交流的媒介。朝戈金对联合国教科文组织非物质文化遗产项目的参与和引领得益于他的跨学科眼界和全球性视野，也与他对民间文化的兴趣相关。民族文学研究所和朝戈金门下的研究生开展的诸多区域性项目都与民间文化有关。在朝戈金的影响下，他的学生正开辟出一条口头文学、民俗学和民族文学的研究新路。

我将用以下的篇幅梳理朝戈金在几个关键领域的研究内容，总结和讨论他在中国口头文学研究、民俗和非物质文化遗产研究、少数民族研究、译介领域和其他研究领域的突出贡献。

口头文学和史诗研究

毫无疑问，朝戈金对中国口头文学研究最突出的贡献是在史诗研究领域。仅仅几十年之前，人们对体量宏大的中国史诗传统还知之甚少。1949年以来，研究者们搜集了来自55个中国少数民族的史诗（史诗，从字面上理解，即"历史的诗歌"）。对史诗的分类常常根据其内容和地缘。包括藏族、蒙古族、哈萨克族史诗在内的北方史诗在世界上最长的史诗之列，且以描写英雄功绩伟业为特征。关于格萨尔王这位超自然英雄的史诗有藏文本、蒙文本和其他文字的版本。关于英雄玛纳斯的史诗也不仅在哈萨克族人中传唱，还流传于中国西北部和中亚的其他民族之中。在中国西南部，许多少数民族史诗已经被记录下来，其中包括壮族、苗族、侗族、彝族、景颇族、拉祜族等。这些史诗往往关注的是创世和祖先迁徙这样的内容，有些也包括英雄的功绩和壮举。朝戈金的研究是将现代西方史诗研究引介到中国学界中来，并着重观照关于蒙古英雄江格尔的史诗吟诵传统，正如颇有造诣的史诗歌手冉皮勒所演述的那样。带着这样的研究目标，朝戈金撰写了一系列文章，将世界史诗研究的历史和史诗理论的发展详尽地介绍给中国学者，此外他还撰写了数篇专门论述蒙古史诗的文字。

在他的代表性文章《朝向21世纪的中国史诗学》中，朝戈金系统阐释了西方史诗研究的发展历程：以古希腊语的"epos"一词为开端，再延绵到帕里—洛德理论，直至发展到今日。然后他仔细梳理了中国史诗理论的发展脉络，从19世纪晚期章太炎最早使用"史诗"一词开始，到五四时期包括胡适、郑振铎、周作人在内的一批学者的杰出贡献，再到1929年傅东华以中文迻译荷马史诗《奥德赛》，直至后来关于中国是否有史诗传统这一问题的论争——这场论争一直持续到20世纪80年代中期。朝戈金认为中国史诗研究其实有两个传统，俄国和后来其他国家的学者对格萨尔史诗版本的关注，最早可追溯到帕拉斯（P. S. Palls）在1776年的研究。在述及蒙藏史诗研究成果时，朝戈金在文中罗列了诸位活跃在19世纪和20世纪的欧美学者，包括大卫·尼尔（Alexandra David-Neel）、石泰安（R. A. Stein）、施密特（I. J. Schmidt）、拉德洛夫（F. W. Randoplf）、海西希（Walter Heisseg）、卡尔·赖歇尔（Karl Reichl）、波塔宁（G. N. Poatnin）、科津（S. A. Kozin）、鲁德涅夫（A. Rudnev）、波佩（Nicholas Poppe）、涅克留多夫（S. J. Nekljudov）、兰司铁（G. J. Ramstedt）、鲍顿（C. R. Bawden）、查德威克（Nora K. Chadwick）、肖特（W. C. Schott），以及其他来自欧洲和美国的学者。朝戈金在文中还提到《柏林科学院论文集》自1851年开始刊发关于蒙古史诗研究的论文，以及1716年北京木刻版《格萨尔》的德译本于1839年出版。这两个事件均具有分水岭意义。朝戈金认为如上几个世纪以来对蒙藏史诗的研究属于中国史诗研究的他观/他者叙事阶段。

接着，朝戈金在文中概述了他所认为的来自中国学界的中国史诗研究。他写到，早在1779年，名为松巴·益喜幻觉尔的青海高僧就谈论过有关《格萨尔》史诗的问题。格萨尔史诗在蒙藏两地均有流传。流传地域不同，不仅内容上差别很大，而且连史诗的名字在发音上也有区别。这就可以与20世纪50年代在土家族、图瓦族、纳西族、普米族、傈僳族等少数民族中发现手抄本和木刻本《格萨尔》史诗的史实相对应。朝戈金在文中特别提及任乃强先生。任先生于1929年考察西康藏区，第二年发表了两篇关于《格萨尔》史诗的文字，认为《格萨尔》史诗用诗歌的形式叙述，类似于在汉族群众中流行的、用半韵半散形式叙述的"弹词"和"宣卷"。

随着对流布于中国各少数民族中的史诗传统的意识逐渐增强，政府部门于20世纪50年代组织学者、学生和文化工作者对中国西南地区及其他地区的史诗和口头传统进行了搜集。这次搜集得到了许多重要史诗文本。在经历了20世纪六十到七十年代的学术沉寂后，这些文本使得中国史诗研究在80年代初具规模。自90年代以来，这些史诗中的许多都已经过迻译，刊布在由中国社会科学院民族文学研究所主编的"史诗研究"系列丛书之中，代表性成果有仁钦道尔吉的《江格尔》研究，郎樱的《玛纳斯》研究，降边嘉措和杨恩洪的《格萨尔》研究。除上述对北方史诗传统的研究成果之外，对南方史诗传统的研究成果有刘亚虎的南方创世史诗研究，等等。朝戈金在文中写到，对史诗书面文本的持续关注应该延伸至对史诗口头演述的重视。他引述了自己对冉皮勒《江格尔》演述的研究，作为民族文学研究所正在推行的活态口头史诗研究的例证。他在文中总结道，中国史诗研究跨越了传统意义上英雄史诗界限，将来自中国少数民族的创世史诗和迁徙史诗囊括其中，同时引入具有中国特色的田野工作技巧，从这两方面来看，中国史诗研究丰富了世界史诗研究的图景。换言之，朝戈金已经在世界史诗研究领域拥有了属于自己的一席之地，并使得中国学者在史诗研究方面的贡献无论在普泛意义还是特殊意义上均获得了世界史诗研究界的承认。

在文章后半部分，朝戈金阐述了口头演述研究的关键目标和所取得的成就，强调了与欧美各个学术机构和项目进行广泛合作和学术交流所产生的积极影响。这些机构和项目包括芬兰民俗学暑校，哈佛大学，以及密苏里大学口头传统研究中心。这些合作在一定程度上促成了民族文学研究所"口头传统研究中心"（Oral Traditions Research Center）的落成。该中心是中国第一个关于口头传统的研究中心。同时，上述国际合作也为中国学界带来了欧美史诗研究界的主要思潮，譬如程式理论、民族志诗学、演述理论等，以及欧美学者的某些著作，比如艾伯特·洛德（Albert B. Lord）、格雷戈里·纳吉（Gregory Nagy）、约翰·迈尔斯·弗里（John Miles Foley）、卡尔·赖歇尔（Karl Reichl）、瓦尔特·海西希（Walther Heissig）、哈图·哈拉索维茨（Otto Harrassowitz）、尼库拉斯·波佩（Nicholas Poppe）、涅克留多夫（S. J. Nyekljudvo）等人的著述。1999年，民族文学研究所与密苏里大学口头传统研究中心（Center for Studies in Oral Tradition）建立了正式合作关系，双方特别强调建设性合作，为今后的学术交流和互动铺平了道路。双方的合作包括在各自的学术阵地——《民族文学研究》和《口头传统》上刊发介绍对方口头传统的文章，从而让更多学者得以了解中国少数民族口头传统研究。此外，民族文学研究所在少数民族口头演述传统的记录、数字化和建档方面也做出了诸多实绩，保护了濒危口头传统。自2003年以来，民族文学研究所在内蒙古、青海、四川、广西、新疆建立了史诗研究田野调查基地。这项创新性举措使得在全国大范围内对活态史诗传统进行日常观察成为可能，为研究者提供了无可比拟的视角。另一项激动人心的举措主要针对的是年轻一代的口头传统研究者，这就是民族文学研究所自2006年以来开办的"IEL国际史诗学与口头传统讲习班"。讲习班从全国各主要研究机构中招生，向其讲授民俗学前沿理论。另一具有前瞻性的举措是创立设计精良的数字化平台，"中国少数民族文学资料库/口头传统田野研究基地/中国民族文学网"就是首屈一指的在线资源。

朝戈金在文中强调需不断推进在活态语境中观照口头演述，在史诗传承人所处的社会语境中对其加以研究，从田野经验中获取知识而非仅依赖于史诗文本。朝戈金在文中列举了巴莫曲布嫫提出的田野调查中的"五个在场"，阐述了基于中国经验来搜集和分析活态口头传统的创造性过程。最后，朝戈金肯定了中国口头传统研究未来发展的潜力，特别提到改进后的田野工作方法将使中国学者在本土和国际学术语境中做出更大贡献。在另一篇相关文章《国际史诗学若干热点问题评析》中，朝戈金注意到史诗研究日益明显的跨学科特质和其借由文化人类学、民俗学、传播学等理论而日渐丰富的学理武库。

朝戈金的杰作无疑是他对史诗歌手冉皮勒的研究。他运用帕里—洛德理论和更为晚近的口头传统的演述理论来分析冉皮勒的史诗演述。这是由中国学者完成的首个运用如上理论来分析中国口头传统的主要研究。《口传史诗诗学：冉皮勒〈江格尔〉程式句法研究》一书于2000年由广西人民出版社出版。该书是对蒙古口头史诗活态演述的结构性元素的宝贵述介。在过去的几百年中，写定的书面文本一直是学界所关注的中心，而史诗活态演述与书面文本存在很大区别。该书的出版还为传统的基于文本的研究方式提供另一种多侧面的、改进了的替代模型。基于文本的研究方式在中国由来已久，在这种方式下，口头文学常常是被写下来的，而那些没写下来的也要被记录、编辑、出版或存档，所附带的信息至多也只有搜集这个资料的大致地理范围，或许还有演述者和搜集者的名字。朝戈金的这项研究之所以不同凡响，就在于他关注史诗歌手冉皮勒，关注他作为史诗传播者的角色，关注他是如何在社区中被语境化的。此外，朝戈金的这项研究之所以至关重要，还在于他把来自西方学界的影响与来自中国学术视角的洞见相结合，一方面促进了口头文学研究的中国理路的形成——而这种理路提升了当下在中国口头文学的发展中出现的趋势，另一方面又为世界口头文学研究提供了助力。

在他于20世纪头十年所写就的一系列文章中，朝戈金审慎细致地向中国学者译介西方史诗研究中的话语、概念和方法论，对研究生和青年学者产生了尤为深远的影响。这些文章读来就如同史诗理论教科书中的各个章节，述介以历史年代顺序精心排列的关键词汇和概念。朝戈金个人与许多理论家的往来互动无疑为他的这些文章增添了有力的维度。譬如，在题为《口传史诗诗学的几个基本概念》的文章中，他介绍了"口头传统（oral tradition）""口头程式理论（oral formulaic theory）""演述理论（performance theory）"和"民族志诗学（ethno poetics）"等关键概念，并界定了一张理解这些理论所必需的关键词表，其中包括"史诗创编（epic composition）""史诗集群（epic cycle）""诗章（canto）""歌与歌手（song and singer）""口头传统（oral tradition）""文本（text）""语境（context）""语域（register）""口头性（orality）""文本性（textuality）""程式句法（formulaic diction）""特性修饰语（epithet）"等词。在结论部分他重申道，需对西方理论有透彻了解，方可丰富中国史诗理论，并为中国史诗研究在本土切实发展、在国际史诗研究领域壮大影响而创造路径。我们十分有必要将这种对西方理论的译介放在历史语境中进行观照。八十年代后期正值中国改革开放、吸纳物质和非物质文化事象与思想以建设现代化国家之时，而对西方文化的译介只是这一宏大政府构架中的一小部分。

在他的另一篇雄文《从荷马到冉皮勒：反思国际史诗学术的范式转换》中，朝戈金直接将中国史诗研究置入以荷马为开端的历史编年框架中。作为中国当代的史诗歌手，冉皮勒不仅是史诗艺人的活生生的代表，还彰显了史诗研究在中国的潜力。朝戈金在文中呈现了一场19世纪西方学者之间关于"荷马问题"的论争。这场论争所引出的一个问题，由维克多·戴维斯·汉森（Victor Davis Hanson）和约翰·希斯（John Heath）在两人于1998年出版的合著《谁杀死了荷马？古典教育的消亡和希腊智慧的复苏》（*Who Killed Homer: The Demise of Classical Education and the Recovery of Greek Wisdom*）中，用书名的方式提了出来。朝戈金的这篇文章用很大篇幅介绍了帕里—洛德理论的方方面面，以及20世纪六七十年代演述理论在口头叙事研究中的兴起。文中所含的两张图表对口头史诗和书面史诗在描述性范畴中进行了比较，而这样的范畴模糊了口头史诗和书面史诗间严格的界线。第一张图表基于芬兰史诗学者劳里·航科（Lauri Honko）和美国学者约翰·迈尔斯·弗里所提出的观点，从创编（composition）、演述（performance）和接受（reception）的角度，比较了荷马史诗、格萨尔史诗和芬兰史诗《卡莱瓦拉》（*Kalevala*）这三个分别属于"口头文本和口传文本（oral text）"、"源于口头的文本（oral-derived text）"和"以传统为取向的文本（tradition-oriented text）"的史诗。文中的另一个图表所依据的是约翰·迈尔斯·弗里在其2002年出版的著作《如何阅读一首口头诗歌》（*How to Read an Oral Poem*）中提出的分类原则，图表包括"介质分类（media categories）"、"创编方式（composition）"、"演述方式（performance）"、"接收方式（reception）"和"示例（example）"几个部分。图表中选取的比较对象有西藏纸页歌手（Tibetan paper-singer）、斯拉牧诗人（Slam Poetry poet）、荷马史诗《奥德赛》（*Odyssey*）和涅戈什主教（Bishop Njegos）创作的塞尔维亚史诗。第二张图表在某种程度上反映了朝戈金的研究工作对弗里的影响，也反映了国际理论界对中国史诗诗章的最高认可。在文末，朝戈金直言不讳地指出中国活态口头史诗传统的现状不容乐观：中国飞快的现代化进程和西部地区的发展加快了口头史诗传统的衰落，老一代歌手相继离世，年轻一代歌手难以寻觅。对《格萨尔》《江格尔》和《玛纳斯》这北方三大史诗来说，当下面临的处境就是"人亡歌息"。因此，亟须采取最有效的措施保护现存的活态传统，比如以数字化形式保存资料，或以更大的努力来吸纳年轻史诗传承人。

朝戈金有数篇关于蒙古史诗和史诗研究的文章是以英语的形式出现在话语媒介中的，

其中最为人熟知的是刊发于《口头传统》上的两篇向全球学者介绍中国的蒙古史诗研究情况和中国史诗研究学科走势的文章。在他发布于民族文学研究所英文版主页的《蒙古史诗特异质：〈江格尔〉程式研究》（Mongolian Epic Identity: Formulaic Approach to Janggar Epic Singing）一文中，朝戈金简明扼要地总结了他在冉皮勒演述的《江格尔》史诗中所发现的程式结构，使得不通晓汉语的读者也能一睹他的研究成果并借此大致了解蒙古史诗的修辞结构，而关于这一修辞结构，朝戈金在他的著作中有过详细阐述。他的论述所基于的是冉皮勒演述的《江格尔》史诗的录音，这段演述是《江格尔》的一个诗章，长达652行，称为"铁臂萨布尔之章（Hundu Gartai Sabar in Bulug）"。他还在文中提醒读者，蒙古史诗用头韵，诗行往往比较短小（常为4到5个字），程式包含至少一整个诗行，不用跨句（enjambment，荷马史诗中多见），等等。通过对程式结构的分析，朝戈金发现在"铁臂萨布尔之章"中有着数量惊人的固定短语和特性形容词（epithet），它们被用来描述英雄、英雄的马匹、武器、场所等。在这一诗章中，单是特性形容词就占了26.5%（173行）。朝戈金对"如此小的一个样例能揭示蒙古史诗的哪些方面"这个问题的回答也十分有趣。他认为一次演述其实是整个史诗演唱传统的交汇点，而且，考虑到上百部蒙古史诗和其无以计数的各种版本，通过一个较为限定的类型反而更易于接近繁复的传统。文中大量讨论主要集中在列举以英语和拉丁语转写的蒙文这两种语言所呈现的特性形容词，与他著作中以蒙文和汉语呈现的版本相呼应。他还通过史诗中对一个英雄首次出场时的描写来讨论程式创编的特征；提到在演述中范型和程式是如何被巧妙组织和处理的；述及演述者和观众对史诗演述的喜好表现在史诗歌手会往诗行中加入多少装饰性成分。最后，朝戈金写到，一次演述如何融合固定性和灵活性，在很大程度上取决于歌手彼时彼刻的态度和感觉。虽然这篇英语论文主要论述的是特性形容词，但它仍然使得外国读者可以一瞥朝戈金在解读冉皮勒蒙古史诗演述上的贡献。

非物质文化遗产

自21世纪伊始以来，对中国民俗学和口头演述研究影响最大的事件，恐怕就是中国对联合国教科文组织非物质文化遗产项目的参与了。联合国资助、支持那些旨在认可和保护全球文化遗产的项目。中国已深度参与到联合国非遗项目之中，并且全国范围内的很多地方社区已经有了自己的非遗项目，这些项目经由竞争激烈的遴选，获得国家非物质文化遗产保护工作专家委员会的承认和资助。这一过程，连同相关的媒体报道和地方振兴主义，都给研究者们带来了新状况和新挑战。朝戈金撰写过数篇关于非遗的文章，其中一篇名为《知识共享伙伴：非物质文化遗产保护中的民族志立场》。在该文中，朝戈金立足各主体间的知识共享，对民族志田野调查、方法和理论提出了建议。一个重要的考量就是基于个人和社区的层面、在研究者和当地传统传承人之间建立起"伙伴关系"。联合国教科文组织非遗项目的目标之一就是赋权给当地，让他们自己来管理和保护自己的传统，因而研究者们应当尊重当地参与者、珍视他们的知识和经验。例如，在演述文类中经常遇到的方言、姓名的使用、术语以及其他语言学领域的特征，都应该被承认、尊重、学习和研究。作为保存和研究过程的一部分，学者应承认当地人所掌握和传承的知识的博大精深之处，并用这种知识来描述非物质文化遗产在本地的生产过程。朝戈金在文中提到安徽传统的宣纸造纸工艺，其工序达130多道，因而与当地手工艺人和传统传承人密切协作、深入了解这一工艺，就成为该项非遗保护工作的关键。他还强调，对某一项传统的保护和研究经验也可以用在别处其他的相似传统上。就安徽传统宣纸造纸工艺的保护来说，中国东部和中国西部的贵州、西安、青海和云南等地的民间工业，也可以共享安徽经验。在与传统传承人接触时，彼此尊重和伙伴关系的建立十分重要。保护工作能否成功，就取决于这种关系。文章主要阐述的是研究者和学术机构之间变为"知识共享伙伴"这一理想目标。按照这一构想，来自各领域、各机构的专家学者应通力合作，从而使得知识和学术资源能最大限度地作用于非遗保护项目。彼此间共享的知识包括与当地文化有关的数据、方法和分析。朝戈金在文中写到，虽然学者们都有自己的计划安排，但共享知识可以使大家都从中获益。考虑到许多学者和研究单位都有在自己的小圈子里闭门造车的倾向，朝戈金的建议就如同一位明智的顾问给出的忠告，旨在提升普适性研究方法的效率，而这种研究方法在许多学科领域都具有价值。

中国少数民族文学

朝戈金写过一系列关于少数民族文学的简明扼要的文字。这些文字可以说与他的另一篇文章相关，即《钟敬文"多民族的一国民俗学"思想的再认识》。这篇文章发表于2012年，论述了在中国民族统一性和多样性的语境下，钟敬文对少数民族民俗研究的若干看法。

文章表述了这样的基本观点：中国是一个多民族国家，人口占多数的汉族，其文化传统被载入文字记录的历史已有数千年之久；而其他55个少数民族中，即使是最小的那个民族，也应该得到尊重并享有与汉人社会平等的地位。虽然朝戈金承认这样的愿景并未完全实现，但他推进了钟敬文"多民族的一国民俗学"思想。在文章的后半部分，朝戈金指出了少数民族文学研究在未来的发展领域，包括对民族志研究的借用；他还提到借助非遗项目也有机会搜集和保护少数民族民俗，其中包括口头文学和与口头相关的文学。在他于1998年发表的文章《中国少数民族文学学科的概念、对象和范围》中，朝戈金客观阐述了1979年以来民族文学研究这一新领域的发展状况并大力支持该领域今后的发展。文中还述及20世纪60年代苗、白、纳西和藏族文学史的出版这一标志性事件。这些少数民族文学史着眼于口头的和传统的书面文本和前现代或当代的少数民族作者，是最早的一批对中国少数民族文学的研究。

在《中国双语文学：现状与前景的理论思考》一文中，朝戈金探讨了语言媒介在中国少数民族作家作品中的运用，指明双语写作通常指的是一个作家用两种或两种以上的语言进行创作——在中国，通常情况是以本民族语言和标准汉语进行创作。但他继而指出，中国许多少数民族作家不仅不以其本民族语言进行创作，而且很可能都不会讲自己的民族语。事实上，中国很多少数民族作家就属于这种情况。虽然有些作家或许并不能熟练操持自己的民族语，但其身处民族文化语境中的经历给了他们有别于来自其他少数民族的作家的视角，因此这些作家还是在中国少数民族写作中占有独特的一席之地。另一方面，在提到具有双语能力的作家的数量有所增长的同时，朝戈金也指出了其他与中国少数民族文学写作的发展相关的因素。这些因素包括：势不可挡的现代文化的同化作用，这已经从生活方式和审美品位两方面影响了作者和读者双方；标准汉语的大面积使用，而汉语是在中国进行交流的有效媒介；以及读者对母语写作的接受。针对最后一个因素，朝戈金举出了景颇族作家岳丁的例子。岳丁以景颇语发表了一首诗歌，但读者对这首作品兴味索然，直到岳丁重新发表了这首诗的汉译版，才引起大家的兴趣和关注。这种理想和现实的矛盾是中国母语写作在今后的发展道路上经常要面对的问题。朝戈金在文中列出了一个表格，以"文化水平""语言流利程度""文本在其社区及社区以外的接受度"三个维度来阐述少数民族作家的地位。在强调双语的重要性的同时，他也指出语言的使用就如同文化一样，总是处于不断变化之中；文化和语言现实之间的关系是复杂和多维度的。中国少数民族写作正是处于这样的动态系统之中，并且将会继续被有着不同背景的少数民族作家用不同语域书写下去。

翻译研究

翻译领域是朝戈金为增进中国学者和其他国家的学者之间的了解而做出贡献的又一阵地。在中国，每年都有大量的学术成果问世，但其中能有机会被迻译为外语的，数量很少。汉语是中国学界使用的主要语言，对学者们来说，自己用外语写作或找人翻译自己的著作就显得很有必要。在过去几十年中，汉语流利到可以应对中文著述的外国人的数量有所增加，但毕竟人数有限。因此，翻译就成为学者和国际层面互动的重要一环。朝戈金时常在世界各地的学术会议上展述英语论文，并已发表了数篇英语文章。同时，他也将一些英语写成的研究成果迻译为汉语，其中最为人熟知的是从1985年出版的约翰·迈尔斯·弗里的《口头程式理论和研究》（*Oral Formulaic Theory and Research*）一书中选取翻译的一章。他另一更为重要的译作是翻译了弗里的《口头程式理论：历史与方法》（*The Theory of Oral Composition: History and Methodology*）。2011年出版的《哥伦比亚中国民间和通俗文学选集》（*The Columbia Anthology of Chinese Folk and Popular Literature*）中收录了两篇由朝戈金和笔者合作翻译的英译蒙古史诗。一篇译文的史诗选段所依据的是汉语本《格萨尔汗》，而《格萨尔汗》是由已故史诗歌手帕吉演述的蒙文版格萨尔王史诗。选段所写的是著名的格萨尔汗大战十二头怪的故事。另一篇译文所选的是《江格尔》史诗的介绍性诗章，描写了江格尔的宏伟宫殿和对英雄伙伴们的盛情招待。两篇译文刊发在《选集》的"史诗传统"这一版块，该版块还刊登了中国西北部达斡尔族的一首包含英雄史诗母题的长歌，以及彝、瑶、苗族文学的选段。该版块突出了中国口头文学中的史诗，可谓具有突破性意义。

作为民族文学研究所所长，朝戈金除了译介民俗学文本、文章外，还大力推进了民族文学研究所的在线双语资源建设。民族文学研究所的主页不仅呈现了很多中文和英文的资料，还提供了指向其他研究资源的链接。该所网站主页上写到，该网站的部分使命就是"收集、记录、转写、翻译、数字化和出版口头文本和书面成果"。网站提供的资源涵盖少数民族口头的和与口头有关的传统，还提供了指向《民族文学研究》的链接（该刊物在2001年还创建了光盘版）、对当下重要学术成果的简要介绍以及英语文章或被翻译成英语的文章。朝戈金和约翰·迈尔斯·弗里两人在20世纪90年代后期搭建的学术联系使得《口头传统》这一刊物和民族文学研究所之间有着特别的关系，该刊物上许多文章的中译版都能在其网站上找到。这一颇有创见的举措彰显了中外学界在通力合作、跨越语言藩篱、促进学术沟通方面所具有的潜力。民族文学研究所网站上还有一则链接指向朝戈金的英语论文《蒙古口头史诗诗歌概述》（*Mongolian Oral Epic Poetry: An Overview*），该文1997

年发表于《口头传统》。

朝戈金研究工作中的国际向度得益于他与诸多外国学者的互动。20世纪90年代，朝戈金与卡尔·赖歇尔一同从事田野调查、研究哈萨克史诗，深受赖歇尔的口头史诗研究方法的影响。在朝戈金与外国学者的互动交流中，或许最有影响力和成果的，就是他与已故的约翰·迈尔斯·弗里教授在密苏里大学口头传统研究中心建立起的特殊联系。两人于1999年正式建立起民族文学研究所和密苏里大学口头传统研究中心的关系，并合作进行了多个数字化项目（包括上述提及的在各自网站上开展的工作）。同时民文所和口传研究中心之间还有交换项目，即民文所的学生赴口传中心学习一段时间。朝戈金将弗里的思想、文章和主要著作译介给广大的中国民俗学者和民族文学专家；而弗里则通过在《口头传统》上刊发经过翻译的文章，来为中国口头文学和少数民族史诗传统赢得更广泛的国际关注。两人之间也有着深厚的友谊，朝戈金就是弗里家非常受欢迎的客人。弗里在2012年逝世，为了纪念他，朝戈金发表了一篇感人至深的悼文，追述了他们密切的学术联系和深厚的私人友谊，两人的往来在国际中国口头文学研究史上堪称最有意义的关系之一。

结语

自20世纪90年代以来，朝戈金就开始不遗余力地在中国史诗研究领域做着建设和推动工作。他所做的努力为中国学者在民俗研究、口头演述研究、文化人类学、非物质文化遗产研究等相关领域带来了新理论和新方法。另一方面，他也使得中国少数民族史诗和口头文学研究获得了国际学界的瞩目，在口头史诗研究界获得了越来越重要的地位。他的蒙古史诗研究为既有的史诗理论注入了新的洞见，为以史诗歌手冉皮勒在《江格尔》史诗中的口头创编技巧为形式的跨文化研究提供了更丰富的信息。他还译介了西方史诗领域的重要著作，就中国少数民族口头和书面文学的地位和未来、非物质文化遗产等相关话题撰写了一系列文字。作为领导者，朝戈金在他所管理的机构中拥有最高位置。在这些机构中，他建立了人力资源和制度性资源的极富成效的世界性网络，譬如项目合作、文化交流和举办国际学术会议。作为老师，朝戈金极有远见地培养了一批具有学术热情的年轻学者，他们接受学术训练以便在未来应对民族志研究和保护中所遇到的挑战。质言之，朝戈金是一位堪称典范的21世纪早期的学者和领导。

陈婷婷　译

（原载高荷红、罗丹阳主编《哲勒之思——口头诗学的本土化实践》，
中央民族大学出版社2017年版）

文化生态保护区：非遗保护的中国实践

陈华文

我国非遗保护的历史只有很短十多年时间，但我国的非遗保护工作，很好地与地域文化、民族文化的保护，尤其是以乡村为背景的优秀传统文化的保护结合了起来，形成了具有中国特色的非遗保护经验，其中影响最深远的是探索设立了文化生态保护区。设立文化生态保护区的非遗保护模式，在全世界范围都比较少见，既是对非遗保护路径的创新，也是对非遗保护理念的创新。

一 还非遗以生存的土壤和空间

非遗产生于民间，繁荣于民间，与当地的社会、人文、自然环境密切相关。失去了特定的环境，非遗便失去了赖以生存的土壤和空间。随着现代化的到来，非遗赖以存在的文化生态环境正发生变化。所以，客观现实要求非遗保护必须要关注非遗与周围环境的依存关系，要求对非遗进行整体性保护，即不仅要保护单项的非物质文化遗产及与之相关联的诸种条件，也要对非遗及与之构成传承链条的文化、社会、经济、自然环境等系统整体进行保护。

由于全世界范围内非遗保护的历史都比较短，所以有关非遗保护可供借鉴的经验非常有限。设立文化生态保护区，对非遗实行区域性整体保护，是我国非遗保护工作的创新。设立文化生态保护区，可使非遗和相关文化都得到完整保护。从2007年开始，我国已建立21个文化生态保护区，涉及17个省（自治区、直辖市），保护区内的主要聚居民族有汉族、藏族、土族、回族、撒拉族、羌族、土家族、苗族、白族、壮族等23个。同时，参照国家级文化生态保护区的做法，各省（区、市）也设立了140多个省级文化生态保护区。

不过，文化生态保护区不等于"非物质文化遗产保护区"，它至少还包括自然生态环境保护、物质文化遗产（文物）保护和其他人文精神财富保护等。对于非遗而言，设立保护区的意义在于，还非遗以生存的土壤和空间。

近年来，文化部门不断提出指导意见，要求文化生态保护区建设要"见人见物见生活"，把非遗项目和其得以孕育、滋养的人文生态环境一起保护；在古村落和老街改造中保留原住居民，保护原住居民的生活方式，避免实验区内的传统村落、老街变成只有建筑和商铺、没有原住居民的空心遗址，避免非遗失去传承的基因、环境和土壤，这些都体现了整体性保护的要求。

二　让民众在非遗保护中受益

目前，我国21个文化生态保护区涉及198个县（市、区），数万个传统文化村落。文化生态保护区中的不少地方，面临着文化遗产保护与社会经济发展的双重压力。如何协调二者的关系，进而实现文化遗产保护与社会经济发展的双重目的，一直是一大难题。十多年的保护实践证明，建立文化生态保护区，以非遗为主要抓手，对包括非遗在内的文化遗产进行整体性保护，既能实现文化传承的目的，又能达到乡村振兴的效果。

比如，武陵山区（湘西）土家族苗族文化生态保护区，坚持"四个结合"的工作方法，即把非遗保护与物质文化遗产保护有机结合，与传统村落保护有机结合，与文化旅游产业发展有机结合，与群众受益有机结合，逐步探索出具有湘西特色的文化生态整体性保护之路。通过在保护区内的相关村寨设立传习所、生产性保护基地，开展民族传统节庆活动，提倡讲民族语言、着民族服饰、习民族习俗等，较好地恢复了非物质文化遗产的存续空间。与此同时，生产性保护工作也在保护区全面展开。保护区内现有1个国家级非遗生产性保护基地和12个州级非遗生产性保护基地，以落实传统工艺振兴计划为契机，重点扶持土家族织锦技艺、苗族银饰锻制技艺和湘西苗绣非遗产品的提质升级，打造了一批非遗生产性保护龙头企业，为当地群众解决了就业，增加了收入，让群众在文化遗产的保护中切实受益，为脱贫攻坚和乡村振兴开辟出新的路子。

我们常说"非遗即生活"。正是因为过去的生活方式发生了改变，所以非遗才会失去存在的载体，面临传承危机。包括武陵山区（湘西）土家族苗族文化生态保护区在内的各文化生态保护区的保护实践，重建了以非遗为中心的生产生活方式，修复了当地的文化生态。这其中很重要的一条经验就是以人为本，让民众从非遗传承与保护中受益。那样才能让非遗保护深入人心的同时，重建人们对于特色文化、区域文化和民族文化的认知和自信，从而达到自觉践行和保护"自己文化"的目的，从而让非遗传承进入自我发展的良性轨道。

三　整合多方资源形成保护合力

文化生态保护区的独特性在于，把文化遗产、环境、人等因素作为一个整体进行考量，努力实现"遗产丰富、氛围浓厚、特色鲜明、民众受益"，体现了中国人的聪明和智慧，是中国人在非遗保护中的创新。在毫无经验可资借鉴的情况下，我国的文化生态保护区建设已走过了十年，形成了非遗保护的中国模式和中国经验。

通过设立文化生态保护区，大量包括非遗在内的优秀传统文化得到了有效保护。比如，热贡文化生态保护区以唐卡艺术为代表的热贡艺术，不仅得到较好保护，而且获得了全面发展，让区域内藏族和土族群众一起受益；通过整体性保护，海洋渔文化（象山）生态保护区的开渔开洋活动及与之相关的传统街区、活动场所、活态的祭祀和感恩性活动，与生活相关的饮食、技艺、艺术和节日文化等，都得到了更好的传承和发展，区域内的传统渔文化得到了传承发扬；而三个客家文化生态保护区，则让当地民众的客家文化保护意识普遍觉醒，民众的文化自觉和文化自信获得空前提高。

尽管我国的文化生态保护区建设工作取得了一些成果和经验，但由于这是一项全新的事业，所以也存在一些需要解决的问题。比如，有的地方还未将文化生态保护区建设纳入当地经济社会发展规划、财政预算和工作考核目标，生态保护区建设只依赖中央财政，地方支持不足。有的地方的文化行政部门在生态保护区规划制定中过分倚重规划编制单位，自主参与度不够，导致规划过于理论化，可操作性不强。此外，总体规划批复后，由于地方人力、财力限制，部分规划事项未能如期实施也无问责机制，规划的约束力不够。

未来，应加强资源整合，统筹推进文化生态保护区建设工作，加强当地社会组织的动员工作和实质联系，通过与社会组织、企业和学术研究机构等开展合作，鼓励社会组织自觉、积极开展非遗传承，最终形成自下而上和自上而下相结合的良性动力传递机制。

（原载《光明日报》2018年6月2日）

开创生动局面 提供中国经验

——我国非遗保护工作行稳致远

王学思

从 2001 年昆曲入选联合国教科文组织"人类口头和非物质遗产代表作"名录开始，我国由政府主导推动的非遗保护工作走过了 17 个年头。尽管在国际视野下，我国非遗保护工作开展的时间不算长，但在党中央、国务院的高度重视下，在各级文化行政部门和社会各界的共同努力下，我国的非遗保护工作蹄疾步稳，保护成果丰硕璀璨，不仅开创了非遗在当代传承发展的生动局面，而且许多非遗保护的方法和措施为国际社会提供了中国经验。

建章立制，构筑非遗保护体系

为了较为全面地了解和掌握各地区、各民族非遗资源的种类、数量、分布情况、生存和传承状况，2005 年至 2009 年，我国开展了首次全国性的非遗资源普查活动，普查出非遗资源总量近 87 万项。在此基础上，我国建立了国家、省、市、县四级非遗名录体系。截至目前，国务院批准公布了 4 批共 1372 项国家级代表性项目，各省区市批准公布了 15550 项省区市级代表性项目。原文化部认定了 4 批共 1986 名国家级代表性传承人，各省区市认定了 14928 名省区市级代表性传承人。我国入选联合国教科文组织人类非遗代表作名录项目达到 39 个，位居世界第一。

2011 年，我国颁布实施了《中华人民共和国非物质文化遗产法》。该法的出台具有里程碑意义，为我国的非遗保护工作提供了坚实的法制保障。原文化部相继出台了关于非遗代表性项目保护与管理、代表性传承人认定与管理、专项资金管理、文化生态保护区建设管理等制度规范。截至 2017 年底，全国有 26 个省区市颁布了非遗保护条例。

随着认识的不断深化，我国提出对非遗及其孕育发展的环境进行区域性整体保护。自 2007 年闽南文化生态保护实验区设立以来，我国先后在非遗项目集中、特色鲜明、内容和形式保持完整的区域设立了 21 个国家级文化生态保护实验区，努力推动各个实验区成为遗产丰富、氛围浓厚、特色鲜明、民众受益的文化生态区。

传承弘扬，提高传承实践能力

在不断完善非遗保护体系的基础上，近年来，原文化部提出了"在提高中保护""非遗走进现代生活"和"见人见物见生活"三个重要理念。以保护传承实践、保护传承能力、保护传承环境为重点的一系列工作次第展开，使得非遗回归生活，并且在当代生产生活中再现活力。

非遗记录工作是非遗传承保护的一项基础性工作。党的十八大以来，原文化部在前期调查记录的基础上，开展了非遗抢救性记录，并逐渐总结经验，拓展确立了非遗记录工程。截至2017年底，中央财政累计支持对839名国家级代表性传承人开展抢救性记录工作，一批代表性传承人所承载的独到技艺、文化记忆得到记录和保存。

传统美术、传统技艺和传统医药药物炮制类非遗项目，具有原本在生产实践中产生，其文化内涵和技艺价值要靠生产工艺环节来体现，广大民众通过拥有和消费传统技艺的物态化产品或作品来分享其魅力等特点。针对这一类型的非遗项目，我国提出"生产性保护"的理念，鼓励和支持传承人积极恢复生产，真正实现活态传承。

为了进一步推进传统工艺的传承与振兴，扩大非遗传承人队伍，2015年，原文化部联合教育部启动实施了中国非遗传承人群研修研习培训计划。截至2017年底，累计有4.8万人通过研培实践树立了自信、得到了启发、增强了能力；学员创作生产的优秀作品和丰富产品，充分展现了广大传承人群的创造力和想象力得到释放后可以产生的巨大能量。

为探索振兴传统工艺的有效措施，从2016年3月起，原文化部支持相关企业、高校和机构等陆续在传统工艺聚集地设立了10个传统工艺工作站，涉及刺绣、木雕、漆艺、金属锻制、传统民居营造技艺等多个门类。截至目前，新疆哈密站、湖南湘西站、贵州雷山站、青海果洛站、安徽黄山站在设计师和手工艺者的合作中，共研发出1000余种走进现代生活的实用产品，有效推动了传统工艺的创造性转化和创新性发展。

精准扶贫，从"指尖技艺"到"指尖经济"

通过生产性保护，一方面弘扬传承了传统工艺，另一方面实现了群众收入的增长，帮助贫困人口脱贫。一些传承人表示，"指尖技艺"已真正转化为"指尖经济"。

2017年，原文化部重点支持民族地区、边远地区、贫困地区非遗传承人群参与研培计划。研培学员通过培训不仅提高了传承实践能力，而且发挥了辐射带动作用。以贵州省黔东南苗族侗族自治州为例，据不完全统计，仅该州2017年上半年参加研培计划的学员，以"传承人+合作社/公司+农户"模式创业的就达225家，实现年销售收入逾7.5亿元，优秀学员返回当地培训新的学员并带动约9500人就业，其中贫困人口占就业总人数的58%，每家企业平均带动47人就业，实现带动就业人员人均年收入2.2万元。

传统工艺工作站在助推精准扶贫工作中也发挥了重要作用。新疆哈密建立和完善了231家合作社，成立了刺绣协会，接收订单1.7万余件，近千名绣娘直接参与订单制作，每人月均增收1500元。湖南湘西工作站启动"让妈妈回家"计划，通过提高绣娘收入，吸引外出务工妇女回归家庭。工作站还与济南、深圳等地的公司洽谈苗族刺绣订单2800套（件），金额达50万元，带动农村妇女在家门口就业160余人。

传播交流，让优秀传统文化闪耀世界舞台

2018年的政府工作报告提出，要弘扬中华优秀传统文化，深化中外人文交流。非遗作为中华优秀传统文化的重要内容和"活"的遗产，在增强民族凝聚力和向心力、促进中外文明交流互鉴等方面都发挥着重要的作用。

据统计，5年来，全国开展非遗宣传展示活动32万场次，参与观众5.4亿人次。丰富多彩的非遗宣传展示活动，全面展示了近年来非遗保护工作所取得的优秀实践成果，营造了全社会传承发展优秀传统文化的氛围。原文化部着力推进表演类非遗项目的保护、传承和振兴，通过活动指导、剧目调集、资金补贴、传播推广等方式，支持各地开展了一系列会演活动，提高了表演类非遗项目的展示度，增加了实践频次，维护和拓展了表演类非遗项目的生存和发展空间。

近年来，非遗领域的国际交流合作不断深化。我国积极参与保护非遗政府间委员会会议和有关国际规则的制定，借鉴其他国家非遗保护理论方法和成功实践，为世界非遗保护提供中国方案和中国经验。联合国教科文组织在我国设立了亚太地区世界遗产培训与研究中心和非物质文化遗产国际培训中心。这些机构通过开展国际培训和国际交流活动，为促进亚太地区相关国家非遗保护能力建设作出重要贡献。

我国与蒙古国联合申报蒙古族长调民歌为人类非物质文化遗产代表作，合作开展蒙古族长调民歌的田野调查和保护；与泰国、日本、英国开展传统工艺及非遗保护工作的相关交流活动，为加强与国外机构在非遗领域的合作打下坚实基础。在我国已建成的35个海外中国文化中心和512个孔子学院，太极、书法等非遗培训受热捧，中国传统年节、民俗活动得到广泛传播。

（原载《中国文化报》2018年4月4日）

2018 年民俗学研究动态一览

毛巧晖

19 世纪末 20 世纪初,随着西方文化的侵入,中国知识精英希冀社会变革,强兵卫国、改进文化都成为当务之急,从洋务派到改良派都积极为此努力,他们的目标就是西方所建构的"文明"秩序与文化标准。"文明的话语与实践生成了人种志或民族学的知识形式,而人种学或民族学反过来承担起了所谓'西方的文明使命'。"① 关注民众,眼光向下成为焦点,民俗学亦应运而生。1918 年北大掀起了歌谣征集运动,周作人、刘半农、顾颉刚、胡适等加入,这也是现代意义上民俗学诞生的标志性事件。民俗学以民众历代传承的生活文化为研究对象,关注当下,必然与社会发展思潮紧密相连,同时也积极参与社会的文化建设。2018 年民俗学在新时代社会思想影响下进一步指向日常生活实践,注重非物质文化遗产以及农村文化振兴的现实参与,同时反思百年学术历程,译介西方理论,从学科角度观照多民族、各地域的个案实践。在纷繁复杂的研究与实践活动中,本文结合民俗学领域主要学术会议与重要学术著作,对 2018 年度民俗学研究做一鸟瞰式论述。

从民俗学出现以来,就一直关注民众文化,从 20 世纪前十年到民间去运动,知识分子到农村进行文化调查,发起新生活运动,启蒙民众,希望民众参与新的民族国家建设。2018 年民俗学领域继续关注日常生活,中山大学"《民俗》周刊九十周年纪念会"就以"民俗学的实践性"为主要议题,延续 2016 年他们对于民俗学"日常生活"转向的探索。山东大学文化遗产研究院、山东大学儒学高等研究院等主办的"节庆传统与社区生活·田野工作坊"从生活实践等视域对民俗节日的建构进行探讨。周星、王霄冰主编的《现代民俗学视野与方向》(商务印书馆,2018 年 4 月)专辟"追问现代社会的日常生活"单元,集中了日本学者岩本通弥,中国学者周星、高丙中、户晓辉、王杰文等的文章,从乡愁情绪与东北亚民俗学者的日常生活实践,综述、反思日常生活研究对于民俗学的意义和民俗学理论转向,从生活世界,乡愁情绪等路径阐述民俗学的日常生活实践。萧放、朱霞主编的《民俗学前沿研究》(商务印书馆,2018 年 3 月)收纳了"实践民俗学",核心围绕"实践民俗学"是反思的民俗学、批判的民俗学、未来的民俗学展开论述;另章则是"中国的生活革命与民俗学的乡愁",强调现代民俗学需要超克"乡愁"。岳永逸的《举头三尺有神明——漫步乡野庙会》(山东文艺出版社,2018 年 7 月)则从民众信仰实践调查阐述了民众日常的信仰生活。

短短十年时间,"非物质文化遗产"从一个外来词变成大众传媒、政府学界以及普通

---

① 梁展:《文明、理性与种族改良:一个大同世界的构想》,刘禾:《世界秩序与文明等级:全球史研究的新路径》,生活·读书·新知三联书店 2016 年版,第 116 页。

民众的熟知词。在学术领域，非物质文化遗产这一概念，相对于"民间文化"而言，是知识体系上的更新。非物质文化遗产内容涵盖文学、民俗学、民族学、人类学、历史学，甚至哲学与科技领域，它构建了一个新的学术平台。民俗学积极参与非遗的保护与实践，2018 年民俗学领域对于非遗保护从学术层面进一步反思并予以推动。首先，从非遗所包含的内容，可以看到其主体内容以口头文学为主，而口头文学传承与传播恰在非遗保护中较为薄弱，也是传承保护中最被忽视之域。上海大学中文系举办的"中国创世神话产业开发学术研讨会"在讨论创世神话的基础上，探索创世神话产业化的可能性和未来走向，并指出中国创世神话内涵丰富，包含了珍贵的民族精神和文化记忆，深入研究创世神话对于加强中华民族文化认同感和凝聚力的不可替代的作用。创世神话的产业化能够助推经济发展，也能够促进优秀传统文化的创造性转化。其次就是从国际视野整体观照非遗保护及其经验，以及它与乡村振兴的关系。北京师范大学所举办的"'一带一路'国家的非物质文化遗产保护与乡村振兴"通过"一带一路"国家的非遗学者分析保护经验，探讨运用非遗实现乡村振兴的故事、经验、策略及其未来的发展趋向。著作方面则有彭兆荣的《生生遗续代代相承——中国非物质文化遗产体系研究》（北京大学出版社，2018 年 5 月），提出了"生生遗续"为中国文化遗产体系的代表性概念，并用"崇高性"概念彰显我国传统文化"天人合一"宇宙观，亦将其与西方文化遗产的"纪念碑性"进行对话。（第 2—3 页）曹德明编纂的《国外非物质文化遗产保护的经验与启示》（社会科学文献出版社，2018 年 5 月）四卷丛书则以欧洲、美洲、亚洲、非洲和大洋洲 38 个国家非物质文化遗产保护的经验与方法为研究对象，阐述这些国家的非遗保护的指导思想、基本方针、总体战略、法律沿革、机构组织、资金来源与运作模式，通过多视角、多方位的分析研究，总结其成功经验、失败教训，（"前言"第 1 页）目的在于为中国非物质文化遗产保护提供借鉴。再次就是非遗与文化创意、文化产品的研发，此话题对文化产业、艺术学等都较为关注，民俗学领域主要集中于经济民俗的研究。四川文化艺术学院承办了"中国非物质文化遗产与文化创意产业高峰论坛暨第四届城市社会与文化建设"博士、博士后论坛，就"多民族非遗与文创研究""都市非遗与文创研究""非遗与品牌合作案例研究"等话题展开，拓展了民俗学研究的领域。吴玉萍的《企业节日研究：基于经济民俗学新视角》（东方出版中心，2018 年 11 月）以阿里巴巴的"双十一"（11 月 11 日）、小米科技的"米粉"节等为个案，从面相心理、参与精神、信仰习俗等予以分析，探索这些企业节日构成的认同性基础。中国传统社会以农业为主，但士农工商共同构成了"民"的共同体，所以商业民俗并非今天才兴起。卫才华的《北京隆福寺商业民俗志》（商务印书馆，2018 年 6 月）以清代和民国时期北京明清皇家寺庙隆福寺为个案，以城市民俗所传承的僧、商、市民关系为切入点，用民俗志的方法描述了皇家寺庙隆福寺的商业民俗及其在北京城市历史文化和商业史上的位置，进一步研究了北京寺庙商业活动和市民消费生活民俗。这对当今经济民俗或商业民俗研究都具有借鉴意义。这一话题的研究在民俗学领域一直较为薄弱，今后有待加强。最后则是对于非遗传承人的关注。"非物质文化遗产的一个最大属性是，它是与人及人的活动相联系和共生的。"[①] 传承人对于非遗而言意义重大，天津大学冯骥才文学艺术研究院发起了"'传承人'释义"研讨会，对文化遗产的保

[①] 朝戈金：《非物质文化遗产：从学理到实践》，《西北民族大学学报（哲学社会科学版）》2015 年第 2 期。

护、传承在当下面临的问题进行反思，探讨在消费社会中，传承人及其文化传承的多样性与困境。此外在学术著作中较关注作为非遗项目后，民俗事象的传承与发展。陈恩维的《地方社会、城市记忆与非遗传承：佛山"行通济"民俗及其变迁》（人民出版社，2018年2月）围绕地方社会、文化记忆及民俗变迁，探寻"通济桥"作为文化空间与佛山的城市、社会、文化变迁的内在联系，阐释其保护现状与传承对策。

村落一直就是民俗学调查的重要场域，也是其研究的关键词。2018年2月4日，国务院发布指导"三农"工作的中央一号文件《中共中央国务院关于实施乡村振兴战略的意见》，对乡村振兴战略进行了全面部署。对于文件中所提到的"提升农业发展质量""推进乡村绿色发展""繁荣兴盛农村文化""构建乡村治理新体系"等，民俗学都可与其对接。北京师范大学社会管理学院/社会学院从2016年启动"百村社会治理"重大项目，2018年3月召开成果汇报会，指出该项目着眼于服务党政决策、推进乡村振兴和创新社会治理，民俗学调研组围绕加强和创新城乡社会治理，从多层次、多角度、多方面深入调查，涉及村落非物质文化遗产的传承与利用、优秀民俗传统与乡风文明建设、灾后文化重建、红色文化建设、生态环境治理等多个领域。他们召开了"村落传统与乡村社会治理"会议，进一步探讨优秀民俗文化在当代乡村社会治理中的价值，充分挖掘村落民俗在国家社会治理体系建设和乡村振兴战略中的意义。

民俗学从兴起之时就关注学术史的回顾与反思。2018年是北大歌谣运动历经百年之时，北京大学"从启蒙民众到对话民众——纪念中国民间文学学科100周年国际学术研讨会"虽然重在从中国民间文学学科角度进行反思[1]，但对于知识分子与民众之间"启蒙"与"对话"的转换必然涉及民俗学的内容，其"民俗学与新文化建设的关系""民俗学的学科属性及其伦理原则""民间文学作为非物质文化遗产问题"与前述民俗学与非遗、乡村振兴都息息相关，学者围绕论题进行了对话与反思。对于"民俗学与民间文学关系"的探讨，尽管算老生常谈，但在讨论中，进一步厘清了百年民间文学学科发展史。华东师范大学国际汉语文化学院和华东师范大学中国非物质文化遗产保护研究中心举办了"民俗学的本土话语与学科建设"研讨会，在梳理民俗学研究西方话语的基础上，阐述民俗学回归中国语境，构拟本土学术话语的重要意义。学术史反思著作亦有一些，值得一提的是中国民俗学会秘书处组织编写，施爱东执笔的《中国民俗学会大事记（1983—2018）》（学苑出版社，2018年10月）一书。该著作"以事件为中心，以时间先后为序，基本保持一事一记"（"编者按"），图文并茂地记录了中国民俗学会学术活动与发展的历程。关于学术机构与学术刊物对于学术的引领与规范意义，后者研究者众多，但对于前者则关注较少，此书则关注中国民俗学会对于民俗学学科发展的推动与引领，为今后学术史积累了丰富资料。陈泳超的《声教所及——对纪晓岚新疆行脚的民俗回访》（中西书局，2018年6月）通过"重走纪晓岚之路"，对纪晓岚笔下新疆的地域风情与今日新疆比对，并对纪晓岚所提的"一些民俗物事多有实地考证"；而对怪物、狐精、鬼灵、盗匪传说等构成的民俗类征，将纪晓岚记述与民众口述比较，延续他一直关注的民间叙事文本的形成之话题，且进一步思考"正统与道统对民间的影响"。祝鹏程的《文体的社会建构：以"十七年"（1949—1966）的相声为考察对象》（中国社会科学出版社，2018年4月）以

---

[1] 此文重在对2018年民俗学发展动态进行概述，旁及民俗学研究视域中的民间文学，但对于文学视域的民间文学不予涉及。

1949—1966 年的"相声为考察对象，综合考察相声这种文体如何在社会意识形态、表演空间、传播媒介、关注、表演、研究者等多种因素的互动下被建构出来，探讨体制化改造、创作、改编、表演、传播等微观权力对文体的铭刻"。（第 4 页）该著作探索文体（或称"体裁""文类"）形成与国家话语、传播媒介以及研究者的关系，凸显了民俗文艺文类与传统作家文学文类界定的显著差异，为文学文类的界定提供了新经验。民俗学学术史回顾亦包括民俗学者个体研究的反思。刘祯、刘云水的《继承与发展：庆祝车锡伦先生欣开九秩论文集》（浙江大学出版社，2018 年 3 月）对车锡伦的学术研究进行了梳理，重点围绕他对民间文艺，特别是宝卷的研究以及他对中国民间文学研究体系建构的推动，阐述了他的治学理念和实践，即一是注重戏曲、说唱等演唱艺术形式、演唱形态的研究，同时注重相关文献的发掘、整理；二是跨学科、多角度的综合研究；三是历史文献、文本同田野调查相结合的研究。郑土有、尹笑非的《"陈"门立雪：文艺民俗学研习录》（上海人民出版社，2018 年 6 月）对陈勤建文艺民俗学思想进行呈现与反思。文艺民俗学是 20 世纪 80 年代兴起的边缘交叉学科，其缘起于西学输入的浪潮及文化与传统问题之讨论；它是"在民俗和文艺学的结合点上，共同建构的新视角、新方法和新理论"[①]。陈勤建文艺民俗学思想主要基于"文艺人学观"，探索文艺与民俗的内在建构，其研究内容主要涵括文艺民俗学视野下的文学研究和作为批评方法的文艺民俗学。他这一思想，主要呈现于他的学术论著及其学生的硕士、博士学位论文。该著作既是这一学术思想与学术脉络的全面呈现，也有对其学术研究的反思。

由于民俗事象的地域和民族差异，以及民俗学注重实地调查的研究方法，一直以来不同地域或民族的民俗事象研究就是民俗学的重头戏。2018 年此类会议与著作亦比比皆是，会议主要围绕各地非遗项目展开，如中国民间文艺家协会"我们的节日"系列活动，就春节、元宵节以及二十四节气在各地围绕民俗节庆举办学术会议，并将某些少数民族节日，如雪顿节、盘王节等纳入其中，在此不一一枚举。相关著作在年度出版中亦占较大比重。就笔者所见，有吴新锋的《多元文化交流视野下的新疆世居民族民间文学研究》（暨南大学出版社，2018 年 1 月），以新疆世居民族民间文学为研究对象，通过多元文化交流视域呈现其丰富性和独特性；从性别视野对民俗文艺分析的白晓霞的《土族民间传说与女性文化研究》（敦煌文艺出版社，2018 年 6 月）；对佤族祭师"巴猜"口传祭祀文本的民俗、语言等进行多元视角阐述的叶黑龙所著的《佤族祭词研究》（社会科学文献出版社，2018 年 2 月），等等。此类选题就是容易见木不见林，观照个案，深度挖掘，却忽略了个案所折射的文化普遍性。如何突破民俗学的地域研究窠臼，是今后民俗学个案研究努力的方向。

此外对于西方民俗学理论的翻译一直为民俗学领域所关注，从民俗学兴起之时，它就是一项重要内容。2018 年度西方著作翻译主要有［美］李·哈林的《民俗学的宏大理论》（程鹏译，上海社会科学院出版社，2018 年 7 月），此论文集针对塔尔科特·帕森斯（Talcott Parsons）所提出的"宏大理论"（grand theory）进行讨论，研究者从不同角度阐述了"美国民俗学长期聚焦于日常和本土的事实"。

总之，2018 年民俗学在多元视野与新的文化实践中砥砺前行，学者积极参与公共话语讨论，既有对文化建设、乡村振兴等社会现实的关注，也有学术史反思与回顾，同时亦

---

① 陈勤建：《文艺民俗学发生论》，《华东师范大学学报（哲学社会科学版）》1986 年第 6 期。

关注"他山之石"的借鉴意义,学术活跃、成果丰硕,在综述中只能是挂一漏万,希冀能以此"冰山一角"呈现2018年度的学术景象。

(原载《中国图书评论》2019年第2期)

2018年度非物质文化遗产保护发展研究报告

罗 微 张 勍倩

　　2018年，非物质文化遗产保护工作坚持以习近平新时代中国特色社会主义思想为指导，全面贯彻落实党的十九大和十九届二中、三中全会精神，全面推进，开拓发展，形成了非物质文化遗产保护传承新的气象和格局。

　　文化和旅游部党组书记、部长雒树刚在2019年1月3日至4日召开的"全国文化和旅游厅局长会议"上总结2018年非物质文化遗产保护工作时指出，中国传统工艺振兴计划深入实施，传统工艺工作站和非遗扶贫就业工坊建设稳步推进。中国非物质文化遗产传承人群研修研习培训计划累计覆盖人群达到7.1万人次。"藏医药浴法"列入联合国教科文组织人类非物质文化遗产代表作名录，我国入选项目达40项。"文化和自然遗产日"、全国非遗曲艺周、中国非遗博览会等活动形式新颖、影响广泛。各地开展了一系列传统戏剧、曲艺等会演活动。非遗传承实践日趋活跃，保护非遗正在成为社会自觉。[①]

　　2018年度，非物质文化遗产保护工作在机构改革、法规健全、政策完善、理念深化、保护实践等诸多方面取得了重大进展。

一 文旅融合，为非物质文化遗产传承发展及其成果共享创造新机遇

（一）新组建的文化和旅游部履行非物质文化遗产保护行政职责

　　2月28日，中国共产党第十九届中央委员会第三次全体会议通过了《深化党和国家机构改革方案》。3月13日，第十三届全国人民代表大会第一次会议听取了国务委员王勇所做的《国务院机构改革方案》说明，并审议通过该方案。组建文化和旅游部，成为贯彻落实党和国家机构改革决策部署的重要工作。文化和旅游部的主要职责包括"负责非物质文化遗产保护，推动非物质文化遗产的保护、传承、普及、弘扬和振兴"[②]。4月8日上午，新组建的文化和旅游部正式挂牌，非物质文化遗产司作为其内设机构构成部门，履行"拟订非物质文化遗产保护政策和规划并组织实施。组织开展非物质文化遗产保护工作。指导非物质文化遗产调查、记录、确认和建立名录。组织非物质文化遗产研究、宣传

[①]《新时代、新作为，努力推动文化建设和旅游发展再上新台阶》，https://www.mct.gov.cn/whzx/whyw/201901/t20190108_836857.htm.

[②]《文化和旅游部职能配置、内设机构和人员编制规定》，http://www.gov.cn/zhengce/2018-09/10/content_5320818.htm.

和传播工作"的职责①。与此同时，非物质文化遗产司调整设立综合处、规划处、管理处、发展处和传播处5个处室，以适应新时期我国非物质文化遗产保护发展需要。

（二）文旅融合，激发非物质文化遗产传承发展新动力

3月9日，《国务院办公厅关于促进全域旅游发展的指导意见》（国办发〔2018〕15号）印发。该文件指出"旅游是发展经济、增加就业和满足人民日益增长的美好生活需要的有效手段，旅游业是提高人民生活水平的重要产业"，要"推动旅游与科技、教育、文化、卫生、体育融合发展"，"科学利用传统村落、文物遗迹及博物馆、纪念馆、美术馆、艺术馆、世界文化遗产、非物质文化遗产展示馆等文化场所开展文化、文物旅游，推动剧场、演艺、游乐、动漫等产业与旅游业融合开展文化体验旅游"，"提升旅游产品品质，深入挖掘历史文化、地域特色文化、民族民俗文化、传统农耕文化等，实施中国传统工艺振兴计划，提升传统工艺产品品质和旅游产品文化含量"。②

6月7日，中共中央政治局委员、国务院副总理孙春兰在文化和旅游部调研时指出，文化是旅游的灵魂，旅游是文化的载体，文化和旅游领域的融合相得益彰。她强调，要拓展文化和旅游融合发展的广度与深度，满足人民群众的美好生活需要，不断开创文化建设和旅游发展新局面。③

6月8日，雒树刚在《在全国非物质文化遗产保护工作先进集体先进个人和第五批国家级非遗代表性项目代表性传承人座谈活动上的讲话》中指出："文化和旅游密不可分，文化是旅游的灵魂，旅游是文化的载体。文化和旅游合体既强强联合，又相辅相成，文化和旅游部的成立将为文化事业、文化产业、旅游业的发展带来重大机遇。非遗是文化多样性的重要体现，很多人正是因为文化的多样与差异，因为着迷于各地多姿多彩的非物质文化遗产，才有了旅游的需求。很多旅游产品实际都是文化旅游，深度游都是文化游。我们讲风景名胜，风景不一定是名胜，有了文化才是名胜。山不在高，有仙则名；水不在深，有龙则灵，这就是与文化结合的魅力。旅游的发展也为非遗的传播拓宽了渠道、插上了'翅膀'。我们要深入贯彻中央的决策部署，牢牢把握文化和旅游融合的方向和要求，贯彻新发展理念，进一步加强对非遗资源的挖掘阐发，通过提高传承实践水平，为旅游业注入更加优质、更富吸引力的文化内容。要充分发挥旅游业的独特优势，为非遗保护传承和发展振兴注入新的更大的内生动力。"④

11月15日，文化和旅游部等17部门印发的《关于促进乡村旅游可持续发展的指导意见》（文旅资源发〔2018〕98号）提出："在保护的基础上，有效利用文物古迹、传统村落、民族村寨、传统建筑、农业遗迹、灌溉工程遗产、农业文化遗产、非物质文化遗产

---

① 《文化和旅游部职能配置、内设机构和人员编制规定》，http://www.gov.cn/zhengce/2018-09/10/content_5320818.htm.
② 《文化和旅游部职能配置、内设机构和人员编制规定》，http://www.gov.cn/zhengce/2018-09/10/content_5320818.htm.
③ 《孙春兰强调：扎实推进机构改革任务落实推动文化事业、文化产业和旅游业融合发展》，https://www.mct.gov.cn/whzx/whyw/201806/t20180611_833244.htm.
④ 雒树刚：《在全国非物质文化遗产保护工作先进集体先进个人和第五批国家级非遗代表性项目代表性传承人座谈活动上的讲话》，https://www.mct.gov.cn/whzx/whyw/201807/t20180710_833742.htm.

等,融入乡村旅游产品开发。"①

12月10日发布的《国家级文化生态保护区管理办法》,明确提出:"国家级文化生态保护区建设管理机构应当依托区域内独具特色的文化生态资源,开展文化观光游、文化体验游、文化休闲游等多种形式的旅游活动。"②

文旅融合,为激发非物质文化遗产传承发展动力及其保护成果在满足大众旅游时代需要发挥重要作用,创造了新机遇。

二 "见人见物见生活"的理念全面付诸非物质文化遗产保护实践

"见人见物见生活"是新时期非物质文化遗产保护提出的新理念。

3月13日,在十三届全国人大一次会议第四次全会后的"部长通道"上,雒树刚就文化遗产保护问题回答了记者提问。他强调,在非物质文化遗产保护方面,主要是体现"见人见物见生活"的精神。非物质文化遗产一定要和群众的生产生活相结合,才有强大的生命力。③

6月6日,《人民日报》刊发文化和旅游部副部长项兆伦的署名文章《非遗保护要"见人见物见生活"》。文章对这一理念如此阐释:"非物质文化遗产是我国优秀传统文化的重要组成部分,它就在我们的生活中。非遗的当代实践,是优秀传统文化与现实生活相融合,实现创造性转化和创新性发展的过程。""这些年的非遗保护工作确立了一个重要理念:见人见物见生活。非遗是一个文化现象的整体。非遗不只是一件件体现文化传统的产品或作品,它更是可见、可参与的生活。非遗传承是不断融入人们智慧、才艺和创造力的生动实践。""要支持非遗回归社区,回归生活,让非遗在千家万户的日常生活中得到体现和传承,成为当下的生活方式。"④

9月13日,由文化和旅游部、山东省人民政府共同主办的"第五届中国非物质文化遗产博览会",以"活态传承、活力再现"为主题,开展"非遗社区行""非遗校园行""舌尖上的非遗""非遗的世界"等系列活动,力求全面体现"见人见物见生活"的非物质文化遗产保护理念。

2018年度,文化和旅游部坚持"见人见物见生活"的工作理念,全面推进2018年度非物质文化遗产保护工作。

三 推进非物质文化遗产助力精准扶贫,落实国家扶贫战略

6月27日,文化和旅游部办公厅印发《关于大力振兴贫困地区传统工艺助力精准扶

---

① 《文化和旅游部等17部门关于印发〈关于促进乡村旅游可持续发展的指导意见〉的通知》,http://zwgk.mct.gov.cn/auto255/201812/t20181211_836468.html? keywords.

② 《国家级文化生态保护区管理办法》,http://zwgk.mct.gov.cn/auto255/201812/t20181225_836660.html? keywords =.

③ 《两会"部长通道"聚焦热点话题》,https://www.mct.gov.cn/preview/special/8596/8604/201803/t20180314_831481.htm.

④ 项兆伦:《非遗保护要"见人见物见生活"》,http://paper.people.com.cn/rmrb/html/2018-06/06/nw.D110000renmrb_20180606_2-12.htm.

贫的通知》（办非遗发〔2018〕40 号）。文件在总结近年来各地探索"非遗+扶贫"工作的实践经验基础上，提出要加大贫困地区传统工艺振兴力度，加强贫困地区非遗传承人群培养，支持传统工艺项目优秀代表性传承人、工艺师到贫困地区开展讲习活动，支持贫困地区探索设立非遗扶贫就业工坊，搭建贫困地区传统工艺产品设计、展示和销售平台。通知要求各省（区、市）要高度重视传统工艺振兴助力精准扶贫工作，根据地方实际积极探索实践，及时总结传统工艺振兴助力精准扶贫的典型案例、工作做法和有益经验，报送文化和旅游部非物质文化遗产司，文化和旅游部将组织向其他贫困地区宣传和推广。[①]

7 月 11 日，文化和旅游部办公厅、国务院扶贫办综合司印发《关于支持设立非遗扶贫就业工坊的通知》。该文件从总体定位、工作目标、基本路径、工作任务四个方面对设立非遗扶贫就业工坊相关工作进行了说明。[②] 该项工作将充分依托传统工艺带动贫困劳动力就近就业和稳定增收的独特优势，发挥文化在脱贫攻坚工作中"扶志""扶智"的作用，帮助深度贫困地区建档立卡贫困人口参与学习传统工艺，激发内生动力，有效促进就业，持续增加收入，助力精准扶贫。文化和旅游部、国务院扶贫办以深度贫困地区"三区三州"为重点，兼顾部分少数民族地区国家级贫困县，选取确定并公示了第一批"非遗+扶贫"重点支持地区（共计 10 个），支持设立非物质文化遗产扶贫就业工坊。

截至 12 月底，河北、广西、青海等地已印发本地区"非遗+扶贫"相关落实文件；河北、四川、贵州、甘肃、青海等地已设立非物质文化遗产扶贫就业工坊 44 家，非物质文化遗产保护已经成为助力精准扶贫的重要举措和具体抓手。

四 加强文化生态区建设，促进非物质文化遗产整体性保护

12 月 10 日，《国家级文化生态保护区管理办法》（中华人民共和国文化和旅游部令第 1 号）（以下简称《办法》）由雒树刚部长签署发布。《办法》包括四章三十条具体内容。[③] 建设文化生态保护区是我国非物质文化遗产保护实践的探索与创举。与各级非物质文化遗产代表性项目名录重在保护文化表现形式不同的是，国家级文化生态保护区的保护对象是文化形态。文化形态既包括相关表现形式、存续状态，也依托于涵养它的文化生态系统。2007 年"文化遗产日"（现为"文化和自然遗产日"）期间，文化部（现为文化和旅游部）授牌在福建省厦门、漳州、泉州三市设立我国第一个国家级文化生态保护实验区——闽南文化生态保护实验区。迄今，经国务院文化行政主管部门批准的国家级文化生态保护实验区共有 21 个，涉及 17 个省份的相关行政区域，涵括亲缘文化（如羌族、客家文化生态保护实验区）、地缘文化（如陕北、晋中、潍水文化生态保护区）、业缘文化（如海洋渔文化〈象山〉、说唱文化〈宝丰〉生态保护区）相关文化类型的文化形态。

《办法》发布前，国家级文化生态保护区建设的政策性文件是 2010 年 2 月 10 日印发

[①]《文化和旅游部办公厅关于大力振兴贫困地区传统工艺助力精准扶贫的通知》，http://zwgk.mct.gov.cn/auto255/201807/t20180717_833855.html? keywords=.

[②]《文化和旅游部办公厅国务院扶贫办综合司关于支持设立非遗扶贫就业工坊的通知》，http://zwgk.mct.gov.cn/auto255/201807/t20180717_833857.html? keywords=.

[③]《国家级文化生态保护区管理办法》，http://zwgk.mct.gov.cn/auto255/201812/t20181225_836660.html? keywords=.

的《文化部关于加强国家级文化生态保护区建设的指导意见》(文非遗发〔2010〕7号)(以下简称《意见》)。该《意见》对全面推进我国非物质文化遗产整体性保护发挥了重要作用。相比《意见》而言,《办法》主要的变化包括:文件性质、制定依据、指导思想、建设意义、建设理念、建设目标、申报设立条件等。

值得注意的是,《办法》强化了建设管理的相关责任,明确了总体规划实施三年后验收合格正式公布并授牌国家级文化生态保护区的去"实验"程序。《办法》也对已公布的国家级文化生态保护实验区建设管理工作依据其执行做了说明。申报设立国家级文化生态保护实验区的条件新增一项内容:"在省(区、市)内已实行文化生态区域性整体保护两年以上,成效显著。"这一条件,将大力促进省(区、市)级文化生态保护区建设工作,进一步促进非物质文化遗产整体性保护的体系化进程。

10月29日至11月1日,由文化和旅游部非物质文化遗产司主办,陕西省文化和旅游厅、延安市文化广电新闻出版局承办的西部地区国家级文化生态保护实验区建设经验交流活动在延安市举办。西部地区7个省(自治区、直辖市)文化和旅游厅(委)分管厅(委)领导、非遗处处长和10个国家级文化生态保护实验区所在地区文化部门负责同志,共110余人参加交流活动。交流活动上,西部地区7个省(区、市)相关国家级文化生态保护实验区的代表先后发言,汇报、交流了热贡文化、羌族文化、迪庆民族文化、大理文化、陕北文化、铜鼓文化(河池)、黔东南民族文化、格萨尔文化(果洛)、武陵山区(渝东南)土家族苗族文化、藏族文化(玉树)共10个国家级文化生态保护实验区的工作机制、保护措施、建设成效等方面情况。与会代表对当前文化生态保护区建设中存在的问题进行了讨论,并提出了针对性意见和建议。文化和旅游部非物质文化遗产司司长陈通结合代表发言作了总结讲话。他指出,当前,西部地区10个国家级文化生态保护实验区建设工作成效显著,与旅游、精准扶贫等工作进行了有效对接,但在资金投入、人才队伍、理论研究、制度建设等方面仍存在不足。各地应当依据《中华人民共和国非物质文化遗产法》《文化部关于加强国家级文化生态保护区建设的指导意见》等文件,结合文化生态保护区总体规划开展建设工作;要注重以非物质文化遗产保护为核心,形成从项目保护到整体性、区域性保护的完整生态系统;在加大资金投入和政策支持力度的同时,也要加强整体保护氛围的营造;注重总结,完善制度建设,抓紧研究和建立绩效及评估工作机制;明确责任主体,夯实工作基础,多措并举地开创文化生态保护区建设工作新局面。[①]

2018年度,文化和旅游部同意武陵山区(鄂西南)、武陵山区(渝东南)土家族苗族国家级文化生态保护实验区总体规划,相关规划进入实施阶段。

五 相关部门联合行动,促进非物质文化遗产传承教育顶层设计和落地实施的有效衔接

《中华人民共和国非物质文化遗产法》第三十四条规定:"学校应当按照国务院教育主管部门的规定,开展相关的非物质文化遗产教育。"[②] 5月10日,教育部发布《关于开

[①] 《西部地区国家级文化生态保护实验区建设经验交流活动在陕西延安举办》,http://www.ihchina.cn/11/56840.html。

[②] 《中华人民共和国非物质文化遗产法》,http://www.ihchina.cn/3/10377.html。

展中华优秀传统文化传承基地建设的通知》（教体艺函〔2018〕5号），支持高校围绕民族民间音乐、民族民间美术、民族民间舞蹈、戏剧、戏曲、曲艺、传统手工技艺和民族传统体育等传统文化项目建设传承基地，通过高校强大的学术理论资源和丰富的优秀人才资源，普及、保护、传承、创新、发展、传播优秀传统文化。中华优秀传统文化传承基地建设内容包括课程建设、社团建设、工作坊建设、科学研究、辐射带动、展示交流等六个方面。教育部将对认定的基地予以经费、课题、平台、政策等方面的支持。①

1月25日，由厦门市台湾艺术研究院、台湾戏曲学院青年剧团、厦门艺术学校、厦门市金莲陞高甲剧团共同主办的"闽南传统艺术种子培训"冬令营在厦门举行。在为期1周的冬令营活动中，台湾戏曲学院青年剧团的师生共23人，与厦门艺术学校高甲戏班学生一起学习水袖、团扇、把子、趟马等组合基本功。厦门市高甲戏非物质文化遗产代表性传承人吴晶晶、纪亚福、陈炳聪、吴伯祥等高甲名角组成的教学阵容，手把手为台湾师生传授高甲戏《阿搭嫂》。

2月11日，中共四川省委宣传部、四川省教育厅、四川省文化厅（现为文化和旅游厅）等部门联合印发《四川省戏曲进校园实施方案》（川宣通〔2018〕3号）②（以下简称《方案》）。《方案》明确四川省戏曲进校园工作将分为4个阶段推进，从2018年起，每半年为一个实施阶段。2018年上半年，成都、自贡、泸州、德阳、绵阳、宜宾将先行试点；到2018年底，试点城市实现大中小学全覆盖，其他市（州）大中小学50%覆盖。到2019年底，实现全省大中小学全覆盖，戏曲活动多姿多彩，戏曲教育丰富多样，争取实现全省大中小学所有学生每年免费欣赏1场优秀戏曲演出，戏曲进校园工作实现常态化、机制化、普及化。《方案》提出，戏曲进校园的主要形式包括开展戏曲教育活动，观看优秀戏曲作品，组织戏曲传习展演活动，建立戏曲特色学校、社团、基地等。为保障戏曲进校园工作有序开展，《方案》明确了四川戏曲进校园剧（节）目目录认定机制、演出实施考核机制、演出评估反馈机制、戏曲表演团体资格审核机制四大工作机制，并要求各市（州）建立由宣传部门牵头，教育、财政、文化、新闻出版广电、文联等部门（单位）参与组织和协调的机制，推进工作具体落实。

本年度，在宣传、教育、文化等部门联动下，逐步形成了非物质文化遗产传承教育顶层设计和落地实施的有效衔接。

六　年度非物质文化遗产保护工作深入推进

（一）传统工艺振兴计划深入实施

2017年发布的《中国传统工艺振兴计划》（以下简称《计划》）指出，振兴传统工艺，有助于传承与发展中华优秀传统文化，涵养文化生态，丰富文化资源，增强文化自信；有助于更好地发挥手工劳动的创造力，在全社会培育和弘扬精益求精的工匠精神；有助于促进就业，实现精准扶贫，提高城乡居民收入，增强传统街区和村落活力。《计划》要求立足中华民族优秀传统文化，学习借鉴人类文明优秀成果，发掘和运用传统工艺所包

---

① 《关于开展中华优秀传统文化传承基地建设的通知》，http：//www.moe.gov.cn/srcsite/A17/moe_794/moe_628/201805/t20180523_336874.html.

② 《四川省戏曲进校园实施方案》，http：//www.sohu.com/a/224196811_756392.

含的文化元素和工艺理念，丰富传统工艺的题材和产品品种，提升设计与制作水平，提高产品品质，培育中国工匠和知名品牌，使传统工艺在现代生活中得到新的广泛应用，更好满足人民群众消费升级的需要。[①]

5月15日，文化和旅游部、工业和信息化部发布第一批国家传统工艺振兴目录，对纺染织绣、服饰制作、编织扎制、雕刻塑造、家具建筑、金属加工、剪纸刻绘、陶瓷烧造、文房制作、漆器髹饰、印刷装裱、食品制作、中药炮制、器具制作14个门类的383个传统工艺项目予以重点支持。[②] 河北、青海、山东、湖北等地也公布了省级传统工艺振兴目录。

本年度，文化和旅游部非物质文化遗产司支持设立了4个传统工艺工作站，至此，传统工艺工作站累计达到14个。非物质文化遗产司支持工作站参加国内外各类活动，开展交流研讨，设计孵化传统工艺产品，促成传承人与设计企业、高校等机构的跨界合作；支持举办"锦绣中华——非遗服饰秀""杭州工艺周""年画重回春节"等品牌活动。我国传统工艺与当代生活进一步结合，正在得到新的广泛应用。

（二）中国非物质文化遗产传承人群研培计划持续推进

中国非物质文化遗产传承人群研修研习培训计划（以下简称"研培计划"）旨在为非物质文化遗产传承提供高校的学术资源和教学资源支持，通过学习专业知识、研究主要技能和技术、开展多形式的交流研讨与实践，帮助非物质文化遗产项目持有者、从业者等传承人群强基础、拓眼界、增学养，提高文化自信和可持续发展能力，在秉承传统、不失其本的基础上，实现为民族传承，为生活创新。

4月26日，文化和旅游部与教育部、人力资源和社会保障部联合印发《中国非物质文化遗产传承人群研修研习培训计划实施方案（2018—2020）》，对研培计划进行了系统部署，明确今后3年工作目标和路径。[③] 文化和旅游部还印发了科学设置研培课程的通知，要求加强工作总结和绩效考核，建立研培院校动态调整机制。据统计，2018年全年共举办各类传承人群研修研习培训班143期。

已实施4年的研培计划，全国累计举办培训班590期，培训学员2.5万人次，加上各地组织的延伸培训，覆盖传承人群已累计达7.1万人次。

（三）1082人被认定为第五批国家级非物质文化遗产代表性项目代表性传承人，传承核心力量进一步加强

为加强非物质文化遗产传承人队伍建设，推动国家级非物质文化遗产代表性项目的传承发展，经各地申报、专家组初评、社会公示、评审委员会审议等程序，文化和旅游部于5月8日确定并公布了第五批国家级非物质文化遗产代表性项目代表性传承人名单，共

---

① 《国务院办公厅关于转发文化部等部门中国传统工艺振兴计划的通知》，http://www.ihchina.cn/3/52171.html.
② 《文化和旅游部工业和信息化部关于发布第一批国家传统工艺振兴目录的通知》，http://www.ihchina.cn/3/56035.html.
③ 《文化和旅游部教育部人力资源社会保障部关于印发〈中国非物质文化遗产传承人群研修研习培训计划实施方案（2018—2020）〉的通知》，http://www.ihchina.cn/14/54717.html.

1082人。① 此批代表性传承人认定主要关注三个方面：一是国务院新公布的第四批国家级代表性项目；二是前三批中无国家级代表性传承人的项目；三是现有国家级代表性传承人已去世的项目。在此次入选的1082人中，80岁以上的有107人，40岁以下的有7人，平均年龄为63岁；属于少数民族的有339人，占比31%。至此，文化和旅游部（含原文化部）已认定五批国家级非物质文化遗产代表性项目代表性传承人，共计3068人。

（四）展示传播异彩纷呈，保护非物质文化遗产重要意义的社会认知度明显提升

本年度"文化和自然遗产日"以"多彩非遗，美好生活"为主题，以"见人见物见生活""活态传承、活力再现""非遗让生活更美好""新时代、新生活、新传承"为口号，全国共举办相关非物质文化遗产宣传展示活动3700多项。文化和旅游部、天津市人民政府于6月7日至6月14日在天津举办"全国非遗曲艺周""文化和自然遗产日"主场活动，首次将127个曲艺类国家级非遗代表性项目近170个曲艺保护单位进行集中展演。中央电视台制作并播出《非遗公开课》，宣传非物质文化遗产保护理念，普及非物质文化遗产知识。在山东济南举办的第五届中国非物质文化遗产博览会，展示了近年来全国非物质文化遗产保护工作取得的进展，成为"济南人民身边的非博会"和"全国人民看得见的非博会"，获得广大群众和专家学者的一致好评。

截至2018年12月31日，"中国非物质文化遗产保护中心"微信公众号（以下简称"公众号"）全年累计推送图文信息194篇，月均推送量16篇；总订阅用户数达22815人。在公众号原有内容基础上，中国非物质文化遗产保护中心本年度策划、推出了多个新的原创性专题内容，包括"1分钟知非遗事""国际资讯汇""非遗数据知多少""老字号里话非遗""联合国教科文组织非遗名录（名册）项目译介"等；同时，对文化和自然遗产日、第五届中国非遗博览会等重要活动进行了现场报道。全年发布原创性内容108篇，占推送总量的56%。此外，光明网还开展了2018年度非遗年度人物评选工作，受到广泛关注。

（五）非物质文化遗产数字化保护体系逐步形成

1. 抢救性记录工程工作范围拓展，非物质文化遗产记录工程启动

国家级非物质文化遗产代表性传承人抢救性记录工程于2015年启动，是利用数字化技术，对国家级代表性传承人传承实践活动进行全面记录的专项工作。随着相关工作成果的积累，原来针对年龄、身体等条件因素考虑选取的记录人选，已逐渐拓展为所有国家级代表性传承人。2018年度，文化和旅游部组织开展了非物质文化遗产记录工程总体方案制定工作：明确了指导方针，即在系统、全面、专业梳理现有记录成果基础上，充分依靠社会各方力量，建立学术支撑，填平补齐，最终形成完整记录；制定了记录成果梳理规范；部署了民间文学和民俗项目记录成果梳理工作，并开展了培训，进行辅导，开发了成果填报系统；支持对103名国家级代表性传承人进行全面记录，对2016年支持的记录项目成果进行验收。

6月9日，国家图书馆启动了"年华易老，技忆永存——国家级非物质文化遗产代表

---

① 《文化和旅游部关于公布第五批国家级非物质文化遗产代表性项目代表性传承人的通知》，http://www.ihchina.cn/3/54776.html.

性传承人抢救性记录工作成果展映月"系列活动。展映的 25 个项目成果，是国家图书馆 5 月完成的首批抢救性记录项目验收的 227 个项目成果中的优秀成果。

2. 非物质文化遗产数字化标准纳入国家标准体系

7 月，国家标准化管理委员会发布了 2018 年度第二批国家标准制修订计划，由中国艺术研究院·中国非物质文化遗产保护中心起草并申报的《传统戏剧类非物质文化遗产数字资源采集方案编制规范》获准立项，后续将进入国家标准编制环节。该项标准是我国非物质文化遗产领域获批立项的第一个国家标准，该项标准的制定将为文化和旅游部"十三五"时期"非物质文化遗产记录工程"及相关工作的开展提供专业参考和依据，有效提升传统戏剧门类非物质文化遗产代表性项目资源采集工作的规范性和专业性，从而促进非物质文化遗产保护和传统戏剧传承发展。

3. 建设"全国非物质文化遗产信息公共服务平台"，实现非物质文化遗产数据资源互通互联

5 月，中国非物质文化遗产保护中心启动了"全国非物质文化遗产信息公共服务平台"建设工作。该平台着力于为非物质文化遗产保护专业工作者、研究者和广大公众提供权威的非物质文化遗产数据信息服务、资源展示和知识服务。年内完成了包括 3154 个国家级非物质文化遗产代表性项目（含扩展项目）、3068 个国家级非物质文化遗产代表性项目代表性传承人在内的一系列国家级非物质文化遗产基础数据信息的梳理、建档和入库应用工作，并在平台中吸纳了 3 个试点省份的省级非物质文化遗产基础数据信息，初步实现与地方数据的互联互通。同时，作为平台建设的基础工作，中国非物质文化遗产保护中心编制了 17 项非物质文化遗产基础元数据标准（草案），为数据互通和平台建设夯实标准基础。该平台的建设，将有助于带动全国非物质文化遗产领域基础数据梳理、标准制定、数据库建设和数据资源互通共享等工作，进一步体现数字化保护在提高我国非物质文化遗产保护水平方面所起的重要作用。

4 月 22 日至 24 日，首届数字中国建设峰会在福州举行，由福建省文化厅（现为文化和旅游厅）负责的"海上丝绸之路及边疆万里数字文化长廊"展览亮相峰会。通过"互联网＋科技＋非遗"的手段，以"听得见的非遗""带得走的非遗""学得来的非遗"三种简单、贴近生活的数字化方式，展示非遗、讲好非遗故事，呈现福建数字文化建设成果。

目前，我国非物质文化遗产数字化保护在资源采集、存储、管理、应用、共享方面的工作体系已初步形成。

（六）非物质文化遗产保护传承专业化水平显著提升

非物质文化遗产丰富多彩，存续状况千差万别。如何按照非物质文化遗产自身规律，开展保护实践活动，是确保非物质文化遗产保护水平不断提升的基本认识。

10 月 20 日，"让古琴发声——中国艺术研究院藏古琴音乐展演"首场演出，在中国艺术研究院拉开帷幕。多年来，作为联合国教科文组织人类非物质文化遗产代表作名录项目古琴艺术的申报和保护单位，中国艺术研究院在古琴艺术的抢救、保护与传承方面做了大量工作。中国艺术研究院图书馆是国内乃至国际收藏琴谱、琴器、古琴录音档案等最丰富的学术机构，现藏有唐代到民国时期的古琴 92 张，其中，唐琴 1 张，宋琴 2 张，明琴多达 37 张，涉及琴式达十余种，藏琴量位居全国乃至世界之首。中国艺术研究院研究员、

中国昆剧古琴研究会会长田青针对院藏古琴长眠于库房导致其生存样态改变的现状，提出了"让古琴发声"的倡议。在得到国家艺术基金的大力支持后，经过遴选，首批"发声"的珍贵传世古琴，确定为枯木龙吟、鸣凤、真趣、小递钟、无名琴（蕉叶式）。此次展演古琴用弦尽可能使用旧弦。对于不堪使用的旧弦，则使用由香港黄树志依古法所制的丝弦——太古琴弦。目前，5张琴状态稳定，音色迥然，古意高远。经由诸位琴家操缦，为现场观众带来了来自久远的回声，引发共鸣。

"让古琴发声"，包括名琴保护研究、琴人切磋实践、听众参与互动等内容，涉及考古学、音乐学等研究领域，是非物质文化遗产传承实践与文物保护研究的琴瑟和鸣，是"让文物活起来"的创举，对提升非物质文化遗产保护传承专业化水平具有范式作用。

（七）非物质文化遗产保护人才队伍的基础进一步夯实

2018年度，文化和旅游部组织实施了全国非物质文化遗产保护工作先进集体、先进个人评选表彰工作，共表彰先进集体50个、先进个人99名；举办10期全国非物质文化遗产保护工作人员培训班、2期非物质文化遗产策展培训班、1期非物质文化遗产传播高级研修班和1期文化生态保护区建设高级研修班。千余名非物质文化遗产保护工作者参加了培训活动，学习了政策法规、文化理论、非物质文化遗产专业知识，分享了优秀案例，考察了保护实践示范机构，交流了保护工作经验，探讨了问题与对策。

七 理论研究成果丰硕，非物质文化遗产保护的智力支撑更加有力

非物质文化遗产的保护实践，绵延着人类文明的历史性创造，观照着人们当下的社会生活、面向着人类可持续发展的未来。它的传承发展离不开理性思考，是以学术研究成果为基础的。2018年度，非物质文化遗产的理论研究视野更加开阔，维度更加立体，成果更为丰富。

12月21日，中国艺术研究院院长、党委书记、中国非物质文化遗产保护中心主任韩子勇在为"文化生态保护区建设高级研修班"学员讲授"新时代、新融合——非物质文化遗产保护的几个关系"时，阐释了非物质文化遗产保护理念、原则、维度、方向等。具体内容包括：用习近平新时代中国特色社会主义思想统领非物质文化遗产保护传承工作；站在历史发展的大尺度上看待非物质文化遗产的形成、演变和传承发展；站在文化自信的高度看待非物质文化遗产的价值和意义；立足新时代中国社会的基本矛盾寻找非物质文化遗产保护传承工作的突破口；用政治眼光看文化，把握好非物质文化遗产多样性与"四个认同"的关系；用社会的眼光看文化，见人见物见生活；理性认识现代化和非物质文化遗产保护传承的关系；以人民为中心，推动优秀传统文化创造性转化、创新性发展；在生产生活方式的变迁中，建构新的保护传承通道，做好文化生态保护区工作；文旅融合，激发非物质文化遗产保护传承工作的活力共十个方面。

中国艺术研究院常务副院长吕品田研究员的《手工造就人本身》一文分析了手工与人的关系，并提出："手工艺是富含自我体验价值的实践形态。在生活水平较高、生活节奏较快的大城市也已出现专注手工艺体验的新业态，也许目前还不够成熟不够普遍，但随着对现代工业文明体验与认识程度的提高，它在未来体验型经济中的占比一定会大幅度提

升以致呈现蓬勃发展之势。"① 该文对手工艺的发展趋势作了深刻分析。

中国社会科学院学部委员、民族文学研究所所长朝戈金研究员发表的《从招财猫传统到借势宠物消费——非遗传承新业态的创造性转化与创新性发展》一文提出:"创造性转化"和"创新性发展",是对优秀传统文化的继承和发展问题的又一次升华,而且特别提到"创造性"和"创新性"这两个特性,强调"转化"和"发展"这两个归旨。他认为,以非物质文化遗产工作而论,其历史轨辙、现实遭际、地方知识、美学品格、传承规律、实践方式、社会功能、文化意义等,都在通过迥异于传统的方式和平台,以难以想象的速度和广度传播和接受。声音、文字、影像、超文本链接、云技术等,即便没有取代传统非遗的存在方式和传播方式,也已经成为非遗传承和传播的新业态、新走向。能够大为便捷地接触到非遗,就为人们的学习和欣赏、继承和发展、改编和创新提供了极大的便利。这方面,转化和发展的成功事例很多。在艺术领域,可以举出改编自传统故事大获成功的影视作品;在商业转化领域,可以看到传统习俗信仰与当代生活的对接,如招财猫的传统就借势宠物消费潮流,形成商业热点,如传统刺绣工艺大踏步进入高端时尚设计等,都是随处可见的事例。非物质文化遗产的创造性转化和创新性发展,能够让人们在享受舒适、便捷、健康的当代产品和服务时,不会失去历史连续感,不会失去文化基质的承传、文化养分的汲取,并建立坚定的文化自信心与自豪感。②

中国艺术研究院曲艺研究所所长吴文科研究员发表的《让中国曲艺更好地"走出去"》,立足"文化走出去"的时代背景和要义,阐释了曲艺传承传播规律,提出了中国曲艺"走出去"的策略。吴文科认为:与文化"走出去"宏观战略的相关要求相比,与中国曲艺品种数量比较繁多的资源优势相比,这些成绩的取得,还远远不够。③

中国社会科学院文学研究所安德明研究员发表的《以社区参与为基础构建人类命运共同体——社区在非物质文化遗产保护中的重要地位》一文,论述了构建人类命运共同体理念的提出,对于深刻认识和解决当前国际社会所面临的种种难题,具有十分重要的启发和引领意义。这一理念,同联合国教科文组织所倡导和推进的非物质文化遗产保护的宗旨,既有着高度的一致性,又有着更为普遍、更为一般的指导性。而非物质文化遗产保护工作的不断展开,尤其是随着其所强调的"以社区为中心"原则的不断普及,反过来又会从文化交流的角度,为推广"和而不同"的文化多样性观念,进而推动人类命运共同体的建设,发挥具体而切实的作用。④

中国文艺评论家协会副主席向云驹发表的《记录传承人口述史十万火急》一文提出:"传承人口述史是当前非遗保护新呈现的一个最鲜活、最重大的理论问题和理论创新,是我们为世界非遗保护提供的中国方案、中国智慧、中国创造。我们必须把传承人口述史放在一个紧迫、严峻、重要的地位予以严重关切和强力推行,否则我们将继续失去;我们必须把传承人口述史的方法论结构、组合、完善起来,工欲善其事必先利其器,要推广传承

---

① 吕品田:《手工造就人本身》,http://www.ihchina.cn/8/56894.html.
② 朝戈金:《从招财猫传统到借势宠物消费——非遗传承新业态的创造性转化与创新性发展》,http://www.ihchina.cn/8/56645.html.
③ 吴文科:《让中国曲艺更好地"走出去"》,http://www.ihchina.cn/8/54216.html.
④ 安德明:《以社区参与为基础构建人类命运共同体——社区在非物质文化遗产保护中的重要地位》,http://www.ihchina.cn/8/56090.html.

人口述史，必先建立和推行传承人口述史的方法论。"① 该文基于非物质文化遗产濒危性，提出了记录传承人口述史的紧迫性。

1月17日，国家新闻出版广电总局官方网站发布了《关于第四届中国出版政府奖表彰决定》的通知，正式公布"第四届中国出版政府奖获奖名单"和"第四届中国出版政府奖获提名奖名单"。其中，由中国艺术研究院组织编纂、安徽文艺出版社出版的《昆曲艺术大典》荣获第四届中国出版政府奖图书奖。《昆曲艺术大典》编纂工程于2004年由中国艺术研究院正式启动，十余年间，先后有百余位大陆及港澳台地区老、中、青专家学者及出版工作者参与编纂和出版工作。《昆曲艺术大典》所收内容为明代中叶以来六百多年间昆曲最重要的文字文献、谱录文献、图片资料、音像资料文献、昆曲传承人的文化遗存等。全典版面字数约为9005万字，其中整理编纂文字文献2230余万字，影印文献396种（套）7万多面，图片6000余幅，录音120余小时，录像400余小时，成书149册。《昆曲艺术大典》突破传统集成式图书编纂形式，借助文字文献、音像资料、图片资料等多种形式，立体形象、多层次、多侧面地展示中国昆曲艺术在舞台表演、传统文化历史等方面的遗存；同时，它最大限度地收集、整理了各类昆曲文献。《昆曲艺术大典》的编纂出版，得到了学界、业界等方面的高度评价，它被认为是迄今为止对我国昆曲艺术最大规模，最为系统、全面和科学的保护、整理与研究的成果。②

1月22日至23日，中国民间文艺家协会（以下简称"民协"）第九届主席团第四次会议及中国民协2018年工作会议在河南郑州举行，中国文联副主席、中国民协主席潘鲁生在会议上宣布启动实施《中国民间文学大系》出版工程编纂工作。③ 该工程由中国文联总负责，由中国民协具体组织实施，其总体目标是：通过整理和收集中国民间文学资料，出版大型文库《中国民间文学大系》和电子文献数据库，并通过这一工程的运行，开展一系列以中国民间文学为主题的社会活动，促进全社会共同参与民间文学的发掘、保护、传播，形成全社会热爱民间文学的热潮，形成德在民间、艺在民间、文在民间的共识，以进一步坚定文化自信与文化自觉，不断筑牢和夯实建设社会主义先进文化的群众基础。《中国民间文学大系》按照神话、史诗、民间传说、民间故事、民间歌谣、民间长诗、民间说唱、民间小戏、谚语、民间文学理论等类别与系列编选，计划出版1000卷，每卷100万字。2018年将分批推出示范卷。

10月12日，中国艺术研究院舞蹈研究所举办了"南疆地区非遗传统舞蹈传承现状学术调研报告会"。会上，考察团成员呼吁，传统舞蹈的传承，自古乐、舞难以分离，且不能脱离其民俗环境，要注重对舞蹈类非遗的整体性保护。

12月8日至9日，"'一带一路'国家的非物质文化遗产保护与乡村振兴"国际学术研讨会在京举行。会议由北京师范大学文学院主办，北京师范大学文学院民间文学研究所承办，国际民俗学会联合会和中国社会科学院文学研究所民间文学研究室协办。会议围绕"非遗保护与乡村振兴"这一主题展开，与会专家交流了各国在非遗保护和实现乡村振兴方面的举措、经验以及目前存在的问题，话题涉及非遗如何促进乡村振兴：理论探索与实

---

① 向云驹：《记录传承人口述史十万火急》，http：//www.ihchina.cn/8/56273.html.
② 《〈昆曲艺术大典〉荣获第四届中国出版政府奖》，http：//www.ihchina.cn/11/54187.html.
③ 《〈中国民间文学大系〉出版工程全面启动》，http：//www.chinesefolklore.org.cn/web/index.php? NewsID = 17159.

践经验；社区主体性、遗产旅游、民间工艺等与乡村振兴的关系；作为资源的口头传统；列入非遗名录对乡村的影响，以及对遗产化的反思，等等。

12月28日，"传统手工艺的当代转换——2018中国工艺美术理论与批评论坛"在北京举办。此次活动由中国艺术研究院·中国非物质文化遗产保护中心主办，中国艺术研究院工艺美术研究所（中国非物质文化遗产保护中心传统技艺研究室）承办，来自全国各地的专家学者、工艺美术大师、非物质文化遗产代表性传承人等50余人参加论坛，共同就传统手工艺在当代社会的功能，以及如何应对社会变迁等议题展开讨论。

八 深入开展国际交流与合作，深化《公约》实践

（一）中国高票当选保护非物质文化遗产政府间委员会委员

6月4日至6日，《保护非物质文化遗产公约》（下称《公约》）缔约国大会第7届会议在教科文组织巴黎总部召开。156个缔约国、59个教科文组织认证的非政府组织、3个政府间组织、6个教科文组织支持的二类中心及其他机构代表共计700余人出席会议。教科文组织文化助理总干事奥托内出席开幕式并致辞。会议审议了保护非物质文化遗产政府间委员会（下称"委员会"）和《公约》秘书处的工作报告、非物质文化遗产基金使用方案、《公约》全面成果框架；修订了《公约》操作指南与履约报告相关的内容，将缔约国提交履约报告的周期由批约后每6年提交一次逐渐过渡到每6年按地区组轮流提交；认证了可向委员会提供咨询服务的29个非政府组织；改选了半数委员会委员国，包括中国在内的12个国家当选，任期至2022年6月。我国以123票高票当选，有效宣介了我国非物质文化遗产保护实践成果和对人类非物质文化遗产保护事业的贡献，提升了我国的国际影响力。此外，会议充分肯定了中国近年以承办教科文组织相关会议、向非物质文化遗产基金持续捐款等形式提供的支持。

（二）保护非物质文化遗产政府间委员会第13届常会在毛里求斯路易港举办，我国申报的"藏医药浴法"通过审议列入人类非物质文化遗产代表作名录

11月26日至12月1日，联合国教科文组织保护非物质文化遗产政府间委员会（下称"委员会"）第13届常会在毛里求斯首都路易港召开。来自教科文组织总部、24个委员国、102个非委员国的缔约国、73个教科文组织认证的非政府组织、6个教科文组织支持的二类中心和各国媒体代表共计800余人出席会议。教科文组织总干事阿祖莱、文化助理总干事奥托内出席会议。会议审议了《公约》缔约国提交的32份履约报告；评审通过了40个非物质文化遗产项目列入各类名录、名册；确定2020年和2021年可受理的申报项目数量继续维持在每年50项；确定从2020年起实施新的按地区轮流提交履约报告制度及轮流提交顺序，我国所在的亚太地区组将于2024年底前提交。

我国申报的"藏医药浴法——中国藏族有关生命健康和疾病防治的知识与实践"经委员会评审，列入人类非物质文化遗产代表作名录。该项目因其作为活态遗产提升对有关自然和宇宙知识的认识具有巨大潜力而被审查机构列为范例之一。至此，我国有40个项目入选联合国教科文组织各类名录、名册，数量保持世界第一。

在教科文组织的积极斡旋下，此届会议上朝鲜和韩国同意合并此前各自提出的申报项目，联合申请将朝鲜族传统摔跤列入人类非物质文化遗产代表作名录，获得委员会一致

通过。

（三）联合国教科文组织高级官员访华，深入沟通中国履约实践相关工作

应文化和旅游部邀请，联合国教科文组织新任文化助理总干事奥托内一行2人于9月23日至27日访问北京、甘肃。在甘肃期间，奥托内出席了第三届丝绸之路（敦煌）国际文化博览会开幕式，并与雒树刚部长进行了工作会谈，双方就文化和旅游部与教科文组织未来在保护文化遗产和文化多样性、促进可持续发展及相关合作意向等方面进行了深入沟通。

（四）亚太地区非物质文化遗产国际培训中心续约协议签署，继续承担培训工作

继2017年亚太地区非物质文化遗产国际培训中心（下称"亚太中心"）顺利通过教科文组织评估后，《中华人民共和国政府与联合国教育、科学及文化组织（联合国教科文组织）关于续延设于中华人民共和国北京由联合国教科文组织支持的亚太地区非物质文化遗产国际培训中心（第2类）的协议》于8月正式签署。该协议自生效之日起，有效期为6年。亚太中心将继续发挥其培训职能，为实现教科文组织非物质文化遗产保护能力建设战略和提升亚太地区成员国非物质文化遗产保护能力服务。12月18日至19日，亚太中心管委会第七次会议和咨委会第五次会议在北京举行。

2018年，设在中国艺术研究院的联合国教科文组织亚太地区非物质文化遗产国际培训中心，积极推进教科文组织全球非物质文化遗产保护能力建设战略在亚太地区的落实，先后在吉尔吉斯斯坦、瓦努阿图、泰国、哈萨克斯坦、韩国、中国、孟加拉国和巴基斯坦举办了8期培训班，学员来自23个国家，直接受益人员共241人次。联合国教科文组织《保护非物质文化遗产公约》秘书处在向第十三次政府间委员会陈述年度工作时，专门提到亚太中心为全球能力建设战略实施所作的贡献。联合国教科文组织文化助理总干事拉米雷斯9月来亚太中心访问时，高度肯定了亚太中心为亚太地区乃至世界的非物质文化遗产保护事业作出的杰出贡献，并高度赞赏中心这些年密切配合联合国教科文组织的战略部署、在亚太地区积极开展能力建设工作所取得的成就。与此同时，该中心还积极配合国家文化外交，及时了解国际保护动态，传播推介了我国的保护经验，努力发挥智库作用。

（五）我国列入联合国教科文组织非物质文化遗产名录（名册）项目履约工作不断深化

2018年度，文化和旅游部对列入联合国教科文组织非物质文化遗产名录（名册）项目的制度性、规范性保护正式提上日程，支持二十四节气、中国蚕桑丝织技艺等14个已入选的人类非遗代表作项目开展"3+N"（每年1个行动计划、1次论坛研讨、1份工作总结、N项具体活动）保护工作试点。受文化和旅游部委托，中国非物质文化遗产保护中心组织实施了14个试点项目年度保护工作，指导其开展"3+N"保护工作。年底前，已组织相关专家完成赴北京、江苏等六省（直辖市）调研相关项目保护计划制订及实施情况等工作。

九　问题与思考

（一）围绕新时代、新要求，采取问题导向，补短板、强弱项，着力推动非物质文化遗产存续发展和保护传承中的不平衡、不充分问题的解决

继承和弘扬中华优秀传统文化，促进社会主义精神文明建设，是保护非物质文化遗产的目标任务。进入新时代，我国社会的主要矛盾转化为人民日益增长的美好生活需要和不平衡不充分的发展之间的矛盾。我们应围绕推动解决新时代社会主要矛盾，梳理非物质文化遗产存续发展的不平衡、不充分性和保护传承工作的不平衡、不充分，补短板、强弱项，从供给侧发力，在遵循社会发展规律和非物质文化遗产保护传承规律的基础上，探索更加有效的保护方式，进一步优化相关工作机制和资源，不断提高保护传承能力与水平。

（二）充分尊重、调动、支持社会各界广泛参与非物质文化遗产保护，提升合力效能

我国非物质文化遗产保护工作起步早、起点高、成效显著，从根本上说是得益于我们的制度优势和对"政府主导、社会参与，明确职责、形成合力；长远规划、分步实施，点面结合、讲求实效"的保护工作原则的坚持。近几年，随着非物质文化遗产保护理念的深入人心，在各级政府的鼓励下，在相关优惠政策的推动下，相当多的企业、团体、群体等社会力量积极投入保护工作。如何完善和强化指导社会力量参与保护工作的机制，使非物质文化遗产保护传承工作形成更加深厚、更富活力、融会贯通的有机整体，需要进一步从政府职能优化、社会资源现状和非物质文化遗产传承实践主体意愿3个主要方面，加以重点思考。《中华人民共和国非物质文化遗产法》和联合国教科文组织《保护非物质文化遗产公约》是我国开展非物质文化遗产保护的两份重要法律文件，其性质是行政性法律，规定了行政机关、机构的权利与义务。非物质文化遗产孕育、传承、发展于民众的社会生产生活，具有鲜明的社会属性。全社会参与非物质文化遗产保护，是确保非物质文化遗产生命力的重要基础。如何鼓励并进一步激发社会力量参与非物质文化遗产保护，显现合力能效，需要各级行政部门做好指导和引导。相关行政部门要更加坚定地把握非物质文化遗产保护公益性的根本原则，为社会力量参与保护的资源投入、效益回报提供更好的服务条件，为传承实践者相关权益保障提供更有力支撑。只有不断地完善融合性、贯通性、整体性的工作机制，才能更好地保持并发挥我国非物质文化遗产保护的制度优势，不断提升全社会参与保护的合力能效。

（三）充分认识"非遗进校园"的意义，着力提高青少年的文化自信

非物质文化遗产是人类文化多样性最为直观的写照，是人类伟大创造力的重要成果，是人类非凡智慧的生动见证。提高青少年对非物质文化遗产及其保护的重要意义的认识，是联合国教科文组织开展非物质文化遗产保护的一个重要动议。经过多年努力，"非遗进校园"活动已在各地大中小学踊跃开展，对于激发青少年的中华文化认同感，起到了不可忽视的作用。剪纸、古琴艺术、年画、太极拳、书法、二十四节气等非物质文化遗产，已成为广大师生耳熟能详的文化表现形式。古琴进校园，不仅要在音乐课上讲授古琴的弹奏方法，还应介绍"破琴绝弦"的知音典故及中国人的友情境界；太极拳进校园，不仅要在体育课上传授太极拳招式,还要让学生们知道《易经》及中国人阴阳循环、天人合一的哲学思想和养生观念。每一项非物质文化遗产都蕴含着丰富的内涵。"非遗进校园"要通过相关非物质文化遗产知识传授、能力培养,促进青少年增强文化自信,从而自觉传承传播中华优秀传统文化。要加强"非遗进校园"师资能力建设,鼓励非物质文化遗产保护传承专业人员进校园上讲台;要从包括非物质文化遗产在内的经验、知识、技能传统习得方式变迁层面,认识学校教育在非物质文化遗产传承保护中日益重要的作用,不断拓展代际人才培养通道。

2018年度,有一段温暖而有深义的话语,分享给大家:

> 当人类越来越了解外界与自身,依然需要幻想性的艺术创造。嫦娥住在广寒宫,玉兔在捣药,那棵桂花树开得正好,人物、动物、植物、建筑物,那是另一个世界。尽管我们已经知道月球不过是一个星体,但还是要保留这个美好的传说。尤其对孩子来说,刚刚认识月亮的时候,应该听到这样的故事,人类也需要保持这样的童心,这是人之所以为人的智慧,也是我们幸福感的来源。[①]

——中国社会科学院荣誉学部委员刘魁立在2018年中秋节之时接受采访时的话

(原载《2018年度中国艺术发展研究报告》,
中国艺术研究院主编,文化艺术出版社2019年版)

[①] 蒋肖斌:《一个节日的保护与传承:我们为什么要过中秋》,http://news.eastday.com/s/20180925/u1ai11845855.html.

文化的力量

——传统工艺工作站综述

文化部非物质文化遗产司

"我从没有像现在这样生活得有力量"——这是新疆哈密普通绣娘阿孜古丽的感言。传统工艺工作站，随着中国传统工艺振兴的步伐，正让文化的力量注入城市、乡村，在人们心中生根、发芽、壮大。

为探索振兴传统工艺的有效措施，2016年3月起，文化部陆续支持相关企业、高校和机构等在传统工艺聚集地设立了10个传统工艺工作站，涉及刺绣、木雕、漆艺、金属锻制、传统民居营造技艺等多个门类。两年来，传统工艺工作站的建站模式在实践中不断丰富和完善，既帮助当地提高传统工艺发展水平，又促进就业增收、精准扶贫，在乡村振兴、民族团结等方面都发挥了积极的作用。

"用"字引领，让传统工艺获得新生

针对面广量大的传统工艺品与现代生活脱节、从业者无以为继的问题，传统工艺工作站的工作基本路径定为"研究+培训+设计+N"，即在尊重传统的基础上，帮助从业者开阔眼界，发现生活中的美，让现代设计走进传统工艺，让传统工艺在当代生活得到新的广泛应用。文化部在"中国非遗传承人群研培计划"的框架下支持工作站开展整建制培训，培训以"知情、知艺、知辨"为教学目标，让传承人和手工艺者加深对自身技艺的理解、拓宽知识领域、掌握灵活创作的方法。参加培训的人员在审美和接受能力等方面均有很大提升，能很快适应工作站的工作，与设计师的沟通也更加顺畅。"以前只知道这样做，现在发现还可以做得更好，以前只知道可以做这个，现在发现还可以做更多。"这是很多第一次走出家门参加培训的手工艺人的心声。新疆哈密传统工艺工作站的绣娘与设计师合作，将传统花帽和花袍上的图案运用到笔记本、耳机、包饰等生活用品上，产品深受欢迎。湘西绣娘来到北京木真了服装公司研习，不但看到了从没见过的色线，还学会了更实用的辅助技艺。她们很自豪地看着自家的花长在了城里人的衣服上，苗家的蝴蝶飞进了商场和秀场。截至目前，新疆哈密站、湖南湘西站、贵州雷山站、青海果洛站、安徽黄山站在设计师和手工艺者的合作中，共研发出1000余种走进现代生活的实用产品，有效推动了传统工艺的创造性转化和创新性发展。

以点带面,扶贫助残,百姓受益

传统工艺工作站的产品既蕴含丰富的文化内涵,又体现当代审美和精巧设计,深受市场欢迎,手工艺者成为直接受益人。在工作站的推动下,新疆哈密建立和完善了231家合作社,成立了刺绣协会,接收订单1.7万余件,近千名绣娘直接参与订单制作,月平均增收1500元。湖南湘西绣娘石美薇以前在外地打工,在工作站的号召下,参加培训,接了订单,去年9月,她拿到1300元的月工资,她激动地说:"这是我在自家的土地上拿到的第一笔工资。"在贵州雷山、广东潮州等地,像石美薇这样具备手艺,却不能靠手艺生活的人还有很多,他们参加工作站之后,靠手艺养活了自己。

工作站还涌现出一批带头人,以点带面,带动一片。青海果洛的尼保开设的公司带动班玛县近百人就业。新疆哈密的阿孜古丽接到订单后,组织30多名绣娘一起做,其中大部分是以前零收入的残疾人。贵州雷山工作站结合《贵州省传统手工艺技艺助推脱贫培训计划(2016—2020)》开展工作,优秀学员带动新就业8000余人,其中也有很多是残疾人、低保户。湖北荆州站专门针对残疾手工艺人的培训已成为常态化工作,站长许小兰说:"我特别高兴地看到,从这里出去的孩子们都有了自信的微笑。"

相融相亲,共筑民族团结好局面

传统工艺工作站的设立地区多是民族聚集地,在工作的开展过程中,各民族同胞相互尊重、欣赏,和谐相处,密切联系,感人事迹时时发生。新疆哈密的维吾尔族和哈萨克族手工艺者在广州大学受到贵宾般的礼遇。每一期学员都是分批凌晨抵达,而学员下车后,都能看到接站的横幅和教师们的身影。学校专门为学员开设了清真餐厅,校内的公共设施和路口,都有醒目的双语标志。上海大学为青海果洛藏族学员开设的课程,老师们讲课至少讲两遍,第一遍讲给翻译,磨合完善后才正式上讲台。在工作站培训回访的时候,有的学员把自己的家人孩子带来,对他们说:"这是亲人,是对我们最好的人。"

新疆哈密站的驻站设计师们,因长期住在绣娘家,已经与当地人产生了深厚的感情。在哈密文化局局长的主持下,他们举行了认亲仪式,每个人都认到了自己的维吾尔族亲戚,还有了维吾尔族的名字。让湖南湘西站的设计师们最感动的是,每次调研结束,苗族妈妈姐妹们都自发结队送到村口,留客的苗歌一首接一首地唱。贵州雷山站的驻站单位苏州工艺美术职业技术学院的教师和设计师,一年10多次往返贵州与苏州,在与苗族、布依族、侗族各族手工艺人的交往中,已经把自己当成了雷山人。

注入人气和活力,助力乡村振兴

"这一年多来,做刺绣的人多了,村里更热闹了,刺绣让我们挣上钱了,让我们的村子更有活力了。"哈密绣娘阿那热姆说。她的丈夫托合提感叹:"我的老婆子现在厉害了,我现在不跑大车了,跟她一起开合作社。现在我家老婆子说了算。"在葡萄架的浓荫中,绣娘围坐着绣花、唱歌、聊家常,已成为哈密最常见的场景。民俗学家刘魁立先生评价,遗产持有者,尤其是妇女的自信与地位的提升,是非遗保护的重要成果,符合《保护非物质文化遗产公约》精神，同时也是乡村和谐面貌的体现。

湖南湘西站的驻站单位与当地妇联共同发起了"让妈妈回家"行动，让一批拥有苗绣技艺且在外打工的妈妈们回到家乡，孩子有人带，丈夫有人管，老人有人养，空心村现象得到缓解，人气和活力正在回到乡村。

中央美术学院驻东阳传统工艺工作站是以传统民居营造技艺为切入点的工作站。自2017年9月设立以来，驻站单位与当地政府在建站目标上达成了良好共识，并形成了默契的合作，积极探索传统民居营造技艺在美丽乡村建设中的作用，发挥传统民居在涵养乡村文明、乡风民俗中的独到之处，形成"见人、见物、见生活"的生动局面。

展示传播，让振兴传统工艺的理念深入人心

传统工艺工作站设立以来，新设计、新产品层出不穷，各种途径的宣传展示，让非遗保护、振兴传统工艺的理念以最直观的形式呈现在公众面前。2016年10月，传统工艺工作站阶段性成果首次集体亮相北京恭王府，吸引了众多民众和媒体的关注。媒体评价，精美的作品向人们解读了这样一个理念：非遗即生活，非遗是以更美、更精致的方式生活。故宫博物院立足丰富的历史文化积淀和学术资源，与驻站地安徽黄山市建立双向展览机制，展览让徽州传统工艺在故宫找到了源流关系，更加激发了传统工艺从业者的创作积极性。广东潮州站驻站单位中国纺织工业联合会，发挥自身优势，将工作站成果不断推向更大的舞台，2017年12月，潮州工作站参加了在莫斯科举办的"锦绣丝路——中国精品刺绣艺术展"，成为莫斯科中国文化中心的一道亮丽风景。据不完全统计，传统工艺工作站参与或举办的展览有：中国成都国际非遗节、中国非物质文化遗产博览会、上海国际手造博览会、北京国际时装周、上海国际时装周、加拿大温哥华时装周、北京国际文化创意产业博览会、"锦绣中华——非遗服饰秀"、广州时尚节等30余个。展览使社会各界看到了中华优秀传统文化在当代创造性转化和创新性发展的成果，也在国际舞台讲述了振兴传统工艺的"中国故事"，提高了"中国创造"的美誉度。"振兴传统工艺""传统工艺走进现代生活"的理念蔚然成风。

联合力量，扩大格局，共筑振兴传统工艺大平台

2017年3月，国务院转发了文化部、工业和信息化部、财政部制定的《中国传统工艺振兴计划》（以下简称《振兴计划》）。建设传统工艺工作站为制定《振兴计划》提供了实践依据，同时也是为落实《振兴计划》，为新时代振兴传统工艺积累经验，提供示范。振兴传统工艺是个系统工程，需要社会各方共同协作，传统工艺工作站正是这样一个汇聚力量的平台。每一个工作站，都是建站单位与地方政府、文化部门合作的基本单元，在这个平台上，各方又吸引更多资源参与其中，取长补短，互利互惠，为工作站可持续发展提供保障。贵州雷山站的驻站单位苏州工艺美术职业技术学院在工作站运行中，引进了例外、上下、熙上等10家品牌企业，利用企业成熟的现代管理和产销机制迅速有效地实现工作成果的转化，提高产品品质。企业则通过参与工作站，更便捷地汲取传统工艺的养分，以滋养和提升品牌价值。中国纺织工业联合会在潮州工作站的基础上，号召会员企业参与西藏山南传统工艺振兴的调研与实践，已初见成效。

为在更广范围内形成联动效应,清华大学、中央美术学院、苏州工艺美术职业技术学院等建站单位正在进行工作站间的横向交流互动。心往一块想,劲往一处使,凝聚着人心和希望,文化的力量正在成长。

(原载《中国文化报》2018年3月9日)

研究综述

2018年民俗学理论研究综述

孟令法[*]

2018年，不仅是我国民俗学（民间文学——歌谣）运动的100年，也是中国民俗学会成立的35年，更是我国改革开放的40年。在这个承前启后的关键之年，人们既欣喜于国家发展所取得的诸多成就，也于不同国际机遇的把握和利用中，不断克服来自各方的挑战，从而展现了一个"大国"的卓越姿态。作为一个人文（社会）学科，2018年的民俗学则在承续既有研究对象、学术理论及研究方法的基础上，不仅拓宽了研究领域（对象），也在主动对接国家建设的过程中，提出了适应时代发展的学科理论范式。从整体上看，2018年的民俗学虽然取得了极为丰硕的成果，但正如有学者总结的那样，中国"民俗学在新时代社会思想影响下进一步指向日常生活实践，注重非物质文化遗产以及农村文化振兴的现实参与，同时反思百年学术历程，译介西方理论，从学科角度观照多民族、各地域的个案实践"[①]，并在"参与以'一带一路'为核心的跨文化交流研究，探讨如何推进'铸牢中华民族共同体意识'和促进各民族交流交往交融的问题"[②]的同时，充分发挥了"朝向当下"的"经世致用"之能。因此，对2018年中国民俗学理论研究的回顾，也就有了范围限度[③]，且大致可从基本态势、基础理论与方法论创新、学术史研究中的理论梳理、国外民俗学理论译介以及非遗保护的理论探索与实践五个方面展开。

一 基本态势：既有理论的深化

当代民俗学的理论发展并不是没有源头的活水，2018年民俗学理论的深化自然也有既往理论的支撑，甚至沿着"来路"继续生发。[④] 换言之，在对具体民俗事象的研究过程中，学者们并非一味追求新的解读范式，而那些既已存在的中外成熟理论，特别是新近为我国民俗学者提出并得到广泛关注的学理思想，不仅持续发挥着阐释各类传承性集体创造

---

[*] 作者系重庆工商大学社会与公共管理学院副教授。
[①] 毛巧晖：《2018年民俗学研究动态一览》，《中国图书评论》2019年第1期。
[②] 林继富、谭萌：《"以人为本"的学科实践——2018年中国民俗学》，《原生态民族文化学刊》2019年第2期。
[③] 现已发表的各类民俗学（民间文学）成果均有理论支撑或创建，但因数量庞大，因而不可避免地挂一漏万，故所涉具体文类或民俗事象亦有缺漏，相关内容将由相应综述呈现，此不细谈。
[④] 需要说明的是，由于"日常生活"和"实践民俗学"已在我国民俗学界持续讨论多年，其理论深度和个案应用已有很多积累，故视其为既有理论，于此加以梳理。

的功能，更在丰富我国民俗学理论体系的同时，推进了我国民俗学同国际民俗学的对话力度和自主权利，而这种对既有理论的深化，则在一定程度上反映了我国民俗学理论发展的基本态势。

（一）文本、语境及表演

文本和语境是口头传统研究的两大核心概念，其对探索"人类表达文化之根"具有极其重要的推动作用。惠嘉在《文本：具有构境能力的语言事件》中认为："'文本'作为'语言性'的存在"是具有建构语境能力的语言事件（行为）[①]；而在《民俗学"框架式"语境观的双重向度》中，她则指出："框架式语境观虽然仍有时空条件决定论的客观向度，但也具有主观赋义的向度。单纯取径前者，俗'民'可能成为被时空条件决定的他律者，缺失自由的维度；取径后者，则使'民'有望以赋义者的姿态开显其作为主体的主体性"[②]。对此，祝鹏程评论道：这种理论阐释"对部分学者将语境等同于社区文化背景，文本则被视为是由语境决定、形塑的对象的做法起到了纠偏作用，同时强化了新的观念——民间文学不是对象化的存在，而是民众自身的实践"[③]。

毫无疑问，时代的发展对口头传统的演述语境造成了极为显著的冲击。因而，人们一方面急需对口头传统的演述语境加以保护，另一方面则需要对此加以全方位记录和阐释。正如阿地里·居玛吐尔地所言："口头叙事传统正在从'演述中的创作'进入一个新的阶段，并为半书面的吟诵形式所取代。目前，当我们还能够捕捉到口头史诗的传统演述形式之际，从文本与语境之间的复杂关系出发，对口头史诗的叙事传统及其演变态势进行系统的梳理和探究是当务之急"[④]。基于此，2018年的中国史诗研究也在具体文本的语境深描中呈现多发状态[⑤]。可以说，这些学术成果在关注史诗演述传统及其演述人的同时，从史诗稳定性和变异性角度强调了生活对理解史诗的重要性。而作为体裁的史诗在尹虎彬[⑥]和董晓萍[⑦]看来，其意义"超越了作品的意义，创造性的叙述者与史诗受众的个人经验互动使史诗既

[①] 惠嘉：《文本：具有构境能力的语言事件》，《民族文学研究》2018年第6期。
[②] 惠嘉：《民俗学"框架式"语境观的双重向度》，《民俗研究》2018年第5期。
[③] 祝鹏程：《2018年民间文学研究报告：以神话、传说与故事为主》，《民间文化论坛》2019年第1期。
[④] 阿地里·居玛吐尔地：《口头史诗的文本与语境——以〈玛纳斯〉史诗的演述传统为例》，《民族艺术》2018年第5期。
[⑤] 如《民族艺术》2018年第5期发表了乌·纳钦《史诗演述的常态与非常态：作为语境的前事件及其阐析》、杨杰宏《音像记录者在场对史诗演述语境影响》及屈永仙《傣族史诗的演述人与演述语境》；《民间文化论坛》2018年第2期发表了美国学者马克·本德尔《举证策略：以彝苗史诗民间物质文化和环境意象为例》（陈婷婷译）；另有，巴·布林贝赫著《蒙古英雄史诗的诗学》（陈岗龙等译，中国社会科学出版社2018年版）；等。
[⑥] 尹虎彬：《作为体裁的史诗以及史诗传统存在的先决条件》，《民族文学研究》2018年第2期。
[⑦] 董晓萍：《跨文化民俗体裁学——新疆史诗故事群研究》，中国大百科全书出版社2018年版。

有跨文化的历史元素,又可保持本民族主体文化的鲜明特质"①。此外,学界对民间信仰的语境研究也有所深化,而诸如覃奕《物与语境:解析毛南族傩面具》②和陈小锋《雨水与"灵验"的建构——对陕北高家峁村庙的历时性考察》③及冯智明《神话叙事与庆典仪式的互文——以桂北瑶族"渡海"神话和禁风节为中心》④等,均表明"语境"虽是复杂的,但其仅是理解民俗意义的重要元素,更是活态民俗得以呈现的空间依托。

在《民俗学前沿研究》一书中,"表演理论"的思想起源得以再次重申,而在认定"表演"是一种"讲述模式"时,深度阐述了"讲述民族志"的理论特征和方法论意义⑤。不过,任何一个成熟理论都会面临挑战——表演理论"反思并改变了民俗学研究的眼光与方向,推动了民俗学的研究范式从以'民间文学文本'为中心,向着以'表演性日常交流实践方式'为中心转变",但直接个案论证在我国却略显不足。更重要的是,我国民俗学界也在不断寻求能与表演理论相对话的本土话语。正如毛晓帅所言:"在理论与实践相结合的视野下来讨论在中国民俗学转型发展过程与表演理论思想之间所具有的对话关系,这是一个具有针对性的研究课题",而"中国民俗学与国外民俗学之间不是绝对的谁在先谁在后的影响关系,而是主体间各种可能的相互对话关系",所以转型发展中的中国民俗学"在关注'日常交流实践方式'的方向上,有诸多与表演理论不谋而合的表现,这主要不是因为受到了表演理论的影响,而是在研究中国社会生活的过程中,不断进行学术反思与创新的结果"⑥。因此,理论借鉴是一种对话机制,而非一成不变的孤立"拿来"。

(二)语言、类型及母题

对散文体民间叙事的关注,一直是民俗学(民间文学)的重点,而神话学、传说学及故事学的成熟则突显了口头传统研究的专门化。虽然在散文体民间叙事的研究中,不同理论和方法都发挥了相对独特的解析功能,但这并不是说理论应用不具备"集聚"效应,或言我国学者在西方理论范式的译介中,颇具倾向性地选择了"AT分类法",而神话的语言学研究也于时下有所发展。

在神话的语言学研究中,吴晓东不仅持续使用"上古音构拟法"探索不同神话人物所隐含的音变关系,从而证明"语言疾病"的存在。在其2018年发表的论文中,较具代表性的有四篇,即《从〈山海经〉看〈易〉的起源》《毛衣女故事的母题构成与主角来

---

① 林继富、谭萌:《"以人为本"的学科实践——2018年中国民俗学》,《原生态民族文化学刊》2019年第2期。此外,2018年度还有针对文体和文类的论述,如西村真志叶《中国民间幻想故事的文体特征》(中国社会科学出版社)、刘静镜的《口头传统文类的界定——以云南元江哈尼族哈尼巴为个案》(中国社会科学出版社)及祝鹏程《文体的社会建构——以"十七年"(1949—1966)的相声为考察对象》(中国社会科学出版社)等。这些学术成果不仅是文本分析,更涉及语境(社会背景)、传承人(演述人/表演者)、意识形态以及传播媒介等因素的深描和解读。
② 覃奕:《物与语境:解析毛南族傩面具》,《民间文化论坛》2018年第1期。
③ 陈小锋:《雨水与"灵验"的建构——对陕北高家峁村庙的历时性考察》,《民俗研究》2018年第5期。
④ 冯智明:《神话叙事与庆典仪式的互文——以桂北瑶族"渡海"神话和禁风节为中心》,《民族文学研究》2018年第3期。
⑤ 萧放、朱霞主编:《民俗学前沿研究》,商务印书馆2018年版。
⑥ 毛晓帅:《中国民俗学转型发展与表演理论的对话关系》,《民俗研究》2018年第4期。

源》《论蚕神话与日月神话的融合》以及《禹妻"涂山"氏名称与"蝾蟾"同源考》。四文均认为"日""月"源出"目"的语音分化,而"《易》的形成与《山海经·大荒经》中记载的观测日月的方式息息相关";"毛衣女故事主角(姑获)的来源与'日'的语音演变有关";"'母'的变音 mi 与表丝线的'糸 mi'同音,致使以月亮为原型的西王母、嫘祖与蚕发生了关联,并与本来相对独立的蚕马神话以及其发展出的牛郎织女神话发生融合";涂山"原本不存在",它"与嫦娥化蟾的'蜍蟾(蟾蜍)'一样,具有同一语源",而"娲""娥"同音(文献亦有将涂山记作女娲者),因此是女娲地名化的结果①。尽管神话的语言学研究具有一定的"溯源"优势,但神圣叙事的社会意涵却非语音分析所能独立完成的。

源自欧美的"类型""母题"分析法,对我国散文体民间叙事产生了持久影响,并已突破狭义民间故事范畴,被运用于神话文本解读。在 2018 年的相关研究中,较具代表性的成果主要来自王宪昭、毛巧晖及漆凌云。具体如下。王宪昭以四篇论文进一步探索了神话的类型和母题。在他看来,中华民族同源型神话反映了"中华民族命运共同体的民族观,传承着中华民族和谐民族关系的优秀文化传统,体现出各民族共同的文化理想";文化祖先型神话的"叙事核心一般是通过对祖先生平事迹的叙述,实现对这位祖先丰功伟绩的认知,进而提高群体的自豪感和凝聚力";而被细分为"核心母题""基本母题""辅助母题"以及"延伸母题"的母题不仅"是神话叙事中可解构的表意单位,也是可分析元素"。因此,借助母题分析既可"理清特定类型神话的叙事规则与基本模式",也可"观察神话生态与再创作问题",更能"洞察神话所反映的文化精神"。此外,在系统分析"母题数据的类型设置、层级建构以及多维度定位等方式"的基础上构建专题数据库,能为特定神话的"宏观研究与微观分析提供系统、全面、便捷的资料学支持"②。

毛巧晖于《他者"制造"与家园守护——"老虎外婆"型故事中的儿童教育观》中指出,相较于"小红帽"型故事,"老虎外婆"型故事"所反映的中国传统社会从形象到智力上对他者的想象以及'看家护院'的儿童教育题旨",可为"当下儿童教育观念提供有益补充"③。漆凌云则从学术史角度勘察了故事类型学在我国的发展历程,并由此指出"中国故事学人积极将西方故事学理论本土化,形成'故事生命树''故事文化学'等研究范式及类型丛、类型核、情节基干、母题链、中心母题、功能性母题、节点等具有中国特色的故事学话语体系"④。由是观之,"他山之石"还需在本土化的过程中"可以攻玉"。

---

① 吴晓东:《从〈山海经〉看〈易〉的起源》,《民族艺术》2018 年第 3 期;《毛衣女故事的母题构成与主角来源》,《广西民族师范学院学报》2018 年第 3 期;《论蚕神话与日月神话的融合》,《贵州民族大学学报(哲学社会科学版)》2018 年第 3 期;《禹妻"涂山"氏名称与"蝾蟾"同源考》,《社会科学家》2018 年第 7 期。

② 王宪昭:《中华民族同源型神话的叙事特征与文化价值》,《社会科学家》2018 年第 1 期;《壮族神话中布洛陀典型母题的类型与构成》,《百色学院学报》2018 年第 1 期;《论母题方法在神话研究中的运用——以两篇布依族"人化生日月"神话为例》,《贵州民族大学学报(哲学社会科学版)》2018 年第 3 期;《盘瓠神话母题数据的资料学研究》,《民间文化论坛》2018 年第 3 期。

③ 毛巧晖:《他者"制造"与家园守护——"老虎外婆"型故事中的儿童教育观》,《杭州师范大学学报(社会科学版)》2018 年第 2 期。

④ 漆凌云:《他山之石与本土之根:故事类型学在中国的译介与研究》,《民族文学研究》2018 年第 4 期。

（三）日常生活与实践民俗学

进入21世纪的中国民俗学面临诸多挑战，因而从"传统"转向"现代"的呼声不绝于耳。尽管有关"日常生活"的论述早在20世纪90年代就已出现，但近年来的激烈争辩才使其走向前台，成为中国民俗学"转型"发展的重要概念支撑。近年，得到广大学界认可的"日常生活"概念，其理论阐释依然有所推进，而2018年的相关研究成果就体现了这点。

李向振在《"通过民俗"：从生活文化到行动意义的摆渡——兼论当代民俗学研究的日常生活转向》中指出，作为一种研究路径的"通过民俗"是"把研究者的目光从呆板的、被研究者想象出来的传统中拉回到现实社会，并在传统与现实之间搭建某种学术联系"，因此"作为关注生活文化的民俗学，需要从传统的以民俗事象为研究对象的藩篱中走出来，将学术目光投向日常生活整体"[1]。岳永逸通过探讨北京生育礼俗的变迁，于《中国都市民俗学的学科传统与日常转向——以北京生育礼俗变迁为例》中认为，"作为现代学的民俗学要发生从守旧、回望的乡土民俗学向直面现代的都市民俗学转型"，而"日常生活层面渐进的革命，在呼召中国民俗学回归日常的同时，也挑战着中国民俗学的记述、表达与阐释能力"[2]。在《日常生活实践的"战术"——以北京"残街"的"占道经营"现象为个案》中，王杰文通过对"占道经营"现象的研究，提出："中国民俗学家关注未来中国民众的日常生活实践，也需要同时开展两项工作：一是在西方文明的总体框架内反思现代问题；二是在中国自身的文化传统中寻找化解现代危机的出路"[3]。黄静华[4]与王立阳[5]在探讨民俗学的"日常生活"转向时，均表示对主体经验——生活叙事的观照需回归"民"与"人"的日常实践。

实践民俗学作为一种学术观念，与日常生活概念有着天然联系，且在近年的发展中逐渐与实际案例相结合，从而走向成熟。不过，相较于纯哲学思辨，例证阐释尚未得到深化。此外，有关"实践"的意涵也摆脱了哲学的单一认识，走向了实际"行动"。

户晓辉在分析"上海女孩逃饭"时，认为："只有引入实践民俗学的目的论原则，才能从中还原出网络民间文学表演以及培育网络公民习性所需要的责任伦理与形式规则"[6]；而对"民俗博物馆"的探讨表明，"民俗学最初的两种实践动机——自由民主的浪漫理想与经世致用的现实诉求——不仅可以得到认识的统一，而且应该得到实践的结合"[7]。王杰文在《"实践民俗学"的"实践论"批评》中指出，虽然实践民俗学能够提升中国民俗学的学术自觉，但其"对启蒙理性的应用，对国际民俗学'实践论'转向的判断，对

---

[1] 李向振：《"通过民俗"：从生活文化到行动意义的摆渡——兼论当代民俗学研究的日常生活转向》，《云南师范大学学报（哲学社会科学版）》2018年第1期。

[2] 岳永逸：《中国都市民俗学的学科传统与日常转向——以北京生育礼俗变迁为例》，《云南师范大学学报（哲学社会科学版）》2018年第1期。

[3] 王杰文：《日常生活实践的"战术"——以北京"残街"的"占道经营"现象为个案》，《民间文化论坛》2018年第2期。

[4] 黄静华：《生活叙事："敞开"和"共情"的民俗研究》，《民族艺术》2018年第2期。

[5] 王立阳：《日常生活与作为视角的民俗》，《民俗研究》2018年第3期。

[6] 户晓辉：《网络民间文学表演的责任伦理与形式规则——以"上海女孩逃饭"的网评为例》，《民间文化论坛》2018年第2期。

[7] 户晓辉：《民主化的对话式博物馆——实践民俗学的愿景》，《民俗研究》2018年第3期。

民俗学经验主义学术传统的评述还需要更加深入细致的讨论"①。吕微在《两种自由意志的实践民俗学——民俗学的知识谱系与概念间逻辑》中讲到，世界民俗学的重构需对民俗学的偶然性知识谱系和必然性观念联系进行双重还原，并应回溯到作为理性科学之民俗学的起点，从而推导出"民俗学的理论研究范式与实践研究范式"②。与上述学者基于哲学理性的"实践"认知不同，鞠熙从非遗保护的角度认为"实践"是一种切实行动③。与此相似，日本学者福田亚细男等表示，民俗学的"实践"与新的公共民俗学也是相通的，而民俗学的实践必要性，"亦即恢复野的学问的精神，带着危机意识投入实践性课题，以批判精神进行问题设定的、有发言能力的民俗学"④。

除上述论文外，针对日常生活与实践民俗学的阐释，还出现在《民俗学前沿研究》（萧放、朱霞主编）与《现代民俗学的视野与方向：民俗主义·本真性·公共民俗学·日常生活》（周星、王霄冰主编）中⑤，而相应的作者多与以上学者重叠，因其理念基本一致，故不再赘述。不过，需补充的是，在2018年的民俗学理论阐述中，诸如"语言民俗学""历史民俗学""文艺民俗学""性别民俗""身体民俗"以及"口头诗学"⑥等则以关键词形式得到梳理，而"口头程式理论"⑦"神话主义"⑧及"四重证据法"⑨等虽有

---

① 王杰文：《"实践民俗学"的"实践论"批评》，《民俗研究》2018年第2期。

② 吕微：《两种自由意志的实践民俗学——民俗学的知识谱系与概念间逻辑》，《民俗研究》2018年第6期。

③ 鞠熙：《实践：民俗学进入非物质文化遗产研究的关键词》，《长江大学学报（社会科学版）》2018年第4期。

④ ［日］福田亚细男、菅丰、塚原伸治：《民俗学的实践问题》，彭伟文译，《民间文化论坛》2018年第3期。

⑤ 这部著作对民俗主义、本真性及公共民俗学等学理概念作了纵横双向梳理，限于篇幅本文不再细述。周星、王霄冰主编：《现代民俗学的视野与方向：民俗主义·本真性·公共民俗学·日常生活》，商务印书馆2018年版。

⑥ "语言民俗学"（黄涛）、"历史民俗学"（赵世瑜）、"文艺民俗学"（毛巧晖）、"性别民俗"（康丽）、"身体民俗"（彭牧）以及"口头诗学"（朝戈金）分见《民间文化论坛》2018年第1期至第6期。

⑦ 本年度主要有，朝戈金、姚慧：《面向人类口头表达文化的跨学科思维与实践——朝戈金研究员专访》，《社会科学家》2018年第1期；荣四华：《比较视野下的〈玛纳斯〉研究与口头诗学》，《民族文学研究》2018年第5期；郭翠潇：《口头程式理论在中国研究生学位教育领域的应用（2000—2017）——基于133篇硕士、博士学位论文的计量分析》，《民族文学研究》2018年第6期；王丹：《口头诗学理论对中国民间口传音乐研究的启示——评〈口头诗学：帕里—洛德理论〉》，《新疆艺术学院学报》2018年第6期；等等。

⑧ 本年度主要有，郝于越：《传统神话形象符号在现代传媒中的延递——以祝融为例》，《戏剧之家》2018年第7期；赵梦：《论朝向当下的"神话主义"》，《佳木斯职业学院学报》2018年第3期；赖婷：《心理学视角下的神话与神话主义——以罗洛·梅的〈祈望神话〉为中心》，《长江大学学报（社会科学版）》2018年第3期；等等。

⑨ 本年度主要有，叶舒宪：《羌人尚白与夏人尚黑——文化文本研究的四重证据法示例》，《文学人类学研究》2018年第2辑；叶舒宪：《天熊伏羲创世记——四重证据法解读天水伏羲文化》，《兰州大学学报（社会科学版）》2018年第6期；林科吉：《文学人类学理论中第三、四重证据法与神话——原型研究》，《中华文化论坛》2018年第12期；等等。

学者使用，但相对以往，其深度和广度则有所下降。

二 基础理论与方法论创新

在2018年的民俗学理论研究中，我国民俗学家做出了积极且多元的探索。尽管针对既有理论的深化（例证阐释）体现了我国民俗学在2018年的基本态势，但对基础理论与方法论的创新则为我国民俗学理论的整体建构赢得了一定的国际话语权。不过，需要明确的一点是，尽管有些学理概念很早就从西方译介过来（如传统指涉性），但时隔多年才为我国学者所使用，而一些本土概念（如人民性）则因时代所限，直至本年度才被深度阐述，故在本节梳理。此外，还有个别具有回溯性（非学术史）的理论创建则出现时间短，尚未产生直接的学理对话，但却值得我们持续追踪。如施爱东"权威/级差与历史/传说"①、陈建宪"神话时空观"②、陈泳超"古史神话帝系论"③ 以及巴莫曲布嫫"丝路方法论"④ 等。除此，就2018年的民俗学基础理论和方法论创新而言，可有以下九个方面。

（一）人民性

在民间文学的特征研究中，"人民性"曾被视为核心概念之一。随着时代的发展，以及民俗之"民"的属性改变，学者们对它的认识也发生了显著变动。20世纪80年代以来，尽管民俗学界对"人民性"的探讨有所减少，但"人民性"在2018年无疑是一个至关重要的关键词。

毛巧晖在《民间文学的时代性及其当下意义——编〈马克思 恩格斯 列宁 斯大林论民族民间文学〉之体会》中认为："民间文学的发展应当以此为指导，把握时代脉搏，实现'为人民服务'的宗旨"⑤。据此可知，"人民性"所反映的内涵还在于"服务"民众

---

① 施爱东认为："人类知识需要积累，更需要不断地否定和淘汰，否定的力量主要来自于权威和级差"，而"民间传说'历史文学化'的处理方式让历史变得生动有趣，'文学历史化'的实际效果又让历史变得丰富完整"。施爱东：《五十步笑百步：历史与传说的关系——以长辛店地名传说为例》，《民俗研究》2018年第1期。

② 陈建宪提出："神话时空观的内涵是循环时间观和多维空间观。循环时间观主要表现为太阳运行神话和季节更替神话。多维空间观主要表现为天堂地狱神话、大地之脐神话和绝地天通神话"；神话时空观不仅"帮助古代族群建构了世界模型和信仰基础"，"在现实生活中仍有规范社会伦理、克服死亡恐惧等实用功能"。陈建宪：《论神话时空观》，《贵州民族大学学报（哲学社会科学版）》2018年第1期。

③ 陈泳超指出："从各部族原生的感生神话发展到以'帝系'为标志的华夏民族共同体神话，正体现了中国神话的基本体系及其演进建构的历史脉络"，而古典神话的"帝系"表现则形成于"将政统、道统和血统合为一体"的战国晚期，并于魏晋时代重归史学之列。陈泳超：《从感生到帝系：中国古史神话的轴心转折——兼谈古典神话的层累生产》，《民俗研究》2018年第3期。

④ 巴莫曲布嫫认为："作为方法的'丝绸之路'及其工作模型和实践案例"，可为"'一带一路'倡议的话语体系建设提供国际上的前鉴和参考"。巴莫曲布嫫：《"丝绸之路"作为方法——联合国教科文组织"对话之路"系列项目的萌蘖与分蘖》，《西北民族研究》2018年第4期。

⑤ 毛巧晖：《民间文学的时代性及其当下意义——编〈马克思 恩格斯 列宁 斯大林论民族民间文学〉之体会》，《民族文学研究》2018年第2期。

生活。在《20世纪下半叶中国民间文艺学思想史论（修订版）》中，毛巧晖通过对民间文艺学的学科地位、属性等基本问题的探讨，全面梳理了新中国成立后的民间文艺学思想，从而确认了"人民性"的时代作用，以及相关学者在学术研究中的群众立场①。2018年7月，刘锡诚出版的《民间文艺学的诗学研究》②既有对民间文学之文化和社会价值的论述，也有对神话、传说、歌谣等具体文体的意涵分析，它突显了老一辈民俗学家对"人民的文艺"的肯定，并"表现出对马克思主义民间文艺学的定位，强调民间文艺学的诗学个性与中华民族多元一体民间文学的整体性"③。

2018年度，以"人民性"为标题并对之进行学理阐释的民俗学者乃万建中，他在《"人民性"：民间文艺的核心所在——对习近平总书记关于文艺重要论述的理解》中认为："以人民为中心"的文艺论既表明"人民不只是文艺服务对象的存在，而且是本体论的存在"，因此"对民间文艺'人民性'的把握，不能止步于'深入民间'，应该突破以'我'为中心的民间文艺田野范式，重新认定当地民众在文艺活动中的主体地位，给予他们在民间文艺研究各个环节充分的话语权，建立平等、协商的民间文艺田野工作机制"④，而这种理论探讨在其《民俗田野作业：让当地人说话》⑤中则被更直接地体现出来。

（二）文化自愈机制

在2018年的民俗学理论创新中，最引人注目的成果之一便是张举文提出的"文化自愈机制"。这一与非遗保护直接关联的学理概念，且以历史事件和日常实践为基础的阐释，突显了文化自觉到文化自信的时代属性。"文化自愈机制"或许早在张举文的学理思考中成型，但相关论述的国内发表则以《非物质文化遗产与中国文化的自愈机制》为最早。在这篇论文中，张举文指出：中国文化内在的自愈机制是"在文化冲突和融合中，以核心信仰和价值观为根本，以共存求共生，以杂糅而包容，以同化异，融异生新"，而其基础则"是多元信仰的宇宙观和传统文化的价值观"，因此"这样的自愈机制也是中国

---

① 毛巧晖：《20世纪下半叶中国民间文艺学思想史论（修订版）》，学苑出版社2018年版。
② 刘锡诚：《民间文艺学的诗学传统》，上海文化出版社2018年版。
③ 高有鹏、刘璨：《民间文学的文学性问题——刘锡诚〈民间文艺学的诗学传统〉的理论特色》，《西北民族研究》2018年第4期。
④ 万建中：《"人民性"：民间文艺的核心所在——对习近平总书记关于文艺重要论述的理解》，《民族文学研究》2018年第6期。
⑤ 万建中：《民俗田野作业：让当地人说话》，《民族艺术》2018年第5期。其实，在2018年度发表的论文中，不论是民俗史的，还是理论的，万建中都直接或间接，或明或暗地表现了"人民性"在民间文艺学中的重要性。如《现代民间文学体裁学术史建构的可能高度与方略》（《西北民族研究》2018年第1期）、《时代、人物及问题：现代歌谣学的三个维度》（《民族文学研究》2018年第1期）、《市场与权力："民间文艺"批判》（《长江文艺评论》2018年第3期）、《从文学文本到文学生活：现代民间文学学术转向》（《西北民族研究》2018年第4期）以及《"官学"话语下的20世纪少数民族歌谣研究》（《宁夏社会科学》2018年第5期）等，部分内容详见后文。

文化的生命力所在"①。此理论一出，便得到中外学者积极响应。

邢莉指出："文化自愈机制"强调的"康复和再生"是"民俗文化的一个重要特征"；林继富认为："民俗的生命力源于民俗演化过程中的适应性调节"，而"文化自愈机制"的力量"来源于中国民俗认同中的核心符号体现出来的信仰与价值体系"；王卫华谈到，以"'危机''自觉''康复''新生'等概念"阐述中华文明进程的"文化自愈机制"，其根基是"其核心信仰与价值观"，即"和而不同"的生活哲学与"趋吉避凶"的生活实践等；朱霞以传统陶艺的时代变迁为"文化自愈机制"的中国发生提供了例证，从而说明这一概念符合"中国文化传承的逻辑和实际"；鞠熙在北京"古幡会"的描述中指出：每个行动个体的实践都蕴含中华文化自愈机制，而"中华文化的自我延续就是通过这样的个体—集体、行动—结构、主体性—传统性的'和而不同'"实现的；张成福认为："文化自愈机制"的"核心符号"是"文化传承的生命力"，"随机符号"是"文化传承的有效性"，而"东夷渔祖郎君节"则反映了前者的传承与传播；尽管史麻稞（Mark Stevenson）对"文化自愈机制"的运作形式有所质疑，但依然强调这一理论"在辨析'和而不同'（基于多样性与包容的评价）、遗产化与工业化（认可与发展），以及本土化（表现与实现），并视其为中国当前文化景观的关键进程方面"做出了重要探索；在马克·本德尔（Mark Bender）看来："文化自愈机制"中"（使之）有意义"的部分是"那种抓住任何一丝机会，坚持不懈，终将改善自我的精神"②。

为了进一步阐述"文化自愈机制"的运行模式，张举文又发表了《文化自愈机制及其中国实践》和《从刘基文化的非物质文化遗产表象看民俗认同的地域性和传承性》两篇论文。前者指出人类文化"持续发展的关键是其独特的文化自愈机制，其论据就是日常生活所体现的核心信仰与价值观体系，表现为基于共同的传统生活方式的'民俗认同'行为"③；后者则在界定"核心信仰与价值观体系""核心认同符号"及"生命力"等概

---

① 张举文：《非物质文化遗产与中国文化的自愈机制》，《民俗研究》2018 年第 1 期。有关"文化自愈机制"的主要内容，首度发表于美国《西部民俗》（Western Folklore）2017 年第 2 期的"非遗在中国"专刊。在国内的则以学术交流为最早表现，即 2017 年 6 月 6 日北京师范大学"民俗学前沿问题系列讲座：传统传承与文化自愈机制"、2017 年 6 月 7 日山东大学"民俗学高层论坛第 43 期：非遗与中国文化自愈机制"、2017 年 6 月 15 日中央民族大学"海外知名学者民大讲坛：民俗认同与文化自愈机制"、2017 年 6 月 19 日山西师范大学文学院"传统传承机制实践与传统的记录"、2017 年 6 月 22 日中国海洋大学"海大人文讲坛第 44 讲：民俗传统的传承机制与搜集记录"以及 2017 年 6 月 23 日青岛理工大学"中国文化的传承机制与自愈机制"。

② 以上论述均以笔谈形式发表于《长江大学学报（社会科学版）》2018 年第 4 期，依次为《"文化自愈机制"是个创新的概念》（邢莉）；《"民俗认同"与"文化自愈机制"：两个有用的概念》（林继富）；《中华文明的传承密码——谈张举文"文化自愈机制"理论》（王卫华）；《符合中国文化传承的逻辑和实际的"文化自愈机制"——回应"非遗在中国"》（朱霞）；《实践：民俗学进入非物质文化遗产研究的关键词》（鞠熙）；《通过文化自愈机制来探索非遗的深层意义》（张成福）；《对"非物质文化遗产与中国文化的自愈机制"的回应》（史麻稞）；《对"文化自愈机制"的几点思考》（[美]马克·本德尔）。

③ 张举文：《文化自愈机制及其中国实践》，《北京师范大学学报（社会科学版）》2018 年第 4 期。

念时，认为民俗文化的"非遗化"是"文化自愈机制"的最直接体现①。对此，朱霞②和鞠熙③在"笔谈"的基础上，以具体个案说明了"文化自愈机制"的中国特性，并将之视作民俗传承变迁之"适应论、复兴/延续论与革命论"后的第四种解释。

（三）民俗认同④

上文梳理指出，"民俗认同"同"文化自愈机制"具有一致的理论基础，且前者为后者的具体表现。作为张举文2018年度重点论述的核心概念之一，民俗认同（folkloric identity）首现于《从"刘基文化"看民俗认同》。他认为："只要是符合核心信仰和价值观的民俗传统，就可以成为地域认同的根基和核心认同符号而得到传播，并在不同时代能整合新的文化因素，凝聚新的认同，最终得到全新发展"⑤。随后，张举文在《民俗认同：民俗学关键词之一》中指出，民俗认同是"以民俗为核心来构建与维系认同和传承传统的意识与行为"，"反对'种族认同'和基于此概念的'民族认同'"，"同时也避开已被泛化的'文化认同'"，希求"关注传统传承和自愈机制的内在逻辑，强调对日常生活的研究"，从而促进民俗学的时代转型⑥。在林继富看来，具有区域性和民族性的民俗认同，"根本是民俗核心符号的认同，这种认同并非一成不变，而是具有动态属性"，因此民俗认同在"表现自愈机制的过程中往往要对民俗进行地方性的改造，最终实现'本土化'"⑦。而张举文的后续研究（见上文）以及卫才华⑧与葛丽⑨的个案阐述都突显了这一理论的现实意义。另外，经济民俗研究中的"认同性消费"⑩理念也反映了"民俗认同"的内涵，只不过它更倾向"自愈"后的新创造。

（四）民俗谱系

现代学术中的"谱系"是一个颇具哲学性的概念，而当其被纳入民俗学领域后，历时性的"过程"分析逐渐消解，并在回返事象研究的线性基础上，增加了事象间的"关

---

① 张举文：《从刘基文化的非物质文化遗产表象看民俗认同的地域性和传承性》，《温州大学学报（社会科学版）》2018年第5期。
② 朱霞：《传统工艺的传承特质与自愈机制》，《北京师范大学学报（社会科学版）》2018年第4期。
③ 鞠熙：《城市日常生活实践的自愈与回归——民俗传承变迁路径的第四种解释》，《北京师范大学学报（社会科学版）》2018年第4期。
④ "民俗认同"理论在2016年已出现。详见《文化遗产》2016年第4期所设专栏"迈向民俗认同的新概念：美国散居民民俗研究的转向"中的4篇论文。
⑤ 张举文：《从"刘基文化"看民俗认同》，《浙江日报》2018年1月15日第011版。
⑥ 张举文：《民俗认同：民俗学关键词之一》，《民间文化论坛》2018年第1期。
⑦ 林继富：《"民俗认同"与"文化自愈机制"：两个有用的概念》，《长江大学学报（社会科学版）》2018年第4期。
⑧ 卫才华：《艺术性与神圣性——太行山说书人的民俗认同研究》，《民俗研究》2018年第2期。
⑨ 葛丽：《民俗认同的现代性反思：山西洪洞大槐树根祖文化变迁研究》，硕士学位论文，山西师范大学，2018年。
⑩ 吴玉萍：《新民俗的产生与认同性消费的构建——以阿里巴巴"双十一"为例》，《民族艺术》2018年第2期。

联性"探索。虽然有学者认为"民俗谱系观"为田兆元首创①，但民俗学的"谱系"研究却早已存在，如林继富、王丹《解释民俗学》②和林继富《民俗谱系解释学论纲》③等。对此，谭萌在《作为民俗学方法论的谱系学》中作了梳理，并认为"民俗谱系作为在谱系学指导下的研究方法"，"打破了以往对民俗历史的线性研究，以及对民俗语境的单点研究"，且"承接了谱系学中强调的异质性、偶然性和关系性"④。虽然林继富提出的"民俗谱系解释学"并未得到很好应用，但其与田兆元提出的"民俗谱系观"并非互不干涉的两种存在。而从雷伟平《立春习俗中"春牛"的民俗谱系》⑤可知，"民俗谱系观"下的谱系建构呈现出了一定的"芬兰学派"特征，即需在大量具有关联性资料（不仅是文献的，还需田野的）支撑下方能完成，否则就是有漏洞甚至牵强附会、不为广大民众所认同的臆造。

（五）互文性与传统指涉性

2018年视觉文化（图像、景观、仪式以及影音）的民俗学解析有所增加，且学者们逐渐意识到具象化表达作为交流工具的叙事特征。虽然源自史诗学的"传统指涉性"（或"交互指涉"）在2004年即为巴莫曲布嫫译介进入中国⑥，但相较于"跨文本"的"互文性"研究，它（们）显然不够成熟。可以说，不论是董晓萍对《玛纳斯》与毛毯绘画的研究⑦、王志清等对宗教图像与仪式影像的分析⑧、冯智明对瑶族"渡海"神话与禁风节仪式以及《梅山图》《梅山经》与还愿仪式的解读⑨、毛巧晖对螺祖神话及其景观叙事的说明⑩，还是丹珍草对《格萨尔》史诗及其文学与"石刻"创作关系的解析⑪、段晴对苏

---

① 邱爱园、郭腾飞：《"'海上风'民俗谱系学研讨会"综述》，《上海文化》2018年第10期。
② 林继富、王丹：《解释民俗学》，华中师范大学出版社2007年版。
③ 林继富：《民俗谱系解释学论纲》，《湖北民族学院学报（哲学社会科学版）》2008年第2期。
④ 谭萌：《作为民俗学方法论的谱系学》，《湖北民族学院学报（哲学社会科学版）》2018年第2期。
⑤ 雷伟平：《立春习俗中"春牛"的民俗谱系》，《广西民族大学学报（哲学社会科学版）》2018年第6期。
⑥ 巴莫曲布嫫：《叙事型构·文本界限·叙事界域：传统指涉性的发现》，《民俗研究》2004年第3期。另可参见巴莫曲布嫫《英雄观、英雄叙事及其故事范型：传统指涉性的阐释向度》，《民族艺术》2014年第3期；范雯、巴莫曲布嫫等《〈英雄观、英雄叙事及其故事范型：传统指涉性的阐释向度〉问答、评议与讨论》，《民族艺术》2014年第3期。
⑦ 董晓萍：《新疆史诗故事、佛典文献与毛毯绘画》，《文化遗产》2018年第1期。
⑧ 王志清、陈曲：《人看我与我看人：壮族师公的图像、影像叙事与视觉分享》，《民族艺术》2018年第1期。
⑨ 冯智明：《神话叙事与庆典仪式的互文——以桂北瑶族"渡海"神话和禁风节为中心》，《民族文学研究》2018年第3期；《〈梅山图〉·〈梅山经〉·还愿仪式：瑶族三位一体"愿"信仰体系的构建》，《广西民族研究》2018年第5期。
⑩ 毛巧晖：《民间传说与文化景观的叙事互构——以螺祖传说为中心》，《贵州民族大学学报（哲学社会科学版）》2018年第3期。
⑪ 丹珍草：《口头文学与书面作品之间——现代长篇叙事诗〈天子·格萨尔〉》，《西藏研究》2018年第4期；《岁月失语，惟石能言——当代语境下格萨尔石刻传承及其文化表征》，《西南民族大学学报（人文社会科学版）》2018年第10期。

美尔/古希腊神话与新疆出土之氍毹图案的释读①，都反映了"互文性"在同一被叙对象上的文本解释力。然而，"互文性"并不能呈现特定族群对同一被叙对象在不同媒介上的认知过程。借助"传统指涉性"概念，孟令法在《口头传统与图像叙事的交互指涉——以浙南畲族长联和"功德歌"演述为例》中阐释了特定族群基于同一被叙对象在多媒介叙事中的认知模式。他指出："口头传统与图像叙事并非纯粹的文本间指涉，而是具有相应语境的言行间互释系统"，因此两者的"交互指涉是在特定语境中发生的"②。不过，从表面上看，"互文性"与"传统指涉性"具有一定的内在联系，但源出不同研究对象的二者，其差异究竟为何仍有待相关学者的阐述。

（六）民俗关系

对"民俗"概念的阐述是民俗学的重要课题，相较于既往对"谁是民""何谓俗"的追问，少有学者"关注民众群体（民）与知识体系（俗）之间的关系"，而这一被王霄冰称为"民俗关系"的解释模式，或可成为"定义民俗与民俗学的新路径"。在王霄冰看来，"宏观民俗史的研究表明，不同历史阶段和不同社会形态中的民俗关系不尽相同，主要有传承、革命和认同三种类型，分别对应于传统、现代和后现代三个社会阶段"，据此"我们就可以理解为什么学术史上会出现几种完全不同的民俗定义"，而"从民俗关系的角度出发，民俗可被重新定义为一个共同体中的大部分人以传承、革命或认同的方式所维系的、具有相对稳定结构的日常生活实践，其意义在于记忆、建构或相互交流共同体的生活文化"。王霄冰指出："任何一项民俗都具有物质的、身体的、社会的和精神的四个维度，并包含以下四个要素：（1）谁，即民俗主体；（2）做什么，即民俗行为；（3）怎么做，即民俗过程；（4）为什么，即民俗意义"，因此民俗学研究的是"社会与文化的相互关系，所要揭示的是文化事象背后的社会关联性（民俗关系）以及社会心理或精神信仰因素（民俗意义）"③。尽管"民俗关系"为我们提供了认识"民俗"的新途径，但它的解释力仍需更多个案说明。

（七）逆推顺述

"逆推顺述"是赵世瑜在《结构过程·礼仪标识·逆推顺述——中国历史人类学研究的三个概念》中提出的一个方法论概念④。他认为，在历史人类学的研究中，"如果说结构过程（萧凤霞、刘志伟）是我们的研究对象，礼仪标识（科大卫）是研究的切入点"，那么"逆推顺述""不仅是一种研究技术和叙事技巧，而且是另一种观察历史的方法论"。

---

① 段晴：《神话的跨域性与地方性——以观察新疆洛浦博物馆氍毹为基础》，《民族艺术》2018年第4期；陈飒瑄、段晴等：《〈神话的跨域性与地方性——以观察新疆洛浦博物馆氍毹为基础〉问答、评议与讨论》，《民族艺术》2018年第4期；段晴：《神话与仪式——以观察新疆洛浦博物馆氍毹为基础》，《民族艺术》2018年第5期；程雪、段晴等：《〈神话与仪式——以观察新疆洛浦博物馆氍毹为基础〉问答、评议与讨论》，《民族艺术》2018年第5期。

② 孟令法：《口头传统与图像叙事的交互指涉——以浙南畲族长联和"功德歌"演述为例》，《民俗研究》2018年第5期。

③ 王霄冰：《民俗关系：定义民俗与民俗学的新路径》，《民间文化论坛》2018年第6期。

④ 其实，在2016年的一次对话中，赵世瑜已提到"逆推顺述"。详见赵世瑜《"礼仪中国"：礼俗互动问题的历时性建构》，《民俗研究》2016年第6期。

所谓"逆推顺述""就是将在自己的田野点观察到的、依然活着的结构要素,推到它们有材料可证的历史起点,然后再从这个起点,将这些结构要素——向晚近叙述,最后概括出该区域历史的结构过程",而其"目的正是为了揭示区域历史的节奏变化,因为'逆推'的起点虽然是当下的世界,但能'推'到哪里其实就是找到某一个历史上的节点,然后使这个节点再成为'顺述'的起点"。此外,"逆推顺述"还有"层累地造成古史说"的基底,而后者的方法论意义之一即"是揭示出每一个稍晚的'层'都可以是稍早的'层'的'当下',都是可以进行'逆推'的起点"[1]。而陈泳超在阐述"上古神话帝系论"时,表示层累的再生产过程是中国古典神话得以帝系化的一个基本法则[2];马竹君则认为"层累说"所体现的"故事的眼光",实是围绕"传说的转变"搭建起的"开放式"论证框架[3]。

(八) 记录民俗学

"记录民俗学"并不是一个新概念,而是钟敬文先生于20世纪90年代末提出的一个针对民俗资料搜集整理的"方法论"[4]。虽然在后续的发展中,该方法的理论阐释有所淡化,但民俗学者们却在不断践行"记录民俗学"的写作方式,从而产生大量民俗志著作。

2018年"记录民俗学"再度引发学界探讨,并以林继富《记录民俗学:民俗学研究范式创新的基础》为代表。林继富指出:"记录民俗学是中国传统文化的重要内容,也是中国传统文化建设,尤其是乡土文化建设的重要内容",尽管它"在民俗学结构体系中处于民俗资料记录的地位,但是并不意味着记录民俗学就只是记录",且充满了"研究者问题意识和学术追求的多样化过程"。而作为民俗学方法论的记录民俗学"不仅体现在记录民俗方面,而且关涉到建设什么样的民俗学的问题"。因此,记录民俗学既是"创新和发展民俗学方法论的基础",也是"民俗学理论体系、话语体系建设的根本"。那么,记录民俗学要把"具有高度同质性传统区域内带有模式化的民俗写清楚、写生动、写出气韵,要达到这样的目的",就必须具备"地方感、生活感、关系感、秩序感和整体感"等五大基本科学要素,并尽可能克服"主观的偏执性"和"表述的不完整性"[5]。总之,资料学的建设是任何一门学科得以成型并发展的基础,如果没有大量资料支撑,民俗学也将无从发挥其社会功能。

随着时代的发展,民俗志也发生了巨大变化。除了书写图绘等传统模式外,在新兴技术的助推下,音、影、图、文得以交融呈现,从而从平面步入立体的记录民俗学时代。基于此,越来越多的学者加入到"民俗"的数字化探索中,并由此扩大了"技术民俗学"

---

[1] 赵世瑜:《结构过程·礼仪标识·逆推顺述——中国历史人类学研究的三个概念》,《清华大学学报(哲学社会科学版)》2018年第1期。

[2] 陈泳超:《从感生到帝系:中国古史神话的轴心转折——兼谈古典神话的层累生产》,《民俗研究》2018年第3期。

[3] 马竹君:《顾颉刚"层累说"的再审视——以大禹传说研究为中心》,《民俗研究》2018年第3期。

[4] 钟敬文:《建立中国民俗学派》,黑龙江教育出版社1999年版。

[5] 林继富:《记录民俗学:民俗学研究范式创新的基础》,《湖北民族学院学报(哲学社会科学版)》2018年第2期。

的用武之地①。再有，口述史方法也渐成记录民俗学的重要手段。同传统民俗志方法不同，口述史更倾向于民俗创造者及其享用者的自我认识。不过，从现已发表或出版的文著②可知，口述史的记录对象大都寓于非遗传承人，这似乎大大缩减了口述史方法的适用广度，这是值得反思的现象。

（九）"劳作模式"

在《劳作模式：民俗学关注村落生活的新视角》中，李向振对刘铁梁提出的"劳作模式"概念做了进一步阐释。他讲道，这一"在广泛的田野作业基础上，在分析社会转型期村落生活与市场关系时"提出的探索性学术概念，"强调村民的身体经验和生活实感，注重村落生活历时性和共时性的统一"，因而"在分析村落认同、社会变迁、生活意义等问题时，其能展现出较强的生命力和解释力。同时，将劳作模式作为民俗学关注村落生活的起点，本身也自含了从强调民俗事象的结构性分析向强调村民主体及实践活动转向的学术旨趣"。不过，这一针对村落日常生活的研究模式尚未在学界得以推广，而直接性个案探索也相对较少。正如李向振所言："劳作模式""在解读村落生活方面，也许还存在阐释深度和力度不足的问题，而这需要本土民俗学者在学术实践中，结合田野作业对其给予反思，或对其内涵作进一步拓展"，换言之，"对此概念做进一步的哲学意义上的阐发和扩展，或许能够在一定范围内成为学者的共识，从而形成一个自成体系的理论视角"③。

上文之述是我国民俗学界较为重要的理论和方法论创新之处。不过，另有一些研究虽然理论创新并不突出，但研究对象却较为新颖，而此类研究的典型代表则是经济行为的民俗学解析，如卫才华的《北京隆福寺商业民俗志》（商务印书馆2018年版）和吴玉萍的

---

① 2018年度，即有杨秀芝《"互联网+"视野下的民俗文化活态化研究》，《中南民族大学学报（人文社会科学版）》2018年第2期；《民间文化论坛》2018年第2期、第4期、第5期、第6期分别刊载了《宇宙科技、宇宙观与神话重述——从嫦娥奔月神话到探月科技传播》（张多）、《影视人类学的发展模式及其展望——民俗影像工作坊导师六人谈》（范长风等）、《师公面具艺术拍摄与民俗影像数据库建设探索》（林安宁等）、《壮族师公面具的叙事途径——兼论壮族师公戏的影像化策略》（聂强）、《变与不变：技术世界中的定州秧歌》（谷子瑞）、《非物质的问题：视觉人类学与非物质文化遗产记录的方法论》（[德]希纳·南希·埃勒魏因）、《用影像保护非物质文化遗产：记录、保护与保存的问题》（[德]贝亚特·恩格布雷希特）、《匈牙利非物质文化遗产的档案化、可视化和数字化》（[匈]亚诺什·塔）、《新媒体和感官民族志在研究与传播非物质文化遗产中的应用》（[克罗地亚]塔玛拉·尼科利克·杰里奇）、《口头传统专业元数据标准定制：边界作业与数字共同体》（巴莫曲布嫫等）；李向振《大数据时代的民俗文化数字化与民俗地图制作》，《信息资源管理学报》2018年第2期；张翠霞《现代技术、日常生活及民俗学研究思考》，《民俗研究》2018年第5期；宋颖主编《民俗传承与技术发展》，知识产权出版社2018年版；等等。据此可知，"技术民俗学"并不能简单等同于技术开发，而是在民俗学基本理论与方法的指引下，对科技生活的研究以及民俗文化如何更好地保存、利用及传播的技术性探索。

② 如缪雪峰主编《庆阳香包：传承人口述史》，甘肃文化出版社2018年版；唐震、张金成《盘州市非物质文化遗产传承人口述史》，知识产权出版社2018年版；北京非物质文化遗产保护中心《北京非物质文化遗产传承人口述史（丛书）》，知识产权出版社2018年版；李凤勤《匠人匠心：重庆市合川区非物质文化遗产传承人访谈录》，中国原子能出版社2018年版；等等。

③ 李向振：《劳作模式：民俗学关注村落生活的新视角》，《民俗研究》2018年第1期。

《企业节日研究：基于经济民俗学新视角》（东方出版中心2018年版）等，前者以民俗志方法呈现了特定时空中的民众商业行为，后者则对现代企业的节日创造给出了传统性解说。

三 学术（民俗）史研究中的理论梳理

2018年的中国民俗学走过了100年跌宕起伏的发展历程，此间涌现出不计其数的民俗学家。正所谓"前人栽树，后人乘凉"，因此作为民俗学的重要研究方向，学术史是我们继往开来的重要前提之一。虽然前人的某些理念已不再适应时代发展，但相关成果的理论提炼却让我们从回观中发现本土话语的现实价值，从而为我国民俗学的当代发展提供思想基础。其实，学术史研究不仅是在梳理前人成果，更是在建构属于民俗学的学科体系。此外，学术史梳理还能帮助我们认知自我，弥补学术研究中的理论乏力。就2018年民俗学理论的学术史提炼而言，既有面的呈现，又有点的表达，前者主要集中在歌谣学、民俗学者及学术史方法，后者则由单篇论文构成。

（一）歌谣学理论

中国民俗学发轫于"北大歌谣运动"，其影响不仅在当时更在当下。岳永逸在《保守与激进：委以重任的近世歌谣——李素英的〈中国近世歌谣研究〉》中指出，作为第一篇系统总结歌谣运动的学术论文，李素英的《中国近世歌谣研究》将近世时长拉伸到明季，对歌谣形式、内容及人文区位等做了深度诠释，"创新性地提出歌谣是'介于旧诗词与新体诗之间的一种执中的诗体'。同时，基于对歌谣、文学与社会的理解，她无意识地指出了歌谣之入世、激进、革命的另一面相，以及'歌谣运动'向'歌谣革命'嬗变的可能，即新文艺的主潮应该是以民众为本位、对象和主体的旧瓶新酒的大众化，直至民众自己创作"[1]。在万建中与廖元新看来，"现代歌谣学是一个既定的学术过程和事实，对其理解和阐释显然不只是重复和陈述，而是重构"。他们认为："时代、人物及问题是现代歌谣学最富阐释力的三个维度。'时代'构成了背景式的学术话语呈现模式和思维定式，可以使学术史书写更具厚度和深度；'人物'的学术史关注主要侧重于个人学术活动和学术情怀，以期展示歌谣研究的多元、差异与个性品格；'问题'不是研究领域或对象，而是所要论证的观点和阐述的学术思想，与每一阶段的学术热点和方法论的运用密切相关"[2]。针对20世纪少数民族歌谣研究，他们讲道："官方话语与学术话语间彼此勾连、相互影响，国家行为时而以'前话语'的形式，构成学术研究的社会语境；时而以强大的行政控制力，直插学术研究之中，以'典型话语'的形式，成为学术研究的主题"[3]。

---

[1] 岳永逸：《保守与激进：委以重任的近世歌谣——李素英的〈中国近世歌谣研究〉》，《开放时代》2018年第1期。

[2] 万建中、廖元新：《时代、人物及问题：现代歌谣学的三个维度》，《民族文学研究》2018年第1期。

[3] 廖元新、万建中：《"官学"话语下的20世纪少数民族歌谣研究》，《宁夏社会科学》2018年第5期。

（二）学者的民俗学理论

在对民俗学（民间文学）成果展开理论抽绎的过程中，历史民俗学的眼光是必不可少的，而（古今）相关文人学士的生活经历同样为我们提供了理论生发的契机。陈泳超通过"重走纪晓岚之路"创作了《声教所及——对纪晓岚新疆行脚的民俗回访》①，于此不仅延续了他对民间叙事文本之形成过程的追索，还辨析了"正统与道统对民间的影响"。顾颉刚的民俗学研究影响深远，虽然其"层累说"随着出土文献的增多，受到一定（尚未撼动根基的）挑战，但作为一种解读古史传说的理论和方法（见上文赵世瑜、陈泳超论述），其在一定程度上并"不在于传统的'考年代'和'辨真伪'工作"，而是在"故事的眼光"中"围绕'传说的转变'搭建起的'开放式'论证框架"②。

2018年是我国民俗学及民间文学奠基人之一——郑振铎诞辰120周年。因而，对郑振铎学术贡献的民俗学梳理也是不容忽略的重点。刘宁认为，《中国俗文学史》所反映的郑振铎"俗文学"观"是一个从鲜明的雅俗文学分流意识中产生出来的观念"，而"文体（非有无明确作者）是区分雅俗的重要标准"，"为民众写作"的"俗趣"认识，则"形塑了其'俗文学'观许多独特的取向，也深刻地影响着中国俗文学研究，以及俗文学与民间文学的分野"③；安德明指出："郑振铎始终把民间文学视为民族文学整体框架中不可分割的有机组成，并从文学总体的视角与要求出发，来认识和理解民间文学的属性、地位和价值，民主性立场与书面文学传统影响下形成的审美观念与艺术标准，共同构成了其民间文学（俗文学）观的基础"，而这种观念使其"能够保持一种入乎其内又出乎其外的客观立场，对上下层文学的互动关系以及作为上下层文学交汇点的俗文学，做出相对准确、客观的批评和反思"④。郑振铎对民俗学的贡献不止于民间文学（俗文学），其对民间版画艺术及其作品的研究和整理，也值得我们做出成果梳理和理论抽绎。

在《学术"同工"杨堃的批评》一文中，岳永逸对跨界民俗学家杨堃之学术生平做了详细梳理，他认为：尽管"杨堃及其学问，也就始终处于被人们有意的遗忘和淡淡的记忆之间"，但其学术努力却使20世纪三四十年代的中国民俗学等外来学科"具有了多样化的理论倾向"⑤。此外，岳永逸还对燕京大学毕业生的民间故事研究成果做了梳理，除分析齐思和、陈永龄及洪德方等代表性学者之论著外，重点论道："杨文松受进化论和同源说的影响，提出了跨越时空的'故事流'之概念。（李慰祖等）在社区—功能论的主导下，对北平郊区灵验故事的研究则是情境性的，讲述者的主位视角跃然纸上。对于寓言、童话，人们（郑振铎等）在尝试厘清其特质的同时，儿童情绪和环境、故事本身和讲者技巧都成为研究的对象，俨然'表演理论'的本土先声"⑥。

---

① 陈泳超：《声教所及——对纪晓岚新疆行脚的民俗回访》，中西书局2018年版。
② 马竹君：《顾颉刚"层累说"的再审视——以大禹传说研究为中心》，《民俗研究》2018年第3期。
③ 刘宁：《雅俗张力中的"俗文学"——读郑振铎〈中国俗文学史〉》，《民间文化论坛》2018年第4期。
④ 安德明：《郑振铎与文学整体观视域中的民间文学》，《文学评论》2018年第6期。
⑤ 岳永逸：《学术"同工"杨堃的批评》，《读书》2018年第6期。
⑥ 岳永逸：《故事流：历史、文学及教育——燕大的民间故事研究》，《民族艺术》2018年第4期。

钱南扬是我国著名戏曲学家,其对南戏的研究独树一帜。在朱恒夫看来,钱氏"力求复原被忽视、涂改的这一民间戏剧的真实面貌",他"利用文献中所记载的民间故事弄清楚所辑南戏残曲的剧情本末","运用彼时的俚言市语、民俗知识、社会生活的知识和现在仍存在于民间的语言等注释今人全然不知的南戏剧本中的方言术语",因而他站在民间立场看待与研究戏曲的方式,不仅是一种"研究方法",更突显了他"对劳动人民的深厚感情和对民间文艺的敬重态度"[①]。

由刘祯、刘云水主编的《继承与发展:庆祝车锡伦先生欣开九秩论文集》,对民俗学家车锡伦之学术贡献做了评述,他们认为车锡伦主张从中国文学艺术发展过程的实际出发,摆脱从国外所引进概念的束缚,建立中国民间文学研究体系,从而充实中国文学艺术史的内容;他不仅注重戏曲、说唱等艺术形式及其演述形态的研究,也观照相关文献的发掘和整理,更强调跨学科、多角度的综合探讨,以及将历史文献、民间文本及田野调查相结合的研究方式[②]。郑土有、尹笑非主编的《"陈"门立雪:文艺民俗学研习录》则对陈勤建文艺民俗学思想进行了反思,他们认为:陈勤建的文艺民俗学思想主要源自"文艺人学观",其研究内容涵括文艺民俗学视野下的文学研究和作为批评方法的文艺民俗学,而其目的则在于探索文艺与民俗的内在结构[③]。

2018年末,全面反映中国民俗学(民间文学)重要奠基人——钟敬文学术成就的《钟敬文全集》[④]得以出版。这部十六卷、三十册的巨著完整搜罗了钟敬文的各类作品,从而"展示了其作为现代知识分子的全貌"。就民俗学(民间文学)而言,这部著作不仅梳理了钟敬文"从民间文艺学到民俗文化学的理论发展过程",更系统展示了其"在学科建设、学术规划、人才培养等方面的贡献,以及其与时代、社会的关系",因而"这套全集的推出为全面总结钟敬文的学术遗产提供了基础,有益于进一步推进民俗学与民间文学的学科发展"[⑤]。基于上文之述我们认为,民俗学(民间文学)的发展离不开前辈学者的多元积累(理论的与实践的),而对其理论建树的提炼与评价,不仅要突破"知名者"视界,还应注重"周边"探索。

(三)整体民俗史观中的理论

在民俗学历时性梳理中,部分学者则以其整体性眼光,给予某类民俗或某一时段之民俗的研究以理论抽绎。万建中在《现代民间文学体裁学术史建构的可能高度与方略》中指出,中国现代民间文学体裁的学术史梳理"充斥着西方话语霸权,精英主义和本质主义成为名正言顺的学术立场,'民间'被学者所代言,寻求共性和同一性主宰了学术局面,完全遮蔽了民间文学体裁的民族性、地域性、个别性和差异性",因而"'还原'与'阐释'是重构体裁学学术史的基本范式。'还原'就是把被精英主义操控的民间体裁解

---

① 朱恒夫:《民间的视角与立场:钱南扬先生戏曲研究的特色》,《民间文化论坛》2018年第4期。
② 刘祯、刘云水主编:《继承与发展:庆祝车锡伦先生欣开九秩论文集》,浙江大学出版社2018年版。
③ 郑土有、尹笑非主编:《"陈"门立雪:文艺民俗学研习录》,上海人民出版社2018年版。
④ 钟敬文:《钟敬文全集》,董晓萍主编,高等教育出版社2018年版。
⑤ 祝鹏程:《2018年民间文学研究报告:以神话、传说与故事为主》,《民间文化论坛》2019年第1期。

放出来，给予民间体裁鲜活生动的生活身份；'阐释'就是站在当下的学术至高点，赋予体裁研究史料全新的学术意义"①。

毛巧晖的《民间文学批评体系的构拟与消解——1949—1966年"搜集与整理"问题的再思考》表明，"搜集资料，将民间文学文本'固定化'成为民间文学研究的开端，建立民间文学资料总藏则是民间文学领域的终极追求"，而"十七年"时期的民间文学研究，"'搜集'不再仅仅限于网罗材料，它与'整理''改编'等成为民间文学话语系统的重要概念"，"只是在'研究'与'鉴赏'被区隔之后，民间文学自主批评的话语渐趋被消解"②。漆凌云从近40年高被引民间故事研究论文出发，指出虽然"一支涵盖老中青的故事学核心作者群已初步形成"，且研究领域涵盖了"类型研究、文化史、学术史和故事学理论与方法等"，但"研究方法的模式化、低门槛和理论创新不足，制约了中国民间故事研究的前景"，因而建议："中国民间故事学人应把民间故事的资源优势转换为研究优势，处理好西方故事学理论与本土化的关系，正视现代语境下民间故事的多重样态并拓展新空间，尝试构建属于中国民间故事学的独立学术话语体系"③。陈祖英从"回顾某一时段内的传说研究成果""集中梳理某个传说专题的已有成果"及"评价重要学者已有的传说研究成果"等三个层面呈现了《20世纪中国民间传说学术史》，从而发现现代学科意义上的传说研究不仅缺乏宏观视角的传说学术史，也缺少专题性研究，而对重要学者之传说研究的梳理既无全观性论述，对相关学者群的观照更不全面④。

在《反思与革新：中国神话学的前沿发展》中，谭佳认为："神话不再仅是文学或民间故事，它成为反思中国现代学术话语、重新走进中国历史文化、理解当下中国的一条重要线索，甚至是不可或缺的重要视角。换言之，'神话'一词成为我们表述中华文明上下五千年的核心术语和关键点，它体现并带动着我们对中国的理解"⑤。李海云在《边界视角：新时期中国民俗学发展脉络考察》中梳理了20世纪90年代以来民俗学所取得的成就，指出"无论是对村落研究单元边界的裁定，对民俗学学科边界的探索，还是'标志性文化''语境中的民俗''注重身体感受的民俗学''礼俗互动'等学术概念的提出"，都说明"以'边界'为视角，有助于理清学人学术理念的嬗变与相关知识的积累递进，发掘中国学术实践的本土话语"⑥。

（四）其他民俗学理论

除以上较具群集性且主要集中于民间文学领域的理论抽绎外，2018年度尚有对民间信仰的学术史梳理。通过对燕京大学相关学者以功能主义进行"乡土宗教"研究的系统描述，岳永逸指出："基于考现的平等交流和参与观察，摒弃了先入为主的意识形态偏见

---

① 万建中：《现代民间文学体裁学术史建构的可能高度与方略》，《西北民族研究》2018年第1期。
② 毛巧晖：《民间文学批评体系的构拟与消解——1949—1966年"搜集与整理"问题的再思考》，《西北民族研究》2018年第2期。
③ 漆凌云：《基于高被引视角的近四十年中国民间故事研究述评》，《长江大学学报（社会科学版）》2018年第2期。
④ 陈祖英：《20世纪中国民间传说学术史》，《赣南师范大学学报》2018年第4期。
⑤ 谭佳：《反思与革新：中国神话学的前沿发展》，《民间文化论坛》2018年第5期。
⑥ 李海云：《边界视角：新时期中国民俗学发展脉络考察》，《民俗研究》2018年第6期。

的乡民信仰实践不再是'迷信',而是宗教",而"作为社会制度的香头、家庭宗教的提出以及拜神求佛之'家务事'属性的发现,对全面深透的认知中华文化与中国社会也有着非凡的价值"①。在《"俗信"概念的确立与"妈祖信俗"申遗——乌丙安教授访谈录》②中,乌丙安详细介绍了他所提出之"俗信"概念的内涵与外延,及其在我国的产生与发展过程,进而在阐述针对信仰类非遗项目之申报工作机制的同时,对其提出的"信俗"概念之来源做了说明。通过乌丙安的口述可知,"俗信"(即民间信仰)虽是来自日本的外借词,但却是个实践性很强的概念,并在一定程度上改变了"迷信"的滥用状态;而"信俗"作为"民间信仰习俗"的缩写形式虽与"俗信"有一定关联,但却是一个地道的本土概论,而它的使用不仅改善了非遗主管者对信仰类非遗项目的认识,更使民间信仰在非遗保护下有了"合法"身份。

四 国外民俗学理论译介

新时代的中国民俗学十分重视对外交流,这不仅是为了开拓学术视野,更在于自我话语体系的建设。换言之,中国民俗学的百年发展是在自主探索的过程中实现的,而外来理论的借鉴及其本土化既丰富了自己的理论体系,也促进了对接国际的步伐。不过,我们必须清晰地认识到,"交流"是双向的,因此中国民俗学者在译介国外民俗学研究成果时,也在努力推介自我或在研究海外,如何红一、陈朋《美国国会图书馆馆藏瑶族文献的抢救性整理研究》、王霄冰《海外藏珍稀民俗文献与文物资料研究的构想与思路》及焦鹏帅《彝学研究在美国:兼谈彝学学科名称术语国际化》等,从不同角度探讨了国外所藏民俗文献的状态和类型,并由此提出一些颇具可行性的研究思路和方法。然而,这些成果的研究对象还是"我们",并不算真正的"海外"。相较于此,2018年的译介活动取得了十分丰硕的成果,其中既有"汉学"的,也有"本国"的,还有"中外结合"的,这在上文的论述中已有所呈现。可以说,任何学术成果都或多或少地带有理论阐述甚至理论建构的倾向,限于篇幅,我们将不对那些以描述或介绍为主的译著进行说明,毕竟本文重在呈现我国民俗学者所独立创建或对既有译介理论的进一步本土化,故仅对已掌握译著做出部分罗列。

2018年度民俗学译著涉及面较广,从国别角度来说,译自美国的有《民俗学的宏大理论》(李·哈林)③、《民俗学概念与方法——丹·本—阿默思文集》(丹·本—阿默思)④、《消失的搭车客:美国都市传说及其意义》(扬·哈罗德·布鲁范德)⑤、《大不敬

---

① 岳永逸:《庙宇宗教、四大门与王奶奶——功能论视角下的燕大乡土宗教研究》,《世界宗教研究》2018年第1期。
② 乌丙安、胡玉福:《"俗信"概念的确立与"妈祖信俗"申遗——乌丙安教授访谈录》,《文化遗产》2018年第2期。
③ [美]李·哈林编:《民俗学的宏大理论》,程鹏等译,上海社会科学院出版社2018年版。
④ [美]丹·本—阿默思:《民俗学概念与方法——丹·本—阿默思文集》,张举文编译,中国社会科学出版社2018年版。
⑤ [美]扬·哈罗德·布鲁范德:《消失的搭车客:美国都市传说及其意义》,李杨、王珏纯译,生活·读书·新知三联书店2018年版。

的年代：近代中国新笑史》（雷勤风）①、《文化中的政治：戏曲表演与清都社会》（郭安瑞）②、《左道：中国宗教文化中的神与魔》（万志英）③、《阿尔比恩的种子：美国文化的源与流》（大卫·哈克特·费舍尔的）④、《萨满教：古老的入迷术》（米尔恰·伊利亚德）⑤；译自日本的有《柳田国男文集》（柳田国男）⑥、"民间手工艺系列"（柳宗悦）⑦、《凡俗心愿：中国传统吉祥图案考》（野崎诚近）⑧、《民俗、文化的资源化：以21世纪日本为例》（岩本通弥等）⑨、《神话与日本人的心灵》（河合隼雄）⑩；译自荷兰的有《中国的宗教系统及其古代形式、变迁、历史及现状》（高延）⑪、《天地会的仪式与神话：创造认同》（田海）⑫；译自英国与韩国的分别是《鱼翅与花椒》（扶霞·邓洛普）⑬ 和《口碑文学概论》（张德顺等）⑭；而中外结合的则有《垂虹问俗：田野中的近现代江南社会与文化》（佐藤仁史等）⑮、《现代民俗学的视野与方向：民俗主义·本真性·公共民俗学·

---

① ［美］雷勤风：《大不敬的年代：近代中国新笑史》，许晖林译，麦田出版公司2018年版。

② ［美］郭安瑞：《文化中的政治：戏曲表演与清都社会》，郭安瑞、朱星威译，社会科学文献出版社2018年版。

③ ［美］万志英：《左道：中国宗教文化中的神与魔》，廖涵缤译，社会科学文献出版社2018年版。

④ ［美］大卫·哈克特·费舍尔的：《阿尔比恩的种子：美国文化的源与流》，王剑鹰译，广西师范大学出版社2018年版。

⑤ ［美］米尔恰·伊利亚德：《萨满教：古老的入迷术》，段满福译，社会科学文献出版社2018年版。

⑥ 包括《乡土日本》《海上之路》《木棉以前》《孤猿随笔》《食物与心脏》以及《独目小僧及其他》六部。［日］柳田国男：《柳田国男文集》，王京、西村真志叶等译，北京师范大学出版社2018年版。

⑦ 包括《何谓民艺》《日本手工艺》及《民艺四十年》三部。［日］柳宗悦：《何谓民艺》，徐艺乙译，广西师范大学出版社2018年版；［日］柳宗悦：《日本手工艺》，徐艺乙、张鲁译，广西师范大学出版社2018年版；［日］柳宗悦：《民艺四十年》，石建中、张鲁译，广西师范大学出版社2018年版。此外，刘晓春《从柳宗悦到柳宗理——日本"民艺运动"的现代性及其启示》（《民族艺术》2018年第1期）也对柳宗悦的"民艺"理念做了评述。

⑧ ［日］野崎诚近：《凡俗心愿：中国传统吉祥图案考》，郑灵芝译，九州出版社2018年版。

⑨ ［日］岩本通弥、山下晋司编：《民俗、文化的资源化：以21世纪日本为例》，郭海红编译，山东大学出版社2018年版。

⑩ ［日］河合隼雄：《神话与日本人的心灵》，王华译，生活·读书·新知三联书店2018年版。

⑪ ［荷］高延：《中国的宗教系统及其古代形式、变迁、历史及现状》，芮传明等译，花城出版社2018年版。

⑫ ［荷］田海：《天地会的仪式与神话：创造认同》，李恭忠译，商务印书馆2018年版。

⑬ ［英］扶霞·邓洛普：《鱼翅与花椒》，何雨珈译，上海译文出版社2018年版。

⑭ ［韩］张德顺、赵东一、徐大锡、曹喜雄：《口碑文学概论》，何彤梅、朴善姬、张国强、苑英奕译，民族出版社2018年版。

⑮ ［日］佐藤仁史，吴滔、张舫澜、夏一红：《垂虹问俗：田野中的近现代江南社会与文化》，广东人民出版社2018年版。

日常生活》（周星、王霄冰）①及《民俗影视记录手册》（张举文等）②等。

以上罗列显示，2018年度我国民俗学的译介活动多与美、日两国衔接，并稍涉韩、英、荷、德等国。虽然我们无法将上述译作所蕴含的民俗学理论一一呈现，但有几部作品仍需强调。

虽然塔尔科特·帕森斯（Talcott Parsons）提出了将社会现象的分析用最宽泛的术语加以推进的"宏大理论"概念，但并不是所有人文社会科学家都接受这一提法，也未能全面接受那些所谓宽泛的术语，而民俗学自然也不例外。阿兰·邓迪思在《21世纪的民俗学》一文中就曾提出民俗学是否需要"宏大理论"的疑问，而这也正是《民俗学的宏大理论》能够面世的重要契机。这本以2004年10月美国民俗学会年会之相关探讨为基础形成的对话式作品，正是对上述疑问的辩论。从中我们可以看到，针对"宏大理论"的构想，美国民俗学者存在很大分歧，但学者们的立论基点却都反映了他们聚焦日常生活与本土实践的事实。丹·本—阿默思是美国著名民俗学家，虽然早有单篇论文见诸我国期刊，但直到2018年10月才有较全面反映其理论创建的文集出版，即由张举文选编的《民俗学概念与方法——丹·本—阿默思文集》。本书重点呈现了有关民俗的概念（"在承启关系中探求民俗的定义"）和类型、民俗学的基本概念（如母题、传统的七股力量及民俗研究史等）以及其对非洲、以色列等地区和国家民俗的研究案例。总体而言，通过该书我们可以较完整地了解丹·本—阿默思的民俗学思想及其在半个多世纪的发展历程，以及作为学科的民俗学的演进路径。

民俗作为一种集体创造并传承的文化表现形式，在当代社会不仅被纳入非遗保护系列，还成为地方社会争相开发的重要经济资源。郭海红编译的《民俗、文化的资源化：以21世纪日本为例》较为系统地呈现了日本"文化资源（化）"的起源与发展，及其在日本民俗学界所引发的学理思考和生活实践。通过该书可知，"文化资源（化）"具有深度的政府背景以及普通民众对"美好生活"之追求的愿望，前者为后者提供了政策支撑，而后者则为前者奠定了行动指南。不过，民俗文化的在地开发并不都是成功的，因此"不能像地域振兴的操作手册中所写的那样，只是介绍成功的个案，仿佛这就是对于稀疏化、老龄化困境下的地方社会，尤其是山坡丘陵地带开出的万能处方药，对此我们表示质疑，同时我们对在一片叫好声中强势地将民众裹挟到政策一方的做法提出抗议"③。由张举文和莎伦·谢尔曼主编的《民俗影视记录手册》是有关利用影视设备进行文化活动记录的第一部结合理论性和实用性的指导手册，具有明显的"记录民俗学"性质。该书在结合实地操作的区域性基础上，并在吸收不同学科与行业技术与经验的同时，突显了民俗学基本理论的指导原则。因而对民俗学者以可视化手段记录民俗活动具有十分有益的指导作用。

除以上专著或文集类作品外，2018年度还有一些学者以单篇论文对特定民俗事象（件）或具体民俗学者的理论创建做出评述。如介绍口头传统数字化的《米尔曼·帕里口

---

① 周星、王霄冰主编：《现代民俗学的视野与方向：民俗主义·本真性·公共民俗学·日常生活》，商务印书馆2018年版。

② 张举文、[美]莎伦·谢尔曼主编：《民俗影视记录手册》，商务印书馆2018年版。

③ [日]岩本通弥：《故乡资源化与民俗学》，载[日]岩本通弥、山下晋司编《民俗、文化的资源化：以21世纪日本为例》，郭海红编译，山东大学出版社2018年版，第12页。

头文学特藏的数字化：成就、挑战及愿景》（［美］戴维·埃尔默，李斯颖、巴莫曲布嫫译）①、分析本杰明·博特金民俗思想的《还俗于民：本杰明·博特金与美国民俗学的公共性实践》（程浩芯）②、梳理安东尼奥·葛兰西民俗（学）观的《民俗的批判与批判民俗学——葛兰西论民俗》（刘奕伶）③、译介岛村恭则之"生世界"民俗界定的《社会变动、"生世界"与民俗》（［日］岛村恭则，王京译）④、评析安德烈·约勒斯之"简单形式"概念的《简单的形式与前文学的形态学》（户晓辉）⑤、述评格林兄弟之民间文学研究的《格林兄弟的语文学与"口头传统"研究》（王杰文）⑥、阐释冯·西多"神奇记忆"概念之使用模式的《神奇记忆：一个重要的欧洲传说学概念》（刘文江）⑦、叙写哈佛燕京学社与中国社科院民文所口头传统研究之关系的《哈佛大学燕京学社与中国口头传统研究的滥觞——以中国社会科学院民族文学研究所为例》（朱刚）⑧ 等。通过以上论文可以看到，我国民俗学者对国际民俗学动态的关注是多方面的，且体现出强烈的历史与现实相结合的综观意识。

正所谓"以人为鉴，可以明得失；以史为鉴，可以知兴替"。因此，对国外民俗事象、国外民俗学者及其研究成果的译介和评述虽然极其重要，但如何将来自他者的学术理念（或实践经验）"创造性转化"为本土话语，并使其"创新性发展"于自我研究，才是需要思考的重点。

五 非遗保护的理论探索与实践

对非遗的学术研究，每年都可谓"车载斗量"，而民俗学者则取得了极其巨大的成就——不仅有非遗个案的，更有身体力行参与国家乃至国际非遗保护的。在我们看来，2018 年较为重要的整体性非遗研究文本以彭兆荣的《生生遗续 代代相承——中国非物质文化遗产体系研究》⑨ 和陈勤建的《回归生活——非遗保护的理论与实践研究》⑩ 为代表，而为我国非遗保护提供经验借鉴的著作则以曹德明主编的《国外非物质文化遗产保

---

① ［美］戴维·埃尔默：《米尔曼·帕里口头文学特藏的数字化：成就、挑战及愿景》，李斯颖、巴莫曲布嫫译，《民族文学研究》2018 年第 2 期。
② 程浩芯：《还俗于民：本杰明·博特金与美国民俗学的公共性实践》，《民间文化论坛》2018 年第 3 期。
③ 刘奕伶：《民俗的批判与批判民俗学——葛兰西论民俗》，《文化遗产》2018 年第 3 期。
④ ［日］岛村恭则：《社会变动、"生世界"与民俗》，王京译，《民俗研究》2018 年第 4 期。
⑤ 户晓辉：《简单的形式与前文学的形态学》，《民族文学研究》2018 年第 4 期。
⑥ 王杰文：《格林兄弟的语文学与"口头传统"研究》，《长江大学学报（社会科学版）》2018 年第 5 期。
⑦ 刘文江：《神奇记忆：一个重要的欧洲传说学概念》，《民间文化论坛》2018 年第 5 期。
⑧ 朱刚：《哈佛大学燕京学社与中国口头传统研究的滥觞——以中国社会科学院民族文学研究所为例》，《民族文学研究》2018 年第 6 期。
⑨ 此著作提出"'生生遗续'为中国文化遗产体系的代表性概念，并用'崇高性'概念彰显我国传统文化'天人合一'宇宙观，亦将其与西方文化遗产的'纪念碑性'进行对话"。彭兆荣：《生生遗续 代代相承——中国非物质文化遗产体系研究》，北京大学出版社 2018 年版。
⑩ 陈勤建：《回归生活——非遗保护的理论与实践研究》，上海人民出版社 2018 年版。

护的经验与启示》最为典型①。不过，作为政府主导的一项重要文化保护行动，非遗保护的持续推行不可避免地会出现一些社会问题，而民俗学者无疑是首先参与解决这些问题的中坚力量。当然，对我国民俗学者来说，立足国内实际探讨国际情形则是较为主要的视角。就 2018 年度的非遗横向问题来说，我国民俗学者主要关注了以下四个方面，即社区参与、伦理原则、知识产权以及非遗保护"标准"。

（一）社区参与

"社区"是非遗保护中十分重要的一个关键词，它不仅被写入 2003 年出台的《保护非物质文化遗产公约》，而 2015 年发布的《保护非物质文化遗产伦理原则》几乎将之纳入每一条加以强调。其实，对"社区"的认可实是"赋权"非遗创造者及其享用者和传承者。就此，我国民俗学者不仅从国际层面给予了肯定，也从国内实际推动了"社区"概念的本土化。

在 2018 年度的"社区"探讨中，黄涛和郑文清指出："'社区'是非物质文化遗产概念的必要组成要素，也是非物质文化遗产项目获得认定的必要条件"②；张宗建认为："社区主动性强调了优秀文化遗产保护传承的自觉性与积极性，提升社区主动性即是文化自信战略在落实民众中的重要显现，而又在一定程度上反作用于民族文化自信"③；马千里从保加利亚个案出发谈到，在非遗清单的编制中，以"社区文化中心"为代表的自治组织能够发挥"'独立''自我管理'和'志愿主义'的特征与优势"④；安德明提出："以社区为中心的非遗保护，在坚持文化多样性理念，承认和尊重文化差异的基础上，既能使更具体、更个别的诉求得到充分的表达，又能使相关文化传统的个性化特征得到相对完整的体现和彰显"⑤；《不能孤立存在的社区——作为联合国教科文组织 2003 年〈保护非物质文化遗产公约〉防冻剂的"CGIs"与"遗产社区"》的作者认为，尽管非遗保护中的"社区"没有具体定义，但可以借助"行动者网络"理论或"遗产社区"概念加以审视⑥；吕微从哲学思辨的角度建议，非遗保护如果仅赋权"现实中作为自然传承的文化主体的社区—共同体，而不是作为因自由实践而可能的道德主体的社区—共同体"，就可称为"社区主义"，而这种保护路径"首先既不能维护道德主体自由实践的应然自律权利

---

① 该书分四册，分别介绍了欧洲、亚洲、美洲、非洲、大洋洲 38 个国家的非遗保护经验，并由此探讨了非遗同文创的关系。曹德明主编：《国外非物质文化遗产保护的经验与启示》，社会科学文献出版社 2018 年版。

② 黄涛、郑文清：《非物质文化遗产保护工作中社区认同的内涵与重要性》，《中国人民大学学报》2018 年第 1 期。

③ 张宗建：《"非遗"保护中社区主动性与文化自信的良性循环》，《吉林省教育学院学报》2018 年第 1 期。

④ 马千里：《"一带一路"国家非物质文化遗产清单编制策略——以保加利亚社区文化中心为个案》，《西北民族研究》2018 年第 1 期。

⑤ 安德明：《以社区参与为基础构建人类命运共同体——社区在非物质文化遗产保护中的重要地位》，《西北民族研究》2018 年第 2 期。

⑥ ［比利时］马克·雅各布：《不能孤立存在的社区——作为联合国教科文组织 2003 年〈保护非物质文化遗产公约〉防冻剂的"CGIs"与"遗产社区"》，唐璐璐译，《西北民族研究》2018 年第 2 期。

（人权），最终也就不能有效地保护文化主体自然传承的实然实践形式（文化多样性）"①；张多则以哈尼梯田景观的遗产化为例，认为："社区参与的缺失会导致清单编制的不清晰，而不当的社区参与也可能导致社区主义"②。

"社区"的确是非遗保护的重要力量，但其作为保护行动的"参与"对象，是否具有决定权似乎并不明确，而从现有学术成果以及现实操作来看，"社区"似乎只有知情权，且只有部分人（多为传承人等民间精英）。不过，我们应当相信，在政府主导的非遗保护运动中，"社区"是需要一定引导的，但如何充分发挥"社区"的主观能动性，仍需进一步摸索。

（二）伦理原则

正如上文所言，"伦理原则"是为保护非遗而在国际层面制定的一个行为准则性文件。对此，国内学者不仅十分重视，相应的理论探讨自其颁布以来就逐渐铺开。在2018年的研究中，前文已述及的黄涛和张多都在其论文中论及"伦理原则"，且与"社区参与"等横向问题结合在一起。前者指出虽然"一个文件并不能解决所有的问题"，但"伦理原则"已经阐明"非物质文化遗产保护以社区为中心的主要内容和做法"③；后者认为"伦理原则"中的"社区在凸显自身是认定非遗的主体的同时，也应当顾及其他社区，相互尊重"④。在王春华等人看来，"伦理原则"是"国际社会对非物质文化遗产保护原则的最新论述，实质是一种鼓励和倡导"，而作为一个总的原则，它"在具体内涵上涵盖了主体、权利、发展、生态等具体原则"⑤。总体看来，或因融入其他相关论述，2018年度针对"伦理原则"的理论探讨并不深入，但亦可说明我国民俗学者对之的持续追踪。

（三）知识产权

在非遗保护的研究中，立法及法律条文自然是学术探讨的一大重点，而上文述及的"社区参与"和"伦理原则"无疑是对"国际法"的一种学理阐释。近年，非遗"知识产权"的保护备受学界重视。在2018年"非遗法"研究中，民俗学界对此也做出了一些法理思考。

施爱东于《"非物质文化遗产保护"与"民间文艺作品著作权保护"的内在矛盾》中，梳理了两种民间文化知识产权保护路径，即"由联合国教科文组织主导的基于'人类共同遗产'理念发展出来的保护制度"和"由世界知识产权组织主导的基于'私有制财产'理论建立起来的保护制度"，并由此指出："由于'非物质文化遗产保护'与'民

---

① 吕微：《反对社区主义——也从语词层面理解非物质文化遗产》，《西北民族研究》2018年第2期。

② 张多：《社区参与、社区缺位还是社区主义？——哈尼族非物质文化遗产保护的主体困境》，《西北民族研究》2018年第2期。

③ 黄涛、郑文清：《非物质文化遗产保护工作中社区认同的内涵与重要性》，《中国人民大学学报》2018年第1期。

④ 张多：《社区参与、社区缺位还是社区主义？——哈尼族非物质文化遗产保护的主体困境》，《西北民族研究》2018年第2期。

⑤ 王春华、刘永明：《非物质文化遗产保护伦理原则的内涵探析》，《美与时代（上）》2018年第5期。

间文学艺术作品著作权保护'的中文译名共同使用了'保护'一词,许多学者误以为这两种保护是同一性质,实际上其英语表述及内涵均有本质区别",而"我国在非遗保护中的杰出成就,以及在'民间文艺著作权保护'领域的踌躇不前,进一步证明了非物质文化遗产作为'人类共同遗产'理念的先进性,以及作为特定社区或群体'私有制财产'理论的局限性"[①]。这一论述充分揭示了以"民间文学艺术"为代表的"非物质文化遗产"的本质属性。不过,刘芝凤等在论述"弱经济价值"概念时,指出"非物质文化遗产资源产权有一定的公共属性",但"非遗知识产权保护无法可依给非遗的传承与经营带来实质性损害,是困扰许多非遗传承人的难题",因而要"强化民间文化资源产权制度建设,对非遗代表性项目传承人的著作权进行有效保护"[②]。然而,这种论述的基点是非遗传承人(群)及其作品(艺术品)所附带的知识体系,而不是非物质文化遗产这个传承性集体创造本身。所以,如果是针对传承人(群)及其作品(艺术品)之知识产权的保护,那么现有"知识产权保护法"足以应对。

(四) 非遗保护"标准"

非遗虽是广大民众所创造的一种文化表现形式,但在非遗保护的进程中,不仅保护主体在寻求便捷途径,部分学者也在为此提供智力支持。非遗保护"标准"的规则探究则是这种工作模式的直接反映。2018年主要有以下学者对此做了理论探讨。

高小康提出:对非遗文化内涵的价值评估与标准体系建设,在某种程度上"类似于艺术品评价体系的生成逻辑",而国际非遗保护"需要研究中国本土性、全球性和互享性多层次的非遗保护标准,同时从形态保护转向对文化精神内涵的保护"[③];胡玉福指出:"非遗保护标准是一种经过多方协商、在达成共识的基础上形成的、经官方机构认证的约束性文本",其"以制度化的形式对保护工作予以管理,对生产性保护秩序予以规范,对核心技艺加以记录和保存,从根本上符合保护文化多样性的理念",而标准化"最佳秩序"理念以及文化多样性的"多元共享"方案则能为文化多样性的可持续发展提供制度性保障[④];作为基层非遗保护工作者,白宪波认为,《中华人民共和国非物质文化遗产法》的颁行标志着我国非遗保护"标准化时代"的到来,而从现有法律法规和保护工作规范体系的实施流程来看,"我国非遗保护标准仍以事实标准为主",但"传统标准与当代标准的矛盾、不同标准并行存在"等实际问题,则说明只有认清非遗保护工作的本质属性,"努力提高管理水平和业务能力,并通过建立部门间协调机制等措施",方能做好非遗的守护者[⑤]。

针对非遗保护"标准"问题,马千里在《"中国非遗代表性项目名录"列入标准研

---

① 施爱东:《"非物质文化遗产保护"与"民间文艺作品著作权保护"的内在矛盾》,《中国人民大学学报》2018年第1期。
② 刘芝凤、和立勇:《弱经济价值非物质文化遗产保护刍议——以福建非物质文化遗产保护为例》,《中国人民大学学报》2018年第1期。
③ 高小康:《分形全球化与非遗保护的中国标准》,《文化遗产》2018年第6期。
④ 胡玉福:《非遗保护标准与文化多样性的矛盾与调谐》,《文化遗产》2018年第6期。
⑤ 白宪波:《"标准化时代"基层非遗保护若干问题探讨》,《文化遗产》2018年第6期。

究》中也做了一些探讨①。不过，非遗保护"标准"的制定主体、受用主体以及所针对的项目类型等都未明确，而非遗本身是动态的、复杂的，且是具地域性和民族性的，因而是制定一套标准还是多套标准，标准又将如何推行，都将是难以逾越的现实困难。此外，2018年度针对非遗保护的议题，还涉及非遗"本真性"②、非遗概念生成过程③及国际非遗保护经验④等理论议题。

六 结语

在理论研究方面，2018年的中国民俗学取得了十分丰硕的成果，而无论继承创新，还是互动融合，理论基于实践的产出都与国家社会发展、文化建设同频共振。毫无疑问，民俗的资源化延续了近年的基本态势，而民俗学者对此的思考，也在一定程度上于"一带一路"倡议、"传统工艺振兴计划"及"乡村振兴战略"等领域维系着民俗文化的可持续发展。不过，纵然2018年中国民俗学理论研究所涉内容宽广，但其深度和精度依然有所欠缺。可以说，既有理论的持续生发尚未形成集聚效应，而新的理论创建即便有人回应，却仍需数量可观之个案的检验。换言之，不论是既有理论，还是新理论，均需学界积极而持续的"消费"——"对话"，否则只能是昙花一现的"自娱"行为。更重要的是，理论的提出不仅需要学界"赞誉"，也需大家"批评"——如此不仅能激发理论创建者继续思考以做出深度解说，也可促进相关人员加入探讨以形成学术共同体（或言不能过于分散，各行其是）。此外，我们对前辈学者之理论创建的提炼，不应只为一篇（部/个）论文（著作/课题），而应将之纳入我国民俗学理论体系的建设之中予以考察，并将适宜时代解读的理论或方法论范式加以推广，从而在与国际民俗学对接时，能够辩证地看待译介理论与本土话语的应和关系。需要进一步说明的是，我们对国外民俗学理论的"引进来"与我国民俗学理论的"走出去"并不相称。这种现象不仅为2018年有，既往年份同

---

① 马千里：《"中国非遗代表性项目名录"列入标准研究》，《文化遗产》2018年第4期。
② 陈金文认为："在'非遗'保护中强调保持原生态是不现实的，但是在保护过程中强调保持本真性还是有道理的"，虽然《保护非物质文化遗产伦理原则》第八条"否定本真性是非遗的本质属性，但并没有否定保护'非遗'过程中保持本真性的价值和意义"。陈金文：《"非遗"本真性问题再论》，《广西师范学院学报（哲学社会科学版）》2018年第4期；作为一名基层非遗保护工作者，郑文清认为："本真性即真实性，本真的非物质文化遗产即是真实来自于社区的非物质文化遗产，判断的惟一标准是社区是否认同该文化事项"。郑文清：《社区认同：非物质文化遗产本真性的衡量标准》，《文化学刊》2018年第4期。
③ 吴真提出："'无形文化财'不是'非物质文化遗产'"，而"'非物质文化遗产'是对'无形文化财'的观念革命"。吴真：《从无形文化财到非物质文化遗产的观念变革》，《中国人民大学学报》2018年第1期；彭牧认为：非遗概念视角下的民俗，已"从具绵延性的历史产生的文化产品变成了与历史以某种方式关联的当下实践"。彭牧：《非物质文化遗产的当下性：时间与民俗传统的遗产化》，《民族文学研究》2018年第4期。
④ 马千里：《非物质文化遗产清单编制基本问题及其辨析》，《民族艺术》2018年第2期；[冰岛]沃尔迪玛·哈福斯坦：《山鹰之行：非物质文化遗产的制造过程》，张举文译，《文化遗产》2018年第5期；朱刚：《联合国教科文组织非物质文化遗产保护的新动向——以越南富寿省唱春项目的名录转入为个案》，《民间文化论坛》2018年第6期；等等。

样如是。如何改变这种状况，在我们看来，既要增加国际交流的频次、规格及广度，也要提升自己的外语能力，更要强化学术自信心，从而在论文发表或著作出版中主动"推送自我"。总之，2018年中国民俗学理论在传统与现代、国内与国外、个案与实践等方面均作出了有益探索，但我们理应反思实际问题，从而做出更利于社会发展的民俗学贡献。

2018 年神话学研究综述

周诗语　陈昭玉[*]

随着对神话内涵、价值认知的不断深入，神话吸引了民俗学、人类学、文学、历史学、社会学、心理学、考古学、美学等多学科研究者的注意，不同的切入视角、研究方法被引入神话研究，2018 年的神话学领域研究成果颇丰，著作、论文数量众多[①]，基本问题、文化阐释、比较神话学等内容都有所涉及，一方面对以往的神话学研究方法进行实践和反思，另一方面推动着近年神话主义、神话历史等热门话题的发展，呈现出立足本土丰富话语体系、放眼世界吸收理论资源、面朝当下关注现实互动的多维形态。

一　基本问题

对神话的特征、性质、地位、研究方法等基本问题的关注是神话学研究建立体系、开拓境界的基础。2018 年神话学研究对基本问题的关注集中在以下几个方面。

关于神话自身特征与价值的讨论是正确认识中国神话、更新研究眼光的重要基础。陈建宪的《论神话时空观》[②]指出，神话时空观是从世界各族神话中归纳出的有关时空概念的一种共同法则，其信仰核心是有神论，认识基础是万物有灵论。昼夜和季节的循环被先民直观地感受到，影响了他们对宇宙模型的建构，产生神话循环的时间观。神话的空间观是多维的，世界可以分成不同性质但可相互沟通的多重空间，体现为"大地之脐"、绝地天通母题。神话时空观对构建当代社会伦理有重要价值。金鹏程的《"中国没有创世神话"就是一种神话》[③]指出"中国没有创世神话"的观点是从西方传统文化中心论的立场得出的谬论，文献与以往研究都能够打破这一成见。这些证据的被忽视，是因为它们和将中国作为"别处"的神话学视野相冲突。应当引起注意的是，中国不同于西方，并不意味着中国一定是西方的对立面，这种错误判断会阻止对中国的真正理解。段宝林的《神话价值论》[④]从实用价值、科学价值和文艺价值三个方面对神话价值进行了全面生动

---

[*] 周诗语，北京大学中文系 2016 级中国民间文学直博生；陈昭玉，北京大学中文系 2020 级中国民间文学博士研究生。

[①] 据知网、万方、读秀等在线数据库检索，2018 年度发表神话学相关期刊论文 144 篇、硕博士论文 30 篇，出版专著 31 部。篇幅所限，本文选取介绍了其中较有代表性的成果。

[②] 陈建宪：《论神话时空观》，《贵州民族大学学报（哲学社会科学版）》2018 年第 1 期。

[③] ［美］金鹏程：《"中国没有创世神话"就是一种神话》，谢波译，《复旦学报（社会科学版）》2018 年第 5 期。

[④] 段宝林：《神话价值论》，《文化学刊》2018 年第 7 期。

的阐释，为神话几千年传流不休，并在当下重焕生机的原因做出了理论分析。王东辉的《中国神话碎片化特征研究》① 着眼于中国神话"碎片化"的特征，在讨论影响神话系统性因素的基础上，分析中国神话碎片化特征的成因，对了解中国神话的形成与整理、神话形成与社会环境和思想习惯之间的关系做出了有益的探讨。

关于神话与古史的讨论是学界一直以来的一个关注点。陈泳超的《从感生到帝系：中国古史神话的轴心转折——兼谈古典神话的层累生产》② 在总结过去学界对中国神话的研究存在的问题之后，提出在民族、国家和历史、政治各层面上真正有影响、具有马林诺夫斯基所谓"社会宪章"功能的是战国秦汉间编制完善的帝系神话，该文讨论帝系神话如何被层层建构，从各部族的感生神话发展到华夏民族共同体的帝系神话，在战国秦汉之际完成"轴心转折"，又在秦汉之时，被加以"道统""德统"的结构以为当世政治服务。文章提醒研究者对于神话的原生、次生甚至再生的层累生产过程必须进行区分，注意对材料有效度的辨别。赵菡的《"神话历史"——论一种新的神话观与历史观》③ 则讨论神话与历史在不同学术语境下的分合互动，探析近年"神话历史"这一概念的来源，否认神话与历史天然存在对立，认为两者有内在统一的依据。借助耶律亚德创世神话循环再生的时间观和巴门尼德思同一思想，试图论证"神话历史"是基于时间循环观的另一种历史模式，为当下重新审视神话与历史的关系、解决中华文明起源阶段神话与历史不分的问题提供了新的思考模式。陈嘉琪的《南宋罗泌〈路史〉上古传说研究》④ 是围绕上古通史性质著作《路史》为中心的研究，从历史层累说带出的还原论、历史研究法、神话与原型研究法、后神话理论等理论角度进行解读，探索其帝系系统的排序意义及背后所蕴藏的古史观念，剖析上古史构建过程，梳理其由神话到历史的思维转变，也重新定位了《路史》在文学、史学学术史上的价值。闫德亮的《古代神话与早期民族》⑤ 梳理了从盘古、女娲、太昊伏羲乃至商、周、楚、秦、汉等神话流变与民族融合的历史，认为二者同向同步，一部神话演变史即一部民族迁徙融合史。书末指出，中国古代神话在其流变过程中表现出民俗化、仙话化、历史化和佛教化四大特征。郭世谦的《古史传说考》⑥ 则从唐虞猛兽图腾部落集团、祝融龙蛇图腾部落集团、两吴鸟图腾部落集团、姜姬部落集团、三皇玉帝及战国以来古史的整理倾向五个部分对上古史传说作了考证和诠解。

对文化大传统和第三、四重证据法的关注是近年来神话学领域的一大研究趋向。叶舒宪发表多篇文章讨论该问题。《羌人尚白与夏人尚黑——文化文本研究的四重证据法示例》⑦ 聚焦国内文学人类学研究的新动向，在围绕"文化人类学""文化文本""四重证据法"和"田野作业"四个关键词展开的对文化人类学理论建构进行阐释的基础上，以

---

① 王东辉：《中国神话碎片化特征研究》，硕士学位论文，聊城大学，2018年。
② 陈泳超：《从感生到帝系：中国古史神话的轴心转折——兼谈古典神话的层累生产》，《民俗研究》2018年第3期。
③ 赵菡：《"神话历史"——论一种新的神话观与历史观》，《中国比较文学》2018年第4期。
④ 陈嘉琪：《南宋罗泌〈路史〉上古传说研究》，中国社会科学出版社2018年版。
⑤ 闫德亮：《古代神话与早期民族》，社会科学文献出版社2018年版。
⑥ 郭世谦：《古史传说考》，天津古籍出版社2018年版。
⑦ 叶舒宪：《羌人尚白与夏人尚黑——文化文本研究的四重证据法示例》，《文学人类学研究》2018年第1期。

甘肃武山县田野调查为具体对象，追溯羌族白石崇拜礼俗渊源，梳理武山鸳鸯玉传播到仰韶文化社会中演变为玉礼器玄钺材料的过程，以第四重证据的实际运用尝试完成华夏文化文本发生期实物证据链的重建，并以此解决以往依靠上古文献无法完全解释的问题。该研究验证四重证据法的实际有效性，展现其作为工具所具有的特殊功能，也从侧面阐释了文化文本从一级编码、二级编码到三级编码的传承演变规则。《天熊伏羲创世记——四重证据法解读天水伏羲文化》[1] 是运用四重证据法对传世文献遗留问题进行解答和扩展的又一实例。考古实物和图像使无文字材料的神话学研究成为可考对象，从狩猎社会的熊图腾到天熊神话，再到北极星象征中央天帝、伏羲和黄帝以熊为号的文化现象，对先民的世界观和神话观产生新的认识和理解。文章在论证四重证据法实际效用的基础上，使神话学与考古学材料联通，推动研究理念的变革和方法的推陈出新。《龙血玄黄——大传统新知识求解华夏文明的原型编码》[2] 结合结构主义神话学理论，以《周易》龙血玄黄神话的原型探索为例，指出以红山文化 C 字龙为代表的大传统玉礼器玄黄二色，作为色彩专名在华夏文明上古时期书面叙事中具有原型性意义，成为文化文本符号的原编码，拟为"玄黄二元编码"，这种二元结构叙事体现在黄帝、力黑、素女的命名和相关叙事及其他神话文本中。《创世神话的思想功能与文化多样性》[3] 以全球"大历史"思潮为背景，聚焦中国创世神话作为思想资源的当代价值：一方面具有人类思想范型的重要功能，另一方面也为世界文化多样性提供样本。而大传统论这一中国创世神话研究理论，将拓宽神话学研究视野，使其与玉文化的大历史相互衔接。另文《草原玉石之路与红玛瑙珠的传播中国（公元前 2000 年—前 1000 年）——兼评杰西卡·罗森的文化传播观》[4]《玉门、玉门关名义再思考——第十二次玉帛之路考察札记》[5] 对玉文化大历史观下的相关问题做了详细考证。叶舒宪主编的《重述神话中国：文学人类学的文化文本论语证据间性视角》[6] 是从 2017 年 4 月在上海交通大学召开的文学人类学研究会第七届学术年会论文成果摘选编辑成书，论文集的编撰从文学人类学领域的文化文本理论及四重证据法出发，以"证据间性"视角归纳，分为"方法论""文化文本逆向间性论""文化文本顺向间性论""文化文本平向间性论"和"文化文本复合间性论"五个相互联系的专题，以完成最终趋向整体的呈现状态，强调文化符号编码论和四重证据法作为中国本土文化理论体系和学术新话语应当承担的扩展文学视野、重述中国的时代使命。林科吉的《文学人类学理论中第三、

---

[1] 叶舒宪：《天熊伏羲创世记——四重证据法解读天水伏羲文化》，《兰州大学学报（社会科学版）》2018 年第 6 期。
[2] 叶舒宪：《龙血玄黄——大传统新知识求解华夏文明的原型编码》，《百色学院学报》2018 年第 5 期。
[3] 叶舒宪：《创世神话的思想功能与文化多样性》，《中国比较文学》2018 年第 4 期。
[4] 叶舒宪：《草原玉石之路与红玛瑙珠的传播中国（公元前 2000 年—前 1000 年）——兼评杰西卡·罗森的文化传播观》，《内蒙古社会科学（汉文版）》2018 年第 4 期。
[5] 叶舒宪：《玉门、玉门关名义再思考——第十二次玉帛之路考察札记》，《民族艺术》2018 年第 2 期。
[6] 叶舒宪主编：《重述神话中国：文学人类学的文化文本论语证据间性视角》，上海交通大学出版社 2018 年版。

四重证据法与神话—原型研究》[1] 指出神话—原型批评理论的引进与中国文化与文学研究的结合，经历了从语言文字到"物质"符号的逐步转换与深入，第三、四重证据法的提出是西方人类学中国化、本土化过程中的收获，也是对西方原型批评方法的补充和突破，走出了原型研究的中国之路。胡建升的《中国文学人类学的理论创新：文化大传统的新神话观》[2] 指出文化大传统研究摆脱了传统的文字中心主义，也是对本土神话观的新型建构，多重证据下的神话研究才能最终揭开神话的完整意义与文化语法。在此潮流下，王青的《中国神话的图像学研究》[3] 是以图像学方法对相关神话传说进行具体研究的尝试。以往的图像学研究几乎总是作为文献记载的旁证被使用，但图像本身就是神话的一部分，是神话时代最直接的史料，可以与文献并行甚至高于文献的神话系统，拥有自己的主题、表现方式、象征方法和叙事原则。该书摒弃"图像证史"的旧思路，倡导充分建立"图像即史"的观念，也在研究细节上提出很多创见，对神话呈现与演变研究提供了新的视角和思路。王倩的《汉画像石西王母图像方位模式研究》[4] 提出将考察对象置入生成语境，将其与汉代神话、宗教与民间信仰关联分析，发现其具有独特的地图学方位划分原则，与意识形态、政治空间、宇宙方位相关联。这种方位理念包含中原地区的汉民族对于西域世界的想象，同时也是汉帝国对于西方世界的向往和征服欲望的图像志表述。段晴的《神话的跨域性与地方性——以观察新疆洛浦博物馆氍毹为基础》[5] 以图像学研究方法，对非文字材料新疆洛浦博物馆的两幅氍毹进行解析，认为氍毹图样故事的主线是吉尔伽美什为了营救进入冥间的恩基都而遍求神灵的故事，但主人公寻求帮助的神灵却完全不同。两幅氍毹揭示了古代于阗王国曾经流行的古老宗教传统直接起源于苏美尔文明。氍毹中的神灵正体现了神话的跨域性，而共有神话的一些元素，会因为所服务的对象不同而得到引申、夸大、衍生，呈现出地方性特征。段晴另文《神话与仪式——以观察新疆洛浦博物馆氍毹为基础》[6] 则回答了为何希腊神话、两河流域文明、苏美尔文明众神会集中出现在氍毹上。氍毹上的神谱表明古代于阗的原始宗教中，长生女神是崇信的主神，整幅图案表明了起死复生的主题。于阗人制作氍毹，是为了服务于特定仪式，在仪式中，氍毹作为神坛而存在。方毯上的于阗语句义"苏摩献给萨波梅里"指明了两幅氍毹神坛所服务的仪式。佐以的《大唐西域记》的记载，这可能是一次人祭祈雨仪式。

在当代理论语境下，神话与现代性的关系是一个关注热点。王继超翻译马修·斯滕伯格的《神话与现代性问题》[7] 一文，指出神话思维是现代性意义缺失问题的一种创新回答，而非反对，辨析神话思维传达的真实与科学真实互补，作为强有力的话语形式能够借

---

[1] 林科吉：《文学人类学理论中第三、四重证据法与神话—原型研究》，《中华文化论坛》2018年第12期。

[2] 胡建升：《中国文学人类学的理论创新：文化大传统的新神话观》，《文学人类学研究》2018年第2期。

[3] 王青：《中国神话的图像学研究》，科学出版社2018年版。

[4] 王倩：《汉画像石西王母图像方位模式研究》，江苏大学出版社2018年版。

[5] 段晴：《神话的跨域性与地方性——以观察新疆洛浦博物馆氍毹为基础》，《民族艺术》2018年第4期。

[6] 段晴：《神话与仪式——以观察新疆洛浦博物馆氍毹为基础》，《民族艺术》2018年第5期。

[7] 马修·斯滕伯格：《神话与现代性问题》，王继超译，《长江大学学报（社会科学版）》2018年第3期。

助想象力创造意义。张多的《神话与科学：格雷戈里·施润普的神话学思想与研究实践》① 介绍神话—科学领域中施润普的研究，解析神话与科学并非二元对立，两者的思维与资源在具体实践中互相融通，在"朝向当下"的面向中，揭示神话在当代科技社会的生命力与实践可能。其文《宇宙科技、宇宙观与神话重述——从嫦娥奔月神话到探月科技传播》② 以嫦娥奔月神话为主，对比阿波罗神话，分析古老神话如何在当代社会的科技语境中发挥作用。神话与科学在技术高度发达的社会中没有对立，反而高度融合，新的时代并不意味着神话终结，而为神话重述提供了新语境，神话重述与科技传播跨界融合，带来了知识创新的新范式。赖婷的《心理学视角下的神话与神话主义——以罗洛·梅的〈祈望神话〉为中心》③ 以心理学角度切入探讨神话对人个体和集体的作用，借此来理解神话主义的心理机制，指出神话主义并非没有神圣性，而是可以理解为当代人向神圣性和超越性的一种祈望和实践。当代大众文化语境中，约瑟夫·坎贝尔的理论受到了学界的关注。张洪友的《神话旅行与救世情怀——约瑟夫·坎贝尔及其神话研究》④ 及《约瑟夫·坎贝尔神话意象观解析》⑤、杨扬的《约瑟夫·坎贝尔的神话学理论研究》⑥ 和谢琦慧的《约瑟夫·坎贝尔神话理论研究》⑦ 都聚焦坎贝尔，分析其研究中神话意象机制、英雄之旅模式等主要思想，为神话在当代语境中如何发挥作用、融合科技与神话冲突、打通神话与现实界限、借助文化传播与新媒体激发新的精神力量提供理论支持。张洪友的专著《好莱坞神话学教父约瑟夫·坎贝尔研究》⑧ 梳理坎贝尔思想演变脉络，讨论坎贝尔神话研究中的英雄神话共同叙述模式、史前神话探索、重估传统神话和寻找构建现代神话的可能性等问题。坎贝尔神话学不仅对文化创意产业具有启示作用，而且对于中国神话研究来说，其融合不同学科的研究范式具有借鉴意义，利用跨学科知识、图像与文字互证等方法阐释史前神话，都是我们当下关注的方法与问题。

对我国以往的神话学研究进行整体回顾与反思是学术研究面向未来、开启新局面的必要过程。谭佳的《反思与革新：中国神话学的前沿发展》⑨ 对 2017 年"神话工作坊"的研究与讨论成果进行总结和评述。这批成果全面反思此前中国神话学在概念移植中的不自洽和片面认识，重建中国神话学自己的研究路径。梳理从学者们的研究如何挖掘中国神话"从圣物到天/帝、从感生到帝系，从圣人到帝王"的过程，探究以古史为核心的中国神话话语系统如何为不同社会时期、文化制度提供神圣性终极证明。这一批适应中国情况的

---

① 张多：《神话与科学：格雷戈里·施润普的神话学思想与研究实践》，《长江大学学报（社会科学版）》2018 年第 4 期。
② 张多：《宇宙科技、宇宙观与神话重述——从嫦娥奔月神话到探月科技传播》，《民间文化论坛》2018 年第 2 期。
③ 赖婷：《心理学视角下的神话与神话主义——以罗洛·梅的〈祈望神话〉为中心》，《长江大学学报（社会科学版）》2018 年第 4 期。
④ 张洪友：《神话旅行与救世情怀——约瑟夫·坎贝尔及其神话研究》，《百色学院学报》2018 年第 3 期。
⑤ 张洪友：《约瑟夫·坎贝尔神话意象观解析》，《绵阳师范学院学报》2018 年第 7 期。
⑥ 杨扬：《约瑟夫·坎贝尔的神话学理论研究》，硕士学位论文，浙江大学，2018 年。
⑦ 谢琦慧：《约瑟夫·坎贝尔神话理论研究》，硕士学位论文，华东师范大学，2018 年。
⑧ 张洪友：《好莱坞神话学教父约瑟夫·坎贝尔研究》，陕西师范大学出版社 2018 年版。
⑨ 谭佳：《反思与革新：中国神话学的前沿发展》，《民间文化论坛》2018 年第 5 期。

概念和研究真正从中国本土的神话现象和历史语境出发，构建中国神话自己的术语体系和理论体系。王植、周欣瑞的《当代少数民族文学神话学理论研究史述评》[1]将焦点聚集在少数民族神话研究上，梳理从晚清到新世纪以来少数民族神话学理论经历萌芽、复苏、初步发展直到多元化、系统化的历程。在总结多年的理论研究与建设成果基础上，指出少数民族神话研究与汉族神话相比仍在弱势地位，理论的系统性、整体性把握还有所欠缺，同时注重少数民族神话与汉族神话的相通相承之处，提倡推进复建宏大多彩的多民族神话系统。王浩的《台湾及海外学者的昆仑神话研究概述》[2]着眼近年来学界对昆仑神话的一批研究成果，为促进昆仑文化研究的多角度开展，扩大昆仑文化的影响力，选择台湾及海外学者的昆仑神话进行评述。文章围绕"昆仑是什么""昆仑神话起源与发展""西王母神话""昆仑神话的图像研究"等相关问题进行研究梳理，总结这些研究具有的视野开阔、理论多元、重考古材料、重产业发展的特色，为昆仑神话的台湾和海外研究提供阶段性小结。王倩的《20世纪希腊神话研究史》[3]是对20世纪希腊神话研究道路的再阐释，以期对往后研究的持续发展打下基础。书中以神话—仪式理论与结构主义神话学研究为重点，同时呈现心理分析、神话—历史主义、比较神话学、后殖民主义、后结构主义、神话图像理论、神话考古学和女性主义神话学的研究，选取主要理论、重要人物进行解说，阐释20世纪神话研究理论的"文化转向""图像转向"等方法论变化，期待未来研究必然出现的"破学科"走向。该研究填补了国内对希腊神话研究的理论再研究的空白，同时也是从中国学者立场出发对希腊神话研究进行阐释的客位考察。

2018年在神话研究方法的思考与实践方面成果颇丰。在神话母题研究方面，王宪昭在2013年出版《中国神话母题W编目》[4]之后据此建立了中国神话母题W编目数据集成，有W0—W9共10部。2018年出版三卷本的《中国创世神话母题实例与索引》[5]，其内容涉及中国神话母题W编目数据集成中的"W1：世界与自然物"类型，对中国各民族创世神话中"世界起源""自然物起源"及相关母题的系统编码和实例进行展示。书中收录从神话作品中提取、对母题做出叙事性补充的例证，不仅为神话母题W编目提供基础和依据，也为理解和使用母题编码提供了支持。这套书兼有资料和工具书的特点，能够大大提高研究资料检索的速度、精准度和实用性。杨利慧等著的《当代中国的口承神话》[6]汲取表演理论并适应于中国语境，通过长期、大量的田野调查对汉族群体中的当代口承神话做出了极具价值的思考，摆脱神话研究"向后看"的固有羁绊，探讨神话在当下社会文化和人们生活中的意义和功能。该研究坚持民族志式的田野调查，强调对特定语境中神话讲述活动和神话传统传承与变化的关注，探讨语境在真实的神话传承过程中的作用及其限度；研究中也尤其注重作为神话传承载体的个人的作用，指出在非均质的讲述人群体和非统一的信仰环境中将神话定义为"神圣叙事"的片面性，打破受困于概念的神话研究

---

[1] 王植、周欣瑞：《当代少数民族文学神话学理论研究史述评》，《阿来研究》2018年第1期。
[2] 王浩：《台湾及海外学者的昆仑神话研究概述》，《青海师范大学民族师范学院学报》2018年第2期。
[3] 王倩：《20世纪希腊神话研究史》，陕西师范大学出版社2018年版。
[4] 王宪昭：《中国神话母题W编目》，中国社会科学出版社2013年版。
[5] 王宪昭：《中国创世神话母题实例与索引》，中国社会科学出版社2018年版。
[6] 杨利慧等：《当代中国的口承神话》，陕西师范大学出版社2018年版。

局面。创新"综合研究法",将表演理论与其他国际前沿方法的长处和本土实际相结合,在探索适合中国民间叙事研究的方法方面做出了有益的尝试。顺应近年一批学者提出建立现象学神话理论的倡议,周争艳翻译桑福德·柯罗利克的《神话研究为什么需要现象学》[1]一文,指出现象学寻求揭示潜在的"意向"关系,展示被调查的宗教现象如何实际地透露出人类生存的根本结构,从而说明神话性在世存在的独特意义。胥志强的《现象学神话理论概览》[2]梳理现象学理论从20世纪早期开始初步探索到21世纪的发展历程,经历了从方法借用到理论自觉、从局部问题到神话本体论思考、从零散研究到体系建设的过程。对西方现象学神话学研究的梳理和介绍,有助于我国学界在这个领域上的借鉴和建设,对中国神话学的发展有积极意义。郭恒的《列维—斯特劳斯的神话学思想对中国神话研究的影响》[3]分析了李亦园、叶舒宪、陈连山、艾兰等中国神话研究学者的论文,考察了国内外学者运用列维—斯特劳斯结构主义神话学研究中国神话的情况。

对西方神话理论的反思与评述对促进中国神话研究发展有重要作用。叶淑媛的《人文时空:维柯和〈新科学〉》[4]在当代语境下重新重视18世纪杰出思想家维柯的文艺思想研究价值,提出其思想对当代社会科学和人文科学的边缘交叉所具有的重要借鉴意义,在科技发达的时代重新呼唤"诗性智慧"的到来。值得一提的是,叶舒宪在该著序言"怎样探寻文化的基因——从诗性智慧到神话信仰"中指出,从维柯的"诗性智慧"到卡西尔的"神话思维",再到文学人类学的"神话信仰",这三次重要术语的变迁体现了当代人文研究者对本土文化自觉的渐进历程。在如今科技繁荣的时代,本土的文学人类学派大传统理论应当担负起重建新的以科学认识为基础的世界观和人生观的使命,文章同时站在学术史的高度号召研究者们关注文化大传统的探索。陈刚等的《语言疾病与太阳学说遮蔽下的缪勒神话研究》[5]、刘潋的《麦克斯·缪勒比较神话学浅议》[6]倡议对缪勒研究的重新、客观认识,全面介绍缪勒的学术思想,梳理安德鲁·兰与缪勒的对战,指出缪勒的学说在限定范围内有一定的合理性,其研究在比较研究领域也有开拓意义,因此应该更全面客观地判定缪勒的学术地位和理论价值。沈玉婵的《从〈长生宴〉到〈神话与史诗〉——杜梅齐尔的东方神话研究》[7]关注杜梅齐尔以东方神话为研究对象发现的"三功能"结构,指出其存在于多个印欧语族的社会结构和万神殿中,探究神话与史诗在结构上的一致性,是对早期比较语言学和比较神话学的修正。白蓉的《〈神话、仪式与口述

---

[1] [美]桑福德·柯罗利克:《神话研究为什么需要现象学》,周争艳译,《长江大学学报(社会科学版)》2018年第1期。

[2] 胥志强:《现象学神话理论概览》,《长江大学学报(社会科学版)》2018年第1期。

[3] 郭恒:《列维—斯特劳斯的神话学思想对中国神话研究的影响》,《百色学院学报》2018年第6期。

[4] 叶淑媛:《人文时空:维柯和〈新科学〉》,人民出版社2018年版。

[5] 陈刚、刘丽丽:《语言疾病与太阳学说遮蔽下的缪勒神话研究》,《青海社会科学》2018年第4期。

[6] 刘潋:《麦克斯·缪勒比较神话学浅议》,《内蒙古师范大学学报(哲学社会科学版)》2018年第3期。

[7] 沈玉婵:《从〈长生宴〉到〈神话与史诗〉——杜梅齐尔的东方神话研究》,《长江大学学报(社会科学版)》2018年第2期。

中杰克·古迪的人类学观点》[1] 介绍古迪研究中的启发性观点，质疑以往人类学中宗教、仪式中"神圣—世俗"两分法、指出神话存在多元形态、反对口头与书面的对立等。任宽的《论卡西尔的神话结构谱系》[2] 是对卡西尔神话结构谱系的介绍。李菲的《理性批判的神话研究之维》[3] 与刘振怡、金石的《启蒙与神话纠缠的内在逻辑——从福柯的视角再看〈启蒙辩证法〉》[4]，辨析霍克海默与阿多诺的"启蒙辩证法"的浪漫主义思想来源与启蒙批判，反思其讨论的未尽之义，为其理论资源辨析和发展做出了努力。杜国英的《俄罗斯神话学派的神话理论及现代性思考》[5] 介绍19世纪俄罗斯神话学派的代表人物及观点，分析其繁荣背景和民族诉求，强调其有所区别的现代性。

二　文化阐释

对典型神话个案、同类神话、神话与信仰、少数民族神话的阐释研究，是神话学非常重要的研究领域。既有以文本为对象的母题研究、文字考辨、原型分析，也有关注语境的田野调查、景观研究、活态研究，多样的研究方法为神话的文化阐释提供了有力支持。

分析特定主题、人物、情节的神话，关注个案，使神话学研究向纵深扩展。

自然灾害是神话涉及的重要母题。杨利慧的《世界的毁灭与重生：中国神话中的自然灾害》[6] 以母题研究方法总结中国不同民族灾害神话母题，包括灾害的形式、原因、人的应对等，分析神话内蕴的观念与行为模式，指出中国灾害神话的叙事核心在于主动征服，具有鲜明的道德教诲基调，并且塑造了当代中国的灾害叙事。张多的《灾害的神话表征——"大禹治水"的景观分布及减灾表述》[7] 提倡以现存神话景观为中心，关注大禹祠庙等神话景观，进行朝向当下的神话学研究，由此指出，灾害神话承载了民众应对灾害的知识传统和表述资源，大禹神话正因其标定了灾后恢复社会秩序的力量，才被民众反复调用，以信仰实践和祠庙景观的形式表述出来。这样的神话表达机制正是神话得以承传、存续的动力所在。段友文、秦珂的《鲧禹治水的洪水神话性质及其原始观念》[8] 使用母题研究方法，指出西方洪水神话是洪水起因、神助灾难的单线链条叙事，中国洪水神话则增加文化英雄积极治理水灾的内容，形成双线链条叙事，鲧禹治水神话是西方神话系统没有的非典型洪水神话类型，在原始生命观念、氏族权力转移和政治秩序隐喻方面都表现出独特文化蕴含。

死亡与复活是神话常见母题。荀波的《关于死亡—复活信仰的中国古代神话和早期

---

[1]　白蓉：《〈神话、仪式与口述〉中杰克·古迪的人类学观点》，《文化学刊》2018年第3期。
[2]　任宽：《论卡西尔的神话结构谱系》，《长江大学学报（社会科学版）》2018年第6期。
[3]　李菲：《理性批判的神话研究之维》，硕士学位论文，南开大学，2018年。
[4]　刘振怡、金石：《启蒙与神话纠缠的内在逻辑——从福柯的视角再看〈启蒙辩证法〉》，《知与行》2018年第4期。
[5]　杜国英：《俄罗斯神话学派的神话理论及现代性思考》，《哈尔滨工业大学学报（社会科学版）》2018年第6期。
[6]　杨利慧：《世界的毁灭与重生：中国神话中的自然灾害》，《民俗研究》2018年第6期。
[7]　张多：《灾害的神话表征——"大禹治水"的景观分布及减灾表述》，《民俗研究》2018年第6期。
[8]　段友文、秦珂：《鲧禹治水的洪水神话性质及其原始观念》，《中原文化研究》2018年第6期。

神仙传记故事解读》① 采用"神话—原型"理论分析中国古代神话和道教神仙传记，认为神话中帝王或其亲属、臣属死亡—复活相关的记载，是古代祭祀仪式的表现，梳理了仪式和文本演变的过程，进而指出"考验"与"梦幻"两类仙传故事都以这种原始仪式和神话为原型。

黄帝神话研究方面，苟波在另一篇论文《中国古代黄帝神话中的仪式和图腾研究》②中，使用同一分析方法，从禳解仪式、表现仪式和升仙仪式三个视角对黄帝神话及相关仙话进行了再解读。借用神话—原型批评，仪式和神话、早期神仙传记产生关联，作者因此将后者视为一种新的释源性神话。胡义成的《黄帝铸鼎之"荆山"考——关于"黄帝都邑"西安杨官寨遗址的神话研究之一》③ 使用文献、考古资料，试图证明黄帝荆山铸鼎飞升神话中的荆山是指西安荆山，非唐人造假的河南荆山，并将杨址视为首个黄帝都邑，推断灵宝北阳平—西坡遗址是杨址黄帝族群辗转进入豫地后方才新建的另一都邑。刘晓的博士论文《黄帝神话传说的形成》④ 利用历史学、考古学等领域研究成果，以文献记载中的黄帝为研究对象，分析黄帝始祖地位的形成、神话传说演变、形象的重塑。论文第四章"黄帝神话传说的累积"讨论龙、云、轩辕如何与黄帝产生关联，揭示先秦信仰变化过程中神化先祖的趋势与黄帝神话形成的关系；分析了黄帝战争传说、官制传说、人文始祖传说在文献中的形成过程。吴晓东的《论蚕神话与日月神话的融合》⑤ 通过字形、字音考辨，认为黄帝原型是太阳，西王母、嫘母、嫘祖原型为月亮，三人原本是一个人。西王母作为月亮神，"母"的变音与表丝线的"糸"同音，西王母具有了机织特点，当她的名称演变为嫘祖后，嫘祖就继承了这一特点。蚕马神话与西王母神话这两个故事系统由此发生了融合。牛郎织女神话也是如此。

信仰是神话研究从文本走向语境不可绕开的领域。张超的《私神信仰与公神信仰的流动：冀北的女性灵媒与女神信仰》⑥ 立足田野，考察冀北某村的灵媒现象，描述该地私神信仰与公神信仰的流动关系。不同以往以信众日常生活为着眼点的信仰研究，该文采取以宗教经验为中心的研究路径，从灵媒的身体感受、个人经验出发，发现了私神—灵媒—群众—公神四主体的互动模式。李祥林的《女娲神话及信仰的考察和研究》⑦ 以女娲神话和信仰为中心，结合文献资料与田野调查，借鉴原型批评、性别理论等研究方法，分别从女娲神话底蕴的重新解读、女娲神话及信仰的土壤分析、文化传播、当代呈现等方面进行了多角度考察。该书尤为重视活态研究，对女娲戏、女娲庙会、傩神崇拜、行业神崇拜、食俗等涉及女娲神话及信仰的民俗进行了详细梳理分析，以羌族地区为个案考察了女娲的

---

① 苟波：《关于死亡—复活信仰的中国古代神话和早期神仙传记故事解读》，《中国比较文学》2018年第2期。
② 苟波：《中国古代黄帝神话中的仪式和图腾研究》，《世界宗教研究》2018年第5期。
③ 胡义成：《黄帝铸鼎之"荆山"考——关于"黄帝都邑"西安杨官寨遗址的神话研究之一》，《地方文化研究》2018年第5期。
④ 刘晓：《黄帝神话传说的形成》，博士学位论文，陕西师范大学，2018年。
⑤ 吴晓东：《论蚕神话与日月神话的融合》，《贵州民族大学学报（哲学社会科学版）》2018年第3期。
⑥ 张超：《私神信仰与公神信仰的流动：冀北的女性灵媒与女神信仰》，《民俗研究》2018年第2期。
⑦ 李祥林：《女娲神话及信仰的考察和研究》，巴蜀书社2018年版。

地方认同与当代表述，也涉及海外流传等，研究角度多样，内容丰富。余粮才的《从仪式过程到信仰圈》①以天水、淮阳、新乐等地的伏羲祭祀仪式为中心，对黄河流域伏羲信仰进行田野民俗志描写，使用祭祀圈、信仰圈理论讨论了伏羲信仰的民间流布情况。

其他研究方面各有进展。个案研究方面，高爱华的《〈黑暗传〉神话叙述研究》②从神话学角度研究汉族神话长诗《黑暗传》，使用田野调查、母题分析、叙事学分析等多种方法探讨其神话叙述生发的背景、神话材料的来源、典型神话母题叙述以及其思想文化与艺术特色。论文指出，《黑暗传》是楚地神话的集中展现体，其素材来源包括民间传说、稗官野史、宗教典故等，与《天问》《天地开辟以来帝王纪》以及演义小说等有联系，诗中的神话母题具有鲜明地域特色，思想上又有儒释道、民间宗教等多方面影响。感生神话研究方面，杨胜男的《先秦两汉感生神话传说研究》③纵向梳理感生神话发展脉络，论述了母系氏族社会感生神话的起源，父系氏族社会感生神话的演变发展，秦汉以来纬书对感生神话的改造和利用。

少数民族神话研究成果丰硕。董秀团的《云南少数民族神话中的女性意识及其传承价值》④从女性主义视角出发，关注云南少数民族神话中女性在创世、感生、文化创造等方面的神圣叙事，肯定了其中体现的尊重女性的原初观念。不同于经历男权压制后才产生的女性主义觉醒，这些神话中对女性地位合理性与合法性的认可，是一开始就具备的，这对当下构建和谐性别文化富于启示意义。张翼的《藏族卵生神话探析》⑤对现存苯教文献中的神话文本进行结构与内容的梳理分析，认为藏族起源神话经历了原始苯教、雍仲苯教、佛教的影响与改造，与苯教文献中的起源神话特别是卵生神话是并立、融合、共同发展丰富的一种活态流布形式。藏族卵生神话源头是建立在地域特殊性基础上充分进行外部与内部交互共同作用的独特性结果，呈现出原始卵生神话和苯教化卵生神话两个递进阶段。神话文本体现出宇宙观从具体到抽象的进化，折射出藏民由原始的具象思维向高级抽象思维发展的基本过程。高荷红的《马亚川讲述的女真萨满神话》⑥梳理满族故事家马亚川讲述或笔述的女真神话文本，这些神话涉及萨满神、天上众神、妖精鬼怪世界，与其他满族神话中万物有灵、动物崇拜等观念不同，独树一帜。在这些文本中，天上的神灵和地上的各式仙灵之间产生联系，连接者为萨满神和全知者阿布凯恩都里，这一讲述方式与《西游记》相似。高荷红由此判断，女真神话与中原汉族神话、道教思想、汉族本子故事及小说都具有一定的联系。另有《"嘴茬子"与"笔头子"：基于满族"民间故事家"傅英仁的建档研究》⑦一文，对满族民间故事家傅英仁的说部、神话及民间故事有所分析。刘付靖的《鸟狗传奇：中国南方少数民族传统文化研究》⑧内容涉及广泛，包含南方少数

---

① 余粮才：《从仪式过程到信仰圈》，人民出版社2018年版。
② 高爱华：《〈黑暗传〉神话叙述研究》，硕士学位论文，湖北大学，2018年。
③ 杨胜男：《先秦两汉感生神话传说研究》，硕士学位论文，山东大学，2018年。
④ 董秀团：《云南少数民族神话中的女性意识及其传承价值》，《思想战线》2018年第5期。
⑤ 张翼：《藏族卵生神话探析》，《甘肃社会科学》2018年第1期。
⑥ 高荷红：《马亚川讲述的女真萨满神话》，《满语研究》2018年第2期。
⑦ 高荷红：《"嘴茬子"与"笔头子"：基于满族"民间故事家"傅英仁的建档研究》，《民间文化论坛》2018年第1期。
⑧ 刘付靖：《鸟狗传奇：中国南方少数民族传统文化研究》，中山大学出版社2018年版。

民族的谷种起源神话、始祖神话、禹神话等神话传说分析，祭祀、图腾崇拜民俗解读，以少数民族语言释读《山海经·海内南经》等内容，对南方少数民族传统文化做了整体性分析。王士立的《海南黎族艺术中太阳崇拜文化意象研究》[①] 搜集大量黎族建筑、工艺品、服饰等图像资料，从太阳崇拜神话入手，以艺术学研究视角对黎族艺术中太阳崇拜文化进行了分析。胡文会的《湘西宗教文化源流研究》[②] 以哲学、宗教学方法对湘西民间信仰进行专题研究，考证湘西各民族远古神话传说的历史来源和演变情况，从考古学、民俗学等角度论证"炎帝故里会同说"有所依据，将湘西民间信仰纳入村落传统、公共文化范围讨论，梳理了湘西少数民族民间宗教的起源、发展和变迁的主要脉络。该书将湘西宗教文化放在华夏文明多元文化的大背景下，以动态视角考察不同民族文化融合与冲突的发展脉络，推动学界正确认识南方少数民族对华夏文明的贡献。

王宪昭对布洛陀神话、盘瓠神话、布依族神话都有相关成果发表。《壮族神话中布洛陀典型母题的类型与构成》[③] 整理大量布洛陀神话文本，系统梳理了布洛陀身世、功绩、关系等不同母题类型。《论〈布洛陀〉神话母题的叙事结构与表达技巧——以〈中国民间故事集成〉（广西卷）文本为例》[④] 分析了《布洛陀》神话母题，指出文本在母题的排列和构成上有明确的内在逻辑，既有时间与空间的维度，也遵循叙事本身的逻辑性。在艺术性方面，《布洛陀》合理运用创世语境模式框定叙事发生的时空、原因，采用形散神聚的文化祖先叙事方式，同时巧妙选择生活化叙事，保障了神话的流传。《论母题方法在神话研究中的运用——以两篇布依族"人化生日月"神话为例》[⑤] 以布依族的《当万和蓉莲》和《日月星》两篇神话为例，提出母题研究方法的取向，一是通过提取观察母题，展开同类神话或相似神话之间的叙事对比，二是通过母题解读神话文化内涵与分析叙事结构。《盘瓠神话母题数据的资料学研究》[⑥] 首先论证从母题视角建构资料数据库的可能性，进而以盘瓠神话为例讨论建构方法。建立多层级神话母题数据，为更大文本范围内寻找盘瓠叙题的关联性搭建通道与桥梁，也为进一步全面观察、系统分析和深入研究盘瓠神话叙事的发展规律提供了入口和可能。《论盘古神话叙事的"形散""神聚"》[⑦] 指出盘古神话具有活态文化记忆的"形散"特征，主要表现在叙事结构的开放、神话母题的不稳定以及文本的多样性和异文的丰富性方面；"形散"表象下的"神聚"特征则凝聚着相同的创世精神和各民族对中华民族文化大传统的普遍认同。另有《中华民族同源型神话的叙事特征与文化价值》[⑧] 论证民族同源型神话的叙事特征：涉及包括汉族在内的多民族同源关系，一定意义上反映出民族融合史实；具有地域性特质，同一民族会存在不同类型的神话叙事；具有程式化叙事结构。另一方面，民族同源型神话对促进中华民族团结具有积极的

[①] 王士立：《海南黎族艺术中太阳崇拜文化意象研究》，中国纺织出版社2018年版。
[②] 胡文会：《湘西宗教文化源流研究》，中央民族大学出版社2018年版。
[③] 王宪昭：《壮族神话中布洛陀典型母题的类型与构成》，《百色学院学报》2018年第1期。
[④] 王宪昭：《论〈布洛陀〉神话母题的叙事结构与表达技巧——以〈中国民间故事集成〉（广西卷）文本为例》，《贺州学院学报》2018年第2期。
[⑤] 王宪昭：《论母题方法在神话研究中的运用——以两篇布依族"人化生日月"神话为例》，《贵州民族大学学报（哲学社会科学版）》2018年第3期。
[⑥] 王宪昭：《盘瓠神话母题数据的资料学研究》，《民间文化论坛》2018年第3期。
[⑦] 王宪昭：《论盘古神话叙事的"形散""神聚"》，《中原文化研究》2018年第3期。
[⑧] 王宪昭：《中华民族同源型神话的叙事特征与文化价值》，《社会科学家》2018年第1期。

文化实践意义。2017年中国社科院启动学科建设登峰战略,民族文学研究所承担"中国神话学"重点学科,课题组选择从盘瓠神话入手研究,拟从资料汇编、学术史梳理、文本分析、语境研究等方面撰写一套盘瓠神话丛书,周翔负责编著的《盘瓠神话资料汇编》[1]于2018年出版。该书全面搜集了传统上狭义的盘瓠神话类型,包括中国各民族流传的盘瓠神话、以韵文体形式流传的盘瓠神话、汉文古籍中记载的盘瓠神话、瑶族的《过山榜》中记载的盘瓠神话以及境外流传的盘瓠神话五方面内容,展示了不同民族、不同地区的异文,为盘瓠神话研究提供了丰富的文本研究资料。另外,在该书导论部分,作者对不同民族、地域盘瓠神话的叙事情节和社会功能进行了辨析比较,指出跨民族、跨地域研究的可能性,以及盘瓠神话与其他神话类型如蚕马神话和蛤蟆儿子的故事之间的关联,具有进一步研究的空间。

三 比较神话学

关注本土以外的神话,比较中外神话异同,拓宽国内神话学研究的领域与视野。

他文明神话的研究方面。李斯颖的《神话的当代传承与国家的在场——老挝民族族源神话调查》[2]依据作者对老挝的佬族、泰族、赫蒙族、勉族等民族族源神话的田野调查,发现了神话叙事中时代发展的趋向与国家力量的在场。国家层面的多民族族源神话,如葫芦里出来的"英雄祖先"神话,在政府主导下呈现出交融局面,成为当地三大族群来源相关的共同叙事。而各民族内部的英雄祖先神话仍具有维持族群内部凝聚的功能,彼此之间存在差异。多种叙事并存,使老挝的族源神话呈现出新的发展趋向与张力。山田仁史的《蟹与蛇:日本、东南亚和东亚之洪水和地震的神话与传说》[3]搜集比较日本东北、东南亚、南亚地区蟹与蛇争斗的神话、传说,分析该类型传说与自然灾害(洪水、地震)的关系,并对其实际功能进行评说。河合隼雄的《神话与日本人的心灵》[4]以荣格学派的心理分析方法比较世界各地神话,对日本神话进行系统解读,重点探讨其中蕴含的日本人的心灵世界,论述了三元结构、原悲、调和等日本神话特征,最终指出其具有的中空均衡结构,也成为日本人心灵状态的基本模式,对日本当代社会多有影响。作为对约瑟夫·坎贝尔神话与人关系论述的回应,河合隼雄审视本国神话,解读其中蕴含的"神话智慧",寻找与个人生活相关的神话性现象,从神话中获得对当代现实生活的启迪,这也为中国神话研究提供了可参考的切入点。庄培章的《从〈古事记〉探究日本皇室起源的神话》[5]以《古事记》为主体,将日本关于天皇和皇族的神话梳理为创世神话、高天原神话、出云神话、天孙降临神话、日向神话五部分,对神话中蕴含的文化观念、日本人精神特质等

---

[1] 周翔:《盘瓠神话资料汇编》,学苑出版社2018年版。
[2] 李斯颖:《神话的当代传承与国家的在场——老挝民族族源神话调查》,《民族艺术》2018年第5期。
[3] [日]山田仁史:《蟹与蛇:日本、东南亚和东亚之洪水和地震的神话与传说》,王立雪译,《民俗研究》2018年第6期。
[4] [日]河合隼雄:《神话与日本人的心灵》,王华译,生活·读书·新知三联书店2018年版。
[5] 庄培章:《从〈古事记〉探究日本皇室起源的神话》,社会科学文献出版社2018年版。

加以分析，指出记纪神话是天皇制存在的理论基础。徐大锡的《韩国神话研究》① 梳理了韩国神话资料现状，分别对以文献形式记录的建国神话和在巫俗祭祀中口述传唱的巫俗神话进行考察，研究韩国神话的整体特点，比较分析了中、日、韩神话异同。全书从"具有神圣性本质的故事"这一神话定义出发，探究神圣观念的具体形态，揭示神话与其传承集团生产活动之间、部族演变历史与神话叙述之间的关系。杜国英的《俄罗斯文学中彼得堡的现代神话意蕴》② 梳理西方各神话学派，尤其是俄罗斯神话学派的理论，在讨论现代神话与古代神话诗学特征差异的基础上，探究 19 世纪俄罗斯文学中彼得堡相关的文学作品及其背后的神话思想、民间文学渊源及与社会现实的关系，以文学研究立场对神话和文学的互动关系作出了相关阐释。李琴翻译了唐纳德·A. 麦肯齐的《巴比伦与亚述神话》③ 一书，讲述巴比伦及亚述的神话传说，探索其代表性神祇神话传说的源流，记述了美索不达米亚各种族的习俗、宗教信仰、法律等文化事项，展现了巴比伦生活和文化的各个方面。马千惠的《两河流域神话中的蛇》④ 收集分析了两河流域 34 个与蛇有关的神话角色，依据苏美尔、巴比伦、亚述三个时期分析其形象、功能、寓意。李海峰、宋娇的《古代两河流域创世神话研究综述》⑤ 梳理评介了国内外苏美尔、巴比伦创世神话研究成果，指出目前研究多局限于文本校订和翻译，尚缺乏对整个古代两河流域各个时期创世神话的整体性研究。创世神话产生的历史背景、神话反映的两河流域人的宇宙观、宗教观以及社会现实的发展演变等众多问题还有待进一步研究。韩小梅的《神话的穿越：尼泊尔库玛丽女神神话及其当代表述》⑥ 分别概述尼泊尔库玛丽女神神话的起源，以及旅行指南、当代担任女神神职女性的自传、科幻小说中的库玛丽女神形象，说明了神话如何穿越时间存在于现实世界。杨波的《古希腊历史叙述中的农事与神话》⑦ 从圣地、作为农事劳作"时序表"的神和与神形象密切相关的农作物三方面概述了希腊神话中与农业相关的内容。

中外比较方面。梁青的《古代政治神话结构研究——聚焦中国纬书神话与日本记纪神话》⑧ 关注汉代纬书神话与日本记纪神话，指出二者都属于政治神话，即都是统治者对其他神话素材改造后用于规范被统治者思想和行为进而有利于社会治理和维护统治的神话。该书从诸神的身份与功能、神话的情节单元和神性系统两方面展开比较分析：上篇从世界始祖、创世之神、治世之神、文化英雄、辅佐者和对抗者等角色进行比较，考察每类角色的独特功能和角色之间的规律性，如神性脱落、角色功能分化等；下篇分析神话中的创世情节、天命表达、五德终始与万世一系、感生与神婚、受命与赐物、异貌等情节的异同。由此理清政治神话如何被用来达成政治目的这一论题，最终指出，统治者通过改造神

---

① ［韩］徐大锡：《韩国神话研究》，刘志峰译，陕西师范大学出版社 2018 年版。
② 杜国英：《俄罗斯文学中彼得堡的现代神话意蕴》，人民文学出版社 2018 年版。
③ ［英］唐纳德·A. 麦肯齐：《巴比伦与亚述神话》，李琴译，陕西师范大学出版社 2018 年版。
④ 马千惠：《两河流域神话中的蛇》，硕士学位论文，厦门大学，2018 年。
⑤ 李海峰、宋娇：《古代两河流域创世神话研究综述》，《外国问题研究》2018 年第 4 期。
⑥ 韩小梅：《神话的穿越：尼泊尔库玛丽女神神话及其当代表述》，《青藏高原论坛》2018 年第 2 期。
⑦ 杨波：《古希腊历史叙述中的农事与神话》，《集宁师范学院学报》2018 年第 5 期。
⑧ 梁青：《古代政治神话结构研究——聚焦中国纬书神话与日本记纪神话》，华中师范大学出版社 2018 年版。

话,在身份上建立神谱体系,在情节上控制神与人的距离,构筑从神到人的连接通道,将统治者置于通道末端,证明其同时具有世俗性和神圣性,从而使得神话与权力运作发生了关系。《多维视野下的中日文学研究》① 是佛教大学与中国社会科学院文学研究所联合举办的第二次学术研讨会论文集,从佛教、中国文学、历史、近代化、民俗等角度对中日文化与思想进行讨论。其中谭佳的《悖论式嫁接:比较神话学在晚清的出现》探讨了中国的比较神话学兴起的历程,指出其出现是直接受到日本影响的结果,且鲜明地体现了传统士人在近代西方及日本文明的对照下反观中国传统文化的悖论心态。华东师范大学吴亮亮(Penpisut Sikakaew)的博士论文《中泰稻谷起源神话的文化记忆研究》② 以文化记忆的理论框架为研究思路,由该理论涉及的"文学文本"与"文化文本"两个概念观照中泰两国稻谷神话,使用母题分析、田野调查等工具,从文本之内,即文字资料中两国神话母题异同,延伸至文本之外,即两国相关祭祀仪式、崇拜对象和信仰观念等区别,进行了分析研究,比较说明中泰两国稻谷神话的形成、发展和演变,寻找其中蕴含的文化信息。同时也对文化记忆与民俗学关联的可能性、神话传承与生存空间等问题作出思考。林安宁的《〈密洛陀古歌〉和〈古事记〉神话比较》③ 比较布努瑶族神话《密洛陀古歌》与日本神话《古事记》,指出二者均以严密的神谱编制了民族的神话知识,吸收人为宗教特点,以三界神灵谱系特点构建神谱,但在神谱的繁简、女神的塑造方面各具特色。论文在此基础上提出了神话研究从"中西比较"向"世界比较"的转向。李鹏的《谷种起源神话中的死亡母题》④ 比较中国、日本、东南亚等世界各地不同民族的谷种起源神话中的死亡母题,概括出"被杀的神""被杀的动物""死而复生"三种,具体分析了其文化内涵。徐峰、金茜的《龟蛙神话的比较阅读》⑤ 对世界各地与龟蛙相关的创世、地震、有通灵、死亡、再生等情节的神话进行了梳理比对,认为龟蛙相关崇拜与禁忌有很大相似性,是因为二者的自然与生理属性相近。

外国学者对中国神话的关注为我国神话研究提供不同的视角和思路。孟彻里的《起源与回归:纳西族神话与仪式中的死亡与灵魂》⑥ 通过纳西族的起源神话、祖先迁徙传说、传统葬礼中的"祖先之路"仪式的结合,分析纳西族对于宇宙、自然、社会建立的理解,指出其背后神与人、天与地、祖先与后辈、妻方与夫方的隐喻性关系连接。郑在书等的《禅让还是篡夺?——中国古代王权神话解构分析》⑦ 关注中国神话文学化问题,以"文化制度由暴力驯化形成"的文明观为基础,将尧舜禅让、鲧禹继承及成汤祈雨神话与外国神话、周边民族神话进行比较,指出中国古代王权神话遮蔽的断裂和非连续性真相,这一遮蔽或改变战争、杀害等暴力事实的中国传统文化机制,是形成现存中国神话特质及

---

① 中国社会科学院文学研究所:《多维视野下的中日文学研究》,社会科学文献出版社2018年版。
② [泰国] 吴亮亮:《中泰稻谷起源神话的文化记忆研究》,博士学位论文,华东师范大学,2018年。
③ 林安宁:《〈密洛陀古歌〉和〈古事记〉神话比较》,《河池学院学报》2018年第6期。
④ 李鹏:《谷种起源神话中的死亡母题》,《广西民族师范学院学报》2018年第3期。
⑤ 徐峰、金茜:《龟蛙神话的比较阅读》,《文学人类学研究》2018年第1期。
⑥ 孟彻里:《起源与回归:纳西族神话与仪式中的死亡与灵魂》,李继群、和红灿译,《西南边疆民族研究》2018年第3期。
⑦ [韩国] 郑在书、崔丽红:《禅让还是篡夺?——中国古代王权神话解构分析》,李定河译,《长江大学学报(社会科学版)》2018年第6期。

模式的重要基础。田海的专著《天地会的仪式与神话：创造认同》[①] 在华南道教文化和民间信仰这一广阔背景下，分别以表演和叙事的视角考察中国民间秘密结社天地会（三合会）的仪式和神话传说，认为它们有着源远流长的宗教文化和民间信仰传统，构建了天地会成员对组织的内部认同，为明清社会史、民间宗教史等专业研究提供了新鲜视角。郭恒的《比埃尔〈山海经〉神话学视角解读》[②] 以比埃尔的研究型译著《山海经》为中心，介绍其对于中国丰富优雅又简散的独特神话模式的认知，肯定其独创性，同时批评其主观视角下得出的"华夏中心意识"和"文化优越特权意识"结论。刘雪瑽的《百田弥荣子的中国神话研究——以〈中国传承曼荼罗〉〈中国神话的构造〉为中心》[③] 介绍百田弥荣子从中国西南地区神话中总结出的一种立体浑圆的"曼荼罗"结构，并认为其核心是公鸡雷神，试图做出将中国神话结构化的努力。

2018年神话学领域研究，注重对过往神话学研究范式的反思，积极介绍吸收国外学者思想成果，对神话学的基本问题讨论深化，以文化大传统观为代表的理论思考不断推进本土神话理论创新，个案研究内容广泛、方法多样，成果丰硕。

---

① [荷兰] 田海：《天地会的仪式与神话：创造认同》，李恭忠译，商务印书馆2018年版。
② 郭恒：《比埃尔〈山海经〉神话学视角解读》，《绵阳师范学院学报》2018年第7期。
③ 刘雪瑽：《百田弥荣子的中国神话研究——以〈中国传承曼荼罗〉〈中国神话的构造〉为中心》，《长江大学学报（社会科学版）》2018年第5期。

2018 年史诗研究综述

冯文开*

2018 年史诗研究有序科学地展开，保持着平稳发展的态势，取得了较大进展。大致说来，学术批评尤为凸显，口头传统视域下的史诗研究进一步深化，传承传播与翻译研究、比较研究、情节母题研究、文化阐释继续推进，音乐研究得到一定程度的加强。

一 学术批评

学术批评是学术史的重要内容，一直以来都是中国史诗研究的重要学术话题。2018 年是巴·布林贝赫先生诞辰 90 周年，中国社会科学院、内蒙古大学、内蒙古文联、内蒙古自治区作家协会等相关高校和科研机构以不同的形式开展了相应的座谈会和研讨会，巴·布林贝赫先生的《蒙古英雄史诗的诗学》由陈岗龙、阿勒德尔图、玉兰汉译出来。①与此同时，对巴·布林贝赫先生诗学成果的述评陆续在各种不同刊物上刊载。朝戈金的《巴·布林贝赫蒙古史诗诗学思想之论演》从原创性和体系化的诗学角度对巴·布林贝赫的《蒙古英雄史诗诗学》的论域和结构及其特点进行了宏观的勾勒和精当的评骘，认为该著作"不仅对于史诗研究而言具有经典和示范意义，就一般的文学研究而言，其意义还在于如何在本土传统与国际性的学术范式之间展开学理性对话，把特定文化传统的知识体系，与国际学术格局中那些分析性的、学科范式性的成果熔铸为一个充满原创性思考的阐释体系。"②斯钦巴图的《从诗歌美学到史诗诗学——巴·布林贝赫对蒙古史诗研究的理论贡献》③从蒙古英雄史诗的发展论和美学本质特征论、黑白形象体系论、母题与意象结合论等方面较为系统地论述了巴·布林贝赫建立的美学视角下蒙古英雄史诗诗学框架体系。他认为，巴·布林贝赫突出的理论贡献在于他将蒙古史诗范式化特征归纳为形象体系的类型化、场景描绘的模式化、故事情节的程式化三个层面，将"母题"与"意象"相结合研究蒙古史诗的观点。陈岗龙的《诗心与哲思——论巴·布林贝赫〈蒙古英雄史诗

---

* 作者系内蒙古大学文学与新闻传播学院教授。
① 巴·布林贝赫：《蒙古英雄史诗诗学》，陈岗龙、阿勒德尔图、玉兰译，中国社会科学出版社 2018 年版。译者将巴·布林贝赫先生的题名"蒙古英雄史诗的诗学"汉译为"蒙古英雄史诗诗学"。
② 朝戈金：《巴·布林贝赫蒙古史诗诗学思想之论演》，《西北民族研究》2018 年第 4 期。
③ 斯钦巴图：《从诗歌美学到史诗诗学——巴·布林贝赫对蒙古史诗研究的理论贡献》，《民族文学研究》2018 年第 4 期。

诗学〉的汉译问题》①认为，《蒙古英雄史诗诗学》从史诗美学的角度对蒙古英雄史诗的研究，为蒙古英雄史诗研究开拓了新的领域，从"意象"的角度对蒙古史诗抒情性的研究，为蒙古英雄史诗研究开拓了广阔前景。同时，作者还回忆和叙述了在汉译《蒙古英雄史诗诗学》过程中遇到的诸多困难。

2016年，黄明标主编的《壮族麽经布洛陀遗本影印译注》三卷本由广西人民出版社出版。2018年吴晓东、王宪昭等为该著作撰写了书评，各自从不同的角度阐明其价值与意义。王宪昭的《少数民族民间古籍手抄本发掘整理的文化价值——兼论〈壮族麽经布洛陀遗本影印译注〉》②以《壮族麽经布洛陀遗本影印译注》为例，阐述了少数民族民间古籍手抄本挖掘整理的民族文化资料学价值及其对文化探源与本土文化研究的促进作用、将经典文献与口头传统连接起来的桥梁作用。吴晓东的《文本译注的学理性思考——兼评〈壮族麽经布洛陀遗本影印译注〉》③对文本译注的互文性、文本整理与设定、附加信息与文本语境再现、元文本等问题进行学理性思考，并对《壮族麽经布洛陀遗本影印译注》进行了学术评价。

2018年，王治国的《集体记忆的千年传唱：〈格萨尔〉翻译与传播研究》在民族出版社出版。王倩的《活态史诗翻译出版的新拓展与再思考——从〈集体记忆的千年传唱：《格萨尔》翻译与传播研究〉出版谈起》④认为，《集体记忆的千年传唱：〈格萨尔〉翻译与传播研究》借鉴了民族志诗学的理论和方法以及人类学的深度描写，对活形态的《格萨尔》史诗的翻译和传播进行较为系统的研究，勾勒了活形态史诗的口头文本翻译的谱系，探索活形态史诗的口头文本翻译的策略，为当下活态史诗与口头文学翻译研究提供了范例，对推动当前"一带一路"倡议下中华民族优秀文化对外翻译与出版具有一定的借鉴与启发意义。臧学运的《活形态史诗对外翻译传播的新拓展——〈集体记忆的千年传唱：《格萨尔》翻译与传播研究〉评介》⑤从翻译谱系、传播路线、前沿理论的应用、跨学科的多维研究等方面对《集体记忆的千年传唱：〈格萨尔〉翻译与传播研究》进行了述评，认为它开辟了活形态史诗对外翻译传播的新途径。

高荷红、黄清喜、张丽娟等对冯文开的《中国史诗学史论（1840—2010）》展开了述评。高荷红的《反思与建构中国史诗学术传统的力作——评〈中国史诗学史论（1840—2010）〉》⑥认为，《中国史诗学史论（1840—2010）》将史与论有机地结合起来，既有实证性的考辨，又有理论性的阐发，对中国史诗研究历史中每个阶段呈现的学术旨趣、学术理

---

① 陈岗龙：《诗心与哲思——论巴·布林贝赫〈蒙古英雄史诗诗学〉的汉译问题》，《西北民族研究》2018年第4期。

② 王宪昭：《少数民族民间古籍手抄本发掘整理的文化价值——兼论〈壮族麽经布洛陀遗本影印译注〉》，《广西民族师范学院学报》2018年第3期。

③ 吴晓东：《文本译注的学理性思考——兼评〈壮族麽经布洛陀遗本影印译注〉》，《百色学院学报》2018年第1期。

④ 王倩：《活态史诗翻译出版的新拓展与再思考——从〈集体记忆的千年传唱：《格萨尔》翻译与传播研究〉出版谈起》，《出版广角》2018年第12期。

⑤ 臧学运：《活形态史诗对外翻译传播的新拓展——〈集体记忆的千年传唱：《格萨尔》翻译与传播研究〉评介》，《西藏研究》2018年第3期。

⑥ 高荷红：《反思与建构中国史诗学术传统的力作——评〈中国史诗学史论（1840—2010）〉》，《内蒙古民族大学学报（社会科学版）》2018年第1期。

路、研究对象、研究范式等进行了具有科学精神的总结与反思，对不同时期的史诗研究者的论见进行了公允客观的评述，颇有见地，对于人们全面认识和了解中国史诗研究的发展具有重要的学术价值，对中国史诗学术传统的反思与建构具有开拓性意义。张丽娟的《中国史诗学术史研究的佳作——评冯文开〈中国史诗学史论（1840—2010）〉》[1] 认为，《中国史诗学史论（1840—2010）》是一部兼具宏观框架又不失微观分析的佳作，准确地把握住了中国史诗学术史上各个关键点，对于不同时期的史诗研究进行历史性的考察与分析，是一部尤见功力和富有创新的著作。黄清喜、张云红的《中国史诗学术史研究的一部力作——评冯文开的〈中国史诗学史论（1840—2010）〉》[2] 认为，《中国史诗学史论（1840—2010）》对中国史诗研究的历史进行了较为系统的总结与反思，对中国史诗研究成果进行了科学客观的评述，深化了中国史诗研究之学术史的研究，为中国史诗研究之学术史的研究提供了新的研究路径。

"《蟒古思故事论》是国内第一部较为系统地研究蟒古思故事的学术力作，深化与拓展了蟒古思故事研究，对学界蟒古思故事研究的学术趋向具有诸多的启发性意义。"[3] 冯文开的《陈岗龙〈蟒古思故事论〉述评》[4] 着重阐述了《蟒古思故事论》对多学科视野中蟒古思故事研究的理论与方法的构建、对多学科交叉与综合的研究范式的学术实践，指出其对推动蒙古族民间文学的研究具有的不可替代的学术意义。

姚慧的《重建丝绸之路在东西方学术交流中的话语意义——〈美国民俗学刊〉"中国和内亚活形态史诗"专号述评》[5] 对《美国民俗学刊》"中国和内亚活形态史诗"专号上刊载的阿地里·居玛吐尔地、赖希尔、乔治·菲茨赫伯特、奈尔斯、朝戈金、巴莫曲布嫫等人的论文进行了学术述评。作者认为，专号中论文讨论了丝绸之路上不同国家之间的文化共享、口头史诗传承现状、文化交流与影响等问题，是不同文化背景的学者进行学术合作的示范，希望在未来，通过各方的努力让丝绸之路所代表的兼容并包的文化交流关系得以复兴。

王治国和付跃的《"一带一路"倡议下〈玛纳斯〉史诗翻译传播的话语阐释——从〈玛纳斯翻译传播研究〉谈起》[6] 认为梁真惠的《〈玛纳斯〉翻译传播研究》提出的活态史诗文本类型及翻译方式呈现复杂多元化样态的观点拓宽了传统书面文学翻译在概念和方法上的范畴，对活态史诗翻译的跨学科思考、对于口头诗歌、口头传统等其他活形态的文学翻译提供了可借鉴的解决路径，拓展了少数民族活形态文学翻译的跨学科话语空间。

---

[1] 张丽娟：《中国史诗学术史研究的佳作——评冯文开〈中国史诗学史论（1840—2010）〉》，《名作欣赏》2018 年第 35 期。
[2] 黄清喜、张云红：《中国史诗学术史研究的一部力作——评冯文开的〈中国史诗学史论（1840—2010）〉》，《赣南师范大学学报》2018 年第 4 期。
[3] 冯文开：《陈岗龙〈蟒古思故事论〉述评》，《民族文学研究》2018 年第 1 期。
[4] 冯文开：《陈岗龙〈蟒古思故事论〉述评》，《民族文学研究》2018 年第 1 期。
[5] 姚慧：《重建丝绸之路在东西方学术交流中的话语意义——〈美国民俗学刊〉"中国和内亚活形态史诗"专号述评》，《西北民族研究》2018 年第 1 期。
[6] 王治国、付跃：《"一带一路"倡议下〈玛纳斯〉史诗翻译传播的话语阐释——从〈玛纳斯翻译传播研究〉谈起》，《民族翻译》2018 年第 3 期。

赵金色的《史诗翻译的新视角——〈鄂尔多斯史诗〉汉译本评介》①从选题、注释、翻译标准等方面对赵文工的《鄂尔多斯史诗》汉译本进行了述评，充分肯定其创新性和学术价值。杜荣花的《评〈德都蒙古史诗文化研究〉》②指出《德都蒙古史诗文化研究》是地方性史诗研究的一个范例，拓展和深化了蒙古英雄史诗的研究。

旦布尔加甫、次仁平措等诸多学人对史诗研究在某些研究领域走过的历程进行了回顾与反思。旦布尔加甫的《卫拉特—卡尔梅克〈江格尔〉在欧洲：以俄罗斯的搜集整理为中心》③梳理了欧洲19世纪至20世纪有关卫拉特—卡尔梅克《江格尔》搜集、整理、记录、出版情况的历史脉络，以作品记录整理者的整理活动为线索，详细介绍了用卡尔梅克文出版的40多种论著以及其他各种语言出版的60多种《江格尔》。次仁平措的《40年西藏〈格萨尔〉工作回顾》④回顾40年西藏《格萨尔》工作在说唱艺人的发现、《格萨尔》的搜集、整理、翻译、出版、研究、保护、传承等诸多方面取得的成就，分析了当前西藏《格萨尔》工作存在的问题，并对其提出了较为可行的对策建议。郑敏芳和李萌的《史诗〈格萨尔〉国内英译研究十年》⑤从研究内容、研究队伍、研究方法等方面描述2008年至2018年国内《格萨尔》英译研究的概况，指出了其研究过程中存在的问题以及解决方法。李世武的《彝族史诗〈梅葛〉研究的回顾与反思》⑥将《梅葛》研究的历史划分为程式化制作、文艺学思想的运用、口头传统研究的启蒙、文艺学范式的延续这四个阶段，对每个阶段的研究特点进行了梳理和反思，认为应该使用口头诗学与人类学的方法将《梅葛》放在特定的仪式中研究其文学性与表演性。

二 口头传统视域下的史诗研究

以口头诗学为理论支撑，立足史诗演述传统的史诗研究继续深入与拓展，继续朝向健康方向前行。尹虎彬的《作为体裁的史诗以及史诗传统存在的先决条件》⑦认为，史诗是"超级故事"，融合了神话、歌谣、传说等各种类型的文学形式，以宏大叙事讲述具有神圣性的事件，它的意义生成超越了史诗文本，与整个民族的传统接续起来，形成一种大的传统。作为一种体裁，它具有先在性和超越性并且在传统和个人的互动中生成。作者指出，史诗研究应该重视有创造力的史诗创造者和史诗受众，他们是史诗传统得以存在的先决条件。当史诗从一种体裁落实到某次演述活动，形成一部具体的作品时，史诗演述人具有重要作用。史诗作为传统是属于集体的，而每一次具体的演述活动则具有演述者鲜明的

---

① 赵金色：《史诗翻译的新视角——〈鄂尔多斯史诗〉汉译本评介》，《内蒙古师范大学学报（哲学社会科学版）》2018年第6期。
② 杜荣花：《评〈德都蒙古史诗文化研究〉》，《西部蒙古论坛》2018年第3期。
③ 旦布尔加甫：《卫拉特—卡尔梅克〈江格尔〉在欧洲：以俄罗斯的搜集整理为中心》，《民族文学研究》2018年第1期。
④ 次仁平措：《40年西藏〈格萨尔〉工作回顾》，《西藏艺术研究》2018年第2期。
⑤ 郑敏芳、李萌：《史诗〈格萨尔〉国内英译研究十年》，《西藏民族大学学报（哲学社会科学版）》2018年第3期。
⑥ 李世武：《彝族史诗〈梅葛〉研究的回顾与反思》，《内蒙古民族大学学报（社会科学版）》2018年第2期。
⑦ 尹虎彬：《作为体裁的史诗以及史诗传统存在的先决条件》，《民族文学研究》2018年第2期。

个人特色。

阿地里·居玛吐尔地的《口头史诗的文本与语境——以〈玛纳斯〉史诗的演述传统为例》[①] 对"演述中创作"和语境的概念进行了学术阐发，考察它们与口头史诗文本生成的关联。同时，以《玛纳斯》史诗演述传统为例，从扩展与压缩的角度分析了语境对口头史诗文本的影响，呼吁以文本与语境之间复杂而有机关联为出发点，对口头史诗的演述传统及其演化态势展开较为全面系统的研究。乌·纳钦的《史诗演述的常态与非常态：作为语境的前事件及其阐释》[②] 站在细化语境的研究立场，提出了"前事件"的概念，并将其区分为"常态事件"与"非常态事件"；结合内蒙古自治区赤峰市巴林右旗的具体案例分析了"非常态前事件"对史诗演述活动在功能、目的、演述人角色、传承流布等方面的具体影响。

黄静华的《拉祜族史诗的生长与延展：书写文本的意义阐释》[③] 描述了活形态的拉祜族史诗在被固定为文本的过程中所呈现出的"书面化""历史化""标准化"倾向，对其出现的种种违背口头文学规律的现象进行了批判与反思。屈永仙的《傣族史诗的演述人与演述语境》[④] 基于充分的田野调查，从"表演理论"的视角出发，以民族志的方法将傣族的口头诗歌还原到它的演述现场，具体而生动地呈现了傣族史诗的演述活动，复现了傣族史诗以演述人和演述语境为核心的演述和传承机制。

随着对史诗"活形态"本质认识的加深，以及科学技术的发展，越来越多的音像采集仪器进入了田野作业的现场。杨杰宏的《音像记录者在场对史诗演述语境影响》[⑤] 描述了音像记录在史诗田野作业中的诸多功能，强调了音像记录者是史诗演述活动的有机组成部分。作者认为，史诗演述的"自然状态"只是一种理想化的状态，在田野工作中应该做的是尽可能减少音像记录活动对史诗演述的影响，并提出了设置静态机位、减少机位移动、入乡随俗，遵守当地的禁忌与礼仪等具体可行的方法。

在活形态的史诗演述活动中，史诗演述场域中每个要素都是史诗演述活动的一部分，除了以声音演述的史诗文本外，演述者的装饰、神图、神像等视觉性物质文化共同作用于史诗的叙事。李世武的《视觉文本与史诗口头文本的互文性——以彝族毕颇身体装饰及祖师坛神像为中心》[⑥] 辨析了口头文本叙事与图像叙事的关系，认为视觉叙事与口头叙事从视觉、听觉等多种感官维度共同营造着神圣的叙事空间，创造了能让受众调动所有感官的史诗演述场域，从而让史诗演述活动具有更强的精神力量。荣四华的《比较视野下的〈玛纳斯〉研究与口头诗学》[⑦] 勾勒了《玛纳斯》研究由以往的集中于"书面文本"的研究路向转向了聚焦于"口头文本"的研究路向的历程，提出运用比较诗学、跨文化比较

---

① 阿地里·居玛吐尔地：《口头史诗的文本与语境——以〈玛纳斯〉史诗的演述传统为例》，《民族艺术》2018年第5期。

② 乌·纳钦：《史诗演述的常态与非常态：作为语境的前事件及其阐释》，《民族艺术》2018年第5期。

③ 黄静华：《拉祜族史诗的生长与延展：书写文本的意义阐释》，《民族文学研究》2018年第2期。

④ 屈永仙：《傣族史诗的演述人与演述语境》，《民族艺术》2018年第5期。

⑤ 杨杰宏：《音像记录者在场对史诗演述语境影响》，《民族艺术》2018年第5期。

⑥ 李世武：《视觉文本与史诗口头文本的互文性——以彝族毕颇身体装饰及祖师坛神像为中心》，《民族艺术》2018年第3期。

⑦ 荣四华：《比较视野下的〈玛纳斯〉研究与口头诗学》，《民族文学研究》2018年第5期。

研究的方法将"口头文本"与"书面文本"结合起来对《玛纳斯》进行多角度研究的路向。

三 母题研究和比较研究

对史诗的比较研究和情节母题的研究也渐次展开。李连荣的《试论〈格萨尔·英雄诞生篇〉情节结构的演变特点》① 以《格萨尔》史诗"英雄诞生篇"为例，分析了各种格萨尔诞生的情节结构，阐释了《英雄诞生篇》整体结构的生成模式，指出完美的"英雄（国王）诞生"模式是以佛教文化为基础，将苯教文化与民间文化相融合而构建的格萨尔王的诞生。王宪昭的《壮族神话中布洛陀典型母题的类型与构成》② 以布洛陀神话故事里的典型母题为切入点，从布洛陀的非凡身世、传说故事里布洛陀的功绩，以及围绕在布洛陀身边的各种复杂关系，探究布洛陀典型母题的类型与构成。

对国内不同民族史诗传统的异同展开了不同层面的比较研究，进行了有益的探索。杨杰宏的《多元化的南方史诗类型思考——基于创世史诗〈布洛陀〉与〈崇般突〉比较研究》③ 以壮族史诗《布洛陀》与纳西族史诗《崇般突》为例，探讨了南方史诗的类型多样化问题。作者认为，《布洛陀》与《崇般突》虽然都可划入创世史诗的范畴，但又属于不同类型的史诗；提倡回到史诗的具体个案中去，真正地认识到史诗的多样性，更好地总结史诗的规律。玉兰的《论〈隆福寺格斯尔〉与木刻本〈格斯尔〉的双重关系：〈隆福寺格斯尔〉第十、十二章文本对比分析》④ 纠正了以往研究认为《隆福寺格斯尔》是木刻本《格斯尔》续本的片面认识，从情节、程式、语言等方面具体阐述了它们在形成过程中呈现的不同路径，归纳出《隆福寺格斯尔》呈现的韵文具有平行式的特点、内容上以口头辩论为主、有非常明显的故事范型和典型场景等文本特征。古丽多来提·库尔班的《柯尔克孜族史诗〈库尔曼别克〉与〈玛纳斯〉的关系研究》⑤ 描述了柯尔克孜族史诗《库尔曼别克》的流传情况，包括口头流传、搜集、记录、整理、翻译、出版等，从人物形象、叙事结构、情节安排、主题、思想内容等方面比较了《库尔曼别克》与《玛纳斯》的异同。

以比较的眼光考察中国史诗与域外史诗的异同也得以展开。多布旦和仁欠卓玛的《环喜马拉雅史诗比较研究现状与问题分析——以〈格萨尔〉〈罗摩衍那〉〈摩诃婆罗多〉为中心》⑥ 以藏族史诗《格萨尔》、印度史诗《罗摩衍那》和《摩诃婆罗多》为例，对环喜马拉雅史诗比较研究进行了较为详细的梳理和归纳，并对印度两大史诗与《格萨尔》

---

① 李连荣：《试论〈格萨尔·英雄诞生篇〉情节结构的演变特点》，《西藏研究》2018年第1期。
② 王宪昭：《壮族神话中布洛陀典型母题的类型与构成》，《百色学院学报》2018年第1期。
③ 杨杰宏：《多元化的南方史诗类型思考——基于创世史诗〈布洛陀〉与〈崇般突〉比较研究》，《中央民族大学学报（哲学社会科学版）》2018年第4期。
④ 玉兰：《论〈隆福寺格斯尔〉与木刻本〈格斯尔〉的双重关系：〈隆福寺格斯尔〉第十、十二章文本对比分析》，《民间文化论坛》2018年第6期。
⑤ 古丽多来提·库尔班：《柯尔克孜族史诗〈库尔曼别克〉与〈玛纳斯〉的关系研究》，《中华文化论坛》2018年第2期。
⑥ 多布旦、仁欠卓玛：《环喜马拉雅史诗比较研究现状与问题分析——以〈格萨尔〉〈罗摩衍那〉〈摩诃婆罗多〉为中心》，《西藏大学学报（社会科学版）》2018年第4期。

的关联及其共性主题和个性等学术命题及其研究价值进行了学术思考。肖燕姣的《美学视域下的〈荷马史诗〉与〈格萨尔〉的文化解读》①将《荷马史诗》与《格萨尔》置于美学研究的视域之下，比较了两大史诗所呈现出的文化共性及各自的民族、地域特性，探讨了两部史诗各自具有的文化美学意义。覃静连的《〈罗摩衍那〉与〈兰戛西贺〉人物形象比较研究》②将史诗人物划分为半神半人型、半神半魔型和半神半兽型，并从人物的外貌特征、心理活动和命运结局等方面对这三类形象作了细致对比分析，认为《兰戛西贺》脱胎于《罗摩衍那》，但又具有浓厚的傣族文化内涵。

四 传承传播与翻译研究

史诗的传承传播和翻译研究逐渐加强。黄露和居靖雯的《"一带一路"背景下面向东盟的区域民族文化对外传播研究——以壮族布洛陀文化为例》③以广西壮族布洛陀文化的传播为案例，结合"一带一路"的时代背景，分析了布洛陀文化在向东盟传播中的现实意义，以及在传播中的优势与劣势，并给出了官方民间协作、推动文化创新、拓宽传播渠道、开发文化产业、培养文化人才等中肯的建议。桑子文和金元浦的《中国文化生态保护实验区保护传承理论创新——以格萨尔文化（果洛）生态保护实验区为中心》④在对功能主义学派、情境理论和角色理论的梳理和对格萨尔文化传承现状分析的基础上，提出在构建格萨尔文化（果洛）生态保护实验区过程中运用"功能—情境—角色"三位一体的保护模式多维度地营造生态文化情境，建构区域的有效联动，实现格萨尔文化生态保护的理想目标。

唐娜和杨正江的《苗族史诗〈亚鲁王〉传承现状研究》⑤从文本不断缩减、意义逐渐缺失、传承群体逐渐趋向职业化、传播方式趋于多样化等多方面阐述了《亚鲁王》的演述和传承活动，并总结了其规律。王治国的《〈格萨尔〉传承语境与媒介嬗变重释》⑥运用"部落化——非部落化——重新部落化"的历史图式，对史诗《格萨尔》的传承语境与媒介进行了细致观照，重新阐释了当代活形态史诗传承媒介嬗变经历的口头媒介到印刷媒介再到电子媒介三个阶段。丹珍草的《〈格萨尔〉史诗说唱与藏族文化传承方式》⑦着眼于研究《格萨尔》的说唱传承及记忆转换与藏族传统文化传承方式的关系，认为《格萨尔》在情节结构、说唱方式、传播媒介、传承方式、价值体系、修辞、套语等方面

---

① 肖燕姣：《美学视域下的〈荷马史诗〉与〈格萨尔〉的文化解读》，《贵州民族研究》2018年第2期。

② 覃静连：《〈罗摩衍那〉与〈兰戛西贺〉人物形象比较研究》，硕士学位论文，广西大学，2018年。

③ 黄露、居靖雯：《"一带一路"背景下面向东盟的区域民族文化对外传播研究——以壮族布洛陀文化为例》，《广西社会科学》2018年第8期。

④ 桑子文、金元浦：《中国文化生态保护实验区保护传承理论创新——以格萨尔文化（果洛）生态保护实验区为中心》，《福建论坛（人文社会科学版）》2018年第4期。

⑤ 唐娜、杨正江：《苗族史诗〈亚鲁王〉传承现状研究》，《贵州大学学报（社会科学版）》2018年第4期。

⑥ 王治国：《〈格萨尔〉传承语境与媒介嬗变重释》，《文化遗产》2018年第1期。

⑦ 丹珍草：《〈格萨尔〉史诗说唱与藏族文化传承方式》，《中国藏学》2018年第3期。

都源于藏族民族文化传统。

赵文工的《蒙古史诗〈祖乐阿拉达尔汗传〉汉译研究》[1]认为在汉译蒙古史诗《祖乐阿拉达尔汗传》过程中追求"信、达、雅"是对原著的"再创作",注释在蒙古史诗汉译工作中占有重要地位,是一种细致的学术研究工作,要将蒙古史诗所蕴含的蒙古族社会历史文化内涵向读者呈现出来,使读者最大限度地了解蒙古史诗。戈睿仙和郑敏芳的《〈格萨尔〉史诗在早期英语世界的面貌——〈格斯尔汗:西藏的传说〉译本分析》[2]以《格萨尔》史诗早期重要英译本——1927年艾达·泽特林翻译的《格斯尔汗:西藏的传说》为研究对象,从译本的起源、翻译特点及价值等方面详细介绍了《格萨尔》在早期英语世界中的传播,归纳了《格萨尔》1927年英译本"译创"和"去史诗化"的翻译特色。梁真惠和陈卫国的《"活态"史诗〈玛纳斯〉的翻译与传播》[3]从跨文化传播的角度对《玛纳斯》在我国及西方国家的翻译与传播进行了翔实的考察和系统的梳理,勾勒出了史诗《玛纳斯》在国内外传承与传播的清晰脉络,总结了《玛纳斯》翻译传播的特点、难点及传播缺憾。包秀兰的《〈江格尔〉史诗中诗性地理的翻译》[4]从程式、修饰语、功能等方面比较了色道尔吉翻译的十五章本《江格尔》、霍尔查翻译的十五章本《江格尔》、黑勒和丁师浩等翻译的七十章本《江格尔》以及贾木查主编的二十五章本《江格尔》在处理原文诗性地理时的翻译策略及各自的侧重点和取舍。

王治国的《少数民族活态史诗翻译谱系与转换机制探赜》[5]分析了活态史诗传播的媒介嬗变与翻译现状,划分了活态史诗翻译的类型谱系,推导出了活态史诗翻译的九种转换机制,认为在沿线国家传播活态史诗时要想保持原汁原味,就必须要在译本中呈现作为活态文学精髓的语言诗性特点、文化表征功能和口头表演特征。沈晓华的《论少数民族史诗翻译中的文学要素再现——以土家族〈摆手歌〉为例》[6]以土家族《摆手歌》为例,阐述少数民族史诗翻译过程中可运用译诗如诗、保留修辞、传递意象、衔接语篇等诸多策略再现原作品的文学要素,还可以在其间运用再造韵律格式、再现叠字音韵、完善辞格、增译等多种英译技法使得译语表达有趣和精练,能够较好呈现原作品的文学价值。朱琳和梁真惠的《威廉·拉德洛夫的〈玛纳斯〉德译本评析》[7]从文体特征、翻译策略、粗俗词汇的处理、误译现象等方面对拉德洛夫的《玛纳斯》德译本进行了评析。郑敏芳和王敏的《横看成岭侧成峰:〈格萨尔〉翻译形态面面观》[8]从文本介质、文本形态、翻译方式、译者活动等方面阐述了《格萨尔》翻译的多种形态,认为《格萨尔》的翻译必将推动《格萨尔》保护、传播与传承,促进《格萨尔》国内外研究的进一步沟通与合作,使

---

[1] 赵文工:《蒙古史诗〈祖乐阿拉达尔汗传〉汉译研究》,《西部蒙古论坛》2018年第3期。
[2] 戈睿仙、郑敏芳:《〈格萨尔〉史诗在早期英语世界的面貌——〈格斯尔汗:西藏的传说〉译本分析》,《燕山大学学报(哲学社会科学版)》2018年第1期。
[3] 梁真惠、陈卫国:《"活态"史诗〈玛纳斯〉的翻译与传播》,《中国翻译》2018年第5期。
[4] 包秀兰:《〈江格尔〉史诗中诗性地理的翻译》,《民间文化论坛》2018年第6期。
[5] 王治国:《少数民族活态史诗翻译谱系与转换机制探赜》,《外国语(上海外国语大学学报)》2018年第2期。
[6] 沈晓华:《论少数民族史诗翻译中的文学要素再现——以土家族〈摆手歌〉为例》,《民族翻译》2018年第4期。
[7] 朱琳、梁真惠:《威廉·拉德洛夫的〈玛纳斯〉德译本评析》,《民族翻译》2018年第3期。
[8] 郑敏芳、王敏:《横看成岭侧成峰:〈格萨尔〉翻译形态面面观》,《民族翻译》2018年第4期。

得史诗焕发出新的生命力。

五 文化阐释和音乐研究

对史诗的文化内涵与意蕴及音乐进行了有益的探讨。李斯颖的《壮族布洛陀史诗中的"绞"观念及其体系》①从仪式与文本两方面阐述了壮族史诗《布洛陀》中反复出现的"绞"的观念，分析了其心理内涵，认为它是史诗中"万物有灵"观念的表现，与"拴""剪""拆""扶持"等有着同样的心理基础，共同构成了壮族传统思维中一套循环闭合的体系。同时，作者考察了侗台语民族以及傣族、黎族和水族中"绞"的仪式，发现它们的功能都是为了让灵魂不被侵扰。李斯颖的《壮族布洛陀叙事的历史化与经典化》②认为，布洛陀的"历史化"与"经典化"是口头文学与当代的书面文学的互动，是民族文化记忆能动选择的结果，使布洛陀具有了更高的神圣性与稳定性，为壮族人民提供了共同的记忆形象，增强了他们的民族认同。

赵海燕的《中国少数民族三大英雄史诗中马原型研究》③从原型批评的视角出发，分析了《格萨尔》《江格尔》《玛纳斯》中"马原型"背后的文化传统、象征意义及其文化价值，认为"马原型"象征着游牧文明，是英雄形象的延伸，还是理想化的形象。李雪南的《彝族"支嘎阿鲁"史诗中的酒文化研究》④爬梳"支嘎阿鲁"史诗涉酒记载，逐层剖析回应少数民族优秀传统文化创造性转换和创新性发展的顶层设计，认为史诗中关于酒的名称、类别及器皿的记载，是彝族古代礼俗社会中酒文化的原貌再现。扎西当知布的《〈格萨尔〉史诗唱词中的"协巴"研究》⑤以藏族口传文学中的传承艺人"协巴"及其语言特色、思想内容为研究主体，着重探讨了"协巴"的概念、翻译、分类和特征，梳理了史诗"协巴"演变轨迹，阐释了"协巴"对藏族民俗文化及藏族文学发展、文化传承等方面所发挥的重要作用。陈昱琼的《"支嘎阿鲁"诗学精神与史诗文化》⑥运用文艺学和美学研究方法，分析支嘎阿鲁文化与彝族诗论的映合和独特性以及"支嘎阿鲁"史诗语言层的审美价值、结构层的美学精神、"互文性"研究及文化意义。

咸成海的《史诗〈玛纳斯〉的习俗文化与民族认同》⑦从神树崇拜、动物图腾崇拜及英雄崇拜的交织以及对数字"四十"的崇拜等方面论述了《玛纳斯》史诗的习俗文化，认为《玛纳斯》是柯尔克孜族重要的文化符号，为柯尔克孜族民族认同提供了文化基础、

---

① 李斯颖：《壮族布洛陀史诗中的"绞"观念及其体系》，《广西民族师范学院学报》2018年第6期。
② 李斯颖：《壮族布洛陀叙事的历史化与经典化》，《民族文学研究》2018年第6期。
③ 赵海燕：《中国少数民族三大英雄史诗中马原型研究》，《海南大学学报（人文社会科学版）》2018年第2期。
④ 李雪南：《彝族"支嘎阿鲁"史诗中的酒文化研究》，硕士学位论文，贵州民族大学，2018年。
⑤ 扎西当知布：《〈格萨尔〉史诗唱词中的"协巴"研究》，硕士学位论文，西北民族大学，2018年。
⑥ 陈昱琼：《"支嘎阿鲁"诗学精神与史诗文化》，硕士学位论文，华中师范大学，2018年。
⑦ 咸成海：《史诗〈玛纳斯〉的习俗文化与民族认同》，《大连民族大学学报》2018年第2期。

心理基础和情感纽带。刘兴禄的《试析〈苗族古歌〉整理本中的民间信仰表述》[1] 肯定了《苗族古歌》整理本的民族志价值，分析了《苗族古歌》整理本所呈现的苗族民众的民间信仰，包括崇巫信鬼神和崇拜祖先，阐述了其蕴含的苗族民众的祭祀活动及其及背后的心理动因。杨兰和刘洋的《记忆与认同：苗族史诗〈亚鲁王〉历史记忆功能研究》[2] 运用了关于记忆与认同的理论和方法，从历史记忆与族群认同的角度出发，分析了苗族史诗《亚鲁王》演述、流布、传承过程中个体记忆与集体记忆的生成与互动机制，阐释了作为民族传统文化的《亚鲁王》如何在其民众中获得了族群认同。周毛先的《从"谢绝听唱"到"尊为神灵"：热贡郭麻日人的格萨尔信仰与认同变迁研究》[3] 以热贡隆务河谷两岸一个叫作郭麻日的村寨为例，以村寨的格萨尔崇拜为切入点，探讨了郭麻日人在汉藏文化交融背景下的文化调适和认同变迁。

扎西达杰的《〈格萨尔〉的音乐体系》[4] 从音乐化的整体结构、曲名、曲调、技法、风格、表演、艺人、古音乐理论、剧种、流传等方面对《格萨尔》的音乐体系进行了翔实、系统的论述，具体分析了《格萨尔》的音乐源流、风格、表演技法等对于塑造史诗人物性格、渲染故事情节、烘托气氛、突出主题等方面的重要作用。童学军和郭晓虹的《玉树佐青寺格萨尔诵经调特点分析》[5] 对玉树佐青寺"格萨尔"诵经调与民间"格萨尔"唱腔在曲式结构、音乐形态以及旋律特点等方面的不同特征进行比较，认为寺院"格萨尔"诵经调与民间"格萨尔"说唱完全不同，属于纯粹的宗教音乐，音调中既包含声乐形式，又加入了乐器表现，音乐风格平和宁静，是专门用于藏传佛教宗教仪式的具有固定程式的外来音乐，曲调源远流长，自成体系。郑龙吟的《论〈格萨尔王传〉人物唱段音乐的多样性——以西藏那曲地区艺人的演唱为例》[6] 以《格萨尔王传》中的人物唱段音乐为研究对象，以乐谱分析的方式，分析了其音乐的结构多样性、技法多样性和风格多样性。

总而言之，2018年中国史诗研究已经取得了较好的实绩，在学术批评、口头传统视域下的史诗研究、传承传播与翻译研究、比较研究和情节母题研究等方面都有了较为深入的探究，但是在文本形态、理论建设、话语体系和学科制度化建设等方面还显得薄弱，有待进一步探索和研究。

---

[1] 刘兴禄：《试析〈苗族古歌〉整理本中的民间信仰表述》，《湖北民族学院学报（哲学社会科学版）》2018年第5期。

[2] 杨兰、刘洋：《记忆与认同：苗族史诗〈亚鲁王〉历史记忆功能研究》，《贵州大学学报（社会科学版）》2018年第4期。

[3] 周毛先：《从"谢绝听唱"到"尊为神灵"：热贡郭麻日人的格萨尔信仰与认同变迁研究》，《西藏研究》2018年第3期。

[4] 扎西达杰：《〈格萨尔〉的音乐体系》，《西藏艺术研究》2018年第2期。

[5] 童学军、郭晓虹：《玉树佐青寺格萨尔诵经调特点分析》，《青海师范大学学报（哲学社会科学版）》2018年第5期。

[6] 郑龙吟：《论〈格萨尔王传〉人物唱段音乐的多样性——以西藏那曲地区艺人的演唱为例》，《西藏大学学报（社会科学版）》2018年第3期。

2018 年传说研究综述

朱佳艺　肖　涛[*]

2018年度的传说研究取得了较多成果，在理论建设、信仰民俗研究、文化认同与集体记忆研究领域尤有突破，主题流变研究、地方性研究、历史叙事、古史传说、中外比较研究和传说应用研究亦有所推进。从研究范式来讲，除了主流的故事学、神话学、民俗学和文学研究的方法之外，2018年度的传说研究还结合了历史学、人类学和社会学的跨学科视角，传说学与亲缘学科的互动被进一步构建起来。

一　理论建设与学术史

在2018年度中，学界对传说理论的建设取得了较多突破性成果。其中既有较为抽象、宏观的讨论，又有结合具体案例的生发。围绕着传说的传播机制、类型分析、信实性和变异性等命题，许多学者提出了新的见解。

基于田野调查成果，陈泳超在《"传说动力学"理论模型及其反思》[①]一文中，对"何为传说""传说如何演变"等问题进行了回答。作者认为，与传统认知不同，实存于田野中的传说具有可感性和权力属性。在地方内，传说的无穷异说体现了不同人群的无限意志；在地方外，传说结构则呈现最简约的状态。传说的"整体性动力"面向当地的所有人（均质人群），而传说的"差异性动力"体现于地方内部、非均质的人群中，其中还可以分为层级性动力、地方性动力和时代性动力。在此基础上，作者将"传说动力学"的理论建构比喻为"放映机模式"，并提出了一些延伸性的反思。围绕此文，王尧、陈泳超带领选修"民间文学前沿讲坛"的学生们进行了讨论，撰成《〈"传说动力学"理论模型及其反思〉问答、评议与讨论》[②]，在文中，王尧评议了"传说动力学"的理论贡献，认为该模型解释了"变异性"的机制，尤其是其中的"有意变异"，并进一步提出传说动力学指向民俗的各个方面。多名学生也围绕叙事心理、大小传统和田野调查方法等问题作出了进一步探讨。

同样以尧王二女的传说为研究对象，闫咚婉、魏晓虹的《论地方传说生长的内部机

---

[*] 朱佳艺，中国社会科学院文学研究所助理研究员；肖涛，北京师范大学文学院2020级硕士研究生。
[①] 陈泳超：《"传说动力学"理论模型及其反思》，《民族艺术》2018年第6期。
[②] 王尧、陈泳超：《〈"传说动力学"理论模型及其反思〉问答、评议与讨论》，《民族艺术》2018年第6期。

制——以山陕湘三地尧女传说为例》① 对比山西晋南、陕西蒲城与湖南湘江三地的尧女传说。文章认为，三地的传说有"同形异构"（将同质的传说要素按照地方文化的需求进行解构之后的再造）和"异形同构"（不同的传说要素重组后达到情节、母题等方面的同构）两种现象，二者的互动保证了传说在空间、文本和属性等方面的稳定发展。

类型学是民间故事研究的重要领域，而祝秀丽、蔡世青的《"五鼠闹东京"传说的类型与意义》② 将相关话题延展到了传说研究上。作者搜集了 40 种"五鼠闹东京"传说的异文，采用民间故事类型学方法和法国叙事学家格雷马斯的结构主义叙事学方法对其进行分析。文章解析了"五鼠闹东京"传说的情节单元和亚类型，将其中角色归纳为"主角和对象""助手和对头""支使者和承受者"三类，认为"五鼠闹东京"传说属于格雷马斯界定的"契约型组合形态"，并归纳了该类型的格雷马斯语义方阵。陈志慧的硕士学位论文《权力的想象：民间帝王将相故事叙事研究》③ 亦采用类型研究方法，剖析了 100 多则帝王将相类故事传说的母题结构和叙事特点，分析其中的角色功能、形象以及叙事背后的权力机制。

刘文江的《神奇记忆：一个重要的欧洲传说学概念》④ 结合瑞典民俗学家冯·西多提出的"神奇记忆"和"虚构传说"概念，梳理了格林兄弟之外西方传说学的另一个重要体系。冯·西多的"神奇记忆"概念与传说相对，二者的差别在于个体经验和集体经验的不同。在此基础上，传说又被分为三个复杂的层级。至 20 世纪六七十年代，欧美学者重新开始关注"神奇记忆"概念：劳里·航柯认为"神奇记忆"概念抓住了民间信仰的本质，并进一步剖析了"神奇记忆"发生之前的两种预设性心理框架；蓬提开嫩探讨了"神奇记忆"与传说之间的关系；琳达·戴格则借助对"神奇记忆"的概念的辨析，探讨传说可信性的由来。最后作者还指出，"神奇记忆"概念的贡献在于厘清了日常生活中不能清晰界定的、介于类型化"传说"与无定形日常叙事之间的讲述活动。

李雪荣的《民族社会：少数民族民间传说变异的主要机制》⑤ 着眼于少数民族传说的变异机制。文章认为，民族社会的经济发展决定了民族传说变异，人口流动和民族融合则加速、催化了民族传说变异。民族社会的意识发展，则是民族民间传说变异的内在动力。

此外，陈祖英还撰写了《20 世纪中国民间传说学术史》⑥ 一文，梳理了 20 世纪国内的各种传说学术史著作及论述。文章将这些成果总结为"以某一时期为背景的学术史梳理""以传说专题为对象的学术史研究"和"以学者为中心的学术史考察"三类，并指出目前传说学术史研究还处在起步阶段，有很多探索空间。详细内容可参考陈祖英的博士学位论文《20 世纪中国民间传说研究史》⑦。

---

① 闫咚婉、魏晓虹：《论地方传说生长的内部机制——以山陕湘三地尧女传说为例》，《山西大学学报（哲学社会科学版）》2018 年第 3 期。
② 祝秀丽、蔡世青：《"五鼠闹东京"传说的类型与意义》，《民俗研究》2018 年第 4 期。
③ 陈志慧：《权力的想象：民间帝王将相故事叙事研究》，硕士学位论文，西北大学，2018 年。
④ 刘文江：《神奇记忆：一个重要的欧洲传说学概念》，《民间文学研究》2018 年第 5 期。
⑤ 李雪荣：《民族社会：少数民族民间传说变异的主要机制》，《贵州民族研究》2018 年第 5 期。
⑥ 陈祖英：《20 世纪中国民间传说学术史》，《赣南师范大学学报》2018 年第 4 期。
⑦ 陈祖英：《20 世纪中国民间传说研究史》，博士学位论文，北京师范大学，2018 年。

二 主题流变研究

2018年度以主题流变视角研究传说的成果不多，但立意较新，话题涉及中国古代诗歌、少数民族传说抄本和非遗传说等诸多非传统领域。

赵逵夫的《论牛女传说在古代诗歌中的反映》[①]以古代诗歌为材料，观照牛郎织女传说在古代民间的流传状况。作者先梳理了先秦至汉魏吟咏牛女传说的诗歌，指出《秦风·蒹葭》《周南·汉广》两诗是分别产生于周秦两地的最早的咏"牵牛织女"传说的民间歌谣，并对织女、牵牛星的天际方位作出辨正。而后，作者通过考证历代诗歌对"鹊桥""云桥""乌鹊"及七夕节的相关描写，透视了牛女传说情节的形成过程。在传说流布过程中，对牛郎（牵牛、河鼓）的人称，以及牛女身份、玉帝王母的形象、牵牛花的意蕴常有异说，对此作者也有辨析。最后，作者还认为南北朝以来以牛女口吻所作之诗对后来的戏曲小说创作有所启发。

普学旺、龙珊的《清代彝文抄本〈董永记〉整理与研究》[②]以彝文古籍文献为材料，对董永传说在彝族地区的流传情况进行了考察，是主题流变研究与少数民族文化研究的创新性结合。作者搜集到云南新平彝文《董永记》、贵州黔西北彝文《赛特阿育》和台湾傅斯年图书馆藏彝文《董永卖身》等3种不同译本、4种抄本，并从人物、情节两方面的对应关系，指出云南汉文唱书《大孝记》是彝文《董永记》的文本源。在文本的传播、流变与形成过程中，《董永记》发生了"彝化"、情节细化和情节增设等变异。作者还认为，汉族人口的传入促进了董永传说口头、书面文本在云南的传播。

任荣的《非遗传说"六尺巷"之源流及其时空演变考论》[③]对于"六尺巷"故事发生在桐城人张英身上的说法提出了异说。文章首先对"六尺巷"故事进行文献溯源，认为最早记录让墙故事的当为明代江盈科的《雪涛小说》，桐城则首次使用了"六尺巷"的名字。"六尺巷"故事形成至迟不晚于明代万历年间，地点为江西，后由江西传至河南、山西一带。"六尺巷"传说中的回信诗也历经演变。而这一故事结缘桐城，与张英的知名度、桐城派的风靡以及名人的"广告效应"都有密切关联。

三 地方性研究

"地方性"是传说的重要属性之一。在2018年度中，一些学者基于地方视角，继续推进人物传说的在地化、"传说圈"和地域文化等方面的研究。

许多全国广泛流传的人物传说，在某一特定地点最为盛行；而部分地方传说的生发与传播，也依托于真实的历史人物或知名的神异人物。段友文、柴春椿的《祖先崇拜、家

---

① 赵逵夫：《论牛女传说在古代诗歌中的反映》，《文史哲》2018年第4期。
② 普学旺、龙珊：《清代彝文抄本〈董永记〉整理与研究》，《民族文学研究》2018年第2期。
③ 任荣：《非遗传说"六尺巷"之源流及其时空演变考论》，《河南教育学院学报（哲学社会科学版）》2018年第4期。

国意识、民间情怀——晋地赵氏孤儿传说的地域扩布与主题延展》[1] 指出，赵氏孤儿传说发源于以襄汾为中心的晋南地区，随着赵氏家族政治中心的北移传播至忻州，在民间信仰的推动下辐射至盂县藏山等地，在晋地形成了三个各具特色的传说亚区。三地传说在凸显"忠义"精神这一"大主题"的同时，分别形成了三个"小主题"，即晋南以褒扬赵盾为核心的祖先崇拜、忻州以赞颂程婴为中心的家国意识、盂县藏山以崇信赵武为雨神的民间情怀。孙梦梅的硕士学位论文《安徽包公传说研究》[2] 则通过文献和田野调查的方法搜集和整理安徽包公传说的地域分布，将各种异文归纳为五大主题、六十九个类型，由此分析安徽包公传说的民俗文化内涵。而荣红智的博士学位论文《风土、传说与历史记忆：鲁北地区的大禹传说研究》[3] 着眼于鲁北多地流传的大禹治水传说，围绕着当地的禹城、具丘等纪念物，结合"民间文学三套集成"等文本对大禹传说的书写，分析大禹传说流传的历史、地理原因以及当地文化记忆的重构问题。另有郭延生编著的《杨家将传说调查报告》[4] 一书，通过多地的实地调研，整理出了杨家将历史脉络、文化大观及各省市的考察实录。

传承久远的地方传说往往会形成"传说圈"，相关的口头讲述和地域文化以此为中心向外辐射。汪保忠的《河南伏牛山牛郎织女传说圈研究》[5] 指出，伏牛山地区（特别是鲁山与南阳）是牛郎织女传说圈的核心。鲁山留下了很多与牛郎织女有关的文化遗迹，当地还传承着与七夕相关的民俗和祭祀活动。李艳玲、郭明洋的《广西来宾壮族盘古神话传说民俗活动研究》[6] 则通过田野调查，探究了来宾中心地区与周边地区关于盘古神话传说、民俗活动的异同。

彭衍纶《试论青海湖形成传说——以〈中国民间故事集成·青海卷〉收录者为考察范围》[7] 以《民间故事集成》中的七篇青海湖形成传说为材料，将其分为"龙子创造形成型""井泉涌喷形成型""神仙打斗形成型"和"河流汇集形成型"。作者认为，这七篇青海湖形成传说，以"传说主角身份的多元变换""常见故事情节的穿插结合"及"其他风物由来的连带解释"为特色。作者还发现地方风物传说（青海湖形成传说）经常与人物传说（文成公主传说）互相交涉。

另有部分作者着眼于地方传说中的微观文化要素。滕汉洋的《从传说到传奇——

---

[1] 段友文、柴春椿：《祖先崇拜、家国意识、民间情怀——晋地赵氏孤儿传说的地域扩布与主题延展》，《山西大学学报（哲学社会科学版）》2018年第3期。

[2] 孙梦梅：《安徽包公传说研究》，硕士学位论文，广西民族大学，2018年。

[3] 荣红智：《风土、传说与历史记忆：鲁北地区的大禹传说研究》，博士学位论文，山东大学，2018年。

[4] 郭延生编著，北京市房山区燕山非物质文化遗产保护领导小组主编：《杨家将传说调查报告》，群言出版社2018年版。

[5] 汪保忠：《河南伏牛山牛郎织女传说圈研究》，《文化遗产》2018年第6期。

[6] 李艳玲、郭明洋：《广西来宾壮族盘古神话传说民俗活动研究》，《中国民族博览》2018年第7期。

[7] 彭衍纶：《试论青海湖形成传说——以〈中国民间故事集成·青海卷〉收录者为考察范围》，《民俗文化学》2018年第4期。

〈古岳渎经〉与唐代运河淮泗段的地域文化考论》① 指出，唐代李公佐笔下《古岳渎经》故事来源于楚州地区的水怪传说。而楚州龟山特殊的地理位置，强化了当地的水神崇拜之风，成为无支祁传说形成的背景。另一方面，李公佐长期在江淮一带任职，并常与友人交流，这促使他创造出水怪传奇。王志阳的《论"朱笔"在漳州朱子民间传说中的文化内涵》② 则指出，"朱笔"具有尊贵的文化地位，是漳州地方传说中神化朱子身份的关键道具，也是漳州文化的缩影。

四 传说与信仰

2018年度学界对传说与信仰关系的研究成果较多，且往往与地方文化研究相结合。

部分研究关注全国性神灵在某一地区的特殊呈现。王尧的《传说的框定：全国性神灵的地方化——以山西洪洞地区的杨戬二郎信仰为例》③ 基于"地方性神灵"与"全国性神灵"的概念，对杨戬二郎这一从全国性神灵向地方性神灵转化失败的案例进行研究。作者调查了山西洪洞地区关于杨戬二郎的身世传说和结义神团，发现杨戬二郎在大胡麻村替代了原祀主神观塪二郎，却并未就此衍生新传说。而在县境中部和西南部，还有不少人认定"通天二郎"是杨戬的神号。总之，杨戬二郎在洪洞的地方化之路一直受到各方因素的钳制，未能持续融入当地的本土信仰。王旭的《关公信仰的历史传统与当代建构——以山西太原关帝庙为中心》④ 则通过典籍文献与田野资料的互释，分析山西太原大关帝庙、店坡关帝寺与桃杏关帝庙的历史和现状与特征，阐明了太原关公信仰存续的不同形态及其特征，三者分别代表"官方意识形态""市场经济伦理"和"民众信仰世界"。

另一些研究着眼于某地民众独有的神明信仰。在2018年度中，相关论文大多关注山西和东南沿海这两个信仰资源丰富的地域。段建宏、雷玉平的《民间信仰的泛众化——以三嵕信仰为中心的考察》⑤ 以晋东南三嵕信仰为案例，讨论了民间信仰的泛众化问题。文章指出，至少在北宋时期，三嵕信仰便已经产生并发展。金元之后，三嵕信仰逐渐成为晋东南地区独有的民间信仰，而传说故事则是解读三嵕信仰泛众化的重要资源。在传说故事中，三嵕神被赋予了非凡的人格魅力。而地方的求雨、庙会、赛社等仪式，则是信仰泛众化的保障和助推。林玲的《三大王传说的文化探析》⑥ 则研究晋北朔州地区的三大王传说。作者考察了三大王传说的庙宇遗存及其变迁，发现三大王具有稳定的雨神职能，并整理了传说的"生命树"。

关于东南沿海地区民间信仰与传说的研究为数更多。陈雪军、冼欣宜的《论粤桂龙

---

① 滕汉洋：《从传说到传奇——〈古岳渎经〉与唐代运河淮泗段的地域文化考论》，《民俗研究》2018年第1期。
② 王志阳：《论"朱笔"在漳州朱子民间传说中的文化内涵》，《安康学院学报》2018年第3期。
③ 王尧：《传说的框定：全国性神灵的地方化——以山西洪洞地区的杨戬二郎信仰为例》，《民族文学研究》2018年第3期。
④ 王旭：《关公信仰的历史传统与当代建构——以山西太原关帝庙为中心》，《中北大学学报（社会科学版）》2018年第5期。
⑤ 段建宏、雷玉平：《民间信仰的泛众化——以三嵕信仰为中心的考察》，《西北民族大学学报（哲学社会科学版）》2018年第5期。
⑥ 林玲：《三大王传说的文化探析》，《太原学院学报（社会科学版）》2018年第2期。

母崇拜的多元文化内涵》①指出，粤桂一带流传的龙母传说具有文本间性，这与当地民族融合的历史有关。龙母传说中有壮、汉民族蛇龙图腾交融的文化因子，也反映了当地的水神崇拜和生殖崇拜。李国平的《民间信仰起源传说的嬗变——以潮州双忠信仰为例》②认为，钟英于北宋熙宁年间携双忠神物入潮阳的传说始于元代。潮阳县城赵氏与双忠信仰紧密结合后，赵嗣助携神入潮的传说被建构出来。此外，双忠公还有"韩愈附会说""死保潮阳说""岭东庙附会说"等异说。张先清、李天静的《传说、仪式与族群互动："九使公"海神信仰的文化建构》③通过闽东沙埕港"九使公"信仰的田野调查，呈现了沙埕九使的民间传说与族群互动。文章认为，沙埕九使信仰的祭祀仪式是推动沙埕这个多族群海洋社区凝聚的重要力量。赖奇郁的《佛祖渡恶鬼传说之民间信仰意涵》④考察了台湾花莲县光复乡保安寺佛祖渡恶鬼传说，该传说源于一次真实的杀人案件，演变成传说后，包含"中邪的男子""佛祖显灵力"等奇特情节，稳固了地方民众对保安寺的信仰。另一方面，传说的生成也与当时媒体对案件报道的夸张乃至传说化有关。

此外，陈刚的《自我叙述与世界建构——主位视阈下的贵州竹王传说》⑤研究贵州民间流传的竹王传说。通过考察相关的古代文献，对比《华阳国志》与贵州当地竹王传说在内容和思想情感等方面的异同，作者指出，竹王传说以主位视角讲述着周围的世界、人以及两者之间的关系，解释并创造着人们的生活空间。

对传说与信仰关系的研究，还时常涉及民俗节日。刘珊珊的《事、人与物：信仰仪式的结构模式——以南康寨坑春节"送大神"仪式为个案》⑥考察江西南康寨坑彭氏和廖氏族人春节期间特有的"送大神"仪式，"大神"即龙船，仪式由请神、扎神、起神、移船、唱船、划船、送神等环节组成。该仪式的基础是当地流传的灵验传说，扎神师傅是大神信仰的核心，作为神圣器物的龙船则是信仰的对象。事、人、物三者相互作用和影响。张晓的《传说、仪式与隐喻——基于苗族"独木龙舟节"的讨论》⑦则研究苗族的龙船节，作者认为，龙船节一方面体现了苗族人对龙的崇拜，另一方面与"鼓藏节"也有相似之处。

2018年度还有一些著作、文章通过民间传说透视民俗文化。白晓霞的《土族民间传说与女性文化研究》⑧一书通过"花儿会"传说，歌舞起源传说，饮食、婚恋、生育、丧

---

① 陈雪军、冼欣宜：《论粤桂龙母崇拜的多元文化内涵》，《广西师范大学学报（哲学社会科学版）》2018年第6期。
② 李国平：《民间信仰起源传说的嬗变——以潮州双忠信仰为例》，《汕头大学学报（人文社会科学版）》2018年第2期。
③ 张先清、李天静：《传说、仪式与族群互动："九使公"海神信仰的文化建构》，《北方民族大学学报（哲学社会科学版）》2018年第5期。
④ 赖奇郁：《佛祖渡恶鬼传说之民间信仰意涵》，《原生态民族文化学刊》2018年第1期。
⑤ 陈刚：《自我叙述与世界建构——主位视阈下的贵州竹王传说》，《遵义师范学院学报》2018年第1期。
⑥ 刘珊珊：《事、人与物：信仰仪式的结构模式——以南康寨坑春节"送大神"仪式为个案》，《赣南师范大学学报》2018年第5期。
⑦ 张晓：《传说、仪式与隐喻——基于苗族"独木龙舟节"的讨论》，《贵州民族研究》2018年第8期。
⑧ 白晓霞：《土族民间传说与女性文化研究》，敦煌文艺出版社2018年版。

葬文化传说，禁忌传说和宗教传说，观照了土族女性的情爱心理、幸福观、科学智慧和文化空间。梁家胜的《婚姻与结义：民间道德伦理秩序的编织和建构——以杨家将传说为例》[①] 提到，杨家将传说中的情节反映出古代婚姻的双重功用，也呈现了民间结义的行为方式及其文化观念。杨家将传说展现了古代"父母之命，媒妁之言""门当户对，指腹为婚""不打不成亲""不打不成交""面子""女才郎貌"等婚姻与结义习俗。李茗淇的硕士学位论文《刘伯温堪舆术传说的情节类型研究》[②] 则分析了刘伯温堪舆术传说的形成过程，将传说分为"破风水"型和"得风水"型两大类，并探讨了刘伯温故里的风水文化传承情况。

五 传说与历史叙事

史事传说是民间传说的一大门类。此类传说文本与历史叙事往往呈现互相交融、彼此印证的关系。在2018年度中，学者们围绕着地方史衍生的传说、专门史中的传说叙事以及传说人物与正史等命题进行了一些讨论。

施爱东的《五十步笑百步：历史与传说的关系——以长辛店地名传说为例》[③] 搜集了有关北京长辛店地名来历的四种传说，分辨了"泽畔说""常新说""长行说"与"长店新店合并说"，推断"长新店"名称始于康熙年间，而以"辛"代"新"起于"百日维新"失败。由此，作者反思了历史与传说的关系，提出传说不仅是民众的文学创作，也是民众的历史叙事。张翠霞的《王权传说：地方史的民间叙事——兼谈传说文类的历史解释力》[④] 分析了大理地区流传的几种王权传说，认为这些传说是当地民众记忆历史的一种重要方式和手段，在传说的"文本符码解读"中可以阐释其中所蕴含的"历史真实"。

专门史中的传说叙事，在2018年度也得到了研究。祝鹏程的《史实、传闻与历史书写——中国戏曲、曲艺史中的俳优进谏传闻》[⑤] 关注中国戏曲、曲艺史书写中的常见题材"俳优进谏"传闻。作者发现，儒家士人笔下的俳优言论有"恃宠媚主"与"匡扶时政"两方面，后者尤其投射了士人群体对于自身生存困境的认知和对言论权利的渴求。而现代学者阐释此类传闻时，突出了俳优的抗争性。由此，作者反思了中国曲艺史研究中存在的问题。向云驹的《大唐开放气象的民间口传镜像——唐代胡人识宝传说谫论》[⑥] 将唐代胡人识宝传说中的宝物与历史记载、出土文物中真实的宝物进行了对比，认为此类传说保存了唐代中外经济往来的历史记忆。

---

① 梁家胜：《婚姻与结义：民间道德伦理秩序的编织和建构——以杨家将传说为例》，《贵州民族大学学报（哲学社会科学版）》2018年第4期。
② 李茗淇：《刘伯温堪舆术传说的情节类型研究》，硕士学位论文，温州大学，2018年。
③ 施爱东：《五十步笑百步：历史与传说的关系——以长辛店地名传说为例》，《民俗研究》2018年第1期。
④ 张翠霞：《王权传说：地方史的民间叙事——兼谈传说文类的历史解释力》，《大理大学学报》2018年第7期。
⑤ 祝鹏程：《史实、传闻与历史书写——中国戏曲、曲艺史中的俳优进谏传闻》，《民族艺术》2018年第3期。
⑥ 向云驹：《大唐开放气象的民间口传镜像——唐代胡人识宝传说谫论》，《中原文化研究》2018年第6期。

历史人物转为传说人物的过程也值得探究。沙菲的《沈万三修建南京明城墙传说的历史建构》① 提出，传说中沈万三及其家族的遭遇是明初江南富民群体的缩影，承载着民众对明初江南相关历史事件的记忆，隐含着民众对朱元璋不满的社会舆论。张慧达的《历史与故事的互构：山西河曲圣母传说的探析》② 发现，河曲地区的圣母信仰巧用《史记》《汉书》等薄姬文帝有关记载进行情节的填充与附会，实现了文本的自圆其说。当地的圣母传说是官民共造的结果。李有开的《壮族民间李应珍传说叙事特征研究》③ 则指出，文山壮族苗族自治州砚山县为中心的壮族民间流传着关于民族英雄李应珍在中法战争中的传说，该传说是一种"艺术化的历史"，塑造了"箭垛式"的英雄人物。贾利涛的《名医传说与名医拟象研究》④ 提炼和概括了名医传说叙事模式、故事类型、艺术特色和传播特点，对神农传说、岐黄传说、扁鹊传说、张仲景传说展开专题研究，并讨论了民间传说演述行为中的名医拟象。另有薛亚军主编的《罗隐传说论集》⑤ 收录了2017年秋杭州市富阳区所主办"罗隐传说学术研讨会"的会议论文及重要发言汇编。

六　文化认同与集体记忆

2018年度，学界对传说中文化认同、集体记忆的研究取得了非常丰富的成果。

陈进国的《顺服与反抗：关于"天子地"故事的文化分析》⑥ 一文，在全国范围内对民众的历史记忆进行了整体性的观照。借鉴文化记忆理论和中国政治文化传统中的"正统论"，作者认为，福建地区"陈王迁墓"的风水公案是地域社会的一种"作为顺服的回忆"，是地方社会对于"正统"（大一统）观念认同的心态反映；而"天子地被破坏"故事则是一种反抗的回忆，呈现了一种被长期压抑着的、迈向分离的政治边陲意识。此外，作者还提出了"礼仪中国"和"术数中国"的概念。

对于特定地域的族群认同研究，以赵世瑜的成果为代表。《说不尽的大槐树：祖先记忆、家园象征与族群历史》⑦ 是作者三篇论文的合集，第一篇梳理了大槐树传说故事在全国各地的诸种文本并考察了方志；第二篇在大槐树传说中发现了两条族群认同的轨迹，提出"地域认同"的概念，认为地域认同形成的过程也就是明清国家形成的历史；第三篇则梳理了洪洞大槐树移民传说研究的历史脉络。除赵文之外，还有多篇文章探讨了地域族群认同的话题。张丽、万建中的《"木客"传说、历史记忆与社会生活（下）——以赣南鹭溪社会的身份认同为中心》⑧ 接续2017年发表的上篇，继续分析木材对于豫章地区的

---

① 沙菲：《沈万三修建南京明城墙传说的历史建构》，《文教资料》2018年第25期。
② 张慧达：《历史与故事的互构：山西河曲圣母传说的探析》，《赤峰学院学报（汉文哲学社会科学版）》2018年第9期。
③ 李有开：《壮族民间李应珍传说叙事特征研究》，《文山学院学报》2018年第4期。
④ 贾利涛：《名医传说与名医拟象研究》，上海古籍出版社2018年版。
⑤ 薛亚军主编：《罗隐传说论集》，浙江人民出版社2018年版。
⑥ 陈进国：《顺服与反抗：关于"天子地"故事的文化分析》，《民俗研究》2018年第5期。
⑦ 赵世瑜：《说不尽的大槐树：祖先记忆、家园象征与族群历史》，北京师范大学出版社2018年版。
⑧ 张丽、万建中：《"木客"传说、历史记忆与社会生活（下）——以赣南鹭溪社会的身份认同为中心》，《民俗典籍文字研究》2018年第1期。

重要性，并探索了赣南地区的特殊族群"木客村"。在"木客"被国家化的过程中，作为流动性叙事结构的秦遗民采木隐匿文本成功地链接在了"木客"传说的源头之上。结合语境，作者还比较了民间叙事中的"公开文本"与"隐藏文本"。胡大可的《固始传说与闽台民众的文化认同》[1] 围绕"闽台地区的族谱记载与口头传说大多声称其先世来自河南光州固始"一事展开讨论。作者检索闽台地区的族谱、地方志等文献，考察了宋代以来福建历代学者对固始传说的认识，认为固始传说在现实生活中发挥了族群凝聚、文化认同、精神教育、文化交往等功能。赵宗福的《族群历史记忆与多元文化互动——河湟汉人"南京珠玑巷移民"传说解读》[2] 与芦敏的《南雄珠玑巷移民传说形成原因探析》[3] 都以珠玑巷移民传说为研究对象。赵文指出，河湟流域汉人中广为流行的"南京珠玑巷移民"祖源传说实则由"南雄珠玑巷"移植而来，反映出明代汉人族群的身份认同。在多民族杂居的历史中，该传说又慢慢被周边少数民族所接受，形成了以南京珠玑巷为核心的多民族历史记忆丛。芦文则梳理了广东珠江三角洲地区、广西东南部、青海河湟地区、河南开封等地的珠玑巷传说，认为该传说是移民活动的反映，移民群体通过强调南雄珠玑巷作为祖源地的集体记忆，彰显民族认同和国家认同。袁瑾的《传说与集体记忆的建构——以浙江金华黄大仙传说为例》[4] 提出，以金华兰溪为中心的黄大仙信仰及传说，是这一带民众有关黄大仙集体记忆的"历史话语"。葛丽的硕士学位论文《民俗认同的现代性反思：山西洪洞大槐树根祖文化变迁研究》[5] 从"民俗认同"角度分析山西洪洞大槐树传说。刘晓雯的硕士学位论文《集体记忆视域下神农架野人传说的传播机制》[6] 指出，神农架野人传说的流行，是以集体记忆为基础，政府、媒介、民间各方力量共同推动的结果。

2018 年度关于少数民族传说和集体记忆的研究，涉及白族、彝族、侗族、苗族、回族等多个民族。刘灵坪的《传说文本与历史记忆：明清时期洱海地区白族的族群认同及其历史变迁》[7] 揭示出，《纪古滇说集》《白古通记》《白国因由》和《僰古通纪浅述》等传说文本，是白族塑造历史记忆、建构民族的积极参与者。平慧的《从历史记忆到族群认同：云南彝族葛泼人祭祖仪式中的口头叙事》[8] 考察了云南葛泼人的洪水神话、土著传说、弟兄祖先故事、改姓传说等文本，强调口头叙事与祭祖仪式的互动关系。嘉日姆几的

---

[1] 胡大可：《固始传说与闽台民众的文化认同》，《台湾研究》2018 年第 4 期。
[2] 赵宗福：《族群历史记忆与多元文化互动——河湟汉人"南京珠玑巷移民"传说解读》，《西北民族研究》2018 年第 2 期。
[3] 芦敏：《南雄珠玑巷移民传说形成原因探析》，《中州学刊》2018 年第 9 期。
[4] 袁瑾：《传说与集体记忆的建构——以浙江金华黄大仙传说为例》，《长江大学学报（社会科学版）》2018 年第 6 期。
[5] 葛丽：《民俗认同的现代性反思：山西洪洞大槐树根祖文化变迁研究》，硕士学位论文，山西师范大学，2018 年。
[6] 刘晓雯：《集体记忆视域下神农架野人传说的传播机制》，硕士学位论文，中南民族大学，2018 年。
[7] 刘灵坪：《传说文本与历史记忆：明清时期洱海地区白族的族群认同及其历史变迁》，《思想战线》2018 年第 5 期。
[8] 平慧：《从历史记忆到族群认同：云南彝族葛泼人祭祖仪式中的口头叙事》，《民族文学研究》2018 年第 3 期。

《晚清云南小凉山彝族迁徙传说中的族际关系与区域政治——一项走出"费孝通困惑"的尝试》①认为，清末云南小凉山彝族的迁徙传说因涉及地域性历史事件而具有超越族群、地方的公共性，这些具有公共性的传说可以被理解为接近历史真实的有效材料，也可以被当作联结民族史书写中的"线"与"面"上的意义之"点"。罗兆均的《多重叙事下的侗苗族群历史记忆与地方社会——基于湘黔桂界邻地区飞山神杨再思传说研究》②以侗族、苗族等族群共同信奉的飞山神杨再思为研究对象。作者提出，杨再思在官方与地方精英叙事、民众讲述、作家书写、宗族话语中分别被建构为不同的形象，而这些建构都突显了飞山神杨再思传说的民族性和地方性。许林的硕士学位论文《云南省寻甸县柯渡镇回族民间传说研究》③则分析了柯渡回族民间传说的类型和艺术特征，发掘传说中蕴含的民族性特点。

还有部分学者通过传说叙事，观照少数民族的国家认同或汉族与少数民族的文化交流。刘秀丽的《在"逃离"与"加入"之间：从"吴将军"传说看山地族群的国家认同》④关注湖南江永县的"民瑶"族群流传的"吴将军"传说，该传说以"生要护朝，死要护瑶"为主旨，讲述了吴将军面对皇帝从顺服到反抗、反抗失败和被招安的情节，这与当地"叛乱—平叛"的历史叙事之间有着内在的一致性，反映出瑶人对"朝廷"的微妙认知。陈金文、孙梦梅的《论壮族班夫人传说对马援南征的二元评价》⑤指出，"班夫人抗捐藏粮"和"班夫人拥军献粮"两个壮族传说对马援南征的评价完全不同。其原因在于壮族民众既有战争灾难的相关记忆，又受到马援信仰强化的影响，两类传说创作者的着眼点不同。施沛琳的《建构与再现：吴凤传说与"汉番关系"》⑥考证了中国台湾地区吴凤传说的文本记载与物质遗存，指出早期吴凤传说经历了殖民化与儒化的建构过程。20世纪80年代后，出于尊重原住民族的考虑，吴凤传说又被解构。而王丹的《藏族湖泊来历传说"泉水成湖"母题研究——兼与汉族湖泊来历传说"地陷为湖"母题比较》⑦则对藏族和汉族的湖泊来历传说进行比较，指出汉族"地陷为湖"母题贯穿了对人性善良与邪恶的道德评判，而藏族"泉水成湖"母题则蕴含了藏族民众关于湖泊的历史记忆，象征了苯教信仰与藏传佛教相互对抗、融合而又自成信仰体系的事实，也彰显了藏族民众的生态观念。

---

① 嘉日姆几：《晚清云南小凉山彝族迁徙传说中的族际关系与区域政治——一项走出"费孝通困惑"的尝试》，《西南民族大学学报（人文社会科学版）》2018年第2期。
② 罗兆均：《多重叙事下的侗苗族群历史记忆与地方社会——基于湘黔桂界邻地区飞山神杨再思传说研究》，《云南民族大学学报（哲学社会科学版）》2018年第2期。
③ 许林：《云南省寻甸县柯渡镇回族民间传说研究》，硕士学位论文，云南师范大学，2018年。
④ 刘秀丽：《在"逃离"与"加入"之间：从"吴将军"传说看山地族群的国家认同》，《中山大学学报（社会科学版）》2018年第6期。
⑤ 陈金文、孙梦梅：《论壮族班夫人传说对马援南征的二元评价》，《贵州民族大学学报（哲学社会科学版）》2018年第1期。
⑥ 施沛琳：《建构与再现：吴凤传说与"汉番关系"》，《广西民族师范学院学报》2018年第5期。
⑦ 王丹：《藏族湖泊来历传说"泉水成湖"母题研究——兼与汉族湖泊来历传说"地陷为湖"母题比较》，《中国藏学》2018年第3期。

七 古史传说

2018年度的古史传说研究讨论了大禹传说、《路史》传说、黄帝神话传说和感生神话传说等话题。

张炎兴的《大禹传说与会稽山文化演变研究》[1] 一书，揭示了大禹传说在会稽山上的两处标志性遗迹——南麓的飞来石和北麓的窆石，是如何逐渐演化成道教的阳明洞天和儒教的禹庙，进而形成会稽山文化儒道互补格局的。马竹君的《顾颉刚"层累说"的再审视——以大禹传说研究为中心》[2] 重新审视"层累说"的立论根基。近年来，学界对"层累说"多有非议，而作者检索了多部有关大禹传说的新出土文献之后，认为它们对顾氏的结论有所修正，但不足以动摇顾氏大禹研究的整体框架。而"伪史移置法""故事的眼光"等论点，在今天仍有准确性和独到性。

陈嘉琪的《南宋罗泌〈路史〉上古传说研究》[3] 一书，则考述了《路史》的成书背景与修史意识，指出罗泌所建构的古史体系应与谶纬、道教史观密切相关。《路史》是一部借由"神话历史化"的过程所记叙的文化通史。

刘晓的博士学位论文《黄帝神话传说的形成》[4] 从黄帝世系形成的制度动因入手，考述了黄帝世系和黄帝的共祖地位，以此揭示先秦信仰变化过程中神化先祖的趋势与黄帝神话传说形成之间的关系，并关注不同学说对黄帝形象的多元塑造。杨胜男的硕士学位论文《先秦两汉感生神话传说研究》[5] 将出土文献与传世文献相互印证，同时广泛采用少数民族传说、史诗、民间故事等材料，研究先秦两汉感生神话发生发展的演变规律。

八 比较研究与外国传说研究

2018年度对中外传说的比较研究，集中于东亚文化圈内各国传说故事的比较。

吴伟明主编的《中国小说与传说在日本的传播与再创》[6] 则汇集了中国内地、日本、中国香港等国家及地区知名学者的10篇论文，探讨了一些知名中国小说及传说从中国传播到日本并被重新演绎的过程。潘建国的《"老獭稚"故事的中国渊源及其东亚流播——以清初〈莽男儿〉小说、〈绣衣郎〉传奇为新资料》[7] 关注流传于整个东亚地区的"老獭稚"型故事。作者接续钟敬文、刘守华等学者对"老獭稚"故事提出的"中国发生说"，以孤本章回小说《莽男儿》和清初传奇《獭镜缘》《绣衣郎》为新证，指出三部作品的

---

[1] 张炎兴：《大禹传说与会稽山文化演变研究》，中华书局2018年版。
[2] 马竹君：《顾颉刚"层累说"的再审视——以大禹传说研究为中心》，《民俗研究》2018年第3期。
[3] 陈嘉琪：《南宋罗泌〈路史〉上古传说研究》，中国社会科学出版社2018年版。
[4] 刘晓：《黄帝神话传说的形成》，博士学位论文，陕西师范大学，2018年。
[5] 杨胜男：《先秦两汉感生神话传说研究》，硕士学位论文，山东大学，2018年。
[6] 吴伟明主编：《中国小说与传说在日本的传播与再创》，上海交通大学出版社2018年版。
[7] 潘建国：《"老獭稚"故事的中国渊源及其东亚流播——以清初〈莽男儿〉小说、〈绣衣郎〉传奇为新资料》，《民族文学研究》2018年第3期。

成书时间均远早于越南的《公余捷记》，确证了"中国发生说"。作者还总结了"老獭稚"故事在东亚流播过程中吸附其他民间传说、故事的演化现象。

韦梦琦的《壮泰民族民间传说中的牛崇拜文化比较研究》① 指出，中国的壮族和泰国的泰族同源，两族的民间传说中都有牛崇拜文化现象。二者的共同点在于图腾崇拜和水田文化，差异点在于文化交融和宗教信仰方面。

还有三篇论文着眼于研究韩国、日本的本土传说。庞建春的《山神传说与地方社会——以韩国大关岭山神信仰传承为个案》② 梳理朝鲜时期、20世纪前半期地方志和当代民间口头叙事中的大关岭山神传说及信仰、祭祀，分析了传说背后的生殖崇拜和巫术信仰。王秀文的《论日本神话传说中的蛇信仰及其历史文化内涵》③ 考察了日本神话传说中的蛇从"大地之神"到妖怪的没落过程、蛇复仇传说以及蛇从山神向田神的转变。李常清、崔桂莲的《"鬼女红叶"传说的文本传承研究》④ 则将日本长野县"鬼女红叶"传说分为"萌芽期""准备期""成立期"和"成熟发展期"四个时期，考述了各时期文本的在地化要素和鬼女红叶的善恶形象。

九 传说的应用价值

在当代，民间传说作为一种文化资源，被赋予了"非遗"的价值和传扬地方文化的功能。

毛巧晖的《民间传说与文化景观的叙事互构——以嫘祖传说为中心》⑤ 梳理了全国各地的嫘祖传说并归纳了该传说的主要母题。作者指出，民众讲述的嫘祖传说有大量虚构的、非理性思维，但在思想的意义上它们仍是"事实"，有着真实的物质载体。在当代非遗保护中，关于嫘祖的传说、信仰场域和信仰仪式往往重构为地方标志性的"景观"。

黄涛的《刘伯温传说的文化形态与现代价值》⑥ 指出，刘伯温传说不仅是文学作品，也是刘伯温文化的重要组成部分。刘伯温传说是四大传说之外的另一"大传说"，是民众乐于传播的。刘伯温形象兼具类型化与个性化。该传说也是推进地方文化建设和社会发展的重要资源。

汪泽琪的硕士学位论文《伯牙子期传说的当代传承研究》⑦ 认为，伯牙子期传说作为湖北省的非物质文化遗产，具有重要的文化价值和社会价值。文章还对伯牙子期传说的当代传承提出了对策和建议。

---

① 韦梦琦：《壮泰民族民间传说中的牛崇拜文化比较研究》，《广西社会主义学院学报》2018年第4期。
② 庞建春：《山神传说与地方社会——以韩国大关岭山神信仰传承为个案》，《民族文学研究》2018年第5期。
③ 王秀文：《论日本神话传说中的蛇信仰及其历史文化内涵》，《大连大学学报》2018年第1期。
④ 李常清、崔桂莲：《"鬼女红叶"传说的文本传承研究》，《上海理工大学学报（社会科学版）》2018年第2期。
⑤ 毛巧晖：《民间传说与文化景观的叙事互构——以嫘祖传说为中心》，《贵州民族大学学报（哲学社会科学版）》2018年第3期。
⑥ 黄涛：《刘伯温传说的文化形态与现代价值》，《温州大学学报（社会科学版）》2018年第5期。
⑦ 汪泽琪：《伯牙子期传说的当代传承研究》，硕士学位论文，华中师范大学，2018年。

十 结语

在2018年的传说研究成果中，文化认同与集体记忆研究取得了尤为醒目的成绩，近20篇相关著作、论文被出版或发表出来。少数民族传说研究也受到了格外关注，在文化认同、信仰研究、比较研究甚至非传统的主题流变范式下，都能够看到以少数民族传说为主要材料的论述。与之相对，2018年度的都市传说研究成果极少，古史传说研究也稍显薄弱，有待来年开拓和探索。

面对以往传说研究留下的种种未解难题，2018年度有不少学者作出了大胆的探索和创新的论述。传说内部的"权力结构"得到了进一步揭示，一些历史传说中的异说被加以辨正，许多传说文本中的隐性叙事和矛盾也被提出并深入分析。这体现了当代学者鲜明的问题意识，也为后续研究开辟了新的道路。

2018年故事研究综述

漆凌云 严曼华[*]

2018年是改革开放四十周年。四十年来故事学已发展成为民间文艺学领域术语体系较为完整、研究范式鲜明的分支学科。类型学、文化人类学、流传学派、形态学、神话原型批评、结构主义、表演理论、文化诗学等外来理论不断与中国本土的研究方法和本土材料相结合，形成民间故事采录成果丰硕、研究方法多元的特征，初步搭建了中国故事学话语体系，书写了一批影响深远的学术成果。2018年度发表期刊论文146篇，博士论文3篇，硕士论文42篇，著作7部，故事学理论、类型研究、比较研究、文化阐释研究、故事学学术史等领域成绩显著。

一 故事学理论研究

民间童话的文体特征学界关注不多，瑞士学者麦克斯·吕蒂的童话样式理论独树一帜，代表作《欧洲民间童话：形式与本质》被誉为20世纪文学科学的基本著作，户晓辉2018年将此书译介给国内读者。此书从现象学视域考察欧洲民间童话，通过将童话与传说、圣徒传说进行比较，力图描述欧洲民间童话的本质特征，继而从中寻求所有这些突出特征中的基本形式。作者认为童话的体裁的形成关键不在它使用的母题而是它使用母题的方式。吕蒂讨论了欧洲童话的一维性、平面性以及抽象风格等特征，指出童话把精神上的差异投射到一条唯一的线条上，并且通过外在的距离表明内在的遥远，使人体会不到精神上的距离。童话的人物没有物质性，缺乏身体和精神的深度，没有内在世界、周围世界的图形，缺乏与前世、后世、整个时间的关联。他还从轮廓、题材、颜色等人物形态，以及情节素描、惯用语、极端、禁令、条件、奇迹等方面分析了童话的抽象风格，并指出抽象的风格化给童话赋予了明亮度和确定性。童话的形式和本质最终归结为童话中呈现的人的形象。童话以自身特有的抽象化、图形化和孤立化风格描绘了一种人的形象。童话表达的是对人及其存在的一种特殊理解。吕蒂最后还梳理了童话研究的现状，并重点就普罗普解构主义的童话研究做了简要概述和批评，他认为，普罗普的著作不仅涉及句段上的结构分析，而且通过指明转化，也涉及了纵聚合关系的说明，由普罗普著的《童话形态学》意

---

[*] 漆凌云，湘潭大学文学与新闻学院教授；严曼华，北京师范大学文学院2022级民间文学专业博士研究生。

义深远，其结构分析可以和自己的风格分析相互补充。[1]此外，户晓辉还翻译了德国学者安德烈·约勒思的《简单的形式：圣徒传说、传说、神话、谜语、格言、案例、回忆录、童话、笑话》。[2] 西村真志叶的专著《中国民间幻想故事的文体特征》[3] 系作者2004年完成的硕士学位论文，借鉴了吕蒂的童话理论，依托民间故事集成时期采录文本，把故事传承人心理需求视为形成特点文体的首要因素，运用翔实的数据分析资料，从素材的选择与形成、重复与对比、平面性叙述法论述了中国幻想故事的文体特征，推陈出新，在中国幻想故事的文体特征研究领域做出了创新性贡献。户晓辉认为此书为中国民间故事的文体研究做出了积极贡献，也有力地推进了民间文学的本体研究与国际对话。

丹·本—阿莫斯是美国民俗学家，在民俗学理论、犹太民俗、非洲民俗等领域成就显著，他对类型和母题等重要术语的反思在民间文艺学界产生很大影响。张举文编译的《民俗学概念与方法——丹·本—阿莫斯文集》中的《民俗学中的类型概念》《分析类别与本族类型》《我们需要理想的（民俗）类型吗?》等文对作为分类性类别的类型概念、进化论路径的类型概念、功能论路径的类型概念、结构—形态路径的类型概念、整体论路径的类型概念、原型论路径的类型概念进行反思，认为本族类型体系的研究必须将特定文化中有关类型的认知、表达和行为层面结合起来。在作者看来普遍性的类型不一定是理想类型；神话、传说与故事等常用的类型概念是具体历史的产物，不可能适应于所有文化；类型是民俗话语的分类类别，应理解当地的、文化性的、内在于文本之内的本土类型概念。《民俗学中母题的概念》《民俗中到底有母题吗?》梳理了母题概念在文学研究中的发展历程并分析了民俗学中对母题的借用和不同研究路径，对作为"故事中最小单元"的"母题"分析概念的形成背景及争论进行剖析，提出以"象征符号"来理解故事的基本元素。[4]

杰克·齐普斯是西方当代童话研究领域的重要学者。他的《超级英雄如何进入童话世界——论童话中的合作与集体行为》讨论了童话故事中的合作与集体行为，认为这是不断重复讲述童话的重要原因。作者分析了童话故事中的武士、小矮人、乐于助人的动物、超级英雄和非凡的人类等人物形象，并在他们身上展开乌托邦式的自由联想，使他们团结起来，一起完成共同的目标。作者以《六个人走遍天下》的故事为例探讨了六人和更多非凡的英雄在世界上以及读者心里取得成功的原因——童话故事中的合作和集体行动一次又一次纠正了不公平现象，加强了我们与其他有才干的人合作，一道努力建立新的道德秩序的愿望。作者最后还分析人类希望神、女神、超人、武士、小矮人、牛仔、亡命之徒、变性的男人和女人以及其他非凡的变体去合作、为世界伸张正义的原因——不能依靠所谓的正常人创造和维持社会秩序，需要异常或超常生物的帮助，需要更有效的相互合

---

[1] ［瑞士］麦克斯·吕蒂:《欧洲民间童话:形式与本质》，户晓辉译，河北教育出版社2018年版。

[2] ［德］安德烈·约勒思:《简单的形式：圣徒传说、传说、神话、谜语、格言、案例、回忆录、童话、笑话》，户晓辉译，河北教育出版社2018年版。

[3] ［日］西村真志叶:《中国民间幻想故事的文体特征》，中国社会科学出版社2018年版。

[4] ［美］丹·本—阿莫斯:《民俗学概念与方法——丹·本—阿莫斯文集》，张举文译，中国社会科学出版社2018年版。

作，以减少不平等，创造有利于社会民主的社会条件和文化条件。①

民间故事的价值发生问题学界关注甚少，已有的民间故事价值研究停留在总结、概括价值功能类型层面，越过了价值认识本身的建构过程而直接呈现结果判断，未能就价值关系发生过程与机制问题进行深入研究。张琼洁结合河北地区的民间故事讲述活动从价值哲学、民俗学和文艺学等视角展开系统研究②。她从价值发生角度研究民间故事活动，将"活动"视为一个"开放的活的结构"且具有发生"场"的功能，承载各种价值关系的形成与关联。从价值发生角度探究了各价值范畴的建立过程以及相关互联，厘清了民间故事作为价值客体时与价值主体之间的关系。深入挖掘价值何以发生问题需要将其置于结构系统中进行全面、立体、多向的研究，为此，作者将"活动"（故事活动）引入，探讨了"价值"与"活动"对接的问题，并对"故事活动"这一概念进行了阐述，分析了故事活动发生的要素。作者还简要概述了"价值—活动"的相关研究方法及其具体应用。作者认为绕过传统价值研究模式，将研究重点放在价值规律上的思路具有现实意义，且引发以下实践问题：从分类到融通，从"非连续化"到"连续化"、深化民众心理研究以及实现理论与实践交叉检验。③她的另一篇论文《论民间故事价值的多层级结构》就价值关系发生过程与机制问题进行了深入研究，从文本、本文、活动等多层级描述中分解与透析了价值的发生过程。作者将文本价值划分为文本内意群价值与文本内形态价值两个层级，并指出在文本内意群价值中，民间故事具有情节方向的价值运动与人物方向的价值质性两种存在方式，而在文本内形态价值中，民间故事文本存在双轴偏重的现象，它具体表现为组合轴偏重、聚合轴偏重以及双轴组合变换三方面。作者还分析了本文价值的层级，以兼有接受者角色的讲述者为考察对象分解了故事世界的建构过程。活动价值与本文价值同为主客体价值关系，作者将活动价值区分为两个层次，一是讲述者的授意与语言表达，接受者的释义与语言接收，二是主体之间的互动，并从讲述者与接受者两个方面考察了活动价值的发生过程。④

二 民间故事类型研究

故事类型索引是故事学研究的"字典"。宁稼雨的《索引与故事类型研究文献搜集》讨论了在故事类型研究中，纸本文献索引的价值与意义。作者首先分析了文史研究索引概况，再具体阐释了类书索引及其使用，以唐代、宋代、明清时期的类书及其索引为例，同时将史传人物传记索引、集部文献索引、研究论著索引一一进行了陈述，当下文史研究领域纸本文献及其含索引在内的检索方式仍具有不可替代的作用。⑤

"老鼠啣铁"型故事在中国、波斯、阿拉伯地区、东南亚等地均有流传，陈明的《"老鼠啣铁"型故事及图像在古代亚欧的源流》以19则"老鼠啣铁"型异文故事为底

---

① ［美］杰克·齐普斯：《超级英雄如何进入童话世界——论童话中的合作与集体行为》，桑俊译，《长江大学学报》2018年第6期。
② 张琼洁：《当下河北地区民间故事活动价值发生研究》，博士学位论文，南开大学，2018年。
③ 张琼洁：《当代民间故事活动的价值发生研究》，《民族文学研究》2018年第1期。
④ 张琼洁：《论民间故事价值的多层级结构》，《河北学刊》2018年第1期。
⑤ 宁稼雨：《索引与故事类型研究文献搜集》，《天中学刊》2018年第6期。

本，探讨了其源流，并比较了这些不同异文的差异。作者将"老鼠嗷铁"型故事流传地域分为印度及东南亚、西亚、古代欧洲、新疆地区四个部分进行阐述，梳理了这一故事的传播与流变。针对不同地区不同版本"老鼠嗷铁"型故事从主旨、结构、情节、细节等方面比较异同，指出这一故事隐含强调"诚信"价值观的共通主题，其背后还隐含着诸多不同地区的商业、贸易流通与诚信的社会因素。同时，作者还将与其相关的故事图像找出，分析了其与故事文本的关系，表明通过这些图画，能丰富我们对古代丝绸之路文学插图本的认知，增强对不同文化的认知和理解。① 李小凤、木拉迪力·木拉提通过文献考证认为"老鼠嫁女"源于印度，不仅曾沿陆路丝绸之路向东流传，对我国和中亚等地的动物故事有明显影响，还借海上丝绸之路向西流传，北非、欧洲各地的老鼠动物故事很有可能是该故事的不同变体。②

"丝绸之路"沿线的宝物故事千百年来传续不绝，这既是"丝绸之路"沿线民族对以"宝物"为中心的生活理想的追寻，也是其寄托生活情感、记录民族关系的历史。王丹的《"丝绸之路"沿线民族宝物故事的宝物类型与意涵》将视野聚焦于丝绸之路沿线上不同的宝物类型故事，探讨了"宝物"类型下不同民族交流的社会生活和文化关系。作者将"丝绸之路"上"宝物"类型分为七种，包括动植物类宝物、与水有关的宝物、生活器具类宝物、与宗教有关的宝物、金银类宝物、魔力类宝物以及"引宝"类宝物，并逐一阐释。"丝绸之路"沿线民族在交互往来中携带着各自的文化，在思想、文化的相互碰撞、相互融合下，逐渐形成了相似或相同的文化传统、价值观念和审美习惯，并由此构成了以"丝绸之路"为核心的文化共同体和生活共同体。宝物故事影响着"丝绸之路"沿线民族的价值观、审美观，作用于多民族和谐关系的建立和发展。③

"异类婚恋"故事是古代文学、比较文学、民间文学学人关注的话题。汉魏六朝婚恋小说中有诸多源自民间的人仙恋、人鬼恋、人妖恋故事。董舒心从类型学视角出发运用民俗学、人类学理论阐发人与异类婚恋故事，认为人鬼恋故事的产生与冥婚民俗、鬼魂信仰和盗墓活动有关，其中女鬼形象多于男鬼，原因在于女性的生存状况特别是未婚而卒少女对婚姻的需求、传统阴阳观及"阳精崇拜"心理、作者的男性中心立场。人妖恋故事中妖怪原形为水族的故事居多，这主要是受到了以龙感生神话为代表的水神感生神话的影响。猴妖和狐妖生子母题则反映了魏晋南北朝时期尖锐的民族矛盾和不同民族之间通婚融合的艰难过程。除魅母题则与人妖恋小说的起源直接相关，在巫术思维的影响下，人们将现实社会中的婚恋问题归咎于妖怪作乱，并邀请方士除魅，就产生了人妖恋故事。④ 刘雪玉使用母题和类型研究方法分析满－通古斯语族异类婚故事的叙事形态。除叙事时间和角色功能研究之外，作者还对叙事空间进行解读，为"空间叙事学"在民间故事研究方面的实践提出参考，继而进行叙事结构的分析，并将序列看作叙事的表层结构，以叙事的意

---

① 陈明：《"老鼠嗷铁"型故事及其图像在古代亚欧的源流》，《西域研究》2018年第4期。
② 李小凤、木拉迪力·木拉提：《民间故事"老鼠嫁女"在丝绸之路上的西传及流变》，《喀什大学学报》2018年第5期。
③ 王丹：《"丝绸之路"沿线民族宝物故事的宝物类型与意涵》，《云南师范大学学报》2018年第5期。
④ 董舒心：《汉魏六朝婚恋小说研究》，博士学位论文，山东大学，2018年。

义为表层结构之下的深层结构，尽可能将文化人类学与故事形态学理论相结合解析故事文本。① 类似研究成果还有《魏晋南北朝志怪小说中修道成仙故事研究》②《〈青蛙儿子〉故事研究——以蒙古族故事为例》③ 等等。

王青借助文献考证方式梳理了"五官争功"型故事的渊源。从王谠《唐语林》到宋朝罗烨的《醉翁谈录》再到明朝的《华宴趣乐谈笑酒令》《解愠编》《广林笑府·尚气》，作者比较了"五官争功"这一故事的不同版本，表明这些故事与相声中的"五官争功"故事均有所差异。为此，作者将视野拓展至国外，将其与《伊索寓言》中《胃与脚》篇、印度《经律异相》中的《惟娄王师子乳譬喻经》篇进行比较，发现"五官争功"故事的直接渊源不是《伊索寓言》中的《胃与脚》篇而很可能是印度《经律异相》中的《惟娄王师子乳譬喻经》篇，其"六体争功"故事情节发生在道人梦中，这在《唐语林》顾况的谏议中仍有保留④。另外，他还梳理了中国傻子故事与印度的渊源关系。⑤

徐金龙等从类型学视角考察"替死鬼"型故事，认为其核心情节是死亡在被替代者和替代者之间的转移。原始巫术中的转移巫术是该类故事得以形成和流行的社会文化基础，而佛教的出现直接推动了故事的演变。在口头传承中，该类故事结合城隍信仰，与民间禁忌互相构建、互相诠释，成为某些地区维护社会秩序的有力武器。⑥ 相关研究成果还有《蒙古民间鬼故事研究》⑦。

和梦佳的《纳西族"灰姑娘"型故事研究》运用母题学的理论探讨了纳西族该类型故事中包含的变形母题、后母虐待母题、难题考验母题、神奇助手母题以及特殊方式验证母题，分析母题蕴含的纳西族的生计方式、审美观念、社会制度、情感心理与婚姻价值观等文化内涵⑧。与灰姑娘故事流传的广泛相比，"摔破碗"型故事在国内受关注度却不高。朱毓瑶的《中国"摔破碗"型故事研究》以35篇文本为基础分析了故事文本中的婆媳关系、夫妻关系与祖孙关系，然后分析了"摔破碗"型故事与"弃老"传说、"敬老"故事的关联性，指出这二者在故事内涵上同样具有一致性。⑨ 类似研究成果还有《龙子望娘型故事研究》⑩《藏族动物故事的分类及其特征研究》⑪ 等等。

---

① 刘雪玉：《20世纪满-通古斯语族异类婚故事集成研究》，博士学位论文，吉林大学，2018年。
② 邢馨元：《魏晋南北朝志怪小说中修道成仙故事研究》，硕士学位论文，西北师范大学，2018年。
③ 珠拉：《〈青蛙儿子〉故事研究——以蒙古族故事为例》，硕士学位论文，中央民族大学，2018年。
④ 王青：《"五官争功"故事的渊源与发展——古典小说与民间故事之二》，《古典文学知识》2018年第6期。
⑤ 王青：《傻子的幻想——古典小说与民间故事之一》，《古典文学知识》2018年第4期。
⑥ 徐金龙、许秋伊：《"替死鬼"故事类型研究》，《长江大学学报》2018年第3期。
⑦ 萨日那：《蒙古民间鬼故事研究》，硕士学位论文，中央民族大学，2018年。
⑧ 和梦佳：《纳西族"灰姑娘"型故事研究》，《民族文化》2018年第1期。
⑨ 朱毓瑶：《中国"摔破碗"型故事研究》，《扬州教育学院学报》2018年第4期。
⑩ 刘彩月：《龙子望娘型故事研究》，硕士学位论文，内蒙古大学，2018年。
⑪ 斗格杰：《藏族动物故事的分类及其特征研究》，硕士学位论文，西北民族大学，2018年。

三 民间故事的比较研究

民间故事的比较研究历来受学者重视，2018 年度，有关民间故事比较研究的论文虽然不多，但也不乏优秀作品，且大多数为跨民族、跨文化、跨学科比较研究。

董晓萍近年来着力于民间文学的跨文化研究。她的《新疆史诗故事、佛典文献与毛毯绘画》采用"史诗故事群"概念开展跨文化民俗体裁研究，首次将新疆南疆地区流传的史诗故事、记录于南疆的佛典文献与出土于南疆的洛浦毛毯并置分析，展现了多层文化故事圈的特点，从民俗叙事本身的类型、母题和主题组合出发，阐释了其圣俗交融、天地人对话的特征。作者将信仰故事、《玛纳斯》史诗故事与佛典文献相结合，以《大唐西域记》中记载的唐代新疆的信仰故事为例说明其与《玛纳斯》史诗故事的联系，结合新疆民间故事集成中的现代记录本和现代民俗志调查资料进行综合分析。作者认为我国内部存在着发展程度不一的、不平衡的文化多样性。在某些地区或某些范围内，多元文化的距离比较突出；但在有的地区或某些范围内，多元文化之间的差距并不明显。在有的地区和有的范围内，多元文化的界限还十分模糊，其内外元素聚合，叙事类型融汇，自成一体，流传于南疆这批资料正呈现出这样一种现象：它经历过口头、书面、社会内部与跨文化的互动，但各种互动都在保持本民族文化特质的前提下进行。[1]

王晶波、韩红的《"牛犊娶亲"故事的佛教源流及其演变》依据敦煌存唐写本《佛说孝顺子修行成佛经》、韩国存明刻本《释迦如来十地修行记·第七地》，以及明清民国间的《金牛太子宝卷》等文献材料，对"牛犊娶亲"故事的源流进行了探讨，认为其源自隋唐时期的佛本生故事经典《银蹄金角犊子经》，是印度佛本生故事在中国民间长期流传和演化的结果。[2] 王晶波在另外一篇论文中继续深入论证，认为作为佛教"疑伪经"的《银蹄金角犊子经》虽在 9 世纪之后失传，但它所讲述的佛本生故事则通过讲唱、壁画、民间故事等形式与途径广泛传播，不仅跨越了宋元明清，一直延及当代，而且还旁涉阿拉伯、蒙古国、朝鲜等地，在不同的国家、民族中相互传播，不断变形衍生，成为我们认识丝绸之路文化交流的民间层面的一个重要的例证。[3] 类似成果有《变形故事与唐五代社会》[4]《魏晋南北朝志怪小说中的地方神祇研究》[5] 等。

"幽灵育儿"故事在中国和日本均流布广泛，分析其异同能帮助我们更好理解中日文化的差异与交融。毕雪飞的《"诞生"与"出世"：中日幽灵育儿故事比较研究》以文本分析为中心，对中日幽灵育儿故事的类型、分布、承继以及故事生成与传播的社会背景进行比较分析，指出了中日之间此类故事的重要差异——主要体现在母题链最后环节"出世型"的"幽灵儿去向"不同，中国故事中婴儿最终向着非富即贵的方向发展，而日本大多最终成为名僧。作者还分析了日本这一故事生成和传播的社会背景，指出儒家思想的影响、视死如归的灵魂观念、日本翻案文学的摄取以及佛教东渐日本等是影响中日幽灵育

---

[1] 董晓萍：《新疆史诗故事、佛典文献与毛毯绘画》，《文化遗产》2018 年第 1 期。
[2] 王晶波、韩红：《"牛犊娶亲"故事的佛教源流及其演变》，《甘肃社会科学》2018 年第 1 期。
[3] 王晶波：《〈银蹄金角犊子经〉的中外传播及其衍变》，《敦煌学辑刊》2018 年第 3 期。
[4] 王俊桥：《变形故事与唐五代社会》，硕士学位论文，兰州大学，2018 年。
[5] 袁海宝：《魏晋南北朝志怪小说中的地方神祇研究》，硕士学位论文，南京师范大学，2018 年。

儿故事生成和传播的主要因素。作者认为，在探究故事生成和传播的社会背景过程中，既要尊重故事发生在中国的事实，也要关注故事传播于日本之际借由文化实践建构文化认同的本末，如此，才能深刻认识中日文化的深层流动。[1] 藏族的《斑竹姑娘》与日本的《竹取物语》有诸多相似之处，渊源关系有两种说法：一种认为是藏族的《斑竹姑娘》是《竹取物语》的原型；另一种认为是《竹取物语》传到中国后被改编而形成《斑竹姑娘》。李连荣和高木立子认为藏族的《斑竹姑娘》未见于《尸语故事》，很可能是以口头讲述的记录为基础，根据个人和时代需要加工而成。通过比较《斑竹故事》与《竹取物语》的整体结构、故事情节中的难题设定分析以及故事中求婚者人物设定的异同，表明二者从表面看有很多相似之处，但将其分别置于各自的文化中，意义却极为不同。作者继而从地理问题、难题、人物设定三个方面对这《斑竹姑娘》故事的真伪性与民族归属问题进行了分析，发现从藏族民间故事规则来看，《斑竹姑娘》中存在许多不符合藏族民间故事规则的地方，从而得出《斑竹姑娘》应为来源于《竹取物语》，根据时代需要加工和改写而成的"有藏族风味"的新故事的结论，其传播渠道或为口头语言的流传。[2] 漆凌云引入文化圈视角考察了《毛衣女》《田昆仑》故事在日本的传播，以及毛衣女故事借助日本传至琉球的传播路径，发现干宝《搜神记》中的羽衣母题和藏衣于积稻下母题在日本和琉球的天鹅处女型故事中均有传承，句道兴《搜神记》中的"天女井池中沐浴""树下仙女""神奇的天女之子"母题给日本和琉球的始祖型天鹅处女型故事带来很大影响。[3] 类似成果还有《从〈笑府〉和刻本看中国笑话在近世日本的接受情况》。[4]

中韩朝三国山水相连，同处汉文化圈，在文化上具有许多相似之处。李官福、权辉的《〈六度集经〉与中韩民间故事和小说》通过将中韩古代民间故事和小说与《六度集经》中的对应故事进行比较，探讨了《六度集经》对中韩古代民间故事和小说的影响，以及不同文化背景下的差异。作者比较了"理家本生（财主和鳖的故事）"与"鲤鱼报恩"型故事、"难王本生（摩天罗王经）"与"不要救黑发之兽"型故事、"弥兰经（弥兰王本生）"与"老鼠求婿"型故事、"理家本生（金鼠故事）"与"善用小钱成巨富"型故事、"兄（猕猴）本生"与《兔子传》五个故事类型，揭示了韩国古代民间故事和小说流变的佛经故事渊源，反映了东北亚文化的某些共同特性。[5] 在民间故事中，以父女想法对立，最终导致二人产生隔阂或走向极端的事例不少。郭丹阳通过比较中朝两国父女对立型民间故事，分析了二者在故事情节、女性人物形象、社会观念等方面的不同。作者将两国中以女性失败为结尾的故事类型与以女性胜利为结尾的故事类型分开论述。在以女性失败为结尾的故事中中国女性积极追求自由，在强调悲剧性的同时渴望新秩序的建立。朝鲜

---

[1] 毕雪飞：《"诞生"与"出世"：中日幽灵育儿故事比较研究》，《民族文学研究》2018年第6期。
[2] 李连荣、高木立子：《藏族民间故事〈斑竹姑娘〉的生成及其与〈竹取物语〉关系谫论》，《民族文学研究》2018年第5期。
[3] 漆凌云：《汉文化圈视域下的中琉天鹅处女型故事比较研究》，《贵州民族大学学报（哲学社会科学版）》2018年第2期。
[4] 谢乐：《从〈笑府〉和刻本看中国笑话在近世日本的接受情况》，硕士学位论文，北京外国语大学，2018年。
[5] 李官福、权辉：《〈六度集经〉与中韩民间故事和小说》，《北京联合大学学报》2018年第3期。

女性顺从父命，无力抵抗自己的宿命，否认新秩序存在的意义。而在以女性胜利为结尾的故事类型中，中国文本既包含了对于时代更迭的不安感，也包含了对于新时代到来的肯定。朝鲜此类型民间故事则以绝对性的结局宣告新时代的到来，具有反对社会基本道德的特性。在中国父女故事中，女性人物被赋予更多的意义，且此类故事强调的是新时代的到来要与大众的利益相关联，对旧世界拥有更强的包容能力，此即中国此类型故事中所体现的"父女妥协"观念，而在朝鲜的父女故事中，体现了男尊女卑的思想观念，且女性在处理问题过程中需要依靠男性，处于被动地位，难以独立存在，即朝鲜此类型故事中所体现"男性依赖"观念。①

李若熙梳理了南北方少数民族"异类婚恋"母题中的牛郎织女的故事，发现二者都有大团圆式的结局，同时都增加了考验女婿的情节。作者同时也比较了二者的不同，发现在受儒家传统文化影响方面，北方多而南方少，这与南北方地理位置有关。而在生产方式层面，北方多有狩猎情节，南方多体现山居农业的特征，这主要受地理环境、气候条件以及民族习惯等因素的影响。在不同生产方式的指引下，南北方牛郎织女故事中也出现了"鹿"和"牛"的差异。②

四 民间故事的文化阐释研究

文化阐释是民间故事研究的主要范式，2018年度的相关论文在研究方法的多样性和深度上均有所推进。"傻女婿""巧媳妇"故事是中国普遍流传的一个故事类型，主要反映了中国家庭伦理关系。鹿忆鹿的《从民间故事看中国家族关系——论"傻女婿""巧媳妇"的回娘家情节》从公公找寻聪明的女孩做媳妇、巧媳妇当家以及巧媳妇带傻女婿回娘家这三个方面探讨了中国家族中基本的权力与关系构成。在"公公找寻聪明的女孩做媳妇"故事中儿子的婚姻由父亲做主，媳妇的选择也由公公决定，公公在家庭中占有重要地位，体现了"家族"和"宗族"的影响。在"巧媳妇当家"故事情节中，巧媳妇不仅需要能够生儿育女，还需要有足够的智慧来操持家业，表明在男权社会中，巧媳妇角色涵括了女性在不同生活场域中承担的各种社会角色。"巧媳妇带傻女婿回娘家"情节表明即使女子出嫁，还是与原生家庭有割不断的脐带关联。"巧媳妇"故事情节中，公公为主要角色，这表明中国家庭中男子的娶妻落实到婚姻上，其实只有翁媳关系的讨论，显示出家庭关系中丈夫的相对弱势。民间故事中多"傻女婿"少"傻媳妇"形象体现了隐藏的男权立场。③

从20世纪初到现在，关于儿童观的讨论一直为儿童文学界与教育学领域所关注。许多民间故事中蕴含了中国传统之于儿童的文学观念，"老虎外婆"型故事便是典型。它既是启蒙儿童的故事，也是教育儿童的故事。毛巧晖的《他者"制造"与家园守护——

---

① 郭丹阳：《"父女妥协"与"男性依赖"——中朝父女类型民间故事女性形象比较》，《文艺争鸣》2018年第12期。
② 李若熙：《南北方少数民族"异类"婚恋故事母题比较研究——以牛郎织女故事为例》，《民族学刊》2018年第5期。
③ 鹿忆鹿：《从民间故事看中国家庭关系——论"傻媳妇""巧媳妇"的回娘家情节》，《民俗研究》2018年第4期。

"老虎外婆"型故事中的儿童教育观》以13则"老虎外婆"型民间故事为底本,通过运用类型分析的方法,对不同地域、不同民族的"老虎外婆"型故事进行翔实的情节单元分析,指出作为文学性文本所呈现的中国传统社会对儿童的看法及其成长教育的理念。作者通过分析大人外出事由与精怪形象,表明相对于"家"而言的"他者"为危险来源。这一故事希望通过讲述,劝诫、警示年幼的孩子,同时也体现了对年长孩子看家护院观念的强调,与中国宗法社会中对长子的重视息息相关。①

林兰童话素有中国格林童话的美誉,日本学者将其视为中国民间故事高潮期结束的标志。黎亮的《中国人的幻想与心灵——林兰童话的结构与意义》以林兰的八本童话集为对象,将其分为"得宝型""失宝型""考验型""离去型"以及"滑稽型"五个类型,并从其结构形态及文化含义方面对其进行阐释。在研究方法上,作者突破了以往以母题分类的惯例,以林兰故事中稳定不变的主干情节为目标作为构拟故事的基础。作者在借用普罗普故事形态学分析方法时,将邓迪斯的区域类型研究理论引入结构形态分析,通过跨文本文化比较,并结合地域差异来理解中西幻想故事的结构差异,弥补了普罗普故事形态学未涉及的地域文化的缺憾。作者还着重对林兰童话的结构形态分析与异文比较分析做了探讨,指出林兰童话中有相当一部分异文不符合普罗普对童话文类的描述,并由此指出,林兰童话为我们提供了更多元也更真实的民间,其多样的类型和重复的、新奇的又具有潜在性的异文,不仅向我们展示了民间童话"去中心、去同一"的生存状况,也为我们提供了由农耕社会走向现代所拥有的民族资源以及所要面对的深层问题。②于敏的《云南人口较少民族民间故事的生态文化研究》从生态自然、生态伦理、生态美学、多元习俗等视角考察了云南人口较少少数民族民间故事中的生态文化意蕴。③

李永平、樊文的《中国少数民族屠龙故事文本与禳灾传统》以27个少数民族44则屠龙故事文本为基础,将民间口承故事文本与古代记录相结合,以跨文本研究的方式探讨了屠龙文本背后隐含的文化传统。作者依据"屠龙原因"将屠龙故事划分为龙致灾祸被屠杀型、龙因害人或吃人引发人类复仇屠龙型、为完成考验屠龙三大类型,把民间口承故事文本与古代记录相结合,相互印证,认识、理解屠龙文本背后隐含的禳灾文化传统。作者比较了各民族屠龙文本中杀死或镇压怪物龙时保存的禳解仪式中使用的法物、法术等巫术记忆,指出这其实体现了不同民族的民族信仰与禳灾文化传统。作者最后指出"龙问题"是西方激荡中的问题产生,"龙的传人"的表述是移植自西方的"中国龙"话语,中国"屠龙"和"龙王"其实是同一机制呈现的两种面相。④

弃老型故事流传甚广,2017年相关论著较多。郭晓丽的《弃老与日本人的山岳信仰——深泽七郎〈楢山节考〉的文化意义》从深泽七郎的小说《楢山节考》出发,探讨了故事背后隐藏的日本文化内涵与民众信仰。民间故事中的"弃老"故事主要在于宣扬"孝道",具有深刻的现实意义,而深泽七郎的小说《楢山节考》则将更注重故事所体现的生死交替这一生存方式本身,并就日本"弃老"故事的真实性进行了考察。而关于

---

① 毛巧晖:《他者"制造"与家园守护——"老虎外婆"型故事中的儿童教育观》,《杭州师范大学学报》2018年第2期。
② 黎亮:《中国人的幻想与心灵——林兰童话的结构与意义》,商务印书馆2018年版。
③ 于敏:《云南人口较少民族民间故事的生态文化研究》,人民出版社2018年版。
④ 李永平、樊文:《中国少数民族屠龙故事文本与禳灾传统》,《民族文学研究》2018年第1期。

"上楢山"这一情节,作者指出这与日本人的山岳信仰有关。通过阐释日本民众眼中的山岳观——"山中他界"观——人死后会上到高山,将山视为属于死者的空间,从而解释了"上楢山"背后的含义,因此小说把弃老地点设定在"楢山"与日本传统的山岳信仰是一致的。① 王悦等结合长白山人文地理特点从祖先崇拜与英雄崇拜视角分析了长白山民间故事生成的民族心理。②

"天子地"类型故事带有地方感和历史感的文化记忆形式。陈进国的《顺服与反抗:关于"天子地"故事的文化分析》借鉴文化记忆的理论,从中国政治文化传统中的"正统论"入手对"陈王迁墓"风水公案及"天子地被破坏"故事类型进行分析,探讨了其作为"神话化的历史",如何反映民间文化的双重记忆的问题。作者以"陈王迁墓"的风水公案为例,说明其蕴含着"正统"与"潜伪"之辨,是一种"作为顺服的回忆",是地方社会对于"正统"观念认同的心态反映。"天子地被破坏"故事透露出王朝政治对于地方的风水术数活动的高度警惕,并强调了一种"飞龙承天"或"奉天承运"等神话化的政治正确话语,从而宣示了"正统性"的王朝在边陲地区的象征性在场和文化性征服。而风水术数作为一种象征文化系统或知识—实践体系,参与阐释和传达了中国"大一统"政治思想传统,进而左右了中国人在"事生事死"活动中的历史心性、行为模式。③ 相关研究还有《"早发的神箭"与黎族历史文化关系考论》。④

刘垚瑶的《飞天梦想与工匠精神:中国木鸟型科学幻想故事研究》以《中国民间故事集成》所收集的木鸟型科学幻想故事为研究对象,认为"木鸟""木马"或"木船"具有典型的飞天主题,在彰显民间丰富想象力的同时,折射出木鸟型科学幻想故事与中国科技发展的相关意味,对古代科学的普及与传播发挥了重要作用,故事所蕴含的工匠精神亦值得当代借鉴。⑤ "人心不足蛇吞象"故事在民间流传广泛。余敏先认为是从"巴蛇吞象"到"神蛇吞相"的演变而来,丰富深厚的道德话语和摄人心魄的震撼力是故事得以广泛流传的原因。⑥

五 民间故事研究的形态学研究

民间故事形态学研究论著近十年日渐增多,2018 年有所减弱。2015 年李扬再版的《中国民间故事形态研究》一书是对普罗普故事形态学的认识推进与意义补充,吕微认为此书是迄今为止中国学者对普罗普"民间故事形态学"最具国际水平的批评研究,并为此再次撰写了评论文章《〈中国民间故事形态研究〉的学术价值和学术史意义》。作者阐

---

① 郭晓丽:《弃老与日本人的山岳信仰——深泽七郎〈楢山节考〉的文化意义》,《中国海洋大学学报》2018 年第 1 期。
② 王悦、郝连科:《论长白山民间故事生成的民族心理》,《社会科学战线》2018 年第 9 期。
③ 陈进国:《顺服与反抗:关于"天子地"故事的文化分析》,《民俗研究》2018 年第 5 期。
④ 智宇晖:《"早发的神箭"与黎族历史文化关系考论》,《海南热带海洋学院学报》2018 年第 4 期。
⑤ 刘垚瑶:《飞天梦想与工匠精神:中国木鸟型科学幻想故事研究》,《贵州民族大学学报》2018 年第 5 期。
⑥ 余敏先:《从"巴蛇吞象"到"神蛇吞相"——寿县"人心不足蛇吞象"故事的道德话语》,《三峡论坛》2018 年第 1 期。

述了普罗普故事形态学与阿尔奈—汤普森类型学的渊源，通过梳理普罗普故事形态学的建立过程，将普罗普（神奇故事形态学）与阿尔奈—汤普森（民间故事类型学）进行了区分，并分析了普罗普的研究旨趣与研究结论，指出李扬的《中国民间故事形态研究》不仅仅是对普罗普的普遍性发现的跨文化、语境化质疑和修正，同时也是对普罗普问题意识的进一步推进。其并不仅仅是使用中国材料证明并推进了普罗普故事学关于故事内容的形式理论（形态学）的认识论价值，更是接过了普罗普故事学并没有自觉阐明的"讲故事"本身之实践意志（任意）形式理论的道德意义。[①]

张晖的《韩国蛇郎故事的叙事结构分析》眼光向外，对韩国蛇郎故事进行较系统考察。作者先把《韩国口碑文学大系》中的蛇郎故事分为夫妻离别型和夫妻再结合型，然后对两种型式故事文本的表层结构和深层结构展开分析，归纳出各自的核心段落，认为在夫妻离别型传承集体的意识中，与动物相比，人类更为优越，人类才是自然界的统治者；在夫妻再结合型传承集体的意识中，动物是人类的祖先，是神圣的。因而蛇郎故事中出现了蛇变身为人类，与人类通婚并最终完全融入人类社会的故事情节。[②] 类似研究成果还有《苗族龙女故事的形态研究》[③]《近代"洋人盗宝"故事的形态结构分析》[④]《河南"傻女婿"故事情节结构分析》[⑤] 等等。

六 民间故事采录与讲述研究

2018年度有关故事学家、民间故事采录者的研究较少。高荷红近年来关注时代变迁中出现的书写型传承人。她发现满族故事讲述家傅英仁融"民间故事家"、民研会成员、曾被培养的小萨满、满族说部重要传承人、宁安满族民间文化的重要传承人于一身，堪称"嘴茬子"和"笔头子"都过硬的传承人。在20世纪80年代"三套集成"的搜集整理过程中，他脱颖而出，成为著名的"民间故事家"，其文本在国家卷、省卷、地方卷中皆占有重要篇幅。之后出版了个人的故事集、神话集和多部满族说部。作者通过对散落在各种文本、文集中的资料进行汇总、梳理和分析，透过建档研究来厘清傅英仁在满族说部、神话及民间故事三种主要文类方面的采录及传承成果。发现傅英仁逐渐从故事的搜集者变成了讲述者，从"嘴茬子"过渡到"笔头子"。[⑥] 邵丽坤将满族说部故事家分为"传承型"与"传承兼创作型"两类，并由此为"复合型传承人"定位：除传承兼创作满族说部外，还拥有绘画、音乐、民族语言等多方面才能。作者继而以富育光、赵东升为例分析了满族说部"复合型"传承人的特质，表明满族说部"复合型传承人"都能完整讲述说部，包括家传说部及满族传统民间故事，除此以外，满族说部"复合型传承人"还需掌握一定

---

① 吕微：《〈中国民间故事形态研究〉的学术价值和学术史意义》，《民族文学研究》2018年第3期。
② 张晖：《韩国蛇郎故事的叙事结构分析》，《温州大学学报》2018年第1期。
③ 苏菀琴：《苗族龙女故事的形态研究》，硕士学位论文，云南大学，2018年。
④ 李佳卉：《近代"洋人盗宝"故事的形态结构分析》，《韶关学院学报》2018年第4期。
⑤ 王传秀：《河南"傻女婿"故事情节结构分析》，《韶关学院学报》2018年第4期。
⑥ 高荷红："嘴茬子"与"笔头子"：基于满族"民间故事家"傅英仁的建档研究》，《民间文化论坛》2018年第1期。

满语词汇，有书写、绘画、音乐等技能，还是专家学者。作者通过阐述锡伯族长篇故事讲述家何钧佑的生平经历与故事特点，提出整理者应该"回归到原生态的民间叙事"，保持故事的原貌，尽量做到原汁原味的观点①。类似研究成果还有《故事家朝格日布及他所讲述的故事研究》②《黄振华满族民间故事的自然观研究》③ 等。

目前，对民间故事讲述人的研究大多通过文化人类学与社会学研究的实地调查方法获得故事材料，而极少关注故事讲述人独特的成长历程，而叙事心理学能为其提供新的视角，通过对其个人叙事的研究，探究其心理世界，发现其故事讲述人身份的建构过程。李敬儒以民间故事讲述者靳景祥为例，通过运用叙事研究法，分析了其故事讲述人身份的建构过程。作者梳理了靳景祥的人生经历，对其人生经历中的关键事件进行深入研究，并就其叙事所体现的感情态度及思想意识进行讨论，表明这些都是直接影响他对自己身份建构和认同的重要因素。作者还分析了个人叙事与他者叙事对于故事讲述人身份的建构的影响，以政府官员杨荣国多用故事性的情节和场景化的描写突出靳景祥作为民间传承人的表率作用以及靳景祥自身对其故事讲述人的建构具有明显的主体意识做对比，指出了个人叙事与他者叙事的不同。④

另外还有学人从传播学视角关注民间故事的传播。作者认为民间故事的叙述者在人内传播过程中，既通过记忆和思考完成了故事的加工，同时通过自我认知实现了建构自我和意义的挖掘，人内传播的切入点成为理解民间故事口头传播何以如此呈现的内在动因的有效途径。民间故事传播研究中，表演概念的使用，既使得"作为材料的民俗"向"作为交流的民俗"转变，同时体现了传播学中的人际、传统与现代之间的社会化互动。⑤

七 民间故事的采录、改写与再创作研究

2018年，《中国民间文学大系出版工程·故事卷》全面启动。为适应新时代民间故事采录要求，《中国民间文学大系出版工程·故事卷编撰体例》要求在中国民间故事集成注重科学性、全面性和代表性基础上，特别提出采录中要保持民间故事的方言特色，理解民间故事的表演和交流特性，每篇故事注明讲述者（年龄、文化程度、籍贯、性别、职业等）、采录时间、地点、采录者、初稿整理者；注重与故事有关的民俗环境介绍、注重故事讲述现场的描述，诸如讲述者的讲述行为、身体语言、表情、讲述情景、讲述过程、讲述者与周围人的互动等。⑥《中国民间文学大系出版工程·故事·河南平顶山卷》《中国民间文学大系出版工程·故事·宁夏卷》《中国民间文学大系出版工程·故事·万荣笑话

---

① 邵丽坤：《满族说部"复合型传承人"研究》，《满语研究》2018年第1期。
② 伊日贵：《故事家朝格日布及他所讲述的故事研究》，硕士学位论文，中央民族大学，2018年。
③ 洪展：《黄振华满族民间故事的自然观研究》，硕士学位论文，辽宁大学，2018年。
④ 李敬儒：《从叙事心理学角度看靳景祥对其故事讲述人身份的建构》，《青海民族大学学报》2018年第2期。
⑤ 陈俊妮、陈俊峰：《记忆·认知·互动：人内传播与民间故事表演》，《华中传播研究》2018年第2期。
⑥ 《〈中国民间文学大系〉编撰体例方案》，《〈中国民间文学大系〉出版工程通讯》2018年第2期。

民间故事常常是作家创作的重要资源。莫言是善于讲故事的作家。民间故事的叙述资源与叙述经验都对莫言的创作产生着重要影响。张相宽认为荤故事在莫言的小说创作中发挥着重要的作用。民间创作的写作立场、向口头传统回归的写作理念以及创作的狂欢化风格，使得莫言不避粗鄙的罪名，在自己的小说中插入了多则荤故事。这些荤故事的插入，体现了它在民间的性启蒙和性教育的功能，有助于揭示人性的复杂和塑造小说中的人物；可以深化小说的主题，赋予小说更加开放的阐释空间，有助于充分认识人物所遭受的性压抑心理，更加准确地理解人物的行为及其动机。荤故事使民间"生"的苦闷和"性"的苦闷得到一定程度的缓解，民间的生命过于沉重，他们需要荤故事的笑来抵御生命中的苦难。"人兽婚"荤故事的汲取则彰显出莫言创作的新境界。① 钟世华分析了作家韦其麟的长诗《百鸟衣》将壮族百鸟衣型故事通过民族文化风物的再现、富于民族化的修辞以及诗体形式"变奏"等方面展示了壮民族的文化色彩与广西地域特征，是成为经典化的重要基础。长诗《百鸟衣》发表后借助评价机制所内蕴的权力运作空间关系的传播及评论亦是其成为经典的重要因素，但也带来影响焦虑。②

赵蕤关注了日本20世纪50至60年代兴起的对民间故事、传说与世界名著改编创作的"再话运动"，指出吸纳日本的民间故事改写经验对中国民间文化如何走出去具有启迪意义。③ 现代社会进入读图时代，传统民间故事需要借助绘本形式才能获取更多受众。杨静芳考察了日本1976年至2017年出版的17本关于七夕传说的绘本，认为将民间故事与绘本相结合是民族文化传承和保护的有效手段。中国民间故事研究者、儿童文学研究者、画家及出版社应该协力打造出有中国特色的高质量绘本。④

民间故事与影视结合分析的论著每年都有。林婧婧的《中国民间故事转换后的西方视域——以迪斯尼电影〈花木兰〉为例》探讨了迪斯尼的《花木兰》对于中国传统民间故事的改写。进口的"木兰故事"被迪斯尼进行了"去情境化、本质化、普及化与重构"的过程，将区域性文化转换成全球性文化。中国的电影应当以开放、宽容的心态接受外来文化，利用好丰富的民间故事资源，超越狭隘的民族观念，融入符合时代要求的现代价值观、审美观以及大众普泛性的情感体验。⑤ 邵丽坤发现满族说部故事传承并非与口传彻底绝缘，口传与文字并行。作者还讨论了21世纪媒介传承对满族说部故事传承的影响力，以报纸、电视、光碟、网络等为例阐释了其多元化的传承方式。⑥

八　故事学学术史

故事学学术史旨在考镜源流，总结经验展望未来，2018年度相关成果较多，涉及不

---

① 张相宽：《试论莫言小说中的荤故事及其审美意义》，《中国政法大学学报》2018年第5期。
② 钟世华：《〈百鸟衣〉的经典建构与影响焦虑》，《民族文学研究》2018年第3期。
③ 赵蕤：《日本"再话文学"视阈下的彝族叙事长诗〈阿诗玛〉译介研究——兼论日本"再话文学"》，《民族文学研究》2018年第2期。
④ 杨静芳：《日本七夕传说故事绘本现状研究》，《戏剧之家》2018年第34期。
⑤ 林婧婧：《中国民间故事转换后的西方视域——以迪斯尼电影〈花木兰〉为例》，《电视指南》2018年第5期。
⑥ 邵丽坤：《媒介视域下满族说部传承方式在当下的演变》，《满族研究》2018年第1期。

同时期、不同个案、不同体裁等。乌日古木勒的《中日学者眼中的〈桃太郎〉》比较了中日文化交流视野下的《桃太郎》故事研究史。中国学者主要从文化史与中日文化交流和影响比较的视角出发探讨《桃太郎》的起源。而在日本方面，以柳田国男、关敬吾、野村纯一等人对于《桃太郎》故事的解读与评价为例，指出日本学者主要站在一国民俗学的立场上，研究"桃太郎"的诞生问题和文化内涵。作者还分析了造成中日学者关于《桃太郎》故事研究不同的原因：一是由于学术立场不同，二是由于研究视角和关注点不同。而正是因为这二者的不同，才造成《桃太郎》故事的多元解读性。[1] 近年来关于孤儿故事的研究成果相对增加。王立、黄静对近二十年来的孤儿故事研究进行了评述。作者梳理了孤儿故事中寡母抚孤、孝子寻父与复仇以及孤儿成长三类故事的研究成果。认为国内民间文学界对孤儿形象的个案研究较为充分，但对于作家文学来说，孤儿形象及其相关研究则较为缺乏。此外，"实录型"（原生态）与"创作型"（衍生的次生态）叙述中的孤儿形象缺少辨析，孤儿形象尚未被系统探讨，在多学科理论框架下对这一故事的挖掘仍未上升到群体关怀的现实指向功能，这些都是今后需突破的地方。[2]

燕京大学的民间故事研究在中国民间文学研究史上有着一席之地，却少有关注。岳永逸《故事流：历史、文学及教育——燕大的民间故事研究》梳理了燕京大学的民间故事研究历程，从传说、故事、寓言、儿童童话等方面分别进行论述，阐明其在中国民间文学研究史上的意义与价值。燕大的民间故事研究主要受顾颉刚倡导的历史演进法的影响，将传说进行生成与还原，体现其证伪性。作者还分析了燕大民间故事研究的新方法——在纵横比较中厘清一个同型故事的来龙去脉，也即"故事流"的概念。此外，作者还评述了燕大学子将民间故事应用于学龄前儿童教育的应用性研究。燕大民间文学研究在中国民俗学运动发展过程中有序前行，这些研究既有对国内外已有研究成果的吸收，也有在这些成果上的新的尝试与突破。[3] 此外还有学者关注了上海的新故事演变，如《上海新故事之勃兴》。[4]

类型学是民间故事研究独有的一种范式，在 20 世纪 80 年代之后逐渐成为中国民间故事研究的主要方法。漆凌云梳理了故事类型学在中国的译介与实践历程。作者发现英国学者 N. B. Dennys 早在 1876 年率先用西方故事学方法对中国民间故事进行分类。钟敬文、刘守华、刘魁立等学人积极将西方故事学理论本土化，产生了"类型划分 + 文化史研究""故事文化学""故事生命树"等研究范式，形成了类型丛、类型核、情节基干、母题链、中心母题、功能性母题、节点等具有中国特色的故事学话语体系。[5] 此外他还从高被引论文年度分布、高被引论文期刊分布、高被引论文作者群体以及高被引论文的研究热点等方

---

[1] 乌日古木勒：《中日学者眼中的〈桃太郎〉》，《民族文学研究》2018 年第 3 期。
[2] 王立、黄静：《近 20 年中国古代文学孤儿故事研究综述》，《湖州师范学院学报》2018 年第 3 期。
[3] 岳永逸：《故事流：历史、文学及教育——燕大的民间故事研究》，《民族艺术》2018 年第 4 期。
[4] 朱少伟：《上海新故事之勃兴》，《都会遗综》2018 年第 1 期。
[5] 漆凌云：《他山之石与本土之根：故事类型学在中国的译介与研究》，《民族文学研究》2018 年第 4 期。

面评述了近四十年中国民间故事研究成果。①

九 结语

总体来说，2018年的民间故事研究论著质量有所提升，但研究模式化、表层化较突出，创新度不够仍是主要问题。2018年的民间故事研究某种程度上是民间故事研究四十年的缩影。如果回顾四十年的民间故事研究历程，学术研究生态的恢复、钟敬文、刘守华、刘魁立等学术领袖的引领、民间文学学科列入国家学科体制、外来学说的引入、学术共同体的构建及对外交流的开展等因素推动中国民间故事研究取得丰硕成果。但我们也应看到中国民间故事的资源优势并未转换为研究优势。四十年来，中国民间故事研究成果虽然丰硕，但能为世界民间故事学界普遍认可的却不多。"本体意识薄弱""研究范式创新性不足""本土化研究阐释力不够"等问题依旧困扰故事学人。立足本土资源、坚守故事学的学科本位、积极吸纳相关学科研究成果、关注民间故事的新样态、开拓新范式、深化故事学话语体系建设才能为故事学开辟新空间。

---

① 漆凌云：《基于高被引视角的近四十年中国民间故事研究述评》，《长江大学学报》2018年第2期。

2018年民间戏曲、曲艺研究综述

祝鹏程[*]

2018年恰逢改革开放40周年。经过40年的努力，民间戏曲、曲艺研究经历了学术范式的几番变迁，取得了丰富的成果。2018年，民间戏曲与曲艺的研究成果不可谓不丰富，在质和量上均取得了可观的成绩。以下分而论之。

研究资料的整理与出版

首先值得一说的是，经过学者们的努力，整理推出了一批有价值的研究资料。规模最大的一套丛书是《近代散佚戏曲文献集成》[①]，该书是国家出版基金重点资助项目，全套45种共70册，且多采取了原版影印的形式，保留了其原始面貌，具有极高的史料价值和艺术参考价值。全书分理论研究编、戏曲史料编、曲谱和唱本编、名家文献编四部分。理论研究编收录了很多近代著名学者的经典著作。其中包括任二北的《敦煌曲初探》、贺昌群的《元曲概论》等。戏曲史料编收录了大量的戏曲演出原始档案资料。包括煌煌六册的《五十年来北平戏曲史材》，收录了齐如山、朱希祖编纂整理的大量档案目录文献的《近代戏曲档案文献丛编》等。名家文献编收录了梅兰芳、谭鑫培、马连良等著名戏曲艺术家的生平及演艺资料，包括自传、日记、报刊报道、演出事迹、酬唱诗文、彩色剧照等。曲谱和唱本编收集了丰富的传统戏曲唱本及曲谱。包括了王季烈、刘富梁整理的《集成曲谱》，怡庵主人整理的《绘图精选昆曲大全》，以及《清初鼓词俚曲选》《昆曲新谱》等。全书经整理者们多年的努力，收集到多种近代戏曲相关的各种文献版本，其中既有未正式出版的原始档案、手写本，也有已经湮没的出版物，这些文献涉及近代戏曲的方方面面，既有对京剧等"大戏"的细致记录，又有对诸多民间小戏的研究考辨，如孙楷第的《傀儡戏考原》、徐嘉瑞的《云南农村戏剧史》等，具有极高的史料价值和艺术参考价值。

此外，还有一些经典文献的出版也值得一说。2018年度，著名民俗学家李家瑞的《北平俗曲略》[②]得以再版，该书是中国第一部系统介绍和研究多类民间曲艺的专著。以系统研究20世纪30年代流行于北平的"俗曲"为主旨，分说书、戏剧、杂耍、杂曲、徒歌五个种属，将62个曲种逐一加以论述。作者以文献引证和实地调查结合的方式，细

---

[*] 作者系中国社会科学院文学研究所副研究员，北京市文联签约评论家。
[①] 黄天骥主编：《近代散佚戏曲文献集成》，山西人民出版社、三晋出版社2018年版。
[②] 李家瑞：《北平俗曲略》，文津出版社2018年版。

致梳理了各种俗曲的沿革、演变、特色及流布情况,又充分揭示了北平俗曲中保存的许多史料和文化内涵。另一部佳作是胡胜、赵毓龙校注的两册《西游戏曲集》①,该书是国家社科基金重大招标项目"《西游记》跨文本文献资料整理与研究"的阶段性成果,基本涵盖历史上参与重述、再造"西游故事"的主要作品,既有如吴昌龄《唐三藏西天取经》、杨景贤《西游记杂剧》等今天已然较为常见的作品,也有如《火焰山》《婴儿幻》《莲花会》等稀见作品,不少文本是第一次得到点校整理。为学界提供了一部研究《西游记》和西游戏曲文化的资料集成。

戏曲、曲艺史与相关文史考证

在戏曲、曲艺史与相关文史考证上,2018年度出版了不少优秀的成果。郑传寅主编的《中国戏曲史》(第二版)推出,该书是编者与俞为民、朱恒夫三位首席专家率十多位戏曲界知名专家多年协力合作完成的,对中国戏曲从起源到发展到成熟的过程进行了细致的梳理。该书的特点是不仅重视对戏曲文学的研究,还把戏曲视为活态、立体的舞台表演艺术,在各部分专设章节叙述戏曲的体制与演出形态。同时,充分关注精英文化与民间文化的互动,"在文学层面,书中有对戏曲文学经典的精彩赏析,更努力把文学视角扩展至戏曲的独特文体与舞台表演艺术演化间的关系,既关注文人写作,也关注清初地方戏兴起后民间艺人对传统故事的改编、创造。"② 书中涉及的"戏曲的起源""戏曲的孕育与形成""清代地方戏"等章节充分展示了戏曲与民间文化、通俗文化的关系。

2018年度,学界翻译推出了美国学者郭安瑞(Andrea S. Goldman)的《文化中的政治:戏曲表演与清都社会》③。该书曾获2014年美国亚洲研究年会列文森图书奖,借助哈贝马斯的公共领域概念、布迪厄的区隔理论等社会学理论,全面分析从18世纪下半叶到整个19世纪这一时期的北京戏园文化,展示了清朝政府与戏园中的表演者、观众、剧作家、评论者围绕戏曲演出的形式、内容、场所等所展开的全方位的对抗与博弈。通过"观众与演员""场所与剧种""剧本与表演"三个部分探讨戏曲与政治文化的互动,呈现了戏曲在清代北京的重要地位,展现了文化运作背后的意识形态因素。

各种分论性的研究成果也有不少。一些论文展开对历史上的一些戏曲、曲艺的考辨研究。彭恒礼的《伞头秧歌考——兼论〈元史〉记载中的金门大社问题》④ 考证了伞头秧歌的起源、发展与属性,认为其源于唐代佛教的水陆法会,是佛教禳灾仪式与民间秧歌艺术相结合的产物。李贵生的《敦煌变文与河西宝卷说唱结构的形成及其演变机制》⑤ 分析了敦煌变文对河西宝卷的说唱结构的影响与形塑,并梳理了宝卷形态的演变,分析了宝卷

---

① 胡胜、赵毓龙校注:《西游戏曲集》,人民文学出版社2018年版。
② 傅谨:《〈中国戏曲史〉:戏曲史和"马工程"的新收获》,《人民日报》2018年6月5日。
③ [美] 郭安瑞:《文化中的政治:戏曲表演与清都社会》,朱星威译,社会科学文献出版社2018年版。
④ 彭恒礼:《伞头秧歌考——兼论〈元史〉记载中的金门大社问题》,《民间文化论坛》2018年第6期。
⑤ 李贵生:《敦煌变文与河西宝卷说唱结构的形成及其演变机制》,《民族文化研究》2018年第6期。

演变的机制。段飞翔、曹飞的《清代民间官戏探微》①从民间官戏②的演出场所、形式、目的和特征等方面入手，由表及里深入探求其发展演变轨迹，挖掘其在国家制度下存在的社会意义，认为其在戏曲接受、传播禁止以及社会控制等方面产生了重要影响。方盛汉的《古代戏曲"关目"发展及其演变》③、杨哲芬的《论北宋的哑杂剧艺术》④亦为同类的代表作。

在对历史上戏曲说唱的生产机制的研究上有以下成果。段金龙的《"丁戊奇荒"视野下的山西演剧》⑤分析了清光绪年间山西的"丁戊奇荒"对戏曲发展的推动作用。作者的另一篇论文《叙述·立场·记忆：戏曲文学中的灾荒叙事》⑥则从文本出发，论述了灾荒对戏曲的形塑。陈志勇的《商帮、行会与近代汉口的会馆演剧——兼论中国戏曲史上"商路即戏路"之命题》⑦认为近代城市的商帮、行会，是戏班、伶人赖以生存的重要经济来源，也是戏曲业繁荣的重要推动力。汉口是各地商帮汇聚之地，建造了大量的行帮会馆。会馆戏台常常演出家乡戏和本地戏，促进了声腔剧种的融合和城市演剧的繁盛。文章认为汉口的个案是寻绎城市戏剧繁荣机制，诠释中国戏曲史上"商路即戏路"命题之新内涵的重要实例。同类研究还有白春香的《艺术人类学视野下戏曲与晋商的关系》⑧等。在政府管理与戏曲生产关系的研究上，林杰祥的《粤东戏捐与粤东戏曲生态》⑨分析了晚清粤东地方政府"以捐为禁"的戏曲管理策略，考证认为，粤东戏捐从征收形式上主要分为戏班戏捐、戏院戏捐和乡镇戏捐三种，其征收所得广泛使用于党务建设、军队建设、基础建设与公益事业等方面。粤东戏捐征收与演剧管理相辅相成，对戏班的演出带来了一定的约束，整顿改良了晚清民国时期粤东地区的戏曲生态。

此外，还有不少论文从不同的角度展开研究。在民间组织与戏曲生产的研究上，唐霞的《论明清时期豫西北地区民间戏曲活动中的"会"——以碑刻资料为中心》⑩分析了明清时期豫西北地区的火神会、山神会、祖师圣会等民间组织在参与戏楼的创建、维修以及戏曲演出等方面的功绩。张新朋的《以启蒙读物为基本素材创作的民间曲艺作品——锡剧赋子〈抖乱百家姓〉初探》⑪则分析了启蒙读物对民间说唱创编的影响。郝成文、董越的《清宫乞巧节演剧述略》⑫则从昇平署档案来看清宫乞巧节演戏活动内容、剧目，与

---

① 段飞翔、曹飞：《清代民间官戏探微》，《戏曲艺术》2018年第2期。
② 指的是依附于官方并为官府服务而进行的戏曲演出。
③ 方盛汉：《古代戏曲"关目"发展及其演变》，《文化遗产》2018年第1期。
④ 杨哲芬：《论北宋的哑杂剧艺术》，《戏剧文学》2018年第2期。
⑤ 段金龙：《"丁戊奇荒"视野下的山西演剧》，《戏曲艺术》2018年第4期。
⑥ 段金龙：《叙述·立场·记忆：戏曲文学中的灾荒叙事》，《戏曲研究》2018年第4期。
⑦ 陈志勇：《商帮、行会与近代汉口的会馆演剧——兼论中国戏曲史上"商路即戏路"之命题》，《文化遗产》2018年第3期。
⑧ 白春香：《艺术人类学视野下戏曲与晋商的关系》，《中华戏曲》2018年第1期。
⑨ 林杰祥：《粤东戏捐与粤东戏曲生态》，《文化遗产》2018年第2期。
⑩ 唐霞：《论明清时期豫西北地区民间戏曲活动中的"会"——以碑刻资料为中心》，《戏剧文学》2018年第8期。
⑪ 张新朋：《以启蒙读物为基本素材创作的民间曲艺作品——锡剧赋子〈抖乱百家姓〉初探》，《江南论坛》2018年第2期。
⑫ 郝成文、董越：《清宫乞巧节演剧述略》，《文化遗产》2018年第6期。

仪式信仰的关系,分析了传统节日对清宫演剧的影响。

学术史研究

民间戏曲、曲艺研究发展至今,形成了值得深思的学术传统。学术史研究在考镜源流、总结既定成果、反思研究范式与路径上有重要作用,对学术发展有着不可忽视的意义。2018年度,在学术史研究领域有不少值得一说的成果。

在对具体学者研究的述评上有以下成果。朱恒夫的《民间的视角与立场:钱南扬先生戏曲研究的特色》[①]对戏曲学家钱南扬的南戏研究做出了述评,认为钱南扬先生研究南戏的动机在于力求复原被忽视、涂改的这一民间戏剧的真实面貌。他利用民间文学积累弄清楚所辑南戏残曲的剧情本末、注释南戏剧本中的方言术语。这不仅是一种研究方法,也体现出了坚定的民间立场。罗兴萍的《王亚平对〈说说唱唱〉的贡献》[②]从文学创作、文本整理和编辑工作三个角度,探讨了王亚平对《说说唱唱》的贡献。认为他发表在《说说唱唱》上的文学作品,创造了同类小说中没有出现过的新人物形象,他整理的民间曲艺作品,为《说说唱唱》开辟了新的生长点。他在主编的后40期《说说唱唱》中,运用社论、编后记、经验总结、署名的理论文章等形式,增强了杂志的理论性,提升了《说说唱唱》的理论品质,很好地完成了指导全国通俗文学发展的任务。董慧敏的《周贻白戏剧史观的理论来源》[③]认为周贻白的戏剧史观的形成发展与成熟经历了一个中西合璧、古今相融的过程,并通过探究周贻白对中国传统学术理念的具体传承及其通过新文化运动对西方学术观念的融汇吸纳,来梳理其在兼收并蓄基础上形成的戏剧史观的诸多理论来源。谷曙光的《老唱片研究的"照着讲"与"接着讲"——吴小如先生的老唱片研究与戏曲唱片文献学的构建》[④]则通过吴小如先生的老唱片研究成果的梳理,提出了建立老唱片的版本学、校勘学的提议,并进行了系统化的论证。

在对学术事件的梳理上,简贵灯的《"全国之首魁"——北京"评剧俱乐部"考略》[⑤]聚焦于1915年成立的民国首个戏曲批评家社团——"评剧俱乐部"。该文依据《顺天时报》发现的史料,探讨北京评剧俱乐部成立和解散的经过、活动内容及其存在意义,力图补足民国戏曲批评研究中一直忽视的剧评家社团研究。

在对学术著作和文献的梳理和述评上有以下成果。黄静枫的《"十七年"时期报刊类戏曲学术载体与戏曲史学科建设》[⑥]认为,"十七年"期间,戏曲史学术环境的一个显著变化是产生了更固定、更集中的报刊类戏曲学术载体。当时出现了较纯粹的戏曲学术期刊,刊物也缩减为有限的几家大型全国性报纸,而且综合性戏曲期刊的功能定位也发生了

---

① 朱恒夫:《民间的视角与立场:钱南扬先生戏曲研究的特色》,《民间文化论坛》2018年第4期。
② 罗兴萍:《王亚平对〈说说唱唱〉的贡献》,《湖北第二师范学院学报》2018年第12期。
③ 董慧敏:《周贻白戏剧史观的理论来源》,《戏剧文学》2018年第9期。
④ 谷曙光:《老唱片研究的"照着讲"与"接着讲"——吴小如先生的老唱片研究与戏曲唱片文献学的构建》,《戏曲艺术》2018年第1期。
⑤ 简贵灯:《"全国之首魁"——北京"评剧俱乐部"考略》,《戏曲艺术》2018年第4期。
⑥ 黄静枫:《"十七年"时期报刊类戏曲学术载体与戏曲史学科建设》,《戏曲艺术》2018年第2期。

变化。上述的变更对戏曲史学产生了两方面的具体影响：为大范围内持续开展戏曲史问题讨论提供了保障，可以不断引发个体间的商榷。这两种影响实际都是相关报刊在发挥它的学术引导作用。学术实践空间的变迁对此期戏曲史学术共同体的形成具有重要意义。由于共同体初步形成，有限的学术力量获得了最大的凝聚。丁娜、张祝平的《1838 到 1926 年欧美研究中国戏曲的著作概论》[1] 则关注于 1838 年到 1926 年间欧美研究中国戏曲史的著作，认为以 1920 年为界，在这以前的戏曲书籍凡涉及对京剧及其相关剧场的介绍，多是非自觉的。而 1920 年之后，外国人对于京剧的关注开始进入自觉阶段，甚至会以京剧的发展主导对剧场以及戏院营业情况的介绍，这种写法对于还原当时的剧场尤其是北京的剧院的相关风俗习惯有一定的帮助。此外，在多种因素的影响下，这些关于中国戏曲史的书籍，一部分关注以元杂剧为代表的古典戏曲，而另外一部分侧重反映戏曲的当代性与现场感，这类书主要出现在民国之后，着重反映民国时期剧院的真实状况。此外，同类成果还有张军的《论 1950 年张庚的〈中国话剧运动史初稿〉及相关批评的历史意义》[2] 等。

还有一部分研究则聚焦于对既定学术范式的总结与反思。祝鹏程的《史实、传闻与历史书写——中国戏曲、曲艺史中的俳优进谏传闻》[3] 考察的是曲艺、戏曲史的书写与权力的关系，指出中国史籍中的优伶进谏传闻一直被书写者利用着，这类传闻具有虚实相间的特点，有很多是基于史实的虚构，它们能从俳优众多的言论形态中脱颖而出，成为一种被反复书写的题材，有历史的与现实的原因。传统士人借此宣扬君贤臣直的儒家之道，现代学者则对典籍记载进行创造性的转化，对俳优人格进行了单一化的处理，凸显了俳优的抗争性精神。这种单向度的历史书写对中国戏曲、曲艺史的编纂产生了极大影响，在无形中把艺术变成了脱离历史与生活语境的超有机体，需要引起学界的重视。王萍的《20 世纪民间小戏研究路径及其范式考察——以新中国成立至 20 世纪末为主要讨论对象》[4] 则梳理了当代民间小戏研究的历史，认为其经历了由起步到深入发展两个阶段。20 世纪 50 年代末至 60 年代初，形成了民间文学路径下的民间小戏研究格局及其范式。20 世纪 60、80 年代，奠定了戏剧戏曲路径下的研究格局及其范式。两种路径的研究格局及其范式，此消彼长，相得益彰，为民间小戏理论建构打下坚实的基础，对后来民间小戏研究产生了重要影响。同类成果还有邓文华的《古典主义视野下的"样板戏"研究述评》[5] 等。

民间戏曲、曲艺的本体研究

在对民间戏曲、曲艺的本体研究上，也有不少值得一说的成果。

在剧种与曲种的体裁研究上有以下成果。周爱华的《山东地方戏曲小剧种分类方法

---

[1] 丁娜、张祝平：《1838 到 1926 年欧美研究中国戏曲的著作概论》，《戏剧文学》2018 年第 6 期。
[2] 张军：《论 1950 年张庚的〈中国话剧运动史初稿〉及相关批评的历史意义》，《戏剧文学》2018 年第 7 期。
[3] 祝鹏程：《史实、传闻与历史书写——中国戏曲、曲艺史中的俳优进谏传闻》，《民族艺术》2018 年第 3 期。
[4] 王萍：《20 世纪民间小戏研究路径及其范式考察——以新中国成立至 20 世纪末为主要讨论对象》，《戏曲研究》2018 年第 4 期。
[5] 邓文华：《古典主义视野下的"样板戏"研究述评》，《戏剧文学》2018 年第 8 期。

研究》① 采取了新的视角来看待地方小戏的分类，认为戏曲剧种的存续是动态变化的，随着剧种的变化，原有的分类系统呈现出局限性，并在充分认可和尊重现行分类方法的前提下，也是在对现存山东地方戏曲剧种发展历史及现状进行充分调研的基础上，对原有的分类方法做了进一步修改和完善。高乐的《"八角鼓类型腔系"内部曲种关系研究》② 对满族曲艺"八角鼓类型腔系"艺术进行了梳理，并对这些曲种的关系展开研究。刘国器的《"怯相声"曲目汇考》③ 关注于20世纪30年代兴起的"怯相声"（即用方言表演，带有嘲弄乡下人、外行人意味的相声）。作者汇集该类相声92段，就其曲目、作者、内容、表演者、现存文字记录和录音、音像资料，作详细介绍。

在具体剧种、曲种的审美赏析上则有如下论文。杜佳的《民间性是曲艺活的灵魂——以阮世池艺术活动为例浅析民间性对曲艺存续的意义》④ 充分阐释了曲艺的"民间性"，认为民间艺人不拘于表演场所、表演程式等条件束缚，从事艺术活动呈现亦农亦艺格局，其特征是具有极强的自发性、流动性、灵活性，从艺者通过师徒之间口传心授传艺，自娱的同时娱人，作艺既是娱乐手段，又是谋生手段。演出遍布乡镇集会、节日庆典等场合，演出过程中，表演者与观众面对面，可以进行近距离的交流，观演双方心灵和情感上的互动较广播电视、剧院舞台等其他传播途径更为频繁直接，双方的相互作用也更为显著。吕佳的《"土野的美学"——论传统二人转的艺术魅力》⑤ 将二人转的美学概括为"土野的美学"，认为二人转在发展的过程中持守自己的文化情操，不承载更多的社会政治道德内容，具有民间的野性精神和娱乐因子，带有浓郁的乡土气息和山野情趣，说口和戏谑诙谐方式有着自己独特的个性特征与文化价值。因而成为东北人审美情趣和性格的艺术展现，是黑土地上最淳朴的民间艺术形式。李彩花的《扎那和西日布胡尔奇说唱的胡仁乌力格尔〈封神演义〉相同选段比较研究》⑥ 则把关注重点转向了表演艺术赏析，对比了扎那和西日布胡尔奇师徒二人对胡仁乌力格尔《封神演义》的说唱演绎，认为两名艺人在思想倾向、语言运用、人物塑造等方面均显示出个体差异。究其根源，与胡尔奇的个人审美、艺术造诣、说唱习惯有着密不可分的联系。赵东的《泗州戏文化传承述论》⑦ 则全面描述了泗州戏的艺术特色：女腔的特色尤其突出，总体风格粗犷、高亢、俏丽、婉约，声情并茂，灵活多变、表演有难度等，认为这些审美特色对艺术人才培养和戏曲剧目的传承也造成一定难度。同类研究还有王蓓蓓的《多维视角下的凤阳花鼓艺术探究》⑧，侯海荣的《二人转包公戏的三重叙事与美学向度》⑨，李霞的《秦晋皮影工艺中民族审美

---

① 周爱华：《山东地方戏曲小剧种分类方法研究》，《戏曲艺术》2018年第3期。
② 高乐：《"八角鼓类型腔系"内部曲种关系研究》，《艺术评鉴》2018年第3期。
③ 刘国器：《"怯相声"曲目汇考》，《戏曲与俗文学研究》（第六辑），社会科学文献出版社2018年版。
④ 杜佳：《民间性是曲艺活的灵魂——以阮世池艺术活动为例浅析民间性对曲艺存续的意义》，《曲艺》2018年第1期。
⑤ 吕佳：《"土野的美学"——论传统二人转的艺术魅力》，《戏剧文学》2018年第1期。
⑥ 李彩花：《扎那和西日布胡尔奇说唱的胡仁乌力格尔〈封神演义〉相同选段比较研究》，《内蒙古民族大学学报（社会科学版）》2018年第1期。
⑦ 赵东：《泗州戏文化传承述论》，《戏曲艺术》2018年第3期。
⑧ 王蓓蓓：《多维视角下的凤阳花鼓艺术探究》，《北方音乐》2018年第3期。
⑨ 侯海荣：《二人转包公戏的三重叙事与美学向度》，《戏剧文学》2018年第3期。

精神的层累性生成》①，何超、赵全胜的《曲艺音乐"大本曲"与"章哈"音乐特征比较研究》②等。

戏曲、曲艺的民俗文化研究

民间戏曲、曲艺是民众日常生活的一部分，是民俗文化的一部分，也是民众情感表达的渠道与恰当的载体。此外，戏曲、曲艺也是说家长里短、唱风土人情的艺术，其中蕴含的民俗文化值得我们深究。2018年度，有不少论文聚焦于戏曲、曲艺的民俗文化研究。

民俗的承载者是人。在艺术的产生和演变的过程中，民间艺人起着重要的作用，他们承载了大量的历史信息和文化传统，既是乡土社会中鲜活的个体，也是艺术最直接的传承者和创新者。近年来，学界加强了对传承人群体的研究。2018年度，《文化遗产》的《非遗代表性传承人访谈录》专栏发布了一系列艺人的访谈录，如张妮娜、贺智利采录的《"道情窝"里的演唱家——陕北道情国家级非遗传承人白明理访谈录》③，王静波的《"采茶"人生路——粤北采茶戏国家级传承人吴燕城访谈录》④，魏唯一的《华县皮影戏国家级传承人刘华访谈录》⑤，杨延龙的《陕西合阳提线木偶国家级传承人王宏民、肖鹏芳访谈录》⑥等，这些访谈充分展现了传承人及其生活世界，捍卫了他们作为主体存在的价值，也为民俗学研究提供了宝贵的资料。

在戏曲曲艺与宗教信仰的研究方面，2018年度的成果相当丰富。朱恒夫的《社火与赛戏的形成、发展及艺术形态》⑦对社火与赛戏进行了综合性的考察，认为社火与赛戏源起于"春祈秋报"，受道教影响最深，同时揭示了两者在参与者、表现形式和祭祀功能上的差异。作者的另一篇文章《苏北傩戏对当地戏曲剧种生成与发展的影响》⑧则分析了苏北的傩戏对当地剧种的影响，认为其不但是孕育扬剧、淮剧、通剧的重要母体，还为扬剧、淮剧、通剧这些剧种的生成与淮海戏的发展提供了演员、剧目、曲调与表演技艺。李永平的《"大闹"与"伏魔"：〈张四姐大闹东京宝卷〉的禳灾结构》⑨则结合民间信仰，分析了叙事中的"大闹—伏魔（审判）"的原型结构。韦秀玉、甘月华的《广西凤梧师公

---

① 李霞：《秦晋皮影工艺中民族审美精神的层累性生成》，《中华戏曲》2018年第2期。
② 何超、赵全胜：《曲艺音乐"大本曲"与"章哈"音乐特征比较研究》，《黄河之声》2018年第22期。
③ 张妮娜、贺智利：《"道情窝"里的演唱家——陕北道情国家级非遗传承人白明理访谈录》，《文化遗产》2018年第1期。
④ 王静波：《"采茶"人生路——粤北采茶戏国家级传承人吴燕城访谈录》，《文化遗产》2018年第3期。
⑤ 魏唯一：《华县皮影戏国家级传承人刘华访谈录》，《文化遗产》2018年第5期。
⑥ 杨延龙：《陕西合阳提线木偶国家级传承人王宏民、肖鹏芳访谈录》，《文化遗产》2018年第6期。
⑦ 朱恒夫：《社火与赛戏的形成、发展及艺术形态》，《戏曲与俗文学研究》（第六辑），社会科学文献出版社2018年版。
⑧ 朱恒夫：《苏北傩戏对当地戏曲剧种生成与发展的影响》，《民族艺术》2018年第4期。
⑨ 李永平：《"大闹"与"伏魔"：〈张四姐大闹东京宝卷〉的禳灾结构》，《民俗研究》2018年第3期。

面具的神性艺术世界——以神话、传说与故事为主》①则从跨学科视域考察广西平果县凤梧乡的师公面具,以视觉图像语言符号系统的内在形式结构为切入点,采用艺术学、民俗学、历史学和人类学相结合的研究方法,阐析师公面具的历史渊源和艺术表现手法及其在师公戏中建构神性气氛的手法,探讨它在乡村仪式活动中的作用和意义。覃奕的《物与语境:解析毛南族傩面具》②则希望通过对毛南族还愿仪式中傩面具分析研究,能更系统深入地理解还愿仪式以及仪式背后所体现的毛南族民间信仰。研究将傩面具的"物"形态还原到具体的文化语境和社会语境当中,探究其基调、基本框架、数量、样式在形成和变迁过程中的具体表现以及影响因素,并揭示毛南族傩面具在还愿仪式中对于不同主体的意义。林鹤宜的《行业神做为地方保护神:福建作场戏中所见"戏神群"探析》③就传说和相关文献,论述作场戏信仰核心的宗族保护神"张大阔公"所兼具的戏神神格及其可能的背景等。同类研究还有杨旸的《满族神话的戏剧形态——以萨满"野人舞"为例》④、王潞伟的《几座罕见的观音堂戏台》⑤、刘霄的《关公祭祀与演剧之个案调查——以常平、解州、蚩尤村三地为例》⑥、徐宏图的《演述天台山故事的神仙道化剧考》⑦等。

在行业习俗与演出习俗的研究上则有以下论文。王俏的《二人转艺谚:口口相传的教科书》⑧关注于艺谚在二人转传承中的作用,研究从作艺、学艺、二人转观众三部分选取三条典型艺谚,用二人转老艺人的真实事例,解释二人转艺谚的含义,证明其作为口口相传的教科书的重要性。薛晓金的《满汉文化交融中的清宫节令戏》⑨则将节令戏放在满汉文化交融的背景之中,从颂赞与祈福、仪式性与娱乐性、驯化与同化等三个方面考察节令戏的文化意义。赵懿梅的《基于新发现文书的徽州演戏风俗研究》⑩根据方志文献以及新发现文书,描绘了历史上的徽州演戏风俗:演戏可分为娱神娱人、示禁罚戏两种不同的性质;同时徽州存在着示禁罚戏新情况——民间松散手工业行会为确立和保护行规订立示禁演戏合约;稀见徽州戏关真实地再现了民国的演戏活动,揭示了徽州演戏风俗的社会效应。卫才华的《艺术性与神圣性——太行山说书人的民俗认同研究》⑪认为,艺术性与神圣性之间的互动关系是说唱曲艺传承的重要原因。太行山说书人通过一系列神圣性要素的构建,长期保持了说唱行业紧密的内部传承关系,并通过传统信仰,强化了艺人间的身份

---

① 韦秀玉、甘月华:《广西凤梧师公面具的神性艺术世界——以神话、传说与故事为主》,《民间文化论坛》2018年第2期。
② 覃奕:《物与语境:解析毛南族傩面具》,《民间文化论坛》2018年第1期。
③ 林鹤宜:《行业神做为地方保护神:福建作场戏中所见"戏神群"探析》,《文化遗产》2018年第6期。
④ 杨旸:《满族神话的戏剧形态——以萨满"野人舞"为例》,《戏剧文学》2018年第11期。
⑤ 王潞伟:《几座罕见的观音堂戏台》,《戏剧文学》2018年第4期。
⑥ 刘霄:《关公祭祀与演剧之个案调查——以常平、解州、蚩尤村三地为例》,《中华戏曲》2018年第1期。
⑦ 徐宏图:《演述天台山故事的神仙道化剧考》,《戏曲与俗文学研究》(第五辑),社会科学文献出版社2018年版。
⑧ 王俏:《二人转艺谚:口口相传的教科书》,《戏剧之家》2018年第5期。
⑨ 薛晓金:《满汉文化交融中的清宫节令戏》,《戏曲艺术》2018年第3期。
⑩ 赵懿梅:《基于新发现文书的徽州演戏风俗研究》,《戏曲艺术》2018年第1期。
⑪ 卫才华:《艺术性与神圣性——太行山说书人的民俗认同研究》,《民俗研究》2018年第2期。

认同与行业规矩。太行山说书人在仪式信仰、礼俗生活,以及代际传承过程中表现出独特的社会互动意义和价值。

在戏曲、曲艺与地域文化关系的研究上下列成果可称为代表作。王崇印的《邹城山头花鼓与民俗文化的互动关系》① 探讨了这一植根于民俗生活之中的乡土艺术与民俗文化的互动关系。王萍的《玉垒花灯戏:社区移民的文化记忆与传承》② 分析了花灯戏与甘肃陇南移民文化的关系,展示了艺术背后民众的乡情情结、故乡文化认同与集体记忆。何玉纯的《地域文化与艺术创作——简述吉剧音乐发展历程》③ 考察了吉剧发展中的地域文化因素,分析了其与二人转等民间艺术的关系。宋阳的《北京门头沟柏峪村村民、村戏观演审美倾向考察》④ 则通过对村戏观演现象的考察和相关人物的走访,对柏峪村村民观演群体的村戏观演审美倾向进行解读与阐释。赵倩的《地方戏曲复兴与乡村社会重建——艺术人类学视野中的宛梆剧种研究之二》⑤ 对河南宛梆展开了田野考察,认为礼俗是地方戏曲与乡村社会的黏合剂。研究同时意识到,随着时代发展而出现的乡民流失与礼俗式微等现实困境,同样也需要予以重视及合理解决,唯此,才能真正推动地方戏曲复兴与乡村社会重建。

而从生产方式展开的研究则有曹南山的《从茶资到票价:京剧演出市场化的兴起》⑥ 等。研究认为,清末民初京剧演出的戏价逐渐由茶资改称票价,体现了市场在演剧活动中逐渐占据主导作用。戏园中的京剧演出获得了独立的经济地位,园主和戏班为了获得最大的经济效益,开始千方百计增加上座率。名伶成为上座率的重要保障,但名伶的等级不同在市场上的号召力便有差异,市场给名伶开出了不同价码。票价的设定突出反映了名伶在市场上的叫座能力,同时成为戏园和班社盈利的主要来源。

戏曲与曲艺改革研究

艺术与政治的关系是永恒的话题。对戏曲与曲艺改革的研究一直是近年来较为热门的领域。对改革的探索不仅涉及追索历史真相,还关系到如何看待当下的状况,因此,诸多研究尽管是历史回溯性研究,但都有着强烈的当下关怀。

2018 年度,祝鹏程的专著《文体的社会建构——以"十七年"(1949—1966)的相声为考察对象》⑦ 可称为该类著作中的代表作。作者关注的是"十七年"期间的相声改进工作,提出要在动态的视角下讨论相声文体的形成,把相声的变迁放置到"十七年"现代民族国家建设的进程中,综合考察相声如何在社会意识形态、知识生产、表演空间、传

---

① 王崇印:《邹城山头花鼓与民俗文化的互动关系》,《曲艺》2018 年第 1 期。
② 王萍:《玉垒花灯戏:社区移民的文化记忆与传承》,《中国社会科学报》2018 年 12 月 5 日。
③ 何玉纯:《地域文化与艺术创作——简述吉剧音乐发展历程》,《艺海》2018 年第 2 期。
④ 宋阳:《北京门头沟柏峪村村民、村戏观演审美倾向考察》,《戏曲艺术》2018 年第 2 期。
⑤ 赵倩:《地方戏曲复兴与乡村社会重建——艺术人类学视野中的宛梆剧种研究之二》,《民族艺术》2018 年第 1 期。
⑥ 曹南山:《从茶资到票价:京剧演出市场化的兴起》,《戏曲艺术》2018 年第 1 期。
⑦ 祝鹏程:《文体的社会建构——以"十七年"(1949—1966)的相声为考察对象》,中国社会科学出版社 2018 年版。

播媒介，以及表演者、经营者与观众等因素的互动下被建构出来，并被表述成向来如此的"传统"。研究打破了概论式的文体观念，聚焦于文体的历史性与社会性，注重民众的实践与文体的形式和内容之间的关系，同时指出当下曲艺研究话语往往忽视了文体的社会性和历史性，把"现实主义""讽刺精神"等现代启蒙主义影响下形成的概念与价值当成了相声与生俱来的属性。

讨论戏曲、曲艺改革的论文成果也较为丰富。在民国戏曲改革研究上，李菁的《从〈大公报〉看清末京津地区的戏曲改良活动》[1] 以1902年至1911年《大公报》刊登的戏曲信息为切入时段，梳理了这段时间的戏曲改良历程，认为其间存在着从理论宣传方面来看，着重表现在对淫戏的劝改或禁演，到出现一批从事戏曲改良的团体组织，编演大量的改良新剧的变迁，再到逐渐衰落的过程。李歆的《"南国时代"的田汉与戏曲》[2] 则从戏曲改良倡导、戏曲理论研究、戏曲改良创作、戏曲改革运动及演出实践四个方面，较为详细地阐述田汉和南国社对传统戏曲的改革与发展所做出的重大贡献。

还有的研究则关注于艺术团体对戏曲革新的作用。李有军的《民国西安易俗社秦腔艺术生产体制探究》[3]较为系统地研究了易俗社的戏曲革新，通过对剧社民国年间集体编撰的四次《陕西易俗社报告书》和修订的《易俗社章程》等文献的解读，认为其开创了迥异于传统秦腔范式的艺术生产体制。易俗社有充满时代精神的剧社宗旨、共和制的运行体制、日益修订完善的管理机制，以及"先校后社"的秦腔教育培养机制，成为剧作创编与舞台审美呈现的根本保证。何桑的《论易俗社的文化精神——从复排〈双锦衣〉说起》[4] 则以具体个案为例，分析了易俗社启蒙、新民、改造旧社会的使命。

对解放区与新中国戏曲、曲艺改革的研究亦不在少数。韩朝建的《乡村剧团与社会动员——以1944年河北阜平县高街〈穷人乐〉的编演为中心》[5] 对解放区的戏曲改革展开研究，认为《穷人乐》开创了"真人演真事"的编排模式，模糊了戏剧与现实的界限，无论对演员还是观众都具有强烈的规训和改造的色彩。该剧作为群众文艺路线的典型在边区推广，推动了更广泛的乡村动员。陈元贵的《国家意识形态整合下的乡民艺术："戏改"背景下的徽州戏曲变迁》[6] 关注20世纪50年代的戏曲改革对徽州戏曲的影响，指出改革使徽州戏曲的各个方面均发生深刻变化，彰显出国家意识形态对于乡民艺术的深入整合作用。胡叠的《但得巧手琢青玉，镂云裁月旧做新——论翁偶虹对传统戏的整理改编》[7] 则聚焦于著名剧作家翁偶虹的戏曲革新，认为作为中国现当代最重要的戏曲编剧，翁偶虹一生中的大部分作品都是对传统戏的重新整理和改编。他尊重戏曲创作"形式先于内容"的独特命题，善于在剧种规定性中去结构故事，并最大限度地在剧本中留下表

---

[1] 李菁：《从〈大公报〉看清末京津地区的戏曲改良活动》，《戏曲艺术》2018年第3期。
[2] 李歆：《"南国时代"的田汉与戏曲》，《戏曲艺术》2018年第3期。
[3] 李有军：《民国西安易俗社秦腔艺术生产体制探究》，《戏曲艺术》2018年第2期。
[4] 何桑：《论易俗社的文化精神——从复排〈双锦衣〉说起》，《戏曲艺术》2018年第3期。
[5] 韩朝建：《乡村剧团与社会动员——以1944年河北阜平县高街〈穷人乐〉的编演为中心》，《民俗研究》2018年第3期。
[6] 陈元贵：《国家意识形态整合下的乡民艺术："戏改"背景下的徽州戏曲变迁》，《戏曲艺术》2018年第4期。
[7] 胡叠：《但得巧手琢青玉，镂云裁月旧做新——论翁偶虹对传统戏的整理改编》，《戏曲艺术》2018年第2期。

演的空间，使得自己的剧作真正成为舞台之本。冉常建的《中国戏曲学院戏曲导演人才培养模式研究》① 回顾了1978年中国戏曲学院设立了导演系以来的发展历程，对培养模式进行了梳理与总结。此外，侯娜、方勇的《民间本质与政治意识：再谈被改造的民间传统二人转》② 亦为同类研究。

戏曲、曲艺的保护与传承研究

对戏曲、曲艺的传承状况进行研究，使其更好地发展是当代学者的使命。非物质文化遗产保护则是21世纪以来学界的热点。2018年，这一领域的研究继续深入。

在对当下戏曲、曲艺说唱传承情况的调查上，有以下研究。楚惬的《戏剧人类学视域下的河南省荥阳"笑伞"》③ 通过实地考察，发现笑伞已经处于消亡殆尽的边缘，认为其保护应当从优化其文艺生态环境、加大传承培养力度、提升演出节目质量、信息化处理和产业化运营等方面进行有效的传承保护。严永福的《传统与现代的勾连——"剧场效应"下的台湾现代剧场歌仔戏》④ 考察了台湾现代剧场歌仔戏独特的经营模式、演员构成、服饰、内部组织、表演形式、观众与演员的互动关系等，认为其受到"剧场效应"的影响，既接续着传统戏曲文脉，又脱离不开现代艺术的先锋实验性。丁曼的《日本能乐的坚守与创新》⑤ 则对日本能乐的发展保护现状进行考察，发现今天的能乐界的支援已经由官到民，在人员层面，财政支援培养有限的专业能乐师，还引导能乐界广泛培育观众，构建观众参加型、观众体验型舞台。在演出内容上，除了坚守传统外，还始终坚持仪式性和公益性。能乐界的上述变化，与日本政府有限但导向明确的资助，与行政独立法人、公益法人等法人制度改革和放宽民间参与公共事业的准入门槛等一系列多方位顶层设计密切相关。作者认为日本能乐的坚守与创新模式值得我国借鉴。同类研究还有杨昉的《山东冠县蛤蟆嗡调查》⑥ 等。

在非遗视角下，对当下戏曲、曲艺传承保护的研究则有如下成果。兰晓敏、陈勤建的《对当代绍兴水乡社戏存续的思考》⑦ 聚焦于城镇化给非遗带来的冲击和挑战。认为当代绍兴水乡社戏在其发展过程中，同样面临着艰难的处境。经过调查，文章认为可以从积极维系水乡的生态环境、适当修复水乡社戏习俗文化的场景与语境、关注因时变迁中的重构三个视角来推进社戏的保护。宋俊华的《戏曲传承的路向抉择》⑧ 则思考了社会传承与学校教育在当代戏曲传承中的作用，认为戏曲传承应在社会传承与学校教育两种模式之间寻找新的平衡点和突破口。王加华的《"政府主导"非遗保护模式意义再探讨——以国家级

---

① 冉常建：《中国戏曲学院戏曲导演人才培养模式研究》，《戏曲艺术》2018年第3期。
② 侯娜、方勇：《民间本质与政治意识：再谈被改造的民间传统二人转》，《戏剧文学》2018年第8期。
③ 楚惬：《戏剧人类学视域下的河南省荥阳"笑伞"》，《内蒙古艺术学院学报》2018年第4期。
④ 严永福：《传统与现代的勾连——"剧场效应"下的台湾现代剧场歌仔戏》，《戏剧文学》2018年第10期。
⑤ 丁曼：《日本能乐的坚守与创新》，《文化遗产》2018年第3期。
⑥ 杨昉：《山东冠县蛤蟆嗡调查》，《中国戏剧》2018年第12期。
⑦ 兰晓敏、陈勤建：《对当代绍兴水乡社戏存续的思考》，《文化遗产》2018年第4期。
⑧ 宋俊华：《戏曲传承的路向抉择》，《戏曲艺术》2018年第2期。

非物质文化遗产胡集书会为个案的分析》[1] 以胡集书会为个案，对"政府主导"非遗保护模式进行了重新思考，认为当下对于这一模式的批评，如认为其违背了非遗项目发展规律、忽略了民众主体性等，未免有求全责备之处。每一个非遗项目所面临的社会与生存境遇并不相同。对那些正日益远离民众生活需要的非遗项目来说，虽然政府主导存在这样那样的问题，不是最为理想的工作方式，但却是一种最为有效的保护方式。

随着互联网、微信等新媒体的崛起，戏曲、曲艺与新媒体的关系正日益紧密，近年来，众多的学者加深了对新媒体时代曲艺传承与发展的思考。2018年度，《曲艺》杂志就发表了大量相关的探讨，如陈连升的《在〈曲苑杂坛〉的日子里》[2]、吴可的《机遇与挑战 曲艺的新媒体化之路》[3]、杨佳佳的《浅论"微时代"下绍兴莲花落的"微"创新发展》[4] 等。马宁的《"互联网思维"下的戏曲艺术传播浅论》[5]思考了戏曲与互联网这两种跨越年代、跨越类别的方式怎样联合融通的问题，认为传播者的研究方向和社会责任是以互联网的思维方式和传播手段传播博大精深的戏曲艺术，充实其传播价值，使戏曲艺术在新的传播方式中不断发展。胡小东的《当下曲艺戏曲化发展的历史依据、现实尴尬及现实可能——以永新小鼓为例》[6] 则关注于新媒体引发的曲艺形态变化，认为在全球化和媒介化的当下，人们更加注重视觉艺术，戏曲化改编已经成为曲艺的重要生存形式之一，它的出现有其丰富的历史依据，但在当下现实中仍然会遭遇与戏曲一样的生存方面的尴尬处境。但不管怎样，曲艺的戏曲化发展模式在当下现实中却仍有其推广实施的可能性。王倩的《坚守曲艺 创新形式——章回鼓书〈古城暗战〉研究》[7] 则聚焦于具体的曲艺戏曲化改编的个案，文章从分析评价章回鼓书《古城暗战》开始，具体分析该作品是如何坚守传统与进行形式上的创新，并从中总结出其对当下的曲艺教学发展带来的经验与思路。但媒介化也会给戏曲、曲艺的发展带来各种问题，正如邹元江的《从梅兰芳建国前的尝试拍摄反思中国戏曲舞台电影的问题》[8] 一文所反思的，在拍摄戏曲彩色电影《生死恨》中，梅兰芳早意识到不是所有的戏曲剧目都适合拍成电影。毫无疑问，戏曲艺术和电影艺术毕竟是两种完全不同的艺术样式，戏曲在影像化改编中也必然遇到这两种艺术相互抵触的问题。最突出的一是电影的拼贴性和戏曲的连续性的矛盾；二是电影的求真性与戏曲的假定性的矛盾；三是电影的凝固性与戏曲的自由性的矛盾；四是电影的记录特性与戏曲的艺术特性的矛盾。因此，不管媒介怎么变，民间戏曲与曲艺仍然需要坚持好自身不变的因素，正如谷子瑞的《变与不变：技术世界中的定州秧歌》[9] 指出的，该文以地方小戏——

---

[1] 王加华：《"政府主导"非遗保护模式意义再探讨——以国家级非物质文化遗产胡集书会为个案的分析》，《节日研究》2018年第1期。
[2] 陈连升：《在〈曲苑杂坛〉的日子里》，《曲艺》2018年第1期。
[3] 吴可：《机遇与挑战 曲艺的新媒体化之路》，《曲艺》2018年第1期。
[4] 杨佳佳：《浅论"微时代"下绍兴莲花落的"微"创新发展》，《曲艺》2018年第1期。
[5] 马宁：《"互联网思维"下的戏曲艺术传播浅论》，《戏曲艺术》2018年第1期。
[6] 胡小东：《当下曲艺戏曲化发展的历史依据、现实尴尬及现实可能——以永新小鼓为例》，《戏剧文学》2018年第2期。
[7] 王倩：《坚守曲艺 创新形式——章回鼓书〈古城暗战〉研究》，《艺术评论》2018年第1期。
[8] 邹元江：《从梅兰芳建国前的尝试拍摄反思中国戏曲舞台电影的问题》，《戏曲艺术》2018年第1期。
[9] 谷子瑞：《变与不变：技术世界中的定州秧歌》，《民间文化论坛》2018年第4期。

定州秧歌为个案，立足于田野现实，探讨现代技术下传统民俗传播与传承的实相。研究认为，以交通技术、信息技术、舞台技术为代表的现代技术，深刻改变了定州秧歌的传播样态。技术改变的是外在条件，不变的是口传身授的传承方式、是乡土本色。坚守本色、重返民间或是技术世界中定州秧歌发展的可取路径。

总体而言，2018年度的民间戏曲、曲艺研究可谓成绩斐然，在传统的文史研究之外，新的学术生长点和研究路径在不断涌现，成果在数量和质量上都优于去年，在应用领域也有创新的亮点。体现出了学者紧跟时代步伐，把握热点问题，勇于探索前沿理论的追求。但也呈现出了以下问题：1. 对戏曲、曲艺的基础理论的探讨稍显不足。2. 从历史学、民俗学、文学、戏曲学等不同角度展开的研究各有特色，但往往囿于学科本位，缺乏跨学科的视角与理论对话。3. 研究数量虽多，但同质化倾向明显。尤其是应用型的研究，尽管个案不同，一些研究的思路、方法、结论并无太大差异，有低水平重复之嫌。很多研究往往止步于对个案的描绘，缺乏理论剖析和提升，大量个案性的描写无法上升为普遍性理论。如何在现有研究基础上有所充实，凸显问题意识，提升理论阐释的高度与深度，这不仅是戏曲、曲艺研究要应对的挑战，也是整个民俗学与民间文学研究领域需要认真面对的问题。

2018年歌谣研究综述

王　娟[*]

2018年，歌谣研究方面出现了百余篇论文。这些论文主要集中在歌谣史、歌谣学术史、古代歌谣、童谣、少数民族歌谣、民谣翻译以及歌谣理论研究几个方面。这一年的歌谣研究在很多方面让人感觉耳目一新，如在歌谣学术史研究方面，人们更加关注"细节研究"和"关系研究"，歌谣运动及其影响的脉络也因此更加清晰，更加有质感。此外，这一年的歌谣研究还出现了跨学科研究的倾向，如新诗与歌谣，文化地理学与歌谣等。当前新的学术研究大环境，如交叉学科、大学科、跨学科观念的出现，使得学科之间的界限逐渐被打破，学者们将研究重点放在"文化现象"之上，并尝试运用多学科的知识进行文化现象的阐释和解读。一些新的理论如"文化记忆"理论、"三原论"等也出现在歌谣研究领域。

一　歌谣学术史研究

歌谣的学术史研究一直是歌谣研究的一个重要领域，无论是歌谣运动、歌谣学术期刊，还是早期歌谣运动和歌谣研究的开拓者方面，都还有许多亟待开发、亟须关注和需要深入研究的部分。2018年的歌谣学术史研究方面出现了一些新的突破，主要表现在人们或者从一个宏观的全景视角，或者从一个微观的细节展示，对学术史进行了一种全新的观察和深入的研究。万建中、廖元新的《时代、人物及问题：现代歌谣学的三个维度》[①]一文就对中国歌谣学术史进行了一种全新的梳理和阐释。对于如何准确而全面地呈现五四时期歌谣运动在中国现代学术史，尤其是民间文学、民俗学史上的意义和价值，以及歌谣运动对中国现代学术研究方法和理念上的贡献，该文围绕着"时代"、"人物"和"问题"三个关键词展开了自己的讨论。

论文认为，中国现代歌谣学乃至现代民间文学均诞生于歌谣运动，这一运动既是现代歌谣研究的先导，又构成整个20世纪歌谣学研究的时代背景。[②] 现代歌谣学是一个既定的学术过程和事实，对其理解和阐释显然不只是重复和陈述，而是重构。歌谣运动是与

---

[*] 作者系北京大学中文系长聘副教授。
[①] 万建中、廖元新：《时代、人物及问题：现代歌谣学的三个维度》，《民族文学研究》2018年第1期。
[②] 万建中、廖元新：《时代、人物及问题：现代歌谣学的三个维度》，《民族文学研究》2018年第1期。

"五四"等政治思潮紧密联系在一起的,既然是"运动",就不仅是文学的、学者的,而是全社会的。只有跳出民间文学乃至文学的窠臼,才能富有深度地理解它的意义。① 作者认为,时代、人物和问题是歌谣学最富阐释力的三个维度。"时代"构成的背景式的学术活动话语呈现模式和思维定式,可以使学术史书写更具厚度和深度。"人物"的学术史关注主要侧重于个人学术活动和学术情怀,以期展示歌谣研究的多元、差异与个性品格。"问题"不是研究领域或对象,而是所要论证的观点和阐述的学术思想,与每一阶段的学术特点和方法论的运用密切相关。②

众所周知,现代民间文学、民俗学肇始于1918年的歌谣征集活动,这一运动既是现代歌谣研究的先导,又构成了歌谣学研究的时代背景。这一时期歌谣研究取得的业绩有助于新文化运动中的白话文普及,并且极大地推动了新诗的兴起与发展。歌谣研究摆脱了古典范式,转向现代范式的标志是进入歌谣表演的现场。从书斋转向田野,不仅是为了搜集歌谣,更是对传统诗学的超越。③ 该文的视角尽管带有一种全新的、整体式的学术史思考,但是,我们认为,歌谣运动和歌谣研究更有意义和价值的地方的不是对传统诗学的超越,而是发现和缔造了一个全新的学术研究领域,或者说一个全新的学科,即歌谣学。歌谣学无论是从内容、保存和传播、传承方式上,还是研究方法、研究目的上都与传统的诗学不同。

在歌谣学术史研究方面,岳永逸的《保守与激进:委以重任的近世歌谣——李素英的〈中国近世歌谣研究〉》是一篇力作。以往的歌谣学术史研究往往只关注学术史上的一些重大事件和重要人物,对于一些所谓的小人物和学术史发展过程中的"细节"则并未给予足够的关注,这使得我们无法对歌谣运动在当时产生的社会影响有一个完整的、有机的认识。该论文将研究重点放在了李素英燕京大学时的硕士学位论文《中国近世歌谣研究》上。作者认为,对于中国歌谣学而言,李素英的《中国近世歌谣研究》是系统总结歌谣运动的第一篇论文。作为燕京大学的一名研究生,受周作人、胡适、顾颉刚等人的影响,李素英在其硕士学位论文中对近世歌谣的形式和内容两方面的文学性进行了诠释。此外,她还对北平歌谣、吴歌、客音和藏地歌谣进行了人文区位学研究,创造性地提出了歌谣是"介于旧诗词与新体诗之间的一种执中的诗体"。同时,基于对歌谣、文学与社会的理解,她准确地指出了歌谣之入世、激进、革命的另一面相,以及"歌谣运动"向"歌谣革命"嬗变的可能,即新文艺的主潮应该是以民众为本位、对象和主体的旧瓶新酒的大众化,直至民众自己的创作。④ 李素英的一些观点,如歌谣是"包藏了一个民族所应有的一切"且"最原始的渊源",也展示出作者对歌谣的认识和思考,其观点与许多学术大家,如朱光潜、朱自清、台静农等学者的观点不谋而合。

---

① 万建中、廖元新:《时代、人物及问题:现代歌谣学的三个维度》,《民族文学研究》2018年第1期。
② 万建中、廖元新:《时代、人物及问题:现代歌谣学的三个维度》,《民族文学研究》2018年第1期。
③ 万建中、廖元新:《时代、人物及问题:现代歌谣学的三个维度》,《民族文学研究》2018年第1期。
④ 岳永逸:《保守与激进:委以重任的近世歌谣——李素英的〈中国近世歌谣研究〉》,《开放时代》2018年第1期。

岳永逸认为，李素英歌谣研究论文的价值，首先在于其对此前中国近世歌谣搜集与研究的成果进行了系统的梳理、归纳与总结。其次在于其试图将歌谣拉回文艺的"正统"之路，强调歌谣的文学性、文艺根性，因而结合大量实例，全面分析了歌谣的类别、内容、特征、形成、修辞、价值，进行了有效的形态学研究。① 李素英还对歌谣和诗的关系进行了梳理，她认为，首先，歌谣是大众的，乃下层民众共有，富于普遍性。诗则是个人的，知识阶级的，有着贵族性。其次，歌谣是功利的抒发感情，诗歌则是非功利的、纯粹的抒发感情。再次，歌谣强调的是直觉和实感，坦率真挚如璞玉，诗歌曲折、含蓄、典雅，自然美中有着人工美，精致如玉观音。最后，歌谣有着旧诗词能唱、好记的音乐性，却无旧诗词僵化的教条，有着新诗可效仿的自然的语言文法与节奏，却无新诗之漫无边际的自由、散淡与浅薄。② 总之，李素英的《中国近世歌谣研究》不仅开创了歌谣学术史整体研究的先河，其研究的指导教师，胡适、周作人、顾颉刚等，均为20世纪歌谣运动的核心人物，因此，该研究又从另一个角度折射出了中国民间文学、民俗学史中发展过程中的思想历程。

陈武的《朱自清和〈中国歌谣〉》一文也是一篇具有代表性的歌谣学术史的"细节"研究论文。该文对20世纪20年代到30年代朱自清"歌谣"课程的开设，以及《中国歌谣》一书的成书过程进行了梳理。③ 朱自清对歌谣感兴趣，一方面是大环境使然，在当时影响颇为广泛的歌谣运动中，许多学者如周作人、顾颉刚、刘半农、刘经庵等人，无论是在歌谣的搜集、整理方面，还是研究方面，都取得了很大的成果，对新文化运动的发生发展起到了积极的推进作用，歌谣的价值和功能也不断被学者们发现。这些都对朱自清进行歌谣研究，开设歌谣课程，编纂《中国歌谣》奠定了基础。另一方面，作为周作人的学生，朱自清的歌谣研究也受到了周作人的不断鼓励和大力支持。1928年11月22日，周作人到清华大学与朱自清和俞平伯会面。两天后，根据俞平伯年谱的记载，"朱自清在燕京大学讲歌谣课"，由此作者推测，朱自清的歌谣课似首先是在燕京大学，而不是清华大学开设的。④ 1929年，朱自清在清华大学开设了"歌谣"课程，此后，朱自清在1930年和1932年又两次开设了歌谣课程，并在讲课过程中整理出了《中国歌谣》的大部分书稿。遗憾的是，此后，由于各种各样的原因，朱自清没有再开设过"歌谣"课程，书稿最终也没有完成。我们现在看到的《中国歌谣》书稿是有郭良夫比勘油印本和铅印本的《中国歌谣》进行的初步整理，再由浦江清和吕叔湘的校读后，才得以出版发行。⑤《中国歌谣》是中国歌谣学的奠基之作，陈武的《朱自清和〈中国歌谣〉》一文，厘清了这段历史，对中国歌谣学史的建设有所贡献。

---

① 岳永逸：《保守与激进：委以重任的近世歌谣——李素英的〈中国近世歌谣研究〉》，《开放时代》2018年第1期。
② 岳永逸：《保守与激进：委以重任的近世歌谣——李素英的〈中国近世歌谣研究〉》，《开放时代》2018年第1期。
③ 陈武：《朱自清和〈中国歌谣〉》，《读史札记》2018年第4期。
④ 陈武：《朱自清和〈中国歌谣〉》，《读史札记》2018年第4期。
⑤ 陈武：《朱自清和〈中国歌谣〉》，《读史札记》2018年第4期。

二 歌谣学

2018 年，歌谣学研究方面，如歌谣的经典化过程、歌谣的语言、歌谣的传承途径和方式等也出现了一些有突破性的论文。陈书录的《中国民间歌谣文学经典化的路径与价值》是其中比较有代表性的一篇。① 陈书录认为，中国歌谣虽然带有草野性、俚俗化等特征，但在口头上的不断流传中体现出鲜活的生命力。其中的精品佳作代代相传，并通过不同的途径逐步地经典化，不断地呈现出生生不息的民族精神和审美价值。作者认为，歌谣经典化的主要途径包括民间传播，上情下达和文人参与等。② 该文以民歌《茉莉花》的经典化历程为例，探讨了民歌经典化的具体过程。据作者考证，这首民歌较早见于清乾隆年间钱德苍编选的《缀白裘》第六集卷一杂剧《花鼓》，其曲调名为《花鼓曲》，《茉莉花》的工尺谱较早见于清道光年间的《小慧集》，流传于江苏、山东、河北、江西、山西、甘肃、辽宁、黑龙江等地。英国约翰·贝罗 1804 年出版的《中国游记》载有此谱，世界著名作曲家普契尼歌剧《图兰朵》的主要音乐素材便是《茉莉花》。论文认为，在《茉莉花》的经典化过程中，民间传播起了重要的作用。此外，作者认为，上情下达也是歌谣经典化的重要途径。政权阶层出于了解政治的需要，建立乐府机构，采集民间歌谣，这使得一部分歌谣得以被记录下来，广为流传。此外，作者还认为，文人的参与，包括采集和整理歌谣、仿写歌谣等也是歌谣经典化的重要途径。我们以为，虽然"文人参与则在民间歌谣典型化的建构中发挥着不可替代的作用"，③ 但是，民间歌谣最根本的价值在于其自身的价值，文人可以慧眼识珠，发现歌谣，但是，文人的参与，包括改编、加工、再创造，其结果只能提升其个人作品的价值，并不能提升民间歌谣的价值。民间歌谣是一种资源，是一种客观存在，文人可以使用歌谣，但是我们无法说文人的改编"提升"了歌谣的价值。

曹成竹的《歌谣的形式美学：生发于"歌谣运动"的文学语言观》④ 讨论了歌谣的形式美，包括歌谣的起兴、歌谣的双关、歌谣的重奏复沓和歌谣的"联响"。作者引用常惠的观点，认为歌谣自有它的格律，唱诵歌谣的人必须要掌握且遵守歌谣的唱诵规则。而且歌谣的唱诵规则绝不受一切的思想和文字的束缚。它多半注重在音调上，即便这个地方没有的东西，唱的人也一定守着它的规则照样的唱它，不能随便地任人删改。⑤ 也正如胡适所言，"我们深信，民间歌唱的最优美的作品往往有很灵巧的技术，很美丽的音节，很流利的漂亮的语言，可以供今日新世人的学习师法。"⑥ 但是，歌谣的这种唱诵规则、法

---

① 陈书录：《中国民间歌谣文学经典化的路径与价值》，《河北学刊》2018 年第 1 期。
② 陈书录：《中国民间歌谣文学经典化的路径与价值》，《河北学刊》2018 年第 1 期。
③ 陈书录：《中国民间歌谣文学经典化的路径与价值》，《河北学刊》2018 年第 1 期。
④ 曹成竹：《歌谣的形式美学：生发于"歌谣运动"的文学语言观》，《文艺理论研究》2018 年第 6 期。
⑤ 曹成竹：《歌谣的形式美学：生发于"歌谣运动"的文学语言观》，《文艺理论研究》2018 年第 6 期。
⑥ 曹成竹：《歌谣的形式美学：生发于"歌谣运动"的文学语言观》，《文艺理论研究》2018 年第 6 期。

则和格律还没有被很好的研究,"歌谣运动"的语言形式经验也并未得到很好的扩散与消化。它们或者遭受到传统及雅文学秩序的抵触,或者淹没于政治和社会历史运动的鼓噪之中。作者认为,研究歌谣的韵律,凸显了歌谣作为口传文学,听觉文化的首要形式美学原则,也使得歌谣确立了更加自觉和独立的地位,而不再是正统文学、书面文学的附属品或边角料。①

季中扬的论文《从节气歌谣、谚语看二十四节气的活态传承》重点讨论了歌谣的传承问题。② 作者认为,根据康德《纯粹理性批判》中的"先验感性论"中的观点,时间并非事物本身的客观属性,而是主体的先验直观形式。这就是说,时间并不是客观存在的,而是一种主体经验,但这主体经验又具有一定的客观性,因为它是人类共同的先验直观。既然是一种主观体验,就不能超脱人类的历史经验。③ 作者认为,二十四节气从本质上讲就是一种抽象的"时间"的框架。作为观念的"时间"是抽象的,不可触摸的,但是,具体的生产、生活经验,以及古人对自然界物象的细致观察,最终构成了二十四节气丰富多彩的文化内容。内容与形式的自由结合产生了既有普遍性,又有地方性的二十四节气知识。该文为我们认识和理解二十四节气提供了一个全新的视角。事实上,不同的文化形态中,人们的时间经验框架、模式也是不同的,二十四节气就是一种特殊的人类时间经验框架。作为一种时间概念的载体和媒介,二十四节气的存在和传承方式则为传统节日、民间歌谣和谚语,这就是说,传统节日、歌谣和谚语是二十四节气知识得以广泛流传并延续下来的主要途径。④ 此外,各地与二十四节气相关的丰富多彩的农耕知识也大都以歌谣、谚语的形态流传着。⑤

三 少数民族歌谣研究

少数民族歌谣研究依然是 2018 年歌谣研究的主战场。其中比较有代表性的论文有廖元新、万建中的《"官学"话语下的 20 世纪少数民族歌谣研究》。⑥ 这是一篇 20 世纪少数民族歌谣研究的总结性论文。该文认为,20 世纪以来,长期不受重视的少数民族歌谣,突然进入了官方和学者的视野,官方话语与学术话语间彼此勾连,相互影响,国家行为时而以"前话语"的形式,构成学术研究的社会语境;时而以强大的行政控制力,直插学术研究之中,以"典型话语"的形式,成为学术研究的主题。该论文回顾和梳理了 20 世

---

① 曹成竹:《歌谣的形式美学:生发于"歌谣运动"的文学语言观》,《文艺理论研究》2018 年第 6 期。
② 季中扬:《从节气歌谣、谚语看二十四节气的活态传承》,《南京师大学报(社会科学版)》2018 年第 2 期。
③ 季中扬:《从节气歌谣、谚语看二十四节气的活态传承》,《南京师大学报(社会科学版)》2018 年第 2 期。
④ 季中扬:《从节气歌谣、谚语看二十四节气的活态传承》,《南京师大学报(社会科学版)》2018 年第 2 期。
⑤ 季中扬:《从节气歌谣、谚语看二十四节气的活态传承》,《南京师大学报(社会科学版)》2018 年第 2 期。
⑥ 廖元新、万建中:《"官学"话语下的 20 世纪少数民族歌谣研究》,《宁夏社会科学》2018 年第 5 期。

纪少数民族歌谣的百年学术史，从20世纪初期的歌谣搜集和整理，到通过将少数民族歌谣研究作为"边政研究"的一个重要组成部分，到"以阶级斗争为纲"话语下的少数民族歌谣研究，再到新中国成立之后的"以经济建设为中心"时期的少数民族歌谣研究，无论是作品的搜集、整理和出版，还是少数民族歌谣研究专著和论文的出版，少数民族歌谣研究都取得了丰硕的成果。

尽管歌谣研究不可避免地与官方话语存在着某种关联，但是，从某种意义上说，这也正是歌谣研究之所以能在学术界占有一席之地的价值所在。因为，自古以来，中国历代政府对歌谣都非常重视，并将歌谣视为完善礼制、考察政治，体察民情，休养生息的重要方式和途径。更为突出的是歌谣甚至从上古时期开始，就被默认为是君民上下沟通的渠道，正所谓"上以风化下，下以风刺上，主文而谲，谏言之者无罪，闻之者足以戒。"民众往往选择通过歌谣表达自己的态度和意愿，而不必担心招致责罚。官方则可以通过采集歌谣"观风俗，知得失，自考正"。歌谣的这种"言情达意"的功能使得歌谣在中国历史上始终占有一席之地。

周迎的《"四音"应"八调"，韵味亦盎然：雷州歌即兴歌唱及创作规律分析》是一篇探讨活态歌谣演唱规律和模式的论文。[①] 民间歌谣的特点之一是口耳相传，因此，歌谣的演唱大多为即兴表演。一般而言，即兴表演受制于某种表演法则、规律和模式，也正是这种程式化的规律和模式使得口传歌谣得以传承，因此，当代歌谣研究中，即兴创作的规律和模式是学界关注的重点。在这篇论文中，作者通过田野调查的方式，探讨了雷州歌的核心音级及衍生规则，以及雷州歌腔的腔调、音调关系。认为雷州歌谣"旋律的进行是以固定特性音调（一个乐汇）的拉腔使用和吟诗式的以字求腔相结合的。演唱者可以根据每首歌曲的歌词内容来灵活地使用上述旋律进行法则，在速度、节奏、力度和声调等许多方面均可发挥自己的创造性。"[②] 作者认为，雷州半岛流传的雷州话民歌、戏剧、曲艺形式大部分发源于当地的民间歌谣，雷州歌谣在协声押韵的演化过程中逐渐形成了曼声歌唱的韵律，随着歌者对于音高变化对比及情感表达深入的追求。[③]

李萍的《从"他者"到"本土"：民国至今珠江三角洲疍民咸水歌的历史叙事与文化变迁》[④] 一文探讨了歌谣研究领域中的一个常常被人忽视的问题，即研究者的身份与被研究对象之间的关系问题。众所周知，民俗学、人类学田野调查的原则之一是不带有任何主观意识，要从一个纯粹的"旁观者"的角度去看待研究对象，但实际上，如何保证自己旁观者的身份，是一个非常复杂的问题。作者以广东地区疍民的咸水歌为例，提出了自己对这一问题的思考和探索。咸水歌是居住在珠江水系及沿海等地的水居疍民所吟唱的歌谣。疍民地位卑微，他们的文化一直处在"被书写"的地位。在旧时传统社会中，咸水

---

① 周迎：《"四音"应"八调"，韵味亦盎然：雷州歌即兴歌唱及创作规律分析》，《音乐创作》2018年第11期。

② 周迎：《"四音"应"八调"，韵味亦盎然：雷州歌即兴歌唱及创作规律分析》，《音乐创作》2018年第11期。

③ 周迎：《"四音"应"八调"，韵味亦盎然：雷州歌即兴歌唱及创作规律分析》，《音乐创作》2018年第11期。

④ 李萍：《从"他者"到"本土"：民国至今珠江三角洲疍民咸水歌的历史叙事与文化变迁》，《中国音乐》2018年第6期。

歌专属于疍民，并且一直被排斥在主流文化之外。20世纪20年代，许多学者如罗香林、钟敬文就开始了对疍民歌谣的搜集、整理工作，也出版了一些歌谣集，但是，这些学者的搜集和整理只偏重文本，并未记录乐谱，这显然是一种有缺陷的、不完整的记录方式。另外，这些歌谣整理者将咸水歌的演唱者称为"疍民"，但是无论是"咸水歌"也好，"疍民"也好，都是"陆上"人对这些人的称谓，本地人"不但很少用这些名称，而且也很不愿意听闻人家称之为'疍民'"。① "咸水歌"是"陆上"人对疍民歌谣的称谓，也并非来自疍民自己。② 论文认为，以往的咸水歌研究者多为"外人"，或者说"陆上"人，他们将"疍民"的"咸水歌"看成是一种"水上情歌"，并认为其带有许多"滥情"的色彩，这实际上是对当地民歌的误解。新中国成立之后，政府取消了"疍民""咸水歌"等带有歧视性色彩的词汇，将这些人统称为"水上居民"。作者认为，"水上居民"的歌谣是疍民生活的一部分，它不仅是一种娱乐方式，更是当地的一种礼俗行为。例如，当地有"哭丧""哭嫁"的习俗，这些礼俗中的民歌演唱具有独特的特点，如更具口头念诵性，每句结尾为"啊"，以及"喊叹"特点等。当地带有娱乐色彩的民歌，句末多为"兄哥""姑妹"，句中常常出现"啰""呀"等衬词、虚字，节奏自由舒展，有对唱，也有独唱。③ 作者认为，只有从"本土"出发，在本土文化的语境中记录和阐释歌谣，才能对这些歌谣有一个完整、全面的认识。

彭兴滔的《西南边地少数民族歌谣与中国现代文学》对西南边地少数民族歌谣的搜集、整理以及西南少数民族歌谣对中国现代文学的影响进行了较为全面的探讨。④ 作者认为，西南边地歌谣的采集和研究对现代文学的影响表现在如下几个方面：首先，现代中国从西南边地少数民族歌谣中发现了西南边地的"人"。历史上，西南边地一向被忽视，边地人往往被视作非人的"蛮夷"，而歌谣运动重新定义了"民"的含义，边地少数民族被纳入到了"民"的范畴。⑤ 其次，西南边地少数民族歌谣的发现促进了"边地"和"边地文学"的发展和繁荣，为现代文学的西南边地书写，少数民族的书写提供了某种文化、文学原型和审美情趣。⑥ 最后，西南边地少数民族歌谣样式丰富，呈现出鲜明的地域文化共性，具有质朴灵活的表现形式，执着求真的美学风格等特点，是西南边地传统文学的代表，也起到沟通主流知识界与边地少数民族民间文学的媒介。

此外，在少数民族歌谣研究方面较有代表性的还有欧造杰的《刘三姐歌谣文化的生

---

① 李萍：《从"他者"到"本土"：民国至今珠江三角洲疍民咸水歌的历史叙事与文化变迁》，《中国音乐》2018年第6期。
② 李萍：《从"他者"到"本土"：民国至今珠江三角洲疍民咸水歌的历史叙事与文化变迁》，《中国音乐》2018年第6期。
③ 李萍：《从"他者"到"本土"：民国至今珠江三角洲疍民咸水歌的历史叙事与文化变迁》，《中国音乐》2018年第6期。
④ 彭兴滔：《西南边地少数民族歌谣与中国现代文学》，《中南民族大学学报（人文社会科学版）》2018年第5期。
⑤ 彭兴滔：《西南边地少数民族歌谣与中国现代文学》，《中南民族大学学报（人文社会科学版）》2018年第5期。
⑥ 彭兴滔：《西南边地少数民族歌谣与中国现代文学》，《中南民族大学学报（人文社会科学版）》2018年第5期。

命美学解读》① 和毛建军的《布依族古歌整理与研究综述》②。《刘三姐歌谣文化的生命美学解读》一文从生命美学的视角分析了刘三姐歌谣文化中体现出的依生之美、竞生之美和共生之美,讨论了刘三姐歌谣多方面的生命美学意义,以及刘三姐歌谣中体现出来的人与自然的相互依存、和谐发展的状态。毛建军的《布依族古歌整理与研究综述》则讨论了布依族古歌的搜集、整理出版和研究情况。布依族古歌的搜集、整理和出版方面虽然取得了很多的成果,但是,在当今社会中,如何保护和传承布依族古歌,依然是一个值得重视的问题。

四 童谣研究

侯杰、常春波的《日常生活的咏叹:近代儿童性别意识启蒙——以 20 世纪初儿歌为中心》重点讨论了童谣在儿童成长和儿童教育过程中的价值和作用问题。③ 论文认为,童年是个体生命周期的初始阶段,与其成年后的思想观念、行为规范有着潜移默化的关联。儿歌是一种集体创作的文学形式和启蒙工具,是传统价值观念的载体。论文认为,自中西文化交流以来,特别是 20 世纪初,一些来华传教士和民俗学者开始对包括儿歌在内的民间歌谣有所关注,进行了一系列收集整理工作,并在出版物上刊载。在学术研究中,虽然有些学者就歌谣中的女性生活和政府如何通过歌谣动员女性等问题进行了分析,但是以儿歌为对象的专门研究还不够深入。该文爬梳了 20 世纪初各地流传的儿歌,包括以求子为核心的孕育和生育、以身心规训为重点的养育、以性别分工为主的教育、以婚姻家庭为核心的情感教育的童谣和儿歌,并分析其中的性别意涵,探究社会性别制度与观念是怎样在日常生活中参与型塑儿童性别意识的。由于这些儿歌贯穿于 20 世纪初中国儿童的孕育、生育、哺育、养育和教育过程,因此,不可避免地影响着她们对性别的认知。④ 通过对清末儿歌的研究,论文认为,清末儿歌反映出的是中国传统的父权社会背景下的性别制度、习俗、观念,以及这些制度、习俗和观念带给女性身体和心理方面的束缚。作者认为,这些儿歌以训诫的方式先入为主地型塑着儿童的性别意识,其中包括男尊女卑的性别观念,男主外、女主内的性别分工和男女之大防的性别区隔。

该论文的观点是有偏颇的,一是因为论文的观点显然是意识先行的,即先有结论,然后再进行论证。论文的视角是西方学者包括传教士们的视角,而不是作者研究的结果。论文引用了许多西方来华人士和传教士的观点,如何德兰、甘博、明恩溥等。例如,作者引用明恩溥的观点,认为"近代中国早婚的夫妻中以女方比男方年龄大的情况居多。一些早婚的男性往往尚未摆脱儿童的心理,不具备独立生活的能力,则将对母亲的依赖转移到年长的妻子身上。妻子便还要承担起照顾丈夫生活起居的责任。正如儿歌中唱到'十八

---

① 欧造杰:《刘三姐歌谣文化的生命美学解读》,《四川文理学院学报》2018 年第 1 期。
② 毛建军:《布依族古歌整理与研究综述》,《民族音乐》2018 年第 2 期。
③ 侯杰、常春波:《日常生活的咏叹:近代儿童性别意识启蒙——以 20 世纪初儿歌为中心》,《南开学刊》2018 年第 4 期。
④ 侯杰、常春波:《日常生活的咏叹:近代儿童性别意识启蒙——以 20 世纪初儿歌为中心》,《南开学刊》2018 年第 4 期。

的大姐九岁的郎'"。① 明恩溥关于中国社会婚姻情况的判断是否准确,是否具有普遍性且不说,因为明恩溥的观点显然来自于其个人对于中国社会的表象式的观察,而不是其深入研究的结果。该论文不加分辨地引用西方学者的观察作为论文观点的"支撑",显然不严谨。"十八的大姐九岁的郎"是一种歌谣的语言,很多情况下或者是为了合辙押韵,或者是出于谐谑的目的,难免带有夸张的成分。二是作者的论证也不严谨,该论文对童谣和儿歌的释读也明显地采用了"双重标准",如果童谣中有女性悲苦的内容,如"红缎小鞋绿线锁,狠心爹娘买了我。一卖卖到十里坡,十个公,十个婆,十个小姑管着我……"。论文认为这是传统婚姻中女性备受摧残的例证。如果童谣中有女性张扬、霸道的内容,如《麻野雀》中的"麻野雀,就地滚,打的丈夫去买粉;买上粉来她不搽,打的丈夫去买麻……"。论文又认为这首童谣中表现的媳妇对丈夫的"折磨",是对"懒女人"的讽刺,也是女性没有地位的表现。这种轻材料、重观点的"观点先行"的论证方法尽管缺乏科学性和严谨性,但在当今学术界却具有一定的普遍性,应该引起学术界的反思。

崔昕平的论文《儿歌:自觉于现代文学语境的百年》②探讨了歌谣运动中,儿歌的发现和研究对于新文化运动的影响。百年前,随着新文化运动和歌谣运动的发展,"发现儿童""儿童本位"的观念逐渐形成,一些有识之士投身童谣与儿歌的整理和研究工作。儿歌的整理和研究直接催生了现代学者的儿歌创作工作。论文认为,中国现代儿歌走过了一条从无到有,摸索前行,经历了由激情高涨到边缘沉寂,由儿童主导到多元发展的历程。论文认为,现代儿歌与民间童谣,构成了一种承继、衔接、并行、融合的关联。论文梳理了百年来中国儿歌创作中取得的成果,包括研究成果和创作成果,也指出了存在的问题。作者认为,儿童需要儿歌,儿歌是儿童"心上最有吸引盘踞的力量",因此,儿歌的创作和研究依然需要更多学者和作者投入其中。③

此外,还有一些对儿童歌谣开展具体研究的论文,如潘龚凌子的《试论汉水流域儿童歌谣的分类》等。④ 该论文对汉水流域儿童歌谣进行了初步的分类,将其分为摇篮曲、游戏歌、智慧歌、时序歌、风俗歌和绕口令六种。分类上有新意,但是绕口令是否属于儿童歌谣,还需要商榷。

五 歌谣理论研究

2018年歌谣理论研究方面出现了一些有突破的论文,如徐佳、杨露、幸辉的《文化记忆视域下的壮族歌圩流变研究》。⑤ 文化记忆理论由德国学者扬·阿斯曼(Jan Assmann)提出,阿斯曼认为,文化记忆是每个群体、每个社会特有的一套,可重复使用的信息范本(文本、图像或礼仪),通过旧信息的继承和新信息的整合,达成对信息范本的

---

① 侯杰、常春波:《日常生活的咏叹:近代儿童性别意识启蒙——以20世纪初儿歌为中心》,《南开学刊》2018年第4期。
② 崔昕平:《儿歌:自觉于现代文学语境的百年》,《中国现代文学研究丛刊》2018年第5期。
③ 崔昕平:《儿歌:自觉于现代文学语境的百年》,《中国现代文学研究丛刊》2018年第5期。
④ 潘龚凌子:《试论汉水流域儿童歌谣的分类》,《汉江师范学院学报》2018年第4期。
⑤ 徐佳、杨露、幸辉:《文化记忆视域下的壮族歌圩流变研究》,《百色学院学报》2018年第1期。

"维护"后,这个社会或群体能巩固并延续自身发展。① 文化记忆具有重构性、延续性和强化性三个典型特征,能为特定文化流变提供经验性资源与非自觉的表征形式。记忆重构指的是文化记忆能借助现存的社会群体现象重构记忆原型。由于人类个体记忆是有限的,而借助客观化的象征物,能使记忆跨越上千年的时空找寻到记忆的源头,以便个体在特有文化空间中能快速适应并进行准确自我定位。因此,文化记忆能借助书面记载、口头相传、仪式或集会等形式,"选择性"地依据现有事件中个体的特定记忆"高效"回忆出先前群体中的记忆原型。延续性指的是文化记忆是一条囊括过去、现在和未来的记忆时间轴。社会群体借助记忆时间轴得以将特定形象代代传承下来,因此,在该条时间轴上,当所有文化记忆一并叠加时,社会或群体的图像才得以延续,得以永存。阿斯曼认为,文化记忆延续实质上是文化以构型式沉积于客观化的媒介中,并在媒介中得以深刻表达。其中承载媒介主要包括两种形态,即口头的和书面的。口头承载媒介以祭祀礼仪为主,及时性显著。而书面承载媒介以文本为标志,循环性强。强化性是文化记忆的一个典型特征,旨在为所有社会群体自身文化带来最大限度的"文化身份固化"和文化认同。②

壮族歌圩文化作为壮族传统文化的一种典型范式,其流变特征具有较高的研究价值。这篇论文从文化记忆视角对壮族歌圩文化的流变特征进行研究后发现,借助口头和书面形式的交互记忆,可深刻还原出歌圩温和的记忆原型,其中民间传播、文字传播和现代传播形式的相继出现,让歌圩文化可以记忆延续。因此,增强歌圩文化记忆原型人物形象的认同感是强化歌圩文化影响力的有效途径。③ 论文以刘三姐歌谣为例,将刘三姐歌谣看作是刘三姐传说的主要载体,重点介绍了刘三姐这一记忆原型的构建并发现其构建模式主要分为口头式交流记忆和文献记载式交流记忆。④ 论文认为,刘三姐的传说有大量口传文本,口传文本的特征是有异文,因此,才出现了"刘三姐石化""刘三姐化仙""刘三姐为凡人"三种不同类型的歌谣。以刘三姐为原型的文化记忆是从记忆的共时维度,借助以口头式个体交流记忆(关于刘三姐的生平历史)建构起一个历时性的持存群体记忆,即群众普遍接受并广为认可的刘三姐形象,之后再进一步发展成特定文献记载式交流记忆形式,以永存性文化记忆突显出刘三姐记忆原型。⑤ 该论文的研究是一个非常有意义的尝试,尽管还有需完善的地方,但是,文化记忆理论的提出对我们进行文化研究提供了一个全新的视角和维度。

袁君煊的《行走的歌谣:"三原"论视阈下瑶族信歌探赜》一文,借鉴西方文学地理学的研究方法对瑶族的信歌进行了深入研究。⑥ 在论文中,作者强调其所谓的"三原",即"版图复原"、"场景还原"和"精神探原"。"三原论"的核心要义是通过文学"场景还原"这一中介,将文学对应于外层空间的"版图复原"与对应于内层空间的"精神探

---

① 徐佳、杨露、幸辉:《文化记忆视域下的壮族歌圩流变研究》,《百色学院学报》2018年第1期。
② 徐佳、杨露、幸辉:《文化记忆视域下的壮族歌圩流变研究》,《百色学院学报》2018年第1期。
③ 徐佳、杨露、幸辉:《文化记忆视域下的壮族歌圩流变研究》,《百色学院学报》2018年第1期。
④ 徐佳、杨露、幸辉:《文化记忆视域下的壮族歌圩流变研究》,《百色学院学报》2018年第1期。
⑤ 徐佳、杨露、幸辉:《文化记忆视域下的壮族歌圩流变研究》,《百色学院学报》2018年第1期。
⑥ 袁君煊:《行走的歌谣:"三原"论视阈下瑶族信歌探赜》,《西北民族大学学报(哲学社会科学版)》2018年第6期。

原"相贯通。作者运用"三原论"的理论构架对瑶族信歌进行了深入的研究。① 信歌,又名彩信、寄歌、放歌、传歌、飘歌,即以歌的形式来写信。这在自称"勉""金门"的瑶人中尤为盛行。瑶族信歌旨在传递信息,故其表达偏重于叙事。瑶族信歌以诗歌的形式书写战争、苛政、逃亡流离与孤单凄苦的生活境遇,在再现生活场景、刻画人物精神世界方面,朴素而深入人心。② 信歌的内容包括苛政与战争场景,迁徙与流离场景,社会动荡与卖儿场景,晚年孤苦场景。信歌的内容对于本宗支来历作详细的梳理,如《查亲访故古根歌》追溯了盘王传下的五家七姓瑶人,并区分他们各自的衣饰特征,耕山狩猎的生活等。这类叙事除了给收信者对照确认信息提供便利外,还有一大重要目的,就是申明自己的身份。③

作者认为,瑶民对于信歌几乎到了敬若神明的地步,写信歌者寄希望于信歌帮助其找到亲友或把自己的境况成功传达给收信人。但是,因为多数信歌的发出者与接收人信息不对称,无法实现点到点的传送,因此,信歌写成后,还要抄若干份发出去。信歌对于寄信者如此重要,为了避免人为因素造成信歌被扣留或损毁,信歌末尾大多有一番道德说教,确保信歌的传递。因此,非收信者接到信歌后也不敢大意,不识字者会请人读信、抄写,自己收藏一份,然后对照信歌信息将抄写的信歌作新一轮传递。这也能很好地解释非收信者为何藏有他人的信歌这一现象。信歌在瑶族内的广泛书写、阅读、传递与收藏,为瑶民构建了一个超越时空的民族精神家园。在此家园中,瑶民借助信歌反复咏唱民族的历史与传说,倾诉自身的苦乐遭际,探寻对方的生活境况,构建了强大的瑶族文化交流场域。④ 作者认为,现存瑶族信歌标识了历史时期瑶族的空间分布、板块结构与迁徙路径,是瑶民运行轨迹的文化遗存。信歌记载的人事、物景拼凑成一幅幅瑶民生活的生动场景,是瑶民的"生命现场"。信歌构建的特殊的社会文化传统可以理解为瑶民探寻精神家园的隐喻。⑤ "三原论"的研究方法和理念,为文学批评的空间转向打开了一扇新的大门,具有本土意义与实践价值。

六 古代歌谣研究

古代歌谣研究是歌谣研究的一个重要领域,2018年的古代歌谣研究论文颇丰,一个重要的原因是除民间文学、民俗学研究古代歌谣以外,古代歌谣还是古代文学等学科的研究对象。民间文学、民俗学视角下的古代歌谣研究为传统的古代诗歌、古代文学研究提供了一些新的材料和新的阐释方式。例如,民间文学、民俗学领域中"口传""异文"等概

---

① 袁君煊:《行走的歌谣:"三原"论视阈下瑶族信歌探赜》,《西北民族大学学报(哲学社会科学版)》2018年第6期。
② 袁君煊:《行走的歌谣:"三原"论视阈下瑶族信歌探赜》,《西北民族大学学报(哲学社会科学版)》2018年第6期。
③ 袁君煊:《行走的歌谣:"三原"论视阈下瑶族信歌探赜》,《西北民族大学学报(哲学社会科学版)》2018年第6期。
④ 袁君煊:《行走的歌谣:"三原"论视阈下瑶族信歌探赜》,《西北民族大学学报(哲学社会科学版)》2018年第6期。
⑤ 袁君煊:《行走的歌谣:"三原"论视阈下瑶族信歌探赜》,《西北民族大学学报(哲学社会科学版)》2018年第6期。

念，可以帮助我们重新发现解读古代文学中一些现象。刘立志的《先秦民间歌谣创作与传播的几个问题：与〈诗经〉相对照》一文就进行了一些非常有意义的尝试。① 论文认为，《诗经》《楚辞》之外，先秦典籍中载录有丰富的歌谣材料，它们的创作、传播与专书或有异同，对于三百篇的研究不无参照价值。但是，这方面的研究却明显不足。论文以《龙蛇歌》为例，探讨了其"口传"性问题。论文引用了程毅中的观点，"值得注意的还有那首《龙蛇歌》，词句有很大的出入，可能刘向正是为了保存不同版本而不加删除也不作校改的，也可以说明刘向还是述而不作，他所作的校雠工作，只是校文字之正讹而不考证史实之是非。"作者认为，这首《龙蛇歌》大概是先秦以来一直在口头传唱的诗歌，并非介子推或舟之侨的创作。这些文字上的差异体现了诗歌在流传中的变化，正体现了口头文学的典型特征。② 论文从先秦典籍如《论语》《左传》《孟子》《荀子》等所引《诗经》的许多逸诗出现的语境出发，如《左传》中的"俟河之清，人寿几何。兆云询多，职竞作罗"，《荀子》中的"凤凰秋秋，其翼若干，其声若箫，有凤有凰，乐帝之心"，认为诸书引诗的场合很多是在宾主谈话之际，试想如果双方没有预先习得这些诗语，或者说双方事先没有掌握可供学习的相同的诗歌选集文本，他们的交流必然会遭遇重大障碍。如果对方不了解诗语含义，意在强化论说权威的引诗为证，必不能达成沟通的实际效果。因此，论文认为，最大的可能是，当时的《诗经》有不同的传本流布。③ 实际上，先秦时代，同一种典籍的不同版本在社会上并行流通，这种情形是极为常见的。长沙马王堆汉墓帛书《战国纵横家书》总共27章，其中有10章见于今本《战国策》，刘向的《战国策叙录》言其校理群书，见到此类著作颇多异称，或名《国策》《国事》《短长》《事语》《长书》《修书》等，"以为战国时，游士辅所用之国，为之策谋，宜为《战国策》"，于是始定名为《战国策》，足见先秦之际《战国策》之类材料多有，内容或有异同，但性质则为纵横家文字无疑。④ 作者由此认为，先秦之时，应当有多重诗歌选本传布，性质与《诗经》相同，迄于秦汉而三百篇独传，汉代四家诗之文本仅是其中之一小部分。古今学者对于《诗经》一书的编纂提出过不少看法，如清儒方玉润倡导"两次成书说"，认为《诗经》经过两次编纂，第一编出于周朝乐官，第二编出于鲁国乐师。其实，对于这个问题，作者认为不妨换一种思路，那就是在春秋以前，《诗经》一书出现过不止一个版本，它们或共时，或历时在社会上流布，迄于孔子，他搜罗众本，删重取精，编成了新版本的《诗经》，此书借助于儒学的传播，广为流通，成为秦汉学者习用之本。如此论说，司马迁在《史记·孔子世家》中提出的"古者，诗三千余篇，及至孔子，去其重，取其可施于礼义"，也便有了合情合理的逻辑依据。⑤ 该文对我们研究古代歌谣和古代诗歌及其传统具

---

① 刘立志：《先秦民间歌谣创作与传播的几个问题：与〈诗经〉相对照》，《淮阴师范学院学报（哲学社会科学版）》2018年第1期。

② 刘立志：《先秦民间歌谣创作与传播的几个问题：与〈诗经〉相对照》，《淮阴师范学院学报（哲学社会科学版）》2018年第1期。

③ 刘立志：《先秦民间歌谣创作与传播的几个问题：与〈诗经〉相对照》，《淮阴师范学院学报（哲学社会科学版）》2018年第1期。

④ 刘立志：《先秦民间歌谣创作与传播的几个问题：与〈诗经〉相对照》，《淮阴师范学院学报（哲学社会科学版）》2018年第1期。

⑤ 刘立志：《先秦民间歌谣创作与传播的几个问题：与〈诗经〉相对照》，《淮阴师范学院学报（哲学社会科学版）》2018年第1期。

有借鉴意义。

卫绍生的《先秦时期中原歌谣研究》一文探讨了歌谣的起源地问题。① 论文认为，中原是华夏文明的发祥地，也是中国古典诗歌的发源地。该文对先秦时期带有明显中原特色的歌谣，如《击壤歌》《被衣歌》《箕山歌》《尧戒》《伊耆氏腊辞》《赓歌》《南风歌》《五子之歌》《采薇歌》《麦秀歌》《答夫歌》《乌鹊歌》等歌谣的内容、形式和表现手法进行了研究。卫绍生将先秦时期的这些歌谣放置在四个历史时期，即尧、舜、夏商周和春秋战国时期，认为不同时期的歌谣带有鲜明的时代特色，是我们研究古人生活、思想的重要材料。顾农的《略谈上古歌谣及谚语》② 认为上古歌谣一般没有具体作者，属于民间文学、口头文学。该文对上古歌谣的内容、形式和特点进行了梳理。对上古歌谣中的祭词、咒词与原始思维之间的关系进行了探讨。

白振奎、闵克香的《汉代的"父母官"歌谣与"为民父母"文化》通过对古代时政歌谣的研究，③ 发现中国政治文化传统中有一种现象，即从皇帝到地方官都自称为"民之父母"，称百姓为"子民"。另外，百姓对地方官的"父母"角色也自觉认同。这种传统在汉代表现得尤为突出。从皇帝的诏书，大臣的奏议，乃至地方官的教令中，都常见这种自我称谓。汉代时，广大民众更自创了许多歌谣，颂美地方官，称他们为"父母"。例如，汉灵帝时期的《京兆为李燮谣》中有："我府君，道教举。恩如春，威如虎。刚不吐，弱不茹。爱如母，训如父。"论文认为，这种文化现象的远因，是中华民族早期的氏族内部，氏族领袖、家长、师长的角色混融不分，进而形成文化基因，积淀在民族文化的血液里。近因则与汉代统治者采集歌谣以"观风察政"，以考察官吏有密切关联。"为民父母"文化在发展过程中出现了一些弊端，但与法家政治的严苛寡恩相比，则闪烁着人性的光辉，其价值应予肯定。④ 论文的这种结论虽然还有进一步商榷的余地，但是，论文提出的这种现象非常值得继续研究。此外，还有一些论文探讨了歌谣的概念问题，如吴承学、刘湘兰的《古歌谣之辨》⑤，该论文上古时期歌、谣的概念进行了辨析，对歌、谣概念的历史演变进行了探讨。

七　其他研究

2018 年歌谣研究领域出现的一些新的研究方向也很值得关注，如民谣的翻译问题。马士奎的《晚清和民国时期的北京民谣英译》⑥ 介绍了晚清和民国时期在中国和美国出版的四种北京歌谣的英译本，其中包括意大利裔外交官威达利（旧译韦大列）的《北京儿歌》，美国传教士何德兰的《孺子歌图》，徐露丝（Ruth Hsu）的《中国童谣》和张则之

---

① 卫绍生：《先秦时期中原歌谣研究》，《中州学刊》2018 年第 9 期。
② 顾农：《略谈上古歌谣及谚语》，《古典文学知识》2018 年第 3 期。
③ 白振奎、闵克香：《汉代的"父母官"歌谣与"为民父母"文化》，《阜阳师范学院学报（社会科学版）》2018 年第 5 期。
④ 白振奎、闵克香：《汉代的"父母官"歌谣与"为民父母"文化》，《阜阳师范学院学报（社会科学版）》2018 年第 5 期。
⑤ 吴承学、刘湘兰：《古歌谣之辨》，《古典文学知识》2018 年第 2 期。
⑥ 马士奎：《晚清和民国时期的北京民谣英译》，《山东外语教学》2018 年第 2 期。

的《北平歌谣》。前三种是西人搜集、整理和出版的北京歌谣，后一种则是国人编选和翻译的北京歌谣。韦大列认为，民谣的作者大都目不识丁，但这些作品所包含的诗歌规律则与欧洲的许多国家相类似，尤其是与意大利民谣几乎完全相符。① 张则之的《北平歌谣》英译本是在歌谣运动的影响下问世的。张则之意识到民间文学"已经成为一门科学，对揭示人类社会历史具有不可估量的价值"，而编译、出版该书的，目的在于让世人了解中国人民的社会生活。张则之在任教之余，搜集了大量北京及其周边地区的歌谣，从中精选出 214 首最有教育性、最有价值、最好笑、最有趣和最感人的作品。所选民歌题材十分丰富，涉及昆虫、动物、人物、食物、职业、历史、婚姻等内容。②

徐露丝的《中国童谣》较少有人关注，作者情况不详。现在只知道徐露丝出生在美国，后来到中国，就职于燕京大学，受歌谣运动的影响，搜集、整理了一些北京童谣，同时也收录了南方一些地区的童谣和儿歌。作品于 1935 年出版。根据该论文的介绍，徐露丝的这本《中国童谣》只有英文译文，并无中文文本。该论文对我们了解晚清和民国时期中国歌谣的海外翻译和出版，以及这些翻译的影响和作用具有借鉴意义。

2018 年出版了一些歌谣方面的专著，如陈培浩的《歌谣与中国新诗：以 1940 年代"新诗歌谣化"倾向为中心》，③ 邓青、孔亚磊的《〈粤风续九〉研究》④，赵敏的《皖西民歌研究》⑤ 和胡牧的《在歌俗中诗意生存：以侗族河歌为例》。⑥

《歌谣与中国新诗：以 1940 年代"新诗歌谣化"倾向为中心》一书围绕着歌谣运动、歌谣与新诗的产生和发展展开了研究。该书共有八章，包括新诗"歌谣资源"的发现与发生，"新诗歌谣化"的阶级路径，走向山歌、歌谣：作为新诗的资源难题等。该书的意义在于开掘了一个值得学术界关注的论题，揭开了中国诗歌现代性转型之路的复杂性，重新审视新诗产生和发展过程中本土歌谣资源的价值和意义。《粤风续九》四卷是清代吴淇编选的一部广西民歌集，其中收录了许多民族如汉族（客家）、瑶族、壮族等民族的歌谣百余篇，是研究广西各族民间文学的重要资料。书中两则关于刘三姐的传说是刘三姐传说的最早最完整的记录。该书主要探讨了《粤风续九》传播及研究史研究、地理与民俗研究等。在附录部分，作者对《粤风续九》进行了重新校正、注释，并对作品进行了翻译。《皖西民歌研究》一书梳理了皖西民歌古老悠久的文化背景，进行了皖西民歌的本体研究，并探讨了皖西民歌的文化价值，皖西民歌的传承与创新发展等。《在歌俗中诗意生存：以侗族河歌为例》将侗族惯有的诗意生存方式置放于河歌歌俗中进行分析，揭示河歌与人及其生活的关系，从而实现对河歌的生态审美研究和民族学人类学研究。

总之，2018 年歌谣研究虽然取得了一定的成绩，但依然没有形成规模。尽管有更多相关学科的学者参与了与歌谣相关的跨学科研究，但是相比较于其他民俗学领域，歌谣研究依然处于边缘地位。我们依旧期待在未来的一年里，歌谣研究能够吸引更多学者的参与。

---

① 马士奎：《晚清和民国时期的北京民谣英译》，《山东外语教学》2018 年第 2 期。
② 马士奎：《晚清和民国时期的北京民谣英译》，《山东外语教学》2018 年第 2 期。
③ 陈培浩：《歌谣与中国新诗：以 1940 年代"新诗歌谣化"倾向为中心》，中国社会科学出版社 2018 年版。
④ 邓青、孔亚磊：《〈粤风续九〉研究》，暨南大学出版社 2018 年版。
⑤ 赵敏：《皖西民歌研究》，安徽师范大学出版社 2018 年版。
⑥ 胡牧：《在歌俗中诗意生存：以侗族河歌为例》，人民出版社 2018 年版。

2018年民间艺术研究综述

张 娜[*]

作为民俗学、艺术学等多学科的共同关注对象，民间艺术的研究具有明显的交叉性，却始终处于"边缘"的尴尬状态。如何推进民间艺术的话语研究，构建民间艺术的学科体系与理论基础，成为诸多学者的共同关注点。2018年度的民间艺术研究相较于去年有大幅提升，尤其在质量方面进步明显，无论是民间造型类艺术还是表演类艺术都出现亮点。据知网检索，2018年度有关民间艺术研究主题的文章有714篇，以下将根据所搜集到的专著、期刊论文及硕博学位论文等进行评述，限于篇幅，将择要论之。

一 基础理论与方法研究

2018年度民间艺术的基础理论研究相对较为丰富，同2017年相比有了较大的进步。可以说，既有整体上、体系上的理论阐述，又有专门的理论深挖，在一定程度上做到了点、面结合，齐头并进推动民间艺术的理论研究，甚至出现了一些前沿性、探索性的研究成果。

在整体方面，刘锡诚的《民俗与艺术》一书作为其民俗与艺术论文精选集，集聚了他长期以来对民间艺术的思考。他主要从民俗学的角度对民俗与民俗学、巫傩与信仰、节日与民俗、民俗调查等方面都做出较为充分的理论分析与论述。尤其在第三辑《民俗与艺术》对"象征""原始艺术""颜色的意义"等做出深入解读，涉及"葫芦""年画""文身""萨满""蓝夹缬"等民间艺术的理论阐释。而且，他提出民间艺术主要是一种女性艺术的判断。这些较为精辟的论断与理论分析都使得民间艺术逐渐从零散、表层化走向概括、抽象、深度，增强了民间艺术研究的学理性[①]。

傅谨的《草根的力量——台州戏班的田野调查与研究》作为一部研究民间戏剧的理论著作，将关注点投放于向来不受重视的戏班上，通过八年的田野调查，以独特的视角描述了台州戏班的历史与现状、戏班的数量与布局、活动季节与场所、戏班的构成与生活、戏班的经济运作方式，以及戏班的表演形式与演出剧目等，详尽客观扎实地剖析了民间戏班的存在方式与内在构成，呈现出较为真实的民间戏班生存样态。[②] 在某种程度上，该研究以小见大，从关注文本转向关注"人"，从精英话语转向草根话语，考察民间戏班的组

---

[*] 作者系南京农业大学人文与社会发展学院民俗学研究所副教授。
[①] 刘锡诚：《民俗与艺术》，学苑出版社2018年版。
[②] 傅谨：《草根的力量——台州戏班的田野调查与研究》，生活·读书·新知三联书店2018年版。

织、演出及与观众的联系互动、与同行的合作与竞争,使其在学术的温度中不乏社会学的调研精神,在理性的调查中又不乏人性的光辉,可以说为深入理解民间戏剧的构成与发展提供了鲜活的调研资料与理论解读。

艺术人类学对于民间艺术理论的研究颇值得关注。方李莉主编的《写艺术——艺术民族志的研究与书写》具有里程碑的意义①。这是一部关于艺术民族志写作方法及写作理论与实践探讨的论文集,也是中国第一本探究如何撰写艺术民族志的理论著作。该研究本着重塑"写艺术"的话语目标,试图通过艺术民族志的撰写来提供中国艺术现象所存在的基本事实,以建构可与西方对话的本土艺术理论体系。在该书中,涉及大量关于民间艺术的民族志写作的理论思考,比如舞蹈民族志写作、音乐民族志写作、美术民族志写作、非遗、民俗及其他等,为从艺术人类学视角深化研究民间艺术提供了重要的理论方向;羌族舞蹈、手工艺、木刻年画、蒙古四胡等民间艺术都在艺术民族志的审视中重新被解读,显示出较强的理论深度。可以说,该著为探索民间艺术的民族志研究方法及研究视域做出了重要的基础性探究。

李祥林、谢旭斌、王明月的三人谈《社会转型时期的传统村落与民间艺术再生产——"中国艺术人类学前沿话题"三人谈之十三》将视野聚焦到村落文化与民间艺术的关系上,文章指出传统村落是孕育中国乡土文化的"文化母本",民间艺术来源于村落生活中各种手工生产及艺术创造,这也是传统村落文化中最基本、最重要的文化内核和表征形式。而在村落社会语境发生变化的社会背景下,民间艺术的再生产也发生诸多变化。离开了村落的地方性知识、文化去进行民间艺术的再生产能力培育乃是空中楼阁。拯救、培育包括传统手工艺在内的民间艺术的生态样式、生产村落景观文化的空间载体和根基文化,实现村落"文化母本"及其文化资源的现代转化,是新时代文化建设的需要,也是实施乡村振兴战略的重要路径。而此过程中,艺术工作者的乡村介入也是激活民间元素、促其可持续发展的重要力量②。

民间艺术的美学理论探讨亦有几篇文章出现,从美学角度对民间艺术进行美学阐释无疑会推动民间艺术的深入发展。季中扬的《"遗产化"过程中民间艺术的审美转向及其困境》对从工业社会到后工业社会语境变化下民间艺术的生存困境进行探析,指出当代民间艺术在审美取向方面开始认同"美的艺术"时遇到两方面的困境,一是民间艺术必须成为一种追求独创性与批判性的现代艺术;二是现代"艺术世界"并不具备接纳民间艺术的话语和体制。艺术地位的授予并非根据艺术家与艺术品,而是艺术理论,所以民间艺术理论研究者必须努力建构话语体系,在现代"艺术世界"中为民间艺术争取合适位置,而不是鼓励、放任民间艺术趋同于"纯艺术"。③

吴震东的《由"匠"至"心":论民族艺术美学中的生命本体与历史理性》指出少数民族艺术既是技匠式的"生存技艺",也是叙述内心意绪的"情感符号",言说着特定族群的生存样态、历史演进和文化境遇。少数民族艺术及其审美文化的形成过程,也是族群本质力量对象化的过程,并关涉着对其生命本体、历史理性的确证、肯定与超拔,昭示

---

① 方李莉主编:《写艺术——艺术民族志的研究与书写》,文化艺术出版社2018年版。
② 李祥林、谢旭斌、王明月:《社会转型时期的传统村落与民间艺术再生产——"中国艺术人类学前沿话题"三人谈之十三》,《民族艺术》2018年第4期。
③ 季中扬:《"遗产化"过程中民间艺术的审美转向及其困境》,《民族艺术》2018年第2期。

着"匠"与"心"、"技术"与"艺术"、"生命"与"审美"、"个体存在"与"族群历史"之间的互渗与同构。此研究将少数民族艺术的内在美学力量与生命本质力量提升到本体、心灵与历史的高度。①

吴昉的《跨媒介语境中民间艺术本体语言的现代转化》一文从技艺核心、创作母题、表现程式总结了民间艺术的本体语言，新媒体技术的发展为传统民间艺术的传承与现代转化提供了创造性空间。她指出遵循民间艺术本体语言及其民俗特征，是实现跨媒介语境下传统与现代、艺术与科技对话的关键。对民间艺术的文化内涵及表现技艺进行概括与抽象，寻找更具本体性能量的现代媒体，在媒介融合的过程中实现传统审美经验的现代转化，建构两者之间的美学一致性至关重要。这为探索民间艺术的现代转化做出了具有意义的探索。②

张娜的《民间艺术的融入性审美研究》一文从美学角度反思民间艺术的审美阐释问题。她指出作为一种从生产生活中生长出来的艺术，民间艺术具有实用性、功利性等"反美学"特点，传统西方分离式美学难以对民间艺术做出有效阐释。文章提出以"融入"的概念来对民间艺术重新进行解读，试图以"融入"来解决"分离"所带来的弊端，认为需要摆脱传统分离美学的认知藩篱，以融入性审美进入民间艺术的审美语境。基于民间艺术的审美经验，可以发现民间艺术融入性审美主要具有审美的日常空间化、联觉化与情境化特点。民间艺术融入性审美的意义在于恢复了艺术经验的连续性，展现出民间艺术的"亲近"美感，并发掘出"日常即道"的审美意义③。

在具体门类方面，涉及面颇广，诸如陶瓷、剪纸、年画及各类少数民族的艺术等都在理论脉络中重新得以审视。朱广宇、王廷信的《中国古代陶瓷所体现的造物艺术思想》一书以中国古代陶瓷的造物艺术思想为考察对象，通过考察存在于传统工艺美术品类中的造物思想，来揭示造物艺术的文化内涵。文章从古代陶瓷日用器、礼器和丧葬器三种类型的陶瓷器着手分析，总结出陶瓷艺术"器以载道"、"器以藏礼"、"文质彬彬"、"物与神游"及"得意忘形"的造物艺术思想，指出陶瓷艺术越向上层靠拢，所具备的人文思想内涵就越丰富，所反映出的不同时代的造物思想内容所占比重越大。④ 陈彦卿的民间传统手工艺的理论论著《多元形式与传承：民间传统手工艺中的平面艺术研究》对以剪纸、木版年画、皮影、民间刺绣与染织、民间服饰图案等为代表的民间平面艺术进行探究，做到了理论与实践的结合，为系统理解民间艺术的平面手工艺术提供了重要参考。⑤

李洁的《贵州苗族造型艺术的地域文化研究》一书以苗族造型艺术的文化寓意为切入点，以美术学和文化人类学等学科为主线，结合民族学、社会学、心理学和符号学融合的发展脉络，对苗族民间艺术生存现状及造型艺术符号的文化价值进行探讨，涉及苗族造型艺术的地域特点、苗族造型艺术的功能及苗族造型艺术的当代应用等话题，用当代多元文化的审美理念来诠释、研究贵州苗族民间艺术的价值，为构建符合时代精神的新的地域

---

① 吴震东：《由"匠"至"心"：论民族艺术美学中的生命本体与历史理性》，《民族艺术》2018年第4期。
② 吴昉：《跨媒介语境中民间艺术本体语言的现代转化》，《传媒》2018年第17期。
③ 张娜：《民间艺术的融入性审美研究》，《学习与实践》2018年第2期。
④ 朱广宇、王廷信：《中国古代陶瓷所体现的造物艺术思想》，东南大学出版社2018年版。
⑤ 陈彦卿：《多元形式与传承：民间传统手工艺中的平面艺术研究》，中国纺织出版社2018年版。

民族审美视觉文化做出探索。① 王同旭的《蒙古族民间艺术象征思维寻缘》一文立足于蒙古族的民间艺术，探究其象征思维的深刻内涵。文章指出蒙古族作为北方少数民族文化的代表之一，其民间艺术象征思维带有某种神秘性质，它借助原始巫术"互渗"和"灵交"的思维方式，将意义引申到事物内在属性和深层内涵的比附，使得艺术的象征比喻摆脱了低层次的形态类似的局限，进入到一个更加自由的表现领域，丰富了精神世界的表达。这种由表及里的演进是思想认知的飞跃，从而让民间艺术的象征性获得巨大张力，更多地具备文化品质上的独立性，也在一定程度上远离原始巫术理念和巫术思维的束缚。②

此外，祝鹏程的《文体的社会建构：以"十七年"（1949—1966）的相声为考察对象》对相声的研究视角颇有新意，不同于过去多侧重于从政治角度对相声的学术史考察，该研究将相声艺术置于民族时代的大背景，即20世纪中国现代民族国家建设的进程中来探究其传统变迁。在研究方法上，打破了所谓内、外部研究界限，在关系网络中综合探讨相声这种文体如何在社会意识形态的管控、知识生产的形塑、表演空间的改换、传播媒介的影响，以及表演者、经营者与观众的互动下被建构出来，并通过认知装置的倒置成为向来如此的"传统"。③ 应该说，这种研究对于相声艺术来说是一次创新，其突破了以往对相声所作出的"民间艺术""讽刺传统"的狭隘界定，而是深入肌理以知识考古的精神去探索所谓日常熟悉的概念与知识是如何形成的，并在一定程度上做出了民间艺术与社会思想史的融合研究。这种尝试与努力对打破既有的民间艺术研究范式，赋予民间艺术以更为广阔的研究空间具有重要意义。

此外，国外的民艺理论阐释也推动了本土的民间艺术理论研究，相关总结、反思西方及日本理论的文章亦有呈现。比如，刘晓春的《从柳宗悦到柳宗理——日本"民艺运动"的现代性及其启示》对日本民艺运动代表人物柳宗悦父子的理论进行探究，并指出该运动对于中国传统工艺复兴的启示意义在于传统工艺的现代性转化应该是通过器物自身的材料、形式特质来呈现民族特色。④ 该研究详尽梳理了日本民艺理论脉络，对于构建中国本土民间艺术理论及实现传统的现代转化具有推动意义。占晓芳的《解读"手工艺"的西方视域》深入探究了西方视域下的手工艺本质，她从实践性、认识性和本体性三个层面，系统论述了手工艺的内涵，认为手工艺的核心要素可以概括为工匠、地方材料、工艺知识、特定文化、特定社区和自然环境，其本质和特质则为生态性、本土性、思维系统性与存在的真实性。⑤ 这为理解手工艺的本质特征提供了较为深入的西方阐释理论。

一个学科的成熟与否跟其是否有着较为贴切、经典、鲜活的理论有着重要的关系，否则就面临着边缘化或兼并化的危险。构建民间艺术的本土化理论，为民间艺术寻找合适的定位，挖掘属于民间艺术的经典概念，将有助于民间艺术从"边缘"走向"主流"，拥有自己的话语权。2018年度的民间艺术理论研究虽仍未能迸发出异样的光彩，却体现出一

---

① 李洁：《贵州苗族造型艺术的地域文化研究》，江西美术出版社2018年版。
② 王同旭：《蒙古族民间艺术象征思维寻缘》，《黑龙江民族丛刊》2018年第4期。
③ 祝鹏程：《文体的社会建构：以"十七年"（1949—1966）的相声为考察对象》，中国社会科学出版社2018年版。
④ 刘晓春：《从柳宗悦到柳宗理——日本"民艺运动"的现代性及其启示》，《民族艺术》2018年第1期。
⑤ 占晓芳：《解读"手工艺"的西方视域》，《民族艺术》2018年第5期。

定的理论潜力,这也昭告着民间艺术的未来希望。

二 民间视角与立场:民间表演艺术研究

相较于去年,2018年度的民间表演艺术研究有了显著的提升,无论是在研究视角、研究方法还是研究个案上都有可圈可点之处。从纵向来看,学术史的研究有所增加,更注意把握历史的维度;从横向来看,在延续对地域性民间戏曲关注的同时注重不同地区民间戏曲的对比、沟通,且注意对个案研究的理论阐释。总体来说,民间表演艺术研究主要集中在民间戏曲、民间音乐与民间舞蹈方面,凸显出较强的民间视角与民间立场。

(一)民间戏曲

2018年度民间戏曲方面的一大特色即在于较为显著的理论意识,能够透过现象看本质,尽管从小处着眼却能发现大问题。比如,张之薇的《重建现代戏曲的"民间趣味"——以滇剧〈水莽草〉等作品为例》的问题意识明显,开篇指出从20世纪80年代末开始,"现代性""现代精神"成为衡量戏曲创作的第一要义,然而戏曲原生的"民间趣味"却越来越被忽视。针对此问题,文章以滇剧《水莽草》为例,指出在创造中"民间趣味"与现代审美并不是二元对立的,向现代戏曲品格的转型正是对以戏曲传统和剧种特色的珍视为第一步的,由此强调通过让"民间趣味"参与到现代戏曲建设中来,才能融入其生动性、质朴的特性使得戏曲创作更具有生命活力。[①]

此外,民间戏曲的历史性研究较为出色,为2018年度的民间戏曲研究增添了历史厚度。沙垚、梁君健指出20世纪民间戏曲之所以衰微并非通常所认为的是由于现代大众传媒与社会转型的冲击,通过2006年至2015年在关中地区对皮影戏的民族志考察,作者深入民间社会的肌理,以参与式观察洞悉当下,进而建立历史与时代的关联。[②] 可以说,这种对真正问题的发现及问题的解决有助于摆脱老生常谈、自以为是的研究俗套,而找到真问题的根本在于对历史与现实的准确敏锐的把握。韩朝建探讨乡村剧团的组建、演出对于社会动员的意义,其落脚点仍在于历史上的戏剧编演现象,经由对1944年河北阜平县高街村剧团开创的"真人演真事"的编排模式考察,发掘出该剧的社会现实作用。[③] 唐霞的《论明清时期豫西北地区民间戏曲活动中的"会"——以碑刻资料为中心》也对明清时期民间戏曲组织"会"进行了考究。[④] 另外,对祝鹏程的《史实、传闻与历史书写——中国戏曲、曲艺史中的俳优进谏传闻》做到了文献史料与问题意识的较好结合,他立足于俳优进谏传闻的相关文献,对其如何从历代史书、笔记进入戏曲、曲艺史的过程进行考察,

---

① 张之薇:《重建现代戏曲的"民间趣味"——以滇剧〈水莽草〉等作品为例》,《民族艺术研究》2018年第5期。
② 沙垚、梁君健:《人民性与组织化:20世纪下半叶民间戏曲兴衰的启示》,《上海大学学报(社会科学版)》2018年第6期。
③ 韩朝建:《乡村剧团与社会动员——以1944年河北阜平县高街〈穷人乐〉的编演为中心》,《民俗研究》2018年第3期。
④ 唐霞:《论明清时期豫西北地区民间戏曲活动中的"会"——以碑刻资料为中心》,《戏剧文学》2018年第8期。

认为其过程可能浸润了现代中国的意识形态、权力结构与记录者的诉求。文章在一个相对宏观的视野下，先对古代典籍中的俳优言论及其生成机制做全面的梳理与分析，进而探讨现代学者如何对这一题材展开继承与转化，将其转变成一种中国戏曲、曲艺史书写的典范叙事，并对这种书写范式展开反思。① 徐建国以晚清《图画日报》所珍藏的清同治以来的上海戏曲演出资料为基础，来探究清宫与民间戏曲的交流状况。② 而体现出学术史意识的研究当属朱恒夫的《民间的视角与立场：钱南扬先生戏曲研究的特色》，文章对钱南扬先生的民间戏曲研究特色进行总结，指出钱先生"站在民间的立场上看待与研究戏曲，不仅仅是一种研究方法，而是出于对劳动人民文艺的敬重态度"③，道出了其戏曲研究的民间本质。

民间地方戏曲与乡村社会的互动关系在赵倩的《地方戏曲复兴与乡村社会重建——艺术人类学视野中的宛梆剧种研究之二》亦有所体现，文章以具体案例的田野考察入手，致力于挖掘地方戏曲复兴的宏观意义，其指出"礼俗"是地方戏曲与乡村社会的黏合剂，礼俗中的戏曲表演不仅对乡民知识结构和精神世界的完善具有重要意义，而且对礼俗的建构和乡村社会发展亦具有不可忽视的功能，进而提出推动地方戏曲复兴与乡村重建需要解决礼俗式微与乡民流失的困境④，可以说这种开阔的学术视野对于深入阐释民间表演艺术的功能具有重要作用，且有助于从社会结构中重新审视民间表演艺术的文化意义。另一篇苏州大学郝佩林的博士学位论文《苏州评弹与近代江南乡镇生活》立足于民间艺术与近代江南城乡生活，也呈现出较为宽广的学术视野。其关注的既非评弹的文学艺术性，亦非单纯述说苏州评弹的近代演变过程，而是将其放置于近代社会发展的脉络中，确认这一民间艺术形式的历史方位与社会功能。通过苏州评弹在江南乡镇社会的实态运作，揭示其与江南乡民日常生活的关系，通过苏州评弹在江南城乡之间的流动，考察其在沟通江南城乡生活中的历史作用。⑤

除此，民间戏曲之间的比较研究也出现较为不错的选题，如朱恒夫的《苏北傩戏对当地戏曲剧种生成与发展的影响》一文指出苏北傩戏为扬剧、淮剧、通剧等剧种的生成与淮海戏的发展提供了演员、剧目、曲调与表演技艺，对其他戏种的发展产生较大促进作用。⑥ 与之相类似，罗桑仁青的《双城记："隔壁戏"在杭州与成都的历史沿革与文化启示》也对杭州的隔壁戏对其他民间戏剧艺术的影响进行探讨，并挖掘这种民间小戏的兴衰对于当下社会的启示。⑦ 而在地域性个案研究方面，杨丹妮的《还原民间戏曲的"生活

---

① 祝鹏程：《史实、传闻与历史书写——中国戏曲、曲艺史中的俳优进谏传闻》，《民族艺术》2018年第3期。

② 徐建国：《从晚清〈图画日报〉"武旦戏"看清宫与民间戏曲的交流》，《戏剧（中央戏剧学院学报）》2018年第2期。

③ 朱恒夫：《民间的视角与立场：钱南扬先生戏曲研究的特色》，《民间文化论坛》2018年第4期。

④ 赵倩：《地方戏曲复兴与乡村社会重建——艺术人类学视野中的宛梆剧种研究之二》，《民族艺术》2018年第1期。

⑤ 郝佩林：《苏州评弹与近代江南乡镇生活》，博士学位论文，苏州大学，2018。

⑥ 朱恒夫：《苏北傩戏对当地戏曲剧种生成与发展的影响》，《民族艺术》2018年第4期。

⑦ 罗桑仁青：《双城记："隔壁戏"在杭州与成都的历史沿革与文化启示》，《天府新论》2018年第1期。

相"——以侗族村寨胜里为个案》①，牟洋的《湖南民间戏曲的历史境遇与当代传承研究》②，滕文莉、吕政轩的《榆林小曲的历史渊源及发展分期》③都较为注意把握具体民间戏曲的传统与现代的互动。至于方法论方面的研究较少，具有代表性的是柴慧霞的《口述史研究方法在研究民间戏曲中的运用——以环县道情皮影戏为例》，其对口述史在环县道情皮影戏的运用进行了较为深入的探究。④

（二）民间音乐

民间音乐的种类繁多，涉及仪式音乐、民间说唱、民歌、歌谣等多种类别，2018年度民间音乐研究呈现出视角多样、类型多元的特点，且学科互涉性更强，比如图像与音乐、地理与音乐的结合交流等，为民间音乐的深入研究注入了新鲜的血缘。其中，2018年度的民间仪式音乐研究较多，民歌次之，构成了主要的研究内容。在论著方面，较有代表性的是孟凡玉的《民间仪式音乐与乡土社会秩序》是其所承担的国家社科基金艺术学项目成果，该研究以民间礼俗活动中的仪式音乐为中心，揭示了多种类型的民间仪式音乐在维系乡土社会秩序方面独特的文化功能和社会意义。⑤相对而言，民间音乐研究的论文较为丰富，主要从以下几个层面探究。

一是民间音乐与文化认同的关系。卫才华指出神圣性与艺术性是太行说书人保持民俗活力的源泉，说书人曾有的信仰记忆、文化认同、身份标识，通过这两个维度，被有效地编织进日常生活中。文章通过对太行山说书人的生活关系、信仰关系、仪式关系的考察，挖掘出说书人群体是如何通过讲唱以及渗透交织的民俗关系来适应时代变迁，为深层次了解艺人的生活提供了一个别样的视角。⑥楚高娃通过记录与分析达锡朝楞寺查玛乐舞仪式，解读查玛乐舞法会仪式结构与音声结构之间的同构关系，指出该舞作为蒙古族传统文化记忆在国家与政府的推动下逐步成为增强民族与国家认同的文化符号。⑦同样是对少数民族民间音乐的分析，黄凌飞也指出傈僳族的重要音乐事象不仅显示了一个族群对该人群共同体"原生纽带"的认同与忠诚，也凸显出族缘与地缘关系之间的相互影响，亦是从民间音乐作为身份符号与文化认同角度出发来开展研究。⑧

二是音乐民族志研究。吕辇全从音乐人类学研究中的民族志学的研究视角，结合音乐生态学、文化人类学的研究理论，并比较分析赣南客家地区的朝神仪程及其音乐过程，以文化局外人和文化局内人的立场分别用"客位观"和"主位观"以及所产生的社会功能

---

① 杨丹妮：《还原民间戏曲的"生活相"——以侗族村寨胜里为个案》，《民族艺术研究》2018年第4期。
② 牟洋：《湖南民间戏曲的历史境遇与当代传承研究》，《北方音乐》2018年第3期。
③ 滕文莉、吕政轩：《榆林小曲的历史渊源及发展分期》，《文化遗产》2018年第3期。
④ 柴慧霞：《口述史研究方法在研究民间戏曲中的运用——以环县道情皮影戏为例》，《北方音乐》2018年第9期。
⑤ 孟凡玉：《民间仪式音乐与乡土社会秩序》，文化艺术出版社2018年版。
⑥ 卫才华：《艺术性与神圣性——太行山说书人的民俗认同研究》，《民俗研究》2018年第2期。
⑦ 楚高娃：《文化记忆与认同建构——蒙古国达锡朝楞寺查玛乐舞仪式音乐调查》，《民族艺术》2018年第1期。
⑧ 黄凌飞：《从空间弥漫到境心相印——云南怒江傈僳族"摆时"歌唱的"具地体现"研究》，《民族艺术研究》2018年第6期。

三方面去分析赣南客家朝神仪式音乐的功能①；苗金海针对以往研究的缺陷，提出书写"全息式"仪式音乐民族志的构想，以及关注看、听、嗅、尝、触多种感官经验与个体体验的研究模式，强调仪式音乐民族志要注重生理感知，全身心的情感体验与全方位的心理认知②；周特古斯提出从两个方面来构思音乐民族志文本，第一从客位视角对仪式过程和音乐进行描述，第二在平面的文字、谱例等表述手段基础上，通过一首萨满曲来记录与阐释音乐发生的文化场域，运用"多行描述"方法来完成相对立体的仪式民族志文本。③这些研究为如何记录、观察、撰写音乐民族志提供了重要的理论与方法，有助于多元的、深度的音乐民族志的形成。

三是民间音乐与地理学、图像学、人类学多学科的交叉研究。张晓虹、薛九英主要采用了历史人文地理学的视角，依据民国时期的调查资料，对鄂尔多斯地区音乐景观的地域差异及分布格局做出探究④；孟令法关注图像叙事与口头传统的互动关系，指出同一民俗事象在口头传统与图像叙事的叙述中尽管具有交互指涉关系，但是却会发生"图"与"言"的时空错位，甚至图像叙事不是口头传统所描绘的内容。他以具体个案入手指出畲族的"功德歌"演述与描绘盘瓠深化的长联即以身姿为媒介实现交互指涉关系的代表。⑤此外，熊晓辉的《土家族打溜子的隐喻叙事——一种音乐人类学的解读》从音乐人类学介入土家族打溜子的研究也是跨学科研究的代表。⑥

此外，还有张颖的《迁徙的部落，流动的景观——蒙古族土尔扈特部民歌研究》⑦、戚晓萍的《论民歌"花儿"在松鸣岩区域的活态传承》⑧、钟蔚苹的《潮州方言歌谣字调与乐调的配合关系初探》⑨对地方音乐做出详尽的个案探究，暂不详述。

（三）民间舞蹈

2018年度的民间舞蹈研究较少，远无法与民间戏曲、民间音乐相媲美，总体来看秧歌成为研究主要关注点。赵卫邦的《秧歌：河北定县乡村戏》对河北定县秧歌的内容与结构做出考察，文章指出作为具有浓郁地方特色的地方戏，河北定县秧歌是定县及周边农民主要的娱乐方式，据传与苏轼关系密切。在结构上，秧歌虽与梆子和皮黄相似，却具有自己的特点，韵律相似，不像城镇戏那样多变，其主要内容来自民间故事、传说和趣话

---

① 吕荜全：《龙南县南亨乡水口三仙庙"朝神"仪式的音乐研究》，《文化遗产》2018年第5期。
② 苗金海：《书写"全息式"仪式音乐民族志——鄂温克族敖包祭祀仪式音乐研究反思》，《民族艺术》2018年第6期。
③ 周特古斯：《音乐民族志文本建构——以科尔沁萨满仪式为例》，《民族艺术》2018年第2期。
④ 张晓虹、薛九英：《民国时期鄂尔多斯地区音乐地理研究》，《民族艺术研究》2018年第6期。
⑤ 孟令法：《口头传统与图像叙事的交互指涉——以浙南畲族长联和"功德歌"演述为例》，《民俗研究》2018年第5期。
⑥ 熊晓辉：《土家族打溜子的隐喻叙事——一种音乐人类学解读》，《民族艺术》2018年第1期。
⑦ 张颖：《迁徙的部落，流动的景观——蒙古族土尔扈特部民歌研究》，《民族艺术研究》2018年第6期。
⑧ 戚晓萍：《论民歌"花儿"在松鸣岩区域的活态传承》，《民俗研究》2018年第2期。
⑨ 钟蔚苹：《潮州方言歌谣字调与乐调的配合关系初探》，《文化遗产》2018年第3期。

等;① 谷子瑞从技术与民俗的关系来讨论技术世界中的定州秧歌,立足于田野现实,探讨以交通技术、信息技术、舞台技术为代表的现代技术如何深刻改变了定州秧歌的传播样态②;彭恒礼依据历史文献记载对元代宫廷组织的"游皇城"活动如何对伞头秧歌的普及与传播产生影响做出探讨③。以上论文从文本、技术及传播等角度对各地不同的秧歌做出考察,在一定程度上有助于丰富对秧歌这一民间艺术的理解,不过仍属于传统的研究路径,未出现更具有突破性、深刻性的探究文章也是不争的事实。此外,姬宁以历史的脉络,对现代性对中国民族民间舞的影响与表达方式做出考察,亦有可观之处④。

可见,2018年度的民间表演艺术研究大多都能较好贯彻民间立场,并采用多种视角挖掘其内在特征及外在文化含义。总体来说,民间戏曲、民间音乐的研究势头较好,民间舞蹈的研究仍显得较为薄弱,有待继续探究。

三 理论与实践:民间造型艺术研究

2018年度的民间造型艺术研究充分体现了从理论到实践的特点,善于在个案探究中挖掘出具有思考价值的问题,并能从理论的高度去阐释、解读案例,使得理论与实践结合较好。就研究内容而言,民间造型艺术研究主要分布在民间手工艺及年画、农民画等民间美术上,这一传统研究领域又增添了不少理论阐述与生动的个案探究。

(一)民间手工艺

民间手工艺究竟该如何发展? 2018年度亦有学者尝试对其做出回答,主要围绕困境、挑战及措施来展开。邱春林从宏观层面对手工艺的时代转型着手,指出当前手工艺生产正处于由轻工业向文化产业与文化事业的双重社会属性转变过程,手工艺是人性比较完满的自由劳动,具有自发性强、灵活性高、分散加工经营的特点,对于解决机器化时代所带来的就业、焦虑等问题具有不可替代的作用。⑤ 季中扬以湖州石淙蚕花为例对现代性文化逻辑下民俗艺术的功能转换与价值进行阐述,他指出一方面大多数民俗艺术在现代化过程中丧失了固有的文化与社会功能;另一方面现代性意识又赋予了其文化遗产价值与独立的审美价值,民俗艺术要真正融入现代社会的血肉、肌理之中,就不能仅仅成为文化遗产或画廊中的"纯艺术",而是要在现代日常生活中将文化遗产价值与审美价值统一起来。⑥ 该研究在一定程度上为民俗手工艺的传承发展做出美学上的方向指引,关注到现代性的两面性对民间艺术的影响。此外,安丽哲、孟凡行等人也对手工艺如何复兴的问题做出探讨,

---

① 赵卫邦:《秧歌:河北定县乡村戏》,岳永逸、程德兴译,《贵州民族大学学报(哲学社会科学版)》2018年第1期。
② 谷子瑞:《变与不变:技术世界中的定州秧歌》,《民间文化论坛》2018年第4期。
③ 彭恒礼:《伞头秧歌考——兼论〈元史〉记载中的金门大社问题》,《民间文化论坛》2018年第6期。
④ 姬宁:《中国现代性与中国民族民间舞的当代表达》,《民族艺术研究》2018年第4期。
⑤ 邱春林:《手工艺的当前机遇与挑战》,《艺术评论》2018年第3期。
⑥ 季中扬:《现代性的两面性与民俗艺术的传承困境、机遇及其应对——以湖州石淙蚕花为例》,《民俗研究》2018年第5期。

安丽哲以潍坊风筝的复兴为例来探究手工艺如何在相应的历史条件下重新兴起,他认为潍坊风筝的生存与复兴策略主要包括技术革新、产品分化及功能转化等[①];孟凡行探讨了手工艺共同体对于村落共同体复兴的作用与意义,这实质上把手工艺的复兴纳入村落文化发展的逻辑中去考察。他指出手工艺劳作模式是复原村落共同体刚性社会联系、进而复兴村落共同体的一种可靠路径,颇为值得思考。[②] 可见,从审美文化、历史功能、共同体理论等视野,学者们对手工艺现代发展的难题分别提出相关的阐释与建议。

此外,关于手工艺的群体、伦理、价值等方面的探究亦有出现。王明月从黔中布依族蜡染的个案调查研究中发现,布依族蜡染的文化生态会内化为个体文化经验,融入手艺人的身份建构过程,并借助手艺人在身份指引下的活动影响手工艺生产。手艺人的身份实践能成为文化生态与手工艺生产活动的过程纽带。[③]该研究将手艺人置于外在的文化生态与内生的手工艺生活活动语境中考察其身份实践,从研究视角来说颇具新意;而贺超海、李晓岑对手艺人研究的视角同样独特,其运用心理学理论在微观上对手艺人的心理结构进行挖掘,在宏观上对手工艺的演化进行描述,巧妙地使得微观与宏观互动,使内在与外在结合,得出未来手艺人的心理将朝着审美意识发展的结论。[④] 朱怡芳的《从手工艺伦理实践到设计伦理的自觉》也体现出研究的深度性,关注到较少讨论的手工艺伦理问题,指出手工艺伦理的本质在于获得"美德",且归纳出设计伦理的四项根本内容。[⑤] 姜坤鹏则从"时间"的角度讨论手工艺品的价值,指出凝结在手工艺中的时间以材料的痕迹、手工艺品的效果、把玩手工艺品体现出来,正是手工艺品所具有的独特时间性、偶然性,以及所承载的岁月痕迹与故事,才显得弥足珍贵。[⑥] 文章以较为哲学的方式讨论了手工生产材料、手工生产方式与把玩与手工中的"时间性",从某种程度上构建了理解手工艺的时间哲学。

少数民族民间手工艺研究也是民间造型艺术研究的活跃领域。2018年度较有代表性的论文有以下几篇,比如李扬在"文化信息的有效传递"视角下对苗族手工艺传与承呈现动态失衡的不稳定性进行了探究[⑦];张君通过田野调查观察仪式场所变化所带来的传统手工艺器物功能的转变[⑧];任晓冬、穆柳梅在ANT视域下从异质行动者彼此之间的互动关

---

① 安丽哲:《从历史功能论角度谈传统手工艺的复兴——以潍坊风筝为例》,《民族艺术》2018年第4期。
② 孟凡行:《手工艺共同体的理论、意义及问题——以陕西凤翔泥塑村为例》,《民族艺术》2018年第2期。
③ 王明月:《传统手工艺的文化生态保护与手艺人的身份实践——基于黔中布依族蜡染的讨论》,《民俗研究》2018年第2期。
④ 贺超海、李晓岑:《手工艺人的心理发展和手工艺演化探析》,《科学技术哲学研究》2018年第6期。
⑤ 朱怡芳:《从手工艺伦理实践到设计伦理的自觉》,《南京艺术学院学报(美术与设计)》2018年第3期。
⑥ 姜坤鹏:《凝结在手工艺中的时间——论手工艺品的时间性》,《民族艺术》2018年第3期。
⑦ 李扬:《苗族银饰于时代更迭中"传与承"的动态解析》,《贵州民族研究》2018年第1期。
⑧ 张君:《仪式场域转变与黎族传统工艺价值变迁》,《艺术评论》2018年第7期。

系来探讨民族手工艺产业化发展的行动者网络①。可见，这方面的研究也有所提升，较为重视理论对案例的可阐释性。

在手工艺的具体门类研究方面，主要集中在剪纸、面具等类型。其中，乔晓光通过文献材料和考古发现，对南北朝至唐代的早期剪纸实物进行整理、分类、考证与阐释。从发生学角度探究作为重要工具的剪刀形态的演变与传播，以及作为基本技艺的镂空形态的成熟，进而整体性地考察与阐释存世古代剪纸的纹饰谱系及其图形叙事，体现出较强的理论性与系统性。②此外，还有两篇以剪纸艺术为选题的硕士学位论文，东南大学黄焕焕的《江浙地区剪纸艺术的历史与现状研究》③与中国艺术研究院刘晓的《蔚县剪纸传承人的调查与研究》④分别对江浙地区与河北地区的剪纸做出探究。在面具研究方面，以傩面具的探究为主，覃奕将作为毛南族还愿仪式的傩面具"物"的形态还原到具体的文化语境中，揭示其背后所体现的毛南族民间信仰；曾志巩则从审美角度对傩面具的造型做出详细比较探究，提出凸目形象是傩面具的一种重要类型，太阳神崇拜是其主要文化内涵。另外，韦秀玉、甘月华的研究亦值得关注，其从跨学科视野考察广西平果县凤梧乡的师公面具，以视觉图像语言符号系统的内在形式结构为切入点，阐析师公面具的历史渊源和艺术表现手法。⑤

（二）民间美术

从整体来看，2018 年度的民间美术研究处于不温不火的状态。虽然保持较为稳定的成果产出，不过却仍主要集中在对年画、农民画的常规探究上，在内部的审美特征探索上并未有较大突破，反而在图像的外部研究上有了新的进展。以年画为例，年画的热度不减，视角与方法却有限于既有研究之嫌。王平的《近代中国传统木版年画在海外的传播与影响》仍是从传播视角入手⑥；周树立、王昊、韩霞的著作《探寻失落的辉煌——朱仙镇木版年画研究》以田野考察与口述访谈对其制作流程、步骤、技法、原料等展开详细描述，虽更突显出系统性，然学术张力欠缺⑦；陈隶静的专著以比较研究的视角对中国民间木版年画与日本浮世绘重彩用色进行对比探究，凸显出中西对比意识，却深刻性不足⑧。可以看出，在一定程度上，2018 年度的年画研究似乎遭遇到瓶颈。

相较之下，农民画的研究境况要稍好一些，尽管研究成果亦不多，但是有较为不错的论文出现。储冬爱对广东龙门农民画的研究较为深刻，她指出龙门农民画从"大画壁画"

---

① 任晓冬、穆柳梅：《ANT 视域下少数民族手工艺类文化遗产产业化研究——以黔东南丹寨县民族传统手工艺为例》，《原生态民族文化学刊》2018 年第 2 期。
② 乔晓光：《作为纸文明传统的中国剪纸》，《文化遗产》2018 年第 1 期。
③ 黄焕焕：《江浙地区剪纸艺术的历史与现状研究》，硕士学位论文，东南大学，2018 年。
④ 刘晓：《蔚县剪纸传承人的调查与研究》，硕士学位论文，中国艺术研究院，2018 年。
⑤ 韦秀玉、甘月华：《广西凤梧师公面具的神性艺术世界——以神话、传说与故事为主》，《民间文化论坛》2018 年第 2 期。
⑥ 王平：《近代中国传统木版年画在海外的传播与影响》，《出版发行研究》2018 年第 10 期。
⑦ 周树立、王昊、韩霞：《探寻失落的辉煌——朱仙镇木版年画研究》，经济管理出版社 2018 年版。
⑧ 陈隶静：《中国民间木版年画与日本浮世绘在重彩用色方面的比较分析》，硕士学位论文，天津大学，2014 年。

到"农民画",再到"现代民间绘画"的转变历程,表明其不是一种简单的"农民的画",而是一种"规训"的产物,经由政治话语权的身份与思想规训,农民画实现了从"乡土叙事"到"国家话语"的构建①;桑盛荣对户县农民画的审美价值探究是在城镇化的语境中进行,其文章认为新城镇化建设对农民画所代表的民间审美价值的巡回,借助乡愁记忆带动了农民画的审美风尚,并重构了与主流文化间的新平衡点,需要对农民画价值重新审视。② 这些结合时代语境与权力话语的探究使得农民画的研究呈现出复杂的学术张力,更鲜明地剖析了农民画的发展与演变特点。

在民间艺术图案研究上,赵李娜对新石器时代"太阳—鸟"艺术母题的图案进行深入探究,指出这类艺术图案不仅与中国上古神话中的"金乌负日"等神话母题吻合,还暗示了早期节气制度的文献表述,由此揭示其与节气观念发轫的联系。③ 此外,其他的民间美术类型研究亦有涉及,比如邱洁娴的《陕西韩城盘乐村宋墓壁画杂剧脚色辨析》④,冯斯我、王毓红的《"画中之画"与"画外之画":巴丹吉林沙漠岩画的多重空间》⑤ 等。

可见,2018年度手工艺研究热度不减,越来越多的学者意识到手工艺的价值与意义,一方面从现代应用方面探究其作为文化资源的作用;另一方面也重新从哲学、伦理、心理等角度重新审视手工艺所蕴含的内涵,在某种意义上从深层次为其赋予了主体性的意义,使得手工艺从一种技艺逐渐走向一种审美或记忆。不过,在民间美术方面的研究仍有待加强。

四 "非遗"视角与文化产业

民间艺术研究的"非遗"视角仍是2018年度研究的重要方面,这种研究的持续推进能够较为有效地反思"非遗"语境中的民间艺术。2018年度对非遗视野下的民间艺术研究主要涉及以下几个方面。

一是非遗话语场对民间艺术的影响与作用。较有代表性的作品如李静的《失语与言说之间:非物质文化遗产语境中池州傩戏的不同话语与角力》,该文突出了福柯的知识考古学意蕴,通过对与傩相关的学术研究和对政府文件的话语分析,试图展现日常生活实践中多元实践主体言说的傩与失语的状态,致力于整体化、立体化地呈现非遗语境中各层级主体之间相互角力的动态、混杂图景。从话语形成过程、话语限制形式等入手分析知识与权力的内在关系,以此来辨析其中复杂的权力结构关系,借此反思非遗保护中未尽之处。

---

① 储冬爱:《想象的农民与农民的想象——龙门农民画的规训与传播》,《民族艺术》2018年第3期。
② 桑盛荣:《寻回与重构:城镇化视野中户县农民画的审美价值整合》,《民间文化论坛》2018年第4期。
③ 赵李娜:《新石器时代"太阳—鸟"艺术母题与节气观念发轫之关联》,《民族艺术》2018年第6期。
④ 邱洁娴:《陕西韩城盘乐村宋墓壁画杂剧脚色辨析》,《文化遗产》2018年第2期。
⑤ 冯斯我、王毓红:《"画中之画"与"画外之画":巴丹吉林沙漠岩画的多重空间》,《民族艺术》2018年第2期。

文章指出非遗使乡村文化特色化的同时也有狭义化的倾向。① 可以说，这种研究反思了将非遗作为"物"的弊端，以物质文化遗产思维去对待非物质文化遗产的不恰当做法，强调将非遗作为一种话语，一个动态的文化"过程"，对于提升非遗保护的路径具有重要意义。

二是民间艺术非遗传承人研究。荣树云的《"非遗"语境中民间艺人社会身份的构建与认同——以山东潍坊年画艺人为例》一文颇具有冲击性，其指出民间艺术品的价值在非遗语境中从"物"的评定转向了"谁"的评定，艺人的身份高低逐渐成为判断民间艺术品价值的标准。文章以山东潍坊年画艺人为例，致力于通过认知、影响、行动来研究民间艺人社会身份建构与认同的呈现、功能、转换关系以及手工艺再生产机制，借助布迪厄的文化资本、社会资本、经济资本的原理对这一民间艺术界社会现象进行分析；指出民间艺人在建构新的社会身份的同时又重新塑造着他们的社会关系、价值观、行为模式、文化规则及手工艺品的多元生产机制。② 文冬妮则针对桂滇黔少数民族特色村寨体育类非物质文化遗产传承人保护模式问题，在借鉴生命周期理论、协同治理理论的基础上，构建根据不同阶段的保护模式，以此来解决未能结合传承人的类型、级别、阶段等来开展保护的难题。③ 可以说，非遗传承人对于民间艺术传承至关重要，对传承艺人本身的话语研究、模式类型研究实质上也是在回应"非遗"语境大行其道的时代所提出的问题。

三是民间艺术的非遗化与村落文化。彭伟文对沙坑村如何成为广州醒狮代表的问题进行了具体的案例探究，对我们理解民间艺术非遗化及代表化的话题颇具启发意义，在这一探究脉络中他也注意到了村落文化对民间艺术非遗化的影响。文章指出沙坑村的醒狮作为国家非物质文化遗产项目广州醒狮的代表，是沙坑村从佛山市郊外迁移到广州市番禺区现址时带来、并在移居地复活的传统。通过对这一传统的再生与利用，作为移民村落的沙坑村也实现了对本地社会的融入，获得文化上的认可。④ 这里就挖掘到民间艺术发展的来龙去脉，以及如何成为村落的标志性文化并进而对村落认同产生影响，显示出较强的现实性与互动性。

除了这些较有理论性的案例探究，一些非遗机构对作为非遗的民间艺术所开展的实践活动也具有一定的启发性。比如李红以苏州"苏艺天工大师系列展"为例，探究了"非遗"保护视野下的传统技艺展陈实践问题⑤；朱莉莉对南京博物院所开展的一系列非遗展示活动，诸如"巧手匠心"手工技艺制作体验、"非遗馆技艺类展示及民俗类展演"等做

---

① 李静：《失语与言说之间：非物质文化遗产语境中池州傩戏的不同话语与角力》，《民族艺术》2018年第2期。

② 荣树云：《"非遗"语境中民间艺人社会身份的构建与认同——以山东潍坊年画艺人为例》，《民族艺术》2018年第1期。

③ 文冬妮：《桂滇黔少数民族特色村寨体育类非物质文化遗产传承人保护模式》，《文化遗产》2018年第4期。

④ 彭伟文：《一座移民村落对传统的再生与利用——以广州市沙坑村及其龙狮团为中心》，《民俗研究》2018年第5期。

⑤ 李红：《非物质文化遗产保护视野下的传统技艺展陈实践——以"苏艺天工大师系列展"为例》，《文化遗产》2018年第4期。

出深入思考，指出在传播非遗文化活动时应该注意的问题。[1] 这些具体的传播实践活动对于进一步深入推进作为非遗的民间艺术，继续增强社会公众的关注具有重要的现实意义。

此外，"非遗"与文化产业的联姻也是民间艺术现代化发展的重要方向。苏东晓讨论在后资本主义时代，民族文化遗产如何通过自身富含的"审美"元素而成为"时尚"，指出民族文化遗产现代转化与时尚生产运作具有同构关系[2]；张中波、丛曙光指出民间艺术产业化存在直接与间接两条路径，一是将民间艺术自身作为文化产品进行产业化经营，二是将民间艺术的造型、色彩、图案、音乐、舞蹈等元素提炼出来创意性地应用到其他产业领域[3]；杨丹则以旅游地的民间艺术为切入点，从文化学、经济学视角探索这一具体品类在嵌入文化旅游资源过程中的生成、拓展、传承与创新的整个文化意义和经济意义[4]。可见，文化创意产业、旅游业等成为民间艺术走向产业化发展的主要依托产业，审美因素与文化因素的利用已然是民间艺术产业化的主攻方向。

五　结语

综上所述，2018年度民间艺术研究呈现出以下几个方面的特点：一是理论提炼与归纳力度有所增强，出现更多对地域性民间艺术、专门性民间艺术进行理论总结与提升的专著，对国外理论的阐释进入更高阶段，对具体案例进行阐释的理论视角愈加到位，这使得2018年度民间艺术的研究更具有深度性。

二是研究角度多元化、个案探究拓展化。从以往传统的民俗、艺术人类学研究视角到如今的伦理、哲学、心理等交叉探究，民间艺术研究越来越能吸收其他学科的理论概念融入自身的研究之中，在一定程度上打开了民间艺术的研究视域；在个案选择上，从集中在某几个特定的案例或民间艺术事项，到五花八门、千姿百态的民间艺术个案分析，民间艺术的研究对象呈扩大趋势，让我们看到民间艺术世界的广阔性。

不过，2018年度的研究在民间艺术的文化产业发展与应用方面却显示出较大的不足，探究力度弱，所论内容易流于表面，缺乏深度与思考，且多是老生常谈，并未能真正提供较有价值的探讨；而且民间艺术的"非遗"思考方面，不仅数量较少，且质量参差不齐，甚至还不及往年。如何激活民间艺术的活力，使其不再仅仅是产业化发展的一种工具，将是我们继续要深入思考的问题。

---

[1] 朱莉莉：《非遗公众活动：强化博物馆非遗传播效应的思考——以南京博物院非物质文化遗产馆为个案分析》，《民族艺术研究》2018年第5期。

[2] 苏东晓：《从边缘出发：民族文化遗产现代转化与时尚生成运作的同构问题》，《民族艺术》2018年第3期。

[3] 张中波、丛曙光：《文化传承与传播视域中民间艺术产业化的功能》，《非物质文化遗产研究集刊》，浙江工商大学出版社2018年版。

[4] 杨丹：《民间艺术的旅游资源化——以文化消费为视角》，《社会科学家》2018年第9期。

2018 年物质民俗研究综述

朱家钰[*]

2018 年的物质文化研究更加多元丰富，学者们采用整体性的研究视角，将农业生产中的地方知识、景观变迁、手工技艺、物质消费、视觉表达等民俗事象置于其发生的社会历史文化环境中进行考察；注重对时代变迁的当下，对新兴民俗事象的研究，践行了民俗学的"日常生活"转型；同时 2018 年度的研究更加理论化，通过不断的反思和检验，学者们建构起新的概念和观点，丰韵了"物"的内涵与意义，建立起新的物质民俗研究体系。

本文以电子期刊检索平台收录的物质生产、手工技艺、日常生活器物、图像表达等领域的研究论著和论文为对象，对 2018 年物质民俗及相关研究进行汇总与归纳，以探该研究领域的进展。

一 综合性物质文化研究

当代文化研究领域出现了"物质转向"，不同于早期的研究，这一时期的转向更强调"物"在日常生活中的意义，即它的社会生命史、符号性、语境性、文化关联性，以及物对于人的自我认同、社会身份建构等所具有的价值，以及"物性"对于人性的形塑等。面对这一转向，周星在《物质文化研究的格局与民具学在中国的成长》[①] 中对中国的物质文化研究进行了反思，通过对不同学科的"物质文化研究"进行初步扫描和概观，发现"民具学"在中国物质文化研究的格局中长期"缺位"，因而导致中国现有的物质文化研究底气不足。在中国发展民具学，不仅有学术意义，也具有现实意义。在当前持续的"生活革命"浪潮中，大量的传统农具和生活用具被工业产品取代，甚至被废置和抛弃，然而这些民具却是特定时代、地域、生产与生活方式的物证，承载了普通民众的生活智慧和情感。另外，伴随着中国社会物质文明的更新换代，中国的物质文化研究需要有更大的视野，将民具学纳入其中，人们才能重新认识这些反映民众生活史细节的器物，认识到他们在反映时代变迁和生活革命中的重要价值。

谭佳在《两种"物"观——对萧兵批评张光直"泛萨满论"的再评论》[②] 中重新梳

---

[*] 作者系山东大学儒学高等研究院博士后。
[①] 周星：《物质文化研究的格局与民具学在中国的成长》，《民俗研究》2018 年第 4 期。
[②] 谭佳：《两种"物"观——对萧兵批评张光直"泛萨满论"的再评论》，《民族艺术》2018 年第 6 期。

理了萧兵与张光直的学术争论，两人的研究都围绕"物"展开，萧兵把"物"作为更优越可信的史料，经由人文解释学的阐释，可以还原古史；张光直则把"物"及物与人的关系视为理解中国文明起源发展的关键线索，希望建构新的文明起源观和古史研究范式。当下中国文学人类学的前沿研究呈现出将这两种"物"观念进行整合的趋势，对"物"赋予更多的意义和使命。

黄剑在《身体性与祛身化：一种关于共同体衰变机制的分析》[①] 关注到身体性与物质性的关系，作者提出共同体生活的形成和呈现是以身体感知为基础的，共同体的属性和规则也反映在了身体的意义和活动中，而当代社会的物质化趋势，致使身体感知钝化，同时抽象系统的扩张加剧了身体的隔离和流动，这两方面的原因导致了共同体纽带的松动。因此要恢复共同体的原初状态需要避免过度的物质化、理性化，将身体视为主动、活跃的且具有创造性的要素，强化人与人之间身体性的互动。

二　物质生产民俗

（一）生产中的地方知识与经验

学者们聚焦于生产过程中，人们在调和与自然的关系时产生的地方知识，以及地方知识随社会环境改变产生的变化，同时对传统实践经验和近代科学知识之间的二元对立关系进行了反思。

《南海渔民关于台风的地方性知识——以广东湛江硇洲岛的渔民为例》[②] 与《洪水与水的控制——亚洲季风灌溉技术的生态学意义及其局限性》[③] 两篇文章都探讨了传统经验在现代化生产中的重要意义。前文从地方知识的视角，对粤西沿海渔民在面对台风等自然灾害时的本土经验进行了考察。渔民们既把台风看作是一种自然灾害，又把它的原因解释为神灵意志的体现。因此他们既有经验性的应对策略，也有借助于"超自然力"的应对策略，地方知识对于应对自然灾害具有不可替代的价值。后文则叙述了由于忽视传统经验，近代化灌溉技术在老挝南部占巴塞省的稻作生产地区的实施和普及以失败告终，并且增加了洪水的风险。这提醒我们，在现代科技主导下的防灾救灾与农业生产活动中，传统和现代并不是二元对立的，我们有必要对地域居民所持有的生活策略、民俗知识多加注意和研讨。

王琴的《云南凤庆彝族俐侎人茶俗调查》[④] 对当代社会中"自然崇拜"存续的可行性路径进行了探讨。作者以云南凤庆彝族俐侎人与茶树的关系为研究对象，分析了不同的历史语境下，俐侎人与茶树关系的动态特征，进而提出自然物并不是自然的，而是人们在不同的情境下选取可利用的元素建构而成的，人们在不同场域中创造了人与自然的多种关系，自然被赋予不同的意蕴。

---

① 黄剑：《身体性与祛身化：一种关于共同体衰变机制的分析》，《民俗研究》2018年第1期。
② 罗余方：《南海渔民关于台风的地方性知识——以广东湛江硇洲岛的渔民为例》，《民俗研究》2018年第1期。
③ ［日］秋道智弥：《洪水与水的控制——亚洲季风灌溉技术的生态学意义及其局限性》，吕雷宁译，《民俗研究》2018年第2期。
④ 王琴：《云南凤庆彝族俐侎人茶俗调查》，《文化遗产》2018年第6期。

作为农业生产场所的农业地景，蕴含着农民的生产体验、地方精英的文化臆想、异文化群体的想象，以及国家权力的干预和制度化安排，学者们对农业地景的"物质性"面相进行了整体性的阐释。王建革的《19—20世纪江南田野景观变迁与文化生态》[①]通过对19世纪以来江南田野景观变迁的研究，揭示了江南景观变化的文化动力。李希霍芬的科学土地利用观和苏联的统一化农庄经营观在江南田野景观建设中起了主要的指导作用，致使集体化时代与当下的城镇化建设都存在着模仿西方的倾向，也使得当前田野景观趋向于混乱化，作者认为未来乡村景观建设需要因地制宜，结合传统田园风光与现代田园技术。《清代以来粤北排瑶林农景观的变迁》[②]对康熙年间以来广东省北部连南瑶族自治县境内排瑶林业、农业景观形成与变迁的历史地理过程进行了梳理。

（二）手工技艺与工匠精神

2018年度的研究中，一些学者关注到了国内外不同历史时期的造物观念，并对此进行梳理和研究，以期为当下"传统工艺"的复兴提供借鉴。刘晓春的《从柳宗悦到柳宗理——日本"民艺运动"的现代性及其启示》[③]梳理了20世纪初日本"民艺运动"的发展历程、理论与实践经验。日本"民艺运动"是以柳宗悦为代表、以手工艺的浪漫主义抵抗机械主义的理论与实践。柳宗悦强调民艺的实用性与亲近性，憧憬未来的民艺振兴之路在于"回归民众"。其子柳宗理祛除了民艺的浪漫化"魅惑"，从物性功用、技术工具等方面，发掘民艺的现代性特质，将传统的手工技艺与现代工业设计连接起来。经过重新阐释，柳宗悦的民艺理论与柳宗理的现代设计及其实践一样，悬置了工艺本身的后设观念，直达传统工艺"以自然材料为对象，运用手及其延伸物工具，以赋形造物为目的"的本质。作者认为日本"民艺运动"对于当前中国传统工艺复兴的启示在于，传统工艺的现代性转换应该是通过器物自身的材料、形式特质来呈现民族特色，而不是使器物成为民族特色的附庸。吴新林在《造物艺术批评视域下的先秦"奇技淫巧"说》[④]指出在中国传统造物艺术批评发展史中，"奇技淫巧"是一种主流的批评观念，直至晚明之前，一直是约束中国传统造物活动的规则。借"奇技淫巧"审视中国传统造物精神，需要传承技巧上的精益求精，意趣上的追求高雅和美的品格，设计上的读懂制器尚象，并注重文脉的延续。贺超海在《中国传统工艺的当代价值研究》[⑤]中试图建立起中国传统工艺的当代价值的理论体系，作者将传统工艺的价值本体归结为"人、技、器、环境和历史"，通过研究，梳理了价值本体在传统工艺中的共同要素、共同要素之间的相互影响以及演化原因，此外作者还探讨了传统工艺的文化、科学、经济、社会价值，并通过个案研究总结传统工艺的实践现状。姜坤鹏在《凝结在手工艺中的时间——论手工艺品的时间性》[⑥]中从手工艺材料的特性、手工艺生产方式的特点、人们对手工艺品的赏玩三方面，阐释了凝聚

---

① 王建革：《19—20世纪江南田野景观变迁与文化生态》，《民俗研究》2018年第2期。
② 周晴、宫清华：《清代以来粤北排瑶林农景观的变迁》，《民俗研究》2018年第2期。
③ 刘晓春：《从柳宗悦到柳宗理——日本"民艺运动"的现代性及其启示》，《民族艺术》2018年第1期。
④ 吴新林：《造物艺术批评视域下的先秦"奇技淫巧"说》，《民族艺术》2018年第4期。
⑤ 贺超海：《中国传统工艺的当代价值研究》，博士学位论文，北京科技大学，2018年。
⑥ 姜坤鹏：《凝结在手工艺中的时间——论手工艺品的时间性》，《民族艺术》2018年第3期。

在手工艺品中的时间的意义和特性。安丽哲的《从历史功能论角度谈传统手工艺的复兴——以潍坊风筝为例》[①] 以潍坊风筝为个案,依托"历史功能论"分析了风筝在社会转型与全球化发展的过程中形成的以功能转换、产品分化以及技术革新为主要方式的生存与复兴策略。

此外,还有一些学者对"工匠精神"进行了探讨,致力于挖掘传统手工技艺所代表的中华传统文化的核心精神。潘天波在《〈考工记〉与中华工匠精神的核心基因》[②] 中提出应对中国"工匠精神"的内在客观性状和本体化的基本属性进行研究,作者以《考工记》为研究对象,将工匠精神的核心基因归纳为信念、行为与价值三部分,并认为工匠精神同时具备物质性与信息性。在物质层面,工匠精神通过工匠行为呈现出物态化形式;在信息层面,工匠精神凭借工匠信念与工匠价值凸显出工匠的生活态度、生存方式与价值信仰。胡郑丽的《论非物质文化遗产传承中的工匠精神》[③] 将工匠精神视为非物质文化遗产传承中的重要因素,其中包括世代相传的行规信仰、"道技合一"的工匠文化、精湛卓绝的工艺技术、深入人心的荣誉机制、崇高美好的敬物情怀。

(三) 商业与消费

董德英的《消费视角下的北宋东京节日生活》[④] 聚焦于消费视角下北宋节日这一文化场域中的民众生活。当市场交易的时空界限被打破后,都市交易与消费日渐繁荣,致使东京呈现出消费性的城市面貌。这种消费性在节日中体现得更为明显,包括节日消费时空扩大、节日物品及饰品多样化、价格影响下节日消费分层、节日商场竞争、休闲旅游和文化娱乐消费多元化。杨萌的《民国时期宁夏回族商业民俗文化研究》[⑤] 研究了民国时期,宁夏地区回族商业的经营方式以及宗教影响下回族商业的民俗文化内涵,分析了回族商业精神在文化变迁中得以传承的原因以及影响。潘玮琳的《礼俗消费与地方变迁:江浙锡箔的物质文化史》[⑥] 是关于锡箔的物质文化史,作者探究了民国时期江浙地区锡箔的生产、流通、销售、使用等各个环节,考察了锡箔在南京国民政府初期的反迷信运动、改造国民与改革税制等国家政权建设活动中商业地位的变迁,分析了锡箔业与地方社会的关系,从物质文化的视角重新检视民国时期的迷信活动。

除了历时性的研究以外,还有学者深入探讨了物质流通背后的族群互动,肖坤冰的《从"高地"到"低地"——从"佐米亚"概念看清代云南边境的普洱茶贸易与族群互动》[⑦] 以清代云南边境地区的普洱茶产销历史为线索,对低地统治者与清中央政权、山地族群和汉人移民在普洱茶贸易流通的各个环节中发挥的作用进行了分析;并借此反思

---

① 安丽哲:《从历史功能论角度谈传统手工艺的复兴——以潍坊风筝为例》,《民族艺术》2018年第4期。
② 潘天波:《〈考工记〉与中华工匠精神的核心基因》,《民族艺术》2018年第4期。
③ 胡郑丽:《论非物质文化遗产传承中的工匠精神》,《文化遗产》2018年第4期。
④ 董德英:《消费视角下的北宋东京节日生活》,《民俗研究》2018年第5期。
⑤ 杨萌:《民国时期宁夏回族商业民俗文化研究》,硕士学位论文,黑龙江省社会科学院,2018年。
⑥ 潘玮琳:《礼俗消费与地方变迁:江浙锡箔的物质文化史》,上海社会科学院出版社2018年版。
⑦ 肖坤冰:《从"高地"到"低地"——从"佐米亚"概念看清代云南边境的普洱茶贸易与族群互动》,《民俗研究》2018年第2期。

James Scott 对 Zomia 的研究，作者认为 Scott 过于强调政治和军事等"国家效应"在"高地"形成中的作用，而低估了更为缓和的物质贸易的影响。

三　物质生活民俗

（一）饮食民俗

自古以来，饮食在满足人们物质需求的同时，也被赋予了政治、文化、阶层等不同的象征意象，同时饮食也是多民族交流的见证。

汉代，专制皇权正式确立并且逐渐强化，兴盛于此时的汉代宴饮也与政治有了天然的联系。秦铁柱的《汉代宴饮与国家秩序结构》[1]考察了汉代宴饮秩序与政治变迁的关联，皇权借助公权宴饮构筑了乡里社会秩序和庙堂秩序，但私权意义下的宴饮不断地动摇、破坏着公权宴饮中的国家秩序，致使汉代宴饮陷入了二律背反的困境之中——既塑造国家秩序又动摇着国家秩序。白晓旭的《"有馍就有事，有事就有馍"：闻喜花馍的饮食人类学研究》[2]从饮食人类学的视角对闻喜花馍产生与存续的自然与社会文化环境、花馍在人生仪礼和传统节日中的功能与运用、在市场经济条件下的发展情况、在民俗生活运用中的文化象征意义以及社会文化功能进行了研究和阐释。对闻喜花馍进行的整体性研究，揭示了食物在社会生活中的文化意义。陈洋洋的《作为文化符号的土食品在日常生活中的消费研究》[3]聚焦于近几十年来流行于中国的"土食品"，作者将其视为一种消费符号，从民俗符号的视角出发，总结出土食品中蕴含的"乡土"、"健康"与"品味"三个符号，这三个符号从"个体与社会""个体与自我""社会与个体"三个维度展现出人们消费土食品的主要原因。人们对乡土生活赋予品位的象征，成为他们炫耀自我身份的标签，这些标签又以符号的形式出现在消费社会中，成为普通大众积极效仿的对象，由此，土食品成为人们日常生活中重要的消费选择。周星、惠萌在《面食之路与"秃秃麻食"》[4]中提出作为文化和商业交易通道的丝绸之路也是一条"面食之路"，作者从文化人类学和民俗学的立场出发，对"秃秃麻食"成为中国北方多民族的共享食品的历史进程进行梳理，为"面食之路"的假说提供学术论证。"面食之路"的研究不应该局限于"传播论"的研究，而应该基于实证，从中理解相关民族在日常生活文化层面的互动、互渗和互相涵化的复杂关系。

《贵州黔东南苗族农历新年饮食民俗》[5]《饮食中的民族智慧——基于傣族民俗文化及特色饮食的研究》[6]两篇文章分别对贵州黔东南苗族农历新年中的饮食民俗和傣族饮食中

---

[1] 秦铁柱：《汉代宴饮与国家秩序结构》，《民俗研究》2018 年第 3 期。
[2] 白晓旭：《"有馍就有事，有事就有馍"：闻喜花馍的饮食人类学研究》，硕士学位论文，内蒙古师范大学，2018 年。
[3] 陈洋洋：《作为文化符号的土食品在日常生活中的消费研究》，硕士学位论文，广西师范大学，2018 年。
[4] 周星、惠萌：《面食之路与"秃秃麻食"》，《青海民族大学学报（社会科学版）》2018 年第 4 期。
[5] 杨雨薇：《贵州黔东南苗族农历新年饮食民俗》，《文化产业》2018 年第 8 期。
[6] 宫润华、李妲倩：《饮食中的民族智慧——基于傣族民俗文化及特色饮食的研究》，《普洱学院学报》2018 年第 1 期。

遵循自然规律的饮食民俗特征进行了探讨。食疗作为饮食民俗的有机部分，与健康和疾病关系密切，《晚清民国时期沪上冬令食疗食养思想探析》[①] 从医学和民俗学的视角，对晚清与民国时期沪上冬令时节的传统饮食民俗进行考察，应时而食的原则体现了人们注重节气养生的保健意识。

《中国烟草史》[②] 讲述了美洲的烟草从16世纪传入中国，开始在中国商业种植以来的传播历程，讲述了烟草文化在中国的形成，以及中国如何融入世界市场。《〈岭表录异〉与晚唐岭南饮食民俗》[③] 对《岭表录异》中记载的晚唐时期岭南地区的丰富物产资源进行了全面立体的描述，可从中窥探到晚唐岭南地区的饮食民俗具有种类丰富、制作方法多样且奇异的特点。

（二）服饰民俗

服饰是人们在生活中确定自我的手段，界定着我们在社会中的位置，从某种程度上说，衣服代表了人本身。宋金英的《女为悦己者容：中国古代女性服饰表征与审美取向》[④] 从男权社会的角度重新审视和梳理古代女性服饰文化的发展脉络。在男权社会影响下，女性服饰出现了迎合男性观赏、趋同于礼教要求、以男性社会角色和地位为服饰形制规则以及哲学性的特点。服饰的特征和审美取向是女性生存逻辑与情感逻辑的统一，折射了女性地位的不稳定以及对于男性的依赖与屈从。

一些学者对少数民族服饰的特征、嬗变予以了关注。彩带编织是畲族特有的服饰手工艺制品，《畲族彩带的要素特征及其在当代的嬗变》[⑤] 一文在访谈和参与观察的基础上，对编织流程进行了记录；综合田野调查和文献考据，分析了彩带的组织结构、字符图案和民俗文化内涵，对其在当代社会的嬗变进行了分析，并提出了多方位协同保护的观点。《黔东南七十二寨侗女童代表性服饰研究》[⑥] 聚焦于七十二寨侗女童的服饰，对主体性服饰和辅助性服饰进行调研，作者认为民俗节日、人生礼仪、生产技术以及民族心理是服饰的承载空间。《江西省畲族传统服饰现状与传承保护》[⑦] 结合文献资料，对畲族服饰的材质、色彩、样式和服饰品等特点进行分析，并通过田野调查，研究了江西省六个畲族乡的传统民族服饰遗存和穿着情况，对江西省畲族传统服饰的保存现状与困境进行分析。杜颖的《甘南卓尼觉乃藏族三格毛服饰文化传承研究》[⑧] 以田野调查的方式，对甘南州卓尼县叶儿村三代人的"三格毛"服饰文化传承情况进行了研究，分析该服饰在经济全球化过程中出现的危机，并借助霍尔的"文化循环"理论，对三格毛服饰传承中五个环节进行分析，以期增强普通民众的文化认同和文化自觉意识。

---

① 李路广、叶进：《晚清民国时期沪上冬令食疗食养思想探析》，《中医药文化》2018年第5期。
② [美] 班凯乐：《中国烟草史》，皇甫秋实译，北京大学出版社2018年版。
③ 罗旭：《〈岭表录异〉与晚唐岭南饮食民俗》，《广西民族师范学院学报》2018年第2期。
④ 宋金英：《女为悦己者容：中国古代女性服饰表征与审美取向》，《民俗研究》2018年第3期。
⑤ 陈敬玉、张萌萌：《畲族彩带的要素特征及其在当代的嬗变》，《丝绸》2018年第6期。
⑥ 全克楠、张顺爱：《黔东南七十二寨侗女童代表性服饰研究》，《西部皮革》2018年第21期。
⑦ 张萌萌、李方园、陈敬玉：《江西省畲族传统服饰现状与传承保护》，《浙江理工大学学报（社会科学版）》2018年第5期。
⑧ 杜颖：《甘南卓尼觉乃藏族三格毛服饰文化传承研究》，硕士学位论文，兰州大学，2018年。

另有一些学者关注到了汉族服饰的民俗特征,刘鹤的《浙江仙居民间百花童褡装饰特征及民俗内涵》[1] 从艺术学和民俗学的角度对仙居民间百花童褡装饰特征与民俗文化内涵进行了分析。百花童褡装饰在装饰结构、色彩搭配、纹样题材与布局、工艺手法等方面表现出独特的地域特色,凝聚了仙居父母长辈们"祈子护子佑子""祈福纳吉""驱邪辟凶"的美好愿望和精神寄托。《桃源民间刺绣的民俗分类与文化内涵》[2] 探究了湘北地区桃源县民间刺绣的功能用途,刺绣的装饰纹样中蕴含了阴阳哲学、生命繁衍、辟邪纳吉、祝祷祈福等民俗观念,反映了民间刺绣与民俗文化的血脉关系。许赛的《民俗视域下的汉族民间服饰文化承扬研究》[3] 从民俗学视角出发,通过田野调查对有代表性的汉族服饰以及相关民俗事象进行搜集、整理、描述、分析,探寻服饰背后暗含的隐性民俗文化意义,并结合文献资料系统地梳理了汉族民间服饰文化体系的整体脉络。作者认为我国传统民间服饰文化面临严峻的形势,在传承中我们既要做好本真性保护,保留服饰文化的原生部分,又要让服饰回归到现实生活场景中,实行活态性保护。《近代皖北地区民俗服饰文化研究现状及保护》[4] 结合地方志文献与田野调查资料,为近代皖北地区民俗服饰文化的传承与保护提出了应对策略。

(三)空间观念

《"神圣空间"的理论建构与文化表征》[5] 与《藏族碉楼的"神性"——理性与遗产性》[6] 两篇文章聚焦于空间的神圣性。前文反思了"神圣空间"的宗教学源流与适用范围,"神圣空间"理论始于"神圣与世俗"的辩证关系,随着宗教学的发展,该范式被用于考察神圣空间的生成建构、功能与编码三个方面。而中国本土的神圣空间——祠堂的建构、功能与编码却彰显出与西方的神圣空间不同的"不纯粹性",它与世俗空间、自然空间、文化空间存在更为交融、互嵌的关系,这也折射出中西方宗教文化思维的潜在张力。后一篇文章对藏族碉楼作为古建筑的遗产类别定位提出了质疑。在基督教的修建行为中,"人"与建房的动机同时存在,通过类比,作者认为丹增碉楼是神圣的、永恒的,认知主体的思考方式决定了有关碉楼的事实,该研究突破了把碉楼定义为古建筑的局限,对国际主流古建筑基本遗产的真实性观念提出挑战,引发对碉楼探源的文化和科学模式的反思。

除了被赋予神圣性以外,建筑还是人们用于储存记忆的实践空间,陈恩维的《记忆之场与地方认同——以佛山"通济桥"为例》[7] 将空间记忆和民俗研究结合,以佛山通济桥为例,研究了记忆之场的建构过程及其文化功能。通济桥是当地人的记忆符号,其修缮史持续更新着人们群体记忆的框架。"行通济"的民俗借助通济桥,将停留在文本中的社会记忆引入公共节日和仪式之中,凝聚成共同的文化记忆。该研究也提示我们,非物质文

---

[1] 刘鹤:《浙江仙居民间百花童褡装饰特征及民俗内涵》,《丝绸》2018年第5期。
[2] 陈剑、严珞菲:《桃源民间刺绣的民俗分类与文化内涵》,《中国美术研究》2018年第3期。
[3] 许赛:《民俗视域下的汉族民间服饰文化承扬研究》,硕士学位论文,江南大学,2018年。
[4] 梁惠娥、任冰冰:《近代皖北地区民俗服饰文化研究现状及保护》,《阜阳师范学院学报(社会科学版)》2018年第6期。
[5] 王子涵:《"神圣空间"的理论建构与文化表征》,《文化遗产》2018年第6期。
[6] 李春霞:《藏族碉楼的"神性"——理性与遗产性》,《民族艺术》2018年第3期。
[7] 陈恩维:《记忆之场与地方认同——以佛山"通济桥"为例》,《民族艺术》2018年第1期。

化遗产及其存在的空间本质上是一个叠加的"记忆之场",只有回到与地方社会相关的文化网络中,从整体视野中理解并保护它们,才能真正推动物质与非物质文化遗产的整体性保护和活态传承。

余浩森的《漳州浮宫镇骑楼街区民俗活动空间研究》[1] 关注到了民俗活动空间的营造与保护,作者以漳州浮宫镇骑楼街区的民俗活动空间为研究对象,从总体布局、公共空间营造、私宅民居建设三个方面挖掘了民俗活动空间的营造经验。同时结合时代发展,探讨乡镇骑楼民俗活动空间受到的消极影响,并对民俗活动空间的保护传承提出意见。《山西民俗建筑中的礼制观念——以乔家大院为例》[2] 与《城隍庙建筑脊饰艺术中的民俗文化意象——以榆次城隍庙为例》[3] 两篇文章则分别论述了乔家大院建筑布局、构件、装饰、祠堂中展现的礼制观念和伦理道德规范;榆次城隍庙建筑脊饰中的龙文化源流,以及释道两教对传统民居的影响。

那仲良在《图说中国民居》[4] 中叙述了中国传统民居的基本性质和特点,描述了中国民居作为传统居民生活空间的文化意义和社会效能、民居建筑过程中的经验知识,并对十七座民居建筑进行了详细剖析,展现了中国传统民居中厚重的历史印记。

(四)日常生活中的器物

2018年度的日常生活器物呈现出多样性,涉及"门""春联""纸扎""香"等一系列生活中的器物用品,体现了朝向"日常生活"转型下的民俗学研究特征。

在古人的观念中,门既是人出入住宅的通道,也是妖魅的必经之地。解玉峰的《门的信仰:符号与图像》[5] 聚焦于门能驱赶妖邪的信仰,从早期流行磔牲衅门的习俗,到悬挂物品,再到门神观念的出现以及各种类型门神画像的产生,这些仪式和符号相继发挥了辟邪功能,护佑宅门内人们的平安,进而产生了以门为核心的信仰。《从桃符到春联的演进——基于祝由文化兴衰的视角》[6] 借用了结构功能主义学派的显功能与潜功能理论,探究了桃符演进为春联背后的社会功能的继替与转换。作者认为桃符是祝者的重要工具,在祝由文化的合法性丧失之后,桃符为了继续发挥社会功能,在名称、材质、内容等方面发生变化,直至嬗变为春联,桃符和春联的显功能和隐功能也发生了转化。桃符到春联的嬗代是对社会环境变迁的积极回应,是适应现实环境变迁的民俗文化生存智慧。张小燕在《纸扎在中国宗教文化中的演变脉络探析》[7] 同样关注到了器物功能的转变,作者将纸扎的演变归纳分为自身形态的发展和功能演变、使用时间的变化、使用场合的变化三个基本脉络。作为宗教象征的纸扎,其功能转变背后是文化定位的转变,因而纸扎之变,既是形

---

[1] 余浩森:《漳州浮宫镇骑楼街区民俗活动空间研究》,硕士学位论文,华侨大学,2018年。
[2] 郭晓瑞:《山西民俗建筑中的礼制观念——以乔家大院为例》,《山西青年职业学院学报》2018年第4期。
[3] 刘勇:《城隍庙建筑脊饰艺术中的民俗文化意象——以榆次城隍庙为例》,《文物世界》2018年第1期。
[4] [美]那仲良:《图说中国民居》,任羽楠译,生活·读书·新知三联书店2018年版。
[5] 解玉峰:《门的信仰:符号与图像》,《民族艺术》2018年第1期。
[6] 钱钰、刘涛:《从桃符到春联的演进——基于祝由文化兴衰的视角》,《民间文化论坛》2018年第1期。
[7] 张小燕:《纸扎在中国宗教文化中的演变脉络探析》,《民俗研究》2018年第2期。

而下的器物之变,也是形而上的象征意义的丰富与扩展。

刘勤、杨陈的《畜圈、厕所与民俗信仰——基于四川汉源的调查》① 对汉源及其周边具有代表性的厕所民俗和信仰进行考察,作者认为厕所形制、民俗和信仰的根深蒂固与中国以农为本的经济生产方式息息相关,这在某种程度上是农村"厕所革命"进程缓慢的原因。

香文化是以嗅觉感官的身体实践为核心的文化门类,中国香文化博大精深、源远流长,其观念和实践深入到中华传统文化的方方面面。《中国香文化的学术论域与当代复兴》② 是一篇论纲性质的长文,作者站在民俗学和物质文化研究的立场上,从香料体系、工艺仪轨、交往流通、宗教信仰、民俗生活、文学艺术、传统医学、哲学观念等方面对香文化的内涵进行分析,归纳了香文化研究的主要范畴类目,意在建立中国香文化研究框架,整合各方面研究实践,推动研香之学的成型。丁玲的《隐趣味与文化身份认同:当代中国品香生活的兴起》③ 对生活用香进行了研究,经由香商的建构,"品香"业已成为一种修身养性和高雅的生活方式的选择,成为消费者确立文化身份的有力媒介。作者以布迪厄的阶层理论,将品香视为一种审美的民俗文化趣味符号,该行为不仅能在特定群体中形成文化身份认同,也能以此为媒介形成文化传播的多样化实践。

《"自鸣钟"与近代中国社会的变迁》④ 以相关史料文献为依据,梳理了明末清初最具代表性的器物外来词"自鸣钟"的发生、发展、兴衰,以及"自鸣钟"对中国社会的影响,揭示西方文化融入中国社会过程中对中国物质文化和精神文化的影响。

四 图像的表达与视觉的经验

一些学者关注到了口头传统中的物质文化。物质文化是口头传统演述中的有机部件,协同口头文本,综合视觉、听觉、语义维度,创造出多感官参与的演述场域。孟令法在《口头传统与图像叙事的交互指涉——以浙南畲族长联和"功德歌"演述为例》⑤ 一文中指出盘瓠神话、史诗《高皇歌》及长联具有传统指涉性,但在叙事内容上并非一一对应,在仪式活动中,长联所描绘的部分叙事情节同其他口头传统构成了交互指涉的叙事关系,在调研中作者发现,畲族"做功德"仪式中的"功德歌"演述与描绘盘瓠神话的长联就是以身姿为媒介实现交互指涉关系的代表。李世武在《视觉文本与史诗口头文本的互文性——以彝族毕颇身体装饰及祖师坛神像为中心》⑥ 一文中探讨了彝族由史诗歌手的身体装饰和祖师坛神像组成的物质文化与口传史诗《教路·分家》口头文本间的互文性,身

---

① 刘勤、杨陈:《畜圈、厕所与民俗信仰——基于四川汉源的调查》,《民间文化论坛》2018 年第 3 期。
② 孙亮、张多:《中国香文化的学术论域与当代复兴》,《民间文化论坛》2018 年第 4 期。
③ 丁玲:《隐趣味与文化身份认同:当代中国品香生活的兴起》,《民间文化论坛》2018 年第 4 期。
④ 陈开来:《"自鸣钟"与近代中国社会的变迁》,《文化遗产》2018 年第 2 期。
⑤ 孟令法:《口头传统与图像叙事的交互指涉——以浙南畲族长联和"功德歌"演述为例》,《民俗研究》2018 年第 5 期。
⑥ 李世武:《视觉文本与史诗口头文本的互文性——以彝族毕颇身体装饰及祖师坛神像为中心》,《民族艺术》2018 年第 3 期。

体装饰及祖师坛神像，是在仪式实践过程中作为视觉符号呈现的文本形式，同时也是一种物质文化，使史诗演述成为一种融视觉符号、器乐、诗歌为一体的表演行为。

还有一些学者关注到图像与政治象征之间的互动关系，王加华在《谁是正统：中国古代耕织图政治象征意义探析》① 一文中提出南宋以后，受到"华夷之辨""严华夷之防"等正统观的影响，耕织图成为王朝正统性的象征载体，同时也体现了传统中国以农为本、重农劝农的治国理念，耕织图是中国传统政治的象征性的代表。储冬爱在《想象的农民与农民的想象——龙门农民画的规训与传播》② 一文中提出农民画不是简单的"农民的画"，其创作群体是"想象的农民"，画面内容是主流意识形态在乡土生活中形象化再现的"农民的想象"，龙门农民画发展历程中的逻辑与策略与福柯的规训理论相吻合，即以"农民画"为规训手段，实现对农民和乡土的控制、规范与再造，农民完成了身份认同与乡土想象，农民画实现了从"乡土叙事"到"国家话语"的构建。桑盛荣在《寻回与重构：城镇化视野中户县农民画的审美价值整合》③ 一文中将具有"怀乡"艺术形式的农民画视为治疗当代人心灵焦虑的"灵丹妙药"，可以弥补由身份的归属、文化的认同等问题产生的断裂感。

面具是仪式中的关键道具，在不同文化中具有不同的表现形式，在2018年度的研究中学者们对面具所处语境、神圣性的生成机制、叙事途径等问题进行了考察。覃奕的《物与语境：解析毛南族傩面具》④ 将傩面具的"物"形态还原到其产生的文化语境和社会语境中，探究了仪式基调、祖传唱本、口头文学对傩面具的影响，以及仪式语境中面具对于不同主体的意义。以"物"的形态被毛南族制作、使用和传承的傩面具背后，隐含着民族的价值理念、道德规范和信仰取向。作者借此进一步提出，对"物"的研究和理解既不应脱离"人"、也不应脱离"物"所存在的文化语境和社会语境。《广西凤梧师公面具的神性艺术世界——以神话、传说与故事为主》⑤ 考察了广西凤梧师公面具对神性世界的塑造，面具中的民间艺术符号，承载着宗教与民俗含义；在仪式活动中，头戴面具的师公通过表演剧目，传达经典的宗教、历史和文学故事，沟通神灵与民众，教化与娱乐观者，完成宗教与信仰的体验；同时面具将表演者由寻常的民众跃迁为具有神性象征意味的形象，把这个空间从日常生活空间中分离出来，并通过剧情表演使信仰深入人心。《壮族师公面具的叙事途径——兼论壮族师公戏的影像化策略》⑥ 聚焦师公面具何以成为圣物以及它的意指叙事。具有普通象征意义的面具在开光后被赋予了神圣的象征意蕴；与世俗界域的对立性，构建了师公戏的神圣时空，师公面具在这个过程中扮演了关键的角色。在师公戏中，师公面具通过与其自身、师公、所扮演的角色、时空、观众的互动与反馈，结构

---

① 王加华：《谁是正统：中国古代耕织图政治象征意义探析》，《民俗研究》2018年第1期。
② 储冬爱：《想象的农民与农民的想象——龙门农民画的规训与传播》，《民族艺术》2018年第3期。
③ 桑盛荣：《寻回与重构：城镇化视野中户县农民画的审美价值整合》，《民间文化论坛》2018年第4期。
④ 覃奕：《物与语境：解析毛南族傩面具》，《民间文化论坛》2018年第1期。
⑤ 韦秀玉、甘月华：《广西凤梧师公面具的神性艺术世界——以神话、传说与故事为主》，《民间文化论坛》2018年第2期。
⑥ 聂强：《壮族师公面具的叙事途径——兼论壮族师公戏的影像化策略》，《民间文化论坛》2018年第2期。

性地完成了它作为法器在整个过渡仪式中的意指叙事。

张颖的《交换的礼物：艺术人类学视域下"中国红"之名与实》① 关注到中国最重要的视觉象征符号——"中国红"，作者提出"中国红"的形式、内容与意义都随着时空与事件性因素的衍化而不断变迁，中国红经历了"色类从物——色尚从礼——色观体道"的文化整体实践，既是古代知识分子对中国传统红色体系的自觉认知，也是西方对中国文化想象的投射反映，还是本土精英寻求国族象征的必然与必需，"中国红"的符号建构是本土与外界不断交流的历史成果。

《图像与空间：良渚玉璧"鸟立阶梯状边框"图像新考》②《大汶口文化和良渚文化刻符中的昆仑形象》③《商周族氏铭文中的鼗鼓形态与鼗族》④《由汉"孔子画像"观武、昭、宣帝时期〈史记〉之流传》⑤ 四篇文章均是从考古学的视角出发，对图像中反应的信仰观念、氏族变迁以及《史记》的流传情况等问题进行了探讨。

五 总结

在学者们不断的探索和努力下，2018 年的物质民俗研究呈现出多元化的特点，让我们能够更加深刻理解物质民俗在社会历史变迁中、在文化与权力场域中的样貌，2018 年度的物质民俗研究有如下特点。

第一，关注到物质民俗与其他种类民俗的交互性，学者们关注到口头传统、宗教仪式、公共节日、信仰观念等不同民俗事象中的物质文化或物化表达。

第二，学者们践行着民俗学的"日常生活"转型，2018 年度的研究涉及花馍、土食品等日常食物在生活中的文化象征和消费原因；有关门与厕所的信仰观念；纸扎、春联等日用品的演变历程，对各种被视为"理所当然"的事物进行了反思与解读。

第三，注重理论思考，在对前人研究与观点不断反思的基础上，建构起新的概念和观点，提出了"民具学""面食之路"的概念，反思了物质性与祛身化对共同体的影响，丰韵了"物质"的内涵，完善了物质民俗研究体系。

---

① 张颖：《交换的礼物：艺术人类学视域下"中国红"之名与实》，《民族艺术》2018 年第 2 期。
② 徐峰：《图像与空间：良渚玉璧"鸟立阶梯状边框"图像新考》，《民族艺术》2018 年第 4 期。
③ 宋亦箫：《大汶口文化和良渚文化刻符中的昆仑形象》，《民族艺术》2018 年第 3 期。
④ 高晋南：《商周族氏铭文中的鼗鼓形态与鼗族》，《民俗研究》2018 年第 1 期。
⑤ 何丹：《由汉"孔子画像"观武、昭、宣帝时期〈史记〉之流传》，《民族艺术》2018 年第 4 期。

2018年人生仪礼研究综述

邵凤丽　贺少雅[*]

人生仪礼是在人的生命历程中不同节点所发生的礼仪形态，主要包括诞生礼、成年礼、婚礼、丧礼、祭礼等几个部分。学界对人生仪礼的研究，既有共时性的礼仪发展状态与历时性的脉络梳理研究，也有将西方仪式理论与中国传统人生观念相结合展开的理论探讨。近年来，人生仪礼研究的一个显著发展趋势是对当下处于重建过程中的人生仪礼的关注，关注其重建的状态、动因，以及历史渊源和创新发展。从涉及的学科来看，仍然以民俗学为主，人类学、社会学、历史学、文学、古典文献学等也多有讨论。从成果数量和分布情况看，目前学者在人生仪礼的关注过程中具有一定的倾向性，婚丧礼仪和祭祀礼仪仍然是深耕细耘的领域，成年礼研究有逐渐上升的趋势，诞生礼仍旧被较少关注。2018年度写作结构基本沿袭以往模式，分诞生礼、成年礼、婚礼、丧礼、祭礼等类别进行综述。

本文以中国知网、中国国家图书馆为主要数据来源，利用文献搜索，获得2018年人生仪礼研究文献如下：学术专著和科普著作约30本，研究论文约220篇，其中理论性探讨及总论性文章约有10篇，专论性文章中诞生礼约5篇，成年礼约30篇，婚礼70多篇，丧葬礼40余篇，祭礼约60篇。研究成果丰富，讨论问题广泛，具体内容如下。

一　对人生仪礼的综合性研究和理论探索

人生仪礼作为人的生命历程中每一个生命节点的关键性仪式，常成为学界系统研究的仪式链条。就目力所及，有的学者从综合性角度对人生仪礼进行整体论述和分析，有的关注人生仪礼的历史变迁或者少数民族人生仪礼的特征和文化内涵等。同时，伴随着传统文化普及的热潮，部分学者开始致力于优秀人生礼仪文化的普及和传播，出版了相关成果。

对礼仪的记录和全面介绍仍是学界惯用的研究方法。郭玲、唐晓敏的《北京礼俗文化》[①]立足传统文化礼仪与节日习俗，叙述了北京文化礼仪、饮食文化、节庆习俗与庙会文化的方方面面，探寻其中蕴藏的文化内涵。还有学者关注到具体区域的礼俗研究。权雅宁、仵军智的《关中礼俗的审美与生活态》一书[②]通过口述实录的形式，配以近年来搜集到的相关礼俗活动照片，反映了关中地区现实生活中的礼俗实存形态，用意在于礼俗的保存和记录。在丧葬礼俗中，加入关中东府地区老年人的口述实录，全面反映出关中礼俗大

---

[*] 邵凤丽，辽宁大学文学院副教授；贺少雅，北京师范大学社会学院讲师。
[①] 郭玲、唐晓敏：《北京礼俗文化》，中国人民大学出版社2018年版。
[②] 权雅宁、仵军智：《关中礼俗的审美与生活态》，陕西人民教育出版社2018年版。

同小异的特点。谷文国在《祀典与伦理：周公及其祭礼研究》[①] 一书中介绍了周公其人其事、思想上周公作为巫的形象考察、周公称圣的历史考察、周公祀典的场所及其祭礼、周公祀典的伦理精神等内容。长期致力于彝族文化研究的学者杨六金所著的《中国彝族尼苏人生礼仪研究》[②] 是关于彝族人生礼仪的研究成果，书中对彝族尼苏人的诞生、成年和婚丧礼仪进行了全面介绍。潘玮琳的《礼俗消费与地方变迁：江浙锡箔的物质文化史》[③] 一书则着眼于物质文化史，从特殊的礼仪载体——锡箔入手考察江浙地区的礼仪消费、经济与礼仪习俗。

除了关注和记录仪礼的外在形式，学者们也在深入挖掘人生仪礼的文化内涵和当代价值。张红珍的《守礼齐家：儒学与婚丧习俗》[④] 按照时间顺序，对婚礼习俗、葬礼习俗及其中蕴含的儒家思想进行分析阐述。彭卫民的《礼法与天理：朱熹〈家礼〉思想研究》[⑤] 以朱子《家礼》思想为研究基础，论述了礼与天道、礼义与传统法的基本关系，阐释了朱子"变者常之变"的变法理论，揭示了《家礼》在与王礼、国法纠葛中变革前进的过程。邢莉的《生命礼仪的过渡意义及精神价值》[⑥] 一文从个体生命礼仪的文化链出发，探讨生命礼仪在个体、集体与社会三者关系中的作用和价值。王广义、崇沛婷[⑦]对近代东北地区居民的人生礼仪进行了勾勒，指出其具有地域性、多元性、流变性等特征，又具有很强的标识功能、社会功能和教育功能。乌萨其拉图的《克村人生礼仪的人类学解读》[⑧] 以新疆喀什地区克村的人生礼仪作为研究对象，对命名礼、婚礼、葬礼等的仪式过程进行了深描和分析，提出了从人的生活和思想感受理解社会存在和运行的一种新视角。郑惠元基于深入调查呈现了绍兴"祝福"仪式过程，并以文化人类学的视角对该仪式的内涵进行解读，揭示传统仪式所蕴含的社会构建因素。[⑨] 何明、杨开院的《仪式实践与桦村的社会整合》[⑩] 一文聚焦于仪式功能分析，对桦村的仪式结构和功能进行了生动的呈现和分析，有助于深化村落运行机制和社会治理的理论探讨。

基于当前存在的社会失序问题，借近年来传统文化的普及热潮，部分民俗学者开始大力推动礼仪重建的理论探讨和实践。萧放在《"传统仪礼的当代实践"专栏导语》一文中特别指出，当下社会应该重视传统人生礼仪的重建问题。他认为，"当代中国正处在古今中西交汇的历史关口，民族文化传统的传承与发展是时代赋予我们的重要使命，人生仪礼作为中国文化传统的重要组成部分，它的传承与重建自然是我们应当充分关注并深入进行研究的课题"[⑪]。龙晓添从礼仪实践的角度指出礼仪文化是高校教育的重要内容之一。她

---

① 谷文国：《祀典与伦理：周公及其祭礼研究》，中国言实出版社2018年版。
② 杨六金：《中国彝族尼苏人生礼仪研究》，吕俊梅译，云南人民出版社2018年版。
③ 潘玮琳：《礼俗消费与地方变迁：江浙锡箔的物质文化史》，上海社会科学院出版社2018年版。
④ 张红珍：《守礼齐家：儒学与婚丧习俗》，西南交通大学出版社2018年版。
⑤ 彭卫民：《礼法与天理：朱熹〈家礼〉思想研究》，巴蜀书社2018年版。
⑥ 邢莉：《生命礼仪的过渡意义及精神价值》，《重庆三峡学院学报》2018年第1期。
⑦ 王广义、崇沛婷：《近代中国东北地区居民人生礼仪研究》，《华夏文化论坛》2018年第2期。
⑧ 乌萨其拉图：《克村人生礼仪的人类学解读》，博士学位论文，内蒙古大学，2018年。
⑨ 郑惠元：《绍兴"祝福"仪式：传统传承及其在当代语境中的意义生产》，《西北民族研究》2018年第4期。
⑩ 何明、杨开院：《仪式实践与桦村的社会整合》，《民俗研究》2018年第3期。
⑪ 萧放：《"传统仪礼的当代实践"专栏导语》，《文化遗产》2018年第4期。

认为，要将传统与现代、文本与实践、平面的教学和立体的礼仪实践结合起来，利用高校教育资源、新媒体、社会文化资源拓展教育园地，提升大学生的传统礼仪文化素养。[1] 邵凤丽、江帆的《我们的礼仪》[2] 一书以文图并茂的呈现形式、轻松活泼的语言，分别从"养活孩子吊起来"（诞生礼）、成人之道的期许（成年礼）、"秤杆挑起红盖头"（婚礼）、生死相依的挽歌（丧葬礼）、绵绵不尽的情思（祭礼）五个方面向青少年读者介绍中华优秀人生礼仪。此外，还有很多人生礼仪普及读本，满足不同年龄段读者对人生礼仪文化的需求。宋雁超、古勇的《中国传统礼仪文化解读》[3] 一书从礼仪与文化概说、礼仪的反思与展望、人际交往的一般礼仪、社交礼仪、交谈礼仪、家庭礼仪等方面向大众作礼仪文化普及。陈格华的《中国好家风——家校共育读本：文明礼仪卷》[4] 精心选取了20多个具有代表性的家风故事，从现代生活出发，对青少年进行家风熏染和道德教育。王小锡、姜晶花的《中华传统文明礼仪读本》[5] 对中华文明的礼仪缘起和人际交往中的礼仪概括地介绍和导读，让读者们体验传统文化的魅力。

还有一些学者的研究，对于民俗学的人生礼仪具有启发意义。比如，杨英、Wang Keyou 的《改革开放四十年礼学与礼制研究》[6] 指出改革开放四十年以来，古代中国"礼"的存在面貌及动态发展脉络正在一点点凸显。但是，各朝代的礼学、礼制研究仍然处于彼此割裂状态且存在大量空白点不足。彭瑞[7]对传教士禄是遒的《中国民间崇拜》中的婚丧节日习俗进行梳理，有助于了解以禄是遒为代表的近代西方传教士对中国民间信仰及传统礼俗的基本观念，借以帮助解读早期民俗研究尤其是民间信仰研究的基本路径。彭兆荣的《仪式之翼与阈限之维》[8] 一文对人类学仪式和象征研究进行梳理介绍。

二 诞生礼俗研究综述

诞生礼是生命伊始的重要礼仪。诞生礼的内容丰富，包括从祈求怀孕，到孕期生子，再到举行庆生仪式的一系列活动。通过对2018年研究成果的梳理，本年度对诞生礼俗的研究成果明显少于婚礼和丧祭礼仪，只有少数几位学者对这一方面予以关注，但研究的学科视角有所扩大，社会学、人类学、历史学等学科均有所探索。

岳永逸以北京生育礼俗的变迁来号召民俗学的转型——都市民俗学。作者指出，都市民俗学并不是对特定的都市现象进行研究，而是一种认知。文章描述了自五四运动时期至当代的北京人生育礼俗变迁，重点对当代新北京人的生育礼俗进行分析，指出要从人们的

---

[1] 龙晓添：《高校传统礼仪文化教育的路径建构与实践》，《教育观察》2018年第3期。
[2] 邵凤丽、江帆：《我们的礼仪》，辽宁教育出版社2018年版。
[3] 宋雁超、古勇：《中国传统礼仪文化解读》，电子科技大学出版社2018年版。
[4] 陈格华：《中国好家风——家校共育读本：文明礼仪卷》，湖北教育出版社2018年版。
[5] 王小锡、姜晶花：《中华传统文明礼仪读本》，江苏人民出版社2018年版。
[6] 杨英、Wang Keyou：《改革开放四十年礼学与礼制研究》，《孔学堂》2018年第3期。
[7] 彭瑞：《他者镜像中的中国近代民间礼俗——法国传教士禄是遒对中国婚丧、岁时风俗的书写与研究》，《民俗研究》2018年第4期。
[8] 彭兆荣：《仪式之翼与阈限之维》，《读书》2018年第12期。

日常生活中来观察、描述、探析这些动态历程的复杂性、多样性,不确定性或可能性。① 李洁从社会学的角度对清末民初诞生礼俗的仪式结构与社会意涵展开探讨,胎儿诞生后先与"超自然彼岸世界"脱离,再经由母体过渡,在各个人生关口举行一系列的通过仪礼,最终与社会整合。"隔离""净化""重组""聚合"这四个相互独立但又彼此依存的仪式环节不仅使人类生物繁衍具有一定的社会文化意涵,同时实现了真正意义上"人"及其社会关系的再生产。对反思工具理性背景下的产育期照料模式和家庭关系有所启发。② 郭晶晶的《性别视角下先秦至两汉时代的生育礼俗探究》③ 将历史文献资料与少数民族志和文化人类学的调查材料相互补充印证,以性别为切入点,对先秦至两汉时期生殖崇拜与求子、育子习俗的变化和特点进行探讨,从中窥探社会性别制度的影响。郭影影的《宋代后妃生育问题研究》④ 一文运用历史统计法以及人类学、社会学多学科交叉研究视角,对宋代后妃生育的问题进行探讨。文章认为后妃的生育始终有一套制度贯穿始终,映射出宋代生育观念、社会环境、风俗习惯及经济发展等,有助于了解宋代上层女性生活及生育规律,从侧面反映出宋代的社会文化和诸多政治现象。

三 成年礼俗研究综述

成年礼又称"成丁礼""成年式",是为承认年轻人具有进入社会的能力和资格而举行的人生仪礼,象征着一个人从孩童时代向成人时代的重要转折。本文从以下四个角度来梳理2018年度成年仪礼的学术研究成果。

一是成年礼的历史和变迁研究。成年礼作为人生发展阶段的标志性仪式,具有漫长的发展历史。中国古代男子二十岁举行冠礼,表示具有成为社会成员的资格。女子行笄礼,表示性成熟,可以婚配。自明清时期以来,冠笄之礼渐不普遍,礼仪内容从独立走向融合,成年礼与婚礼或与幼子养育习俗结合,礼仪形式从烦琐走向简单。贺少雅在《当代成人礼俗的类型、源流与发展》⑤ 一文中以"过十二岁"和"做十六岁"为代表的儿童养育型成人礼俗为研究对象,认为长期积淀下来的民间成人礼俗正呈现出明显的"去信仰化",信仰性的成人礼俗在逐渐隐去,取而代之的是向学校成人仪式和主流价值观念的靠拢或者成为一种可以展示的公共文化,不同的仪式主体都可以参与进来进行仪式的建构。李越的《民俗文化视角下中国成人礼仪的变迁研究》与上文相似。⑥ 2018年度关于潮汕地区重要的成年礼仪式"出花园"的研究比较丰富,主要涉及"出花园"的起源、演变以及未来发展态势探索等。赵洪娟的《潮汕"出花园"成人礼之祆教因素探究》⑦,陈

---

① 岳永逸:《中国都市民俗学的学科传统与日常转向——以北京生育礼俗变迁为例》,《云南师范大学学报(哲学社会科学版)》2018年第1期。
② 李洁:《"人"的再生产——清末民初诞生礼俗的仪式结构与社会意涵》,《社会学研究》2018年第5期。
③ 郭晶晶:《性别视角下先秦至两汉时代的生育礼俗探究》,硕士学位论文,陕西师范大学,2018年。
④ 郭影影:《宋代后妃生育问题研究》,硕士学位论文,河北大学,2018年。
⑤ 贺少雅:《当代成人礼俗的类型、源流与发展》,《文化遗产》2018年第4期。
⑥ 李越:《民俗文化视角下中国成人礼仪的变迁研究》,《边疆经济与文化》2018年第3期。
⑦ 赵洪娟:《潮汕"出花园"成人礼之祆教因素探究》,《文化遗产》2018年第5期。

万灼、姚晓芸的《潮汕地区成人礼"出花园"的起源与发展演变》①、陈心怡的《论潮汕地区"出花园"习俗的演变》② 等是这方面研究的代表。

二是当代成年礼俗的民俗志式研究。这部分研究基于田野实践，来探讨成年礼在地区民众中的文化内涵。王贤玉、石恪结合范热内普"过渡礼仪"理论，发现蒙正苗族成人礼仪典型地体现了过渡礼仪中的"边缘礼仪"特点，蒙正苗族男性的成人礼呈现出了一个时间性、心理性的阈限，从戴帽、"改名"到"立竹王"是一个过渡性的阶段，男性经过一环环的礼仪最终达到被聚合入成人这一群体。③ 肉旦尖措从成人礼以奇数年为主的年龄特征、以阿相为尊的特征、以右为尊的座次礼仪、以"玛士"为主的服务意识四个方面探讨了江拉措邓的女性成人礼。④ 此类研究还有马斌斌的《贝特森和他的〈纳文〉——读〈纳文——围绕一个新几内亚部落的一项仪式所展开的民族志实验〉》⑤、王时雨的《山西高平开锁仪式的文化意义》⑥ 以及索南卓玛的《神圣仪式与世间生活——安多恰嘎地区藏族少女"成人礼"仪式民俗及功能研究》⑦ 等。

三是成年礼与当代青年教育问题探讨。古之所谓"成人"，不仅仅指生理年龄达到某一阶段，更指作为社会主体的个人经过家庭、学校、社会的教育，其品德、智识足以承担相应的社会责任与义务。在当下社会，青少年在这一身份转换过程中，出现生理成熟与心理成熟相脱节的情况，引起学界的重视。任梦引入布迪厄的场域理论，对成人礼教育过程包括对教育者、受教育者、教育影响和教育环境进行分析，挖掘成人礼的教育价值，学校成人礼充分发挥其教育价值实践的实然表现和问题，充分发挥成人礼的教育价值。⑧ 孙露提倡借鉴《左传》"成人"人格思想的德育价值来解决我国高校德育的现实问题，探索通过成人仪式促进大学生道德成长的可行路径。⑨ 吴垠论述了在人生阈限期人类在文化表达与心理需求方面对于作为一种符号表述的仪式行为的需要，仪式行为能在人生的过渡阶段，赋予大四学生生活的中心和关注点，为其社会生活提供秩序感和稳定感，缓解精神焦

---

① 陈万灼、姚晓芸：《潮汕地区成人礼"出花园"的起源与发展演变》，《文化创新比较研究》2018 年第 20 期。
② 陈心怡：《论潮汕地区"出花园"习俗的演变》，《科教导刊》2018 年第 23 期。
③ 王贤玉、石恪：《从过渡礼仪理论考察蒙正苗族成人礼仪》，《安顺学院学报》2018 年第 1 期。
④ 肉旦尖措：《江拉措邓女性成人礼特征初探——以那加措哇为例》，《中国民族博览》2018 年第 11 期。
⑤ 马斌斌：《贝特森和他的〈纳文〉——读〈纳文——围绕一个新几内亚部落的一项仪式所展开的民族志实验〉》，《中山大学研究生学刊》2018 年第 3 期。
⑥ 王时雨：《山西高平开锁仪式的文化意义》，《晋城职业技术学院学报》2018 年第 4 期。
⑦ 索南卓玛：《神圣仪式与世间生活——安多恰嘎地区藏族少女"成人礼"仪式民俗及功能研究》，硕士学位论文，西藏大学，2018 年。
⑧ 任梦：《学校成人礼教育价值实践问题研究》，硕士学位论文，西南大学，2018 年。
⑨ 孙露：《〈左传〉"成人"人格思想及其对高校德育目标的借鉴价值》，硕士学位论文，西南大学，2018 年。

虑和心理压力。① 相关研究还有很多，不再列举。②

四是成年礼仪式中服饰、发式、名字等的探讨。孙新梅的《〈仪礼·士冠礼〉缁布冠、皮弁、爵弁形制考》③ 对冠的三种形制进行了说明。李婉璐的《中国古代发簪之美及笄礼的现代价值》④ 从审美和文化角度分析发簪在不同时期所体现不同女性地位和其独有的簪文化，又从中国传统礼仪笄礼的角度出发研究发簪的发展及簪文化对于当下社会的意义。迟媛方的《明代"字说"文体研究》⑤ 论述了作为冠礼中冠辞变体的"字说"问题在阐释取字之缘起、解说名字的内蕴意义。张志云的《宋代嘉礼内容演变探析》⑥ 通过比对有关宋代嘉礼文献中的前后变化，洞察宋代嘉礼的运行演变。

四 婚姻礼俗研究综述

婚礼作为人生仪礼中重要的一部分，历来都是学界研究关注的热点。2018年度的研究涉及了民俗学、社会学、人类学、民族学、历史学等多个学科，文章内容丰富，可圈可点。因限于篇幅，现择要综述。

（一）婚姻礼俗的变迁研究

2018年度从历史变迁的角度对婚姻礼俗展开研究者较多。李渊源对1958年至1983年中国乡村社会婚姻礼俗变迁状况的梳理与总结，探析、阐释了该时期婚姻礼俗变迁是政治、经济、文化、社会组织等外部动力，以及民众的思想观念、心理意识、生活习惯、行为规范等内部动力共同作用的结果。⑦ 魏欣怡和刘雪燕都聚焦于特定历史时期特定地域为田野点，对该地区的婚礼仪式进行了描述并做出阐释，分析变动动因。⑧ 岳谦厚、王亚莉著的《女性·婚姻与革命》⑨ 与张婧著的《革命根据地女性婚姻家庭财产权研究》⑩ 是对

---

① 吴垠：《阈限期的角色过渡——关于大学本科四年级学生仪式行为的实证研究》，《齐齐哈尔大学学报（哲学社会科学版）》2018年第12期。
② 比如，张玥：《成人仪式的德育意涵研究》，硕士学位论文，南京师范大学，2018年。张秋燕：《中国传统成人礼与当代青年成人教育》，《山西青年职业学院学报》2018年第3期。张丽：《思想政治教育视域下成人礼仪式的实施路径》，《创新创业理论研究与实践》2018年第14期。王建阳、尹军宗、杨永涛、姚妍君：《孔子"成人"观探略》，《文化学刊》2018年第12期。王嘉暄：《寓理于物，物以载道——以成人礼为例的首饰设计研究》，硕士学位论文，北京服装学院，2018年。张良驯：《青年概念辨析》，《青年学报》2018年第4期。
③ 孙新梅：《〈仪礼·士冠礼〉缁布冠、皮弁、爵弁形制考》，《黄河科技大学学报》2018年第2期。
④ 李婉璐：《中国古代发簪之美及笄礼的现代价值》，《戏剧之家》2018年第23期。
⑤ 迟媛方：《明代"字说"文体研究》，《山东理工大学学报（社会科学版）》2018年第5期。
⑥ 张志云：《宋代嘉礼内容演变探析》，《中国典籍与文化》2018年第1期。
⑦ 李渊源：《1958—1983中国乡村社会婚姻礼俗变迁探微》，《民间文化论坛》2018年第5期。
⑧ 魏欣怡：《20世纪以来中国农村婚俗嬗变之社会根源研究——以甘肃省兰州市青城镇为田野点》，《陕西广播电视大学学报》2018年第2期。刘雪燕：《现代性视角下的农村婚礼仪式变迁分析——以湖北襄阳S村为例》，《安徽农业大学学报（社会科学版）》2018年第2期。
⑨ 岳谦厚、王亚莉：《女性·婚姻与革命》，中国社会科学出版社2018年版。
⑩ 张婧：《革命根据地女性婚姻家庭财产权研究》，吉林大学出版社2018年版。

革命根据地女性婚姻问题的研究，李兴军的《鄂西南土家族传统婚俗变迁研究》[①] 与张雨姗的《禄劝彝族纳苏支系婚俗变迁与原因分析》聚焦于特定的族群。[②] 邢莉的《从清代至今蒙古族和汉族的族际婚看两个族群的互动》[③] 一文梳理了自清中期至今，蒙古族与汉族的族际婚择偶。总结出婚姻择偶不仅属于男女双方个人的行为，同时也是两个族群关系整体密切程度的折射和深层次融合的表征。桑东辉基于人类学、民族学、考古学等学科成果，对《周易》渐卦中所蕴含的婚姻发展变化轨迹进行重新解读。发现渐卦更像是对原始初民由群婚向对偶婚、一夫一妻制递嬗过程的追忆和再现等。[④]

除此之外，还有一些学者从国家与社会制度方面对婚俗变迁的相关问题进行讨论。梁颖等人比较分析婚姻匹配研究中夫妇婚龄差以及受教育程度差异两个较为常用的指标，剖析近40年来我国婚姻匹配模式的城乡差异性及其变迁，以期揭示"男高女低"婚配模式产生"剩男""剩女"的潜在性风险，并为衡量社会开放性、社会阶层固化、社会不平等和代际不平等提供参考和依据。[⑤] 石国平、李汉东二人对中国自1985年以来的初婚年龄分布的变化趋势以及存在的城乡差异和教育程度差异进行了统计分析。[⑥] 贾志科等通过梳理新中国成立以来我国实行的青年婚育政策，将政策实施过程划分为四个阶段，并对不同阶段的政策演变做了历程回溯和特征总结。[⑦]

（二）婚礼仪式的要素研究

婚礼仪式的要素研究与婚姻礼俗的变迁不同，这一部分的内容研究具有碎片化的倾向，但仍然是婚礼研究的重要组成部分。具体包括以下几个方面。

一是对婚礼仪式音乐，尤其是少数民族婚礼用乐的探讨较多。李容芳将记忆中相对封闭的村落仪式民俗哭嫁与哭丧作为参照，对当下哭嫁与哭丧进行对比性规范田野调查。并置于"仪式民俗—变迁—秩序"论述框架下，论述了哭嫁的"产生—变迁—消逝"。[⑧] 李晓蓉的《论乌江流域土家族哭嫁歌的价值》[⑨] 与罗钢芹的《"文化"与"艺术"的双重表演——客家"哭嫁"仪式音乐的文化阐释》[⑩] 两篇文章也对哭嫁歌的文化价值进行阐释。

---

① 李兴军：《鄂西南土家族传统婚俗变迁研究》，《长江师范学院学报》2018年第1期。
② 张雨姗：《禄劝彝族纳苏支系婚俗变迁与原因分析》，《红河学院学报》2018年第2期。
③ 邢莉：《从清代至今蒙古族和汉族的族际婚看两个族群的互动》，《内蒙古民族大学学报（社会科学版）》2018年第1期。
④ 桑东辉：《由群婚向对偶婚、一夫一妻制的嬗变——多维视域下的〈周易〉渐卦新解》，《武陵学刊》2018年第1期。
⑤ 梁颖等：《近40年我国18~59岁初婚夫妇婚姻匹配变动的城乡差异性分析》，《人口学刊》2018年第2期。
⑥ 石国平、李汉东：《中国人口的初婚年龄分布与差异分析》，《统计与决策》2018年第4期。
⑦ 贾志科、沙迪、赵英杰：《新中国成立后我国青年婚育政策的演变历程——兼述政策效果及未来方向》，《中国青年研究》2018年第10期。
⑧ 李容芳：《文化秩序与少数民族村落仪式民俗变迁——基于山地白族哭嫁与哭丧的对比研究》，《西北民族大学学报（哲学社会科学版）》2018年第3期。
⑨ 李晓蓉：《论乌江流域土家族哭嫁歌的价值》，《遵义师范学院学报》2018年第6期。
⑩ 罗钢芹：《"文化"与"艺术"的双重表演——客家"哭嫁"仪式音乐的文化阐释》，《吉林艺术学院学报》2018年第2期。

周颖的《砀山唢呐在当地婚葬仪式中的运用》[1]一文介绍了砀山当地婚礼中唢呐作为一种文化载体的运用。王芳与刘红从音乐学的角度对少数民族传统婚礼仪式开展分析研究。[2]此外,还有关于少数民族的婚礼仪式与仪式音乐的田野调查报告等。[3]

二是对婚姻礼辞和婚姻文书的研究。龙仙艳的《修改灵魂户口:苗族古歌功能研究——以婚姻礼辞调查报告为例》一文[4]以东部方言区婚姻礼辞的吟诵为例,对苗族古歌的多重功能进行探讨。魏秀秀的《馆藏清末寡妇自嫁婚契探析》[5]通过馆藏光绪年间寡妇自嫁婚契文书,剖析打破"父母之命,媒妁之言"婚嫁思想产生的特定历史环境下的社会根源。胡白主编的《婚礼主持宝典Ⅱ》[6],针对婚礼主持中不同的场合编写不同的台词,要求台词适用于婚礼中的不同环节、针对不同的新人、场景、事件、关键词进行编写。

三是仪式活动的研究。钟亚军的《回族"耍公婆"婚礼习俗的文化解读》[7]对回族民间故事《耍公婆》的内容进行分析和含义的解读。作者认为,该习俗表层来看是"耍公婆",深层面是以狂欢的姿态、戏谑的方式,使婚礼仪式具有戏谑与狂欢的双重文化意义。这种"反生活常态"的狂欢仪式,促进了彼此间的了解与和谐,也是对新建的家庭伦理秩序的一种调和姿态,一种主动性的沟通行为。王兰、王艳的《"打新郎"婚俗的人类学解读》[8]一文也对此特殊的婚俗仪式进行了阐释。这种戏谑狂欢的仪式活动同时也引起了政法学者的关注[9]。

四是礼物和婚姻服饰等研究。比如,周星的《便溺·生育·婚嫁——马桶作为一个隐喻的力量》关注到社会生活变迁背景下,马桶作为生殖力象征物在婚嫁习俗中的不可

---

[1] 周颖:《砀山唢呐在当地婚葬仪式中的运用》,《阜阳师范学院学报(社会科学版)》2018年第3期。

[2] 王芳:《云贵两地布依族的婚俗仪式音乐比较研究——以云南省罗平县浪歪村及贵州省紫云县黑石头村为例》,《民族音乐》2018年第5期;刘红:《认受、认同:三个没有哭着嫁出去的"新姑娘"——鄂西哭嫁婚俗再观察述析并及"哭嫁歌"之音乐属性探讨》,《中国音乐学(季刊)》2018年第2期。

[3] 相关研究有凯丽《内蒙古陈巴尔虎蒙古族婚礼送亲仪式及婚礼歌现状调查》,《内蒙古艺术学院学报》2018年第2期;乌仁森德《内蒙古锡尼河蒙古布里亚特部"图日"婚礼仪式及其仪式音乐的调查报告》,《内蒙古艺术学院学报》2018年第1期;孙作东、徐敦广《现代仪式中满族音乐的传承研究——吉林市满族传统婚礼田野调查》,《东北师大学报(哲学社会科学版)》2018年第5期;等等。

[4] 龙仙艳:《修改灵魂户口:苗族古歌功能研究——以婚姻礼辞调查报告为例》,《文学人类学研究》2018年第2期。

[5] 魏秀秀:《馆藏清末寡妇自嫁婚契探析》,《文物鉴定与鉴赏》2018年第7期。

[6] 胡白主编:《婚礼主持宝典Ⅱ》,湖北科学技术出版社2018年版。

[7] 钟亚军:《回族"耍公婆"婚礼习俗的文化解读》,《回族研究》2018年第3期。

[8] 王兰、王艳:《"打新郎"婚俗的人类学解读》,《齐齐哈尔大学学报(哲学社会科学版)》2018年第6期。

[9] 栾时雨:《"婚闹"现象的法律问题研究》,《法制与社会》2018年第5期;张学文《"婚闹"现象的社会规制缺失与刑法介入》,《湖南警察学院学报》2018年第6期。

或缺。① 潘小童的《论苗族传统婚俗中的礼物交换——基于榕江高扒村的个案分析》② 透过贵州榕江高扒苗寨一场婚礼的田野个案及其礼物交换行为，分析出婚礼作为一种建立婚姻关系的过渡仪式蕴含着深刻的经济与文化内涵，其间的礼物交换是社会关系整合的润滑剂，有助于理解民族社区的社会关系结构。郑文静、谢平采用文献查阅和出土实物考证的方法，对魏晋南北朝时期女性婚服形制进行梳理，魏晋南北朝时期人们的婚服和婚恋观与其生活息息相关。③ 此类研究还有很多。④ 总体而言，学术界关于婚姻礼俗元素的研究成果颇为丰富，研究主题逐渐多样化，研究视角也趋向于多元化。

（三）对婚俗史和特殊婚俗的研究

婚俗文化研究范围广泛。2018 年度的研究涉及了巴力婚、走婚、"不招不嫁"、"闪婚"、"懒婚"等婚姻形态。现从两个方面对此进行分析。

较多的学者仍关注传统婚姻形态，赵心愚通过对比扎巴人、摩梭人的族源、分布区域与地理环境以及家族、社会认可的两性结合方式，分析"走婚"对母系家庭形态存续的影响。⑤ 其中，韩文良的《撒拉族传统婚礼》⑥ 一书中对文化语境；撒拉族传统婚礼的经济、社会特征；撒拉族传统婚礼的文化内容与文化价值；撒拉族传统婚礼的变迁与保护进行了细致的分析。石明全等编著的《彝族阿娄传统婚嫁礼仪》⑦ 介绍了陡朵（出门）仪式、初够（约伴）仪式、辞煮（吃晚饭）仪式、府取嘎（盘歌郎）仪式、辞煮罗朵蛊（接亲人吃晚饭）仪式等彝族传统婚嫁礼俗。

---

① 周星：《便溺·生育·婚嫁——马桶作为一个隐喻的力量》，《杭州师范大学学报（社会科学版）》2018 年第 5 期。

② 潘小童：《论苗族传统婚俗中的礼物交换——基于榕江高扒村的个案分析》，《贵州师范学院学报》2018 年第 10 期。相关研究还有王敏、李坤明《农村婚嫁高价彩礼现状、治理逻辑与优化路径》，《河南农业》2018 年第 7 期；贺婷《农村婚庆送礼行为的"文化嵌入"——以粤东北一场客家婚礼为例》，《宜宾学院学报》2018 年第 1 期。

③ 郑文静、谢平：《魏晋南北朝时期的女性婚服与婚恋观》，《服装学报》2018 年第 5 期。

④ 刘文菊：《潮汕女性挽面民俗现状的调查与研究》，《山东女子学院学报》2018 年第 2 期；舍敦扎布：《论卫拉特婚俗之"上赭包哈达"礼仪》，《内蒙古民族大学学报（社会科学版）》2018 年第 2 期；张廷远：《中国传统婚庆"拜堂"样式之文化品格及其当代历史自觉》，《新疆职业大学学报》2018 年第 2 期；彭瑞：《他者镜像中的中国近代民间礼俗——法国传教士禄是遒对中国婚丧、岁时风俗的书写与研究》，《民俗研究》2018 年第 4 期；谢昕宜：《〈诗经〉中"薪"的意义及其与婚俗的关系》，《汉字文化》2018 年第 21 期。

⑤ 赵心愚：《中国西南扎巴人、摩梭人"走婚"的范围与界限——兼论其对母系家庭形态存续的影响》，《民族学刊》2018 年第 1 期。与此相类似的研究还有很多，比如高万芹《双系并重下农村代际关系的演变与重构——基于农村"两头走"婚居习俗的调查》，《中国青年研究》2018 年第 2 期；蒋秋玲、唐苗淳《现代摩梭人走婚文化中的财产观念及对社会的影响——以泸沽湖地区为例》，《文化学刊》2018 年第 5 期；王丽丽、全信子《族群边界的形成、固化与思考——以朝鲜族族内婚为例》，《延边大学学报（社会科学版）》2018 年第 3 期；宋思妮《家族界限：土家族土司"同姓为婚"之省思——以容美土司为例》，《湖北民族学院学报（哲学社会科学版）》2018 年第 6 期；等等。

⑥ 韩文良：《撒拉族传统婚礼》，青海民族出版社 2018 年版。

⑦ 石明全、石良中、王高升编著：《彝族阿娄传统婚嫁礼仪》，团结出版社 2018 年版。

史睿的《鲜卑族婚俗与北朝汉族婚姻礼法的交互影响》① 从家庭史的角度展开探讨，并将鲜卑拓跋的婚姻礼俗与同时的汉族婚姻礼法相比较，深入分析其对汉族婚姻礼法影响的方式和机制。和溪的《朱子〈家礼〉冠婚制度的沿革及影响》② 一文，分析梳理了朱子《家礼》冠婚制度在宋、元、明、清时期的发展趋势及对东亚的影响。

也有不少学者对当前的婚姻礼俗和婚姻现象进行分析，许沃伦以云南大理白族地区的婚俗变迁为切入点，探讨在生计方式、婚姻家庭观念急剧变迁的现代化背景下"不招不嫁"婚俗。③ 苏峰、李中宇对一种新兴出现于内陆和沿海发达地区的婚姻形式——"懒婚"进行介绍，剖析传统社会为何没有产生懒婚一族，现代婚姻"快餐化"形式以及婚姻风险问题增加的原因。④

（四）婚礼仪式结构与文化内涵研究

关于仪式结构与文化内涵的研究，学者们大都基于个案或对婚礼仪式中部分元素展开针对性研究。王琛发的《家国情怀：民国以前南洋华人婚礼的"上头"仪式》⑤ 将婚姻礼俗中的仪式活动与家国情怀联系在一起。婚礼前夕的"上头"，由长辈带领新郎或新娘在出门举行婚礼的前夜身穿孝服，拜斗祭祀神明与历代先人，不仅构建了新婚夫妻共识，也成为鼓励个人思考安身立命，顾及家庭传宗接代与民族命运演变的一种文化仪式。龙寸英、李军的《结构与反结构：黄平苗族传统婚礼仪式的探讨》⑥ 一文以黄平苗族传统婚礼仪式过程为例，对阈限期中各种反结构内容，如婚礼中的"抹黑"活动、新娘角色等，进行分析。相关研究还有张蕊的《滨州婚礼的独特仪式与生育价值取向》⑦、王兰的《过渡礼仪："河南蒙旗"婚俗的人类学考察》⑧ 以及苏发祥、次仁卓玛的《象征视域下的云南藏区婚礼仪式研究——以香格里拉市布伦村为例》⑨ 等。

---

① 史睿：《鲜卑族婚俗与北朝汉族婚姻礼法的交互影响》，《文史》2018 年第 2 期。
② 和溪：《朱子〈家礼〉冠婚制度的沿革及影响》，《福建论坛（人文社会科学版）》2018 年第 3 期。
③ 许沃伦：《"不招不嫁"：大理白族现代婚俗现象研究》，《广西民族大学学报（哲学社会科学版）》2018 年第 6 期。
④ 苏峰、李中宇：《城市青年懒婚现象的社会学思考》，《邯郸职业技术学院学报》2018 年第 1 期。相关现象的研究还有，张庆华：《当代大学生懒婚现象的成因探析——以连云港师范高等专科学校学生为例》，《文化创新比较研究》2018 年第 36 期；严海波、刘升：《传统与现代的农村婚姻——基于江西 D 村"闪婚"的调研》，《华北电力大学学报（社会科学版）》2018 年第 1 期；岗措卓玛：《传统与现实之间婚姻形式的转变——基于对安多藏族聚居区"中立婚"的考量》，《青海民族大学学报（社会科学版）》2018 年第 4 期；徐芳、曾静：《当代晚婚不婚女性婚姻观研究》，《新疆社会科学》2018 年第 5 期。
⑤ 王琛发：《家国情怀：民国以前南洋华人婚礼的"上头"仪式》，《民俗研究》2018 年第 5 期。
⑥ 龙寸英、李军：《结构与反结构：黄平苗族传统婚礼仪式的探讨》，《三峡论坛》2018 年第 6 期。
⑦ 张蕊：《滨州婚礼的独特仪式与生育价值取向》，《寻根》2018 年第 4 期。
⑧ 王兰：《过渡礼仪："河南蒙旗"婚俗的人类学考察》，《青海师范大学学报（哲学社会科学版）》2018 年第 1 期。
⑨ 苏发祥、次仁卓玛：《象征视域下的云南藏区婚礼仪式研究——以香格里拉市布伦村为例》，《西南民族大学学报（人文社会科学版）》2018 年第 12 期。

（五）婚姻礼仪的当代传承与重建研究

随着经济社会的发展，传统的婚礼和婚姻习俗也在发生演变，比如婚庆行业的出现、婚礼服饰的改变、婚俗旅游的开发等。同时，传承又是文化生生不息的内在动力，学者们对婚姻礼俗的传承与价值研究从不同侧面展开了探讨。何斯琴在《当代传统婚礼的礼俗再造与价值重建》[①] 一文中基于对河北、福建、山西等地的田野调查，从历史民俗学的角度，对传统婚礼的当代实践进行分析。提出多重语境下传统婚礼实践的复杂面相及其价值内蕴，思考传统礼仪重建的可能性与路径，对于解决当代中国的人伦焦虑和文化困境有着重要意义。朱永强的《传统仪式的现代存续——一次纳西东巴婚礼的人类学解读》[②] 一文以纳西族传统的"东巴婚礼"为研究对象，在对婚礼仪式程序观察后通过历时性比较指出，目前文化土壤的改变以及传统文化的发展面临着一系列问题。袁利欣等[③]和王敬[④]等关注到类似的问题。黄丹、林丽琼的《婚庆司仪的语言艺术分析》[⑤] 从语言艺术的角度对婚礼仪式过程中婚庆司仪发挥的重要的控场作用，进行了分析介绍。指出良好的表达能力，现场反应能力，具备个性化风格魅力的语言艺术，贯穿不同民族风情文化的语言艺术是作为一名婚庆司仪所需具备的能力。吴水田、雷汝霞的《西江流域疍民婚俗仪式文化及其旅游开发探讨》[⑥] 借助"仪式—符号—旅游"的契合关系，归纳疍民婚俗仪式中的符号元素，分析西江流域内疍民婚俗仪式文化的传承现状及存在问题，以提出切实可行的旅游开发建议。相关的研究还有袁敏、尹远的《湘西地区乡村婚俗旅游 IP 形象构建》[⑦] 等。王向阳从人口学、村庄社会和家庭文化三方面对豫南某村庄的婚姻状况进行分析。在村庄的具体实践，社会文化基础的背景下形成的这种婚备竞赛，对底层婚姻挤压与外地媳妇生成的新文化机制展开了阐释。[⑧]

此外，一些学者从历史文献中发现婚俗，杨秀礼对《周易》一书中的两种卦象从男

[①] 何斯琴：《当代传统婚礼的礼俗再造与价值重建》，《文化遗产》2018 年第 4 期。

[②] 朱永强：《传统仪式的现代存续——一次纳西东巴婚礼的人类学解读》，《内蒙古艺术学院学报》2018 年第 3 期。

[③] 袁利欣、郑雅君：《新媒体传播影响下少数民族的婚俗传承——以花腰彝为例》，《传播力研究》2018 年第 15 期。

[④] 王敬、海莉娟：《婚姻市场分层化与公共仪式市场化——陕西关中地区农村青年婚嫁的运作机制》，《中国青年研究》2018 年第 6 期。

[⑤] 黄丹、林丽琼：《婚庆司仪的语言艺术分析》，《传播力研究》2018 年第 10 期。

[⑥] 吴水田、雷汝霞：《西江流域疍民婚俗仪式文化及其旅游开发探讨》，《梧州学院学报》2018 年第 5 期。

[⑦] 袁敏、尹远：《湘西地区乡村婚俗旅游 IP 形象构建》，《怀化学院学报》2018 年第 9 期。

[⑧] 王向阳：《婚备竞赛、底层婚姻挤压与外地媳妇生成机制——基于豫南 S 县 D 村的驻村调研》，《西北人口》2018 年第 5 期。

女双方的角度对婚姻礼俗"反马"展开考论①，单志鹏②和史晓丹③对《婚礼新编校注》一书进行评述。综上所述，目前学界对婚姻礼俗方面的研究成果颇丰。大多数研究还停留在对传统婚姻礼俗的描述分析上，与当代社会背景相结合进行的研究相对较少，研究范式尚待深入探讨和创新。

五　丧葬仪礼研究综述

自古以来，中国人受"灵魂不灭"世界观的影响，极其重视葬礼，并发展出维系家庭孝道伦理的礼仪规范。这种看待和处理死亡的生命仪式是人生最后一项"通过仪礼"，也是最后一项"脱离仪式"。倘若说诞生仪礼是接纳一个人进入社会的话，丧葬仪式则表示最终脱离社会，标志着人生旅途的终结。

2018年度出现了四部丧葬礼俗的研究著作。和少英的《逝者的庆典》④ 一书全面系统地研究了云南民族葬俗，探索了当地民众在"此岸"到"彼岸"观念影响下形成的丧葬民俗实践和相关的仪式规范，并详述了云南民族的葬具、葬式与陪葬品等方面的规制及所承载的文化内涵，进而分析了原始萨满教的"彼岸"观和宗教伦理相互作用的信仰体系与丧葬仪式的复杂交织；探讨了丧葬礼仪的文化传承功能。崔世平的《中古丧葬艺术、礼俗与历史研究》⑤ 从考古学的角度对中古时代的丧葬习俗进行了考察，上篇从隐囊考、壁画中的女性生活、变革中的唐宋丧葬礼俗进行叙述；下篇从出土文献方面，对丧葬礼俗进行考究。王洪兴的《织金阿弓苗族丧葬习俗》⑥ 和马正标等主编的《洛阳礼俗文化研究》⑦ 从文献分析的角度对地域丧葬文化进行探讨。论文方面的成果也可圈可点。

（一）丧葬仪礼的历史研究

丧葬仪礼的历史研究一直是学界研究的重头戏。2018年度关于葬俗中"三年之丧"的文章有两篇，分别是何丹的《"三年之丧"的起源诸说评议》⑧ 和唐紫薇的《汉代"三年之丧"的形态演进及其动因探析》⑨，前者得出"三年之丧"起源于"周公之法"的见解。后者将汉代"三年之丧"的实施分为汉初"短丧诏"的特殊历史背景、西汉中后期的磨合调整阶段、东汉复归居丧礼义的反视阶段，来分析丧礼制度的演变与转化的社会动

---

① 杨秀礼：《〈周易〉"丧马"为"反马"婚俗考论》，《郑州大学学报（哲学社会科学版）》2018年第2期。
② 单志鹏：《专门性类书校注的一次有益尝试——评〈婚礼新编校注〉》，《辽宁工业大学学报（社会科学版）》2018年第3期。
③ 史晓丹：《〈婚礼新编校注〉评介》，《辽东学院学报（社会科学版）》2018年第2期。
④ 和少英：《逝者的庆典》，马永红等译，云南大学出版社2018年版。
⑤ 崔世平：《中古丧葬艺术、礼俗与历史研究》，中国社会科学出版社2018年版。
⑥ 王洪兴：《织金阿弓苗族丧葬习俗》，贵州大学出版社2018年版。
⑦ 马正标等主编：《洛阳礼俗文化研究》，中州古籍出版社2018年版。
⑧ 何丹：《"三年之丧"的起源诸说评议》，《吉林师范大学学报（人文社会科学版）》2018年第6期。
⑨ 唐紫薇：《汉代"三年之丧"的形态演进及其动因探析》，《西安文理学院学报（社会科学版）》2018年第6期。

因与文化背景。张琦的《〈尚书·周书·顾命〉中的丧礼仪式》① 浅谈了《顾命》中的丧礼仪式及其体现慎终追远的文化内涵，体现了中国的孝道文化；叶成勇的《文献所见云南古代葬俗的类型学探析》②、曾亦的《孝道的构建与先秦儒家对古礼的改造——以丧礼中的祥、同异月问题为例》③ 等都是从历史文献角度的丧葬研究。另外，还有一些关于丧葬制度及礼俗的研究，如李俞霏、梁惠娥在《明代中后期山东婚丧礼俗管窥》④ 一文中指出，丧礼呈现厚葬之风盛行、佛道礼俗渗透的特点。作者认为在商业化浪潮的冲击下，山东地区传统的伦理道德、行为准则、价值观念、世风民俗等均受到挑战，人生礼俗呈现出世俗化的特征。徐琳的《明清时期晋西北丧礼研究》⑤，论述了明清时期晋西北的丧礼发展，从初终到服丧结束，其中既有对国家规定的礼制的遵循，也在具体仪式上有对其规制的背离，是在国家与社会二元框架下的礼俗互动讨论。李若新的《简述中国古代丧服制度及其影响》⑥、金相超的《高二旺〈魏晋南北朝丧礼与社会〉评介》⑦、葛林杰的《略论川渝地区的宋代火葬墓——兼谈南方地区宋代火葬墓的地域差异》⑧、郑琳的《韩国高丽时期葬傩俗研究》⑨ 等也是这方面的研究。

（二）丧葬仪礼的文化内涵研究

丧葬仪礼背后是一个复杂的文化体系，丧葬仪礼承载的主要是灵魂观念和灵魂信仰，并发展出维系家庭孝道伦理的礼仪规范，着重在生者与亡者之间"慎终追远"的礼节制度与道德规范。由此发展出来的一套丧葬礼仪，不仅是对死者生命价值的尊重，也是对生者的抚慰，更是一种伦理关怀。

有些学者从微观角度，通过田野调查，探索丧葬礼俗、功能与民众生活之间的关系。龙晓添在《当代民间礼俗秩序与日常生活——以湖南湘乡丧礼为例》⑩ 一文中指出，丧礼的民俗实践在"慎终追远"背后是一个复合型的信仰体系，功利性的祝愿既能满足即时需求，又能恰当推动仪式的存续。冷剑波论述了马来西亚客家人的"打斋"仪式，不仅满足个体的精神需求，还增加了对于族群认同的集体潜意识表达，以及对于文化认同、历

---

① 张琦：《〈尚书·周书·顾命〉中的丧礼仪式》，《湖北经济学院学报（人文社会科学版）》2018年第9期。
② 叶成勇：《文献所见云南古代葬俗的类型学探析》，《地域文化研究》2018年第5期。
③ 曾亦：《孝道的构建与先秦儒家对古礼的改造——以丧礼中的祥、同异月问题为例》，《同济大学学报（社会科学版）》2018年第4期。
④ 李俞霏、梁惠娥：《明代中后期山东婚丧礼俗管窥》，《民俗研究》2018年第6期。
⑤ 徐琳：《明清时期晋西北丧礼研究》，硕士学位论文，山西师范大学，2018年。
⑥ 李若新：《简述中国古代丧服制度及其影响》，《苏州文博论丛》2018年总第9辑。
⑦ 金相超：《高二旺〈魏晋南北朝丧礼与社会〉评介》，《中国史研究动态》2018年第4期。
⑧ 葛林杰：《略论川渝地区的宋代火葬墓——兼谈南方地区宋代火葬墓的地域差异》，《重庆师范大学学报（社会科学版）》2018年第6期。
⑨ 郑琳：《韩国高丽时期葬傩俗研究》，《文化学刊》2018年第12期。
⑩ 龙晓添：《当代民间礼俗秩序与日常生活——以湖南湘乡丧礼为例》，《文化遗产》2018年第4期。

史遭遇、现实处境的隐喻和调试。① 何丹的研究认为当下社会的死亡教育应借鉴儒家将死亡教化与家庭伦理道德、社会政治统治相结合的考量模式，提倡对生命的人性尊重和价值追求。② 张鲲也论证了传统丧祭仪式作为认同度很高的社会动员载体，在当代具有凝聚社会力量的重要价值。③ 杜思昱的《人类学视野下的农村哭丧文化研究——以一个哭丧人的生活史为个案》④、何立高的《从贵州土家族葬仪看土家先民的生活》⑤、陈益民的《河北乡村葬礼中的传统遗风》⑥ 等，基本都是从丧葬礼俗文化的正能量出发，肯定其对于个体和社会的积极意义，为研究丧葬仪式提供了丰富的研究资料。

有的学者进一步挖掘新的民族志材料，对丧葬仪礼中蕴含的文化内涵作进一步阐释。学者叶远飘从宗教学的角度出发，推出两篇丧葬仪式与民众信仰文化的文章，其中《丧葬与宗教：少数民族丧俗信仰研究发凡——基于藏族丧葬文化研究综述的反思》⑦ 提出"丧俗信仰"的概念，尝试初步构建少数民族丧俗信仰的理论体系，为少数民族丧葬文化研究路径提供范式转换。另一篇《再论吐蕃史前贵族阶层的葬俗及其信仰——以"天赤七王"传说为例》⑧ 论述了"天赤七王的陵墓建在天上"之传说实际上隐喻的是西藏史前贵族阶层实行的一种"二次乱骨葬"，体现了西藏史前母系社会的人们集天神崇拜与祖先崇拜为一体的原始信仰。前者为后者提供理论来源，将宗教信仰与丧葬礼俗相结合的文化研究为学界提供可借鉴的经验。冉顶平的《宗教学视域下的奉节传统丧葬习俗研究》⑨ 也是从宗教信仰的角度对葬俗进行研究。李华的《认同和别异：散杂居地区回民丧俗文化探析——以山东地方镇为例》⑩ 的研究彰显出适应环境、回汉礼俗互动的生活智慧。

（三）丧葬礼仪要素研究

对丧葬仪式要素的研究也是近些年来研究的重要领域。丧礼中的音乐、舞蹈、戏剧等元素承载着厚重的文化观念，是人们借以抒发悲戚与思念之情的载体。肖艳对湖南衡山一带丧葬仪式中"夜歌"进行了调查研究，介绍了"散花"具有仪式性和娱人性，能够帮

---

① 冷剑波：《从"做香花"到"打斋"——马来西亚居銮客家丧葬法事功能探析》，《民俗研究》2018年第5期。
② 何丹：《孔孟荀的丧祭思想比较——兼谈儒家死亡教育的启示》，《青海师范大学学报（哲学社会科学版）》2018年第1期。
③ 张鲲：《中国传统丧祭仪式的共同体意识及当代价值》，《北方民族大学学报（哲学社会科学版）》2018年第3期。
④ 杜思昱：《人类学视野下的农村哭丧文化研究——以一个哭丧人的生活史为个案》，硕士学位论文，吉林大学，2018年。
⑤ 何立高：《从贵州土家族葬仪看土家先民的生活》，《三峡论坛》2018年第6期。
⑥ 陈益民：《河北乡村葬礼中的传统遗风》，《寻根》2018年第4期。
⑦ 叶远飘：《丧葬与宗教：少数民族丧俗信仰研究发凡——基于藏族丧葬文化研究综述的反思》，《西藏研究》2018年第6期。
⑧ 叶远飘：《再论吐蕃史前贵族阶层的葬俗及其信仰——以"天赤七王"传说为例》，《西南民族大学学报（人文社会科学版）》2018年第12期。
⑨ 冉顶平：《宗教学视域下的奉节传统丧葬习俗研究》，硕士学位论文，云南民族大学，2018年。
⑩ 李华：《认同和别异：散杂居地区回民丧俗文化探析——以山东地方镇为例》，《回族研究》2018年第1期。

孝眷短暂地走出悲伤，是一种"悲中作乐"；"丧堂祭文"具有世俗性和功利性，更像一种"以歌代哭"，用这种"祭文"形式来表达自己对逝去亲人的思念与赞颂。① 龙俅贵叙述了彝族"丧事喜办"的传统，一方面通过丧舞形式，铲除祖魂返回祖先发源地途中的妖魔鬼怪；另一方面是颂扬死者生前的功德。② 杨璧菀、吕泉的《永固标话哭丧歌词汇研究》③，周颖的《砀山唢呐在当地婚葬仪式中的运用》④，曾静、郑宇的《哈尼族丧礼中"哈巴惹"的戏剧特征探析》⑤，叶萍的《民间丧礼中的楚剧及其"哭丧"现象——以湖北黄陂蔡榨乡为个案的考察》⑥，李容芳的《文化秩序与少数民族村落仪式民俗变迁——基于山地白族哭嫁与哭丧的对比研究》⑦ 等都是从表演的角度切入，展开对丧葬仪式的关注和内涵挖掘。

更多的研究涉及丧葬仪式的纸扎、饮食、随葬品、亲属称谓等要素。张小燕将纸扎在中国宗教文化中的发展演变概括为三个基本的脉络，即纸扎自身形态的发展和功能演变、纸扎由"鬼节"到全时态的覆盖、纸扎的象征文化定位与功能收放。⑧ 居丧饮食也引起学界的关注。姚伟钧、金相超的《中国古代居丧饮食变迁——以子女居父母丧为例》⑨ 认为居丧饮食一直是联系死者与生者的重要一环，同时也是"家国同构"下儒家宗法伦理观念的重要体现。刘尊志的《汉代墓葬中的玉璧敛葬》⑩ 从随葬品探索汉代的葬俗制度。王小健的《以〈仪礼·丧服〉论周代亲属称谓的几个问题》⑪ 通过丧服制度来探讨周代的亲属称谓和其构成方式，以及周代婚姻形态和家庭形态等问题。

此外，王清刚从民俗学视角出发关注海岱地区史前时期的瓮棺葬⑫，当地先民将以瓮棺葬形式埋葬未成年人的观念加以改造融合，以"陶片覆盖葬"的新形式构建了该地特色的丧俗，体现出民俗生成的生态性本原和民俗横向扩布发生变异的原理，丰富了民俗学

---

① 肖艳:《衡山丧葬仪式中"夜歌"的世俗性——以"散花"和"丧堂祭文"为例》,《歌海》2018年第1期。
② 龙俅贵:《彝族传统丧舞的源流、形式及其文化内涵》,《北京舞蹈学院学报》2018年第4期。
③ 杨璧菀、吕泉:《永固标话哭丧歌词汇研究》,《贺州学院学报》2018年第4期。
④ 周颖:《砀山唢呐在当地婚葬仪式中的运用》,《阜阳师范学院学报（社会科学版）》2018年第3期。
⑤ 曾静、郑宇:《哈尼族丧礼中"哈巴惹"的戏剧特征探析》,《北方民族大学学报（哲学社会科学版）》2018年第1期。
⑥ 叶萍:《民间丧礼中的楚剧及其"哭丧"现象——以湖北黄陂蔡榨乡为个案的考察》,《长江文艺评论》2018年第2期。
⑦ 李容芳:《文化秩序与少数民族村落仪式民俗变迁——基于山地白族哭嫁与哭丧的对比研究》,《西北民族大学学报（哲学社会科学版）》2018年第3期。
⑧ 张小燕:《纸扎在中国宗教文化中的演变脉络探析》,《民俗研究》2018年第2期。
⑨ 姚伟钧、金相超:《中国古代居丧饮食变迁——以子女居父母丧为例》,《江西社会科学》2018年第2期。
⑩ 刘尊志:《汉代墓葬中的玉璧敛葬》,《华夏考古》2018年第6期。
⑪ 王小健:《以〈仪礼·丧服〉论周代亲属称谓的几个问题》,《民俗研究》2018年第6期。
⑫ 王清刚:《民俗学视阈下未成年人葬俗的传播与变异——以海岱地区史前时期瓮棺葬为例》,《民俗研究》2018年第4期。

的研究。李若晖在《汉代丧服决狱对传统礼俗的破坏与"法律儒家化"之重估》[①] 一文中指出汉代已存在以丧服决狱，这一决狱方式颠覆了传统礼俗，使丧服由亲疏程度的表征，被异化为行为规范。礼所原有的双向性原则被摧毁，代之以法的单向性原则。作者认为以服制入律不是欺骗性的"法律儒家化"，而是"儒学暴力化"。这篇文章探索了丧服与法的关系，折射出了在古代中国以儒学为正统，辅之以法学的文化背景下"礼"的异化，为学界研究礼俗提供了一个新的视角。

六　祭礼习俗研究

祭祀无论是在岁时节日还是人生礼仪中都是非常重要的部分。从祭祀的规模来看，可分为国家祭典和民间家族祭祖。从祭祀对象来看，祭祖、祭天最为常见。现代社会中的祭祖不仅能强化社区和家族认同，还有传承历史和强化社区认同等多重价值。当前学者们也在深入观察传统礼仪在当下的传承和实践，探求礼仪重建和传承路径。

（一）祭礼的历史发展研究

"国之大事，在祀与戎"，无论是上层统治者还是普通百姓，都对祭礼予以十分的关注和重视。祭礼在历史的发展过程中，也会因为政治因素或社会精英的提倡或变革有所变化。张泽阳在《康乾二帝曲阜祭孔流变及其影响》[②] 一文中梳理康乾二帝的祭孔仪式，找出流程不同之处，分析变动的影响。祭孔仪式不仅是一项祭祀仪式，还体现出清代统治者巩固政权、维护文化思想的做法。田成浩在《帝制时期先代帝王祭礼的考察——以祭祀对象与项目为中心》[③] 一文中指出，祖先受到祭拜与其自身的功绩关系不大，而与统治者的政治需求有关。胡长海在《唐宋转型中宋儒的二重性——以家族祭礼为中心》[④] 一文中指出，唐宋变革的转型时期，是旧有理论的崩溃与新理论的建构，是新兴体系代替旧有体系的过程，故而宋儒家族祭祀理论呈现出鲜明的二重性，凸显出唐宋转型的社会变迁与儒家文化下移的时代特征。邵凤丽在《文人礼书"以礼化俗"的基本类型——以朱子〈家礼〉祭礼为例》[⑤] 一文中指出，明清时期，儒家精英为实现"以礼化俗"的礼治目的，以"执礼""议礼""考礼"为名，注读朱子《家礼》，出现了注释类礼书、简化类礼书和辨疑类礼书三种类型。文人阶层对《家礼》祭礼的关注一方面出自礼仪探讨的学术诉求，另一方面为了指导、规范民俗生活，加速国家礼治的实现。在"以礼化俗"过程中，不同类型的文人礼书发挥了不同作用。

---

① 李若晖：《汉代丧服决狱对传统礼俗的破坏与"法律儒家化"之重估》，《北京师范大学学报（社会科学版）》2018年第3期。
② 张泽阳：《康乾二帝曲阜祭孔流变及其影响》，硕士学位论文，中国社会科学院研究生院，2018年。
③ 田成浩：《帝制时期先代帝王祭礼的考察——以祭祀对象与项目为中心》，《哈尔滨工业大学学报（社会科学版）》2018年第4期。
④ 胡长海：《唐宋转型中宋儒的二重性——以家族祭礼为中心》，《民俗研究》2018年第1期。
⑤ 邵凤丽：《文人礼书"以礼化俗"的基本类型——以朱子〈家礼〉祭礼为例》，《中国文化论衡》2018年第1期。

对少数民族祭祖进行探究的文章有马晓林的《元代蒙古人的祭天仪式》[①] 和杨波、史小军的《多元民族文化影响下的三国故事体系考察——以桃园三结义与契丹青牛白马祭天地为中心》[②]。马晓林的文章从蒙古人的祭天仪式探讨民族融合；杨波、史小军则从汉人的角度观察民族融合和文化的多元交融。黄秋硕在《丁韪良与晚清"祭祖之争"》[③] 一文中分析丁韪良对待中华祭祖从盲目反对到大谈中华祭祖文化的意义的态度转变，肯定其在争辩过程中发表的文章具有传播中华文化的意义。从历史演变的角度，对祭礼的民俗事象进行探讨的学者还有很多。[④] 常建华的《碑刻所见明清民国陕西宗族制度与风习》[⑤] 对明清时期的祭祀加以关注。作者指出明清陕西的碑刻里保留着的祖先世系和祭祖活动，有实现尊祖敬宗凝聚族人的历史记忆的作用，如祖会、祠堂、与官府的关系等在碑刻里均有记载。肖玮的《论淮河流域传统陶瓷手工技艺行业信仰与祭礼文化》[⑥] 介绍陶瓷的行业神以及汝河和颍水两旁名窑烧制陶瓷的特点与祭礼。从祭礼仪式出发进行探讨，也是学者研究时常见的方向。

（二）祭礼的当代重建与功能研究

随着社会环境的变化和时代潮流的发展，传统礼仪的研究方兴未艾，学者们也努力探究人生礼仪的当代重建与传承的可能性与路径。

萧放、邵凤丽在《祖先祭祀与乡土文化传承——以浙江松阳江南叶氏祭祖为例》[⑦] 一文中分析认为，叶氏祭祖不仅是叶氏族人寻根问祖的仪式行为，也是松阳地区乡土文化传承的重要依托与载体。近年以来，在多方力量的推动下，叶氏祭祖开始恢复。在日常生活中，叶氏祭祖承载着传承孝道、重温亲情、传承历史、强化区域文化认同等多重功能与价值，为乡土文化的良性传承提供了重要保障。邵凤丽在《当代祭祖礼仪传统重建的内在生命力》[⑧] 一文中指出，祭礼内在生命力的绵延，表现为具有神圣性且被高度认同的历史传统，并通过祠堂、墓地等"原初"空间而可视化，再经由家族组织筹集充足的祭祀经费，进行有效的管理，最终促成祭礼仪式的当代重建。在这个过程中，礼仪传统、"原初"空间、"礼仪经济"与家族组织四者并存，相辅相成，保障

---

① 马晓林：《元代蒙古人的祭天仪式》，《民族研究》2018年第3期。
② 杨波、史小军：《多元民族文化影响下的三国故事体系考察——以桃园三结义与契丹青牛白马祭天地为中心》，《文化遗产》2018年第2期。
③ 黄秋硕：《丁韪良与晚清"祭祖之争"》，《福建师范大学学报（哲学社会科学版）》2018年第2期。
④ 亚根：《黎族祭祖歌舞的艺术衍变路径——以三亚地区祭祖歌舞为例》，《艺术教育》2018年第3期；李莉：《祭孔乐舞在近代中国的沿革历程》，《齐鲁学刊》2018年第3期；李翎：《水陆仪起源的理论思考》，《东方论坛》2018年第1期；李可可：《秦汉时祭研究综述》，《秦汉研究》2018年00期，西北大学出版社2018年版；李学辰：《〈红楼梦〉拜影考》，《南京师范大学文学院学报》2018年第3期。
⑤ 常建华：《碑刻所见明清民国陕西宗族制度与风习》，《安徽史学》2018年第2期。
⑥ 肖玮：《论淮河流域传统陶瓷手工技艺行业信仰与祭礼文化》，《齐齐哈尔大学学报（哲学社会科学版）》2018年第2期。
⑦ 萧放、邵凤丽：《祖先祭祀与乡土文化传承——以浙江松阳江南叶氏祭祖为例》，《社会治理》2018年第4期。
⑧ 邵凤丽：《当代祭祖礼仪传统重建的内在生命力》，《文化遗产》2018年第4期。

了祭礼传统的顺利重建。聂强的论文重点探讨大屋雷中秋祭月习俗中断半个世纪之后的复兴历程，以及家族精英在复兴过程中发挥的文化传承和协调功能，揭示当下时代背景下家族精英对传统民俗文化的传承与功能。① 袁方明的《营建城乡祭祖场所刍论》② 基于中国转型期的国情，提出建立以祠堂为代表祭祖场所的必要性。李桂民的《黄陵、新郑和缙云黄帝公祭再探讨》③，胡铸鑫、胡正裕的《太公祭的公共化历程》④ 从公祭的现状和演变历程进行分析探讨。一些历史研究也对于当前祭祀礼仪重建具有启发，比如沈胜群的《"泊船祭祀"与"人神互惠"——清代漕运旗丁崇祀文化的规制与功效》⑤ 介绍漕运旗丁崇祀文化带有人神互惠的特点，并有官方在民间信仰的主导影响。张俊峰、武丽伟在《"认祖归宗"：清中叶以来太原西柳林村武氏教民的宗族意识》⑥ 一文中，采用前人较少采用的角度，以武氏教民的"认祖归宗"仪式与祭祖实践的田野调查，分析宗族与宗教的互动关系。

在对祭礼的研究中，有的学者从祭礼整体考察其在当代重建的途径和功能，也有学者从祭礼的要素出发，如祭典上的音乐、舞蹈、文本、口头叙事等进行探究。熊开万、桂胜的《一纸悬命：哀牢山腹地的祭文、互助与地域共同体》⑦ 以祭文为中心进行考察，彰显祭文强化地域共同体的功能。张林关注到满族清皇故里祭祖大典的音乐文化的宗教性⑧，冯倩倩对山西省翼城县传统礼俗用乐进行了梳理研究⑨。唐丽钦的《湄洲妈祖祭典"三献舞"的表演特点分析》⑩ 引入舞蹈生态学等多种研究方法，揭示了"三献舞"的社会文化功能。平慧的《从历史记忆到族群认同：云南彝族葛泼人祭祖仪式中的口头叙事》⑪ 在田野调查基础上，强调在祭祖仪式中讲述的口头叙事维持了族群根基性的情感联系，保持了族群的独立性的功能。

社会变迁影响着人们的祭祖行为。蒋宏达的研究以杭州湾南岸地区个案剖析试图表明，清末民初民间祭祀组织所处的贸易网络的变迁和地方性财产管理制度的演化。近代以

---

① 聂强：《家族精英的文化传承与当代功能——大屋雷中秋祭月习俗复兴的调查与研究》，硕士学位论文，华中师范大学，2018年。
② 袁方明：《营建城乡祭祖场所刍论》，《绵阳师范学院学报》2018年第10期。
③ 李桂民：《黄陵、新郑和缙云黄帝公祭再探讨》，《长安大学学报（社会科学版）》2018年第2期。
④ 胡铸鑫、胡正裕：《太公祭的公共化历程》，《温州大学学报（社会科学版）》2018年第5期。
⑤ 沈胜群：《"泊船祭祀"与"人神互惠"——清代漕运旗丁崇祀文化的规制与功效》，《民俗研究》2018年第5期。
⑥ 张俊峰、武丽伟：《"认祖归宗"：清中叶以来太原西柳林村武氏教民的宗族意识》，《宗教学研究》2018年第1期。
⑦ 熊开万、桂胜：《一纸悬命：哀牢山腹地的祭文、互助与地域共同体》，《凯里学院学报》2018年第4期。
⑧ 张林：《宗教认同重构与信仰体系转换——新宾满族自治县清皇故里祭祖大典仪式音乐文化》，《中央音乐学院学报》2018年第4期。
⑨ 冯倩倩：《山西省翼城县传统礼俗用乐探微》，硕士学位论文，山西师范大学，2018年。
⑩ 唐丽钦：《湄洲妈祖祭典"三献舞"的表演特点分析》，《莆田学院学报》2018年第3期。
⑪ 平慧：《从历史记忆到族群认同：云南彝族葛泼人祭祖仪式中的口头叙事》，《历史文学研究》2018年第3期。

来，民间祭祀组织呈现出日渐活跃的趋向，是传统承袭过程中的更新和再造。① 杜园园对广西村庄的家族裂变趋势进行分析，认为裂变的实质为村民之间的经济分化和逐渐开始固化的阶层关系、祭祀活动中的同质性追求与成员差异性需求之间出现断裂。② 姚宇的《基于祭祖文化的中华民族共同体意识培养路径研究》③、鹿林的《传统儒家祭祀思想与中华新祭孔教育》④、张跃龙的《当代祭祖文化的意义与价值》⑤ 等均基于传统的祭祀文化，从思想意识角度考察祭祖的意义和价值。齐杨杨的《牛祭——非物质文化遗产的传承与发展》⑥ 和王新艳的《民俗资源化背景下海洋民俗传承路径研究——以"田横祭海节"为例》⑦、周晓红的《花腰傣村寨传统公祭仪式的文化内涵及现状研究》⑧ 等通过对具体的民俗事象的研究，探讨在当代社会背景下，如何保护和传承优秀习俗。

在当代重建与传承研究过程中，学者们还重视从新闻传播学的角度，对大型的家族祭祀或者国家公祭进行跨学科交流，也是人生仪礼研究的一大特点。任宝旗的《全媒体视域下宗亲文化传播对社会的价值维系——以河南卫辉比干祭典为例》⑨ 以卫辉林氏宗亲的比干祭典为研究对象，揭示了仪式观下宗亲文化对社会的维系作用。李严的《从清明网络祭祀的仪式变迁看全媒体的场景化应用》⑩ 以网络全媒体时代下祭祖为中心，在对比中考察分析媒体时代下祭祖的场景位移和引发的情感认同。卢彦名、朱成山的《解读国家公祭中的仪式感叙事》⑪，陈旭光、朱云飞的《"国家公祭"事件中媒体议程建构的"时度效"》⑫ 和柳静的《仪式传播视野下祭孔大典的认同建构研究》⑬ 都是从传播媒介的角度进行研究，对民俗学研究多有可参鉴之处。王珺等的《寻根文化遗产地解说服务质量

---

① 蒋宏达：《袭旧与更新：近代经济变迁中的民间祭祀组织——以杭州湾南岸地区为例》，《民俗研究》2018 年第 2 期。
② 杜园园：《阶层分化：对农村祭祖活动裂变的再思考——基于广西村庄的调查分析》，《中共宁波市委党校学报》2018 年第 5 期。
③ 姚宇：《基于祭祖文化的中华民族共同体意识培养路径研究》，《陕西行政学院学报》2018 年第 1 期。
④ 鹿林：《传统儒家祭祀思想与中华新祭孔教育》，《儒学与文明》2018 年总第 2 期。
⑤ 张跃龙：《当代祭祖文化的意义与价值》，首届"中国传统文化与华夏文明探源"国际论坛，2018 年。
⑥ 齐杨杨：《牛祭——非物质文化遗产的传承与发展》，《人文天下》2018 年第 16 期。
⑦ 王新艳：《民俗资源化背景下海洋民俗传承路径研究——以"田横祭海节"为例》，《中国海洋社会学研究》2018 年第 6 期。
⑧ 周晓红：《花腰傣村寨传统公祭仪式的文化内涵及现状研究》，《西南边疆民族研究》2018 年第 2 期。
⑨ 任宝旗：《全媒体视域下宗亲文化传播对社会的价值维系——以河南卫辉比干祭典为例》，《山西财经大学学报》2018 年第 S2 期。
⑩ 李严：《从清明网络祭祀的仪式变迁看全媒体的场景化应用》，《新媒体研究》2018 年第 16 期。
⑪ 卢彦名、朱成山：《解读国家公祭中的仪式感叙事》，《群众》2018 年第 6 期。
⑫ 陈旭年、朱云飞：《"国家公祭"事件中媒体议程建构的"时度效"》，《湖北理工学院学报（人文社会科学版）》2018 年第 5 期。
⑬ 柳静：《仪式传播视野下祭孔大典的认同建构研究》，硕士学位论文，郑州大学，2018 年。

与地方依恋关系研究——以洪洞大槐树寻根祭祖园为例》① 以洪洞大槐树寻根祭祖园为例，通过问卷调查，构建解说服务质量、游客涉入、满意度和地方依恋的假设关系模型。叶高娃的《客观主义视角下成吉思汗祭典仪式的真实性再造》② 在客观主义视角下以成吉思汗祭典的真实性再造作为切入点，在人类学田野调查基础上，调查地方政府和旅游主体在对发展旅游的认识和变化，分析了仪式真实性如何被再造的实践过程。

（三）祭礼的文化内涵研究

祭礼反映着古人对于祖先的崇拜和敬畏，但是随着历史的发展，祭礼已经不单是祖灵崇拜，还包含着教育、家族整合等内容。

龙圣从礼俗互动视角出发，对明清杨家埠家堂画进行研究。③ 他提出，家堂画通常被视作祭拜祖先之物和民间艺术品，但其祭祀内涵不仅仅局限于祭祖，还包括祭祀土地和家堂神，呈现出多元祭祀的特点；明代家堂画隐喻着国家礼仪制度，并非单纯的民间艺术，而是礼俗互动的产物，"家堂"一词内涵的演变包含着国家礼治对民间艺术的深刻影响。张鲲的《中国传统丧祭仪式的共同体意识及当代价值》④ 同样对汉族传统丧祭礼内涵予以考察，认为传统丧祭仪式包含着情感意识、厚德意识、生命意识等共同体意识，其作为源远流长的社会整合载体，在应对现代性的负面影响中仍然具有重要意义。

（四）少数民族祭礼研究

少数民族祭礼的仪式内涵考察，也是学者关注的焦点。学者们通过深入的田野实践，观察仪式内涵，对仪式的特点和功能进行深入剖析。卓么措在《祭神如神在——热贡六月会过程与结构的田野考察》⑤ 一文中对热贡六月会的渊源、过程与结构做出系统的分析与阐释。冯丽荣通过对云南壮族祭"竜"仪式进行具体描述，对仪式中包含的文化内涵予以分析，并对少数民族的自然生态美学观给予肯定和借鉴。⑥ 霍晓丽在《传承与发展：湘西苗族祖先崇拜研究》⑦ 一文中，作者通过分析湘西苗族祖先崇拜类型以及祭祖仪式，呈现湘西苗族祖先崇拜有巫、儒、道共生互补的特点。刘婷、刘自学的《僙家人"翘解"仪式的人类学意涵》⑧ 详细描写"翘解"仪式和人群行为，解析仪式意涵，认为仪式具有沟通场域、教育民众与社会秩序整合的功能。谭必友、王育霖认为武陵山腹地廪嘎人跳排

---

① 王珺、张杜鹃、贺琪茹：《寻根文化遗产地解说服务质量与地方依恋关系研究——以洪洞大槐树寻根祭祖园为例》，《山西农经》2018年第3期。
② 叶高娃：《客观主义视角下成吉思汗祭典仪式的真实性再造》，《黑龙江民族丛刊》2018年第4期。
③ 龙圣：《多元祭祀与礼俗互动：明清杨家埠家堂画特点探析》，《南京艺术学院学报（美术与设计）》2018年第1期。
④ 张鲲：《中国传统丧祭仪式的共同体意识及当代价值》，《北方民族大学学报》2018年第3期。
⑤ 卓么措：《祭神如神在——热贡六月会过程与结构的田野考察》，《黔南民族师范学院学报》2018年第2期。
⑥ 冯丽荣：《云南壮族的祭"竜"及其生态内涵——以小广南村为个案》，《玉溪师范学院学报》2018年第2期。
⑦ 霍晓丽：《传承与发展：湘西苗族祖先崇拜研究》，《宗教学研究》2018年第3期。
⑧ 刘婷、刘自学：《僙家人"翘解"仪式的人类学意涵》，《四川职业技术学院报》2018年第1期。

祭仪与其叙事之间存在相互启发相互演绎的运动。① 谭为宜的研究指出，毛南族"肥套"活动既有傩祭的普遍共性，同时又具有一定的民族个性，呈现一种国家认同与族群认同的共生共存关系。② 取比尔莲通过祭祖仪式的文本考察，在《雷波安寨坪村彝族丧葬祭词探析——评〈彝族氏族祭祖大典仪式与经书研究〉》③ 一文中对葬用词的分类和内涵进行了介绍。

（五）对于外国祭礼的研究

学者们通过对跨文化的相似习俗比较，期待为祭礼的研究提供新的视角和思考。李向振的《"信仰惯习"：一个分析海外华人民间信仰的视角——基于新加坡中元祭鬼习俗的田野考察》④ 引入"信仰惯习"的视角，发现新加坡中元祭鬼习俗中存在两种不同的信仰实践模式，一种是以神职人员为中介而形成的模式；另一种是没有神职人员参与的模式。作者认为，"信仰惯习"强调的是信众赋予宗教意义并不完全是以结果为导向的，而是贯穿于整个实践过程之中。信仰惯习理论在一定程度上能够克服源自宗教社会学的宗教市场理论在面对华人宗教信仰时阐释力不足的问题。王晓葵在《现代日本社会的"祭礼"——以都市民俗学为视角》⑤ 一文中主要通过爱知县的花祭和高知县的 YOSAKOI 祭，讨论现代日本祭礼的基本特征，同时结合传承和传承母体这两个基本概念，探讨都市民俗学的可能性。作者指出，自由选择性的"选择缘"的现代传承母体和从地域传承转变为社会传承是爱知县的花祭所具有的特点。传承母体不再局限于特定的地域认同，现代都市的开放性，为不同文化表象自我提供了舞台，这个表象的过程也是其主体自我建构和自我认知的过程。徐方宇的《越南国家祀典与民间信仰的互动——以雄王公祭为例》⑥ 对雄王公祭进行详细描述和分析，国家祀典与民间信仰在公祭互动过程中彼此渗透、依存并互相利用，以服务于自身的政治或文化建构。

综上所述，从研究对象而言，2018 年度婚丧礼仪仍是研究者关注的重点，祭礼的相关研究资料有明显的增加。同时，少数民族的人生礼仪仍然被学者们关注。从人生仪礼的研究角度来说，仪式变迁、仪式的文化内涵、仪式要素研究等是重点研究方向。礼仪的当代重建、传承和普及成为时下的社会热点以及学界研究的重要领域。跨学科交流、多视角的探讨为中国民俗学的研究成果注入了新鲜血液。2018 年学者们对日本、越南、韩国等周边国家的人生仪礼展开了讨论。随着社会经济的发展，学者的研究视角逐渐朝向当下，都市民俗学和乡村的异质化、解体等现象也在逐渐获得关注。

---

① 谭必友、王育霖：《基于武陵山腹地廪嘎人跳排祭仪的田野观察》，《宗教学研究》2018 年第 2 期。

② 谭为宜：《论毛南族肥套傩祭的个性特征——兼与仫佬族依饭节比较》，《广西科技师范学院学报》2018 年第 2 期。

③ 取比尔莲：《雷波安寨坪村彝族丧葬祭词探析——评〈彝族氏族祭祖大典仪式与经书研究〉》，《染整技术》2018 年第 7 期。

④ 李向振：《"信仰惯习"：一个分析海外华人民间信仰的视角——基于新加坡中元祭鬼习俗的田野考察》，《世界宗教研究》2018 年第 1 期。

⑤ 王晓葵：《现代日本社会的"祭礼"——以都市民俗学为视角》，《文化遗产》2018 年第 6 期。

⑥ 徐方宇：《越南国家祀典与民间信仰的互动——以雄王公祭为例》，《广西民族师范学院学报》2018 年第 1 期。

2018 年社会组织民俗研究综述

肖羽彤[*]

组建社会组织是人们求生存、谋发展的手段，社会组织民俗则指向人群如何结合的问题。对社会组织民俗的研究对理解传统与现代中国社会皆具有重要意义，来自不同学科的研究者对形态各异的多种社会组织进行了研究。但大体而言，除了以妙峰山为代表的庙会研究以外，社会组织民俗并未受到中国民俗学的充分关注。针对社会组织民俗研究的现状，彭伟文对社会组织民俗研究的课题与方法进行探讨，以日本的历史民俗学、法国年鉴学派等为参照，多角度梳理社会史与民俗学的关系，提出"作为研究立场而言，民俗史本身就是社会史"，揭示历史民俗学作为社会组织研究方法的可能性。[①]

下文将从宗族组织、香会与庙会组织、行会等其他各类社会组织三方面，对2018年度民俗学与社会学、历史学、宗教学、人类学等学科的社会组织民俗研究进行综述。

一 宗族组织民俗研究

宗族是中国传统社会的基本社会单位，许多研究对宗族的组织要素民俗、组织结构民俗以及宗族成员参与的民俗活动加以探究。

在宗族组织要素的民俗研究方面，白冰洋着眼清代宜荆地区宗族祠堂的发展态势，指出当地祠堂大致历经兴起、持续发展、掀起高潮、低谷、再次掀起高潮的过程，其助推因素为明清政府政策、太平天国为代表的社会形势、聚居形态与宗族观念、建祠资金多样化等。[②] 李学如对近代苏南宗族祠产的多种形态、来源、经营管理与生活救助功能进行研究，指出宗祠救助体系也为当下农村社会保障提供了新的探索方向。[③] 周兴将礼治与宗族研究结合起来，具体考察宋明儒者礼教思想与实践中的宗族思想，并分析理学家与心学家的不同倾向。[④] 王思豪对方苞在异乡南京以"义"为核心重建宗族文化与秩序的种种举措进行研究。[⑤] 庄腊梅探索了清代庐州府宗族的祭祀、修谱、族规、助教、扶贫等各种内部

---

[*] 作者系广东省博物馆（广州鲁迅纪念馆）职员。
[①] 彭伟文：《社会的民俗、历史民俗学与社会史——社会组织民俗研究课题与方法浅议》，《民间文化论坛》2018年第3期。
[②] 白冰洋：《试论清代宜荆地区宗族祠堂发展实态》，《中国地方志》2018年第3期。
[③] 李学如：《近代苏南宗族祠产与生活救助》，《福建江夏学院学报》2018年第2期。
[④] 周兴：《宋明儒者的礼教思想及其礼治实践：以宗族思想为中心》，《安徽史学》2018年第6期。
[⑤] 王思豪：《方苞在异乡南京的宗族文化重建》，《安庆师范大学学报（社会科学版）》2018年第2期。

控制措施，并从圩子、团练和淮军等方面探讨宗族与地方社会及重要历史事件的关系。[①] 梁燕红对清代东莞碑刻中的族规、祠规及其在地方社会的治理作用进行论述。[②]

以往许多研究者根据徽州丰富的历史文献对徽州宗族与社会进行研究，张晓、董乾坤主张应对这些文献进行"知识考古"，以徽州胡氏宗族为例，考察胡氏父子从族谱记载到最后方志收录的过程，剖析宗族、士绅与地方文献编纂之间的关系。[③] 黄忠鑫对同治年间《金山洪氏宗谱》这一徽州佃仆群体的谱牒文献进行研究，从族谱凡例、族规内容、移居史叙述、族谱书写现实之间的错位等方面考察该群体的宗族意识，勾勒洪氏宗族从迁移定居到逐步组织化的发展历程以及佃仆群体的身份地位变化轨迹。[④] 此外，黄忠鑫亦根据乾隆《札溪吴氏宗谱》对徽州文化边缘区的札源吴氏宗族进行研究，梳理其从当地边缘宗族发展为吴姓统合中心的历程。[⑤] 王玉坤通过清末民初的徽州族规家法考察地方宗族的近代转向，指出族规家法的传统型仍占主导地位。[⑥]

在宗族组织结构的民俗研究方面，王跃生考察了1930年《民法》亲属、继承编颁布后，宗族组织在宗族立嗣过继制度方面对《民法》相关的回应，根据族谱分析宗族组织的三种反应态度及其成因，指出宗族组织在立嗣过继方面的保守倾向是宗族作为同姓血缘亲族组织这一本质特征的反映。[⑦]

宗族史研究则多以明清时期的宗族为对象，黄志繁则以宋明吉安地区同姓联宗的宗族实践为例，探讨始祖建构之于宗族建设、宗族文化之于宗族认同的重要性，以始祖建构为起点，系谱性宗族才能逐步建设为实体性宗族，进而指出宗族与其说是血缘关系延伸的产物，不如说是世系建构的产物。[⑧] 王善军、郝振宇从整体性研究、姓氏、组织结构、群体与个案研究等方面对辽西夏金宗族的研究状况进行评述，总结现有研究的侧重点，指出探讨组织结构的成果相对不足。[⑨] 此外有史睿的魏晋南北朝鲜卑家庭史研究，分析鲜卑拓跋部与汉族婚姻礼法的交互影响、影响方式和机制，考察鲜卑拓跋部婚俗的发展历程：早期舅权与父权全面冲突，拓跋部逐渐从血缘性氏族集团转变为地域性个体家庭的亲属制度后，父权通过"子贵母死"制度摆脱母族、妻族控制，该制度虽异于中原汉族的"先外族而后本宗"，实质都是父权抑制舅权；孝文帝推行汉化后，受汉族婚姻礼法影响，变为舅权与父权全面合作，更强化了汉族重外家轻本宗的礼法。[⑩]

[①] 庄腊梅：《清代庐州府宗族对内社会控制研究》，硕士学位论文，南京师范大学，2018年。
[②] 梁燕红：《莞邑碑刻遗产中的乡约民规》，《遗产与保护研究》2018年第1期。
[③] 张晓、董乾坤：《"谱""志"之间：宗族发展、士绅认同与地方史的构建——以徽州胡瞳、胡学父子为例》，《安徽史学》2018年第4期。
[④] 黄忠鑫：《清代徽州佃仆的宗族意识与族谱书写》，《安徽师范大学学报（人文社会科学版）》2018年第6期。
[⑤] 黄忠鑫：《跨越皖浙边界山区的宗教组织——明清歙县札源吴氏及其统宗研究》，《地方文化研究》2018年第1期。
[⑥] 王玉坤：《赓续与演进：徽州族规家法的近代转向》，《农业考古》2018年第4期。
[⑦] 王跃生：《1930年后宗族立嗣过继制度的变动与沿袭》，《历史教学》2018年第16期。
[⑧] 黄志繁：《从同姓到同宗：宋明吉安地区的宗族实践》，《安徽史学》2018年第2期。
[⑨] 王善军、郝振宇：《辽西夏金宗族研究综述》，《宋史研究论丛》（第22辑），科学出版社2018年版。
[⑩] 史睿：《鲜卑婚俗与北朝汉族婚姻礼法的交互影响》，《文史》2018年第2辑。

北方宗族研究方面。申茜茜、段建宏认为，不应以华南、江南模式考察华北宗族的完整性，立足北方社会提出本土化宗族的概念，对华北宗族与民间信仰的互利关系进行考察，指出华北宗族与民间信仰的紧密联系正是其最大特点，对华北宗族而言，庙宇可在功能上代替祠堂，庙宇的作用甚至高于祠堂。① 周晓冀对明清鲁中地区宗族曲折的组织化历程进行研究，指出鲁中宗族的发展轨迹多为"迁居—卜茔—立村—定居—繁衍成族"，祖茔与谱碑在其中扮演重要角色，前者为宗族发展的物质基础，在华北宗族中起类似族谱的作用，后者围绕前者建立宗族范畴，二者为鲁中宗族地域性的主要标志。②

宗族成员参与的民俗活动研究方面。邵凤丽对当代祭祖礼仪进行探讨，认为礼仪传统、"原初"空间、"礼仪经济"与新型家族组织四者的相互辅助为当代祭礼的重建提供了动力。③ 霍晓丽对苗族祭祖仪式的特点与内涵进行考察。④ 蒋燮、晏婷丹考察了广西玉林晏氏宗族八音班的历史、组织、经济分配，并记录乐班在婚礼仪式上的活动，从乐器、曲牌等方面分析乐班的奏乐情况，及其音乐实践建构的多重认同。⑤

在宗族研究中，宗族与国家、社会之间的互动关系是热点问题。其中值得注意的是，部分研究对一些相对远离宗族文化中心区的特殊地域与少数民族地区的宗族予以关注。范可对福建陈埭丁姓回民宗族社区进行研究，其宗族传承在追求民族表述的同时，族群身份成为象征资本，为"多民族国家"叙事所用，服务于认同政治，这一过程可视为"传统主义和现代性之间的互惠交换"。⑥ 刘超建以清至民国时期的乌鲁木齐宗族为研究对象，探讨其发展背景，对内地宗族社会模式的模拟、移植，在移民社会中的自治作用，及其与内地宗族实践的差异进行了探讨。⑦ 杨春艳对贵州龙潭古寨仡佬族宗族的形成过程与原因进行研究，指出当地人农商一体的生产方式、生产协作与聚族自保的需求是当地人群聚合方式从地缘关系转为血缘关系结群的动因，并从组织、礼制、实践方面分析龙潭古寨宗族的表现形态，提出宗族在当下反哺当地社会发展的可能性。⑧ 苑鑫以大理府为中心考察明代云南科举家族与地方社会的互动。⑨

当下，宗族仍是影响社会治理的重要因素，宗族与村庄治理这一具有现实意义的论题

---

① 申茜茜、段建宏：《明清以来晋东南区域的宗族与民间信仰：兼论华北宗族的完整性》，《农业考古》2018年第6期。
② 周晓冀：《明清谱碑与鲁中宗族地域性的形成》，《社会史研究》2018年第2期。
③ 邵凤丽：《当代祭祖礼仪传统重建的内在生命力》，《文化遗产》2018年第4期。
④ 霍晓丽：《传承与发展：湘西苗族祖先崇拜研究》，《宗教学研究》2018年第3期。
⑤ 蒋燮、晏婷丹：《宗族乐班、仪式与认同——玉林婚礼中的晏氏八音班音乐活动考察》，《歌海》2018年第3期。
⑥ 范可：《传统主义与认同政治——来自闽南一个宗族社区的个案研究》，《原生态民族文化学刊》2018年第4期。
⑦ 刘超建：《移植与模拟：清至民国乌鲁木齐地区宗族与大户的实践——以个案分析为例》，《农业考古》2018年第4期。
⑧ 杨春艳：《宗族与反哺：乡土景观建设中的礼制实践》，《百色学院学报》2018年第3期。
⑨ 苑鑫：《明代云南的科举家族与地方社会——以大理府为中心的考察》，《科举学论丛》2018年第2期。

受到不同学科研究者的关注。[1] 叶静怡、韩佳伟考察"一肩挑"与村主任主事两种村庄管理模式,分析宗族文化传统对村庄管理模式的影响。[2]仇童伟就宗族力量与民主选举对村庄地权实施的影响进行实证研究。[3] 此外还有一些宗族与当代社会问题的研究,如刘锐对祖业权与正式产权纠纷的探讨,[4] 王亚楠对城镇化背景下农村宗族现代化转型的探讨,[5] 游慧榕考察旅游发展之于宗族组织形态与功能的影响,[6] 丁从明、邵敏敏、梁甄桥关于宗族对人力资本投资影响的实证研究等。[7]

二 香会与庙会组织民俗研究

香会与庙会组织在众多社会组织中一直最受民俗学研究的关注。《文化遗产》2018年第6期设立庙会研究专栏,集合了一组来自不同学科背景的研究,岳永逸在专栏导语中提出,将庙会视为整体社会演进中的行动者,这一认知将把中国庙会研究推进到新高度。[8] 杨德睿以南京高淳庙会的"出菩萨"仪式为例,从宗教认知人类学的视角论证庙会富于感官刺激的仪式情景和物件何以召唤并强化某种认知倾向,并作为能动者反作用于当地人的美感和行为习惯,扩展到庙会之外的其他生活领域,进而指出宗教传承/传播研究路径在宗教人类学的庙会研究当中所具有的潜力。[9] 郁喆隽对两个江南庙会的当代形态进行考察,并由此分析江南庙会面对的诸多现代化挑战与转型压力,在现代化进程中,复杂的外部环境和条件都会对庙会产生影响,使得庙会成为一个流变对象,传统"官—民"与"管制—被管制"的二元逻辑已不能有效阐释与应对当下庙会的现实情况。[10]

对妙峰山与龙牌会两大传统热点的研究有所推进。岳永逸探讨了燕京大学社会学系师生对乡土宗教的功能论研究,他们开展的诸多研究皆采用局内观察法,从而揭示出为顾颉刚等人所忽略的妙峰山香会相关事实——由京畿一带人神王三奶奶总管的四大门宗教实际上支撑了相当一部分朝顶香会;此外,由于他们并未预先将乡土宗教视作迷信,从而在多

---

[1] 千继贤、王瑜、雷佳研:《宗族对村治的影响研究》,《文化学刊》2018年第9期;周广涵:《宗族力量对乡村治理影响的实证研究——以山东省D县L村为例》,硕士学位论文,湖北民族学院,2018年。
[2] 叶静怡、韩佳伟:《村庄管理模式、宗族与选举问责》,《经济学动态》2018年第9期。
[3] 仇童伟:《宗族如何影响村庄地权的实施?——基于村庄民主选举的情景界分与实证研究》,《南京农业大学学报(社会科学版)》2018年第4期。
[4] 刘锐:《地权界定中的宗族与国家》,《思想战线》2018年第1期。
[5] 王亚楠:《城镇化过程中农村宗族功能的变迁研究——以杨村为个案》,硕士学位论文,上海师范大学,2018年。
[6] 游慧榕:《旅游发展背景下的宗族变迁——以厦门曾厝垵曾氏宗族为例》,硕士学位论文,厦门大学,2018年。
[7] 丁从明、邵敏敏、梁甄桥:《宗族对农村人力资本投资的影响分析》,《中国农村经济》2018年第2期;邵敏敏:《宗族对人力资本投资影响的实证研究》,硕士学位论文,重庆大学,2018年。
[8] 岳永逸:《"庙会"研究专栏导语》,《文化遗产》2018年第6期。
[9] 杨德睿:《影像的神力:高淳的庙会与禳解法》,《文化遗产》2018年第6期。
[10] 郁喆隽:《江南庙会的现代化转型:以上海金泽香汛和三林圣堂出巡为例》,《文化遗产》2018年第6期。

方面都对中国乡土宗教研究具有非凡意义。① 李俊领则从日常生活的角度出发，探讨王三奶奶这一兴起于清末的妙峰山新神对近代普通民众的社会效用，包括王三奶奶信仰的兴起、围绕妙峰山王三奶奶信仰的社会资本竞争，以及对其的利用、批判与查禁。②

王嫒娴通过范庄龙牌庙会的个案，将庙会研究与对当代乡土社会变迁的思考结合起来，考察村民入会或帮会的动机，指出村民往往出于私利而参与围绕龙牌信仰的各类公共事务，由此通过私人信仰形成的公共生活近于涂尔干意义上的"机械团结"，与乡村公民文化仍然存在距离。③ 刘泳斯从宗教学的视角研究范庄龙牌会自学者介入以来的当代变迁，提出龙牌会无论是通过道士打醮，抑或学者从传统文化、非物质文化遗产的角度加以表述，实质上都是地方赛会获得合法身份的途径，龙牌会的当代变迁虽已呈现出民间组织向公民社会发展的倾向，但信仰者居于主体地位的事实应得到充分认识。④

神灵敬拜是庙会的核心，不少对此进行学术观照的研究都具有启发性。吴怀仁、徐治堂、吴昌泽对甘肃庆阳拓家岘子"三显神"伍员庙会的由来、组织、内容进行考察，指出"三显神"实为江南"五显神"信仰与伍子胥崇拜的讹变与融合，信仰变异的背后是地方精英实现家族凝聚以及争夺地方话语霸权所采取的话语方式。⑤ 刘目斌针对当下地方政府对土族纳顿节日属性的强调，主张对土族"纳顿"固有的庙会属性进行辨识与确认，指出无论文献记载抑或仪式实践，庙会属性都是"纳顿"的主要性质，酬神献祭更是其核心内容，进而提出确认"纳顿"庙会属性对其传承与保护、避免为各方挪用以致失去内在精神根基、滑入民俗学主义的重要意义。⑥ 张泽洪从起源、传承与复兴等方面对江西西山万寿宫庙会进行考察，根据历史文献勾勒西晋以来万寿宫庙会从许真君崇拜衍化而来、不断发展的历史轨迹，并从庙会的组织情况与仪式传统等考察其传承与复兴，揭示万寿宫庙会的宗教内涵与文化意义。⑦ 赵翠翠以浙江海滨社区为例，从当地庙会传统恢复背后公私关系的矛盾、民间信仰群体的行动方式等方面展开论述，认为民间信仰的私人化实践逻辑令其陷入公共化与社会化困境之中。⑧

在庙会的运作机制方面，苏静以苏州上方山庙会为例，从仪式中的礼物流动出发，探讨庙会复兴过程中乡土自治传统的重构与复兴：庙会传说中的礼物规则是庙会的精神内核与秩序基础，庙会主体围绕礼物交换建立礼制，将参与者划分为不同信仰圈层，形成推动庙会运转的自组织系统；上方山庙会的自发性建构也是当下乡土自治实践模式的典型，体

---

① 岳永逸：《庙宇宗教、四大门与王奶奶——功能论视角下的燕大乡土宗教研究》，《世界宗教研究》2018年第1期。
② 李俊领：《王三奶奶与近代华北泰山信仰三题》，《泰山学院学报》2018年第1期。
③ 王嫒娴：《由"私"及"公"：民间信仰与乡土社会的公共生活——河北龙牌庙会的个案研究》，《天府新论》2018年第6期。
④ 刘泳斯：《河北赵县范庄"二月二"龙牌盛会的当代变迁》，《东方论坛》2018年第1期。
⑤ 吴怀仁、徐治堂、吴昌泽：《民间信仰在传播过程中的变异——甘肃庆阳市西峰区拓家岘子"三显神"庙会调查》，《天水师范学院学报》2018年第3期。
⑥ 刘目斌：《节日抑或庙会：土族"纳顿"属性辨析——基于民俗学主义研究视角的认知》，《西北民族研究》2018年第2期。
⑦ 张泽洪：《西山万寿宫庙会的宗教内涵及文化意义》，《民俗研究》2018年第4期。
⑧ 赵翠翠：《民间信仰的公共化困境——以浙江海滨社区的民间信仰为例》，《世界宗教文化》2018年第1期。

现主流话语权、国家权力与地方秩序的互动。① 邢涵、康保成以民间会社的领导者——会首为研究对象，考察会首的职能、产生制度，并以河南浚县民间庙会为例，探讨会首从唐宋到当代的角色与职能转型，从祭祀活动的组织者变为娱乐活动的组织者，并提出"非遗"背景下思考会首职能、选任方式等问题的必要性。② 张志全对明清巴蜀地区迎神赛会的演进轨迹进行研究，探讨赛会背后各方势力的相互竞争，从明代开始，赛会偏官方意志进行自我建构，再到清代民间意志彻底解放，受商人与袍哥势力促成，违背官方意志不断发展，且性质向娱乐化转变，以上演变历程的背后是国家权力的式微与民间自治力量的扩张。③

此外还有对于庙会功能的讨论，吴秋燕以泰国宋卡城隍庙庙会为例，探讨庙会在维持海外华人文化认同中的作用。④ 张勃从居民休闲生活的角度对北京寺庙以及围绕寺庙举行的庙会进行探讨，北京的众多寺庙为居民提供了重要的休闲空间，并作为一般庙会的缘起、活动场域成为休闲生活的重要部分，此外亦对北京庙会的当代变化、特点与功能进行分析。⑤

赵新平的论著在田野调查基础上，对清末民初晋北庙会进行考察，深入挖掘庙会与地方社会各个方面的互动与联系。⑥

在庙会的当代传承与保护方面，郭俊红等对山西万荣后土祠庙会进行调查，考察庙宇建筑、庙会娱乐与商贸活动、庙会仪式及香社活动，并针对后土文化、庙会发展等提出若干问题。⑦ 杨琪以洛阳关林庙会为个案，探讨城市化进程中传统庙会在庙会内容、管理模式等方面的演变。⑧ 此外还有刘敏、杨梅等对其他庙会的个案考察与相应的保护建议。⑨

三 其他社会组织民俗研究

在宗族、庙会以外，中国社会还存在大量根据地缘关系、业缘关系或个人意愿等结成的社会组织，民间秘密宗教便是其中之一。安波以民国川西北白草河流域的袍哥组织为研究对象，考察民国川西北羌族地区袍哥势力和地方社会权威、秩序的关系：当地袍哥组织

---

① 苏静：《仪式中的礼物流动——以苏州上方山庙会为例》，《民俗研究》2018年第6期。
② 邢涵、康保成：《略论"会首"在民间社会中的作用及其变迁——兼说河南浚县民间庙会、社火中的会首》，《文化遗产》2018年第3期。
③ 张志全：《明清巴蜀地区迎神赛会的演进轨迹》，《宗教学研究》2018年第3期。
④ 吴秋燕：《庙会与海外华人的文化认同——以泰国宋卡城隍庙庙会文化为例》，《莆田学院学报》2018年第1期。
⑤ 张勃：《寺庙与北京居民的休闲生活》，《北京联合大学学报（人文社会科学版）》2018年第1期。
⑥ 赵新平：《清末民初晋北庙会与地方社会——以忻州为中心的考察》，中国社会科学出版社2018年版。
⑦ 郭俊红：《山西万荣后土祠庙会调查报告》，《世界宗教文化》2018年第5期。
⑧ 杨琪：《城市化进程中传统庙会的演变——以洛阳关林庙会为个案的考察》，《中国民族博览》2018年第11期。
⑨ 刘敏：《皖东琅琊山庙会的民俗学考察》，硕士学位论文，中央民族大学，2018年；杨梅：《淮阳地区太昊陵庙会文化研究》，硕士学位论文，黑龙江大学，2018年。

具有广泛的本土建构,与地方政权相互交融,在基层从功能上为虚弱的国家政权提供支撑,成为当地社会重要的权威形态,但同时也隐含对地方秩序的破坏性。① 李楠对清末鲁西北地区民间秘密教门与美国公理会的关系展开讨论基督教进入内地社会之初,不少乡民出于寻求庇护的动机加入教会,甚至民间秘密教门也不例外,而公理会则借秘密教门背后的社会关系进行传教,同时避免为秘密教门利用,成为后者生存与发展的载体,二者之间不存在激烈冲突,也没有大规模结合。②

社会流动中,依据地缘关系、业缘关系等建立起来的会馆、商会、同乡会等组织相当普遍。大量研究对这些组织进行了讨论。明代以后,徽商活跃,徽州会馆亦相应设立。张小坡、刘曼曼对清至民国时期徽州商人会馆的发展状况进行概述,考察会馆的设置、地理分布,并从兴建、运作、近代转型等方面对若干会馆作个案剖析,指出徽州商人会馆分布广泛,具有联络乡情、处理商业事务、料理同乡后事等功能,致力为同乡服务,增强同乡的适应异乡生活的能力。③ 张小坡亦以善堂为中心,具体讨论江南徽州会馆为解决旅外徽州人的现实需求而构建的民间社会救助体系,考察徽州善堂在江南的分布情况、功能,进而分析江南与徽州的运棺网络及内外联动的协作机制。④

陈志勇则选取会馆演剧为研究对象,探讨近代汉口商帮、行会组建与会馆演剧的个案,近代汉口商业活动的繁盛与商人群体势力的强大成为会馆戏台建设的前提,同时也在演剧、观剧、剧种发展交流等方面为会馆演剧的繁荣提供良好环境,这一案例在城市演剧繁荣的动力机制层面,为"商路即戏路"的命题赋予新内涵。⑤ 黄忠鑫以福州绥安会馆为例考察清代会馆运营与商帮力量的互动,根据会馆的创建、运营情况,讨论其中商人群体合伙、更替的变动过程,提出商帮形成与会馆形成并不同步,会馆建立不能作为判定商帮形成的标准,但以会馆建设的先后考量商帮力量是较为合理的方法。⑥ 赵善庆对清末民初云南民族地区商人组织的形成与转变进行研究,当地商人在社会历史变迁下通过业缘、族缘、地缘关系结成各类行帮、会馆等组织,并逐渐向现代转型,转型的原因则是社会经济结构与商业环境的变化。⑦ 乔亦婷分析了明清商帮的产生背景,并从亲缘、地缘、业缘的角度讨论明清商帮与现代商帮的存在合理性。⑧

此外还有一些会馆个案研究,对不同时期与地区会馆的形成、变迁、功能、与地方社

---

① 安波:《袍哥势力对羌族地方社会权威和秩序的影响——以民国川西北白草河流域为例》,《云南民族大学学报(哲学社会科学版)》2018年第3期。
② 李楠:《趁乱立足:美国公理会与山东民间秘密教门关系初探》,《宗教学研究》2018年第1期。
③ 张小坡、刘曼曼:《清至民国时期徽州商人会馆的发展概况》,《徽学》2018年第1期。
④ 张小坡:《清代江南与徽州之间的运棺网络及其协作机制——以善堂为中心》,《清华大学学报(哲学社会科学版)》2018年第5期。
⑤ 陈志勇:《商帮、行会与近代汉口的会馆演剧——兼论中国戏曲史上"商路即戏路"之命题》,《文化遗产》2018年第3期。
⑥ 黄忠鑫:《清代会馆运营与商帮力量的互动——以福州绥安会馆为例》,《中国社会经济史研究》2018年第2期。
⑦ 赵善庆:《转型中的渐变:清末民初云南民族地区商人群体的整合与商人组织的嬗变》,《西南边疆民族研究》2018年第2期。
⑧ 乔亦婷:《从亲缘、地缘、业缘角度论古今商帮》,《安阳师范学院学报》2018年第4期。

会关系等问题进行探讨。①

清末以后，出现了不同于会馆的新型地缘组织同乡会。苗艳丽对旅外云南同乡组织在1925年灾荒救治中的作用与优势进行讨论，旅外同乡组织充分发挥与家乡联系的优势，内联外引，弥补地方政府与地方民间社团的不及处，成为灾荒救治的重要力量。② 董鹏飞、刘劲松根据江西旅沪同乡会的会员入会志愿书分析江西旅沪群体的特征及其形成原因，指出该群体大体上没有摆脱传统地缘与业缘关系，并且通常无法依靠业缘组织而需依靠地缘性组织应对来自外界的各种压力。③ 张小坡对近代旅外徽州同乡会的设立、治理架构与社会功能进行了探讨。④

会馆、宗亲会、行业公会等各类华人社团在海外华人的生存与发展中扮演了重要角色，在特定时期更是华人社会运作的基本组织结构。不少研究对海外华人聚居密集的东南亚地区的华人社团进行探讨。部分研究者选择从历史、组织、功能等方面作个案研究，如何启才对马来西亚华人晋江社群的研究，⑤ 郭平兴对20世纪前马六甲惠州会馆的研究。⑥

部分研究则着重讨论华人社团随时代变迁而发生的转型问题。20世纪80年代，新加坡政府强调多元种族与文化政策，曾玲对21世纪以来新加坡华人社团在政府更为积极的新政策之下发扬中华文化的活动进行研究，包括在现有教育体制外开展保留与传承中华语言文化的活动、重振方言文化以增强社团凝聚力、与非华族进行文化交流，指出华人文化发展虽仍面临挑战，但其跨种族、跨国界的特点，可能为未来发展带来新动力。⑦ 林秀美、祝家丰对马来西亚马六甲鸡场街的华人地缘性组织进行研究，探讨其形成与功能，及其随时代变迁而发生的转型；认为传承、发扬中华文化成为社团重要功能；分析组织的发展局限性，并提出相应对策。⑧ 赵娜娜对第二次世界大战后新马粤籍华侨华人社团在组织结构、管理形式、经济基础与发展理念方面的变化进行研究。⑨

在一些华人社团中，神缘关系具有重要地位，部分研究就此展开讨论。谢林轩、麻国庆根据胡志明市堤岸华族会馆的田野调查对越南华族会馆的生存机制及其寻求内外整合的动态历史过程进行研究，当地华人选择根据地缘与神缘建立会馆，会馆既是神庙也是同乡会，借本帮移民数量与华商实力扎根当地，当下则通过传统文化活动、语言教育与慈善活

---

① 李浩、刘媛：《川黔仁边古盐道会馆研究》，《贵州民族研究》2018年第11期；袁月：《清代成都会馆与成都社会发展》，《成都大学学报（社会科学版）》2018年第5期；周梅清：《清代南宁会馆研究》，《广西地方志》2018年第6期；丰岚：《北京老城传统会馆的文化价值与保护策略研究》，硕士学位论文，北京建筑大学，2018年。

② 苗艳丽：《内联外引：1925年灾荒救治中的旅外云南同乡组织》，《农业考古》2018年第6期。

③ 董鹏飞、刘劲松：《地缘与业缘：民国江西旅沪群体简析——以1946年〈江西旅沪同乡会会员入会志愿书〉为中心》，《南昌航空大学学报（社会科学版）》2018年第1期。

④ 张小坡：《近代旅外徽州同乡会的治理架构与社会功能》，《安徽大学学报（哲学社会科学版）》2018年第4期。

⑤ 何启才：《马来西亚晋江社群的形成及经济活动变迁初探》，《八桂侨刊》2018年第3期。

⑥ 郭平兴：《20世纪前马六甲惠州会馆研究》，《惠州学院学报（社会科学版）》2018年第5期。

⑦ 曾玲：《宗乡社团的推动与新世纪以来的新加坡华人文化》，《华侨华人历史研究》2018年第3期。

⑧ 林秀美、祝家丰：《马来西亚马六甲鸡场街华人地缘性组织初探》，《八桂侨刊》2018年第3期。

⑨ 赵娜娜：《二战后新马粤籍华侨华人社团功能的变迁》，硕士学位论文，暨南大学，2018年。

动等形成新的成长机制。① 刘崇汉以马来西亚两座代表性会馆天后宫为例,探讨其历史、组织结构以及弘扬妈祖信仰的活动,并展望其发展前景。②

不仅海外华人社团,在行业组织、乡村社会等,神缘关系也是人群结合的又一选择。邓庆平、王崇锐对民间信仰、行业组织与区域社会视野下的行业神崇拜研究史进行回顾,指出行业神崇拜是整合、维系业缘组织的精神纽带,行业神研究能够深化对于传统业缘性社会组织构成方式与运作机制的理解;近代以来,旧式行会的行业神传统亦展现了工业化与现代化过程中的文化重构与社会整合过程,行业神崇拜在传统行会近现代转型过程中的变化也有必要进行更多讨论。③

袁松的研究表明,民间信仰作为村庄整合机制,其作用方式是微妙的,其论文以浙东福村的田野调查为根据,从礼物交换的视角探讨民间信仰的扩张机制与村庄的整合机制。一方面,人—神礼物交换过程中,权力竞争与社会团结的机制共同作用,由于信仰消费多少意味着与神佛的亲疏关系,礼物交往背后存在关系竞争;另一方面,富人购买礼物产生的过剩财富又流向弱势阶层,实现财富的道德转换与村庄整合。④ 杜连峰以湘西田冲村这一移民村落为研究对象,探讨包括苗族巴岱信仰、基督教信仰与共产主义信仰在村落生成、沉淀与共存的历史变迁过程,总结传统信仰文化在当代变迁有文化区域与传播、内外部互动、主体选择三种主要机制。⑤ 民间信仰不仅可能成为人群结合的选择,也可能导致人群冲突,潘阳力即对永嘉地区同一民间信仰背后地方社群之间的矛盾进行考察。⑥

在乡村社会中,也有基于民间信仰结成跨村庄的共同体。区锦联对广东新兴南部山区围绕慧能信仰形成的地缘性社会组织展开讨论,随着社会历史变化,围绕当地慧能信仰的祭祀网络也在发生分化与组合,该信仰早先依托的寺庙网络消失,完全嵌入地方社会关系中,将缺乏宗族组织与庙会组织的若干村寨结合成具有仪式性、祭祀性乃至联防功能的共同体。⑦

对于乡村社会中常被视作节庆的青苗会,岳永逸选择从青苗会的日常状态这一角度开启讨论,以20世纪30年代北平清河一带的青苗会为例,指出随着社会变迁,青苗会在看青以外还发展出维护社区安全、组织公共活动与事务等地方自治功能,并具有强化社群认同的功能,但同时青苗会在特定时日也会举办包含多种仪式活动的庆典,青苗会的日常形

---

① 谢林轩、麻国庆:《越南华族会馆的生存机制——以胡志明市堤岸区华族会馆的田野调查为例》,《文化遗产》2018年第3期。
② 刘崇汉:《海外会馆天后宫与妈祖文化——以马来西亚两座天后宫为例》,《妈祖文化研究》2018年第1期。
③ 邓庆平、王崇锐:《中国的行业神崇拜:民间信仰、行业组织与区域社会》,《民俗研究》2018年第6期。
④ 袁松:《礼物的竞争与调剂:民间信仰活动自我扩张的社会机制——以浙东福村为例》,《民俗研究》2018年第5期。
⑤ 杜连峰:《崇神者的选择与多元信仰变迁——以湘西田冲村为例》,《民族论坛》2018年第3期。
⑥ 潘阳力:《祭坛背后的博弈——永嘉县上塘镇地方社群矛盾及其在民间信仰活动中的表现》,《河池学院学报》2018年第6期。
⑦ 区锦联:《慧能信仰与地域祭祀共同体建构的人类学考察——广东新兴县"六祖轮斋"的个案研究》,《宗教学研究》2018年第2期。

态与节庆形态相互关联，皆是社会治理机制的体现。①

还有其他研究在"国家—社会"的框架下对不同类型的社会组织进行探讨。韩朝建依据1944年河北阜平县高街乡村剧团根据"真人演真事"模式编演话剧《穷人乐》的过程，探讨乡村剧团与社会动员的关系、社会动员与既有乡村社会结构的互动关系。高街乡村剧团诞生于经过边区政府改造的新的社会结构，演剧的社会动员效力实际上来自新的乡村社会结构自我表达、自我巩固的需要，乡村剧团为新时代的国家—社会互动搭建了平台。② 杜常顺、张磊着眼于清代回民社会的基层治理问题，以及国家力量与地方力量在其中的相互竞争，指出清代统治者在强化回民社会的基层治理过程中，必须整合利用当地传统自然社区的权力体系，借助回民教坊的教领，使国家权威得以发挥，其间朝廷对教领既有利用，又保持警惕，实际上，官府主导的基层社会治理组织也无法动摇教领在地方的强大影响力。③ 何明、杨开院以滇西榉村为例，对多族群村落社会的整合机制及其功能进行研究，各族群以村寨神灵祭祀仪式维系村落认同，同时通过祖先祭祀仪式维系本族群认同，两种认同共同作用，持续整合村落秩序。④ 张昂霄对明清基层蒙学组织社学进行研究，从元代创设之初到清中后期，分阶段讨论社学的发展建设过程及其与社会局势的关系，指出社学具有摇摆于官学与私学之间的暧昧属性，这实际上反映国家对社学管理力度的变化，并且便于对地方社会进行软性控制。⑤ 肖坤冰以James Scott与Willem Van Schendel关于边境地带的Zomia概念为切入点，探讨围绕普洱茶的生产与贸易网络的地方政权与中央王朝、生产茶叶的高地少数民族族群与作为代理者的低地较强势少数民族族群之间的互动，指出该边境地带以物质贸易维持各族群之间的动态平衡，实现社会整合。⑥ 蔡文佳通过个案讨论天台山寺观与地方宗族团体及地方政府的冲突与互动，寺观通过灵活的话语策略和自身定位，运作同地方各势力的关系，以谋求自身发展。⑦ 曾旭以近代庙产为切入点，通过民国武夷山三岩道院、地方政府与地方社团等各方势力关于茶产与寺产的纠纷，以及其中涉及的复杂问题，理解近代社会转型过程中国家与地方关系。⑧ 刘扬对清代以来东北的民间祭祀、同业、同乡等组织进行论述，并分析这些传统民间基层组织与政权之间的关系。⑨

蒋宏达则认为，常见"国家—社会"框架之下的研究会使民间祭祀组织的主体性隐而不显，选择从经济角度切入，以杭州湾南岸地区为个案，对清末民初由于市场棉花需求增长而导致的控产活动、与控产活动相配合的神会活动，以及新兴控产组织进行讨论，指

---

① 岳永逸：《社会组织、治理与节庆：1930年代平郊的青苗会》，《文化遗产》2018年第2期。
② 韩朝建：《乡村剧团与社会动员——以1944年河北阜平县高阶〈穷人乐〉的编演为中心》，《民俗研究》2018年第3期。
③ 杜常顺、张磊：《清代基层社会治理视野中的回民教领》，《世界宗教研究》2018年第6期。
④ 何明、杨开院：《仪式实践与榉村的社会整合》，《民俗研究》2018年第3期。
⑤ 张昂霄：《明清闽粤地区的社学与地方社会》，博士学位论文，东北师范大学，2018年。
⑥ 肖坤冰：《从"高地"到"低地"——从"佐米亚"概念看清代云南边境的普洱茶贸易与族群互动》，《民俗研究》2018年第2期。
⑦ 蔡文佳：《明清时期天台山寺观与地方社会》，硕士学位论文，浙江大学，2018年。
⑧ 曾旭：《道院与财委会：民国时期武夷山的寺产、茶产纠纷》，《民俗研究》2018年第5期。
⑨ 刘扬：《清代以来东北的民间社会组织述评》，《北方文物》2018年第3期。

出民间祭祀组织是近代经济变迁中有其策略选择与利益表达的社会主体。①

此外还有从历史学角度对一些文艺社团开展的研究。肖本飞以宋代音乐社团为研究对象，考察社团的形成背景、主要类型、表演场所与运行管理，由于商品经济的发展，宋代音乐社团逐渐发展出独立化、专业化、职业化的特点。②李思语对清末民初诗钟社进行研究，考察其兴起背景、历史转折时期复杂的发展历程、异于传统文人社团的特征以及历史价值与文化意义。③

总体而言，在宗族、庙会以外的各类社会组织民俗研究中，会馆、行会、同乡会等地缘、业缘组织研究取得了尤为丰富的研究成果，对于民间宗教组织与秘密结社的研究则相对不足。

四　结语

上述研究表明，对于人群如何结合这一问题的答案复杂多样，无论中国传统社会与现代社会，社会组织实践形态都十分丰富。2018年度的社会组织民俗研究大体具有如下特点：历史考察较多，对当下社会组织以及现代社会中的传统社会组织研究相对较少；对乡村社会中的社会组织民俗研究较多，对城市社会组织民俗研究较少。宗族研究仍旧是热点，且研究者对中国宗族实践与观念多样性的理解有所推进；民俗学者在庙会与香会研究当中取得了最为丰硕的成果；在宗族组织等其他社会组织的研究方面，其他学科的研究成果与方法值得民俗学借鉴。

---

① 蒋宏达：《袭旧与更新：近代经济变迁中的民间祭祀组织——以杭州湾南岸地区为例》，《民俗研究》2018年第2期。
② 肖本飞：《宋代音乐社团研究》，硕士学位论文，华中师范大学，2018年。
③ 李思语：《清末民初诗钟社研究》，硕士学位论文，上海师范大学，2018年。

2018年节日研究综述

郑 艳[*]

节日是人们现实社会生活的重要时间节点，也是国家或民族具有文化底蕴的重要现象。中国地域之广博、历史之久远、民族之多元，是节日文化深厚又鲜活的生存土壤。各民族与各地区的节日文化多姿多彩，成为民俗学研究的重点对象和主要内容。在传统文化于现实生活中重新释放活力的社会环境下，在国家非物质文化遗产保护如火如荼进行的过程中，在诸多学者对于传统节日的重点关注中，2018年的节日研究仍然保持了良好的态势，成果累累。

首先，从学术著述的角度而言，仅目前搜集到的就有近40部，其中科普性的节日文化著述占据多数。李耀宗编纂的《中华节日名典》是关于节日文化的集大成之作，以科学性、全面性、文献性、实用性为编纂原则，分上编"农历节期"（包括从正月到腊月期间各地区、各民族的节日）、中编"非农历节期"（包括以公历、太阳历、彝族历等安排的诸多节日）、下编"四季物候生产节期"（包括以春、夏、秋、冬的物候变化确定的节期），共录入中华各民族、各地区节日近3000个。[①] 阎建滨的《华夏节日密码》系统地介绍了中华民族的传统节日，挖掘了大量节日礼仪、风俗和故事，揭示其中的文化内涵和价值观念，同时就传统节日的传承与创新、发展节庆文化产业提出了切实可行的建议。[②] 大乔编著的《图说中国节》以图文并茂的方式对中国传统节日的来龙去脉进行了深入浅出的介绍，展示了中国节日的各种民俗活动。[③] 周丽霞编著的《普天同欢的节庆习俗》详细展现了春节、元宵节、清明节、端午节、中秋节、重阳节等传统节日的历史与内容。[④] 矫友田《中国传统节日》以通俗易懂的文字和丰富多彩的图片介绍了春节、元宵节、清明节、端午节、七夕节、中秋节、重阳节、腊八节等八个传统节日。[⑤] 以上著述，都是从相对体系化的角度对节日进行记录与描述。

陈丙合编著的《中国农村节日纵览》以生活在农村的人民群众为主要阅读对象，系统地收集了以农村为主体的各地、各民族节日约300个，对这些节日的起源、传说以及节庆活动的时间、地点、内容进行了简要的介绍。[⑥] 邓启耀、杜新燕主编的《中国西部民族

---

[*] 作者系山东社会科学院文化所研究员。
[①] 李耀宗：《中华节日名典》，陕西师范大学出版社2018年版。
[②] 阎建滨：《华夏节日密码》，西安出版社2018年版。
[③] 大乔：《图说中国节》，中国社会科学出版社2018年版。
[④] 周丽霞：《普天同欢的节庆习俗》，现代出版社2018年版。
[⑤] 矫友田：《中国传统节日》，济南出版社2018年版。
[⑥] 陈丙合：《中国农村节日纵览》，中国农业出版社2018年版。

文化通志·节日卷》结合田野调查资料，介绍了西部民族的各类节日，其中包括有关社会生产活动或物质民俗的节日、有关社会组织民俗或特定社会文化形态的节日、有关人生仪礼习俗的节日、有关民间游艺民俗的节日、一些综合性及演化复合型节日、一些涉及几大宗教的传统节日、与传统民间信仰相关的节祭等。① 赵玉宝、何欣的《东北非物质文化遗产丛书·民间岁时节日卷》重点介绍了东北地区汉族、满族、蒙古族、朝鲜族、锡伯族以及其他民族的主要节日，并从饮食、游艺、用语、用具、禁忌、典礼等方面进行了分析与研究。② 冉玉杰、李庆的《鲜活的文化印记——四川民间节日撷英》以邻居节、蛴蟆节、保保节、大肉会、春分会、踩桥会、花朝节、春台会、城隍会、水龙节这类独具地方特色的节日为关注对象，利用图文结合的方式，对所选节日进行深入的影像记录，同时辅之以极具现场感的文字叙述。③ 王余、张方来的《品评自贡灯会》也是利用图文结合的方式呈现了自贡灯会历史及其艺术特色，并从自贡现代彩灯的形态和布展方式维度，对灯品进行了归类和诠释，同时还采访了十多位自贡灯会专家，汇总他们对自贡灯会的评价，收集自贡部分诗家歌咏自贡灯会的诗文。④ 以上著述各自选取了一个区域性或是民族性的角度对节日进行了相对集中的介绍。

当然，关于节日文化的系列丛书出版数量也算可观。由文化部民族民间文艺发展中心2005年申请设立并于2009年被列为"国家社会科学基金特别委托项目"的《中国节日志》，2018年度继续推出相关学术成果。⑤ 中国人类学民族学研究会民族节庆专委会组织编写"多彩中国节"丛书是全面介绍中国传统节庆文化的英汉双语图书，精选了中国10个有代表性的传统节日——春节、元宵节、清明节、端午节、七夕节、中秋节、重阳节、那达慕、火把节、泼水节为主体内容，对节日的起源、流布、习俗、海外传播以及现代主要活动形式等进行了概要介绍。丛书不仅选取了汉族的传统节日，而且选取了在海内外有很高知名度的少数民族节日，并以图文并茂、汉英对照的形式为外国读者通俗、全面地呈现了中国绚丽多彩的节庆文化。⑥

除此之外，还有选取一个具体的视角对节日文化进行阐释与研究的著述。范建华、郑宇、杜星梅的《中国节庆文化与节庆文化产业》在初步构建节庆文化与节庆文化产业阐

---

① 邓启耀、杜新燕主编：《中国西部民族文化通志·节日卷》，云南人民出版社2018年版。
② 赵玉宝、何欣：《东北非物质文化遗产丛书·民间岁时节日卷》，东北大学出版社2018年版。
③ 冉玉杰、李庆：《鲜活的文化印记——四川民间节日撷英》，四川民族出版社2018年版。
④ 王余、张方来：《品评自贡灯会》，科学出版社2018年版。
⑤ 雒树刚主编：《中国节日志》系列丛书，其中包括有：《中国节日志·春节（黑龙江卷）》，于学斌卷主编；《中国节日志·春节（上海卷）》，忻平卷主编；《中国节日志·波罗诞》，王维娜、李朗宁卷主编；《中国节日志·仡佬族吃新节》，苟朝忠卷主编；《中国节日志·乌日贡》，何玉芳卷主编；《中国节日志·畲族三月三（乌饭节）》，林毅红卷主编；《中国节日志·自贡灯会》，田阡卷主编；光明日报出版社2018年版。
⑥ 彭新良主编：《多彩中国节系列丛书》，其中包括有：《春节》，张跃、李曦森等编著，王竹青译；《元宵节》，张跃、王晓艳等编著，赵波、段佳燕译；《清明节》，田阡、石甜编著，李力、李耸译，李建军审校；《端午节》，田阡、石甜编著，王阿秋译；《七夕节》，彭新良、谭瑾编著，陈奇敏译，阮全友审校；《中秋节》，田阡、栾为编著，汪世蓉、潘洁等译；《重阳节》，李晓燕、谢黎蕾编著，曾静译；《那达慕》，张曙光著，赵成、刘紫薇等译，徐伟红审校；《火把节》，张跃、张海玲等著，王菲译，刘川审校；《泼水节》，张跃、徐子珺等著，王艳芳译；安徽人民出版社2018年版。

释框架的基础之上，较为整体地呈现了各地区与各民族传统与现代节庆的基本面貌，从文化产业的视角诠释了节庆文化的演变机制，提出了现代节庆活动运作中的误区、建议与反思。[①] 吴玉萍的《企业节日研究——基于经济民俗学新视角》以"双十一""米粉"节等企业节日为研究对象，在经济民俗学的新视角下，从民俗心理、参与精神、信仰习俗等角度给予分析，提出用传统文化精髓培育现代企业文化的新路径。[②] 张晓的《清水江边的船与人——贵州施洞苗族"独木龙舟节"研究》选取了清水江流域施洞苗族流传的龙舟竞渡活动为研究对象，从龙舟文化概述、"独木龙舟节"、龙舟节与施洞苗族的信仰体系、龙舟节与施洞苗族的时间记忆、龙舟节与施洞苗族的空间世界方面对这一极具地方特色与民族特色的节庆进行了研究。[③] 金少萍的《城子村傣族泼水节》通过纪实摄影图片与文字简介，从圣礼源流故事的文化内涵与解读，与佛、祖先、诸神的对话，拜祭、节令、备耕的意义，以及展示生活韵律的民俗文化事项四个部分展示了非物质文化遗产——城子村傣族泼水节的面貌。[④] 邵志择的《从外国冬至到圣诞节——近代以来圣诞节在中国的节日化》是关于圣诞节自近代以来如何逐渐在中国的部分都市里成为一个商业化节日的研究，时间跨度从晚清到改革开放以后，主体内容包括绪论（圣诞节：从西方到中国）、从"外国冬至"到"圣诞节"、圣诞节的商业化和狂欢化、非基督教运动与圣诞节、孔子的"圣诞节"、圣诞节在当代中国的流行、重构的社会化节日等七章，对圣诞节在中国的流行梳理较为详细。[⑤]

节日研究形成的论文集（包括辑刊）也有公开出版。程健君主编的《中国传统节日文化研究·春节》是中国民间文艺家协会 2017 年举办的"乡关何处——春节文化与城市文明研讨会"和"和合与狂欢——中原元宵民俗调查研讨会"的成果结晶，共收录了研究春节和元宵节的学术论文 28 篇，主要围绕春节习俗起源、发展、演变，元宵习俗的文化功能，中原地区的春节元宵习俗等展开研究和论述。[⑥] 李松、张士闪主编的《节日研究》（第 12 辑）分"学术前沿""田野报告""域外学术"三个部分，收录 15 篇文章，其中包括理论性探讨、若干节日研究个案以及有关域外节日研究的译文。[⑦]

此外，关于节日的教材或是教育辅助读物成为节日文化普及的重要载体，其面对群体的跨度甚至从幼儿园小朋友到大学生青年朋友。蔡秀萍主编的《幼儿园传统节日文化活动》是一本关于幼儿园传统节庆活动策划的教辅读物。[⑧] 江长冰、刘惠敏主编的《中华节日文化赏析》也是一本面向小朋友的国学读物，第一部分详细描述了 16 个汉族传统节日，第二部分则以简明扼要的方式介绍了 88 个少数民族节日。[⑨] 陈锡德、许淑媛主编的《中华传统节日》是由高教出版社出版的新形态一体化教材，从历史及传说、习俗、文化

---

① 范建华、郑宇、杜星梅：《中国节庆文化与节庆文化产业》，云南大学出版社 2018 年版。
② 吴玉萍：《企业节日研究——基于经济民俗学新视角》，东方出版中心 2018 年版。
③ 张晓：《清水江边的船与人——贵州施洞苗族"独木龙舟节"研究》，济南出版社 2018 年版。
④ 金少萍：《城子村傣族泼水节》，云南美术出版社 2018 年版。
⑤ 邵志择：《从外国冬至到圣诞节——近代以来圣诞节在中国的节日化》，上海交通大学出版社 2018 年版。
⑥ 程健君主编：《中国传统节日文化研究·春节》，河南大学出版社 2018 年版。
⑦ 李松、张士闪主编：《节日研究》（第 12 辑），学苑出版社 2018 年版。
⑧ 蔡秀萍主编：《幼儿园传统节日文化活动》，中国华侨出版社 2018 年版。
⑨ 江长冰、刘惠敏主编：《中华节日文化赏析》，中国人民大学出版社 2018 年版。

价值以及与节日相关的诗文鉴赏的角度阐述了春节、元宵、清明等中华传统节日。[1] 卢晓主编的《节庆策划与管理》则是教育部高等学校旅游管理类专业教学指导委员会规划教材，内容涉及节庆相关理论、主题与形象策划、相关活动策划、节庆视觉与场景设计、节庆现场管理和节庆品牌管理等。[2]

关于节日文化的各类文章约达200篇，还有40余篇学位论文也从不同的对象或是角度对节日进行了探讨。结合公开发表的各类文章可以发现，2018年的节日研究主要涉及以下几个方面。

一 节日的起源与流变研究

起源与流变是节日研究的基本问题之一，其主要关注某个节日的起源与流变、某种节日习俗的起源和流变。

首先，关于某个节日的起源与流变问题。经过多年的研究积累，对于传统节日的起源问题进行探讨的文章逐渐退却热潮，研究多倾向于新兴节日的起源及其社会背景的探讨。史晓林从审美体验的角度阐释了乌镇戏剧节（作者将其定义为"艺术与节日仪式相结合的戏剧节"）通过戏剧将饱含着生命的节日仪式氛围推向高峰。[3] 孟祥宁从消费的角度将"11.11""5.20""3.7"等网络节日定义为伴随着网络文化和流行文化兴起的"人造节日"，其在现代的经济和文化环境中产生，是商家利用节日文化营造消费的结果。[4] 卢金、王蓓、向映梅、何慧兰从文化心理的视角对"女生节""光棍节"等富有中国特色的新兴节日文化现象进行了解读。[5] 陈舒楠则站在女性这一群体的立场上分析"妇女节"的名称被"女生节""女神节"取代这一现象，对女性在当下社会中的地位及两性关系进行了探究。[6] 除了以上新兴节日，也有从传统时间观念中脱胎的"新"节日——中国农民丰收节得到人们的关注，其于2018年设立（国函［2018］80号），节日时间为每年"秋分"。由于节日确定时间不是很长，相关研究不多，仅有个别简短报道及讨论。[7]

与此同时，传统节日的流变问题依然热潮不减。其中，有着复杂发展过程的清明节尤其受到关注。陈连山的《清明节源流考》一文通过简洁明了的方式梳理了清明节的源流。[8] 朱志平通过研究认为清明主要节俗基本上完备于唐代寒食节，并探究了清明节日化

---

[1] 陈锡德、许淑媛主编：《中华传统节日》，高等教育出版社2018年版。
[2] 卢晓主编：《节庆策划与管理》，重庆大学出版社2018年版。
[3] 史晓林：《新时代的旅游策略：艺术与节日双重构建的审美乌托邦——以乌镇戏剧节为例》，《社会科学家》2018年第10期。
[4] 孟祥宁：《从"网络节日"的火爆看节日审美新风尚》，《新闻研究导刊》2018年第6期。
[5] 卢金、王蓓、向映梅、何慧兰：《从文化心理视角解读中国新兴节日文化现象》，《文教资料》2018年第5期。
[6] 陈舒楠：《一个被拒绝的节日——由"妇女节"到"女生节""女神节"》，《长江文艺评论》2018年第6期。
[7] 徐凌峰：《农民丰收节：有仪式感的国家符号》，《新农业》2018年第7期；徐凌峰：《"中国农民丰收节"不只是一个节日》，《新农业》2018年第7期。
[8] 陈连山：《清明节源流考》，《中国艺术报》2018年4月18日。

的历史逻辑。[①] 黄意明则将清明节的演变整合过程中功能的转化归结于传统礼文化。[②] 此外，对于诸如春节、中元节、中秋节、腊八节等传统节日的关注也依然存在：李国江从社会变迁中的家庭空间切入，从民俗传承角度对基于该空间的春节民俗变迁进行了考察分析[③]；张舰戈发表了一系列文章，分别探讨中元节和中秋节的民俗内涵演变[④]；吴越认为中秋节的文化流变主要分为成文历法出现之前及成文历法出现之后两个阶段[⑤]；毕悦通过史料分析与田野调查相结合的研究方法梳理腊八节的流变过程，确定其起源于佛家寺院，宋代时最终成型并兴盛于民间[⑥]。少数民族的传统节日也有相关研究，任赟娟从文化人类学的视角出发，考察了西藏阿里地区普兰县科迦村"普堆羌"演变为"男人节"前后的称谓表述、源流图景和仪节流程。[⑦]

其次，从某种节日习俗的起源和流变角度来说，张朝晖简要分析了春节剪纸习俗观念在数千年发展的过程中的演变[⑧]，戚文闯、秦星星则讨论了寒食节中秋千之戏的变迁[⑨]。

二 节日的要素、特性与内涵研究

节日一般具有特定的时间段落、空间范围以及特殊的行为方式和情感体验，是人们时间生活的重要组成部分，有别于日常的生活方式，也展现出了人们不同的精神风貌。由此，学界对于节日要素、特性及内涵的研究一直没有中断过。

从相对整合性的角度来看，学界对于节日的基本问题依然保持浓厚的兴趣。陶思炎对节气与节日的区别与联系进行了阐释，并强调了两者的文化渊源和内涵空间。[⑩] 张勃关注节日的定义、分类与重新命名现象，并认为节日研究者应该特别重视这一现象。[⑪] 王霄冰认为节日民俗作为地方性民间文化的一部分，有着内在的逻辑性、系统结构以及特有的行

---

① 朱志平：《从节气到节日："清明"节日化的时间及其历史逻辑》，《南京农业大学学报（社会科学版）》2018年第5期。
② 黄意明：《清明民俗的演变与现代文化功能重建》，《艺术百家》2018年第6期。
③ 李国江：《家庭空间视域下春节民俗变迁探析》，《温州大学学报（社会科学版）》2018年第6期。
④ 张舰戈：《北宋中元节民俗活动内涵演变考》，《南都学坛（人文社会科学学报）》2018年第2期；张舰戈：《唐宋时期中元节民俗内涵演变考究》，《史志学刊》2018年第3期；张舰戈：《宋代中秋节日内涵演变考》，《西南科技大学学报（哲学社会科学版）》2018年第6期。
⑤ 吴越：《中秋节的文化流变及文学书写》，《唐山师范学院学报》2018年第2期。
⑥ 毕悦：《腊八节考略——兼论陕西地区腊八节诸习俗》，《咸阳师范学院学报》2018年第3期。
⑦ 任赟娟：《一个藏族村落"男人节"的多层社会记忆——普兰县科迦村节庆"普堆羌"的传统及其变迁》，《中国藏学》2018年第1期。
⑧ 张朝晖：《从精神追求到文化记忆：春节剪纸习俗观念的演变》，《中国艺术报》2018年2月23日。
⑨ 戚文闯、秦星星：《论秋千之戏在寒食习俗中之流变》，《甘肃广播电视大学学报》2018年第2期。
⑩ 陶思炎：《节气与节日的文化结构》，《民族艺术》2018年第2期。
⑪ 张勃：《节日的定义、分类与重新命名》，《节日研究》（第12辑），学苑出版社2018年版，第38—44页。

为方式。① 李松、王学文、张远满则提出传统节日的文化建设与研究必须重视其文化内涵的提升和传统节日仪式的梳理。② 阿布都哈德在汉族和维吾尔族节日比较的基础上探索了节日的时间属性。③

从相对个性化的角度来看，学者们通过梳理文献或田野调查也得出了有关节日特性与内涵的研究成果。董德英从消费的角度阐释了北宋东京的节日生活。④ 刘梓萌硕士学位论文从过去、现在、未来分析当下的消费性节日，揭露消费性节日不稳固的时间性结构。⑤ 黄旭涛则从饮食、娱乐、信仰、礼仪等方面讨论了天津春节习俗的地域特色。⑥ 陈学璞通过研究认为壮族"三月三"比较确切的定位应该是"民族文化歌圩（山歌）节"。⑦

三 节日现状及其传承、传播研究

在社会高速发展、交流日益密切、文化碰撞不断的社会大背景之下，以传统节日为主的节日生存现状及其传承与传播问题更加受到学术界的广泛关注。综合看来，这一部分的研究主要关注点有二：一是传统节日体系现状及其传承与传播问题的理论性探讨；二是某个具体节日（包括汉族和少数民族）的现状及其传承与传播问题。

首先，关于节日体系现状及其传承与传播问题的理论性探讨。黄治国提出传统节日遭遇现代性危机，需要在对日常生活进行批判的基础上建构起一个富含意蕴的生活世界。⑧ 秦淮以青岛财神节为引子，探讨了传统民俗节日在后现代文化多元化社会中的处境。⑨ 张帅认为应该通过"破""立"并举的发展方式建立起适合传统节日文化传承发展的体系和模式。⑩ 李银兵、曹以达认为充分了解传统节日文化创新"何为"和"为何"等相关重要问题需回到节日文化创新的空间视域。⑪

其次，某个具体节日（包括汉族和少数民族）的现状及其传承与传播问题。学界对

---

① 王霄冰：《节日民俗志的提出及其关注重点》，《节日研究》（第12辑），学苑出版社2018年版，第24—37页。
② 李松、王学文、张远满：《重视传统节日的文化内涵》，《节日研究》（第12辑），学苑出版社2018年版，第2—23页。
③ 阿布都哈德：《节日、仪式、禁忌、巫术与起始时间——节日时间属性的研究》，《节日研究》（第12辑），学苑出版社2018年版，第102—109页。
④ 董德英：《消费视角下的北宋东京节日生活》，《民俗研究》2018年第5期。
⑤ 刘梓萌：《消费性节日的时间性结构研究》，硕士学位论文，陕西师范大学，2018年。
⑥ 黄旭涛：《奢靡狂欢与兼容并蓄——论天津春节习俗的地域特色》，《节日研究》（第12辑），学苑出版社2018年版，第52—65页。
⑦ 陈学璞：《少数民族传统节日的准确定位——基于壮族"三月三"的思考》，《中共桂林市委党校学报》2018年第31期。
⑧ 黄治国：《传统节日的现代性危机与日常生活批判》，《文化遗产》2018年第3期。
⑨ 秦淮：《后现代城市传统民俗节日文化空间的建构》，《地方文化研究》2018年第2期。
⑩ 张帅：《"破""立"并举：传统节日文化创造性转换和创新性发展》，《延边党校学报》2018年第6期。
⑪ 李银兵、曹以达：《传统节日文化创新的空间性探析》，《湖北民族学院学报（哲学社会科学版）》2018年第3期。

于诸如春节、元宵节、端午节之类的关注依然热情不减，虽然研究成果水平和质量参差不齐，但也为某个具体节日在各地区或是各民族中的生存现状及其传承、传播提供了可供参考的案例。

万建中从城市的背景切入，认为民俗学者在面对都市年味越来越淡是无能为力的，并且提出能够改变都市春节现状的只有政府。① 郭强对春节文化变迁的表象进行了梳理，分析了显性变革背后折射的文化内涵转变，对作为技术性系统的文化政策在国家话语、市场话语和市民话语三个方面需要调控和引导的重点提出了建议。② 王彦龙以甘肃省临潭县太平村春节为例，描述和分析了不同生活方式下的春节文化以及两者之间的关系。③ 王天鹏、潘萍对江西省鹰潭市渡坊村村民的春节习俗进行了调查，从乡土文化认同的视角探析了春节上谱活动与村民之间的关系。④ 周丽蓉对山西娘子关古镇下董寨村的春节民俗进行了调查。⑤ 杨晨通过总结问卷调查所得到的数据描述了青岛地区城镇乡不同地区对传统习俗春节的保护现状，并分析诸多因素对这一现状的影响。⑥ 李庶凯硕士学位论文探讨了中国除夕年夜饭的消费仪式以及春节期间社会因素对中国年轻消费者消费行为的影响。⑦ 以上研究从各自的角度关注了春节的现状。

毛巧晖发现北京市怀柔区琉璃庙镇杨树底下村一带元宵节"敛巧饭"习俗在遗产化过程中转换为"'敛巧饭'民俗风情节"的过程。⑧ 瞿全、田园园对张家界市元宵节灯会巡游进行了简单介绍，并提出关注发现、了解巡游中传统音乐文化的传承与保护问题。⑨ 彭艳霞硕士学位论文以Z镇元宵板灯节传承状况为切入点，分析其传承现状及原因，并提出传承乡土节日文化以坚定文化自信的几点建议。⑩ 以上是对元宵节及其习俗的关注。

除此之外，李炎坤硕士学位论文则以山西省沁县为个案，通过对当地传统节日（包括春节、元宵节、端午节）中民俗文化的调查，引发对传统节日的当代传承策略的思

---

① 万建中：《都市春节的重构与理想主义学术情结》，《文化遗产》2018年第1期。
② 郭强：《传统节日的文化传承——以春节为例》，《文化软实力研究》2018年第3期。
③ 王彦龙：《农村生活方式变迁对春节文化的影响研究——以甘肃省临潭县太平村为个案》，《山西农业大学学报（社会科学版）》2018年第7期。
④ 王天鹏、潘萍：《乡土文化认同视角下的春节上谱仪式研究——以鹰潭市渡坊村田野调查为例》，《赣南师范大学学报》2018年第5期。
⑤ 周丽蓉：《传统春节中的历史记忆——山西娘子关古镇下董寨村的春节民俗调查》，《戏剧之家》2018年第12期。
⑥ 杨晨：《春节传统习俗的保护现状——以山东青岛地区为例》，《经贸实践》2018年第12期。
⑦ 李庶凯：《家庭身份认同建构——除夕年夜饭消费仪式研究》，硕士学位论文，华东师范大学，2018年。
⑧ 毛巧晖：《遗产化与民俗节日之转型：基于"2017'敛巧饭'民俗风情节"的考察》，《北京联合大学学报（人文社会科学版）》2018年第1期。
⑨ 瞿全、田园园：《关于对张家界市元宵灯会巡游中民族民间艺术形式种类的调查研究》，《北方音乐》2018年第16期。
⑩ 彭艳霞：《乡土节日文化传承与文化自信研究——基于Z镇元宵板灯节的实证调查》，硕士学位论文，江西师范大学，2018年。

考。① 田艳也以山西为研究范围，就清明寒食文化更好地传承发展提出了建议。② 郭荣茂在考察海峡两岸（晋江）七夕返亲节的基础之上，提出七夕传统节日习俗能在现代社会的治理中发挥重要的作用，而围头新娘七夕返亲节活动的举办是一种可借鉴的经验模式。③ 黄永林、孙佳基于中秋节习俗的调研报告，从文化社会学角度分析了传统节日习俗与人的需求、文化传统、社会变迁、经济发展、科技进步和政府行为等方面的关系，以及各种力量之间的博弈对中秋节的影响，以此管窥中国传统节日习俗的发展趋势。④ 张勃则关注了重阳节的当代振兴，认为其变成以敬老孝亲为主题的节日，有助于保障老年人合法权益，发展老龄事业，弘扬中华民族敬老、养老、助老的美德，是对传统节日进行创造性转化的重要成果。⑤ 以上研究分别关注了诸如寒食、清明、端午、七夕、中秋和重阳节等传统节日。

另外，还有一些颇具地方色彩的民间传统节日得到学界的关注。李彩萍通过对北京高碑店村"二月二龙抬头"文化节的调查研究提出传统节日文化得以活态传承的几点建议。⑥ 刘泳斯同样关注"二月二"，并从宗教学研究的角度探讨了河北赵县范庄龙牌会的组织变迁的现状及其性质。⑦ 赵莉燕硕士学位论文则讨论了太行南麓独有的"送羊"节日习俗。⑧

少数民族节日方面，冯智明通过研究广西龙胜各族自治县晒衣节中的表演，认为红瑶女性的身体及其表征被重构为一个想象的"原生态"他者符号。⑨ 张池、邱明瑜、张雄调查研究了贵州加勉苗族鼓藏节及其祭祀文化。⑩ 张文静、刘金标反思了苗族吃新节面临消失的危机并提出建立相应的机制来保护。⑪ 刘礼国对台江苗族元宵节舞龙嘘花进行了研究。⑫ 潘璇、张伟莲、严慧荣认为畲族传统节日"三月三"要随着时代发展创新。⑬ 闭丹

---

① 李炎坤：《山西沁县传统节日民俗文化展示调查研究》，硕士学位论文，山西师范大学，2018年。
② 田艳：《清明寒食文化的传承与创新》，《中国艺术报》2018年4月18日。
③ 郭荣茂：《传统节日习俗传承与社会治理创新——海峡两岸（晋江）七夕返亲节考察》，《汕头大学学报（人文社会科学版）》2018第12期。
④ 黄永林、孙佳：《博弈与坚守：在传承与创新中发展——关于中国传统节日中秋节命运的多维思考》，《民俗研究》2018年第1期。
⑤ 张勃：《过好我们的重阳节》，《中国文化报》2018年10月17日。
⑥ 李彩萍：《北京高碑店"二月二龙抬头"文化节与社区传统文化的传承》，《文化学刊》2018年第7期。
⑦ 刘泳斯：《河北赵县范庄"二月二"龙牌盛会的当代变迁》，《东方论坛》2018年第1期。
⑧ 赵莉燕：《冀南地区"送羊"节日习俗研究》，硕士学位论文，南京师范大学，2018年。
⑨ 冯智明：《"凝视"他者与女性身体展演——以广西龙胜瑶族"六月六"晒衣节为中心》，《民族艺术》2018年第1期。
⑩ 张池、邱明瑜、张雄：《加勉苗族鼓藏节调查报告》，《节日研究》（第12辑），学苑出版社2018年版，第110—121页。
⑪ 张文静、刘金标：《少数民族节日保护探析——以苗族的吃新节为例》，《旅游纵览》2018年第2期。
⑫ 刘礼国：《台江县元宵节舞龙嘘花调查研究》，《体育科技》2018年第3期。
⑬ 潘璇、张伟莲、严慧荣：《畲族传统节日"三月三"的传承与创新》，《浙江日报》2018年11月12日。

玲硕士学位论文重点关注壮族的"三月三",探讨的是节日变迁背景下民族传统体育文化的传承与发展。① 谢睿硕士学位论文则对壮族霜降节的形式、活动内容、社会功能等方面进行了描写和论述。②

节日作为非物质文化遗产中极为重要的内容,也引起了学者们的重视。在对具体节日现状及其传承与传播的问题上,从"非物质文化遗产"角度进行探讨的学术成果不在少数。耿波提出,在"非遗观念"和《关于实施中华优秀传统文化传承发展工程的意见》的双重约束下,中国传统节日研究何去何从成为节日研究的一个问题。③ 李心峰认为非遗保护唤醒了有关传统节日的自觉意识。④ 王加华通过对胡集书会的研究,提出政府主导是非遗项目最为有效的保护方式。⑤ 沈思涵通过对湖北省秭归县端午节庆产业的研究,提出必须以保护与传承非物质文化遗产为基本准则,借此保护中国传统文化和发展城镇经济,实现经济效益与社会效益共赢。⑥ 陆辰佳以国家级非遗端午节罗店划龙船习俗为例,阐述了中华优秀传统节日的文化价值以及推动传统节日和文化的创造性转化和创新性发展。⑦ 王玲以宜昌端午习俗为例,了解高职院校非遗校园传承现状。⑧ 许雁以广西崇左市大新县下雷镇"霜降节"为例,梳理壮族节日与产业化的关系,以实现边疆民族地区非物质文化遗产的价值和功用最大化。⑨

在节日的传承与传播问题上,还有主体的问题是学界所关注的,其中研究较多的便是现实城市生活中承担传统文化传承与传播重任的青年群体。卫敏、马金金、韩慧鹃、彭朝勇、贺少雅尝试从心理学视角出发,考察人们对春节习俗了解的程度和对年味儿的看法,尤其关注了处于时代潮流前沿和承担文化传承重担的年轻人。⑩ 黄玲丽、田云青认为当代大学生是传统节日文化的重要传承主体,并提出增强当代大学生传统节日文化意识与优化其节日文化行为的路径。⑪ 杜爱红分析当代大学生中西方节日文化观形成的原因,以期引

---

① 闭丹玲:《节日变迁背景下民族传统体育文化传承与发展研究——以广西"壮族三月三"为例》,硕士学位论文,广西民族大学,2018年。

② 谢睿:《广西天等壮族霜降节民俗文化研究》,硕士学位论文,广西师范学院,2018年。

③ 耿波:《从非遗到传统文化:中国传统节日研究的范式转换》,《枣庄学院学报》2018年第6期。

④ 李心峰:《非遗保护视野下传统节日文化的传承与弘扬》,《中国艺术报》2018年7月11日。

⑤ 王加华:《"政府主导"非遗保护模式意义再探讨——以国家级非物质文化遗产胡集书会为个案的分析》,《节日研究》(第12辑),学苑出版社2018年版,第66—84页。

⑥ 沈思涵:《非物质文化遗产保护视域下节庆文化传承发现研究——以湖北省秭归县端午节为例》,《长江大学学报(社会科学版)》2018年第3期。

⑦ 陆辰佳:《文化记忆视角下节庆类非遗的保护与传承研究——以国家级非遗端午节罗店划龙船习俗为例》,《遗产与保护研究》2018年第3期。

⑧ 王玲:《宜昌市非物质文化遗产校园传承现状调查研究——以屈原故里端午习俗为例》,《文化创新比较研究》2018年第32期。

⑨ 许雁:《"非遗"保护语境下边疆民族地区节日文化的保护传承与创新发展——以壮族"霜降节"为例》,《百色学院学报》2018年第4期。

⑩ 卫敏、马金金、韩慧鹃、彭朝勇、贺少雅:《年文化传承与发展现状研究——基于年龄差距的文化认知调研》,《遗产与保护研究》2018年第9期。

⑪ 黄玲丽、田云青:《当代大学生传统节日文化意识与行为提升研究》,《信阳师范学院学报(哲学社会科学版)》2018年第5期。

导他们积极传承和弘扬中国传统节日文化。[1] 沈惠以传统节日为视角对其进行分析，找出当前大学产生文化认同危机的原因，并且得出应对危机的措施。[2] 潘莹莹以中国传统节日为例，通过问卷调查和深度访谈了解当代大学生对传承我国优秀传统文化的态度。[3] 高楠硕士学位论文试图通过对南宁市武鸣区"三月三"节日习俗活动的考察，唤醒壮族学生的文化记忆，增强壮族学生对本民族文化的认同。[4] 陈昊宇、吕鑫、王晓美、刘洁、刘卓然通过对河洛地区5所高校当代大学生文化自信现状的调查分析，反映出大学生群体中存在诸如民族文化认同感匮乏、关注度不足、实践度不够等现象。[5] 以上研究多是从调查的角度反映当前大学生对于传统节日的认知。

在节日的传承与传播问题上，传播媒介与方法的更新给传统节日造成的影响一直都是学界关注的热点。张勃认为对于传统节日而言，大众传媒并非仅仅是传承传播者，而且还是营造浓厚氛围甚至促使节日发展的重要力量，应当树立责任担当意识，积极主动，明晰宣传思路，形成宣传重点，为节日主体的参与和自我表达提供宽广空间。[6] 殷冬阳通过对新媒体环境下传统节日文化的传播特征和传播策略的分析和概括，力求为传统节日文化传播的发展提供有益的视角和思路。[7] 董子健硕士学位论文分析了节日文化传播过程中艺术化传播的趋势、方法、有效路径等。[8]

与其他角度的研究一样，春节也是从传播学的角度进行节日研究的重要对象之一，内容涉及春节及其各种民俗活动。刘燕、董小玉以新媒体环境为研究视域，以春节的文化记忆为研究对象，分析春节文化记忆书写方式的革新、传统记忆仪式的转变、记忆内涵的拓展，揭示媒介对春节文化记忆的重构。[9] 胡泊依据互动仪式链理论对除夕夜亲属微信群内的红包互动进行了分析。[10] 贾牧笛聚焦压岁钱风俗，探讨互联网技术发展带给这一风俗的改变。[11] 江佳妮硕士学位论文也是试图分析互联网红包传播现象，规避其对节日文化、人际关系和文化共同体的消解，并从技术、传播、功能三个方面总结红包习俗当代网络演变

---

[1] 杜爱红：《当代大学生的中西方节日文化观探析》，《现代教育》2018年第20期。
[2] 沈惠：《当代大学生文化认同危机及其应对——以传统节日为例》，《文化创新比较研究》2018年第23期。
[3] 潘莹莹：《西俗东渐语境下当代大学生传统文化传承教育研究——以中国传统节日为对象》，《合肥师范学院学报》2018年第2期。
[4] 高楠：《"三月三"节日习俗对壮族学生文化传承的影响研究——基于南宁市武鸣区壮族"三月三"的调查》，硕士学位论文，广西师范大学，2018年。
[5] 陈昊宇、吕鑫、王晓美、刘洁、刘卓然：《当代大学生民族文化自信缺失的表现及应对策略——以传统节日为考察中心》，《科技经济导刊》2018年第3期。
[6] 张勃：《振兴传统节日，大众传媒怎么做》，《青年记者》2018年第33期。
[7] 殷冬阳：《新媒体环境下传统节日文化的当代传播》，《大众文艺》2018年第5期。
[8] 董子健：《我国传统节日文化的艺术化传播》，硕士学位论文，河北师范大学，2018年。
[9] 刘燕、董小玉：《记忆重塑：媒介对春节文化的影响》，《新闻研究导刊》2018年第19期。
[10] 胡泊：《塑造神圣与娱乐消解——春节期间亲属微信群"抢红包"的仪式互动》，《东南传播》2018年第6期。
[11] 贾牧笛：《传播学视角下技术嬗变对春节压岁钱风俗的解构与重建》，《新闻研究导刊》2018年第12期。

的发展。① 刘畅以商业性的春节广告为例,分析其中的符号、叙事和主题,以及对传统节日文化的意义建构过程。② 成云则以山西省杜庄村为例,将过年"走亲戚"这一习俗作为一个社会传播现象进行研究。③

除春节以外,其他传统节日也继续受到从传播学角度进行节日研究者的关注。李严通过分析清明祭祀仪式传播中的场景位移及其引发的情感仪式变动和认同总像来反观全媒体的实际应用现状。④ 董丽丽应用"矛盾论"的观点探讨了以清明节为代表的节日节令词汇等文化负载词的翻译传播问题。⑤ 张胶硕士学位论文以《人民日报》《中国文化报》《湖南日报》在2009年至2017年的端午节报道为研究样本,探索出端午节建构过程中的文化传播现状与存在的不足。⑥ 韩云鹏梳理了邢台市天河山七夕文化十年间的传播模式和发展脉络,提出全媒体环境下的传播策略。⑦ 王强回顾近年来央视关于重阳节的报道,分析了电视媒体对传统节日的传播策略并提出建议。⑧ 马岳、朱德钊对中国传统节日——上元节、中元节和下元节进行了符号化设计并期待使其再度焕发生机。⑨

少数民族的传统节日也有相关研究:李夏婷运用互动仪式链理论分析土家族传统节日仪式——恩施"女儿会"节日仪式的准入及作用机制和存续的动因⑩。杰根石青分析《凉山日报》对彝族火把节的内容生产,揭示报纸媒体对火把节形象建构的动态变化过程。⑪

四 节日的功能与价值

节日作为复合性的文化现象,具有丰富的社会功能与文化价值,这些也是节日研究值得关注的重要内容。

从整体的节日体系来说,学者对于节日的功能与价值进行了相对综合的思考与探讨。张东赞认为节日作为对社会生活的时间划分是一种重要的文化符号,起到促进群体成员身

---

① 江佳妮:《传播仪式观视角下红包文化的网络演化研究》,硕士学位论文,广西大学,2018年。
② 刘畅:《节日广告对传统节日的文化表征和意义建构——以春节广告为例》,硕士学位论文,厦门大学,2018年。
③ 成云:《传播学视域下的春节"走亲戚"习俗研究——以山西霍州杜庄村为例》,《忻州师范学院学报》2018年第3期。
④ 李严:《从清明网络祭祀的仪式变迁看全媒体的场景化应用》,《新媒体研究》2018年第16期。
⑤ 董丽丽:《"矛盾论"视角下古诗中节日节令翻译策略研究——以"清明"为例》,《哈尔滨学院学报》2018年第7期。
⑥ 张胶:《主流纸媒对端午节的文化建构研究》,硕士学位论文,河北大学,2018年。
⑦ 韩云鹏:《"天河山""七夕文化"全媒体传播策略研究》,硕士学位论文,河北大学,2018年。
⑧ 王强:《传统节日的电视媒体呈现——以央视〈新闻联播〉对重阳节的传播为例》,《青年记者》2018年第11期。
⑨ 马岳、朱德钊:《中国传统节日符号化探索——以"三元节"为例》,《艺术生活》2018年第4期。
⑩ 李夏婷:《互动仪式链视域下的土家族传统节日仪式传播分析——以恩施"女儿会"为例》,《视听》2018年第6期。
⑪ 杰根石青:《重构传统:彝族火把节意义的媒介镜像研究》,硕士学位论文,四川外国语大学,2018年。

份认同的作用。① 杨秀芝提出应以传统节日的各种要素助力民族团结进步的创建活动。② 邓菁也认为传统节日是历史文化的重要组成部分，发挥着弘扬民族精神、强化民族记忆、凝聚民族情感的作用。③ 李春晓分析传统节日对古代自然科学与人文历史的传承价值，并阐释了弘扬传统节日、培育民族自信的具体路径和做法。④ 刘华提出传统节日民俗事象的当代价值是守护中华民族的乡村文明之根。⑤

具体到某个节日的功能与价值，学界关注更多的依然是传统节日。黄涛认为春节庙会既是各种传统文化形式集中展示和有效传承的文化空间，也是增加人际交往、增强社群凝聚力的重要集会，具有多方面的文化价值和社会功能。⑥ 赵雪硕士学位论文提出春节文化以潜移默化的方式对个体乃至整个社会进行着心理教育、人格教育、道德教育和政治教育。⑦ 岳永逸通过研究青苗会认为节日与节庆是社会治理与自治的一种有效方式、策略与制度。⑧ 刁统菊调查发现山东曹县花供会在区域社会上有较强的凝聚作用。⑨ 谭富强、黄清喜以赣南客家清明节为研究对象，发现传统节日民俗存在的问题，呼吁重塑传统节日的价值。⑩ 陈雅洁结合山西大同元宵节的民俗文化再现情境，从文化传承、人格模塑、社会整合、带动文化产业和族群认同五个方面分析了元宵节的社会文化功能。⑪ 郭荣茂认为闽台中元节盛行有其正功能和反功能。⑫ 崔珉阁、樊鸿雁认为寒食节文化体现出的爱国主义精神融入了中华民族优秀传统文化之中，可以发挥出新的创造力和活力。⑬ 周义顺认为充分发挥清明节等传统节日的文化价值功能是培育和践行社会主义核心价值观的一个有效路径。⑭ 王晓龙则进行了以结构主义方法探究广府地区清明文化价值的尝试。⑮ 卢旭、熊登

---

① 张东赞：《从传统节日文化意义的循环透视民族文化心理》，《理论月刊》2018年第5期。
② 杨秀芝：《传统节日如何促进民族团结进步》，《人民论坛》2018年第24期。
③ 邓菁：《浅析中国传统节日的思想政治教育功能》，《领导科学论坛》2018年第7期。
④ 李春晓：《谈传统节日对于增强民族文化自信的现实意义及路径》，《辽宁师专学报（社会科学版）》2018年第4期。
⑤ 刘华：《传统节日民俗事象的当代价值》，《中国艺术报》2018年8月17日。
⑥ 黄涛：《庙会对传承春节文化的重要价值——从河南省浚县春节庙会谈起》，《中国艺术报》2018年3月9日。
⑦ 赵雪：《春节文化的思想政治教育功能研究》，硕士学位论文，华中师范大学，2018年。
⑧ 岳永逸：《作为一种规训与整合机制的节日——以平郊的青苗会为例》，《节日研究》（第12辑），学苑出版社2018年版，第46—51页。
⑨ 刁统菊：《地方节日与区域社会——以山东曹县花供会为例》，《节日研究》（第12辑），学苑出版社2018年版，第85—95页。
⑩ 谭富强、黄清喜：《传统节日民俗价值的缺失与重塑——以赣南客家清明节为例》，《创意设计源》2018年第4期。
⑪ 陈雅洁：《论元宵节的社会文化功能》，《江西电力职业技术学院学报》2018年第11期。
⑫ 郭荣茂：《闽台中元节习俗的特色、功能与治理》，《集美大学学报（哲学社会科学版）》2018年第2期。
⑬ 崔珉阁、樊鸿雁：《寒食节忠孝文化的当代价值》，《现代交际》2018年第5期。
⑭ 周义顺：《社会主义核心价值观规范路径探析——以发挥清明等传统节日文化价值功能为载体》，《毛泽东邓小平理论研究》2018年第8期。
⑮ 王晓龙：《结构主义对中国文化研究的借鉴作用——以广府地区清明文化价值研究为例》，《文山学院学报》2018年第4期。

海、郝娜、王亦兵等人都探讨了端午节的文化意义与价值。① 邓伟秀介绍了高要市宋隆河流域的民间传统节日——"茶果节"的社会功能。② 黄润柏认为壮族节日的宗教意味、文化教育、道德教化功能逐渐淡化，休闲娱乐、经济贸易等功能越来越明显。③

2018 年的节日研究重点突出了节日的德育功能与价值，从幼儿园教育至大学各个阶段都有相关研究进行了关注。

方云以春节为例，从儿童德、智、体、美、劳五方面分析阐述，探讨如何利用节俗活动进行儿童节日教育。④ 于涛、程丽认为中华传统节日对幼儿品德教育有着不可替代的重要价值。⑤ 张延华则探讨了传统节日文化育德儿童的实践路径。⑥ 吴金英总结了苏州市吴江区松陵幼儿园中国传统节日课程资源的开发与利用的经验。⑦ 郝玉华通过实践探索传统民俗节日在幼儿园中的熏陶渗透功能。⑧ 靳洁硕士学位论文以青岛地区为范围研究了如何利用传统节日对幼儿进行亲社会行为能力的培养。⑨ 杨芳芳认为将中国传统文化渗透在小学生语文的学习中对继承与发扬中华民族传统文化、增强民族自信心和凝聚力有极大帮助。⑩ 宋婕也认为传统节日融入小学品德课程教学中，能够使儿童在节日欢乐的氛围中得到道德教育。⑪ 胡正良介绍了开展重大节日活动在中学教育中的重要作用。⑫ 王亚楠硕士学位论文结合实际调查取得的数据，得出当前中国传统节日资源在中学德育中存在的问题及原因分析。⑬ 陆定芳硕士学位论文提出节日民俗的教学可以帮助高中学生深入地理解传统文化的内涵，保护并传承节日民俗文化。⑭ 李春瑶则将节日和节气与地理教学结合起

---

① 卢旭：《谈端午节的文化精神》，《辽宁师专学报（社会科学版）》2018 年第 4 期；熊登海：《端午节蕴含的文化意义思考》，《理论与当代》2018 年第 8 期；郝娜、王亦兵：《端午节的文化意义》，《文学教育》2018 年第 19 期。

② 邓伟秀：《地方性民间传统节日复兴的社会功能分析——以广东省高要市"茶果节"为例》，《文化学刊》2018 年第 1 期。

③ 黄润柏：《壮族传统节日的社会功能及其变迁研究——壮族传统节日文化创新研究之一》，《广西民族研究》2018 年第 6 期。

④ 方云：《中国传统节日中的儿童教育——以春节为例》，《楚雄师范学院学报》2018 年第 5 期。

⑤ 于涛、程丽：《利用中华传统节日对幼儿进行品德教育的研究》，《当代教研论丛》2018 年第 10 期。

⑥ 张延华：《传统节日文化在儿童德育中的价值作用与实践路径》，《当代青年研究》2018 年第 6 期。

⑦ 吴金英：《关注·接纳·支持 从节日资源到幼儿课程之三部曲——浅谈传统节日课程实施的途径与策略》，《名师在线》2018 年第 31 期。

⑧ 郝玉华：《浅析传统民俗节日在幼儿园中的熏陶渗透》，《黑河教育》2018 年第 10 期。

⑨ 靳洁：《基于传统节日的幼儿亲社会行为启蒙教育研究》，硕士学位论文，山东师范大学，2018 年。

⑩ 杨芳芳：《中国传统节日教学与小学生传统文化素养的培育》，《教育文化论坛》2018 年第 6 期。

⑪ 宋婕：《走进传统节日，挖掘品德课程资源》，《华夏教师》2018 年第 27 期。

⑫ 胡正良：《注重节日活动，提升学生品格——天一中学四类节日活动的校本化融合策略》，《教育视界》2018 年第 23 期。

⑬ 王亚楠：《中学生中国传统节日教育的有效途径探究——以 X 中学为例》，硕士学位论文，青岛大学，2018 年。

⑭ 陆定芳：《高中语文节日民俗及教学研究》，硕士学位论文，贵州师范大学，2018 年。

来，挖掘蕴藏于节日和节气背后的地理教学资源。① 以上研究关注的主体从幼儿时期开始一直到高中时期。

除此之外，对于传统节日对大学生的教育功能也有论及。刘禹杉提出高校应结合校园文化革新节俗仪式，将对大学生关于传统节日文化的价值的教育落到实处。② 郑莉娟认为优秀传统节日文化中蕴含着宝贵的人文知识与精神，是提升青年大学生人文素质的有效途径。③ 李剑欣、申宇欣、张小东通过问卷调查分析，认为高校应加强学生对传统节日文化的认知。④ 宋中发、张明以春节为例，提出以思政课的理论魅力来加强新时代中国传统节日文化传承发展，以实际行动引导和教育好当代大学生，进一步增强思政课实效和学生获得感。⑤ 同样，传统节日文化在教育来中国进行汉语学习的学生方面也有着一定的作用，顾桐菲便提出将文化教学与语言教学相融合，使汉语课堂更加丰富多彩。⑥

五 节庆开发与建设

改革开放以来，受市场经济的影响，文化消费需求日益增多，节日活动成为各地旅游资源中不可或缺的重要部分。各地以促进经济、文化发展为目的，充分利用各自独特的物产资源和文化资源（尤其是民俗文化资源），开发并建设了很多极具地方特色的节日，成为当地旅游产业的重要组成部分。在这一过程中，学者们更加关心的是新兴节日开发建设及其与传统节日传承保护的互动关系问题。

李汉秋建议设置植根中华文化土壤的以夫妻、亲子、师生三大人伦关系为主题的中华人伦主题节日。⑦ 刘彩清、胡书玲、刘桔通过研究发现，要让民族传统节庆活动真正成为地方文化品牌，一定要将其与地区历史相结合。⑧ 张文静认为民族传统节日风情的时间认定问题成为今天民族文化岁时节日旅游中存在的最大问题。⑨ 蒋彬则通过研究羌年发现所谓整体意义上的"民族传统节日"实质上是一种基于民族认同基础上的文化建构。⑩ 钟慧

---

① 李春瑶：《基于节日和节气的高中地理教学资源的开发与应用研究》，硕士学位论文，河南大学，2018年。
② 刘禹杉：《传统节日文化之于当今高校教育的功能及对策探析》，《科教文汇》2018年第22期。
③ 郑莉娟：《优秀传统节日文化引领下青年大学生人文素养提升的研究》，《武汉职业技术学院学报》2018年第5期。
④ 李剑欣、申宇欣、张小东：《传统节日文化对高校思想政治教育影响研究》，《产业与科技论坛》2018年第24期。
⑤ 宋中发、张明：《论新时代中华民族传统节日文化的传承与发展——以春节为例》，《南方论刊》2018年第5期。
⑥ 顾桐菲：《对外汉语中的传统节日文化教学——以端午节为例》，《现代交际》2018年第3期。
⑦ 李汉秋：《重振传统节日体系》，《青年记者》2018年第33期。
⑧ 刘彩清、胡书玲、刘桔：《空间视角下节庆活动对地方文化形象塑造的影响——以贵州民族传统节日为例》，《贵州民族研究》2018年第5期。
⑨ 张文静：《贵州少数民族地区乡村旅游问题思考——以岁时节日旅游为例》，《中国民族博览》2018年第4期。
⑩ 蒋彬：《民节官庆：民族传统节日的发明与实践》，《节日研究》（第12辑），学苑出版社2018年版，第96—101页。

聪、廖民生提出海南"三月三"是一个极具旅游开发潜力和价值的民俗文化资源。① 刘坤梅、旦珍以西藏拉萨传统节日雪顿节为研究对象，认为地方性传统节庆活动不仅可以促进传统文化的保护，而且可以在新的历史时期被活化。② 王庆贺硕士学位论文认为在"遗产热"的社会背景中，黔东南苗族"刻道"在国家权力的主导下完成了"民间文化"向"国家遗产"的转型。③ 高镜硕士学位论文以秭归县端午文化节为个案，探寻地方政府办文化节的行为逻辑，揭集其内在机理。④ 李雅龙硕士学位论文以岚县面塑文化为切入点，对村落文化在面塑这项资源开发利用的过程中所发生的变化进行阐述。⑤ 以上研究关注更多的是传统节日作为地方旅游文化资源的优势和问题。

任祥清硕士学位论文探讨中国民俗节日文化移动互联网产品的设计原则，以及发展移动互联网背景下中国民俗节日文化产品设计的意义。⑥ 朱彤硕士学位论文以云南彝族火把节产品包装设计为例，就民族节日旅游产品包装的设计进行了讨论与研究。⑦ 这两篇论文将视野更多地聚焦于节日产品的设计与开发上。

六　节日专题研究

节日是具有诸多要素的复合性文化事象，其中诸如文学、信仰、饮食、绘画、戏剧、曲艺、乐舞、游戏等的专题研究构成了节日研究的主要内容。

第一，民俗文献与民俗影像研究。耿方方硕士学位论文通过对比《东京梦华录》和《梦粱录》所反映的岁时节日习俗，发现两宋都城岁时节日民俗的传承与流变。⑧ 张凯月硕士学位论文试图通过对1895年至1919年期间以《申报》为代表的近代报刊的研读，勾勒出晚清至民国初期岁时节日生活的基本面貌及其变迁特征，简要分析影响岁时节日生活变迁的主要因素及其影响。⑨ 李子淇以武安市《土山诚会》为例探讨了"节日影像志"

---

① 钟慧聪、廖民生：《海南黎苗族传统节日"三月三"旅游开发研究》，《产业与科技论坛》2018年第22期。
② 刘坤梅、旦珍：《节日活动与地方民俗文化的保护和展现——基于拉萨雪顿节的调研》，《乐山师范学院学报》2018年第2期。
③ 王庆贺：《后申遗时代民族文化的节日化建构及其实践理性——以黔东南苗族"刻道"文化节为例》，硕士学位论文，中南民族大学，2018年。
④ 高镜：《再造与表征：秭归县端午文化节的个案表述》，硕士学位论文，华中师范大学，2018年。
⑤ 李雅龙：《资源开发对村落文化的影响研究——以山西省岚县岚城面塑节为例》，硕士学位论文，内蒙古师范大学，2018年。
⑥ 任祥清：《移动互联网背景下中国民俗节日文化产品设计研究》，硕士学位论文，北京服装学院，2018年。
⑦ 朱彤：《民族节日旅游产品包装设计研究——以云南彝族火把节产品为例》，硕士学位论文，安徽大学，2018年。
⑧ 耿方方：《两宋都城岁时节日民俗的传承与流变——以〈东京梦华录〉和〈梦粱录〉为中心》，硕士学位论文，青岛大学，2018年。
⑨ 张凯月：《晚清至民国初期都市岁时节日生活变迁研究——以〈申报〉为考察中心（1895—1919）》，硕士学位论文，南京师范大学，2018年。

的拍摄实践问题。① 张爽硕士学位论文则结合2016—2017年在澜沧县酒井乡梁子寨拍摄的《耶苦扎节》影像记录,提出"他者"介入文化并与当地文化持有者发生互动,催化了具有当下特征的民俗节日,使得文化持有者重新审视自己和自己的文化。②

第二,节日文学及文学中的节日研究。以某个节日为主题形成的文学形式多以诗词为主。比如,赵秀杰硕士学位论文关注的是魏晋南北朝上巳节诗文③;辛耀竹硕士学位论文关注的则是唐代上巳诗④;余敏芳探讨的是宋代节日词⑤;杨羽婷硕士学位论文探讨的是宋代清明词⑥。而以文学作品为范畴探讨节日文化的涉及范围更大些。比如,林保淳重点研究古典小说中的元宵节⑦;郝双双硕士学位论文关注的是《六十种曲》中的端午节、中秋节、年节⑧;蒋雯考察的是明代小说中的春节。⑨

第三,与节日相关的艺术形式研究。彭恒礼认为古代戏曲中的清明习俗并不只是单纯为教化而存在,还有推动故事情节发展的功能。⑩ 潘超青认为宋元丰富多彩的节日活动作为特殊重要的文化影响场域,为孙悟空的性格特征提供了丰富的滋养。⑪ 郝佩林认为评弹休闲中呈现的岁时节律反映了江南乡土社会生活本色。⑫ 吴红歌思考了音乐在发展和延续传统春节仪式方面所承担的诸多重任。⑬ 方昌敢通过对广西侗族多耶节的研究,认为民族节日旅游场域中文化表演和地方建构在"我者"和"他者"的凝视下进行积极的互动。⑭ 李琛考察了平地瑶"六月六"砍牛祭祀舞蹈。⑮ 郭彦鑫硕士学位论文从节日演剧的角度对安顺屯堡地戏的变迁进行了研究。⑯ 胡芳硕士学位论文关注的是描绘七大传统节日的中国

---

① 李子淇:《"节日影像志"的拍摄实践——以武安市〈土山诚会〉为例》,《艺术科技》2018年第10期。
② 张爽:《镜头权力与节日影像构建——以澜沧县酒井乡梁子寨〈耶苦扎节〉为例》,硕士学位论文,云南艺术学院,2018年。
③ 赵秀杰:《魏晋南北朝上巳节诗文研究》,硕士学位论文,信阳师范学院,2018年。
④ 辛耀竹:《唐代上巳诗研究》,硕士学位论文,吉林大学,2018年。
⑤ 余敏芳:《宋代节日词的题材建构》,《五邑大学学报(社会科学版)》2018年第4期。
⑥ 杨羽婷:《宋代清明词研究》,硕士学位论文,华中师范大学,2018年。
⑦ 林保淳:《古典小说中的元宵节》,《关东学刊》2018年第1期。
⑧ 郝双双:《节日民俗之于〈六十种曲〉意义研究——以端午节、中秋节、年节为例》,硕士学位论文,杭州师范大学,2018年。
⑨ 蒋雯:《明代小说中的春节文化研究》,硕士学位论文,重庆师范大学,2018年。
⑩ 彭恒礼:《古代戏曲中的清明文化与感恩意识》,《中国艺术报》2018年4月18日。
⑪ 潘超青:《宋元节日文化与元杂剧孙悟空形象的塑造》,《戏剧艺术》2018年第3期。
⑫ 郝佩林:《节日狂欢与日常"律动":苏州评弹与近代江南乡土休闲节律》,《文化艺术研究》2018年第1期。
⑬ 吴红歌:《论岁时节日中的仪式性音乐流变——以春节音乐文化的解构与重塑为例》,《音乐创作》2018年第9期。
⑭ 方昌敢:《民族节日旅游中的文化表演及地方建构——以广西侗族多耶节为例》,《湖北民族学院学报(哲学社会科学版)》2018年第2期。
⑮ 李琛:《平地瑶"六月六"砍牛祭祀舞蹈考察分析——以广西贺州富川葛坡镇上洞村为例》,《歌海》2018年第4期。
⑯ 郭彦鑫:《节日演剧视野下安顺屯堡地戏的变迁研究》,硕士学位论文,贵州民族大学,2018年。

画作品。① 加亚对丹巴嘉绒藏族风情节进行了描述,对巴塘"央勒节"中的藏戏进行了介绍。② 除此之外,还有对于节日吉祥物的关注。③

第四,与节日相关的信仰研究。董德英阐释了宋代的佛教节日与节日生活。④ 刘珊珊分析了南康寨坑春节"送大神"仪式及龙船信仰。⑤ 朱琳以历史时期江苏元宵节为例,阐释仪式成为人们生存驱"否"、通"泰"的转换器。⑥ 柯昊梳理了有关介之推和寒食节的历史文献,重新回到当时的历史情境下考量寒食节涉及的问题。⑦ 袁泽锐讨论了潮汕传统节日中祭祖时辰的选择及其背后的神圣时刻。⑧ 王曼硕士学位论文关注的也是传统节日中的祖先崇拜。⑨

第五,节日游艺研究。杨丽嘉讨论的是古代寒食节的秋千游戏。⑩ 李冠楠硕士学位论文对唐代岁时节日的游艺活动进行了考察。⑪

第六,节日饮食研究。邵万宽分析了民间传统节日期间的饮食和饮宴活动。⑫ 贺丹丹硕士学位论文以临汾市塔尔坡古村为个案讨论了晋南岁时节日中的花馍。⑬

第七,关于节日与假日的研究。张熙惟关注了宋代的休假制度,并认为其极大地促进了假日经济与节序文学。⑭

七 国外节日和节日比较研究

在全球化的背景下,文化交流日益频繁,对于异域节日文化的关注以及各个国家或是地区因为国际文化交流而呈现出来的节日异同也成为学界热点。

---

① 胡芳:《风俗对中国画题材和技法的影响——以描绘七大传统节日的中国画作品为例》,硕士学位论文,南京艺术学院,2018年。
② 加亚:《民族节日研究——丹巴嘉绒藏族风情节》,《西部皮革》2018年第6期;加亚:《民族节日研究——巴塘藏戏》,《西部皮革》2018年第6期。
③ 唐群:《关中地区元宵节民俗中的吉祥物研究》,《咸阳师范学院学报》2018年第1期;唐群:《关中地区清明节民俗中的吉祥物研究》,《咸阳师范学院学报》2018年第5期。
④ 董德英:《宋代佛教节日与节日生活》,《杭州师范大学学报(社会科学版)》2018年第5期。
⑤ 刘珊珊:《事、人与物:信仰仪式的结构模式——以南康寨坑春节"送大神"仪式为个案》,《赣南师范大学学报》2018年第5期。
⑥ 朱琳:《节日仪式承载的生存重托——以历史时期江苏元宵节为对象的考察》,《遗产与保护研究》2018年第9期。
⑦ 柯昊:《寒食节的礼仪解读》,《史林》2018年第2期。
⑧ 袁泽锐:《潮汕祭祖时辰的选择与神圣时刻的关系——基于潮汕传统节日中的神圣时刻和世俗时刻的讨论》,《汕头大学学报(人文社会科学版)》2018年第12期。
⑨ 王曼:《中国传统节日与祖先崇拜论析》,硕士学位论文,中南民族大学,2018年。
⑩ 杨丽嘉:《除祓与祈子:中国古代寒食清明荡秋千的文化阐释》,《徐州工程学院学报(社会科学版)》2018年第1期。
⑪ 李冠楠:《唐代岁时节日与游艺研究》,硕士学位论文,兰州理工大学,2018年。
⑫ 邵万宽:《民间传统节日与饮食习俗析论》,《楚雄师范学院学报》2018年第4期。
⑬ 贺丹丹:《晋南岁时节日中的花馍习俗研究——以临汾市塔尔坡古村为个案》,硕士学位论文,西南民族大学,2018年。
⑭ 张熙惟:《宋代休假之制与节假文化》,《智慧中国》2018年第10期。

首先，异域节日文化研究。周忠新研究了基督教《圣经》中记载的有关节日的内容，并认为其对于中国基督徒如何看待和过好中国传统节日具有借鉴意义①；贾晓锋认为传播到中国的西方洋节宗教色彩已经淡化，表现出鲜明的中国化特征②；毕雪飞研究了日本彼岸节的发展与传承③；何晓芳以端午节为例，研究日本岁时文化的内涵并剖析其背后隐藏的传统文化意义④；韩国留学生裴恩皓的博士学位论文则对以农耕节日为中心的韩国稻作文化进行了深入探讨⑤。

其次，节日比较研究。其有以下三种不同的切入点。

一是对不同地方/国家的同一种节日进行比较研究。比如，孙月红从史料记载出发，了解中国和日本中秋节的起源与形成的历史，进而对比中秋节的节日习俗⑥；邱丽君从日本端午节的演变入手，总结日本对中国端午文化接纳、传承和发展的态度以及方式⑦；李燕慧对中哈哈萨克族诺鲁孜节日文化进行了比较研究⑧；王琳硕士学位论文从汉语教学的视角出发对中日传统年节及端午节文化仔细地进行了对比分析⑨；韩国留学生 KANGSUK-JONG 的硕士学位论文以中韩春节、端午节、中秋节为切入点，分析两国节日文化的相似性和差异性并探寻其形成的原因⑩；余义泽硕士学位论文对比研究了中国秭归端午习俗与韩国江陵端午祭⑪。

二是对具有相似性的不同节日的比较，比如，金鹏找到了端午节与欧洲的仲夏节、五朔节以及本国的"三月三"上巳节具有异构同质之处⑫；刘文杰具体阐述了中国清明节与俄罗斯拉多尼察节的节日来源与时间、节日习俗与活动、节日迷信与禁忌三个方面的异同⑬；韦若晨探索中日祭祀节日文化的继承与发展⑭；高文霞硕士学位论文选取中国汉族与尼日利亚伊博族重要节日禁忌为对象进行了比较研究⑮。

---

① 周忠新：《圣经中的传统节日观》，《中国宗教》2018 年第 2 期。
② 贾晓峰：《西方节日在当代中国的"文化涵化"》，《鄂州大学学报》2018 年第 4 期。
③ 毕雪飞：《春分秋分渡彼岸：从日本佛教彼岸会到民间彼岸祭祖》，《节日研究》（第 12 辑），学苑出版社 2018 年版，第 122—136 页。
④ 何晓芳：《日本岁时文化的内涵及演变——以端午节为例》，《戏剧之家》2018 年第 10 期。
⑤ [韩] 裴恩皓：《韩国稻作文化及其变迁研究——以农耕节日为中心》，博士学位论文，中央民族大学，2018 年。
⑥ 孙月红：《从中秋节节俗看中日文化差异》，《现代交际》2018 年第 2 期。
⑦ 邱丽君：《中国端午风俗在日本流变考》，《中州学刊》2018 年第 7 期。
⑧ 李燕慧：《中哈哈萨克族诺鲁孜节日文化比较研究》，硕士学位论文，石河子大学，2018 年。
⑨ 王琳：《中日传统节日文化对比及其教学建议——以传统年节和端午节为例》，硕士学位论文，陕西师范大学，2018 年。
⑩ [韩] KANGSUKJONG：《中韩节日文化对比研究——以春节、端午节、中秋节为例》，硕士学位论文，山东大学，2018 年。
⑪ 余义泽：《中国秭归端午习俗与韩国江陵端午祭之比较》，硕士学位论文，黑龙江大学，2018 年。
⑫ 金鹏：《端午节：中国的圣婚仪式——端午节风俗探幽》，《现代农业研究》2018 年第 11 期。
⑬ 刘文杰：《清明节和拉多尼察节民俗文化对比分析》，《俄语学习》2018 年第 2 期。
⑭ 韦若晨：《中日传统祭祀节日的传承与发展比较》，《产业与科技论坛》2018 年第 7 期。
⑮ 高文霞：《中国汉族与尼日利亚伊博族重要节日禁忌比较研究》，硕士学位论文，河北师范大学，2018 年。

三是对节日文化传承与建设中体现的观念与策略的比较，比如，刘欣在阐释中西节日文化差异的基础上提出建设中国节日文化的策略[1]；宗艳艳对中韩两国的传统节日观进行了比较[2]。

综上所述，在学术发展的总体趋势之下，节日研究已经形成了相应的体系和热点。2018 年也有学者对其进行了梳理：莫愁梳理了新时期清明习俗研究动态与趋势[3]；朱振华认为节日研究尽管已有较为丰赡的学术积累，呈现出多学科参与、多向度探索的可喜态势，但真正具有大局观、集成性、前瞻性的理论探索与实践范式却乏善足陈[4]。后一结论也适合 2018 年的节日研究。从总体上看，2018 年的节日研究成果虽然水平参差不齐，重复性的阐释与论述时见于刊，但依然丰富多元，为节日研究扩展了视角和范围。综合 2018 年的节日研究成果，可发现如下特点。

其一，节日研究继续保持多学科参与的态势。2018 年节日研究的成果主要来自诸如民俗学、历史学、文学、人类学、民族学等学科，同时传播学、艺术学、教育学方面的成果也层出不穷，这与全球化、现代化的社会环境有联系。当然，各个学科的参与都有其自身的视角与关注重点，甚至有可能造成学科之间对同一事项的不同看法。如何在交叉学科的研究背景之下，既保持本学科的优势与特色，又通过其他学科的关注和研究方法的渗透，进一步扩展节日研究的广度与深度，是节日研究继续发展可以探索的方向。

其二，节日研究更加关注节日的传承与创新。我国具有深厚且丰富的节日文化，关于历史时期的节日研究占据着相当大的比例。但是，综观 2018 年的节日研究，学者们更多地关注传统节日的当代传承与发展、新兴节日的起源与内涵、外来节日的融入与变化等现实问题。这些成果阐释节日文化的当代价值，探索各种节日与现代社会融合的途径和方式，寻求外来节日、民族节日、新兴节日、传统节日和谐共处之道，并且提出相应的对策与建议，具有积极的实践意义。

其三，节日文化的教育功能尤其得到关注。无论是著作还是论文，对节日文化进行科普性的内容占据相当大的比重，对象范围从幼儿到青年，既有相关的教材及教辅书籍出版，也有通过课程设置和改革进行节日文化推广与普及的探索。这些带有实践意义的探讨，为节日文化（尤其是传统节日文化）的当代传承提供了可资借鉴的经验。

其四，少数民族节日研究继续受到重视。2018 年的节日研究在各个方面均有以少数民族节日为研究对象的成果，其中涉及藏族、维吾尔族、瑶族、苗族、畲族、壮族、土家族、彝族、羌族和哈萨克族等。

其五，岁时民俗文献研究进展较慢。岁时民俗文献是传统节日文化研究的重要资料来源，也是民俗学重要的研究对象，诸如萧放、张勃等民俗学者都在岁时民俗文献研究方面取得过重要的成就。但是，近几年来岁时民俗文献的成果相对较少，且多在诗词等文学作

---

[1] 刘欣：《从中西方节日文化的差异看中国节日文化建设的策略》，《泰山学院学报》2018 年第 4 期。

[2] 宗艳艳：《中国传统节日文化的传承与弘扬——以韩国的传统节日观为参照》，《赤峰学院学报（汉文哲学社会科学版）》2018 年第 8 期。

[3] 莫愁：《新时期清明习俗研究视角述评》，《文化创新比较研究》2018 年第 28 期。

[4] 朱振华：《以民众为本位：当代节日志的价值旨归与实践追求——以"传统节庆文化论坛"相关讨论为核心》，《民俗研究》2018 年第 1 期。

品方面，这种态势一直持续到 2018 年。岁时民俗文献研究属于基础研究，考虑到中国古代文献的博大与芜杂，应该聚焦更多的关注。

其六，参与节日民俗研究的主体依然保持年轻化的势头。在所搜集到的各类文章中，青年学者都占据相对多数的比例，反映出年轻人对于节日传承和创新发展的高度关注。与此同时，在所搜集到的节日研究学位论文中，硕士学位论文占据绝对优势，博士学位论文鲜见。考虑到节日的综合性和重要性，应该得到更多更为深入和全面的研究。

总体来看，2018 年的节日研究依然在起源、流变、特性、内涵等方面取得了一定成果，同时在节日的传承与传播、价值与功能、开发与建设等方面继续探索有关于节日文化创新型转化的途径与方式，虽然成果的质量和水平参差不齐，但是表明了学界对于节日研究的热情与坚持。

2018年民间游戏研究综述

王　丹　裴世豪[*]

2018年民间游戏研究包括民间游戏基础理论的前沿研究、民间游戏历史与传承研究、民间游戏的教育价值与应用研究以及传统体育游戏研究，涵盖了民俗学、人类学、教育学等专业。全年相关著作有二百余篇，关于民间游戏的价值以及在教育方面的应用研究约占其中的二分之一，这也体现出了民间游戏在多个领域被重视以及更多回归到生活的趋势。

一　民间游戏基础理论研究

民间游戏理论是民间游戏研究的基础，是学者们所关注和讨论的重点。也正是在一代代学者的讨论当中，民间游戏理论研究才能不断取得新的进展，推动民间游戏在各个领域的研究进程。2018年仍有许多学者从不同的方面，对基础游戏理论进行阐释，并付诸实践应用当中。

游戏是人类特殊的社会行为方式，在人类发展历史中，众多学者从不同的角度对游戏进行界定和解释。在古希腊时期，柏拉图将游戏视作一个哲学问题。之后的席勒、赫伊津哈、维特根斯坦等学者从哲学、语言学、艺术学等不同的方面去理解和解释游戏，对游戏理论进行补充与发展。透过游戏理论的变迁研究，能够展现游戏理论发展的历史，也便于更好地把握当下游戏的研究趋势。王炳钧在《游戏话语的历史转换》[①]中详细梳理了"游戏"概念从18世纪到21世纪初不断转变的过程。处于不同的社会环境之下，游戏被视作不同的社会现象去理解、界定和阐释。作者详细地介绍了每一时期的历史背景，并引出这一时期与游戏有关的学者与理论。通过这种历史的、发展的视角，展现了"游戏"概念变化的历史脉络及其社会原因。邓剑的《西方游戏理论综述与考辨》[②]是以综述的形式，依据对游戏研究的不同领域为区分，阐明了西方学界对"游戏"的解读。在18世纪时，对"游戏"的解释属于哲学与文艺的范畴，集中于德语地区。19世纪开始"游戏"的讨论被放在了教育学与心理学领域，研究对象也更加具体。从20世纪下半叶至今，游戏机的出现让"游戏"作为一种文化与媒介被解读。作者展示了"游戏"这一学术话语由局

---

[*] 王丹，中央民族大学中国少数民族研究中心、中国少数民族事业发展协同创新中心副教授；裴世豪，中央民族大学民族学与社会学学院2022级民俗学专业博士研究生。

[①] 王炳钧：《游戏话语的历史转换》，《外国文学》2018年第6期。

[②] 邓剑：《西方游戏理论综述与考辨》，《山东艺术学院学报》2018年第2期。

部到全球、由抽象到具体、由哲学与文艺到教育学、心理学领域再到文化与媒介的嬗变过程。

"什么是游戏""为什么会出现游戏""人与游戏的关系是什么"等问题一直为学者们所思考。纵观对"游戏"的研究历史，在经历数个世纪的讨论与争辩，学界对"游戏"的解释并无定论。每个时期也都会有学者对游戏理论做出新的贡献，张未在其专著《游戏的本性》[①]中对"游戏"这一概念进行了全新的阐释。游戏作为一个经典的哲学概念，在艺术、生活、语言等方面都常有提及。作者从人类三大原典游戏出发，以游戏学的视角与符号学的方法，对游戏的定义和基本结构进行研究。分析了玩与游戏、游戏与玩家等理论与哲学问题，并对游戏与艺术的区分进行了阐释，建立了一套完整的游戏学方法论。

游戏理论的发展能够推动对游戏更加全面的认识，同时理论本身对现实中的实践也具有指导意义。这些理论将游戏视作不同的现象进行观察与跨学科的研究，为教育学、体育学、传播学等领域的问题提供了新的思考方式和研究视角。

路德维希·维特根斯坦是20世纪著名的哲学家，其著作《哲学研究》明确反对哲学的本质主义，在书中并没有对游戏做出一个固定的定义。他将游戏视作一种生活现象和实践形式来考察，利用游戏之间的相似性来认识游戏。生活形式的丰富性决定了游戏的多样性，其中语言也被他视作是游戏的一种。刘晓的《论语言游戏对游戏定义的启示》[②]，顾巍翀的《维特根斯坦游戏理论视域下的体育本质问题解读》[③]，邱丙亮、苏亚的《维特根斯坦"语言游戏"在课堂教学情境中的运用》[④]，付仙梅的《从教育视角开拓"语言游戏说"应用的新领域——以大学英语教学为例》[⑤]都基于维特根斯坦的游戏理论，对哲学、体育和教育领域的具体问题进行研究。刘晓以维特根斯坦家族相似性理论为基础，使用基于语言游戏的方法对游戏进行定义。作者基于维特根斯坦对实际定义的否定以及家族相似性理论，尝试重新定义游戏。通过维特根斯坦的定义方法和标准对语言游戏进行定义研究，作者发现相较于寻找所有游戏的共同核心，考察可关联的游戏相似性和特征对游戏研究更有帮助，而且对游戏进行定义和重新定义可以增强我们对游戏的认知。顾巍翀从维特根斯坦的游戏理论出发，分析了中国体育举国体制下存在的问题，并提出改革这一体制的必要性。维特根斯坦游戏理论提出游戏是人文精神的本源，作者认为当下中国体育举国体制下体育运动员的遭遇所暴露出的社会问题违背了体育人文精神，因此需要改革竞技体育运行机制。作者建议应当完善保险体系，加强运动员文化素质教育和合理解决退役运动员就业问题，使举国体制回归人文主义。邱丙亮、苏亚和付仙梅都是从教育的视角，对维特根斯坦的"语言游戏说"进行应用研究。邱丙亮、苏亚根据维特根斯坦的《哲学研究》

---

① 张未：《游戏的本性》，上海三联书店2018年版。
② 刘晓：《论语言游戏对游戏定义的启示》，《渭南师范学院学报》2018年第6期。
③ 顾巍翀：《维特根斯坦游戏理论视域下的体育本质问题解读》，《江西师范大学学报（哲学社会科学版）》2018年第2期。
④ 邱丙亮、苏亚：《维特根斯坦"语言游戏"在课堂教学情境中的运用》，《湖南大众传媒职业技术学院学报》2018年第1期。
⑤ 付仙梅：《从教育视角开拓"语言游戏说"应用的新领域——以大学英语教学为例》，《广西民族师范学院学报》2018年第6期。

中对"语言游戏"的界定,总结出语言游戏动态性、多样性、规则性等特点。结合具体的教学情境中对这些特点的映射,作者指出"语言游戏"的课堂教学应用可以有效改善课堂教学效果,是对传统教学方法的补充与发展,并提出从多维度理解"语言游戏"的倡议。付仙梅开拓了"语言游戏说"研究的新领域,即人文性的培养。目前学界对"语言游戏"的应用偏重于教学方式和方法领域,教学具有教育性,英语课程的人文性培养也同样重要。这种工具性与人文性目标的结合在文章中被概括为合作素养的培育、国际理解素养的培育、创新素养的培育,由此也体现了"语言游戏说"对语言教学的指导意义。

约翰·杜威是美国著名的哲学家、教育学家,他的游戏理论主要关注游戏对儿童发展的作用,也是其实用教育主义的重要组成部分。杜威认为游戏是儿童的天性,主张以游戏为中心来构建教育活动。这种教育理念在世界上具有非常广泛的影响力,也成为研究游戏与教育关系的理论基础。关于杜威游戏理论的代表性研究成果有王慧敏等人的《杜威体育教育价值思想、时代局限及现实镜鉴》[1]和杜源恺的《审美游戏:关于欣赏的教育模式——基于杜威的教育理论》[2]。王慧敏阐述了杜威的游戏价值理论,并立足现代视角对其理论存在的局限性进行分析。作者通过文献法、访谈法和逻辑分析法等方法对杜威的体育教育价值思想进行研究,杜威认为体育游戏的价值主要体现在以下四个方面:第一,游戏是儿童童年主要的教育方式,在自由的游戏过程中有助于儿童身心健康发展;第二,学校的体育游戏教育能够培育学生身体基础和心智发展,还有利于培养大学生的集体精神;第三,体育教育对人合作精神、"好汉"态度、"尚武"精神的培养有助于促进健康人格的发展,从而有助于改良社会道德和改善社会风气;第四,体育教育改善了人民体质和身心健康,为国家事业发展夯实基础,促进国家富强。作者依据现代社会意识形态的发展和教育体系的完善,指出杜威的部分理论也具有时代的局限性,如现在过于重视直接经验的作用、忽视教师的主导作用、弱化了人的主观能动性。但是在现实层面,杜威的理论对国家国民健康、人才培养、社会文明等方面的建设仍具有启示作用。杜源恺以杜威的教育理论对欣赏的解释为基础,来研究教育中欣赏的意义。杜威的经验主义认为欣赏是一种间接经验,通过人的亲身参与转化为直接经验。其中欣赏的情境会影响到教育的效果,杜威认为这一情境可以由审美游戏来完成。席勒提出游戏有低级和高级之分,审美游戏是人类的高级游戏,它以美为追求对象,享受自我的过程。依据杜威的理论,课程游戏是被欣赏的审美艺术,属于审美游戏的一种。因此通过审美游戏设置情景,可以更好地发挥课程欣赏在教育中的价值以达到教育的效果。

同样研究游戏理论所具有的教育指导意义的成果还有张敏的《以伽达默尔的游戏观重构幼儿游戏教育的内涵》[3]和赵静的《皮亚杰游戏理论对儿童音乐游戏教学的意义》[4]。张敏以伽达默尔的游戏理论来重新审视幼儿游戏,提出了对幼儿游戏教育内涵的重构。伽达默尔将游戏赋予主体地位,而不是以人为主体。作者从游戏的本质、主体、存在方式和

---

[1] 王慧敏等:《杜威体育教育价值思想、时代局限及现实镜鉴》,《北京体育大学学报》2018年第7期。

[2] 杜源恺:《审美游戏:关于欣赏的教育模式——基于杜威的教育理论》,《科教导刊》2018年第22期。

[3] 张敏:《以伽达默尔的游戏观重构幼儿游戏教育的内涵》,《决策探索》2018年7月(下)。

[4] 赵静:《皮亚杰游戏理论对儿童音乐游戏教学的意义》,《北方音乐》2018年第6期。

整体获得四个方面介绍了伽达默尔的游戏观,并从伽达默尔的主体论观点重新认识和构建幼儿游戏教育的内涵。赵静就皮亚杰游戏理论在音乐游戏教学中的发展状况进行分析,阐述了皮亚杰游戏理论对儿童音乐游戏教学的指导意义。作者首先对皮亚杰的游戏理论以及与音乐游戏教学的关系进行说明,从儿童认知结构和发展阶段两个方面论证了游戏在儿童认知发展中的重要作用,并列举了与认知发展阶段相适应的儿童游戏类型。而在音乐课堂教学中,音乐游戏也是重要的教学形式之一。对于年龄不同学生的教育思路与方法调整,就需要参考皮亚杰的游戏理论。目前我国音乐教学中对皮亚杰理论的研究主要是在教学方法层面,而理论所提供的视角对我国小学音乐教育手段改革具有一定的启示意义。

传播学家斯蒂芬森将大众传播也纳入游戏的范畴,把媒介视作自我取悦的工具。受到赫伊津哈《游戏的人》的影响,斯蒂芬斯更关注人在大众传播中所表现出的特征。喻国明、景琦的《传播游戏理论:智能化媒体时代的主导性实践范式》[1]、高寅菲的《自主、虚拟、会话:斯蒂芬森游戏理论视角下的新闻游戏》[2] 和邱源子的《游戏化传播——后互联网时代〈大众传播的游戏理论〉之意义》[3] 都是对斯蒂芬斯游戏理论的研究与应用。喻国明和景琦结合传媒业的前沿动态,强调传播游戏理论在"过剩传播"时代的重要性。柏拉图、斯宾塞和席勒都认为"游戏是人类精力的盈余",而人类社会刚刚从"短缺时代"进入"盈余时代"。由于传媒技术的变革,导致传播出现巨大"盈余",因此斯蒂芬森的传播理论也将成为这一时代人类传播的主导性范式。而这一论点的产业前提是人工智能的发展及其在传媒中的应用,在传播游戏理论范式下,人工智能将在内容创作机制、聚合机制和分发机制三个方面对传媒业内容生产机制进行再造。结合传播游戏理论,作者强调在智能化媒体时代要关注技术发展,更要关注基于游戏心理的人性内在的需求。高寅菲主要是结合斯蒂芬森的游戏理论,探究新闻游戏的成因及其有别于其他行文形态的特征。新闻游戏是以电子游戏的形式来实现新闻信息的传播,根据斯蒂芬森的《大众传播的游戏理论》中游戏理论,自主选择性、高度参与性、真实与虚拟的结合性是这类游戏的特点。这些特征在互联网时代显得尤为重要,未来的新闻游戏也会朝着更加多样化、个性化和便捷化方向继续发展。邱源子主要站在当下所处时代,重新审视斯蒂芬森的著作。斯蒂芬森受赫伊津哈的影响,关注游戏与文化的关系。在其著作《大众传播的游戏理论》中将游戏与传播联系起来,指出受众的媒介接触行为本身就是游戏。后互联网时代中移动网络、人工智能、虚拟现实等技术都增强了传播的游戏化,因此作者指出《大众传播的游戏理论》所提出的沉浸、个体选择以及会话等理念对于研究现代的传媒业具有新的时代意义。

2018年游戏理论的研究既有兼顾历史的、理论的方面,又能根据时代特点分析以往的游戏理论的价值与局限。对于理论的研究也没有脱离当下的实践发展,许多研究成果从应用方面体现了这些游戏理论的价值。还有学者对游戏概念提出新的解释,充实了游戏学

---

[1] 喻国明、景琦:《传播游戏理论:智能化媒体时代的主导性实践范式》,《社会科学战线》2018年第1期。

[2] 高寅菲:《自主、虚拟、会话:斯蒂芬森游戏理论视角下的新闻游戏》,《新闻研究导刊》2018年第14期。

[3] 邱源子:《游戏化传播——后互联网时代〈大众传播的游戏理论〉之意义》,《青年记者》2018年第23期。

方法论。游戏理论研究的进步也是为游戏传承巩固基础。

二 民间游戏历史传承与创新研究

考古发现证明民间游戏在我国至少已有七千年的历史，许多经典的游戏如放风筝、拔河、踢毽球等仍能在街头巷尾看到它们的踪影。但是社会环境的变迁和新兴娱乐方式的出现，对传统民间游戏的传承造成极大的冲击，许多民间游戏正在远离中国人的日常生活。民间游戏是古人智慧的创造，对民间游戏的历史研究有助于重新认识游戏，从而更好地研究其传承与变迁。除了对历史上的民间游戏及其传承上的研究，还有学者尝试对民间游戏进行创新，以适应当代人们生活众多方面的需要。

我国的民间游戏大都具有悠久的历史，在发展过程中，民间游戏的游玩方式、时间、规则和形式都在发生变化。作为中国传统文化的组成部分，民间游戏的历史研究不仅有助于分析游戏乃至传统文化的发展脉络，还能够引起大众对民间游戏传承与保护的重视。李颖慧的《藏钩游戏小考——以〈太平广记〉记载为中心》[1]和游敏、任开慧、尹钊的《汉代人的民间游戏》[2]分别利用文献及考古发现，探究藏钩游戏的起源与发展及汉代流行的民间游戏类型。李颖慧以《太平广记 卷第二百二十八·博戏》中关于藏钩游戏的一段记载为中心，从历史、影响等方面考察这一传统民间游戏。作者通过《太平广记》、《三秦记》、《史记》和《汉书》等史书考证了藏钩游戏的起源、传播、游玩方式与游戏时间。并根据《藏钩赋》《酉阳杂俎》《渊鉴类函》中的记载展现了藏钩游戏给人们生活带来积极和消极两方面的影响。游敏等人则依据汉代画像石的考古发现来还原民间游戏的原始情景。汉代画像石的发现具有历史、民族、民俗等多方面的价值，其中对民间游戏的描绘可以反映这些游戏的历史原貌。作者筛选了18件汉代画像石，并引用《战国策》《汉书》中的相关记载对其进行说明。作者归类整理出了九个民间游戏，分别是：斗鸡、博局棋、投壶、斗牛、龙舟、角抵戏、钓鱼、搏击、蹴鞠。通过对汉代画像石的解读，来展示其中所包含的信息，如斗鸡在民间的普遍、"六博"游戏的玩法规则、钓鱼和蹴鞠所具有的休闲功能和娱乐功能以及汉代人对武术的崇尚态度等。作者以汉代画像石对民间游戏研究的贡献为例，说明了画像石所具有的历史学、民俗学等方面的研究价值与意义。

民间游戏是民间文化的重要组成部分，也是深受民众喜爱的娱乐方式。随着社会的发展，许多民间游戏逐渐被新兴的娱乐方式所替代，整理和搜集是保护民间游戏首先要进行的工作。格桑占堆的《藏北民间游戏荟萃》[3]、亢雄文的《陕北经典游戏一百例》[4]和朴勇一、柳雪花的《中国朝鲜族民俗游戏》[5]对中国和民族区域的民间游戏进行分类整理和介绍，将民间游戏转化为文字资料，为民间游戏的保护与研究提供支持。

上述文章及图书主要对历史上民间游戏予以介绍，分析了游戏的历史流变。赵真的

---

[1] 李颖慧：《藏钩游戏小考——以〈太平广记〉记载为中心》，《九江学院学报（社会科学版）》2018年第1期。

[2] 游敏、任开慧、尹钊：《汉代人的民间游戏》，《东方收藏》2018年第16期。

[3] 格桑占堆：《藏北民间游戏荟萃》，西藏藏文古籍出版社2018年版。

[4] 亢雄文：《陕北经典游戏一百例》，陕西人民教育出版社2018年版。

[5] 朴勇一、柳雪花：《中国朝鲜族民俗游戏》，延边教育出版社2018年版。

《苗族民间游戏的教育人类学解读——以苗族鼓舞为例》[①] 除了利用古典文献和民族志分析了苗族鼓舞起源，还对苗族鼓舞的文化生态结构和文化特质进行解析。作者从教育人类学出发，以文化传承和教育的视角探讨和解读苗族鼓舞的文化内涵，并试图挖掘其中所具有的文化教育价值。作者列举了五种苗族鼓舞的起源论，并从物质文化、制度文化和精神文化层面分析了苗族鼓舞形成的生态环境。而苗族鼓舞所表现出的文化特质则体现了苗族鼓舞在苗族人民培养民族情感、构建和谐文化等方面具有重要的精神文化价值。

目前民间游戏面对的问题是在当下如何更好地传承。家庭类型和社区环境的变迁意味着民间游戏传承的环境发生变化，新型娱乐方式的出现对民间游戏的传承造成巨大的冲击。对民间游戏传承的研究首先落脚于对游戏发展现状调查，分析其中存在的问题，从而提出相应的解决方法。李秀芳的《白族民间儿童游戏的演变及开发对策》[②]、严倩的《苗族民间游戏的传承与开发》[③] 和丁璟琳、郭强的《浙江民间游戏的现代呈现研究》[④] 都利用专业的资料搜集方式，对不同地区的民间游戏的传承现状展开调查，分析造成民间游戏发展陷入困境的原因，并提出相应的解决意见。李秀芳使用问卷法和访谈法，对大理白族自治州三个地区童年时期分布不同的 124 名受访者的童年游戏情况进行了调查。通过分析三个时期儿童参与的主要民间游戏类型变化，并结合关键时间节点的时代背景，作者发现家庭生产方式和家庭类型的转变，以及新兴娱乐方式的普及是造成民间儿童游戏类型转变的主要原因。面对民间游戏空间窄化、类型减少和文化根基削弱的困境，作者认为应当以文化性和生活性为原则，将白族民间游戏的开发充分融入幼儿园课程和亲子教育当中。严倩主要分析了造成苗族民间游戏传承局限的原因，并提出了传承与开发的相关建议。社会环境的改变、民间游戏器具的难以获得以及游戏缺乏创新是导致目前苗族民间游戏没落的主要原因。针对上述三点问题，作者提出相应的三点建议：一是通过教育让苗族儿童产生民族认同感，在社会上为苗族民间游戏的进行提供适宜的环境。二是与玩具设计和制作公司进行合作，一方面为苗族民间游戏的实践提供便利，另一方面也是对苗族文化的推广；同时创新民间游戏的形式，运用电子、电玩等形式来吸引儿童的关注。三是尊重民间游戏的自然属性，吸引更多人的参与。丁璟琳、郭强利用田野调查、问卷调查、数理统计分析等方法，对浙江民间游戏发展现状进行研究，包括浙江民间游戏的类型和特征、各区域和各年龄层次参与的民间游戏的联系与区别。通过调查作者发现传统的民间游戏在浙江仍具有较大的影响力，而浙江民间游戏也具有自己独有的特征，不同年龄阶段的参与者也有独特的兴趣偏好。对于现实的情况，作者建议人们要树立"终身游戏"理念，以学校和社区为阵地，拓展民间游戏生存、发展空间。针对不同的参与人群要实施分类操作的指导，也要关注大众的需要，从而赋予民间游戏强大的生命力。

民间游戏诞生于古人的生活生产、军队训练、社会习俗等实际需求，除了丰富人们的娱乐活动，民间游戏还具有许多其他方面的价值。民间游戏的发展在今天不仅限于游戏项目的传承，还可以从其他领域对民间游戏进行解构与利用。从多方面、多领域对民间游戏

[①] 赵真：《苗族民间游戏的教育人类学解读——以苗族鼓舞为例》，《教育教法探讨与实践》2018年第 6 期。
[②] 李秀芳：《白族民间儿童游戏的演变及开发对策》，《陕西学前师范学院学报》2018 年第 7 期。
[③] 严倩：《苗族民间游戏的传承与开发》，《中国民族博览》2018 年第 5 期。
[④] 丁璟琳、郭强：《浙江民间游戏的现代呈现研究》，《浙江体育科学》2018 年第 3 期。

资源的开发与利用能够引起民众对民间游戏的重视，也有助于传统文化的传播。喻熹薇的《中国民间经典儿童游戏视觉元素的设计应用与研究》[1]和汪韵淙的《传统游戏与数字媒体结合的教学应用研究》[2]分别结合艺术设计和数字媒体技术来讨论传统民间游戏资源开发的可行性。喻熹薇从艺术鉴赏的角度分析了民间游戏具有的造型之美、道具之美以及内蕴美。作者对一些民间经典儿童游戏进行解构，提取出其中具有一定内涵的视觉元素，重新设计出一系列民间游戏形象。并通过将这些民间游戏形象应用到文创产品当中，以提升民众对民间游戏的关注度，改善民间游戏日渐衰微的局面。汪韵淙在论及传统游戏的教学应用时认为，传统游戏与数字媒体技术结合能够更好地发挥游戏的教育价值和提高游戏传承能力。数字媒体技术对人们的生活方式、工作方式、娱乐方式的变革产生巨大的影响，对于传统游戏来说，数字媒体技术不是危机而是机遇。在数字媒体技术支持下的动画、数字游戏、会展为传统游戏提供了新的展演平台，借此可以制作出传统游戏动画、数字化传统游戏教材和交互游戏等活态展示产品。通过数字媒体技术与民间游戏的结合，不仅能够发挥游戏的教育价值，还可以扩大游戏的影响力。

此外，作为"中华民间游戏村"江西省万安县夏木塘村在2018年获得了"中国十大乡村振兴示范村"的称号，夏木塘村曾以"趣村"为主题，用设计、文化、艺术的力量展开了一系列激活乡村的探索。通过"建筑师+品牌"的合作，在村中营造出了一个适宜开展多种民间游戏的环境，将各种民间游戏融入乡村空间当中，成为进行亲子游戏乐园和儿童乡村体验教学基地。夏木塘村的改造是民间游戏资源开发与利用的实践，也为农村改造与民间游戏传承提供了参考。

民间游戏在现代社会发展过程中整体上表现出衰微的趋势，对民间游戏资料的收集与整理以及传承创新成为当前民间游戏研究的重点。多位学者搜集、整理、分析了许多不同的民间游戏类型，丰富了中国民间游戏资料。面对民间游戏传承这一紧迫性的问题，不同领域的学者提出了多样的解决方法，并尝试从多个领域开发和利用民间游戏资源，带动了关于民间游戏传承与开发的讨论。

三 民间游戏与教育研究

儿童是民间游戏的主要传承主体，而教育是民间游戏的主要功能之一。义务教育的推广使得大部分的适龄儿童都进入到校园教育当中，因此幼儿园和中小学成为开展民间游戏的主要场所。民间游戏具有促进人的身心发展、社会性培养、乡土认同等诸多教育价值，因此民间游戏也成为校园教育的重要工具。作为一种生活方式的民间游戏如何与校园教育相适应，逐渐成为教育学者和学校教师所关注的问题。2018年关于民间游戏有关教育价值和应用研究的成果占据了这一年民间游戏研究的多数，直观地体现出学者们对民间游戏的教育意义和实践的关注。

游戏是儿童的天性，也是传统社会中儿童教育的主要形式，在儿童成长过程中具有多

---

[1] 喻熹薇：《中国民间经典儿童游戏视觉元素的设计应用与研究》，硕士学位论文，湖南师范大学，2018年。

[2] 汪韵淙：《传统游戏与数字媒体结合的教学应用研究》，硕士学位论文，云南艺术学院，2018年。

方面的作用。如何发挥民间游戏的教育功能,首先要对游戏所具有的教育价值进行分析。王丹的《语言文字类民间游戏的教育功能研究》①依据语言文字类民间游戏所包含多方面的教育内容,分析其教育功能,主要体现在以下五个方面。第一,语言文字类民间游戏是对儿童思维能力的锻炼,在游戏过程中对语言的学习和使用有助于儿童语言表达能力的提高。第二,语言文字类民间游戏作为一种家庭教育形式,有着启迪儿童心智的作用。许多游戏歌谣包含道德教化的内容,在游戏玩耍的过程中,潜移默化地对人们进行道德教育。第三,语言文字类民间游戏包含着许多语言文字因素,在玩耍的过程中实际上也是对语言传统的记忆、文字系统的传递。第四,语言文字类民间游戏具有诸多文学艺术的审美,以民间游戏这种可为儿童所理解、接受、欣赏的方式,有助于培育游戏接受者的审美能力和文学素养。第五,民间游戏根植于民族或地区传统文化,开展语言文字类民间游戏也是在加强对当地文化的认同。

因为民间游戏对儿童具有较高的教育价值,对民间游戏的教育价值与应用研究也多聚焦于学前教育。董晓霞的《浅谈将民间传统游戏引入幼儿园的重要性》②、杨艳平的《儿童民间游戏在幼儿教育中的价值和意义分析》③、密渊的《民间体育游戏"丢沙包"对幼儿教育的价值及应用》④、苏晓兰的《在民间游戏活动中促进幼儿身心发展例谈——以大班"冰化"游戏活动为例》⑤和林丽琼在《课程园本化视野下闽南民间游戏资源有效运用例谈》⑥都从幼儿园开设民间游戏课程的角度,对民间游戏的幼儿教育价值与教育意义进行梳理。董晓霞和杨艳平结合民间游戏的特点,分析了民间传统游戏对幼儿成长所具有的帮助。如民间游戏中的体能游戏与益智游戏有助于幼儿的身体发育和智力发展,角色扮演类游戏有助于学前期幼儿社会性的培养。作为当地民间文化的代表,开展传统民间游戏还有助于促进幼儿对当地文化产生认同感。因此作者认为在幼儿园一日活动中合理运用民间游戏,不仅能让各个活动环节平稳过渡,还能够作为幼儿自我发展、自我教育的有效形态。密渊和苏晓兰都是从具体的民间游戏项目对幼儿多方面发展所具有的意义,来说明民间游戏的幼儿教育价值。丢沙包游戏和冰化游戏类似,都是一项有着明确目标、需要团队协作的体能游戏,在户外的投掷、跑动和躲闪能够促进幼儿的身体发展;在游戏过程中幼儿对空间和时间的感知有助于幼儿认知的发展;此类型游戏都需要至少三人以上参与,团队的交流促进幼儿语言、社会性和主体性发展,完善幼儿的规则意识;游戏的输赢也推动幼儿对积极情绪的积累和消极情绪的化解,促进幼儿情绪情感发展,有助于培育良好的心理品质。林丽琼结合近几年开展的"闽南民间游戏走进幼儿园"的实践研究,来分析民间游戏资源课程建设的意义。作者结合民间游戏的特点与教育实践,发现将民间游戏融入

---

① 王丹:《语言文字类民间游戏的教育功能研究》,《民俗研究》2018年第4期。
② 董晓霞:《浅谈将民间传统游戏引入幼儿园的重要性》,《学周刊》2018年第3期。
③ 杨艳平:《儿童民间游戏在幼儿教育中的价值和意义分析》,《课程教育研究》2018年第44期。
④ 密渊:《民间体育游戏"丢沙包"对幼儿教育的价值及应用》,《陕西学前师范学院学报》2018年第5期。
⑤ 苏晓兰:《在民间游戏活动中促进幼儿身心发展例谈——以大班"冰化"游戏活动为例》,《幼儿教育研究》2018年第6期。
⑥ 林丽琼:《课程园本化视野下闽南民间游戏资源有效运用例谈》,《幼儿教育研究》2018年第6期。

课程教育可以丰富课程活动的内容，并提高幼儿参与活动的积极性。同时为了更好地开展游戏活动，需要对游戏区进行布置，这也是对学校的环境质量的提升。

幼儿阶段是人的社会性发展的重要阶段，民间游戏教育相较于学校课堂的知识教育，更加突出对幼儿社会性的培养。大部分民间游戏都需要多人的参与，儿童的社交能力、协作能力都能够在这种团队活动中得到锻炼。马晓晶的《民间游戏在促进幼儿社会性发展中的作用与措施》[1]、张红霞的《玩沙游戏对学前儿童社会性发展的支持》[2]、王文捷的《运用亲子游戏培养幼儿亲社会行为的个案研究》[3]和李西彩的《手指游戏对幼儿社会性发展的影响》[4]都结合具体民间游戏项目，分析民间游戏的社会性培育价值。马晓晶认为民间游戏不仅是一种运动形式，更是一种对传统文化的承载方式。民间游戏在幼儿社会性发展中的作用体现在以下两个方面：第一，日常生活中的游戏有利于幼儿身心发展和社会认知的提升；第二，民间游戏的集体环境有助于幼儿提高交往能力和团结协作意识。目前大众对学前教育认识还存有偏差，因此强调民间游戏对幼儿社会性发展的促进意义重大。张红霞、李西彩和王文捷结合具体民间游戏项目所具有的特点，来说明它们对幼儿社会性发展所起到的作用。张红霞认为幼儿参与玩沙这类的集体游戏除了可以提高社会交往能力，还能在集体中认识并区分自己与他人，慢慢克服"自我中心"的思维。在玩沙游戏中儿童对集体矛盾与游戏困难的处理，还可以提高儿童的社会适应能力。王文捷认为亲子游戏除了提高幼儿亲社会认知能力，还可以在游戏互动中培养幼儿的亲社会情感和亲社会行为的意志。作者运用观察法和访谈法调查亲子游戏个案，发现在亲子游戏中父母存在游戏技巧、策略以及目标意识缺乏的问题。对此作者建议对亲子游戏的选择应当有针对性，游戏创编和实施要符合幼儿的年龄特征和实际情况。李西彩主要分析了手指游戏对幼儿社会性塑造具有的意义。作者指出手指游戏可以帮助幼儿养成良好的行为习惯，游戏的娱乐性又能缓解幼儿的负面情绪，维护幼儿心理健康。

民间游戏同时作为一种传统文化和儿童教育方式，逐渐被更多的学校纳入日常教育实践当中。但民间游戏不同于书本教育，在融入校园教育中也存在着诸多问题。如何开展民间游戏课程以及如何解决实施过程中出现的问题成为教育学者们最关注的问题。许莉的《民间游戏资源在农村小学体育教学中的开发与利用》[5]以学生为本位，从小学体育教学的角度讨论民间游戏资源的开发和运用。作者认为，在开发方面，要基于学生的兴趣和需求对民间游戏进行搜集和改编。让教师和学生挑选学生喜爱的民间游戏，根据可行性进行筛选，并创新游戏规则。在运用方面，教师应当根据教学目标，选择合适的游戏项目。针对学生个体化的差异，实行分层的游戏目标和教学评价，并营造适宜的游戏环境。

此外，蔡晗的《民间游戏融入幼儿园课程的行动研究》[6]、孙华琨的《幼儿园民间幼

---

[1] 马晓晶：《民间游戏在促进幼儿社会性发展中的作用与措施》，《文教资料》2018年第33期。
[2] 张红霞：《玩沙游戏对学前儿童社会性发展的支持》，《陕西学前师范学院学报》2018年第1期。
[3] 王文捷：《运用亲子游戏培养幼儿亲社会行为的个案研究》，硕士学位论文，山东师范大学，2018年。
[4] 李西彩：《手指游戏对幼儿社会性发展的影响》，《校园心理》2018年第4期。
[5] 许莉：《民间游戏资源在农村小学体育教学中的开发与利用》，《教学与管理》2018年第21期。
[6] 蔡晗：《民间游戏融入幼儿园课程的行动研究》，硕士学位论文，东北师范大学，2018年。

儿游戏开展现状及对策研究》①、夏梦的《幼儿园开发利用民间游戏时存在的问题及策略》② 和平措卓嘎的《幼儿园开展藏族儿童民间游戏的现状与对策》③ 都分析了幼儿园开展游戏课程的现状，针对其中存在的问题提出了相关的建议。夏梦和平措卓嘎都认为目前影响民间游戏教育的运用主要在于幼儿园教师对民间游戏的价值认识有限，同时幼儿园缺少与课程整合相适应的活动场地，致使民间游戏活动难以发挥其应有的效果。蔡晗实际进入幼儿园的日常教学当中，通过观察法、访谈法等方法发现了幼儿园民间游戏教育中存在民间游戏目标与活动过程不一致、民间游戏内容开发不足、民间游戏开展方式单调、民间游戏区域材料投放单一等问题。作者通过重新设计游戏课程再实践，观察实际教学效果，提出以下建议：民间游戏教育要以幼儿作为民间游戏课程的中心，从幼儿的角度制定目标和筛选、编排课程内容，并设置集体和户外活动、创设民间游戏环境、开展区域活动等多种途径实施民间游戏。孙华琨对民间游戏的特性和教育价值作出论述，并结合幼儿园开展现状提出问题和解决办法。孙华琨认为幼儿园民间游戏不仅有利于幼儿的身体、心理和社会性的发展，还有利于提升教师教育理念和教育水平。通过观察幼儿园开展的民间游戏活动，作者发现其中还存在着教师理念落后、缺乏创新、缺少更大范围内互动以及家园共育意识较低等问题。因此作者提出要加强教师培育力度、促进班级间的合作、发挥家长资源作用，促进家园合作。

潘晓云、官绮凡的《以实践创新视域审视幼儿园课程中的民间游戏》④ 和官绮凡的《浅谈闽南民间游戏渗透于幼儿在园一日生活中的策略》⑤ 对民间游戏融入幼儿园课程教育提出了具体的方法策略。潘晓云和官绮凡结合十余年来幼儿园的课程实践，对幼儿园课程中的民间游戏提出三点创新性做法：一是要对重复、单调的民间游戏进行整合，丰富游戏内容，增强游戏活动的趣味性。二是对民间游戏的玩法进行创新，不断保持幼儿对游戏的兴趣。三是替换合适的游戏材料，方便游戏的进行同时还能提升游戏教育效果。官绮凡对如何将民间游戏渗透到幼儿一日生活之中进行讨论，作者认为问题的关键在于把握开展民间游戏的空间和时间。作者提出：在空间上，要设立民间游戏博物馆作为游戏共享区域，包括民间游戏的玩法和所需器具的共享；在户外要为民间游戏提供专门活动区域，如专题式游戏区和结合户外环境因地制宜的渗透式游戏区，方便不同类型游戏的开展；同时结合不同年级的幼儿特点，设置班级特色区。在时间上主要把握好民间游戏进入幼儿园一日活动的时机，如在集体教学和活动过渡环节进行时长需求不同的游戏，根据室内、室外的活动进行对体能要求不同的游戏。

---

① 孙华琨：《幼儿园民间幼儿游戏开展现状及对策研究》，硕士学位论文，洛阳师范大学，2018年。
② 夏梦：《幼儿园开发利用民间游戏时存在的问题及策略》，《陕西学前师范学院学报》2018年第4期。
③ 平措卓嘎：《幼儿园开展藏族儿童民间游戏的现状与对策》，《开封教育学院学报》2018年第12期。
④ 潘晓云、官绮凡：《以实践创新视域审视幼儿园课程中的民间游戏》，《幼儿教育研究》2018年第6期。
⑤ 官绮凡：《浅谈闽南民间游戏渗透于幼儿在园一日生活中的策略》，《幼儿教育研究》2018年第6期。

梁小丽、樊婷婷的《幼儿园游戏理论与实践——贵州民族地区儿童民间游戏的应用》[1]是面向学前教育的学生及一线幼儿教师的学前教育教材。作者从游戏理论出发，结合贵州民族地区儿童民间游戏，对幼儿园不同活动中的游戏实践进行详细的论述，并针对学前特殊儿童和农村幼儿园这两种特殊学前教育种类进行论述和研究。沈艳凤的《幼儿园民间游戏课程开发与实施》[2]将民间游戏作为幼儿学前教育的重要形式，立足于实际的幼儿园教学实践，从课程资源开发和课程建设两个方面探索幼儿园开展游戏课程的路径与方法。作者认为资源开发不仅包括游戏的搜集与创新，还应建设民间游戏数据资源库和民间游戏场馆，完善开展游戏活动所需的配套设施。在课程建设方面，作者围绕民间游戏课程的编制以及具体的实施、评价与保障进行论述，并具体分析了民间游戏主体活动及游戏节的实施策略。作者理论结合实际为幼儿园开展民间游戏课程提供理论依据与方法参考。

2018年民间游戏与教育研究成果十分丰富，内容涉及民间游戏教育价值分析、游戏课程现状调查和应用方法研究。大部分文章为基础教育工作者根据日常教学实践总结出的理论，具有一定的参考价值。但许多文章的分析较为笼统，在观点上相似度很高，缺乏实际的指导意义。但值得肯定的是，各级政府及教育工作者对民间游戏的重视，既推动了研究的进步，也有助于民间游戏在当代的传承。

四　民间体育游戏研究

体育游戏是民间游戏中常见的游戏类型，一般在户外进行，伴随有体能的锻炼。相较于其他类型的民间游戏，体育游戏更注重游戏的娱乐功能和健身功能，许多传统民间游戏如捉迷藏、跳房子等都属于体育游戏。体育游戏时间灵活，规则简单，有着良好的群众基础。在民间有许多关于体育游戏的实践，因此与体育游戏相关的研究成果也比较丰富。

体育游戏大多发源于生产、祭祀和战争，历史较为久远，包含了地区、民族特色的历史文化。对传统体育游戏的研究也是对一个地区、一个民族文化的研究，因此项目本身具有一定的研究价值。对体育游戏的研究首先是从体育游戏内容、特征、价值等方面展开，对具体的传统体育游戏进行介绍。民间体育游戏的搜集整理工作的突出成就是《中国体育非物质文化遗产》系列丛书的出版。体育非物质文化遗产是在历史发展过程中创造与积淀下来的传统体育文化，与各民族、地区人们的生活方式、宗教仪式、风俗习惯息息相关。该丛书从2013年国家社科基金重大项目的立项到集中出版共经历了六年的筹备与整理时间，参编人数达到四百余人，记录了各地市四百余项体育非物质文化遗产项目。为确保资料真实性，丛书参照非遗申报书内容，并配以代表性传承人实地访谈口述记录。各地学者通过深入田野开展实地的考察，搜集、整理了大量的体育非物质文化遗产资料，在2018年集中出版了13册，整理汇编的内容涵盖江西、江苏、青海、云南、广西、海南、西藏、重庆、新疆、浙江、河南、广东、甘肃13个省（区、市）的体育非物质文化遗产。《中国体育非物质文化遗产》系列丛书的出版填补了体育非物质文化遗产这一细分领域的空缺，有助于广大民众更好地了解我国体育非物质文化遗产的现状与发展，也为传统

---

[1] 梁小丽、樊婷婷：《幼儿园游戏理论与实践——贵州民族地区儿童民间游戏的应用》，西南交通大学出版社2018年版。

[2] 沈艳凤：《幼儿园民间游戏课程开发与实施》，福建教育出版社2018年版。

体育研究提供了资料库。

少数民族民间体育游戏产生于民族独特的地理环境和社会需求,通过对其研究可以挖掘少数民族传统历史文化内涵,价值的分析也能够引起人们对传统体育游戏的重视。邱兆福的《达斡尔族传统体育运动文化探源》[1]、耿献伟的《藏族传统体育的历史文化内涵》[2]、林文峰的《贵州仫佬族传统体育文化研究》[3]和王佳的《土家族传统体育的文化记忆研究》[4]都是对少数民族体育游戏的历史探究,并通过具体体育游戏所包含的特点,分析其中蕴含的各民族不同的文化特征。邱兆福通过文献法对达斡尔族传统体育运动文化的起源进行研究,总结出"波依阑"文化、竞技体育文化、宗教文化和民族舞蹈文化四种源头。耿献伟讨论了藏族传统体育的起源问题,并根据民族特性分析其中具有的历史文化内涵。藏族传统体育起源于藏族游牧与狩猎的生产方式,通过宗教祭祀活动促进了藏族传统体育的形成与发展,军事训练则拓展了传统体育的类型。在这样的历史背景下,藏族传统体育的民族性更加突出,更注重人与自然的和谐、礼仪教育、娱乐性和人文交流。林文峰整理并介绍贵州仫佬族的传统体育项目,并对其文化特点和当代价值进行分析。作者运用文献资料法、实地研究法和专家咨询法搜集整理了五项在贵州仫佬族中仍在进行的传统体育游戏,它们体现了独特的地域族群特征、丰富的民族文化内涵以及悠久的历史传承。而这些体育游戏在当代可以作为发展旅游的文化资源,同时也是传承地域族群文化的需要,开展传统体育游戏还有助于增强地域族群的凝聚力和认同感,具有诸多方面的价值。王佳采用文献资料法和田野调查法,分类整理了多项土家族传统体育,并分析其文化特质和传承价值。土家族人聚居的地区长期受到汉、楚、蜀、巴文化的影响,表现出多层次的特征。土家族传统体育文化是珍贵的民族精神财富,传承传统体育游戏也有助于传承民族文化、增强民族认同、活跃民族经济和繁荣文化生活。

杨志林、孔德银的《人类学仪式理论视角下的射柳功能分析》[5]和杨铃春等人的《从"抢花炮"运动发展历程管窥侗族传统体育文化变迁》[6]立足于具体的体育游戏项目,对其功能与历史变迁进行研究。杨志林从人类学理论角度,分析了射柳游戏的功能。射柳游戏是古人祭祀中的重要环节,也是游牧民族的生产训练和娱乐方式。射柳游戏具有祭天功能、生存功能和娱乐功能。通过射柳游戏的开展,统治阶级可以用以维护统治和社会秩序,在民族内部也能够形成凝聚力,因此射柳游戏还具有维护社会秩序和凝聚民族团结的功能。这种提升文化自觉、提高民族认同、坚定文化自信的价值也突出了射柳游戏的传承意义。杨铃春等人以侗族体育文化特性为基础,采用多种研究方法,梳理了"抢花炮"运动的发展历史,并对影响侗族传统体育文化变迁的因素进行研究。"抢花炮"运动产生和流行于小农经济社会,由于耗材和迷信的原因,在计划经济时期一度沉寂。改革开放后"抢花炮"运动得以恢复,但随着人们生活重心的转移,游戏热情也在下降,乡村旅游业

---

[1] 邱兆福:《达斡尔族传统体育运动文化探源》,《理论观察》2018年第8期。
[2] 耿献伟:《藏族传统体育的历史文化内涵》,《体育文化导刊》2018年第7期。
[3] 林文峰:《贵州仫佬族传统体育文化研究》,《贵州民族研究》2018年第12期。
[4] 王佳:《土家族传统体育的文化记忆研究》,《体育科技文献通报》2018年第5期。
[5] 杨志林、孔德银:《人类学仪式理论视角下的射柳功能分析》,《体育文化导刊》2018年第2期。
[6] 杨铃春等:《从"抢花炮"运动发展历程管窥侗族传统体育文化变迁》,《广州体育学院学报》2018年第6期。

的兴起和游戏形式的创新使得"抢花炮"运动又变得流行起来。通过"抢花炮"运动的变迁,作者认为影响传统体育文化变迁的因素主要是社会环境和文化主体需求的改变,因此传承侗族传统体育文化要强化文化独特性、提高与人们生活的契合程度和区域经济社会格局发展的关联度。

不同民族地区在生产生活方式上存在一定的差异,因此形成的民间体育游戏在文化本质上也有不同。对于民族体育游戏的研究成果众多,耿献伟等人的《藏族传统体育文化的生存危机及传承策略》[1] 和余松林的《布依族传统体育现状及传承发展研究》[2] 都聚焦于少数民族体育游戏遭遇的传承问题,结合民族体育游戏文化特点,提出具体的解决策略。耿献伟等人运用多种调查方法,在分析藏族传统体育文化本质的基础上,探讨藏族传统体育的生存危机及传承策略。社会的变革影响文化变迁,西藏社会发展过程中城镇化建设、现代传媒普及和西方竞技性体育的影响是藏族传统体育面临的主要危机。作者建议加强大众对藏族传统体育重要性的认识、创新保护理念、培育大众文化自觉。通过现代传媒技术、旅游业与藏族传统体育相结合,提高藏族传统体育的知名度和发展活力。

体育游戏蕴含丰富的传统历史文化,也具有不同于其他民间游戏类型的功能与价值。但由于生活方式变化等原因,传统体育游戏在现代逐渐式微,如何突破传承困境成为体育游戏亟须解决的问题。体育游戏传承问题同样备受学者们的关注,代表性成果有密渊、段晓娅的《儿童传统民间体育游戏的传承与创新》[3],黄聪、李金金的《村落民俗体育文化传承问题的社会根源及解决对策》[4]。密渊、段晓娅以民间游戏传承所包含的内容为切入点,提出民间游戏传承可分为形式的传承、文化的传承、规则的传承和精神的传承。并依据这四类的传承,分别提出以下四点建议:在形式上要结合时代和儿童成长的特点;在文化创新上将游戏与中国文化传统相结合,针对儿童民间游戏要以儿童为本;在规则方面要体现规则的明确性,同时也要照顾到儿童的年龄和身心发展特点;对于精神创新要跟随时代潮流,以社会主义核心价值观为指引,不断挖掘民间游戏中蕴含的自由精神、人文精神和创造精神。黄聪、李金金主要关注村落环境对民俗体育文化传承造成的问题并提出解决对策。作者通过文献资料和实地调查的方法,发现乡土社会的变化以及政府的干预是村落民俗体育传承问题的主要社会根源。乡土社会西方化与城市化对农村和农民产生巨大的影响,也是在消解民俗体育的生存土壤。而政府主导的"送体育下乡"虽然有利于村民进行健身锻炼,但挤占了民俗体育的传承空间,在一定程度上制约了村落民俗体育文化的传承。解决传承问题首先要解决造成问题的社会根源,作者提出要以政府主导政策研制与路径选择作为前提,以促进文化主体价值观念转变作为突破点,最终完成基层文化模式创新。

体育游戏的价值与功能体现在多个方面,对传统体育游戏的传承也不仅限于项目的推广。从不同领域开发与利用体育游戏资源,不仅可以扩大传统体育游戏的影响力,还能扩

---

[1] 耿献伟等:《藏族传统体育文化的生存危机及传承策略》,《西藏民族大学学报(哲学社会科学版)》2018年第2期。
[2] 余松林:《布依族传统体育现状及传承发展研究》,《民族传统体育》2018年第15期。
[3] 密渊、段晓娅:《儿童传统民间体育游戏的传承与创新》,《体育文化导刊》2018年第4期。
[4] 黄聪、李金金:《村落民俗体育文化传承问题的社会根源及解决对策》,《北京体育大学学报》2018年第12期。

展体育游戏的生存空间，促进体育游戏的传承。昝胜锋、陈旭的《少数民族传统体育文化资源的旅游开发及应用》①、刘雪芬的《闽南民间体育游戏资源的开发与利用》② 和冯发金、王岗的《困境与出路——新时代民族传统体育与学校教育的共生研究》③ 都是结合具体领域，论述体育游戏资源开发与利用的方法。昝胜锋、陈旭分析少数民族传统体育文化的开发问题，并提出了相应的解决方案。作者认为在少数民族传统体育开发过程中认识深度不足、缺乏创新性、重视程度低等问题，制约了少数民族体育的开发进展。因此要加强专业人才的培养、打造体育文化品牌，并加强相关资源的产业生态整合，以此更好地发挥少数民族传统体育文化的价值。刘雪芬针对闽南民间体育游戏空间日益萎缩的状况，提出以下四个方面的开发建议：一是通过实地调查、利用网络、图书馆等媒介，对当地民间游戏资源进行多元化、立体式的搜集整理，最大限度地将原本口耳相传的民间游戏保存下来；二是在对民间游戏的选择上，要从安全性、适用性、教育性等多维度可行性原则出发，对民间游戏进行考量和筛选；三是创新驱动民间游戏开发，在游戏玩法、规则和材料方面要坚持以人为本，进行调整和改编；四是对于民间游戏的传承，要结合学校尤其是幼儿园的课程设置，推广民间体育游戏，将体育游戏充分融入幼儿的一日生活当中。冯发金、王岗站在新时代背景下，对传统体育与学校教学的共生问题展开研究。通过文献资料和实地调查，作者发现随着民族传统体育与学校教育共生的理论逐步深入，传统体育的教学效果也在改善。但在实际运行中还存在改造舍本逐末、学段知识设置不合理、应试"绑架"教学等问题，对此作者提出：传统体育应突出民族性与现代性、构建多元共生模式、凸显文化主体区保护、创新教学模式和强化学段加固。通过建立民族传统体育与学校教学协同、互惠互补的共生关系，促进民族传统体育更好地传承。

体育游戏是民间游戏的主要类型，社会变迁对民间游戏产生的负面影响中，首当其冲的是体育游戏。2018 年体育游戏研究在搜集与整理上取得了一定的成就，在传承与发展方面也引起了许多学者的关注。尤其是对少数民族传统体育的跨学科研究，开拓了传统体育游戏发展的新领域，并提供了可供参考的新方法。

五 结语

2018 年民间游戏研究成果在数量和质量上都有所提高，这是近几年民间游戏研究发展的总体趋势。游戏理论的研究热度也有提升，有学者对游戏提出新的定义与方法论，并以当代的眼光和专业的视角重新审视经典游戏理论。民间游戏如何传承与创新一直是学界关注的问题，有来自民俗学、教育学、心理学等多个学科的学者参与到民间游戏资源开发和利用的研究中。其中对于民间游戏的教育价值与实践研究占比最大，这说明更多的人意识到了民间游戏在学校教育中的重要性，课程教育或成为民间游戏的一大传承动力。体育游戏作为民间游戏的主要类型，围绕它展开的讨论与研究也颇为丰富。这一年对体育游戏

---

① 昝胜锋、陈旭：《少数民族传统体育文化资源的旅游开发及应用》，《贵州民族研究》2018 年第 7 期。
② 刘雪芬：《闽南民间体育游戏资源的开发与利用》，《学前教育研究》2018 年第 6 期。
③ 冯发金、王岗：《困境与出路——新时代民族传统体育与学校教育的共生研究》，《北京体育大学学报》2018 年第 12 期。

项目的搜集、整理和研究取得了较大进展，体育游戏成为研究民族文化的重要载体。

2018年民间游戏研究更多关注个案分析，较少从宏观层面提出方法论和价值论。比如民间游戏的传承问题与教育应用方面，研究的层面和提出的对策比较笼统，缺乏理论突破。但不可否认的是，2018年民间游戏得到了更多领域学者的关注，研究成果趋于多元化。尤其是民间游戏的传承发展得到了不同学科的理论支持，反映出社会各界对民间游戏的重视程度。民间游戏研究的发展必将推动实践的深入，也会在未来为民间游戏的理论创新提供现实动力。

2018年旅游民俗研究综述

程 鹏[*]

2018年的旅游民俗研究，相对往年来说热度有所减弱。从中国知网上可以检索到2018年度关于旅游民俗的期刊论文有114篇，除2010年外，远少于2008年至今的其他年份。此外，还有30余篇硕博士学位论文及会议、报纸等发表的文章，共计149篇。2018年度的旅游民俗研究在数量上相对较少，上乘之作不多。综观2018年的旅游民俗研究，主要从以下几个方面展开。

一 民俗旅游开发

民俗旅游开发依然是学者研究的一个重要领域，众多学者从不同视角运用不同理论方法围绕着民俗旅游的开发、规划、设计等问题展开了研究。杨卉的《新形势下我国民俗旅游发展研究》[①]回顾了我国民俗旅游的发展情况，指出目前我国民俗旅游存在开发过度商业化、庸俗化、同质化等现实问题，需要加大宣传力度，拓宽宣传渠道；坚持乡土特色引领发展，文化创新助推发展；创新营销引领发展，打造"智慧"民俗旅游，方可保持民俗旅游的可持续发展。一些学者则聚集某地、某族或某一具体民俗事象，对其旅游开发进行了研究。《琼南民俗民族旅游发展研究》[②]收录了近两年来关于海南岛南部地区民俗旅游发展的3篇硕士毕业论文及作为《黎族风情系列旅游纪念品创新设计与开发方案》结题材料的3篇本科毕业论文，详细介绍了海南民俗旅游的发展。齐振伦的《延安民俗文化旅游资源的开发研究》[③]详细概述了延安民俗文化旅游资源及其特征，通过静态发展、动态开发、综合开发三种模式，提出延安民俗文化旅游资源有效的发展策略。王泽巍的《泉州民俗旅游资源类型及其开发探讨》[④]从服饰民俗、居住民俗、饮食民俗、节庆民俗、婚姻民俗、民间信仰民俗、游艺民俗和工艺民俗等八个方面对泉州的民俗旅游资源进行了分类总结，并对其开发条件和存在的问题进行了分析，同时提出了开发建议。王海荣的《黑龙江省萨满民俗文化旅游开发研究》[⑤]则针对黑龙江省萨满民俗文化旅游的开发优

---

[*] 作者系上海社会科学院文学研究所助理研究员。
① 杨卉：《新形势下我国民俗旅游发展研究》，《农业经济》2018年第11期。
② 朱海冰、谢镕键、林日举：《琼南民俗民族旅游发展研究》，中国旅游出版社2018年版。
③ 齐振伦：《延安民俗文化旅游资源的开发研究》，《黑河学院学报》2018年第3期。
④ 王泽巍：《泉州民俗旅游资源类型及其开发探讨》，《漳州职业技术学院学报》2018年第1期。
⑤ 王海荣：《黑龙江省萨满民俗文化旅游开发研究》，《黑龙江民族丛刊》2018年第2期。

势以及旅游开发中存在的问题进行分析，并提出有针对性的开发建议。

节庆文化是民俗旅游开发中的重要资源，也是学者研究中关注的焦点之一。毛巧晖的《非物质文化遗产与民俗节庆文化的建构——基于广西百色市布洛陀民俗文化旅游节的考察》以广西百色市布洛陀民俗文化旅游节为个案，阐释了其在政府与学者的共同构划中选取了壮族文化发祥地和精神家园的新路向。在布洛陀人文始祖信仰核心的支撑下，通过政府的文化展示以及民俗精英对"地方性知识"的新建构，将这一新型民俗节庆嵌入"三月三"时间点，逐渐构筑了进入当地民众生活的民俗节庆。① 钟慧聪、魏莉、雍雯的《基于节庆理念的民俗文化旅游创新开发研究——以海南黎苗族传统节日"三月三"为例》② 以海南黎苗族传统节日"三月三"为例，探讨了节庆理念下民俗文化旅游的创新开发。指出通过节庆的方式，能够充分利用民俗文化旅游资源，改变旅游资源低水平的利用方式；能够提升旅游竞争力和地方知名度；能够对民俗实施更加科学、更加有效的保护，让民俗文化在节庆旅游中更彰显魅力。谢芳、谭程的《文化基因视角下民俗文化旅游衍生品的演化路径——以广西"渡河公"节庆民俗为例》③ 则从文化基因的视角，借助克罗伯文化生态树进化模型对"渡河公"节庆民俗文化基因的保育、变异、移植、植入、重叠等基因演化路径进行了分析，进而探讨演化期间存在的主体基因传递缓慢、文化基因载体衰败、文化基因隐性化等问题，并提出保育主体文化基因、调动基因载体能动性、激活隐性文化基因的策略，以实现民俗文化旅游化开发的可持续发展。

民俗体育旅游是近年来学者关注的一大热点，一些学者也从民俗体育旅游开发、规划、市场、评价等多方面进行了研究。陈益云的硕士学位论文《湘西州苗族村落民俗体育旅游开发研究》④ 对湘西州苗族村落民俗体育资源概况、民俗体育旅游开发现状进行了研究，并以"德夯苗寨"民俗体育旅游开发为个案，分析了其民俗体育旅游开发形式、开发过程中的有益经验以及所存问题，总结了制约湘西州苗族村落民俗体育旅游开发的因素，提出加强人才队伍建设、充分挖掘民俗体育文化内涵、打造湘西州苗族村落民俗体育旅游特色、促进民俗体育旅游长足化等建议。王士赵、朱亚玲的《皖南民俗体育旅游的优势与开发研究》⑤ 针对皖南地区在民俗体育旅游开发中具有资源、市场和旅游产品丰富等优势，提出通过现有资源优势、市场优势及旅游产品的优化组合可为民俗体育旅游的创新型开发提供依据。为此应正视规划不足、配套设施欠缺等问题，以开发的广度对外扩展，以开发的深度对内切入，创新与传承兼顾。程新年、唐海溶的《潮汕民俗体育与旅游开发的融合研究——以普宁英歌为例》⑥ 则对揭阳市民俗体育普宁英歌旅游融合进行了分析研究，提出了创新民俗体育"普宁英歌"与旅游开发融合模式，利用互联网+民俗

---

① 毛巧晖：《非物质文化遗产与民俗节庆文化的建构——基于广西百色市布洛陀民俗文化旅游节的考察》，《贵州社会科学》2018年第3期。
② 钟慧聪、魏莉、雍雯：《基于节庆理念的民俗文化旅游创新开发研究——以海南黎苗族传统节日"三月三"为例》，《现代商业》2018年第18期。
③ 谢芳、谭程：《文化基因视角下民俗文化旅游衍生品的演化路径——以广西"渡河公"节庆民俗为例》，《广西师范学院学报（哲学社会科学版）》2018年第2期。
④ 陈益云：《湘西州苗族村落民俗体育旅游开发研究》，硕士学位论文，华中师范大学，2018年。
⑤ 王士赵、朱亚玲：《皖南民俗体育旅游的优势与开发研究》，《钦州学院学报》2018年第1期。
⑥ 程新年、唐海溶：《潮汕民俗体育与旅游开发的融合研究——以普宁英歌为例》，《太原城市职业技术学院学报》2018年第6期。

体育"英歌舞"+旅游，扩大普宁英歌旅游的影响力、市场化运作，实现与之相关的民俗体育旅游相关产业的发展等开发策略。除了民俗体育旅游的开发，民俗体育与乡村旅游、农村体育公共服务等的关系也吸引了学者的关注。康军标的《乡村旅游融入民俗体育活动研究》[1] 指出将乡村旅游融入民俗体育活动，既能增强乡村旅游的吸引力，促进农村经济发展，又能推进民俗体育的传承，具有一举两得之效。黄坚的《广西民俗体育旅游与农村体育公共服务互动发展研究》[2] 则在分析广西民俗体育旅游与农村体育公共服务互动发展可行性的基础上，探讨了两者互动发展的制约因素及具体对策。此外，王睿的硕士学位论文《基于RMP分析的民俗体育旅游产品发展现状及对策研究——以廊下莲湘为例》[3] 基于RMP理论，对上海市金山区廊下镇民俗体育旅游产品现状进行了研究，分析了廊下民俗体育旅游市场，阐述了廊下旅游产品弹性及产品选择偏好，指出廊下旅游产品需通过理念、线索、格局、层次来提升产品形象。

民俗旅游的开发，一直是民俗学、旅游学、社会学、人类学等学科共同关注的话题，不同学科研究的视角、理论、方法都有所差异。其中SWOT分析法是旅游学研究旅游开发时经常使用的一种方法，2018年度也有多位学者利用此方法对研究对象的优势、劣势、机遇、威胁进行了全面的分析，并进而提出相应的开发策略。如锥珊珊的《基于SWOT分析法的碛口古镇民俗旅游发展探析》[4]、杨佩群、蔡金兰的《基于SWOT分析的民俗文化休闲旅游开发研究——以普宁英歌舞为例》[5]、陆菊、荆亚宇、刘金炜的《基于SWOT分析的皖南民俗文化旅游资源开发策略研究》[6] 等论文。

文化是旅游的灵魂，旅游是文化的重要载体。2018年文化和旅游部的成立，为二者的融合开辟了广阔的前景。2018年度也有多位学者从文旅结合的角度展开了研究。如段红坤、朱贵荣的《少数民族地区文化和旅游融合的作用及发展对策——以新平县花腰傣的民俗文化旅游为例》[7] 指出在文化和旅游融合背景下，要坚持以学术研讨活动提升人们对"花腰傣"原生文化的认知度，持续推出民俗文化旅游活动，打造民俗文化旅游品牌，以原生民族文化内容增加民俗文化旅游内涵，以全方位的宣传营销活动推动民俗文化旅游发展。王凯宏、李颖、许乐的《民俗村落文化旅游与策略体系建构》[8] 则指出作为以旅游行为来感知、了解、体察人类文化内容的文化旅游，包括一般意义上的物质文化遗产旅

---

[1] 康军标：《乡村旅游融入民俗体育活动研究》，《农业经济》2018年第9期。

[2] 黄坚：《广西民俗体育旅游与农村体育公共服务互动发展研究》，《百色学院学报》2018年第5期。

[3] 王睿：《基于RMP分析的民俗体育旅游产品发展现状及对策研究——以廊下莲湘为例》，硕士学位论文，上海体育学院，2018年。

[4] 锥珊珊：《基于SWOT分析法的碛口古镇民俗旅游发展探析》，《黑龙江生态工程职业学院学报》2018年第4期。

[5] 杨佩群、蔡金兰：《基于SWOT分析的民俗文化休闲旅游开发研究——以普宁英歌舞为例》，《牡丹江大学学报》2018年第2期。

[6] 陆菊、荆亚宇、刘金炜：《基于SWOT分析的皖南民俗文化旅游资源开发策略研究》，《赤峰学院学报（自然科学版）》2018年第1期。

[7] 段红坤、朱贵荣：《少数民族地区文化和旅游融合的作用及发展对策——以新平县花腰傣的民俗文化旅游为例》，《民族艺术研究》2018年第4期。

[8] 王凯宏、李颖、许乐：《民俗村落文化旅游与策略体系建构》，《艺术研究》2018年第4期。

游，以及以艺术、宗教信仰、民族习俗和地方文化特色等为中心内容的文化旅游。

近年来，全域旅游、"互联网+"等概念的兴起，也对民俗旅游的开发造成了诸多影响，一些学者在探讨民俗旅游开发的时候，也结合此类社会热点从不同的视角展开研究。曹艳丽的《全域旅游视角下乡村旅游发展研究——以马嵬驿民俗文化村为例》[1] 以马嵬驿民俗文化村为例，对其发展中存在的问题进行了研究，并从全域旅游的视角对乡村旅游发展提出完善旅游基础设施、丰富旅游产品体系、创新旅游营销方式、打造特色乡村旅游品牌、坚持保护与开发并重的原则、完善政策体系的建议。强潇的硕士学位论文《吉县县域民俗旅游发展模式探究》[2] 则以吉县县域旅游为背景，探讨了当地民俗旅游采用的旅游+民俗展演、旅游+民间信仰、旅游+乡村文化三种发展模式，并指出在发展旅游的同时要注意保护当地民俗文化的生存空间，只有这样，民俗文化和县域旅游才能相互扶持、共同发展。孙洁的《"互联网+"下农村民俗旅游产品的开发与营销研究》[3]，通过分析"互联网+"背景下新出现的概念、农村民俗旅游产品开发及营销的现状，并通过"互联网+民宿"分析了"互联网+"的影响，提出了完善"互联网+"模式建设、利用大数据推广营销、发展虚拟乡村旅游、更新购买和支付方式等促进民俗旅游产品开发与营销的措施。

规划设计是民俗旅游开发中非常重要的一环，2018年度也有多位学者围绕民俗旅游产品的规划设计等问题展开了研究。刘慧的硕士学位论文《甘肃庆阳天富亿生态民俗文化旅游村景观规划设计研究》[4] 在对庆阳市天富亿生态民俗文化旅游村景观规划现状进行分析评价的基础上，通过问卷调查的形式，对景区现状进行了调查规整研究，构思出对景区空间必要的景观规划和与地域文化相匹配的建筑形式的设计思路，并且量身定制具体实施方案，为景区对于主打庆阳当地民俗文化的这一特色主题理念提供了景观规划的设计思路和方法。朱文景的硕士学位论文《乡村旅游导向下崂山东麓村落公共空间更新研究——以青山村为例》[5] 以崂山东麓村落为研究对象，发掘村落整体层面以及村落公共空间层面存在的问题，提出村落整体层面空间构建方式，即村落的主题定位及总体布局。并从"业态调整""文态提升""生态构建""形态优化"四个方面提出村落公共空间的更新策略。苑明亮的《以文化寻根为基础的创造性转化研究——以黄崖子关东民俗旅游文化村景观雕塑作品创作为例》[6] 则从景观雕塑作品的创作视角出发，研究与其相关联的文化寻根和创造性转化，提出挖掘传统文化内涵是艺术生成之源，创造性转化是艺术生成之本。

民宿是近年来兴起的重要民俗旅游产品，作为当地民俗文化展示的重要窗口，民宿的

---

[1] 曹艳丽：《全域旅游视角下乡村旅游发展研究——以马嵬驿民俗文化村为例》，《商场现代化》2018年第10期。

[2] 强潇：《吉县县域民俗旅游发展模式探究》，硕士学位论文，山西师范大学，2018年。

[3] 孙洁：《"互联网+"下农村民俗旅游产品的开发与营销研究》，《农业经济》2018年第7期。

[4] 刘慧：《甘肃庆阳天富亿生态民俗文化旅游村景观规划设计研究》，硕士学位论文，西北师范大学，2018年。

[5] 朱文景：《乡村旅游导向下崂山东麓村落公共空间更新研究——以青山村为例》，硕士学位论文，山东建筑大学，2018年。

[6] 苑明亮：《以文化寻根为基础的创造性转化研究——以黄崖子关东民俗旅游文化村景观雕塑作品创作为例》，《美术大观》2018年第8期。

设计问题也备受关注。武清菊的硕士学位论文《基于民俗文化的乡村民宿旅游开发研究——以凤娃古寨民宿旅游开发为例》,① 以可持续发展理论、文化生态理论及景观生态理论为理论基础,探讨了民宿旅游一般开发类型和开发模式,进而提出了民宿旅游开发的主要影响因素,通过分析民俗文化与民宿旅游开发因素的关联,构建了基于民俗文化的民宿旅游开发模式。甘丹丹的硕士学位论文《鲁南地区民宿建筑空间改造设计研究——以日照任家台民俗旅游村改造为例》,② 以鲁南地区特色乡村旅游区日照任家台村民宿集群建筑及景观为例,通过提炼任家台村民俗元素,结合地区特色对区域景观与建筑空间进行改造,探讨了如何在特有环境中考虑各方面融合方式,形成新产业下生产、居住、服务多方面协调发展的乡村民宿产业。杨金月的硕士学位论文《佤族民居元素在文化旅游民俗客栈景观设计中的应用——以沧源翁丁村为例》③ 则以沧源地区翁丁村文化旅游民俗客栈景观设计为基点,对沧源佤族内在文化进行提炼,将其融入少数民族地区文化旅游民俗客栈景观设计中。

旅游纪念品是民俗旅游中的重要产品,是当地民俗文化的重要展现方式,其设计原则、方法等问题也是学者所关注的。李杨的硕士学位论文《基于陕西关中民俗文化的旅游纪念品趣味性设计研究》④,以趣味性理论作为切入点,对陕西关中民俗文化内涵、民俗特征、旅游纪念品的设计现状及用户对旅游纪念品的设计需求进行分析,总结出陕西关中旅游纪念品设计的一般规律和设计方向,提出了基于陕西关中民俗文化的旅游纪念品趣味性设计原则与方法,建立了陕西关中旅游纪念品趣味性设计评价体系,为陕西关中旅游纪念品的设计与发展提供了新的思考方式。陆一鸣的硕士学位论文《基于用户体验的陕北民俗旅游纪念品设计研究》⑤ 则将用户体验理论与陕北民俗旅游纪念品设计相结合,探究用户体验理论,梳理用户需求,从感官、行为和情感三个体验方面对陕北民俗旅游纪念品用户体验进行分析,对影响用户体验的因素进行分析,提出了陕北民俗旅游纪念品体验的设计原则、设计方法和评价方法。

民俗博物馆作为传承与展示民俗文化的公共文化空间,在民俗旅游中有着重要的功能和特殊的地位。王慧贤、武慧民的《论民俗博物馆在旅游发展中的功能——以丁村民俗博物馆为个案》⑥ 就指出民俗博物馆应致力于向人民提供优质的文化服务,打造"活态文化空间",从而形成一种新型的文化景观。魏文静、臧其猛、田静的《乡村民俗博物馆的

---

① 武清菊:《基于民俗文化的乡村民宿旅游开发研究——以凤娃古寨民宿旅游开发为例》,硕士学位论文,华中师范大学,2018年。
② 甘丹丹:《鲁南地区民宿建筑空间改造设计研究——以日照任家台民俗旅游村改造为例》,硕士学位论文,山东建筑大学,2018年。
③ 杨金月:《佤族民居元素在文化旅游民俗客栈景观设计中的应用——以沧源翁丁村为例》,硕士学位论文,北京服装学院,2018年。
④ 李杨:《基于陕西关中民俗文化的旅游纪念品趣味性设计研究》,硕士学位论文,西安工程大学,2018年。
⑤ 陆一鸣:《基于用户体验的陕北民俗旅游纪念品设计研究》,硕士学位论文,西安工程大学,2018年。
⑥ 王慧贤、武慧民:《论民俗博物馆在旅游发展中的功能——以丁村民俗博物馆为个案》,《文物世界》2018年第6期。

旅游产品体系构建——以侯冲为例》① 则提出乡村民俗博物馆的主题选择和产品设计应紧紧围绕乡土生活的主题而展开。乡村民俗博物馆是乡土文化的集中展示区和文化保护区，其建设与开发必将提升乡村旅游的品质。

民俗旅游发展过程中，政府、企业、居民的态度、力量及博弈关系等问题也是学者所关注的。向友艾的硕士学位论文《区域性乡村民俗旅游业发展对策研究》② 中就指出，发展乡村民俗旅游业需要政府、企业、区域强强联合，优势互补，相互督促，相互促进，实现区域性乡村民俗旅游业的健康、可持续发展。吴莹的《居民对潮汕游神赛会民俗文化旅游开发的态度研究》③ 则选取潮州居民为调查对象，结合问卷调查定量研究和深入访谈定性研究，探讨了居民对游神赛会进行旅游开发的态度。研究发现潮州居民对游神赛会民俗的认可程度较高，愿意参与民俗旅游开发的态度表现为比较希望，对待游神赛会民俗进行旅游开发的态度倾向于比较支持，并且三者呈显著的正相关关系。袁红的《发展民俗旅游增强湖北文化自信的意义及策略探究》④ 则指出区域民俗是区域人文精神的基石，也是区域文化自信建设的基础。利用民俗作为产品资源基础和核心内容的民俗旅游，在推广传播区域文化的同时亦能有效增强区域文化自信。社区参与也是民俗旅游开发过程中的一个重要问题，苗成敏的《基于社区参与的乡村旅游发展模式研究——以沈阳市浑南区满族民俗村为例》⑤ 以沈阳市浑南区满族民俗村为例，将社区管理理论运用到乡村旅游发展模式研究上，分析了满族村的发展特色以及乡村旅游社区参与制约因素，归纳出"公司+农户""政府+公司+农户""农户+公司""农户+农户""个体农庄"五种乡村旅游社区参与模式。

民俗旅游开发的成败好坏，除了表面直观的评价外，还需要科学的评估体系。

赵乙龙的硕士学位论文《民俗旅游可持续发展评估体系的构建及应用研究——以陕州地坑院为例》⑥ 在对民俗旅游、民俗旅游的可持续发展、评价指标体系等有关概念进行梳理的基础上，参照生态旅游可持续发展评价体系，构建了民俗旅游可持续发展评价模型，并以陕州地坑院为例对该模型进行了验证，同时也对地坑院的开发经营进行了评述和指导。宋亚伟的硕士学位论文《关中民俗文化旅游"小镇"开发绩效评估及其规划引导策略——以茯茶小镇为例》⑦ 以民俗文化旅游"小镇"为研究对象，较全面地梳理了关中民俗文化旅游"小镇"开发的现状特征及现实问题，同时构建了民俗文化旅游"小镇"

---

① 魏文静、臧其猛、田静：《乡村民俗博物馆的旅游产品体系构建——以侯冲为例》，《产业与科技论坛》2018年第1期。
② 向友艾：《区域性乡村民俗旅游业发展对策研究》，硕士学位论文，重庆师范大学，2018年。
③ 吴莹：《居民对潮汕游神赛会民俗文化旅游开发的态度研究》，《韩山师范学院学报》2018年第1期。
④ 袁红：《发展民俗旅游增强湖北文化自信的意义及策略探究》，《兰州教育学院学报》2018年第2期。
⑤ 苗成敏：《基于社区参与的乡村旅游发展模式研究——以沈阳市浑南区满族民俗村为例》，《山西农经》2018年第14期。
⑥ 赵乙龙：《民俗旅游可持续发展评估体系的构建及应用研究——以陕州地坑院为例》，硕士学位论文，河南师范大学，2018年。
⑦ 宋亚伟：《关中民俗文化旅游"小镇"开发绩效评估及其规划引导策略——以茯茶小镇为例》，硕士学位论文，西安建筑科技大学，2018年。

开发绩效评估指标体系和评估模型，并以茯茶小镇为例，从发展定位、开发模式、产业发展、旅游产品开发、支撑体系、制度引导等六个方面提出相应的规划引导策略。

二 文化变迁与民俗保护

旅游开发与文化变迁之间存在着密切的联系，一方面民俗文化为旅游开发提供了深厚的人文基础，旅游开发也有利于民俗文化的继承和保护，另一方面旅游开发活动也在一定程度上改变了文化变迁的轨迹，使得部分民俗文化过度商品化和庸俗化。蒋信炜的硕士学位论文《旅游凝视视角下古镇旅游发展变迁研究——以青岩古镇为个案》[1] 以贵阳市青岩古镇为案例，将凝视理论与旅游场域文化变迁相结合，将旅游者凝视对青岩古镇民俗文化变迁的影响及旅游者凝视和青岩古镇旅游场域文化的互动关系作出了研究和分析，讨论了古镇旅游者所倾向的"凝视"类别以及"凝视"对青岩景区造成的作用力，并探讨了基于"旅游凝视"理论的民俗文化保护新思路。李璋奇的硕士学位论文《旅游开发背景下的民俗文化变迁研究——以浦市古镇"抬黑龙"为观察中心》[2] 以浦市古镇抬黑龙民俗活动为观察中心，探讨了旅游开发背景下文化变迁的内容、过程、原因、动力等变迁规律，对旅游开发与文化变迁之间的关系进行了反思，提出了和谐共生的保护理念和整体性的保护思路，即在批判吸收的基础上对传统文化和外来文化进行及时、有力的保护，在保护的过程中将民俗文化遗产所涉及的重要的人、物及环境等采取整体性的保护策略。在旅游开发的过程中充分发挥文化资源优势的同时，各社会主体也要保护好民俗文化的原真性和生活性，以实现旅游开发与民俗文化保护的可持续发展。郭扬扬、李竟雄的《旅游对于凉山彝族民俗风情的消极影响及对策研究》[3] 也指出旅游业的发展虽然给凉山彝族地区带来了良好的经济效益和社会效益，也在一定程度上促进着当地民俗文化的弘扬与发展，但对凉山彝族民俗风情也带来了一定的消极影响。李金峰的《西汉水上游民俗文化传承助推乡村旅游华丽嬗变——基于陇南西和县乞巧民俗的考察》[4] 则在对西汉水上游西和乞巧民俗文化研究基础上，提出西和县应在传承和保护好乞巧文化的基础上，充分利用"中国乞巧文化之乡"品牌，以"秦风古韵、魅力仇池"为旅游形象，开发旅游资源，实施全域旅游战略，助推乡村旅游实现华丽嬗变。

面对旅游开发所带来的诸多问题，如何有效地保护民俗文化是许多学者所关注的。阎丽的《传统民俗旅游资源开发与保护》[5] 针对民俗旅游开发过程中遇到的过度商品化、过于形式化等问题，提出完善民俗旅游立法、加强民俗文化保护与传承、强化民俗旅游保护

---

[1] 蒋信炜：《旅游凝视视角下古镇旅游发展变迁研究——以青岩古镇为个案》，硕士学位论文，贵州民族大学，2018年。
[2] 李璋奇：《旅游开发背景下的民俗文化变迁研究——以浦市古镇"抬黑龙"为观察中心》，硕士学位论文，湖南师范大学，2018年。
[3] 郭扬扬、李竟雄：《旅游对于凉山彝族民俗风情的消极影响及对策研究》，《中外企业家》2018年第8期。
[4] 李金峰：《西汉水上游民俗文化传承助推乡村旅游华丽嬗变——基于陇南西和县乞巧民俗的考察》，《汉江师范学院学报》2018年第1期。
[5] 阎丽：《传统民俗旅游资源开发与保护》，《佳木斯职业学院学报》2018年第3期。

监管、建立资源开发与保护预警机制等建议。陈港的《基于民俗文化保护视角下的江南古镇旅游发展研究》① 指出江南古镇开发过程中，受到传统经营理念的影响，对古镇文化价值保护不够，甚至很多古建筑由于缺乏必要的维护，遭到破坏和损毁，影响了古镇旅游业的可持续发展，对此提出加强政策支持、科学合理的开发等对策。黄河、杨春梅的《内蒙古文化生态旅游中少数民族民俗的保护》② 对内蒙古文化生态旅游中少数民族民俗文化保护的困境加以研究，并提出政策的支持、制定民俗旅游业统一规范、知识产权的保护等相关解决策略。滕新才、曾令的《论宝顶香会与大足民俗旅游的深度开发》③ 以宝顶香会的文化挖掘和开发为例，指出民俗文化旅游的深度开发是促进大足区经济可持续发展的重要支柱，同时深入挖掘宝顶香会作为国家级非物质文化遗产的文化内涵、民间信仰的文化意蕴也势在必行，绝不能为追求经济利益而放弃文化保护，要坚持经济效益、社会效益、文化效益"三合一"模式，从实际出发，从长远着想，才能走向共赢的理想目标。

此外，还有一些学者未雨绸缪，从民俗文化保护的视角探讨旅游开发等问题。如朱霞、罗迪的《民俗文化保护视角下传统村落旅游规划策略研究》④ 基于民俗文化保护的视角，提出了传统村落旅游规划的基本原则和涵盖了发展定位、旅游产品和空间规划等的规划策略。邓广山的《民俗生态旅游与非物质文化遗产传承协同发展研究》⑤ 则深入探讨了民俗生态旅游与非物质文化遗产传承利用之间的相互关系，提出非物质文化遗产是民俗生态旅游资源的重要组成部分，为民俗生态旅游的发展提供资源支持、价值导向和精神动力；民俗生态旅游的发展带动了旅游经济的发展，为非物质文化遗产的传承利用创造了条件。并以渝东南地区为例，分析了民俗生态旅游与非物质文化遗产的协同发展路径。周忠良的《民俗文化与乡村休闲旅游的和谐共生》⑥ 以处于浙闽赣三省边界的江山市为典型，将民俗文化传承保护和开发与乡村休闲旅游发展有机联系起来加以考察，揭示了民俗文化与乡村休闲旅游之互联互动的共生关系。翟雪艳、张帆的《旅游经济视野下鄂尔多斯民俗文化活态传承的路径及模式选择》⑦ 从当前鄂尔多斯民俗文化传承面临的困境入手，按照旅游与文化之间的内在机理深挖两者之间的"利益"关系，提出新时期应通过文化产品的创新和宣传以及民俗文化带的建设和打造，进一步提升鄂尔多斯民俗文化旅游品牌，走出一条旅游经济与文化活态传承融合发展的新路。张璟华的硕士学位论文《蒙古族秀斯民俗在草原旅游开发中的应用研究》⑧ 则从崇尚自然、尊重长辈、共乐共享的角度挖掘

---

① 陈港：《基于民俗文化保护视角下的江南古镇旅游发展研究》，《知识经济》2018年第22期。
② 黄河、杨春梅：《内蒙古文化生态旅游中少数民族民俗的保护》，《呼伦贝尔学院学报》2018年第5期。
③ 滕新才、曾令：《论宝顶香会与大足民俗旅游的深度开发》，《重庆文理学院学报（社会科学版）》2018年第4期。
④ 朱霞、罗迪：《民俗文化保护视角下传统村落旅游规划策略研究》，《华中建筑》2018年第7期。
⑤ 邓广山：《民俗生态旅游与非物质文化遗产传承协同发展研究》，《价格理论与实践》2018年第4期。
⑥ 周忠良：《民俗文化与乡村休闲旅游的和谐共生》，《文化学刊》2018年第5期。
⑦ 翟雪艳、张帆：《旅游经济视野下鄂尔多斯民俗文化活态传承的路径及模式选择》，《中国民族博览》2018年第12期。
⑧ 张璟华：《蒙古族秀斯民俗在草原旅游开发中的应用研究》，硕士学位论文，内蒙古师范大学，2018年。

了蒙古族秀斯民俗中的教育内涵，并就其在今后的草原旅游中如何通过秀斯仪式融入爱自然、尊长辈、尚共享的教育，提出了建议和思路。

三 民俗主义

民俗主义是研究民俗旅游的重要视角，2018年度也有多位学者从民俗主义的角度展开研究。官茹瑶的硕士学位论文《"不灭窑火"与非遗旅游开发——基于民俗主义视角的讨论》① 以"不灭窑火"这一非遗旅游项目为例，从民俗主义的视角出发详细调查了项目的起始概况，描述了项目建构、展演和参与者感受中的民俗主义现象，其实质上是当地民众对龙泉青瓷传统烧制技艺传承出现危机意识的体现。指出应该辩证地看待旅游活动中重塑和再造的传统，要清醒地认识非遗传承是保持非遗旅游可持续发展的关键。张璐的硕士学位论文《刘伯温故里民俗旅游研究》② 基于对文成县南田镇和武阳村的田野调查，以刘伯温故里的民俗旅游为研究个案，将刘伯温文化作为发展民俗旅游的重要资源，并从民俗文化本真性和民俗主义的理论视角探讨应该如何对刘伯温文化进行传承和保护，追求文化与旅游之间的平衡。

在民俗旅游的开发过程中，传统的民俗文化也在不断地被选择与重构，这些传统也吸引了学者的关注。李欣静的硕士学位论文《民俗旅游背景下信仰载体普救寺的选择与重构》③ 以信仰载体普救寺为研究对象，研究民俗旅游背景下，其选择与在寺内空间、新春祈福庙会、爱情文化节和《西厢记》多元化发展等方面的重构表现；分析国家、地方政府等因素对信仰载体普救寺产生的影响；通过对信仰载体普救寺发展变化的解读，得出其在选择重构中应遵循的可持续发展、地方性和体验性等原则。赵涵的硕士学位论文《民俗旅游中被发明的传统与景观文化——以观陵山风景区的开发为例》④，则以东北地区观陵山旅游风景区的民俗文化及其商业开发为研究对象，从民俗学、社会学、人类学等多种角度探究隐藏在商业资本下的民俗文化开发状况，用"传统的发明"来解释分析兴起的"传统热"以及民俗旅游中文化的资源化、民俗文化的边缘化问题，同时探讨了民俗文化开发过程中，传统文化与商业资本、政府开发与当地百姓之间的关系问题。

此外，游红霞的博士学位论文《民俗学视域下的朝圣旅游研究——以普陀山观音圣地为中心的考察》，通过民俗叙事对普陀山观音圣地的朝圣旅游进行了研究，讨论如何将神圣层面的信仰推向世俗层面的旅游，探讨了朝圣旅游中信仰与旅游、神圣性与世俗性互动交织、相互裹挟的关系。⑤

---

① 官茹瑶：《"不灭窑火"与非遗旅游开发——基于民俗主义视角的讨论》，硕士学位论文，浙江师范大学，2018年。
② 张璐：《刘伯温故里民俗旅游研究》，硕士学位论文，温州大学，2018年。
③ 李欣静：《民俗旅游背景下信仰载体普救寺的选择与重构》，硕士学位论文，山西师范大学，2018年。
④ 赵涵：《民俗旅游中被发明的传统与景观文化——以观陵山风景区的开发为例》，硕士学位论文，辽宁大学，2018年。
⑤ 游红霞：《民俗学视域下的朝圣旅游研究——以普陀山观音圣地为中心的考察》，博士学位论文，华东师范大学，2018年。

总体来看，2018年对于旅游民俗研究来说是相对较为平淡的一年。2018年文化和旅游部的成立，开启了文化和旅游深度融合的新篇章，然而学界尤其是民俗学界的反响平平，没有涌现出大量探讨的文章。2018年度关于旅游民俗研究的论文也较往年少了许多，民俗学界专注这一领域的学者仍然屈指可数。民俗旅游开发仍然是研究的热点，多学科参与下，多元化理论方法、多样化视角的特点依然明显。除去大量泛泛而谈的问题对策型研究之外，旅游学、设计学的研究占据主流，人类学、社会学的研究也有一些涉及，民俗学方面的研究则较少。相对而言，民俗学的研究主要集中在文化变迁与民俗保护、民俗主义与本真性等方面。值得注意的是，2018年度民俗学的几位研究生选择从民俗主义、传统的发明、民俗叙事等视角撰写学位论文，在田野调查和理论分析等方面都可圈可点。年轻一代在研究中的努力和在理论方法上的实践探索，也让我们对旅游民俗学未来的发展有了更多的期待！

2018 年民俗体育研究综述

李翠含*

民俗体育蕴含着丰富的民族文化和历史传承内涵，是各民族生产生活历史过程中的直观体现。改革开放40周年，民俗体育历经社会变迁，发生了巨大变化，取得了可喜的成就。2018年度，有关民俗体育的研究主要集中在历史研究与应用研究等方面，注重民俗体育资源的开发与利用。

一 民俗体育的基础研究

民俗体育的基础研究包括学科建设、研究方法、相关文化研究等。而个案研究作为基础研究的重要基础，为民俗体育基本理论的探索提供了最为现实的实践经验。

（一）民俗体育的学科建设

2018年度有关民俗体育的学科建设不断地朝着科学化的发展方向探索，着力继承传统，形成特色健身方式，深化经济效益，树立文化自信。崔乐泉基于大量历史文献资料、考古学资料和民族学资料的基础，出版专著《中国民族传统体育学》。该专著综合学科发展，对民族传统体育的分类与内容、民族传统体育的发展历程、民族传统体育与社会、民族传统体育的发展基础、民族传统体育的继承与发展以及民族传统体育的未来等进行了全面分析。对民俗体育的学科建设有重要启示意义。[1] 新时代背景下民俗体育的学科建设发生了新变化。白晋湘等人的《中国特色社会主义新时代民族传统体育学科的建设研究》一文，梳理了中国特色社会主义新时期的民族传统体育学科的历史贡献，同时，发现存在一些问题，如学科体系自洽性、学科建设制度性、学科评价标准化和学科管理复杂性等，这需要通过共同参与和协商合作的方式加以改变。[2]

有关民俗体育研究对象的谈论，纪宇等的《民族传统体育"合纵连横"多学科深度融合研究探索》认为，民族传统体育研究对象、研究价值、生存现状纵横交错，建议通过提炼新理论、获取多学科知识等方式，促进"合纵连横"研究的开展。"合纵"梳理民族传统体育的传承脉络，"连横"解读民族传统体育的时代语境。形成新时代民族传统体

---

* 作者系北京师范大学体育与运动学院讲师。
[1] 崔乐泉：《中国民族传统体育学》，科学出版社2018年版。
[2] 白晋湘、万义：《中国特色社会主义新时代民族传统体育学科的建设研究》，《体育科学》2018年第10期。

育"合纵连横"多学科深度融合模式。① 作为民俗体育的重要内容，武术受到极大关注。康戈武的《关于武术本体的认识及对武术学科建设的思考》，梳理了军事领域与非军事领域的练武比武内容，展现了博大精深的武术内容体系。武术学科的回归和重建工作，应立足本体找回武术自信，坚持武术自信，加强武术传播。②

（二）民俗体育的研究方法

2018年度，民俗体育在研究方法上的探索，仍以人类学为主导，主要采用民族志、田野调查等方法。韦晓康等人对中外体育民族志研究及其方法论的沿革进行了梳理，在《论体育民族志研究的方法论及其新趋势》一文中，通过比较中外体育民族志研究方法论特征及其变化趋势，发现当前我国研究存在的问题，提出体育民族志研究方法论的发展方向。③ 孙梦华的《体育人类学视角下稷山县高跷走兽的传承研究》以体育人类学为研究视角，对河东地区国家级非物质文化遗产项目阳城村高跷走兽进行深入探析，从高跷走兽的起源以及发展、与自然环境的关系、传承人与传承内容的变化以及传承制度的变化等方面建构出这一项目详细的传承脉络。④ 而杨文杰等《从医学人类学"整体论视角"看我国少数民族体育》从医学人类学整体论视角对我国少数民族体育的实质、功能、历史演进进行研究。认为少数民族体育具有生物医疗、心理慰藉、促进人的现代健康、构建和谐与健康的生态文化体系等功能，表现出"整体呈现体系"属性。⑤

田野调查是民俗体育的基础研究方法。田祖国等人的《民族旅游场域中传统体育文化的选择性重构——基于山江苗族博物馆的田野调查》，通过"深描"博物馆内传统体育的结构与形态，揭示传统体育文化如何经过挑选、包装转化成旅游产品或者商品。⑥

除此之外，有关民俗体育的资源分布的统计，可以借用旅游与地理标志的方法。如罗亮等人的《湖南省体育旅游资源空间分布特征及区划分析》运用GIS空间分析法，对湖南省体育旅游资源空间分布类型、热点、核密度等进行研究，并对其进行分区。⑦ 这充实了民俗体育的基础研究方法。

---

① 纪宇、霍红：《民族传统体育"合纵连横"多学科深度融合研究探索》，《体育文化导刊》2018年第9期。

② 康戈武：《关于武术本体的认识及对武术学科建设的思考》，《成都体育学院学报》2018年第6期。

③ 韦晓康、熊欢：《论体育民族志研究的方法论及其新趋势》，《北京体育大学学报》2018年第9期。

④ 孙梦华：《体育人类学视角下稷山县高跷走兽的传承研究》，硕士学位论文，山西大学，2018年。

⑤ 杨文杰、李晓通、冯强、汪雄：《从医学人类学"整体论视角"看我国少数民族体育》，《体育文化导刊》2018年第1期。

⑥ 田祖国、李艳翎、罗婉红：《民族旅游场域中传统体育文化的选择性重构——基于山江苗族博物馆的田野调查》，《成都体育学院学报》2018年第3期。

⑦ 罗亮、范冬云、刘晴：《湖南省体育旅游资源空间分布特征及区划分析》，《体育文化导刊》2018年第5期。

（三）民俗体育的文化研究

民俗体育从起源到发展、传承都与民俗文化相关，可以用社会学、人类学、民俗学、体育学、教育学等学科中的相关理论来阐释，主要涉及社会记忆、身体文化、文化认同等。民俗体育在保护中发展，在发展中传承，非遗保护也是其中最为重要的研究视角。

首先，民俗体育承载着社会记忆。鲁可荣等基于集体记忆的理论视角，调查分析浙江M村"以竹为生"传统手工艺的传承及其集体记忆建构。传统手工艺传承与村民们的生产生活紧密联系相互影响，贯穿于村庄发展的始终，完整地承载着乡村集体记忆以及乡村多元化价值。[1]

民俗体育是一种地方性知识，蕴含着丰富的历史文化内涵与地方性知识，集中反映了民众的智慧、性格和尚武风气等。秦炜棋的《广西濒危拳艺龙州土拳传承研究》认为，作为壮乡最具代表性的拳艺，龙州土拳的功能、意义发生嬗变，生存空间日益缩小，只能通过影像记录、非遗申报、活态传承、多元传播、拓展平台等创新性手段，使衰危的拳艺文化在新的历史条件下实现转型发展与活态遗续。[2] 人类学的文化符号学是文化学解释的重要视角。刘慧的《彝族射箭文化符号阐释》从物质文化层面、社群文化层面、精神文化层面阐释彝族射箭文化符号，分析其文化本质，深入探究其符号意义。[3] 郭学松的《闽台宋江阵的仪式、象征与认同研究》追本溯源，对宋江阵的发展历程、仪式文化进行挖掘整理，基于此而阐释隐含在宋江阵仪式文化中的象征内涵，从而解构隐藏在广大民众内心的历史心性，透析这种仪式文化中的自我认同、族群认同、中华民族认同的内涵，以及三者之间的相互建构逻辑。[4]

其次，身体文化是民俗体育理论研究的一个重要关注点。鲜益的《口头叙事与身体叙事中的凉山彝族巫舞文化形态——以苏尼皮鼓舞为例》认为，凉山彝族苏尼巫舞依托彝族民间口头叙事和经籍叙事的内在结构，呈现出丰富的身体叙事形态。彝族民间口头叙事、经籍叙事与身体叙事的混融和互渗为彝族民间的多元民俗事项及叙事形态提供了丰富样本。[5] 越来越多的学者关注到"身体"。2018年，李菲的《身体的隐匿：非物质文化遗产知识反思》[6] 发表在民俗学网站，他在非物质文化遗产的知识中，反思了身体发挥的作用。同时，民俗体育中蕴含深刻的游戏精神。路云亭的《中国现代体育人的异化性游戏精神》认为，体育的价值在于游戏。儒家文化意外地导致中国武人、游戏人和体育人长期处于中国社会的边缘地带，破坏了中国人的健康观、身体观和游戏观，而体育人则在法家霸道理念和墨家的尚武思想的伴生下获得生机。[7]

---

[1] 鲁可荣、胡凤娇：《以竹为生：乡村传统手工艺的集体记忆建构及价值传承》，《广西民族大学学报（哲学社会科学版）》2018年第5期。
[2] 秦炜棋：《广西濒危拳艺龙州土拳传承研究》，《体育文化导刊》2018年第1期。
[3] 刘慧：《彝族射箭文化符号阐释》，硕士学位论文，四川师范大学，2018年。
[4] 郭学松：《闽台宋江阵的仪式、象征与认同研究》，博士学位论文，福建师范大学，2018年。
[5] 鲜益：《口头叙事与身体叙事中的凉山彝族巫舞文化形态——以苏尼皮鼓舞为例》，https://www.chinesefolklore.org.cn/web/index.php?NewsID=17552.
[6] 李菲：《身体的隐匿：非物质文化遗产知识反思》，民族出版社2017年版。
[7] 路云亭：《中国现代体育人的异化性游戏精神》，《体育与科学》2018年第3期。

再次，民俗体育是在本土生长起来的，对本土的文化认同有重要作用。孙晨晨等基于全球化与民族化互动日益突显的时代背景，发表《全球化与民族化：中国民族传统体育的文化认同》，认为中国民族传统体育发展应重估西方现代体育运动文化传播的价值、坚守中国民族传统体育的文化精神，重建中华民族传统体育的文化认同。① 冯涛的《遗产语境下民俗体育文化展演与族群认同》分析客家族群特点与客家文化特征，追溯隔田村"天川胜会"源起与传承，探讨了不同历史背景下"天川胜会"文化展演与族群认同关系。②

有关少数民族传统体育的文化认同对国家认同价值突出。董世彪的《人类学语境下我国少数民族传统体育的认同与文化构建》认为少数民族传统体育的认同体现了少数民族人们对民族体育的自我意识，对民族体育文化的身份和地位的一种自觉把握。③ 李成龙等人的《国家认同视野下朝鲜族传统体育文化价值研究》认为，朝鲜族传统体育文化价值对于国家认同，体现在促进对政治共同体的认同、促进国家社会和谐发展、促进边疆稳定、促进民族共同繁荣等方面。④

最后，随着国家对文化特色的保护和民族文化传播的重视，非物质文化遗产的保护成为民族工作和文化保护的重要内容。丛密林等人的《体育非物质文化遗产概念及分类的诠释与重构——基于对达斡尔、鄂温克、鄂伦春族聚居区的田野考察》对我国体育非物质文化遗产的概念、分类及其相关概念之间的关系等问题进行诠释与重构。⑤ 花家涛等人的《"非遗"保护视域下农村民族民间体育的文化再生产》认为，农村民族民间体育的保护实践，要在静态类型中分类实施经济建设、文化建设、社区治理、日常生活的四种导向，在动态类型中实施四大象限的相互嵌入工作，共同形成一个完整的保护策略，做到保护形式与保护内容、文化保护与社会建设、政府主导与社会主体的统一，才能做好"非遗"的有效传承。⑥

（四）民俗体育的个案研究

民俗体育文化体现在丰富的个案中，主要集中在现状调研与文化变迁等方面。按地域类型，2018年度的研究涉及淮北、桂北、云南等地。如张潇迪的《淮北市民间民俗体育发展现状及对策研究》、郭震等人的《桂北少数民族传统体育发展的生态伦理思考》、万宇等人的《云南省特有少数民族传统体育研究》、冯鑫蕊的《唐山蚕沙口民俗体育文化的调查研究》、刘鹏豪的《传统年节视角下荆楚民间体育文化变迁研究》、张仕等人的《民

---

① 孙晨晨、邓星华、宋宗佩：《全球化与民族化：中国民族传统体育的文化认同》，《体育学刊》2018年第5期。
② 冯涛：《遗产语境下民俗体育文化展演与族群认同》，硕士学位论文，厦门大学，2018年。
③ 董世彪：《人类学语境下我国少数民族传统体育的认同与文化构建》，《贵州民族研究》2018年第9期。
④ 李成龙、金青云：《国家认同视野下朝鲜族传统体育文化价值研究》，《西安体育学院学报》2018年第5期。
⑤ 丛密林、张晓义：《体育非物质文化遗产概念及分类的诠释与重构——基于对达斡尔、鄂温克、鄂伦春族聚居区的田野考察》，《沈阳体育学院学报》2018年第2期。
⑥ 花家涛、余涛、孙继龙：《"非遗"保护视域下农村民族民间体育的文化再生产》，《北京体育大学学报》2018年第5期。

族传统体育推广与发展分析研究——台湾一种健身舞的个案》等。

民俗体育的个案研究中，不同民族、不同项目的研究层出不穷。主要有李成龙的《中国朝鲜族民俗体育文化发展研究》、耿献伟的《藏族传统体育的历史文化内涵》、罗立仲的《闽西客家民俗体育核心项目开展现状与发展对策研究》、李秋莹的《宗族社会视角下大田建设镇"迎铁枝"民俗体育活动调查研究》、林柳萍的《沙县肩膀戏社会变迁研究》、何月冬的《彝族摔跤传承策略及启示》、张帆等人的《花腰傣传统体育文化调查研究》等。

除了源于农耕文明的民俗体育之外，海洋文明和游牧民族文化也深刻影响着民俗体育文化。如陆昌兴的硕士学位论文《蚶江海上泼水节变迁的田野考察》，基于闽台两岸的文缘相承，民俗文化在闽台两岸民间交流和祖国统一中起着积极作用。民俗体育文化作为民俗文化的重要组成部分，在闽台两岸交流中扮演着重要角色。以闽台对渡习俗的产物——蚶江海上泼水节作为研究对象，从文化变迁的角度对海上泼水节的变迁历程和动因进行研究。①

二 民俗体育的历史研究

2018年恰逢改革开放40周年，40年来，民俗体育发生了巨大变化。学者们通过梳理民俗体育的流变情况，在历史变迁中探讨民俗体育承载的记忆。

（一）民俗体育的历史回顾

新时代背景下，民俗体育产生新的变化。白晋湘的《我国民族传统体育改革发展40年回顾与展望》回顾了我国民族传统体育改革发展40年取得的成就：建立了系统的民族传统体育文化保护和发展制度体系，抢救和发展了一批民族传统体育项目，塑造了一批有影响的民族传统体育文化赛会品牌，民族传统体育文化进校园成效显著。展望新时代，中华民族传统体育文化发展需要继续加强新时代民族传统体育文化的认同和自信，助推我国体育强国战略目标的实现；强化民族传统体育文化的"体医结合"，为推动"健康中国"战略贡献力量；推动优秀民族传统体育文化的"场景化"和"生活化"传承，满足大众"美好生活"愿景；开发民族传统体育文化创意产业，助力乡村振兴和扶贫攻坚战略。②崔乐泉则在体育史的视角下，关注社会思潮对体育观的影响，他发表的《社会思潮影响下国人近代体育观变迁研究》，对近代不同社会思潮影响下国人体育观的变迁进行了分析。③

在文化的变迁中，国家与社会相互在场。杨中皖等认为，存在于村落的中国民俗体育，一直以来蕴含了未被当前中国意识形态所制度化的原生态元素。随着国家文化自信的强势扶持，在强调改善"治理"状况的背景下，国家与社会在互惠、双赢的理念下形成

---

① 陆昌兴：《蚶江海上泼水节变迁的田野考察》，硕士学位论文，福建师范大学，2018年。
② 白晋湘：《我国民族传统体育改革发展40年回顾与展望》，《上海体育学院学报》2018年第5期。
③ 崔乐泉：《社会思潮影响下国人近代体育观变迁研究》，《体育学研究》2018年第1期。

了"相互在场"局面,村落舞龙获得了"国家—社会"所形成的合力。① 张济琛的《改革开放40年来西藏体育史研究回顾与展望》梳理了改革开放40年以来的西藏体育史。西藏体育事业各方面都取得了巨大进展,在西藏体育通史、西藏民族传统体育项目、西藏传统体育文化等方面,向人们展示西藏体育发展丰富多彩的历史画卷,需要把握"一带一路"倡议带来的机遇,实现"体育兴藏",指引西藏体育事业进一步向前迈进。② 吕韶钧认为,新时代的武术国际推广3.0时代已到来,应做出对应的战略调整,应由文化"软实力"向文化"柔传播"转型、由文化"走出去"向文化"走进去"转型、由武术"国际化"向武术"国际性"转型、由武术"技术教学"向武术"健康服务"转型,从而使更多的人认知、认同武术文化,让世界共享武术"自然、和谐、健康"的健身理念。③

同时,民俗体育不断在区域文化间的交融与流变,包括国内与国际的交流。王浩等人的《东盟民族体育文化的融合发展及其启示》发现东盟民族体育文化通过融合发展,在现代社会获得了传承发展的新空间,在实现文化共享的同时,保持了文化的多样性。体现在东盟各地民族间的体育文化融合,东盟民族体育文化与外来民族体育文化、现代体育文化的融合,以及与各地民族习俗、旅游文化等非体育文化的融合。中国—东盟民族体育文化发展应推动与现代体育文化协调发展,加强与非体育文化的融合,开发中国—东盟民族体育文化旅游。④ 张珊珊等认为,由于受不同主流文化的影响,赫哲和那乃族体育文化呈现出新的体育文化表现形式,赫哲族体育文化日益汉化,而那乃族体育文化日益俄罗斯化。⑤ 张世威等对重庆酉阳河湾村摆手舞保护的持续跟踪研究发现,民族传统体育与区域文化之间存在着从冲突走向融合,相互嵌合无限渐进循环式发展的通融逻辑与表象;民族传统体育与区域文化的通融发展,正好回应了民族传统体育事象生存发展的本源性载体和内涵性、原真性、生态性等诉求。⑥

(二)新时代的本土化变迁

新时代,民俗体育本土化变迁趋势鲜明。沈锡昂等认为,面对汹涌澎湃的大众文化,民俗体育文化正发生转型。少数民族体育文化的转型既符合时代发展的需求,又能与以大众传媒为代表的多元文化逐渐走向共生和再造。这一场深刻的转型促使少数民族体育在当前文化产业化实践中去谋求新的价值定位,让民族文化重新回归社会生活,在传承的基础

---

① 杨中皖、袁广锋、麻晨俊、高亮:《"国家—社会"关系中的民俗体育考察——来自骆山村"骆山大龙"的田野报告》,《体育与科学》2018年第3期。
② 张济琛:《改革开放40年来西藏体育史研究回顾与展望》,《西藏研究》2018年第5期。
③ 吕韶钧:《"一带一路"倡议下中国"文化走出去"的战略转型——以武术国际推广3.0时代为例》,《北京体育大学学报》2018年第6期。
④ 王浩、李乃琼、尹继林、唐明欢:《东盟民族体育文化的融合发展及其启示》,《广西社会科学》2018年第6期。
⑤ 张珊珊、王韶峰、隋东旭:《中俄跨界民族(赫哲族—那乃族)体育文化流变研究》,《体育文化导刊》2018年第6期。
⑥ 张世威、袁革、李福良、张伟:《民族传统体育与区域文化的通融性诠释——河湾村摆手舞保护研究的再发现》,《北京体育大学学报》2018年第9期。

上实现弘扬，以适应社会现代化的发展。① 白晋湘的《从传统到现代——对中国民族民间体育文化发展的思考》指出改革开放40年来，民族民间体育文化发展从传统到现代，经历了曲折与繁荣的过程。②

民俗体育的文化空间也随之改变。王钧等把少数民族体育文化空间看作完整而包容的整体，是民族精神与其核心价值观的象征。少数民族体育文化的变迁是一个随社会变化而不断演化的过程，文化在这个空间中的生产与再生产，有效地保持了文化的活态性。③ 雷军蓉等人的《本土异域间：我国民俗体育文化"本土化"研究的审视与论绎》认为民俗体育文化"本土化"回归是传承中华民族优秀文化不可回避的话题，也是我国民俗体育国际化发展的时代诉求。④ 贺鑫森认为，场域演化使得民俗体育文化再生产发生转变。在宗族力量主导场域中，民俗体育文化是一种"复刻性"再生产；在"国家、市场、传统"力量共存场域中，民俗体育文化是一种多元推动下的"多样性"再生产。⑤

同时，对体育组织形态的研究也应时而生。崔雪梅的《城市化进程中城市社区与城中村体育组织发展差异研究》认为城市社区体育对城中村体育的发展具有示范意义。⑥ 冯晓丽思考和探索具有中国特色的民间体育组织制度、体制机制，提出促进我国民间体育组织规范发展的新路径。我国社会体育开始进入"黄金发展期"，社会体育在协调推进全面建成小康社会中的积极作用和时代特征越发凸显。⑦ 展凯的《从血缘关系到契约关系：民族体育传承的现代演绎思辨》认为从血缘关系到契约关系的转变是民族体育现代传承的基本趋势。在民族体育从血缘关系到契约关系的传承转变过程中，要通过各种方式保留血缘传承的优势。⑧

对于我国许多少数民族传统体育项目而言，之所以仍能以顽强的生命力传承，一个重要原因就是它们都具有行之有效的体育组织。周家金等人认为，少数民族村落传统体育组织的结构有主体独立型、宗族依附型、权力渗入型和资本联姻型，其基本功能是组织体育活动、整合体育资源和传承体育技艺。⑨ 周家金的《少数民族村落传统体育组织的功能与发展路径——以广西为例》认为，少数民族村落传统体育组织具有组织少数民族村落体育活动、整合少数民族村落体育资源、传承少数民族传统体育文化、协助政府推动村落全

---

① 沈锡昂、王钧：《大众文化视角下的少数民族体育文化转型》，《广州体育学院学报》2018年第4期。
② 白晋湘：《从传统到现代——对中国民族民间体育文化发展的思考》，《体育科学》2018年第7期。
③ 王钧、韦晓康：《少数民族体育文化空间及其演化》，《武汉体育学院学报》2018年第2期。
④ 雷军蓉、王世友：《本土异域间：我国民俗体育文化"本土化"研究的审视与论绎》，《北京体育大学学报》2018年第1期。
⑤ 贺鑫森：《场域演化与民俗体育文化再生产关系研究》，《体育文化导刊》2018年第2期。
⑥ 崔雪梅：《城市化进程中城市社区与城中村体育组织发展差异研究》，《中国体育科技》2018年第3期。
⑦ 冯晓丽：《民间体育组织：中国经验与本土治理》，社会科学文献出版社2018年版。
⑧ 展凯：《从血缘关系到契约关系：民族体育传承的现代演绎思辨》，《贵州民族研究》2018年第3期。
⑨ 周家金、孙庆彬、朱波涌、高会军：《少数民族村落传统体育组织的结构及功能研究——基于壮、侗、苗、瑶等民族村落的田野调查》，《沈阳体育学院学报》2018年第1期。

民健身活动等功能，具备强化体育活动组织能力、强化体育资源整合能力、强化体育文化传承能力、强化全民健身组织能力等路径。①

三 民俗体育的应用研究

随着社会、文化与历史的变迁，民俗体育的当代应用价值不断凸显。2018 年度有关的应用研究主要体现在现代治理、公共服务体系以及价值资源开发等方面。

（一）民俗体育与现代治理体系

在现代治理体系下，民俗体育对国家建构有重要影响。王广虎等认为，我国的民族传统体育是近代社会发展进程中形成的历史产物，民族国家建构为揭示民族传统体育形成的历史动因提供了宏大而严肃的历史视野。② 新时代的民族传统体育，应依据"新的历史方位"及时地做出调整，在实现中华民族伟大复兴的进程中，民族传统体育的发展要充分保持中华民族的民族特色，积极提炼中华民族的民族符号、培养中华民族的民族情感、弘扬中华民族的民族精神、塑造中华民族的民族形象；充分发挥增强民族团结的体育功效，积极促进"多民族"的民族交往、"多民族"的民族交流、"多民族"的民族交融。③

民俗体育的发展与国家治理战略联系紧密。崔乐泉等的《基于"文化自信"论中华传统体育文化的传承与发展》以党的十九大报告提出的"坚定文化自信，推动社会主义文化繁荣兴盛"为指导，对社会主义文化重要组成部分的中华传统体育文化的传承与发展进行了全面分析。④ 郭晗等认为，在"一带一路"倡议下，新疆应重视少数民族传统体育的安全功能与价值，树立民族传统体育"文化自信"的发展精神，加大传统体育保护与传承力度，积极推动少数民族传统体育发展。⑤ 张建等认为，我们应通过加强构建推进民俗体育发展所需的基础环境，对体育管理体制进行完善，对城乡统筹发展加强重视，对中华体育新文化加以构建，以及在学校体育课堂中加入民俗体育等策略促进民俗体育文化在我国体育强国进程中的发展。⑥

由于乡村空间的变迁，乡村治理被提上研究日程。石瑛的《畲族民俗体育文化在乡土社会治理中的现代价值研究》关注到，民俗文化在新的时期被赋予了新的时代价值，创新和改进乡土社会治理模式，挖掘畲族民俗体育文化多元的功能价值，破解治理困境，

---

① 周家金：《少数民族村落传统体育组织的功能与发展路径——以广西为例》，《体育文化导刊》2018 年第 10 期。
② 王广虎、冉学东：《民族国家建构视野下民族传统体育形成的历史动因》，《首都体育学院学报》2018 年第 5 期。
③ 王广虎、冉学东：《论中华民族伟大复兴中的民族传统体育发展》，《北京体育大学学报》2018 年第 12 期。
④ 崔乐泉、林春：《基于"文化自信"论中华传统体育文化的传承与发展》，《北京体育大学学报》2018 年第 8 期。
⑤ 郭晗、宋智梁、肖亚如：《"一带一路"视域下新疆少数民族传统体育发展创新思考》，《黑龙江民族丛刊》2018 年第 4 期。
⑥ 张建、张艳：《民俗体育文化在我国体育强国进程中的发展必要性》，《四川戏剧》2018 年第 12 期。

畲族民俗体育文化为乡土社会多方矛盾冲突的解决，提出时代性的发展创新思路，具有重大理论意义。[1] 李国华的《民俗体育活动的农村社会治理功能——以关中地区民间社火为例》认为，农村民俗体育活动具有增强村民的精神凝聚力、加强村民社会团结协作能力，通过思想的物化表达实现道德教化、培养村民社会规则意识和自治能力等社会治理作用。[2] 李萍等人认为，乡村中传统道德呈现出碎片化、边缘化，乡村精英离家飘荡以及趋于没落的民俗民间体育活动是乡土危机的主要表现；乡村传统文化的失调表征与民俗民间体育价值的交集对接，形成民间体育与乡村建设的内在机理与行动逻辑。[3]

由此，有关的体育治理也受到关注。戴羽认为宋代体育治理的法制化程度很高。宋代以法律为路径实现对民间体育、宫廷体育与军事体育的全方位治理，包括竞渡、相扑、射箭、投石等运动伤害的法律规制，以诏令规范相扑军等宫廷体育组织，以及颁行射术赏令、教场令、保护弓箭马匹令、武举令等。宋代体育治理在立法上涵盖面广、分工明确、宽严相济，同时还表现出显著的功利主义倾向。在治理模式的选择上，宋代以激励、规范为主，压制为辅，这种较为温和的治理模式客观上促进了宋代体育的繁荣。[4] 这对现代体育治理有一定启示意义。

（二）民俗体育与公共服务体系

民俗体育能够为全民健身、文化强国等战略服务发挥作用。雷学会等人的《民族传统体育与公共文化服务互动研究》认为，民族传统体育的"文化性"是普及公共文化服务"惠民"的核心要义，民族传统体育的"趣味性"是激活公共文化服务"参与"的必要条件，民族传统体育的"多样性"是繁荣公共文化服务"内容"的有效手段。[5] 王驰等人的《地方性知识视阈下我国农村公共体育服务供给理念的反思及重构》认为，我国农村公共体育服务供给理念是同质化的，供给过程当中也多带有效率优先、标准取向和非区域视野的主要特征；公共体育设施维护与监管、利用率与满意度、民俗体育的发展及传承等方面，农村公共体育服务供给理念科学性尚需进一步完善。[6]

刘次琴等人基于文化自信视角，探讨了民族传统体育文化传承发展的重要价值，分析了民族传统体育文化传承发展面临的困境，提出了民族传统体育文化传承发展的思路。[7] 张怀成的《民族传统体育文化现代创新传承思考》认为，正确认识民族传统体育与现代

---

[1] 石瑛：《畲族民俗体育文化在乡土社会治理中的现代价值研究》，硕士学位论文，集美大学，2018年。

[2] 李国华：《民俗体育活动的农村社会治理功能——以关中地区民间社火为例》，《理论导刊》2018年第5期。

[3] 李萍、汤立许：《乡土危机与行动逻辑：民间体育与魅力乡村的融合治理发展》，《武汉体育学院学报》2018年第8期。

[4] 戴羽：《试论宋代体育的法律治理》，《体育文化导刊》2018年第9期。

[5] 雷学会、李卓嘉、王岗：《民族传统体育与公共文化服务互动研究》，《首都体育学院学报》2018年第1期。

[6] 王驰、何元春：《地方性知识视阈下我国农村公共体育服务供给理念的反思及重构》，《北京体育大学学报》2018年第7期。

[7] 刘次琴、陆宇榕：《文化自信主题下民族传统体育文化传承发展研究》，《广州体育学院学报》2018年第1期。

体育的发展关系，从民族传统体育文化内核的形成、传承场域的构建、传承平台搭建和现代传承系统建设等四个方面来思考民族传统体育现代创新传承路径，为民族传统体育文化现代传承提供新的思路。①

民俗体育的文化教育价值能够为建设体育强国和文化强国服务。冯发金等人认为，民族传统体育与学校教育共生呈现两个特征，即民族传统体育与学校教育共生理论由浅变深，共生效果由差变好。② 高野等人的《互联网时代我国少数民族传统体育教育的发展路径与语境》认为，在互联网时代背景下，借助新媒体传播渠道，做好少数民族传统体育教育的资源配置、开发和发展工作显得尤为重要。③ 其中也不乏有关课程的实证研究。肖尔盾的《基于满族文化传承的体育课程校本化实施研究》认为，在家庭、社会作为满族文化传承场的作用日趋减弱之下，学校传承具有了特殊的作用和意义。④

在我国少数民族地区的传统体育文化的保护过程中，困境与机遇并存。耿献伟等人的《藏族传统体育文化的生存危机及传承策略》认为西藏社会的快速变迁使藏族传统体育遭遇到了前所未有的生存危机。提出加强对传承重要性的认识，创新保护理念。⑤ 郭家骏认为，在国家重视生态文明建设和传统文化传承的背景下，民族传统体育是重要的非物质文化遗产，需要探索科学的传承及发展机制，促进地方社会、经济、文化的发展。⑥ 于艳认为民族文化的发展离不开自身的成长与环境的推动。传统体育文化的兴衰关乎着我国民族文化的兴衰，每个民族独特的民族文化融合在一起组成了中华民族文化。⑦

（三）民俗体育的价值资源开发

随着全球化文化经济的快速发展，东西方文化的不断交流摩擦，民俗体育文化经济的发展也渐渐展现出其巨大的潜力。崔乐泉等解读《关于实施中华优秀传统文化传承发展工程的意见》认为，加强对中华优秀传统体育文化内涵和中华体育精神的阐发，推进传统体育进校园，从非遗角度加强对传统体育文化的保护与传承，打造传承弘扬传统体育文化的平台，将传统体育项目融入大众生活，大力彰显传统体育文化的魅力以及推动中外体育文化的交流互鉴，将是目前甚至将来一段时间内传承、发展并全面复兴中华体育文化的重要"工程"。⑧

---

① 张怀成：《民族传统体育文化现代创新传承思考》，《贵州民族研究》2018 年第 2 期。
② 冯发金、王岗：《困境与出路：新时代民族传统体育与学校教育的共生研究》，《北京体育大学学报》2018 年第 12 期。
③ 高野、张渊：《互联网时代我国少数民族传统体育教育的发展路径与语境》，《贵州民族研究》2018 年第 10 期。
④ 肖尔盾：《基于满族文化传承的体育课程校本化实施研究》，硕士学位论文，东北师范大学，2018 年。
⑤ 耿献伟、陶光华、陈波：《藏族传统体育文化的生存危机及传承策略》，《西藏民族大学学报（哲学社会科学版）》2018 年第 2 期。
⑥ 郭家骏：《基于非物质文化遗产视域分析民族传统体育的传承及发展》，《贵州民族研究》2018 年第 5 期。
⑦ 于艳：《少数民族传统体育文化遗产保护现状及其改善对策》，《贵州民族研究》2018 年第 9 期。
⑧ 崔乐泉、孙喜和：《中华优秀传统体育文化传承发展的理论与实践——〈关于实施中华优秀传统文化传承发展工程的意见〉解读》，《北京体育大学学报》2018 年第 1 期。

民俗体育的文化、经济等价值的开发一直是学者们关心的热点。王晓刚等人的《产业耦合视角下我国西部地区农村休闲体育资源开发研究》提出实现休闲体育产业与农村自然生态与文化产业的耦合发展；立足当地特色，开发因地制宜、特色鲜明的农村休闲体育项目。① 刘青健的著作《妈祖民俗体育文化及产业化研究》通过妈祖祖庙所在地湄洲岛的资源、市场分析等，提出不同产业体系妈祖民俗体育产业化路径。②

随着旅游热度的不断飙升，关于体育赛事与旅游目的地的研究也受到关注。盖文亮等人的《我国民族民间体育赛事与旅游目的地的互动影响机理》阐述民族民间体育赛事与旅游目的地之间的互动影响。两者表现出较高的共生度和关联度，是一种互惠共生关系；国家及地方相关政策、法规建设是赛事发展的保障，经济建设是赛事发展的根本，文化建设是赛事的灵魂，社会建设是赛事发展的基本条件，环境建设是赛事发展的基础。③ 朱晓蕾的《体育旅游对民族旅游地文化变迁影响与涵化模式建立》认为，体育旅游可以作为少数民族区域传播文化的"载体"，特别对于中国境内的"小"民族的文化传承是极具指导性与可行性的；同时发现它也是中国扶贫工作的良好运营形式。④

大力开发传统体育文化资源，对促进少数民族地区经济发展有重要作用。昝胜锋等人的《少数民族传统体育文化资源的旅游开发及应用》认为要促进少数民族传统体育文化旅游资源的开发，必须加强对传统体育的旅游资源应用研究，探索合适的产业融合发展路径。⑤ 田祖国等人的《民族旅游场域中传统体育文化的选择性重构——基于山江苗族博物馆的田野调查》认为，由于游客消费的需求，在民族精英的主导下，部分成为旅游从业者的当地人参与了对传统体育的重构与发明，民族旅游场域中展演的传统体育是穿着"原生态"外衣重构的"新传统"。⑥

自然生态美是少数民族传统体育文化的一大显著特色，民俗体育的生态价值受到关注。穆丹的《少数民族传统体育的创新及审美表现研究》认为，少数民族传统体育活动具有较强的区域性和审美价值，有着浓厚的原生态色彩。在传统体育活动中，运动者的装饰、服饰是独特的审美对象。⑦ 吴应广等人的《村落民俗体育文化的生态意境研究》认为，当前民俗体育的文化使命应注重其内蕴的生态智慧对生态文明构建的观照，以生态为指向，注重回归民众的选择、创造、建构和弘扬，促进民俗体育的生态发展，这是把握其

---

① 王晓刚、邵雪梅：《产业耦合视角下我国西部地区农村休闲体育资源开发研究》，《首都体育学院学报》2018年第6期。
② 刘青健：《妈祖民俗体育文化及产业化研究》，厦门大学出版社2018年版。
③ 盖文亮、杨涛：《我国民族民间体育赛事与旅游目的地的互动影响机理》，《西安体育学院学报》2018年第4期。
④ 朱晓蕾：《体育旅游对民族旅游地文化变迁影响与涵化模式建立》，《北京体育大学学报》2018年第8期。
⑤ 昝胜锋、陈旭：《少数民族传统体育文化资源的旅游开发及应用》，《贵州民族研究》2018年第7期。
⑥ 田祖国、李艳翎、罗婉红：《民族旅游场域中传统体育文化的选择性重构——基于山江苗族博物馆的田野调查》，《成都体育学院学报》2018年第3期。
⑦ 穆丹：《少数民族传统体育的创新及审美表现研究》，《贵州民族研究》2018年第9期。

文化价值运行脉动的重要方式。①

随着对生态研究的深入，生态化的伦理及法律建构开始受到学者们的关注。刘明军等认为，生态伦理作为人与自然的道德规范，也是人类生态智慧的结晶，在生态文明建设中必将促进民族传统体育的生态化发展。② 张健的《少数民族传统体育的发展路径创新研究——基于生态学的视角》认为，在现代体育文化创新发展的过程中，各少数民族以其自然独特的认识和深层次理解为基础，将传统生态伦理和现代生态伦理结合起来，为少数民族传统体育文化创新发展提供指导。③ 刘斌的《生态化视域下少数民族传统体育文化产业的法律建构》认为，我国少数民族传统体育文化产业的发展对民族地区社会的全面进步造成必然影响，为更好推进其创造更多的可持续价值，应该基于法律针对各方面构建有效的法律保障机制。④

四 民俗体育的发展对策研究

民俗体育的发展与开发路径，需要政府主导，经济引导，也需要健全民俗体育的自身发展机制。2018年度的民俗体育发展对策研究涉及发展机制、人才培养以及传播推广等。

（一）机制建设与发展模式研究

民俗体育的发展对策涉及保护机制与发展模式的探讨。李浩认为少数民族传统体育文化是我国体育文化不可缺少的组成部分，包含着少数民族的历史发展、人文情怀和独有特色。伴随着信息化时代和外部经济浪潮的冲击，许多少数民族特色体育项目开始退化或流失，缺乏相应的保护机制。⑤ 其中，也不乏对组织机制的研究。杨升平等以个体行动作为逻辑起点，创建体育竞赛组织形成机制的综合认识逻辑，从自我成长与政府有限施为方面分析当前民间体育竞赛组织的培育发展机制。⑥

民俗体育面临发展困境，探索其发展模式成为必然。戚虎基于"富足矛盾"理论，分析了我国少数民族传统体育发展的困境，提出了破解之策。少数民族传统体育存在"富足矛盾"，"中心—外围"结构突出；选择了"点源型"发展模式；存在"挤出效应"和"制度弱化"。⑦ 潘宁等认为，民族传统体育项目的现代化归宿反映着区域性民族社会

---

① 吴应广、李志强、李志伟：《村落民俗体育文化的生态意境研究》，《体育文化导刊》2018年第3期。
② 刘明军、吴明华、陈金鳌：《少数民族体育生态伦理的文化渊源与价值拓展》，《贵州民族研究》2018年第9期。
③ 张健：《少数民族传统体育的发展路径创新研究——基于生态学的视角》，《贵州民族研究》2018年第5期。
④ 刘斌：《生态化视域下少数民族传统体育文化产业的法律建构》，《贵州民族研究》2018年第3期。
⑤ 李浩：《少数民族传统体育文化保护机制探讨》，《贵州民族研究》2018年第8期。
⑥ 杨升平、丛湖平：《体育竞赛组织形成机制的认识逻辑——兼论民间体育竞赛组织的培育发展机制》，《上海体育学院学报》2018年第4期。
⑦ 戚虎：《"富足矛盾"视角下我国少数民族传统体育发展的困境与破解》，《广州体育学院学报》2018年第4期。

建设的动态趋势，新时期实现传统民族体育项目的自我衍生——"创意"与"扩散"是推动民族体育事业发展的必然选择。随着以市场为导向，以经济效益为"一刀切"的民族体育现代化影响自身原生态的移植与现代化嫁接的并举，使民族传统体育项目现代化过程中逐渐迷失和变异。①

不同学科的学者有不同的视角。高红斌等基于管理学的角度分析中心城市体育旅游规划管理问题，提出中心城市体育旅游战略实施需要打造以自然景观为基础的体育旅游精品线路，开辟以人工景观为特质的时尚线路，创设以历史文化为主题的教育线路，以民族传统体育为载体的特色线路，以及多方资源联合开发的大型竞技体育赛事线路的整合。②

（二）智库建设与人才培养研究

随着我国竞技体育和民俗体育的发展，新型体育智库的建设意义愈发凸显。米雄辉等人的《新型体育智库建设对民族体育发展的促进研究》认为智库是行业科学化、专业化发展的产物，用于辅助决策者提出科学、优质的策略和方法。通过强化新型体育智库的建设，能促进民族体育科学转型，提高民族体育的发展水平和知名度。从新型体育智库的特性着手，对民族体育文化的弘扬与竞技水平的提升作用加以阐析，并提出了建设思路，以期为民族体育事业的发展提供参考。③

探索符合时代要求的实验教学模式是培养创新型体育人才的重要途径，杨阳认为兴国必兴教，兴教必重师。教育部、财政部为贯彻党的十八大精神，提出加强教师队伍建设，以此来提高教师的整体专业素养与专业能力。④ 许思毛等构建了包括理论依据、教学目标、实现条件、操作程序及教学评价等元素在内的"武医渗透"实验教学模式，取得了理想的教学效果，它能促进实验教学的改革与发展、提高教师业务水平，并保障民族传统专业文化课的学风建设、帮助大学生更好地学习了武术，最终培养出了多元化武术人才。⑤

（三）国内外推广与传播研究

国内、国际推广与传播的研究中，推广的手段、形式、传播模式等都面临创新。传播媒介主要有互联网+、新技术手段等。李珂的《互联网+时代我国少数民族传统体育的国际化传播》认为在"互联网+"时代，社会各个行业都面临着机遇与挑战。基于我国少数民族传统体育的发展现状和困境，结合"互联网+"时代背景下的国际化传播的态

---

① 潘宁、黄银华：《民族传统体育项目的现代"创意"与"扩散"》，《贵州民族研究》2018年第3期。
② 高红斌、何胜保：《"一带一路"中心城市体育旅游规划管理》，《甘肃社会科学》2018年第5期。
③ 米雄辉、谢亚平：《新型体育智库建设对民族体育发展的促进研究》，《贵州民族研究》2018年第8期。
④ 杨阳：《"国培计划"学员民族民间体育教学能力培训研究》，硕士学位论文，吉首大学，2018年。
⑤ 许思毛、彭峰林、刘卫国、焦豪杰、莫艳华：《民族传统专业"武医渗透"实验教学模式探究》，《实验室研究与探索》2018年第5期。

势，分析传统体育的国际化传播新策略，弘扬民族文化，建立文化自信。[1] 葛耀君等基于当代人"媒介化生存"的社会现实以及传媒的文化影响，认为民族传统体育文化的失范，归根到底在于民族传统体育文化媒介生态的失衡，媒介体育的信息偏向与符号权利表达与体育文化传媒化、同质化现象互构同生，而媒介体育符号消费的市场逻辑导致的体育文化娱乐化和碎片化也成为民族传统体育文化媒介生态的现实表征。[2]

传播内容与媒介手段的创新成为必然。缪雨凡等人的《中华龙舟大赛传播特色及创新突围——兼议民族传统体育赛事电视传播发展趋势》指出，新时代中华龙舟大赛应注重传播过程叙事化、传播内容焦点化、新兴技术融合化，进而实现创新突围，并打造具有鲜明文化特色和强势影响力的民族传统体育赛事节目，提升我国文化软实力与国际话语权。[3] 王静等基于传播学视角，认为民族传统体育文化传承发展面临困境，由此提出疏解对策，创新理念，科学定位；强化媒介，拓宽路径；完善机制，双方互动；创新方法，提升质量，推动民族传统体育创造性传承和创新性发展。[4]

而文化的同源为国际传播奠定基础。尹继林等认为，东盟风筝文化虽然拥有源自本土的传说，更有源于中国的史料依据；风筝与东盟农耕社会关系密切，是东盟人民生产生活实践的文化表达，反映了人们追求甜蜜爱情与祈求农作物丰收的精神诉求，具有变异性、宗教性、融合性和竞技性特征。[5] 王宏涛认为，"一带一路"倡议的实施，为我国体育"非遗"的传播和发展提供了新平台与新机遇。[6] 加强体育"非遗"国际传播，是成功实施"一带一路"倡议的重要动力与重要支撑。应科学确立传播价值坐标，建设丰富的传播内容体系，创新立体化的传播模式，着力提升我国体育"非遗"项目的国际传播力和影响力，促进多样性文化交流互鉴、相互欣赏、共同繁荣。

五 结语

改革开放40多年来，民俗体育取得了长足进展。民俗体育愈加彰显出文化魅力，发挥出强大的民族凝聚力和向心力作用。2018年度有关民俗体育的研究，更看重历史梳理和文化研究，这为下一步学科建设打下坚实基础。同时，基于应用层面的研究也很广泛。不管是民俗体育的发展机制建设、发展模式探索，还是智库建设、人才培养的研究等都有突破性进展。此外，国家的宏观战略为民俗体育的再生创造机遇。新媒介、新技术、新传播渠道的拓展，使得传统的现代性转化得以实行。民俗体育的未来发展值得期待。

---

[1] 李珂：《互联网＋时代我国少数民族传统体育的国际化传播》，《贵州民族研究》2018年第9期。
[2] 葛耀君、张业安、李海：《媒介生态视阈下我国民族传统体育文化传播问题研究》，《北京体育大学学报》2018年第10期。
[3] 缪雨凡、白真：《中华龙舟大赛传播特色及创新突围——兼议民族传统体育赛事电视传播发展趋势》，《电视研究》2018年第11期。
[4] 王静、郝建峰：《传播学视域下民族传统体育文化传承发展的困境与疏解》，《广州体育学院学报》2018年第6期。
[5] 尹继林、李乃琼：《东盟风筝文化研究》，《体育文化导刊》2018年第1期。
[6] 王宏涛：《"一带一路"战略下我国体育非物质文化遗产国际传播研究》，《广州体育学院学报》2018年第3期。

2018年少数民族民俗研究综述

金 蕊 危庆跃[*]

在人类文明的历史长河中，由于自然环境、社会环境、生产生活方式和历史文化的不同，不同地区孕育着不同的民族，不同民族有着不同的风俗，这些风俗形式各异，内容多样。对任何一个民族来说，民俗文化都是本民族集体智慧的结晶，在少数民族历史文化中占据着举足轻重的地位。随着现代文明的不断发展和全球经济一体化的大趋势，许多少数民族的民俗文化发生着重大变化。人们越来越忽视不同民族、文化、宗教、风俗、价值观等之间的差别，因此对少数民族民俗研究进行系统梳理具有十分重要的意义。

一 2018年少数民族民俗相关论文发表情况

近年来，我国综合国力迅猛发展，"文化兴国"的意识逐渐增强。特别是2005年3月国务院办公厅下发了《关于加强我国非物质文化遗产保护工作的意见》，并在北京召开了"全国非物质文化遗产保护"工作会议，一场声势浩大的"非遗"运动如火如荼地展开。"非遗热"引领着相关学科的研究日益增多，对少数民族民俗研究也逐步重视起来。

关于2018年少数民族民俗研究的总体情况，通过检索中国知识资源总库，根据关键词在学术期刊网、硕博论文库、学术会议论文集等资源库进行了不同条件和时间的检索，可以发现在2018年发表的相关论文共有147篇、博士论文10篇、优秀硕士论文54篇、重要会议论文3篇。发表的论文主要集中在以下几个方面。

（一）物质民俗

由于物质民俗贯穿于人类日常生活的方方面面，与衣食住行、吃穿用度、生产消费息息相关，因而物质民俗也是最容易被学者所观察和感受到的民俗文化内容。本部分的综述分为"物质生产民俗"与"物质生活民俗"两大核心部分。

1. 物质生产民俗

物质生产民俗是一定群体为了获得生活资料、生产资料并对它们进行交换和利用所形成的活动模式。一些学者延续传统研究的路径，针对少数民族的生产方式及其手工艺制作的生产与技术民俗展开了研究。如齐丹丹的《达斡尔族传统农事民俗生态智慧研究》[①]，

---

[*] 金蕊，新疆大学中国语言文学学院副教授、新疆文化发展研究中心研究人员；危庆跃，华中科技大学人文学院2020级硕士研究生。

① 齐丹丹：《达斡尔族传统农事民俗生态智慧研究》，《边疆经济与文化》2018年第6期。

通过节气的地域化民族化与农事安排、达斡尔族民众的生存本领和生存智慧、传统农事民俗与生态农业、传统农事民俗与传统农学思想一脉相承,来印证"达斡尔"是"耕耘者"之意。达斡尔从事农业生产活动积累了丰富的指导经验,可以充分体现出我国古代少数民族高超的农业智慧。

张海超、雷廷加的《傣族传统稻作农业生产体系的生态人类学考察》[1],以傣族地区传统土地利用和傣族传统稻作中的水资源管理为切口,叙述了傣族传统耕作技术中浅耕、不施肥、疏于田间管理的特征,阐述了在土地的可持续利用方面,傣族更依赖田地自身的修复能力,一年只种一季粮食,主要通过休耕来实现地力的自然恢复,直接表明傣族主要的物质生产方式。

毛舒欣、沈园、邓红兵的《西南地区少数民族传统生计变迁与农户生计安全》[2]从传统生计、生计变迁、环境行为和生态后果和生计安全等方面,对西南地区少数民族的物质生产进行了侧面陈述。农户生计存在高度风险与不确定性,表现出明显的寻求安全和规避风险的趋势,而生计问题本质上来讲是经济问题,这也就指出农户在物质生产中的重要作用。

张雨男的《鄂伦春族日常生活节奏的变迁与适应》[3]也指出,近年来,鄂伦春族的生计方式出现了由游猎到定居农业的转变。在此过程中,以资源快速消耗、与猎物生长周期同步、群体活动中穿插个体活动的传统日常生活节奏,逐渐转变为以剩余不断积累、与农作物生长周期同步、以家庭为运转单位的农耕节奏。鄂伦春族在应对禁猎和农耕的外来冲击中出现了问题,世代狩猎生活所形成的节奏难以适应农业生活所要求的节奏,这是禁猎转产以来部分鄂伦春族群众陷入生存困境的深层次原因。

苑小雪的《试论布特哈鄂伦春经济转变的原因》[4]提到布特哈八旗的鄂伦春族,受自然条件影响,其经济类型为狩猎型经济。生产工具的转变、"谙达"与"楚勒罕"贸易和清末的东北"解禁"造成了布特哈鄂伦春经济转变:由狩猎型经济逐渐向商业型经济转变,而商业经济的出现实质上代表的是物质生产发展的进步。

李凯冬、郑伟林的《农耕人口变迁对哈尼梯田保护的挑战与对策》[5]提到,哈尼族为了保证梯田的正常运转,创造了一套内涵相当丰富的梯田文化,包括森林、水源的保护,沟渠的管理,田间小路的修缮以及与梯田农耕有关的节日庆典、宗教祭祀、村规民约等文化系统。在物质生产中走专业合作化道路可以有效降低传统农业经营模式的风险,推广和采用新技术,提高经济效益,同时可以有效地缓解农村壮劳力不足的矛盾,从而为农业劳动力转移,农村城镇化提供必要的条件。

阿尔达克·热合木拜的《生计方式变化下的骆驼奶业现状研究——以乌鲁木齐市达

---

[1] 张海超、雷廷加:《傣族传统稻作农业生产体系的生态人类学考察》,《云南社会科学》2018年第2期。

[2] 毛舒欣、沈园、邓红兵:《西南地区少数民族传统生计变迁与农户生计安全》,《生态学报》2018年第24期。

[3] 张雨男:《鄂伦春族日常生活节奏的变迁与适应》,《民族研究》2018年第3期。

[4] 苑小雪:《试论布特哈鄂伦春经济转变的原因》,《山西农经》2018年第14期。

[5] 李凯冬、郑伟林:《农耕人口变迁对哈尼梯田保护的挑战与对策》,《红河学院学报》2018年第4期。

坂城区柴窝堡白杨沟村为例》① 主要是用饮食文化来对哈萨克族奶类之一骆驼奶进行研究，考察哈萨克族传统生活方式中的谋生手段放牧具体到养骆驼，将骆驼的奶作为奶类饮品，骆驼毛用来制作服饰，而定居后的转型是将熟知的传统放牧畜牧业同现代生活方式有机结合，在继承发扬的基础上找出新的生计方式。将定居后的生活方式变迁表现归纳在物质、精神上的适应来分析，探索牧民定居后的科学骆驼养殖业使骆驼奶不再是自给自足的生活必需品，而是走进市场创造经济价值来提高牧民生活水平，成为哈萨克族走向富裕之路的渠道，在社会和谐稳定发展中具有重要意义。

赵越云、樊志民的《传统与现代：一个普米族村落的百年生计变迁史》② 通过对位于南方农牧交错区的滇西北一个普米族村落近百年间生计模式的演变进行长程观察，发现了在继承与发展中，迪姑普米族人以生计模式的转变为基础，逐步实现了从游牧族群向定居农业族群的转变。合理地分配劳动力在各种生计方式之间的时间安排、协调各种生计方式在空间上的分布，是迪姑普米族人在生计模式成功转变的过程中形成的基本历史经验。更重要的是，迪姑普米族人生计模式的百年变迁史具有历史与现实的普遍性，由此引发的关于回归传统与走向未来的诸多思考具有重要意义。普米族人形成的历史经验启示是解决如何实现既继承优良传统，又发挥现代优势的农村问题的关键。

2. 物质生活民俗

物质生活民俗最初是以满足生理需要为目的，如以巢穴房屋满足抵御风雨侵袭，防御野兽伤害的需要；以服饰满足遮身蔽体、防寒保暖的需要；以饮食满足维持生活的需要。由于衣食住行是人类日常生活最基本的要素，从研究成果的数量上而言，这方面自然成为物质民俗领域成果最多的部分。

居住民俗就是指一个国家、民族或地域的广大民众在居住活动中所创造、享用和传承的属于本群体的独特的民俗习惯模式。如居所新建时的一系列仪式、居所内部物品的摆设、家庭成员住房的分配以及住房之间的相互协调等。如陈曦的《基于地域文化保护与传承下的瑶族古村落改造更新研究》③ 针对当前国内出现的少数民族古村落改造设计中地域文化特色缺失的现象进行研究探讨，对少数民族当代地域性建筑实践的发展历程及现状进行梳理，在将古村落环境改造与瑶族传统村落文化相融合的基础上，通过对瑶族村落的空间布局、建筑形制以及人文环境进行分析，从而探讨其由此衍生的历史价值与生态价值，为地域文化在民族古村落改造更新中的作用做出诠释。文章从地域文化保护与文化传承的角度出发，以瑶族传统古村落文化作为主体元素，突出瑶族古村落居住环境中的文化表现与传承意义。

格则清珠、李安辉的《摩梭人"依米"文化及其变迁——基于云南落水村的调查》④

---

① 阿尔达克·热合木拜：《生计方式变化下的骆驼奶业现状研究——以乌鲁木齐市达坂城区柴窝堡白杨沟村为例》，硕士学位论文，新疆大学，2018年。

② 赵越云、樊志民：《传统与现代：一个普米族村落的百年生计变迁史》，《西南边疆民族研究》2018年第3期。

③ 陈曦：《基于地域文化保护与传承下的瑶族古村落改造更新研究》，硕士学位论文，广西师范大学，2018年。

④ 格则清珠、李安辉：《摩梭人"依米"文化及其变迁——基于云南落水村的调查》，《北方民族大学学报（哲学社会科学版）》2018年第4期。

指出,"依米"汉语译为"祖母房",是摩梭人文化价值观念的核心。"依米"兴盛是摩梭人家屋、家族兴旺的重要标志。在旅游开发背景下,摩梭人的新"依米"不再是摩梭人日常生活起居的重要空间,它逐渐变成接待游客的重要场所,"依米"的建筑结构、功能作用、仪式象征等随之发生变迁。

陈文江、黄超的《民族传统文化建筑表达的伦理叙事功能——以裕固族为例》[1] 指出,当前一些民族自治县在县域范围内展开了利用建筑载体表达民族传统文化的实践活动。传统文化的建筑表达实践,一方面凸显了民族文化特色,另一方面这种实践赋予建筑艺术特性,传达出了某种伦理价值观,因此是一种伦理叙事。文章借助建筑伦理叙事理论对裕固族传统文化的建筑表达实践活动进行解读,发现裕固族在利用传统文化服饰、民间故事形象、宗教信仰、传统游牧生活场景等文化符号对公共建筑进行民族化表达的实践中,呈现了裕固族人的传统英雄观、德性观、生活观、爱情观,具有伦理传达、行为导向和传统伦理现代建构的功能。

杨谨瑜的《怒族与藏族的民居文化交融——以云南怒江丙中洛地区为视角》[2] 指出,云南怒江丙中洛是藏族和怒族杂居的地区,民族文化之间的碰撞、吸收和融合形成了独特的民居形式和建房习俗。怒族传统的木楞房和木板房逐渐减少,而怒族和藏族相结合的房屋结构逐渐成为村寨建筑的主流。怒族和藏族的民居融合彼此的建筑特色,吸取双方的优势,既保留了各自的传统民居特点,又融入了对方的建筑风格。

欧阳吟、崔春龙的《柯尔克孜族传统聚落文化遗产保护模式研究》[3] 通过对帕米尔高原深处的柯尔克孜族传统聚落的空间特征、空间要素以及非物质文化遗产的现状分析,就如何保护柯尔克孜族传统聚落的文化遗产进行了探讨,提出信仰式保护、有机更新与渐进式保护以及互动式保护模式。

郑海晨、赵文玉的《撒拉族传统聚落营建方法解析》[4] 在实地调研的基础上,通过对撒拉族传统聚落的形态特征、空间营造等方面进行探究,推敲传统聚落的原型营建方法,找寻聚落生成与发展的规律。同时,作者在新聚落营建中,给出了新的聚落空间形态应具有乡土味、新材料的使用应进行乡土转译、慎重引入新技术的建议。

程霏的《中国俄式建筑文化的多样性》[5] 提到,俄罗斯建筑具有较强的时代性和民族性特点,从最初的"木刻楞"建筑,发展到拜占庭、塔式教堂、角锥式教堂、莫斯科的巴罗克、古典主义、注重城市空间、工业化社会主义,从而造成了今天的历史建筑重建和"地方性"倾向。从18世纪初俄罗斯人的迁入开始到20世纪中叶,由于战争、采矿、放牧迁徙、中东铁路建设、苏联社会主义同盟等原因,俄式建筑在中国分布较广,文章主要

---

[1] 陈文江、黄超:《民族传统文化建筑表达的伦理叙事功能——以裕固族为例》,《伦理学研究》2018年第1期。

[2] 杨谨瑜:《怒族与藏族的民居文化交融——以云南怒江丙中洛地区为视角》,《广西民族师范学院学报》2018年第4期。

[3] 欧阳吟、崔春龙:《柯尔克孜族传统聚落文化遗产保护模式研究》,《安徽农业科学》2018年第46期。

[4] 郑海晨、赵文玉:《撒拉族传统聚落营建方法解析》,《西北民族大学学报(自然科学版)》2018年第1期。

[5] 程霏:《中国俄式建筑文化的多样性》,《艺术评论》2018年第2期。

以新疆维吾尔自治区西北部俄罗斯族聚居区的俄式建筑群，内蒙古自治区东北部俄罗斯族聚居区的俄式建筑群，内蒙古、黑龙江、吉林、辽宁四省区的中东铁路沿线地区俄式建筑群为例，根据其时代与地域等方面的特点，找出建筑文化的多样性。

陈路路的《贵州务川县仡佬族传统村落的民俗文化空间研究》[1] 从社区概况——传统村落龙潭村、民居生活文化空间、展演村落社会关系的社交文化空间、凝聚集体精神的节日文化空间等几个方面展开研究。传统文化的根本在村落，村落的重点在民俗文化，民俗文化的传承又靠村落空间，物质空间和文化空间又是村落空间的重要组成部分。民俗学界在关注传统村落发展、变迁以及存续的同时，也保持了对传统村落民俗文化空间的关注。

张秋影、欧阳磊的《西双版纳傣族佛寺建筑的审美意识初探》[2] 阐述了傣族佛寺建筑是一种典型的生态型建筑。傣族佛寺建筑和一般的建筑对比起来，不但在空间上营造了庄严肃穆的宗教空间氛围，同时也展现出了一种特殊的地域文化。傣族建筑展现出的审美意识，不仅表现在通过空间组合、色调、比例、质感等艺术语言构建的一个丰富多彩的视觉形体框架，更体现出符合社会发展规律、自然规律的一种建筑体态，实现了真与善、合目的性与合规律性的统一。

服饰民俗是指与人们穿戴衣物、鞋帽及配饰相关的风俗习惯，学者们对此关注颇多，如董岳、李刚的《云南德昂族胸前腰间银饰的设计研究与创新》[3] 以分析云南德昂族胸前腰间银饰的设计搭配、文化内涵、设计创新等内容，对云南德昂族胸前腰间银饰佩戴的设计形态、视觉审美等进行分析，阐释其设计佩戴中的文化尺度，云南德昂族胸前腰间银饰有着特殊的文化含义。

匡迁的《仡佬族服饰的文化特点与印染制作工艺探究》[4] 从民族特点、基础文化特点、纺织印染的窘境等几个方面来阐述仡佬族服饰的文化特点，所折射出来的内容是比较丰富的。

李惠、陈玉波、张琛、郑芳琴、周川渝的《羌族女子围腰图案研究》[5] 指出羌族女子围腰精彩纷呈，是展现羌族服饰文化的不二载体。文章以羌族妇女围腰为研究对象，从其围腰的外形特征、图案题材、色彩、工艺等方面，展示了羌族女子围腰的妖娆，唤醒人们对羌族服饰文化的更多的关注与保护。

刘文的《浙江景宁畲族女性服饰特色研究》[6] 指出，浙江景宁畲族女性服饰特色鲜明，具有地方少数民族特色。文章从凤凰崇拜之凤凰装、刺绣工艺之服饰图案、灵巧织带之服饰技艺、凝重深沉之服饰色彩入手，展现了这一非物质文化遗产的灿烂，以引起学界重视，更好地继承和发扬这一人数较少的少数民族文化。

---

[1] 陈路路：《贵州务川县仡佬族传统村落的民俗文化空间研究》，硕士学位论文，重庆工商大学，2018 年。

[2] 张秋影、欧阳磊：《西双版纳傣族佛寺建筑的审美意识初探》，《大众文艺》2018 年第 5 期。

[3] 董岳、李刚：《云南德昂族胸前腰间银饰的设计研究与创新》，《山东工艺美术学院学报》2018 年第 2 期。

[4] 匡迁：《仡佬族服饰的文化特点与印染制作工艺探究》，《染整技术》2018 年第 11 期。

[5] 李惠、陈玉波、张琛、郑芳琴、周川渝：《羌族女子围腰图案研究》，《西部皮革》2018 年第 23 期。

[6] 刘文：《浙江景宁畲族女性服饰特色研究》，《纺织报告》2018 年第 7 期。

宏雷的《萨满服饰浅述——以鄂伦春自治旗地区为例》[1] 阐述了萨满信仰文化是古老鄂伦春族的森林游猎文化的重要组成部分，是森林游猎民族最质朴最原始的以万物有灵为基础的哲学观、审美观的集中体现，无论艺术行为或是民俗文化都紧紧围绕自然崇拜、图腾崇拜、祖先崇拜为核心展开。萨满服饰及用具体现了鄂伦春民族最高的艺术水准，凝聚了鄂伦春人对于宇宙万物的理解和敬重，对人、对生命的感悟和热爱。

吕亚持、方泽明的《畲族服饰中传统元素的文化内涵以及应用研究》[2] 在研究畲族传统服饰中的图案纹样，以及刺绣、编织等工艺手段及其文化内涵的基础上，结合畲族服饰传统元素的运用状况，阐述了畲族传统服饰元素与现代服装设计相结合的思路方法。文章认为，畲族服饰将传统元素与现代工艺相结合，创造出既具有民族特色，又符合现代审美的服饰，为现代服装设计创新提供灵感来源的同时，也促进了畲族传统服饰文化的传承和发展。

黄亚琪的《生命之花与族群标志：土家族"四十八勾"解读》[3] 提到，"四十八勾"是土家族织锦最经典的图饰，更是土家族人生仪式以及祭祀活动中的重要符号。与"四十八勾"相似的图像还经常出现在西南地区少数民族的艺术品中，它们就像语言一样有着基本的词汇和特定的语法，并按照一定的习俗机制进行组合，蕴含着丰富的文化内涵，不仅表达了土家人对生命繁衍、生命永生的渴求，也展现了西南各民族之间的文化交融与历史记忆。

陈日红的《武陵山区土家族织锦传承源流考》[4] 指出，土家织锦是土家族女子自幼学习、相伴终身的传统女红，在土家语中被称为"西兰卡普"。数千年来，土家织锦一直在土家族聚居的武陵山区酉水河畔传承，历经先秦时期的賨布到魏晋时期的阑干细布，到隋唐两宋时期的斑布，再到繁盛于明清时期的土锦，直至土家织锦在20世纪的起起落落，以及在21世纪的传承保护与复兴。

陈伊琦、袁瑞云的《蒙古族影响下的锡伯族图案纹样的应用及演变》[5] 分别对蒙古族和锡伯族两个民族的民间图案进行收集整理，试图从历史、宗教文化、自然环境等方面去探究受蒙古族文化影响的锡伯族图案纹样的应用及演变。

李桐的《试论锡伯族纹样对现代扎染的影响》[6] 认为扎染作为传统手工艺术的一个重要角色，具有质朴的美感，其所蕴含的文化内涵恰当地弥补了当下人文艺术的缺失。锡伯族现代扎染试图从传统的元素中寻找新的精神寄托，包括锡伯族民间图案对现代扎染艺术历史发展脉络的追溯、人文精神的挖掘、提取传统元素创新设计。

---

[1] 宏雷：《萨满服饰浅述——以鄂伦春自治旗地区为例》，《中国民族美术》2018年第1期。

[2] 吕亚持、方泽明：《畲族服饰中传统元素的文化内涵以及应用研究》，《贵州民族研究》2018年第10期。

[3] 黄亚琪：《生命之花与族群标志：土家族"四十八勾"解读》，《湖北民族学院学报（哲学社会科学版）》2018年第2期。

[4] 陈日红：《武陵山区土家族织锦传承源流考》，《湖北美术学院学报》2018年第3期。

[5] 陈伊琦、袁瑞云：《蒙古族影响下的锡伯族图案纹样的应用及演变》，《大众文艺》2018年第16期。

[6] 李桐：《试论锡伯族纹样对现代扎染的影响》，《西部皮革》2018年第7期。

(二) 社会生活民俗

民俗不仅渗透在社会生活的各个方面，是一种社会文化现象，而且是社会生活的重要组成部分。民俗本身是一种集体意识和集体行为。如在社会形成的人生礼仪惯习、节日惯习、民间组织惯习等。

人生的过程总是伴随着一系列的仪式，这些仪式或使个体身份、地位得到确认，或使其由某一种生命状态过渡到另一种生命状态，这系列的仪式可称为"生命礼仪"。如婚礼是人生礼仪中的一大礼，历来都受到个人、家庭、社会及广大学者的高度重视。王琦琛的《云南省西双版纳州勐腊县爱尼人婚姻变迁研究》[1] 以爱尼人婚姻状况的调查为研究对象，结合民族学理论与方法，对勐腊县爱尼人婚姻变迁进行研究，梳理了爱尼人婚姻变迁的影响因素。研究结果表明，国家政策、生计方式转变、社会文化、人口流动都会影响爱尼人婚姻变迁。

余雁君的《德昌县傈僳族婚俗仪式音声研究及文化阐释》[2] 指出，四川省德昌县傈僳族居住在二半山和高山地区，因其独特的居住环境，形成了别具一格的风俗文化。在德昌县傈僳族的众多仪式活动中，婚俗仪式是傈僳族中较为盛大的民俗活动。其中，仪式的过程以及其中的音声不仅呈现出浓郁的民族特色，更是包含了德昌县傈僳族的历史风俗、宗教信仰、思想观念等民族文化。

刘娟的《艺术人类学视野下青海撒拉族婚俗文化研究》[3] 从艺术人类学视野下对该民族婚姻习俗分析，窥见隐藏在习俗表象下的深层文化意象，使读者对该民族的婚俗文化有一个由表及里的认识。

鄂秋阳的《达斡尔族结婚习惯法研究——以莫力达瓦达斡尔族自治旗为例》[4] 从达斡尔的基本情况、历史沿革以及达斡尔族结婚习惯法的简要内容、影响达斡尔族结婚习惯法发生变迁的因素、达斡尔民族文化的恢复趋势的角度，总结当下达斡尔族传统结婚习惯法的现状及发展趋势，提出对传统达斡尔族传统婚礼的保护建议。

生老病死是每个人不可避免的，而死是生命的终点。葬礼是人生礼仪中最后的仪式，历来受到学者们的关注，如李晓霞的《人生礼仪中嵌合的乐舞时间性认知——以南溪村纳西族葬礼为例》[5] 论述了丧葬仪式是人生仪礼中的终极通过仪式，其中嵌合的乐舞时间性表达富含浓厚的民族文化和乐舞特色；透过南溪村纳西族葬礼中嵌合的乐舞时间表达，分析它具有多样性、时限性、差异性、隐晦性等特征；论述了以人生仪礼丧葬为展演平台，以乐舞为载体，实现嵌合在仪式中乐舞时间性表达和沟通生死二元世界的意义，为理

---

[1] 王琦琛：《云南省西双版纳州勐腊县爱尼人婚姻变迁研究》，硕士学位论文，大理大学，2018年。

[2] 余雁君：《德昌县傈僳族婚俗仪式音声研究及文化阐释》，硕士学位论文，四川师范大学，2018年。

[3] 刘娟：《艺术人类学视野下青海撒拉族婚俗文化研究》，《名作欣赏》2018年第6期。

[4] 鄂秋阳：《达斡尔族结婚习惯法研究——以莫力达瓦达斡尔族自治旗为例》，硕士学位论文，中央民族大学，2018年。

[5] 李晓霞：《人生礼仪中嵌合的乐舞时间性认知——以南溪村纳西族葬礼为例》，《音乐创作》2018年第9期。

解嵌合于仪式中的乐舞时间性表达提供一个认知的视阈。

陈小玲、白玛央宗的《墨脱县门巴族丧葬仪式及文化探析》[1] 认为，墨脱县地处于肥沃的河谷地带，气候温和，雨量丰沛，四季常青，被誉为"青藏高原上的江南。"居住在西藏自治区墨脱县的少数民族门巴族，因人杰地灵的地理环境、钟灵毓秀的文化风俗和源远流长的历史背景，形成了独树一帜的民族文化，并且突出体现在门巴族的丧葬礼仪和丧葬文化上，形成以火葬、水葬、土葬、复合葬、树葬、遗葬、塔葬等多种葬式并存的特色，其中最广泛使用的是土葬、水葬、火葬以及复合葬四种葬式。在独特的宗教观影响下，门巴族发展出了独特的丧葬观，并由此形成了独特的丧葬文化。

严梦春的《哈萨克族的临终关怀传统》[2] 从文化人类学的角度考察，发现临终关怀其实就是不同族群关于死亡的文化体验仪式。以游牧为传统生计的哈萨克族，其临终关怀理念和实践植根于伊斯兰教与萨满教，其临终关怀传统有着浓郁的草原气息，呈现出鲜明的民族文化性。文章从哈萨克族的宗教信仰和丧葬仪式出发，整理哈萨克族的临终关怀传统，希望将哈萨克族民间的临终关怀仪式与现代医学救治相结合，找到更加高质量的临终关怀做法，推动临终关怀事业发展。

任何社会的个体，都是随着其年龄的增长，从一个状态向另一个状态过渡。比如，经过了成年礼，就从未成年状态进入成年状态，形成从一个男孩到男人的建构。再比如裕固族的剃头礼，安惠娟、李静在《文化人类学视阈下的裕固族剃头礼及其现代变迁》[3] 中指出，剃头礼是裕固族重要的人生礼仪，是裕固族游牧生活的时间秩序表达，具有积累生产资料和交换、传承传统文化，团结凝聚族群以及增强族群认同的功能。随着现代化发展对传统文化的冲击，剃头礼的举行时间、仪式过程、仪式后续等环节都发生了变化，反映了民族传统文化传承链条断裂的趋势。这是裕固族从传统的简单社会向复杂社会转型中的文化调适，是民族国家体系中游牧社会对新的社会组织、社会关系、人际网络的适应。

民俗文化研究的是人们的生活世界。在生活世界中，一种是平常的日子，普通的日子，还有一种是与平常的日子对应的特殊的日子，即"节日"。节日伴随着人们的生活世界，对于民众的生活来说，它像衣食布帛一样不可或缺。如扈志东的《试析阿昌族节庆仪式的伦理意蕴》[4]，阐述了节庆仪式是一个民族文化灵魂的生动展现，蕴含丰富的伦理意蕴。阿昌族的"窝罗节"规模宏大，内容精彩纷呈，充分反映了该民族人们交往和认同的伦理情感；深受宗教影响的"阿露节"则深刻呈现出该民族崇尚净化与和谐的道德体验；其日常生活中的多神崇拜仪式，更是阿昌族伦理生活方式的典型体现。对阿昌族节庆仪式的伦理探究，对增强民族文化自信和传承和发扬少数民族传统文化具有重要意义。

张小明、依旺拉、岩晒、胡向阳的《中国克木人玛格勒节的历史来源、内容仪式与文化内涵调查研究》[5] 一文深入到西双版纳克木人生活的村寨中，通过田野调查、实地访

---

[1] 陈小玲、白玛央宗：《墨脱县门巴族丧葬仪式及文化探析》，《攀枝花学院学报》2018年第1期。
[2] 严梦春：《哈萨克族的临终关怀传统》，《中国穆斯林》2018年第1期。
[3] 安惠娟、李静：《文化人类学视阈下的裕固族剃头礼及其现代变迁》，《西北民族大学学报（哲学社会科学版）》2018年第2期。
[4] 扈志东：《试析阿昌族节庆仪式的伦理意蕴》，《红河学院学报》2018年第6期。
[5] 张小明、依旺拉、岩晒、胡向阳：《中国克木人玛格勒节的历史来源、内容仪式与文化内涵调查研究》，《红河学院学报》2018年第5期。

谈、资料收集和文献查阅等方法,对玛格勒节的历史来源与传说、内容仪式、文化内涵及意义等进行了调查研究,获得了关于这一传统节日的大量宝贵资料,增加了人们对该节日的理解、认识和关注。

多文忠的《达斡尔族岁时节日民俗》① 介绍了达斡尔族岁时节日民俗——春节、元宵节、抹黑节、人日、农历二月初二、立春仪、寒食节、端午节、库木勒节、中秋节、重阳节、冬至节和腊八节。

陈诚的《贵州省黎平县腊洞村春节音乐活动调查报告》② 反映了作者于 2018 年 2 月 17 日至 19 日对腊洞村进行的实地调查,文章记录了作者调查期间的所见所感,展示了腊洞村精彩热闹的侗乡春节。

王立杏的《共同仪式空间视域下的民族交往交流交融——以腾冲市明光镇"刀杆节"为例》③ 向读者介绍,"刀杆节"在腾冲傈僳语中叫作"阿塔哆",意为"爬刀杆",这个节日在云南省腾冲市明光镇不仅是傈僳族的节日,还是汉族的"刀杆会"。每年逢农历二月初七和初八,汉族和傈僳族以腾冲市明光镇麻栎村大寨社的"三崇寺"为共同的仪式空间,进行"上刀山,下火海""祭拜神灵"等仪式。它既展现了傈僳人民勤劳朴实、勇敢顽强、奋勇拼搏的民族精神,又促进了商品贸易的交流与发展,加强了各民族的沟通与交流。随着改革开放和市场经济的发展,"刀杆会"已被赋予了新的内容和时代气息,使这一传统节日日益成为加强民族团结,增进民族友谊,融体育、文化娱乐、经贸活动为一体的群众活动。

裴龙、孙进的《族群记忆与文化变迁——中国广西京族哈节表演与越南广宁越族亭门曲表演比较》④ 指出,生活在中国广西的京族,保留着自身从越南迁居过来的海洋本色。文章通过梳理中国京族哈节表演文化和越南广宁越族亭门曲表演文化之间的关系,分析其异同,并对这种京族传统文化提出可资借鉴的保护措施。

(三) 精神生活民俗

民众的生活世界是复杂而丰富的,他们除了日常的劳作、衣食住行外,还有另外一种生活方式,即神圣的生活方式。在原始社会,他们要举行各种祭祀,近 30 年来发掘的新石器时代的遗址,如浙江余杭区的良渚文化遗址、辽宁喀左县的红山文化遗址、四川三星堆的文化遗址,其中发现的祭坛、祭祀用具、神偶、神庙,已经说明新石器时代的先民的祭祀生活。

周淑雅的《仪式视角下的哈尼族寨门文化研究——以澜沧县梁子寨为例》⑤ 将哈尼族寨门文化作为研究对象,以澜沧县梁子寨作为田野个案,通过调查当地与寨门相关的仪式

---

① 多文忠:《达斡尔族岁时节日民俗》,《理论观察》2018 年第 10 期。
② 陈诚:《贵州省黎平县腊洞村春节音乐活动调查报告》,《黄河之声》2018 年第 9 期。
③ 王立杏:《共同仪式空间视域下的民族交往交流交融——以腾冲市明光镇"刀杆节"为例》,《四川民族学院学报》2018 年第 4 期。
④ 裴龙、孙进:《族群记忆与文化变迁——中国广西京族哈节表演与越南广宁越族亭门曲表演比较》,《百色学院学报》2018 年第 3 期。
⑤ 周淑雅:《仪式视角下的哈尼族寨门文化研究——以澜沧县梁子寨为例》,硕士学位论文,云南艺术学院,2018 年。

活动来研究仪式中所出现的代表性文化元素，再由此分析仪式背后蕴含的哈尼族寨门的文化功能。

赖智娟的《人神共飨：大理白族"绕三灵"仪式研究》① 中提到，"绕三灵"盛行于大理地区，是白族人民的传统盛会。发展至今，"绕三灵"已经演变成为集宗教祭祀、传说故事、民间歌舞、民族器乐等于一体的大型文娱活动。"绕三灵"仪式的展演空间，既包括了客观上的自然地理空间，以大理"坝子"和白族村落布局为显著表现；还包括了主观认同上的民族文化空间，突出体现为多元共生的各民族文化。文章还分析了"绕三灵"仪式中的信仰、符号与象征，分析了仪式中的本主信仰，兼及社祭象征——神树，农耕象征——牦牛尾蚊帚，生育象征——"架尼"。

杨晓薇的《白族本主崇拜：儒释道融合的民间典型》② 阐述了本主崇拜是大理白族长期以来稳固的民间信仰，白族先民博采中原文化之长，形成了以儒家文化承袭和转化为主，佛道共济，"三教共拜"为特征的本主信仰。基于自身文化的特殊性，促使"三教合一"在白族地区呈现独有的样貌。具体表现在丰富的多神崇拜、多层次的文化结构和形式多元的宗教活动。白族汉化的过程很大程度上即是儒释道三家在大理合流的过程。

马嘉晖的《保安族宗教人类学研究——以积石山县刘集乡GL村为例》③ 以积石山刘集乡GL村为例，研究探讨了少数民族保安族的宗教文化。此项研究对于传统文化的传承和保留有着重要意义。该文从保安族所在地的自然地理人文生态、具有宗教特色的社会组织、群组记忆和意识礼仪四个方面进行了研究。

刘荣馨、伊乐泰的《达斡尔族萨满教的疾病观》④ 阐述了达斡尔族萨满教的疾病观以神灵作祟致病的病由观为基础，试图将不同的疾病及其症状表现归于特定神灵，并主张在治愈疾病时供祭相应的神灵。文章认为达斡尔族萨满教的疾病观表现出一定的系统化倾向。

杜楠的《功能主义视角下的达斡尔族萨满民间仪式——以莫力达瓦达斡尔族自治旗为例》⑤ 较为典型地分析了达斡尔萨满民间仪式在变迁中既保留原始性又展现现代性。以功能主义视角分析，仪式在宏观层面的适应、目标达成、整合以及维模的功能体现在保护和适应环境、促进民族社会价值观、调节社会关系和维护社会稳定、道德观形成以及保持独立民族性格、推动民族身份维护与文化延续上起到积极作用。在微观层面体现出作用于个体行为助推、精神治疗的潜功能。

张秋影、欧阳磊的《西双版纳傣族南传佛教壁画的文化意蕴》⑥ 提到西双版纳傣族南传佛教壁画作为一种宗教艺术符号，不仅是傣族独特的艺术表现形式，更是通过艺术的形

---

① 赖智娟：《人神共飨：大理白族"绕三灵"仪式研究》，硕士学位论文，中南民族大学，2018年。
② 杨晓薇：《白族本主崇拜：儒释道融合的民间典型》，《贵州民族研究》2018年第12期。
③ 马嘉晖：《保安族宗教人类学研究——以积石山县刘集乡GL村为例》，硕士学位论文，兰州大学，2018年。
④ 刘荣馨、伊乐泰：《达斡尔族萨满教的疾病观》，《中国民族医药杂志》2018年第10期。
⑤ 杜楠：《功能主义视角下的达斡尔族萨满民间仪式——以莫力达瓦达斡尔族自治旗为例》，《四川民族学院学报》2018年第6期。
⑥ 张秋影、欧阳磊：《西双版纳傣族南传佛教壁画的文化意蕴》，《中国民族博览》2018年第4期。

式宣传南传上座部佛教教义，展现本民族生产生活的历史，传承本民族的特色文化。文章主要透过西双版纳傣族南传佛教壁画这一宗教艺术表现形式，探究其哲学底蕴和审美意识，展现西双版纳傣族南传佛教壁画的文化意蕴。

杨金戈的《鄂伦春族自然现象起源神话之日月星辰的产生》[1]以鄂伦春族日月星辰起源神话为例，对其神话文本及其所包含的寓意进行了必要的阐释。鄂伦春族先民对自然现象都感到无比的神奇，并对它们充满无限敬畏和崇拜。鄂伦春族先民们以自己的思维方式和审美追求为标准，对这些自然现象的出现给予了各种各样的遐想，并给出了各种神圣性的解释，创造了丰富多彩的神话故事，抒写着自己民族的传奇。

杨洋、王丹的《北方少数民族说唱艺术对萨满文化传播的影响——以蒙古族、鄂温克族为例》[2]主要介绍萨满文化的含义和其传播的历史变迁，以及蒙古族、鄂温克族的说唱艺术对萨满文化传播的重要影响。说唱艺术在传播和发展的过程中不断吸取外来文化艺术的精华部分，是综合了各种文化艺术形式的一门艺术。它不仅表现出人们的生活方式和人们对事物的认知，更表现出少数民族在历史发展进程中对美好生活的向往、追求与和大自然的不断斗争。

苗金海的《书写"全息式"仪式音乐民族志——鄂温克族敖包祭祀仪式音乐研究反思》[3]表明，在以往的鄂温克族敖包祭祀仪式音乐研究，以无声的影像资料为研究起点，引起对于视觉人类学信息残缺的质疑，加之田野调查过程中"身体凝视"与互动仪式的切身体验，引发音乐人类学与人类学的对话与反思，因而有必要提出书写"全息式"仪式音乐民族志的构想，以及关注看、听、嗅、尝、触多种感官经验与个体体验的研究模式。

李海林的《试论高山族蛇图腾崇拜》[4]通过对高山族蛇图腾的起源、现象、特点分析可以看出，高山族蛇图腾文化和大陆同根同源，是古越蛇图腾文化的深化和发展。由于地理位置相对封闭以及其他诸多原因，古代高山族文化受外来文化影响相对较少，因此其蛇图腾文化在展现与大陆其他民族蛇图腾文化共性的同时，也颇具特色。

吕俊梅的《哈尼族寨神林文化与日本神社文化的比较研究》[5]从文化形成根源及其内涵入手，发现哈尼族寨神林文化相对较多地保留了原始宗教信仰的特点。其折射出的"天人合一"的共同思想，无疑对解决目前全人类面临的生态危机具有积极的启示意义。

徐玲的《红河县哈尼族基督徒身份认同研究》[6]阐述哈尼族传统文化和基督教同时限定和规定着哈尼族基督徒的身份，在哈尼族社会这一特殊的场域空间内，双重身份相互制约、相互建构，实现了一定程度上的资源共享。

---

[1] 杨金戈：《鄂伦春族自然现象起源神话之日月星辰的产生》，《黑龙江民族丛刊（双月刊）》2018年第1期。

[2] 杨洋、王丹：《北方少数民族说唱艺术对萨满文化传播的影响——以蒙古族、鄂温克族为例》，《新闻研究导刊》2018年第24期。

[3] 苗金海：《书写"全息式"仪式音乐民族志——鄂温克族敖包祭祀仪式音乐研究反思》，《民族艺术》2018年第6期。

[4] 李海林：《试论高山族蛇图腾崇拜》，《宗教信仰与民族文化》（第10辑），社会科学文献出版社2018年版。

[5] 吕俊梅：《哈尼族寨神林文化与日本神社文化的比较研究》，《红河学院学报》2018年第4期。

[6] 徐玲：《红河县哈尼族基督徒身份认同研究》，《红河学院学报》2018年第3期。

钟宇强的《试析萨满神帽中的树崇拜元素》[1]解释了萨满神帽为萨满教标志性物件，体现了萨满神树崇拜的各种因素，包括神树崇拜中的女性生殖崇拜，萨满教世界观等，通过对比二者的内涵，能较好地解读萨满神帽结构的宗教含义，萨满教中的神树崇拜应该受到更多关注。

何点点、高志英的《从祭灵、撵鬼到造神：20世纪以来基诺族宗教文化变迁研究》[2]通过对百年来基诺族传统宗教文化变迁路径的系统梳理，探讨以"祭灵""撵鬼""造神"为表征的宗教文化变迁及其动因，分析其崇拜对象"乃"在三个历史时期的汉语译介与其功能的适应性变迁，同时对文化再生产等相关理论进行了回应。

孙莉的《广西毛南族"肥套"仪式音乐的历史形成与演变》[3]介绍了"肥套"这一广西毛南族的民族标识。随着中国社会文化的变革，这一传统祭祀乐舞历经了发展、衰退、复兴及变迁的嬗变过程。文章结合田野调查和历史文献探讨"肥套"的历史构成因素，对音乐文化表演背后的变迁做出思考。

谭为宜的《论毛南族肥套傩祭的个性特征——兼与仫佬族依饭节比较》[4]指出，毛南族"肥套"活动既有傩祭的普遍共性，同时又具有一定的民族个性，呈现一种国家认同与族群认同的共生共存关系。这主要表现在还愿仪式活动需要丰厚的物质傩祭供品，借此达到对生活的评判、鞭策、推动目的。

孙丰蕊的《民间信仰中的仪式展演及其象征意味——毛南族肥套仪式探析》[5]讲述了毛南族肥套仪式结构完整、内容丰富、仪式感强的特点。在师公的展演中建构起一方神圣空间，有巨大的可阐释性。仪式过程中的音声、面具、花和桥、舞蹈动作、神灵扮演都有其丰富的象征意义和文化内涵，是宝贵的少数民族活态文化和非物质文化遗产。

覃奕的《物与语境：解析毛南族傩面具》[6]将傩面具的"物"形态还原到具体的文化语境和社会语境当中，探究其基调、基本框架、数量、样式在形成和变迁过程中的具体表现以及影响因素，并揭示了毛南族傩面具在还愿仪式中对于不同主体的意义。

赵勇的《门巴族"拔羌姆"神舞功能变迁考察》[7]提到，通过对"拔羌姆"的考察，揭示了门巴族拔羌姆功能的演变，认为拔羌姆功能从传统到现代的变迁过程是社会发展的必然结果，而重视夯实传承基础是保护羌姆类非物质文化遗产的当务之急。

---

[1] 钟宇强：《试析萨满神帽中的树崇拜元素》，《黑河学院学报》2018年第3期。
[2] 何点点、高志英：《从祭灵、撵鬼到造神：20世纪以来基诺族宗教文化变迁研究》，《西南边疆民族研究》（第26辑），社会科学文献出版社2018年版。
[3] 孙莉：《广西毛南族"肥套"仪式音乐的历史形成与演变》，《交响（西安音乐学院学报）》2018年第4期。
[4] 谭为宜：《论毛南族肥套傩祭的个性特征——兼与仫佬族依饭节比较》，《广西科技师范学院学报》2018年第2期。
[5] 孙丰蕊：《民间信仰中的仪式展演及其象征意味——毛南族肥套仪式探析》，《广西民族师范学院学报》2018年第2期。
[6] 覃奕：《物与语境：解析毛南族傩面具》，《民间文化论坛》2018年第1期。
[7] 赵勇：《门巴族"拔羌姆"神舞功能变迁考察》，《西藏民族大学学报（哲学社会科学版）》2018年第6期。

王琦的《〈神路图〉所体现纳西文化中的自然观、社会观与生命观》① 指出,《神路图》作为中国"古代宗教绘画第一长卷",体现了纳西人对生命起源的思索,人与自然、社会关系的处理,以及对生命归宿的探寻,呈现了其独特的自然观、社会观与生死观,揭示了艺术与社会生活、思想文化之间的密切联系。

和谓的《宗教文化中的文化认同——以纳西族东巴教为例》② 阐释了大多少数民族所信仰的宗教为自己本民族原生宗教,但现代社会的迅猛发展、现代文明的迅速崛起,导致许多少数民族宗教不仅被世人遗忘,甚至被自己本民族年轻人渐渐忽视这一现象。如何化解现代与传统之间的隔阂,一直以来都是一个热门话题。

罗曲的《羌族释比经典管窥:以吉祥文化的视角》③ 陈述到,释比文化是羌族精神家园中的重要领域,其信仰者为羌族民众,施行者为羌族历史上从事宗教活动的文化人释比。释比经典是释比文化的重要构成,积淀着羌族先民对生活的追求热望,蕴含着羌族先民特别的吉祥文化。

田永红的《试论乌江流域土家族文化中的白虎崇拜》④ 提出,白虎崇拜是远古巴人民族精神的主要载体,随着巴人进入乌江流域,白虎文化的粗犷、雄奇、刚劲、豪迈之气一直在乌江流域的土家族地区传承,渗透到土家族文化各个方面,并且显示其独特的风采与魅力,因而也一直是华夏民族文化中具有鲜活的生命力的一个支脉。

熊晓辉的《土家族土司时期的宗教音乐文化》⑤ 提到,由于受生产条件、经济水平等的限制,土家族的信仰还处于原始宗教阶段,由此在土司统治时期土家族形成了独具特色的音乐艺术。土家族土司时期的音乐形态多种多样,多依附于传统宗教仪式开展活动。随着时间的推移,虽然大量歌舞形式仍然依附于宗教祭祀仪式之上,但其中部分音乐形式与舞蹈形式已经从原始祭祀仪式中分化出来,形成了另一种具有独立娱乐和表现功能的艺术样式。

阿进录的《土族宗教信仰及变迁研究——土族宗教信仰的人类学田野个案调查》⑥ 以青海省互助县五十镇巴洪村为个案,通过对土族宗教信仰状况的历史和现实调查,分析了土族宗教信仰从观念到行为方面发生的深刻变化及其原因。

谢薇、王志红、杨云的《佤族原始宗教中蕴含的疾病观初探》⑦ 阐述了佤族疾病观的形成与其生存的自然环境、所处的社会环境等密切相关,其中影响最大的就是佤族"万物有灵"的原始宗教信仰。在此影响下,佤族认为疾病产生的原因大致分为远行、惊吓导致"魂"的离开;冲撞鬼神导致"鬼"的附体;违反社会公德,"神灵"降罪。由此也衍生出了相应的治疗方式:招魂、驱鬼、祭祀。

---

① 王琦:《〈神路图〉所体现纳西文化中的自然观、社会观与生命观》,《非物质文化遗产研究》2018年第1期。
② 和谓:《宗教文化中的文化认同——以纳西族东巴教为例》,《戏剧之家》2018年第21期。
③ 罗曲:《羌族释比经典管窥:以吉祥文化的视角》,《文化透视》2018年第4期。
④ 田永红:《试论乌江流域土家族文化中的白虎崇拜》,《三峡论坛》2018年第3期。
⑤ 熊晓辉:《土家族土司时期的宗教音乐文化》,《长江师范学院学报》2018年第6期。
⑥ 阿进录:《土族宗教信仰及变迁研究——土族宗教信仰的人类学田野个案调查》,《民族文化研究》2018年第3期。
⑦ 谢薇、王志红、杨云:《佤族原始宗教中蕴含的疾病观初探》,《中国民族民间医药》2018年第14期。

蒋楠楠的《乡土景观中"物"的神圣与世俗——龙潭古寨中"石"的二元性》① 通过对贵州务川龙潭古寨中的自然生态、建筑布局、人文历史、神话传说以及宗族仪式等方面的考察,分析了世居在此的仡佬族如何将"石"这个世俗常见之物赋予灵性,从而实现世俗与神圣的自然融合。如何将"石"与现代语境进行串联,是契合乡村振兴的时代主题的一种思考。

钟梅燕、贾学锋的《当代裕固族鄂博祭祀的复兴与变迁——以肃南县明花乡"小海子"鄂博为例》② 提到,近年来裕固族地区鄂博祭祀作为传统文化重要载体得到复兴和发展。在肃南县明花乡小海子鄂博田野调查基础上,揭示裕固族鄂博在当代复兴过程中其内容、功能及祭品等诸方面发生的变迁,以及裕固语祭祀颂词逐渐流失、多民族共同参与等新时代特征。

(四)语言民俗及其他

口承语言民俗又称"民间口头文学",是民俗学研究的一个十分重要的领域。从2018年诸学者的研究来看,少数民族口承语言民俗的研究成果较为丰硕。如吴刚的《达斡尔族蒙古文书面文学述论》③ 指出,达斡尔族作家郭道甫、索依尔、门都苏荣、乌云巴图、额尔敦扎布、希德夫等使用蒙古文创作与翻译的作品成就突出,这与达斡尔族接受蒙古文教育以及从事蒙古族文化研究的良好氛围有关。

王鹭羽的《黑龙江地区达斡尔族与赫哲族说唱艺术的比较研究》④ 主要将赫哲族"伊玛堪"与达斡尔族"乌钦"两种说唱艺术进行分析比较,概括出这两种说唱艺术的差异性,进而总结出二者相互渗透交融的艺术魅力。

张萍、郑仪东、吴晓旭、陈德新的《达斡尔族与赫哲族民间文学莫日根故事相似性比较研究》⑤ 据赫哲族和达斡尔族莫日根故事文本和相关研究资料进行研究,力求通过比较研究的视角,梳理两个民族莫日根故事呈现出的相似之处,以及产生的原因,挖掘其蕴涵的传统文化和民族精神,探析其独特的思想内涵和艺术特质。

郭旭的《齐齐哈尔市达斡尔族传统音乐文化特色研究》⑥ 以达斡尔族为例,对齐齐哈尔市少数民族传统音乐文化特色与文化发展态势进行简要的分析。

朱玉福、张学鹏的《珞巴族命名方式变迁研究——以西藏米林县南伊珞巴民族乡为考察对象》⑦ 介绍了珞巴族命名方式。珞巴族的传统命名方式以父子连名为主,父子连名

---

① 蒋楠楠:《乡土景观中"物"的神圣与世俗——龙潭古寨中"石"的二元性》,《百色学院学报》2018年第3期。
② 钟梅燕、贾学锋:《当代裕固族鄂博祭祀的复兴与变迁——以肃南县明花乡"小海子"鄂博为例》,《西北民族大学学报(哲学社会科学版)》2018年第3期。
③ 吴刚:《达斡尔族蒙古文书面文学述论》,《满语研究》2018年第1期。
④ 王鹭羽:《黑龙江地区达斡尔族与赫哲族说唱艺术的比较研究》,《佳木斯职业学院学报》2018年第1期。
⑤ 张萍、郑仪东、吴晓旭、陈德新:《达斡尔族与赫哲族民间文学莫日根故事相似性比较研究》,《理论观察》2018年第2期。
⑥ 郭旭:《齐齐哈尔市达斡尔族传统音乐文化特色研究》,《理论观察》2018年第7期。
⑦ 朱玉福、张学鹏:《珞巴族命名方式变迁研究——以西藏米林县南伊珞巴民族乡为考察对象》,《西藏民族大学学报(哲学社会科学版)》2018年第1期。

制是产生于父系氏族社会中的一种拥有稳定的连名方式的命名制度，珞巴族的父子连名制度拥有悠久的历史，是珞巴族传统文化的重要组成部分。随着社会进步和经济发展，珞巴族的父子连名命名方式和取名文化发生了潜移默化的变化，呈现出多元化态势。珞巴族命名方式变迁的原因是多方面的，有内因也有外因。珞巴族命名方式变迁既是珞巴族由传统社会向现代社会转变的必然，也是珞巴族适应现代社会文化、经济发展的主动回应。

翟社泉的《普米族民歌的基本特点及演唱方法》[1] 介绍了普米族民歌的分类和普米民歌的音乐特点及演唱方法，并提到在解放以前的漫长历史文明传承中，普米族在生产生活、日常劳动、文化实践活动中，只用自己的口头普米语进行相互间交流，口耳相传，代代相续，属于汉藏语系藏缅语族的羌语支，是曾经使用藏文拼写的韩规文。除了使用普米语之外，多数人兼通汉语和当地邻近民族的语言。

杨海龙、郭利的《基于语言生态的中国塔吉克语语言接触关系研究》[2] 以生态语言学为视角，从塔吉克语语言接触的现实状况出发，对我国塔吉克族聚居区塔吉克语和其他语言的接触关系进行探讨，从而勾勒出塔吉克语语言接触关系的特点，为制定语言规划提供参考。塔吉克语演变过程中语言接触关系复杂，形成了塔什库尔干县塔吉克族聚居区语言生态的多样化格局。

向华武、罗凌的《湖南龙山县土家语地名考释——以他砂乡为考察中心》[3] 土家语是他砂土家族人在日常生活和社会活动中进行交流的主要工具，因此在他砂乡产生了大量的土家语地名。这些地名承载着土家族丰富的文化内涵。在他砂乡土家语言调查的基础上，收集土家语地名约150个，选择其具有代表性的47个土家语地名，并运用语言学和地名学的方法，从地貌特征、居住环境、农耕文化、民族活动四个方面，对他砂乡土家语地名进行考释，并简要论述这些土家语地名的来源及其文化意义。

沈晓华的《论少数民族史诗翻译中的文学要素再现——以土家族〈摆手歌〉为例》[4] 基于《摆手歌》的英译实践提出：少数民族史诗翻译中文学要素的再现可遵循四种策略：译诗如诗、保留修辞、传递意象、衔接语篇。在四种策略中灵活运用多种英译技法，如再造韵律格式、再现叠字音韵、译出拟声词、重复诗节开头或结尾、转换辞格、完善辞格、文外注释、释义、增译等，以实现原作文学价值的译语表达。

汪梅的《论谚语的知识建构基础——以湘西土家族谚语为中心》[5] 以湘西土家族谚语为例，认为谚语的知识建构主要依赖三大基础：实践基础、思维基础和心理基础。农业生产实践与社会生活实践是谚语生成的实践基础；动作思维、形象思维和逻辑思维是其生成的思维基础；感觉与知觉、想象与联想、注意与记忆则是验证与储存谚语的心理基础。

---

[1] 翟社泉：《普米族民歌的基本特点及演唱方法》，《民间音乐》2018年第1期。
[2] 杨海龙、郭利：《基于语言生态的中国塔吉克语语言接触关系研究》，《齐齐哈尔大学学报（哲学社会科学版）》2018年第10期。
[3] 向华武、罗凌：《湖南龙山县土家语地名考释——以他砂乡为考察中心》，《铜仁学院学报》2018年第5期。
[4] 沈晓华：《论少数民族史诗翻译中的文学要素再现——以土家族〈摆手歌〉为例》，《民族翻译》2018年第4期。
[5] 汪梅：《论谚语的知识建构基础——以湘西土家族谚语为中心》，《晋城职业技术学院学报》2018年第6期。

毕艳君的《探寻土族当代诗歌中的历史记忆与文化重构》[1] 介绍,历史记忆被认为是凝聚族群认同的情感纽带,是一个族群"根基性情感"的具体表达方式之一。青海当代少数民族文学创作中包含着本族群丰富的集体记忆。这种记忆作为某一民族文化上的承袭,表达并强化了各民族的族群意识和身份认同。在某种意义上,借由文学的表达比一般的历史档案更贴近历史的总体和本质特征,更具感染力。作为草原王国吐谷浑在青海历史舞台上的辉煌与发展,土族作家们大多对自己民族历史的回忆充满了悲壮与自豪之情。这一情结,在诗歌的表达中尤为突出。

阿达来提吐鲁洪的《我国乌孜别克族人名调查及其文化探究》[2] 对我国乌孜别克族的姓名、语源、特点及反映的文化意义做了初步分析和研究。从语源来看,乌孜别克族人名中的阿拉伯语来源词占 80% 以上;从姓名的特点来说,不仅有性别差异,而且有年龄差别;从人名的意义来看,宗教影响较大,同时也体现了他们对大自然的崇尚。

宿振伟的《基于青年合作人调研的贵州仡佬族口传文化现状分析》[3] 通过调查问卷的形式对贵州仡佬族口传文化进行初步调研,挖掘贵州仡佬族口传文化的生存现状及当地青年人对该文化的整体传承情况,对进一步深入研究和探讨仡佬族口传文化具有重要参考价值。口传文化是远古先民在历史长河发展演进过程中的产物,也是经过岁月积淀而形成的民族文化活化石。仡佬族作为贵州的世居民族,其口传文化具有重要价值和深远影响。

贾姝君的《中国部分少数民族民歌探索》[4] 以仡佬族和苗族的少数民族民间歌曲为主要材料,全面解析了如何认知并演唱中国少数民族民歌,从而提高演唱者的舞台表现力和感染力,为广大观众服务。少数民族民歌庞大的数量、繁多的种类和迥异的风格,为演唱者带来了案头研究工作的必要性。

杨俊莉的《裕固族民歌——无字的"活档案"》[5] 也提到,裕固族是一个只有 1 万多人的少数民族,虽然其文字早已失传,但他们有 1000 多首原生态民歌流传至今。裕固族民歌是没有文字的"活档案",它记载着裕固族厚重的历史,传承了裕固族灿烂的民族文化,是祖国珍贵的非物质文化遗产。

民俗文化是生生不息的生活文化,这种生活文化每时每刻都在发生着变化,从而造就了今天丰富多彩的民俗现象。文化变迁一直是民俗学、人类学、社会学等社会科学探讨的命题,2018 年的少数民族民俗研究也不例外。

邓指辉、李红娟的《赫哲族与那乃族社会文化变迁对比研究》[6] 指出,19 世纪中期沙俄侵吞中国大片土地后,那乃人划归俄罗斯统治,原本的民族共同体成为跨界而居的跨界民族。在成为跨界民族后,受两国不同主体民族和不同主流文化涵化的影响,两个民族在经济生产方式、语言和社会文化方面均发生了巨大变化,研究两民族文化中发生的变

---

[1] 毕艳君:《探寻土族当代诗歌中的历史记忆与文化重构》,《中国民族报》2018 年 1 月 31 日。
[2] 阿达来提吐鲁洪:《我国乌孜别克族人名调查及其文化探究》,《民族文化》2018 年第 1 期。
[3] 宿振伟:《基于青年合作人调研的贵州仡佬族口传文化现状分析》,《传播力研究》2018 年第 24 期。
[4] 贾姝君:《中国部分少数民族民歌探索》,《艺术研究》2018 年第 3 期。
[5] 杨俊莉:《裕固族民歌——无字的"活档案"》,《档案》2018 年第 2 期。
[6] 邓指辉、李红娟:《赫哲族与那乃族社会文化变迁对比研究》,《黑龙江民族丛刊(双月刊)》2018 年第 6 期。

化、探讨变化的原因、思考民族文化保护的策略具有重要现实意义。

杨常宝、吴秀青的《文化涵化理论视角下的民族地区社会文化变迁研究——以恩和俄罗斯族民族乡为例》[1] 指出，我国所实行的民族区域自治方式，是区域与民族自治的结合，同样也是经济与政治的结合，应该体现在当地居民的生产、生活、文化等各个领域中。作为民族区域自治制度的重要组成部分的民族乡制度是解决我国人口聚集居住较少地区有关民族问题的制度，能够有效解决我国民族问题。经过长期的实践和经验总结，更加明确了民族乡和民族区域自治对于实现民族平等具有重要的意义。

旦正才旦的《从相遇到相离：一个多民族村落族际交往与分离的社会学考察》[2] 指出，青海M村藏族和穆斯林群体从族际交往到冲突再到分离的过程中，既有具体微观因素的影响，又有社会宏观结构因素的形塑，这些因素以综合交错的方式共同促成了这一过程。

曹大明的《"显"与"隐"：从新旧族谱看赣南畲族族群认同的变迁》[3] 从人类学的角度探讨赣南畲族新旧族谱中族群认同的显隐之变，有助于深入认识族群认同的本质以及族谱文本的社会价值和意义。族谱的撰写、编修体现了一个社群对"我群"及其历史的认知，也反映社会变迁。赣南畲族新旧族谱所体现的族群认同的显隐之变，既是畲民原生情感压抑性的喷发，也是适应民族关系场域结构性变迁的工具性选择，是对历史缺损和遗憾的追补，是对当代民族政策所建构的社会语境的心语表达和纵情放歌。

罗瑛的《视觉描述与族群边界：历史书写中的景颇族认同考察》[4] 指出，文献叙事中的文化表述与认同书写，是探索族群边界形成的重要途径。历史文献中对景颇族祖先外形、服饰、装饰、习俗和名称等的视觉描述，展现出了他者视角之下的景颇人形象，而视觉形象上的差异判定本身即是边界的存在。从唐代至民国时期，景颇人主体表述缺失，被他者认同和自我认同的归属意识，都依赖汉人知识分子的表述。作为他者的汉文书写，用内群价值观念和文化规则来塑造景颇人的族群形象，这些被持续认同和书写的刻板形象，帮助文化书写者确立了传统中国的中心与正统世界观。

唐淑娴、荀晓霞的《解构与建构：跨国民族文化适应的历史人类学考察——以新疆乌孜别克族为例》[5] 提到，中国乌孜别克族是在特定的时代背景下，经过迁徙、回流和"被截留"的过程逐渐形成的一个跨国民族。他们是沿着"压力—调整—前进"的轨迹通过族群文化的解构和族群认同的自我建构完成了在中国的文化适应。他们一方面通过改变族属和国籍、隐匿家族封号、转变生计方式、选择当地的语言文字等方式应对新环境中来自政治、经济等各方面的压力。另一方面，利用民间社团的社会功能，以"中国公民"

---

[1] 杨常宝、吴秀青：《文化涵化理论视角下的民族地区社会文化变迁研究——以恩和俄罗斯族民族乡为例》，《经济研究导刊》2018年第26期。

[2] 旦正才旦：《从相遇到相离：一个多民族村落族际交往与分离的社会学考察》，《中南民族大学学报（人文社会科学版）》2018年第1期。

[3] 曹大明：《"显"与"隐"：从新旧族谱看赣南畲族族群认同的变迁》，《广西民族大学学报（哲学社会科学版）》2018年第5期。

[4] 罗瑛：《视觉描述与族群边界：历史书写中的景颇族认同考察》，《民族文学研究》2018年第5期。

[5] 唐淑娴、荀晓霞：《解构与建构：跨国民族文化适应的历史人类学考察——以新疆乌孜别克族为例》，《湖北民族学院学报（哲学社会科学版）》2018年第3期。

身份参加抗日战争和三区革命,重塑新的族群认同和国家认同,并通过民俗村寨传统再造、复古婚俗再现等方式进行族群认同的自我建构。

李洪力的《社交媒体场景下裕固族社会交往的变迁与重构——基于裕固族的实证调查》①选取肃南裕固族地区作为文章的研究对象,基于马克思恩格斯交往理论与媒介场景理论,调查肃南裕固族地区的社交媒体使用现状,在调查的基础上分析社交媒体场景下裕固族社会交往的变迁与重构;通过实地调研深入牧区、街道、政府机关调查肃南裕固族地区社会交往相关的因素,包括交通状况、网络状况、手机使用情况、社交媒体使用情况;根据调查结果得出调查结论;从微观、中观、宏观三个方面展现肃南裕固族地区家庭内部交往、社区交往、社会交往三个层面在社交媒体场景下的重构,同时分析社交媒体场景下社会交往出现的问题。

黄超的《道德变迁视角下的裕固族移民社区的社会转型研究——以裕固族自治县柳方村为例》②从道德变迁的视角出发,以一个裕固族移民社区为研究对象,呈现了裕固族移民生产方式转型带来的家庭、邻里、社区等群体和组织在结构、功能及道德规范等方面的转型过程,从而整体性地反映了少数民族移民社区社会转型过程,揭示了社会转型的机制。

(五) 非物质文化遗产的保护与研究

我国非物质文化遗产保护应当秉持的基本立场是真诚尊重当前无法用经验性手段加以解释的诸多特殊传承方式。各民族在面对非物质文化遗产保护时均呈现出文化主人自主传承的生动实践。少数民族非物质文化遗产的根基在民间、在村社,只有通过扎实的田野考察深入少数民族内部,直面各民族的非物质文化遗产本体、传承人和民众,才能从本质上认知把握少数民族的非物质文化遗产,也才能保证少数民族非物质文化遗产的持久传承。

刘佳的《西双版纳非物质文化遗产之布朗弹唱调查与探索》③指出布朗族是西双版纳山居民族之一,他们的音乐有着自己独特鲜明的民族个性。西双版纳民族民间音乐的传播与继承始终以"口传身授"的师徒方式进行。这样的传承方式不利于本民族民间音乐的保护与传承,所以进行布朗族民间传统音乐文化的发掘、整理、传承和创新是音乐工作者义不容辞的职责。

齐丹丹的《城镇化进程中达斡尔族非物质文化遗产保护研究——以齐齐哈尔市梅里斯区为例》④指出,达斡尔族是我国北方主要的少数民族之一,在城镇化进程中,达斡尔族非物质文化遗产保护面临政府投入不足,传承人存在"断层"危险,非物质文化保护环境的缺失等问题。在城镇化进程中应构建良好的"非遗"保护工作环境;培养传承人,避免"非遗"传承中的人才断层;构建平台,实现"非遗"保护工作的有效宣传;针对

---

① 李洪力:《社交媒体场景下裕固族社会交往的变迁与重构——基于裕固族的实证调查》,硕士学位论文,西北民族大学,2018年。
② 黄超:《道德变迁视角下的裕固族移民社区的社会转型研究——以裕固族自治县柳方村为例》,硕士学位论文,兰州大学,2018年。
③ 刘佳:《西双版纳非物质文化遗产之布朗弹唱调查与探索》,《北方音乐》2018年第17期。
④ 齐丹丹:《城镇化进程中达斡尔族非物质文化遗产保护研究——以齐齐哈尔市梅里斯区为例》,《边疆经济与文化》2018年第5期。

特点，做好"非遗"项目的活态保护；挖掘"非遗"的外在价值，契合城镇化发展特点。

商丽蓉、吴玄皓、陈宇博、邹馨仪、白茹、王婷婷的《新媒体时代黑龙江省达斡尔族非物质文化遗产传承与保护的现状调查》①提到，乌钦又作"乌春"，是达斡尔族的曲艺说书形式，具有鲜明的民族风格和地域文化特色，是黑龙江省西部地区少数民族音乐重要的组成部分。乌钦分为口头乌钦和文人乌钦。口头乌钦大都为即兴创作，反映达斡尔族的现实生活；扎恩达勒在达斡尔语中意为"民歌"，一直是达斡尔族人民反映现实生活和表达思想感情的重要载体；鲁日格勒是达斡尔族的民间舞蹈，在黑龙江省的达斡尔族村庄罕伯岱村被称为哈库麦。其动作表现了采摘、捕猎、栽种等达斡尔族人劳动情景；罕伯岱达斡尔族民歌是一种以山歌为体裁的民间歌曲，主要有草原放牧、田间劳作、节日庆典、婚丧嫁娶及男女相恋等题材内容。

孙姝慧的《中国俄罗斯族非物质文化遗产数据库建设问题——以中国内蒙古额尔古纳市巴斯克节非物质文化遗产为例》②填补了中国俄罗斯族非物质文化遗产数据库建设问题的学术研究空白，内蒙古额尔古纳市巴斯克节非物质文化遗产已经于2011年被列入中国第三批国家级非物质文化遗产名录。它在语言、文字、文学、艺术、民俗、体育、饮食、服饰、宗教等诸多方面都传承了古老的俄罗斯民族文化，开创了中国俄罗斯族民族文化新篇章。非遗传承人大多年事已高，或者身患重病，有些内蒙古自治区级的俄罗斯族舞蹈传承人、额尔古纳市级的俄罗斯族巴斯克节传承人都已经先后离世。为了让世界人民更好地了解中国俄罗斯族的民风民俗，让巴斯克节等俄罗斯族非物质文化遗产能够传承下去，利用数据库管理系统 DBMS，如 SQL Server、Oracle 等建立相应的中国俄罗斯族非物质文化遗产数据库，并开发一套有关中国俄罗斯族巴斯克节非物质文化遗产系统势在必行。

刘晓春、关小云的《鄂伦春非遗项目及传承研究》③提到，随着我国非物质文化遗产保护的不断深入，鄂伦春非遗保护得到高度重视，摩苏昆、古伦木沓节、桦皮船制作技艺等均被列入国家级非遗保护名录。但在现代化发展进程中，受外来文化的冲击，非物质文化遗产赖以生存的文化土壤逐渐缺失。建立科学、有效的保护和开发体系刻不容缓；如何有效保护传承和开发则是更为迫切的问题。

迟艳的《鄂伦春族桦树皮茶具艺术传承与审美价值》④分析继承与保护桦树皮茶具艺术的现状、意义及审美价值，并探讨鄂伦春族桦树皮茶具艺术保护与传承的策略。桦树皮茶具艺术的诞生与发展和鄂伦春族的自然资源与传统文化有特别紧密的关系，体现出鄂伦春族文化的鲜明特点。但是，随着鄂伦春族文化环境及生活环境的改变，继承与保护桦树皮茶具艺术面临很大挑战。

李祥垲、崔曼迪、马雪丽的《人口较少民族非物质文化遗产传承问题研究——以鄂

---

① 商丽蓉、吴玄皓、陈宇博、邹馨仪、白茹、王婷婷：《新媒体时代黑龙江省达斡尔族非物质文化遗产传承与保护的现状调查》，《现代经济信息》2018年第1期。
② 孙姝慧：《中国俄罗斯族非物质文化遗产数据库建设问题——以中国内蒙古额尔古纳市巴斯克节非物质文化遗产为例》，《呼伦贝尔学院学报》2018年第1期。
③ 刘晓春、关小云：《鄂伦春非遗项目及传承研究》，《黑龙江民族丛刊（双月刊）》2018年第4期。
④ 迟艳：《鄂伦春族桦树皮茶具艺术传承与审美价值》，《福建茶业》2018年第10期。

伦春族为例》①通过对一个人口较少民族细致的个案研究、深度的文化阐释，探索该民族非物质文化遗产中蕴含的本土经验与地方知识，以及与当代文明对接的路径。该项研究针对人口较少民族的特殊条件和状况，提出尽可能使其非物质文化遗产积极适应新型城镇化背景下社会发展的传承模式，同时积极促进实现民族文化自觉和文化自主，最终使民族文化的传承保护从学者们的焦虑变成整个民族的情感关怀。

丛密林、张晓义的《我国体育非物质文化遗产的属性研究——以达斡尔、鄂温克、鄂伦春族为例》②介绍，达斡尔、鄂温克、鄂伦春族体育非物质文化遗产的特有属性，包括健身性和公平性；共有属性包括竞争性、审美性、娱乐性、民族性、地域性、传承性和变异性。研究目的在于厘清属性及与属性相关概念之间的关系，认清和重视我国体育非物质文化遗产的文化内涵及属性特点，避免和解决在实际保护中存在的问题，为我国体育非物质文化遗产得到有效的传承与发展提供参考。

刘萍的《哈萨克族刺绣非物质文化遗产档案数据库的建设》③从档案学角度出发，探讨了哈萨克族刺绣非遗档案数据库资料的来源：民间征集档案、史料考察与整理、加工制作；提出了哈萨克族刺绣非遗档案数据库的生成路径：哈萨克族刺绣图片及文献资料数据库、刺绣专家及刺绣技艺数据库、刺绣虚拟展示数据库。

史春梅的《论哈萨克族阿依特斯艺术传承方式与发展形态的流变》④提到，阿肯阿依特斯是哈萨克族民间主要的传统文化活动之一，是哈萨克族文化艺术的重要组成部分，在历史发展中，借鉴、吸收中外多元文化的精华，其传承方式不断变化，也引起其艺术形态发生变化。研究哈萨克族阿肯阿依特斯艺术传承方式与传承形态的流变，对于继承保护少数民族传统艺术具有重要的现实意义。

覃劲、尤文民的《改革开放以来赫哲族渔猎文化遗产的创造性转化——"乌日贡"的文化传承功能》⑤就"乌日贡"的创造性转化和渔猎文化遗产进一步保护逐一探讨，渔猎文化蕴含着丰富的人与自然相互和谐交融的理念，赫哲族作为中国人口较少的民族之一，基于传统的生计方式，创造了极具地域特色的渔猎文化。"乌日贡"成为渔猎文化遗产传承和保护的重要平台，为赫哲族渔猎文化遗产创造性转化和活化，服务于各民族群众文化生活创造了良好条件。

刘贺、宋立权的《赫哲族鱼皮文化数字化保护与传播研究》⑥以赫哲族鱼皮文化保护为例，提出虚拟现实交互技术对赫哲族鱼皮文化保护的技术支撑，探讨赫哲族鱼皮文化变革数字化信息形式的意义。

---

① 李祥垲、崔曼迪、马雪丽：《人口较少民族非物质文化遗产传承问题研究——以鄂伦春族为例》，《经济研究导刊》2018年第26期。

② 丛密林、张晓义：《我国体育非物质文化遗产的属性研究——以达斡尔、鄂温克、鄂伦春族为例》，《北京体育大学学报》2018年第11期。

③ 刘萍：《哈萨克族刺绣非物质文化遗产档案数据库的建设》，《山西档案》2018年第1期。

④ 史春梅：《论哈萨克族阿依特斯艺术传承方式与发展形态的流变》，《艺术评鉴》2018年第14期。

⑤ 覃劲、尤文民：《改革开放以来赫哲族渔猎文化遗产的创造性转化——"乌日贡"的文化传承功能》，《黑龙江民族丛刊（双月刊）》2018年第3期。

⑥ 刘贺、宋立权：《赫哲族鱼皮文化数字化保护与传播研究》，《艺海》2018年第3期。

张灿的《广西京族"非遗"音乐文化保护与开发研究》[1] 提到，京族"非遗"音乐文化主要通过博物馆模式、学校传承模式、民俗节庆活动模式、师徒传承模式和民间社团模式等进行保护与开发，但是仍存在重静态保护、轻活态传承，民间音乐的衰退，粗放式开发导致文化失真等问题；应健全多元化的"非遗"音乐文化保护与开发模式，重视桂越边境京族音乐文化交流与研究，大力宣传和树立京族"非遗"音乐文化产品的形象，合理开发实现"非遗"音乐保护与开发效益双赢。

杨军的《京族海洋文化遗产活态保护模式研究》[2] 提到，京族人民在与海相伴相生过程中形成了独特的海洋文化。由于其沿边、沿海的优越地理位置，京族海洋文化遗产成为当前吸引消费的重要旅游资源，具有极高的历史价值、文化价值和审美价值。随着京族社会的变迁与发展，京族海洋文化遗产活态保护存在生存环境遭到破坏、依存的文化景观渐失、人文环境不利于传承队伍培养等问题；要保护京族海洋文化遗产生存环境，建立京族海洋文化活态化景观，注重传承队伍建设，以设立"广西防城港边境旅游试验区"为契机发展边境旅游。

拓万亮、薛剑莉的《柯尔克孜非物质文化遗产保护与交流研究》[3] 以研究柯尔克孜族非物质文化遗产相关问题为主要目标，以国内柯尔克孜族的发展现状为准，对其非物质文化遗产的保护和交流体系开展详细探究。

薛剑莉、拓万亮的《一带一路视域下柯尔克孜族非物质文化遗产价值研究》[4] 提到，中亚的吉尔吉斯族与我国柯尔克孜族跨国同源，对其非物质文化遗产的研究，对推进两国睦邻友好，促进民族特色产业发展、弘扬与传承优秀民族文化、带动经济体系变革等皆具有重要意义。

黄沁的《澜沧县老达保国家级非遗名录下的拉祜族民间舞传承研究》[5] 从四个主体部分对老达保拉祜族民间舞的传承进行分析研究。运用生态学的相关理论及方法，阐述老达保拉祜族民间舞生存的自然地理、社会人文等环境，分别概述老达保拉祜族民间舞的文化背景及其传统的传承方式；在非物质文化遗产保护的背景下分析老达保拉祜族民间舞的传承方式现状；剖析拉祜族民间舞的价值和对其意义的重视，结合现状分析对老达保拉祜族民间舞传承的影响因素；通过对老达保拉祜族民间舞传承方式的个案研究，探讨拉祜族民间舞传承的正确走向。结合现状并根据以上调查分析，针对拉祜族民间舞的传承方式提出可操作性的建议。

文冬妮的《少数民族非物质文化遗产的文化生态空间建设研究——以云南叶枝镇同乐村傈僳族传统文化保护区为例》[6] 以云南叶枝镇同乐村傈僳族传统文化保护区为例，探

---

[1] 张灿：《广西京族"非遗"音乐文化保护与开发研究》，《广西社会科学》2018年第9期。
[2] 杨军：《京族海洋文化遗产活态保护模式研究》，《广西民族大学学报（哲学社会科学版）》2018年第3期。
[3] 拓万亮、薛剑莉：《柯尔克孜非物质文化遗产保护与交流研究》，《民族论坛》2018年第3期。
[4] 薛剑莉、拓万亮：《一带一路视域下柯尔克孜族非物质文化遗产价值研究》，《齐齐哈尔大学学报（哲学社会科学版）》2018年第10期。
[5] 黄沁：《澜沧县老达保国家级非遗名录下的拉祜族民间舞传承研究》，硕士学位论文，云南艺术学院，2018年。
[6] 文冬妮：《少数民族非物质文化遗产的文化生态空间建设研究——以云南叶枝镇同乐村傈僳族传统文化保护区为例》，《科技资讯》2018年第34期。

讨其非物质文化遗产活态传承文化生态空间的建设情况，并据此从加强文化生态宣传、发挥政府主导作用、完善保护区整体规划、明确监管主体方面提出优化路径。

林彦伯、周波的《数字化建设对毛南族特有文化遗产保护的作用》[1] 在解析文化传承困难原因的基础上，探讨如何运用数字化建设手段保护少数民族特有的文化遗产。

韦海燕的《民族传统节日文化在学校课程传承中的探析——以广西仫佬族依饭节为例》[2] 提到，将民族传统文化纳入地方校本课程中，不仅具有文化传承和保护的意义，也能促进民族地区多元文化教育的发展。通过对罗城县三所学校的实地调研，作者发现在传统文化出现断层的背景下，校本课程开发存在理念缺失、课程结构单一、资源匮乏等问题，并据此提出以多元文化教育理论为指导，以中小学为核心，借助政府、学校、社区多方合力，充分发挥民族传统文化在校本课程开发中的作用。

程宗宁的《仫佬族依饭节保护与传承研究》[3] 解释到，不同时期的主流意识形态（国家文化政策）对仫佬族依饭节传承有着直接或间接的影响。依饭经文知识体系成型于古代农业社会，客观上与仫佬族群众的现代文化需求形成了较大的落差，受众持续流失，是造成仫佬族依饭节传承困难的重要原因。一些忽视"非遗"传承历史规律的做法导致了"保护性"破坏，加剧了仫佬族依饭节传承危机。民族精英与地方政府通过举办"仫佬族依饭文化节"推动民族节庆文化融入国家主流话语，为古老的节日注入时代内容，实现了仫佬族依饭节由宗族仪式向民族节日的现代转型。

吴茜茜的《仫佬族依饭节的传播渠道优化研究》[4] 以仫佬族依饭节的传播渠道为研究对象，运用传播学、民族学、文化学等学科知识，对依饭节在人际间的传播现状和各现代媒介中的传播现状进行梳理，探究出当前依饭节的传播仍存在传承人老化、传播手段单一、传播内容空洞、更新频率低及传播平台功能不完善等问题，提出诸如重视民间、走进校园、善用媒介、适当产业化等思考，以期从传播渠道上优化依饭节的传播。

罗华清的《保护和传承仫佬族剪纸艺术的几点思考》[5] 一文以非物质文化遗产——罗城仫佬族剪纸艺术为例，探讨仫佬族民间剪纸艺术形成的简要历史、分类、特点及其珍贵的艺术审美价值。通过分析仫佬族剪纸艺术的现状和存在的问题，提出了保护和传承的具体对策：采取切实有效措施对传承人和艺术品加以保护；剪纸艺术要不断自我更新自我提升；以产业文化为依托来强大自我。

李四玉的《纳西族非物质文化遗产研究综述》[6] 通过纳西族非物质文化遗产相关文献的搜集，从纳西族民间文学、传统音乐、传统舞蹈、传统美术、民俗、传统节日、传统医药、传统技艺、民族传统文化生态保护区九个方面分类梳理，对目前的研究特点进行综述和简要评析。

---

[1] 林彦伯、周波：《数字化建设对毛南族特有文化遗产保护的作用》，《中国民族博览》2018年第8期。

[2] 韦海燕：《民族传统节日文化在学校课程传承中的探析——以广西仫佬族依饭节为例》，《艺术视角》2018年第8期。

[3] 程宗宁：《仫佬族依饭节保护与传承研究》，硕士学位论文，广西民族大学，2018年。

[4] 吴茜茜：《仫佬族依饭节的传播渠道优化研究》，硕士学位论文，广西大学，2018年。

[5] 罗华清：《保护和传承仫佬族剪纸艺术的几点思考》，《新西部》2018年第36期。

[6] 李四玉：《纳西族非物质文化遗产研究综述》，《文山学院学报》2018年第4期。

姜苏洪的《非物质文化遗产保护视野下的政府角色及行为——以汶川县羌文化保护为例》[①] 指出，在汶川羌文化保护中，政府、个人、社会组织及志愿者等扮演着不同的角色并发挥着各自不可替代的作用。其中，政府角色的恰当扮演及其有效执行是羌文化保护工程的关键所在。汶川县政府以上承阿坝州政府、下接羌族民众、中联各类组织的身份扮演着多种类型的角色。

敖秀鹃的《云南水族非物质文化遗产保护与传承刍议》[②] 提出，富源是云南水族的主要聚集地，以云南富源水族非物质文化遗产保护和传承现状为例，分析研究并提出保护建议。独特、清新、质朴的水族文化在云南少数民族当中独树一帜，绽放着古老而优雅的色彩。

刘翀、朱清如的《传承与重构：改革开放前后土家织锦文化的变迁》[③] 提到，土家织锦作为传统土家文化所孕育出来的民间艺术形式，在改革开放以后，不仅在图案、技艺、原材料方面呈现出显著变化，更在功能价值与文化内涵上发生了重要变迁。而究其变化原因，不仅有土家地区经济结构和文化环境变动的影响，更涉及社会价值观念的发展与变迁。若欲使织锦文化在当代得到有效的传承与发展，则有必要调动多方力量，重新解构织锦的文化价值与内涵，使之适应新的文化土壤。

瞿全的《关于对永顺县双凤村土家族非物质文化遗产艺术的现状调查》[④] 指出，湘西永顺县灵溪镇双凤村位于永顺县城西南方向九龙山之巅的一处凹地，至今完整保留着古老原始的土家族民风民俗，是中国土家族上千年历史文化的再现和缩影。双凤村拥有大量土家族的优秀非物质文化遗产艺术瑰宝。

曹大威、周子伦的《少数民族蜡染工艺研究——以水族、白裤瑶为例》[⑤] 通过对广西少数民族蜡染工艺的历史渊源的探究和水族、白裤瑶蜡染工艺流程及原理分析发现，水族的豆浆染的创新点是将剪纸应用在蜡染工艺，而白裤瑶的树浆染则利用了当地植物蕨和野淮山的特性，对蜡染布进行固色和硬挺的处理。采用对比分析的方法发现水族、白裤瑶与传统蜡染中既有相同点又有不同点，而由于画图工具、防染剂和工艺特点的不同，其蜡染布的效果也不同。

莫彦峰、莫代山的《少数民族优秀传统文化数字化技术传承探索——以土家族织锦"西兰卡普"为例》[⑥] 提出，"西兰卡普"传统传承出现危机，通过数字化技术采集、展示、利用和创新，知名度、利用领域、技法、传承模式均出现积极变化，但也表现出文化传播效果要高于文化传承效果、数字化技术种类待丰富、数字化技术与文化生态保护和营

[①] 姜苏洪：《非物质文化遗产保护视野下的政府角色及行为——以汶川县羌文化保护为例》，《北方音乐》2018年第1期。

[②] 敖秀鹃：《云南水族非物质文化遗产保护与传承刍议》，《文物鉴定与鉴赏》2018年第5期。

[③] 刘翀、朱清如：《传承与重构：改革开放前后土家织锦文化的变迁》，《怀化学院学报》2018年第12期。

[④] 瞿全：《关于对永顺县双凤村土家族非物质文化遗产艺术的现状调查》，《戏剧之家》2018年第24期。

[⑤] 曹大威、周子伦：《少数民族蜡染工艺研究——以水族、白裤瑶为例》，《中国民族博览》2018年第3期。

[⑥] 莫彦峰、莫代山：《少数民族优秀传统文化数字化技术传承探索——以土家族织锦"西兰卡普"为例》，《三峡论坛》2018年第6期。

造结合差的不足。在少数民族优秀传统文化传承中，应注意多渠道共同传承，做好文化生态的保护与营造。

孟德鸿的《技艺传承与族性建构——艺术人类学视角下的鄂温克族桦树皮工艺研究》[1] 从艺术人类学的视角出发，分析技艺传承所存在的家庭传承、族群传承和社会教育三种形式的差异。在鄂温克族桦树皮工艺的传承中，被建构技艺传承中的诸多辅助理解桦树皮制品的因素，构成了与感知者的族群经验相对应的一种内在联系。所以，在鄂温克族桦树皮工艺的传承中，其族性是个体经验、认知通过对民族技艺的社会和历史的评价产生的。

乔秀花的《土族盘绣的保护与传承探析》[2] 介绍盘绣的保护与传承日益紧迫的原因。同时指出，盘绣历史悠久，工艺复杂，随着时间的流逝，盘绣透射出许多民族学、文化学的鲜活素材。

张志华的《佤族木鼓与木鼓舞文化的价值与传承探究》[3] 介绍，木鼓和木鼓舞是佤族文化的标志，是佤族民族精神的象征，凝聚着佤族文化价值。木鼓与木鼓舞文化经历了漫长的历史发展过程，对佤族优秀传统文化的传承与民族精神的弘扬具有重要的意义。

曹招莲的《非物质文化传承下广东瑶族长鼓舞的全民健身推广价值研究》[4] 对瑶族长鼓舞的全民健身价值进行探讨，旨在挖掘、整理民族传统体育资源，推动非物质文化遗产瑶族长鼓舞在全民健身活动中的普及开展、力求能将瑶族长鼓舞推向全面健身运动的大舞台，以促进国家非物质文化遗产的传承，推动广东民族地区的健身文化建设及全民健身活动开展。

唐元超、蒋东升、马祥、李国冰、黄书朋的《社会变迁下体育非物质文化遗产的传承与保护——以广西田东布努瑶金锣舞为例》[5] 对田东梅林村布努瑶金锣舞进行了探析。认为当前金锣舞传承中存在传承人"势单力薄"、传承经费难以为继、文化失神、利益与文化责任冲突等问题。建议从理论上予以引路，增加项目学术团队支持；在发展中与现代生活切合，活态传承；经济上拓宽经费渠道来源，注重文化自觉与时代责任再唤醒；不断激发金锣舞体育文化的活力与发展之路。

冯智明、甘金凤的《遗产化语境下的双重仪式展演与村落文化环境重构——桂北恭城县水滨村瑶族盘王节考察》[6] 提到，由于具有程式化、情境性、神圣性、非日常的"反结构"性等特征，与舞蹈、音乐、说唱等民间文艺相伴生的关系，以及与现代权力空间的纠结，仪式往往被视为一种"文化展演"。恭城瑶族盘王节的核心仪式还盘王愿在遗产化节庆语境下呈现出双重展演形态，在祠堂、舞台两个空间的展演与场域转换中获得了全

---

[1] 孟德鸿：《技艺传承与族性建构——艺术人类学视角下的鄂温克族桦树皮工艺研究》，《黑龙江民族丛刊（双月刊）》2018年第2期。

[2] 乔秀花：《土族盘绣的保护与传承探析》，《中国民族博览》2018年第6期。

[3] 张志华：《佤族木鼓与木鼓舞文化的价值与传承探究》，《贵州民族研究》2018年第9期。

[4] 曹招莲：《非物质文化传承下广东瑶族长鼓舞的全民健身推广价值研究》，《体育科技》2018年第2期。

[5] 唐元超、蒋东升、马祥、李国冰、黄书朋：《社会变迁下体育非物质文化遗产的传承与保护——以广西田东布努瑶金锣舞为例》，《体育科学研究》2018年第5期。

[6] 冯智明、甘金凤：《遗产化语境下的双重仪式展演与村落文化环境重构——桂北恭城县水滨村瑶族盘王节考察》，《百色学院学报》2018年第1期。

新的生存空间，实现活态传承和延续，并促进了村落整体文化生态、文化环境的恢复与重构。

宋小弟、周晓武的《抢救开发 接续传承——肃南裕固族非物质文化遗产档案工作纪实》[1] 介绍，肃南县是全国唯一的裕固族自治县，其独特的历史背景和生活环境，形成了涵盖历史文化、民俗文化、服饰文化、饮食文化、歌舞文化等诸多领域的非物质文化遗产档案。对积极构建非物质文化抢救开发、接续传承的档案保护体系具有重大意义。

二 2018年少数民族民俗相关著作出版情况

此外，我们利用京东网、当当网、亚马逊网的图书出版和介绍，将出版时间界定在"2018年"，查询到涉及少数民族民俗研究的专著近200部，研究的具体内容主要包括以下几个方面。

（一）概述及民族志专著

进入21世纪，为了大力发展当地文化旅游，各地都在积极探索推出民俗文化系列丛书，向世人介绍丰富多彩的少数民族民俗文化，如哈丽达·斯拉木的《华夏文库民俗书系》[2] 提到：在新疆，巴扎既是一个特殊的现象，又是一个热闹的地方。维吾尔族具有经商、崇商、重商的传统，天山南北各地绿洲的巴扎就是维吾尔人长期充实商贸活动的结果以及进行经济交流的场所。巴扎可以说是新疆绿洲的说明书和维吾尔文化的博物馆。

《特克斯县蒙古族文史资料（2蒙古文版）》[3] 共收集了特克斯县文化工作者和学者们所撰写的关于特克斯县蒙古族历史文化、历史人物、经文、医疗、历法、地理、语言文字、民俗、民间文学、民歌等内容的46篇文章。文章的主要内容为：一是咱雅班第达、卫拉特大库伦、沙毕纳尔的来源，历史上的变革及迁徙等情况；关于托忒文和托忒文文献方面的内容；二是与特克斯县蒙古人的历史有关的清朝时期的哨所及地理名称等方面的内容；三是特殊的民俗、民间文学、民歌等非物质文化遗产方面的内容。文章集中所搜集到的论文都以田野调查为基础，并结合珍贵材料编写完成，所以地区特点明显，具有很高的学术价值。

《当代中国边疆·民族地区典型百村调查 内蒙古卷（第三辑）》[4] 全面展示新中国成立以后，尤其是在改革开放以来白音杭盖嘎查自然、经济、政治、社会以及牧民生产、生活、风俗习惯、文化、教育等方面情况，反映了该村经济社会发展变迁的历程。

《大本曲〈铡美案〉研究 云南白族白文分析》[5] 对白族文献大本曲《铡美案》进行了综合性分析，分作四部分：(1)《解说篇》，即对研究缘由、研究方法、白文研究、大本曲

---

[1] 宋小弟、周晓武：《抢救开发 接续传承——肃南裕固族非物质文化遗产档案工作纪实》，《档案》2018年第11期。

[2] 哈丽达·斯拉木：《华夏文库民俗书系》，中州古籍出版社2018年版。

[3] 加·道山：《特克斯县蒙古族文史资料（2蒙古文版）》，民族出版社2018年版。

[4] 牧人 铁柱：《当代中国边疆·民族地区典型百村调查 内蒙古卷（第三辑）》，社会科学文献出版社2018年版。

[5] 立石谦次：《大本曲〈铡美案〉研究 云南白族白文分析》，广西师范大学出版社2017年版。

研究、《铡美案》内容概要等内容做一概论。(2)《资料篇》，即对《铡美案》曲本进行录文，用国际音标注音，将白语译作日语、汉语，在必要的时候加一些注解。(3) 语汇表，即抽出曲本中的白语语汇，制作语汇表，并有日译、汉译。(4)《影印篇》，即将《铡美案》曲本影印出来。总之，该书是一项有关白族文献大本曲的整理成果，它的出版有利于白族文化的传承，以及白语语言学的研究。

《腾冲少数民族文化艺术系列丛书·白族卷》① 运用人类学、艺术学的方法，个案访谈与参与观察结合，以轻学术的定位满足大众阅读的需求，对腾冲白族的迁居历史与生活状况进行梳理，对腾冲白族口头文学、民间歌舞进行收集整理，对腾冲白族的精神信仰及追求进行研究。全书分为三个篇章：足迹、记忆、生活，辅以大量的影像记录，真实再现了腾冲白族的世俗生活与精神世界。

《云南少数民族古籍珍本集成》② 参照国家针对汉文古籍实施"中华再造善本工程"的做法，以影印方式编纂出版，是一套完整的大型民族文献古籍丛书。《云南少数民族古籍珍本集成（第70卷 布朗族）》是《云南少数民族古籍珍本集成》的第70卷，收录布朗族民间典籍，具有较高的文化价值。

《中国民族文化大观·布依族篇》③ 作者从多年不断进行的民族地区历史文化田野调查中获得丰富的第一手资料，并结合考古成果、地方志、族谱、碑文、二十四史、地方史等文献史料，翔实地研究和阐述了我国布依族文化的历史与现状。全书集全面性、科学性、民族性、知识性于一体，内容涵盖布依族的渊源历史、语言文字、风俗习惯、伦理道德、文学艺术、宗教信仰等方面。

《黔南布依族苗族自治州卷/贵州省非物质文化遗产田野调查丛书》④ 介绍，黔南州有着深厚的文化积淀，布依、苗、水、瑶、侗等民族在长期的生产生活中形成了各自独特的传统文化，非物质文化遗产丰富多彩，现有国家非物质文化遗产名录14项，省级名录58项，州级名录48项，涉及传统音乐、传统舞蹈、传统戏剧、曲艺、杂技与竞技、传统技艺、传统医药及民俗等多个方面，种类繁多，特色鲜明，是黔南州所独有的民族文化资源中极其闪亮的部分，是黔南这颗地球绿宝石独特文化魅力的重要体现，影响重大。

《明珠花溪布依族文化》⑤ 重点介绍花溪一带布依族的人口分布状况、民族教育、村寨、传统习俗、饮食文化、民间信仰、神话传说与故事等方面的情况。

《云南少数民族古籍珍本集成》系参照国家针对汉文古籍实施"中华再造善本工程"的做法，以影印方式编纂出版的一套完整的大型民族文献古籍丛书。《云南少数民族古籍珍本集成（第67卷 藏族）》⑥ 是其中一册，收录《利自本尊颂》、《圣者金光明经》等作

---

① 何马玉涓：《腾冲少数民族文化艺术系列丛书·白族卷》，云南大学出版社2018年版。
② 云南省少数民族古籍整理出版规划办公室：《云南少数民族古籍珍本集成》，云南人民出版社2018年版。
③ 伍文义、韦兴儒、周国茂：《中国民族文化大观·布依族篇》，暨南大学出版社2018年版。
④ 申茂平、徐静、杨军昌：《黔南布依族苗族自治州卷/贵州省非物质文化遗产田野调查丛书》，知识产权出版社2018年版。
⑤ 中共花溪区委宣传部、花溪区文化公有制改革和文化产业发展办公室：《明珠花溪布依族文化》，贵州民族出版社2018年版。
⑥ 云南省少数民族古籍整理出版规划办公室：《云南少数民族古籍珍本集成（第67卷 藏族）》，云南人民出版社2018年版。

《中国东乡族概论》① 介绍，东乡县的四周虽然有黄河、洮河、大夏河、广通河流过，但东乡县却是以干旱闻名于世。东乡族的发展史可以说是一部与恶劣自然环境顽强奋斗的历史。在漫漫长河中，他们不屈不挠地建设着美好的家园，哺育了无数东乡族儿女。东乡人的付出、东乡人的辛酸与快乐只有东乡人心里清楚。外人如果不长期深入到东乡族之中，是很难体会到东乡人的世界，分享他们的所想所知的。

《贵州土家族百科全书》② 采取条目形式编写，收集涉及贵州土家族内容的词条约2796条，分为社会历史、地理环境、黔东南根据地、民族区域自治、哲学思想与社会伦理、经济、古镇明村、教育、文化、傩文化、原始信仰、医药、风俗习惯、文物古迹、人物等几个部分，各部分又包含许多子条目。

《广西侗族村寨调查简报1》③ 包含广西壮族自治区三江侗族自治县高秀村、高友村、平岩村的调查简报，总体介绍各村的地理环境、传说历史、空间结构、社会结构、经济结构、生活方式、宗教信仰等方面的情况。

《福建畲族文化读本》④ 分六章，从畲族概貌、福建畲族、忠勇精神、凤凰情结、民俗风情、畲族歌言等方面叙述畲族的历史和文化。

《河南回族：中原大地的优秀一员》⑤ 使大家更全面、详细地了解河南回族的历史文化，认识其为中原地区发展所做的贡献。

为了扩大受众，达到少数民族民俗文化普及的目的，各种少数民族民俗文化图志相继出版，如《中国少数民族图志·东乡族》⑥ 旨在强调，中国是多民族的国家，中国的历史是中国各民族共同书写的，中华民族复兴要靠各民族共同奋斗才能实现。各民族都有自己悠久的历史、灿烂的文化、美丽的家园，都是国家的主人，都是建设中国特色社会主义强国的基本力量，应该相互尊重、相互帮助、共同团结奋斗、共同繁荣发展。

《图说独龙族》⑦ 以图文并茂、以图为主的形式，通过近几十年多次深入走访调查，全景式地展现了独龙族生产生活方式、文化、信仰、风俗习惯、民族发展、社会变迁等方面的情况。

《京族史话》⑧ 通过优美生动的文字、简明通俗的语言、图文并茂的形式，介绍了京族丰富多彩的文化、波澜起伏的历史发展轨迹以及京族自强不息的精神品质，对读者了解京族文化具有重要的参考价值。

《中国少数民族图志·撒拉族》⑨ 是普及我国民族知识的科普读物。《撒拉族土族民间

---

① 范景鹏：《中国东乡族概论》，民族出版社2018年版。
② 贵州省土家学研究会：《贵州土家族百科全书》，贵州民族出版社2018年版。
③ 孙华：《广西侗族村寨调查简报1》，巴蜀书社2018年版。
④ 李健民：《福建畲族文化读本》，海峡文艺出版社2018年版。
⑤ 原思明、艾少伟、陈廷良、宛磊：《河南回族：中原大地的优秀一员》，民族出版社2018年版。
⑥ 武沐、杨建新、苗正民：《中国少数民族图志·东乡族》，民族出版社2018年版。
⑦ 杨发顺、吉彤：《图说独龙族》，云南美术出版社2018年版。
⑧ 何思源：《京族史话》，社会科学文献出版社2018年版。
⑨ 闫丽娟、马国忠、杨建新、桑凤琴、苗正民：《中国少数民族图志·撒拉族》，民族出版社2018年版。

文化研究》① 是近几年观察撒拉族文化之所得。

《中国少数民族图志·柯尔克孜族》② 是一部用简洁文字、优美图片串联起来的，向中外读者介绍中国少数民族——柯尔克孜族，普及民族常识，传播民族文化的图书。

《中国少数民族图志·塔吉克族》③ 以英汉对照的形式，用轻松自然、高度概括性的语言，优美生动的画面反映我国塔吉克族的人口、生存环境、历史、生计方式、居住形式、语言文字、宗教信仰、风俗与禁忌、文学艺术、当前发展状况等，着力突出塔吉克族人民对中华文明的贡献，是一部形式新颖的民族志。

《铜鼓—广西风物图志》④ 指出，广西铜鼓文化在古代岭南文化中占有相当重要的地位，该书是诠释先民对自然、人生认识和理想的民族文化典籍。

《古村镇—广西风物图志》⑤ 提到，广西的古镇不仅镌刻着自然、人文等因素的深深印记，更展现着当地从越、俚嚓到壮汉瑶苗等多民族文化发展历史的过程，和其他地方的古镇相比，是别具一格的。

《戏剧—广西风物图志》⑥ 指出，广西的戏剧既有土生土长的地方、民族剧种，也有从外地引进的外来剧种，更有将本地剧种与外地剧种"杂交"而产生的新生剧种，体现了广西文化的多样性、开放性、包容性及创新精神。

《中国民族节日风俗故事画库》⑦ 是由中国的杰出画家和一流的儿童文学作家联手打造的原创儿童图画书系。它对中国十个民族的节日来源、节日故事、节日风情习俗进行艺术的描绘，讲述十个或勇敢风趣或传奇美妙或瑰丽离奇的民俗故事：汉族诗人屈原听闻楚国国都被秦军攻破的消息后悲痛沉江；傣族姑娘巧施智慧，击败了凶残暴虐的魔王；土家族英雄覃垕揭竿而起，与强权抗争；还有美貌的姑娘年息与满族小伙唐阿里忠贞不渝的爱情……这些流淌于故事中的朴素的情感、勤劳的智慧、纯真的民心和深邃的人文气息，不仅构成了中华民族的精神象征，巩固了中国人的同源意识，展现了中国民族文化的独特魅力和长久的生命力，而且也滋润孩子心灵成长，并给予其隽永深长的启示和感悟，从而达到传承中华民族精神内涵的最终目的。

除了用图文的形式出版普及类书籍外，学者们还将关注点聚焦在小社区，开展深入的田野调查，完成各类调查报告和民族志作品，如《贵州毕节彝族文化调查研究》⑧ 的调研团成员何善蒙走遍了毕节市七星关、威宁、赫章、黔西、大方等地的多个村镇，深入考察

---

① 李晓云、李秋梅、王存霞、郑琰、王生珍：《撒拉族土族民间文化研究》，上海大学出版社2018年版。
② 王建新、王铁男：《中国少数民族图志·柯尔克孜族》，民族出版社2018年版。
③ 徐黎丽、艾比布拉·阿布都沙拉木：《中国少数民族图志·塔吉克族》，民族出版社2018年版。
④ 广西壮族自治区地方志编纂委员会办公室：《铜鼓—广西风物图志》，社会科学文献出版社2018年版。
⑤ 广西壮族自治区地方志编纂委员会办公室：《古村镇—广西风物图志》，社会科学文献出版社2018年版。
⑥ 广西壮族自治区地方志编纂委员会办公室：《戏剧—广西风物图志》，社会科学文献出版社2018年版。
⑦ 方素珍、汤素兰、王一梅、萧袤、冰波：《中国民族节日风俗故事画库》，湖南少年儿童出版社2018年版。
⑧ 何善蒙：《贵州毕节彝族文化调查研究》，九州出版社2018年版。

了彝族群众的生产生活、历史文化、节日习俗等，通过调研报告的形式，如实记录了本次调研的主要过程及其所得所思所感。

《选择与适应：海南牙开村黎族习俗变迁研究》① 考察60多年来海南省五指山市毛阳镇牙开村黎族的生产、生活、婚姻家庭、纠纷处理、民间信仰、礼俗与节庆等习俗的变迁，并对其变迁原因进行了深入分析。作者结合当地实际，探讨了海南国际旅游岛建设背景下黎族习俗的现代化选择与适应策略。

《科技进步视角下瑶族生活的历史变迁》② 提到，从现有的研究成果来看，瑶学研究的成果主要是瑶族历史、文化、经济、政治、宗教信仰、风俗习惯等，对瑶族科学技术的研究相对薄弱。

《他者的表述》③ 对一个白族人连续15年的讲述从"点式分析""横面阅读""纵向追释"三个视角进行了解析，创构了"主体民族志"的文本形式。《他者的表述》为走出经典民族志的"表述危机"以及后现代民族志反思的困境作出了探索，对民族志的基本性质、特征及学科目的进行了重新思考，提出了"民族志是一种人志"的学术理念，指出民族志的性质不是隐喻，而是转喻，将"裸呈"作为一种民族志方法，并强调叙事的三重主体性以及民族志者在作品中的自律性。

《贵州扁担山—白水河地区布依族聚落调查研究》④ 以扁担山—白水河谷地区布依族聚落为研究对象，对其分布规律、整体空间形态、人居生态系统、公共空间、防御体系和民居建筑进行了研究，全书分上下两篇，上篇为调研测绘图纸，下篇为专题研究。

《贵州黔东南侗族文化调查研究》⑤ 以"中国经济史学的话语体系构建"为主题，分别从传统市场的近代化转型、经济转型中的制度变迁、社会转型过程中的经济组织及其管理模式的变化、社会转型与经济思想变迁等方面，对我国经济改革与转型中的一系列重大理论问题展开论述。

《中国民族地区经济社会调查报告：贡山独龙族怒自治县卷》⑥ 对21世纪以来云南西北部的贡山独龙族怒族自治县的政治、文化、经济、教育、宗教等问题进行了深入调查，并对其发展作出了评价。

《苗族银饰文化产业调查研究》⑦ 主要围绕苗族银饰文化产业相关知识与调研进行阐述。

《民俗事象与族群生活：人类学视野中羌族民间文化研究》⑧ 以羌族"民俗事象与族群生活"为对象，既从民俗事象透视族群生活，又从族群生活解读民俗事象；既涉及民

---

① 范军：《选择与适应：海南牙开村黎族习俗变迁研究》，中国社会科学出版社2018年版。
② 毛汉领：《科技进步视角下瑶族生活的历史变迁》，民族出版社2018年版。
③ 朱炳祥：《他者的表述》，中国社会科学出版社2018年版。
④ 周政旭、封基铖：《贵州扁担山—白水河地区布依族聚落调查研究》，中国建筑工业出版社2018年版。
⑤ 何善蒙：《贵州黔东南侗族文化调查研究》，九州出版社2018年版。
⑥ 郑信哲：《中国民族地区经济社会调查报告：贡山独龙族怒自治县卷》，中国社会科学出版社2018年版。
⑦ 郑泓灏：《苗族银饰文化产业调查研究》，社会科学文献出版社2018年版。
⑧ 李祥林、曹顺庆：《民俗事象与族群生活：人类学视野中羌族民间文化研究》，中国社会科学出版社2018年版。

俗符号在族群表达中的运用，又涉及族群意识在民俗符号中的积淀；既考察族群表达中显露的民俗信息，又考察民俗呈现中传递的族群意识。

《敕木山中的畲族红寨——大张坑村社会调查》[1] 全面地呈现了大张坑村的政治、经济、文化的历史与现状，并初步探讨其当前发展存在的问题与困境。

《姓与性：一部裕固族亲属制度的民族志》[2] 是一部以裕固族亲属制度为主题的民族志，遵循严格意义人类学田野调查的基本条件即1年以上的田野时间、500人以上的谱系、使用调查对象的语言，从文化血缘、社会血亲、称谓制度、性禁忌四个方面确立了裕固族个体身份认定制度，并通过对明媒正娶、勒系腰两种性生活实践模式的深描质疑了前人相关研究结论，提出裕固族社会实行父系制，而"勒系腰"仅是父系制度下的一种性生活模式变体；进而从身体时间、生态时间、居住空间、生态空间四个时空维度，建构出裕固族集体记忆中的时空域限及族群所属个体的社会关系实践场域，呈现了裕固族社会运作的基本图景。

（二）物质民俗与社会民俗专著

民俗学研究的是人的生活世界，生活世界的首要问题是人类的基本生存问题，也就是首先要满足人类衣食住行的需要。各地区独特的人文地理环境，为当地民众创造生产生活文化提供了不同的先决条件，如《漫话蒙古族男儿三艺与狩猎习俗》[3] 分别介绍蒙古族"男儿三艺"与狩猎和战争之间的关联，狩猎习俗中的忌、狩猎方式、古老原始的分配原则与生物界自然规律的默契和谐，"那达慕"大会、"男儿三艺"的竞技规则、"男儿三艺"的历史演变，以及"男儿三艺"在蒙古族社会生活中的重要地位。

《从边境理解国家：哈尼阿卡人橡胶种植的人类学研究》[4] 分析了橡胶种植引起的土地使用方式的转变、社会结构和传统文化的变化以及他们的社会适应与文化调适策略。通过哈尼阿卡人的橡胶种植活动及日常生活来解读他们对民族国家的认知、理解、想象以及融入国家的实践，探讨国家对少数民族发展的作用和影响，讨论民族群体如何想象民族共同体和国家共同体，理解边境与国家的关系和民族与国家的关系，进而理解国家本质。

饮食作为传递信息的符号，通常反映人类不同的文化现象，如《侗族酒文化》[5] 对侗族酒文化现象进行记述或描绘，将之客观地呈现到读者的面前。

服饰作为承载观念的文化符号，可从多重角度进行探讨，如《苗族服饰研究》[6] 从文化人类学的角度对苗族文化的发展作深入探讨，以苗族服饰为形象载体，展开多元论证，力求全面真实地展现苗族服装的发展历史。

《福建霞浦畲族服饰文化与工艺》[7] 选择霞浦畲族作为研究点，突破以往相关研究的

---

[1] 方清云：《敕木山中的畲族红寨——大张坑村社会调查》，华中科技大学出版社2018年版。
[2] 林红：《姓与性：一部裕固族亲属制度的民族志》，中国社会科学出版社2018年版。
[3] 田宏利：《漫话蒙古族男儿三艺与狩猎习俗》，内蒙古人民出版社2018年版。
[4] 张雨龙：《从边境理解国家：哈尼阿卡人橡胶种植的人类学研究》，社会科学文献出版社2018年版。
[5] 宋尧平：《侗族酒文化》，中国书籍出版社2018年版。
[6] 范明三、杨文斌、蓝采如：《苗族服饰研究》，东华大学出版社2018年版。
[7] 张娟：《福建霞浦畲族服饰文化与工艺》，中国纺织出版社2018年版。

局限性,力求从霞浦畲族服饰的发型、头饰、配饰、图案、结构、工艺等方面,较全面地展开深入具体的研究,在此基础上探究霞浦畲族服饰更深层次的文化内涵及其表征。

社会生活习俗是传统的、普遍的和强制的,往往是以往的社会制作和传承而来的,而在社会的传承和构建中,成为人类社会活动的活跃力量。如对人生礼仪的研究,《织金阿弓苗族丧葬习俗》①的重点和难点是对丧葬辞的翻译,在翻译织金阿弓苗族丧葬习俗的古老丧葬辞中,编著者采用了直译、意译两种方法和苗汉文对照的形式,将织金阿弓苗族丧葬习俗的古老丧葬辞展现在世人面前,力求对千百年来具有独特文化气息的织金阿弓苗族的丧葬习俗做一个较为全面、真实、准确的呈现,让广大民族工作者和民族文化研究者对织金阿弓苗族的丧葬习俗有一个清晰、全面的认识。

在民众的生活世界里,节日周期性地反复出现,这也吸引学者对节日开展研究,如《哈播哈尼族长街宴》②提到,哈播的长街宴是哈尼族三大传统节日"昂玛突"(祭寨神)中的一个重要组成部分,它融合了饮食、宗教、歌舞、服饰、生态等方面的哈尼族传统民族文化要素,集中体现了该民族的文化特色。

《漫话蒙古族节日与祭祀》③主要概括和介绍了蒙古族春节传统节日,敖包祭祀的源流、禄马风旗的由来,成吉思汗陵的祭奠,查干苏鲁克大典,萨满的一些祭祀、礼俗,以及马祭、驼祭等各种祭祀礼仪在蒙古族社会生活中的密切联系,使读者全面了解蒙古族传统风俗。

《仡佬族吃新节——中国节日志》④是一本记述仡佬族吃新节,反映和传承仡佬族敬畏自然、不忘祖先优秀传统农耕文化的资料性著述。围绕对仡佬族吃新节的调研,综述了仡佬族的地理分布与吃新节的流变、地区差异与基本流程、现代转型、文化功能与意义;记述了吃新节活动的时空、组织、缘起、仪式、表演艺术与口头传说、游艺娱乐、祭祀用品等;简介了与仡佬族吃新节有关的珍贵文献;辑录了项目组成员到贵州省内清镇、道真、务川、石阡、西秀、平坝、六枝、百里杜鹃风景区,广西隆林等县(市、区)田野调查形成的10篇调查报告;记述了不同地区、不同层次、不同规模过吃新节的共性和差异,反映了过节形式和内容的丰富多彩。

《广西风物图志(辑)·圩集》⑤指出,广西的圩集与其他地方不一样,除了货物交易功能外,不少圩集还具备办歌会、对山歌这种群众性娱乐功能。正是由于这样的歌圩,才为广西成为"歌海"提供了肥沃的文化土壤。

《春天的礼赞:壮族三月三歌节》⑥介绍广西"壮族三月三"的由来,讲述这个传统节日丰富多彩的内容及其与壮族社会文化生活的关系。

民间组织是民众的社会生活方式之一,是人们在建立并沿袭群体内的互动关系,以推

---

① 王洪兴:《织金阿弓苗族丧葬习俗》,贵州大学出版社2018年版。
② 郑宇、谭本玲、黄绍文:《哈播哈尼族长街宴》,云南美术出版社2018年版。
③ 田宏利:《漫话蒙古族节日与祭祀》,内蒙古人民出版社2018年版。
④ 苟朝忠:《仡佬族吃新节——中国节日志》,光明日报出版社2018年版。
⑤ 广西壮族自治区地方志编纂委员会办公室:《广西风物图志(辑)·圩集》,社会科学文献出版社2018年版。
⑥ 李富强:《春天的礼赞:壮族三月三歌节》,广西人民出版社2018年版。

动群体事件时所形成的习俗惯制。如《布依族的亲属制度与社会组织》[1] 采用田野调查方法，从布依族的身体表征系统和亲属网络、赶表、婚姻、巫蛊指控下的婚姻阶层以及其社会组织等入手，探讨从"社会如何可能"出发，思考布依族"家庭""家族""婚姻""村寨"等社会机体建立的基础；从布依族社会"性忌"起源开始探讨其亲属制度与社会组织的构建机制，即从布依族日常生活的微观视角探讨布依族的亲属制度社会组织。

《喜马拉雅藏族社会家庭与婚姻研究》[2] 内容主要是以藏族村落社会为主题的文化人类学研究，特别提及与该书有深刻联系的婚姻和家庭经营问题，并追溯其研究史。但该书并非只以呈现关于喜马拉雅西部地区藏族社会的详细研究成果为目的，而是旨在通过参考和借鉴相关藏族农村社会以往的研究成果，论述藏族社会的类型。

《传统与现代的协同：凉山彝族家支道德文化反毒品教育研究》[3] 以凉山彝族家支道德文化为切入点，关注一个有着悠久历史、文化传统，有着成熟的价值体系与道德准则的民族在当代社会面临族群灾难之际，如何走出错位，积极利用传统文化的道德教育功能并与现代学校等主体积极协同，以解决当前令人困扰的社会问题，实现突围与修复。

（三）民间文艺与非物质文化遗产著作

民间艺术是艺术领域中的一项分类，其领域极广，且不乏很多"绝活"，像皮影、剪纸、编织、绣花、狮子舞等，都是很著名的民间艺术，也是中华文化的瑰宝。如《中国民族民间舞传习：蒙古族舞蹈（女班）》[4] 和《中国民族民间舞传习：蒙古族舞蹈（男班）》[5] 属于中国民族民间舞蹈传习课教材的一部分，它们在担负蒙古族舞蹈教学训练功能的同时，也突出了传习课教学的重点，即以风格训练为主。后者强调蒙古族男子舞蹈对学生内在气质的培养和训练。教材共分为两部分：风格组合训练部分和传统组合训练部分。风格组合训练部分由基本形态训练、身体（上身）动律训练、步法训练和手臂训练等结构组成，从基础动态、动律的训练入手，逐一进入各种步法的训练，强化动作与身体不同部位划圆、绕圆的协作配合，继而训练学生对蒙古族舞蹈"圆美"意识的掌握、融会与认知。

《中国民族民间舞传习：维吾尔族舞蹈（女班）》[6] 所代表的不仅仅是一个动式、一个动作、一个短句、一种动律或组合，更是中华民族延续数千年、永不衰竭的文化符号和身体表征在艺术家们身体上的体现。其编写尊重民族民间舞艺术家们个体对民间舞艺术及教材的独到认识和理解，因此，它带有强烈的原生性和艺术家个人的风格，它的影响力也不是现有的教材能够替代的，其价值与意义远远超出了教材本身。

《中国民族民间舞传习：维吾尔族舞蹈（男班）》[7] 中的风格性组合训练与太孜·泰

---

[1] 曹端波、杨元丽、刘倩倩：《布依族的亲属制度与社会组织》，中国社会科学出版社2019年版。
[2] 棚濑慈郎：《喜马拉雅藏族社会家庭与婚姻研究》，青海人民出版社2018年版。
[3] 李戬：《传统与现代的协同：凉山彝族家支道德文化反毒品教育研究》，人民出版社2018年版。
[4] 赵铁春、韩萍：《中国民族民间舞传习：蒙古族舞蹈（女班）》，上海音乐出版社2018年版。
[5] 赵铁春、韩萍：《中国民族民间舞传习：蒙古族舞蹈（男班）》，上海音乐出版社2018年版。
[6] 赵铁春、韩萍：《中国民族民间舞传习：维吾尔族舞蹈（女班）》，上海音乐出版社、上海文艺音像电子出版社2018年版。
[7] 赵铁春、韩萍：《中国民族民间舞传习：维吾尔族舞蹈（男班）》，上海音乐出版社、上海文艺音像电子出版社2018年版。

提克组合训练，体现了传统维吾尔族舞蹈典型的动作特点与节奏特点。清新典雅、端庄稳重是维吾尔族舞蹈的美学风格，乐曲欢快，舞蹈动作对比度大，旋转、造型、舞姿的力度、手臂和手腕的灵活张弛有度。表演方面注重行云流水、飘逸流畅，并以饱含激情、丰实深厚的内在美见长。所有动作常在那轻微合度、应对着乐律的一摆一晃间展示出来。

《中国民族服饰艺术图典—满族卷》[1] 生动客观地展示满族极具特色的服饰艺术，包括宫廷、民间；配饰、色彩、图案及织染、刺绣等内容，满族服饰文化不仅仅是一种服饰文化，也是满族文化的重要组成部分。

《满族民间文化论文集》[2] 和《满族民间文学概要》[3] 中提到，满族民间文艺是满族文艺重要的内容，是满族民众喜闻乐见的艺术，极大地丰富了满族民众的业余生活，满族民间文艺主要包括满族神话、满族传说、满族民间故事、满族说部、满族歌谣、满族岔曲、满族八角鼓、满族子弟书、满族萨满神歌等，它们有着自己独特的审美特点和内容，有特殊的传承流变的轨迹。

《苗岭神韵——湘西苗族鼓舞》[4] 从纵向介绍苗族鼓舞的来龙去脉，从横向介绍苗族鼓舞现存原生态动态特征，并在此基础上从"器械"——鼓的共性特点入手，综合运用历史学、人类学、体育学、舞蹈学、心理学、教育学和运动解剖等多学科追究其历史源流及社会功能，分析苗族鼓舞的形态特点，阐述了鼓种的风格特征和文化内涵，其中重点突出湘西地域文化与苗族鼓舞的溯源，苗族鼓舞的形态分析、动作特征、成因考略及价值，苗族鼓舞的基本技术与典型组合以及苗族鼓舞历代苗鼓王风采等。

《苗族剪纸内容及构图解读》[5] 针对苗族剪纸纹样的题材与构图进行探讨，将其题材与商周青铜器纹样的题材进行关联，构图部分则运用数学理论进行分析。

《一针一线：贵州苗族服饰手工艺（第2版）》[6] 不仅描画出了苗族人色彩斑斓的生活故事，展现了苗族人民丰富的文化底蕴，更是由表及里地完美呈现了苗族人民出神入化的传统技艺。

《仫佬剧》[7] 概要阐述了仫佬剧的产生和发展过程，并从保护和传承仫佬族民族民间文化的角度论述了研究仫佬剧的意义；从音乐元素、舞台表演等专业角度详细分析了仫佬剧其中的民族、民间艺术特性。

《羌族释比法器风格研究》[8] 以羌族释比法器风格为研究方向，重点对释比法器进行了比较详细和深入的分析，从法器的种类功能、造型特征、创作技法、艺术特征、交流融合等多个方面分别作出了形式与内容关系的探讨，认为羌族释比法器风格特征的形成是以羌族本体文化为基础，通过与藏传佛教、苯教、汉族道教等外来文化的不间断交流，进行

---

[1] 曾慧：《中国民族服饰艺术图典—满族卷》，山东文艺出版社2018年版。
[2] 宋和平：《满族民间文化论文集》，中国社会科学出版社2018年版。
[3] 阎丽杰：《满族民间文学概要》，中国社会科学出版社2018年版。
[4] 覃英、朱福军：《苗岭神韵——湘西苗族鼓舞》，西南交通大学出版社2018年版。
[5] 严薇：《苗族剪纸内容及构图解读》，文化发展出版社2018年版。
[6] ［日］鸟丸知子：《一针一线：贵州苗族服饰手工艺（第2版）》，蒋玉秋译，中国纺织出版社2018年版。
[7] 唐代俊、韦海燕、李可燕：《仫佬剧》，广西民族出版社2018年版。
[8] 张彝：《羌族释比法器风格研究》，科学出版社2018年版。

吸纳、融合和转化而最终形成，具有丰富的历史积淀和文化内涵，体现出羌族强大的文化吸收能力和创造能力。

《畲族民间艺术研究》[①] 对畲族民歌、舞蹈、工艺美术（含织带、竹编、剪纸、刺绣、打银、美术、木雕和石雕）等民间艺术展开系统叙述和分析。

《塔吉克族舞蹈文化研究——动态切入法运用与操作》[②] 运用"动态切入法""时、空、人"的理论，从民族历史、风俗习惯进入，研究舞者动态形象的文化内涵及其传承规律。"时、空、人"三者的互动研究，是以"动态形象"作为切入点，动态研究舞蹈的文化内涵及其形式特征，是探索民间舞蹈文化传承规律的根本方法。

《声势齐奏人神共舞——毛南族肥套仪式乐舞考察》[③] 中介绍了毛南族"肥套"仪式的生态环境与历史背景，毛南族民族沿革与社会环境和环江毛南族自治县自然形貌，毛南族族群信仰与人文生态背景等内容。

《广西瑶族民间舞蹈的叙事功能研究》[④] 主要内容包括民间舞蹈及其叙事功能的界定、广西巴马布努瑶民间舞蹈的叙事话语、广西富川平地瑶民间舞蹈的叙事话语、广西金秀坳瑶民间舞蹈的叙事话语、广西瑶族民间舞蹈本体叙事话语的特征、广西瑶族民间舞蹈的辅助叙事话语、广西瑶族民间舞蹈的叙事功能特征和广西瑶族叙事性民间舞蹈的文化蕴涵。

《滇南彝族烟盒舞表演动态与道具研究》[⑤] 对滇南彝族烟盒舞的历史来源状况与表演动态进行深入剖析，并对很具代表性的石屏烟盒舞做了全面细致的动态研究与分析。在此基础上，将传统套路进行整理和提炼，实验性编排具有训练价值的教学组合和教学剧目，从中探讨烟盒舞舞蹈语言发展意义。

《凉山彝族舞蹈素材整理与研究》[⑥] 是在以下不利条件下开展研究的：1. 生产关系的变化、外来文化的冲击及不同传统文化相互之间的"同化"和"进化"加速了稀有的凉山传统舞蹈文化的消失；2. 凉山舞蹈人才多注重于使用早期已有素材进行创作，多关注于原有素材与外来的技法结合，对本土未开发的舞蹈文化的抢救和挖掘工作的力度不够；3. 传承传统舞蹈文化的老艺人屈指可数。

《土家族武术文化研究》[⑦] 以土家族这一单一少数民族的武术文化为对象，借鉴文化人类学、历史学、民俗学等相关学科的理论与方法，纵向寻绎了土家族先民尚武的历史记忆，论证了其崇武尚勇民族性格形成的社会历史归因，认为战争与民族碰撞是土家族武术文化发展的根源与动力；横向解析了土家族本体武术文化的整体风貌及其文化内涵，解读了土家族传统武术的文化空间场域，并对相关武术拳种进行了深度的个案解析。

《湘西土家族毛古斯》[⑧] 共分为六章，主要内容包括：生存环境概述；仪式基本资料；仪式过程与构成；坛班与传承；表演与形式；特征与价值。

[①] 邱国珍、邓苗、孟令法：《畲族民间艺术研究》，中国社会科学出版社2018年版。
[②] 罗雄岩：《塔吉克族舞蹈文化研究——动态切入法运用与操作》，民族出版社2018版。
[③] 陈玉玉：《声势齐奏人神共舞——毛南族肥套仪式乐舞考察》，中央民族大学出版社2018年版。
[④] 万千：《广西瑶族民间舞蹈的叙事功能研究》，暨南大学出版社2018年版。
[⑤] 袁媛：《滇南彝族烟盒舞表演动态与道具研究》，中央民族大学出版社2018年版。
[⑥] 雷睿：《凉山彝族舞蹈素材整理与研究》，中国经济出版社2018年版。
[⑦] 刘尧峰：《土家族武术文化研究》，中国社会科学出版社2018年版。
[⑧] 张子伟：《湘西土家族毛古斯》，湖南师范大学出版社2018年版。

《中国傩戏剧本集成》① 反映，傩戏剧本蕴藏着大量的民间艺术、原始宗教、伦理、宗法制度、民俗等信息，是我们透视原始戏剧、了解中国乡村社会与草根阶层文化的一个重要渠道。

《文化生产的表与里：国家、市场、社会视角下的青海土族盘绣》② 以土族盘绣这一国家非物质文化遗产为个案，以时间为基本线索，调查研究了从早期日本游客参观后引发的农家乐，到后期不断升温的旅游风情园和土族园等旅游产业的介入，土族盘绣逐渐成为土族文化符号的过程。采取国家、市场、社会等多位角度对民族文化变迁现象进行研究，力图超越就文化论文化的单一视角，引入时空、制度、权利、社会性别等议题，研究非物质文化遗产这一民族社会文化变迁的缩影。

《文本·田野·文化——多重视阈下的藏族文学研究》③ 内容包括藏族当代作家文学文本研究和理论探索，以及藏族史诗格萨尔的相关研究成果，还有一部分内容是田野调查报告。从作家创作、民间文学、田野调查等不同层面探讨了文学发展与文化发展的多元互动关系。

《蒙古族神话传说及其生命哲学的教化精神》④ 是试图从蒙古人的古老神话传说中探究其生命哲学思想渊源及其教化精神的著作。作者在整理研究蒙古族神话传说的过程中发现了蒙古人的语言及其隐喻形式的特征，而恰恰就是这些特征证明了蒙古人世界观念及其概念的纯要素，以及世间众生论的启蒙思想和精神的本性。

《探寻远去的记忆：生态文化视角下的黎族民俗与民间文学》⑤ 系统展现当代黎族学者对黎族文化及黎族文学创作研究的成果。作者通过对反映黎族生活作品的认识把握，分析作品中对黎族日常生活的描写，展示了时代发展给黎族人民带来新生活的同时，现代文明意识也对黎族人民的传统思想观念产生了冲击，从中我们看到了一个民族的发展与时代变化之间不可分割的联系。

《科尔沁蒙古族说唱文学研究/多元一体视域下的中国多民族文学研究丛书》⑥ 以科尔沁蒙古族说唱文学为研究对象，采用文化学、人类学、社会学、民族学和历史学等研究方法，通过对蒙古族说唱文学进行纵向和横向分析，勾勒出科尔沁蒙古族说唱文学的整体风貌及当代阐释。

《西蒙古民歌传统与历史文化变迁（蒙古文版）》⑦ 除绪论、总结外，分两大部分，由六个章节组成。第一部分论述新疆、青海、甘肃、内蒙古阿拉善地区的蒙古民歌的传承，历史演变、文化特征与影响等西蒙古民歌的独特性问题；第二部分论述新疆、青海、甘肃、内蒙古阿拉善地区的蒙古民歌发展的共性问题。如：民歌中包含的历史文化传统、

---

① 朱恒夫：《中国傩戏剧本集成》，上海文学出版社2018年版。
② 金昱彤：《文化生产的表与里：国家、市场、社会视角下的青海土族盘绣》，民族出版社2018年版。
③ 丹珍草：《文本·田野·文化：多重视阈下的藏族文学研究》，中国致公出版社2018年版。
④ 萨·巴特尔：《蒙古族神话传说及其生命哲学的教化精神》，华夏出版社2018年版。
⑤ 王海、高泽强：《探寻远去的记忆：生态文化视角下的黎族民俗与民间文学》，暨南大学出版社2018年版。
⑥ 何红艳：《科尔沁蒙古族说唱文学研究/多元一体视域下的中国多民族文学研究丛书》，暨南大学出版社2018年版。
⑦ 达·巴图玮玖：《西蒙古民歌传统与历史文化变迁（蒙古文版）》，民族出版社2018年版。

崇拜英雄人物与宗教信仰、热爱家乡、热爱民族的热情等。作者用大量的第一手材料来论证这些问题,并提出自己的观点。

《藏族情歌》① 是藏族情歌编选集。该书认为,藏族情歌具有音乐较深情,较开阔自由,接近山歌的风格特点,能够反映青年男女们聚会、饮茶以表达爱情的生动场面及感人爱情故事。

《藏族酒曲》② 是一本藏族酒曲编选集。藏族酒曲,藏意为"勒",是一种历史悠久的藏族民间歌曲。"勒"作为藏族民间歌曲,以歌颂世间万物为特点,是藏族人民在庆祝、娱乐、聚会的时候要唱的一种民间歌谣。"勒"多在婚庆筵席等庆祝性的活动中公开演唱,相当文明,并以相互敬酒、表示庆祝为特点,充分体现了现代藏族社会的人文精神、艺术品格、生存状态和社会风貌。酒曲以其口头艺术的形式在民间不断实践,赋以别具特色的唱腔、丰富多彩的曲调、内容精炼的唱词和本身纯熟的艺术形象。

《侗族歌经:暨民俗文史拾贝·第一集》③ 提到,适龄青年男女在这一段时期的农闲时,或于白天或在夜晚,游走于不同的村寨中,与恋人唱歌约会。美好的爱情总是以情歌相诉,以白话表述。青年男女以歌传情愫,以白话表衷肠。

《侗族歌经:暨民俗文史拾贝·第二集》④ 中介绍,历史上由于侗族地处偏僻,交通不便,没有自己的民族文字记载,侗族由何而来、历史上发生过什么大事件、天灾人祸,我们都不得而知。汉语虽有古老悠久的历史文献记载,但对侗族的记载寥寥无几。汉族人大批进入侗族地区的历史在明代开始,汉语文献有关侗族的记载,亦自明代以后才渐多渐广渐明晰。汉文化对侗族产生较大影响也在明朝时代。侗族人名改名为汉族的姓名制,侗族地区的碑帖、墓碑也才开始出现。但是这些历史文献和地上文物实在很有限。王朝根对侗族祖祖辈辈相传的宝贵民歌、童谣、谚语、俚语、古歌、传说、神话、地名、物名,以及民俗、文史等进行收集整理,耗毕生心血,最终编著成《侗族歌经:暨民俗文史拾贝》,这可当作是侗族悠久历史的"编年史"。

《在歌俗中诗意生存——以侗族河歌为例》⑤ 将侗族惯有的诗意生存方式置放于河歌歌俗中进行分析,揭示河歌与人及其生活的关系,从而实现对河歌的生态审美研究和民族学人类学研究。

《侗族传统伦理道德》⑥ 对侗族社会优秀的道德品质、高尚的道德修养及侗族社会群体的传统美德、劳动道德、政治道德、婚姻道德等内容和表达形式进行了比较系统的叙述,在挖掘、整理和抢救濒临失传的传统文化,尤其是在挖掘和抢救侗族优秀的道德文化方面做出了有益的探索。

《鄂伦春族审美文化研究》⑦ 以优选化视域为基点,理论证明鄂伦春族审美是鄂伦春族精神的载体与象征系统,倡导了鄂伦春族审美的族群性差异与跨文化认同。该书凸显了

---

① 角·华青加:《藏族情歌》,青海人民出版社2018年版。
② 角·华青加:《藏族酒曲》,青海人民出版社2018年版。
③ 王朝根:《侗族歌经:暨民俗文史拾贝·第一集》,团结出版社2018年版。
④ 王朝根:《侗族歌经:暨民俗文史拾贝·第二集》,团结出版社2018年版。
⑤ 胡牧:《在歌俗中诗意生存——以侗族河歌为例》,人民出版社2018年版。
⑥ 杨明兰:《侗族传统伦理道德》,中国书籍出版社2018年版。
⑦ 王丙珍:《鄂伦春族审美文化研究》,中国社会科学出版社2018年版。

鄂伦春族审美的生存、生命、生活与生态层面，保护并传承了鄂伦春族文化，填补了中国少数民族审美研究之空白，促进了当代中华民族的多元发展。

《口头传统文类的界定——以云南元江哈尼族哈巴为个案》[1] 将"哈巴"定位为"跨文类"的综合范畴，纠正了以往将其仅仅视为民间音乐形式或曲艺的偏颇，颇具新意；而关于"哈巴"文类归属的"不确定性"问题的系统分析，则触及了口头文类研究的一个重要学理问题。该书借鉴"海姆斯言说模型"和音标转写方式，将各种鲜活的演述语境要素最大可能地呈现在民族志的叙事阐释之中，对当前的民间口承叙事文类分析模型的形成具有一定的推动作用。

《京族喃字民歌集》[2] 收集了京族同胞的喃字民歌精华近百首，分为劳动歌、情歌、贺婚歌、友谊歌、感恩歌、散歌等几个部分，均为民间原创作品，表现了京族人民的劳动、生产、生活、爱情等内容。同时用京语（喃字）、汉语、音标、英语、越南语互译，不仅为横向对比其语言特色，而且为更多的读者了解京族的文化，扩大其影响力提供了阅读的便利。

《苗族姊妹歌（苗汉文对照）/贵州民俗文化研究丛书》[3] 是苗族古歌类书籍，其内容反映了苗族妇女社会地位变迁，体现了苗族地区母权社会崩溃和父权社会确立的过程。

《兴仁苗族古歌》[4] 收录的兴仁县苗族古歌包括 12 个部分，即《择吉日》《打扮歌》《启程歌》《寻找稻种歌》《寻树歌》《运金运银歌》《煮酒歌》《出嫁歌》《年歌》《战乱歌》《婚俗歌》《指路歌》。《兴仁苗族古歌》从人类的起源到日常劳作、从嫁娶礼仪到丧葬习俗、从赞颂节庆到控诉战争，叙述的主题多元而深刻，宇宙认识、生命认知、生产技能等均被融入古歌。

《文本与唱本：苗族古歌的文学人类学研究》[5] 从文学人类学视角，对苗族古歌这一非汉民族的活态口头诗学进行田野调查，从歌词与民俗、唱者与听者、功能与传承等多个维度系统梳理了苗族古歌从演唱到记录的文本流变，在对不同方言区的苗族古歌进行深描的基础上，系统阐述了苗族口头文化传统在中国多元文化格局里的价值和意义。

《土家族主要古籍及其文化研究》[6] 从土家族文化历史变迁角度研究土家族主要古籍——《摆手歌》《梯玛歌》《土家族土司史录》，综合分析了三部古籍的思想内容、语言特征、文化内涵和哲学意蕴，运用文化层次理论解析三部古籍蕴含的摆手文化、梯玛文化和土司文化的内涵，并尝试构建摆手文化、梯玛文化和土司文化多元文化层次体系。

《佤族祭词研究》[7] 内容涉及佤族生产劳作、贺生送葬、男婚女嫁、建造新居等活动，在语言方面秉承了佤族古歌的特点，在韵律、语义与结构、语用与修辞等方面具有突出的

---

[1] 刘镜净：《口头传统文类的界定——以云南元江哈尼族哈巴为个案》，中国社会科学出版社 2018 年版。
[2] 沈燕琼、陈增瑜：《京族喃字民歌集》，广西民族出版社 2018 年版。
[3] 吴一文：《苗族姊妹歌（苗汉文对照）/贵州民俗文化研究丛书》，民族出版社 2018 年版。
[4] 贵州省民族古籍整理办公室、兴仁县文体广电旅游局：《兴仁苗族古歌》，贵州民族出版社 2018 年版。
[5] 龙仙艳：《文本与唱本：苗族古歌的文学人类学研究》，社会科学文献出版社 2018 年版。
[6] 杨侠：《土家族主要古籍及其文化研究》，武汉大学出版社 2018 年版。
[7] 叶黑龙：《佤族祭词研究》，社会科学文献出版社 2018 年版。

特色。通过祭词，可以了解佤族的民俗、历史，也可以深入分析佤语的特点。

《彝族传世民歌注》[①] 共收录凉山彝族传世民歌158首，如《妈妈的女儿》《阿吉木惹》《甘嫫阿妞》《阿嫫尼哈啦》《阿嫫莫果迟尔果》等。

《支格阿鲁：彝族英雄史诗（彝文）》[②] 对四川、云南、贵州地区的多个版本进行整理整合，反映了古代彝族哲学思想、宗教信仰、文学艺术、伦理道德、风俗习惯以及政治、经济、军事、天文、历算等各个方面。

《彝族史诗的诗学研究：以〈梅葛〉〈查姆〉为中心》[③] 借鉴多学科理论对彝族创世史诗《梅葛》《查姆》的文化生态、传承人、文本内容、叙事范型、词语和句式程式、修辞手法、演述方式和场域等进行形态学的研究，并从历史文化、哲学观和价值观等方面探讨其文化内涵，同时对两部史诗的现状进行了分析，提出了相关保护方式的建议。

《裕固族口头文学研究》[④] 指出，口头文学是一个民族文化传统的重要组成部分，裕固族口头文学在裕固族民俗文化生活中占据重要地位，发挥着重要作用。一是承载历史。裕固族历史源远流长，但是典籍记载十分有限，不同时期的历史脉络主要隐藏在不同形式的口头文学中，镶嵌着口头文学的各类仪式是裕固族人认识历史面向未来的重要途径；二是规范传统与乡土教育。裕固族纷繁复杂的历史与周边多元文化的频繁接触，形成了多姿多彩的生活习俗和文化传统，当族群内部交流与身份确认时，口头文学起着重要的桥梁和认同作用；三是自我展演。通过演述口头文学展示自我文化确认自我身份。

《中国裕固族民间文学资料汇编》[⑤] 是秉承之前出版的《中国裕固族研究集成》和《国外裕固族研究文集》，为关心热爱裕固族文化事业的各方人士提供文献资料方面的方便。

《创生与传承（云南壮族坡芽歌书符号的教育人类学阐释）》[⑥] 介绍了云南壮族坡芽歌书符号的基本含义。

《壮族伦理道德传扬歌研究（上、下）》[⑦] 选取了四份至今无人涉及的壮族古壮字手抄本进行对译注释，深度挖掘，丰富了壮族传扬歌的研究资源，进而阐述了壮族传统文化的深层特质，对保护和弘扬壮族文化具有重要意义。

《剑川非物质文化遗产代表性项目：白族泥塑与土陶艺术》[⑧] 分别从剑川泥塑、土陶的历史、种类、技艺、艺术特点及现状五个方面进行系统翔实的阐述，详细记录了泥塑与土陶的种类情况，特写了泥塑与土陶的技艺流程，弥补了研究泥塑与土陶方面的一个空白。剑川泥塑与土陶两项非物质文化遗产均属于中国民间美术的范畴，该书图文并茂地介

---

① 吉则利布、克惹丹夫、阿牛木支：《彝族传世民歌注》，四川大学出版社2018年版。
② 洛边木果、曲木伍各、罗边伍各、吉木阿洛、杰觉伊泓：《支格阿鲁：彝族英雄史诗（彝文）》，民族出版社2018年版。
③ 陈永香：《彝族史诗的诗学研究：以〈梅葛〉〈查姆〉为中心》，暨南大学出版社2018年版。
④ 李建宗、韩杰、阿尔斯兰、达隆东智：《裕固族口头文学研究》，民族出版社2018年版。
⑤ 钟敬文：《中国裕固族民间文学资料汇编》，民族出版社2018年版。
⑥ 权迎：《创生与传承（云南壮族坡芽歌书符号的教育人类学阐释）》，中央民族大学出版社2018年版。
⑦ 蒙元耀：《壮族伦理道德传扬歌研究（上、下）》，人民出版社2018年版。
⑧ 杨来玉：《剑川非物质文化遗产代表性项目：白族泥塑与土陶艺术》，云南大学出版社2018年版。

绍两项非遗项目，充分展示了它们的独特的白族艺术魅力。

《康巴藏族民间表演艺术的精神内涵与文化功能》[1] 中介绍，独特的地理历史文化环境塑造着康巴藏族的文化人格，多元文化的交汇融合推动着康巴各民族表演艺术的相互影响。在宗教文化影响下，康巴藏族民众将信仰"化"于生活经验及表演行为之中。在历史演进中，传统藏戏形成了具有象征性意味的"行为"结构，它独特的时空逻辑、动力机制和结构形态，深刻地折射着民族丰富的精神内涵。民间表演艺术传承和传播着丰富的民族文化，具有强大的文化心理功能，体现了民众审美需求。

《黔东南苗族侗族自治州卷/贵州省非物质文化遗产田野调查丛书》[2] 认为，黔东南苗族侗族自治州是全国著名的苗、侗文化区，民族民间文化多姿多彩，非物质文化遗产入列世界、国家、省级分别为 1 项、41 项、175 项，是全国著名的非遗大区。该州非遗具有种类齐全、体系完备、总体数量多、国家名录分量重、原生性突出多元性凸显、社会基础深厚、传承活态性强、相互吸收自然融汇、和而不同美美共享、内涵深厚遐迩闻名等显著特征，是全州各族人民的智慧结晶和宝贵的共同财富，价值突出，影响深远。

《侗族图案基础（非遗传承创新系列丛书）》[3] 共分为四篇：基础篇、造型篇、色彩篇和赏析篇。其中，基础篇包括侗族图案造型的题材和侗族纹样的构成两部分内容；造型篇以侗族刺绣、织锦中的图案为代表分析归纳侗族图案结构，发现侗族图案结构特点，总结侗族图案变化方法，寻找侗族图案的变化规律；色彩篇主要通过了解侗族图案的色彩特征，结合五行文化，进行创新设计；赏析篇主要是对典型侗族图案进行鉴赏，以提升学生对侗族图案的认知与审美能力。

《侗族图案应用设计（非遗传承创新系列丛书）》[4] 分为三个篇章。概念篇，介绍了侗族图案的文化、构成、色彩、表现手法以及图案扩展设计的基本概念、形式等；扩展篇，分别从图案与标志设计、空间设计及服饰设计三个方面配合案例进行了应用分析；案例篇，选取了多个典型设计案例，对侗族图案的应用进行了详细讲解。

《侗族服饰款式设计与制作（非遗传承创新系列丛书）》[5] 分为三篇：设计篇、制作篇和欣赏篇。其中，设计篇包括侗族服饰文化、侗族服饰款式造型和侗族元素融入现代服饰创新设计三个项目；制作篇包括传统侗族服饰款式制作和创新侗族服饰款式制作两个项目；欣赏篇为赏析创新民族风服饰款式设计图例。

《满族说部乌勒本概论/满族口头遗产传统说部丛书》[6] 对满族说部产生的历史渊源、基本特征、传承谱系、说部的历史演变以及重要价值与意义进行了系统、详细的论述。

---

[1] 袁联波：《康巴藏族民间表演艺术的精神内涵与文化功能》，中国戏剧出版社 2018 年版。
[2] 杨军昌、李小毛、杨蕴希：《黔东南苗族侗族自治州卷/贵州省非物质文化遗产田野调查丛书》，知识产权出版社 2018 年版。
[3] 李璐、徐娟：《侗族图案基础（非遗传承创新系列丛书）》，中国海洋大学出版社 2018 年版。
[4] 李璐、徐娟：《侗族图案应用设计（非遗传承创新系列丛书）》，中国海洋大学出版社 2018 年版。
[5] 陈美娟、吕涛：《侗族服饰款式设计与制作（非遗传承创新系列丛书）》，中国海洋大学出版社 2018 年版。
[6] 荆文礼、富育光、谷长春：《满族说部乌勒本概论/满族口头遗产传统说部丛书》，吉林人民出版社 2018 年版。

《满族说部传承人传略/满族口头遗产传统说部丛书》[①] 是一部专门记录满族说部传承人生平简历的书籍，从中可以看出满族说部产生与发展的轨迹、传承谱系、口承脉络以及如何伴随着社会的发展而演变的历史过程。

《口述与书写：满族说部传承研究》[②] 中提到，满族及其先世语言、文字的发明对满族说部传承带来了极为深远的影响，基于穆昆组织的家庭内部传承使得其文本以各种方式留存。不同家族教授传承人的训练方式、记忆诀窍略有不同，其文本因传承人后天的努力亦呈现出不同的样貌。

《黔西南布依族苗族自治州卷/贵州省非物质文化遗产田野调查丛书》[③] 认为，山水长卷，非遗荣光。黔西南州素有"西南屏障"和"滇黔锁钥"之称。该州布依、苗、瑶、仡佬、回、彝等民族在漫长的历史进程中创造了多姿多彩的民族民间文化，这些文化伴随着经济社会的发展而愈发熠熠生辉。

《走近非遗：历史、祖先与苗族女性服饰变迁》[④] 以"遗产生成"为逻辑线索，以苗族服饰的变迁为案例展开体系化的分析与研究，试图勾勒出影响文化遗产生成的各种要素之间的关系。具体以苗族同一支系女性服饰变迁的根源探析为切入点，以迁入地镇宁县、贞丰县苗胞的迁徙为主线，通过对原居地黄平与迁入地镇宁、贞丰的苗族女性现穿服饰的比较，探讨同支系的苗族因迁徙而产生服饰差异与变迁的原因，同时运用历史人类学的方法分析苗族同支系族群的迁徙历史与服饰变迁之间的关系，并着重从民间信仰与民族心理等方面进行剖析，以达阐释苗族服饰作为文化遗产生成过程的目的。

（四）其他方面的研究著作

除上述著作外，2018年出版的关于少数民族民俗研究的专著还有《文化与观念：西双版纳傣族女性研究》[⑤]，在民族学、女性学、文献学等学科研究体系的基础上，通过对前人之记载和成果的整理，结合田野调查，对云南西双版纳傣族女性观念及其变迁研究的成果进行了分析。旨在通过对云南西双版纳傣族女性观念及其变迁的研究，探讨观念和文化之间的关系，即观念和文化既是从属的关系，又是互动发展的关系。观念是文化存在和发展的内因，文化是观念产生和变迁的核心与结果。

《傣族传统口功的医学人类学研究/云南民族文化丛书》[⑥] 为作者段忠玉在大量田野调查的基础上，首次相对系统地从一个全新的视角——医学人类学来考察少数民族的口功疗法。传统口功疗法在云南少数民族医疗实践中较为常见，也一直是一个有争议的话题，作者在书稿中大量列举了田野调查中的实例和采访案例，透过口功治疗这个视窗，从信仰、文化的角度，分析口功治疗的实践、作用机理等，来探讨傣族的文化信仰和医疗选择的关

[①] 荆文礼、谷长春：《满族说部传承人传略/满族口头遗产传统说部丛书》，吉林人民出版社2018年版。
[②] 高荷红：《口述与书写：满族说部传承研究》，暨南大学出版社2018年版。
[③] 杨军昌、周梅：《黔西南布依族苗族自治州卷/贵州省非物质文化遗产田野调查丛书》，知识产权出版社2018年版。
[④] 聂羽彤：《走近非遗：历史、祖先与苗族女性服饰变迁》，社会科学文献出版社2018年版。
[⑤] 董印红：《文化与观念：西双版纳傣族女性研究》，学苑出版社2018年版。
[⑥] 段忠玉：《傣族传统口功的医学人类学研究/云南民族文化丛书》，云南大学出版社2018年版。

系,以及讨论在现代化过程中口功治疗存在和延续的文化根源。

《供奉与表达——傣族南传佛教艺术与"赕"的关系解析》[①] 在对傣族南传佛教艺术及其"赕"主题作品进行整体把握的基础上,以"赕"作为傣族南传佛教艺术研究的一个核心要素,从艺术活动的起点——创作动机出发,通过追溯艺术活动的整个脉络:艺术创作——艺术作品——艺术的传播与接受,层层剖析"赕"与傣族南传佛教艺术的密切关联,在鲜活立体的宗教文化生态中,对傣族南传佛教艺术进行立体的展示与解析。

《锡伯族民间信仰与社会田野调查·1》[②] 和《锡伯族民间信仰与社会田野调查·2》[③] 从社会田野调查角度谈论锡伯族民间信仰问题。

《秩序与调适:德昂族传统生态文明与区域可持续发展研究》[④] 以德昂族与茶的互动为研究主线,从五个方面介绍了德昂族生计方式、资源管理、文化适应与选择、民族互助与团结的情况,展示了德昂族生态环境保护、传统产业发展、文化传统传承及民族关系和谐等内容,梳理了德昂族传统生态文明与区域可持续发展的辩证关系,揭示了在少数民族传统生态文明观念影响下形成的文化秩序在民族地区的可持续发展中起到的文化调适作用。

《仫佬族文化的生态智慧》[⑤] 旨在仫佬民族文化中挖掘和梳理生态美学资源,这主要因为每一个人的生态生存除了受周围的生态环境的影响,也受其文化遗产的影响,是文化直接塑造并培养了人的观念,这些观念又催生人们的审美标准,比如审美价值判断、审美趣味、审美态度、审美理想等。可以说,没有文化就没有人的观念;没有人的观念,一切与审美活动相关的认识、判断、态度就无法生成,当然也就不可能产生美学或生态美学这样的学科。

《凤凰涅槃:旅游语境中的浙西南畲族文化变迁》[⑥] 认为在总体经济发达的浙西南地区,文化的本真性相对较低;由村集体主导开发的畲族文化元素得到较充分挖掘,社区居民参与程度较高,畲族文化与村民的生产生活关系更密切,畲族文化变迁的本真性保持较好;由村民自主开发的民族文化元素主要以经营农家乐和民宿为主,畲族文化挖掘不够充分,缺少畲族文化旅游项目。

《龙窖山瑶族文化旅游开发与精准扶贫研究》[⑦] 介绍了龙窖山的自然环境:龙窖山绵亘湖南临湘和湖北通城、崇阳、赤壁4县(市),总面积近200平方公里,其中优选峰大药姑尖海拔1261.1米。登高望远,两省四县(市)尽入眼帘,洞庭、长江历历在目。早看日出、晚观彩霞,冬赏雪景、夏探云海,实为赏心悦目、盛景空灵。

[①] 田玉玲:《供奉与表达——傣族南传佛教艺术与"赕"的关系解析》,云南大学出版社2018年版。

[②] 奇车山:《锡伯族民间信仰与社会田野调查·1》,民族出版社2018年版。

[③] 奇车山:《锡伯族民间信仰与社会田野调查·2》,民族出版社2018年版。

[④] 李全敏:《秩序与调适:德昂族传统生态文明与区域可持续发展研究》,社会科学文献出版社2018年版。

[⑤] 李大西:《仫佬族文化的生态智慧》,民族出版社2018年版。

[⑥] 邱云美:《凤凰涅槃:旅游语境中的浙西南畲族文化变迁》,石油工业出版社2018年版。

[⑦] 苏祖勤、李庆福、方堃:《龙窖山瑶族文化旅游开发与精准扶贫研究》,湖北人民出版社2018年版。

三 展望与思考

综观以上少数民族民俗研究的论文和著作，可以说，2018年少数民族民俗的研究成果颇为丰硕，特点有三：一是学者人数众多，论文、著作层出不穷；二是研究视野既有民间文化方面，又侧重于解决现实问题；三是涉及面深且广，少数民族的政治、经济、文化、教育、社会、宗教、民俗、民族关系等均有涉猎，其研究范围大大拓宽。然而，该领域的研究仍然存在些许问题，有待民俗学者们解决。

其一，民俗研究要服务于现实生活，注重民族交融。虽然研究民族众多，但是各个民族之间的研究也存在差别和地域分布不均衡的情况，西南民族研究数量可观，东北次之，而西北民族研究甚少，尤其是对于少数民族中的人口较少民族民俗文化的研究更是少之又少。此外，加强对跨境民族的研究有利于国家边疆的稳定和中国影响力的传播，如哈萨克族跨境民俗研究、佤族跨境民俗研究、柯尔克孜族跨境民俗研究以及景颇族跨境民俗研究等。

其二，对少数民族民俗文化的研究自发分散，缺乏整合协调与理论引导。已有的部分研究成果志在梳理有关少数民族民俗文化的文献资料，但有关史料的整理工作仍非常艰巨，需要更多的学者致力其中；就研究而言，大多学者对少数民族文化进行了宏观描述，许多理论问题仍有待于具体深入的研究。

其三，百花齐放是好，但也要精益求精。研究民族题材广泛，东西南北都有所涉及，从西北哈萨克族的驼奶生计，到东北赫哲族的渔猎文化，再从北方鄂温克传统狩猎方式的转变到南部京族的海岛生活，题材丰富而广泛，但对于某一民族的深刻挖掘不够，缺乏创新之处。不同地区的同一民族因自然地理和人文区位差异在经济、文化等方面表现出各自的特点，故对其社会结构及其变迁的整体的把握，应当在尽可能丰富的民俗志资料基础上开展更多的以村落为单位的田野调查。当然，要想详尽所有民族在各地域的民俗研究，费时、费力且工程比较浩大。这也是各民族的研究都比较匮乏的原因之一。

民俗是一个民族生存与发展的根基。少数民族民俗研究问题，不仅是一种被长期忽略的各民族民间文化资源进入主流文化的过程，同时也是一个对民族生存智慧及活态文化存在的再认知的过程，是一个更具理性精神的民族文化整合过程。我们认为，在现代社会中，学者应肩负起保存、传承和创新少数民族民俗文化的历史使命，拓展少数民族民俗文化传承的方式，为保护我国少数民族民俗研究提供新的视角，走出新的路径，最终在全国开辟少数民族民俗研究的新行为和新途径。另外，随着我国"一带一路"建设的加快，我们在研究民族民俗的过程中，不只要研究某一单一民族的独特性，更应研究多民族文化视角下我国各民族之间的民俗共性，这不仅有利于加强民族团结，国家稳定，而且有利于增强中华民族的凝聚力和向心力。2019，我们拭目以待。

论著评介

【顾颉刚中山大学时期民俗学论集】
顾颉刚著，王霄冰、黄媛选编，中山大学出版社 2018 年 12 月版

一

2011 年初，中华书局出版《顾颉刚全集》八集六十二册。此前，顾先生的女儿顾潮老师分别找了一批历史学者和民俗学者帮助校对书稿。我接到的校样是已经四校之后的《读书笔记》，到我这是第五校。虽然发现错误的概率非常低，但我还是逐字逐句地进行指读。看了十几页还没发现一处错误，心里就有点沮丧，生怕自己成了无用之人。每发现一个我认为可能有点问题的字词，我总是非常高兴，觉得自己为顾先生做了点工作。

后来从顾潮老师处得知，被她选为"全集"校对员的三位民俗学者，分别是陈泳超、刘宗迪和我。这让我很惊讶，这三个家伙恰恰是民俗学界最狂狷的三个"革命党人"。我才疏学浅，干点粗活累活是情理之中的，陈泳超和刘宗迪那时虽然都还不是什么博导或齐鲁学者，却早已粪土当年万户侯，尤其刘宗迪，那可是鹰击长空，鱼翔浅底，鼻孔朝天的主，他们居然也欣然接受了这单为他人作嫁衣裳的活，多少让我感到意外。

某次酒桌上，大家说起这事，也忘了是谁最先感叹说："在这个世界上，恐怕也只有顾颉刚的书稿，能同时让你们三个人心甘情愿地俯首甘当校对了。"印象中酒桌上还有几位兄弟，语调一致地对我们仨接受了这么一项光荣而艰巨的"苦差"表现出真诚的艳羡，来自海峡对岸的钟宗宪教授喝多了，不断拍着胸脯要求我们向顾潮老师转达他的心意，如果还有没校完的稿子，他非常愿意躬与其盛。

我们都听过亚里士多德的一句名言："我爱我师，我更爱真理。"而我更愿意把顾先生摆在"真理"和"我师"的中间。我后来曾在一篇文章中说道："即使是直接的师徒之间，也不必然存在所谓的学术传统。相比之下，许多并非同一单位的学者，因为相近的学术旨趣或思维方式，反而会选择相近的研究范式。一批散布于不同学术机构的，与顾颉刚扯不上任何师承关系的青年学者，反而是顾颉刚民俗学范式最忠实的拥戴者。"

我们没能赶上顾先生的时代，甚至没能一睹顾先生的天人风采，但是，我们都借助一本《孟姜女故事研究集》，踏上了敲开顾学大门的台阶。我认真研究了王学典老师的《顾颉刚和他的弟子们》，曾暗自庆幸，没赶上顾先生的时代，对我来说也许不是一件坏事。顾先生是个极爱才的人，但是，大凡爱才之人，必有责人之心。1928 年，《孟姜女故事研究集》第一册由中山大学出版部印出之后，顾先生在书中发现许多校对错误，就曾非常生气地在日记中写道："《孟姜女研究集》，夏君所校，误字百出。彼乃真无一技之长，无法用之矣。"看了这些责备的文字，我总是杞人忧天地担心自己也像"夏君"一样，被顾先生划入"无法用之"的行列，从而被拒千里之外。

顾先生百年之后，借助其皇皇巨著，我们就成了顾先生无法拒绝的私淑弟子。陈泳超、刘宗迪也许未曾有过我的担忧，但我相信，他们一定也曾自诩为顾先生的私淑弟子。用一句时髦的网络语说，我们都是顾先生的"铁杆粉丝"。我们读着顾先生的书，领会着他的思想，琢磨着他的思路，穿越时空向他求教，与他对话，甚至对他的观点提出质疑。我的顾学论文《顾颉刚故事学范式回顾与检讨——以"孟姜女故事研究"为中心》（《清华大学学报》2008 年第 2 期）诚惶诚恐地写了三年，用它参加过三次学术会议，每次都有近半篇幅的大改，这才敢拿出来发表。可惜的是，无论我如何努力，都不可能得到

顾先生的一丁点回应。其实我的内心是多么希望顾先生能够看到我的质疑论文，从而赐下一两招乾坤手，说不定我就能"一招鲜，吃遍天"了。

二

顾颉刚（1893—1980），中国现代民俗学的主要创始人，"古史辨派"的代表与旗帜，中国20世纪最重要的历史学家之一，在古史研究、古文献研究、历史地理学和民俗学等领域均有开拓性的杰出贡献。他的"层累地造成的古史观"深刻地影响了整整一代学人的历史观念；他的充满个性色彩的民俗研究方法至今仍是一种典范，正如钟敬文先生所说："在本民族民俗学理论的独创性上，顾颉刚的文章是压卷的，他研究孟姜女传说，也是'五四'思潮的产物，但在民俗学上，他是走自己的路的。他在这方面的著作，是民族性和创造性相结合的产物，它们同样能够奠定中国现代民俗学的理论基础。"

关于顾颉刚，其实不需要太多介绍，对于了解中国近现代学术史的读书人，可谓无人不知无人不晓。不管是赞成他、质疑他，还是反对他，只要阅读或研究涉及"史"的建构，无论是民俗史、学术史，还是观念史、故事史，顾颉刚就是一座绕不开的学术高峰。这里只是简单说说顾颉刚在中山大学时期的一点工作。

因为受到傅斯年的邀请，顾颉刚于1927年4月来到中山大学。顾颉刚到广州时，只有三个月就放暑假了，加之中山大学亟须扩充图书和设备，因此，顾颉刚受朱家骅、傅斯年之托，于5月17日乘船离粤，到沪杭一带购买图书。这一去就是五个月，总共购书约十二万册，其中民间文艺约五百种、民众迷信约四百种、地方志约六百种、碑帖约三万张（这些碑帖现已成为中山大学图书馆的镇馆之宝），后来装成120余板箱，放置在语言历史学研究所。购书期间，顾颉刚一直与容肇祖、钟敬文等学术同道保持着密切的通信联系，积极筹备在中山大学恢复北京大学时期的"歌谣研究会"。

顾颉刚于10月13日回到广州，就任中山大学史学系主任，并协助傅斯年筹备和主持语言历史学研究所的各项学术活动，成为著名的"语史所"实际负责人。顾颉刚给胡适的信中说："语言历史学研究所虽未成立，而已有房子、书籍、职员、出版物，同已经成立一样，这一方面孟真（傅斯年）全不负责，以致我又有实无名地当了研究所主任。"

关于中山大学语言历史学研究所，他们最初的想法是要将它办成"北京大学研究所国学门"第二，继续北大未竟的事业，在南方形成一个文科研究中心。而对于该所旗下将要设立的各学术团体，开始并无定名。

在民俗学的建设方面，顾颉刚也有一个渐进的认识过程。他刚到中山大学的时候，首先想到的是在中山大学恢复北大时期的"歌谣会"，后来考虑到"歌谣"的范围太窄，就扩大为"民间文艺"，并于1927年11月1日正式出版《民间文艺》周刊。但即使在该刊出版之后，顾颉刚的工作计划也还处于变动之中。

我们现在能够看到的"民俗学会"一词最早的正式出现是在第2期的《语言历史学研究所周刊》（1927年11月8日），其中有《民俗学会刊行丛书》的消息："民俗学（Folk-lore）的研究，在外国早已成为一种独立的学科。可是这门学问，在我国尚没有很多人注意到。现顾颉刚、董作宾、钟敬文诸人，因组织民俗学会，专从事于民俗学材料之搜集与探讨。该会为求达到广大搜求与研究的功效，极望国内外的同志，加入该会合作。"

中山大学民俗学会的成立没有确定时间。第一本打着"民俗学会"旗帜正式出版的书刊是由杨成志、钟敬文编译的《印欧民间故事型式表》。该书1928年3月3日出版，扉页和出版页上都明确标署了"民俗学会小丛书"，书前有顾颉刚的《民俗学会小丛书弁言》以及钟敬文的《付印题记》。

真正让中山大学民俗学会名扬天下的，是《民俗》周刊。钟敬文先生说："《民俗》周刊，是中大民俗学会活动中的主要定期出版物，它与30多种民俗丛书构成这个学会活动的重要部分，也是整个学会具有比较显著的成绩的一部分。不管从它本身看，或从它对当时学界的影响看，都可以这样说。"

顾颉刚还是较早在中山大学开设民俗学课程的教授，1927年10月22日的中山大学国文史学两系会议中，议定顾颉刚担任5科导课任务，其中就有《整理民间传说方法》和《中国神祇史》两科。此外，他也会在历史系的常规课程中穿插民俗学的内容，并把自己的民俗学著作送给学生。

无论《民间文艺》、"民俗学会"，还是《民俗》周刊，都是在顾颉刚的倡议、领导和筹划下得以付诸实施的。虽然顾颉刚并没有全程参与具体的编辑和组织工作，但是可以毫无疑问地说，没有顾颉刚，就没有中山大学民俗学会。甚至可以不夸张地说，没有顾颉刚，就没有中国现代民俗学。当然，我们也可以说，没有钟敬文，也没有中国现代民俗学。他们都是中国现代民俗学的伟大创建者，缺少其中的任何一环，都不会有今天的中国民俗学。

三

顾颉刚从无到有的民俗学建设，主要依靠出版物的辐射作用，出版成果则主要从两个方面着力。一是重印既有的民俗学成果，一是征集原创的民俗学成果。

顾颉刚有强烈的写作和出版欲望，刊行丛书和杂志是他一直以来的心愿，他说：

"我最悲伤的，北京大学自从成立歌谣研究会以来，至今十年，收到的歌谣谚语有二万余首，故事和风俗调查有数千篇，但以经费不充足的缘故，没有印出来。凡是不到北京大学的人便没有看见的机会，有了同没有一样！我因为有了这几次的创痕和怅念，所以到了中山大学之后发起民俗学会，就主张把收到的材料多多刊印，使得中山大学所藏的材料成为学术界中公有的材料。"

王霄冰教授和黄媛同学选录本书的三个部分，全都是顾颉刚在中山大学时期印刷出版的民俗学著述。

第一部分"孟姜女故事研究"是确立中国现代民俗学经典研究范式的奠基之作，该书内容主要写作于北大时期，但结集出版却是在1928年的中山大学。当时大概是钟敬文执笔的广告语中写道："《孟姜女故事研究集》：此书，为本校史学系主任顾颉刚先生所著。顾先生为当今史学界泰斗，其对于孟姜女故事的探讨，乃他为研究古史工作的一部分，而成绩之佳，不但在中国得到许多学者的钦佩，便是日本许多民族学家史学家及民俗学家，也很为赞许。此集里面，共收其所作长文两篇：A，孟姜女故事的转变，B，孟姜女故事研究。书前有顾氏自作序言一篇，叙述其研究此故事的经过，书末有钟敬文先生所作校后附写一文，评论顾氏这个工作的价值及他所以能有此好成绩的原因，诚为现代出版界中一部不很易得的产品。书价极廉，每册只售三角。"

第二部分"妙峰山香会研究"主要是顾颉刚等五人于1925年春末对北京妙峰山进行为期三天的调查之后，顾颉刚撰写的主题报告。这次调查是中国现代民俗学史上第一次有组织的民俗学调查，顾颉刚将自己的主题报告与其他调查者的游记或报告结集为《妙峰山》，由中山大学出版部出版。后来，他又从容庚处看到北京奉宽的《妙峰山琐记》书稿，该书对妙峰山考证甚详，正苦于无从出版，顾乃大喜曰："那好极了，可以让给了中山大学的民俗学会了！"于是两边沟通，当即将书稿交到了中山大学出版部。顾颉刚特地为之作序，这部书就成了中山大学"民俗学会小丛书"中的一分子。

第三部分"其他"主要是顾颉刚在中山大学时期为倡导、弘扬中国现代民俗学而努力写作的学术小品，其中以提携后进的"序言"为主。顾颉刚一生中创办和主持过至少十几份学术刊物，培养过无数作者，他不仅是学界宗师，还特别擅长普及知识、发动群众、提携后学。比如，"九一八"事变后，他曾经创办过"三户书社"（后改为通信读物编刊社），专门编辑出版抗日通俗读物，该社出版物的一大特点就是"以最低价格，销售民众"，不惜做亏本买卖。由此可见，顾颉刚对于唤醒民众、发动群众、集合民众力量同心同德完成一项伟大工作的诉求是多么迫切。

四

可是，顾颉刚作为一个历史学家太著名了，而传统中国学术以经史之学为金字塔顶的学术格局，导致他在其他许多领域的奠基性贡献反而不为学界所瞩目。其实，顾颉刚的许多史学理论和哲学思想，恰恰是从对民间文化传承变异的观察和思考中生发出来的。

吕微甚至认为，如果海登·怀特对顾颉刚当年的学说有所知晓，他一定要奉之为后现代学术的一代宗师。在顾颉刚看来，所谓古史的真实本体是我们根本无法真正了解的，我们所能切实把握的其实只是后人关于历史的诸种"造说"——传说和故事，后人的造说不断地被累积起来，于是我们才有了关于古史的系统知识。海登同样认为，历史所呈现给我们的只是叙事的话语，至于历史的本来面目其实已经经过历史学家以及无数的历史叙述者们的过滤，从而不再是客观的事实。就历史通过叙事向我们呈现而言，历史其实也是故事、传说，或者说历史的形式从来就是故事传说。在这些关于历史与叙事关系的根本问题上，海登与顾颉刚的观点是一致的。

当然，顾颉刚绝不会承认自己是一位现象学家，他是科学与理性的坚决拥护者，"只不过他是借助于类似现象学的方法达到了经典的、理性的启蒙主义认识论的目的，即通过对现象的认识达到了对本体世界的存在设定"。也就是说，顾颉刚虽然不是一名后现代学者，但其理论与方法的超越性使他具有了穿越时空、跨越流派的巨大学术容量。这也是顾颉刚至今依然被我们奉作学术偶像的理论支点。

在中国近现代学术史上，顾颉刚无疑是将中国传统学术与西方科学方法结合得最天衣无缝的学者之一，他很好地实践了自己提出的"研究旧文化，创造新文化"的学术理想。顾颉刚进北京大学时，正是民主和科学思想迅速传播与深入的年代，许多知识分子的眼光开始转向民间，学术领域也出现了眼光向下，关注平民文化的呼声与势头。顾颉刚正是这一学术风潮最出色的冲浪者。

顾颉刚将古史与传说相结合的研究方法，既拓展了上古史学的学术视野，也为中国现代民俗学奠定了一套坚实的基础研究范式。整个20世纪上半叶，"层累地造成的古史学说"以及"传说的历史演进法"成了中国学术界的时尚观点和流行范式。

五

顾颉刚的民俗研究，尤其是他对孟姜女故事的研究，不仅在民俗学领域具有示范意义，而且在整个国学领域也具有广泛影响。2001年，钟敬文在回顾20世纪中国民俗学发展历程时，曾把《孟姜女故事研究》比作民俗学的《论语》："有些经典的论著可以一印再印，《论语》就有很多版本。《孟姜女故事研究》，我们这个学科的人都要有，可以印出来当礼物送给开会的人。"

户晓辉更是直截了当地指出了顾颉刚研究范式的当代价值："今天，当我们回顾中国现代民俗学和民间文学研究的历史时，不仅首先可以看到顾颉刚树起的一个不低的起点和标高，而且可以感觉到他的研究范式和学术理念已经深刻地演变为中国现代民间文学研究极具中国特色的一部分，并且继续影响着当代学者，所以，无论从学术史还是从学科理论与方法的研究来说，顾颉刚都是我们无法绕开的一个学术的'山峰'，更是我们在学术上继往开来和进行自我反思的一笔可贵的思想财富。"

奇怪的是，尽管有许多学者一再强调顾颉刚研究范式的重要性，但由于顾颉刚研究范式的基础是史学范式，而目前的民俗学科却归属于社会学名下，作为人文学科的历史学与作为社会学科的民俗学，中间似乎隔着一条相互敬而远之的巨大鸿沟，因此实际上顾颉刚研究范式并没有真正落实到大多数当代民俗学者的研究实践中。

民俗学到底是人文学科还是社会学科？这是一个自其产生以来就未曾有过确切答案的问题。顾颉刚是把民俗当作民众生活的历史来看待的，他在《民俗》周刊发刊词的结语部分写道："我们要打破以圣贤为中心的历史，建设全民众的历史！"相同的意思也体现在他的《圣贤文化与民众文化》演讲稿中，他说自己在历史研究中，时常因历史记载的偏畸而感受着痛苦："说到民众文化方面的材料，那真是缺乏极了，我们要研究它，向哪个学术机关去索取材料呢？别人既不能帮助我们，所以非我们自己去下手收集不可。"他把民俗学看作是历史学的一个部分——记录下层民众生活史的那个部分。这与目前教育部的学科设置对民俗学的学科定位是不一样的。

近百年的民俗学史，已经历史地造就了执着于不同研究范式的两拨人马共用着同一个学科名称。大凡倾向于把民俗学视作人文科学的学者，多是顾颉刚的粉丝；而那些倾向于把民俗学视作社会学科的学者，似乎并没有一个共同的偶像。

顾颉刚民俗研究最大的特点就是科学、求实、具体问题具体分析。正如他自己所说："我们现在研究学问，应当一切从事实下手，更把事实作为研究的终结。我们不信有可以做我们的准绳的书本，我们只信有可以从我们的努力研究而明白知道的事实。"顾颉刚凭借自己的兴趣和历史研究的方法论对民间文学和民俗事象追根溯源，他从戏曲和歌谣中得到研究古史的方法，反过来又用史家的眼光、辨史的方法从事民俗研究。他的研究充分利用了中国古代浩瀚的文献，极富中国特色，使得中国民俗学从一开始就建立在一个较高的起点上。

学术经典永远是学术革命再出发的新起点，正如钟敬文先生所说，《孟姜女故事研究》就是中国现代民俗学的"论语"，需要一印再印。我们甚至可以不夸张地说，这本书不仅是新晋民俗学者的入门必读书，也是值得资深民俗学者一读再读的行业"论语"。经典文本为什么常读常新，因为它总是让我们激动和沉思，在摸索前行的道路上提醒我们回到原点，在不断精进的反思中刺激我们寻找和发现新的学术生长点。

打着顾颉刚的偶像大旗，是不是真要回到顾颉刚研究范式的旧路上去，那是另外一回事，重要的是，我们需要一位令我们心悦诚服的学术偶像、精神导师，他的学术光芒将照耀我们劢力前行，鞭策我们永不懈怠。感谢中山大学中文系，感谢中山大学出版社，感谢王霄冰教授，让我们重温经典。也衷心地祝愿中山大学民俗学重铸辉煌。

（《顾颉刚中山大学时期民俗学论集》代序，2018年12月，供稿：施爱东）

【民间文艺学的诗学传统】
刘锡诚著，上海文化出版社2018年8月版

一　导语

　　当今社会是否依然存在适合神话生存的土壤？答案似乎是否定的。或说，我们已步入后现代社会，政治多元化，经济全球化，科技日益进步，文化交流空前频繁，审美日常化、日常审美化，艺术观念呈现出大众化的多样性，我们的地球正在缩小为一个村，我们对宇宙的认识、世界的认识以及人类本身的认识有了新的科学的维度，因此，我们解释世界、解释人类自我的方式不再是宗教的、巫术的、神话的甚至艺术的，而是物质的科学的方式：我们正在用科学技术这种工具创造着人类社会，创造着我们的现代生活。在我们的生活中，动物有专门的保护区，闲暇时去动物园看看笼子里的狮子、老虎、熊猫的懒态，去公园里听听为数不多的鸟雀、金蝉、毛虫的欢叫，就算是去接触大自然了。我们的生活不再有毒蛇、蜘蛛、老鼠的威胁。一些植物稀疏而整齐地排列在公路旁、小区间、校舍处，为整座城市的高楼大厦增添许多绿意，提供许多新鲜的氧气。这是城市的模样。农村呢，则逐步地城镇化，很快也就变成城市的模样了，或者农民尽往城市跑，农村剩下空巢老人，什么也接续不上。

　　虽然我们不用愁物质上的衣食住行了，但精神上的漂泊饥寒可否得到安顿了呢？大都市里有院校、剧院、博物馆、图书馆、音乐厅等，可以满足都市居民对精神食粮的渴求，对音乐戏剧的陶冶需求，对历史遗物的认知需求，他们从中体验、感知、思考，于是过着物质文化与精神文化都丰富多彩的现代化的文明的生活。这个时代似乎不再需要宗教、巫术、神话，它们是原始野蛮时代遗留下来的产物，而我们已经进入21世纪的文明社会了，是时候将这些"装神弄鬼"的东西驱逐出文明的界度，换句话说，我们不能再虔诚地接触这些东西，即使接触了，也不再虔诚地相信，如果有人虔诚地相信了，我们就笑他封建迷信愚不可及。然而，在中国的乡村，一群又一群人依然虔诚地相信着宗教、神话、巫术，每一座山都住着一位山神，每一棵树都住着一位树精，甚至每种动物都有它的仙灵。这些山水动植物与人们的生活息息相关，有些动物给人们带来助益，有些则给人们带来隐患，人们歌颂这些动植物，敬畏这些动植物，于是创作出一篇篇脍炙人口引人入胜的神话传说和民间故事，由母亲讲述给自己的孩子，由祖母讲述给自己的孙子，就这样流传着、启蒙着，一代又一代，生生不息地传下去。"斑斓多彩的民间故事滋润了多少代中国少年儿童的心灵呀！"这些在乡村尚且保留着的神话传说和民间故事，就是我们传统文化的因子，它随风飘荡，遇到适合的土壤就会生根发芽、开花结果，人们修建祖庙、祠堂、高塔来供奉神灵，约定节日来纪念先祖，创作剪纸艺术、皮影艺术、雕刻艺术、绘画艺术、文学故事和歌谣等方式来传播这些传统文化因子，因此，人们的生活无时无处不存在着神话传说与民间故事。可以说，神话传说与民间故事是满足人们生活的精神文化之一。不仅在中国如此，全世界各民族都有自己的神话传说和民间故事，而这些神话传说与民间故事在当今的社会似乎正在失去存在的土壤，似乎正在慢慢消逝，如何收集和开发自己本民族的神话传说与民间故事，使其丰富起来，更好地

服务于广大人民群众，就显得十分迫切和必要了。

中国的民间文学的收集与研究工作，至今刚好一百年，许多先辈们已经贡献出累累硕果。在这一百年中，可粗略分为三个阶段：一、1918年北大歌谣征集处成立至1949年新中国成立；二、1950年中国民间文艺研究会成立至1978年改革开放；三、改革开放至今。

在第一阶段，从1918年北大歌谣征集处成立、刘半农编订歌谣选、歌谣研究会、郑振铎等人创立的文学研究会和鲁迅等人创立的"语丝社"起，民间文学运动就逐渐形成了一股强劲的文学潮流和学术潮流。1920年成立的文学研究会的作家们，如郑振铎、茅盾、朱希祖、王统照、许地山、郭绍虞、徐蔚南、老舍、刘大白、赵景深等，都大力提倡民间文学，《文学月报》和《文学周报》等曾经是发表民间文学文章和作品的园地。抗日战争时期，爱国的教师（如闻一多、朱自清、顾颉刚、楚图南、吴泽霖、陶云逵、钟敬文等）、中央研究院的学者（如马学良、袁家骅等）、作家（国统区的苏雪林、戴望舒、光未然、薛汕、丁景唐、马凡陀，延安的柯仲平、何其芳、吕骥、张松如、周文、林山、柯蓝等，华中解放区的阿英、钱毅等）以强烈的爱国心投身于大西南和解放区的民间文学收集和研究中去，提升了学科的质量和地位，民间文学成了战时提升民族凝聚力的重要因素。闻一多先生这一时期撰成的著作《神话与诗》，成为研究中国古代神话传说的经典著作。

在第二阶段，以1950年3月29日中国民间文艺研究会成立为标志。郭沫若在《我们研究民间文艺的目的》中讲到五点：（一）保存珍贵的文学遗产并加以传播。（二）学习民间文艺的优点。民间文艺（如诗歌）有自己表现人民情感的手法语法，有自己特有的韵律、音节。（三）从民间文艺里接受民间的批评与自我批评。民间文艺不仅具有文学价值，而且包含着群众的政治意见，隐含着民间的疾苦吁求，所以为仕之人要以此为镜。（四）民间文艺给历史家提供了最正确的社会史料。（五）发展民间文艺。尤其重视对民间文艺的加工、提高、发展，使其适应新时代的社会发展要求。如《离骚》、元曲、小说等，都是从民间文艺中吸取养分。这五点"目的"中，最后一点大有启发意义，尤其是在当下的非物质文化遗产的保护中。"原汁原味"与"与时俱进"是存在于民间文学或非物质文化遗产中的一对矛盾，我们必须倾向于后者，使旧的文化遗产与新的艺术形式相结合，将历史博物馆转向生态博物馆，因为这些民间文艺或非物质文化遗产是活态传承的，而非保守不变的。

刘锡诚先生"出身于中国最底层的农民社会，经历过最艰苦的岁月；上了中国最好的大学，学了当时最热门的专业；曾在文化界最核心的部门工作，与最为知名的作家与文化人物广为交往，写过多本文学评论著作，在20世纪80年代文坛占有一席之地；亦曾经历宦海浮沉，晚年潜心治学，写出了多部重量级的学术专著。"自1957年毕业于北京大学，从此踏入民间文学—民俗研究领域，算来已有六十年了。从刘锡诚身上，我们可以看出中国民间文艺学在第二阶段、第三阶段的发展历程，相对而言，因受"文化大革命"的影响，第二阶段民间文艺研究是受阻的、起伏跌宕的。《民间文艺学的诗学传统》这本书，是刘锡诚近来编选的自选集，可视为其代表作之一。这本书有如下特点：一、跨越的年代长。二、研究的视域宽。三、收集的资料丰赡。下面逐一论述。

二 跨越的年代长

在这部自选集中，刘锡诚先生收集的论文最早是1961年的《传统情歌的社会意义》，最新是2015年的《试论牛郎织女传说圈——地理系统的研究》（2007年8月15日—2013年9月7日初稿，2015年5月2日定稿）和《嘉果之枣的象征意涵及其嬗变》（2003年9月12日初稿，2015年7月20日定稿）两篇，历时五十四年，共四十六篇论文，略可呈现刘锡诚个人的学术道路，亦侧面呈现了民间文艺学研究的学术发展状况。下面先将《民间文艺学的诗学传统》这本论文集，以年代的顺序作一番梳理。

（一）60—80年代（民间文艺研究的第二阶段）

60年代有8篇论文：《马克思恩格斯与民间文学》《论高尔基的民间文学观》《19世纪俄国古典作家的民间文学观概述》《想象力的翅膀——读蒙古族史诗〈智勇的王子喜热图〉》《传统情歌的社会意义》《第二次国内革命时期的革命歌谣》《漫谈非洲的民间故事》《谈非洲的蜘蛛故事》，另外有两篇构思于六十年代而写成于七八十年代的，一是《法拉格的民歌与神话理论》，1963年初稿，1977年定稿；一是《论民间故事的幻想》，1965年初稿，1980年定稿。

70年代有2篇：《法拉格的民歌与神话理论》《列宁论劳动者的口头创作》。

80年代有3篇：《论民间故事的幻想》《普列汉诺夫的神话观初探》《印第安人的神话传说》。

60年代至80年代共收录了13篇关于神话研究的论文，而其中"文革"十年期间是空白期，不得不说是令人遗憾的。民间文艺研究的第二阶段，亦是刘锡诚从事民俗—民间文艺研究的基奠期，以上13篇论文是他研究的成果。研究内容主要分为三类：一是研究俄法理论家的民间文艺理论，具体说应是马克思主义对民间文艺的阐述，借之以构建或对话中国本土的民间文艺理论；二是大量考察和搜集中国的民族史诗、传统情歌、民间歌谣，如蒙古族史诗《智勇的王子喜热图》、传统情歌的社会意义以及革命战争时期的革命歌谣；三是漫谈非洲的民间故事。此三类不仅反映出刘锡诚对理论研究的形而上探索，试图构建中国本土的民间文艺学，而且反映了他不拘泥于中国民间文学的研究，而是将目光触及异域，体现出宽阔的研究视野。

（二）90年代—21世纪以来（民间文艺研究的第三阶段）

90年代有13篇论文：《九尾狐的文化内涵》《禹启出生神话及其他》《神圣叙述与人类思维发展》《神话与象征——以哈尼族为例》《陆沉传说试论》《陆沉传说再探》《钟馗论》《中日金鸡传说象征意义的比较研究》《民间故事的文化人类学考察》《灶王爷传说的类型和特点》《中国民间故事的鼠观》《旅游与传说》《抗日战争和解放战争时期的民间文学》。

21世纪以来有19篇论文：《20世纪中国神话学概观》《伏羲神话的现代流变》《"东南亚文化区"与同胞配偶型洪水神话》《神话昆仑与西王母原相》《神话史上的读图时代》《亚鲁王：原始农耕时代的英雄史诗》《牵牛织女原是东夷部族的神话传说》《牛郎织女传说的时代命运》《试论牛郎织女传说圈——地理系统的研究》《梁祝的嬗变与文化的传播》《白蛇传传说：美女蛇故事的流传、变化与异文》《越系文化香榧传说群的若干思考》《嘉果之枣的象征意涵及其嬗变》《北京传说与京派文化》《故事家及其研究的文化史地位》《漫话八仙传说》《秦越之风，江汉之化》《伊玛堪——珍贵的文学遗产》《灯谜说略》。

三　研究的视域宽

作者从多方面进行民间文艺的研究，从多角度把握民间文艺的发展演变，体现出极为宽广的研究视域。

第一，作者关注民间文学属于文学学科下二级学科的建设要求，积极引进国外的民间文学理论以资借鉴，从而有利于建设本土的民间文艺学，这个理论的指导思想即马克思主义民间文艺学。谈到马克思与恩格斯的民间文学观时，作者指出马、恩之所以对民间文艺有着如此深刻的见解，离不开他们青年时代对民间文艺的热爱，在保留这份真诚的热情之外，更离不开他们对民间文艺的长时间思考。马克思在波恩大学念书的时候，除了研究法律、哲学、历史外，还研究过希腊和罗马的神话及艺术史，探讨过荷马的史诗，而且把对这些研究对象的深湛的见解写在他的论文《关于伊壁鸠鲁、斯多葛和怀疑派哲学的笔记》中。马克思喜欢搜集各国的民歌，并运用新的观点对待民间创作，如精心挑选那些歌颂忠贞、歌颂能克服任何障碍的深厚的爱情的民歌，而删除掉其中一切庸俗和市侩的东西。恩格斯在青年时代曾改编过浮士德、阿加斯菲尔和《野蛮人》等民间传说，并明确指出了对待过去的民间文学遗产应当采取批判的态度，为后世的民间文艺学提供了科学的方法论的依据。郭沫若在《我们研究民间文艺的目的》的大会讲话中就提到"发展民间文艺，我们不仅要收集、保存、研究和学习民间文艺，而且要给以改造和加工，使之发展成新民主主义的新文艺"，这就是对待过去的民间文学遗产应当采取的批判态度。

马克思和恩格斯始终关注的问题是：原始社会及其意识形态是怎样的？人类文化史的发展轨迹如何？艺术起源及其早期的发展形式？劳动在人的形成过程以及人的意识和语言的形成过程中起多大的作用？人类的生产与消费体系同艺术有什么关系？民间创作与人类的历史发展又有多大的关系？艺术的美学价值对后世的艺术有什么影响？基于这些问题的思考，马、恩发展出丰富的民间文艺理论。其中一个指归是艺术的起源说，认为人类的意识、思想和艺术均起源于人的劳动活动之中；民间文学诗意地反映了历史现实，奇特地伴随着历史的发展，虽不同于真实的历史文献，却可以让我们从中找到历史生活的回响和遗迹。马克思给神话下的定义是"任何神话都是用想象和借助想象以征服自然力，支配自然力，把自然力加以形象化。"马克思指出希腊艺术和史诗的美学价值在于"仍然能够给我们以艺术享受，而且就某方面说还是一种规范和高不可及的范本。"在《马克思恩格斯与民间文学》一文中，刘锡诚详细介绍了马、恩二人的丰富的民间文学观，其中还有一个重要的贡献是看到民间歌谣与政治的息息相关。民间歌谣能够而且应当反映群众的吁求、不满甚至偏见，如1848年革命时期在南德广泛流行的一段歌词：

> 黑克尔、司徒卢威、布伦克尔、
> 勃鲁姆和齐茨，
> 把所有德意志君主都打倒杀死！

恩格斯对这首民间歌谣大加赞赏，因为它"总括了'维护帝国宪法大起义'的全部性质"，"描绘出了这次起义中伟大人物的最终目的、值得赞美的坚定信念和令人肃然起敬的对'暴君'的憎恨，同时也描述了他们对于社会关系和政治关系的全部观点。"刘锡诚最后指出，马克思、恩格斯虽不是专门研究民间文艺学或民族学的研究者，但他们在民间文学领域中的学识的渊博和见解的卓越，实为任何专门从事研究的学者所钦羡。他们用马克思主义的观点和方法甄别、选择、分析、研究他们所拥有的民间文学材料，使一堆杂乱无序的材料为阐述自己的观点服务。他们就其所接触到的材料提出了马克思主义的看法，他们的论述奠定了马克思主义民间文艺学的基础。除马、恩二人外，其他如列宁、拉法格、普列汉诺夫、高尔基等马克思主义者，刘锡诚先生亦一一作了详细介绍，兹毋庸赘述。

第二，作者对中国民间文艺学的发展进行了一番细致而系统的爬疏与回顾，对于建构民间文艺学学科本身具有重要意义。在《20世纪中国神话学概观》一文中，作者指出中国神话学出现的社会和文化背景即晚清末年兴起的现代思潮，这些思潮包括民族主义、平民意识以及西学东渐。然而，尽管中国的原始先民"有着丰富的神话，包括西方神话学家们所指称的自然神话、人类起源神话、宇宙起源和创世神话以及神祇的神话等，并以口头的以及其他的种种方式和载体进行传播"，尽管神话学的某些假说得到了近代以来的考古发掘和现存原始民族的文化调查的印证，但中国的神话学所面对的困难依然是非常巨大的。一方面，由于文字的阙如和考古文物的固化，使得远古的神话传说只能停留于遥远的想象中，无法复原为"原来的丰富的表现形态和思想"，许多地方的岩画、殷商甲骨卜辞、长沙子弹库帛书、马王堆帛画、三星堆、汉画像石等，就只能存放于历史博物馆之中，没有进行活态传承的途径。另一方面，"虽然春秋时代及后来的一些文学家、哲学家、历史学家、谶纬学家根据当代或前代口头流传和记忆中的形态，保存下来了一部分，但并非完整的神话，到了汉代以降在儒家思想霸权的挤压下，有的历史化或仙话化或世俗化了，有的在传承过程中被遗忘了，有的虽然借助于文人的记载得以保留下来，却也变得支离破碎、语焉不详，失去了昔日形态的丰富性和完整性，有的连所遮蔽着的象征含义也变得莫解了。"

刘锡诚指出，反观百年中国神话学发展史，始终存在着两股并行的学术思潮：一股思潮是西方传来的人类学派神话学的理论和方法，一股思潮是以搜神述异传统为主导的中国传统神话理论和方法。前一股思潮表现为用西方人类学的视角和方法研究中国传统的神话传说和民间文学，细而分之，即是现在的神话人类学、文学人类学、艺术人类学等，各个学科都试图通过嫁接西方人类学的理论架构与非西方原始民族（或中国本土传统）的经验材料，从而建构出本学科的理论体系和研究方法，如艺术人类学的"整体观""跨文化比较""语境研究"等。后一股思潮又可分为两个方向：一是把神话作为文学之源和文学形态的文学研究，主要依附于古典文学研究中，如对《楚辞》神话、《山海经》神话、《淮南子》神话等的研究，一个世纪来可谓洋洋大观，自成一体；二是把神话作为历史或史料的史学研究，或围绕着"神话"与"古史"关系的研究（如"疑古"神话学的形成和影响），后浪推前浪，形成神话学研究的一股巨流。神话的文学研究和历史学研究，其贡献最著之点，表现于对中国载籍神话，特别是创世神话、洪水神话、古史传说等的"还原"和"释读"上。刘锡诚对这两股并行的学术思潮并非一视同仁，而是有其独特的见解和应有的态度，他认为"西方神话学（主要是人类学派的神话学及进化论）理论和方法的确给中国神话学的建立和发展带来了深刻的影响，但还要看到，中华文化毕竟有自己坚固的系统，西方神话学并没有全部占领中国神话学的疆土，在移植或借用西方的理论和方法上，除了少数修养不足而生吞活剥者外，多数人只是将外国的理论与方法作为参照，以适用于并推动了中国神话的研究和中国神话学的建构，以逐渐本土化为自己的血肉。"在刘锡诚看来，西方传来的人类学派神话学的理论与方法，居于次要的地位，仅作为参照使用。

刘锡诚在《20世纪中国神话学概观》一文中系统回顾了20世纪中国神话学的发展历程，不仅从时间上枚举各个时间段的代表人物、学术思潮、研究重心，亦在地理上兼顾大陆学者与港台学者的学术成果，最后无不感叹说：回顾100年来的神话学历史，从20世纪初茅盾所撰《中国神话研究ABC》起，到20世纪末袁珂所撰《山海经校注》止，许多学者都在为"创造一个中国神话的系统"这一学术理想而不停息地贡献着自己的智慧和力量。值得推荐的力作有丁山的《中国古代宗教与神话考》（1961年由龙门联合书局出版）、《古代神话与民族》（2005年由商务印书馆出版）；袁珂的《中国古代神话》（初版由商务印书馆于1950年出版，1984年易名为《中国神话传说》改由中国民间文艺出版社出版）、《山海经校注》等。要言之，"中国神话的系统"是就典籍神话和汉文世界的神话而言，如何研究典籍神话？刘锡诚指出，典籍神话的"还原""梳理""阐释"只是问题的一个方面，典籍神话在现代社会不同地区和群体中的流变，也理应在中国神话的构成之列。如果容许做个简略的比喻，这个问题可以说是历史博物馆与生态博物馆之间的问题。如何解决这个问题而不顾此失彼，应该是双管齐下、两手一起抓，既注重静态的梳理和保存，更要聚焦活态的流变与传承，无论我们研究的对象是神话、文学还是艺术。

第三，关注非中国地区的神话传说与民间文学，以供中国神话学作跨文化比较研究，具有方法论上的重要意义。"跨文化比较研究"是相对而言的，对中国汉民族而言，研究中国少数民族的神话与民间文学即是一种"跨文化比较"，在找到二者的共性的同时，更要研究二者的差异性；同理，将中华文化作为一个有机整体，研究中国以外地区的神话及民间文学，也是一种"跨文化比较"。只不过相对于外族群体的神话与民间文学来说，中国汉民族和少数民族之间的共性更多，原型更统一。世界上各民族既存在着人类的普同性，又呈现出文化的差异性，如何处理二者的关系，就成为人类学家、神话学家们共同的难题。刘锡诚先生虽然研究外国神话的文章不多，但仅存的几篇论文足以反映他研究视域的宽广。如《"东南亚文化区"与同胞配偶型洪水神话》，将目光移向亚洲各国和各地区民众所创造和传承的非物质文化遗产，并指出非物质文化遗产的重要性："非物质文化遗产是民众以口传心授的方式世代传承、与民众生活密切相关的文化形态，它浸润着不同时代民众的世界观、社会理想与憧憬，承载着民众的智慧和人类的文明，体现着民族精神、思维方式和文化传统。""东南亚文化区"的概念最早是由中国学者芮逸夫在20世纪30年代提出，他另编有《云五社会科学辞典·人类学卷》。再如《中日金鸡传说象征意义的比较研究》，作者从鸡的象征功能入手，明辨中日两国民俗文化的异同，探讨中日两个民族在思维方式上的某些共同性，得出"两国金鸡传说的相似性，主要来源于思维方式——象征的共同性"的重要结论。三如《印第安人的神话传说》，详述北美洲、中美洲、南美洲的土著民族的神话，并且涉及中国与美洲印第安人的文化联系问题，通过枚举中国学者邓拓、卫聚贤、李成林等人的学术观点，认为"中国和美洲印第安人的民间文学、民俗事象相似，对其进行比较研究，是大有可为的。"四如《漫谈非洲的民间故事》《谈非洲的蜘蛛故事》两篇文章，专门介绍非洲各族人民的民间故事。在很多非洲民族中，白天是不准讲故事的，只许在晚上讲。刘锡诚写道："每到晚间，黑暗降临了所有热带密林的时候，人们燃起一堆堆篝火，劳累了一天的大人和孩子们，都聚集在篝火旁，聚精会神地听着引人入胜的神话故事。"布须曼人、霍屯督人、班图人、祖鲁人、斯瓦希里人就这样叙述和流传着他们民族的神话故事，他们的神话故事大多以动物为主角，如布须曼人故事中的主要角色是蝗虫（蚱蜢），人们以它为中心编造了一系列故事，认为蚱蜢缔造了太阳、月亮和其他动物。霍屯督人故事中的主人公是狮子、胡狼、鬣狗及羊等，对这些角色，霍屯督人有自己的近乎固定的看法：狮子、大象——愚笨、粗暴；胡狼、鬣狗——狡猾；兔子和龟——智慧、机敏；等等。在后一篇文章中，作者详细描写了蜘蛛阿南绥的故事："阿南绥在非洲某些民族的故事里是一个半人半蜘蛛的精灵，他同人生活在一起，有人的特点、优点和缺点。阿南绥的性格的一面是勇敢、聪明、机智、热情，能随机应变，永远处于不败之地。如以自己的智慧战胜了凶恶的豹、蛇、黄蜂，取得了世上一切故事的所有权……""蜘蛛故事产生于遥远的非洲大陆，它们给我们提供了纯粹非洲式的人物形象和文化特色，这种非洲式的人物形象和文化特色是别的任何地方都不会产生也不可能产生的。恰恰是这些特色构成了蜘蛛故事的地方特色和民族特色。"由以上可见，刘锡诚先生不仅对中国神话学深有研究，而且将研究触角扩伸到中国以外的日本、东南亚、美洲和非洲地区的神话中，体现出宽广的研究视域。

四 收集的资料丰赡

正如前面讲到的两点：典籍神话的"还原""梳理""阐释"只是问题的一个方面，典籍神话在现代社会不同地区和群体中的流变，也理应在中国神话的构成之列。刘锡诚先生大量收集神话传说和民间故事，不厌其烦地考证与阐释这些神话传说和民间故事，体现出他不仅仅重视典籍神话的"还原""梳理""阐释"，而且更加关注典籍神话在现代社会不同地区和群体中的流变。这里的典籍神话是指中国的民间神话传说，我将刘锡诚先生所收集的资料（神话传说与民间故事）分为四类。

第一，论古代神话。包括《伏羲神话的现代流变》《神话昆仑与西王母原相》《九尾狐的文化内涵》《禹启出生神话及其他》等。其一，伏羲神话。伏羲是上古时代的传说人物，曾在"黄淮大平原上创网罟、画八卦、制嫁娶、正姓氏，以龙纪官，从而结束了远古狩猎时代，开辟了远古的畜牧时代；结束了茹毛饮血的时代，人类开始熟食；结束了群婚、乱婚，创始了一夫一妻的对偶婚；结束了原始母系社会，肇始了父系社会；结束了部落万邦的天下，开辟了龙天下，完成了中国历史上第一次氏族部落大统一，构建了中华民族的雏形。"伏羲神话属于人祖神话，至今仍流传于民众口头上。其二，西王母神话。西王母神话形象最早见于《山海经》，是一个"豹尾虎齿"、人兽合体的西部山神，后来逐渐演变成为一个具有神格的人王，甚至成为一个代表"仙乡乐园的全能之神。"西王母居于昆仑之虚，而昆仑山被认为是众神所集之山、天地之中柱、幽都之山。其三，九尾狐神话。九尾狐被认为是吉兆，传说夏禹看见了九尾白狐，就当上国王，娶了娇娘，所以涂山之歌曰："绥绥白狐，九尾痝痝。我家嘉夷，来宾为王。成家成室，我造彼昌。"九尾狐被目为神兽、瑞兽，常与玉兔、蟾蜍、三足乌一起，并列于西王母之旁，而九尾狐、玉兔和三足乌这三种动物是西王母的三宝：三足乌的任务是为西王母寻找奇珍异食、冰琼玉浆，玉兔的任务是为西王母造长生不老药，而九尾狐的任务则是供传唤使役。郑州出土的一幅汉画像石上就刻着这三种动物。其四，禹启出生神话。禹启出生神话讲的是石头生人的故事，石头具有生殖功能，是原始先民时代万物有灵论世界观导生出来的一种象征的观念。传说禹生于石，其母"女狄暮汲水，得石子如珠，爱而吞之，有娠，十四月生子"，至其子启亦生于石，如《汉书·武帝纪》颜师古注引《淮南子》云：

> 启，夏禹子也。其母涂山氏女也。禹治鸿水，通轩辕山，化为熊，谓涂山氏曰："欲饷，闻鼓声乃来。"禹跳石，误中鼓。涂山氏往，见禹方作熊，惭而去，至嵩高山下化为石，方生启。禹曰："归我子。"石破北方而启生。

上古传说人物总是和动物分离不开，伏羲是人首蛇身，西王母是虎尾豹齿，夏禹可以化熊等，这是一个很有趣的现象。刘锡诚先生以四篇长文的篇幅论述我国上古神话的产生与流变，对民间神话学的重大问题提出了自己的见解，这是具有深刻的启发意义的。

第二，论少数民族的史诗与歌谣。包括《神话与象征——以哈尼族为例》《想象力的翅膀——读蒙古族史诗〈智勇的王子喜热图〉》《〈亚鲁王〉：原始农耕时代的英雄史诗》《伊玛堪——珍贵的文学遗产》等。其一，哈尼族。哈尼族生活于云南哀牢山和蒙乐山之间，是"一个有着悠久的历史而又残留着较多原始生活习俗的古老民族。"刘锡诚先生欲从文化象征的角度来探讨哈尼族的神话传说，如关于石头文化的探讨，举僾尼人的神话《奥颠米颠》说：很古很古的时候，既没有天，也没有地。天和地是女天神阿波米淹派遣加波俄郎造的。加波俄郎神身材高大，力大无比，聪明能干。他的手长得可以伸向天空，他的脚大得可以踏平山川。他用3颗马牙石造了天。接着，他又用3坨泥巴造了地。刘锡诚认为，天是女天神阿波米淹派遣加波俄郎用3块马牙石造的，这种观念是十分古老的。石头"常常被笃信万物有灵的原始人类赋予灵性，直至成为造成天的材料，从而形成传播极为广泛的灵石信仰。"又如关于"双生子"的象征意蕴的探讨，这是一个世界性的题材，在哈尼神话系统中，"双生子"题材更是一个不可忽视的现象。它意味着两种生存模式，一种是合作式的，一种是充满斗争的，而以后一种模式较为普遍，正契合列维—斯特劳斯的"二元对立结构"。哈尼族有杀害双生子的习俗，因为他们把生养了双生子看成是不吉利的大事。其二，蒙古族。《智勇的王子喜热图》被视为我国蒙古族优秀的英雄史诗之一，它对于我们研究我国多民族史诗的形成以及史诗在民族文化史上的作用是尤其重要的。其三，苗族。《亚鲁王》是迄今发现的第一部苗族英雄史诗，它主要"叙述和歌颂亚鲁王国第17代国王兼军事统领在频繁的部落征战和部落迁徙中创世、立国、创业、发展的艰难历程"。刘锡诚认为，它的问世，为中国文化多元化增添了新的元素，为已有的世界史诗谱系增添了一个新的家族。

第三，论汉族的民间故事传说。包括《陆沉传说试论》《陆沉传说再探》《牵牛织女原是东夷部族的神话传说》《牛郎织女传说的时代命运》《试论牛郎织女传说圈》《梁祝的嬗变与文化的传播》《白蛇传传说：美女蛇故事的流传、变化与异文》《钟馗论》《灶王爷传说的类型和特点》《漫话八仙传说》《中国民间故事中的鼠观》等。相对于前面两类，汉族的民间故事传说几乎是妇孺皆知、耳熟能详的，如牛郎织女的故事，梁祝化蝶的故事，白蛇美女的故事，这些文化因子融进影视作品中，从而流传得越加广泛。

陆沉传说讲的是一个陆地突然沉陷而为湖泊的故事。如叶德铭搜集于浙江省富阳县的传说《石狮嘴里有血》：从前，有姊弟二人。离他们家不远，有石狮。弟每日必以"镬焦团"一个投入石狮口中。习以为常。如是者，经三年。一日，石狮谓弟曰："我口旁有血时，世间必遭大难。届时，你可入我腹中避之！"越数日，弟果见石狮口旁有血。原来是某屠夫无意中所涂上之猪血。他即奔告其姊，相率入石狮腹中避之。狮腹甚大，且通大海。当姊弟俩出来时，世间已无人类踪迹。弟因向其姊提议，二人结为夫妻，以免人类消灭。姊说："我们俩可以磨一具，搬至山上。再各人取一扇，向山下滚去。如能合，则我们俩结为夫妻。"弟赞成。于是就照话去做。两扇磨滚下山时，果相合。因此姊弟就结婚了。与此类似的异文有很多，情节大抵趋同，如《盘古兄妹》《高公高婆》《石狮眼里流血的故事》等。关于"石狮流血而预卜洪水陷城"的传说，需要注意两点：第一，狮子不是中国原产，是汉以后从西域传进来的一种动物，在此之前，人们是以石龟为预卜家的。第二，对动物血的信仰。石龟或石狮的洪水预卜往往以出血为征兆，而这个血却是动物的血，反映出原始先民对于动物血的崇拜。

另如灶王爷的传说。灶是家庭的象征，民间有祀灶的习俗，即每年腊月二十三送灶神上天，祈求灶神向玉皇大帝说下界人间的好话，以保全家老小平安吉祥。关于灶王爷的传说有好多个版本，其中较为著名的是讲述灶王爷职责的故事：灶王原本是天庭里的一名役员，被玉皇大帝派到凡间来监视老百姓的。他的行动很是诡秘，总是在神不知鬼不觉的时候溜进家里，所以人类对他提心吊胆。他每年的腊月二十三回天庭去向玉皇大帝汇报人间的情况，年三十晚上回到人间。他的毛病是爱白人是非，所以人们在他临行前总是用糖瓜粘住他的嘴巴，以防他旧病复发，说人间的坏话，给人们带来厄运。刘锡诚认为，灶王爷的传说这个充分世俗化了的神祇传说，反映了中国普通老百姓世界观中存在的矛盾：虽有对这位与他们生活关系至为密切的灶神的不敬甚至奚落，却毕竟无法从束缚自己的神灵观念的幻影中解脱出来。除了灶王爷的传说，流传于民间甚广的还有八仙传说、地方神祇谱系等，并伴随着节日庆典和仪式活动，对中国普通老百姓的日常生活影响甚大。

第四，论地方风物传说。包括《越系文化香榧传说群的若干思考》《嘉果之枣的象征意涵及其嬗变》等。据考证，香榧树是第三纪孑遗植物，是远古残留下来的物种，至今在会稽山脉东白山区等地还有大量遗存，并形成了几个占地面积很广的古香榧树群。榧树所结的果实香榧子，被当地世居民众赋予了种种文化含义，成为当地民众口口相传的一种地方风物传说。所谓地方风物传说，即"通过把自然物或人工物历史化或人格化，使它们和人民生活融为一体；对风俗习惯也给以饶有兴味的解说。它们的产生，说明劳动人民既有传述历史的严肃意愿，又有健康丰富的生活情趣和无比活跃的艺术想象力"。例如关于香榧树的传说：香榧是天女从天庭偷到凡间来的。偷香榧的天女下凡，因而受到了天帝的惩罚，她的双眼被挖出并扔到了香榧树苗上，故而每一个香榧果上都有一对小眼睛，那就是被天帝处死的天女的眼睛。

五 结语

刘锡诚先生的《民间文艺学的诗学传统》内容丰富厚重，涉及民间文学的方方面面，受篇幅所限，只言片语是难以评述清楚的。笔者以跨越的年代长、研究的视域宽、收集的资料丰赡这三点去概括和评述此书，不仅有大而无当之嫌，而且难免沦为"削足适履"的境地。笔记有余，权作读《民间文艺学的诗学传统》一书后的心得汇总吧。

神话传说依然有着适合生存的土壤，全世界都有这样的土壤。费孝通提出"中华文化多元一体格局"，芮逸夫提出"东南亚文化区"，凌纯声提出"环太平洋文化圈"……这些散落在世界各个角落的"文化共同体"就是其族群的神话传说生存的土壤，并不会因为人类社会的日渐"文明"而有所消逝。相反，那些产生和流传的神话传说会不断被继承和创新，而那些有待考古挖掘和调查发现的史诗歌谣也终会成为世界神话体系的一个独特因子。

[原载《河南教育学院学报（哲学社会科学版）》2019年第3期；供稿：庄振富]

【村寨里的纸文明——中国少数民族剪纸艺术传统调查与研究】
乔晓光主编，青岛出版社2018年1月版

《村寨里的纸文明——中国少数民族剪纸艺术传统调查与研究》（以下简称《村寨里的纸文明》）是"十一五"国家社科基金艺术学重点项目、中宣部文化名家暨"四个一批"人才资助项目"中国少数民族剪纸艺术传统调查与研究"的成果，该书汇集了28个少数民族传统剪纸的相关调研报告。

造纸术的发明和传播推动了艺术的发展，推动了东方文化向西方传播，今天的纸文明存在于哪里，如何存在？作为民间美术的民间剪纸如何从艺术本体出发进行研究？非物质文化遗产的活态研究如何在方法上寻求突破？这些问题，《村寨里的纸文明》可以给我们一种答案。

少数民族艺术研究的背景与转型

随着艺术学、人类学、社会学的引入，"民族"观念进入我国学者视野。以鸟居龙藏（日本）、巴克（法国）、Oost, P. Joseph VAN（比利时）为代表的外国学者率先在我国少数民族地区进行田野调查，记录了民族服饰、民族音乐等民间艺术资料。① 早期学者们对民间艺术的采集为少数民族艺术研究奠定了基础。抗日战争时期，艺术成为"救亡图存"的武器，艺术家深入乡村寻找工农兵喜闻乐见的民族民间艺术形式；加之很多高校的南迁和人文学科的进一步发展，西南少数民族艺术受到重视，文学、音乐、舞蹈研究得以细化。岑家梧从艺术学、社会学、人类学角度肯定了少数民族艺术的价值，并在少数民族艺术研究方法的本土化实践上进行探索，对民族艺术、民间艺术的研究贡献巨大。②

中华人民共和国成立后，在"百家争鸣、百花齐放"方针的指引下，少数民族文化工作有条不紊地开展，"文化遗产"的概念出现。诗歌、舞蹈、音乐、美术等少数民族文化遗产重新被发掘、整理。1956年的全国少数民族文化工作会议提出，要对少数民族民间艺人妥善安排，使他们更好地传授技艺、发展民族艺术；对于文化艺术遗产要有组织地发掘整理，通过搜集、出版、组织传授等方式积极抢救即将失传的少数民族民间文学和民间艺术。③ 可以说，这是我国较早实施的少数民族文化遗产抢救行动。

20世纪70年代前，民族艺术工作者基本能够肯定民族艺术的文化遗产价值，并配合初步调查进行起步研究。调查的最主要任务是记录、收集民族民间艺术；研究则是根据调查内容进行整理、分类，分析作品的形式、风格，一定程度上延续了抗日战争时期民间艺术采风的传统。例如，中国音乐学院少数民族研究室在1955—1963年期间收集、整理了内蒙古、新疆、云南等地的民间音乐，包括维吾尔族《十二木卡姆》、贵州侗族大歌、哈萨克族东

---

① 毛艳：《中国少数民族艺术研究史1900—1949》，中国社会科学出版社2009年版，第90—97页。

② 毛艳：《中国少数民族艺术研究史1900—1949》，中国社会科学出版社2009年版，第187—200页。

③ 中华人民共和国文化部办公厅编：《文化工作文件资料汇编1 1949—1959》，中华人民共和国文化部办公厅，1982年，第424页。

不拉器乐曲等；① 内蒙古自治区在1962—1963年对蒙古族、达斡尔族、鄂温克族、鄂伦春族的舞蹈、民歌、民间美术遗产（包括地毯、建筑图案、服装鞋帽、刺绣、日用器皿等）做了调查和收集；② 各地少数民族社会历史调查组也开展对民间风俗、民间美术、民间艺术等文化遗产的调查。

党的十一届三中全会以后，文化工作全面复兴，给予民族传统习俗以充分肯定和尊重。1980年，文化部和国家民委联合发布《关于做好当前民族文化工作的意见》，工作意见中明确提出要"抓好民族文化遗产的搜集整理和民族文艺理论研究工作"。20世纪80年代初，国家层面意识到民间艺术消亡的速度很快，因此赶在老艺人离世前"争分夺秒"地搜集、整理口头传承的民间艺术。③

国家对少数民族民间艺术的重视，加之"民间艺术热"的浪潮推动了少数民族文化遗产的基础调查工作。20世纪的最后20年里，民间艺术类书籍出版数量达到前所未有的高度，既有单一民族单一艺术类型的专题调研，也有某一艺术类型的多民族汇总，以少数民族为专题的民间美术类书籍多为西南地区的民间手工艺。这一批书籍留下的珍贵一手资料，对于我们了解三十年前的非物质文化遗产形态具有重要的参考价值。尤其是20世纪80年代，文化部启动的《中国民族民间文艺集成志书》编纂项目，对中国浩如烟海的民族民间文化进行了普查、挖掘和抢救，按行政区划立卷，每个省、自治区、直辖市各10卷，反映了56个民族丰富的民间文化资源概貌。④ 遗憾的是，《中国民族民间文艺集成志书》没有包含民间美术类型的相关内容。

进入21世纪，非物质文化遗产的概念在我国普及，曾经被冠以"民间文学""民间艺术""传统文化"的文学、艺术、习俗以"非遗"的身份进入人们的视野。

文化部公布的四批国家非遗名录共计1372项，其中少数民族非遗477项，占总数的34.77%。⑤ 我国被联合国教科文组织列入非遗代表作名录的39项（含《急需保护的非物质文化遗产名录》和《人类非物质文化遗产优秀实践名册》）非遗中，有的是某一少数民族特有的非遗，例如维吾尔族的木卡姆艺术、柯尔克孜族口传史诗《玛纳斯》、蒙古族长调民歌等；还有些是多民族共享的非遗，例如剪纸、花儿、端午节习俗、中国传统木构营造技艺等。人们通常将剪纸视为汉族的非遗项目，而忽略其作为多民族共享非遗资源的性质。回顾我国少数民族文化遗产的基础研究，能够对某一非遗类型进行三十多个少数民族的田野调查，这在学术史上是少有的，但这一调查也是有必要的。

中国民间剪纸是中华民族有代表性的非物质文化遗产，也是中国古代纸文明形态的活态传承。中国民间剪纸作为具有普遍性和文化多样性的民族艺术传统，蕴含着丰厚的民族文化内涵，尤其是少数民族

---

① 中国科学院民族研究所图书资料室编：《国内民族研究参考资料》（第2辑1963年），1964年，第6—7页。

② 中国科学院民族研究所图书资料室编：《国内民族研究参考资料》（第2辑1963年），1964年，第30—32页。

③ 国家民委政策研究室编：《国家民委民族政策文件选编1979—1984》，中央民族学院出版社1988年版，第282页。

④ 文化部民族民间文艺发展中心编：《中国民族民间文艺集成志书概览》，中国青年出版社2004年版，第2页。

⑤ 肖远平、柴立主编：《中国少数民族非物质文化遗产发展报告2015版》，社会科学文献出版社2015年版，第6—8页。

剪纸，更具有文化的独特性和不可替代性。①

《村寨里的纸文明》突破"汉族剪纸独占一方"的研究格局，将剪纸置于纸文明的历史背景中，用一种文化遗产类型串联起中国大部分民族和土地，借助剪纸讲述今天中国乡村的文化故事。《村寨里的纸文明》作为有广度且带有研究性质的田野调查，在剪纸研究、民间美术研究甚至非遗领域做出了从无到有的突破。

方法论实践：村社活态文化研究方法

学科的发展必然会从幼苗起始，逐渐走向枝繁叶茂。新文化运动时期的北大歌谣运动、文艺大众化时期的艺术家采风，如同民间艺术研究的年幼期，那时人们在乡野调查中采集歌谣、收集民间美术品、记录民间音乐简谱，关注的是"民间美术是什么"。到了20世纪80年代，民间美术收集还在继续，录影设备的跟进使民间艺术的图像、录音可被反复观看、收听，加之时代的需求，研究者基于对已有资源的整合，开始了对艺术风格的探究。20世纪末，滕风谦的《民间剪纸传统主题纹样与物候历法》、靳之林的《生命之树》《抓髻娃娃》《绵绵瓜瓞》等论文和著作，开始借助文献索引、图像比较、历史考古等方法寻找民间美术纹样与文化的关联，引导民间美术进入文化研究的层面。

21世纪，曾经的"民间音乐""民间美术""民间文学"拥有了"非物质文化遗产"的新名字，艺术学、人类学、民俗学的参与为非遗研究带来了新机遇。"非遗"带来的不仅是名字的转换，也带来研究领域的转型。相对于早期所侧重的形式和风格分析，非物质文化遗产的"活态性"特征开始被人们认识，因此，研究者逐渐将注意力转移到非遗在生活中被人们使用的状态上。《村寨里的纸文化》在原有方法的基础上，大胆加入田野调查方法，将历史文献与活态事实结合，提出"活态文化"的研究方法，进一步挖掘民间美术的深刻内涵。作者在书中给出了对活态文化的理解，"活态文化"既是一个文化概念，也是一种研究方法：

> 活态文化强调以生活事实调查为主体，以文化传承人、地方知识及生活经验解释为活的文本。在村社习俗活动事实的调查中，以参与式动态跟踪和口述调查结合的方法，发掘文化活的形式（仪式）及其过程，发掘传承人及生活当事人对事实的经验解释，注重"文化空间"中核心信仰主题的地方性知识调查。②

作者关注的不仅仅是民间美术产生的物质结果，而是民间美术产生的过程和在时空中的存在状态，是民间美术与历史、民俗、社会发生的综合作用。民间美术等相关学科的建设是推动非物质文化遗产可持续的基础，作者以剪纸为例进行的民间美术研究方法探索，不仅在民间美术研究的百年学术史上具有举足轻重的实践意义，也为非物质文化遗产的理论建设提供了参考。

《村寨里的纸文明》每个民族选取一个或几个有代表性的村落为调查样本，通过田野调查收集传统剪纸在村社文化环境中的基本纹样、存在方式、使用方法与使用传统；以人类学的视角跟踪记录少数民族剪纸的形态及其依存的文化环境、仪式活动，以社会学视角呈现少数民族剪纸传

---

① 乔晓光主编：《村寨里的纸文明——中国少数民族剪纸艺术传统调查与研究》，青岛出版社2018年版，第23页。
② 乔晓光主编：《村寨里的纸文明——中国少数民族剪纸艺术传统调查与研究》，青岛出版社2018年版，第32页。

统的存在现状,极大突破了民间美术研究领域形式风格分析的桎梏,这对于民间美术研究而言具有开创性意义。

我国国土面积大、非遗项目浩如烟海,加之城镇化进程的快速步伐,研究速度远不及民俗传统的衰减速度,以代表性村社为调查对象的调查方法为我们在"普遍研究"和"深入研究"之间取得了平衡。村社如同生命体的细胞,是社会与文化完整存在的最小单元,村社既能呈现较为完整的文化状态,又在地理范围和文化背景上具有现实可操作性。因此,选择有代表性的村社对某一非遗类型进行深入调研,既可以完整记录非遗在村社生活中的存在方式,又能够洞察非遗与社会、文化的相互关系。这样的调查与记录,如同《村寨里的纸文明》中的每个民族一样,都是一件宝贵的"非遗标本"。

"活态文化强调以生活事实调查为主体",对生活事实的尊重既是对民间文化的尊重,也是对文化主体的尊重。民间文化在现代化浪潮中演变,此时此刻,民间的活态文化更需要被尊重、被调研。书中的传承人不是获得国家、省、市、县"传承人"称号的剪纸艺人,是毕生没有离开过村寨的拉祜族头人,是到寺庙里虔诚祈祷的傣族信众,是传承祖母手艺、赶场卖(剪)花的苗族妇女,是终日与麋鹿和森林相伴的鄂伦春牧民……这些不知"非遗"是何、隐匿在村社中的"传承人"制作的一张张淳朴真诚的剪纸,记录了传统剪纸在少数民族乡村存在的真实状态,为我们思考非遗传承的内驱力提供了宝贵的原始资料,更为我们书写了一个活态的、真实的非遗中国。

从方法上看,以村社为调查单位的活态研究方法是民俗学、人类学所擅长使用的田野调查方法在非物质文化遗产领域的渗透,从学科传统上看则源于到民间采风的学术传统。抗日战争时期,延安鲁艺的革命艺术家积极响应《毛泽东在延安文艺座谈会上的讲话》内容,通过与工农兵同吃、同住、同劳动了解他们的生活及艺术,深入陕甘宁、晋察冀地区乡村搜集民间艺术元素,将剪纸、年画应用到文艺创作中。80年代,中央美术学院民间美术系师生沿黄河流域进行民间美术考察,并邀请民间剪纸艺人走进学校为大学生传授民间美术技艺、讲述民间文化。作者与他的学生团队延续前辈与乡村紧密关联的学科传统,心怀对乡村的敬畏,不计回报地往返于学院与少数民族村寨,四代人扎根乡土大地、尊重民间文化的学术传统为今天非遗基础田野调查展示了谦卑恭谨的态度典范。

《村寨里的纸文明》的价值延伸

1. "纸文明"视野下的文化价值

"从2000年前汉代造纸术的发明与传播,到发现的近1500年的古代生活中使用的剪纸遗物,中国在纸的文明领域为世界做出了重要的贡献,中国的造纸术与剪纸都影响了世界。"[①] 《村寨里的纸文明》的研究对象是剪纸,将剪纸置于"纸文明"的物质文化背景下。作者在"绪论"中从考古、文献角度梳理了剪纸的起源,修正了视"剪桐封弟"和"汉武帝思亡妃"为剪纸起源的宽泛起点。作者从物质文化史的角度以西北地区墓葬中出土的剪纸实物,工具(剪刀)、材料(纸)的发明与传播为佐证,将剪纸的起源时间限定在魏晋时期,并将剪纸起源的地理空间限定在中国境内的丝绸之路沿线。这一发现不仅证实了"中国是世界剪纸的原乡与发源地"[②],

---

① 乔晓光主编:《村寨里的纸文明——中国少数民族剪纸艺术传统调查与研究》,青岛出版社2018年版,第10页。
② 乔晓光主编:《村寨里的纸文明——中国少数民族剪纸艺术传统调查与研究》,青岛出版社2018年版,第10页。

也为中国纸文明增添了一个新的研究语境。

《村寨里的纸文明》从历史看向今天，历史维度用文献和考古证实，当下内容则全部来自田野调查获得的一手资料，这些信息是记录非遗、研究非遗的重要资料。自1994年，我国城镇化进入快速发展的阶段，城镇化水平从1978年的17.92%提高到2011年的51.27%，① 随之而来的是乡村数量的急剧下降，从2000年到2010年，古村落消失了约90万个②。即便是在城镇化大潮中留存下来的自然村，也面临着乡村"过疏化"和"空心化"的问题。2005年，农村流动人口数量为1.4亿，③占总人口的11%，十年以后的2015年，我国的农民工人口数量为2.7亿，④ 6亿的乡村人口近一半都在城镇谋生。乡村"过疏化"和"空心化"带来乡村人口结构、经济结构、文化结构等方方面面的变动，这意味着非物质文化遗产赖以生存的环境发生了改变，非遗自身存在状况也面临前所未有的变革。从2001年剪纸申遗至"中国少数民族剪纸艺术传统调查与研究"结题的15年时间里，⑤ 作者敏感地把握住"民间美术"向"非遗"的过渡，在传统社会向现代化转型之际抢救性地开展田野调查，大量的田野图片和活态文化调查记录成为过往不复的珍贵史料。

全书按照调查地点所处地域划分为八个卷本。每一民族在内容上分为村社概况、剪纸调查、村社小结三部分。"村社概况"主要介绍调查村社的社会和文化背景；"剪纸调查"按照类型、纹样、技艺、传承，记录与剪纸相关的节日、仪式、群体组织等信息；"村社小结"有作者对剪纸传承与保护问题的思考，也有作者对剪纸背后所依存的社会学、艺术学方面的思考。以图书第一卷拉祜族剪纸调查为例，编者将拉祜族龙竹棚村寨现存的剪纸传统置于原始信仰与大乘佛教影响的双重文化背景中展示拉祜族剪纸的形态、文化内涵与使用方法，呈现日常与节日两种时间状态下剪纸的存在状态。在对剪纸传承的调查上，纵向抓住"文化大革命"这一时间节点，通过口述调查追寻剪纸复兴的经过；横向以相邻的南段村为比较对象，对比思考龙竹棚老寨剪纸得以良好传承的内驱力。29个民族调查内容的具体性个个如此且各有视角，其中价值不言而喻。

截至2016年，我国有39项非物质文化遗产被列入联合国教科文组织非物质文化遗产代表作名录，数量位居世界第一。作为文化遗产大国，对非遗项目的分布、功能、现状进行调查是开展非遗保护与研究工作的基础。《村寨里的纸文明》是对中国剪纸"摸清家底式"的普查，获取资料的过程本身就是对作为非物质文化遗产的剪纸的抢救行为。随着时间的推移，书中的村庄、习俗、传承人、剪纸可能会流变甚至消亡，《村寨里的纸文明》将成为一部少数民族剪纸的文化字典，以供查阅、研究。

2. 中国剪纸艺术文化研究的拓展

乔晓光的剪纸研究建立在中央美术学院艺术学研究的学术传统之上，又不囿于艺术学领域。此书既从艺术学的角度观照

---

① "加快公共文化服务体系建设研究"课题组：《城镇化进程中传统村落的保护与发展研究——基于中西部五省的实证调查》，《社会主义研究》2013年第4期。

② 冯骥才：《失去古村落的速度从没这么快》，《文汇报》2015年3月11日。

③ 数据来源：国家统计局2005年全国1%人口抽样调查主要数据公报。

④ 数据来源：国家统计局2015年农民工监测调查报告。

⑤ 2001年，《村寨里的纸文明》作者乔晓光承担了"中国剪纸申请人类非物质文化遗产代表作名录"项目，在对我国剪纸进行摸底调查时发现了苗族、满族、傣族等十余个少数民族具有剪纸传统，这成为"中国少数民族剪纸艺术传统调查与研究"项目的开端。

剪纸艺术本体，对剪纸的分类、传承谱系、传承主体进行具体性的资料收集和分析，又融合社会学、民俗学等学科的研究方法，从文化角度揭示剪纸的艺术特征和社会功能。在研究方法上，将剪纸研究推向多学科的交叉点上。在研究内容上，《村寨里的纸文明》不是以汉族为主位的研究，也不是对单一少数民族的研究，而是站立在纸文明的高度对多民族共享的剪纸传统进行的普遍调查。无论方法上还是内容上，都为后续的衍生研究提供了极大延展性。图书付梓，作者仍在对少数民族剪纸传统进行补充调查，在民间美术研究中、在非遗研究中，有太多的未知等待我们去追寻、探索。不过，田野调查的资料收集只是研究的基础层面，只是剪纸研究的开始，作者对后续研究做出的规划展示出作者将在剪纸领域进行深入研究的勃勃雄心。

作者把中国剪纸作为具有多民族代表性的文化物种进行可持续的基础研究，希望通过中国剪纸的基础个案研究去开拓成熟民间美术的研究方法，建立起"中国剪纸艺术学"的理论基础。①

《村寨里的纸文明》的调查涉及15个省级行政区域，作者按照地理区划和民族文化特征将对这29个少数民族开展的调查报告划分为八个卷本。例如，位于民族迁徙流动通道——"藏彝走廊"的藏族、彝族、羌族并入第二卷；同属稻作文化区域的苗族、仡佬族、布依族归并为第三卷；游牧于北部边关、在戍边征战中频频交流的蒙古族、达斡尔族、赫哲族、鄂伦春族、锡伯族纳入第八卷……这种划分代表了作者想要透过剪纸触摸民族历史文化的一种深入反思，表达了作者对即将展开的剪纸文化研究的一种学术立场。

书中呈现的大量图片和田野记录已经让我们看到了以剪纸这一艺术类型进行民族文化比较的可能性。位处东北的满族、鄂伦春族、鄂温克族、赫哲族剪纸使用的材料不囿于纸材，剪纸风格粗犷，只表现事物外形，不做细节刻画；傣族、布朗族剪纸在形态和使用方法上有极大相似；云南的彝族、贵州的布依族在地理位置上接近，拥有相似的文化背景，剪纸纹样相似但又各具特色；甘肃南部的白马藏族、四川北部的嘉绒藏族，剪纸的形态和使用方法却截然不同；毛南族、仡佬族、土家族在与汉族的杂居中，仪式剪纸与周边汉族相似……同一区域不同民族的文化比较、不同区域内同一民族内部的文化比较、地理区域的剪纸传播、多民族剪纸传统间的融合与坚守等，这些问题呈现出的不仅仅是剪纸的遗产价值，更是剪纸背后存在的文化价值。这些将在我们不断的追问中寻找答案，而我们也会在《村寨里的纸文明》中找到答案。

（原载《民间文化论坛》2019年第3期；供稿：苏欢）

【中国宗教性随葬文书研究——以买地券、镇墓文、衣物疏为主】

黄景春著，上海人民出版社2018年3月版

20世纪初叶，王国维将"纸上之材料"和"地下之新材料"相结合，提出"二重证据法"，对后世的文史研究产生深远影响。后来，人类学、民俗学等将"田野调查材料"纳入视野，提出"三重证据法"。在口述史研究方法受到重视的今天，"三重证据法"已是学者们自觉追求的比较完善的研究方法。黄景春教授的新著《中国宗教性随葬文书研究——以买地券、镇墓文、衣物疏为主》（以下简称《宗教性随葬文书研究》）是利用"三重证据法"研究丧葬仪式的典范。该书从宗教学、民俗学角度切入，界定相关概念，在时间轴

---

① 乔晓光主编：《村寨里的纸文明——中国少数民族剪纸艺术传统调查与研究》，青岛出版社2018年版，第36页。

线和地域坐标上勾画宗教性随葬文书的衍变，阐释相关文书的文化内涵，开辟了全新的研究格局。

一 宗教学的研究视角

乐生畏死、相信灵魂不朽、排斥鬼魂是人类古老的宗教观念。史前瓮棺上钻小孔，作为灵魂出入的通道。上古流行的屈肢葬，则被认为是阻止鬼魂返回故宅的措施。古人认为死必归土，死者的亡魂在阴间继续生存，亡魂会影响生者的命运，所以对它既敬又畏，随葬大量物品供其享用。从战国开始人们在丧葬活动中制作遣策，即在简牍上开列一份随葬品清单，安放于棺椁之中。到汉代，此类随葬文书又有告地书、衣物疏、买地券、镇墓文、冥途路引等多种。人们将这些文书埋入墓圹，以期能够起到驱离邪神、压镇亡魂的作用，最终目的当然还是为生者祈求福祉。

战国早期墓葬中就发现了遣策。湖北随县的曾侯乙墓，除器具、饰品外，还有记载车马及其装备、驭者等情况的竹简二百多枚[1]。尽管这个清单与墓中出土的物品不完全吻合，但大体能反映随葬品的情况。此后，遣策在战国墓葬中多次被发现[2]。在以后的2500多年里，这类宗教性随葬文书一直在丧葬活动中制作、使用，在当今的田野调查中仍能发现丧礼中使用它的情况[3]。对这些随葬文书的研究已有一百多年的历史，金石大家罗振玉导夫先路，其后台静农、吴荣曾、方诗铭、张勋燎等学者从史学、考古学、民俗学、文献学的角度展开研究。日本学者中村不折、仁井田陞、池田温，美国学者韩森，分别从经济学、法学、人类学等视角进行研究。他们考释文书的文字，揭示文书的性质；考述相关制度的源流，探索其中的民俗意义。这些学者的贡献良多，但是也存在研究碎片化之不足，注重对单个文本，或某一时期、某一地域、某一文体的研究，而忽视综合性、纵深性研究，忽视对此类文书的民间性、宗教虚拟性等特质的考察。这就产生一种不协调的境况：这些随葬文书起因复杂、源远流长、与仪式结合紧密、数量庞大，但相关研究起步晚、视角单一、无视民间尚存习俗。这让我们感到在此领域内的相关研究空白区域仍然巨大。要想填补这些空白，必须先认清随葬文书的真实面目，进而从全新的视角加以剖析，全面探寻其文化意义。拿买地券、镇墓文、衣物疏跟墓志铭相比较，做历史学的审读，难免得出充斥迷信、史料价值不大的结论。但这类出土文献诞生于丧葬活动之中，丧葬活动"看似世俗性的事务，实则主要关涉宗教和信仰"[4]。买地券、镇墓文、衣物疏的文化价值主要体现在宗教史、民俗史方面。正因如此，《宗教性随葬文书研究》主要从宗教学、民俗学的角度展开研究。

马克思《政治经济学批判·导言》指出，宗教是人类认识和把握世界的方式之一[5]。丧葬仪式涉及人、神、鬼和阴间世

---

[1] 随县擂鼓墩一号墓考古发掘队：《湖北随县曾侯乙墓发掘简报》，《文物》1979年第7期。

[2] 如信仰长台关、江陵望山、荆门包山、黄冈曹家岗、长沙仰天湖等地墓葬均有记载随葬器物的简牍。参见刘国胜《楚丧葬简牍集释》，科学出版社2011年版。黄景春：《中国宗教性随葬文书研究——以买地券、镇墓文、衣物疏为主》，上海人民出版社2018年版，第256—259页。

[3] 《中国宗教性随葬文书研究——以买地券、镇墓文、衣物疏为主》载有黄景春2003年到2014年在陕北、山西、皖南、浙西、赣北、上海、陇东调查发现的当代买地券、镇墓文一百多件，还有陈进国、王素珍、汪桂萍等学者在福建、广东、湖南、湖北等地调查到的买地券数十件。

[4] 黄景春：《中国宗教性随葬文书研究——以买地券、镇墓文、衣物疏为主》，上海人民出版社2018年版，第9页。

[5] 马克思：《政治经济学批判·导言》，《马克思恩格斯选集》二卷，人民出版社2009年版，第104页。

界的关系,表达人们对死后世界的想象和信仰,以及人死后与家人的互动方式。在墓中随葬各种物品,在一些大墓的墓壁上还绘画生活起居的场景,目的在于表达亡魂到阴间仍有生活的观念。镇墓文中书写的"除殃去咎,利后子孙,令死人无谪,生人无患"等文字,表达的则是对亡魂的畏惧和祈求,要求亡魂只应生活在阴间,祈求亡魂在阴间保佑阳世子孙无灾无患。生而为人,死则为鬼,死生异途,如何让死者的亡魂护佑子孙,而不是给子孙带来祸害,是宗教性随葬文书解决的主要问题。从宗教学视角切入,才能开掘到买地券、镇墓文、衣物疏的核心内涵。因此,该书从宗教学的视角,具体来说是从民间信仰和道教的视角展开研究,切入角度是准确的,相关阐释也是富有成效的。

二 提出"宗教性随葬文书"的概念

学术研究的要务是确立范畴和概念,进而将不同类别的文献资料区分开来。张岱年在《中国哲学史方法论发凡》一书中说"范畴是关于世界事物基本类型的概念"[①],它是人类对客观事物本质的概括,是人类抽象认知的结果。对已有文本的归类是学术研究的过程,也是把握事物性质的必要环节。如何对文本归类,既反映研究者的学识和能力,也体现研究的广度和深度。就《宗教性随葬文书研究》而言,将承载民间信仰和习俗的遣策、告地书、买地券、镇墓文、冥途路引等归入"宗教性随葬文书"这一范畴,超越了具体的载体质料、文本结构上的差异,把握住了文本的基本属性,有助于突破以前断代的、地域性的、单一文体的研究局限,为全面、系统地展开对此类随葬文书的研究开启了大门。

一部优秀的学术专著还须清晰界定基本概念。《宗教性随葬文书研究》主要研究中国出土的具有宗教特性的随葬文书,但在时间上也延续到当代(田野调查所得),在地域上也旁及汉文化圈内的其他国家。在相关概念上,力求外延界定清晰,以凸显内涵的基本特性。就出土材料而言,我国考古学家对出土器物和文本所做的初步判断十分重要,但也往往有待其他学者继续研究,深入挖掘下去。对于随葬文书,考古学家通常给予功能性命名和认定,背后的宗教民俗内涵需要各方面专家做深入、系统的挖掘。遗憾的是,这种挖掘经常不深入也不系统。我国出土大量的具有明显宗教内容的随葬文书,名目甚多,考古学家用遣策、告地书、买地券、镇墓文、衣物疏、冥途路引等加以称说。但是,到了文史研究专家那里,这些名称经常被用乱,甚至另造含糊的概念。譬如,把这些文书含糊地称作"墓券""地券""镇墓券",甚至都没有达到考古学家的精确性,更毋庸说做深入研究了。这种理丝愈纷的情形令人不满,也与学术研究的目标背道而驰。该书作者创造性地提出"宗教性随葬文书"这一概念,用以涵盖丧葬仪式上制作并埋入墓圹中的上述文本材料。该书对这个概念做了三个方面的界定:随葬、宗教性和文本性。"'随葬'界定了文本产生的时机和仪式背景,'宗教性'界定了文本的性质和功能,'文本性'把它与其他随葬器物区分开来。"[②] 包括墓志铭之类的随葬文本属于世俗性随葬文书,不在此书的研究范围之内。通过严密界定,此书将两千多年的宗教性随葬文书划分出来,为摸清"家底"、厘清渊源和流变,并在此基础上深入探讨相关问题提供了可能。

可见,"宗教性随葬文书"概念的提

---

① 张岱年:《中国哲学史方法论发凡》,中华书局2003年版,第46页。

② 黄景春:《中国宗教性随葬文书研究——以买地券、镇墓文、衣物疏为主》,上海人民出版社2018年版,第1页。

出对于认识这类出土材料的宗教特性是十分有益的。有了这个概念，这类文书的同质性就被揭示出来，能够引导人们对这类文书做一体化、系统性研究，有助于改变分开的、零散的研究造成的见木不见林的局面，弥补因缺少恰当的概念而无法开展综合研究的缺憾。

三 宏观把握与个案剖析相结合

一部著作的结构框架十分重要，它关涉全局，是学术研究的逻辑走向的呈现。李渔在《闲情偶寄·结构》中以建筑住宅比喻安排结构的重要性："基址初平，间架未立，先筹何处建厅，何处开户，栋需何木，梁用何材，必俟成局了然，始可挥斤运斧。"[1] 学术著作跟文学作品一样是有机整体，写作前须将全部结构安排妥帖，否则将出现累赘和缺失。《宗教性随葬文书研究》分为上下两编，上编为学理探究，分别对买地券、镇墓文和衣物疏等相关问题进行剖析，追溯其渊源，展示文本类型，考辨相关宗教习俗与神仙信仰，进而揭示研究意义；下编详细梳理宗教性随葬文书的历史演变轨迹，将两千五百年的演变划分为九个历史阶段，每一阶段又依据代表性券文制作时间的先后加以介绍，使读者对相关文书演变过程一目了然。在时代统领的前提下，兼顾不同的地域分布，既有时间上的纵深挖掘，又有空间上的横向梳理，从而在时间轴线和地域坐标上勾画出这些文书的衍变历程，为读者提供一个经纬细密的券文分布网络。

就其研究内容而言，《宗教性随葬文书研究》在汲取前贤时彦已有成果的基础上，注重回应其他学者的论断，汲取合理，检讨偏失。如学者对镇墓文的称呼不一，罗振玉称之为"镇墓券"，张勋燎称为"注解文"，刘屹将其与买地券合称为"墓券"。针对三位学者的命名，该书逐一辨析，从书写载体而言，书写在竹木、铅铁所制成等条形契据为"券"，而东汉镇墓文多书写在陶瓶、砖石和木牍上，故而"镇墓券"不太准确。镇墓的目的不仅是"解注"，其他尚有解除土谪、消除冢讼、断绝重复、驱逐厉鬼恶神等目的，用注解文代替镇墓文实则以偏概全。不区分镇墓文与买地券的差异而统称之"墓券"，又未免空泛笼统。在分析以上名称的偏颇后，作者认为："文本功能才是应该关注的中心。所以'镇墓文'这个概念，超越载体材料的多样性，也超越压镇、解除对象的复杂性，具有宽泛的涵盖面，因而已为越来越多的研究者所采用。"[2] 通过细致的辨析、比较否定不确切的说法，推出自己的见解，讨论路径清晰，论证严谨。这样的讨论在该书中比比皆是。譬如，关于"蒿里"与"蒿里父老"，从唐代颜师古、清代顾炎武至今人余英时、饶宗颐等均有相关论述。顾炎武认为"蒿里"是"高里"的讹化，饶宗颐在此基础上推断"高里"演变为"泰山府君"。后经学界相互申述，几成定论。而《宗教性随葬文书研究》通过考察秦汉典籍和出土文献，认为蒿里原为墓地之称，秦汉时期"蒿里被附会到了高里山"，蒿里父老也许是阴间冥吏，但也许只是死者在阴间的邻居。针对日本学者池田温所谓的汉代券文上所出现的象征着对死者畏惧和排斥的句子"乐勿相念，苦勿相思""千秋万岁，莫相来索"在五、六世纪后逐渐消失这一论断，《宗教性随葬文书研究》列举湖南、成都、贵州、四川等地出土券文上的"生属皇天，死属地泉，生死异域""天番（翻）地倒，方始相会""石人能语，石马能行，石契□□，

---

[1] （明）李渔：《闲情偶寄》，中华书局2014年版，第36页。

[2] 黄景春：《中国宗教性随葬文书研究——以买地券、镇墓文、衣物疏为主》，上海人民出版社2018年版，第62—63页。

方始相呼"等券文，证明10世纪以后乃至当今在民俗丧葬中仍有拒斥亡魂、分别死生的表述，池田氏的错误结论不攻自破。买地券有很多虚拟的成分，尤其是买地价格动辄几万甚至上千万，这个土地价格绝非真实，但日本学者仁井田陞和部分中国学者却当作真实的地价，用以研究当时土地买卖情况。《宗教性随葬文书研究》在分析多件券文的基础上揭示其虚拟性，纠正了相关学者的错误做法。

该书不避谈分歧，敢于批评，且勇于立论，观点明确，论证充分。但当没有足够证据的情况下，书中也会提出自己的看法，抛出问题供学界讨论。如在论述"邮差型"天帝使者和"钦差型"天帝使者的职责时，列举日本学者林巳奈夫、法国学者索安和中国学者刘屹均据石家庄出土的蚩尤像及"天帝使者"铭文，判定在汉代的信仰中蚩尤为天帝使者。该书认为画像为辟兵，铭文强化这一功能，那么，铭文和画像到底是指称关系还是并列关系，即蚩尤是否为天帝使者，尚需要进一步讨论。这为学术界的深入研究提出了有意思的话题。

总之，《宗教性随葬文书研究》是一部文献资料翔实、理论梳理透彻、勇于立论、勇于辩驳的优秀著作，不仅提出了新的概念，还严格界定了这个概念，在研究实践中运用了这个概念。因此，该书不仅深化了对我国宗教性随葬文书的研究，也对我国宗教史、民俗史、丧葬史研究具有很大推进作用。相信不同学科的读者，都会在阅读该书时获得各自的启发和收益。

（供稿：梁奇）

【长辛店历史与文化】
施爱东编著，中国社会出版社2018年5月版

长辛店镇位于永定河西岸，自元后成为西南各省出入京师的要道，清末成为京汉铁路全线的"神经中枢"。这里不仅孕育了震惊中外的"二七大罢工"，也滋养出五教共存的和谐信仰格局。清末此地因铁路修建而发达，一度代表了中国最先进的工业文明，但在企业改制浪潮中，长辛店都落后于时代的发展。长辛店五里长街的面貌似乎永远停驻在20世纪80年代，从此偏安北京西南一角，只在京城文化旅游者的"感旧之作"中被偶尔提及。

长辛店虽然大名鼎鼎，但是从来没有人为它编过一部专志，而施爱东《长辛店历史与文化》的编写则弥补了这一缺憾。该书文献资料与田野调查并重，将从史书方志、诗文笔记、报章杂志中打捞出的资料，以及田野调查过程中的访谈录进行整理重构，分为三个部分。第一部分从历史角度，通过侦订长辛店的地名传说梳理其演变，选用对长辛店造成重大影响的特殊时间节点来钩辑史料，力图展现风云变幻的近现代史中京汉铁路工人不屈的面貌。第二部分从文化角度，从商业、宗教、建筑、军事四个方面展现长辛店从清末到新中国成立后的社会变迁。第三部分是关于长辛店文史资料和口述资料的汇编。著作凡40万字，对当地重要的人、事、物都有记载。"专志贵专，而不求全"，该书更侧重于工人运动与文化教育，为长辛店民众编写了一部出色的专志。

一

作为历史部分的开场，首章"传说的长辛店与历史的长辛店"最能体现作者的治学思路。作者考察了传说中"长辛店"地名的由来，一一反驳关于长辛店地名传说的不尽然之处，同时详细论述了历史上"长辛店"地名的演变。

若要梳理长辛店地名在历史上的演变，首先就要圈定长辛店建村的时间范围。作者从长辛店的介绍入手，进行了详细的剖析。长辛店号称千年古镇，源于此地"相传宋代杨家将征讨辽国向涿州进发，这里

是必经之地。"（第3页）有趣的是，历史上杨家将征讨辽国的行军路线并不需要迂回至此处。"我们找不到长辛店早在宋代就已建村的确切记载……其实更在元代建都之前，卢沟桥就已经是幽州与中原交通的必经之路。地处卢沟桥西南的长辛店，自然也是进出幽州的第一个落脚站。"（第5页）在考证卢沟桥西南在元前就已存在聚居村落后，作者再次探查"长辛店的历史上溯到元代的'泽畔店'"的说法是否可靠。作者从较早出现此说法的《丰台区地名志》入手，纠正此书引用的讹误，终于找到文献源头，发现"泽畔店"来自成书于明朝初年的《元史》，内容如下："（十二月）己酉，卢沟桥、泽畔店、琉璃河并置巡检司。"（第8页）再从其他史料及巡检司的空间设置等问题入手，作者否定了长泽店就是《元史》中"泽畔店"的说法。

"新店"一词"最早出现在永乐《顺天府志》卷11《宛平县·廨宇》"中，作为急递铺被称为"新店铺"。在辨析"新店铺"作为传送驿站和"新店村"作为人口聚居地后，由于两者存在方式不同，即"虽然洪武六年就有了'新店铺'，但并不代表有了'新店村'。"再辅以长辛店镇的"张公墓"的记载，产生"新店"说法的时间范围进一步缩小到万历年间（1593）。通过嘉靖十五年（1536年）吏部尚书李时撰写的《敕建永济桥记》，可以发现长辛店大街开辟的时间正是此时。而作者发现"'新店'作为村名，至迟在成化年间就已出现。"

经作者查阅明清文献，发现"从未有过'长店'和'新店'同时出现的情况"。所以"长店""新店"合并说也被否定。恰好《宛署杂记》中新店村和新店铺相距五里，而赵村和新店铺地理位置相似，如此推测，长辛店应当是"新店村"和"赵村"融合而成，称为"长店"。

在清初皇家文献中，长辛店主要使用"长店"一名。"从康熙年间开始，'长新店'一名开始出现在了地方文人和往来客官的笔下。到了雍正之后，'长店'开始退出朝廷文书，'长新店'逐渐成为主流"（第20页），一直延续至光绪年间。

之后，作者查阅了创刊于1902年的《大公报》和创刊于1872年的《申报》，发现更名的时间节点在1898年下半年至1899年之间，从而推测改"新"为"辛"应为戊戌变法失败后避忌讳所致。在考证长辛店地名来历的过程中，传说中的长辛店和历史上的长辛店混杂的两幅面孔便已呈现。

第二章写京汉铁路的建成，促进了长辛店由典型的破落的农村社区向新兴的工业社区的转变，以及当时文人记者对长辛店开通铁路截然不同的两种看法。其中"长辛店的'龙车'"一节，作者从龙车的修建与使用入手，极其精彩地表现出后来者不论是出于实际使用还是出于猎奇心理，都情不自禁地向龙车背后所隐含的象征意义靠拢的心态。

第三章以"二七大罢工"的发生发展为主线，编写了一部长辛店铁路工人的血泪斗争小史。长辛店铁路工人多来自于沿线农民和从事船舶业的工人，不论是清政府、北洋军阀政府，还是京汉铁路资方，都通过出台的一系列规章制度，竭尽所能压迫工人，侵犯工人们的权利与尊严。工人地位低下，工作环境恶劣，生活更是苦不堪言。1918年法华教育会开展留法勤工俭学活动，在长辛店机厂设立"高等法文专修馆长辛店分馆工业科"。工业科的学员们不仅和京汉铁路的工人们建立了真挚的友谊，还成为北京大学进步青年与工人们联系的桥梁，定期帮助工人们学文化、讲时事，培养了一批进步工人。在以邓中夏为首的早期中共党组织的帮助下，长辛店的铁路工人们迅速团结起来，通过组建工会争取合法权益，最终成立"京汉铁路总工会"，发动了在军阀血腥镇压下失败的"二七大罢工"运动。

第四章叙及国民党以及日伪统治时期的长辛店。描述了从"七七事变"后日军对长辛店机厂的改组、设立"宛平县新民会"、设立经济班把守重要通行关口、设立用生人进行日常训练的军犬队等长辛店在日军统治中民众毫无安全尊严可言的日常生活。还描述了倚仗日本势力大肆开设"白面儿房"和"土膏店"的朝鲜人，以及即将解放时穷途末路的国民党败军及汉奸组织对长辛店商户的掠夺和骚扰。这些都从侧面反映出犹如风中烛火的民众命运。日军一方面严密管控占领区中国人的精神和行为；另一方面为了维持占领区经济工业的正常运转，不得不雇佣众多中国人做一些基础性的工作。这样就不可避免出现许多中国人为日军工作的情景，因而行文中作者一再解释为日伪政府工作的工人"大多是混口饭吃"、"长辛店给日本人做事的不少，但是，真正死心塌地地为日本人服务的非常少"，显示出作者对苦难民众深切的同情。

以上是长辛店的历史，作者从长辛店在近现代史上留名的修筑京汉铁路北段机厂为起始点，围绕京汉铁路给民众带来的影响，以工人生活、革命启蒙、工会组建与学校教育为着力点，展现清末政府、帝国主义侵略者、北洋政府、日伪政府及国民党政府几番势力在长辛店铁路机厂轮番上场的局势。

而关于长辛店文化部分，最有趣的是长辛店的商业文化和宗教文化。商业文化一章，展示了民国时期商号的组建和构成、学徒的晋升制度、集市交易的度量衡、随着粮食交易而催生的名为"斗局子"的集市组织管理职业，以及当时物价飞涨，遍地大兵的历史现实。其中以"天永和"药铺为例，展现了极富人情味的老字号的良好经营模式。宗教文化方面，长辛店的五里长街罕见地汇聚了佛教、道教、伊斯兰教、天主教和基督教五个教派，"不同宗教扎根长辛店的传教史，同时也是一部长辛店接纳多种社群以及他们宗教的地方史"（第156页）。此外，建筑文化从长辛店的大小街道、永济桥、老砖石瓦片和工人浴池来展开；军事文化则细数了长辛店周边现代军事技术研究所与各类军事院校。

二

编纂方志讲究"详今略古"，但是作者根据长辛店的实际情况进行调整。考虑到长辛店历史上隶属于宛平县，近现代之际才以不容忽视的姿态出现在历史上，而企业改制后又逐渐落后于快速更新的时代，所以之前对它的介绍都是散见于县志笔记。在这种情况下，该书的任务应当是对长辛店的"古"史做出搜集与整理。作者在论及此书编著的时代断限时，也说道"考虑到1949年以后的史料太多太杂，而且很多史料尚未公开，我将文史钩沉的重点放在1949年以前"（第367页）。

对近现代时期资料挖掘不够深入的问题，是20世纪80年代新方志编纂的普遍缺陷，仓修良和巴兆祥都曾提到这个问题。一些新编方志记载近现代时期的文字部分几乎都是"一短二空三戴帽"。不论是对"详今略古"原则的片面理解，还是懒于爬梳史料，都显示出对现代历史重视不够。而该书的历史部分则对清末至民国时期长辛店的大事都做了较为详细的记载，上迄1889年4月1日张之洞提议修建卢汉铁路，下至1949年4月解放军南下。以事件为中心，按时间顺序记录大事件的发生过程。这种编写方法也被称为"大事记"，就是适当选择当地历史上的重大事件加以记述，使读者了解该地历史发展的大致脉络。此外对于民国时期工人形象的呈现，作者多从生活细节着笔，绝不是"人民处于水深火热"之类的空洞套话。如"长辛店机厂的老工人回忆说：'那时候工人买不起表，遇到变天的时候估摸不准时间，只得后半夜就爬起来往工厂赶。有时起得太早了，就得在门口忍饥受冻地等上两三个钟头。'工头将工人视为贼、盗，每天工人下班都要搜身，凡是搜出疑为工厂的物件，轻则一顿打骂，重则罚薪、开除。工人入厂须还得具结'三保单'，即人身保、铺保、连环保。一人出事，连环株连，工人的人格尊严受到严重侮辱。"（第60页）这样的铁路工人在工作中受到压迫欺辱的例子书中还有很多。

另外，方志编纂者根据资料撰写的著述和书中保存的原始资料两部分的平衡始终是一个问题。显然作者精于资料的勾辑著述之道。在行文过程中，作者似乎并未受到大量资料的桎梏，而是尽量将其作为正文或引文写入。在"铁路工会的成立"一节中，作者在组织资料编写铁路工会成立之余，顺势描绘了一个工贼邓长荣。两三百字，一个在工厂作威作福的形象就跃然纸上，也显示出作者一贯喜好品评人物的风格。关于原始资料的保存，作者将在成书过程中搜集到的所有文献资料、访谈资料以及歌谣传说等，按照资料性质整理好，分为古籍文献中的长辛店、长辛店的民俗生活、长辛店民间文化与艺术三个附录汇编，置放在文末，既便用者，又备征信。这样著述和资料都得到较为妥善的安排和处理，也为后来者的研究提供方便。其中对搜集到的关于长辛店的民间歌谣，作者还做出了详细的解释。

在文献的运用上，作者将文献考证与田野调查相结合，既符合民俗学的研究方法，也符合志书编纂应当多用口述资料的原则。在编写长辛店的宗教与信仰一章时，关于清真寺、天主堂、基督堂的建立和发展，都得到了丰台区各教权威的审定。该章后还附有长辛店居民的《长辛店宗教信仰习俗的访谈记录》，可与前述考证对照。

此外在资料的运用方面，该书还践行了作者一贯的观点，即在学术写作过程中，应当使用同一语境下的资料来对某一观点进行论证。作者对搜集到的资料根据语境进行筛选后，再选用部分资料进行编写。如作者在考证长辛店地名演变时，主干部分的资料多选用《明实录》《清实录》《顺天府志》《宛署杂记》等正史和方志。在编写三、四两章时，资料多来自于政协北京市丰台区委员会文史资料委员会编印的《丰台文史资料选编》。而在文后附录一中可以看到，关于长辛店的历史文献资料远远不止于此，这种严谨的学术态度使该书显得客观可信。

《长辛店历史与文化》一书，围绕京汉铁路的修建，从历史与文化两方面整理了清末到新中国成立前长辛店的工人生活、工人运动、学校教育、商业文化、宗教文化、建筑文化、军事文化。作者在叙述历史上重大事件时，不忘组成历史的民众的生活。在为长辛店编写专志的范围内，最大限度地还原当时长辛店民众的生活细节。该书既是为长辛店编写的一部专志，也是一部长辛店的民间文化与生活史。

（供稿：皮宇航）

【文体的社会建构：以"十七年"（1949—1966）的相声为考察对象】
祝鹏程著，中国社会科学出版社2018年4月版

"文体"（genre，一作"文类"或者"体裁"）是民间文学研究领域的关键词之一。一般人听到"民间文学"，往往会立刻想到"神话、传说和民间故事"等等；《民间文学概论》一类的教科书，总会用大量篇幅，详细论述各种文体的定义、分类、内容以及形式上的特征；学者们在论述"民间文学/民俗是什么"的时候，也常用各类文体来加以举证。比如钟敬文先生主编的《民间文学概论》，在结构上实

际分作了两部分：一部分是民间文学的一般基础理论，另一部分就是"体裁分论"，其列举的民间文学体裁包括神话、传说、民间故事、民间歌谣、史诗、民间叙事诗、民间谚语和谜语、民间说唱和民间小戏等。美国著名民俗学家阿兰·邓迪斯（Alan Dundes）在其所编的《世界民俗学》一书中，也认为要回答"民俗是什么"，"对初学者来说，将民俗的各种形式，分项列举来加以表述，恐怕是最合适的了"，他列举出的文体包括神话、传说、民间故事、笑话、谚语、谜语、圣歌、符咒、祝词等等。① 由此可见文体对于民间文学的重要性——文体不仅构成了民间文学的研究范畴，也划定了这一学科的边界。

在世界民间文学研究领域，对文体的探讨经历了与主流范式的变化相一致的转向。20 世纪 60 年代中后期以前，民间文学研究领域盛行的是"以文本为中心"（text-centered）的范式，它着力关注的是被剥离了语境关系的、静态的、具有自足性的口头艺术事象。与此取向相应，学者们对于文体的研究，也往往是从学术分类的立场和目的出发，将文体视为与语境无关的、静态的、自足的一系列形式与内容特征的集合，是"不断变迁的历史着重点和差异化的文化观念和用法背后的恒定形式"②。

不过，20 世纪 60 年代以后，随着人文、社会科学领域里发生的诸多变化，世界民间文学领域也发生了一系列研究方法的转向，这些转向主要体现在：从对历史民俗的关注转向对当代民俗的关注；从聚焦于文本转向对语境的关注；从对普遍性的寻求转向地方性的民族志研究；从对集体性的关注转向对个人（特别是有创造性的个人）的关注；从对静态的文本的关注转向对动态的实际表演和交流过程的关注。③ 这些转向也深刻地影响了学者对文体的认识——文体逐渐不再被视为与语境无关的、静态的、自足的形式与内容特征的集合，而是深置于语境之中的动态形成过程，而且，不同的主体也会有不同的文体认知和划分方式。比如美国民俗学家丹·本—阿莫斯（Dan Ben-Amos）在《民间文学文类》（Folklore Genres）一书的"序言"中指出：本书的作者们都共同持有这样一种观点——"口头传统的形式并不仅是用于档案馆、文献陈列室和图书馆的分析性建构和分类性范畴，而是一种特殊的交流模式，它们存在于人们的知识之中。"④ 表演理论的代表人物理查德·鲍曼（Richard Bauman）也曾这样定义文类："从表演的角度看，文类被更好地理解成了一种话语生产和接受的框架，它由社会所提供并为文化所模塑；它是一种模式（或者参考性框架，或者一整套预期），能够为将一段言语模塑为形式上得体的、可被理解的话语提供指导。它是区分种属的体系，为表演社区中的成员所运用，也正是我们这里通过民族志式的参考框架——而并非一些学者为了比较目的而提出的更加广泛的分析性类别范畴——所要探求的对象。"⑤

在中国民间文学界，自 20 世纪 90 年代中后期起，也逐渐发生了从文本研究向语境研究范式的转向。不过，相对于各类具体民俗事象的探索而言，这一转向给文

---

① ［美］阿兰·邓迪斯编：《世界民俗学》，陈建宪、彭海斌译，上海文艺出版社 1990 年版，第 3—4 页。

② Dan Ben-Amos（ed），Folklore Genres，"Introduction"，University of Texas Press，1976，p. 20.

③ 杨利慧：《表演理论与民间叙事研究》，《民俗研究》2004 年第 1 期。

④ Dan Ben-Amos（ed），Folklore Genres，"Introduction"，University of Texas Press，1976，p. 31.

⑤ ［美］理查德·鲍曼：《作为表演的口头艺术》，杨利慧、安德明译，广西师范大学出版社 2008 年版，第 113 页。

体研究带来的变化并不显著：迄今为止，中国民间文学研究者依然往往将文体视为自足的、静态的学术分类范畴。在这样的背景下，我认为近十多年来有两部源于博士学位论文的著述，对文体研究有较为重大的推进。一部是毕业于北京师范大学的日本青年民俗学者西村真志叶的《日常叙事的体裁研究：以京西燕家台村的"拉家"为个案》[1]，该著的显著成绩，在于促进了民间文学的文体研究从"客位"（etic）向"主位"（emic）的转变：作者不再将"体裁"视为研究者用于分析和分类而建构的概念，而是聚焦于特定社区中的行为主体（她所研究的燕家台人）有关地方体裁的"共同理解"，揭示出他们按照这种理解或知识来实践体裁的过程，进而从文体的角度突显出了民众主体世界的重要性。

另一部就是鹏程所撰写的《文体的社会建构：以"十七年"（1949—1966）的相声为考察对象》了。它的主要成就，则在于推进了民间文学的文体研究从"静态"向"动态"的转向。

如前所述，迄今为止，中国民间文学研究领域以及相关的民俗学界，往往依旧将文体视为与语境无关的、静态的、自足的形式与内容特征的集合，例如，将神话视为"神圣的叙事"；民间传说具有历史性和传奇性；曲艺（民间说唱）是"文艺战线上的轻骑兵"，相声则具有讽刺和抨击丑恶的特点，如此等等。这些话语至今在学界和社会上广泛传播，似乎已经内化成为"社会共识"的一部分。该书作者却对这种静态的文体观发起了挑战，旗帜鲜明地提出了"动态的文体观"：主张"不能把文体作为一个封闭的、自足的对象来看待，必须用动态的、建构性的视角来考察文体的演进"（"结论"）。围绕着这一核心论点，该书以新中国十七年（1949—1966）对相声的改进为考察对象，通过丰富翔实、细腻生动的资料梳理和民族志深描，深刻地揭示了相声传统在这一过程中产生的诸多变化，以及这些变化对人们认识相声这一文体产生的巨大影响。具体而言，我认为该书的突出成绩主要体现在以下几个方面。

第一，从动态的视角，将相声这一文体置于十七年的政治、社会和文化语境之中，立体而生动地展现了国家、社区、艺人、观众以及现代传媒技术等多重因素对相声改进过程的影响。作者通过研究发现：在十七年中，相声的表演者、文本、功能和观众都是在与社会语境不断互动的过程中被建构的，而这一改进的过程也正是相声传统被建构的过程：无论是"讽刺精神"的挖掘，还是"说新唱新"功能的赋予，其实都是特定历史条件下多种力量互动协商的结果。因此，相声"并不是一个静止的、定格的超有机体，而是在与社会政治权力、社区传统、表演者的需求的多重对话与协商中产生的社会性形式"（"结论"）。"动态文体观"的提出，突破了将文体静态地看作"恒定形式"的桎梏，彰显出"社会"维度的重要性，显示了文体研究对于探寻社会变迁的巨大潜力，有助于研究者在文本、语境、表演者、观众以及社会、政治、文化等多元维度上，更全面地把握文体的形成和变化规律，从而更深刻地洞察文体的生机和活力，以及其中蕴含的人类的文化创造力。

第二，在着力揭示文体的社会建构过程的同时，也展现了文体自身的内在规约力。尽管该书的作者秉持建构主义的立场，但他并未将文体归于永远变动不羁、毫无稳定性可言的范畴，进而陷入不可知论的泥淖；相反，在倡导"动态文体观"的同

---

[1] ［日］西村真志叶：《日常叙事的体裁研究：以京西燕家台村的"拉家"为个案》，中国社会科学出版社2011年版。

时，他也指出了文体自身具有一定的内在规约力，即"使文体的属性稳定化的核心因素，指的是文体在历史积淀、社区传统、社会关系与观众趣味的影响下，沉淀下来的一些核心性的形式与内容"，它们构成了文体的有机组成部分。在新的社会文化语境中，文体会受到各种力量的模塑，但是只有遵从了文体原有内在规约力的"改旧编新"，才可能获得成功。以相声而言，尽管十七年中对相声的改进力度十分猛烈巨大，甚至常常改变了相声的主题和文本结构，但是并未能改变相声"逾越秩序，制造'包袱'"这一根本特征，由此可见，"语境与文体的内在规约力之间具有辩证的关系"。这一观点对目前盛行的语境研究范式具有积极的纠偏作用。

第三，进一步指出了动态文体观研究的四个主要维度，为未来的相关探讨提供了一个可资借鉴的模式。该书的目的并不在于简单地描绘相声的变迁史，也没有止步于倡导一种动态的文体观，而是进一步希冀为动态文体观的研究实践提供一个一般性的模式。作者认为，若要对文体进行动态的考察，其中四个维度最为重要：一是文体的内在规约力；二是文体的生产方式；三是表演者理解和驾驭文体的能力；四是社会对文体的规约与赋值。这四个维度彼此交叠，为考察文体与社会的关系提供了有利的观察视角。我相信，这一熔铸了作者诸多心血而概括出的模式，会成为今后相关研究的重要参考。

总体而言，该书视野开阔，逻辑清晰，资料翔实，文笔晓畅，有比较突出的理论建树，为民间文学的动态文体观研究提供了一个范例。当然，该书也难免有一些不足之处。我觉得其中主要的一个不足，就是对文体的理论探讨还不够集中和深入。作者似乎在相声的文体研究和社会史研究之间摇摆不定，未能对文体研究进行更有效的凸显，因此我在阅读文稿的过程中不时会觉得更像是纵观相声的社会史。如果目标更加明确笃定、对文体的理论阐述以及与国内外相关研究的对话更为丰富和集中，该书的主旨会更明晰，探讨也会更有力。

(《文体的社会建构》序，供稿：杨利慧)

【中国风俗发展简史】
陶立璠、宋薇茄著，学苑出版社 2018 年 12 月版

《中国风俗发展简史》的写作终于落笔，此时的心情难以言表。没想到这部书稿的写作会经历如此漫长的时日。从 20 世纪 90 年代算起，已有二十多年的时间，在我的教学和学术生涯中，一本书的写作间隔、相续这样长的时间是少有的。其中的原由，说来话长。

20 世纪 80 年代，是中国民俗学的恢复和重建时期。学科的恢复从民间文艺学、民俗学在文科高等院校开设该门课程开始，逐步展开。当时处于高校教学第一线的民俗学同仁，深感责任的重大。老一辈民俗学家筚路蓝缕，在前摇旗呐喊，我辈岂可怠慢。于是大家从不同的岗位归顺在民间文学、民俗学大纛之下，为学科的恢复、重建尽其所能，奋斗不息。一时间，原本溃不成军的队伍，终于有了励志的机会，大家愿为民俗学学科的恢复发展，尽绵薄之力。但在当时的语境下，重整队伍谈何容易。学术荒芜得从头学起，经费匮乏更是举步维艰。每当聚首，大家用"惨淡经营"形容当时中国民间文艺学和民俗学学科的状况。不过从动荡逆境（一个接一个的政治运动）中走出来的学者，有坚定的学术志向和"不计名利，无私奉献"的精神。正是这种精神，造就了 20 世纪 80 年代中国民间文艺学和民俗学的黄金时期，留下许多美好的回忆。这种承上启下的学术格局，奠定并夯实了中国民间文艺学和

民俗学发展的基础。

如今的情景大不相同，经过数十年的努力，特别是经历改革开放40年，中国民俗学的发展已今非昔比。民俗学硕士学位和博士学位授予点，遍布全国，队伍不断壮大，学术梯队已经形成。涉及民俗学学科的许多领域，研究在步步深入。目前的中国民间文艺学和民俗学学科已站在一个新的学术高地。尽管学科地位并不算高，但也跻身社会学和文学学科二级学科位置。对我们参与了这一学科恢复和重建的成员来说，不能不感到莫大的欣慰。

20世纪80和90年代，不仅是中国民俗学学科恢复和重建时期，也是学科建设逐渐走向成熟的时期。在钟敬文等老一辈民俗学家理论场域的培育下，经过几代学人的努力，学科理论逐渐成熟，理论框架已经确立。这一理论框架的基石是民俗学基础理论（概念、对象、范围、功能、特征、分类、方法论等）；在中国社会转型之际，应用民俗学，诸如语言民俗学、宗教民俗学、文艺民俗学、法律民俗学、旅游民俗学等，专题应用研究不断深入，扩展了中国民俗学研究的领域；与此同时，中国民俗史、中国民俗学史的研究也取得了丰硕成果；包括民俗资料收集、整理、保存在内的民俗志书写得到重视等。这些成绩的获得，不能不归功于稳定的时代环境和思想解放态势。试想在20世纪五六十年代，当民俗学被作为资产阶级学问遭遇批判时，民俗学能取得学科生存的权利吗？会有如上的成绩吗？是稳定开放的环境，提供了学科发展的用武平台。机遇光顾了为此奋斗不懈的民俗学人，使他们在平和的环境中，为民俗学学科的建设，发挥各自的智慧和才能，展现民俗学的光辉前景。

民俗史研究和民俗志书写是民俗学学科的重要组成部分。史的梳理和志的书写，是建立具有中国特色民俗学的基础。在众多的社会学科分支中，民俗学是独立的分支学科，它的研究应建立在中国民俗发展史和民俗志基础之上。就是在强调民俗学"现在性"时，恐怕也不能脱离这一基础，因为"现在性"和传统是不能脱节的。

中国具有5000年的文明史，民俗文化伴随中国历史的发展，延续到今天。要建立民俗学的中国学派，史的借鉴和志的利用是不可或缺的。回想20世纪80年代，中国民俗学迎来了学术的春天。全国许多文科高等院校的中文系，纷纷开设民间文学和民俗学课程。1984年前后，我在中央民族学院（现中央民族大学）汉语言文学系（现为文学与新闻传播学院）开设《少数民族民间文学概论》和《民俗学概论》课程。1985年和1987年拙著《民族民间文学基础理论》和《民俗学概论》先后由广西民族出版社和中央民族学院出版社出版。1987年又为民俗学专业研究生开设《中国风俗发展史》课程。我始终认为风俗发展史和民俗志是民俗学学科研究必备的基础知识。民俗学研究如果离开这两个领域的知识，是很难取得学术成就的。

正值此时，也就在90年代初，北京师范大学一批年轻学者发起编纂多卷本的《中华文明史》。在史学著作中，将"民俗文化史"列入该书的20个分支学科之一，这还是第一次。编委会聘请钟敬文先生担任"中国民俗文化史"主编，由我担任副主编。这大概是因为我在中央民族大学开设《民俗学》和《风俗发展史》课程的缘故吧。其时，我的教学任务很重，除给本科生、研究生讲授民俗学、风俗发展史课程外，还为研究生开设"民间文学专题研究"课程。加之当时社会活动又多，本想在讲授《中国风俗发展史》的同时，承担"民俗文化史"的写作，但实在力不从心。正在此时，我的前夫人宋薇笳副教授表示愿意承担此任。她当时是中央民族学院汉语言文学系的教师，讲授"古代汉语"，同时为我的研究生讲授"中国民俗历史文献检索"课程。考虑到"民俗文化史"写作必然涉及中国古代文献,她又有讲授民俗文献检索课程的背景,就将"民俗文化史"的写作任务交给了她。她是一位治学严谨的学者,熟知古代文献,便全身心地投入写作,从史前风俗写到魏晋南北朝风俗。许多章节被收入《中华文明史》发表。但是天有不测风云,不久她便由于冠心病发作,转至多家医院住院治疗。1996夏,我应日本名古屋大学邀请,在大学院国际开发研究科,任客座教授一年。这次带夫人一同前往日本。回国后,她想继续完成写作任务,但不久又因乳腺癌住院,手术、化疗、放疗,整整三年的时间,我放弃了一切工作,同她一起在医院度过。2000年10月,宋薇笳副教授终因癌症治疗无效不幸去世。"民俗文化史"的写作不得不止笔。

时光到了1999年3月,我的生活进入退休后的岁月。本想从此可以悠闲地度过晚年时光,实际上却是退而不休,仍在为我所钟爱的民俗学事业奔走。先是参与中央民族大学民俗学专业硕士授予点与博士授予点的申报,经国务院学位办审核批准,2000年中央民族大学获得民俗学专业硕士学位授予权。三年后,2003年又获得民俗学专业博士学位授予权。之后有八年的时间,在文学与新闻传播学院(原中央民族大学中文系)领导的恳求下,在该专业名下招生并为研究生继续讲授《中国风俗发展史》课程。不过此时我的身份是一名学术志愿者。其间,另一项未完成的国家"十五"规划重点图书——《中国民俗大系》的编纂任务等我去完成。这是我一手策划的一部分省立卷(31卷)的大型民俗志图书。虽是国家重点图书,但没有任何经费支持。作为主编,在十年多的时间里,我为此竭尽努力。从拟定框架、制定编辑体例、邀聘撰稿人、组稿、改稿到最后定稿,耗费不少精力。值得庆幸的是,在全国各省民俗学友人的助力下,31卷本的《中国民俗大系》终于在2004年由甘肃人民出版社出版。在人民大会堂举行首发式时,全国人大常委会副委员长司马义·艾买提出席,文化部副部长周和平和全国许多民俗学同仁发来贺信。这是我为中国民俗志建设所做的一件有意义的事情,也算尽了绵薄之力。2008年辞去中央民族大学民俗学研究生招生义务之后,我又全身心投入非物质文化遗产保护工作。被聘为国家非物质文化遗产保护工作专家委员会委员,中国文联中国民间文化抢救工程专家委员会委员,为进行非物质文化遗产考察、认定,保护工作的巡视、督查,我的足迹遍布全国。岁月如歌,生命就这样在忙碌中度过。但是我始终没有忘记《中国风俗发展史》的写作,没有忘记前妻宋薇笳副教授的临终嘱托,不完成这部著作,总觉得是一种亏欠。于是忙碌之余,翻阅前妻遗留下的手稿,眼前不断闪现她那羸弱的身体和在病中书写的情景。我想应该完成她的遗愿,同时也为我多年来风俗发展史的教学作一总结。这样在其原稿基础上,重新拟定框架,对原始社会、先秦、秦汉、魏晋南北朝风俗史,作了补充完善并续写隋唐、宋、元、明、清各章。这便是呈现在大家面前的《中国风俗发展简史》。

一 风俗史与风俗志在民俗学研究中的地位

风俗史研究,历来为历史学和民俗学所重视。历史学将民俗作为生活史的一部分进行叙述,而民俗学将风俗作为文化史来叙述,这是二者的不同。风俗史的研究又常常和民俗志的书写相结合,体现史与志的结合,构成中国民俗学的特色。检索中国风俗史著作,当推1911年初版的张亮采的《中国风俗史》。这是中国风俗史的第一部专著,以文献引述见长,至今仍有很高的学术价值,被各家出版社多次印刷出版。另一部著作是1938年长沙商务印书馆出版的尚秉和的《历代社会风俗事物考》，这是中国第一部文献民俗志著作。尚秉和在其《滋溪老人传》中述及《历代社会风俗事物考》编纂时说："思中国历史，皆详于朝代兴亡、政治得失、文物制度之记载，至于社会风俗之演变、事物风尚之异同、饮食起居之状况，自三代以迄唐宋，实相不明。一读古书，每多隔阂。'然一物有一物之历史，一事有一事之历史'，而多为人所忽略。"因此尚先生征引典籍三百余种，纂成《历代社会风俗事物考》，为后世风俗史研究提供了重要的文献参考。两部著作从史与志的角度，展现了中国风俗产生发展的脉络和文献路由。20世纪上半叶，众多民俗专门史著作的出现，除"五四"新文化运动影响之外，似乎也与学者对历代风俗专门史的关注有关。如史学类的《中国婚姻史》（陈顾远）《汉代丧葬礼俗考》（杨树达）《中国妇女生活史》（陈东原）《汉代风俗制度史》（瞿兑之）等。民俗志类如《北平风俗类征》（李家瑞）《苏州风俗》（周振鹤）《新年风俗志》（娄子匡）以及《中华全国风俗志》（胡朴安）等。这些著作相辅相成，说明史与志的密切关系。同时启示我们，中国民俗学的研究要想深入，要想使其具有中国特色，离不开史与志的支撑。文献民俗学如此，现代民俗学的研究也如此。

二 风俗史与民俗史辨析

长期以来在民俗学研究中，涉及风俗史与民俗史，其概念往往是模糊的。学者们大都认为民俗史即是风俗史。其实二者既有联系又有区别。从学科史的角度讲，民俗的概念争论了很久，至今也没有得出权威性的结论。关键是学者们对"民"的解释莫衷一是。"民"变成捉摸不定的客体。民俗学中的"民"，究竟是指哪一类人呢，可以用许多同义词来表述。平民、黎民、庶民、民众、百姓、常民、土著，还有人民、公民等。"民"被许多形容词定义着，很难抉择。中国最早关于"民"的记载，出于《春秋谷梁传·成公元年》："古者有四民：有士民，有商民，有农民，有工民。"东晋范宁《注》此："德能居位曰士；辟土植谷曰农；巧心劳手成器物曰工；通财货曰商。"后世关于"民"的概念大概出于此，即指士、农、工、商阶层，只是次序排列不同而已，商民被排在最后。可见"民"具有本土概念。按字义解，"土著"也，即本地常住的居民。实际上"民"是指特定的人群或某一阶层的人。可见中国古人在造字时，"民"的概念、范围是十分清楚的。民俗学研究的对象即是"士、农、工、商"阶层创造和传承的文化，也就是民俗学家钟敬文一再强调的，社会中的中下层阶级或阶层创造和传承的文化。只是其中的"士民"在钟敬文笔下转换成市民阶层。"民"的概念被复杂化，还因为现代民俗学研究，引进了英文的"folklore"（意为民俗或民俗学及民众的知识）这一学术概念，弄得大家反而不明白民俗的"民"指的是什么，把简单的问题复杂化了。

中国古代文献中，还常常出现另一个词叫"风俗"。和"风俗"相伴的有"习俗""习惯"等词。古代文献中常常用"风俗"一词描述社会的思想意识和生活文化，即所谓的民俗文化。查历代编修的地方志，大都设立"风俗"一节，记述地方生活文化。可见地方志学者和历史学者用"风俗"一词描述地方生活文化，是一种共识。

"风俗"一词出现很早，其文化内涵要比"民俗""习俗"广泛得多，是文化大传统。"民俗"或者"习俗"是文化小传统。《说文》："习，数飞也。"是说学习一样东西，就像小鸟学习飞翔一样，反复练习才能成功。《说文》："俗，习也。"这是用转注互训的方法来解释俗字的含义，表示俗与习在意义上具有同一性。由此可见，"风俗"是普遍的、长期流传的思想观念和生活文化，是一种大文化，而"习俗"尽管与"风俗"有同一性的一面，但在文化内涵上往往带有某种局限性。总之，凡是流行区域广，沿革既久，代代相传的思想观念和生活文化，无论是官方的、民间的，均可称为风俗。风俗也可以理解为一定的社会文化区域内，人们共同遵守的思想规范和行为模式。这里的风俗显然包括了官方和民间两个层面。官方的制度我们姑且称之为仪礼，它和民间的观念、行为方式构成风俗的整体。我曾在拙著《民俗学概论》中论述过官方仪礼与民间风俗的关系，认为两者之间没有不可逾越的鸿沟。

对于风俗中"风"的解释和功用，《毛诗序》曰："风，风也，教也，风以动之，教以化之。""故正得失，动天地，感鬼神，莫近于诗。先王以是经夫妇，成孝敬，厚人伦，美教化，移风俗。""上以风化下，下以风刺上，主文而谲谏，言之者无罪，闻之者足以戒，故曰风。""是以一国之事，系一人之本，谓之风；言天下之事，形四方之风，谓之雅。雅者，正也，言王政之所由废兴也。"这是《毛诗序》作者对风俗定义和风俗功能的最权威的解释，也是古人风俗论的基础。此外如《礼记·王制》："天子五年一巡狩。岁二月，东巡守，至于岱宗，柴而望祀山川，觐诸侯，问百年者就见之。命大师陈诗，以观民风。"这是从国家制度上确定风俗在治理国家中的地位。由此可知，一个时代的风俗得以形成，民间的约定成俗是主要方面，但必须经过官方的认可、提倡，甚至通过官方制定为仪礼，才能在全社会推行，形成一个时代的风俗。最典型的例子是中国的节日文化。节日文化萌芽于民间，但是在漫长的历史过程中，经过官方和民间从内容到形式不断完善，最后定型。春节、元宵、端午、中秋等节日的形成莫不如此。所为"一国之事，系一人之本""言天下之事，形四方之风"，都说明风俗是自上而下，自下而上合力形成的文化现象。"风俗"一词是中国独创的，《毛诗序》的风俗论被历代文献所继承，了解这一理论，书写中国风俗史便有了所需的依据。

鉴于如上的理由，在确定本书的书写体例和内容表述时，采用了传统的"风俗"理念，取书名为《中国风俗发展简史》。

三　关于书写体例的几个问题

《中国风俗发展简史》（以下简称《简史》）从某种意义上讲，是我多年来教学实践的总结。风俗史和民族志（包括田野作业训练）应该是民俗学专业研究生必修课之一。1987年当我为民俗学专业研究生开设这门课程时，因受教学目的、内容体例和课时限制，只能做提纲式的讲授。在课堂教学中，通过某一时代风俗史的梳理，使学生了解风俗产生的时代人文特色和风俗文化形成、发展的背景。同时启发学生选择自己感兴趣的民俗事象，查阅文献，用读书报告、课堂讨论的形式，对所选民俗事象作史的探索。实践证明这种授课方式，即梳理了历代风俗发展史，又锻炼了学生选题、收集资料、研究和撰写论文的能力，很受学生的欢迎。遗憾的是由于课时的限制，不可能对中国风俗史作通史讲授，现在的书稿，是在授课之余完成的，是讲课实践的延伸而已。

《简史》顾名思义是中国风俗史的简要书写。撰写过程中，对书写体例做过许多考虑。其一，遇到的是风俗史内涵问题。一个时代风俗文化的形成，总是和当时的政治、经济、思想、文化发展不可分离。以往的人类学、民俗学研究，将社会人群划分为上位阶层（精英阶层）与下位阶层

（普通民众）。这两个阶层的人创造的文化被称为上位文化和下位文化，就是我们平常所说的"精英文化""雅文化"和"俗文化""民俗文化"。且认为民俗学专门研究下位阶层创造的文化。实际上一个社会文化除精英文化之外，所谓的风俗文化既包含了上位阶层的生活文化，也包括了下位阶层的生活文化，从而构成完整的风俗文化体系。风俗文化中的上位文化和下位文化是互相依存的。从某种意义上讲，没有上位文化的规范和影响，下位文化便不能成为规范人们思想和行为的模式。因此在叙述各个时代的风俗文化发展史时，在各个章节，专门设置一章"××时代风俗文化概述"，作时代背景的介绍，并加入典章制度、政策法令等内容，使中国风俗文化发展史形成一个整体。而在具体的民俗事象叙述中，同样和上位文化中的典章制度、政策法令相联系。如物质风俗中的生产风俗，就和历代的田亩制度、水利设施兴建、农业技术的改进不无关系；在居住、服饰风俗的叙述中，离不开历代的居住制度和服饰制度的影响。上行下效，形成社会规范的居住和服饰风俗。其他如节日风俗，婚姻、丧葬风俗等莫不如此。中国风俗文化相沿几千年，血脉不断，正是因为它的创造和传承群体是民族共同体，这也是风俗文化的魅力所在。

其二，中国风俗文化的历史分期问题。中国是文明古国，有文字记载的历史4000多年，其风俗文化始终伴随着历史的发展，延续下来，从古至今形成了完整的思想文化体系。关于中国历史的分期，学者们聚讼纷纭。就风俗史而言，分期也不一致。张亮采《中国风俗史》分为四编。第一编：浑朴时代（黄帝以前、黄帝至夏商、周初至周之中叶）；第二编：驳杂时代（春秋战国、两汉）；第三编：浮靡时代（魏晋南北朝、隋、唐、五代）；第四编：由浮靡而趋敦朴时代（宋、明）。上海文艺出版社10卷本《中国风俗通史》分期为：原始社会、夏商、两周、秦汉、魏晋南北朝、隋唐五代、宋、辽金西夏、元、明、清、民国。钟敬文主编的《中国民俗史》分期：先秦卷、汉魏卷、隋唐卷、宋辽金元卷、明清卷、民国卷。如上分期体现了作者的历史观，但在具体处理上均采取了分期模糊手法，不说明如此分期的理由。中国风俗发展史源远流长，为了突出风俗文化主体和传承的延续，淡化分期是必要的。在不违背历史发展顺序的前提下，既保持历史发展的大致轮廓，又体现风俗文化发展的大致脉络。因此《简史》将风俗发展史分为史前时期、先秦时期、秦汉时期、魏晋南北朝时期、隋唐五代时期、宋辽金西夏时期、元朝时期、明朝时期、清朝时期，和传统的历史分期保持一致。但具体到每个时期的风俗文化史，侧重点又有所不同。如秦汉时期，重点在汉代；隋唐五代时期，重点在唐代；宋辽金西夏时期，重点在宋代等。本来想专辟一章写少数民族风俗史，考虑到在许多章节均涉及民族风俗，特别是辽金西夏、元、清各代是少数民族建立的政权，在这些章节叙述的蒙古族、满族风俗已经具有代表性和中国风俗文化的多元性特点，因此打消了写少数民族风俗史的意图。

其三，文献资料的检索使用。《简史》写作无疑是建立在古代文献资料基础之上，文献民俗志的利用，对风俗发展史的建设至关重要。20世纪80年代，我曾"鼓吹"过民俗学的应用研究，建议在民俗学专业开设《文献民俗学》课程，建设中国民俗学的文献理论框架。由于客观条件的限制，未能如愿。只是在几届研究生中开设了《中国古代民俗文献检索》课程，后因种种原因，未能坚持下来。

中国历史文献浩如烟海，随便翻阅历史文献，其中有关风俗资料的记载，包括对风俗的认识论，比比皆是。《十三经》、

《二十四史》、地方史志、各类野史、文人笔记中多记载古代风俗资料，只是比较零散，需要用心梳理。尚秉和的《历代社会风俗事物考》有感于"历代风俗事物，真相不明"；有感于"历代风俗之演变，事物之改革，从古学者，以其微细，忽焉不察，无一书可为资借"，从而征引典籍作事物考叙。中国历史自宋代以后，风俗的记录除散见于各种文集、杂记之外，地方志对风俗的记载最为详尽，还出现了许多专门记述民俗事象的专著。如《东京梦华录》《梦粱录》《岁时广记》《古今风谣》《四礼翼》《西石城风俗志》《清嘉录》《满洲四礼集》《婚礼通考》等。其中不少著作官方与民间风俗杂陈，对研究民俗源流及其流变很有参考价值。

中国浩瀚的古籍中保存下来的风俗资料，叹为观止。这些风俗资料大都出现在如下文献古籍中，其中有历史书（如"二十四史"中的《礼书》《封禅书》《礼乐志》《祭祀志》《舆服志》《食货志》《本纪》《列传》等）；政治书（如一些朝代的《十通》《会要》《会典》等）；地理书（如唐代的《元和郡县志》、宋代的《太平寰宇记》、清代的《天下郡国利病书》《清史方舆纪要》，各类地方史志、野史笔记等）；类书（如唐代的《艺文类聚》《初学记》，宋代的《太平御览》《太平广记》，清代的《古今图书集成》等）；语言学著作（如《说文解字》《尔雅》《方言》《释名》等）；以及先秦诸子著作、历代小说、话本、传奇著作等。《简史》在写作过程中，对古代文献的征引费力不少，但仍感到浅尝辄止，力不从心。近些年，在北京师范大学曾主持过博士生学位论文答辩，发现年轻学者关注文献民俗学、风俗文化史的越来越多。《史记》民俗研究、《汉书》民俗研究等进入民俗研究的视野。其实无论历史书、政治书、地理书、语言学著作，甚至小说、话本、传奇等著作中都记载了大量的古代风俗。这些古代风俗资料，正是构成风俗发展史的重要元素，值得认真梳理和研究。何况古代风俗都是和一个时代的政治联系在一起的，正如应劭《风俗通义》说："为政之要，辨风正俗，最其上也。"道出了风俗形成的由来。此处需要说明的是，《简史》由于书写体例的关系，凡引用的古籍，只在正文中标明出处，不做详细的版本注释，在正文之后列出主要的参考书目。这是要请读者谅解的。

我的退休生活已过去了整整 20 个春秋，其间念念不忘《简史》的写作，不单纯是为了了却一桩心愿，而是表明我对民俗研究的执着，希望在教学与研究生涯中留下一点足迹，标志我走过的学术之路。

（原载《民间文化论坛》2019 年第 2 期；供稿：陶立璠）

【钟敬文全集】

钟敬文著，董晓萍主编，高等教育出版社 2018 年 11 月版

钟敬文先生是中国民间文艺学科的开创者，是中国民协的主要奠基人之一。《钟敬文全集》的出版，有助于进一步研讨钟敬文先生的学术思想，总结中国民间文艺的发展历程，研讨新时代民间文艺的发展命题，具有重要意义。

学习钟敬文先生的治学理念和学术思想，我们要传承和践行老一辈学人对发展民间文艺的坚实使命。

钟敬文先生的学术追求、学术理想和学术使命，贯穿了我国现当代百年历程。在"五四"时期，以及 20 世纪 80 年代以来，在社会发展的不同历史阶段，他深刻把握民间文艺的发展脉动，推进民间文艺的学术研究和保护实践，体现了强烈的文化使命感。如果没有钟敬文先生这样的一种精神、这样一种使命、这样一种关于民间文艺的全方位理论构建和实践，我们今

天的很多民间文艺工作可能无从谈起，我们许多珍贵的民间文艺样式可能已经流失，我们可能会缺少像今天这样一支过硬的民间文艺研究与工作队伍。所以，整理、出版、研究钟敬文先生的学术思想格外重要。深化钟敬文的相关研究，就是传承一种精神财富，汲取一种思想动力，传播关于中国民间文艺发展的经验和智慧，这对于当下的民间文艺发展，具有现实意义，也是我们所肩负的一种历史责任和文化使命。

学习钟敬文先生的治学理念和学术思想，我们要加强我国民间文艺发展的学科规划。

钟敬文先生以强烈的学科意识，开创和引领了我国民间文艺的学科发展。早在1935年他就提出建设"民间文艺学"学科，并不断倡导学科建设的重要性。几十年来，他提出了建立民间文艺学"原理研究""历史研究""批评评论""方法论和资料学"的学科体系，强调"田野作业"的研究方法，指出既要注重客观的调查和比较，也要关注社会生活的特性。钟敬文先生从理论指导、专业素养、严肃学风和创办学术刊物等各方面，做出了开创性的工作，都是我国民间文艺学建设的务实之举。几十年来，钟敬文先生一直引领民间文艺学的学科前沿，在学术研究、人才培养以及开展系统的民间文艺抢救、保护和发展一系列实践中，发挥了重要的支撑带动作用。事实证明，在文化发展过程中，加强学科规划和建设，有助于我们认清研究对象，把握发展规律，明确工作方法，这是开展调查研究和解决现实问题的重要基础。进入新时代，我们要持续加强学科建设，按照钟敬文先生的学科规划，建设好中国的民间文艺学。

学习钟敬文先生的治学理念和学术思想，我们要以"人民性"和"中国特色"的中心理念指导我国民间文艺发展。

钟敬文先生认为民间文艺具有"直接的人民性"，提出以"人民性"作为衡量文学作品价值的重要标准。他指出，民间文艺以劳动人民的文艺创造为对象，收集、整理和研究有助于增强人民历史文化的自豪感，具有重要的社会作用。钟敬文先生关注中国民间文艺发展的历史和现实，明确提出，要坚定地从我们社会生活的实际出发，自觉地建设具有我国特色的民间文艺学。这是一代学人高度的文化自觉，也是建立中国学派的重要基础。学习钟敬文先生的为民情怀和文化视野，发展我国民间文艺事业，要树立"以人民为中心"的工作导向，为建设具有中国特色的社会主义服务。

当前，我国文艺发展进入了新时代。习近平总书记关于文艺工作的一系列重要讲话，部署文化建设，关心文艺发展，关怀文艺工作者，要求我们从中华民族伟大复兴的战略高度，坚定文化自信，坚守文艺的人民性，坚持中国特色社会主义文化发展道路，为民间文艺发展指明了方向。正是在这样的时代背景下，《钟敬文全集》适时出版，这有助于我们更好地学习和传承民间文艺发展的优秀传统，扎扎实实服务和推动我国民间文艺事业的发展。

在习近平新时代中国特色社会主义思想的指引下，中华优秀传统文化传承发展工程全面启动，中国文联、中国民协正积极组织全国民间文艺家深入开展实施"中国民间文学大系出版工程"和"中国民间工艺传承传播工程"。这"两大工程"作为国家重大文化工程、民族文化复兴的示范工程、民间文艺的记忆工程，也是钟敬文先生早年倡导的"万里长城""文化工程"的重要组成部分。

"吾侪肩负千秋业，无愧前人庇后人"，钟敬文先生曾以此自勉。今天，作为一名民间文艺工作者，作为新时代民间文艺事业发展的参与者，我们要继承钟敬文先生的人民情怀，发扬中国民间文艺家协会的优良传统，学术立会，担当使命，勤奋耕耘，服务人民，为我国民间文艺事业的繁荣发展而不懈努力！

（供稿：潘鲁生）

【图说中国人生礼仪】

仲富兰著，学林出版社/上海人民出版社
2018年6月版

仲富兰教授主持编撰的《图说中国人生礼仪》一书终于完成，将由上海市文史研究馆隆重推出，文史研究馆沈飞德副馆长要我一定写几句，说明一下编撰这部著作的原委。

2014年9月16日，在上海市文史研究馆举办的第五届敬老崇文论坛上，我有一个重视礼治建设的发言。我谈到中国很早便已形成家庭、社会自组织、国家三个层次的伦理性实体，从夏礼、殷礼算起，礼在中国已有4000年历史。在中华文化体系中，"礼仪"一直是中国社会稳定发展的重要文化力量，是中国人特定意识、精神、制度、规范、行为、习俗的总和。礼所凸显的责任伦理，包括对个体生命的爱护，对家庭的珍惜和尽责，对社会交往和各社会自组织的关心和担当，对国家及天下的守护和忠贞。近百年来，中国传统礼治、传统责任伦理接受了前所未有的挑战，也在浴火中经受了涅槃与重生。面对网络时代的新挑战，礼治有助于重建个人、家庭、社会、国家这些伦理性实体的整体性、稳定性、确定性。华东师范大学仲富兰教授也作了发言，认为充分发展与传承充满德性修养、仪轨意识、推己及人的礼仪文化，不仅有助于促进社会有序发展，而且通过将社会外在规范转化为内在伦理道德意识的直觉要求，可以大大提升中国人的公民素质，从而实现中华民族振兴的伟大使命。

中国素称礼仪之邦。上海市文史研究馆对当代中国如何通过礼仪文化建设，使礼治和德治、法治互相配合，将社会主义核心价值观落实到人们日常生活和行为习惯之中，专门成立了"礼仪文化研究中心"，并商定组织编写一套图文并茂的《中国礼仪》，商请仲富兰教授负责具体筹划。

仲富兰毕业于复旦大学哲学系，毕业后长时间供职于上海新闻媒体，曾任上海人民广播电台高级记者，接触基层生活、接触草根民众较多，很早就对中国民俗文化产生浓厚兴趣。1986—1987年就发起成立上海市民俗文化学社，1988年9月成立上海市民俗文化学会，一直担任会长。在成立民俗文化学社与民俗文化学会时，他都曾拉着我给帮着敲敲边鼓，因此，我们较早就有了交往。2001年，他的4卷本《图说中国百年社会生活变迁》出版时，还让我写了一篇序。转到华东师范大学任教以后，他继续坚持中国民俗文化研究，多有贡献。

图文并茂的中国礼仪究竟该怎么编撰？仲富兰教授先后提出好几个方案。中国号称"自伏牺以来，五礼始彰；尧舜之时，五礼咸备"，五礼，即吉礼、凶礼、军礼、宾礼、嘉礼。西周以来的礼制，在礼学专著《周礼》《仪礼》《礼记》有较为完整的反映。其后，历代礼书大多卷册浩繁，如唐萧嵩撰《大唐开元礼》150卷，宋欧阳修撰《太常因革礼》83卷，宋郑居中撰《政和五礼新仪》230卷，金张玮撰《大金集礼》40卷，明徐一夔撰《明集礼》53卷，清来保撰《大清通礼》50卷，清徐松辑《中兴礼书》247卷、《中兴礼书续编》66卷；近代以来，礼制的变迁，更是空前。将这些礼一一作系统的整理与解读，不仅工作量过大，而且，一般读者也不会感兴趣，因为它们大多离现代人生活太远。现在呈现在读者手中的这部《图说中国人生礼仪》，是仲富兰教授对中国传统礼仪文化作了非常深入的研究之后，深思熟虑的结果。

这部著作有两个极为鲜明的特点。

其一，该书所选择的是继续广泛流行于民间、活跃于人们日常生活中、为人们所熟悉因而特别亲切的各种礼仪。

我认为，奠定中华文明的一个重要基础，就是中国很早就已形成家庭、社会自组织、国家三个层次的伦理性实体。家庭（包括个人的身体和生命在内）是社会生产和社会生活的细胞；广泛存在的社会自组织，包括家族、宗族、亲友、乡里、同窗、同门、同事等，他们经常互相交错、互相重叠，不仅为家庭的存在提供多方面的保障，而且构成了国家由以成立的根柢；国家以王朝、皇室、宰辅、郡县为代表，它如果不能适应家庭和社会自组织的需求，就会被更迭。在中国，礼，从根本上说，就是依托家庭、社会、国家这些伦理性实体，借助于包括丧、祭、射、御、冠、昏、朝、聘等各种制度化、程序化、规范化的礼仪，使每个社会成员在潜移默化中自觉承担起必要的伦理责任，以保障各层面的伦理性实体稳定、有序地运行。

《礼记·礼运》从人这一生命体的根本特征论及人们在家庭、社会及国家等伦理性实体中必须承担起相应的伦理责任，绝不是随意为之，"必知于其情，辟于其义，明于其利，达于其患，然后能为之"。《礼运》就此具体解释说："何谓人情？喜、怒、哀、惧、爱、恶、欲，七者弗学而能。何谓人义？父慈、子孝、兄良、弟弟、夫义、妇听、长惠、幼顺、君仁、臣忠，十者谓之人义。讲信修睦，谓之人利。争夺相杀，谓之人患。"礼的作用，就是治人七情，修人十义，成人利，去人患。

于此可知，礼，不仅是国家的自觉行为，更是各种社会自组织的自觉行为，是每个家庭的自觉行为，是伴随着每个人生命成长全过程的自觉行为。只要国家仍然存在，社会联系、社会自组织仍然存在，家庭仍然存在，人的身体与生命仍然存在，礼就不会缺位。《礼运》因此告诫说："礼义也者，人之大端也。""故坏国、丧家、亡人，必先去其礼。"

正因为中国礼仪深深地扎根于民间，扎根于人们的日常生活中，所以，它有着特别深厚的根基，有着特别强大的生命力。从仍然存在于当代人们生活实践中的礼仪入手，无疑是礼仪文化研究中一个具有创造性的大突破。这也正是仲富兰教授长期重视中国民俗文化研究，对各种民俗如数家珍、特别熟悉的结果。

其二，该书以礼敬人生为主轴，揭示了对人、对人生、对人的生命、对人自身的传承的尊重、敬畏、爱护，这才是中国礼仪的内在灵魂和根本精神。

世界绝大多数文明的形成与发展，都和统一宗教和统一教会密不可分。但中国传统文化最大的特点，恰恰就是从来没有以这样的统一宗教、统一教会为主轴。中国所重视的知识，是以人为中心，而不是以上帝为中心，是以人们现实的实际生活为出发点和终极目标，而不是以达到彼岸神的世界为终极目标。中国传统的知识谱系，也不是以物、以人与物的关系为中心，而是把人、人生、人的传承、人的生命、人的现实生活放在第一位。这正是中国礼仪的内核。中国礼仪所凸显的对个体生命的尊重和爱护，对家庭的珍惜和尽责，对社会交往和各社会自组织的关心和担当，对国家及天下的守护和忠贞，都体现了这一内核。

每个人的个体生命一旦形成，便会产生需要、倾向、热情、私见、幻想等主观意志，这些主观意志既源于人自身的生命体验，又受制约于个体生命的社会关系和社会实践。表明对个体生命珍惜、尊重和精心爱护的礼，因此便集中于对人的主观意志及其与社会的联系的各种预期。婴儿出生后，有三朝、满月、周岁等礼仪庆贺新生命的诞生。周岁时有"抓周"仪式。以后每年都要在生日那天庆生。男子的成人礼是冠礼，女子的成人礼是笄礼。成人礼在人生中非常重要，它标志着自此就要承担起一个人所应承担的全部职责。《礼记·冠义》说："礼义之始，在于正容体、齐颜色、顺辞令。容体正，颜色齐，辞令顺，而后礼义备。"人到了老年，辛劳了几十年，要受到各种优待和礼遇。人去世时，必须举行丧礼，表达对死者的哀思。凡此，都凸显了人的生命具有崇高价值，而个体生命的价值则和他们自身的生命体验及他们在社会联系与社会实践承担了或尽到了什么样的责任紧密结合在一起。

家庭是社会由以存在的基础。每个人的个体生命诞生于家庭之中，最初的教育、成长，也是在家庭之中。婚姻是组成家庭的决定性因素，它使伦理性的爱具有恒定的意义。婚姻使双方组成一个人，双方抛弃自己自然的和单个的人格。敬老爱幼也是家庭生活的重要部分。家庭需要财富或资源来维系，财富或资源的取得及如何分配、如何使用，便成为家庭生活的重要内容。家庭中的礼仪，用以规范父子、夫妇、兄弟等家庭各成员之间的关系。包括晨昏定省之礼、祖先祭祀之礼、饮食之礼、婚冠之礼、飨燕之礼、庆贺之礼、居丧之礼等，目的都在于保持家庭和睦稳定及不断传承，如《礼记·礼运》所说："父子笃，兄弟睦，夫妇和，家之肥也。"

包括亲朋故旧在内的各种社会交往，尤其是对于各类社会自组织的联系、关心和担当，是由共同的信仰、彼此的需要而形成的复杂的联络体系。亲四方宾客之礼，为的是建立起可以使人们在众多方面相互依赖的联络方式。"遇君则修臣下之义，遇乡则修长幼之义，遇长则修子弟之义，遇友则修礼节辞让之义，遇贱而少者则修告导宽容之义。"（《荀子·非十二子》）目的是通过对他人生命、他人人生同样的尊重、敬畏，形成和维护社会共同的利益和使人们各得其所的社会秩序。

国家，在中国，从来被视为一个伦理性的实体。中国人讲究修身、齐家、治国、平天下，个人、家庭、社会、国家、天下，在伦理关系上环环相扣，连为一体。"民惟邦本"，国家作为伦理性的实体，除去负责保障民众的个人权利、督促民众履行个人义务之外，还负责教化民众，以及从君主到各级官吏，使孝、悌、忠、信、仁、爱、诚、敬、礼、义、廉、耻成为一种"国家伦理"。对国家而言，包括吉礼、嘉礼、宾礼、军礼、凶礼在内的各项礼仪，通过对全体民众生命、人生的尊重和爱护，促进人们增强了他们的认同感和归属感。

在中国礼仪中，有某些礼仪受原始巫、祝文化的影响；也有不少礼仪受佛教、道教，乃至基督教、犹太教、伊斯兰教的影响。但原始巫、祝和所有这些宗教要在中国生根发展，都要顺应中国传统文化关注人人、人生、人的生命、人的传承和人的现实生活这一传统，否则，它们就无法广泛传播。

加强以社会主义核心价值观为中心的道德建设的重要性，已为越来越多的人所认知，而要使社会主义道德、理想、信仰、情操体系乃至整个社会价值体系、人生价值体系深入人心，变成人们日常生活准则，在今日之中国，决不能忽视礼治。《论语·为政》中说："道之以德，齐之以礼，民有耻且格。"《礼记·曲礼》中说："道德仁义，非礼不成；教训正俗，非礼不备；分争辩讼，非礼不决。"对于道德、信仰而言，礼可以使它们具象化、制度化、俗世化、持久化，因为礼伴随着人从胎儿到死亡的生命全过程，渗透或融合在人们日常生活、民间习俗、普遍性的行为方式中。同时，礼又可以有效地防止道德与信仰走向偏执与极端。《论语·泰伯》中说："恭而无礼则劳，慎而无礼则葸，勇而无礼则乱，直而无礼则绞。"像恭、慎、勇、直这样一些优良的品德，如果没有礼的制衡，也会走向自己的反面。当道德一旦变成狂热，信仰一旦变成迷信，就可能引发激烈的无休止的宗派冲突。

对于加强法治建设而言，礼可以起到防患于未然的重要作用。《礼记·经解》中说："夫礼，禁乱之所由生，犹坊止水之自来也。故以旧坊为无所用而去之者，必有水败；以旧礼而无所用而去之者，必有乱患。"汉初贾谊总结秦王朝二世而亡的教训时指出，礼与法不能偏废，而应相辅相成："夫礼者禁于将然之前，而法者禁于已然之后。""礼云礼云者，贵绝恶于未萌，而起教于微眇，使民之迁善远罪而不自知也。"（《治安策》）二者不是互相排斥的关系，而是互相接续的关系。

当代中国，保持了历史上一贯的政教分离传统。虽然有众多宗教同时存在，占据支配地位的仍然是关注人、关注人生、关注人的生命、关注此岸世界的精神，仍然是个人、家庭、社会自组织、国家这些伦理实体的责任伦理，也是今天推进礼治的主要职责。

还要说一点，那就是为了使中国礼仪更易为人们所了解，仲富兰教授和他所率领的团队，收集了大量具象资料。该书虽然只选录了一部分，也足以显现作者编撰此书是如何用心。

最后，还应强调一下，上海市文史研究馆馆长郝铁川、副馆长沈飞德的积极推动和鼎力支持，以及众多馆员的集思广益，这也是该书成功编撰的重要动力和有力保证。

（供稿：姜义华）

年度优秀论文

民俗田野作业:让当地人说话

万建中[*]

【摘要】田野作业是民俗学研究重要的过程和途径。从田野中源源不断涌现出民俗书写的成果,这方面的成果成为民俗学研究占主导地位的业绩。然而,学界罕见针对目前的田野作业方式和民俗书写成果展开反思。单边主义的言说和话语遍布田野,民俗学者的身份和所谓的学术规范导致单边主义的理所当然。承认当地人学术言说的权力和可能性既有理论依据也不乏富有说服力的田野实践。在田野作业过程中,改变以往独白式的书写范式,让当地人说话,给予当地人充足的主体性的学术空间,才能书写出交流的、对话的、民主和平等的以及共享的民俗志。

民俗通常被理解为民间生活现象和方式,其实,它也是指一种身份构成,即生活在民俗生活世界的社会成员或群体。因而民俗研究就不仅仅是文化领域的范畴,必然要进入政治的视域。"让当地人说话"指在田野作业中还给当地人应有的正当的说话权利。这一论点直接来源于斯皮瓦克的《底层能说话吗?》(Can the Subaltern Speak?)一文。[①]通过讨论印度寡妇自焚等习俗,作者认为应该给予底层民众说话能力和说话资格的认定。需要强调的是,这里的"说话"既是口头的,也是书面的。当然,在田野作业中"让当地人说话"也可以有效矫正长期以来我国民俗书写只有一种声音的严重偏向。而这,正是本文所要讨论的问题。

一 田野作业中的单边主义倾向

"人类学写作一直以来都在压制田野工作中的对话因素,它将对文本的控制权交给了人类学者。"[②]中国民俗学在引入西方田野作业理念和操作规程的同时,也全盘接受了"单一声音"的书写模式。自20世纪下半叶以来,西方人类学者对这一学术现象毕竟在不断反思,倡导对话的、交流的民族志写作的呼声格外高涨,而且,相关的田野实践也层出不穷。1982年凯文·德怀尔(Kevin Dwyer)撰写的《摩洛哥对话》"是第一个作为

---

[*] 作者系北京师范大学文学院教授。
[①] 见[美]佳亚特里·斯皮瓦克《斯皮瓦克读本》,陈永国、赖立里等译,北京大学出版社2007年版。
[②] [美]詹姆斯·克利福德、乔治·E.马库斯编:《写文化——民族志诗学与政治学》,高丙中等译,商务印书馆2006年版,第297页。

'对话式的'文本被引证的例子"。中国学界对此充耳不闻,依旧掌控田野言说和书写的霸权,"经验和解释性范式"大行其道。面对这种状态,在《写文化——民族志的诗学与政治学》一书的译本出版十多年后,竟然没有人站出来大声疾呼:我们需要话语交流的民俗志。故此,有必要反思民俗志的书写状况和过程。

民俗表现为三种形态,即生活本原的、记录的和阐释的,在学术层面如何处理这三者的关系,是民俗书写的一个重要问题。民俗学着重关注的是民俗之"民"、民俗事象、民俗事件、民俗物、民俗观念等等,属于民俗生活的本原现象。历史学和作家文学研究一般不是直面生活,而是文献和作品。书面表述本身就能引发思考,因为任何语句都是有思想的,而生活不是。生产生活满足的是实际需求,而思想恰恰是超越实际需求的。生活是最难研究的,原因在于如下三个方面:首先,把所见所闻所感表达出来,实属不易;其次,要从表达出来的民俗中提炼出问题,或者带着问题进入田野,同样有难度;再次,运用什么理论方法解决问题,更需要费尽心机。

然而,这种困境在我国民俗学田野作业中并没有出现普遍的遭遇,田野民俗志源源不断地被炮制了出来,民俗学界的学位论文也大都产自田野。调查者们的田野之路之所以走得很"顺畅",是由于田野作业的全过程大多是一个套路,即设定方案,进入田野,获取资料,运用资料,撰写论文。目标明确,手段直接,成效显著,在田野中历经数月,一篇学位论文便可成型。成型本来就是预定的,就像所需资料也是预定的一样。调查只是为所引用的资料提供合法性的出处。当学术话语处于自娱自乐的状况时,其言说的权力是隐蔽的,而一旦与田野遭遇,这种独白式的权力便暴露无遗。调查者们试图理解田野,解释田野,又极其不尊重田野,理所当然地剥夺当地人学术言说的权力。他们把自己所见所闻所感当作学术言说的资本,武断地以为为时短暂的田野经历足以掌握田野。殊不知这种田野作业所掌握的只不过是学术所需,很可能是对田野的断章取义,而不是民间社会生活本身。那些号称田野民族志或民俗志的产品,或许大多与田野实践本身风马牛不相及。

有不少田野民俗志委实是单边主义的独白,就像萨林斯批评奥贝赛克拉的做法:"他将西方人视为思想最高形式的那种'理性'全给了'土著',同时给予欧洲人(包括外来的人类学家)那种他们曾总是轻视的对神话的无意识重复——即,像'土著'一样。"[①] 面对这种"强加",土著(当地人)无从知晓,几乎所有的民俗书写都无须给当地人过目。即便有些地方文化精英发现了其中的纰漏,也只能听之任之,因为他们被剥夺了为自己说句话的权力。这种普遍的田野学术现象恰如赛义德所表述的西方对东方的代言。他说:"东方学的一切都置于东方之外:东方学的意义更多地依赖于西方而不是东方,这一意义直接来源于西方的许多表述技巧,正是这些技巧使东方可见、可感,使东方在关于东方的话语中'存在'"。[②] 东方与西方的关系状况完全可以置换为民俗之"民"与民俗学者。显而易见,在民俗学界,田野意义更多地依赖民俗学者而不是民俗之"民",这方面的意义直接来源于学者的学术范式和学术话语。在民俗学者书写霸权之下,民俗之"民"完全丧失了自主性。

---

① [美] 马歇尔·萨林斯:《"土著"如何思考——以库克船长为例》,张宏明译,上海人民出版社2003年版,第251页。

② [美] 爱德华·W. 赛义德:《东方学》,王根译,生活·读书·新知三联书店1999年版,第29页。

问题是在赛义德看来，面对西方中心主义，东方表现出异乎寻常的焦虑，而民俗之"民"则对民俗学者关于自己的书写无动于衷，漠不关心，他们从不主动要求与民俗学者展开平等的学术对话，也罕见针对民俗学者的田野书写发表自己的观点和行使批评的权力。因为这些田野书写似乎与他们没有任何瓜葛，也几乎影响不到他们的日常生活。此等学术与田野严重脱节的现象更加助长了民俗学者在田野中的无所顾忌：不仅可以替当地人说话，而且在很大程度上不用担心对田野的书写是否正确。这直接导致民俗学者应有的民间主义的立场丧失殆尽，同时，田野作业中的霸权意识在不知不觉中膨胀了起来。

当然，替当地人说出来的话不一定就不正确，但难以达到具体的深入的层次。民俗是一种表意系统，单边主义的田野作业和言说触及的意义往往是通识性的、给定的。民俗与其说是一种器物、一种现象、一种展示，毋宁说是一个过程、一系列行为和事件，民俗学所要关注的是民俗之"民"和社会之间意义的生产和交换，即意义的给予和索取。[1] 譬如，端茶给客人，双手奉上表示礼貌。如果用一只手，客人会觉得自己受到轻视而恼怒，可能酿成民俗事件。在这里，民俗既表现为手势，更存在于手势所蕴含的意义。也即是说，手势本身作为一种民俗举动是由其释放出来的意义决定的。对敬茶意义的理解至此还不够，这只是表层的、"本质化了"的意义。更重要的是，为什么要用双手？因为对方是客人，主、客的关系使得敬茶习俗得以实施。田野作业的宗旨，并不在于索取那个"单一的"、被承诺的意义；相反，所要关注的是民俗事件或实践所释放出来的意义。[2] 深刻的、具体的意义是在关系中生成的，关系是通向真正理解民俗敞开的大门。然而，要迈进这一大门委实不易，大多调查者距离大门都还很遥远。因为他们一直停留在探究双手端茶的含义这一层次。田野作业的任务主要不在于揭示双手奉上表示礼貌的寓意，而是这一民俗行为之于主、客双方的生活意义。而目前的田野作业是断定完不成这一学术任务的。

调查者所到之处，可能别的民俗学者没有涉足过，其所见所闻所感可能是唯一的，没有可参照的记录文本。而历史学和文学理论都是对文本的观照，文本和文本之间自然构成了互文性的关系。作为以个案为主的民俗研究，在研究对象的维度中难以寻求到对话的可能性，因为个案往往是唯一的、独特的。另外，访谈对象只是材料的提供者，也未能与之形成对话，整个的思考和研究都是研究者独自的。那么，民俗学研究倘若能构建研究者与调查对象的对话机制，即两者之间不是调查与被调查的关系，而是共同参与学术活动和学术书写，也就可以消除长期以来研究者独白主义的弊端，丰富民俗志书写的话语范式。积极引导当地人投入民俗志书写可能是改变目前民俗学研究不甚深入的有效途径。那么，如何给当地人腾出对话的空间，就成为问题的关键。书写出多声部的民俗志，避免叙事话语的单向度，应该成为田野作业追求的目标。

时下特别强调民俗考察和研究要密切关注"民"，关注当地人的情感、诉求、生存状况、生活愿望等，感受当地人的感受，理解当地人的理解，塑造当地人的民俗形象。这些只是纠正了以往田野作业只是注重"俗"，而忽视了"民"的偏向。但没有解决单边主义言说的问题。"民"依旧一直作为"他者"和书写的对象。民俗亦即"民"的俗，"民"才是俗的真正的拥有者，故而有无可置疑的对俗的言说权力。"让当地人说话"的田野追

---

[1] Hall Stuart, 1997. 'Introduction', In struart Hall (ed.), *Representation*, London: Sage; 转引自［英］约翰·斯道雷《文化研究中的文化与权力》，《学术月刊》2005 年第 9 期。

[2] 转引自［英］约翰·斯道雷《文化研究中的文化与权力》，《学术月刊》2005 年第 9 期。

求，较之所谓的"主位"和"客位"、"参与观察"、"经验接近"及"5个在场"都更为理想和更富有革命性意义。民俗学界一再强调对"人"的关注，譬如，不能只是民俗仪式程序的描述，还要重视仪式的组织者和参与者。这种立足于民俗之"民"的学术转向，偏重于田野"作业什么"，没有触及更为重要的问题，即"如何作业"。"让当地人说话"就是在"如何作业"的层面突显"人"——当地人的学术主体地位。在这意义上理解民俗之"民"，才是"民"的主体地位的真正确立。"让当地人说话"，归还当地人应有的书写地位和发言权，把被剥夺了的言说权力还给当地人，或许能够导致民俗学田野作业的一场变革。

二 还给当地人的田野主体地位

当地人没有受到过民俗学的系统教育，既无理论，也不拥有学术书写的动机和欲望，甚至不知道民俗学为何。他们的书写才是自由的、开放的、毫无拘束的。毋庸讳言，学科范式的民俗志书写总是经历诸多局限，格式的、理论方法的、观念的、话语的，等等，而这些在当地人身上均抖落得一干二净。目前，民俗学的理论几乎都来自西方，西方理论霸权在中国民俗学领域得到彻底的彰显，建立中国民俗学派成为难以实现的幻想。依照现在的发展趋势，改变这般状况，延续现在的田野作业套路和学术范式似乎已不现实，发掘民俗之"民"的无穷潜能应该是唯一有效之途。

随着底层社会知识水平的普遍提高，文化自觉和文化自信意识的增强，非物质文化遗产保护工作的蓬勃开展，一些地方文化精英早已开始用各种方式记录和呈现当地的民俗文化，并推出了诸多民俗志类的文本。但这些成果一直没有得到学界的重视和认可，因为这些草根著述缺乏理论方法和问题意识，难以登上学术殿堂。钟敬文先生曾称民俗学为"土著之学"，并且热情地赞美地方文化精英的民俗书写，认为这是民俗书写的最高层次，并以其敏锐的学术智慧和民俗学经验作了示范性实践。2001年6月7日，钟先生热切邀请曾任山东省枣庄市山亭区凫城乡红山峪村小学教师的田传江到北京师范大学中国民间文化研究所给博士生授课。

极度遗憾的是钟先生这一"让当地人说话"的学术创举竟然未能得到继承和响应，高校课堂再也罕见地方文化精英的身影，甚至一些研讨某一地方民俗文化的学术会，当地民俗的拥有者也没有资格参加。钟先生对"他者"的尊重原本可以引导学界同仁搭建起与田野的对话、交流的平台，但学界置若罔闻，还是执着地保持自言自语，我行我素。

田传江所写的《红山峪村民俗志》，钟先生从头到尾看了一遍，看后就放不下。在田传江正式授课之间，钟先生发表了很长的开场白，其中有这样一段话："这种土著之学的著作，不但能够把表面可以看得见的东西写出来，而且可以把平常不易看见的东西也写出来。民俗中有许多内心深处的心灵的内容（如巫术等），属于人类生活的比较深层的部分，所以外国学者把民俗学看作是研究生活方式的学问，这当然是不错的，其实，民俗学应该是研究生活方式及其心理的学问，这当然也不十分准确，但是生活方式还只是眼睛看得见的，而心理的东西则是要在参与生活之后才能体味到的，这种东西不是土生土长的学者就不容易捕捉到。"① 的确，这些草根著述具有学者书写的民俗志不可比拟的特长。首先，地方文化精英有着深厚的乡土情结，他们是满怀对祖辈文化遗留的浓郁情感来表达当地民俗文化的；其次，这是由身处日常生活世界的民俗人书写出来的民俗志，由地道的内部知识和本土经验构成；再次，这是没有深陷学术规范窠臼中的民俗志，洋溢着自由、激情和奔放的书写精神。

笔者书架上摆放着《凤阳花鼓全书》，② 共5卷。主要作者之一夏玉润先生不是高校和研究机构的学者和专业研究人员，而是地方文化精英，是凤阳花鼓文化传统的积极传承者。夏玉润先生就是凤阳人，对凤阳花鼓最为熟悉，而且反复经历和参与过这一表演活动。他在《史论卷》"后记"中说：他"第一次接触凤阳花鼓，是在1959年由凤阳县文化馆编印的《凤阳文艺》中所看到的'羽、商调交替'二段体《凤阳歌》，以及刚刚成立的凤阳县文工团演出的双条鼓。"③ 1964年。他便"尝试用凤阳花鼓音乐素材进行音乐创作。"不仅如此，从1973年开始，他"对凤阳县民间音乐进行了全面采集，历经数年，录制了一批民间艺人演唱的曲目。"④ 在我国，有诸多研究民间曲艺的专家，但他们都不能以凤阳花鼓作为研究对象，因为他们都不是凤阳花鼓传统的持有者，不具有张阔凤阳花鼓的内部视界。仅有学术能力而不能进入凤阳花鼓的知识领域，就难以展开对凤阳花鼓的深入研究。道理很简单，不能欣赏凤阳花鼓，如何理解凤阳花鼓，不能理解又如何进行研究？面对复杂的、具体的民俗生活世界，学者们往往束手无策，甚至班门弄斧。唯有地方文化精英才能把当地的民俗行为和过程说清楚、说透、说到位。他们才是真正的学者、教授。

针对这种草根民俗文本，需要展开专门研究。将这些散落在全国各地的民俗书写纳入学术视野，使之成为民俗志成果的有机组成部分，并与地方文化精英展开学术对话，激发他们投身民俗志书写的主观能动性。经过几十年的积累，草根民俗志已是一个庞大的数量，但其中绝大部分只在当地产生影响，未能得到应有的学术评估和回应。倘若从"主位"的立场给予草根民俗志学术价值的充分认定，讨论这类著述书写的独特范式和地域风格，开辟一条专业与"业余"的对话路径，就可以反观"学院民俗志"的缺陷和弱点，在一定程度上，弥补学者民俗志之不足。对地域性草根民俗志的专项研究，可以成为民俗学学术发展的新的增长点，极大地丰富现代民俗学的成果库。同时，必然促使一大批地方文化精英脱颖而出，使之突破地域局限，走向学术前台，成为民俗学学术队伍中不可忽视的生力军，充实我国民俗书写和研究的整体力量。当然，也为他们之间的学术交流搭建平台，在多元民俗文化的语境中相互碰撞，激发起更为炽热的民俗志书写欲望和形成更为合理的书写态度。

当然，地方文化精英毕竟不能独立成为民俗志的书写队伍，因为他们的书写成果缺乏问题意识和没有达到基本的规范要求，大多不能称其为民俗志著作。学者与地方文化精英

---

① 钟敬文：《民俗学：眼睛向下看的学问——在邀请田传江同志为北师大博士生讲课时的讲话》，叶涛根据2001年6月7日录音整理，当时笔者也在场。见"雅俗簃——叶涛的博客"，http://www.chinesefolklore.org.cn/blog/?yetao.
② 凤阳花鼓全书编纂委员会：《凤阳花鼓全书》，黄山书社2016年版。
③ 凤阳花鼓全书编纂委员会：《凤阳花鼓全书·史论卷（下）》，黄山书社2016年版，第1056页。
④ 凤阳花鼓全书编纂委员会：《凤阳花鼓全书·史论卷（下）》，黄山书社2016年版，第1056页。

的结合，是提升我国民俗志书写水平的有效途径。如此，需要改变田野作业的一贯范式，以往学者们进入田野，只是通过与地方文化精英交流、访谈，获取所需的民俗讯息和资料，田野被完全"他者"化。改变的方式就是主动吸纳当地人参与田野作业，让当地文化精英知晓学者的学术动机和论文选题、所运用的方法、学术目标等，使他们从田野作业的被动者转身为主动者。

由于长期受精英主义学术的支配，诸如旨在满足田野作业者们攫取资料的访谈，使当地人处在一种无意识的学术失语状态，他们从不主动进入学术领地并运用属于自己的语言来塑造自身的独特的学术意识，即便有些地方文化精英为了自己的兴趣展开了当地的民俗书写，也极少敢于标榜这也是学术行为。既然田野作业以当地人为考察对象，田野作业工作者就有责任强化当地人的学术意识，鼓励他们使用自己的语言和表达方式来建构自己的学术身份。这才是更深刻的田野作业的学术伦理。

这种全新的田野作业范式要求调查者前期的准备工作要更加充分，既要明确自己要做什么和怎么做，又要了解当地文化精英参与学术研究的各种可能性，从而制订相应的沟通、交流策略。建立一种平等对话和合作机制，给予地方文化精英足够的表达和书写权力，并在自己的论文中明确肯定他们的地位和不可替代的作用。如果一篇田野报告或论文的署名，不得不加上地方文化精英作为合作者的名字，说明对田野作业范式的改革已获得了巨大成功，双方的交流达到了相当密切的程度。这种田野作业的成果所发出的不再是学者单边的声音，而是学者与地方精英合作的协奏曲。

三 建立平等对话机制的可行性

对民俗的学术经营一般持两种态度，即本质主义和描述性。前者认为，民俗学不能只是停留在描述的层面，需要揭示现象背后的意义和深层结构。因为，任何民俗现象都有其自身内在的核心要素和规定性，是其能够延续下来并不断得以实施的依据。这就是本质，即民俗事象的根本特征。本质深藏于民俗现象的内部，不能被直接感知和捕捉，因此，相对于民俗现象本身的生动与丰富，它是稳定而深刻的。民俗学研究旨在透过民俗现象探求民俗本质。这是认识论在民俗研究中的反映。

不过，现象与本质也是统一的，民俗本质需要通过民俗现象表现出来，民俗本质不能脱离民俗现象而存在，即没有不表现为民俗现象的纯粹的民俗本质。相应地，任何民俗现象又体现了民俗本质的某一方面，不表现民俗本质的纯粹的民俗现象也是不存在的。两者相互依存，属于民俗不可分割的两个方面。两者的这种关系为民俗研究的描述性提供了依据。既然民俗本质由民俗现象来呈现，就意味着任何民俗现象都是本质的现象，民俗现象和民俗本质之间已然不只是对立和反映与被反映的关系，而是两者的一致性和统一性，即民俗现象就是民俗本质。

民俗现象只需要描述出来。维特根斯坦后期的语言哲学就强烈主张描述主义，提出了"不想，只看"（no thinking, only looking）书写原则。[①] "哲学只把一切都摆在我们面前，既不作说明也不作推论。——因为一切都一览无遗，没有什么需要说明。因为，隐藏的东

---

① 转引自姚国宏《话语、权力与实践：后现代视野中的底层思想研究》，上海三联书店2014年版，第36页。

西，乃是我们不感兴趣的。"① 事实上，能够对一个概念加以解释或定义并不一定就理解了这一概念，一个从未玩过游戏的人可以给游戏下定义，但并不能领悟游戏的真谛。相反，那些不懂如何给游戏下定义的人，却能够享受游戏，是游戏的真正拥有者。民俗学者的任务不是思考游戏和定义游戏，而是参与和描述游戏。"我们应当怎样向别人说明说明是游戏呢？我相信，我们应当向他描述一些游戏并且可以补充说：'这些和与此类似的事情就叫作游戏'。"② 描述（description）可以成为民俗书写的革命性策略和路径的方法论依据。20 世纪 60 年代兴起的后现代主义把描述主义推向了顶峰，这种描述主义理论为当地人参与民俗书写以及我们当下理解民俗生活世界提供了理论支撑。

"在传统民族志中，通过给一个声音以压倒性的权威功能，而把其他人当作可以引用或转写其言语的信息来源，'被访人'，复调性受到限制和整编。"③ 通常的情况是，被访人更多担当资料提供者的角色。这些掠取的资料如何在书面语言的维度中加以使用，完全取决于书写者的话语霸权。书面语言的霸权不仅体现在"说什么"方面，更关键的在于"怎么说"。尽管以往也倡导回归民俗的现场，以当地人的语言表达当地的民俗生活，但呈现出来的总给人隔靴搔痒之感。对民俗的理解，不能止于看和听，即便经历了民俗过程，也不可能像当地人那样拥有民俗。因为任何一种民俗事象都不是孤立的，除了相互之间密切关联之外，还融入当地历史文化之中，所掩藏的结构关系并不能完全诉诸表面。故而调查者调查之"深入"，大多是溢美之词。"让当地人说话"，在很大程度上可以做到民俗学学科理论方法与当地民俗内部知识的深度融合。由于当地文化精英参与了调研报告或论文的构拟和表达，学术话语既能进入细节和微观，又彰显地方色彩；同时，极大限度地避免可能出现的一些理所当然的理解和误读，阐述将更加准确、到位。

以往的民俗书写几乎都是"概述"，而非描述，不论是仪式过程，还是民俗场景莫不如是。"概述"的目的是满足某种分析范式。"让当地人说话"亦即使学术话语回归民俗生活世界。借用庶民学派创始人拉纳吉特·古哈（Ranajit Guha）的表述，就是要欣然接纳当地人的"民俗的细语"（the small voice of folklore），④ 让当地人原本微弱的、杂乱的、距离所谓学术甚远的生活之言说击碎调查者事先编制好的论文框架；让另一种不符合论述逻辑的琐细叙事、溢出了学术视野的话语在民俗书写中得以繁衍。"概述"导致活生生的民俗变得僵硬、呆板起来，而当地人面对同一民俗事象的差异性表达，着眼于细节的完全从自我出发的叙事，才是最贴近民俗生活实践的。

调查和书写主体的多元，必然导致学术成果呈现方式和阐述话语风格的转变。詹姆斯·克利福德隆重推出詹姆斯·沃克所著的《拉科塔信仰与仪式》，认为这部书"是注释、访谈、正文和沃克与众多奥格拉拉合作者所写所说的文章片段的一个拼贴。这一卷列举了超过 30 个的'权威'，尽可能标出了每一份文稿的陈述者、作者或抄录者的名字。这些人不是民族志的'被访人'。《拉科塔信仰与仪式》是一部合作的文献作品，它在编辑中让传统的多种解释具有同等的修辞分量。沃克自己的描述和注释也只是片段中的一些

---

① ［奥］维特根斯坦：《哲学研究》，李步楼译，商务印书馆 2017 年版，第 76 页。
② ［奥］维特根斯坦：《哲学研究》，李步楼译，商务印书馆 2017 年版，第 49 页。
③ ［美］詹姆斯·克利福德、乔治·E. 马库斯编：《写文化——民族志诗学与政治学》，高丙中等译，商务印书馆 2006 年版，第 44 页。
④ ［印］古哈：《历史的细语》，载于刘健芝等编选《庶民研究》，中央编译出版社 2005 年版。

片段。"① 沃克主动放弃了书写的主体地位,这是同以往完全不同的民族志生产过程,开放式生产必然带来多层次和多角度的文本呈现。

倘若这样一种立足于"人"的、强调"对话""合作"的田野作业范式得以付诸实施,所产生的学术效应就不只是一篇论文或著述,而且开辟了当地人参与学术过程的广阔的田野路径。地方文化精英经历了整个田野作业和书写的各个环节,接受了相对规范的完整的田野训练,具备了一定的田野作业能力,由地方文化精英转而成为民俗学研究的地方力量。在一定程度上,这一成绩较之学术成果更加重要,更具有可持续发展的学术意义。

四 结语

民俗学者一向标榜在田野作业中要"理解他人的理解",尊重当地人对自己民俗的解释。正如美国人类学家萨林斯所言:"如果不尊重那些不是而且永远也不会是我们自身之物的各种观念、行为以及本体论,没有人能够写出好的历史,甚至当代史。"② 就田野作业而言,尊重的根本保障及可能产生的理想效应就是"让当地人说话"。以任何形式和理由为当地人代言都是不可取的。给当地人腾出充足的学术空间吧。

(原载《民族艺术》2018 年第 5 期)

---

① [美]詹姆斯·克利福德、乔治·E. 马库斯编:《写文化——民族志诗学与政治学》,高丙中等译,商务印书馆 2006 年版,第 44 页。
② [美]马歇尔·萨林斯:《"土著"如何思考——以库克船长为例》,张宏明译,上海人民出版社 2003 年版,第 17 页。

"非物质文化遗产保护"与"民间文艺作品著作权保护"的内在矛盾

施爱东*

【摘要】由于"非物质文化遗产保护"与"民间文学艺术作品著作权保护"的中文译名共同使用了"保护"一词,许多学者误以为两种保护是同一性质,实际上其英语表述及内涵均有本质区别。前者是由联合国教科文组织主导的,基于"人类共同遗产"理念发展出来的保护制度,后者是由世界知识产权组织主导的,基于"私有制财产"理论建立起来的保护制度。我国在"非遗保护"中的杰出成就,以及在"民间文艺著作权保护"领域的踌躇不前,进一步证明了非物质文化遗产作为"人类共同遗产"理念的先进性,以及作为特定社区或群体"私有制财产"理论的局限性。

本文将要讨论的两种保护,一是民间文学艺术作品著作权保护,一是非物质文化遗产保护。两种保护公约的制定,分属于两个不同的国际组织,前者属于"世界知识产权组织"(WIPO),后者属于"联合国教育、科学及文化组织"(UNESCO)[1]。

民间文学艺术作品与非物质文化遗产都是民俗文化中的主体成分,但是由于非物质文化遗产的外延大于民间文学艺术作品(也可以认为民间文学艺术作品从属于非物质文化遗产),为了保障论述的针对性和有效性,以下讨论主要从民间文学艺术作品的角度展开,涉及非物质文化遗产的讨论,也特指其中的民间文学艺术作品。

另外,依据 WIPO 秘书处文件:"'传统文化表现形式'和'民间文学艺术表现形式'被当作同义词使用,可以互换,可以简称为'传统文化表现形式',英文常用缩写为'TCE'。"[2] 所以,本文引述中无论说到"非物质文化遗产"还是"传统文化表现形式",均可替代为"民间文学艺术作品"(TCE)。

一 民间文学艺术作品的基本特征

在讨论保护之前,我们先要明确保护的对象是什么,也即"民间文学艺术作品"指

---

* 作者系中国社会科学院文学研究所研究员。
[1] 为了节省篇幅,本文涉及该组织名称时,均用其英文缩写 WIPO 及 UNESCO。
[2] 世界知识产权组织:《知识产权与遗传资源、传统知识和传统文化表现形式重要词语汇编》,文件编号 WIPO/GRTKF/IC/34/INF/7, 2017 – 03 – 02。

的是哪类作品。WIPO 的诸多表述中最新最简洁的表述是："传统文化表现形式包括各种动态的形式，在传统文化中创造、表现和表示，是土著当地社区和其他受益人集体的文化与社会认同的组成部分。"① 但是国际社会并未对这一概念达成共识，各国都是根据本国具体情况各自认定。

我们通常所说的"民间文学艺术作品"，泛指一切由民间艺人、文艺爱好者，或者普通群众创作、表演的，具有一定地域特色或族群特色的，可以不断重复生产的，非个性化的文学艺术作品。但是我们所讨论的保护对象没有这么宽泛，根据《民间文学艺术作品著作权保护条例》（简称《条例》），所有能够指认具体创作者、操作者或表演者的文学艺术作品，比如你从李大娘那里买来的剪纸，我从张大爷那里听来的故事，都不在《条例》的保护范围之内。《条例》所保护的"民间文学艺术作品"，特指那些找不到具体创作者或执行者的，"由特定的民族、族群或者社群内不特定成员集体创作和世代传承，并体现其传统观念和文化价值的文学艺术的表达"②。

这一表述在国家版权局的另一份文件中阐释得更为清晰。文件认为，民间文学艺术作品的特殊性具体表现为四个"性"：（一）来源的确定性，即民间文艺作品一般能确定来自某特定的民族、族群或社群；（二）主体的群体性，即创作者往往是一个群体，无法确定到具体的创作人；（三）创作的动态性，即作品在创作流播过程中一直在进行程度不同的变化和改动；（四）表达的差异性，即同一民间文学艺术作品在其被表现、呈现或者表达时存在程度不同的差异性。③

结合民间文学的"四性特征"，我们可以将"民间文学艺术作品"的基本特征进一步展开为如下五点。

（一）创作主体的集体性。其创作者和传承者不是特定的个人，无法像一般作品那样落实具体的创作主体，因此，也无法明确具体的权利人。

（二）创作和流传的动态性。民间文艺作品的创作流播是变动不居的，在传播和流传过程中一直在进行程度不同的变化和改动。

（三）表现形式的口头性。民间文艺作品多为口传心授，记忆保存。

（四）作品内容的变异性。民间文艺没有固定的脚本，可随机变异，同一民间文艺作品在不同的表现场合总是存在程度不同的差异性。

（五）超越时空的共享性。民间文艺自古以来就是一种全民共享的文化形态，可以被不同的社会群体甚至是不同的民族或国家所享用。

二 著作权角度的"保护"（Protection）

著作权属于无形财产权，具有知识产权的一般属性，而知识产权制度是基于私有制财

---

① WIPO：《保护传统文化表现形式：条款草案》，文件编号 WIPO/GRTKF/IC/34/6，2017 – 03 – 14。

② 国家版权局：《民间文学艺术作品著作权保护条例（征求意见稿）》，中华人民共和国国家版权局官网，http://www.ncac.gov.cn，2014 – 09 – 02。下文对《条例》的引文均出此处，不再逐一标注。

③ 国家版权局：《关于〈民间文学艺术作品著作权保护条例〉（草案）的说明》，《民间文艺著作权立法资料汇编》，国家版权局印制，2014 年。

产理论而建立起来的一套资源分配制度，也就是说，知识产权先验地预设了所有创造性的劳动成果都是一种私有财产。"各国著作权法都规定，著作权具有财产的性质，作者对其创作的作品享有财产权利，即作者可因其作品的使用获取一定的经济利益。"①

作为财产权的著作权具有明确的独占性和排他性，以及市场经济的商品属性，表现为未经作者或作者代理人同意，其他任何人不得控制或使用其作品，否则就会构成侵权行为，需要承担侵权责任。著作权法是一种私法，用以规范因作品的创作、传播等而产生的财产关系和人身关系。针对民间文学艺术作品的著作权保护，WIPO 解释为："'保护'倾向于指保护传统知识和传统文化表现形式，反对第三方某种形式的未经授权使用。"②

所谓"民间文学艺术作品著作权"，是一个新兴的法学概念，是发达国家与欠发达国家之间政治博弈的产物。要理解这个问题，必须对概念生产的国际背景有所了解。

自 20 世纪 60 年代起，非洲掀起独立运动高潮，刚刚摆脱殖民统治的非洲国家为了争取确认其文化身份，进而确立其政治身份，纷纷颁布了本国的知识产权法律。可是，发达国家几乎垄断了所有高新技术的知识产权，依据既有的知识产权制度，非洲国家几乎注定了只有向发达国家交钱的命运，于是，他们开始向国际社会提出自己的知识产权诉求。1963 年，WIPO 和 UNESCO 在布拉柴维尔举办了一次非洲知识产权工作会议，有代表特别提出："《伯尔尼公约》应当包含'保护非洲国家在民间文学艺术领域的利益的特别条款'。"③ 接着在 1967 年召开的斯德哥尔摩外交会议上，WIPO 开始认真考虑该项提议，并将之纳入会议议程。

《伯尔尼公约》第 15 条是关于作者身份认定的条款，1971 年公布的新增第 4 项是这样表述的："对于作者不明的未发行作品，如果有充分理由推定作者是本联盟一成员国国民，该国的法律可以指定一主管当局作为作者的代理人，并有权在本联盟成员国保护和执行作者的权利。"④ 这一经典条文中虽然没有出现"民间文学艺术"一词，但它被默认为是用于处理民间文学艺术作品的著作权保护。由于该条款并没有提出具体的认定标准和实施方案，因而在实践中并没有什么实际效用，它的意义只在于从认识上承认了民间文学艺术理应得到保护。即便如此，我们依然认为非洲代表的努力是取得了成效的。

在接下来的 1978 年至 1982 年间，WIPO 和 UNESCO 曾多次召开会议，研究民间文学艺术保护的国内选择示范条款草案，以及运用国际手段保护民间文学艺术的可能性，最终在 1982 年形成了《保护民间文学表达形式、防止不正当利用及其他侵害行为的国内法示范法条》。

不过，几乎所有的欧洲国家以及其他地区的发达国家如美国、俄罗斯、日本、韩国、澳大利亚、加拿大等，都不认为需要对民间文学艺术进行立法保护。民间文学艺术通常被认为是公有领域的一部分，不能视做个别群体的私有财产。而从欠发达国家的一面来说，随着他们对于国际游戏规则的日渐熟悉，其逐步认识到只要多国联手，反复申诉，任何

---

① 冯晓青：《著作权法》，法律出版社 2010 年版，第 6 页。
② WIPO：《知识产权与遗传资源、传统知识和传统文化表现形式重要词语汇编》。
③ Slike von Lewinski 编著：《原住民遗产与知识产权：遗传资源、传统知识和民间文学艺术》，廖冰冰、刘硕、卢璐译，中国民主法制出版社 2011 年版，第 323 页。
④ 《保护文学和艺术作品伯尔尼公约（1971 年巴黎文本）指南》，刘波林译，中国人民大学出版社 2002 年版，第 146 页。

"平权"诉求都有机会取得成果。从20世纪70年代开始,一些欠发达国家反复地向WIPO提交文件,希望促成民间文学艺术作品的国际保护,同时在国内立法中定立了保护措施。

1999年,WIPO先后与非洲国家、亚太地区国家、阿拉伯国家、拉丁美洲国家联合举办了"保护民间文学艺术表现形式的地区咨询会议"。反复磋商的结果是一个崭新的永久性组织的成立——2000年9月,"世界知识产权组织关于知识产权与遗传资源、传统知识和民间文学艺术政府间委员会"(IGC)诞生。该委员会主页的介绍为:"WIPO知识产权与遗传资源、传统知识和民间文学艺术政府间委员会正在根据其任务授权进行基于案文的谈判,目标是议定一部或多部国际法律文书的案文,以确保传统知识(TK)、传统文化表现形式(TCE)和遗传资源(GR)得到有效保护。"①

政府间委员会从2001年开始,平均每年召开两次会议,其主要目的是制定一部或多部国际法律文书,实现对传统文化表现形式和传统知识的有效保护,并处理遗传资源获取和惠益分享中的知识产权问题。截至2017年底,该委员会已经召开34次会议,形成了一大批诸如《保护传统文化表现形式/民间文学艺术的政策目标和核心原则草案》《保护传统文化表现形式/民间文艺表现形式:经修订的目标与原则》《保护传统文化表现形式:差距分析草案》《保护传统文化表现形式:条款草案》《关于观察员参与知识产权与遗传资源、传统知识和民间文学艺术政府间委员会工作的研究报告草案》等草案文件,还有数百万字的工作文件,以及会议论辩纪要。

令人遗憾的是,这些文件越分越碎,一次又一次地反复修订,进展却极其缓慢,共识也越来越少。发达国家与欠发达国家在具体条文上很难达成共识,本该2015年召开的第29次会议拖到2016年才得以召开②,会议重启之后,各项条款和实施方案几乎没有任何实质性的进展。

从现有的、历经反复修订依然无法定稿的WIPO《保护传统文化表现形式:条款草案》来看,可以将民间文学艺术作品著作权保护方案大致区分为"积极保护"和"防御性保护"两个方面。

积极保护的条款又包括了两个方面。一是在明确了著作权人的前提下,防止第三方的未授权使用:"(a)防止其传统文化表现形式被盗用和滥用/冒犯性和诋毁性使用;(b)在必要时控制以超出习惯和传统范围的方式使用其传统文化表现形式。"二是促进著作权人或传统社区的获利使用;"(c)在必要时依据自由事先知情同意或批准和参与/公正和公平的补偿,促进公平补偿/分享因使用这些表现形式而产生的利益。"③ 比如,著作权人可以利用这些民间文学艺术作品建立自己的文化企业,或者从他人的获利性使用中分享版权利益。

防御性保护主要是指"防止对传统文化表现形式授予错误的知识产权"。"防御性保护指一套策略,用以确保第三方不从传统文化表现形式、传统知识客体和相关遗传资源中获得非法的或无根据的知识产权。传统知识的防御性保护包括采取措施,事先阻止非法宣

---

① WIPO,"Intergovernmental Committee(IGC),"http://www.wipo.int/tk/en/igc/.
② WIPO,"A snapshot of recent developments within the IGC,"http://www.wipo.int/tk/en/igc/snapshot.html.
③ WIPO:《保护传统文化表现形式:条款草案》。

称先有传统知识为发明的专利或宣告其无效。"①

三 文化遗产角度的"保护"（Safeguarding）

与著作权的私有制保护理念相反，文化遗产强调了作为人类共同财富的一面，因而其保护也更强调全人类对于这些文化遗产的共同拥有、共同维护。不过，从历史上看，文化遗产角度的保护却又是在民间文艺知识产权保护的工作推进中逐渐分化、演进而来的。

UNESCO《保护世界文化和自然遗产公约》于1972年在巴黎会议上获得通过，"当时就有一些会员国对保护非物质遗产（虽然当时并未形成这个概念）的重要性表示了关注"②。1973年，玻利维亚政府曾在其《关于保护民间文艺国际文书的提案》③ 中，建议在1971年的《世界版权公约》基础上增加一项关于保护民间知识的条款。虽然该提案当时并没有被采纳，但正是在玻利维亚等国以及许多民俗学者和人类学者的推动下，UNESCO于1982年成立了保护民俗专家委员会，设立了非物质遗产处（Section for the Non-Physical Heritage）。这一时期，UNESCO对于民间文化的保护理念还是倾向于知识产权保护性质的，因而考虑与WIPO共同推进该项工作。

但是，随着民俗学者和人类学者的介入，以及非物质遗产概念的提出，UNESCO进一步认识到了"民间创作在社会、经济、文化和政治方面的重要意义"④。尊重不同族群或社区之间的多样性文化，以及多样性文化之间的相互理解和欣赏，而不是彼此隔断、封锁，无疑有助于人类开展更为广泛的团结互助。相互理解基于相互交流，相互交流基于顺畅的传播渠道，在不断深入的讨论和反复推进的调查中，交流、传播、抢救、互惠互助的理念逐渐偏离了"知识产权"或"财产权""专享权"的预设轨道，民俗学者、人类学者与知识产权法专家之间的分歧也逐渐显露出来。

1989年，在联合国教科文组织第25届会议上通过的《保护民间创作建议案》（简称《建议案》）⑤ 是一份里程碑式的文件，这一文件的出台标志着UNESCO与WIPO之间分道扬镳。该建议案一开篇就强调了"民间创作是人类的共同遗产，是促使各国人民和各社会集团更加接近以及确认其文化特性的强有力手段"，"认为各国政府在保护民间创作方面应起决定性作用，并应尽快采取行动"。这一定调与WIPO首先将民间文学艺术作品视做"私有财产"完全不同，UNESCO首先将民间创作视为"人类的共同遗产"，因此，其"保护"的取向也完全不同。

那么，UNESCO视野中的民间创作应该如何保护呢？《建议案》首先提出的方案是保存："保存的目的是使传统的研究者和传播者能够使用有助于他们了解传说演变过程的资料。"具体措施包括建立民间创作资料的国家档案机构或者博物馆、编制总索引、传播情

---

① WIPO：《知识产权与遗传资源、传统知识和传统文化表现形式重要词语汇编》。
② 巴莫曲布嫫：《非物质文化遗产：从概念到实践》，《民族艺术》2008年第1期。
③ *Proposal for International Instrument for the Protection of Folklore*. Intergovernmental Copyright Committee. 12th session, Paris, 1973. Ref. IGC/XII/12. Annex A.
④ UNESCO：《保护民间创作建议案》（*Recommendation on the Safeguarding of Traditional Culture and Folklore*），联合国教育、科学及文化组织大会第25届会议通过，1989-11-15。
⑤ UNESCO：《保护民间创作建议案》。

报、培训工作人员、为制作副本提供手段等,"以此确保有关的文化团体能够接触所收集的资料"。其次是经济上的支持、帮助:"必须采取措施,在产生民间创作传统的群体内部和外部,保障民间创作传统的地位并保证从经济上给予支[资]助。"这种资助包括:重视民间创作的教学与研究,保障各文化团体享用民间创作的权利,建立民间创作协调机构,为民间创作的研究、宣传和致力者提供道义和经济上的支持等。再次是民间创作的传播:"为了使人们意识到民间创作的价值和保护民间创作的必要性,广泛传播构成这一文化遗产的基本因素很有必要。"[1] 传播措施包括:鼓励组织地区性的甚至国际性的活动,传播和出版其成果,为创作者、研究者和传播者提供工作职位,资助民间创作的展览,在媒体上为民间创作提供更多空间,为民间创作的国内和国际交流提供方便等。

不过,UNESCO 在 1995—1999 年间组织的调查显示,这个不具法律约束力的国际文书几乎未对其成员国产生任何实质性影响。1999 年 UNESCO 与史密森学会在华盛顿举办了题为"《保护民间创作建议案》全球评估:在地赋权与国际合作"的国际研讨,对该《建议案》的实际效果进行全面评估。这次研讨会的主要参加者是一批文化人类学者,还有部分法律专家,研讨达成的基本共识是:将非物质文化遗产视做文化的"最终成果"加以"保存"的理念是有偏颇的,非物质文化是一种变化着、发展着的活态文化,应当把人类文化创造和实施的"活动和过程"视为非物质文化遗产本身。这次会议上,由文化人类学家主导制定的新概念和新保护原则,对随后《保护非物质文化遗产公约》的起草起到了指导作用。[2]

1997—1998 年,UNESCO 启动"宣布人类口头和非物质遗产代表作"项目。2001 年,第一批 19 项代表作获得通过。同年 10 月,成员国通过《教科文组织世界文化多样性宣言》。《宣言》中有两个特别值得我们注意的观念表述,一是"人类是一个统一整体"的表述:"希望在承认文化多样性、认识到人类是一个统一的整体和发展文化间交流的基础上开展更广泛的团结互助"。一是文化多样性是"人类共同遗产"的表述:"文化多样性是人类的共同遗产,应当从当代人和子孙后代的利益考虑予以承认和肯定。"正是基于这种"人类是统一整体"和"人类共同遗产"的观念,《宣言》主张每种文化都应该以积极、主动、开放的态度表现、宣传、对话、交流,并且指出:"每项创作都来源于有关的文化传统,但也在同其他文化传统的交流中得到充分的发展。因此,各种形式的文化遗产都应当作为人类的经历和期望的见证得到保护、开发利用和代代相传,以支持各种创作和建立各种文化之间的真正对话。"[3] 这与 WIPO 的"守阈保护"完全不同,甚至可说是互相对立的。

2003 年 10 月,UNESCO 第 32 届会议正式通过《保护非物质文化遗产公约》,明确指出:"'保护'指确保非物质文化遗产生命力的各种措施,包括这种遗产各个方面的确认、

---

[1] UNESCO:《保护民间创作建议案》。

[2] 爱川纪子(Aikawa Faure, Noriko):『文化遺産の「拡大解釈」から「統合的アプローチ」へ:ユネスコの文化政策にみる文化の「意味」と「役割」』,东京,成城大学民俗学研究所グローカル研究センター,2010。

[3] UNESCO:《教科文组织世界文化多样性宣言》(*UNESCO Universal Declaration on Cultural Diversity*),联合国教育、科学及文化组织大会第 20 次全体会议通过,2001 – 11 – 02。

立档、研究、保存、保护、宣传、弘扬、传承（特别是通过正规和非正规教育）和振兴。"①

根据《建议案》《公约》以及《实施〈保护非物质文化遗产公约〉的业务指南》的精神，我们可以将 UNESCO 的非物质文化遗产保护理念归纳为"信息保存"和"动态保护"两个相辅相成、不可分割的方面。

信息保存是一种借助外在力量，使非物质文化遗产转化为物质文化遗产，将之存入资料库（数据库）或研究机构的保护方式。信息保存主要分为两个方面：一是建立非物质文化遗产文献中心、博物馆，并创造条件促进对它的利用，比如，借助文字、图片、录音、视频、电影，乃至相应物品，以存档的方式进行保存、利用。二是开展有效保护非物质文化遗产特别是濒危遗产的科学、技术和艺术研究以及方法研究，通过研究、传播，为研究者和传播者提供工作职位等方式保存和理解非物质文化的遗产特性。

动态保护是在遗产所属社区或群体内部的生活语境中实施的复兴保护，旨在保障遗产的传承和再生产，使之焕发可持续发展的生命活力。动态保护主要有四个方面：一是通过遗产认定，使非物质文化遗产在全社会得到确认、尊重和弘扬。二是实施教育计划，在学校或有关社区和群体当中培养遗产传承人，鼓励世代相传和复兴无形文化遗产来保持它的活力。三是促进建立非物质文化遗产的管理机构，尽可能地为遗产传承提供活动和表现的场所和空间，或者吸收他们积极地参与有关的管理，促使他们提高相关技能和艺术修养。四是确保社区或群体对于非物质文化遗产的自主享用，同时对享用这种遗产的特殊方面的习俗做法予以尊重。

无论是静态保护还是动态保护，UNESCO 都强调了政府在保护问题上的主导地位，并且倡导通过政府专项资金、国际援助、社会捐款等方式建立"非物质文化遗产保护基金"，对遗产项目实施保护，并且努力确保遗产传承人能够在保护中获取一定的利益。

四 分道扬镳的两种保护观

无论是 WIPO 的"民间文学艺术作品著作权保护"还是 UNESCO 的"非物质文化遗产保护"，在汉语表述中均使用了"保护"一词，这让许多学者误以为两者的保护理念是一致的。但在英语表述中，这是两种差异明显的"保护"，民间文艺著作权保护是基于对"私有财产"的保护，英文表述为 Protection，倾向于守护、防卫，使某物免受侵犯；非物质文化遗产保护是基于对"人类共同遗产"的保护，英文表述为 Safeguarding，倾向于维护、预防，使某物免遭毁坏。

但无论哪种保护，WIPO 与 UNESCO 对于民间文学艺术作品的价值理念是基本一致的："承认土著人民、当地社区和民族/受益人的文化遗产具有固有价值，包括社会、文化、精神、经济、科学、思想、商业和教育价值"②。不同的是，WIPO 的相关讨论主要由知识产权领域的法律专家主导推进，而 UNESCO 的相关讨论主要由一批杰出的民俗学者和人类学者主导推进（比如芬兰著名民俗学家劳里·航柯就在 UNESCO 的文件起草中做

---

① UNESCO：《保护非物质文化遗产公约》（*the Convention for the Safeguarding of the Intangible Cultural Heritage*），联合国教育、科学及文化组织大会第 32 届会议通过，2003-10-17。

② WIPO：《保护传统文化表现形式：条款草案》。

了大量工作)。两者对于民间文艺作品的保护理念有明显分歧。

UNESCO非物质文化遗产总干事顾问,前联合国教科文组织非物质遗产处负责人爱川纪子作为主要当事人之一,在一份有关教科文组织文化政策的回顾文献中说道:"早在1972年《保护世界文化和自然遗产公约》公布之后的第二年(按:也即在玻利维亚政府建议《世界版权公约》增加民间知识保护条款之后),教科文组织就开始着手制定非物质文化遗产的保护计划。当时在非物质遗产的保护观念上有两种不同的观点,一是作为知识产权的财产来保护,一是作为文化遗产来保护。教科文组织试图与世界知识产权组织合作,综合两方面的观点建立一个统一的保护制度,然而,这两派观点经过了13年的辩论,最终的结果是无法融合。1985年,教科文组织决定放弃知识产权角度的保护话题,此类问题交由世界知识产权组织处理,与此相反,教科文组织把工作焦点放在如何对那些有可能迅速消失的非物质文化遗产进行全面保护的问题上。"①

UNESCO非物质文化遗产领域专家巴莫曲布嫫因此评价说:"这场在'民俗与版权'之间左右颉颃、进退两难的立法努力,可以概括为历时长久、人力物力耗散巨大、辩论不断,而且收效甚微、影响不大,没有达到预期目标……《建议案》明智地强调了民俗保护的积极方面,比如以适当的方法维护和传播民俗;同时避开了消极方面,如'知识产权'及其运用中的棘手问题。其结果是将民俗保护与知识产权问题加以分别对待的取向日益清晰起来,以期绕开长期的困扰和最后出现的僵局,在将来的行动计划中从方法上改善工作途径,在理论基石与预期的操作结果之间厘清观念上的认识,形成内在统一的解决方案。"②

在民间文学艺术作品或者说非物质文化遗产的保护问题上,分道扬镳之后的WIPO和UNESCO各自成立了自己的"政府间委员会",前者叫"知识产权与遗传资源、传统知识和民间文学艺术政府间委员会",后者叫"保护非物质文化遗产政府间委员会",两者英文缩写都是IGC。所不同的是,两者分手之后,各自遭遇了完全不同的命运。WIPO政府间委员会在传统文化表现形式知识产权保护方面的工作推进得极为艰难,从2001年第1次会议至2017年第34次会议就一直争论不休,发达国家与欠发达国家之间的分歧越来越严重,问题越来越多,事情越搅越复杂,甚至可用一筹莫展来形容其工作进度。而摆脱了知识产权羁绊的UNESCO政府间委员会从2006年第1次会议至2017年第12次会议,在推进实施《公约》的各个方面都做出了突出成绩,吸引了越来越多民族国家的参与,截至2017年9月已经达到175个缔约国,实可谓高歌猛进,一骑绝尘。

自从20世纪60年代以来,国际社会就开始关切经济欠发达国家及其土著居民关于文化主权与身份认同方面的精神诉求及其知识产权诉求,确认了"每种文化都具有尊严和价值,必须予以尊重和保存"(《国际文化合作原则宣言》,UNESCO第14届会议,1966年)的基本原则,并逐渐由此形成了一套"政治正确"的国际政治话语体系。但是,国际政治本身就是个矛盾统一体,正如安德明所言:"从更深层的意义上而言,亚文化民族或群体保护传统文化的动机中所包含的知识产权诉求,实际上体现了西方资本主义价值观在这些民族或群体的文化中的渗透。'知识产权同占有欲及个人主义思想体系,构成资本

---

① 爱川纪子(Aikawa Faure, Noriko):『文化遺産の「拡大解釈」から「統合的アプローチ」へ:ユネスコの文化政策にみる文化の「意味」と「役割」』,第13页。

② 巴莫曲布嫫:《非物质文化遗产:从概念到实践》。

主义社会的一个特性，是属于西方文化的范畴。'民族精神的独立要求与资本主义价值观的普遍渗透，就这样奇特地交织在一起，成了第三世界国家一种无奈的选择。"①

政治很正确，可事实却很残酷，自从非洲知识产权组织的《班吉协定》发布以来，"至今没有获得任何关于其条款实际效果的信息"②。非洲欠发达国家立法保护民间文学艺术四十多年来，并没有因此从发达国家得到丝毫利益回报。在世界知识版权会议上被提及的相关案例，几乎全是发生在非洲本土本国境内的土著居民与文化公司之间的纠纷。1999年，旧版《班吉协定》中的民间文学艺术作品著作权保护条款被删除，重新定立了新的保护理念，着重强调尊重民间文学艺术持有人的"精神权利"，这实际上等于正逐步向UNESCO的保护理念靠拢。

五 两种保护观在中国语境中的具体呈现

UNESCO非常清醒地意识到非物质文化遗产保护与民间文学艺术作品著作权保护之间的分歧和矛盾，为了避免不必要的冲突，在《保护非物质文化遗产公约》中特别强调指出："本公约的任何条款均不得解释为：（二）影响缔约国从其作为缔约方的任何有关知识产权或使用生物和生态资源的国际文书所获得的权利和所负有的义务。"

与此相应，为了避免民间文学艺术作品的过度私有化，WIPO也在其《保护传统文化表现形式：条款草案》"原则"中强调了保护公有领域的重要性："承认活跃的公有领域和适用于所有人使用、对创造力和创新至关重要的知识体系的价值，承认有必要保护、维护和加强公共领域。"该草案在"第7条：例外与限制"中列举了许多应该允许的使用，如："创作受传统文化表现形式启发、依据传统文化表现形式或借鉴传统文化表现形式的文学、艺术和创意作品。"以及对受益人不具有冒犯性或减损性的使用、不与受益人对传统知识的正常利用相抵触的使用，等等。③

一方面，WIPO的私有财产观与UNESCO的人类共同遗产观在保护理念上存在明显分歧，另一方面，恰恰是因为双方都清楚地认识到了分歧，才会在法条的表述上尽可能地减弱这种分歧对于具体执行可能产生的不良影响。

我们再来看看这两种保护观如何在我国的立法工作中落地生根。

我国早在1990年即已颁布实施《中华人民共和国著作权法》，但是由于对民间文学艺术作品著作权拿不出切实可行的保护措施，所以只在第六条做了一个意向性的规定："民间文学艺术作品的著作权保护办法由国务院另行规定。"④自此，制定一部适合中国国情的《民间文学艺术作品著作权保护条例》就成了全国人大每年督促国务院相关职能部门（主要是国家版权局法规司）必须完成的一项重要任务。

可是，一个在WIPO论争了半个世纪都没有结果的议题，版权局法规司又如何能够完

---

① 安德明：《非物质文化遗产保护：民俗学的两难选择》，《河南社会科学》2008年第1期。
② Slike von Lewinski编著：《原住民遗产与知识产权：遗传资源、传统知识和民间文学艺术》，廖冰冰、刘硕、卢璐译，第390页。
③ WIPO：《保护传统文化表现形式：条款草案》。
④ 第七届全国人民代表大会常务委员会第十五次会议通过：《中华人民共和国著作权法》，《出版工作》1990年第1期。

成呢？尽管困难，法规司的工作人员还是先后拿出了几套方案，可惜的是，它们都在讨论或公示的阶段遭到了民俗学者和部分知识产权领域专家的反对。于是"有人提出，这个条例既然这么长时间出台不了，干脆就把它废掉。自2011年启动的著作权法第三次修法活动中，也确实有人提出废除这个条文。在三个由学者提出的修法版本中，没有一个提及民间文学艺术作品版权保护问题"①。

可是，民间文学艺术作品的知识产权保护又是一个由经济欠发达国家（第三世界国家）主导的"政治正确"的国际政治话语，如果没有充分的放弃理由，立法部门也只能知难而上。于是，WIPO与UNESCO的13年论辩场景就有了一个中国微缩版。在21世纪最初几年的《中华人民共和国非物质文化遗产法》起草过程中，"有关立法部门曾经酝酿写入非物质文化遗产著作权保护条款的方案，但由于种种原因未采纳"②。之所以无法写入，根本原因还是两种保护理念的无法兼容。在国际层面无法融合的两种保护理念，具体落实到中国，一样无法融合。最后，《中华人民共和国非物质文化遗产法》对于知识产权问题的处理方式也与UNESCO《保护非物质文化遗产公约》相似，只是在第44条做了一个回避矛盾的笼统说明："使用非物质文化遗产涉及知识产权的，适用有关法律、行政法规的规定。"③

2014年9月2日，国家版权局终于官网发布《民间文学艺术作品著作权保护条例（征求意见稿）》④，这似乎意味着"等待了20多年，我国亟待保护的民间文学艺术作品终于有了专门的保护法律"⑤，新华网等各大媒体纷纷转载这一消息，普遍认为："加强民间文艺作品的著作权保护立法工作，不仅是推进社会主义文化强国建设的要求，还是参与国际规则制定，争夺国际话语权的要求。"⑥ 不过，这份"征求意见稿"并未获得多数民俗学者的认同，部分民俗学者认为该《条例》虽名为"保护"，实际上很可能起到"破坏"作用。由此可见，在WIPO举步维艰的民间文艺保护观，在中国的本土化过程中，一样遭到广泛质疑，《民间文学艺术作品著作权保护条例》最终没能如期颁布实施。

国际层面对于传统文化表现形式的知识产权保护，主要是发展中国家面对发达国家而实施的一种文化保护策略，具有明显的文化抵抗色彩。但要特别注意的是，我国是一个典型的多民族国家，地区文化发展极不平衡，如果依据同样的保护逻辑，简单地移用于国内民族民间文化领域，有可能影响到各民族间的文化交流，影响到民族团结。此外，仓促实施该项保护还极有可能引发或加剧地区之间的文化资源争夺，既不利于文化繁荣和文化融合，也会影响到民间文学艺术本身的创新和传播。

反之，UNESCO将非物质文化遗产视做"人类共同遗产"，所以一再强调宣传、传

---

① 周林：《简论"民间文艺"版权保护立法》，《中国版权》2015年第3期。
② 国家版权局：《关于〈民间文学艺术作品著作权保护条例〉（草案）的说明》，《民间文艺著作权立法资料汇编》，第7页。
③ 第十一届全国人民代表大会常务委员会第十九次会议通过：《中华人民共和国非物质文化遗产法》，中国人大网，www.npc.gov.cn，2011-05-10。
④ 国家版权局：《国家版权局关于〈民间文学艺术作品著作权保护条例（征求意见稿）〉公开征求意见的通知》，中华人民共和国国家版权局，http://www.ncac.gov.cn，2014-09-02。
⑤ 姜旭：《民间文学艺术作品将获立法保护》，《中国知识产权报》2014年10月17日。
⑥ 方圆：《〈民间文学艺术作品著作权保护条例〉征求意见》，《中国新闻出版报》2014年9月18日。

播、弘扬、传承的重要性。相应的,《中华人民共和国非物质文化遗产法》既将我国非物质文化遗产视做"人类共同遗产",也将其视为"中华民族共同遗产",因此首先强调了遗产保护"有利于增强中华民族的文化认同,有利于维护国家统一和民族团结,有利于促进社会和谐和可持续发展"(第4条)的根本目的,反复强调"国家鼓励和支持开展非物质文化遗产代表性项目的传承、传播"(第28条),"鼓励开展非物质文化遗产的记录和非物质文化遗产代表性项目的整理、出版等活动"(第33条)等,把传承、传播、宣传、普及、出版、利用视作重要的保护手段。

曾经参与《非物质文化遗产法》起草工作的刘魁立先生使用了"共享性"来阐释非物质文化作为"人类共同遗产"的特性:"不同的人,不同的社群、族群,能够同时持有共同享用共同传承同一个文化创造成果。这种对文化事象能够共同持有、共同享用、共同传承的特性只有在非物质文化领域才可以见到。"[1]

积极、开放、共享的非物质文化遗产保护获得了社会各界的广泛认同和支持,成为一项文化运动,迅速就在中华大地生根发芽,如火如荼地开展起来。我国在非物质文化遗产保护运动中的杰出成就,以及《民间文学艺术著作权保护条例》的反复修订和踌躇不前,进一步证明了传统文化表现形式作为"人类共同遗产"理念的先进性,以及作为特定社区或群体"私有制财产"理论的局限性。

(原载《中国人民大学学报》2018年第1期)

---

[1] 刘魁立:《非物质文化遗产的共享性本真性与人类文化多样性发展》,《山东社会科学》2010年第3期。

从感生到帝系：中国古史神话的轴心转折

——兼谈古典神话的层累生产

陈泳超[*]

【摘要】中国古典神话的特色在于"人神混融"，远古神话是否自成体系尚难考定，但从各部族原生的感生神话发展到以"帝系"为标志的华夏民族共同体神话，正体现了中国神话的基本体系及其演进建构的历史脉络。它完成于战国晚期，将政统、道统和血统合为一体，成为华夏民族共同体确立的一个重要标志。两汉之世，感生神话与帝系神话续有发展，其最大的特点是将政统、道统和血统以各种方式嵌入五行之德的德统之列，非但为帝系提供了先验的结构原则，更为各种时势政治提供理论合法性，直至魏晋以降这类活跃于政治舞台的学术渐次冷淡并重归史学之列，标志着汉语世界古典神话的终结。其间充分显示出古典神话层累的再生产过程，这是中国古典神话的一个基本法则。

一

作为现代文化概念的"神话"，是20世纪初从西方myth一词移译而来的，曾经为中国思想界革命提供了许多资源和助力，并逐步形成一种专业的学术门类。

先驱研究者们从一开始就发现中国悠久的典籍传统中并不存在希腊、罗马那样成体系的神话专书，所有被认为是神话的素材都极为零碎，并且散落于经史子集各类著作之中，这让他们相当程度上产生某种文化落后的时代通感，从而激发出要为中国古典神话寻找体系以与西方相媲美的民族主义情绪，这已成为20世纪中国神话研究的核心命题和基本心态，茅盾、程憬、袁珂等人是其中最有代表性的学者。程憬在其专著《中国古代神话研究》的《自序》中就说"我们的远古确有这样的一个'神话时代'，确有这些朴素而荒唐，美丽而伟大的故事，且已杂合而发展，成为系统。"而学者的任务，便是要"用比较分析和批评方法，去剖开他们的表皮，还能显露出他们的本来面目来"[①]。

然而，他们重建中国神话系统的共同方法，乃是以希腊、罗马神话为标准，力图在宏大结构和具体细节上与之尽量对应。鲁迅就曾说过："内容分类，似可参照希腊及埃及神

---

[*] 作者系北京大学中文系教授。
[①] 程憬：《中国古代神话研究·自序》，北京大学出版社2011年版，第2页。

话之分类法作之，而加以变通。"① 具体而言，他们几乎都选择了"比安其教授（G. H. Bianchi）的'希腊与罗马的神话组织'"中的分类法，即"天地开辟及神统""诸神""英雄"② 三大块，茅盾和程憬的神话专著概莫能外，详情参见拙文《程憬先生的中国神话研究简论》③，此不赘述。可是这样竭尽全力的比附，始终给人以左支右绌、裁割灭裂之感，反而失去了中国古典文献自己的话语自足性和整体感。究其原因，根柢还在于对人类文明一元进化论的过于崇敬，缺乏民族文化的内在自信。

我们当然不必苛责前贤，而是要站在当今文化多样性的普遍立场上，更为平和地重新审视中国古典神话。如此则会发现，中西神话其实有着各自不同的目标诉求和表述方式，其中最大的差异在于：西方古典神话倾向于清晰地区隔神与人的界线，即便是最接近于"诸神"的"英雄"，仍然在分类学上被严格区分为不同的身份世界。"荷马史诗"即为此方面的典型代表，神灵世界分裂成两个阵营，分别帮助希腊和特洛伊进行了一场旷日持久的人间战争。而在中国，"荷马史诗"式的神人界分战争叙事，只出现于很后期的《封神演义》一类神魔小说之中，在更加纯粹的古典神话中，那些最具有神话品格的"人物"，比如神农、黄帝之类，却自始至终处于"神人混融"的状态，无法截然规定。故所谓中国神话的体系，正是要首先认清这一迥异于西方神话的基本特质，才有可能真正探索到自己的传统。

中国神话的这一特质之前也并非无人察觉，比如顾颉刚先生在《我的研究古史的计划》中就说"古人心中原无史实与神话的区别；到汉以后始分了开来。"④ 但"古史辨派"的研究，更多地希望将古史与神话分开，即所谓"用历史的眼光去看历史""用传说的眼光去看传说"⑤。因此他们真正倾力研究的，是将古史从神话中剥离出来，而非神话本身，所以他们更多还是被归入古史研究行列。袁珂先生被认为是20世纪中国神话研究的集大成者，他主动放弃了西方神话的体系标准，主张所谓的"广义神话"，并按照中国传统的时间线索分为"开辟篇""黄炎篇""尧舜篇""羿禹篇""夏殷篇""周秦篇"来呈现中国神话之体系⑥，这不能不说是一种进步。但他所建立的这套体系，依赖的只是"神话表述时间"而非"表述神话时间"⑦，故其毕生贡献只是做成了一部宽泛的神话资料汇编，并没有展现出中国古典神话的发展轨迹和基本特质。

也有一些建基于中国古典神话自身特质的规律性探究，比如顾颉刚先生就提出过昆仑、蓬莱两大"神话系统"的学说⑧，只是这类神仙话题，恐怕并不具有充分的原始神话

---

① 鲁迅：《致梁绳祎》，《鲁迅全集》第十一卷，人民文学出版社1991年版，第438页。
② 谢六逸：《神话学ABC》。载于《神话三家论》，上海文艺出版社1989年版，第74—75页。
③ 陈泳超：《程憬先生的中国神话研究简论》，《民间文化论坛》2015年第6期。
④ 顾颉刚等：《古史辨》（第一册），上海古籍出版社1981年版，第215页。
⑤ 见《北京大学研究所国学周刊》第一卷第四期，顾颉刚对郑孝观来信所加的按语。这里的"传说"，与"神话"含义基本相同。
⑥ 袁珂：《中国神话传说》，中国民间文艺出版社1984年版。
⑦ 所谓"神话表述时间"，指神话文本内显现的时间，而"表述神话时间"，指神话文本被记录的时间，两者经常是不一致的，在神话文献方面尤其如此。比如关于盘古的"神话表述时间"应该是最早的，但其"表述神话时间"却要晚到三国吴。
⑧ 顾颉刚：《〈庄子〉和〈楚辞〉中昆仑和蓬莱两个神话系统的融合》，《中华文史论丛》1979年第2辑。

特性,且远方神异类的叙事,或许在更久远的上古曾经拥有过相当的地位,但在文字时代以降的古典话语中,已不具有重要影响力,《山海经》的长期不被重视即为明证。无文字时代的神话及其重要性究竟如何,我们无法确知,需更多依赖于对考古实物的合理解读;而从周代以来,古典文献虽亦兴废不时,但以较长时段来考察,大致还是形成了连续的传统证据链,其中真正在民族、国家和历史、政治诸层面上都深具影响、具有马林诺夫斯基所谓信仰的"社会宪章"(sociological charter)功能①的神话体系,恐怕只有战国秦汉间编制完善的帝系神话,即以《大戴礼记》中的《五帝德》和《帝系》两篇为基本框架、以《史记》前四篇本纪为权威史学定本、以五帝三王之血统与政统为主要记述对象的完整叙事。陈连山所谓的"神圣叙事"②,其核心即在此,其合理性则仅限于此。

二

《史记》中的《五帝本纪》以及夏、商、周三代本纪的开端部分,可以视为这一神话体系最丰富的表述。五帝中的黄帝、颛顼和帝喾,还充满了神话色彩,像黄帝与炎帝的阪泉之战、黄帝与蚩尤的涿鹿之战、颛顼的绝地天通③等,都是公认的经典神话,即便帝喾这般无甚事迹可言者,也有"生而神灵,自言其名"④一类的神异品格。后二帝尧和舜,则又非常人间化,其中关于舜逃避后母迫害的故事,带有显而易见的民间传说特性,它是从《孟子》转录的,青木正儿在《尧舜传说の构成》一文里,就专门指出其中含有大量齐鲁民间传说的成分⑤,而传说在民间文学界通常被视为是神话的弱化表达形式。《夏本纪》大部分是在讲大禹的事迹,它主要截取《尚书》之"虞夏书"篇章而成,不单有大禹治水这样的经典神话,还有与皋陶、夔等百官在虞廷一殿为臣、共襄盛世的政治神话。而《殷本纪》与《周本纪》,则分别记录了玄鸟生商、姜嫄履大人迹生弃的著名故事,也即各自祖先的感生神话。

但《史记》本意并不是要成为一本神话集,相反,司马迁非常刻意地将神话成分(所谓"不雅驯"之词)消减到了最低程度,他的目的当然是要撰著一部"成一家之言"的通史,尽管某些神话因素无法全然割弃,但总体上毫无疑问是被视为历史过程的。其中除了五帝三王依次接续而形成的政统之外,更强调了政统内部一脉相承的血统关系,即所谓"自黄帝至舜、禹,皆同姓而异其国号,以章明德"⑥的万世一系观。此外,从对治水之后天下太平、熙熙雍穆的描述中,从"天下明德皆自虞帝始"⑦之类不绝于书的极端赞语中,也表达了道统的意蕴。先秦诸子中,除法家之外,儒、墨、道诸显学都是历史倒退

---

① [美]阿兰·邓迪斯编:《西方神话学读本》,朝戈金等译,广西师范大学出版社2006年版,第238页。
② 陈连山:《论神圣叙事的概念》,《华中学术》(第九辑),华中师范大学出版社2014年版。
③ 所谓"养材以任地,载时以象天,依鬼神以制义,治气以教化,絜诚以祭祀"等赞语,应该就是对"绝地天通"的通俗讲解。见《史记》卷一"五帝本纪"第11页。(汉)司马迁:《史记》,中华书局1982年版。
④ 《史记》卷一"五帝本纪"第13页。
⑤ [日]青木正儿:《支那文学艺术考》,弘文堂书房1942年版,第117—146页。
⑥ 《史记》卷一"五帝本纪"第45页。
⑦ 《史记》卷一"五帝本纪"第43页。

论者对于过去时代的完美想象，蕴含了一种托古讽今的政治神话思想。故以完备的制度、高尚的道德、清明的政治为标志的远古文明黄金时代，就被儒学占据绝对地位的后世主流知识界广泛接受。

可见，这部分知识体系，既是神话的，又是历史的。20世纪神话学界有一个主流命题是"神话的历史化"，后来又有相当一部分学者反其道而提出"历史的神话化"。它们貌似相反，本质上都是对于本真性的执着，只是各执一偏罢了。在笔者看来，既然无文字时代的具体历史与文字记载之间的关系难以确定，孰先孰后、孰本孰化恐怕也是无法通约的，不如将之视为"神人混融"的特殊话语系统，名之为神话或者上古史均无不可，两者在此互相混杂，不能截然两分。问题是，任何分散的知识一旦成为体系，一定是被着意建构的，上古神话亦然。《史记》中的两段"太史公曰"说得分外清晰。

> 学者多称五帝，尚矣。然《尚书》独载尧以来，而百家言黄帝，其文不雅驯，荐绅先生难言之。孔子所传宰予问《五帝德》及《帝系姓》，儒者或不传。余尝西至空桐，北过涿鹿，东渐于海，南浮江淮矣，至长老皆各往往称黄帝、尧、舜之处，风教固殊焉，总之不离古文者近是。予观《春秋》、《国语》，其发明《五帝德》、《帝系姓》章矣，顾弟弗深考，其所表见皆不虚。《书》缺有间矣，其轶乃时时见于他说。非好学深思，心知其意，固难为浅见寡闻道也。余并论次，择其言尤雅者，故著为本纪书首。（《五帝本纪》）

> 五帝三代之记，尚矣。自殷以前诸侯不可得而谱，周以来乃颇可著。孔子因史文次《春秋》，纪元年，正时日月，盖其详哉。至于序《尚书》则略，无年月，或颇有，然多阙，不可录。故疑则传疑，盖其慎也。

> 余读谍记，黄帝以来皆有年数。稽其历谱谍终始五德之传，古文咸不同，乖异。夫子之弗论次其年月，岂虚哉！于是以《五帝系谍》、《尚书》集世纪黄帝以来讫共和为《世表》。（《三代世表》）[①]

可见，在司马迁之前，关于黄帝、尧、舜之类古帝王的神话传说，在社会上有着丰富多样的流传，并有许多人已经着手于体系化的建构工作了，众多历谱系牒的流行即为明证。太史公只是以儒家的"古文"为标准选择了自认为最正确的一种，即宣扬万世一系的大一统世系来作为标准本罢了。在此基础上，他又割舍不了另外一些势力强大的异说，比如感生神话之类，太史公自己说是要"厥协六经异传，整齐百家杂语"[②] 的，只是这样的"厥协"与"整齐"，必然带来许多内在矛盾，时常被后人诟病，比如欧阳修在《帝王世次图后序》中核算了五帝的年数和辈分之后就批评说：

> ……则当舜摄、试之初年禹才六岁。是舜为玄孙年三十时，见四世之高祖方生六岁矣。至于舜娶尧二女，据图为曾祖姑。虽古远世异，与今容有不同，然人伦之理乃万世之常道，必不错乱颠倒之如此。然则诸家世次，寿数长短之说，圣《经》之所

[①] 分别见《史记》卷一"五帝本纪"第46页、《史记》卷十三"三代世表"第488页。
[②] 《史记》卷一三零"太史公自序"第3319—3320页。

不著者，皆不足信也决矣。①

其中舜禹世系和年龄相差太大的问题尚能勉强应付，而舜娶曾祖姑的乱伦关系则凸显了与"天下明德皆自虞帝始"的尖锐冲突。尽管有许多学者不屈不挠地为之弥缝，但原文明明白白，终归徒劳无益。

事实上，对于这一帝系神话的态度，乃是信古与疑古的关键标志，甚至包括当今所谓的"走出疑古时代"，仍然以此态度为界分②。对此，我们有必要重温一下顾颉刚先生于1923年在《答刘胡两先生书》中所提及的四个"打破"。

（一）打破民族出于一元的观念。
（二）打破地域向来一统的观念。
（三）打破古史人化的观念。
（四）打破古代为黄金世界的观念。③

其中除了第三个"打破"尚可商榷之外（笔者主张"神人混融"，神的人化和人的神化皆有可能），从古史而非神话的立场而言，其余三个"打破"都是基本前提，无可商量。

三

既然帝系是被后世建构出来的知识体系，那么它的建构历程又有怎样的轨迹可循呢？此间蕴含着丰富的学术命题，本文仅限于神话学范畴，认为从自为的各部族感生神话发展到建构的华夏民族共同的帝系神话，是中国古典神话发展史上最清晰的一条轨迹，它代表了分散的原生神话向体系化次生神话的转折，是原始思维向理性思维的转折，某种程度上甚至可以说是原始神话的终结，故本文称之为上古神话史的轴心转折。

所谓感生神话，即少女感应某种神奇力量无夫而孕生下神异后代这样一类叙事形态，其神异后代通常被视为某一血缘部族的始祖。记录最早也最有代表性的感生神话，当属《诗经》中记载的商、周两族的始祖神话。《诗经·商颂》的《玄鸟》篇中"天命玄鸟，降而生商，宅殷土芒芒，古帝命武汤，正域彼四方"，以及《长发》篇"有娀方将，帝立子生商"，说的都是有娀氏女简狄吞玄鸟卵而生商族始祖契的感生神话。周代始祖弃的感生神话见于《诗经·大雅·生民》：

> 厥初生民，时维姜嫄。生民如何？克禋克祀，以弗无子。履帝武敏歆，攸介攸止，载震载夙，载生载育，时维后稷。
>
> 诞弥厥月，先生如达。不坼不副，无菑无害，以赫厥灵，上帝不宁。不康禋祀，居然生子。
>
> 诞寘之隘巷，牛羊腓字之。诞寘之平林，会伐平林；诞寘之寒冰，鸟覆翼之。鸟

---

① 《欧阳修全集》第593页，（宋）欧阳修：《欧阳修全集》，中华书局2001年版。
② 参见林沄《真该走出疑古时代吗？——对当前中国古典学取向的看法》，《史学集刊》2007年第3期。
③ 载1923年《读书杂志》第11期，转引自《古史辨》第一册，第99—101页。

乃去矣，后稷呱矣。实覃实訏，厥声载路。①

这里的叙事更丰富多姿，非但有履大人迹而怀孕的感生情节，而且还有三次丢弃而不得的神奇情节，这符合民间文学特有的"三叠式"审美习惯，也是后世广泛流传的"弃儿类型"民间故事的最早标本，它的民间文学属性如此坚实，足与舜的后娘迫害型叙事合称为"先秦民间故事之双璧"。

拥有感生神话的远不止商、周两族，像吞薏苡而生的夏族（《论衡·奇怪》），同样吞鸟卵而生的秦族（《史记·秦本纪》）、夫余国族（《论衡·吉验》）等等，从情理上说，各血缘部族都可能有自己的始祖感生神话。许多学者认为这反映了人类早期"民知其母不知其父"②的母系社会时代，笔者以为这是对人类社会史一般发展模式的简单套用。且不说人类社会发展史一般模式早已为人诟病，便是母系社会是否真实存在过，也没有得到普遍的证明，只是一种推想罢了。单是从逻辑上说，既然感生出来的神异祖先是男性，就说明早已进入父系社会了。笔者认为，感生神话恰恰是父系社会的关键表征，因为始祖是按照男性父系上溯的，如果始祖是父母交配而生，那么他就失去了始祖的身份，其父亲才能算始祖。因此始祖必然不能再有人间之父，其母必须感应超越常人的神秘力量，故生产的儿子才能显示出超凡的能力，也才能使本血缘部族的身份得到集体提升。在中国原始神话中，这种超越力量常常被认为是"天"或"帝"，所谓"天命玄鸟""履帝武敏歆"是也，故许慎《说文解字》说："姓，人所生也。古之神圣，母感天而生子，故称天子。"③便是这个道理。《礼记》卷十"大传"中说："礼不王不禘。王者禘其祖之所自出，以其祖配之。"④"祖之所自出"，显非人间之父祖，当即此类神秘的超越力量，而玄鸟、大人迹之类，不过是人间可以感知的奇特现象罢了。

但是到了帝系神话中，以《大戴礼记》为标准，商族的始祖母简狄和周族的始祖母姜嫄分别是帝喾的次妃和元妃，于是两族的始祖契和弃也都成了帝喾的儿子，包括夏代始祖大禹，也是颛顼的后代，他们都可上溯至黄帝的血脉，从而制定出万世一系的伟大谱系。这就将神秘力量的天帝改换成了人间之帝王，也就变相否定了感生神话。但《史记》出于"厥协"和"整齐"的动机，还是在帝系神话的大框架里留存了商、周二族的感生神话，《殷本纪》中说："殷契，母曰简狄，有娀氏之女，为帝喾次妃。三人行浴，见玄鸟堕其卵，简狄取吞之，因孕生契。"《周本纪》则说"周后稷，名弃。其母有邰氏女，曰姜原。姜原为帝喾元妃。姜原出野，见巨人迹，心忻然说，欲践之，践之而身动如孕者。"如此则有父与无父并存，不免让理性渐开的汉代人疑窦丛生。《三代世表》中就说：

> 张夫子问褚先生曰："《诗》言契、后稷皆无父而生。今按诸传记咸言有父，父皆黄帝子也，得无与《诗》谬乎？"褚先生曰："不然。《诗》言契生于卵，后稷人

---

① 以上三段《诗经》引文分别见方玉润《诗经原始》第647页、649页、503页。《诗经》，中华书局1986年版。
② 语出《庄子·盗跖》，（清）郭庆藩：《庄子集释》，《诸子集成》第三册，上海书店1991年版，第429页。
③ （汉）许慎：《说文解字》，中华书局1994年版，第258页。
④ 《十三经注疏》，中华书局1991年版，第1506页。

迹者，欲见其有天命精诚之意耳。鬼神不能自成，须人而生，奈何无父而生乎？一言有父，一言无父，信以传信，疑以传疑，故两言之。……天命难言，非圣人莫能见。舜、禹、契、后稷，皆黄帝子孙也。黄帝策天命而治天下，德泽深后世，故其子孙皆复立为天子，是天之报有德也。人不知以为汜从布衣匹夫耳。夫布衣匹夫安能无故而起王天下乎？其有天命然。"①

张夫子代表了理性的时代追问，而褚先生的回答颇为巧妙，他认为有父的帝系神话是人间常理，是自然过程，天子也首先是人；但天子又不是普通之人，他代表了"天命"，而感生则是"天命精诚之意"的象征性表达罢了。

其实，类似张夫子这样对感生与帝系的怀疑思想，早在战国时代就已出现。此前最为人熟知的是《天问》中的诘难："简狄在台，喾何宜？玄鸟致贻，女何喜？"② 近年来随着上博简《子羔》的发现和释读，使我们对感生到帝系这一轴心转折的时代历程及其意义，有了更深入的理解。

> 子羔问于孔子曰："叁王者之作也，皆人子也，而其父贱不足称也与？抑亦诚天子也与？"孔子曰："善，而问之也。久矣，其莫 …… [禹之母……之]女也，观于伊而得之，娠三年而画（?）于背而生，生而能言，是禹也。契之母，有娀氏之女也，游于央台之上，有燕衔卵而措诸其前，取而吞之，娠三年而画（?）于膺，生乃呼曰：'钦！'是契也。后稷之母，有邰氏之女也，游于玄咎之内，冬见芺攼而荐之，乃见人武，履以祈祷曰：'帝之武，尚使……是后稷之母也。叁王者之作也如是。"子羔曰："然则叁王者孰为……"
>
> ……曰："有虞氏之乐正瞽瞍之子也。"子羔曰："何故以得为帝？"孔子曰："昔者而弗世，善与善相授也，故能治天下，平万邦，使无有小大□□，使皆得其社稷百姓而奉守之。尧见舜之德贤，故让之。"子羔曰："尧之得舜也，舜之德则诚善与？抑尧之德则甚明与？"孔子曰："均也。舜稽于童土之田，则……""……之童土之黎民也。"孔子曰："……吾闻夫舜其幼也，敏以学寺（诗?）其言……或（?）以文而远。尧之取舜也，从诸草茅之中，与之言礼，说尃（博?）……□而和。故夫舜之德其诚贤矣，采诸畎亩之中而使君天下而称。"子羔曰："如舜在今之世则何若？"孔子曰："亦纪（己?）先王之游（由?）道，不逢明王，则亦不大使。"
>
> 孔子曰："舜其可谓受命之民矣。舜，人子也，而叁天子事之。"③

这篇简文结构完整：第一段讲三王乃"天子"，重点言其感生神话，不及于德行；后二段讲作为"人子"的舜，重在德行与禅让；最后一段总结，"天子"不如"人子"，强

---

① 以上三段引文分别见《史记》卷三"殷本纪"第91页、《史记》卷四"周本纪"第111页、《史记》卷十三"三代世表"第504—506页。
② （宋）洪兴祖：《楚辞补注》，中华书局1983年版，第105页。
③ 本文所引《子羔》原文，乃将裘锡圭先生《中国出土文献十讲》（复旦大学出版社，2004年）中第28页和第325—326页两段释文拼合而成，其中引号、分段为笔者自为，一些特殊字符有疑似常见文字者径用之，无常见文字者则用□代替。

调德行高于身份,其寓意十分鲜明。从其开头子羔的提问"叁王者之作也,皆人子也,而其父贱不足称也与?抑亦诚天子也与?"中可以判断,当时人对于原始的感生神话依然印象很深,但已发出了明确的质疑,说明整个时势正由原始思维逐渐转入理性思维。只是万世一系的帝系神话还没有产生,因为尚有"天子"与"人子"之分,且"叁天子"的感生神话也还是各自独立的。

但我们仔细分析《子羔》篇会发现,除了商、周两部伟大史诗之外,夏族的感生神话此时也不遑多让,而且夏、商、周三代始祖的感生神话,似乎存在着某种整齐划一的对应关系,笔者根据原文提炼出"母系族源""野游地""神奇受孕""超长妊娠期""剖坼生产""产后神迹"六项母题,列表如下:

	禹	契	后稷
母系族源	【】	有娀氏之女	有邰氏之女
野游地	(伊水?)	央台	玄咎
神奇受孕	观伊水	吞燕卵	履大人迹
超长妊娠期	三年	三年	【诞弥厥月?】
剖坼生产	划背	划胸	【先生如达?】
产后神迹	生而能言	生而呼钦	【】

其中()内代表从简文中可以推测出的文字,而【】表示简文缺失但原应有文字。这些母题有的很熟悉,比如吞燕卵、履大人迹之类,有的也有其他文献记载,比如"划背"或"划胸"生产之类①,但像"生而能言""生而呼钦"等就很陌生。更重要的是,三代始祖感生神话的整齐化排列,应该可以说明,随着部族间交流的扩大乃至民族融合的加剧,各部族自发生成的感生神话,也在彼此协调借鉴,从而在更大的人群共同体范围内,建构着某种结构性的知识。

我们甚至可以放肆一下想象力,上述表格中的【】都是阙文的标识,只有周族笔者补充了"诞弥厥月""先生如达"两处疑似文句,这是《生民》中原有的对应文字,原意只是表示后稷是满月而生,且出生时非常顺利,就像母羊生产小羊一样,通常认为这些语句是为了显示出姜嫄少女生子时的神异吉祥。但是如果我们参照这个表格,发现夏、商二族都在以超长妊娠期和剖坼生产来彰显其神异性的话,那么"诞弥厥月,先生如达,不坼不副,无菑无害"等语,是否隐含有一种同母题的回应关系呢?裘锡圭先生早就发现了这个问题,他说:"《子羔》篇的出土,证明上引汉以后书的说禹、契生自母背、母胸的降生神话,有颇为古老的来源。《诗经·大雅·生民》说姜嫄生后稷十分顺利,'不坼不副,无菑无害',应该就是以'修己背坼而生禹,简狄剖胸而生契'这类神话为背景

---

① 如董仲舒《春秋繁露·三代改制质文》中就说"禹生发于背""契先(生)发于胸",见(清)苏舆撰,钟哲点校:《春秋繁露义证》,中华书局2011年版,第212页。

的。"① 以神话学的术语来说，即大林太良所谓的"否定性文化起源神话"②，这在神话中经常出现，比如苗族从来没有文字，但发现汉族等其他民族都有文字，于是就制造出本民族原有文字、后在迁徙过程中丢失了这样的解释性神话。显然，封闭人群如果"没有什么"，那是不需要解释的，只有与外部世界交往对比后才会意识到"缺乏"，因而相应的解释性神话一定是后起的，笔者更愿意称之为"逆生神话"。照此原理，周族感生神话中对"不坼不副，无菑无害"的细节强调，让笔者非常怀疑它应该属于"逆生神话"。

可见，各部族独立神话之间的互相借鉴，可以溯源很早，或许从他们接触之初起就一直发生着；至于跨部族的体系化建构，则要到大规模统一政权出现之后才有可能。从各种文献来看，这类体系化建构从东周开始渐成趋势，战国以后愈演愈烈，只是那时建构的思路还很多样，未必都往万世一系的标准帝系化方向发展。《子羔》篇就没有出现血统的融合，但政统与道统的连接已很稳定，《尚书》"虞夏书"中已将大禹、契、后稷等都视为虞廷臣工，《子羔》篇中的"叁天子事之"，便是对这一话题的概说，可见此话题这时已成共识。这说明从感生往帝系方向演变包含着多层内容，它们的发展历程也并非同步，政统与道统的谱系，其诞生应该早于血统谱系，由此可见感生神话相对而言具有更强的稳定性。

而从《子羔》篇的"天子"与"人子"之分，再到《天问》中的"简狄在台，喾何宜？玄鸟致贻，女何喜？"则血统谱系也已经建构分明，说明感生神话向帝系神话的转折业已完成，其转折的节点应该就在战国后期，至于秦汉之际以《大戴礼记》及《史记》为代表的体系化文本，乃是这一轴心转折的集大成之作。

当然，本文只是粗略地描摹这一轴心转折的基本历程，至于其具体过程还极为复杂，以顾颉刚先生为首的古史辨派学者以及当今的古史研究者都对这一问题贡献了无数心血和洞见，近期李零先生提出帝系"应是周初封建，并夏、商古国，以姬姓为中心，串联其他族姓，整合而成的一种谱系，体现'天下一家'的概念"③，甚新耳目。而神话学界则以吕微的研究最见卓识，他在《中华民间文学史》的《神话编》里就明确表示："东周时代神话历史化最典型的言述方式是古史传说系列，其最终的完成形式就是战国晚期的帝系传说"，并勾勒了一条从"普遍的上帝转换为特殊族群之帝进而形成诸帝谱系"的演进轨迹，只是其中强烈的"神话历史化"思路，笔者未必赞同，而更愿以"神人融合"的模糊说法替之。但他下面一段总结非常精辟。

> 古史传说——帝系是汉语神话系统化、理性化、历史化和伦理化的最终成果。在东周时代，随着天神转换为人王，神话转换为传说，人化与德化的古帝、古史传说终于替代了原始的神及神话而成为信仰领域的终极实体。古史传说——帝系不仅为各项社会、文化制度提供了神圣性的终极证明，同时也为各个族群政治团体（诸侯）提供了通往国家权力顶峰的意识形态话语，而最重要的则是古帝先王的道德典范为东周

---

① 裘锡圭：《中国出土文献十讲》，复旦大学出版社2004年版，第29页。
② ［日］大林太良：《神话学入门》，林相泰、贾福水译，中国民间文艺出版社1989年版，第89页。
③ 李零：《帝系、族姓的历史还原——读徐旭生〈中国古代的传说时代〉》，《文史》2017年第3辑。

时代现实的伦理秩序提供了超越性的价值与批判源泉,从而最终使汉语神话达到了它的古典形态。①

以世界神话学的常例来看,各部族自为的感生神话是原发性的,希腊神话、埃及神话、圣经神话以及许多人类学调查的原始部族都曾有过人间女子无夫受孕的事迹;合并各种神异祖先或帝王而归为有秩序的系统则是次生的,便是最具体系性的希腊神话,经学者考证,大量的谱系神话其实也是大约公元前八世纪以后城邦社会中贵族政治及家族力量的显现和编造。

> 为迎合贵族家族的需要,诗人和早期史话家们开始帮助他们构拟家族谱系,并将这些谱系相互联结,形成庞大的谱系网。谱系把古昔的英雄与现实中的每个贵族家族联系起来,形成一个有机整体。②

由此反观,万世一系的政统承续当然只是一个美好的幻想,就跟秦始皇希望将皇位传之万世是一样的思路,只不过是"逆生"罢了。将神话与历史进行关联性思考,可以这么说:感生神话属于原始思维引领下的原生神话,它是初民的信仰;帝系神话则是在理性思维基础上的次生神话,是文明社会的历史追述。在战国晚期这个节点上,发生了感生神话向帝系神话的轴心转折,恰是因应于大一统的时代趋势,而将单一部族的族源神话建构为华夏民族的共同体神话,即顾颉刚先生所谓"直把'地图'写成了'年表'"③,只是"年表"重在政统,似乎不能概括道统和血统。所以,这一转折既在神话之体,更在神话之用,它作为传统资源而深度介入了时代文化的建设之中。

四

正是由于与生俱来的时政文化介入特质,帝系神话虽在《史记》中得到确立和阐扬,完成了由感生神话而来的轴心转折,但神话体系并未就此定局,终两汉之世,帝系神话还有许多复杂的变化。

两汉时期与古史和政治最为密切的思潮是五行思想,其他像阴阳、八卦、三统、四法之类,均等而次之,顾颉刚先生将此类研究命名为《五德终始下的政治和历史》④,便是这个道理。其要义是将既有的道统、政统和血统强势嵌入五行之德的"德统",用来给古史与当今政治之间的"天然"关联,赋予一种先验的、可运转的内在结构。

早在《史记》成书之前的战国秦汉之际,就有两种与五行相配的五帝学说流行于世了:其一是纵向排列的邹衍"五德终始说",其二是横向排列的"月令"五方帝系统。它

---

① 语出祁连休、程蔷主编《中华民间文学史》,河北教育出版社1999年版,第51、55、56页。
② 王以欣:《神话与历史——古希腊英雄故事的历史和文化内涵》,商务印书馆2006年版,第26—27页。
③ 顾颉刚:《战国秦汉间人的造伪与辨伪》,载《古史辨》第七册上编,上海古籍出版社1982年版,第21页。
④ 发表于1930年《清华学报》六卷一期,后收入《古史辨》第五册。

们都将五行之德对应于不同的"五帝",其中邹衍的学说尤其突出,他用五行相胜的法则来直接解释人间帝王的政统更替,使得秦始皇和汉高祖都欣然乐从。与司马迁差不多时代的今文大儒董仲舒,鉴于汉兴以来关于汉家"德统"的争论不休(张苍等坚持水德,贾谊等主张土德),在其《春秋繁露·三代改制质文》里,较早开始用五行相生原则来排列帝系。该学说中"以《春秋》当新王"①的思想,实际则是认为孔子为汉制法,从中可以感知他将道统嵌入五行德统的强烈诉求。汉武帝之后,社会上又强势流行汉家为帝尧后代,应为火德的新说,简称为"火德尧后"。这一学说集中体现于刘向、刘歆父子共同完成的《世经》之中,它根据《易·说卦》中"帝出乎震"的说法将太昊伏羲氏设为首帝,并以五行相生的法则将有史以来至于当今汉朝的帝运排列成了一个五行轮转的完整系统,详情不赘②,其中突出现象是:在德统对应于政统的大前提下,又突出了德统与血统的对应关系,即以汉家"火德尧后"为例,提出了"同德统必同血统"的结构原则,天下永远由五个血统来轮流统治,而非《史记》中建构的万世一系的单一血统,难怪顾颉刚说:"《世经》之文是一元说的结束而五元说的开创。"③

至此,在五行理论占据绝对优势的的基础上,德统强力支持着政统,并一定程度上也笼括了血统和道统,帝系神话于理论和实践两面似乎都更趋丰富。相比而言,感生神话就显得落寞许多,但并未消失,比如董仲舒在《春秋繁露·三代改制质文》中讲述"四法"原理时就提到:

> 故天将授舜,主天法商而王,祖锡姓为姚氏。至舜形体大上而员首,而明有二童子,性长于天文,纯于孝慈。
> 天将授禹,主地法夏而王,祖锡姓为姒氏,至禹生发于背,形体长,长足肵,疾行先左,随以右,劳左佚右也。性长于行,习地明水。
> 天将授汤,主天法质而王,祖锡姓为子氏。谓契母吞玄鸟卵生契,契先发于胸。性长于人伦。至汤,体长专小,足左扁而右便,劳右佚左也。性长于天光,质易纯仁。
> 天将授文王,主地法文而王,祖锡姓姬氏。谓后稷母姜原履天之迹而生后稷。后稷长于邰土,播田五谷。至文王,形体博长,有四乳而大足,性长于地文势。④

对照本文前列表中感生神话之六项母题,可以发现,非但重要母题大多保留,还滋长出了诸如"异表""心性"之类的特殊母题。

而真正让遥远的感生神话经过结构性处理后全面复活的,则是另一种带有更强神秘性的知识体系——谶纬。先前我们知道的感生神话人物,主要是夏、商、周三代的始祖禹、契、后稷,但在谶纬中,伏羲以来的所有帝王都有了"标配"的感生神话,列举如下。

---

① (清)苏舆撰,钟哲点校《春秋繁露义证》,中华书局2011年版,第200页。
② 《世经》为《三统历谱》中的一篇,原书已亡,相关文字今见于《汉书·律历志》中。许多学者认为它是刘歆为王莽篡权制造合法性而作,不确,详见拙作《〈世经〉帝德谱的形成过程及相关问题——再析"五德终始说下的政治和历史"》,《文史哲》2008年第1期。
③ 顾颉刚:《中国上古史研究讲义》,中华书局2002年版,第324页。
④ 《春秋繁露义证》第212—213页,段落为笔者所分。

1. 太皞伏羲氏（木）：

   大迹出雷泽，华胥履之，生庖牺。(《诗纬集证·含神雾》)①

2. 炎帝神农氏（火）：

   少典妃安登游于华阳，有神龙首，感之于常羊，生神子，人面龙颜，好耕，是为神农，始为天子。(《古微书·春秋元命包》)②

3. 黄帝轩辕氏（土）：

   大电光绕北斗枢星，照郊野，感附宝而生黄帝。(《诗纬集证·含神雾》)③

4. 少皞金天氏（金）：

   黄帝时，大星如虹，下流华渚，女节梦接，意感生白帝朱宣。(《古微书·春秋元命包》)④

5. 颛顼高阳氏（水）：

   瑶光如蜺贯月，正白，感女枢，生颛顼。(《诗纬集证·含神雾》)⑤

6. 帝喾高辛氏（木）：
   未见。
7. 帝尧陶唐氏（火）：

   尧母庆都，有名于世，盖大帝之女。生于斗维之野，常在三河之南。天大雷电，有血流润大石之中，生庆都，长大形像大帝，常有黄云覆盖之，梦食不饥。及年二十，寄伊长孺家，出观三河之首，常若有神随之者。有赤龙负图出，庆都读之，云"赤受天运"，下有图人，衣赤光，面八彩，须鬓长七尺二寸，兑上丰下，足履翼，宿署曰："赤帝起天下宝。"奄然阴风雨，赤龙与庆都合婚有娠，龙消不见。既乳，尧貌如图表，及尧有知，庆都以图予尧。(《太平御览》卷八十引《春秋合诚图》)⑥

---

① 上海古籍出版社编：《纬书集成》，上海古籍出版社1994年版，第1183页。
② 《纬书集成》第179—180页。
③ 《纬书集成》第1184页。
④ 《纬书集成》第180页。
⑤ 《纬书集成》第1184页。
⑥ 《纬书集成》第1465页。

8. 帝舜有虞氏（土）：

　　握登见大虹，意感生舜于姚墟。（《七纬拾遗·河图着命》）①

9. 伯禹夏后氏（金）：

　　禹，白帝精，以星感修己，山行见流星贯昴。意感栗然，生似戎，文命禹。（《纬攟·尚书帝命验》）②

10. 商（水）：

　　契母有娀浴于玄邱之水，睇玄鸟衔卵过而坠之，契母得而吞之，遂生契。（《古微书·诗推度炎》）③

　　扶都见白气贯月，感黑帝生汤。（《纬攟·诗含神雾》）④

11. 周（木）：

　　周本后稷，姜嫄游閟宫，其地扶桑，履大人迹而生稷。（《古微书·春秋元命苞》）⑤

　　太任梦长人感己，生文王。（《纬攟·河图著命》）⑥

　　孔子案录书，合观五常英人，知姬昌为苍帝精。（《纬攟·春秋感精服》）⑦

12. 汉（火）：

　　含始吞赤珠，刻曰"玉英生汉皇"，后赤龙感女媪，刘季兴也。（《诗纬集证·诗含神雾》）⑧

相较于之前的感生神话，谶纬中这一系列的感生事迹，有以下几个特点：1. 从伏羲到汉皇都有感生神话，其间帝王排列顺序完全等同于《世经》，只是忽略了闰统；2. 最古老的玄鸟生商、大人迹生弃等依然保留，而在《子羔》篇中出现的观伊水生禹之类的神话却不被提起，可见以《子羔》为代表的禹之感生神话应该是东周以后出于体系化而模

---

① 《纬书集成》第1109页。
② 《纬书集成》第1422页。
③ 《纬书集成》第298页。
④ 《纬书集成》第1439页。
⑤ 《纬书集成》第180页。
⑥ 《纬书集成》第1530页。
⑦ 《纬书集成》第1463页。
⑧ 《纬书集成》第1187页。

仿商、周两代创制的，并不具有持续影响力；3. 最关键的一点是，同德的感生方式必然大致相同，即"同德统必同感生"。比如木德便都是履大人迹，这显然是从姜嫄神话而来，但谶纬中特意加上"其地扶桑"的细节，扶桑为东方之木，《纬攟·春秋元命苞》说："扶桑者，日所出，房所立，其耀盛，苍神用事，精感姜嫄，卦得震，震者动而光，故知周苍。"① 火德则必是感赤龙而生，这显然是将刘邦的感生神话套用到帝尧和神农身上去了；土德则为枢星与大虹，在天象上均为土属，《开元占经》九十八引《春秋纬》曰："虹蜺者，斗之乱精也。斗者，天枢也，居中宫土位"②；金德则使用"大星"（金星）和"昴星"（西方白虎之中星）；水德尚黑，玄鸟生商故事正合适，还又制造出了"瑶光贯月""白气贯月"的神迹，因为月为太阴属水。这就是笔者所谓的"标配"。4. 不光如此，感生神话在一些德命中还被扩展到更多层次，这里又分两种情况。一是商、周两代，不但有始祖契、后稷，还分别让政权开端者商汤和文王也有相应的感生神话，因为别的德命都是本身即为帝王，政统与血统合一，而此契、后稷的感生仅发生于血统，故必须再及于政统。由此可见，虽然貌似同为感生神话，其实已经发生了质性的转变，原生的感生只是解释血统的，谶纬的感生则更偏重于证明政统。二是像帝尧、汉皇的感生之母本人也是感生的，而且"血"与"赤珠"也都配合了火德征兆，这或许只是叠床架屋的过分造作吧。

顾颉刚在《中国上古史讲义》中说："到纬书出现，感生说复活了，《帝系姓》中的世系又被打倒了！"③ 这话倒未必，因为此时的感生已经发生了质变，它必须与德命相配合并且完全受制于德统。尤其重要的是，谶纬中各帝王的感生之父只能是天上的太微五帝。即《春秋·文耀钩》所说：

> 春起青受制，其名灵威仰；夏起赤受制，其名赤熛怒；秋起白受制，其名白招拒；冬起黑受制，其名叶光纪；季夏六月土受制，其名含枢纽。④

上列引文中所谓禹乃"白帝精"、汤母"感黑帝"、周文王是"苍帝精"之类，就是指的这太微五帝，《古微书·孝经钩命诀》中宋均注"华胥履迹，怪生皇牺"句时就说："迹，灵威仰之迹也，履迹而生，以为奇怪也。"⑤ 如此我们回顾一下前引褚先生的有父与无父的糅合回答："《诗》言契生于卵、后稷人迹者，欲见其有天命精诚之意耳。""天命精诚"，在此直接形象化为"太微五帝之精"，其内在理路是完全相通的。说到底，它就是《世经》中"同德统必同血统"原则的形象演绎和全面展开，并非就打倒了帝系，而是在德统与政统的帝系框架内，将血统由一脉相承改为五脉轮替罢了。从这个意义上说，谶纬中的感生已经丧失了原生感生神话的独立意志，它只不过与谶纬中大量充斥的异表、符命、祥瑞诸神话母题一样，完全受制于德统与政统的紧密结合，是政治和方术的神话傀儡。许多研究者不加区分地将谶纬神话与原始神话相提并论，显然对神话的知识再生产历

---

① 《纬书集成》第1449页。
② （唐）瞿昙悉达：《开元占经》卷九十八，景印文渊阁四库全书本第807册，台湾商务印书馆。
③ 顾颉刚：《中国上古史研究讲义》，第242页。
④ 《纬书集成》第195页。
⑤ 《纬书集成》第340页。

程严重缺乏认知。

之后，正如顾颉刚所说："造伪史而至于谶纬，已到了最高点了。从此以后，人们对于古代的事实，就整理之功多而创作之业寡了。"① 如果我们将这里的"造伪史"改作"帝系神话"，这一论断还是可以成立的。随着东汉政局的相对稳定，政府意志强力干预到了文化领域，突出的表现就是白虎观会议，"帝亲称制临决"②，形成了以《白虎通》为代表的官方定本，于诸多杂说中选取某种说法而予以固定化，比如五帝就放弃了《世经》的版本，重新回到《大戴礼记》的"黄帝、颛顼、帝喾、尧、舜"之说。此后私家著述像应劭《风俗通义》等也大体如是。

这类述而不作、弥缝前说的风气尤其表现在经学著述上，此时虽然也有许慎《五经异义》之类对今古文家风予以界分的著作，而感生神话正被视为区分今古文的一个标志，《毛诗正义·生民》引许慎《五经异义》云：

> 《诗》齐、鲁、韩、《春秋》公羊说："圣人皆无父，感天而生。"左氏说："圣人皆有父。"③

但今古文之间的门户并非壁垒，我们更多可以看到互相融合的趋势。即如感生与帝系问题，郑玄等也都采取了司马迁式的混同言之，并广泛采用谶纬之说，他在笺注《诗经·玄鸟》中就说："汤之先祖有娀氏女简狄，配高辛氏帝。帝率与之祈于郊禖而生契，故本其为天所命，以玄鸟至而生焉。"④ 而注《礼记·大传》"王者禘其祖之所自出，以其祖配之"一句时，即明确地说："王者之先祖，皆感太微五帝之精以生，苍则灵威仰，赤则赤熛怒，黄则含枢纽，白则白招拒，黑则汁光纪，皆用正岁之正月郊祭之，盖特尊焉。"⑤

魏晋以降，虽然这类五德终始之说仍然时时现身于朝代更替之际，但或许人们对于禅让之类的政治把戏看得太多太透彻了，知识阶层更倾向于将已有的帝系神话体系回归到较为冷静的史学范畴。其集大成者，可以西晋皇甫谧的《帝王世纪》为代表。它杂糅前此诸说，从开辟以来历数各世命历，思路与谶纬相似，又以"伏羲、神农、黄帝"为三皇，以"少昊、颛顼、帝喾、尧、舜"为五帝⑥，三代以降不遑多论，显然用的还是《世经》体系，却又要符合"三皇五帝"的传统格局，反而显得左支右绌。它又要弥合感生与帝系，故其文主要是各种学说的并置罗列，我们举颛顼为例，据《初学记》转引如下。

> 帝颛顼高阳氏，黄帝之孙，昌意之子，姬姓也。母曰景仆，蜀山氏女，为昌意正

---

① 《中国上古史研究讲义》第272页。
② （南朝宋）范晔：《后汉书》，中华书局1982年版，第138页。
③ 《十三经注疏》第529页。
④ 《十三经注疏》第622页。
⑤ 《十三经注疏》第1506页。
⑥ 这一"三皇""五帝"的说法，前此孔安国《尚书序》中亦然，一说谯周《古史考》亦然，辑佚多歧尚未确证。另，《古史考》与《帝王世纪》性质相似且更早，本文之所以不取它为代表，因其以考辨《史记》为主，内容分散，不像《帝王世纪》那样有专述帝系的自觉文体意识。

妃，谓之女枢。金天氏之末，瑶光之星贯月如虹，感女枢幽房之宫，生颛顼于若水。首戴干戈，有圣德。父昌意虽黄帝之嫡，以德劣，降居若水为诸侯。及颛顼，生十年而佐少昊，十二而冠，二十年而登帝位，平九黎之乱，以水承金，位在北方，主冬。以水事纪官，命南正重司天以属神，北正黎司地以属民，于是民神不杂，万物有序。始都穷桑，后徙商丘，命飞龙效八风之音，作乐五英，以祭上帝。纳胜坟氏女娽，生老童，有才子八人，号八凯。颛顼在位七十八年，九十八岁，岁在鹑火而崩。葬东郡顿丘广阳里。①

这里说五帝皆姬姓为同血缘，显然采自《大戴礼记》；"蜀山氏女"出《五帝本纪》；"瑶光之星贯月如虹，感女枢幽房之宫"等等则用谶纬感生神话；至于"父昌意虽黄帝之嫡，以德劣，降居若水为诸侯"之类，则系为《五帝本纪》寻找合理主义的理由；其余关于都城、音乐、年数、葬地、分野等等叙述，也不过是求全的拼图而已。而其中自相矛盾、扞格难通之处比比，可见它已不像前此经学、子学那样有自己相对独立的原则，它只是一部史学资料集，难怪被《两唐书》置于"杂史"类别了，之后的《泌史》《路史》《绎史》之类大抵如此！故两汉之后，以《帝王世纪》为标杆，代表了中国汉语古典神话的终结。

而从神话学的角度来说，战国秦汉之际，从各部族自身的感生神话发展到华夏民族共同体的帝系神话，中国古典神话完成了轴心转折。秦汉之时，为了应和时势，不断产生着多种学说，将神话作为政治的奴婢，以期在"政统"、"血统"和"道统"之外，更以五行之"德统"为结构原则予以整体性的高度统一。由此回顾一下各时期感生神话的典型材料，如果我们以《诗经》中的《玄鸟》《生民》诸篇代表各民族独立产生的原生神话的话，那么上博简《子羔》（战国）、《春秋繁露·三代改制质文》（西汉）以至于谶纬（两汉之交）的感生，则当被视为次生、再生、再再生……的神话。这一层累的知识生产过程，是中国古典神话的一个基本法则，需要研究者特别注意区分其对应话题及其使用的有效性。

（原载《民俗研究》2018年第3期）

---

① 皇甫谧著，宋翔凤、钱宝塘辑，刘晓东校点：《帝王世纪》，辽宁教育出版社1997年版，第9页。

史诗演述的常态与非常态：
作为语境的前事件及其阐析

乌·纳钦[*]

【摘要】 从细化语境研究的立场出发，将史诗演述的前提事件分解出来，厘清常态/非常态前提事件的边界，对正确理解史诗演述的目的、功能和意义，有着重要的方法论价值。若干田野观察证实，蒙古族史诗《格斯尔》在巴林地区的流布发生了明显的演变，尤其是其口头演述往往以非常态事件为导引，借由民间信仰框定叙事语境。这虽使史诗在一定意义上失去了娱乐功能，却催生了强固的演述禁忌；禁忌阻隔了史诗传播的部分通道，却使史诗演述在这一特定区域内得到了更稳定的传承。

田野研究表明，史诗演述的全息性意义只能在语境中生成。语境的定义有广义和狭义之分。狭义的、田野作业意义上的"语境"是指特定时间的"社会关系丛"——至少包括以下六个要素：人作为主体的特殊性，时间点，地域点，过程，文化特质，意义生成与赋予。[①] 在口头史诗演述中，语境实质上是由以上六个要素构成的互为关联的动态过程。史诗演述往往会以某个前提为动因，并在其驱使下制导言语行为的发生，而这个动因便构成为史诗演述事件的前提性事件，本文称之为"前事件"。有时，这个"前事件"会决定"这一次"史诗演述的民俗目的、功能和意义。对此，我们应当细心地加以观察、辨识和阐发。

一 史诗演述的前事件

基于叙事语境与演述场域的互动关联，巴莫曲布嫫总结出"五个在场"的田野研究操作框架，即，史诗演述传统的"在场"；演述事件的"在场"；受众的"在场"；演述人的"在场"；研究者的"在场"。[②] 对研究者而言，这"五个在场"的同构，意味着在其眼前形成了一次相对理想的、气韵生动且充满细节的史诗演述场域，剩下的便是敏锐而深入的参与观察了。

"五个在场"是对一次具体的演述事件进行观察而言的，其目的是以"这一次"的演

---

[*] 作者系中国社会科学院民族文学研究所研究员。
[①] 朝戈金：《史诗学论集》，中国社会科学出版社2016年版，第111—112页。
[②] 巴莫曲布嫫：《叙事语境与演述场域——以诺苏彝族的口头论辩和史诗传统为例》，朝戈金主编：《中国史诗学读本》，中国社会科学出版社2013年版，第257—268页。

述事件为追踪连线,进而推进一系列演述活动的田野研究。那么,"这一次"演述事件的起点又在哪里呢?应当在于传统、受众、研究者三要素"在场"的情形下,由第四个要素——演述人开始演述史诗文本的那一刻。其中,"演述"是第五个要素。由此,演述场域的五个要素同构为一个互动过程,史诗演述的观察也就从开场逐步走向高潮,直至结尾。

但是,这个互动过程有可能尚未覆盖"这一次"史诗演述事件的全部过程,尤其是一些活态史诗的演述事件之前,实际上还存在一个"前事件"。那么,这个"前事件"又是什么呢?简而言之,就是"这一次"史诗演述的前提性事件。它是"这一次"史诗演述的直接动因,如果没有这样的前提,"这一次"史诗演述便不可能启动。这个"前事件"应该被包含在语境六要素中的"过程"一项中,而不应被笼统地归属于"史诗演述传统"的常态范畴之内,因其作为一次生动鲜活的特定事件,既有约定俗成的稳定性,又有预料之外的偶然性。

巴莫曲布嫫曾对"语境普泛化"的弊端提出批评:"语境的普泛化,在有的情况下甚至成了'文化'、'传统'、'历史'等等宏大叙事的代名词,同时也消弭了我们对具体民俗事象的深细观察与审慎分析。因为,文本材料与田野材料之间各个不同的部分都在语境普泛化的过程中被整合为一体了,这些材料的差异性在可能的并置之中几乎是无限的,因而在意义生成方面,我们或许获取了比文本解读更多的可能性,但其阐释的结果近乎是没有底线的,也难于比较全面地揭示文本背后的传统真实,尤其是细节生动的民俗生活'表情'。"[①] 的确,普泛化的语境观使得原本轻松自由且富有美感的史诗演述变得越来越沉闷乏味和难于理解,也变得越来越难以驾驭和描述了。

想要克服这种普泛化的语境观,一个有效的办法便是规避整合,分解语境诸要素的各个不同部分,使之变得有底线、有界域,让那些生成民俗意义的细节流程真实生动地逐一浮出水面,不仅使研究者观察得清清楚楚,而且让研究报告的读者也看得明明白白。本文从史诗演述语境的"过程"一项中分解出演述事件的"前事件"即"前提性事件"便出自这样一种考虑。

二 常态/非常态与前事件

一次史诗演述事件的发生总会以某种动因为前提,而当该前提以事件的形态出现时,便构成了"这一次"史诗演述的前事件,并事先规定了此次史诗演述的民俗目的、功能和意义。前事件发生之后,或许接下来的史诗演述会顺利进行,或许因为语境六要素中某一项的缺失而无法进行。前事件的功能只是为"这一次"史诗演述事件提供前提,并不能保证演述事件的顺利进行。在若干田野观察中可以发现,前事件同史诗演述事件有着明显的边界;前事件又可具体划分为常态的和非常态的前事件。

常态前事件是指作为史诗演述前提的惯常性事件,例如,赛会、人生仪礼、祭祀仪式等周而复始的民俗事件。荷马史诗演述场域——泛雅典娜赛会便是一种常态前事件。纳吉说,荷马史诗传统的流布过程中曾形成一个中心化语境,那就是泛希腊节,即雅典城的泛

---

① 巴莫曲布嫫:《叙事语境与演述场域——以诺苏彝族的口头论辩和史诗传统为例》,《文学评论》2004年第1期。

雅典娜赛会。这样的语境，为季节性反复出现的荷马史诗演述提供了正式场合。这里还形成了荷马史诗的相关演述制度、聚集在一起的听众，以及向外传播而更趋于统一化了的传统，因此，构成了一种中心化语境。① 在印度史诗传统中也形成了这样的中心化语境，即"泛印度"语境。② 彝族史诗"勒俄"的口头演述部分有着严格的叙事界域，分为"黑勒俄"与"白勒俄"，并按"说史诗"与"唱史诗"两种言语行为方式进行论辩比赛，由具体的仪式化叙事语境（婚丧嫁娶与祭祖送灵）所决定。③ 也就是说，"勒俄"史诗演述的前事件是婚丧嫁娶与祭祖送灵等常态化民俗事件。蒙古族史诗《江格尔》的演述通常也以常态民俗事件为前提。据田野报告，《江格尔》史诗演述事件的前提有五种：其一是不受时间和地点的约束，大家聚在一起便可由演述人进行演述；其二是每逢春节或各类庆典，演述人应邀到邀请者家里去演述；其三是演述人在《江格尔》比赛上演述；其四是演述人应邀在军营里演述，以鼓舞士气；其五是演述人在敖包祭祀上演述。④ 这五种情境，均可归入常态前事件范畴。

非常态前事件是指作为史诗演述前提的偶发性事件，例如，发生灾害、战乱、瘟疫、疾病等意外事件。在这样的前提下进行的史诗演述主要发挥驱灾辟邪的巫术或宗教功能。据斯钦巴图的田野报告，在蒙古族的一个分支部落乌梁海人那里，如果家里发生了不幸，就请歌手演述《塔拉音哈日宝东》《布金达瓦汗》等史诗；如果没有子女，就请歌手演述《阿日嘎勒查干鄂布根》等史诗；如果遭受干旱等自然灾害，就请歌手演述《阿尔泰海拉乎》等史诗。⑤ 而且，乌梁海人认为，发生干旱、雪灾、疾病以及其他意外灾祸时，只要唱起史诗序歌即《阿尔泰赞歌》，灾祸就会消失。⑥ 可见，针对突发性灾难和疾病，每次史诗演述都分别承载了相应的消灾祛病的功能，这同时表明，非常态前事件规定了"这一次"史诗演述针对"这一次"意外事件的特殊的民俗目的、功能和意义。柯尔克孜族《玛纳斯》史诗演述中也有类似情况。据阿地里·居玛吐尔地介绍，居素甫·玛玛依曾通过演述《玛纳斯》来救治过一个病人。该患者每天精神不振、疯疯癫癫，各处求医都不见好转。在患者的再三恳求下，居素甫·玛玛依开始演述《玛纳斯》。在演述过程中，居素甫·玛玛依的神态十分恐怖，眼里发出凶光，口吐白沫，手势也变得比平时要激烈。这样唱了一个多小时，患者的病情开始好转。⑦ 阿地里·居玛吐尔地还说，19世纪著名《玛纳斯》歌手凯勒德别克·巴尔波孜也曾通过演述《玛纳斯》来救治过难产的孕妇和"被妖魔缠身"的病人。⑧ 在内蒙古东部地区蒙古族民众中，人们在发生灾难和瘟疫时也会邀请歌手来演述"科尔沁史诗"蟒古思故事。陈岗龙指出："蟒古思故事是在世俗领域里举

---

① ［匈］格雷戈里·纳吉：《荷马诸问题》，巴莫曲布嫫译，广西师范大学出版社2008年版，第68页。
② ［匈］格雷戈里·纳吉：《荷马诸问题》，巴莫曲布嫫译，广西师范大学出版社2008年版，第58页。
③ 巴莫曲布嫫：《叙事语境与演述场域——以诺苏彝族的口头论辩和史诗传统为例》，朝戈金主编《中国史诗学读本》，中国社会科学出版社2013年版，第253页。
④ 斯钦巴图：《〈江格尔〉与蒙古族宗教文化》，内蒙古大学出版社1999年版，第32—33页。
⑤ 斯钦巴图：《蒙古史诗：从程式到隐喻》，民族出版社2006年版，第228—229页。
⑥ 斯钦巴图：《蒙古史诗：从程式到隐喻》，民族出版社2006年版，第219页。
⑦ 阿地里·居玛吐尔地：《口头传统与英雄史诗》，中央民族大学出版社2009年版，第146页。
⑧ 阿地里·居玛吐尔地：《口头传统与英雄史诗》，中央民族大学出版社2009年版，第147页。

行的禳灾祛邪的仪式，是诸如羌姆的佛教护法神信仰在东蒙古民间信仰中的一种辐射和具体化。其隐喻的象征含义就是佛教护法神保护社区的安全，抵御外来的不净和污秽以及威胁，重新建构社会秩序的过程。"[1] 上述史诗演述的"前事件"均为自然灾害、疾病瘟疫、偷盗战乱等突发性事件，属于非常态前事件，它们赋予史诗演述以神圣性功能，这与一般口头文学乃至常态前提下史诗演述的民俗性、审美性和娱乐性功能有很大的区别。它们出自于社区民众特殊的、迫切而即时的需求，因而也催生了史诗演述特殊的、迫切而即时的语境时空。

非常态前事件还框定了"这一次"史诗演述中歌手的角色定位。在接下来的史诗演述事件中，歌手将会扮演类似于萨满巫师的角色。斯钦巴图指出："巴亦特、乌梁海史诗艺人们演唱史诗前诵唱与史诗有直接关系的阿尔泰山颂歌完全是出于信仰的原因，其功能是请求神灵、取悦于神灵，目的是求得神灵的佑护。史诗艺人此时的表演保留着萨满巫师的特征。"[2] 阿地里·居玛吐尔地也指出："玛纳斯奇和萨满两者之间具有不可分割的双重性和重叠性，也说明玛纳斯奇这一群体的特殊性。"[3] 如果说，在常态前事件之下，史诗歌手就是一位史诗歌手，那么，在非常态前事件之下，史诗歌手就变成了萨满巫师。这让我们意识到，常态/非常态前事件的边界不仅是不同场次史诗演述的民俗目的、功能和意义的边界，也是同一位史诗歌手不同角色身份的边界。

可见，在语境研究中，将史诗演述的"前事件"即前提性事件从史诗演述事件中分解出来，才能清晰地辨识其中的常态/非常态前事件及二者之间的叙事边界，这对正确理解同一部史诗在不同语境中演述的民俗目的、功能和意义，以及同一位史诗歌手在不同语境中的不同角色身份等，当能提供具有方法论意义的多重解析视角。当我们阅读一部史诗的文字文本时，如果不了解其演述语境，如果不了解它是在常态前事件语境中的产物还是非常态前事件语境中的产物时，将无法判定该史诗文字文本在"这一次"史诗演述事件中的实际功能和意义旨归。假设我们案头上的文字文本属于同一部史诗的两次乃至多次演述的异文，即使它们之间一字不差，但是它们背后最关键的语境和民俗信息也许会截然不同。

三 非常态前事件语境中的《格斯尔》演述

现在，我们把目光聚焦于一个蒙古族史诗文化社区，看看史诗演述在这个特定区域的非常态前事件语境中发生发展的诸多细节。这个社区是内蒙古赤峰市巴林右旗，简称"巴林"。该社区的口头传统与格斯尔英雄叙事之间形成了三个结点：一是世代传承《格斯尔》史诗，口头演述人辈出不穷；二是流布着一系列格斯尔传说与风物景观；三是格斯尔庙祭祀、格斯尔敖包祭祀和格斯尔信仰在民间广为践行。这里的《格斯尔》史诗演述并非是单纯的娱乐行为或故事讲述行为，而是消灾祛病的巫术行为，也是由讲故事的诗性行为向信仰行为转化而来的仪式行为。这里的《格斯尔》史诗演述形式主要有两种，一种是由民间史诗歌手口头演述《格斯尔》，另一种是由识字人朗读书面《格斯尔传》。

---

[1] 陈岗龙：《蟒古思故事论》，北京师范大学出版社2003年版，第33页。
[2] 斯钦巴图：《蒙古史诗：从程式到隐喻》，民族出版社2006年版，第221页。
[3] 阿地里·居玛吐尔地：《〈玛纳斯〉史诗歌手研究》，民族出版社2006年版，第84—85页。

先看口头演述情形。口头的《格斯尔》演述在瘟疫疾病、自然灾害等非常态前事件语境中进行。据巴林籍史诗歌手苏勒丰嘎的回忆，在他小的时候，村子里流行牛瘟，死了很多头牛。长辈们为了除瘟祛邪，邀请史诗歌手普尔莱演述了一部《格斯尔》。普尔莱端坐在圈着病牛的牛圈里演述史诗，年少的苏勒丰嘎在一旁听着这场史诗演述，便学会了普尔莱的那部《格斯尔》。[①] 这个回忆片段包含着一些有趣的民俗信息。首先，此次演述的前事件是牛瘟，演述的场地是圈着病牛的牛圈，而这个牛圈就是"这一次"的演述场域，演述的目的受众主要是牛圈里的病牛和被认为是病源的那些看不见的"瘟神"，演述的目的和功能是祛病驱邪；其次，《格斯尔》史诗的传授也在这一特殊的演述场域里进行，年少的苏勒丰嘎听着普尔莱的演述便学会了《格斯尔》。普尔莱与苏勒丰嘎之间的"师徒"结缘很像是科尔沁的史诗歌手色拉西与年轻歌手拉希吉格木德之间的"师徒"结缘。陈岗龙说："有一年冬天王爷的牛群突然流行瘟疫，王爷叫来色拉西在牛圈内演唱蟒古思故事的时候，拉希吉格木德学会演唱这部《镇压蟒古思的故事》的。"[②] 我们今天听到的一些史诗文本就是这样被传承下来的。同样的史诗演述，同样的非常态前事件即瘟疫，同样的演述场域即圈着病牛的牛圈，同样的史诗传授途径，"这一次"的史诗演述不仅发挥了除瘟驱邪的巫术功能，而且完成了老少歌手之间的技艺传递，史诗演述的多重民俗目的在同一时空、同一流程中不知不觉地得以实现。史诗演述的语境就是这样一种流动的过程，简捷而复杂，需要研究者细心体察、分阶段梳理。

　　面对这样的史诗演述，歌手的态度也是严肃而庄重的，表现出不同于一般歌手的特征。据当地学者的田野报告，20世纪中叶在巴林右旗的珠腊沁村曾有一位名叫劳思尔的歌手经常演述《格斯尔》。他在演述之前，都先要漱口净身，并煨桑净化周围空间之后，还向格斯尔神像点香点灯叩拜。在演述史诗的过程中，从不饮酒或喝茶，但是在演唱其他叙事民歌时，他会偶尔停下来喝茶或喝酒来润嗓子。[③] 歌手的态度已然表明，他所出席的，绝不是一次娱乐活动或一般性的故事讲述活动，而是针对无情瘟疫的一次悲壮而神圣的巫术仪式。较之前文所述歌手的角色，此时的歌手俨然从意识深处让自己进入了一个萨满巫师的角色。

　　再看朗读的情形。珠腊沁村也曾有过朗读书面《格斯尔传》的习俗，朗读的前事件是发生灾害、偷盗或战乱等，亦属非常态前事件。20世纪20—30年代，珠腊沁村曾有过一位朗读《格斯尔传》的人，名叫巴达尔胡。每到冬春之交，遇有灾情，巴达尔胡便在自家蒙古包里朗读书面《格斯尔传》，以祈求格斯尔显灵，为村里人消灾。他也像史诗歌手那样，在净身漱口、燃香点灯之后，才以高低起伏的柔和音调朗读《格斯尔传》。这时，他的蒙古包里坐满了人，大家都闭上眼睛，双手合十，静听他的朗读。在他读到茹格慕·高娃夫人落难的情节时，听众还会悲伤地落下眼泪以示同情。这个情形与其说是在听故事，不如说是在向格斯尔默祷，祈求他保佑村民免于灾害，因此，这其实是一种祭祀行为，祭祀对象是史诗英雄格斯尔。据说，有一次巴达尔胡正在朗读之时，格斯尔突然显

[①] 《格斯尔》丛书编审委员会编，索德那木拉布坦编纂审定：《巴林格斯尔传》（蒙古文），内蒙古科学技术出版社2000年版，第2页。
[②] 陈岗龙：《蟒古思故事论》，北京师范大学出版社2003年版，第71页。
[③] 安巴：《查干沐沦河流域崇拜格斯尔的习俗》（蒙古文），纳·宝音贺希格主编《巴林格斯尔文化》，内蒙古文化出版社2010年版，第100—101页。

灵，在蒙古包的天窗上露出赤面、五绺胡须的形象，从此珠腊沁村变得风调雨顺、瘟病灭迹。① 纳吉曾就"神祇作为听众在场"作出以下讨论："至于宗教在印度史诗演述中的作用及其最有力的阐释例证，我指的是在那样一些情境之中，演述人本来就相信神祇作为听众而在场。"② 对比之下，在巴达尔胡的蒙古包天窗上显灵的神祇（格斯尔）还不仅仅是一位听众，不仅仅只是"密切注视着演述中的错误"③，而是作为一名保佑者在为人们驱邪禳灾，这是其一；其二，这里的"朗读"一词在蒙古语里称"达古达呼"（dagudahu），指一种带韵律的诵读，但在语义上它除了有"诵读"之意外，还有"召唤"之意。也就是说，朗读本身的目的之一亦是为了发挥《格斯尔》的语言魔力，以召唤格斯尔显灵。当人们说起神祇（格斯尔）曾降临现场时，其实也表明了神祇（格斯尔）才是人们心目中"这一次"朗读的真正的目的受众，而在现场坐着的那群人，只是参与朗读活动的"陪诵者"或是参与祭祀活动的祈祷者罢了。或许这样的理解能够对纳吉所论的"神祇作为听众在场"和巴莫曲布嫫关注的"受众的在场"有所补充。

从角色特征来讲，如果说口头演述的史诗歌手像一位萨满巫师，那么，朗读者就像一位祭祀的主持者了。这与《江格尔》的叙事语境与演述人的角色特征较为相像。斯钦巴图说："史诗本身已不再是真正意义上的娱乐故事，它成了一种对英雄神灵的赞歌，一种特殊的祭文，一种特殊的请神歌；演唱活动的功能也不再是单纯的娱乐消遣而是祈福禳灾；史诗演唱者——江格尔奇此时也并不仅仅是一个民间艺人，他实际上发挥着宗教仪式主持者的作用；听众也不仅仅是艺术欣赏者和接受者，而是请神禳灾的宗教仪式的参与者、信徒和主要受益者，也就在此时，宗教仪式的主持者——江格尔奇和其参与者、信徒、受益者——听众构成了一个有组织的特殊的宗教社会。"④ 这一段论述也可以当作珠腊沁村《格斯尔传》朗读语境的有效注解。

那么，村民们为什么会通过《格斯尔》史诗的口头演述或书面朗读来祛病禳灾呢？这就取决于《格斯尔》史诗在村民心目中的功能预期。平时，村民们用来朗读的书面《格斯尔传》都被置于高处，甚至被供进佛龛，与神像享有同等待遇。据苏勒丰嘎回忆，在他的家乡巴彦塔拉苏木的很多家庭都曾供奉格斯尔神像，在诺日布台吉家里还供奉过梵夹装手抄本《格斯尔传》，确津扎布大诺颜家里曾供奉梵夹装木刻本《格斯尔传》。⑤ 另外，我们发现，在书面《格斯尔传》文本中对《格斯尔》史诗的除病祛邪功能做了一些言语上的建构。《岭·格斯尔》手抄本正文后面附了一篇祈愿经文，其中写道："我雄师王此传记，若能宣讲它一句，如根治伤寒的灵药，像解除贫穷的真宝，似消灾禳祸的佛尊，句句都要在心中记清楚。"⑥ 类似经文赋予《格斯尔》以巫术功能，并直接催生了民

---

① 达尔玛僧格：《论巴林〈格斯尔〉》（蒙古文），纳·宝音贺希格主编《巴林格斯尔文化》，内蒙古文化出版社2010年版，第64—65页。

② [匈]格雷戈里·纳吉：《荷马诸问题》，巴莫曲布嫫译，广西师范大学出版社2008年版，第61页。

③ [匈]格雷戈里·纳吉：《荷马诸问题》，巴莫曲布嫫译，广西师范大学出版社2008年版，第61页。

④ 斯钦巴图：《〈江格尔〉与蒙古族宗教文化》，内蒙古大学出版社1999年版，第47页。

⑤ 《格斯尔》丛书编审委员会编，索德那木拉布坦编纂审定：《巴林格斯尔传》（蒙古文），内蒙古科学技术出版社2000年版，第2页。

⑥ 《南瞻部洲雄师大王传》，韦弦、额尔敦昌、陈羽云译，内蒙古人民出版社1993年版，第868页。

间在灾害、瘟病、偷盗或战乱等非常态前事件语境中口头演述或书面朗读《格斯尔》的习俗。

《格斯尔》史诗口头演述的巫术功能和书面朗读的祭祀功能，直接导致了相关演述禁忌的形成。在巴林的相关调查表明，一直以来，不能演述《格斯尔》的语境比能够演述《格斯尔》的语境要多得多。苏勒丰嘎说，老人和喇嘛们曾叮嘱他绝不能随时随地随便演述《格斯尔》。因为，在春季演述就会刮大风；在夏季演述就会打雷电；在秋季演述就会造成洪涝灾害；在冬季演述就会发生雪灾。[①] 照此看来，一年四季都没有一个合适的时间段可以演述《格斯尔》史诗了。该禁忌几乎堵住了史诗传播的一切有效途径。

那为什么会有这样的禁忌呢？因为，当《格斯尔》演述事件的目的和功能都被定位为祛邪、禳灾、驱祸时，只要演述《格斯尔》，便意味着灾难要降临了。但是生活中谁都不愿意看到灾难的降临，因此也就不愿意看到有谁来随便演述《格斯尔》，这便是该禁忌的心理逻辑。因此，《格斯尔》的口头演述在巴林已经发生演变，并逐步约定俗成，其前提往往由瘟病、天灾、偷盗、战乱、匪患等非常态的偶发性事件所塑定，目的是用以祈求格斯尔显灵，保佑人们免遭灾害与劫难。在这里，史诗演述在几乎失去其娱乐性的同时，被赋予了更强大的巫术和祭祀功能，也催生了超乎寻常的演述禁忌。需要注意的是，这一演述禁忌同时造成两方面的结果：一方面让《格斯尔》演述的灵验性变得更加彰显，强化了英雄格斯尔的神圣性；另一方面使史诗演述的机会变得越来越少，从而堵塞了史诗传播的部分通道，导致一部分史诗文本的失传。但禁忌从来都是双刃剑，叙事的禁锢虽然滞缓了《格斯尔》史诗的传播进程，却也让《格斯尔》演述在巴林这个特定区域里得以长久存续。因为，正是这些禁忌让《格斯尔》变成了当地民众在面对自然灾害、社会动荡和身心困境时需要投靠的一个不可或缺的心理上的避风港。由此，本文的研究还将进一步走向史诗演述的叙事治疗功能并另作探讨。

综上所述，在民俗生活实践中，史诗演述的"前事件"即前提性事件规定了"这一次"史诗演述的目的、功能和意义。常态前事件是指作为史诗演述前提的惯常性事件；非常态前事件是指作为史诗演述前提的偶发性事件。通过田野观察我们不难看到，巴林地区的《格斯尔》史诗演述已发生明显的演变，表现为仅在非常态事件语境中发生和发展。由于史诗演述在这里失去了娱乐性，叙事语境借由民间信仰而得以框定，在特定的演述实践中被赋予趋利避害、祈福纳祥的社会功能和文化意义，由此形成的叙事界域和演述禁忌，阻隔了史诗传播的部分通道，同时也让史诗演述在这一特定区域内得到了更稳定的传承和赓续。在语境研究中，将史诗演述的前事件分解出来，进而对常态/非常态前事件的边界予以清晰地辨识，对正确理解史诗演述的目的、功能和意义，有着重要的方法论价值。

（原载《民族艺术》2018年第5期）

[①] 《格斯尔》丛书编审委员会编，索德那木拉布坦编纂审定：《巴林格斯尔传》（蒙古文），内蒙古科学技术出版社2000年版，第2页。

"传说动力学"理论模型及其反思

陈泳超[*]

【摘要】一切传说皆具备权力属性,任何人也都享有言说的权力。传说的权力是绝对的,差别只在于权力大小和使用成效。权力的动态表达是"动力"。传说的动力有两种。"整体性动力"对应于"传说生命树"做减法后的最小结构。在此意义上,当地所有人可被视为均质、无差别的集团。"差异性动力"体现于地方内部、非均质的人群中,又分三种类型:层级性、地方性和时代性动力。三足鼎立的差异性动力聚焦在民俗精英身上,他们掌握公共话语权,统合各种说法、设定集体行为,直接影响传说以及相关民俗活动的实际走向,形成"放映机模式"。民俗精英向地方外投射出他认为最好的、符合强势集团利益的"整体性"样貌,同时也会遮蔽其中的许多差异。

拙著《背过身去的大娘娘——地方民间传说生息的动力学研究》[①] 出版之后,在学界颇有些对话和跟进研究。我与诸同道多次切磋后,意识到有必要对全书进行通盘总结,并就其中一些关键问题进行更简明清晰的阐述。兼之近两年我对此问题也有些后续思考,在此一并与诸位分享。

作为整个研究背景的"接姑姑迎娘娘"仪式活动以及其中的传说体系,相信阅读过拙作的同仁一定有所知晓,这里就不再介绍了。早在1998年博士毕业前,我就知道洪洞有这一民俗活动。我的博士论文《尧舜传说研究》是纯粹基于文献的考察,完成后我依然好奇:如此复杂悠久的远古圣王传说在当下是否还有传播?抱着这个简单念头四处搜罗线索,终于在"三套集成"里发现了这一信息,2000年便亲自跑去洪洞实地观看,震天动地的锣鼓声让我颇为摇撼。当时我在历山上采访了一些人,最重要的收获就来自罗兴振(时年73岁);但我那时尚无明确的问题意识,只在博士论文后附了一篇调查报告。后来一直心心念念地想去,却无机缘;直到2007年当地政府想申报国家级非遗项目,邀请北京学者前往,由刘魁立先生牵头,我终于得偿夙愿,非常兴奋地带一批学生开始了长达八年的调查。

我最初的设计是"文献与田野的文本对读",当时的理念还是基本沿袭顾颉刚的思路,到田野里采集文本,与文献文本比勘究变。顾颉刚做孟姜女研究,早期的经典文献他

---

[*] 作者系北京大学中文系教授。
[①] 陈泳超:《背过身去的大娘娘——地方民间传说生息的动力学研究》,北京大学出版社2015年版。

都爬梳完备，然而对明清以后的材料却难以决断，因为各地文本忽然大量涌现、千头万绪，他只好整合为"地域的系统"，不做深入的文本分析了。我想，如能在洪洞搜集到更加丰富多彩的、与经典吻合或不吻合的材料，不是很有意趣吗？待我扎进田野之后，发现当地确有许多新鲜文本，如娥皇女英原为女德典范，同嫁一夫之后竟开始如凡间女子一般争大小，进行了三次民间文学式的难题比赛。诸如此类的异文，当然充溢着朴质刚健的民间文学特质，但我日渐感觉这样的比较研究缺乏智力挑战，不足以生成有深度的学术命题。

浸淫日久，我发现了新问题：同一传说，当地人的讲法千姿百态、纷纭不一，我们要转述给学界同行都很困难，因为每一个环节往下如何发展都有好几种分歧；每种分歧背后均有不同的人群支持，人群之间还因此产生了矛盾，他们时常争论得面红耳赤，在各种场合都要坚持自己、诋毁对方，甚至有时还请我仲裁。这种现象提醒我，文本对读太过易易，我要更深入地追问：到底什么是传说？传说如何演变？回答这个问题必须把文本与人群的意志对接，而不是抽离了语境，在实验室里进行纯文本分析。于是我转换了田野目标，重点考察传说与人群的对应关系。

由此，让我们回溯到已知的常识，看看民间文学概论中通常如何定义传说。

一 传说定义的全知视角和限制视角

（一）概论中的传说定义

那些千人一面的概论书通常都将传说定义为："与一定的历史人物、历史事件和地方风物、社会习俗有关的那些口头作品"。[1]传说有三个特质：（1）历史性；（2）地方性；（3）解释性。

一般而言，概论是抽象的、覆盖所有情况的，可借用叙事学术语表述为"全知视角"，它建立一套体系化的知识，用以指导科学研究方法。不过，任何一种对传说的界定被置入具体的"地方"之后，或是从具体"地方"中提取任一则传说之后，它是否依然完全符合概论式定义？若用地方的、限制性视角看待传说，它是以"局部化"方式存在的知识。故我对已有的概论式定义有相当质疑：上述这些都是静态的、脱离语境的纯文本描述性特质，即便我们没有进入当地，仅通过阅读文本也能感知，它不涉及内在机理和运作性，具体讲述人的因素完全缺失或非常微弱。历史性、地方性、解释性究竟对谁而言？我希望连接传说与人群，区别于纯静态研究来考察传说的实际存在方式。

（二）实存方式：可感性与权力性

在这样的认知下，一切传说都是"地方传说"，不存在脱离地方而普遍存在的传说。问题只在于：这个"地方"范围多大？关于羊獬的传说只有该村附近知道，对他们而言这就是传说，它在直接解释当地村名的来历。我们尽管也知道，"獬"在早期文献里有记载，可我们只会把它当作志怪传奇或是像《山海经》那样的记录，不会目之为传说。再如全国汉语地区都知道的"白蛇传"，它的流传途径、影响范围远超羊獬；而全中国都知道毛泽东、唐太宗、朱元璋，他们都有很多未必是真实事件的传说；还有更大范围者，如

---

[1] 程蔷：《中国民间传说》，浙江教育出版社1989年版，第4页。

上帝的传说大概遍布全世界。所有传说一定都与"地方"相连,"地方"范围大小正是其影响力的标尺。

传说的实质何在?传统定义中普遍认为传说有"真实性"。然而很多传说并不一定被所有人完全相信,它们大多介于真实与虚幻之间。"真实性"不是客观的传说检验标准,而是心理过程,是"相信它的人认为真实"。朝戈金在翻译巴斯科姆《口头传承的形式:散体叙事》[①]一文时将其表述为"信实性",窃以为更贴切。

我们经常误认为,传说传播地区的居民都会对其信以为真,实际上当地人也有信与不信之间的诸种复杂情状。在"接姑姑迎娘娘"仪式中很活跃的几位积极分子就说:"我其实不信,我以前当过村干部,接受无神论教育。但是大家都这么做,我觉得也挺好。"尤其是一些觉悟略高、知识略多、跟外界沟通频繁的人,他们认为此事无关信与不信,都是与他的生活相关、可以直接感知的部分。所以我将"信实性"进一步简化为"可感性"。同样讲"白蛇传",更多杭州人会感觉到跟自己有关,所以是传说;但对于羊獬人来说,可能就被视为一则离奇故事,与小红帽、狼外婆的故事并无性质上的区别。在某地被公认为传说的,其他各地并非都必须承认其为传说。各地的传说,无论当地人信或不信,都能感知到这是与他的生活有密切关联的文化现象。所谓的历史性、地方性、解释性,皆能用"可感性"概括:这段历史是与我有关的历史,这个地方就是我生活的地方,这种解释就针对我身边的事。

"可感性"尚且是一种静态特质,下面的"权力性"则是动态特质,也是本人最着力的发明。

二 传说的权力属性

(一)权力属性是绝对的

一切传说皆具备权力属性,任何人也都享有言说的权力。只要被当地人明确感知到与他有联系的言说,一定有权力性。故传说的权力性是绝对的,差别只在于权力的大小和使用的成效。

民间文学概论多将传说视为完整自足、有文学价值的一篇语言文本。在实际语境中,能将传说讲得完备、复杂、体系化的人极少;真正交流时,传说经常被演述得很简单,"哎,就是羊群里生了一个独角的羊","不就是娘娘在山上嘛",很快就说完了,背后却隐藏着复杂情节:娘娘是谁?家里都有谁?怎么上山的?为什么上山?等等。对于熟悉本地传说的人来说——无论讲述者还是听众——讲传说只要三言两语,被外人记录之后几乎没有可读性,它不构成一个完整的文学文本。人们为什么还要言说它?这恰恰说明传说主要不是为了文学欣赏,而是为了人与人之间的社会交流,故传说是一套日常交际的地方话语(discourse)体系,人们在生活中使用这一体系进行多种多样的交流。话语当然是有权力的,它直接体现人的欲望和意志。

在概论体系中,传说通常被置于神话与狭义故事之间,是民间文学散体叙事的三大文类之一。若从权力意志进行评判,神话本质上与传说无异。神话是远古时代被神圣化了的

---

① [美]阿兰·邓迪斯编:《西方神话学读本》,朝戈金等译,广西师范大学出版社2006年版,第11页。

传说，传说则是弱化了神性的神话；只不过，神话的权力远高于传说，因为它讲述天地来源、人类起源，带有极强的本原解释力，其权力性被马林诺夫斯基提炼为"社会宪章"（sociological charter）。传说则不需要解释如此神圣高尚的对象，它主要针对普通日常生活。据此，真正与传说形成相对区分的概念只是狭义的民间故事，后者没有明显的权力属性，讲小红帽、灰姑娘、葫芦娃，都是纯粹的精神娱乐活动，不与日常生活实践直接关联，没有实用性。

（二）权力关系体现于对地方的内外认同

1. 地方内：加法的极致

绝对地说，地方之中的每个人都是差异的个体，但是我们通常只能按照一定的类别予以分析和理解。人们出于身份、利益、观念等原因，对同一传说进行不同言说。为此我进行了一项实验：就我们采录的资料，把神灵的身世传说切分为理想状态的从 A 到 G 的七个情节单元，模仿刘魁立先生制作了一棵"传说生命树"，见拙作第 94—95 页。

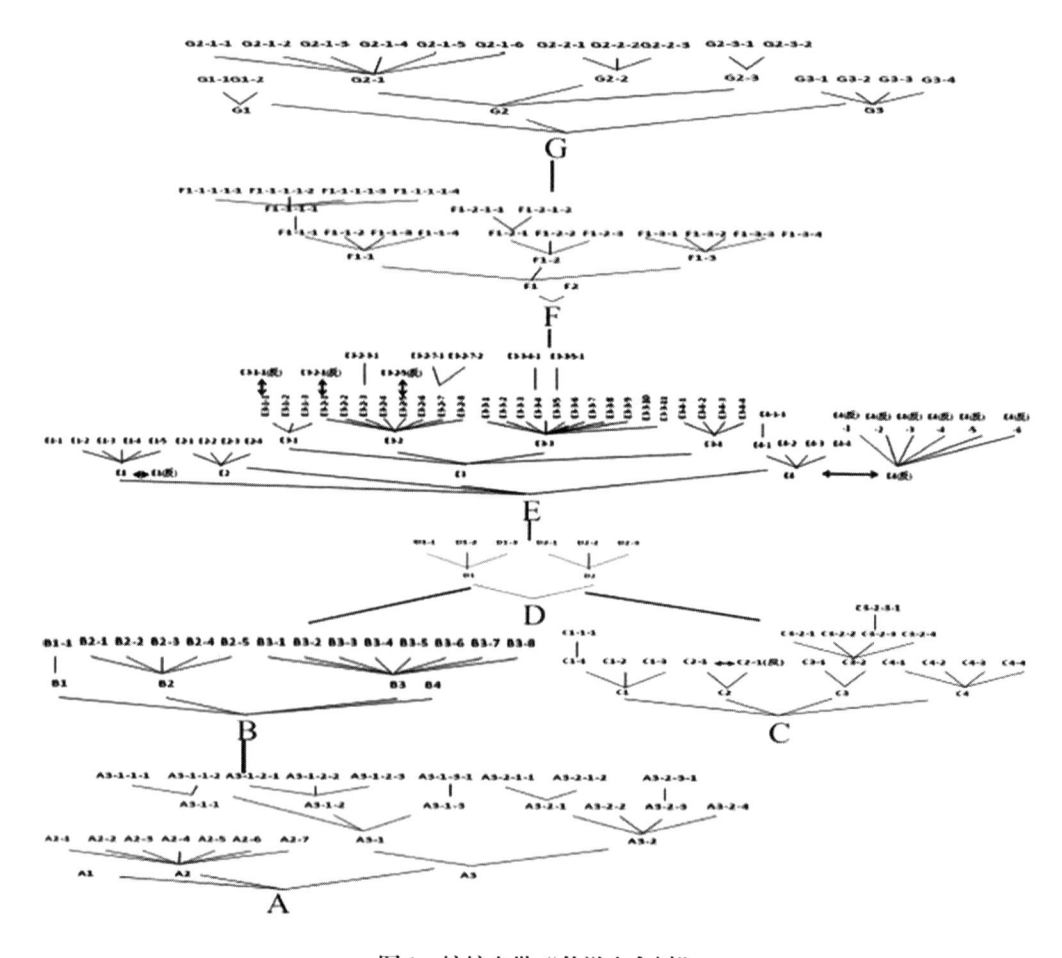

图 1　娘娘身世"传说生命树"

这一传说体系该如何叙述？应该哪个单元开始？（A、B 还是其他单元）每个单元中都可搜罗到很多种异文，选哪一种继续讲述？比如娥皇女英争大小的情节单元 E 最丰满生动，汾河两岸流传的争大小结果不一；即便只在河东或河西内部，也有各种说法，包括相反的异说。其中的无穷多样性体现了不同人群的无限意志，我把它最大化、做加法，就得到这棵树。

它与刘魁立先生"故事生命树"的区别在于：按刘先生的纯文本研究法，这些烦琐的分支并不构成故事形态的内在驱动力，凡具有同一功能的叙事情节皆可合并为一项。那么我的这棵树在刘先生手中就可能表述为 A→G 的单线推进，比他分析的"狗耕田"故事还要简单得多。而我所倾心的是文本之外的人群，对我而言这些代表了不同讲述者的异文至关重要；它们没有对错轻重，我关心的是谁在讲、为何这样讲。将这些异文在树上加到极致，就可看出下文将谈的"差异性动力"，即地方内的权力博弈。

2. 地方外：减法的极致

当一个"地方"自觉意识到需要维护其共同身份与利益时，他们会找到与"地方"外的一些区分标志，传说便是其中之一。我们可以据此描述这一"地方"的存在范围：设若我们说娘娘是坏人，或是没出嫁，抑或舜王耕种的历山不在此地，当地所有人都会表示反对，因为牵涉到他们的共同身份与地方利益。传说的权力性是绝对的，只是在平时很和缓，感觉不到；一旦触及底线，它就会自觉反弹，这时候，地方的权力感、身份感就从文化现象中渗透出来了。一个"地方"的核心文化如何体现？"传说生命树"减无可减处就是地方文化认同的根基。

（羊獬的）尧王将两个女儿嫁给了（洪洞历山的）舜王

只有这句话是所有当地人都认为正确、没有任何异说的。作为传说的基本结构，此句绝不能更动。凡触犯此结构者，一定被排斥在"地方"之外。

如果去掉括号里的地名，变成"尧王将两个女儿嫁给了舜王"，正是《孟子》《史记》等传世典籍所代表的主流文化，洪洞这一"地方"只是把尧舜二人具体化到当地，摇曳出千姿百态的变化。假设全国是"公"，这种"地方化"就是将大传统转化为私有财产，它的核心叙事模式一定不变，这个模式也是地方认同的共同符号。最要紧的是这两处附加的地名。传说结构的最简约状态只是两地的人际关系。

简化后的人际关系再投射到当地又会以加法的形式膨胀、复杂化。比如，传世文献中的娥皇女英二人未曾被分开，但是在洪洞的传说中，有说她俩分居两处、性情相异的：老大安静但是智力不高，老二活泼聪明、生而神异，因为她是在尧王视察羊獬时降生的。连马子通神时的表现都不同，顶老二者活泼，顶老大者安静。这套地方文化体系会从核心结构一直蔓延到肢体的、神性的展演，这才有上述做加法的"传说生命树"。

（三）"地方"应该多大？

我为研究范围划定核心与边界时，套用了"文化圈"理论，引申出"传说圈"和"仪式圈"。我希望找出这种文化的共同元素，那么共享这些元素的人群可被视为属于同一地方；如果这些元素已经不被某个人（群）享用了，那么这个人（群）就超越了地方；对该传说而言，他就不算是这个地方的人。

我确定了几项标志：一是尧舜及娘娘的身世传说；二是信仰；三是互称亲戚。第三项的特征性很强，连我们调查者后来都被喊作亲戚，只要彼此认同就行。我们也喜欢娘娘传说、尊敬娘娘信仰，决不冒犯它，并且我们愿意互称亲戚。所以"地方"不是纯粹的地理概念；虽然它极大地依附于地理，但同样包含心理过程。地方到底多大，是靠这些文化标志来划定的。

三 传说动力学总结

（一）两个前提

前提一：权力的动态表达是"动力"。我不喜用"权力学"，因为容易联想到更高的政治、社会层面；民俗是偏于日常、低端的诉求，故特意将权力、霸权等词替换为"动力""威权"。我认为权力本身是静态的，它在人际交往中发挥的动态作用才是动力。传说的权力属性究竟如何表达并形成公共舆论场域，其机制即"传说动力学"。

前提二：传说动力学一定是语境研究，纯文本无法作为探究动力学机制的依据。虽然学界有很多关于"语境"的分类法，我还是取其大者，区分为"情景语境"（context of situation）与"文化语境"（context of culture）。动力学必须以前者为基础，后者在前者中隐含体现。

（二）两种动力机制

1. 整体性动力——均质人群

"整体性动力"对应于上述减法的极致。信受这个基本结构的人就属于同一地方，我把这个地方的所有人先假定为是均质、无差别的集团。整体性动力中有永远的身份感。

经常有人跟我讨论："你倡导动力学，是因为恰好你的田野对象发生了这么大的变动，或者只是在传说的发生时段有如此动力存在，它并不构成传说的根本属性。"我说："不是这样。当然，在爆发得突出、强烈的时候，我能够观察到一些平时看不到的东西。但是，整体性动力日常一定存在，只是隐而不显罢了。"整体性动力经常是在被指斥、歪曲、篡改的时候，才会显现出反弹力量。即便处于稳定时期，它的权力关系仍然存在，主要还是看"地方认同"的大小范围。比如"白蛇传"跟杭州有关，当地人一般情况下可能漫不经心不以为意；但你若说雷峰塔不在杭州而是北大未名湖边，一定会引起杭州人的愤怒，也会引起其他旁观者的干预。这就是整体性动力的效应，所以说权力性是传说的绝对属性。

"接姑姑迎娘娘"活动的地方人群差异再大，也绝对不可能突破"羊獬的尧王将两个女儿嫁给了洪洞历山的舜王"这个最后底线，并且尧舜和两位娘娘总体上一定是正面价值的典范。拙著第三章"传说的附加身份"就是指这一整体性动力，它体现了集体身份感，还可以解释当地风俗——为何历山、羊獬不通婚？这项民俗禁忌背后有传说支撑，是传说在控制地方人群的生活实践。

类似的建构在中国历史上十分常见。战国秦汉时期各个民族部落汇聚为中华民族这一集体身份，就与前述的建构过程一模一样，基本理念就是将地缘关系改篡为血缘关系。以《史记·五帝本纪》为代表的传世经典将以中原为主体的各部落神话拼合为一支，各个单一部族就凝聚为中华民族这样一个民族文化共同体，开始享用同样的历史和神话叙事，神话在此等同于传说。虽然洪洞这一地方很小，但它与整个民族国家建构的逻辑和思路并无二致。由此可知：对于文化的上层与下层、主流和非主流，以前我们总强调其中的差异性和对抗关系，其实它们的共生性、互文性更强，不同阶层的思维方式、隐含的文化结构是相同的。

2. 差异性动力——非均质人群

"差异性动力"体现于地方内部、非均质的人群中。这是拙著最倾力观察、用心建构的理论模块。我概括了三种动力类型：

A. 层级性动力

如何对人群进行有效切割，以便将当地传说演变和互动的过程揭示得最清晰？我试过很多方法，如华南学派常用的"宗族"概念，但在华北这一概念则派不上用场。后来，在布迪厄启发下，我以"身份—资本"为软性指标，编排出地方人群对于传说影响力的序列，分别为七个层级，前两个层级为：普通村民（很少主动言说）；秀异村民（有主动性但没有其他附加身份，经常评判别人的说法；"秀"是突出，不同于普通人）。后五个层级的身份都有附加资本：巫性村民（代神立言，理论上有权威，实际调查发现权威很弱）；会社执事（为神服务者，但是很少讲传说）；民间知识分子（公认文化水平高，热衷表达）；政府官员（在非遗时代很有影响）；文化他者（包括调查者、记者、摄影家、作家等，颇受当地人崇敬）。

B. 地方性动力：地方内还有地方

无论使用何种界定标志，我们所框定的文化意义上的"地方"，一定还可以分出更细的地方集团，故称"地方内的地方"，甚至连一个村都分南北村、东西门，其中亦有文化差异、矛盾。因此，如何对不同地方的身份和意志构成的交流关系进行区分，完全依赖观察对象之手段的有效性。洪洞这项仪式途经的 20 余村中，很少人有热情直接讲出 A-G 所有情节单元；他们只喜欢讲与自己有关的部分。如赤荆村只讲争大小的第三次比赛，两位女神一个骑马一个坐车，骑马者以为自己快，没想到怀孕母马生小马，血染红了荆棘，故称"赤荆"。该村特别关注这个微小的母题，全村人都会讲这场比试，对其他两次比试就说不清。隐含的心态是：因为娘娘的这件事与本村有特殊关系，所以一定会特别照顾我们。他的身份优越感就体现在"可感性"中，至于其他两次比赛给他们的可感性就很弱。这是优越感的例子，还有尖锐矛盾的情况：万安和历山为了娘娘的驻地发生争执，找我们申诉、请求仲裁。可知地方内的权力关系极强，地方中经常还有更次级的地方，直到你发现人群意志完全一致为止。

C. 时代性动力

时代性动力时强时弱。就目前来说，非遗思潮显然是最大的时代性动力。但调查深入之后我们发现，早在非遗之前就有当地的民间知识分子试图将传说规整化，提高它的道德感化力，但是在民间毫无影响。我们采集到这些说法，以为是现代人新编的，当地人说："不是，90 年代有谁谁，80 年代有谁谁，都编过"；还找出许多珍贵手稿，时间远早于非遗运动。当然，现在的时代性动力比平时表现更突出，当地人都认为申报非遗成功之后就能获得资源、发展旅游。

以上三种动力并非完全对等：时代、地方相当于外因，外因一定通过内因起作用，一定要通过某些层级的、有特别话语权的人来表达，故层级性动力才是最关键的，它是民俗集团内部的实践性动力。问题是，层级之中各说各的，谁说的话最有效？

我在相当长时间内以为会是民间知识分子。历山罗兴振最典型。我 2000 年初到时，向当地人一提问，对方就答"你问历山上罗兴振去""你去看黄皮书"，黄皮书就是罗兴振写的。我总认为他最有代表性。后来时间长了渐渐发现,当地还有比他对传说更具影响力的人物。我将这类人物定名为"民俗精英":"专指对于某项特定的民俗具有明显的话语权和支配力,并且实际引领着该项民俗的整合与变异走向的个人及其组合。"虽然当地时常涌现出一些引人瞩目的英雄,但是民俗精英不可能是一个人,多数时候是一些组合。关于"民俗精英"的特点可概括为以下两条。

第一,民俗精英并不限于一个层级,他们常常跨越层级,跨越层级越多,就越可能成为具有最核心话语权的人物。他们在不同的地方和时代中都会显露身手。如尤宝娅,她是巫性村民、会社执事、政府官员,甚至文化他者(她并不在该文化圈中长大,现在也不长住),所以她的话语权很大。第二,它是松散的组合,可能随时变动、重新联合。我们的调查持续八年,亲眼看到民俗精英换了好几茬人,新英雄将老英雄赶出文化舞台,夺取了话语权,因为新英雄有更强大的、适合当下形势的文化资本和权力资本。民间社会原本就是松散的联合体,没有制度约束。

我特别抗议很多人不加区别地将"民俗精英"引用为"民间精英"或"地方精英",这类引用皆非我本意。我确实借鉴了社会史界的先行词"地方精英",它一般指不在政府官僚体制内、却在地方事务各个方面始终具有强大支配权和优越感的强势阶层;而我的"民俗精英"特别强调他的话语权仅对某一项民俗活动有效力,超出此项活动,他可能依然很有权威,也可能一无是处,甚至低于平均线。比如马子在平时常被别人背后呼为"七分人",受到歧视;然而在仪式中他一旦开口代神立言,诸方至少在表面上就不得不听从,话语力量极大。这才是民俗在地方上的特殊实存状态,"民俗精英"只针对民俗这一个场合,跟经济、政治、军事、宗族之类无关,它们不在同一基准线上。就此,"民俗精英"不能普遍推广为"地方精英",后者在各个方面都大大优于普通民众。至于"民间精英"则语焉不详,若对应于官僚体制,那么非官僚的士绅、秀才之类也可称为"民间精英",却与民俗无必然的关系。民俗学界若不假思索地引用"地方精英""民间精英"之类概念,将会遮蔽自身研究对象的根本属性,也将丧失民俗学者的自家面目。

总之,这三种类型的动力都聚焦在民俗精英身上。他们掌握了更多的公共话语权,统合各种说法、设定集体行为,直接影响民俗活动的实际走向。

(三)"放映机"的理论模式:

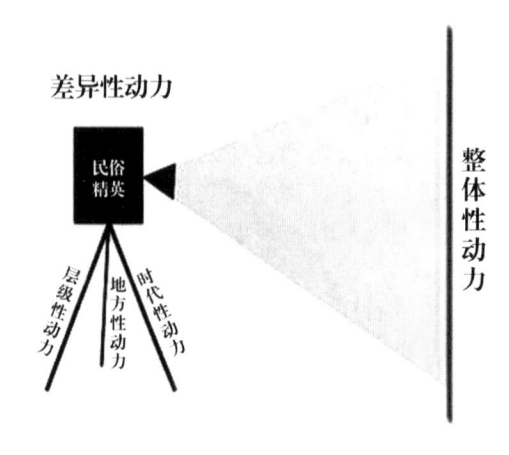

图2 "放映机"的理论模式

我把"传说动力学"的全部理论建构比况为一个老式放映机的模式（如上图），在三足鼎立的差异性动力作用下，民俗精英管理放映机，向地方外投射出他认为最好的、符合强势集团利益的"整体性"样貌，同时也会遮蔽其中的许多差异。作为地方外的人，我们不能被投影诱导。要看清传说的真正存在，就必须了解整个放映机的运作原理。

很多地方文献，如地方志、三套集成、现在新编的民间故事集等，大多都是整体性动力的呈现。这些文本经常通过民俗精英进行采录，甚至本身就是民俗精英书写的作品，因为他们有条件进入地方文献，普通百姓则不太可能。田野调查如果没有呈现差异性说法，一定是浮光掠影的。所见所闻看似是地方的集体意志，然而调查者必须知道，它只是银幕上的幻象，是民俗精英加工改造、最希望呈现的，是他们的意志对外放大、简化的结果。至于它在背后被如何制作出来，那是另外一回事，在地方内部有更复杂的动力机制。

四　几点反思

（一）关于普通村民的问题

有学者批评我过多重视"民俗精英"或有较大话语权的人，忽略最大基数的"普通村民"，对此我颇感冤枉。我的目标是探讨传说怎样演变，普通村民缺乏演述传说的主动性，他们只有接受与不接受的消极应对。一旦他们进行积极的演述，就被我划入"秀异村民"甚至可能进入"民俗精英"，这是理论模式的规定所致。他们属于失声但是存在的大多数，由于没有特异性，很难一一列举。

然而，普通村民在我的模型中绝非没有体现，而是经常以集体名词出现，如"人们普遍认为""当地人觉得"……民俗精英也不能以一意孤行，正因有普通村民在发挥作用。当地民俗精英曾经希望把两个娘娘塑造为无限高尚的形象，在放映机上加深印象，以至一度想要取消争大小的传说；然而此举触犯众怒。若果如此，上述赤荆等几个村的村名就无意义，村民的特殊地位也就被抹杀了。经过村民的反对斗争，民俗精英也不得不让步，采取另一种较为温和的方式改造传说。民众很少有话语权，在动力的细节上很少表达，但是他们有选择权，是沉默的大多数。每个人的力量合在一起也很强大，改造后的传说如果得到普通村民的认可，将来就是普遍的传说；否则很可能归于淡忘。他们的集体力量是无言的裁判，可以制衡民俗精英的对外投影。

（二）理论模型的可塑性

这个模型虽然属于总结自我的个案，但也有相当程度的普泛意义。我只设置了第一个模型，它绝对不是唯一的。许多其他个案都呈现了不同的动力因素，机制也未必一样，比如王尧在同一地区所进行的二郎神研究，与我的"地方"有相当程度的重叠，并且同样以身份资本为标准，但她的层级分割就与我略有不同。

再如，在传说动力学理论的根基建设上，我的个案强调"地方"，对人群的分割更重视地理关系，常以"地方内""地方外"表述。其他个案中"地方"未必是分割的绝对标准，或可换成"集团""人群共同体"等，人群纽带也可以是宗教信仰、家族构建等。比如在华南地区的宗族力量可能更明显；而在新疆，是否相信伊斯兰教则是分割人群的重要方式。故"地方性"只是人群分割的一种方式，研究者自然可以采取更贴切、更有理论涵括力的基础概念。

最重要的不是这一模型，而是模型背后基本的认知立场：一定是情景语境下的动态研究，传说必然有动力，动力也必有规则（"机制"）可循。这是绝对不容怀疑的。至于规则究系如何，以及宏观的理论框架，都很希望有后来者的调整和突破。

（三）田野伦理

颇有几位学者从一开始就对拙著的田野伦理表示担心，这是出乎我意料的。我一方面接受他们的好意并自我警醒，另一方面也有点不服气。书出版之后，我特意给所涉的当地主要人物每人赠送一本，请他们告诉我阅读感受。2017年重新回访，所有人都很高兴。有几人我写得比较多，还特意逐一单独询问，他们都说："你写得很对，没有歪曲我的意思！"未曾出现学者们担心的非议或拒斥情况。更令人惊喜的是，像尤宝娅以前对我们的调查比较冷淡，读了书之后大为热情，我们还没抵达，她就在庙上主持了几次会议专门讨论如何表彰我们的贡献。所以，至少在当事人情绪反应这一层面上，我们对伦理问题是大致放心了。

但是田野伦理还有许多深层的问题值得探讨。比如对于历山上的罗兴振老人，我的心情就非常复杂。他寄给我一封长篇"读后感"，之后又以信件的方式继续与我讨论历山的真实性问题。这些来往信件我给一些亲近的学者看后，激发了他们强烈的表达欲望。我已征得罗兴振老人的同意，不久后将把我们的往复通信以及相关的学术讨论文章作为一组专栏文章刊发，届时我非常希望听到各位的批评意见。

（原载《民族艺术》2018年第6期）

论民间故事价值的多层级结构

张琼洁[*]

【摘要】 既有的民间故事价值研究停留在总结、概括价值功能类型层面，越过了价值认识本身的建构过程而直接呈现结果判断，未能就价值关系发生过程与机制问题进行深入研究。在价值发生研究中，逐步分解价值发生过程是透视价值形成机制和原理的关结点。本文立足民间故事活动本位，将其描述为一个文本、本文、活动依次递结的多层级结构，分别对应于客体（内在价值）、主客体（意义）、多元主客体（工具价值）的内在逻辑，以实现外在行为发生和内在心理发生的合一。

一 既有理路的局限与价值发生理路的提出

（一）既有理路的局限

中国民间故事价值研究主要存在的问题：1. 越过价值建构过程直接呈现结果判断；2. 价值类型概念混淆；3. 价值形态静态描述。

五四时期，刘半农、胡适、周作人等对民间故事价值作过很多反思性、开创性、方针性引导。而现代以来，民间故事价值研究并未有实质性突破，反受到"概论思维"的局限，如钟敬文的《民间文学概论》将民间文学的价值概括为实用价值、教育价值、审美价值；万建中在《民间文学引论》中概括为生活的价值、认同的价值、学术研究的价值；江帆在《民间口承叙事论》中概括为文化价值、教育价值和心理补偿价值；乌丙安在《民间口头传承》中概括为艺术价值、生活价值和历史遗产价值；段宝林在《中国民间文艺学》中概括为实用价值、科学价值、艺术价值等。综合起来有文化价值（实用价值、科学价值、历史价值）、教育价值（伦理价值）、艺术价值（审美价值）、精神价值（心理补偿价值）、借鉴价值（对书面文学而言）等。此种概论式研究的不足体现在以下三方面。1. 研究方法停留在总结、概括价值功能类型层面，越过了价值认识本身的建构过程而直接呈现结果判断。2. 诸多价值类型主客体分布于不同层面，概念表述混淆。如实用价值主体为集团民众；教育价值、艺术价值、精神价值等既可以面向集团民众，也可以面向其他人；精神价值可归为审美价值之列；科学价值、借鉴价值应表述为科学意义、借鉴意义等。3. 将凸显或隐匿在不同历史阶段对诸种价值形态不加区分地进行等项罗列，忽略动态视角。

---

[*] 作者系南开大学文学院 2013 级文艺学博士研究生。

将价值研究转为价值发生研究，去探究"最终的断案"与"所以得此断案之根据"①的关系，或可解决以上问题。

(二) 价值发生研究理路的提出

何谓"价值发生"？"价值"是"对主客体相互关系的一种主体性描述，它代表着客体主体化过程的性质和程度。"②"发生"有两层含义：一指外在"现实发生"，即当下民间故事活动状况；一指内在"认识发生"，即主体心理对应现实所产生的变化。"价值发生"在异质性中因循发生认识论理路。

认识论和价值论虽然分属不同哲学领域，分别解决"真"与"善"问题。但在方法论传统上存在着相似性，即只对认识（价值）最后结果作质性认定，忽视其本身的建构过程。借鉴皮亚杰的研究方法，将认识视为"发生在主体和客体之间的中途，既包含主体又包含客体。"③价值发生在主体对客体的意向性认识之上，并使认识延伸至意义与价值层面。同时，也要看到二者的异质性：其一，发生认识论建立在结构主义和建构主义联结的理论之上，心理发生被视为由初级结构向复杂结构不断发展的过程。价值发生也存在于结构的不断建构之中，发生机制却不是由初级向高级的递进。其二，皮亚杰将儿童认识发展由低到高分为感知运动、前运演、具体运演、形式运演四个阶段，偏向科学认识的发生研究。而价值论中不存在固定的价值类型等级划分，价值的主次大小取决于主体在某一阶段需求的强度大小。其三，民间故事活动属于文学生活，介于文学与生活两栖地带。诗性思维、感性思维较科学思维、逻辑思维而言成为主要认识方式。

价值发生问题链由发生了什么、发生过程、怎样发生、何以发生的逻辑进行。传统价值论认定的认知价值、道德价值、娱乐价值、精神价值、审美价值等皆是从"发生了什么"即发生结果来说，越过了发生过程、发生机制（怎样发生）、发生动力（何以发生）等问题。因此，寻找一种有效的方式方法描述价值发生过程，是联结发生结果及启动后续问题的关结点。

发生过程即客体主体化的过程，表现为外在行为与内在心理的结合。内含有三个问题：一为客体具备哪些可以满足主体需要的特性；二为主体如何利用客体特性以及通过怎样的自身调整使其适应自身需要；三为此种过程的表现形式与实现途径如何。三个问题分别对应三个阶段：认知价值客体——主体对客体的调整与把握——活动中的多维主客体价值关系分析。本文将其命名为文本价值、本文价值、活动价值三个层级，分别对应文本—本文—语境、内在价值—意义—工具价值的内在逻辑。三者关系逐层上升，前层是后层的条件与基础，后层克服了前层的扁平局限，形成活态的立体多维化透视结构。下文将民间故事活动逐步分解为文本、本文和活动，并求得每一层级的价值根源以及与上一层价值发生的联系。

---

① 冯友兰：《中国哲学史（上）》，重庆出版社2009年版，第5页。
② 李德顺：《价值论》，中国人民大学出版社2013年版，第53页。
③ ［瑞士］皮亚杰：《发生认识论原理》，王宪钿等译，商务印书馆1981年版，第6页。

二 文本价值

民间故事文本是某一故事的最佳选本、记录本。从客体角度静态描述故事文本的内在艺术机制，属于"内在价值"范畴，是价值研究的基础、起点与依据。大致与瑞恰兹所谓的"审美性质""表述客体的技巧部分"，雅各布森的"文学性"，桑塔耶纳的具有"表现力"的东西相契合。

（一）文本内意群价值

从价值的存在方式和结构矛盾两个方面分析。一方面，价值存在方式分为如下方面。1. 情节方向的价值运动，包括价值转换、价值转移、价值对比、价值实现；2. 人物方向的价值质性。很多典型民间故事的情节都受到价值转换的推动。例如禁忌故事《水母娘娘》（山西）、《石门开》（山东），禁忌往往产生于阈限之中，阈限则为正—负价值转换的临界点。从设禁到违禁再到惩罚，从平衡到不平衡再到恢复平衡，从而产生了正—负—正的价值过渡。再如求好运型故事《八辈穷》（河南南阳）、《找福》（辽宁沈阳朝鲜族）、《石成学艺》（河北藁城耿村）[1]，基本情节为主人公为补足某种缺失而求佛（问仙人），途中受到三人（动物）之托解决难题，在受到提问限制的情况下，本性善良的主人公在为他人排忧解难的同时意外得到自身答案。主人公携带的答案对自身并无使用价值，却有交换价值，在救人的同时自己得到解救，交换价值再次转化为使用价值。整个过程价值作为固定形式，由此及彼、再由彼及此的进行转移。除此之外，价值运动方式还存在价值对比和价值实现。前者通过对举型故事如《傻子和灵子》《王恩石义》（耿村）使得正负两极价值（善—恶、勤劳—懒惰）在对比中彰显其正；后者通过起源故事（解释型故事）如《太阳的来历》《骡子为嘛不下驹》（耿村）使得故事表述的指涉、意义与价值得以实现。

价值质性以正反方式体现在人物形象性格塑造的矛盾之中。故事通过人物性格、行为特点体现民众道德、审美价值观念及矛盾。

另一方面，价值存在方式解决的仅是美—丑、善—恶等正反价值的标尺问题，却未进一步涉及正反价值矛盾的评定问题，即价值结构矛盾问题。由于价值种类与程度千姿百态，并且它并不仅以定性方式存在，而是以矛盾的形式产生于价值极之间的"应力场"中。承上所述，民间故事涉及价值—反价值的运动与评定。我们的认识是否只停留至此，有无更加复杂的形式？在结构固定、情节简单的民间故事叙事文本中，是否暗含着价值矛盾关系的处理？苏联美学家列·斯托洛维奇认为悲和喜是对"价值和反价值之间矛盾的审美评定"："喜是现象和人的自我揭露"，"在表面有价值的现象后面出人意料地暴露出它反价值的本质"[2]，造成滑稽、讽刺的审美效果。"悲是形体上已经毁灭或者形体和道德上蒙受灾难的人和现象的价值的确证"[3]，质言之，具有价值之人（或现象）的死亡不是

---

[1] 文中标识"耿村"的故事文本均选自袁学骏、李保祥主编《耿村民间故事大观》，北京图书馆出版社1999年版。
[2] ［苏］列·斯托洛维奇：《审美价值的本质》，中国社会科学出版社1984年版，第138页。
[3] ［苏］列·斯托洛维奇：《审美价值的本质》，中国社会科学出版社1984年版，第137页。

价值的死亡，毁灭和灾难反而强化了这种价值，使人具有悲壮、崇高的审美体验。民间故事中也有类似的喜剧与悲剧：喜剧如"五大天地型故事"（《嘻谈录》、《清稗类钞》）、"糊涂虫型故事"（《嘻谈录》、《耿村民间故事大观》）讽刺贪赃枉法或断事不明的官吏。悲剧如《柳枝村的来历》《盐奶奶》《姑姑庙的传说》（耿村），反映故事主人公为了黎民百姓英勇献身、得到人们纪念，具有崇高与悲壮的成分。除此之外，更多故事表现为悲喜剧：与悲剧使矛盾永久定格、造成"悲剧的过失"而激荡接受者心灵不同的是，民间故事主人公遇到磨难、承受磨难、克服磨难，通过建立并消解矛盾终至破涕为喜的大团圆结局，以慰藉民众心理。

（二）文本内形态价值

符号学理论认为，"符号文本存在两个展开向度，即组合轴与聚合轴"①。任何符号表意活动必然在双轴中展开。此观念首先由索绪尔提出，被雅各布森发展为双轴偏重运用到文本风格之中。他认为，组合各组分之间的关系是邻接（contiguity），而聚合各组分的关系是相似（similarity）②，组合轴依靠相邻性形成关系，类似转喻的方式；聚合轴依靠相似性形成关系，类似隐喻的方式。由此，他把本来属于符号系统的双轴关系转化为两种文本风格，将其拉到同一运作平面上。双轴关系可以在文本中同时起作用，呈现为不平衡状态，当某一轴的操作成为主导时，就相应出现不同的符号处理方式。对于民间故事文本来说，也存在着符号双轴偏重现象。

1. 组合轴偏重

最为典型的是单一型三段式和缀段式。单一型三段式由情节大同小异的三次重复组成，三次重复之间没有因果、递进关系，对整个文本而言具有等值功用，如《三女婿对诗》（耿村）。缀段式以数个前后毫无因果关系的情节组成，如讲了一连串9个小故事的《张糊弄》（耿村）。

2. 聚合轴偏重

偏重聚合轴的故事并不将重点放在情节单元的串联之上，而是放在现实世界与隐喻世界并行的纵深效果之中。例如仅有几百字的《虱子告状》（耿村），情节简单却存在两个叙事层，折射出两个嵌套在一起的世界：一为人的现实世界，即老杨的日常生活；二为虱子、跳蚤、屎大人的拟人世界。表现出两条主次并行线索：一为次要线索，即老杨吃饭、拉屎等日常生活；一为主要线索，即虱子干兄弟之间结拜、串门、娶妻生子、告状、最终都被挤死的"人生大事"。故事一反以人物为主角的常态，将人的生活作为背景置于动物生活之后，通过虱子、跳蚤的拟人化语言和行为讲述了一个丰富有趣的想象世界：不仅有虱子串门路程中的"风光旖旎"、虱子之间的"爱恨情仇"、跳蚤判案的"各打五十大板"等趣事，还有一系列巧妙隐喻和拟人：顶旋山（头顶）、脚州府（脚心）、密树林（头发）、脖仰骨州（脖子）、耳灵县（耳朵）、沙河滩（脊梁）、腿拧县（腿弯）、眉山（眉毛）、五拢爪（手）、月亮盖（前额）、肚村（胃）、肠村（肠子）、屎大人（大便）、黑官（跳蚤）。除了屎大人和黑官为拟人修辞外，前面十二种均为隐喻。故事中并没有标识出本体，直接出现喻体，对本体的体认需要在上下文语境和想象联想中达到。

---

① 赵毅衡：《符号学原理与推演》，南京大学出版社2011年版，第159页。
② 赵毅衡：《符号学原理与推演》，南京大学出版社2011年版，第165页。

3. 双轴组合变换

"求好运型"故事通过三段的推动，从起始点到直径距离最远点，使得情节具有最大张力，再在另外三段的推动下返回终点或新起始点，沿着圆周往复运动。此种"有意味的形式"且称为圆型三段复合式，体现了双轴组合变换特点。以《石成学艺》为例，故事大概讲了石成想要拜师学艺（平衡）的前提是帮师傅解决三个难题（失衡），寻找仙人途中分别得到龙、麒麟、凤的三次帮助（平衡），为报答恩情答应向仙人讨教三者遇到的三个难题。石成遇到仙人得知只能问三个问题（失衡最大值），决心先人后己，请教了龙、麒麟、凤难题的答案。在返回途中，他解决了三者难题并获得鳞片馈赠（平衡）。回家见到师傅心有愧疚（失衡），却没想到自己的善心换来的三个鳞片竟然解决了师傅的难题（再平衡）。故事为平衡—失衡—平衡—失衡最大值—平衡—失衡—再平衡的圆型三段式结构。

将隐喻、转喻，横组合、纵组合的两轴规律运用到话语意义上来的典型为列维·斯特劳斯解码神话符码。文本体现出来的是"整体的信息"，是一个隐喻集合体。它的结构"仿佛是由一根组合链构成的，该程序包括某种从换喻方式到隐喻方式，然后再回到换喻方式的双重转换。"[①] 圆型三段式情节也适用于此法。意义的生成取决于从一种方式到另一种方式，然后再折回来的某些变换或者多重转换。具体来说，故事从表层讯息上讲是由若干三段式串联而成的线性形式。事事接踵发生，按照时间序列毗邻出现，构成一条组合链，为转喻所连接。但是三段中每一个事件并不具有独立意义，都是其他事件的局部变换，每一亚情节均指若干并发事件。时间上是首尾相接的，功能上是并列不分伯仲的。推动整个情节靠的是各个事件的完成与关联，而不是某一事件单独发生。每一亚情节在分三段完成的同时又对下一亚情节作出"补充"。这样一来，原来的组合链转变成聚合联想，转喻转化为隐喻。作为补充的结果在更大一个话语层次上仍然是某一不完备的亚情节，再通过其他亚情节组合成为进一步补充的结果，这种累积过程相当于聚合联想向组合链的转变，隐喻变形为转喻。所以，不能将个别三段式情节与整体故事信息割裂来看，而要将其作为故事的一种运行机制来审视。

三 本文价值

从价值客体入手，目的在于揭示价值主客体关系。"本文"在民俗学与人类学领域使用含义为："民俗事象通过怎样的内容和形式元素得以形成或展现的状况"[②]"民俗事象"与"主体"之间的联动关系，决定了其"内容和形式元素""形成或展现的状况"。所以，本文价值从文本价值的客体本位，过渡到一对主客体关系中，表述为客体的内在价值在主体心中可能引发的"意义"，或者说主体如何通过自身调节将故事纳入到自身图式之中，相当于桑塔耶纳的"表现"概念。

民间口头故事的传承性决定了故事讲述者与接受者角色的重合，即故事家首先作为一名接受者，再以自身方式讲述给其他接受者，如此进行代际或地域的传承、传播过程。所以，且以兼有接受者角色的讲述者为考察对象，分解其故事世界的建构过程。

---

① ［英］埃德蒙·利奇：《文化与交流》，卢德平译，华夏出版社1991年版，第30页。
② 林继富、王丹：《解释民俗学》，华中师范大学出版社2006年版，第173页。

（一）讲述者怎样"筹划"他（她）的故事世界

主体对事物（事件）的经验性活动存在感知—接收—接受—解释四个环节。从生物发生学角度解读，即皮亚杰（S→AT→R）公式。"S是客体的刺激，T是主体的认知结构，A是同化作用，是主体将刺激（客体）纳入自身认知结构之内以扩展认识，然后才作出对客体的反应R。"① 他用图式（scheme）、同化（assimilation）、顺应（accommodation）、平衡（equilibrium）四个基本范畴来描述认识发生和建构的过程。"图式"指活动的结构，是人类认识事物的基础与前提。遵循从最初单一的遗传性反射图式到多种图式协同的发展规律。"同化"和"顺应"是个体适应环境的两种机能。"刺激输入的过滤或改变叫作同化；内部图式的改变，以适应现实，叫顺应。"② 平衡则是主体通过同化和顺应所暂时达到的某个状态。主体通过同化和顺应从一种平衡状态到新的平衡状态的过程，也是主体认知图式不断建构、打破、再建构的过程。

对皮亚杰"图式"的理解应建立在海德格尔有关"领会"与"解释"的理解之上。从存在解释学来讲，海德格尔将"领会"和"解释"作为此在非常重要的生存论环节，分别代表了"先"结构和"作为"结构。二者的关系为先有领会才有解释，解释是按照领会的结果而成形的活动，"根植于领会……把领会中所筹划的可能性整理出来。"③ "领会"的"先"结构为"先行具有"（Vorhabe）、"先行视见"（Vorsicht）和"先行掌握"（Vorgriff）。而"意义"是"某某东西的可领会性的栖身之所。在领会着的展开活动中可以加以分环勾连的东西。"④ 浅而言之，海德格尔认为世间的存在者只有被"此在"（人）意识到并领会到的前提下才会具有"意义"，并指出只有此在才是致使意义发生的必要条件。笔者为从文本价值（存在物性质）向本文价值（存在物对于此在的意义）的过渡进行了推进。

1. 领会过程A：集体无意识图式

根据主体认识的发生过程，讲述者的所有故事（包括自己改编的）都来自于他人那里。无论他从何听来，听谁讲来，这个故事就作为"刺激"（S）被纳入了他的认知结构（T）或者"先结构"之中，再通过他的意向性"自我调节"（或被同化或顺应）或"领会"作出反应（R）和"解释"行为。也就完成了感知—接收—接受—解释的整套过程。

民俗学中有关民间故事类型、原型、母题以及传承流布过程的诸多研究非常清晰宏观地再现出民众的集体意识（无意识）发生与演变的过程。每一个故事都不是孤立的存在，故事中的"每一个原始意象都凝聚着一些人类心理和人类命运的因素，渗透着我们祖先历史中大致按照同样的方式无数次重复产生的欢乐和悲伤的残留物。"⑤ 就像丹纳所说的最深层、最本质的精神地壳层级的最底层，在这集体群像之中，"我们已不再是个人，而

---

① ［瑞士］皮亚杰：《皮亚杰学说及其发展》，湖南教育出版社1983年版，第24页。
② ［瑞士］皮亚杰：《儿童心理学》，商务印书馆1981年版，第7页。
③ ［德］马丁·海德格尔：《存在与时间》，生活·读书·新知三联书店1997年版，第173页。
④ ［德］马丁·海德格尔：《存在与时间》，生活·读书·新知三联书店1997年版，第177页。
⑤ ［瑞士］荣格：《论分析心理学与诗的关系》，转自叶舒宪：《神话：原型批评》，陕西师范大学出版社1987年版，第100页。

是全体，整个人类的声音在我们心中回响。"① 这种集体无意识与夹杂在其中的每一个原始意象都通过故事这一"软载体"传递。

2. 领会过程 B：个人意向性接受

海德格尔说："作为领会的此在向着可能性筹划它的存在。"② 这种筹划方向除了脱胎于"先"结构之外，还受个人自身意向性因素影响。在强调集体记忆或者集体经验为民间故事塑形的同时，不容忽略的是个体在经验传递过程中的意向性行为。每个人都是独一无二的差异性存在，不同的人对同一故事的接受领会方式不同，同一个人对不同故事的看法观点不同，即使是同一个人因时间环境不同讲出的同一故事也存在差别。所以，他与故事的关系并非单纯地只有一种而是交织着各种意向性关系，包括认知关系、伦理关系、道德关系、审美关系、交际关系等。个人依据环境进行各种关系的转换，时刻处在一种状态向另一种状态的过渡之中。这就涉及多元主体之间在故事活动中的交互关系，须置于故事活动中考虑。此处侧重于讲述者对故事的"个人调节"。

笔者通过调查问卷对耿村 18 名故事家故事改编情况作了大致摸排。

故事家对故事生产、再生产正是通过自身格局对外界刺激的感受性同化，加上个人调节而实现的。数据显示，故事家对故事进行有意识的改编与调整，常见的调整方式为"将不同故事情节互换穿插""几个类似的故事串联在一起""去伪存真"。前两种方式属于结构调整，后一种方式属于主题立意调整。故事再生产过程也是故事家本质力量对象化的过程，是将故事内化为自身一部分的过程。相比之下，"不做任何改动"与"截取某一片段扩充为独立完整故事"几乎无人选择，前者说明耿村故事家具有明显的故事革新观念，后者说明民间故事家还不具备小说家同等的扩展编织构造能力。

3. 解释过程 A：建构一个与经验世界分立的故事世界

上一阶段主体意向性接受的过程同时也是这一阶段解释的过程，二者是前接后续的，不可分割的。划定阶段是为了便于描述与分解。讲述者通过认知图式和意向化行为，筹划着情节、人物、环境等各种因素，应予以具体分析。在此涉及两个问题：1. 每一个故事单元与整个故事世界的构筑关系问题；2. 主体自身因素对故事世界表征的影响。

首先，每一个成熟的故事家都会依据自身对故事的掌握程度来建构一套完整的故事图式，每个人的图式因本人对故事的掌握和编织能力而有所不同。但相同的是，这种完整图式不可能通过一个或几个故事来完成。故事单元与完整图式的关系是"提喻"式的，类似于照相机取景框与整个图景的部分与整体的关系，部分本可以自成一个系统，又在与外围系统的联系中作为组成部分。这些提喻式的"部分"呈现在接受者面前的是碎片化的故事世界断片：模糊的时间概念，如"我也说不清这是个嘛年代"，"这故事慢慢传到现在……"，"王莽赶刘秀那时候"，以及局部的空间概念，如："老杨蹲在一棵树下吃饭"，"门外十字街上的圆溜石头"，"刚出村，看见一个卖烧饼的从门前过"。这些时空特征使听者疑惑，但对讲述者来说是自为地存在于故事世界之中的。这里所说的"完整"并非是客观逻辑上、概念上的完整，而是主体经验上、感知上的完整，属于主体意识的"内在照面"。讲述者就是用这些不合逻辑的碎片编织成一个合乎自身逻辑的故事世界。

---

① ［瑞士］荣格：《论分析心理学与诗的关系》，转自叶舒宪：《神话：原型批评》，陕西师范大学出版社 1987 年版，第 101 页。

② ［德］马丁·海德格尔：《存在与时间》，生活·读书·新知三联书店 1997 年版，第 173 页。

其次，主体对故事世界的表征不仅体现在不同主体之间，还体现在同一主体的不同阶段。前一种情况很正常也很好理解。不同主体的认知图式不同，个人能力不同，讲述风格不同，编织出的故事自然也有丰富与精简，细节与概略，曲折与直白之分。对于后一种情况，主体讲述可能因情境而异，也可能因为时间流逝，很多故事细节埋藏在了记忆深处，不能及时表达出来。以耿村大故事家张才才老人为例，1988年全国民间故事普查时，张才才正值壮年，是故事能手。然而，笔者于2017年采访时他已是耄耋老人。当笔者提起他曾讲过的《蓝宝石》《石成学艺》《阴阳剑》，他都说一时半会儿想不起来了。直到笔者说到《燕子胸脯为嘛是红的》时，他才说："这是我讲的，这燕子胸脯为嘛是红的……"一直讲下去，沉浸在自己的故事世界之中。与1988年时文鸽的整理文本对比中，30年后的本文显得模糊与概略，缺失了一些精彩情节。

4. 解释过程B：处理经验世界和故事世界的边界

无论是书面文学还是口头文学，主体都需要处理日常活动与文学活动、现实经验世界和非现实虚构世界的"边界"问题。正如巴赫金所强调的，文学活动中主体除了"移情"作用而获得审美自律性的同时还存在着外位性，即作者或欣赏者处身主人公的边界之外和文学虚构世界之外，来观照和完成主人公及他的世界。拥有"移情"能力使人具有审美感知与体验，全身心地融入文学的虚构世界当中；同时"外位性"使人拉开心理距离，进行审美观照。与之类似的是，民间口头文学也存在世界分界，实践主体也要处理二者关系。与普遍被认可的虚构本质的文学作品不同的是，民间文学实践主体的故事观念处在自为与自觉之间，他们并非认为故事世界全然虚构，可据此区分出两个世界边界交互的几种情况，即实践主体"外位性"的不同相位。

（1）故事世界就是经验世界，二者合一。当讲述者认为所讲之事是"生活故事"时，故事世界与现实世界具有时空对应性，这个故事就是真实发生过的。如靳文生讲的《三女婿对诗》①，有清楚的时间、地点、人物名称。当讲述者认定故事主角是真实人物时，对于发生在这位人物身上传奇之事也认定是可能的，包括一些历史故事在内。如张才才讲的《石阁老的系列故事》《秦始皇求仙的故事》，董春格讲的《包公错斩闫查三》。

（2）故事世界是想象的虚构世界，二者分立。当讲述者认为所讲之事是"幻想故事"时，故事世界与现实世界不具有时空对应性，这个故事就是虚构的。如董春格讲的《王小拾粪》、侯果果讲的《亲娘柳树后娘枣树》。对于一些古老的神话、传说如《嫦娥奔月》《后羿射日》《女娲与伏羲》，民众认为没有必要作真假判定，因为故事真假对于他们来讲并不重要，并不会影响到他们的现实生活。他们对这类故事的观念是：无所谓真假，是祖先流传下来的。

（3）故事世界是彼岸世界的传递，通往中介。故事在日常生活中是人们普及神灵轶事的途径，获得神灵信息的来源；在祭祀活动中又必须将故事剔除在神圣时空之外，以免故事的摄入亵渎或影响了神灵的威信和灵验。它就像是一个阀门，在日常生活世界中打开，成为通往彼岸想象世界的中介与通道；又必须在非日常的神圣世界中关闭，以保持神圣世界的纯粹与至上。

---

① 张才才、侯果果、靳文生、董春格均为耿村故事家，其中张、侯二人为故事夫妻，均为大故事家。靳、董为中型故事家。以下所涉及的故事本文与故事活动均根据笔者田野调查实况而来。

（二）本文中价值的生成

当我们将前文所暂时分离出去的文本内在价值重新拉回到主体讲述的本文中来，将主客体统一起来的时候，此时文本的内在价值就有可能转化为发生在主体心中的意义。这些"意义"有的被主体意识到而显性存在着，有的尚未或者无法被主体自觉意识到而隐性存在。

显性价值常以教育价值和娱乐价值的形式被主体意识到。人们在日常生活中通过讲故事来舒缓疲劳、愉悦身心，使自己暂时脱离了繁重的农业劳作进入到美好的故事世界之中。在讲述过程中人们会对故事的意义或者主人公的好坏进行价值评价，多以认同或不认同的方式表达自我看法。

隐性价值是实际存在但尚未被主体意识到，需要研究者帮助其发现并呈现出来的。这就需要将故事本文上升到故事活动中去，通过一系列伴随文本如语气词、重复语、肢体语言、神态语言、故事活动语境等解决外在行为和内在心理的同时发生问题。

四 活动价值

同为主客体价值关系，本文价值与活动价值的最大区别在于，前者将故事活动理论切分为不同阶段，便于具象到一对主客体价值关系中，考察故事对主体的意义发生；后者将割裂的关系合并放置在活动场域之中，研究多元主客体之间的价值关系、主体之间的交流关系，属于瑞恰兹的"工具价值"范畴。

故事活动中，讲述者—故事本文—接受者，构成两对主客体关系，一对主体间性关系。讲述者将携带自身意义的语言、肢体符号表达出来，包括所讲之事与怎样讲两个方面；接受者在接收的同时将符号内化为自身理解，包括所听之事与怎样听两个方面。整个过程区分为两个层次：1. 讲述者的授意与语言表达，接受者的释意与语言接收，2. 主体之间的互动。

（一）故事活动描述

笔者着力呈现一次完整的故事活动，通过故事语境、情节组分、讲述者话语流畅或受阻实况以及讲述者与听众交流表情、言语状况来全面展现。

场景：2017年10月23日，小雨，笔者上午九点半来到侯果果家，侯说一会儿要去地里割茴香，见天还早，打算讲完故事再去。讲述期间，她一直关注着天气情况，后来下起了雨，于是打消了去割茴香的念头。

0（0）进入故事：笔者提及《耿村民间故事大观》上的故事《善恶三兄弟》时，侯表示疑惑，在儿媳靳丽绵的提醒下才想起原来书上的《善恶三兄弟》就是自己的《王七王八王九》。侯果果解释自己给故事起名为《王七王八王九》，《善恶三兄弟》是当时故事普查的记录者自己加上去的。

1. 三人结拜：（1）王七打鱼，打出王八，与其结拜（顺）（2）退出故事：这时门"吱扭"一声开了，家里有人出去，侯朝门外看了一眼。被打断后继续讲，有些不连贯（阻）（3）进入故事：与王九结拜（顺）

2. 王七王九一起生活：（4）王七祖上有荫德，朝廷让其继续做官（交流）（5）王九

替王七做官（交流）

3. 王七生活窘迫（顺，交流）

4. 王七找王九：（6）王七一路讨饭找到王九（交流）（7）硬闯衙门（顺，具有动作、神态等肢体语言）（8）王九拒认，打了王七（交流）（9）退出故事：门开了，侯又看了一眼。回到故事，话语重复。（阻）

5. 王七借宿锅台：（10）王七借宿卖面锅台，将其打扫干净（顺，具有动作等肢体语言）（11）退出故事：往外看了看，重复（阻）（12）掌柜决定一探究竟（顺）（13）退出故事：问外面的人下雨了没有，外面人回答下起来了，侯笑了笑说，那就不去割茴香了，讲故事吧。回到故事，重复（阻）（14）掌柜问询王七，王七道明原因（顺，交流）

6. 掌柜收留王七：（15）王七当跑堂（交流）（16）王七赶庙会（交流）（17）退出故事：去厕所解手，一分钟后回来，接着讲（阻，重复、想）

7. 王七赶庙会：（18）一进庙门，庙门摆设，获得小刀（顺，动作神态语言，描述细节，峰值，交流）（19）门上有字（交流，侯一共重复三遍：第一遍叙述门上的字，第二遍代王七念读，第三遍为解释字意）（20）门开以后，景象描述（交流）（21）王七吓得撒尿，出门（交流）

8. 王七揭皇榜：（22）王七上街（阻，停顿，摸头想是否该讲这一段了，随后确认没有讲错）（23）看到皇榜（顺，动作语言，交流）（24）王七揭榜，吓坏王七，王七自言自语（顺，动作神态语言，交流）

9. 王七引领士兵到庙门：（25）指认尿窝为秘密通道，士兵开挖（顺、动作神态语言）（26）王七下洞（顺、动作语言）

10. 王七救皇姑[①]：（27）拿刀杀老虎（阻，想，停顿）（28）刀变九条龙，杀大象（顺，动作语言，峰值）（29）见皇姑（交流）（30）皇姑说明缘由，系为妖怪卷来（阻，口误，将妖怪说成大象）（31）趁妖怪睡着偷刀杀妖怪（顺，过程紧凑、曲折、形象，侯时而与观众交流，时而自己表演沉浸于故事世界之中，峰值）（32）皇姑得救出洞，王九顶替王七领功（阻，一带而过，有些概略）

11. （33）王八救王七（顺，动作语言，细节描绘）

12. 真相大白：（34）王七与皇姑说明真相（阻，简略，逻辑欠佳）（35）皇姑向皇上禀报原委（交流，分辨善恶）

13. （36）善恶有报：王九被斩，王七作驸马。故事结束（37）退出故事：自己评价"你看这个故事长不长？哈哈，还是要做好人，行善事啊！"

通过对故事活动中讲述者言语、神态、肢体语言的详细记录与观察，洞察出主体行为发生时刻与之相应的心理发生。由此可将故事活动中主体外在行为与内在心理进行合一表述，并以折线进行标记：1. 故事活动外包括三种情况：一为尚未开始进入故事活动，二为中断故事讲述，退出活动，三为故事结束，驶出活动。2. 进入到故事活动中，包括入话、故事世界、跳出故事进行评价。3. 故事活动中讲述者流利讲述，辅以神态、动作细节的为"顺"的直线上升，讲述者停顿、重复时为"阻"的直线下降，讲述者与听众交流为直线平行。当"顺"的状态达到顶点时，就会出现峰值；当"阻"的状态持续加重就会出现谷值，从而呈现出走向时而上扬时而下落的间次分布。与听众"交流"可能发

[①] 皇姑，指公主，皇上的妹妹或者女儿，民间说法。

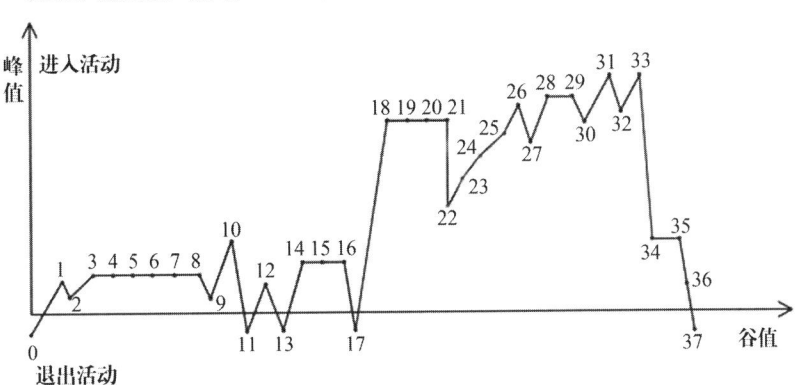

侯果果《王七王八王九》故事活动

生在两个时段，一为"阻"之后，通过语言重复，大脑中回想出来下一段情节之后，讲述者会将目光转向听众，一来以求得听众认同，二来从记忆中拉回思路，密切关注听众反应。二为"顺"之后，通过连续而顺畅的神态语言和肢体动作沉浸在想象的故事世界之后，会转而确证观众的兴奋点是否与自己的兴奋点一致，寻求听众认同（以"是吧？"为主）。除以上两个时段之外，与观众交流还发生在一种特殊情况之下，那就是讲述者通过观察听众神态作出"这里有疑问"的判断，或者由听众自己打断讲述提出疑问，此时，讲述者会搁置故事情节，对其中的方言、情节续接点作出说明和交代。

对于听众而言，将其他心理因素排除在外，其故事接受与故事生成为同步过程。当故事生成受阻时，听众接收到的是不连贯、模糊的故事信息；当故事生成顺利时，听众接收的是连贯、清晰、形象的画面，充分调动形象思维对故事世界进行丰富想象。当讲述者与之交流或者接受者感觉有交流的必要时，双方处于交际互动之中；当故事因各种原因被打断时，接受者暂停故事接收，退出故事活动。所以，如果不将接受者多元身份与心理图式考虑进去，单纯考虑故事接收行为，接受者外在行为与内在心理图示与讲述者的同步。

（二）活动价值发生

从讲述者与接受者两方面分述价值的发生过程：当讲述者处于记忆受阻的谷值时，通过语言上的重复、停顿，神态动作上的回想、回忆来寻找故事的"来处"，即讲述者作为接受者时的听讲情境以及讲述者在之前某一时空中对同一故事的讲述情境。由此回忆出的、寻找回的故事片段对于讲述者是认知性知识，具有认知价值。此时讲述者并未完全进入到故事的艺术世界之中，而是处在回忆现实世界与编织故事世界的交界地带，他通过逻辑思维和后设思维进行偏重符码的组织，外在行为语言上则表现为重复、上翻眼球、摸头等动作。直到过渡到下一个"顺"的阶段。当讲述者进入到"顺"阶段时，完全进入到形象思维建构的故事世界之中。他所想到的，即是他眼前见到的，也是他口中说出的。此时，讲述者的"移情"能力发挥得淋漓尽致，完全沉浸在故事世界之中，由此产生了"诗性"智慧与功能，相应产生的价值则为审美价值。当讲述者与听众进行交流处于"平行"阶段时，所注重的是听众对故事的关注、理解和认可程度，并通过适时的语言表达故事意义，即对故事作出评价。此时故事价值为交流价值和教育价值。当故事活动与其他日常生活发生冲突被打断,故事活动被搁置于日常生活的续接之中,当讲述者重返故事活动时,会重拾故事讲述状态的愉悦和兴奋,此时的娱乐价值会得到凸显。当然,依据不同的故事类型,发生的价值类型也有所不同,比如,有关宗教信仰的故事着重带来的宗教价值,笑话着重带来的娱乐价值,幻想故事着重带来的审美价值,生活故事着重带来的教育价值等等。各种价值并不是静态存在而是随着主体需要的变化而变化。各种价值也不处于同一层面,发生机制也不尽相同。需另行讨论。

由于接受者外在行为和内在心理与讲述者同步,其价值发生过程也存在着同步关系。但同步并非同一,而是时序同步,走向相反。接受者价值发生与其"期待视野"和"召唤结构"有关。不仅讲述者存在一个"先结构",接受者亦存在一个"期待视野",这个"视野"直接与故事接受相关,如果接受者同属于文化共同体,与讲述者存在相似的文化语境和传统,在对故事世界的理解和接受上与讲述者所要表述的更加贴近。如果接受者外在于文化共同体,语言、心理、思维等差异则会导致一种更加私人化的故事接受,与讲述者所要表达的故事世界可能相差无几也可能相去甚远。

听众对故事产生的"召唤结构"主要体现为填补"空白点"上。当讲述者处于"阻"时,听众接收到的信息也是模糊的,不确定的。此时,不仅要依靠讲述者"顺"过去,还要根据自身理解来建立"召唤结构"。而当讲述者处于"顺"时,接受者就可以紧跟语言思绪步步进入到奇幻的故事世界之中,此时也会建构起同步的"召唤结构"。两个阶段"召唤结构"的内涵与外延互为对照,即前者内涵小,外延大;后者内涵大,外延小。当听众所接受信息模糊时,信息本身并不包含多少可以再现的空间,可供解释的空间放大,接受者可以各自建立不同的解释图式。当听众所接受信息详细、具象、清晰时,信息本身可以再现一个广阔而丰富的时空,使得解释发挥的空间缩小。这也形成了故事生成与接受图式同时而反向的走势。相应地,理论上讲接受者在故事中所获得的价值与讲述者同步,即在填补"空白点"的过程中,产生了知识性、认知性的价值;在与讲述者共同畅游在故事世界中时,感受着故事带来的审美价值;在与讲述者交流时,获得了方言释义与情感认同,得到了认知价值与教育价值;故事活动总体上较日常生活而言使人身心愉悦,产生娱乐价值。

综上所述,本文呈现了民间故事活动价值发生研究的必要性与可能性。试图从文本、本文、活动多层级描述中分解与透析价值发生过程,为后续的发生机制和原理深度研究提供铺垫。本文着力于论证意义的必要性与方法的可行性,行文之中多有未能展开之处,需另文详述。

(原载《河北学刊》2018 年第 1 期)

史实、传闻与历史书写

——中国戏曲、曲艺史中的俳优进谏传闻

祝鹏程[*]

【摘要】书写、记录与权力紧密相关。俳优进谏传闻是中国古代典籍中一种常见的叙事题材,并成为现代戏曲、曲艺史书写的有机组成。优谏传闻虚实相间,有很多是基于史实的虚构,它们能从俳优众多的言论形态中脱颖而出,成为一种被反复书写的题材,有历史的与现实的原因。传统士人借此宣扬君贤臣直的儒家之道,现代学者则对典籍记载进行创造性的转化,对俳优人格进行了单一化的处理,凸显了俳优的抗争性精神。这种单向度的历史书写对中国戏曲/曲艺史的编纂产生了极大影响,在无形中把艺术变成了脱离历史与生活语境的超有机体,需要引起学界的重视。

传闻传说与谣言有着紧密的关系,历史上的趣闻轶事向来虚实相生、真假难辨,在研究这类体裁时,仅仅采取辟谣辨伪是不够的,更应该致力于挖掘传闻生成与传播的深层动力机制。本文关注的是在中国古代典籍中反复出现的"俳优进谏"传闻,这类传闻的主人公是某位卑微的俳优艺人[①],如先秦的优孟、淳于髡、优旃,南北朝的石动筩,唐代的黄幡绰、敬新磨,南唐的李家明,宋代的丁仙现、焦德等。在传闻中,他们虽然卑微,但在面对帝王或权臣时,总是能以巧妙的方式提出规劝或嘲讽,使对方回归正道或有所羞愧。这些传闻被历代士人反复书写,被现代戏曲、曲艺研究论著反复征引,成为一种独特的传闻题材,甚至成为一种关于演艺史与俳优史的元叙事(meta narration),被各种文学史、戏剧史、曲艺史反复生产。

众所周知,书写、记录与权力紧密相关。俳优是中国历史上一个极为特殊的群体,他们为中国的戏曲说唱艺术作出了卓越的贡献,但一直地位低微,是"下九流"的贱民,

---

[*] 作者系中国社会科学院文学研究所副研究员,北京文联签约评论家。
[①] 本文所指的俳优主要指地位低下的戏曲说唱艺人,也包括部分地位低下的文士,如淳于髡,或滑稽突梯的文学侍从,如东方朔。

是所谓的"属下群体"（Subaltern）①。在中国古代历史的长河中，俳优是相对失语的，他们的言论只有经过文人士大夫的记录，才有可能流传下来。纵观那些记录俳优的古籍，无论是《史记·滑稽列传》《新五代史·伶官传》等正史，还是《启颜录》《教坊记》等笔记小说，无一不是由文人阶层书写的。后殖民理论的领军人物斯皮瓦克（Gayatri C. Spivak）在经典论文《属下能说话吗?》中深刻反思了属下群体与知识界的关系，认为精英的历史书写形成了一种"知识暴力"，在赋予过往事件"真实性"的同时，也不断再生产着精英阶层的意识形态机制。在关于属下群体的种种记载中，我们都能看到上层集团的话语投射。在这样的话语格局中，属下群体没有独立自主地叙述历史的可能性。②

斯皮瓦克的卓见提醒我们，无视历史书写的权力因素，将典籍中记载的俳优进谏言论作为毋庸置疑的既定事实是危险的，它们在流传过程中，很可能浸润了记录者的情感与情绪。本文在一个相对宏观的视野下，先对古代俳优的言论做全面的考察，同时结合俳优进谏言论的记录者——文人士大夫们的志趣，对其生成机制做透彻的分析，进而探讨现代知识分子如何对这一题材展开继承与转化，将其转变成一种中国戏曲/曲艺史书写的典范叙事，并对这种书写范式展开反思。

一 "恃宠媚主"与"匡扶时政"：俳优言论的多元存在

在中国历史上，俳优是一个复杂的群体，他们地位卑微，又与统治者有着紧密的关系。作为统治阶层豢养的奴隶，他们和统治者之间形成了紧密的人身依附关系，既受到恩宠，又被人鄙夷，养成了集自卑与依附、智慧与阿谀于一身的性格③。复杂的生存环境决定了他们的言论也是多元，甚至矛盾的。结合古代俳优的生存状况，我们先来对其言行做一个整体性的考察。戏剧史家任中敏的《优语录》将历代俳优的言论分为三类：谏语、常语与诙语④，我们沿用这一分类并略作申说。

一、常语。俳优采取说笑话、讲故事、歌舞、演戏、玩文字游戏等手段为君王调笑解颐。如《乐府杂录》记载的一则黄幡绰轶事：

> 拍板本无谱，明皇遣黄幡绰造谱。乃于纸上画两耳，以进，上问其故，对但有耳道，则无失节奏也。⑤

---

① 属下群体是意大利马克思主义者安东尼奥·葛兰西（Antonio·Gramsci）于20世纪30年代在《狱中札记》中提出的概念，20世纪80年代以来，这一概念又经斯皮瓦克等左翼学者的发展，成为学界普遍关注的概念。大致来说，属下群体指从属于社会主流的低等级群体，他们受社会结构和政治经济权力的影响，无法向上层社会流动。这一概念让我们联想到中国台湾人类学家乔建提出的"底边社会""底边阶级"等概念。

② 参见［印］斯皮瓦克：《属下能说话吗?》，陈永国译，罗钢、刘象愚主编：《后殖民主义文化理论》，中国社会科学出版社1999年版，第99—157页。

③ 关于俳优的人格的复杂性，可参阅闵定庆《谐谑之锋：俳优人格》，东方出版社2009年版。

④ 任中敏：《优语集》，王福利校理，凤凰出版社2013年版，凡例第1页。

⑤ 段安节：《乐府杂录》，《历代史料笔记丛刊·教坊记（外三种）》，中华书局2012年版，第140页。

二、谀语。即阿谀逸佞之语，为了取悦统治者，有的伶人会在调笑之际对主人进行吹捧。如《太平广记·卷249·裴谈》：

> 唐中宗朝，御史大夫裴谈崇释氏，妻悍妒，谈畏之如严君。时韦庶人颇袭武后之风，中宗渐畏之。内宴，玄唱《回波词》，有优人词曰："回波尔时栲栳，怕妇也是大好，外边只有裴谈，内里无过李老。"韦后意色自得，以束帛赐之。①

其中的奸猾之辈甚至以如簧之舌祸乱朝政。如《国语》记载的春秋时期晋献公的宠优施，他与晋献公夫人骊姬私通，为了立骊姬之子继位，在献公面前进谗言设计杀害太子申生。

三、谏语。为了保全主人的名誉与地位，有智慧的俳优会将劝谏之言隐藏在滑稽的言语中，使听者乐于接受。比如《新序》中记载的战国时期的优莫讽刺赵襄子耽于饮酒、不思进取，说他离纣王不远了，让主公有所醒悟；《史记·滑稽列传》中记载的优旃用反讽的技法规劝秦始皇不要扩大宫囿等。谏语既可以直指统治者，也可以是对第三方——某些佞臣与弄臣的嘲讽，使帝王产生警觉。比如《南唐书》中记载的俳优李家明在南唐元宗李璟前借咏牛诗讽刺当朝宰相，再如《坚瓠二集》记载的明代宦官兼俳优阿丑在演戏中对汪直、王越、陈钺等奸臣进行嘲讽，使得明宪宗有所醒悟。兹举《史记·滑稽列传》中的一个经典例子：

> 优孟，故楚之乐人也。长八尺，多辩，常以谈笑讽谏。楚庄王之时，有所爱马，衣以文绣，置之华屋之下，席以露床，啖以枣脯。马病肥，死，使群臣丧之，欲以棺椁大夫礼葬之。左右争之，以为不可。王下令曰："有敢以马谏者，罪至死。"优孟闻之，入殿门，仰天大哭。王惊而问其故。优孟曰："马者王之所爱也，以楚国堂堂之大，何求不得，而以大夫礼葬之，薄。请以人君礼葬之。"王曰："何如？"对曰："臣请以雕玉为棺，文梓为椁，梗、枫、豫章为题凑，发甲卒为穿圹，老弱负土，齐、赵陪位于前，韩、魏翼卫其后，庙食太牢，奉以万户之邑。诸侯闻之，皆知大王贱人而贵马也。"王曰："寡人之过一至此乎！为之奈何？"优孟曰："请为大王六畜葬之。以垄灶为椁，铜历为棺，赍以姜枣，荐以木兰，祭以粮稻，衣以火光，葬之于人腹肠。"于是王乃使以马属太官，无令天下久闻也。②

可见，记录俳优言论的史料是一组丰富的存在。俳优的本职是取悦统治者，学者冯沅君在《古优解》中也把娱人视为伶人的首要职责③。作为帝王驾前的"欢喜虫"，他们享受着"言无尤"④的特权，通过揣摩上意，以机智的言行、谐谑的言语滑稽调笑。在豢养与被豢养的生存格局中，俳优很难拥有独立的人格，其中奸佞者便会恃宠媚主，热衷于以声色事人，以谀言惑人，甚至为一己私利参与到宫廷政争中去，或者被人收买，成为政治

---

① （宋）李昉等编：《太平广记》（五），中华书局2014年版，第1931页。
② （汉）司马迁：《滑稽列传》，《史记》（四），中华书局2011年版，第2773—2774页。
③ 冯沅君：《古优解》，《冯沅君古典文学论文集》，山东人民出版社1980年版，第22—32页。
④ 语出《国语·晋语》，意思是说法可以不负责任，不计后果。

斗争的工具。俳优中也不乏有操守、有智慧的人物，他们会用巧妙生动的言语为君王排忧解难，在谈笑间完成劝谏。但他们进谏的目的不是为了激怒帝王、对抗统治阶级，而是带有"劝百讽一"的意味，以维护统治阶级的利益为己任。正如冯沅君所说：

> 古君王既和优人们相近，优人们又善以诙谐的方式使他们的主人言听计从，所以这些看去是无足轻重的人物，却能给时政以意想不到的影响。又因为他们都是半疯半傻的，或者阴险狡诈，他们的言语大都是害多益少。因而在古史中，不少正人君子反对他们的君上接近优人，认为这是政治腐败的一个原因。①

显然，俳优中既有智慧者敢于对肉食者展开规劝、匡扶时政；也有弄臣小丑以恃宠媚主、诮言乱政。俳优言论的动机与效果也是良莠不齐的，在他们的言论中，调笑与诬谗、规劝与吹捧混杂在一起，很难区分清楚。上述文字并不是要否定俳优中的觉醒者及其做出的贡献，而是为了强调俳优生存的复杂与形象的多元，并对此抱以必要的同情与理解。

二 书写俳谏传闻：传统士人心态的投射

但在后世的流传中，谏语却从俳优众多的言论形态中脱颖而出，成为一种被反复书写的题材，这恐怕与传闻的记录与书写者——传统士人的身份与地位密不可分。中国传统的士人群体面临着一大生存困境。他们以弘道自任，致力于社会秩序的建设与维护。但他们又是一群手无缚鸡之力的读书人，在一定程度上讲，与俳优之间又有着某些相似性，甚至部分士人的出身和优伶还颇有渊源，司马迁在《报任安书》中早已言明："仆之先人非有剖符丹书之功，文史星历，近乎卜祝之间。固主上所戏弄，倡优所畜，流俗之所轻也。"②在这种生存境况下，他们对俳优产生了复杂的情感，总体而言，士人阶层普遍看不起这个贱民群体，认为他们能以声色毁坏礼法，因此孔子在夹谷之会上诛杀了在国君面前调笑的侏儒；对于奸佞之优极尽鄙视，重优而轻贤一直被视为祸乱之源。

但另一方面，士人们人微言轻，极易在横议时政中因言获罪。相比之下，俳优颇有可取之处，他们的进谏往往都很巧妙，能以诙谐机智的谈吐、谐音双关等技巧，让那些高贵横暴的君王觉得言谈"顺耳"而甘于接受。刘向《说苑》说：

> 是故谏有五：一曰正谏，二曰降谏，三曰忠谏，四曰戆谏，五曰讽谏。孔子曰："吾其从讽谏乎！夫不谏则危君，固谏则危身，与其危君宁危身。危身而终不用，则谏亦无功矣。智者度君权时，调其缓急，而处其宜，上不敢危君，下不以危身。故在国而国不危，在身而身不殆。"③

这段话把讽谏的价值说得极为明白，讽谏既没有违背传统的君臣之分、主仆之别，又

---

① 冯沅君：《古优解》，《冯沅君古典文学论文集》，山东人民出版社1980年版，第43页。
② （汉）司马迁：《报任安书》，吴楚材、吴调侯选《古文观止》（上），中华书局1978年版，第222页。
③ （汉）刘向：《说苑校证》，向宗鲁校证，中华书局2016年版，第206页。

能起到匡扶时政的作用，还能让劝谏者保全自身。在士人看来，"俳优侏儒，固伎之最下且贱者，然亦能因戏语而箴讽时政，有合于古矇诵工谏之义，"①，因此获得了他们的青睐。

应该承认，历史上的很多俳优进谏是真实发生过的事件，但更多的记录是虚实相间的文本。须知历史的撰写并非全然是一门科学，而是与撰写者的主体诉求与当时的社会政治文化紧密相关。中国的传统向来默认历史与虚构之间有相通之处，通过历史书写褒扬某种道德价值与意识形态，达到资政的目的更是中国士人的传统。为了凸显优谏的作用，文人士大夫在记录相关事迹的同时，往往会在事实的基础上有所发挥。

记载优谏传闻的典籍首推《史记·滑稽列传》，太史公的这篇宏文在史官记录的基础上，杂采民间传说、街谈巷议，记载了淳于髡、优孟、优旃等人的风采，后经褚少孙增补，乃有今日之面貌，成为后世优谏书写的洪范。即便是这篇文字，也难免有诸多与史实乖谬之处，钱大昕在《廿二史考异》中甚至认为："此传之言，多不足信。"② 以上引的优孟劝谏楚庄王为例，实则楚庄王之时并无赵、韩、魏三国存在，司马贞《史记索隐》断定劝谏之言中有后人增饰之语③。优孟向楚庄王进谏，为"持廉至死"的孙叔敖争取到封赏的记载，也与一些史籍不符，被梁玉绳等清代学者认为绝不可信④。而文中对淳于髡、优孟、优旃三人的活动年代的描述也多有错乱之处。我们如今看到的《滑稽列传》是一篇虚实相间的记录，是书写者（们）在一定史实基础上展开发挥、筛选与修饰的结果。其目的恐怕正是为了寄托史家的谏议情怀，正如该传篇首所言："天道恢恢，岂不大哉！谈言微中，亦可以解纷。"⑤ 清代学者柏秀干脆认为《滑稽列传》是一篇别有幽怀的谏书，寄寓了司马迁批判当时政治的意图：

> 汉自武帝践位以来，颇多过举，游宴征伐神仙土木之事，史不绝书，此正臣子撄鳞折槛之时也。……求其如齐髡以一言而罢长夜之饮，优孟以一言而恤故吏之家，优旃以一言而禁暴主之欲者，渺不可得。而其微行上林之谏、置酒宣室之谏、蓬莱求仙之谏，独出于曼倩一人，滑稽亦何负于国哉？宋广平择优人以悟明皇，司马公传滑稽以悟武帝，其意一也。⑥

俳优进谏的事件流传于后世，其中最脍炙人口的篇目又会在历代史书与笔记中被辗转记录。任中敏的《优语录》辑录了各个时代的俳优进谏的叙事，同时附录了各种雷同的记载，通过对照，我们发现大量的叙事有着虚构的色彩，其最显著的表现，是同一个题材有着大量的异文存在。比如《史记·滑稽列传》中的一则著名的进谏言论，大意为汉武

---

① （宋）洪迈：《夷坚志》（二），中华书局2006年版，第822页。
② （清）钱大昕：《廿二史考异》，陈文和、张连生、曹明升校点，凤凰出版传媒集团、凤凰出版社2008年版，第65页。
③ （汉）司马迁：《滑稽列传》，《史记》（四），中华书局2011年版，第2774页。
④ （清）梁玉绳：《史记志疑》（三），中华书局1981年版，第1455页。
⑤ （汉）司马迁：《滑稽列传》，《史记》（四），中华书局2011年版，第2771页。
⑥ （清）柏秀：《书〈史记·滑稽列传〉后》，江标编《沅湘通艺录》，岳麓书社2011年版，第55页。

帝有一优人名郭舍人，武帝乳母家人犯了错，武帝要将其全家流放。郭舍人为此劝谏，他让乳母辞别武帝后边走边回头看，自己在一边骂道："咄！老女子！何不疾行？陛下已壮矣，宁尚须汝乳而活邪？尚何还顾？"武帝不忍之心顿起，收回成命①。在汉刘歆的《西京杂记》里，主干情节变成了武帝要杀乳母，劝阻者变为东方朔，《世说新语》里的情节则是武帝要将乳母交付司法，劝阻者亦为东方朔。②

再比如唐人张鷟《朝野佥载》中的这则记载：

敬宗时，高崔巍喜弄痴大。帝令给使捺头向水下，良久，出而笑之。帝问，曰："见屈原云：'我逢楚怀王无道，乃沉汨罗水。汝逢圣明主，何为来？'"帝大笑，赐物百段。③

这则记载同时也被众多其他文献收录，除唐高择《群居解颐》未有变化外，其他文献多有异文，宋李昉《太平广记》中主人公仍为高崔嵬，帝王却变成唐太宗。在唐段成式《酉阳杂俎》、唐冯贽的《云仙杂记》、明李贽《山中一夕话》、明陈继儒的《爽心笑谈》中，主人公变成了唐代另一位名优黄幡绰，帝王则是唐玄宗。而明人都穆的《谭纂》则将故事移到明代，事件发生在陈君佐与明太祖之间。④ 直到如今，这类故事还流传于民间，附会到刘墉、纪晓岚等人身上。

上述异文只保留了一个主干情节，发生的时代和主人公可以不断地更换，不同时代的书写者可以替换上当时闻名的优伶。在反复的书写与记录中，这些记录已经由实录变成了故事，与其说记载的是真人实事，不如说是由以"箭垛式人物"为主人公的类型化故事。这种故事还可以举出很多，比如优旃讽秦始皇修苑囿的故事；俳优嘲讽地方官员"刮地皮"使得土地神无所落脚的故事；敬新磨为唐庄宗调笑六目龟的故事等，在流传的过程中附会到不同优伶的身上，形成大量异文。正是因为看到了这一点，民间文艺学者祁连休敢于将东方朔、黄幡绰、石动筩等实有其名的人称为"俳优型机智人物"⑤，并在《中国古代民间故事类型研究》中将"见屈原""刮地皮"等俳优言论收录为特定的故事类型⑥。

可见，我们今天看到的优谏传闻是一种虚实相间、真伪错杂的存在，是忧心朝政的士人根据有胆识的俳优的事迹整合创编而成。它能够流传下来，除了故事生动，易于引发人们的兴趣外，更是历代士人情感投射的结果。在士人们的反复书写中，俳优进谏的传闻成为一个固定的题材，它所记载的是一种理想化的叙事，俳优起到了为士人代言的功能，其谏语在很大程度上投射了士人群体对于自身生存困境的认知和对言论权力的渴求，寄托了

---

① （汉）司马迁：《滑稽列传》，《史记》（四），中华书局2011年版，第2777页。
② 相关记载的整理见任中敏：《优语集》，王福利校理，凤凰出版社2013年版，第20—22页。
③ （唐）张鷟：《朝野佥载》，《唐五代笔记小说大观》（上），上海古籍出版社2015年版，第71页。
④ 相关记载的整理见任中敏：《优语集》，王福利校理，凤凰出版社2013年版，第58—60页。
⑤ 祁连休：《智谋与妙趣——中国机智人物故事研究》，河北教育出版社2001年版，第31—47页。
⑥ 祁连休：《中国古代民间故事类型研究（修订本）》（中），河北教育出版社2011年版，第523—525页；第649—651页。

手无缚鸡之力的读书人希望通过言论干预政治，既能匡扶朝政，又能保全自身的愿望。此外，在士人的笔下，俳优与统治者之间仍然没有突破依附与被依附的关系，进谏的最终目的是维护君王的形象、履行臣下的职责，所以尽管俳优的谏语虽偶有激烈之处，但并未破坏君贤臣直的为政之道、违反美刺并举的儒家之旨，它们都合于大道。

三　反抗精神的发扬：现代学者对俳谏传闻的再阐释

19世纪中叶以后，在一系列国际争端的席卷下，中华帝国开始了现代化的转型。传统士人向现代知识分子转型，他们质疑儒家学说的合法性，进而把视野转向了民间文化。希望通过对底层"民"的发现，担负起救国新民、塑造符合现代国民的责任。在这一过程中，草野中的戏曲说唱因扎根民间、受众广大，获得了知识精英的普遍青睐，知识分子希望借助文艺的感染力来培养民众的国民意识，传播启蒙思想。

然而，戏曲说唱曾经备受鄙视，在现代价值审视下，也确实多有"低级污秽"之处，需要知识者对其进行提升与改造。现代戏曲、曲艺研究正是在这样的情境中展开的，在整体上深受启蒙主义的影响，研究本身就是通俗文艺改进的重要力量，最终目的是为了规范民间艺术，将其转变为有助于国族建设的文化资源。有相当数量的现代戏曲、曲艺史论述把眼光转向了卑微的俳优，致力于挖掘俳优的价值。陈独秀在《论戏曲》中作出了"戏园者，实普天下人之大学堂也；优伶者，实普天下人之大教师也"的经典论述[1]；通俗文艺作家天僇生在《剧场之教育》中通过对中外戏曲发展历史的勾勒与对比，赋予优人"戏剧家"的地位，号召他们"以一身化亿万身，以救此众生"[2]；即便是被目为"保守"的王国维，也辑录了《优语录》以辅助戏曲研究、发扬优谏传统。

年轻一代、具有左翼思想的学者更是注重发扬俳优伶人们的抗争精神。他们敏锐地看到俳优处于传统社会底层的现实，通过眼光向下的革命，他们把民主、平等、自由等现代价值投射到俳优的身上，用全新的史观来重构俳优发展的历史，并以此否定孔子及其礼教。以董每戡研究相声的名篇《说"丑""相声"》为例，这篇文章作于抗日战争关节点（1944），主旨是通过对丑角/俳优与相声渊源的勾勒，重新定位民间艺术的地位，同时发扬底层的抗争性力量。作者认为"世人把'丑'看为浮薄轻佻，身份卑下的代表，纯然是一种顽固的世俗的看法"[3]，并列举了夹谷之会孔子诛杀俳优的记载，以强化俳优作为民间异端受到的迫害。同时强调，这群被压迫的人却能够坚持"以戏语讽刺统治阶级"，这种行为"似比那班满嘴仁义道德，却是一肚子男盗女娼的王公大臣们要值得尊敬些"[4]。

---

[1]　三爱（陈独秀）：《论戏曲》，阿英编：《晚清文学丛钞·小说戏曲研究卷》，中华书局1960年版，第52页。

[2]　天僇生：《剧场之教育》，阿英编：《晚清文学丛钞·小说戏曲研究卷》，中华书局1960年版，第57页。

[3]　董每戡：《说"丑""相声"》，《说剧：中国戏剧史专题论文集》，人民文学出版社1983年版，第144页。

[4]　董每戡：《说"丑""相声"》，《说剧：中国戏剧史专题论文集》，人民文学出版社1983年版，第145页。

进而文章揭示：俳优受人迫害，并充满抗争精神的根源是"不合理的奴隶或封建制度"①。显然，作者是在民间与官方二元对立的视角下看待俳优的，从而将俳优与统治阶层的关系由豢养与被豢养的依附关系，变成了压迫与反抗的对立关系。在文末，作者又列举了数则讽谏笔记。在此基调下，笔记中的俳优言论也就不再仅仅是为了维系主人权威而实行的调笑与劝谏，而是基于抗争产生的讽刺。借助这篇文章，董每戡不仅提升了俳优的地位与价值，同时赋予了古代的优伶独立的现代人格，也在无形中完成了对理想民间的型塑和对底层士气的鼓舞。

董氏的研究范式具有相当的典范意义，在现代戏曲与曲艺研究中得到了大力发扬，并在新中国迎来了高潮。通过新中国学者的论述，戏曲、曲艺艺术的人民性与反封建功能得到了最大程度的阐释与发扬，历代俳优更是被塑造成了一个尽管饱受侮辱与损害，但仍充满抗争意识的社会阶层。

戏曲史家任中敏的《优语集》是辑录历代俳优言论的集大成者，作者在新中国成立初就开始编写该书，最终出版于1981年，全书辑录了从先秦到清末民初的各类优语三百余条，作者还为各则记载都拟了题目。作者的目的是重新定位戏曲说唱在历史上的地位，挖掘俳优在历史上的作用。为了褒扬艺人的价值，任中敏独辟蹊径，邀请相声演员侯宝林为《优语集》写序。除了表彰该书搜罗之丰外，侯宝林把更多的篇幅用来介绍自己阅读任氏著作的心得，他坦承一直有将相声理论化的愿望，而任的《唐戏弄》为爬梳相声的历史提供了很好的借鉴，让他有信心打破相声起源于清末的定论，追溯到更早；《优语集》更是"大大地填补了我所渴望知道的李唐以前和以后的有关俳优调谐的资料的空白，充分地满足了我的求知进学之衷"②。侯氏的序言不仅道出了自己的焦虑，也道出了任中敏希望通过对俳优史的研究，不断提高戏曲、曲艺艺术地位的苦心，而侯氏"追求进步"的艺人形象和下文中的优谏故事更是形成了互文性的关系。

在弁言中，任中敏极力强调俳优的抗争精神。作者将抗争分为两部分：其一是反儒家，在儒家秩序与俳优之间，作者毫无保留站在了后者一方。认为俳优与儒家之间一直存在着不可调和的矛盾，随着封建势力发展而加剧，"优人讽儒刺儒，前仆后起，行之若素"③。其二是人民性，俳优的进谏代表了民众的心声，"符合人民愿望，为人民之喉舌"④。寥寥几语奠定了全书的抗争基调，不仅拂去了俳优身上的依附性，确立起其独立的主体意识；也剔除了优谏传闻中的儒家士大夫情结，将其转变为反儒家的资源。

为了凸显俳优的抗争精神，任中敏采取的策略是削减俳优的多面性，赋予其单一形的人格。这一点从全书的搜集侧重就能看出。尽管作者把俳优的言论分为谏语、常语与诙语三类，也不得不承认："通过全盘体验，觉诙之为用，有重于谏者；常语之不可少，有重于谏与诙者"⑤。但在具体搜集的过程中，任中敏有意弱化了俳优的"负面"因素，书中凡例部分直言："凡纯涉伎艺之传习，别无其他社会意义，或淫秽者、谗匿者、浮泛不切

---

① 董每戡：《说"丑""相声"》，《说剧：中国戏剧史专题论文集》，人民文学出版社1983年版，第145页。
② 任中敏：《优语集》，王福利校理，凤凰出版社2013年版，序一第2页。
③ 任中敏：《优语集》，王福利校理，凤凰出版社2013年版，弁言第1页。
④ 任中敏：《优语集》，王福利校理，凤凰出版社2013年版，弁言第2页。
⑤ 任中敏：《优语集》，王福利校理，凤凰出版社2013年版，弁言第14页。

者、耳语无从宣达观众者,均不录。"① 这就把俳优"恃宠媚主"的一面摒弃出去了。所以,全书很少搜集谀语,把绝大多数的篇幅让给了谏语和常语,谏语的篇幅更是达到了十之八九。俳优形象由此得到了提纯,转变成为具有自觉的阶级立场与抗争精神的智者。

在这样的情境下,对史料的解读与阐释必然都是为了突出谏语的可贵。在每则优语后面,任中敏都会加上相应的按语,引导受众的阅读方向。我们经常能看到"泼剌猛锐"②、"在其时已大不易"③、"以颗语挫豪强,不无可取"④ 等赞语,极力挑明谏语的功效。即便是一些与进谏无关的戏语,也被赋予了微言大义。以这则关于北齐伶人石动筩的记载《胜伊一倍》为例:

> 高祖尝令人读《文选》,有郭璞《游仙诗》,嗟叹称善。诸学士皆云:"此诗极工,诚如圣旨。"动筩即起云:"此诗有何能,若令臣作,即胜伊一倍。"高祖不悦,良久语云:"汝是何人,自言作诗胜郭璞一倍,岂不合死!"动筩即云:"大家即令臣作,若不胜一倍,甘心合死。"即令作之。动筩曰:"郭璞《游仙诗》云:'青溪千余仞,中有一道士。'臣作云:'青溪二千仞,中有两道士。'岂不胜伊一倍?"高祖始大笑。⑤

这则记载当以调笑逗乐的常语视之。但任中敏在按语中加以发挥:"动筩此语,乃消诸学士之惯作谀词,如曰'诚如圣旨'是。俳优风调,横绝王庭!高祖梦梦⑥,学士中,此时必有内疚者。"⑦ 这一评价尽管是善意的,但未免有过度阐释、拔高之嫌。纵观全书,此类附会性的解读似不在少数。

相比传统士人的书写,现代学者更加注重俳优进谏的抗争性。在书写俳优史的过程中,他们在二元对立乃至阶级论的格局下对史料展开阐释与解读,为陈旧的资料注入了现代精神。为了达到这一目的,他们将优伶多面性的人格转变为单向度的人格,将维护式的进谏变为对立性的抗争,突出了俳优抗争的自觉性,进而用一系列带有鲜明倾向性的言语加以阐释,制造出了新的意义。

四 单向度的书写:反思中国戏曲/曲艺史的编纂范式

历史的书写与权力纠结在一起,从帝制时代到当下,关于俳优言论的记载一直与文化精英的诉求及时代的意识形态紧密相关。传统士人书写的优谏传闻是为了宣扬君贤臣直的儒家之道,现代学者又对历代典籍记载的俳优进谏进行创造性的转化,提升了底层艺人的地位,赋予传统戏曲与说唱在现代的生命力,这些贡献理应被我们铭记。但当这样的研究

---

① 任中敏:《优语集》,王福利校理,凤凰出版社2013年版,凡例第2页。
② 任中敏:《优语集》,王福利校理,凤凰出版社2013年版,第16页。
③ 任中敏:《优语集》,王福利校理,凤凰出版社2013年版,第68页。
④ 任中敏:《优语集》,王福利校理,凤凰出版社2013年版,第64页。
⑤ 任中敏:《优语集》,王福利校理,凤凰出版社2013年版,第31页。
⑥ 梦梦,昏聩之意。
⑦ 任中敏:《优语集》,王福利校理,凤凰出版社2013年版,第31页。

模式被推广开来,在中国传统戏曲与曲艺研究中得到全面发扬后,引发的弊端也不容我们小觑。

为了塑造出符合现代需求的戏曲与曲艺,学者对史料进行了取舍,从而形成了一种"单向度"的历史书写范式。这种书写带有浓厚的民粹色彩,充满了对底层的浪漫想象。学者将艺术与艺术生产的主体——艺人从复杂多元的日常生活中抽离出来,赋予某种单向度的标签(诸如讽刺、抗争性),在此基础上展开对史料的去语境化提炼与再语境化阐释,"从古文献中找出相似的记载,甚或将个别古文段落分行改写、转化"[①],从而创造出光辉灿烂的艺术发展史。以相声研究为例,董每戡、侯宝林、罗常培等人的开创性研究把新的价值与期待植入到了相声中。相声被描述成一种具有"人民性"的、以讽刺为主旨的、劳动人民的艺术,从而形成了很多经典性的命题,包括"曲艺现实主义的战斗传统""相声是一门历史悠久的讽刺艺术"等,以及学者们在此基础上建构起的由先秦俳优到现代相声的演进史。与其说这些研究是对"历史真实"的再现,不如说这些知识是当时的学者为了延续传统的生命力"发明"出来的。

纵观现代中国的诸多戏曲与曲艺史研究范式与成果,从郑振铎、赵景深等人从俗文学出发的研究,到张庚、郭汉城等人从革命史观出发的论述;从任中敏的《优语集》,到侯宝林等人的《相声溯源》,无不延续了这一范式。相关的话语体系构成了一种关于现代性的元叙事(meta-narrative of modernity),构成了关于戏曲/曲艺研究的一整套认识论上的观察装置[②],成为人们认识、了解相关艺术的普遍性前提,一直沿用至今,产生了广泛的影响,已经成为中文系师生与戏曲、曲艺研究学者的共识。在和政权与知识精英的长期共处中,艺人们也逐渐摸清了这套话语的修辞,并获得了配合话语的回报,他们进而将话语体系内化到心中,成为自身的认知结构。如今依然早已习惯了以这一套给定的语词在公众面前发言,并通过一代又一代艺人的口述史再生产着这套话语。

由于未能以反思性的视角重新思考那些历史论述中"不言自明"的背景性概念是如何形成的,一部分戏曲/曲艺研究缺乏从特定的时代与政治语境中看待艺人、作品、表演的意识,总是用后设性的概念与价值判断来统括早年的事物,从而使研究呈现出以下的问题。

其一是历史叙事的格式化。戏曲/曲艺的历史被简单等同于艺人的进步史和对统治阶级的抗争史。历史的书写是为了论证现代中国革命发展的必然性,因此呈现出鲜明的直线进化色彩:艺人在旧社会经历了种种压迫与反抗,但仍然顽强地保持着抗争精神,随着1949年中华人民共和国成立,戏曲与曲艺迎来了新生。历史发展的复杂曲折、迂回反复被忽视了。

其二是艺人形象的扁平化。为了提升底层的地位,学者们创造出了一群单一面向的艺人。这看似赋予了艺人主体价值,其实恰恰是以标签化的方式剥夺了艺人的主体性。在历代俳优的言论中,我们既能看到其对统治阶层的嘲弄与反讽,也能看到对上流社会的艳羡与诌媚,这才是俳优人格的全部。同样,很多民国时期的戏曲/曲艺艺人既有戏谑、嘲骂

[①] 岳永逸:《生活、政治与商品:作为文化社会生态的草根相声》,《老北京的杂吧地:天桥的记忆与诠释》,生活·读书·新知三联书店2011年版,第381页。

[②] 参见[日]柄谷行人《日本现代文学的起源》,赵京华译,生活·读书·新知三联书店2011年版,第12—24页。

某些权贵的作为,也有为权贵,乃至为日伪政权演出、宣传的经历,指出这一点,不是为了"抹黑"艺人,恰恰是为了揭示、理解底层艺人生存的艰辛。而在大多戏曲/曲艺史中,对艺人"捧角"式的传记书写极为盛行,艺人的形象必然是光辉、正面的,他们在旧社会吃尽了苦,但又保持了高尚的节操,在揭露统治者的罪行、激发爱国热情上作出了积极贡献。这样的叙事尽管光鲜,但掩盖了底层的艰辛与人性的驳杂,对艺人在历史上的复杂性习焉不察或隐而不录,从而遮蔽了更丰富的历史信息和细节。正如贺萧(Gail B. Hershatter)在研究新中国娼妓话语时的发现:"这套话语既承认他们吃的苦,又赞扬他们的反抗行为,与此同时却也抹去了他们的历史中任何不符合苦难与反抗两大范畴的方面"①。原本有血有肉的艺人被提纯、简化了,成为某些符号与理念的投射载体。

其三是艺术研究的静态化。学者对这套话语的简单袭用,其优势是便于从宏观上把握艺术的类型性特征,但也造成了研究者与研究对象之间的经验远离(experience-distant),研究者因忽视艺术产生的社会语境而抹杀了艺术的生活属性。对戏曲/曲艺的研究往往聚焦于内容的分析与技巧的静态描述上,集中在历史溯源、艺术鉴赏、技巧分析等方面,缺乏民族志式的研究(ethnographic study)方法,也缺乏"知世论人、知人论事、知事论技"②的学术关怀,比如在进行具体的文本分析时,学者常常用在新中国某种特定情境下搜集的"传统剧本"、用新中国文艺工作者"发掘"出来的"反封建""反迷信"等主题,来描述存在于传统社会市井民间中的戏曲说唱,而忽视了文体的历史与社会内涵。

归根结底,上述问题是在知识与权力的纠结中产生的。现代学者通过对俳优进谏传闻等知识的建构,奠定了戏曲/曲艺学科的基本话语,把特殊情景中形成的观念(如俳优/艺人的抗争性)普遍化,变成了艺术向来如此的样子,在无形中把民间艺术变成了脱离历史与生活语境的超有机体。在循环论证中巩固了既定的话语体系,不仅掩盖了艺术本身的多元光谱,也剥夺了研究对象自我表述的权力。

如果学者能从知识考古学(archaeology of knowledge)的角度,反思这些传闻与知识的生产过程,就能探究话语背后的社会权力,从而避免知识的暴力。一旦认识到这一点,我们就应该借鉴民俗学、历史学、社会史的相关研究方法,从丰富的戏曲/曲艺史料中去解读复杂的民间思想,从史料的书写中去发现纠结的权力关系,从艺人口述中去探寻艺人的群体心性,把艺人从格式化的历史叙事中拯救出来,使其寻回自己,获得自我表述的能力。此外,研究者还需要结合田野访谈与文献资料,深入到艺人及其所在的民间社会中去,发现扎根市井的传统艺术的丰富多质,并认识到民间从来就是一个包罗万象的所在,从而全面把握、探寻多彩的民间文艺及其丰沃的生存土壤。

(原载《民族艺术》2018年第3期)

---

① [美]贺萧:《危险的愉悦:20世纪上海的娼妓问题与现代性》,韩敏中、盛宁译,江苏人民出版社2010年版,第23页。
② 岳永逸:《生活、政治与商品:作为文化社会生态的草根相声》,《老北京的杂吧地:天桥的记忆与诠释》,生活·读书·新知三联书店2011年版,第380页。

当代传统婚礼的礼俗再造与价值重建

何斯琴[*]

【摘要】传统婚礼有着亦礼亦俗的文化内涵。中国当代的传统婚礼实践有着复杂面相：乡村婚礼出现了许多时尚元素，但其基本构架并未发生实质变化，仍与传统婚礼一脉相承，沉淀着许多历史深远的礼俗，亦凸显了地方文化特色。在非遗保护的语境中，政府、媒体、地方文化人合力将传统婚礼非遗化、资源化，对其进行以雅化、文明化为宗旨的再造。儒家婚礼的主动复兴则是对儒家婚礼内在精神的张扬。传统婚礼的当代实践还体现出重建人伦价值的文化自觉。包括传统婚礼在内的传统礼仪的重建，是传统文化资源与现代文明的对话，对于解决当代中国的人伦焦虑和文化困境有着重要意义。

近年来，传统礼仪研究方兴未艾，突破了传统经学研究范式，引起了社会学、人类学、哲学、历史学等诸多学科领域的共同关注[①]。新时期的传统礼仪研究强调将"礼仪"置于中华文明演变的语境之中，探讨"礼仪"的生成机制、文化逻辑与独特性，并思考传统礼仪所蕴含的理论价值与普适意义[②]及其对于当代中国的重要意义。对传统礼仪的关注，自民俗学兴起之时便已开始。基于学术传统与问题意识，民俗学的传统礼仪研究尤为关注礼俗互动，在田野调查和史籍考辨的基础上，探讨传统礼仪与民间社会、日常生活之间的复杂关系。这也是当下传统礼仪研究不可或缺的视角。唯有深入观察传统礼仪在当下的传承与实践，才能更清晰地思考传统礼仪对于当代中国社会的重要意义，找到延续传统的可能路径。

自清末以来"文明婚礼"兴起，有识之士倡导取法欧美，变革传统婚礼，呼应时代思潮。随着政治经济文化的变迁，尤其是婚姻观念的变化，中国人的婚礼选择渐趋多元。与20世纪初西化的"文明婚礼"风尚相映成趣，当代社会传统婚礼越来越受青睐。基于对河北、福建、山西等地的田野调查，本文尝试以历史民俗学的视角，对传统婚礼的当代实践进行探讨，呈现多重语境下传统婚礼实践的复杂面相，并探讨传统婚礼当代实践的价

---

[*] 作者系福建工程学院地方文献整理研究中心、人文学院讲师。

[①] 近几年来，浙江大学、清华大学、北京大学、中国人民大学等相继成立了礼学中心，各有侧重。

[②] 如王铭铭《从礼仪看中国式社会理论》一文，贯通古今中外，梳理与中国传统礼仪相关的各种理论，揭示"礼仪"这一古代观念所具有的普适意义，以及从"礼仪"出发建构中国式社会理论的可能性。王铭铭：《从礼仪看中国式社会理论》，收入王铭铭主编《中国人类学评论》（第2辑），世界图书出版公司2007年版，第121—158页。

值内蕴及其对于当代中国社会文化的重要意义,并在此基础上思考传统礼仪重建的可能性与路径①。

一 亦礼亦俗:传统婚礼的演变与知识传递

探讨传统婚礼的当代实践,需先明确何为传统婚礼。传统婚礼并非变动不居的民俗事项,也不仅仅是一种人生过渡礼仪②。在中国古代社会,礼仪是制度、法律、思想以及社会不同人群生活的交汇点。传统婚礼则是中国传统社会礼仪制度、儒家思想和民俗生活互动的产物。礼制深入生活,时俗又融入礼制,礼俗互动铸就传统婚礼亦礼亦俗的文化内涵,既庄重又喜庆热闹的风格;既传达着儒家的人伦观念,又承载着民众趋吉祈福的心愿,体现着人生过渡的仪式内涵。因此,需将传统婚礼置于礼制史、礼学思想史以及民俗史之中综合考察,梳理其演变及特点,作为探讨传统婚礼当代实践的基础。

第一,传统婚礼是中华礼乐文明一部分,在传统礼仪系统之中乃众礼之本,也是人伦之本,是家庭生活和政治生活的根本。《礼记·昏义》:"夫礼,始于冠,本于昏,重于丧、祭,尊于朝、聘,和于射、乡,此礼之大体也。"《礼记·郊特牲》又云:"夫昏礼,万世之始也。"《礼记·内则》则云:"礼始于谨夫妇"。无论是在礼经、礼典,还是宋代以来下于庶人的家礼之中,婚礼都是礼仪制定者所殷殷致意的。传统婚礼有着超出个人生命成长,关乎家族、社会、天下秩序的重要意义。

第二,《仪礼·士昏礼》作为经典,是儒家在周代古礼的基础上所构建的体现儒家思想和秩序伦理的礼仪空间,重在儒家婚礼意义的呈现。随着礼制被重新确立为国家制度的原则,《仪礼·士昏礼》在后世的礼典制作、文人礼书撰作中,都具有典范的作用,提供了最为基本的礼仪结构和框架,以及思想基础,也是儒家士人探讨婚礼、变革婚礼的起点和参照。尤其是《礼记·昏义》所概括的"纳采、问名、纳吉、纳徵、请期……父亲醮子而命之迎"的"六礼",成为后世对传统婚礼的基本概括。随着婚礼文书如庚帖、礼帖等成为不可或缺的内容,"三书六礼"则成为对传统婚礼的最精当的概括,流传至今。

第三,过于繁复的《仪礼·士昏礼》,难以行用于日常生活,历代文人都致力于将古礼与日用融合,以使礼仪行用于世。这些士人所参与的文本书写活动,使得礼与俗之间分野变小,界限变得模糊。书写文本与生活的互动,也成为传统婚礼实践的重要特点。尤其是宋代以来,随着皇权与士人阶层积极向下推行礼仪,礼仪与民俗有着更深的融合,儒家礼仪也更为深刻地影响着基层社会。

中古时期的"吉凶书仪"是将儒家礼仪与民俗生活相融合,对礼仪进行简化和庶民化的礼仪实践范本。其中婚礼以《仪礼·士昏礼》为基本骨节,大大简化仪节,并揉入了大量民俗所流行之婚仪③。朱熹《家礼》则是宋代以来的新礼仪经典,被视为化民成俗

---

① 本文所探讨的传统婚礼特指汉族传统婚礼。
② 在过渡仪礼的理论框架之下探讨仪式内涵、结构特点、深层意义等,是研究传统婚礼最为常见的视角,然而此种视角忽视了传统婚礼的礼制、礼学、思想史等方面的属性。
③ 周一良:《敦煌写本书仪中所见的唐代婚丧礼俗》,《文物》1985年第7期。

的范本和民间行礼的指南①。《家礼·婚礼》的正文十分简略,不订"厅寝户牖""庭降阶升"的繁礼缛文,简明扼要,仅有议婚、纳采、纳币、亲迎、妇见舅姑、庙见、婿见妇之父母等七个仪节,多有从俗从时从简之处。元明时期其他家礼类礼书对婚礼的制定大多遵循《家礼·婚礼》的框架,同时融合时俗或地方传统。

宋代以来,民间坊刻发展,大量刊印日用类书,分门别类辑录日用知识,以资四民生活参考。婚礼是其中固定门类,辑录与婚礼相关的各种知识,包括婚礼仪节,嫁娶条例,婚礼中所使用的各类文书格式、范本、仪式中的联语诗文赞词等,以及关于婚礼的术数知识,展示了较切于日常生活的传统婚礼知识系统"颇资应用"②。随着《家礼》的深入民间,《家礼》更加的日用化,出现了许多以家礼之名实则为日用类书的礼仪指南,深刻影响基层社会的礼仪实践。如清代张汝诚编撰的《家礼会通》、清代吕子振所编《家礼大成》,以及各类命名为"礼仪便书""家礼薄""酬世锦囊"的刊刻或手抄文献③。除了基本的礼仪仪节,这类日用礼书中还包括各类帖式、婚联、歌谣致语等实用知识。

儒家经典、文人礼书、民间日用类书等共同构成了中国传统婚礼的书写传统,记载着传统婚礼的历代演变,传递着传统婚礼知识与价值观念。这一传统以《仪礼·士昏礼》为蓝本,旨在为婚礼的实践提供文本指南,以切于日用为特点,呈现出礼俗交融的特点,共同构成了传统婚礼亦礼亦俗的庞杂丰富的面貌。考诸历代方志对婚礼的记载,大都呈现出上述亦礼亦俗的特点,婚礼的基本框架承载着相沿成习的风俗与地方文化传统,尽管看似样态丰富,其结构、观念与意义并未有根本差异。

二 礼俗再造:传统婚礼当代实践的复杂面相

当下中国社会正处于传统、现代与后现代多元时空并存的状态,传统婚礼在当代的实践呈现复杂面相。一方面,传统婚礼在日常生活中得到传承、复兴;另一方面,在复杂的多重语境下,媒体、商业、民众、地方文化人以及学者积极参与,对传统婚礼进行重构。传统婚礼在乡村的复兴,是自20世纪八九十年代以来乡村传统文化复兴的一部分,近年来深受城镇化的影响。城市中传统婚礼的实践则更多是商业、风尚与个人审美趣味、价值诉求共同作用下的选择。同时,随着近年来非遗保护运动的发展,传统婚礼作为富有特色的传统文化资源,也被改造。此外,传统婚礼实践还进入到当代儒学研究的视野,一些学者对传统婚礼尤其是儒家婚礼进行主动复活,试图重建儒家人伦价值,带来了一定的社会影响。总之,在多重语境下,传统婚礼在当代的实践,是一个礼俗再造的过程。

(一)旧瓶装新酒:乡村传统婚礼传承

此处所讨论的乡村,并非传统意义的村庄,而是基于城镇化、乡村流动性,扩及乡镇

---

① 《家礼》几经散佚,历来对于其是否为朱熹所作莫衷一是。近年来,随着研究的深入,学界已基本达成共识,《家礼》确为朱熹所作。
② 胡玉缙撰:《续四库提要三种》,吴格整理,上海书店出版社2002年版,第22页。
③ 参见刘永华《亦礼亦俗——晚清至民国闽西四保礼生的初步分析》,《历史人类学学刊》第二卷第二期,2004年10月;王振忠《明清以来徽州的礼生与仪式》,收入《传统中国研究集刊(第八辑)》(第四届传统中国研究国际学术讨论会论文集),2009年。

和县域，可概括为乡村基层生活共同体。由于社会发展，乡村婚礼中出现了许多时尚元素，如穿婚纱、吃蛋糕、摄像等。但在我们的调查中，当下的乡村婚礼与地方文献中所记录的传统婚礼有着直接的传承关系，二者并无太多实质性的差别。除了因应现实需要，一些仪式环节省略，或先后次序有所调整，婚礼的整体框架并未发生变化。拨开时尚的面纱，传统婚礼的基本构架和关键仪节仍不可或缺。尽管在诸多因素的影响下，乡村文化传统已经发生断裂，但人们依然尝试用"旧瓶装新酒"，试图再造传统婚礼，将时尚与传统婚礼相融合。地方文化人、婚庆产业、民众共同参与，不断修复、充实传统婚礼知识体系，再造传统婚礼。

乡村婚礼的"新"体现在服饰、物品等的变化，其内核并未发生变化。如，许多乡村婚礼都流行穿婚纱，但婚纱内必须要穿红色衣裤。河北胜芳婚礼当天的晚上，娘家人要带着蛋糕到婆家看新娘，新娘随后要向公婆敬献蛋糕，并改口。看似新潮的仪式，实则仍是传统的内核。娘家人送蛋糕乃是传统婚礼馈女之俗的演变。所谓馈女是指女儿嫁后三日或数日，娘家馈送食物问候。这一习俗记载于该地民国方志之中。蛋糕是因时代风尚而出现的新的礼仪物品。[①] 这些时尚的出现，并未破坏婚礼传统的基本结构。

城镇化带来了乡村居住空间的变化，许多人住进了现代小区。与传统的乡村居住空间相较，现代小区的楼房可供使用的礼仪空间被大大压缩。高楼林立的现代小区里，没有祠堂、大厅等可以容纳众多亲友的礼仪空间。一些地方的做法是在小区的公共空间里搭一个棚子，作为婚礼礼仪空间之一。同小区的业主并不会有异议。这个棚子既是主家招待来帮忙的亲友吃饭之处，也是办喜宴的地方，还是举行其他一些仪式的空间。人们极力在一个新的居住空间中，举行传统婚礼。在莆田涵江，搭建在小区空地上的棚子，既是招待亲友之所，也是婚礼祭祀之所。

在传统基层社会，底层文人或亲友中"习于礼者"往往承担着指导礼仪实践的重要职责。在当代乡村基层生活共同体中，这一职责则由当地文化人、婚庆公司或懂礼的亲友共同承担。他们的传统婚礼知识，既来自于传承和经验，也来自于主动的学习。他们通过当地文史资料的阅读，或网络资料的查找，报刊文章的搜集，不断完善传统婚礼知识系统，主动将时下的流行加入到婚礼当中，又谙熟地方传统，凸显地方文化特色和传统特色，共同重构乡村婚礼。很多地区仍然活跃着传统婚礼礼仪专家，如山西闻喜的礼宾先生，福建福州地区的喜娘等。此外，当下乡村婚礼中的摄像师也俨然成为传统礼仪专家。

把婚礼的全过程拍摄下来留作纪念，是很多乡村婚礼的标配。这项服务通常由当地的婚庆公司提供。为了完成拍摄，摄像师需要具备完整的当地婚礼知识。他们的知识既来自于当地的习于礼者，也来自于通过对书本、网络的主动学习。摄像师从头到尾跟随新郎新娘，将婚礼的全部过程拍摄下来，不仅仅是婚礼的记录者，同时也是婚礼仪式的推动者。举着摄像机随意走动的摄像师俨然一副导演的架势，有计划地将婚礼进程中的各种内容记录下来，并且指导参加婚礼的人应该如何做，以便更好地将场景收入镜头内。有时，他们还要充当仪式专家的角色，对于婚礼中的每一个步骤都谙熟于心，包括每一个环节应该念诵的吉祥话、婚礼歌谣等。不太熟悉礼仪的人常常要向镜头后的摄像师咨询自己要如何行事。

---

① 何斯琴：《河北胜芳礼俗调查报告》（未刊稿），2011年9月。

（二）化俗为雅：非遗语境下的传统婚礼改造

2004年，中国正式加入《保护非物质文化遗产公约》。非遗保护的价值理念与时下的文化危机感、集体怀旧情绪等汇合，引发了"对乡村传统生活方式和传统民俗价值的全面再评价"①，并掀起了一场声势浩大、持续至今的非物质文化遗产保护运动。在一种新的文化观和非遗想象下，这场运动由政府主导，媒体、学者、地方文化人、公众共同参与，重新认识、发掘并再造地方文化传统。

传统婚礼亦礼亦俗的文化内涵、既庄重又喜庆热闹的风格、样态丰富的礼仪内容、别具一格的地方特色，以及与日常生活的密切关系等，使其在非遗保护运动中备受青睐。政府、媒体、地方文化人合力将传统婚礼非遗化、资源化，对其进行再造。传统婚礼文化的传承者也自觉以新的文化观来修正礼俗。商业则借非遗之力，将重新打造的传统婚礼变为产品，呈现在婚庆行业的服务菜单中。

非遗语境下对传统婚礼进行改造的核心是去除婚礼中的粗俗内容，将其文明化、雅化。福州喜娘可视作非遗语境下传统婚礼再造的典型个案。福州喜娘源自福州闽侯，是福州传统婚礼中不可或缺的礼仪专家，至今仍活跃在福州地区的婚礼中。喜娘在礼俗繁杂的福州传统婚礼中充当引导者，并以喝彩为鲜明特色。② 喜娘习俗是福州市第四批市级非物质文化遗产，2017年1月被列入福建省第一批至第四批省级非物质文化遗产代表性项目名录扩展项目名录。2017年底，中国民间文艺家协会发布决定，命名闽侯县为"中国喜娘文化之乡"。③

喜娘旧称伴房妈（或"嬷"），至少已有几百年的历史。旧时，伴房妈在婚礼中主要负责陪伴新娘离开家门完成整个婚礼，唱赞喝彩；同时还承担新娘的婚前教育尤其是性教育的工作。除此之外，还要代替新娘在热闹的婚礼前后称谓亲戚宾客、敬酒供茶、收礼道谢、应付闹房等。伴房妈必须熟知当地的婚礼习俗，并有驾驭婚礼场面、左右逢源的本领，非一般人能为之。成为伴房妈有很多讲究，首先要是全福之人，即家庭完满齐全的已婚中老年妇女。其次要相貌端庄，不能有白发。伴房妈都有着丰富的婚姻家庭生活经验，出众的人际交往能力，以及天赋的并略带喜感的表演能力和口头表达能力。伴房妈并非职业，地位也并不高。在婚礼上，伴房妈时常要逗趣、奉承宾客，或被戏谑调笑，喝彩中多有粗俗之处，过去是被视为"上不了台面的人"。福州民间有个习惯，在某个称呼后面加上"妈"，通常含有一种没有恶意的轻蔑戏谑的味道。福州长乐则常请社会地位低下的船民充当伴房妈。旧时，人们对伴房妈有一种"在有限的粗俗中寻获开心"的特定期待。

20世纪50年代初，新婚姻法颁布，政府提倡树婚姻新风、简化婚礼，城市中延请伴房妈陪伴新娘、引导婚礼的传统由此中断。乡村之中的此种传统一直未中断，但在"文革"时期有所沉寂。20世纪80年代末90年代初，伴房妈又重新活跃于福州地区的乡村、城镇之中，并逐渐得到更大范围的关注。20世纪90年代福州市民间文艺家协会组织了一批民俗专家、媒体记者进行讨论，将"伴房妈""意译"为"喜娘"，作为这一独特的婚

---

① 周星：《非物质文化遗产保护运动与中国民俗学——"公共民俗学"在中国的可能性与危险性》，《思想战线》2012年第6期。
② 喝彩即仪式中的唱赞。每个仪式进程，喜娘都会唱赞一些吉利话，众人附和"好啊"。
③ 参见"东南网"http：//fz.fjsen.com/2018-03/05/content_20783126_all.htm#content_2.

礼礼仪专家的新称呼，并对一些粗俗的内容进行"净化"。随后，媒体与当地文化人积极主动呈现喜娘文化的正面形象，有意摒弃、批评他们认为"不文明"的地方。2010年10月福州电视台与福州市民间文艺家协会共同主办了首届"福州喜娘电视大赛"，让喜娘在电视屏幕上展示风采，拔得头筹者则获封"金牌喜娘"。主办者的宗旨在于"保护民俗文化"，"对喜娘进行一个正确的引导"，去除喜娘文化中"粗俗的、不好的东西"，提升喜娘的文化修养和整体素质，并以此支持喜娘文化兴盛的闽侯县进行非物质文化遗产申报。经过几届电视大赛，喜娘更为人所知，身价大涨，整体素质普遍提高，有些会自己编新词，有些也成为计划生育、婚育新风的演讲宣传员。同时喜娘也主动顺应时代，寻求变化，提升自身的素质和能力，以获得更多的认可。一些闻名的喜娘与当地文化人保持着良好的互动。福州本地传统文化爱好者组织了"南仙茶摊"，定期聚会研讨宣讲。他们宣传喜娘文化，请喜娘来研讨切磋，也为喜娘们提供文化支持。①

随后，在非遗保护运动中，喜娘作为一种极具地方性色彩的文化事象，在媒体和当地文化人的推动之下，转化为一种地方文化名片和地方文化传统传承者，由地位不甚高的"伴房妈"成为具有代表性的非物质文化遗产。在非遗语境下，人们对于传统文化的价值重估，也带来了喜娘身份的置换和传统婚礼的改造。喜娘由过去的鄙俗，而有了渐"雅"的趋势。从"伴房妈"到"喜娘"，内含一种价值和文化引领，人们既需要遵循传统的婚姻礼仪，同时又在其中渗入了现代文明的意识，人们期待现代的婚礼能够既喜庆热闹，又有序文雅。

（三）从时与保真：儒家婚礼的主动复兴

当下，还有一些儒学研究者、传统文化爱好者，主动复兴儒家婚礼，张扬儒家思想传统。他们本于经典，直接回溯至古代经典《仪礼·士昏礼》《朱子家礼·婚礼》，并参酌时俗，对儒家婚礼做现代化改造，以求保真与从时，既能体现儒家婚礼的内在精神，又能符合当代人的生活节奏、心理节奏和实际生活情况。越来越多的此类复古儒家婚礼被践行。

学者朱杰人、张祥龙分别于2009年和2010年为自己的儿子举行了被改造的儒家婚礼，都引起了一时轰动。朱杰人依据本于朱子之教、删繁就简、吸取西式婚礼精华、具有较强观赏性的原则，为他的儿子举行现代版朱子婚礼，把《朱子家礼·婚礼》压缩为"纳采""纳币""亲迎"三个程序，把原本应该发生在几天、几个月的仪式集中到一个晚上展示，并以"亲迎"为重点；强调告于祠堂（祖宗）及新人父母在婚礼中的主导作用，突出醮子礼、纳雁礼；同时吸取民间拜天地、拜祖宗、拜父母、夫妻对拜的习俗；保留交换婚书的仪式，新增了行交杯礼；吸取了西式婚礼中拥抱、亲吻的内容，并以此为全部仪式的终结之点。②

张祥龙于2010年为其子结婚设计的儒家婚礼仪式依据《仪礼》《礼记》，特别是《朱子家礼》中记载的儒家古代婚礼，同时为了适应当代人的实际生活境况而做出必要的减化和调整。婚礼程序为：先导、入场、迎娶（新郎父母命子祭神迎娶、新娘父母命女祭神被迎娶）、亲迎式（诫子、诫女）、告拜（内含"妇见舅姑""庙见"等古礼）、礼成

---

① 何斯琴：《福建福州喜娘与婚礼调查报告》（未刊稿），2015年9月。
② 朱杰人：《朱子家礼的现代演绎》，《人民政协报》2010年11月5日。

（内含"共牢而食、合卺而醑"古礼）、其余（内含"婿见妇之父母"）、主持人宣布婚礼结束。①

这两场婚礼的最大特点，是对儒家古礼的复活，以及对儒家婚礼内在精神意蕴的强调，通过场地的布置、庆联的文字、音乐的选择、服装的配合，以及告于宗祠、祭神迎娶、祭神被迎娶、诫子、告拜、共牢而食、合卺而醑等儒家婚礼的核心仪式环节，力求将儒家婚礼的核心价值曲折周致地层层展示和实现于当场，以达到庄重而热闹的效果。设计者强调婚礼"合二姓之好，上以事宗庙，而下以继后世"（《礼记·昏义》）的意义，体现"阴阳有时，男女有别，夫妻有亲，夫妇有义，家庭有和"的人伦，确证新人对父母、家庭、族群及配偶的责任和承诺，但同时又兼顾了年轻人的接受程度，吸纳了一些西式婚礼的内容。

三　价值重建：传统婚礼当代实践的文化自觉

当下的传统婚礼实践呈现出复杂面相，政府、学者、民众、地方文化人、媒体、商业等共同参与，重新建构传统婚礼。尽管各自语境有所不同，但当代传统婚礼实践蕴涵着价值重建的共同诉求，体现了传统婚礼当代实践者的文化自觉。他们在礼仪实践中张扬传统文化尤其是传统伦理道德的价值，试图修复当下社会生活的某些问题。

这种价值重建的文化自觉在地方文化人身上尤为明显。如前文提到的山西闻喜礼宾先生、福州南仙茶摊的民俗文化爱好者。山西闻喜县的礼宾先生活跃于当地基层社会，在各种传统礼仪庆典中担任引导之责，多是一些懂礼数、能写会编的文化人。他们传承了传统礼生的礼仪知识系统，谙熟婚丧嫁娶之礼，同时有着高度的文化自觉，应时而变，传承礼仪、著书立说、聚会切磋，沟通着当下与传统，令人感到惊异。2011年，他们自发成立了"闻喜县民俗礼仪文化研究会"，共同探讨、传承传统礼仪民俗。研究会现有450多名会员，每月都有会例。例会主要是由主讲老师为大家授课。主讲老师都是研究会的成员，是公认的经验和知识丰富的礼宾先生。授课内容既有具体礼仪知识的梳理传授，也有礼仪观念、文化观念的探讨交流。②他们认同传统礼仪，也自认为承担着宣扬传统礼仪、传承传统礼仪与伦理道德的责任。福州南仙茶摊的民俗文化爱好者同样如此，他们每周聚一起，一起研讨福州本地民俗文化和传统文化，协助打造喜娘文化。一些有名的喜娘，在与他们的互动下，也自觉在婚礼实践中多强调做人道理，以及传统家庭伦理道德等。儒学研究者与传统文化爱好者复活儒家婚礼的实践则是以重张儒家婚礼的核心价值为其宗旨。

这种价值重建的文化自觉既是一种思想传统，也是对当下中国现代生活危机的回应。

首先，这种价值重建的文化自觉与试图通过礼仪实践来重建社会秩序的儒家思想传统一脉相承。在古代中国社会，礼是儒家思想的核心观念之一，也是制度和文化的根本。礼被视作统贯个人、社会、国家的基本准则。礼既是关于成为什么样的人的规定，也是关于社会如何构建的理论。通过对礼的践行，最终生成一种与天道相符，并囊括个人、家庭、社会、天下的礼治秩序。人伦是这一礼治秩序生成的核心。《易》云："有天地然后有万

---

① 张祥龙：《儒家当代婚礼仪式——保真与从时的尝试》，收入《复见天地心——儒家再临的蕴意与道路》，东方出版社2014年版，第299—307页。

② 何斯琴：《山西闻喜婚礼调查报告》（未刊稿），2015年7月。

物,有万物然后有男女,有男女然后有夫妇,有夫妇然后有父子,有父子然后有君臣。"人伦秩序是天地秩序的体现,也是建构家国秩序的基础。所以孟子才说"圣人,人伦之至也",荀子亦言"圣也者,尽伦者已"。儒家主张"道在日用伦常中",并不崇尚对日常生活的超越,礼仪的制定"缘情制礼",紧扣人情,将哲学思考落实在日常生活中,对民俗加以提升与文饰。

因此,礼乐文明以人伦为核心,重冠婚丧祭乡饮等彰显人伦之礼,所谓"昏姻之礼废,则夫妇之道苦,而淫辟之罪多矣;乡饮酒礼废,则长幼之序失,而争斗之狱繁矣"(《礼记·经解》)。同时,儒家强调通过礼乐教化,使孝悌忠信等人伦道德的天然种子油然而生,由此形成各得其所的礼治秩序。对民众日常生活进行礼仪规范的以礼化俗是古代至为重要的政治实践。历代士人以道自任,是以礼化俗的主动承担者。一方面辨风正俗,批评民间社会的婚丧嫁娶诸多礼俗;另一方面,移风易俗,制礼作乐,推行礼仪于基层社会。宋代以来士人以礼化俗的实践尤为瞩目,影响深远。面对五代浇漓、社会生活礼法废弛,宋代士人以重建世俗化的儒家生活文化和人伦秩序为旨归,重新制定冠婚丧祭之礼,推及基层社会。朱熹编订《家礼》正是此种实践的代表。宋明以来,此种道德同风俗的实践频繁展开,士绅与皇权都致力于以礼化俗,使儒家的伦常观念与生活规范深入民间。

"夫婚姻者,人道之始。是以夫妇之义,三纲之首;礼之重者,莫过于斯"[1]。在古代中国,婚姻被视为社会成立的基点,夫妇则是人伦的始源,是其他人伦关系的起点。婚姻的意义通过婚礼而得以呈现。婚礼被视为众礼之首,为礼之本,是儒家理想的家庭伦理关系的建构的开始,是叙人伦、安室家、定邦国的根本。《仪礼·士昏礼》"合二姓之好,上以事宗庙,而下以继后世"(《礼记·昏义》),体现了"阴阳有时,男女有别,夫妻有亲,夫妇有义,家庭有和"的人伦,以庄重为尚,强调夫妇角色的塑造和家庭伦理秩序的建立。通过婚礼隆重、连贯、紧凑、细致的仪节,生成夫妇有义、父子有亲、长幼有序的家庭伦理。因此,历代重建价值秩序的礼仪实践中,婚礼都不可或缺。

不同于传统社会通过儒家礼仪实践重建人伦价值和礼治秩序,近代以来对礼教和人伦的批判是主流。在诸如平等、自由等现代理念的影响下,人们批判传统礼教和家庭伦理对人性的压抑,掀起了婚姻、家庭改造运动[2]以作为社会变革的切入口。时人认为"政治之改革,决不能不先社会之改良,而社会之改良,尤必在男女之进化……我今日世俗之婚制,固亦未尝无礼式矣。然而繁文错杂,通人窃笑,秽谬多端,智者见羞,误以传误,古礼无存,此野蛮之礼式而非文明之礼式也。"[3]"文明婚礼"由此兴起,取法西俗、删繁就简、崇尚节俭,体现现代平权自由之理念。

繁文缛节的礼制,失去了人情的基础,就会僵化成压抑与束缚人性的桎梏;但任由人情泛滥,冲破任何节制与礼文,又会造成人伦解纽的混乱局面。在对礼教和家庭人伦的一波又一波的批判、改造之中,现代中国面临"三千年未有之大变局"和彻底的文明蜕变,旧制度旧道德被打破,然而新制度新道德尚未确立。现代中国的婚姻和家庭在历次变革中陷入了价值混乱或缺失的困境,充满了人伦焦虑,也引发了人们对自身文化传统的重新认

---

[1] (北齐)魏收撰:《魏书》卷5《帝纪五》,中华书局1974年版,第112页。
[2] 1920年民国日报的《觉悟》副刊,开展了一场关于"废婚运动"讨论,也就是说对人伦的批判终于发展到了人们思考婚姻和家庭是否可以废除这样一个程度。
[3] 杜士珍:《婚制改革论》,《新世界学报》1903年第14期。

识，对当下社会发展、文化生态的反躬自省。传统文化的复兴，是当下应对此种危机的一种途径。而传统礼仪的实践是其组成部分。传统婚礼的当代实践也因此体现出价值重建的共同诉求，重申传统家庭伦理的价值。

梳理了传统婚礼当代实践复杂面相之下的共同价值诉求与文化自觉，及其产生背景，我们还需要探讨传统婚礼实践中重建人伦价值的诉求是否有其合理性？传统婚礼中所承载的人伦是否仍具当代价值？更进一步的问题则是，传统礼仪重建的可能路径是什么？

第一，人伦关系渗透在人类生活的每一个角落，中西方皆如此。所不同的是，人伦是中国古代礼乐文明的核心。近年来已有学者从文明的视角对现代中国的人伦问题进行理性反思，发掘礼仪和人伦所具有的超越民族的普世性思想[1]。礼制的打破、旧式婚姻制度的取消、平等自由理念的深植，都无法取消家庭在现代生活中的重要性。近代以来对家庭伦理的批判，并不意味家庭不再重要，恰恰说明家庭仍然是建构新道德新制度的关键。家庭伦理关乎的实际上是"何为良好生活"这一命题。同时，经过千百年来的浸染，传统人伦已经内化为中国人的深层文化心理，关乎世道人心。因此，无论是从普世的角度，还是从历史的角度看，传统人伦和礼仪都具有当代价值，对于新礼仪、新道德的建构有着重要的意义。传统礼仪和传统人伦的重建自然也是化解当下的家庭人伦焦虑的重要途径。

第二，如费孝通先生在《乡土中国》中所揭示的，中国的儒家伦理和礼治传统是一种农业文明，离不开乡土社会的漫长孕育。[2] 随着社会发展，古老的乡土文明会被新的生产方式和生活方式取代。我们需要明确的是，在现代社会，礼治、德治不再作为一种主要制度来约定人们的生活，传统礼仪和人伦应该注入私德领域和个人修养之中。礼仪的重建也应当在私德领域和个人修养层面进行，使其成为当下人们多元选择之一种。

传统礼仪的重建必然是中国传统文化与现代文明的接轨，是在自由平等之上的家庭伦理秩序的重建。在维护每个人的尊严和价值的前提下，保存脉脉温情，实现家庭的和睦喜乐。早在新文化运动时期，已有学者意识到浩荡的人伦批判失之偏颇，他们更加主张批判僵化的礼教，重建一种更加强调亲情的自然的家庭人伦关系。[3] 因而当下传统礼仪的实践，应当与现代理念相结合，摈弃不适合现代社会的内容，保留可彰显亲情和现代价值的内容。婚礼作为家庭生活的开端，是围绕着"什么是美好的家庭生活"而展开的。传统婚礼的实践则更应强调家庭伦理对于家庭生活的重要性。

---

[1] 如吴飞近年来的一系列研究。他提出从"文质论"的角度重新审视礼仪的普世意义，同时强调人伦的重要性。参见吴飞：《当前的礼学研究与未来预期》，《中国哲学年鉴》2015 年卷，中国社会科学出版社 2016 年版，第 91—99 页。

[2] 参见费孝通《乡土中国》，上海人民出版社 2006 年版，第 40—44 页。

[3] 当时许多学者采取了较为审慎的态度，将礼与礼教区分开，将对当时体制的批判与对礼乐文明的特征和价值的阐扬区分开来。如辜鸿铭对于他人把中国文化传统中的礼翻译为"rite"大为光火，认为应当译为"art"，即将礼视为一种生活的艺术，是情感和行为恰当适宜的呈现。李安宅在对礼进行的社会学研究中，亦强调礼和礼教的区分，认为礼教可以不要，而礼不能抛弃。礼教是礼仪的官方样式，而礼则是一种文化/文明的观念。这一时期，柳诒徵、费孝通、邓子琴、江绍原、周作人等都涉及这一议题，对作为文化观念的礼的特征及礼俗关系都有所探讨。参见江绍原《礼的问题》，《语丝》1924 年第 3 期；李安宅《〈仪礼〉与〈礼记〉之社会学的研究》，上海人民出版社 2005 年版。

四　结语

　　婚姻是一个兼含制度、法律、道德、风俗的复杂议题，是制度、生活等诸多方面的汇合点。作为一般人生命历程所必经的阶段，婚礼也是不同人群的思想观念、知识趣味以及人生体验的汇合点。将传统婚礼置于中国古代礼乐文明生成演变的语境中，可以看到传统婚礼有着亦礼亦俗的文化内涵。中国当代的传统婚礼实践有着复杂面相：乡村婚礼仍与传统婚礼有着相当强的连续性，尽管出现了许多时尚元素，但其基本构架并未发生实质变化。在非遗保护的语境中，政府、媒体、地方文化人合力将传统婚礼非遗化、资源化，对其进行以雅化、文明化为宗旨的再造。儒家婚礼的主动复兴则是对儒家婚礼内在精神的张扬。传统婚礼的当代实践还体现出重建人伦价值的文化自觉。传统婚礼的当代实践，让我们看到了传统礼仪的现代性价值和普世意义，是以古代资源解决现代性问题的尝试，对于解决当代中国的人伦焦虑和文化困境有着重要意义。但是，我们仍然要明确，包括传统婚礼在内的传统礼仪已不再是规约人们生活的制度，传统礼仪和人伦应当注入私德领域和个人修养层面，传统礼仪的重建也应当是在维护个体尊严和价值的前提下进行，并回答"什么是良好生活"。

（原载《文化遗产》2018 年第 4 期）

社会的民俗、历史民俗学与社会史

——社会组织民俗研究课题与方法浅议

彭伟文[*]

【摘要】以社会,即某个人类集团本身作为学术观照对象的研究在中国民俗学尚未得到充分重视。在日本民俗学中,民俗学独有的社会研究是以传承母体论的方式展开的,并由此实现了从柳田方法论向区域民俗学的转向。日本民俗学从创立伊始就确立了历史取向,传承母体论在此取向下设置的研究框架,继承和完成了历史民俗学的方法论建构。中国民俗学创立之时,顾颉刚的方法也具有相似的学术取向,但未得到有效继承。柳田以来的历史民俗学,无论在视角上还是方法上,与社会史都有相当高度的一致性。可以说,历史民俗学就是作为新的历史学的社会史。

作为史学研究范畴,社会史可以说是一个既不新又不旧的研究取向。尽管这一研究取向与民俗学似乎并无确切交集,但是它以历史人类学的面目对本身就或多或少,或明或暗带有"方法论自卑"[①]的民俗学者产生着无法否定的影响。本文将以厘清社会史与民俗学的关系为手段,从研究对象、方法、学术史等诸方面进行梳理,以图揭示历史民俗学作为社会组织民俗研究方法的可能性。

所谓"社会"的民俗

社会的民俗,也就是某个人类集团的民俗,除早期顾颉刚以天才般的学术敏感对妙峰山香会表现出的兴趣外,向来不是中国民俗学的研究对象,甚至不需要加上"主要"或"重要"这样的定语。确实,大多数供刚刚进入民俗学世界的学生"扫盲"用的概论书上,在论及民俗的特征时,都首先会强调民俗的集体性,部分教科书甚至为社会组织民俗特设章节进行介绍。但是,就具体的研究实践而言,民俗学界似乎习惯了将社会(通常在叙述中会使用"集体"这一术语)作为一切民俗事象的背景,一个自明的存在,同时

---

[*] 作者系浙江师范大学体育与健康科学学院副教授,浙江师范大学体育文化研究基地专职研究员。
[①] 福田アジオ:『歴史と日本民俗学—課題と方法—』,吉川弘文館,2016,第1页。虽然本书以日本的民俗学方法论作为讨论对象,但笔者认为,这种"方法论自卑"显然在中国民俗学界也存在。本文所引用外文文献,在有公开发表或出版的中文译本或译文的情况下,直接引用中译版。在无中译版的情况下,在正文中进行中译(如无注明均由笔者翻译),在注释中直接以原文标注文献出处。

也是一个面目模糊的存在。而将"社会"作为一个对象去把握,搞清楚它的构造形式、构造原理、行动逻辑的研究极为罕见。绝大多数关于社会的研究来自民俗学外部。很多时候,当我们要向新入门的年轻学生讲解村落时,费孝通是出现频率最高的一个名字。而一旦宗族成为我们要描述的对象,弗里德曼的研究总是为我们提供坚强后盾,偶尔我们还会提到日本学者濑川昌久,又或是陈其南等其他在中国宗族研究中有过贡献的学者。这些学者来自社会学、人类学,即便是在民俗学作为毫无争议的显学、稳据社会科学体系一席之地的中国和日本,前面列举的这些学者恐怕也没有谁会将自己的研究领域定位为民俗学。当然,我们可以说如今学科边界正在溶解,无须固执于学科名分。但是,一名研究者的自我定位,体现其对自己在这个学科的学术积累和体系建构中所起作用的自觉意识和意愿,无论从外部还是从内部看,都决定其研究成果是否能够成为该学科的有机构成部分。

在这种背景下,来自民俗学界的刘铁梁对村落的关注表现了将村落作为一个社会加以把握的意愿和努力,而刘晓春对一个客家村落的研究实践①和近期的一些研究②,则可以称得上是比较成熟的关于社会的民俗研究。尤其是刘晓春在《仪式与象征的秩序——一个客家村落的历史、权力与记忆》中,就村落的性质所作的以下总结性描述,在中国民俗学的社会的民俗研究上具有非常重要的意义:

> ……我们发现,制度的选择、创造与村民的理想生活形态和现实生活实际是分不开的。

因此,村落不仅是血缘群体的聚落,也是有具体制度所制约的生存空间,在这样的时空坐落中,村民实现了对自身的认同,也使一个个具体的村落得以为外界所区别和认识。在某种意义上,村落又是自足的生活空间,村民在各自的生存空间创造自己的历史,文化也因此在统一中表现出多样性。③

可以说,这段描述奠定了整个研究的基调,其后的论述展开几乎无不以此为出发点。可惜的是,这一在中国民俗学中堪称凤毛麟角的、将社会作为对象加以把握的民俗学研究实践,似乎并非建立于研究者本人的自觉意识之上,学界同行似乎也并未意识到其社会的民俗研究的学术取向价值。

在今天已经将"社会"作为民俗学研究范畴之一列入民俗事象分类中的日本民俗学,部分情况也曾与中国民俗学十分相似。④ 柳田国男在《乡土生活研究法》(1935)中提出的民俗资料三分类,如今已经是民俗学的常识,但是在这里社会的民俗并没有被提及。其中,柳田在有形文化的大项下所列的十九个小项中,设定了劳动、村落、联合、家、亲族等,但是并没有将其统一为社会的民俗,也没有将其作为一个研究范畴加以对象化。这种

---

① 刘晓春:《仪式与象征的秩序——一个客家村落的历史、权力与记忆》,商务印书馆2003年版。
② 例如刘晓春《"约纵连横"与"庆叙亲谊"——明清以来番禺地区迎神赛会的结构与功能》,《民俗研究》2016年第4期。
③ 《仪式与象征的秩序——一个客家村落的历史、权力与记忆》,第24页。
④ 以下关于"社会的民俗"的研究综论,如无特殊注明,主要参照福田亚细男等编『講座日本の民俗学3:社会の民俗』中的「総説 社会の民俗」(雄山阁出版株式会社,1997,第3—14页),与原始资料互相参照分析而成。

情况直到《日本民俗学大系》第三卷（1958）、第四卷（1958）分别出版才有所改变。在这两卷都以《社会与民俗》为标题，首次明确将"社会"作为一个术语在民俗学中使用，以统一把握一定的民俗事象。其后，在和歌森太郎主导的大规模民俗调查等重要民俗学研究实践中，社会都作为一个毫无争议的构成部分列入其中，在各地方自治体所编纂的自治体史的民俗篇中，将"社会"列入其中也成为理所当然的现象。

可以说，至此"社会的民俗"完成了被对象化的过程，已经成为民俗学者自觉意识到的研究对象。但是，将这些被认为应该归类于"社会"的民俗事象与其他民俗事象另列开来进行统一把握，其目的是什么？如果仅仅是给予一个统一的命名，也不过是提出了一个可能的研究对象，没有相应的研究视角和框架，则无法展开民俗学对社会的独立研究。在柳田国男几乎涉及日本民俗方方面面的研究中，一直将家和村落作为劳动组织进行统一把握。他认为家是由一位家长（亲）和他所统领的劳动力（子）所构成的经营组织，并且在《乡土生活研究法》中指出村落是劳动组织中最为古老的形式，无论是村落还是家都不过是劳动组织的别称而已。柳田对村落和家的这一定位，为对村落社会进行历史的把握提供了一个可行框架。但是，到了民俗学完成学院化成为显学的时代，无论是家还是村落都很难再作为劳动组织去把握，可以说这一创造性的见解对后来关于社会的民俗研究并未形成直接的影响。

在这样的情况下，来自家族社会学的家族联合论就成了民俗学把握社会的主要框架，村落社会学者铃木荣太郎的自然村论也被当时的民俗学界无批判地接受和使用。此外，由于共同体论兴盛而被导入民俗学的共同体概念，对村落内部的各个细分组织进行描述的村组、近邻组等来自社会学的概念，年龄阶梯制等来自人类学的术语等，这些从其他学科借用或流入的框架和概念在民俗学界普遍化，却未必连同其内涵同时被引入，这对关于社会的民俗研究造成了深远的影响。

在这种背景下，民俗学独有的社会研究是以传承母体论的方式展开的。也就是说，民俗学认为各种民俗事象，并不是仅仅以事象本身跨越世代地传承，而是必然存在使其得以传承的社会组织，并将这一社会组织称作"传承母体"。因此，民俗学对家族、亲族、村落的研究，不仅将其作为事象本身，同时还将其作为民俗事象的传承母体去加以两重性把握，呈现与其他学科截然不同的特点。最初提出这一点的是最上孝敬（1958），其后樱田胜德设定了民俗继承体这一术语去讨论村落的意义（1958），最后确定了传承母体的说法。这一研究框架的提出，使20世纪60年代以后，关于社会的民俗学调查研究兴盛起来，并大大推进了相关领域研究的进展。

在此之前占据统治地位的柳田方法论，将日本全土视作一个仅存在各地文化发展时间差的均质化整体，而传承母体论则使日本民俗学实现了区域民俗的转向。福田亚细男在此基础上展开的村落研究卓有成效，被视作其最大的民俗学功绩之一。[1] 但是，福田并没有将自己的传承母体论局限于小区域的研究，而是对全日本各地大量村落分别作为传承母体进行把握，在此基础上进行类型化，建构了日本村落类型论，并由此发展成著名的东西论。该论不仅揭示了日本东西村落的结构原理、行动逻辑的类型化实态，而且由此将日本

---

[1] 福田アジオ：『日本村落の民俗的構造』，弘文堂，1982；『可能性としてのムラ社会——労働と情報の民俗学』，青弓社，1990；『近世村落と現代民俗』，吉川弘文館，2002；等等。

的东西文化类型化，实现了基于区域主义民俗学的跨区域研究。①

传承母体论有明显的结构功能分析色彩，这也是村落类型论得以实现的基础，但它是在日本民俗学的历史取向下设定的历史民俗学研究框架。关于这一点，将在后面再作讨论。

必须指出的是，日本民俗学基本上是以村落作为前提展开的。在这种前提下，关于社会的民俗学研究对象集中在村落和家族、亲族方面。在高度成长期带来的整体社会巨变中，村落也未能幸免。为了应对这一巨变，原本呈农村研究一边倒态势的日本民俗学为了发现新的研究领域，在宫田登的提倡和主导下，都市民俗学20世纪70年代起曾一度兴盛，出现了一系列成果。都市民俗学最初是以柳田国男的都鄙连续论为基本立场，在农村民俗研究的延长线展开的。都市民俗学尽管形式相异，但是都市也有与农村性质相同的民俗。其后，都市民俗学开始主张在都市里也有超世代存续的传承母体，都市独有的民俗即以此为基础产生。从这一意义上，可以将这一阶段视为原本以农村为对象的民俗学向都市的扩张。20世纪90年代以后，意欲在现代都市发现其独有的民俗学研究对象的都市民俗学，终于难以跟上城乡双方的急速发展，被现代民俗学所吸收。②

但是，日本民俗学关于社会的民俗研究的"传承母体"这一概念，以及作为方法论的"传承母体论"在研究对象的适用范围上是存在局限的。至少，在研究村落、家族这些在人类历史上自动发生的人类集团时，基本上是无须关注其发生契机的。在针对一个由于某种历史的、社会的机制而产生的人类集团，如行会，尤其是面对分布在粤语方言区工商业都市的劳动者行业组织西家行这样具有明确产生时代背景的人类集团时，便可能存在理论上无法覆盖其发生机制的问题。但是，将它作为一种可能的框架，去把握这一人类集团的发生契机、构造原理、行动逻辑、变迁历程，以及其后随着社会变化可能面对的功能性消亡等，其有效性是可以期待的。

历史与历史民俗学

如前文所述，传承母体论是在日本民俗学的历史取向下设置的研究框架。日本民俗学从创立伊始，就已经有明确的历史取向。柳田国男最初的目的，正如他自己所说的那样，"我们这帮人如今热衷的学问，就目的而言，与许多历史学家并无二致，只是方法略新而已。"③ 20年后，他又再次强调"历史是我们的目的而不是方法"。④ 这种历史取向，在后来的很长时期里都为日本民俗学有意识继承，并形成日本独具特色的历史民俗学方法。

然而，在同一个时期，这种历史取向的民俗研究并不是孤立的。作为通过现存的民众生活获得历史的方法，柳田建构了将各地搜集而来的民俗事象进行比较研究、通过空间分

---

① 福田アジオ：『番と衆：日本社会の東と西』，吉川弘文馆，1997。
② 福田アジオ：『現代日本の民俗学：ポスト柳田の五〇年』，吉川弘文馆，2014，第172—182页。
③ 柳田国男：《青年与学问》（1928）；转引自福田亚细男《日本民俗学方法序说——柳田国男与民俗学》，王京等译，学苑出版社2010年版，第36页。
④ 《民间传承》，12—8、9，1948；转引自同上第15页。

布获得时间变化的"重出立证法",以及效仿屠能圈所建构的"周圈论"。① 很多学术史研究者认为,柳田的重出立证法深受英国学者高莫《作为历史科学的民俗学》的影响,然而福田亚细男在一次对话中指出,尽管柳田确实反复研读过高莫的著作,但是恐怕无法确定柳田是因学习或模仿了高莫的理论才建构了自己的重出立证法,从两人的学术活动过程来看,更大的可能是在同一时代,民俗学作为"认识历史的学问"在世界范围成立的必然结果。②

几乎是在同一个时期,中国民俗学在学科初倡之时,也表现出明显的历史取向。作为当时中国民俗学的"核心与灵魂"③的顾颉刚1928年在《民俗》周刊的发刊词中,以口号的形式提出"打破以圣贤为中心的历史,建设全民众的历史!"④ 对这段学术史进行过细致梳理的施爱东认为,这种激进的口号式的表述出自顾颉刚这样一个痴迷于纯粹学术的纯粹学者,不排除其借助思想启蒙的时尚话语吸引青年一代,挂"新思想"的招牌,做"新学术"的买卖的可能。⑤ 确实,顾颉刚对学术强调"求真"而鄙薄"致用"的态度,和明确表示学术以济世助人为目的,"不以学问成为实用的奴仆为耻"⑥的柳田国男看起来似乎是背道而驰的。但是,可以想象,如果当时柳田看到这一期《民俗》,恐怕会难以按捺惺惺相惜之感,以他一贯的读书风格,甚至会在这一段话旁边写上批注。

先抛开态度差异不谈,不妨将柳田国男和顾颉刚二人把握历史的特色与方法并列起来作一个对比:

柳田国男的研究特色⑦	顾颉刚的历史演进法⑧
1. 社会现象都是变化的,没有什么可以保持不变,而现在的现象正是变化的结果。	1. 把每一件史事的传说,依先后出现的次序,排列起来。
2. 社会现象的变化一定有其原因。	2. 研究这件史事在每一个时代有什么样子的传说。
3. 各个现象的变迁过程是单系展开的。	3. 研究这件史事的渐渐演进。
4. 社会现象的变化、变迁,无法以具体的实际年代来划分。	4. 遇可能时,解释每一次演变的原因。

尽管两者研究对象不同,语句多有差异,但是结合顾颉刚在谈到妙峰山香会调查时所

---

① 关于这两种方法,在《日本民俗学方法序说》第二篇中有详细论述,笔者译。
② [日]福田亚细男、菅丰、塚原伸治:《为民俗学的衰颓而悲哀的福田亚细男》,彭伟文译,《民间文化论坛》2017年第4期。
③ 施爱东:《倡立一门新学科:中国现代民俗学的鼓吹、经营与中落》第五章标题,中国社会科学出版社2011年版。
④ 顾颉刚:《"民俗"发刊词》,转引自同上第183页。
⑤ 《倡立一门新学科:中国现代民俗学的鼓吹、经营与中落》,第183—184页。
⑥ [日]柳田国男:《乡土生活研究法》,转引自《日本民俗学方法序说》第35页。
⑦ 《日本民俗学方法序说》,第36—38页。有简化。
⑧ 胡适:《古史讨论的读后感》,转引自《倡立一门新学科:中国现代民俗学的鼓吹、经营与中落》第191页。有简化。

说的"我很愿意把各地方的社会①的仪式和目的弄明白了,把春秋以来的祭祀的历史也弄清楚了,使得二者可以衔接起来"②等表述看,从外部向正统史学发起挑战的柳田,和从内部建构新的史学研究方法的顾颉刚,在运用民俗资料为历史研究的目的这一点上,以及具体研究实践中所表现的特色,应该可以说是殊途同归的。可惜的是,尽管在20世纪20—30年代,顾颉刚的层累造成的古史学说和历史演进法在中国学术界获得了大批追随者,但是随着其后中国民俗学"学科范式的人类学转型"③,恐怕也与顾颉刚本人并没有自觉地将自己定义为民俗学者有关,他的方法基本上没有得到中国民俗学的有效继承,④也未能在学院派民俗学的研究和教育中实现学术再生产。加上民俗学作为历史认识的科学这一研究取向在欧美的式微,日本民俗学的历史取向和由此发展起来的历史民俗学方法,在世界范围内成为一个特殊的存在。

历史民俗学的最后完成,应该以福田亚细男的个别分析法和传承母体论为标志。如前文所述,传承母体作为社会的民俗的研究框架,其形成是有一个学术史过程的。在1984年出版的《日本民俗学方法序说》中,福田对柳田国男的民俗学方法,及其方法对后来的日本民俗学的统治性影响作了细致梳理和批判,在该书几近结尾的部分,正式提出了传承母体的说法。他认为,某一民俗事象的传承母体,虽然具体成员是不断变化的,但是其构成方式或秩序则必须是持续性的,长期对其成员加以一定制约,并使其成员传承这一民俗事象。因此,在把握一个民俗事象的同时,对其传承母体的构成方式也必须同时把握。传承母体这种具有一定制约力,保持着超世代文化事象的集团,其本身也应该是超世代存在的,原则上有着成员生来就归属其中的性质,并不因具体成员的死亡或者离开而消失,而是在持续纳入新成员的过程中存续下去。⑤而这一传承母体所传承的民俗事象不仅仅是在各个固有的特定条件上完全独立形成的,而是互相关联的一系列事物,成为某个民俗形成条件的事项本身也是民俗。⑥最后,福田总结以上诸条件,将传承母体描述为"占据着一定领域的土地,在这个基础上使超世代的生活持续下来的集团"。⑦

民俗学与社会史

柳田国男的民俗学,按照他本人的自我定位,实际上就是历史学,是以一种向正统史学发起挑战的姿态出现的历史学。由于柳田本人的强大决心和行动力,民俗学虽然几乎到他离世都未能进入正统学术体系,但是无疑已经成为对社会有巨大影响的一门显学。尽管如此,正统史学对民俗学的冷遇甚至批判是一直存在的。战后不久,来自正统史学阵营的

---

① 此"社会"为"祭祀社神之集会"(顾颉刚《古史辨自序》,河北教育出版社2000年版,第88页),与本文中其他地方使用的"社会"一语意义不同。
② 《古史辨自序》,第89页。
③ 《倡立一门新学科:中国现代民俗学的鼓吹、经营与中落》第十章标题。
④ 中国民俗学也有称作"历史民俗学"的研究方向,但是从这一方向的具体研究实践看来,更多的是对某个历史时期的民俗的研究,或历史上的民俗文献整理,无论目的还是方法,与顾颉刚都有很大差异,与日本的历史民俗学也基本上并无相通之处。
⑤ 《日本民俗学方法序说》,第236—237页。
⑥ 同上,第240—241页。
⑦ 同上,第241页。

家永三郎等研究者就对民俗学明确表示了不信任,从资料的可信性到通过现存民俗事象发现历史的可行性、民俗学研究方法的普适性等方面提出了质疑,尤其是对民俗学肯定旧事物,赞美传统的态度提出了批判。其中,最重要的批判来自于马克思主义历史学家,也是对柳田民俗学的主要特点的批判。如前所述,柳田认为社会现象的变化和变迁,是无法以年代划分的。民俗学通过将民众生活中那些周而复始的现象搜集起来进行比较,获得它的变迁轨迹,它很少会由于某个历史事件,某个政权的更迭而发生突然的变化。因此,在马克思主义史学看来,民俗学企图建构一种以没有矛盾的和谐的姿态出现的历史,而将历史上的社会矛盾、对立、抗争都排除在学术视野之外。黑田俊雄在1963年的一篇书评中,甚至直指民俗学的常民概念可能会成为掩盖阶级矛盾的危险思想据点。对来自历史学的批判,当时的民俗学者总体而言并未展开有效的对话,但是,宫田登等人作出的反驳中,民俗学还是表明了自己的立场。宫田登在1966年以农民起义为例,指出假如要从民俗学的视角"将农民起义作为问题,那么关心的将不会是其昂扬的过程,而是其挫折的过程",[①]说明了民俗学的关注点在于起义参加者的意识,而不是事件本身的学科特点。这种论争,很大程度上无疑是学科分工不同造成的,但是同时在这里也可以看到后来的社会史,尤其是年鉴学派社会史的研究立场。[②] 然而,年鉴学派社会史在日本的流行是从20世70年代开始的。

当然,社会史作为一个研究领域早就形成,对日本社会史而言影响最大的法国年鉴学派社会史中心人物之一布洛赫,他很早就通过论文的翻译被介绍到日本。其中,他的《法国农村史基本性质》在1959年翻译成日文,当中以倒放电影作为比喻,说明现存的事实可以成为了解过去的资料的观点广受注目。但是,当时这种"新的历史研究法"尚未被理解为年鉴学派。1976年,以马克·鲁格夫访日发表题为《历史学与民族学的现在——历史学将向何处去》的演讲为契机,日本出现了年鉴学派社会史的流行。鲁格夫在这次演讲中,就"新的历史学",亦即社会史作了三点总结。第一,对历史进行长波动期把握,也就是重视在很长的历史时期中逐渐变化的历史的诸种面貌;第二,重视日常的物质文化,主张将那些仅仅被当作闲言碎语的事象给予正当的历史定位;第三,以"深层的历史学"为目的,强调心性的历史(感觉、感情、欲望、价值观、世界观等),与历史事件的实态和影响相比,更应该把握与事件相关的人的意识、感情、热情。这次演讲以后,被称作"鲁格夫休克"的年鉴学派社会史在日本开始流行,除就以法国为中心的欧美社会史理论进行介绍和讨论外,还形成了日本自己的社会史研究成果。社会史是从欧美引入的新的史学研究方法,总体而言,讨论中研究者的眼光也基本上是望向欧美的。在这种背景下,1979年中井信彦在《作为史学的社会史》中指出,以从事件史解放出来为目的的不仅是法国社会史,在日本已经由柳田国男提出过这种主张。同时还指出,在法国社会史与民俗学之间的距离也很近,两者具有很多共同点[③]

然而,柳田民俗学与社会史之间的共通之处绝对不仅仅在于历史研究的去事件化这一

---

① 宫田登:「対日本民俗学批判についての一私見」,『民俗』65,1966。转引自『現代日本の民俗学』,第214页。
② 『現代日本の民俗学』,第213—214页
③ 『現代日本の民俗学』,第214—217页;『歴史と日本民俗学—課題と方法—』,第172—173页。

点。作为柳田国男论的公认权威，福田亚细男在柳田 1939 年结集出版的名著《木棉以前》①中，发现了柳田将衣着、食物这些日常事物作为学术观照对象时，对历史当事者的意识，也就是心性的重视，并特别指出了其中的卷首文章《木棉以前》是柳田在 1924 年的作品。②进而，福田在对历史民俗学的方法进行再检讨的著作中表示，柳田国男的民俗学完全包含了上述三点。因此，要研究过去的某个时期的社会史，必须将民俗作为重要资料，同时为了把握当时的民俗，则必须依据其时偶然留下的记录民俗的文字资料③。从这一点看来，历史民俗学就是作为新的历史学的社会史。④

对福田亚细男的这个论断，笔者是完全赞同的。但是，仍然必须强调的是，尽管最初正统史学界对社会史并不接受，尤其是从马克思主义的社会构成史和国家史的立场看来，这种以日常琐事为对象的研究算不上历史，但社会史的流行仍然是在历史学内部发生的。并且，持反对意见的正统史学研究者很快就转变了态度，对年鉴学派和德国社会史进行了介绍。其后，随着有法国人类学背景的川田顺造等人的加入，与历史学家阿部谨也、哲学家良知力等共同创刊《社会史研究》，人类学和社会史也实现了联结。但在另一方面，尽管社会史主动对民俗学表示了亲近感，民俗学界却并未马上给予明确的回应。1987 年日本民俗学会年会的研讨以"民俗学与'社会史'"为题进行了讨论。其后，作为在社会史这一新历史研究动向影响下，将对日本列岛历史的关注点放在民俗文化上的具象化成果——《日本民俗文化大系》（共 14 卷以及别卷 1 卷）陆续出版（1983—1987），1984 年《列岛文化史》创刊，促进了民俗学的社会性传播，使 20 世纪 80 年代成为民俗学在日本最具存在感的时代。⑤

就在这个时期，中国也兴起了被称作"社会史复兴"的史学新动向。和日本一样，中国的社会史研究也是在历史学内部发生的。大多社会史研究综述，都会把这个"复兴"的时期定在 20 世纪 80 年代中后期。⑥确实，在 1980 年之前，尽管"社会史"一语不时见于各种研究论著，但社会史无论是被视作一个新学科，还是历史学的一个分支，又或是一种新范式，似乎都尚未进入中国学术界的视野。实际上，在 1980 年初就有过一篇介绍德国社会史的论文发表在中文学术期刊上。该文原是德国历史学家于尔根·科卡在京都大学所作演讲《社会史的概念和方法论》的原稿，于 1979 年 9 月整理翻译成日文后发表在日本的《思想》杂志上，次年 3 月就由高作宾摘译发表在《国外社会科学》，仅时隔半年。⑦在跨国交流甚不方便的当时，可谓非常迅速。在该文中，社会史被称作一门"新学

---

① 原题『木綿以前の事』，此前在各种中文或中译文献中被提及时，大多按照原文直译为《木绵以前的事》或《木棉以前的事》等。现本书的中译本已经完成翻译，将由北京师范大学出版社出版，中文版书名正式确定为《木棉以前》。为方便今后的文献查阅与印证，在本文中一律统一为《木棉以前》。
② 《日本民俗学方法序说》第 109—113 页，王京译。
③ 广义文字资料，包括绘画、影像、金石等，也可以作为文献的资料。(『歴史と日本民俗学—課題と方法—』，第 170 页)
④ 『歴史と日本民俗学—課題と方法—』，第 173 页。
⑤ 同上，第 216—219 页。
⑥ 例如赵世瑜、邓庆平《二十世纪中国社会史研究的回顾与思考》，《历史研究》2001 年第 6 期；代洪亮《中国社会史研究的分化与整合：以学派为中心》，《清华大学学报（哲学社会科学版）》2015 年第 3 期；等等。
⑦ J. 科卡、高作宾：《社会史的概念和方法论》，《国外社会科学》1980 年第 2 期。

科"。但是,这一篇译介当时似乎未给中国史学界带来影响,其后也未发现它被有机纳入中国社会史研究的痕迹。[①] 中国社会史研究对国外的社会史理论虽然多有借鉴,但是总体而言是以对梁启超"新史学"的复兴为出发点的,而且与法、德、日社会史不同程度遭到马克思主义史学的反对不同,中国社会史从复兴伊始,就明确提出"马克思主义对社会史研究在理论上具有指导作用"[②]。如前所述,中国社会史的出发点总体而言是梁启超的新史学,即反对以政治史为中心的旧史学,提倡研究全体民众的历史的新史学。从1986年首届中国社会史研讨会的讨论来看,社会史被认为是历史学的一个分支,其主要任务和贡献在于拓宽历史学的研究领域,将不属于传统史学研究范畴的民众生活纳入到历史学的研究对象中来,但是具体采用什么样的方法,则并未看到有效的议论。[③] 在这次研讨会的发言中,冯尔康提出了社会史与民俗学的关系问题。冯认为,民俗学与社会史有很多相同的研究内容,都注重社会下层的历史,初期的民俗学就是历史学的一个分支,是社会史的一部分。方法上民俗学与社会学一样,进行实际调查,回溯历史,但是民俗学的发展加大了它与历史学的距离。另一发言者陆震则认为民俗是社会史学科对象的内容之一,是社会史的一个分支。[④]

且不论这样定位是否合理,但这无疑是民俗学在社会史研究学界最被正视的一次讨论。后来,尽管有赵世瑜这样跨历史学、民俗学两界的学者在社会史研究中发挥重要作用,整个社会史学界却再也没有向民俗学伸出过橄榄枝。随着社会史研究的推进,民俗学也渐渐被排除在外,从社会史学界自己进行的30年综述看来,虽然赵世瑜还带着"自己的民俗学学统"坚持,"但历史人类学特色也日益明显"。[⑤] 对赵世瑜的研究评论是否得当暂且不论,这种来自社会史学界的声音显示,民俗学显然再也不被社会史学界视作"自己人"了。反而由于海外和香港人类学的积极参与,形成了历史人类学的传统,成为社会史华南学派一个重要且特色鲜明的有机组成部分。如果说历史人类学的方法特点包括注重田野调查,将被传统史学排除在外的民间文献纳入史料范畴的话,让我们将眼光放在20世纪初,再回头去看看中国的顾颉刚和日本的柳田国男,这两位分别为中日民俗学开疆拓土的先达的观点。田野调查本来就是民俗学的基本方法,无须讨论,只需讨论民间文献资料使用的问题。顾颉刚在妙峰山香会调查中,"只就刊有会启进香时的招贴的钞,已钞到了九十余个"。[⑥] 非由计划性调查而来,偶然留下的民俗记录,日本民俗学称之为偶然记录。柳田在《木棉以前》中,除笔记、檀越寺死者名录等偶然记录外,还大量以江户年间松尾芭蕉等人的俳谐作品中零星散布的民众生活情景作为资料。在柳田以后的日本民俗学,几乎所有市町村民俗志的调查都有地方文献整理登记的作业,而在受地方委托整

[①] 该文中出现的部分术语如"社会结构史"等,在后来的中国社会史研究中也有使用,但是因缺少证据证明这是对该文术语的沿用,为谨慎起见,姑下此结论。若今后扒梳资料有新发现,再作修正。

[②] 宋德金:《开拓研究领域 促进史学繁荣——中国社会史研讨会综述》,《历史研究》1987年第1期。

[③] 宋德金:《开拓研究领域 促进史学繁荣——中国社会史研讨会综述》,《历史研究》1987年第1期。

[④] 宋德金:《开拓研究领域 促进史学繁荣——中国社会史研讨会综述》,《历史研究》1987年第1期。

[⑤] 《中国社会史研究的分化与整合:以学派为中心》,第160页。

[⑥] 《古史辨自序》,第89页。

理民众生活用具时，铭文墨书等也是必须专门整理的固定项目。福田亚细男在 1979 年夏天偶遇路边草丛中的一尊岩船地藏像，看到其臂部的铭文后，历经三十余年，在繁忙的研究、教学和学科建设活动之余，于足迹所到的每一处搜集点点滴滴和岩船地藏有关的铭文、符笺、家族史、笔记、备忘录等资料，编织出江户时代中期关东甲信及静冈一带地藏像在各村传递，建起岩船地藏的流行佛社会史；又从如今各地围绕着这些地藏的传说已经和当年的流行佛完全无关切入，认为这是由于各地生产生活的集体记忆附着在上面有了新的功能和身世，进而勾勒出各地民众生活的社会史。① 可以说，从任何一点看，现在的中国社会史研究，都和历史民俗学没有根本性区别。

当然，笔者作为一个来自民俗学内部的人，作出以上论断难免有民俗学本位之嫌。然而，只要以上论据是真实的，恐怕也没有谁能够有效地反驳这个观点，也就是前面引用过的福田亚细男的观点：就方法而言，历史民俗学就是作为新的历史学的社会史。或者我们换一个角度说，作为研究立场而言，民俗史本身就是社会史。

（原载《民间文化论坛》2018 年第 3 期）

---

① 福田アジオ：『歴史探索の手法——岩船地蔵を追って』，筑摩书房，2006。

博弈与坚守：在传承与创新中发展

——关于中国传统节日中秋节命运的多维思考

黄永林 孙 佳[*]

【摘要】传统节日习俗与人的需求、文化传统、社会变迁、经济发展、科技进步和政府行为等方面具有密切的关联。在全球化语境下，传统节日习俗正经受着信息化、市场化、现代化等力量的强烈冲击，一些传统节日习俗发生变化是必然的，或不适应时代发展而被淘汰走向消亡，或能顺应时代发展趋势，在传统与现代的交融中传承与创新，进一步延续发展。这些均符合民俗文化传承变异的规律，但不管如何变，传统节日习俗所体现的中国传统文化精神不会变，以人为本的核心不变，服务大众生活和服务社会的宗旨也不会变。在坚守中传承、在创新中发展，这是中国传统节日习俗的生存与发展之道。

随着社会的发展，传统节日习俗也处在不断变化发展中，或不适应时代发展而被淘汰走向消亡，或顺应时代发展趋势，在传统与现代的交融中传承与创新，进一步延续发展。这说明传统节日习俗是活态文化，具有动态性、变化性和时代性等特点。随着当代社会的急剧转型和信息时代的纵深发展，中秋节的文化内涵与表达方式正在发生深刻变化，如何认识和利用中秋习俗的当代功能成为传统节俗传承与发展的重要问题。笔者曾主持国家哲学社会科学基金特别委托项目《中国节日志·中秋节》的研究和编撰，组织对全国包括北京、上海、香港和澳门等25个地区中秋节现状的深入调研。本文基于这些中秋节习俗的调研报告，从文化社会学角度分析了传统节日习俗与人的需求、文化传统、社会变迁、经济发展、科技进步和政府行为等方面的关系，以及各种力量之间的博弈对中秋节的影响，以此管窥中国传统节日习俗的发展趋势。

一 人的需求是推动传统节俗产生的内在动力

需求是人类的主要意志，也是社会文化发展变化的原始动力。马斯洛将人的需求分为五个层次，依次由较低层次到较高层次排列。第一层次是生理需要，包括个人生存的基本需求；第二层次是安全类型的需要，包括心理、物质、制度等方面的安全保障；第三层次是归属与爱的需要，包括情感与群体归属感的社交需求；第四层次是自尊需要，包括自我

---

[*] 黄永林，华中师范大学教授；孙佳，华中师范大学国家文化产业研究中心博士研究生。

尊重和来自他人的尊重；第五层次是自我实现的需要，指人通过自我发挥和自我完成来激发潜力，从而实现其独特性。① 文化是人类为满足自身需要而创造出来的，人类的不断发展使文化创造处于一种不断变化的过程中。人类在满足自己需要的过程中不断创造新的需要，这是人类文化最大的创造力与人类进步的关键。钟敬文先生指出，节日"随着人民能力、智力等的发达和经历时间的长久，这种传统文化，越来越显得丰富多姿。它不仅满足了人民一定的生活要求，也推进和巩固了社会秩序。它独特地尽着一种文化功能。"② 广大民众是传统节日文化活动的践行者，是节日产生、演变、发展、消亡的直接驱动力，是保护与传承传统节日的主体力量。传统节日之所以能产生并得以传承发展，取决于民众对这一节日的需求，表现为人的参与和感受外部世界价值和意义的心理机制的需求。

其一，由于人类生存的需要，产生了祭月、拜月习俗。关于中秋节祭月、拜月习俗的由来，一说起源于我国古代的秋祀——敬土地神。③ 在农耕社会，农业的发展与季节有很大关系，在科学不发达的时代，无论是播种还是收获，人们往往要祭祀土地神，春天播种时向神祈求丰收就有"春祈"（春祀）习俗，待到秋季谷物成熟向土地神报告丰收就有"秋报"（秋祀）习俗。中秋节祭月活动便是秋报的遗俗，八月中旬，收获在即，家家祭祀土地神，以酬谢神的保佑，至今仍有不少地方保留了中秋节庆丰尝新、丰收酬神的活动。另一说源于古代祭祀日月的宗教习俗。早在春秋战国时期，《国语·周语》中就有"古者，先王既有天下，又崇立于上帝，明神而敬事之，于是乎有朝日、夕月以教民事君"的记载，韦昭注曰"春分朝日，秋分夕月"④，"夕月"就是古代帝王祭祀月亮的仪式。在古代，先民们认为月亮主司万物生长，是生命力和生殖力的象征，因此，拜月习俗与古人对长生不老及多子多孙的诉求有着千丝万缕的联系。《淮南子·览冥训》记载："羿请不死之药于西王母，姮娥窃以奔月。"⑤ 唐人徐坚在《初学记》中引古本《淮南子》："（姮娥）托身于月，是为蟾蜍，而为月精。"⑥ 汉代张衡《灵宪》、唐代类书《艺文类聚》、宋代类书《太平御览》中均有类似记载。无论是不死药还是代表多子嗣的蟾蜍，都体现着先民对生存与生殖的原始需求。至今，不少地区的中秋节俗中仍保留了求偶、求子的相关活动，如湖南新晃侗族及台湾一些地区的偷月亮菜习俗、湖北恩施的摸秋习俗、福建崇安、江苏南通的偷芋头习俗、湖北沔阳的送秋习俗等等，均有求偶、求子或两者兼而有之的意涵。

其二，由于家庭团圆和睦的需要，产生了中秋团聚习俗。中国古代是宗法社会，个体的发展离不开家族的凝聚力，因此中国人自古非常重视血亲联系。历史上中秋之月与"团圆"意象相结合在唐代已经出现，在中唐以后的文人诗作中愈发凸显，如天宝十五年

---

① ［美］亚伯拉罕·马斯洛：《动机与人格》，许金声等译，中国人民大学出版社2007年版，第15—29页。
② 钟敬文：《民间节日的情趣》，钟敬文：《话说民间文化》，人民日报出版社1990年版，第57页。
③ 王颖：《中秋节的起源与中秋月的文化意象》，《北京青年政治学院学报》2008年第1期。
④ （战国）左丘明撰，（三国吴）韦昭注：《国语》，上海古籍出版社2015年版。
⑤ 何宁：《淮南子集释》，中华书局1998年版，第501页。
⑥ （唐）徐坚：《初学记》，中华书局1962年版，第4页。

(756年），长安陷落，杜甫被安史叛军俘虏，于八月中秋作《月夜》一诗，借望月抒发对妻子儿女的思念。及至南宋，家人团聚成为中秋节的重要习俗之一。这种状况有着深刻的社会心理基础，自唐安史之乱后直至五代，社会动乱不断，两宋又面临周边少数民族政权威胁，时有战乱，亲人离散，人们对亲人团聚有着强烈的心理需求，由月圆联想到人的团聚，这种思维在唐宋诗词中多有体现。此外，宋代是中国古代新型宗族体系确立的重要时期，在理学的推动下，家族观念受到了空前的推崇和强化，人们在心理上对家庭、家族更为依恋，因此，"团圆"至迟于南宋时期成为中秋节的核心内涵之一便不难理解了。家庭是个人发展的基石，是社会稳定的基础，是社会凝聚力的源泉。家庭成员的团聚与和睦是家族生活中的大事，中秋节为人们提供了一个回归家庭的良机，从而加强了个人与家人的联系，强化了人们的家庭义务与责任感，有利于提高人的生活质量，实现社会的稳定与和谐发展。

其三，由于群体归属的需要，产生了互赠月饼习俗。有学者考证，月饼最早出现于北宋，主要为祭月仪式中供奉之用。南宋词人周密（别号四水潜夫）在《武林旧事》中记载了南宋开始出现作为食品的月饼①，元末明初，月饼开始被作为馈赠礼物和节令食品。田汝成《西湖游览志馀》载："八月十五谓之中秋，民间以月饼相馈，取团圆之义。"②明清以降，月饼逐渐成为亲朋好友之间在中秋节互相走动、互送祝福的必不可少的礼品。如今，越来越发达的现代信息系统，使人们越来越陷入一种封闭式的生活状态中，在这样的背景下，人们不仅需要物质生活的满足，更需要精神生活的满足，尤其需要在人与人之间的交往中得到社会认同。在中秋节期间，人们以月饼作为亲朋好友相互交流的友情与美好祝愿的象征，彼此馈送月饼，有助于将个人与家庭关系进一步扩大到与社会之间的情感联系，从而增强社会对个人的认同。

其四，由于身心愉悦的需求，产生了赏月习俗，强化人与自然和谐理念。赏月习俗兴起于唐代，在仲秋时节赏月怡情、托月寄情成为文人士大夫的风尚，这在唐人诗作中多有体现。及至宋代，随着商品经济的发展，社会随之转型，市民阶层崛起，整个宋代社会呈现出明显的世俗化倾向，赏月习俗也由纯粹的文士雅趣而遍及黎庶，转向世俗欢愉。在中秋之夜赏月、玩月、吟诗、宴饮，既有宴饮玩乐的世俗享受，又有天人合一的超脱体验，满足了不同阶层和群体对身心愉悦的需求，这种氛围影响了整个社会，从而推动中秋节成为大众化的节日。

生活在现代社会的人们与传统文化越来越疏离，但当人们欢度传统节日时，可以暂时脱离原本的生活和工作节奏，进入富于生活情趣和人文关怀的民俗时空。生活化的节日习俗对于改善人的精神面貌，焕发人的工作热情具有积极意义，传统文化在满足个体需求中得到延续与加强。

二 文化传统是支撑传统节俗延续的深厚基础

文化是一代又一代人传承、积累和发展的结果，当文化积累到一定程度达至相对稳定的状态时，就会在人们的心理机制上"沉淀"为特定的价值倾向。民俗是一定历史条件

---

① （宋）四水潜夫：《武林旧事》卷六"蒸作从食"，西湖书社1980年版，第101页。
② （明）田汝成著，陈志明编校：《西湖游览志馀》卷二〇，上海古籍出版社1980年版，第361页。

下某个民族、某个地域人们的生产和生活方式、群体意愿和时代风尚、道德标准和审美观念的反映,在一定程度上表现出那个时代、那个民族、那个地域社会的文明程度、文化风貌与社会心态。自古至今,民俗传统像是一只看不见的手,无形中支配着人的行为,从精神信仰到日常生活,人们都在自觉或不自觉地遵从民俗的"指令"。关于传统节俗传承与发展的原因,萧放指出:"传统节日之所以能被接受、认同,就看它是否具有认知的价值与生活的意义,传统节日是在数千年的文明传承中形成的时间生活传统,它不仅是一个时间段落标志,在节日之上,人们赋予了丰富的文化意义,节日表达着中国人的情感与信仰。它与中国人的精神联系紧密而强烈。"[①] 这说明节日习俗传承与发展的深层动力来自于节日习俗中最深厚的文化精神与传统。

中秋节俗包含着丰富的中国传统文化元素。中秋节之所以历久不衰,至今为全国上下所重视,主要靠的是其所富含的人性关怀、深厚的文化内涵以及人与家庭、人与社会、人与自然和谐相处的以和为贵的传统文化精神。其一,人与家庭和谐的祈愿。在中国传统文化中,月亮是柔和与光明、团圆与和美的象征。中秋节,秋高气爽,花好月圆,全家团聚,有人月两圆的意境,所以中秋节又被称为"团圆节"。对中国人来说,家庭和睦是完美的人伦境界,合家团圆、家庭圆满是人们共同的心愿。其二,人与社会和谐的追求。传统的赏月习俗主要在亲朋好友之间,乃至更大范围的社会关系中进行,明月印证着亲情和友情,集体性的赏月活动是实现人际关系有效沟通的良机,也是达到人与社会和谐的有效途径。其三,人与自然和谐的精神。拜月习俗源于人们对自然的敬奉,是人与自然的对话,通过拜月、赏月体悟自然与人生和谐之理,表达着人们对幸福生活、对人与自然和谐关系的向往与追求。

中秋节俗承载着巨大的文化价值。在社会工作联系日益紧密、人心却日渐疏远的今天,中秋节应成为和谐家庭关系、凝聚社区民众的机缘。尤其在当代中国社会人口流动空前频繁的背景下,无数人因为种种原因远离故土,对故乡的依恋使他们产生一种强烈的团圆情感渴求。中秋节使无数游子油然而生思乡之情,培植着落叶归根的心理。在团圆的文化中,包含着对家庭的眷恋和对故乡的思恋。追求和谐、期盼团圆是中国人永恒的精神需求,这是中秋节延续千年的根本动因,也是中秋节在当代社会的价值所在。

中秋节蕴含着深远的文化意义。文化凝聚功能是中秋节最核心的文化功能,在当代社会中,中秋节特有的、标志性的"圆月"和"月饼"作为团圆的象征已深入人心,中秋节也已经成为建构民族文化认同的重要节日。中秋节俗所体现的中国传统的和谐精神,在未来社会依然具有满足民众精神追求的意义,在强化家庭和睦、增加社会认同感、加强民族凝聚力等方面有着不可替代的作用。进一步挖掘中秋节日习俗的传统文化意涵,激活隐藏在各种仪式中的人文关怀与生态智慧,传承和谐发展理念,使之成为人的永恒的精神追求,对于凝聚人心、推进社会和谐发展将大有裨益。

三 社会变迁是促进传统节俗变革的外部条件

文化是一个开放体,一种文化体系的价值和意义永远处于不断变化中。文化又有其自组织能力,随着时代发展和社会变迁,在对异质文化的选择、吸收与整合中不断涵化,各

[①] 萧放:《传统节日与非物质文化遗产》,学苑出版社2011年版,第167页。

种文化及其特质在特定的"文化场"中不断被创造和淘汰。马克思指出:"人们自己创造了自己的历史,但是他们并不是随心所欲地创造,并不是在他们自己选定的条件下创造,而是在直接碰到的、既定的、从过去继承下来的条件创造。"① 每一个民族的节日都是一定历史时期内的产物,都有它自身发生、发展、变化的历史与规律,就社会变迁对中秋节俗的影响来说,最大变化主要体现在世俗化和娱乐化两个方面。

世俗化表现为中秋节俗从神圣祭典走向世俗生活。中国传统节日的产生与人们的原始宗教信仰有着密切的联系,如前所述,中秋节俗中的祭月、拜月习俗产生于古代秋分祭月和祭祀先农的古礼。随着社会的发展,尽管信仰成分在现代中秋节中有许多遗存,如祭月和拜月活动在许多地方仍在进行着,但人们已经将活动的重心从信仰转移到社会人事方面,宗教化的庄重祭典逐渐转变为世俗化的民俗活动,人们更看重与情感、人伦相关的家庭团聚、亲友往来。如在陕西西安和山西泽州等地的乡村,现在老人们在中秋节虽然也祭月,但只是摆上少量供品献月,象征性地烧烧香,有些家庭甚至没有燃香炉,拜月仪式越来越简单随意。在青海省西宁市湟中县南村,一些汉族和藏族家庭虽然按传统习俗由年长的女性进行"完月"(即祭月),但仪式简化了许多。总之,因时代的发展,以"拜月"和"祭月"为中心的神话性和宗教性传统减弱,世俗的情感、愿望构成普通民众中秋节拜月和赏月的主要形态。

娱乐化表现为中秋节俗从个人雅趣走向大众娱乐。中秋赏月习俗是从唐初文人雅士赏月吟诗活动发展而来,到宋代发展成民众竞相买酒宴饮、登高赏月的狂欢节,成为全民性的亲近自然、愉悦身心的娱乐性节日。据宋人吴自牧《梦粱录》记载宋人过中秋习俗:"八月十五中秋节……王孙公子、富家巨室,莫不登危楼,临轩玩月。……虽陋巷贫窭之人,解衣市酒,勉强迎欢,不肯虚度。"② 中秋节俗原有的宗教、审美功能逐渐淡化,而娱乐化、商业化功能逐渐居于主导地位,中秋节俗通过融入现实文化生活、为民众所共享获得了新的生命力。

在全球化语境下,传统节日文化正经受着外来文化和新型工业文化的强烈冲击,传统节日习俗因此发生变革是十分正常的,这符合民俗文化的传承和变异规律。社会的发展、文化的赓续是人类社会的正道,那些不合时宜、甚至是阻碍社会发展的陈规陋习,必然因势改易。但传统节日文化的变迁是在传承和弘扬传统文化精神内核的基础上实现的,无论如何变,以人为本的核心、服务大众生活和社会的宗旨、世俗化和娱乐化的趋势不变。2016年5月17日,习近平《在哲学社会科学工作座谈会上的讲话》中指出:"要加强对中华优秀传统文化的挖掘和阐发,使中华民族最基本的文化基因与当代文化相适应、与现代社会相协调,把跨越时空、超越国界、富有永恒魅力、具有当代价值的文化精神弘扬起来。"③ 这为中华优秀传统节日文化的传承与发展指明了前进的方向。

---

① [德]马克思:《路易·波拿巴的雾月十八日》,中共中央翻译局译,《马克思恩格斯选集》第1卷,人民出版社1995年版,第79页。
② (宋)吴自牧:《梦粱录》卷四"中秋",三秦出版社2004年版,第48页。
③ 习近平:《在哲学社会科学工作座谈会上的讲话》,新华网http://news.xiinhuanet.com/politics/2016-05/18/c_1118891128.htm,2016-05-18,23:24。

四 经济发展是影响传统节俗重构的关键因素

在当代社会中,文化与经济越来越密不可分,彼此相互交融,形成共生互动的关系。一方面,经济已不是单纯的物质活动,而是越来越多地渗入文化因素,经济活动借助文化力量提升竞争力,成为当代社会生产力发展的重要推动力量;另一方面,文化也已不再是单纯的精神存在,其经济功能也不断在增强。文化通过经济活动和物质产品来传播,文化产品和服务作为商品进入市场从而渗透更多的经济因素。[1] 郑新安在《节日文化流行风尚的调查与思考》一文中指出,当代节日有多种发展趋势,如讲究综合效益,即体现社会风尚、参与热情、文化娱乐和经贸商品四个方面的总体效益;突出节日文化气氛,以文化娱乐活动、文化产品和服务及宣传为主体,以欢庆、团结、祥和为特质,多种供需关系共存,以丰富文化娱乐生活为主;加强文化联系、形成新的传统节日。[2] 这表明以文化消费为主要特征的文化经济正逐渐成为当今社会的主流,这种经济形态的特征是充分发掘文化资源的潜在价值,通过商业化运作和市场化机制将社会文化与经济关联起来,从而形成文化与经济共同繁荣的社会局面。

经济发展与传统节俗之间存在积极的互动作用。传统节日因其负载的特殊文化内涵,较一般公众节日更能激起人们的消费欲望。节日是消费旺日,在向人们提供消费时间的同时也提供了消费需求。依托特色鲜明的节庆活动或节会形式吸引大量消费者参与并引起相应的消费,借节庆经济之势弘扬传统节日文化、促进经济提升已经成为较普遍的做法。在中秋节等重大传统节日,人们对物质享受和社会交往等方面往往有着超常的消费需求。比如中秋节已经被概念化地移植到商品促销活动当中,借节日之机大搞商品促销已成为一种特殊的节日经济活动。月饼是中秋节的必备食品,与日渐衰落的传统家庭自制月饼相比较,市场上售卖的月饼备受欢迎,在中秋节来临之前,各种月饼宣传广告就开始在大街小巷、商场超市、电商平台积极备战。再如中秋节各地的饭店、娱乐场所、公共休闲活动中心等为群众提供了消闲场所,消闲游玩的人群成了各地中秋节公共空间中的一道热闹景致,节日消费让商家赚得钵满盘盈。传统节日经济的发展,一方面有效地刺激了商品消费、活跃了商品市场,促进了经济发展;另一方面也为传统节日文化发展提供了巨大推动力,以前所未有的速度和范围传播了节日知识和信息、扩大了节日活动的空间、增加了节日文化的新内涵,传统节俗的当代传承力度得到空前的加强。

同时,过度的市场化和商业化可能导致传统节俗的异化。当代文化的急剧转型,人们观念的自由与多元重构,以及越来越严重的物化价值取向,导致传统节俗在过度的市场化、商业化中越来越趋向形式化、表层化、商业化、庸俗化,传统节日文化的传承面临严重的危机。就中秋节文化传承现状来说,其丰富的节日文化内涵正在被忽视,节日所蕴含的团圆观念与和谐精神日益淡化,中秋节有异化为"月饼节""购物节"的趋向。

在当代保护中华优秀传统文化和发展文化产业的背景下,如何在利用文化经济形态优势的同时有效传承优秀传统文化,平衡传统节日文化项目的经济价值和社会价值取向,在节庆经济开发与传统节日保护之间形成一种良性的互动循环,实现文化传承与经济发展的

---

[1] 秦淑娟、李邦君:《文化经济规律研究》,上海财经大学出版社2013年版,第62—63页。
[2] 郑新安:《节日文化流行风尚的调查与思考》,《民俗研究》1994年第4期。

双赢，正是当下应当引起各界关注的一个重要问题。

五 科技进步是促进传统节俗创新的重要引擎

马克思指出："随着资本主义生产的扩展，科学因素第一次被有意识地和广泛地加以发展、应用并体现在生活中，其规模是以往时代根本想象不到的。"[①] 科学技术是人在对自然界探索中取得的成果，但是它的应用并不限于处理人与自然的关系，更是成为与生产关系、文化状况密切相关的社会结构的重要组成部分。近年来，以互联网、数字技术为核心的新媒体迅速发展，为传统节日文化的传播注入了新的活力，拓展了节庆活动的开展空间，丰富了节日活动的内容和形式，吸引了更多的群体参与传统节庆活动，有效推动了传统节日文化的传承与发展。

（一）科技丰富了传统节俗的内容

电视、网络等媒体的运用为传统节日增添了信息时代的色彩，丰富了传统节俗的内容。中央电视台自1983年以来陆续推出的春节联欢晚会、中秋文艺晚会、元宵晚会、中秋诗会、网络春晚等文艺节目在各个传统节日轮番上演，各大电视、网络媒体也会在每年的重大传统节日推出大型文艺演出，在重大传统节日通过电视、网络直播等收看文艺晚会俨然已经成为人们欢度佳节的固定仪式了。每逢传统佳节，在进行传统节俗活动之余，人们总会不由自主地围坐在电视机前，对各类节庆文艺晚会投入极大的审美期待。现代媒体带来的文艺大餐已经穿越了时空，形成了新的公共领域，获得了现代人们的文化认同。电视、网络媒体中的晚会套餐自觉地承担了展现民俗、突出各传统节日文化主题的任务，在节目设置和创作中力图融入传统文化元素和民俗元素，以创造传统节日文化语境，并借此强化全世界华人的民族认同及文化认同。从区域性的地方传统节俗来看，一些富于地方特色的节日民俗也在现代科技推动下获得了进一步发展。如博饼是一项流行于以厦门、漳州、泉州为核心的闽南地区的中秋节俗活动之一，传统中秋博饼活动是"实人实战"方式，而如今新科学技术尤其是网络媒体和通信手段的进步，给当地人创造了在虚拟空间展开博弈的条件，"网上博饼""微信博饼"活动借助互联网平台突破了传统民俗活动的时空限制，成为中秋博饼习俗的一大亮点。从某种程度上来讲，现代科技创造了传统节日的新习俗，从发展民俗学观点来看，这些新习俗可以被看成一种"现代民俗"，是传统民俗在新的社会条件下的传承形式。

（二）科技创新了传统节俗的形式

现代科技不仅为传统节日文化带来了内容上的变化，也带来了表现形式和手段上的巨大变化。比如现代声光电科技及影像技术等多媒体技术的飞速发展，极大地创新了传统中秋节活动的表达手段，使之获得了更为突出的艺术魅力和空前的吸引力。如开封市政府将高科技光影成像技术运用于铁塔燃灯这一中秋节传统民俗的创新，推出铁塔光影秀。铁塔光影秀运用4D成像、全息技术、建筑投影、水幕电影、激光造型等手段，为观众呈现美

---

① ［德］马克思：《机器、自然力和科学的应用》，中国科学院自然科学史研究所译，人民出版社1978年版，第206—208页。

轮美奂的视觉效果,是古典与现代、传统与时尚结合的典范,现在已成为开封民俗文化中新的标志性符号。再比如,传统中秋花灯借助新材料新技术等改良了制作工艺,使得传统中秋花灯实现了现代转型,给观灯者一种全新的美的感受。2017 年苏州昆山周庄古镇的海峡两岸中秋灯会充分吸收、利用两岸同根同源的文化基因和民俗传统、最新灯艺科技,将江南美景融入整体规划设计中,打造出具有深刻文化内涵、浑厚艺术效果、超强视觉震撼的四大主题特色灯区,诠释了灯会"两岸情一家亲"的主题。[1]这些现代科技与地方习俗的结合拓展了传统节俗活动的开展空间,赋予了传统节日习俗更鲜明的时代感,增强了其在现代社会生活传承下去的活力。这些新的形式吸引更多的民众参与其中,使传统节日文化得到更好的传播与传承。

六 政府行为是主导传统节俗生存的强大力量

民俗文化的本质是民众自我服务和自我规范,在传统社会,民俗节庆活动主要由相应的民间组织推动。然而与传统社会不同,在相当长的时间内,我国民间社会组织活动受到抑制,人们变得不大习惯自主的民俗庆典行为。所以在当前及今后一段时间内,对传统节庆活动进行自上而下的政府主导显然有其必要性,一些地方的实践经验也证明这是有效的。近些年,我国政府出台了三项重要法规制度和政策,对传统节日文化的保护、传承和发展产生了十分积极的作用。

(一)出台《中华人民共和国非物质文化遗产法》,为传统节日保护提供了法律保障

2011 年 2 月 25 日中华人民共和国主席令第四十二号予以公布,自 2011 年 6 月 1 日起施行《中华人民共和国非物质文化遗产法》,该法对非物质文化遗产的调查、代表性项目名录、传承与传播和法律责任作了明确规定。规定"国务院文化主管部门负责全国非物质文化遗产的保护、保存工作;县级以上地方人民政府文化主管部门负责本行政区域内非物质文化遗产的保护、保存工作。""国家鼓励和支持公民、法人和其他组织依法设立非物质文化遗产展示场所和传承场所,展示和传承非物质文化遗产代表性项目。""国家鼓励和支持发挥非物质文化遗产资源的特殊优势,在有效保护的基础上,合理利用非物质文化遗产代表性项目开发具有地方、民族特色和市场潜力的文化产品和文化服务。"[2] 该法律的出台,对于传统节日等非物质文化遗产的保护与传承有着重大而深远的影响。目前,许多传统节日已被列入国家级非物质文化遗产名录(中秋节于2006 年 5 月 20 日被国务院列入首批国家级非物质文化遗产名录),《中华人民共和国非物质文化遗产法》的出台为传统节日文化的保护提供了强有力的法律保障。

(二)将中秋节等传统节日定为国家法定假日,为传统节日传承提供了时间保障

在我国历史上,各个朝代都非常重视节日,民俗节日放假也是历来的传统。汉代便有

---

[1] 《2017 海峡两岸(昆山)中秋灯会 20 日正式开幕》,榆林新闻网 www.xyl.gov.cn,2017 - 09 - 20 15:06。

[2] 《中华人民共和国非物质文化遗产法》,2011 年 2 月 25 日中华人民共和国主席令第四十二号予以公布。

重大节令休假的制度，唐代休假制度已经较为完善，传统节日、节令放假成为惯例。到北宋时则更加完善，据北宋庞元英《文昌杂录》记载，北宋每年与岁时节令相关的休假达七十多天。1949年以后的相当长一段时期内，传统节日没有得到应有的重视，甚至大多被视为"封资修残余"而遭到废除，中国传统节日除了春节放假以外，其他无一为法定假日。直到2007年12月14日《国务院关于修改〈全国年节及纪念日放假办法〉的决定》出台，才将清明节、端午节、中秋节等传统节日升格为法定全民休假日。目前，全体公民放假的节日有：元旦放假1天，春节放假3天；清明节放假1天；劳动节放假1天；端午节放假1天；中秋节放假1天；国庆节放假3天，全年共11天。此外，还有部分公民放假的节日及纪念日。[①] 春节、清明节、端午节、中秋节等传统节日作为国家法定假日的确立，表明了政府对优秀传统文化的高度重视。传统节日成为法定假日不仅仅是让人们在传统节日有休息娱乐的时间，更是强调传统节日的重要性，鼓励人们主动参与传统节日，真正成为节日的主人，让传统节日真正活起来、延续下去，进而恢复、重构民族文化的共同记忆，传承传统文化价值。

（三）出台《关于实施中华优秀传统文化传承发展工程的意见》，为传统节日传承发展提供了政策保障

2017年2月6日，中共中央办公厅、国务院办公厅正式公布《关于实施中华优秀传统文化传承发展工程的意见》，《意见》中指出："中华文化源远流长、灿烂辉煌。在5000多年文明发展中孕育的中华优秀传统文化，积淀着中华民族最深沉的精神追求，代表着中华民族独特的精神标识，是中华民族生生不息、发展壮大的丰厚滋养，是中国特色社会主义植根的文化沃土，是当代中国发展的突出优势，对延续和发展中华文明、促进人类文明进步，发挥着重要作用。"文中还特别提出要"实施中国传统节日振兴工程，丰富春节、元宵、清明、端午、七夕、中秋、重阳等传统节日文化内涵，形成新的节日习俗。"[②] 深入开展"我们的节日"主题活动和"实施中国传统节日振兴工程"将为中华优秀传统节日文化的保护和传承提供具体的政策保障。

传统节日文化的保护、传承与发展亟须整个社会的共同努力。政府在传统节日文化保护、传承与发展中必须充分发挥其作用。古今中外关于传统节日保护有两条基本经验：一是民间办会，政府支持，商家赞助；二是重大年节政府主办，普天同庆。在中国特色的文化管理体制机制下，"政府主导、社会参与"在一段时间内仍将是传统节日文化保护的一种常态。但从民间文化长远发展趋势和民俗文化的本质特征来看，政府应放手让民间社会经营自己的民俗文化，努力培育城乡社区的民间自组织，启发民众用自己的智慧传承、创新和发展民俗文化，只有做到了民间节日民间办，将传统节日文化融入民众的日常生活，中国传统节日文化才能真正复苏、传承与发展。

综上所述，传统节日的产生与发展与人的需求、文化传统、社会变迁、经济发展、科技进步及政府行为存在以下关系：人的需求创造了传统节日，传统节日的产生满足了人们的需求；传统文化精神是传统节日得以传承的根基，传统节日的发展又进一步丰富了传统

---

① 国务院：《关于修改〈全国年节及纪念日放假办法〉的决定》，2007年12月14日。
② 中共中央办公厅、国务院办公厅：《关于实施中华优秀传统文化传承发展工程的意见》，2017年2月6日正式公布。

文化的内涵；社会变迁促进传统节日的变革，传统节日变革适应了社会发展；传统节日促进了文化经济的发展，节日文化市场的兴旺促进了传统节日深入人心；科技进步推动了传统节日的创新，丰富了传统节日的内容与形式；政府的积极主导行为促进了传统节日的传承与发展，人民大众是传统节日传承与发展的真正主体。未来节日文化的发展仍将在多种力量的博弈中前行，文化的整合调适机制将有力地推动节日文化发展。有学者将节日文化的总体发展趋势总结为：节日活动与时代精神结合得日益紧密，节日活动与经贸活动结合得日益紧密，节日活动与旅游活动结合得日益紧密，节日活动与平时开发与民族资源结合得日益紧密。[①]这一总体发展趋势表明了节日文化与文化精神价值、日常生活需求、文化休闲娱乐、经济发展的密切关系。传统文化精神的传承将增强节日文化的现代适应力，传统节日文化资源的利用将有力地推动文化产业的发展，现代科技在传统节日中的运用将极大丰富传统节日习俗的内容和形式，推动传统节日创新发展，这就是传统节日未来发展的方向。

（原载《民俗研究》2018年第1期）

---

① 高占祥：《民族文化的盛典》，高占祥主编《中国民族节日大全》，知识出版社1993年版，第1—3页。

语言文字类民间游戏的教育功能研究

王 丹*

【摘要】 语言文字类民间游戏与人类文明的发生、发展相伴而生，它来源于生活，是民众生活最原始的教育方式和教育内容。语言文字类民间游戏在开展思维训练、提高语言表达、启迪心智、培养道德、传承语言文字传统等方面均具有重要作用。语言文字类民间游戏不仅是人类文明的一部分，而且是民族传统和生活文化的历史积淀与现实表达。

语言文字类民间游戏是指中国民间社会以语言、文字作为游戏的主要交流方式和媒介，或指民间游戏中主要以语言和文字或者语言文字为对象进行的嬉戏活动。语言文字类民间游戏是中国民众代代传承的文化传统，在思想内容和表现形式上丰富多样，它不仅积累着民众的知识智慧，而且有效调节着民众的日常生活。语言文字类民间游戏记录了中华文明的形成与发展，展现了中国异彩纷呈的语言文字知识，突出了民众运用语言文字的智慧，是理解中国人生活方式的重要途径。语言文字类民间游戏包含着丰富的教育内容，关涉到各民族各地区民众生活的诸多方面，对于民众生命健康、人格健全、生活幸福有着重要意义。

一 从思维到语言表达

语言和思维是相互作用的，语言文字类民间游戏在训练人类思维和语言表达方面具有显著的作用。儿童在学习说话的时期，成人可以利用语言游戏发展儿童的认知能力。比如"命名游戏"，可以让儿童来辨识物体，如成人与儿童一起辨别身体的各部位名称，一边说头、眼睛、鼻子、嘴巴、耳朵等部位，一边用手指迅速指向这些部位，这样在玩这个游戏的同时，儿童就识别了人体的不同部位，而手指的快速移动也能训练儿童的反应能力和思维能力。

语言是概括性较强的文化符号，它在相当多的时候代表了某一类事物的基本特性和文化含义。因此，语言类游戏不仅是游戏本身，而且是在以语言为核心的游戏活动中学习语言、学习说话的方式，学习多种音节组合成的言语的表达方式，从而传达出思想和情感。语言类游戏提供了语言表达的环境，提供了游戏者语言交流的场合。游戏中的协作交流使得游戏者必须相互沟通，传递信息，练习以语言来传达心意，表露感情，也丰富着生活的

---

* 作者系中央民族大学中国少数民族研究中心副教授。

词汇及语法的运用。语言文字类游戏中的游戏歌谣趣味性强，有节奏感，朗朗上口。比如"炒、炒、炒黄豆，噼哩吧啦翻跟头"的游戏歌谣既贴合动作的展示，又押韵生动。又如两个儿童在"拍大麦"游戏中，一边念唱"一箩麦，两箩麦，三箩开始拍大麦"，一边拍手。简单易唱的游戏歌谣不但增添了游戏的情趣和可操作性，而且游戏者能从中获得知识，进行情感交流。

语言是教育的工具，语言的习得过程从儿童掌握母语开始，并且语言的学习贯穿于生活的始终，贯穿于生活的每一个过程和生命的每一个阶段。游戏歌谣歌词通俗、易懂，贴近儿童生活，为他们所喜爱。儿童在快乐的游戏中自觉或不自觉地便能学会清楚、精炼、具体、形象的语言表达和口头讲述，极好地锻炼了运用语言的能力。

语言文字类民间游戏在提高儿童语言文字的连贯性上亦具有特殊的功能。儿童在语言文字表达时常常不能完整地表述一句话，总是用几个简单的字词或者只言片语来说明自己的想法，描述发现的事物。比如《从前有个老头》："从前有个老头，他有一头小牛，童谣唱了半首，圈里牵出小牛，把牛拴在墙头，童谣已经到头。"儿童边拍手边听或者边拍手边唱，在节奏的配合下，便能顺利地演绎完这首歌谣，这个过程就是游戏活动。游戏中，儿童了解了牛的生活习性，练就了说话的能力。

玩耍是儿童的天性，他们在玩游戏中成长和进步。语言文字类民间游戏中有很多数数类、问答类、绕口令类、连锁类等游戏，均具有语言教育的作用。"板凳宽，扁担长，扁担没有板凳宽，板凳没有扁担长。扁担绑在板凳上，板凳不让扁担绑在板凳上，扁担偏要绑在板凳上"是一首绕口令，游戏者在念诵中须分清"板凳""扁担"及其中容易混淆的字词的读音，并且要以最快的速度脱口而出，这在很大程度上训练了游戏者的吐词发音和语言表达的准确性。

语言类游戏中的语言是地方性语言，是民族母语，因此，语言类游戏必须以汉语方言或者民族语言来进行，否则就无法达到游戏的目的。比如湖北麻城的游戏歌谣《磨麦》唱道："磨麦，请客，做粑，接嘎，嘎不来，一口吃它。"两位游戏者对面而坐，手拉着手，边吟唱，边拉着手前后摇动。歌谣是用麻城方言来演唱的，其中"接嘎"的意思就是"接外婆"。在麻城方言中，"嘎"、"嘎婆"即是外婆。这首游戏歌谣整体上押"a"韵，念唱起来简易、有趣，且意思浅白，游戏者在亲密无间中既知其意，又分享快乐，游戏易于开展，也能达到玩耍的目的。由此可见，语言类游戏实质上是在进行地方知识、民族知识的教育，有利于保护地方方言和民族母语。语言类游戏不仅传承了特色鲜明的地方语言、民族母语和地方、民族的音乐曲调，而且在提高游戏者的语言能力和语言素质，培养游戏者的语感等方面都发挥了重要作用。同时，语言类游戏能为练习已学过的语言提供新的、有意思的语境，并在游戏过程中学到新的语言知识。

二 从心智到道德培养

语言文字类民间游戏是与人们发生关系最早的游戏类型。孩子从出生开始，家人就会给他唱游戏歌谣，等他能说话、会动作的时候，家人便以促进儿童成长的语言文字游戏与他戏耍，让他感受欢乐，也接受教育，大量的游戏歌谣包含着丰富的妙趣且道德化的内容。比如，"摇摇摇，摇元宵，我的元宵是宝宝。穿红衣，戴红帽，不说话，总爱笑。吃饭不让妈妈喂，走路不让爸爸抱。看见小鸟点点头，看见客人问声好。"这首歌谣是在

"摇元宵"游戏中演唱的,游戏由两名儿童合作完成。歌谣与游戏融为一体,配合节奏性强的动作来演唱更加富有趣味。"吃饭不让妈妈喂,走路不让爸爸抱"传递了自己的事情自己做的生活道理;"看见小鸟点点头,看见客人问声好"则教育儿童从小懂礼貌、彼此友善的道德情怀。

语言文字类民间游戏启迪游戏者的心智,得益于对知识的传授、认知和理解,如数数类《六字歌》。儿童在玩耍过程中念诵这首歌谣,其中的每一个数字都具体形象化为牛的身体部位:"一个头,两个角,三花脸,四只脚……"于是,他们既学会了数数,又认识了牛的身体部位特征。

语言文字类民间游戏以中国语言文字的特殊性传承民众对于生活的理解,传承祖先的智慧心声,将知识传承与知识教育结合起来,在游戏中学习,在游戏中成长,在游戏中进步。比如"敲7"游戏是多人游戏,玩法是任意一人开始数数,1、2、3、4……数下去,每逢7的倍数(7、14、21……)和含有7的数字(17、27……)必须以敲桌子代替。如果有谁逢7却数了出来,就算输,有谁没逢7就敲桌子,也算输。这个游戏可以推广到"敲4""敲5"等数字游戏。游戏者参与游戏活动,学习新知识,思考新规律,在热烈的气氛中反复练习,既增强了学习的灵活性,也提高了学习效果。语言文字类民间游戏极大地激发了游戏者,尤其是儿童活动、思维的积极性,增强了他们探索未知的兴趣,激励了他们的创造力,诚如苏霍姆林斯基所说:"游戏是点燃儿童求知欲和创造精神的火种"[1]。

"谐膜"是巴塘藏族的语言游戏,通常在人群聚集的地方举行。只要游戏者身上有一件心爱的物品,游戏就可以进行。游戏者围圈坐在一起,每个人把自己携带的心爱物品交给游戏的组织者。游戏的组织者拿着收集的物品在另一处坐下,在收集的物品中随便拿出一件,悄悄藏好。围圈的某个人说谐膜歌词,谐膜歌词每个人都可以说,想到什么就说什么,然后围圈的所有人一起唱所说的歌词,一般唱歌的调子固定统一。唱完后,圈中的长者就会讲解歌词的意义和寓意。这时,组织者把藏好的物品拿出来示众,表示是这位游戏者的谐膜歌词。这位游戏者想到什么歌词就唱什么,但不能与前面游戏者所唱歌词重复,歌词饱含了许多道德教化的内容:

> 长在石上的神树,已过千年万年,我的慈祥父母,希望如此长寿。
> 甘甜醇香的美酒,请朋友开怀畅饮。这是吉祥的美酒,也是团结的佳酿。[2]

"谐膜"游戏中,有关孝敬父母、感恩长辈、亲朋友善团结、互助合作,以及爱护自然、关爱动物等歌词内容的吟唱无不是在传递社会的伦理道德观念。游戏者在玩耍过程中不断习得并熟悉"谐膜"游戏的传统方式,在亲切而流畅的游戏活动中自然而然地接受道德教育,相互鼓励,踏实前行,养成良好的生活习惯和社会德行。

语言文字类民间游戏是快乐的、自由的,并且以生活为依托,记录生活、反映生活。人们道德观念的接受、养成是从儿童时代的游戏开始的。诸多儿童游戏动手、动口、动脑,互相协调,游戏及其歌谣中闪烁着朴素的道德灵光,包含了明白易懂的道德思想、简

---

[1] [苏]苏霍姆林斯基:《教育的艺术》,肖勇译,湖南教育出版社1983年版,第94页。
[2] 参见益西拉姆、向秋志玛《藏族民间游戏巴塘谐膜的社会功能研究》,《青藏高原论坛》2014年第4期。

单易行的行为品德,儿童在游戏过程中,在语言和身体活动中,启迪了心智,培养了道德,规范了言行。

三 从语言到文字传统接受

语言文字是语言文字类民间游戏的主要载体。中华民族多种语言文字游戏承载着多元、多层次的文化记忆,并且通过身体实践实现着以游戏为中心的语言文字传统记忆,进行着地方知识教育,进而丰富了我国语言文字传统。

民间游戏展示的语言文字智慧,在游戏的名称上体现得淋漓尽致。比如"翻花"游戏流行十分广泛,深受游戏者的喜爱。"翻花"中不同的步骤翻出不同的图案花样,这些图案花样被命名为"牛槽""五星""螃蟹""麻花""手绢""扫帚""芥疙瘩""织布机"等等。这些名称源于民众的生活,源于民众与自然的生活关系,可以说,"翻花"每一个阶段的图案花样命名都是民众基于生活的语言文字智慧。"自然界能够为语言的发展提供无以计数的差别与机会,特别是在孩子身上。自然界的多样性能够为成长中的孩子源源不断地提供具体实物,以便使他们在语言技能发展方面得到基本的理序、分类和命名训练。"[1] 与自然的和谐交流锻炼了游戏者的语言能力,丰富了中国语言资源库,这成为地方语言、民族母语传统的重要表达形式。也因为语言文字类民间游戏体现出来运用语言、文字的智慧,进一步充实了教育的内容和方式,更启迪了游戏者的智力和情感。

语言文字类游戏传统的留存包含了语言文字的外在形式和语言文字意涵的文化人格。这类游戏含括着许多语言文字因素,诸如语音、语义和语言的结构,文字的多种读音带来的游戏效果,文字的使用技巧等,人们在传承和实践语言文字类游戏过程中,实际上就是对这些语言、文字关键性、细节性因素的不断学习和实践,从而使这些看似随意、散漫的玩耍活动以一种轻松自然的方式实现着人们对语言传统的记忆、文字传统的传递。

语言文字类民间游戏实现了关于语言文字形式的记忆。在诗钟、词语连缀、集句、联句等文字游戏中都保留了传统的诗词格律的创作形式。比如,诗钟是中国古代限时吟诗的文字游戏,限一炷香功夫吟成一联或多联,香尽鸣钟,以对仗工整为上,内容含蓄而极富文化韵味。像诗钟一类的文字游戏在唐诗宋词的鼎盛时期非常盛行,然而,这类游戏后来逐渐淡出了人们的视线,不过其结构的汉语语言文字形式的精髓至今在民间流传。另外,谜语、酒令中也含有诸多精妙的语言文字形式。谜语的谜面通常由一些工整对仗的语句组成,还包括歇后语谜、诗词曲谜等特殊形式的谜语。酒令中的口令,又叫口头文字游戏酒令,专门以口头吟诗、唱曲、作对、猜谜等行令。

语言文字类民间游戏实现了关于语言文字意涵的文化人格的记忆。人类语言不是语法、语义和词汇的简单组合,不是抽象的概念丛,不是具体的声音和手势,而是涉及历史与现实、文化与社会、物理和心理等方面的行为和行为方式。语言为文化的记忆提供了最便捷、最有效的途径,是集体经验和集体智慧的储存器。汉族的象形文字,经过数千年的演变发展成为一种表意文字。过去,受纸张稀缺和农耕民族含蓄内敛性格等的影响,汉语不但形成了独特的语言形式传统,也具有了与中华民族的民族品性息息相关的含蓄婉转、

---

[1] [美]S. R. 凯勒特:《生命的价值——生物多样性与人类社会》,王华等译,知识出版社2001年版,第20页。

言简意赅、回环优美的语言特性。在语言文字类民间游戏中，汉语的这种特性也通过游戏的传承实现了记忆的传承。比如谜语就是巧妙地运用比喻、隐喻、借代等手法对事物或文字特征进行形象描述的语言艺术；回文则是使词序回环往复的修辞现象，既可以顺读，也可以倒读，回环婉转，意蕴深厚。游戏者在传承这些语言文字类游戏时，就是对游戏语言文字中蕴藏的这份文化人格记忆的不断建构和重温的过程。

语言文字类民间游戏在民族、地方语言文字传统中占有极其重要的位置，它们通过游戏的方式将这些极具生活化、大众化的文化传统接受，并且传承下来，不仅继承和丰富了地方方言、民族母语，丰富了民族语言文字的使用、普及方式，而且游戏者在实践语言文字类民间游戏时既接受了语言文字本身的知识，也接受了语言文字涵盖的地方、民族民众的生活，这些构成了地方、民族认同的关键性传统。更为突出的是，游戏者借助语言文字游戏活动，学习并获得了以语言文字为载体传达出来的民众生活中的美好道德、美好品格，进而成为游戏者以及游戏者为代表的地方和民族性格、精神养成的重要教育资源。

四　作用于文学艺术的熏陶

语言文字类民间游戏以语言、文字为主要内容进行游戏活动，语言、文字的审美性、形象性和节奏感在游戏中得到了充分体现，并且语言、文字具有的美育功能在游戏玩乐过程中潜移默化地影响了游戏者，尤其是儿童游戏玩耍者，游戏语言适合他们的年龄及接受能力。语言文字类民间游戏中的游戏歌谣吟唱起来押韵，朗朗上口，儿童在玩耍时并非死记硬背，而是愉快地感受并获得。因为语言文字游戏的音乐性、节奏感，使之能与同伴紧密配合，在情感化的表达中得到认识，收获快乐。如《手指歌》"一二三四五，上山打老虎，打到小松鼠。松鼠有几只，让我数一数。数来又数去，一二三四五。"这类语言文字类游戏配合舒展的身体动作，由语言、文字构成的意义和美感便沁入游戏者的心里，为其所接受和感知，亦培养了游戏者的语言文字美感。

语言文字类民间游戏能够启发儿童的思维，丰富儿童的语言，锻炼儿童的表达，引导儿童的想象。这类游戏涵括了独特的文学表现手法，诸如比兴、比喻、夸张、拟人、排比、反复、顶真等运用广泛，这些手法并非高悬、游离于生活之外，而是紧密贴近游戏者，尤其是儿童游戏者的生活土壤，让他们在玩耍语言文字类游戏的时候，可理解、可接受、可欣赏。"巴塘谐膜歌词修饰非常丰富，通常运用当地社会生活的自然现象、生产生活、生活规律等事物来进行比喻，语义浓缩明快，地方口语特色浓，能激发人的思维和更多的想象力。谐膜歌词的修饰喻意对整个游戏起重要的作用，歌词的修饰主要表现在比喻上，游戏通过这些歌词的喻意来解释，反映社会生活、亲情、道德、爱情、伦理等方面的文化。"[①] 多种手法的灵活运用充分展现了语言文字类民间游戏的想象力。因此，语言文字类民间游戏能够影响游戏者掌握语言、文字的使用方法，能够使游戏者受到春风化雨般的文学艺术的熏陶。

中国语言文字丰富多彩，民间游戏不仅在乡村社会广为流传，而且它蕴含的智慧是无界的，可以穿越时间和空间，也可以跨越族群和阶层。语言文字类民间游戏有力地体现了

---

① 益西拉姆、向秋志玛：《藏族民间游戏巴塘谐膜的社会功能研究》，《青藏高原论坛》2014年第4期。

中国语言文字的智慧，经过不同族群和阶层的运用和施展，也呈现出民间游戏语言文字的多样性、民众生活的多样性。比如，斗草游戏原本就是以"斗百草"为主要内容，游戏双方从野地里采来花草，进行比赛。游戏方法是游戏双方各挑选一根茎部有韧性的草，然后茎与茎环套在一起对拉，拉断的一方为输，这是以力量、技巧来进行的斗草游戏。还有一种是以说出花草名字为比赛内容，谁先说不上为输，比赛时不能重复，别人说过的就不能再说，这就要求游戏者有更丰富的花草知识，并且以语言的形式展现出来。《红楼梦》第六十二回有描述："外面小螺和香菱、芳官、蕊官、藕官、豆官等四五个人，满园玩了一回，大家采了些花草来，兜着坐在花草堆里斗草。这一个说：'我有观音柳。'那一个说：'我有罗汉松。'那一个又说：'我有君子竹。'这一个又说：'我有美人蕉。'这个又说：'我有星星翠。'那个又说：'我有月月红。'这个又说：'我有《牡丹亭》上的牡丹花。'那个又说：'我有《琵琶记》里的枇杷果。'豆官便说：'我有姐妹花。'众人没了，香菱便说：'我有夫妻蕙。'豆官说：'从没听见有个夫妻蕙！'香菱道：'一个箭儿一花儿叫做兰，一箭儿几个花儿叫做蕙。上下结花的为兄弟蕙，并头结花的为夫妻蕙。我这枝并头的，怎么不是夫妻蕙？'"[①]《红楼梦》中的斗草游戏较为全面地记录了清代女子玩耍这类游戏的情形。这种以花草知识、以语言智慧为内容的"斗草"深受女孩们的喜爱，斗草游戏中的语言智巧、优美，充分展现出文学的美感。从游戏来看，如果没有花草品种的多样性，游戏是无法进行的；如果游戏者没有花草知识的丰富性，以及通过语言说出花草，游戏者是很难取胜的。语言文字类民间游戏中使用的地方语言、民族母语及其文字建构的形象美、节奏美和意境美，成为游戏者接受美育思想、文学教育的重要途径。

五 走向文化认同的教育

民间游戏是民族或地域文化传统的组成部分，是民众实践经验与情感表达的重要方式。在长期的历史发展过程中，民间游戏不仅是日常生活的一部分，而且内化为民众情感，承载着民众的历史记忆，成为民族认同和地域认同的文化传统。比如，语言文字类民间游戏中的文字不但是记录语言的视觉符号系统，而且也是民族认同的核心内容。在中华民族大家庭中，汉字作为汉语的交流手段、记录汉语信息的载体，在汉族文化共同体形成过程中发挥了重要作用，成为汉族文化认同的标志性文化，汉字类游戏作为汉字文化的表现形式之一，在汉族文化认同中发挥的作用不言而喻。语言诞生与操持语言的民族形成和发展联系在一起，但是随着民族因为生存、生活的原因不断分化，迁徙到不同地域，他们的生活受制于自然环境和生产、生活方式的影响出现差异，于是，在母语基础上产生了多种方言，不同地区的方言以及在方言基础上诞生的语言类游戏成为当地人交流的手段和认同的文化。

当然，我们也注意到文字的认同和语言的认同存在一定差异，文字可以超越语言障碍，尤其是跨越方言障碍，构成更为广大范围的文化认同。比如，同样说汉语，闽南人和西北人无法实现交流，他们以汉字进行交流就会十分流畅。讲述不同地区方言的游戏者，在一起进行语言游戏活动的时候就难以开展，但是，运用文字进行游戏却不会有障碍，从这个意义上说，文字类民间游戏的认同范围比语言类游戏认同范围更为广大，认同的力量

---

① （清）曹雪芹、高鹗：《红楼梦》，人民文学出版社1981年版，第803页。

更加强大。这就形成了语言文字类游戏中以语言为中心的游戏活动范围小，情感却更为浓烈，游戏者在地方传统的作用下，交流更为顺畅，玩耍的时候更为快乐，并且成为地方知识教育、传承的主要内容，由此形成地方认同教育的途径和资源。文字类游戏的基本范围是以语言为基础的，在语言文字类游戏中，语言和文字常常是相依相伴，产生游戏快乐的效果，因此，文字类游戏的传承范围基本是语言游戏的范围，但是文字类游戏是识字者的游戏，由此造成了文字类游戏流传范围更为广泛，不仅在以语言为基础的范围内，而且跨越语言、地域和民族，能够在更广大的范围内传承。于是，文字类游戏更讲究技巧，包含更多、更深邃的含义，也表现出更多的复杂性。所以，文字类游戏表现出来的文化认同就不仅是地方性的、民族性的，而是建立在文字为核心基础上的认同。

语言文字类民间游戏的认同教育是地方性的，也是民族性的，同时，还跨域了地方性和民族性，是以文字为核心构成的传统。无论是以语言为中心的游戏，还是以文字为中心的游戏，在文化认同上主要体现在以下两个方面。

一是语言文字符号上的认同。之于语言来讲，是语音，游戏者说同一种话，这些话是亲切的，是有情感的，是具有传统的穿透力和现实的可接受性，由此，语音就成为认同的符号了；之于文字来讲，文字的结构、文字与文字之间的关系以及文字的读音等均成为文字符号认同的表现。

二是语言文字符号承载的历史文化内涵。以语言文字为主的民间游戏，对于游戏者来说是轻松的、快乐的，但游戏中的语言文字是有意义的、有内容的。这些内容包括地方、民族民众在长期社会发展过程中生活、生产的经验，是地方、民族民众智慧的结晶，由此形成了民族特殊的文化情感和地方独有的知识表达。可以说，语言文字类民间游戏的认同力量源于游戏者血缘、地缘、族源基础上的生活关系和文化关系，反过来，游戏者在进行这些游戏的时候，接受了语言文字上的认同，强化了语言文字游戏中的血缘、地缘和族源关系，并且不断地延伸、扩大认同力量带来的人际交往关系。

文化认同教育包含了认同的根本就是地方知识教育。语言文字类民间游戏储存着丰富的地方性传统文化，因此，语言文字类民间游戏在地方知识传承上具有重要价值，成为培养地方情感，增强地方认同的有效方式。语言文字类民间游戏含括了历史信息、文化传统、科技知识的教育功能。文化认同教育贯穿在民众生活传统中，贯穿在语言文字类民间游戏的历史传承中。清乾隆时期里人何求的《闽都别记》中记录了唐代福建观察使常衮的一首《月光光》，它以闽南土音传授："月光光，渡池塘。骑竹马，过洪塘。洪塘水深不得渡，小妹撑船来前路。问郎长，问郎短，问郎一去何时返。"这首游戏歌谣在当今闽南各地广为传唱，其主题结构基本相同，只是歌词内容有所变动。

《闽都别记》的创作基础是福州说书艺人所讲的大量民间故事，书中记录的民风民俗是真实可靠的，这些民俗大致是以清朝乾嘉年间为下限，上可追至明朝中后期。这些儿童歌谣、故事类的游戏演唱、讲述采用闽南语，游戏者是闽南人，由闽南语为根本组成的语言类游戏成为游戏者的认同文化，他们在玩游戏过程中，接受了闽南语的认同教育，强化了彼此文化上的关系。

游戏者在语言文字类民间游戏的讲唱中，在语言的表述与文字的表达中不知不觉地掌握了知识和经验，因此，语言文字类民间游戏不仅成为地方认同知识，生产着地方认同知识，而且有效地传授生产、生活知识和经验，同时进行着由此产生的文化认同教育。

六 结语

语言文字类民间游戏与人类文明的发生、发展相伴而生。大量历史事实证明，人类文明诞生、发展以及文明教育、传承与游戏相关。荷兰文化史学者胡伊青加认为："在整个文化进程中都活跃着某种游戏因素，这种游戏因素产生了社会生活的很多重要形式。游戏竞赛的精神，作为一种社交冲动，比文化本身还要古老，并且像一种真正的酵母，贯注到生活的所有方面。"[1] 从这个意义上说，民间游戏及其内含的诸多因素不但衍生了多样化的文化表现形式，而且孕育了文化、文明生长的土壤。

语言文字类民间游戏来源于生活，也是民众生活最原始的教育方式和教育内容，这种教育依托于群体生活来实现。语言文字类民间游戏最早的游戏者是母亲和孩子，在襁褓中，母亲就会与牙牙学语的孩子游戏，主要以语言的形式实现。文字类游戏则是在游戏者掌握文字之时或之后，以文字的形式表达生活的智慧和人类知识。语言文字类民间游戏不仅是人类文明的一部分，而且成为民族传统和生活文化的历史积淀与现实表达。

语言文字类民间游戏富于娱乐性、自主性和创造性，从语言文字的游戏生活中习得和掌握民族或地域中的思维方式、道德观念与行为规则。这种认识世界和社会的方法，包括有关人生的价值观念均潜藏于游戏活动中，并且渐趋内化为以游戏者为代表的文化区域内的民众的自觉性思想与行为方式，进而形成民族或地域的认同感和归属感，成为民族或地域民众稳定的文化心理、家园观念。

随着中国现代化、城镇化不断向纵深发展，语言文字类民间游戏逐渐失去了生存空间，现代教育体系极大地压缩了传统民间游戏的可能性，尤其是以儿童为中心的游戏者被迫"放弃了对与其他生物进行有意义的联系的深深渴望。也许，在我们选择孤立或是破坏这些从情感、智力和精神上给我们的生活以潜在意义的生命过程的时候，我们就已经将自己托付给了一种更深刻、更危险性的孤独"[2]。

（原载《民俗研究》2018 年第 4 期）

---

[1] ［荷兰］胡伊青加：《游戏者——对文化中游戏因素的研究》，成穷译，贵州人民出版社 2007 年版，第 170 页。

[2] ［美］S. R. 凯勒特：《生命的价值——生物多样性与人类社会》，王华等译，知识出版社 2001 年版，第 29 页。

非物质文化遗产与民俗节庆文化的建构

——基于广西百色市布洛陀民俗文化旅游节的考察

毛巧晖[*]

【摘要】非物质文化遗产保护在中国全面启动至今已有十余年历史。民俗学与非物质文化遗产结合的新视野推动了学术发展,初起之时"非遗运动"的喧闹渐趋转入理性的学理分析与思考。在新的非遗语境中,民俗节庆研究面向超越了单向度与片面化。文章以广西百色市布洛陀民俗文化旅游节为个案关照,阐释了她在广西田阳这一古老地域兴起时,在政府与学者的共同构划中选取了壮族文化发祥地和精神家园这一新路向;在布洛陀人文始祖信仰核心的支撑下,通过政府的文化展示以及民俗精英对"地方性知识"的新建构,将这一新型民俗节庆嵌入"三月三"时间点,逐渐构筑了进入当地民众生活的民俗节庆。但是这一节庆是否能伴随历史的车轮存续在民众生活中,在未来的世界能否沉淀下来进入传统节日系统,还要看其未来的发展,尤其是应该警惕新型民俗节庆"脱域"现象。

中国的非物质文化遗产保护从 2006 年全面开启,至今经历了十余年的发展历程。在这一时期,非物质文化遗产逐渐在学界搭起了一个新的平台,民俗学、文学、戏曲学、艺术学、人类学、建筑学等多学科在这一学术话语统领下交融共筑,形成了学术新视域。其中,民俗学研究者积极参与,非遗成为带动民俗学发展的一个重要话题与推手,在民俗学中形成了新的学术生长点。尽管"非遗是块唐僧肉",但不同领域在"吃法"上理路不同。民俗学因为关注非遗,逐渐将"民""俗""民间"转入国家话语空间,其对非遗的研究涉及:保护内容、保护原则、保护方法、保护伦理等。这一过程呈现了民俗学者在非遗研究中渐趋深入的学术思想。而对于学术问题的探究,亦经历了"本真性""原生态""文化保护区"以及关注非遗不同层面(政府、学者、文化承载者)的问题、传承人(传承主体)等,上述问题的演化恰恰反映了非遗的学术史历程以及理论的内在变迁,同时也呈现了非遗研究的发展路径。随着非遗研究理论渐趋深入与成熟,初起之时"非遗运动"的喧闹渐趋转入理性的学理分析与思考。民俗节庆作为民俗学研究的重要内容,历来受到学者的关注。根据"中国知网"数据统计,从 1994 年至 2017 年篇名中有"民俗节庆"一词的共计 97 篇,主要集中于 2010—2014 年,而这与非物质文化遗产研究的热度一致。2016 年二十四节气进入世界非物质文化遗产名录,民俗节庆在社会中的关注度进

---

[*] 作者系中国社会科学院民族文学研究所研究员。

一步提升。

　　传统社会的民俗节庆大多是农耕社会产物，在新的时代语境中，它们何去何从？非物质文化遗产如何改变了民俗节庆的传统样态，它对民俗节庆的未来发展有何意义，等等。学者的关注点有节庆与公园文化、节庆与旅游、节庆的对外传播，用"传统的发明""嵌入理论""脱域与回归"等视野予以观照。① 这些对于节庆研究而言，都超越了传统的单向度与平面化视野，但对于非遗语境中民俗节庆有哪些新的生长点？他们的发展如何更好地契合新的趋势？"当前，我们正处在人类历史上的一个转折性时期，充满不确定因素。自古以来，人类从未像今天这样动员起来并充满热情地保护过去的遗产，特别是在不同社会间大范围接触和对资源进行以消费为导向的过度开发的背景下。这种遗产保护意识的产生有一个先决条件，即'地方性的生产'（production de la localité，Appadurai 1996）及其模式与机制的转变；同时还造成了一个代价，即在周围一切或几乎一切遗产都消失的时候，感到惊恐的人们才去寻找坐标（repères）和里程碑（bornes），以维系他们陷入剧变中的命运。正是在这种情况下才出现了遗产的生产，不论是遗址、文物、实践或理念；这种遗产的生产能够恰如其分地被视为一种'传统的发明'。"② 广西百色市布洛陀民俗文化旅游节即是其中之一，她算是一种新兴民俗节庆模式，其依托于壮族古老的布洛陀文化，在新的文化场域（广西田阳敢壮山）建构了壮族文化"新节庆"。

一　源起：古老地域的文化新路向

　　布洛陀民俗文化旅游节从2004年开始举办第一届，至今已经举办14届，现在她已经发展成为"广西具有较大影响力的一个民俗节庆品牌"③。对于这一从21世纪初兴起的民俗节庆活动，众说纷纭，有认为其属于新节庆的"发明""非物质文化遗产的生意"，也有对其从文化遗产角度的分析，还有对这一节庆进行条分缕析、层层剥离探索其兴起过程与本质，等等。④ 但是无论研究者如何阐述，这一民俗节庆活动都进入了广西百色，尤其是田阳民众的生活。这一新的节庆兴起之源是田阳的"春晓岩"（敢壮山），其相关事件则是壮族著名作家古笛在田阳看到"敢壮山"，他认为"敢壮"就是"布洛陀故居"之意。之后这一消息在《右江日报》《南宁日报》《人民日报》等地方和中央的官媒相继报

---

① 相关研究甚多，"发明"主要是借鉴霍布斯鲍姆《传统的发明》（顾杭、彭冠群译，译林出版社2004年版）；"嵌入理论"主要有马威《嵌入理论视野下的民俗节庆变迁——以浙江省景宁畲族自治县"中国畲乡三月三"为例》，《西南民族大学学报（人文社会科学版）》2010年第2期。"脱域与回归"主要参见成海《传统民俗节庆的脱域与回归——以云南新平花腰傣花街节为例》，《旅游研究》2011年第3期。

② [摩洛哥] 艾哈迈德·斯昆惕：《非物质文化遗产及其遗产化反思》，马千里译，巴莫曲布嫫校，《民族文学研究》2017年第4期。

③ 黄铮：《打造布洛陀文化学术研讨会的升级版——关于每年在田阳或百色举办"壮学论坛"的提议》，《2017年布洛陀文化研究座谈会论文集》，未刊稿。

④ 刘大先：《非物质文化遗产的生意——敢壮山布洛陀的神话塑造和文化创意》，《粤海风》2009年第2期。

道。"布洛陀文化遗址的发现"逐渐在电视、网络大规模报道。[①] 这一话题掀起了对于壮族布洛陀文化的关注。首先在源起地田阳召开了"田阳县敢壮（春晓岩）布洛陀遗址研讨会"，这次会议上就发起了"打响布洛陀文化品牌"的动议。这一时间节点是2002年，当时非物质文化遗产还只是初露端倪。国家尚未关注，田阳政府能有此决策，某种意义上来说，还是走在前列了。当然政府所秉持的更多的依然是20世纪八九十年代兴起的"文化搭台，经济唱戏"的理念。

田阳历史久远，古属百越之地。早在3000多年前，这一带生活的壮族先民就已进入了文明社会，他们形成了自成一体的文化体系。花山岩画、骆越铜鼓和《越人歌》可谓壮族先民超凡想象力与艺术力的代表。花山岩画通过图像表达了壮族先民社会的灵魂体系，这一体系与《壮族麽经布洛陀影印译注》中的灵魂表述体系直接相关，它"与《麽经》中的灵魂叙事存在着宏观对应关系。"[②] 他们共同为壮族先民建构了宇宙发展的秩序。铜鼓既是壮族工艺智慧的体现，也是其审美文化的结晶。他们在远古社会象征着权力，同时"又是造型之美与声乐之美的文化源泉"[③]。《越人歌》则是壮族先民诗性文化的文字存证，它最早见于刘向《说苑·善说》，"今夕何夕兮，搴洲中流。今日何日兮，得与王子同舟。蒙羞被好兮，不訾诟耻。心几顽而不绝兮，得知王子。山有木兮木有枝，心悦君兮君不知。"[④] 无论花山岩画还是铜鼓文化，抑或是《越人歌》，我们都能看到在远古时期，壮族先民发达的文化以及他们的艺术才能。而田阳被认为是壮族的发源地之一。她在战国时归属于楚国，秦国建立中央统一王朝后，她隶属于象郡，属于较早被纳入中原王朝的边地之一。在漫长的历史过程中，她行政隶属会有变动，但文化则沿着历史的河床奔涌向前。到了现代中国，她为红军和新中国的缔造做出了新的贡献。但是随着经济发展，其文化优势渐趋被经济发展所挤压，以农业为主的田阳不再具有优势地位，21世纪初"布洛陀文化遗址的发现"为其经济发展提供了文化新契机。政府联合学者，希冀在古老大地开掘文化新路向。第一次座谈会后，政府确定了"布洛陀文化品牌"的基调后，紧接着田阳政府邀请百色地区旅游局、宣传部长、政协领导等对春晓岩、布洛陀文化进行考察，积极争取上一级政府以及文化领域的各方领导的支持。2002年9月，田阳政府除邀请本地的壮学、历史学、考古学研究者外，还邀请了国家层面的学者代表，如中国社会科学院、中央民族大学壮学与民族学研究者，经过实地考察与学术研讨，在会议结束后媒体的报道中，其结论为"专家考察团经实地考察并查阅相关资料后一致认为，从那贯的地理位置、地质条件、文物资料，敢壮歌圩的规模，周边群众的信仰，布洛陀始祖庙及众多

[①] 2002年6月26日，壮族著名诗人、词作家古笛先生到田阳，专程赠送《古笛艺文集》，在田阳期间，古笛在田阳县委宣传部长、县人大副主任兼县博物馆馆长黄明标、县文联副主席以及田阳籍著名作曲家李学伦先生等陪同下到春晓岩。在考察中，他提到"敢壮"是"布洛陀的故居"的想法。2012年6月30日，古笛回到南宁，将自己的发现告知自己的弟子舟舟，若舟则将消息告知彭洋，在彭洋的推动下，召开了田阳布洛陀遗址的座谈会，《南宁日报》谢寿球和农超参加。彭洋认为"这个发现可与乐业天坑媲美"，可以说是民族文化的"天坑"。参见毛巧晖《非物质文化遗产视域下的文化传统与文化记忆——兼论广西田阳布洛陀文化的重构》，《贺州学院学报》2016年第2期。

[②] 林安宁：《壮族〈麽经〉灵魂叙事与花山岩画研究的新途径》，《2017年布洛陀文化研究座谈会论文集》，未刊稿。

[③] 覃德清：《论壮族诗性传统的生产与演化》，《民族文学研究》2017年第4期。

[④] （汉）刘向撰，卢元骏注释：《说苑今注今译》，天津古籍出版社1977年版，第366—367页。

的民间传说等方面来综合分析,可以确定,那贯山是壮族文化的发祥地和精神家园"。① "壮族文化发祥地"与"精神家园"就成了田阳打造布洛陀文化的"新路向"。这一过程从当时民众的反应与参与亦可得知。在布洛陀文化遗址发现与新的文化品牌构建过程中,民众对其也极为关注。有民众在田阳贴吧发帖子讲述了自己在春晓岩所见情况:"南天门"字样被铲掉,"春晓岩"介绍的碑文亦被除去,他预测这有可能会换成"敢壮山"或"布洛陀遗址"等;另外就是神龛和牌位进行了更换,在各个岩洞换上了"布洛陀守护神位""母勒甲姆娘神位""布洛陀(公甫)祖神位"。② 这些既折射了田阳政府建构布洛陀文化的过程,同时也反映了其所依托的"信仰核心"——布洛陀人文始祖。恰是这一"信仰核心"为布洛陀民俗文化节的"建构"奠定了共识的前提,这一节庆是新的"发明",但是布洛陀信仰却是壮民族由来已久的。

二 人文始祖:节庆的信仰依托

"布洛陀"是状语读音的汉字写法,也曾写作"保洛陀""保罗陀""布洛朵""布罗陀"等,它被视为壮族民间最高的神祇,是壮族的创世神、祖先神、智慧神、道德神和宗教神。

布洛陀神话叙事在壮族民间依然留存,其传承与存续主要有两大类,"一是民间口耳相传的神话故事,再一个就是由民间布麽将布洛陀神话编成的经诗唱本,也就是《麽经布洛陀》"③。而口耳相传的神话故事,也是依托于麽教,一般布洛陀神话的讲述者都是从麽公诵经时听来的。民间口耳相传的布洛陀神话叙事,其内容主要围绕布洛陀在壮族文化中的"发明创造""秩序规定""伦理规范"展开,具体而言则有不同的母题。如"大灾难后人类再生",《布洛朵》④中"娘侄通婚","雨从东方来,雨从西方出。雨颗有大有小,小的落高山,大的降低凹。小雨颗像罐子,大雨颗像坛子。雨下了五天,雨落了七夜。水碓窝冒洪水,水碓尾有洪水冲。大地浪连天。水淹七年那么久,水淹八年那么长。天下只剩娘侄俩没被淹死,只有一个大葫芦还漂着,娘侄俩躲入葫芦里。风吹往西,葫芦漂往西,风吹往东,葫芦载娘侄俩往东。"后来,布洛朵出现了,他让娘侄两传人烟,他们不能接受,后经过穿针、和磨盘、合烟等,结合后生了个肉墩,按照布洛朵的教导,将肉墩切碎,撒向四方。落大坝水头的变布汉、布侬;落高山深箐的变布苗、布孟;落箐头林间的变布瑶、布泰。⑤ 其他如"开天辟地""制造万物"等发明创造更是比比皆是,如流传在巴马县《布洛陀》《布洛陀取火》等。此外还有"定两性""分雌雄"等性别秩序

---

① 《经权威专家学者考察后确定 壮族的根就在那贯山》,《右江日报》2002年9月9日。
② 时国轻:《广西壮族民族民间信仰的恢复和重建——以田阳县布洛陀信仰研究为例》,博士学位论文,中央民族大学,2006年,第74页。
③ 陆青映:《论壮族麽经与壮族民间文学艺术之间的关系》,《2017年布洛陀文化研究座谈会论文集》。《麽经布洛陀》,一般文本都参照《壮族麽经布洛陀影印译注》(张声震主编,广西民族出版社2004年版),以下简称《麽经》,索引内容不再单独标注。
④ 农冠品编注:《壮族神话集成》,广西民族出版社2007年版,第1—75页。
⑤ 布汉,壮语指汉族;布侬,壮语指壮语支系中的布侬;布苗,壮语指苗族;布孟,壮语指彝族支系中的"孟武";布瑶,壮语指瑶族;布泰,壮语指壮族支系中的"土族"。另,文中所引有关布洛陀的神话文本资料主要由中国社会科学院民族文学研究所王宪昭研究员提供,在此特别感谢!

的规范，如流传在云南西畴的《布洛陀》中"称万物"等；人与人之间的社会秩序及人与动物之间的宇宙秩序，如《壮族神话叙事史诗——布洛陀的传说》中"画上一只肥壮的雄鸡/让它五更起床/面向北方报晓/提醒北方以北村庄的人早起/南方以南地广人多，村庄密集/但大多都目不识丁/你又在那座山上/画上一位圣人/圣人手持一卷厚厚的圣书/面朝南方。"①

《麽经》中也有"造天地""造日月星辰"等万物山川，如："那时还没有人类，天与地混合在一起；不分白天黑夜，不分高和低。还未造出大地，还未造出月亮和太阳，布洛陀在上方看一切，仙人在上边来作主，做成印把来传令，派来了盘古王，从此天分两半，从此天变两方。"《麽经》中有关灵魂的叙事，包纳了世界万物，具体而言涉及人类、动植物以及其他自然界万物如火、铜鼓等，在灵魂叙事中，更多体现了远古壮族先民的宇宙秩序观。

从经籍文本到民众的口传叙事都可看到始祖神"布洛陀"在壮族的重要位置，同时布洛陀文化也是我国壮侗语族以及东南亚台语同源民族共同的文化认同。

在田阳发现"布洛陀文化遗址"，田阳政府积极参与遗址的论证，经过政府与学者的共同努力，布洛陀作为"人文始祖"成为此"民俗节庆"之核心。正如首届布洛陀民俗文化旅游节的相关报道中所强调的，"中国广西在壮民族祭祀祖先布洛陀的地方——百色市田阳县敢壮山举办首届布洛陀民俗文化旅游节"②。人文始祖是各民族在远古时代都存在过的"文化英雄"，"他们被认为对古代的特殊生活方式具有教化之功"，"在古代文明创建的过程中有杰出贡献者，即神话传说中的发明创造者。他们集中体现了上古人民的智慧和才能，推动了人类文化的进程，代表人类文明的曙光，因此被大家纪念和歌颂。"③每个民族都有自己的"文化英雄"，他们共同为中华民族的文化发展做出了贡献。同时这一新的节庆在时间节点上嵌入了"三月三"④这一壮族民众的"时间观"。⑤这一新的节庆与"布洛陀"信仰结合，以"三月三"为时间嵌入点，从内在理念恰如哈马贝斯所说："与古人相比，人的现代观随着信念的不同而发生了变化。此信念由科学促成，它相信知识无限进步、社会和改良无限发展。"⑥尤其是 2006 年，《布洛陀》被列入国家第一批非物质文化遗产名录后，布洛陀文化与相关信仰引起了学界和社会的关注。笔者根据中国知网的数据进行统计，1983—2016 年以"布洛陀"为关键词的文章共计 643 篇。分布情况见图1⑦。数据显示，2008 年、2010 年是布洛陀文化研究的峰值。可见，布洛陀民俗文化

---

① 黄诚专：《壮族神话叙事史诗——布洛陀的传说》，http://hongdou.gxnews.com.cn/viewthread-3293330-1.html，引用日期：2017-05-25。

② 《广西举办首届布洛陀民俗文化旅游节》，http://gb.cri.cn/41/2004/04/21/81@136000.htm，引用日期：2017-05-24。

③ 潜明兹：《中国古代神话与传说》，中国国际广播出版社2010年版，第92页。

④ "三月三"作为一个民俗节日广泛存在于诸多南方少数民族中间。壮族、苗族、布依族、黎族、白族、瑶族、彝族、侗族、畲族等都盛行在农历"三月三"举行各具特色、内涵各异的庆祝活动。而嵌入理论是1944年波拉尼在《大变革》一书中提出了，后被应用到文化变迁理论。

⑤ 马威：《嵌入理论视野下的民俗节庆变迁——以浙江省景宁畲族自治县"中国畲乡三月三"为例》，《西南民族大学学报（人文社会科学版）》，2010年第2期。

⑥ 王岳川、尚水编：《后现代主义文化与美学》，北京大学出版社1992年版，第13页。

⑦ 笔者主要按照关键词进行检索。

节虽然是从 2004 年新出现的民俗节庆，但是由于其根基布洛陀信仰，每年的民俗文化节都举行盛大的布洛陀祭祀庆典，使得这一新的民俗节庆并不是"脱域"而生，也不是"脱域"发展。虽然这一节庆不是壮族历来就有的，但她与把某一民俗节庆与民俗文化语境脱离不同，如云南新平花腰傣花街节，这一节庆有坚实的文化信仰基础，信仰推动了布洛陀民俗文化旅游节的发展前行，成为其铸造新的节庆之必要条件。同时从图 2 作者分布分析来看，作者群主要由在广西及各大科研机构的壮族学者组成。以此而言，壮族布洛陀文化节庆首先在壮族学者群中迅速扩展。但是对于民俗节庆，最重要的应是民众接受，并进入民众的节日序列。新的节庆出现，在古今中外比比皆是，尤其是在非物质文化遗产发

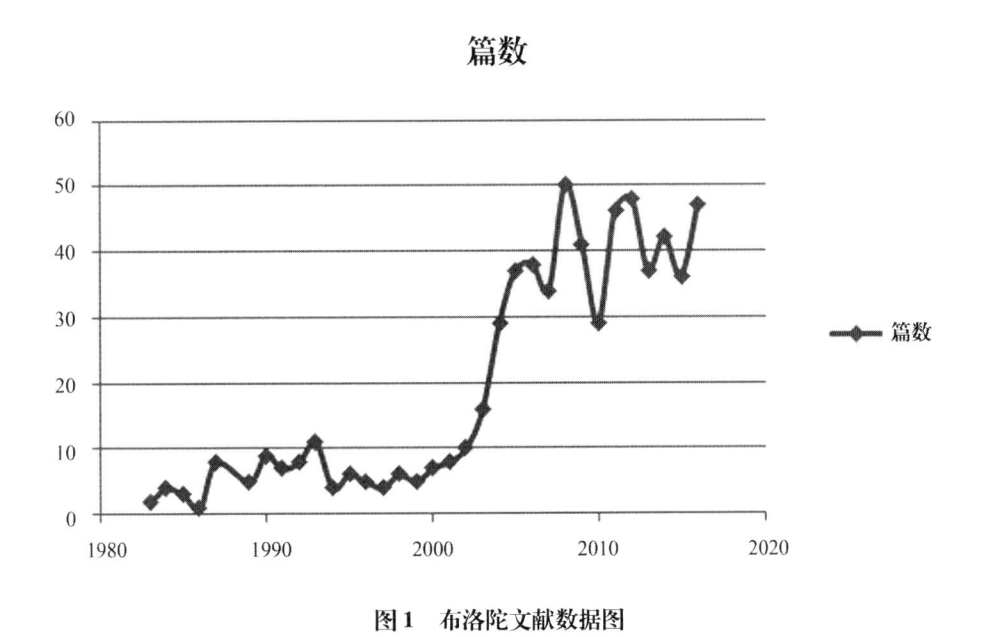

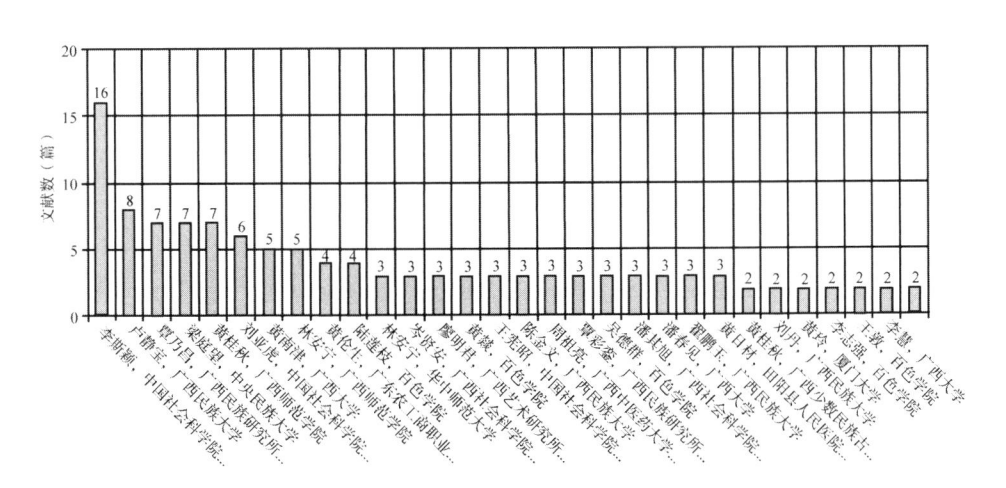

图 1　布洛陀文献数据图

图 2　布洛陀文献的作者分布（来自"中国知网"计量可视化分析）

展的今天，文化与经济紧密相连；旅游成为现代人的生活方式与精神追求，经济的发展不能忽略文化，同样文化的发展也与经济紧密相连。在这一文化语境中，新的节庆出现倒不意外，只是她如何能熨帖地进入民众的生活才是关键。

三　文化展示：节庆进入日常生活

根据《非物质文化遗产公约》，民俗节庆属于第三类，即"社会实践、仪式、节庆活动"。而对于何为遗产，学者众说纷纭，有学者提出了遗产只是建构出来的，文化遗产瞬间在世界各地遍地开花等。相较而言，杰姆斯·克利福德（James Clifford）的说法更有说服力。他认为"遗产本身是一种传统意识。"艾哈迈德·斯昆惕（Ahmed Skounti）进一步对其进行了阐释，即"遗产涉及诸多利害关系。首先是对遗产进行干预所带来的经济上的后果：创办企业和创造就业岗位、投资、旅游业和外汇收入等。其次是政治上的后果。因为广义上的遗产被用于选举，会激起群体和个人之间对权力的争夺；这种权力的争夺和分配建立在与群体和个人相互之间真实的或假设的经济地位相对等的基础上。再者，对社会的后果体现在这些同样的群体和个人同时对社会声誉、对'显著化'（notabilisation）和象征性资本的追求上。最后，在文化上的后果体现在对遗产的干预确定了一种强烈的认同。这种同质化的、永恒不变的认同有时会被当作动员民众的工具。"[①]

为使中国的非遗保护工作规范化，政府从行政规范到法律条文都做出了具体规定。[②]但这些政策、措施与法律需要在全国行政各个层级贯彻落实。地方各级政府部门将非遗视为"文化展示"的契机，同时也是"有利可图的资源"[③]。布洛陀民俗文化旅游节，是田阳市政府作为政府保护文化传统的"政绩展示"，同时也将其视为田阳"经济提升"的契机。在政府所展示的文化中，民众的参与度如何以及如何转换进入民众的"传统节庆观"与"时间观"，才是这一节庆借助非物质文化遗产《布洛陀史诗》能够存续之关键。"三月三"这一时间节点是民众接受"布洛陀民俗文化旅游节"的契合处，同时由于自2014年起这一时间段正式进入广西民众的假日系统，这就更加为此提供了良好机缘。因为对于文化的传承，其根本在于"传承主体"[④]。民众恰是这一节庆的主体，当然对于民众的

---

① ［摩洛哥］艾哈迈德·斯昆惕：《非物质文化遗产及其遗产化反思》，马千里译，巴莫曲布嫫校，《民族文学研究》2017年第4期。

② 2005年国务院发布《关于加强文化遗产保护的通知》（国发〔2005〕42号），并制定"国家＋省＋市＋县"四级保护体系。2008年5月14日文化部务会议审议通过《国家级非物质文化遗产项目代表性传承人认定与管理暂行办法》，对于非物质文化遗产代表性传承人也实行申报和评审制度。在个人申请、当地文化行政部门审核、省级文化行政部门审核评议推荐的基础上，按照国家级非物质文化遗产项目代表性传承人评审工作规则和文化部办公厅《关于推荐国家级非物质文化遗产项目代表性传承人的通知》（办社图函〔2007〕111号）要求分门别类逐项审议。2011年2月25日中华人民共和国第十一届全国人民代表大会常务委员会第十九次会议通过了《中华人民共和国非物质文化遗产法》，并于2011年6月1日起施行。

③ ［美］贝拉·迪克斯：《被展示的文化：当代"可参观性"的生产》，冯悦译，北京大学出版社2012年版，第126页。

④ 朝戈金：《非遗保护应把传承主体放在首位》，《人民日报》2017年6月8日。

"文化身份"① 而言②,并不是铁板一块,他们的文化承载也不是均质化的。

民众中,民俗精英的文化身份以及他们的文化主动性与普通民众不同。在田阳布洛陀文化遗址发现以及推广过程中,民俗精英作用极大,他们在向外来知识人(学者)推广布洛陀文化就是其文化选择的结果,他们推介什么以及如何推介极大影响了外来调查者③。而对于当地普通民众而言,他们原初对于布洛陀文化并不知晓,据时国轻当时考察,田阳春晓岩一带的神话传说中并未出现"布洛陀",他们也没有布洛陀与姆六甲的信仰。布洛陀文化旅游节所推广的"布洛陀文化",其作为被重构的"地方性知识",不仅要向外来者推广,同时也要向内推介。当地民众也从最初的"不知晓"渐渐融入其中,每年的布洛陀祭祀大典、歌圩参与者众多,这一大型祭祀与文化娱乐引导了民众的文化认知,他们由"文化他者"转向"文化承载者"与"文化传承主体",积极向外来者展示"布洛陀文化",并将其转换为"我者"文化的标志。布洛陀民俗文化旅游节也逐渐从"无人知晓"成为田阳的"文化标志",再加上每年度的壮学论坛有关布洛陀的文化研讨,从学术上更进一步提升了这一"新兴节庆"与"文化品牌"。

总之,在政府组织的文化展示中,民俗精英积极重构新的"地方性知识",学者则从文化理念探寻其文化特性,并在一定意义上导引其发展。在民俗节庆繁多,新节如雨后春笋般出现的时候,哪些节日能伴随历史的车轮存续在民众生活中,哪些节日在未来的世界能沉淀下来进入传统节日系统?布洛陀民俗文化旅游节有可能是其中之一。但是在未来的发展中,也要借鉴国内外的经验,国内的如端午民俗节庆的嘉兴模式、香港如何将民俗节庆与旅游结合等,国外如日本韩国的民俗节庆新理念、新模式等。但最根本之处是结合田阳的文化特色,在未来的布洛陀民俗旅游节中进一步强化文化核心与信仰支撑。相关的学术研讨会如能契合这一主题最好。布洛陀民俗文化旅游节兴起之时的定位极好,希冀其能成为国内民俗节庆的新模式之一,并在未来发展中一定要警惕节庆"脱域"现象。

(原载《贵州社会科学》2018 年第 3 期)

---

① Yep 认为身份是个体在特定的社会、地理、文化和政治语境中的一种自我观念(self-concept),是身份赋予了个体以人格和自我。

② Yep, G. A., "My Three Cultures: Navigating the Multicultural Identity Landscape", in J. N. Martin, T. K. Nakayama and L. A. Flores eds, in *Readings in Intercultural Communication*, New York: Mc-Graw-Hill, 2002, p. 46.

③ 黄明标 2002 年陪同古笛到春晓岩,考察过程中黄明标"给我介绍了极其重要的情况,据他所知春晓岩这一名字是明代一位过往的风水先生(江西秀才郭子儒)所题,而自古以来这一带的人都叫这座山作'敢壮'。山西原在'祖公庙'和'母娘岩'、'望子岩'、'鸳鸯泉'、'圣水池'、'蝗虫洞'……诸多亭、台、阁、塔等名胜古迹,可惜早于 1958 年'大跃进'时大都被人为毁掉。"见古笛:《布洛陀故居及壮族歌圩发祥地探访》,《古笛艺文集(十一卷)》,中国广播电视出版社 2004 年版,第 5 页。黄明标的介绍本身就是一次文化过滤。

"一带一路"倡议下中国"文化走出去"的战略转型

——以武术国际推广3.0时代为例

吕韶钧[*]

【摘要】 本文主要采用文献资料法、专家访谈法等科研方法，从"一带一路"倡议的实质入手，阐述了文化是推动国家战略的重要支撑力，论述了全球化背景下"共享"理念的重要性和必要性。研究认为："一带一路"倡议的实质是建立国与国"主体间"平等的共建、共享；共商、共赢；互惠、互利双向互动的合作新模式和国际交流新机制。并提出了新的时代背景下武术国际推广3.0时代的到来，以及所应做出的战略调整，即：由文化"软实力"向文化"柔传播"转型、由文化"走出去"向文化"走进去"转型、由武术"国际化"向武术"国际性"转型、由武术"技术教学"向武术"健康服务"转型，从而使更多的人认知、认同武术文化，让世界共享武术"自然、和谐、健康"的健身理念，这才是武术文化打造国际影响力的核心价值之所在，也是我们提出"一带一路"倡议的美好愿景。

党的十九大报告中明确提出："中国坚持对外开放的基本国策，坚持打开国门搞建设，积极促进'一带一路'国际合作，努力实现政策沟通、设施联通、贸易畅通、资金融通、民心相通，打造国际合作新平台，增添共同发展新动力。"[①] 作为新时代坚持和发展中国特色社会主义的一项基本方略，我国提出的"一带一路"倡议的实质就是要建立起一种全球合作新模式和国际交流新机制。它并不是中国主体意志的战略强加，也不是单向的（资本、产能过剩）战略输出，更不是大国之间地缘政治博弈的战略制衡，而是强调国与国"主体间"平等共建、共享；共商、共赢；互惠、互利双向互动合作的新模式和新机制。因此，在2016年11月17日的联合国大会上，中国的"一带一路"倡议上升为联合国认可并推动的重要倡议。如欧盟委员会前任主席巴罗佐所说："一带一路"构想带给未来的发展机会，不仅是中国的，也是欧洲的，更是世界的[②]。随着"一带一路"倡议

---

[*] 作者系北京师范大学体育与运动学院教授。

[①] 习近平：《决胜全面建成小康社会 夺取新时代中国特色社会主义伟大胜利——在中国共产党第十九次全国代表大会上的报告》，人民出版社2017年版。

[②] 郑小红、巴罗佐：《"一带一路"构想是整个世界的发展机会》，http://www.chinanews.com/cj/2015/11-13/7622303.shtml.

的稳步推进，文化的融合是一股不可忽视的力量，"要尊重世界文明多样性，以文明交流超越文明隔阂、文明互鉴超越文明冲突、文明共存超越文明优越"①。因此，"民心相通"和"文化包容"就成为"一带一路"倡议中关于文化交流领域的重要关键词。正像习近平主席曾指出的："一项没有文化支撑的事业难以持续长久。"② 古丝绸之路是一条经贸之路，它是世界对中国丝绸制作技艺的折服和膜拜。它更是一条文化之路，通过丝绸之路经济带的交流与发展，我们看到了其背后的文化支撑和思想交融，这才是一种文化的影响力，当然这也更是一个国家的核心竞争力。

国之交在于民相亲，民相亲在于心相通。"文化先行是丝绸之路经济带建设中'民心相通'的根本保障，丝绸之路沿线国家间的跨文化交流不仅在国家层面，更在民间交往层面。"③ 近日，中共中央办公厅、国务院办公厅印发了《关于实施中华优秀传统文化传承发展工程的意见》。《意见》中明确指出："加强对外文化交流合作，创新人文交流方式，丰富文化交流内容，不断提高文化交流水平。……支持中华医药、中华烹饪、中华武术、中华典籍、中国文物、中国园林、中国节日等中华传统文化代表性项目走出去……加强'一带一路'沿线国家文化交流合作。鼓励发展对外文化贸易，让更多体现中华文化特色、具有较强竞争力的文化产品走向国际市场。"④ 因此，在当前"一带一路"建设中，如何推动中国文化"走出去"？如何讲好中国故事？如何用我们的文化打通"一带一路"的经脉，用我们的文化智慧唤醒世界人民对多元文化认知的渴望，这都是我们需要认真思考的战略问题。

其实随着全球化趋势的势不可挡，世界间的文化交融与文化竞争已成为当今文化全球化发展的主要动力和基本态势。而体育运动本身就是一种竞争鲜明的文化，体育的竞争说到底不仅仅是人的运动能力的竞争，也是一种体育文化的竞争。因此，随着我国"一带一路"倡议的总体推进和"文化走出去"战略的全面实施，中国体育界也要在广泛吸收外来体育文化精华的同时，更应该认真思考在与不同体育文化的交流中，如何用我们优秀的民族传统体育文化思想来影响世界体育的多元发展。我们跟踪了中国外文局发布的《中国国家形象全球调查报告》2013年、2015年、2016—2017年的调查数据，发现，国际民众认为最能代表中国文化的依次是：2013年，中国武术（52%）、饮食（46%）、中医（45%）；2015年，中医（50%）、中国武术（49%）、饮食（39%）；2016—2017年，饮食（52%）、中医药（47%）、中国武术（44%）⑤。这充分说明武术所蕴含的中国文化元素已经得到了国际社会的普遍认可。正因如此，本文采用文献资料法、专家访谈法等科研方法，从"一带一路"倡议的实质入手，阐述文化是推动国家战略的重要支撑力，探

---

① 习近平：《决胜全面建成小康社会　夺取新时代中国特色社会主义伟大胜利——在中国共产党第十九次全国代表大会上的报告》，人民出版社2017年版。
② 习近平：《在同各界优秀青年代表座谈时的讲话》，http：//www. xinhuanet. com/2013 - 05/04/c_115639203. htm.
③ 邓海建：《2016，中国文化插上"一带一路"的翅膀》，http：//wenyi. gmw. cn/2016 - 12/26/content_23339733. htm.
④ 《中共中央办公厅、国务院办公厅〈关于实施中华优秀传统文化传承发展工程的意见〉》，http：//www. xinhuanet. com/politics/2017 - 01/25/c_1120383155. htm.
⑤ 央视网：《什么最能代表中国文化？这2项老外比咱自己还认》，http：//www. china. com. cn/19da/2017 - 10/22/content_41774039. htm.

讨在全球化背景下做好武术国际推广的"迭代升级",以适应新时代武术国际发展和服务国家战略的需要,促进武术文化在当前多元的世界体育文化中产生更好的互动和共鸣。

一 "一带一路"倡议与多元文化认同和文化共享

在2014年6月22日第38届世界遗产大会上,"丝绸之路"被认定为"世界文化遗产",世界遗产委员会的评语是:"这条路是东西方之间融合、交流和对话之路,近两千年以来为人类的共同繁荣做出了重要的贡献。"随着我国"一带一路"倡议的不断推进,《愿景与行动》倡导的"打造政治互信、经济融合、文化包容的利益共同体、命运共同体和责任共同体"的"包容性全球化"核心理念也越来越多地被世界各国政府和人民理解和认同。它不仅向世界各国提出了一种国际合作的全新理念和模式,而且也突出强调了世界各民族多元文化认同、文化共享的重要性。罗伯逊在20世纪90年代出版的《全球化》一书中明确提出:全球化是主体辨认自己与全球人类情景关系的过程,是生命形式进行互动、表达及确证自我的过程,因而不应该孤立地讨论政治、经济层次上的东西,而要分析全球化文化的动力以及"文化因素"在目前世界体系中的地位和作用。可以说文化的多元存在,以及多元竞争已成为当今世界不争的事实,从这一事实出发,我们可以理解全球化既可以导向文明间的冲突,又可以导向文化间的欣赏和包容。而"一带一路"倡议已经把各民族、各层次的文化群体紧密地连接在了一起,这种"文化共享""和而不同"的文化理念,极大地促进了它们之间的文化交流与合作,同时也使得它们在不断地竞争中求得自身的发展。正因为如此,我们理解文化全球化的过程应该是积极推动不同文化之间的交流与认知的过程,这种沟通与促进是互动的、双向的,它们在全球化过程中既相互交流、又相互促进,共同抵制"文化霸权"的滋生与蔓延。所以我们认为不同文化的交流,本质上是一种平等对话的互动关系,这种对话交流并非是以思想统一为目的、以覆盖或同化对方思想为宗旨,而应该体现出人类多元文化的平等与和谐共处,同时也要强调各种文化的不同和差异,要学会尊重、欣赏别人的文化,因为只有"不同"才能促进繁荣发展。正如费孝通先生所提出的"各美其美,美人之美,美美与共,天下大同"。因此,在全球化的时代背景下,我们面对世界的根本态度,应该表现出对自身文化的热爱和自觉,以及对"他者"文化的认同和欣赏,唯此,世界不同的文化才能共生和共享。

在全球化成为当今世界不可回避的共同语境时,就意味着我们必须要对这一全新的世界体系进行必要的考察,才能对现今社会的存在状态尤其是文化状态做出合理的解释。吉登斯先生对于全球化的理解是"世界范围内的社会关系的强化。"而这种强化也必然包括多元文化之间的互动与交流。德国学者约恩·吕森也指出:"我们生活在一个全球化的世界中,不同传统与文明之间的联系愈发紧密。文化交流中日益增长的密切联系对历史思想构成挑战。而正是在历史中,人们才得以阐述、表达和讨论他们的认同,他们之间的归属感和共性,以及他们与其他人的不同。"① 显然,按照吕森的说法,全球化进程必然推进或加深了人们的文化归属感危机,同时也自然促进了人们的文化认同意识。尤其是在全球经济、文化交流迅速发展的当下,世界各国之间的相互合作、相互影响日益加强,使人类

---

① [德]约恩·吕森、张旭鹏:《怎样克服种族中心主义:21世纪历史学对承认的文化的探讨》,《山东社会科学》2007年第11期。

普遍认同的经济、文化模式得到全面效仿,并能很快演变成为全球普遍接受的实践标准。

中国文化历经千年已经被证明是一个有着包容性、稳定性和再生力的文化系统,这也是中华民族能够得以长期稳定发展的根本原因①。全球化是民族历史走向世界历史的必然发展,而中国文化,在这一时代背景下,也不可避免地要面临着全球化的挑战。当然这个过程既是一种挑战,更是一次机遇。像中国文化中"和谐包容""和而不同"的思想在今天"全球化"的时代背景下对于处理好不同文化传承与交流之间的关系,以及建构一种全球"文化共享"的理念都具有十分重要的借鉴意义。

体育是人类所共有的文化财富,体育全球化是文化全球化的重要组成部分,它所独有的文化内涵和文化魅力,很容易跨越国界被世界人民所接受。其实随着我国改革开放的不断深入,我国优秀的体育项目——武术也早已走出了国门,传播到了世界各地,它所独有的防身自卫、强身健体、陶冶情操等多元价值功能,不仅博得了世界人民的普遍认同和喜爱,更为重要的是,它对于解决现代生活方式所带来的许多现实问题产生了积极的影响,并引起了世界各国政府的高度重视。中华民族优秀的武术文化是在几千年华夏大地上不断发展并逐步形成的,它以儒家、道家、兵家等母文化为发展的重要依据,使得我国的武术文化更具备了一种"天人合一""阴阳平衡""形神兼备"等文化特征,它从根本上形成了有别于西方体育的核心价值体系和体育精神。因此,这就更需要我们不断地向世界宣传推广中国的武术文化,让西方人认知、认同,并能够在行动上自觉地参与到武术健身实践中来,共享我们优秀而又独特的武术文化,而这才是我们文化"走出去"战略和"一带一路"倡议所希望达到的。

二 武术国际推广3.0时代的提出

"时代的划分标准或衡量尺度,反映着人们对时代认识的不同取角、不同立场和不同的方法论,决定着时代范畴的内涵及其千差万别,因而成为各种时代观的显著分界。"②美国《纽约时报》著名的专栏作家托马斯·弗里德曼在《世界是平的》一书中曾经将全球化的进程划分为3个伟大的时代,并提出我们已进入了全球化的3.0时代③。托马斯·弗里德曼全球化3.0时代的观点给了我们许多启示,尤其是在我国全面推行"一带一路"倡议的时代背景下,如何充分发挥武术自身的文化优势,加强文化符号的提炼,不断提升国内外爱好者与消费群体对武术的文化认知、文化认同和文化自觉?这些都是武术国际推广,甚至是我国文化"走出去"战略以及"一带一路"倡议必须要认真思考的建设性向度。唯此,武术文化才能在多元的世界文化中产生更大的影响力。

纵观武术的国际推广之路,我们可以根据其指导方针的转变将武术国际推广大致划定为3个时代。即:武术国际推广1.0时代、武术国际推广2.0时代和武术国际推广3.0时代。

---

① 余秋雨、王尧:《文化苦旅:从"书斋"到"遗址":关于文学、文化及全球化的对话》,《当代作家评论》2000年第5期。
② 王名、顾元珍:《关于时代划分的七大标准》,《北京社会科学》1992年第1期。
③ [美]托马斯·弗里德曼:《世界是平的》,湖南科学技术出版社2006年版。

（一）武术国际推广1.0时代

武术国际推广1.0时代，我们可以将其界定为1982年之前的这一时期。这一时期的武术国际推广应该是一个比较漫长、比较宽泛的过程，其途径也是多种多样的。它主要是以海外的华人、华侨，以及国内的武术团体为主体，以武术教学和技术展示为主要内容而展开的。其中1929年在陈嘉庚先生"弘扬国粹，涤除积弱"的倡导下，他专门邀请了福建永春国术馆的20多名武术精英，出访新加坡、马来西亚，进行了为期一年的巡回武术表演，宣传尚武精神，在东南亚产生了极大的影响。《南洋商报》做了专门报道，"洗去病夫之耻，以求扬我国光"，"实开侨界未有之破天荒也"。这可以说是我国历史上第一个民间武术团体走出国门，向世界展示、传播中国武术，为武术的国际推广谱写了光辉的一页。

而1936年中国武术代表团代表国家首次走进奥林匹克赛场，让世界人民近距离地欣赏到了中国武术，则更具有里程碑意义。这是中国体育代表团武术队以国家的名义第一次出国表演，武术队共有9名队员，都是参加全国武术选拔赛后入选的。张文广先生在其《我的武术生涯》一书中对参加1936年第11届奥林匹克运动会有专门一节的回忆，对参加过程的选拔，以及在奥运会期间的武术表演所产生的轰动有过翔实的描述。总之，这一时期虽然在推广策略上不够明确，形式上较为松散，更是缺少统一的推广目标和规范的内容，而且受众群体也存在很大的局限性。但是，不可否认武术在国际社会还是产生了积极的影响力，让世界人民在直观上初步认识了武术、了解了武术。

（二）武术国际推广2.0时代

武术国际推广2.0时代，我们认为应该是从1982年在北京召开的全国武术工作会议上原国家体委提出的"积极稳步地把武术推向世界"的武术国际推广战略方针确立开始，武术的国际推广从国家层面上正式提到了议事日程，并稳步推进。1984年在武汉成功地举办了国际太极拳邀请赛，有18个国家和地区的100多名运动员参加了比赛。1985年在中国西安举办了第一届国际武术邀请赛，并在此期间成立了国际武术联合会筹备委员会，明确了以奥林匹克运动为目标，加快推进竞技武术走向世界的步伐。随后，1986年在天津举办了第二届国际武术邀请赛；1987年在日本横滨举行了第一届亚洲武术锦标赛；1988年在中国杭州和深圳举办了中国国际武术节；1989年由原国家体委武术研究院审定的长拳、南拳、太极拳、及刀术、剑术、枪术、棍术7个规定套路被确定为国际性武术比赛的正式项目，为武术国际推广的规范化发展奠定了重要的基础；1990年在北京举办的第十一届亚运会上，武术被列为比赛项目，从此武术成为洲际综合性运动会的正式比赛项目。同年，国际武术联合会正式成立。1991年成功举办了第1届世界武术锦标赛。2008年在北京举办的第29届奥运会上，武术又被列为特设项目。

总之，这一时期主要表现在以竞技武术为代表的武术国际推广开创了一个崭新的时代，在武术国际推广的规范化、标准化等方面迈出了坚实的一步。如：在技术上，规范了武术技术内容，解决了国际武术的竞赛内容问题。在规则上，进一步明确了国际武术的竞赛体系，解决了国际武术运动的竞赛办法问题。在人才上，大量派出武术援外教练，培养国外武术人才，建立了一支高素质的国际武术裁判员和教练员队伍，为武术成为一项"国际性"体育项目奠定了重要的基础。

(三) 武术国际推广 3.0 时代

回顾武术国际推广的 1.0 时代和 2.0 时代，我们清醒地认识到，这两个时期的武术国际推广还只是处于技术层面上的推广，这种低附加值的"技术输出"推广模式，在当前世界体育文化的激烈竞争中，很难形成武术在国外"在地性"的持续发展。一方面我们没有很好地解决武术人才的"本土化"改造问题，武术也很难成为一个真正意义上的"国际性"体育运动项目。另一方面，武术的国际推广如果没有文化的支撑和渗透，也很难深入到"他者"的人心，武术也是没有生命力的。因此，面对新时代，武术的国际推广必须要从战略上进行调整，以适应时代的发展和国家战略的需要。

因此，武术国际推广的 3.0 时代，我们认为应该体现在伴随着我国"一带一路"倡议的开展，建立在国与国"主体间性"的共建、共享合作模式基础上，武术的国际推广也理应主动完成由"主体性"推广向"主体间性"共享的重要转型。我们要充分发挥武术所具有的独特的价值功能，做好武术国际推广的"供给侧"改革，接好所在国的"地气"，体现出武术文化的"在地性"，不仅要向世界输出我们的武术技术，还要为世界人民提供武术的健康养生服务；不仅要将竞技武术推向奥运会，更要让世界人民认知、认同武术的文化，并在不断的武术实践中，自觉感悟中国武术文化的真谛，使其成为一种健康的生活方式，从而共享武术文化所带给人类"自然、和谐、健康"的体育健身理念，这才是我们武术国际推广的根本之所在，也是我们提出"一带一路"倡议的美好愿景。

三 武术国际推广 3.0 时代的战略转型

习近平总书记在纪念孔子诞辰 2565 周年国际学术研讨会暨国际儒学联合会第 5 届会员大会开幕会上的重要讲话强调："努力实现传统文化的创造性转化、创新性发展，使之与现实文化相融相通，共同服务以文化人的时代任务。"[①] 这为包括武术在内的中国传统文化的继承与发展指明方向，也必将对中华优秀文化走向新辉煌起到强有力的助推作用。

在人类的发展进程中，"文明是共生"的，当然"文化也是共享"的。"一带一路"倡议所打造的"人类命运共同体"，蕴含着许多中国共享文化的历史印记与当代愿景，它向全世界发起了全球共享的和谐发展理念。因此，在"一带一路"倡议的理念指导下，作为中国文化"走出去"战略重要组成部分的武术国际推广也理应需要做出"由战略向战术"的调整，以适应全球化发展的需要。

(一) 由文化"软实力"向文化"柔传播"转型

一种文化能够在世界上产生广泛的影响力，不仅要有独特的内容、独有形式和独立的思想，更要有能够影响他人行为的能力。"软实力"（Soft Power）的概念是由美国哈佛大学教授约瑟夫·奈提出的。他认为：软实力往往依靠的是一种塑造人们喜好的能力，即一个文化主体为实现自身利益对内、对外所产生的文化同化与认同作用。[②] 近年来，我国的

---

① 习近平：《在纪念孔子诞辰 2565 周年国际学术研讨会暨国际儒学联合会第五届会员大会开幕会上的讲话》，《人民日报》2014 年 9 月 25 日。
② [美] 约瑟夫·奈：《软实力：权力，从硬实力到软实力》，马娟娟译，中信出版社 2013 年版。

综合国力得到了不断提升，国际影响力也有了明显的提升，我们也通过各种渠道，不断地向世界宣传推广中国优秀的文化，努力地打造"文化软实力"。但是，从国家战略的角度来看，我们也发现了许多现实问题。如：中国文化的认知度不高；吸引力不足；创新性不够；主体性过强；生活化缺失；等等。尤其是，单方面提升"文化软实力"，很容易造成双方的"实力"对比，而使对方产生"被动"接受的疑惑，甚至会误解为是一种变相的"文化侵略"，而这一"思潮"的蔓延无疑对我们文化"走出去"战略的实施带来了不小的麻烦。我们认为，"一带一路"共享、和谐的发展理念，恰恰可以弥补这种实力对比下而造成"被动"的文化冲击。因此，我们提出包括武术国际推广在内的中国文化"走出去"战略应该尽快调整，实现由文化"软实力"向文化"柔传播"的重要转变，把文化"走出去"变为文化"走进去"，真正"融入"到世界人民的生活之中，通过厚植"民意根基"，促进"民心相通"，起到"润物细无声"的效果，而这才是我们文化"走出去"战略所追求的效果。

（二）由武术"国际化"向武术"国际性"转型

武术国际推广的1.0时代和2.0时代，可以说是武术逐步走向世界的时代，也是武术"国际化"全面推进的时代。然而，武术的"国际化"并不是我们的终极目标，它只是一个不断推广发展的动态过程，它是由中国主体意愿通过不同渠道的传播推广把武术介绍给世界，并让世界人民逐步认识、认知、认同武术的一个过程。而"国际性"才是我们武术国际推广所追求的终极目标，它反映的是武术是否具备了被国际上普遍认可并接受的国际属性，而这也是一个成熟的国际性运动项目的基本特性。因此，武术的"国际化"发展是武术实现"国际性"的重要途径，而武术是否具有"国际性"才是武术国际推广所努力追求的目标和方向。

武术要想真正实现"国际性"，首先，在推广模式上必须要转变观念。正如前文所提到的，我们必须要完成由"主体性"推广模式向"主体间性"共享模式的转型。而这一点在当前文化多元化的时代背景下就显得尤为重要了。武术的国际推广往往是把中国作为"主体"，向世界这样一个"客体"传播推广我们的武术文化，这种知识和技术的"单向输出"在初期是必须的，也是很有效的。但是这种单方面一厢情愿的推广模式，很难唤醒世界人民普遍的认同和自觉的行动。其次，还有很重要的一点就是武术尚未完成教练员和指导员的"本土化"改造问题，这也很难使其成为真正意义上的"国际性"体育项目。因此，大力培养本土教练，建立本土教练的事业荣誉感和归属感，是打造武术国际推广的重要支点，也是使武术真正在国外扎下根，成为"国际性"体育项目的重要基础。

（三）由武术"技术教学"向武术"健康服务"转型

"一带一路"倡议下的文化"走出去"，就是要向世界传递一种共享文化的全新理念，而共享文化的前提应该体现出既要使双方相互认同，又要使彼此产生互惠。于是我们必然就会提出这样一个疑问，也就是我们的文化"走出去"到底会给对方带来什么？只是为了做到直观上的感知和欣赏吗？如何将其变为大众可持续的文化行动呢？而这也正是我们当下必须要认真思考的深层次问题。当然武术的国际推广也同样需要认真的反思，回顾以往武术国际推广所走过的路，就会发现，我们主要把注意力放在武术技术的推广上了，于是从武术规定套路的创编，到武术教学训练的培训，再到国际武术赛事的组织，似乎一切都是围绕着武术"技术"而展开的，然而这种低附加值的"技术输出"只能在小众群体中产生一定的影响，很难使武术在国际上产生深刻而长久的效应。刘延东副总理就曾经多次指出："武术要以多种形式走出去，不仅要争取进奥运会，还要走进民间，既要走进孔子学院、还要教使馆、驻外企业练武术，总之要多种办法走出去，来推动武术的普及。"其实武术有着多元的文化表达，而在长期的武术国际推广中，我们恰恰忽视了武术的文化影响和健康服务的重要性。武术是体育，更是文化。它所具有多元价值功能，它所体现的"阴阳相济""心静体松""气沉丹田""虚实开合"等健身养生思想对于解决当今世界的人口老龄化以及人类身心健康等社会问题都是一种有益的价值参照。健康是人类永恒的主题，它既是一种理念，也是一种生活方式。因此，我们不仅要让世界人民认知、认同中国的武术文化，而且更应该让世界人民共健、共享中国的健身养生智慧，用武术这样生动、亲切、健康的生活方式，讲好中国故事，展现中国价值，提升中国文化在世界上的感召力和影响力，进而共同推进人类命运共同体的建设。

四　结束语

静观世界体育发展的走向，我们不得不承认当今西方的体育文化始终引领着世界体育文化的主流方向。如果要分析西方体育为什么能成为大多数人崇尚的、坚持的一种文化，恐怕并不是因为它的高深，反而恰恰是因其简单。而一种文化能够产生一定影响力，成为流行文化，最为关键的也正是由它的普及程度和它的流行程度所决定的。所以说体育的主流文化就是大众文化、流行文化，也就是受大部分人欢迎的文化，这就是当今世界体育文化的主流。从这一点上说，武术要想成为世界体育的主流，也必须要走一条大众化的发展道路。而武术由于植根于民间的沃土之中，深受群众的喜爱，它作为简便、易行、健康、快乐的一种大众健身文化，也极易被世界人民所接受而成为主流文化。这也说明在武术国际推广的 3.0 时代，我们不仅要采取"走出去"的策略，更为重要的是要有"走进去"的文化自信，要真正走进世界人民的日常生活之中，建立一种能够让世界人民普遍认同和接受的全新的生活理念和生活方式，使武术文化创造性地完成从"走出去"到"走进去"，从"主体性"推广到"主体间性"共享的转化，让更多的人体验武术文化，让世界共享武术"自然、和谐、健康"的生活理念。而武术也只有"走进去"，才能调节和打破长期以来中西方体育文化的不平衡状态，才能与世界体育的对话更直接、更生动、更有成效，才能更好地促进不同民族、不同国家间体育实践的正确认识和价值认同。当然，武术也需要与时俱进、需要创新。而创新能力的内驱力一方面要立足于武术自身优秀文化资源的开发与利用。另一方面也要以开放的姿态对待以西方价值观为主流的体育文化，积极地吸收其精华，不断为武术文化注入新鲜血液与活力，使其能够不断地满足世界人民对于体育健身的多元文化需求。

（原载《北京体育大学学报》2018 年第 6 期）

"丝绸之路"作为方法

——联合国教科文组织"对话之路"系列项目的萌蘖与分孽

巴莫曲布嫫[*]

【摘要】20 世纪 80 年代至 90 年代,联合国教科文组织本着建设全球和平的使命,在其主管的平行领域竭力开展文化间对话,以"丝绸之路整体研究项目:对话之路"为发端,将承载文化"相遇"的"道路"或"路线"作为开展跨学科研究和促进文化间对话的观念基础,相继推出"铁之路""奴隶之路""信仰之路""安达卢斯之路"等系列化的文化间项目,不仅为阐扬世界文化的多样性与人类可持续发展的关联提供了智力支持,也为国际社会的相关后续行动树立了实践范式。文章通过梳理"对话之路"系列项目的萌蘖和分孽,分析"丝绸之路"作为方法的概念化进程、工具意义及应用案例,旨在从"文化间对话"的视野为"一带一路"倡议的话语体系建设提供参考。

习近平主席于 2016 年 8 月就推进"一带一路"建设明确提出八项要求,其中包括:要切实推进民心相通,弘扬丝路精神,推进文明交流互鉴,重视人文合作;要切实推进舆论宣传,积极宣传"一带一路"建设的实实在在成果,加强"一带一路"建设学术研究、理论支撑、话语体系建设[①]。本文即是践行话语体系建设的一个尝试。

20 世纪 80 年代至 90 年代,联合国教科文组织(以下简称"教科文组织")以传统概念上的"丝绸之路"为多路线程,围绕"文化间对话"(intercultural dialogue)这一主题展开部门间行动,先后在其主管的教育、科学、文化、信息和传播领域组织跨学科智力资源,推动"对话之路"系列项目[②]。这个系列项目在联合国系统内外的国际社会和世界许多国家成为促进文化多样性和建设人类持久和平的实践范式,值得钩沉稽今。文章主要采

---

[*] 作者系中国社会科学院民族文学研究所研究员。

[①] 习近平:《让"一带一路"建设造福沿线各国人民(2016 年 8 月 17 日)》,《习近平谈治国理政》,第二卷,外文出版社 2017 年版,第 505 页。

[②] UNESCO, "Routes of Dialouge", http://www.unesco.org/new/en/culture/themes/dialogue/routes-ofdialogue/, 2018 - 10 - 02.

取档案研究法①,依托联合国正式文件系统和教科文组织在线数据库,梳理和勾连相关工作文件和研究报告,进而以事件为线索,通过叙事分析,阐释作为方法的"丝绸之路"及其工作模型和实践案例,以期为"一带一路"倡议的话语体系建设提供国际上的前鉴和参考。

引言:教科文组织与文化间对话

联合国成立于1945年,当时"二战"刚结束不久。作为联合国系统的专设机构,教科文组织被委以重任,将促进各国人民之间的对话作为培育和平的重要途径。诚如其1946年通过的《组织法》所说,"战争起源于人之思想,故务须于人之思想中筑起保卫和平的屏障"。长期以来,这一使命和愿景也一直是其职能范围内的优先事项之一。

20世纪50年代,教科文组织实施了一项为期十年的强化方案——"东西方文化价值相互欣赏重大项目(1956—1965)",旨在应对整个世界有关东西方文化价值观之间的知识和认识的失衡,进而通过教育、科学、文化和传播领域的国际合作,促进不同文明、不同文化及各国人民之间的相互了解(MAPA/2 AC/4)。1976年8月,教科文组织大会第十九届会议通过了1977—1982年中期战略(19 C/4 Approved)②,其中已明确提出"文化间对话"和人类社会的发展问题。为推进该战略的实施,教科文组织还专门编印了《文化间研究导引:阐明和促进文化间交流的项目纲要》③,并通过其文件系统向成员国分发。因此,该组织从文化政策研究层面致力于文化间对话的努力,通常被认为可以追溯至1976年。

1986年12月,联合国大会通过了《世界文化发展十年行动计划1988—1997》(以下简称"十年行动"),其四个主要目标定位于:认识发展的文化维度;肯定并充实文化认同;扩大文化参与;促进国际文化交流(A/RES/41/187)。该计划于1988年至1997年实施,在联合国系统中由教科文组织担纲牵头机构,下设一系列社会科学研究项目,包括:(1)丝绸之路整体研究:对话之路;(2)亚历山大里亚图书馆整修;(3)手工艺发展十年计划;(4)非物质文化遗产:"生命的历程";(5)塞维利亚1992年世界博览会;(6)Lingua Pax外语和文学能力培养国际项目;(7)世界教育卫星网;(8)科技创造力研究方案;(9)不同经济和社会文化层面的家庭作用比较研究;(10)文化的发展维度及其方法论研究。与这些项目交相同步的侧端活动,还有促进文化创作(电影、录像带、唱片、盒式录音带)的在地生产、向会员国提供咨询服务、交换信息与经验分享的平台等(A/44/284)。在该行动计划执行的十年间,由152个会员国、13个政府间组织及45个非政府组织发起的1200多个项目被认定为"世界文化发展十年"的正式活动,其中将

---

① 鉴于本文涉及的档案文献较多,引文出处一律采用原始文件编号,读者可通过联合国正式文件系统(https://documents.un.org/)或教科文组织在线数据库(http://unesdoc.unesco.org/)查询或获取。

② UNESCO, *Thinking Ahead: UNESCO and the Challenges of Today and Tomorrow*, Paris: UNESCO, 1977.

③ UNESCO, *Introduction to Intercultural Studies: Outline of a Project for Elucidating and Promoting Communication between Cultures*, 1976–1980, Paris: UNESCO, 1983, p. 5.

近有400个项目得到教科文组织的财政支持,包括中国于1996年组织召开的"世纪之交的文化发展国际研讨会"(CLT-97/ICONF.203/INF.4)。

丝绸之路为文化间的互动关系提供了极为丰富的见证。教科文组织在"十年行动"框架下实施的一整套文化间对话方案,特别纳入了以陆上丝绸之路和海上丝绸之路为双重导引的"文化道/路模型"(the modality of cultural roads/routes),为其后渐次展开的"对话之路"系列项目奠定了长足发展的观念基石。

一 作为共同遗产的丝绸之路:"对话之路"及其概念模型的萌蘖

甘地曾一语破的地指出:"没有什么道路可以通向和平,和平本身就是道路。"正是在这句名言的启发下,教科文组织在"十年行动"的框架下于1988年启动"丝绸之路整体研究:对话之路"(Integral Study of the Silk Roads: Roads of Dialogue)[①]这一火种型文化间项目。时任教科文组织总干事的费德里科·马约尔(Federico Mayor)曾在其颇富诗意的讲话中回顾并概括了该项目的由来(DG/90/39):

> 丝绸之路,穿越陆地和海洋,狭义上讲是商业之路,这是从商贸的角度论;但在广义上看,则是传播和社会交流。这些古老的道路,穿过时间的薄雾,可上溯至3000年前,不仅输送过昂贵的货物,如丝绸、瓷器和香料,还承载过同样珍贵的非物质文化成果(intangible cultural products),如思想、神话和传说。这些有关早期的细微线程编织起人们日益复杂的交流网络,联结着我们自身的世界,并提供了如此令人惊叹的见证。因此,教科文组织给予这个项目的名称便是:"丝绸之路:对话之路"(The Silk Roads: Roads of Dialogue)。

"丝绸之路整体研究:对话之路(1988—1997)"项目(以下简称"丝路项目")有双重目标。其一是学术和科学。尽管此前丝绸之路一直是考古学家、历史学家、地理学家、民族学家、社会学家和语言学家的研究对象,但直到当年尚未对这一浩瀚绵长的人类历史宝库开展过全面、系统的跨学科调查,而实施这样的研究无疑超出了任何个人乃至国家机构的能力。面对这一艰巨的任务,唯有组织和促进必要的国际合作,调动所需的大量资源,并呼吁国际组织的参与。正是教科文组织对这一呼吁作出了回应。其二,促进世界各国人民之间的对话和理解,彰显将丝绸之路的文明联结在一起的历史纽带。作为联合国系统"十年行动"的一个重大项目,该项目还有助于促进国际文化合作的目标。

在"丝路项目"的实施过程中,先后有来自包括中国在内的四十多个国家、两千多位专业人员参与其间,从不同角度为丝绸之路的整体研究提供智力支持和思想生产,组织了一系列项目和活动,成绩斐然。通过下面的一组数字,我们或许能够对"丝路项目"在十年间取得的丰硕成果及其背后的运作方式和基本思路有更为直观的了解:(1)5次国际科学考察:从1990年至1995年先后展开,依次是从西安到喀什的"沙漠丝绸之路"、

[①] "丝路项目"最初为五年计划,后来为配合联合国《世界文化发展十年行动计划》顺延至1997年。详见UNESCO, *Integral Study of the Silk Roads: Roads of Dialogue* 1988-1997, http://unesdoc.unesco.org/images/0015/001591/159189E.pdf, 2018-10-03.

从威尼斯到大阪的"海上丝绸之路"、中亚的"草原丝绸之路"、蒙古国的"游牧之路"以及尼泊尔的"佛教之路",旨在通过重新发现丝绸之路文化交流的特殊活力,重建和更新相关区域和次区域的人文环境。来自 47 个国家的 227 位专家参与,加上地方学者,还有上百名世界各地的媒体代表。(2) 43 场学术研讨会:在科学考察的各个阶段组织的 26 次研讨会,在项目实施过程中或在十年计划的框架下举办的 17 次研讨会。共有 27 个成员国参与主办,宣读的论文总共超过 700 篇①。(3) 5 个研究项目:与科学考察同步展开,包括丝绸之路的语言和文字研究、驿站和邮政系统研究与保护、中亚岩画的流存与研究、利用遥感技术研究考古遗址以及沿丝绸之路的史诗。(4) 6 个研究中心和关联机构:考察活动本身带动沿线几个国家建立了研究机构或国际机构,包括海上丝绸之路研究中心(中国福州)、丝绸之路研究中心(日本奈良)、国际游牧文明研究所(蒙古国乌兰巴托)、佛教信息与研究中心(斯里兰卡科伦坡)、国际中亚研究所(乌兹别克斯坦撒马尔罕)以及国际文明比较研究所(巴基斯坦塔克西拉)。(5)"平山奖学金项目":每年为丝绸之路研究领域设立 10 个奖学金名额,共有来自 38 个国家的 90 位学者受益。(6) 68 种出版物:由教科文组织或由该项目直接产出的学术成果,包括教科文组织的出版物 10 种,研讨会论文集 19 种,关联项目成果 22 种,其他 17 种。(7) 若干音像资料:纪录片电影 4 部,视频 2 种,CD 音乐 2 种;国家电视台纪录片 41 种;影像资料约有 400 小时的胶片,还有难以计数的照片和幻灯片;见于各种报刊的文章超过 400 篇;还有未作统计的电台节目、展览(教科文组织总部和成员国)、海报及校园墙画②。

通过科学考察、建立机构、学术研讨、著述出版、开设展览、提供奖学金以及新闻媒体集中推介等方式,"丝路项目"不但积累了数量可观的调查研究成果,还开创了多线并进的国家—次区域—区域—国际合作模式,直接或间接受益的人群超过百万,影响扩及全球。尽管"丝路项目"的双重目标集中体现在科学考察活动中,但也构成其项目设计的主要特征和创新之处:一方面运用多学科方法,对科学、技术和文化沿着丝路通道在东西方之间发生的交流进行长时段的现场调研,以促进国际和国家层面的进一步研究,为文化研究和反思人类文明进程作出重大贡献;另一方面,通过大量的活动、展览、出版以及广泛的媒体报道,吸引成员国的参与和广大公众的关注。媒体的参与,尤其是实地考察和报道,使该项目十分引人注意,重新唤起人们对丝绸之路的兴趣,并有许多国家要求再度开放这些古老的通路,尤其是开展文化旅游活动。回看"丝路项目"在这十年间取得的成就,在理论和方法论层面,以及在具体操作方面,都有大量成功经验可以总结。就学术研究建设择要言之,至少有如下数点:以科学和学术作为牵引,从一开始就较好地绕开了由于社会制度、学术传统、文化立场等的不同而可能出现的不同国家和地区的参与者之间发生龃龉的弊端。以科学和学术作为前导,也容易推动各国政府和民众以不同的方式参与其间,发挥各自的能动作用。这种从不同端口发动、从不同层面同时推进计划的工作路线,较为容易地形成互动和协作,达成最初设定的目标。而广泛的学者和机构网络则有助于确保这一合作机制在后续行动中继续保持良好态势。

---

① UNESCO, "Achivements of the Silk Roads Project." *Integral Study of the Silk Roads: Roads of Dialogue-a UNESCO Intercultural Project*, Paris: UNESCO, 1997, p. 32.

② UNESCO, "Achivements of the Silk Roads Project." *Integral Study of the Silk Roads: Roads of Dialogue-a UNESCO Intercultural Project*, Paris: UNESCO, 1997, p. 32.

这里，我们需要从方法论意义上讨论"丝路项目"的设计和展开，方能理解作为"共同遗产"的丝绸之路之于人类的今天乃至未来的无穷价值。教科文组织在促进文化多样性方面所开展的工作，是其在联合国系统内所担负的特定职责，并且与其创立以来所开展的保护和促进丰富多彩的文化多样性活动一脉相承。为此目的，该组织在两个方面作出努力：一则对概念进行思考和定义；二则制定方针、政策和具体路线以建立为国际社会所接受的伦理和行动框架。亘古通今的丝绸之路虽然早在"东西方项目"的十年期间被各方学者讨论过，但远未上升到方法论层面来进行全方位的科学和人文研究，尤其是囿于"东西方"的二元观照，消弭了文化间对话应有的张力和弹性。从20世纪70年代起，教科文组织的"文化研究计划"（Programme of Cultural Studies）便开始致力于应对文化间问题，并将区域文化研究纳入议程：一方面对全球范围内主要区域与次区域的文化"相遇"（encounters）进行横向的共时性探究，另一方面对不同文化间发生的互动与交流及其特征和影响展开纵向的历时性分析。在这种同时贯通时空的动态视野中，人类历史上走过的重要"道路"（roads）抑或"路线"（routes）便被纳入研究、促进和传播有关"文化间性"的工作方略之中。

"夫道古者稽之今，言远者合之近。"绵延千年的丝绸之路及其所承载的人类移徙史迹、文化多样性和文化创造力，俨然是今天无与伦比的对话资源。仔细筛查相关文献，我们不难发现，以"道/路"与"相遇"作为关键象征并非偶然。那些具有深刻意涵的"道路"或"路线"，在"丝路项目"的实际进程中或被当作"文化间对话的方法或路径"（the roads and routes approach to intercultural dialogue）本身，或被视为"文化间对话的观念基石"（the base of ideas for intercultural dialogue），或被确定为"文化道路和线路的模型"（the modality of cultural roads and routes）；而多向探究世界各国人民的"相遇"便直接转向了有关"文化间接触""文化间交流"及"文化间对话"的深刻认识和积极反思。尤其重要的是，推广"共同遗产与多重认同"的理念（the concept of "common heritage and plural identity"）[1]，则是教科文组织当时着力通过丝绸之路开展文化间对话的导向性方针。正是设计者和执行者的良苦用心与诗意表达让古远而陌生的丝绸之路变得亲切和熟悉，那一条条亘古苍茫的陆路和水路也转换为人人皆可从自身的行走和与他者的遇见去感悟和观想的"对话之路"。在"丝路项目"的精心演证中，"丝绸之路"即"对话之路"，赋予人类最宝贵的共同遗产当是一种理念，一种胸怀，用习近平主席的话来说，就是"以和平合作、开放包容、互学互鉴、互利共赢为核心的丝路精神"[2]。

二 作为方法的"对话之路"："道/路"与"相遇"的映射图式

许多世纪以来，类似丝绸之路的条条"道路"和"路线"使世界各种文化、文明和宗教相遇相知、互为联系并相互影响。对这些古代道路网络和交流渠道所产生的互动进行系统探查和研究，有助于对人类今天面临的种种问题和可持续发展形成新的理解和反思。

---

[1] UNESCO, *Integral Study of the Silk Roads: Roads of Dialogue*, 1988-1997, http://unesdoc.unesco.org/images/0015/001591/159189E.pdf, [2018-10-03]

[2] 习近平：《携手推进"一带一路"建设（2017年5月14日）》，《习近平谈治国理政》第二卷，外文出版社2017年版，第506页。

"不积跬步,无以至千里。"正是因为历史上有无数行者勇于迈开脚步,踏出让世界各国人民相互交往的大道小径,使得来自不同文化传统的知识、思想、技术、艺术及价值观和创造力既相互碰撞,又彼此吸纳,方形成了影响当今地方、国家、次区域、区域乃至整个世界的文明交流互鉴和文化多样性同存共荣的历史记忆和现实图景。

回观"丝路项目"的发展历程,我们不难发现最初以丝绸之路为发端的"对话之路"直接与前述的五次科学考察路线(沙漠之路、海上之路、草原之路、游牧之路、佛教之路)相对接。马约尔曾多次明确指出:"路线"或"道路"作为文化载体的激发性概念(stimulating concept)构成教科文组织开展的若干研究项目的观念基础;这种"文化之路"方法("roads of culture" approach)涉及的根本问题是强调多元文化的重要性,这一点与自然界的生物多样性同样重要①。

随着"丝路项目"后来几年的发展,围绕一些对人类产生过重大影响的"道路"或"路线"而渐次展开的"之路"型项目(roads/routes projects)也依托文化间的"相遇"这一极富张力的象征性对话图景而开枝散叶,带动和推进了国际社会有关文化多样性与和平建设的文化间对话。以下,我们不妨以时间线索为序,对教科文组织在"十年行动"中陆续推出的"之路"型项目作一简略回溯,重点在于描述事件、意义及后续影响。

——"铁之路"

作为文化间项目的一部分,教科文组织于1991年发起的"铁之路"项目(Iron Roads Project)旨在彰显非洲大陆的技术文化,以帮助这个地区更好地应对发展的挑战。项目鼓励进行跨学科的科学研究,并与影响非洲国家与铁相关的工业发展战略进行合作,同时为文化、艺术和教育活动提供框架。该项目由16名成员组成的科学委员会负责监理,并由当时教科文组织促进和平文化的文化间对话与多元性部门管理。

作为该项目的组成部分,一系列科学会议相继举办,成果结集为《非洲的铁之路》宣传册和《非洲铁冶金的起源:烛照上古之新光——西非和中非人民的记忆》一书。这一科学新著认为,非洲在大约五千年前便发展了自己的铁器工业,包括在西部和中部非洲和大湖区可能存在一个或多个铁器制作中心。新的科学发现挑战了长期以来的许多传统观点,尤其是对既有的殖民偏见和缺乏根据的臆断作出了有力的反驳。教科文组织文化间对话科前负责人杜杜·迪耶纳(Doudou Diène)在该著序言中直言不讳地指出:"最终的目标是采用严格的、跨学科的、国际化的科学方法,以恢复非洲直到今天都在被褫夺的文明及其深刻标志:铁。"② 这项合作成果的作者皆来自"铁之路"项目组,有杰出的考古学家、工程师、历史学家、人类学家和社会学家。他们通过追溯非洲冶铁的历史,以许多技术细节讨论冶铁业对社会、经济和文化的作用。此外,项目还带来了一项多学科巡回影展,从世界各地有关非洲金属制作的大约三十部影片中筛选出的一部影片于1999年10月26日至11月17日在教科文组织总部放映。2000年,作为第七届国际非洲艺术和手工艺贸易展览会的一部分,在瓦加杜古特设了"非洲铁之路奖",首位获奖者便是一位铁匠的

---

① Federico Mayor, "Preface of the Director-General of UNESCO" *Integral Study of the Silk Roads: roads of Dialogue-a UNESCO Intercultural Project*, Paris: UNESCO, 1997, pp. 3–4.

② Diène, Doudou, "Preface." /Hamady Bocoum ed. *The Origins of Iron Metallurgy in Africa: New Light on Its Antiquity-West and Central Africa*, Paris: UNESCO Publishing, 2004, p. 19.

后代——年轻的布基纳法索人托马斯·巴摩戈（Thomas Bamogo）[①]。"铁之路"项目促进了文化多样性和反种族主义行动，直指非洲对宽容、相互理解和对话观念所作出的贡献。

——"奴隶之路"

贩奴是人类历史上最黑暗的篇章之一。在长达 400 多年的时间里，超过 1500 万的男性、女性和儿童沦为跨大西洋奴隶贸易悲剧的受害者。教科文组织认为，对主要历史事件的无知和掩盖，极大地阻碍了人们之间的相互理解、和解及合作，而贩奴交易和奴隶制不仅曾经影响全球面貌，而且持续造成当今社会的不安和动荡。因此，教科文组织下决心打破在贩奴交易和奴隶制问题上的长期缄默，于 1994 年在贝宁威达市发起"奴隶之路项目：抵抗、自由、遗产"（Slave Route Project：Resistance，Liberty，Heritage，以下简称"奴隶之路"）[②]，诉求力图通过以下三个目标达成：（1）促进更好地认识世界范围内的奴隶制（非洲、欧洲、美国、加勒比海地区、印度洋地区、中东和亚洲）的起因、行动模式、事件及结果；（2）高度关注并强调这一历史产生的全球变革和文化互动；（3）通过促进对多元文化、文化间对话以及构建新身份与新型公民的反思，大力推动和平文化建设[③]。1997 年，教科文组织将每年 8 月 23 日定为"废除奴隶贸易国际纪念日"。2001 年，在德班举行的"反对种族主义、种族歧视、仇外心理和有关不容忍行为世界会议"期间，联合国确认贩奴交易和奴隶制为危害人类罪。

"奴隶之路"这一后来被誉为"灯塔"的文化间项目正是从苦难记忆与文化强制进行逆向烛照和思考，直面历史阴暗的一面留给人类的深刻教训，也从多方面促进人们更好地认识到种族歧视和偏见给今天的社会所带来的种种危害。该项目成绩斐然，除了陈列和反思贩奴历史的博物馆建设、口头传统搜集计划、地方文化体验活动按规划得以陆续推进外，纪念地、建筑物和遗址也得到了系统的清理和建档。此外，非洲和加勒比地区的文化遗产和非物质遗产，尤其是这一地区的口头传统，得到教科文组织的高度关注。这是因为，在书面档案和口头传统之间，关于奴隶贸易和奴隶制的书面和图像档案只能说明事实。因此，至关重要的是转向口头传统，以获得更完整的观点和对这一历史的更多样化的评估。口头传统通常反映了受害者的故事，但远未揭露。为促进这种由传说组成的丰富的非物质遗产的收集、分析和实际使用，口头传统研究以故事、谚语、标记、隐喻、叙事、符号和其他表述形式的特征为依据而展开，并出版了许多口传作品。该项目还建立了几个主要的研究领域，以保护这一特定的口头遗产。总之，留下记忆的义务和促进不同文化间的对话和各国人民之间的相互了解，乃是"奴隶之路"项目所追求的目标。同时，该项目对反思当代形式的奴役（contemporary forms of slavery）也有着至关重要的镜鉴意义。

——"信仰之路"

教科文组织的宗教间对话计划是文化间对话的重要组成部分，旨在促进冲突与宗教归

---

① UNESCO PRESS，"Iron in Africa：Revising the History"，*Feature*，No. 2002-14.

② 有时也译作"奴役之路"。UNESCO，"The Slave Route"，http：//www.unesco.org/new/en/so-cial-and-human-sciences/themes/slave-route/，2018-10-09.

③ UNESCO，"The Slave Route"，http：//www.unesco.org/new/en/so-cial-and-human-sciences/themes/slave-route/，2018-10-09.

属日益相关的世界中不同宗教、精神和人文传统之间的对话。1995年6月，在摩洛哥拉巴特举行的一次会议上发起了"信仰之路项目"（Roads of Faith Project）。由来自三大宗教专家倡议的《拉巴特提案》（Rabat Proposals），构成了1996—1997双年度活动方案的框架（26C/3.7），并为以下行动奠定了基础：一是设立教科文组织教席；二是创建一个汇集三大宗教知识的研究所，并由各宗教的专家领导；三是为1997年6月在马耳他举行"促进宗教间对话会议"创造了条件。这次会议旨在评估现有结构内所进行的种种实验，进而开展以各种方式组织的文化间对话和宗教间对话，寻找可能采取的后续措施。该项目最初展示三大宗教对精神、文化和艺术财富的产生和传播所作的贡献，尔后发展为一项宗教间对话的跨学科计划；为创造新的对话和交流空间，一个题为"精神汇流与文化间对话"的全球方案出台，同时覆盖了"信仰之路"项目和"安达卢斯之路"项目（CLT-97/CONF.203/3）。其具体目标在于研究并确定导致不同文化间和文明间关系中断或巩固的机制和内驱力，促进对精神传统及其所基于的价值观的相互理解。

——"安达卢斯之路"

伊斯兰教、基督教及犹太教的文化和信仰曾经在安达卢斯（今天的西班牙境内）并肩共存了近八个世纪，因此这一地区为文化间的"道路"与"相遇"提供了一个无与伦比的演证环境。在这一背景下，1995年11月，教科文组织大会第二十八届会议核准了"安达卢斯之路"（Routes of al-Andalus）项目，旨在立足于"共同遗产与多元认同"这一方针，彰显在中世纪西班牙逐渐发展起来的对话进程、机制和遗产，并研究在当时的语境下所发生的互动之于当今的影响。马约尔指出，当今世界日益复杂的进程正在导致一种非常危险的势头——从许多正在发生的冲突中可以看出，不过，也有机会在文化之间激发汇流，烛照许多共享的价值。因此，教科文组织致力于将重点放在当代的汇流进程上，为属于不同文化或宗教传统的社区之间开展对话，找寻尽可能多的交汇点；通过提请注意这些社区之间互相借鉴和相互赋予的方式，进而鼓励以新的方式来看待彼此，深化团结一致的意义。与此同时，该组织的目标也在于建立桥梁——犹太教、基督教和伊斯兰教之间的桥梁，以期在西方、阿拉伯世界和撒哈拉以南非洲之间，在过去和现在之间，在民族、文化及宗教之间，建设一个相互交流和相互尊重的未来[1]。杜杜·迪耶纳也提出："要确保安达卢斯的西班牙不仅被视为一个古老的美学场景，而且作为一种文化间对话的经验而加以理解和体认，这才是必要的新知。"[2]

总体上看，"铁之路""奴隶之路""信仰之路"及"安达卢斯之路"的拓展和延伸，不仅有前瞻性眼光和责任感，有超越当前人类文明步伐的勇气，还有具体的路径和可操作的技术路线。此后，在教科文组织甚或联合国的正式文件中，"之路"成为"文化间对话"跨学科系列项目的代名词，凸显了"道路"作为概念工具的方法论意义。正如教科文组织在一则题为《路即思想之道》的推介文章中所云：

---

[1] Mayor, Federico, "Preface." *The Routes of Al-Andalus: Spiritual Convergence and Intercultural Dialogue*, Paris: UNESCO, 1997, p. 3.

[2] Diène, Doudou, "Introduction.", *The Routes of Al-Andalus: Spiritual Convergence and Intercultural Dialogue*, Paris: UNESCO, 1997, pp. 7-8.

作为文化间对话之载体的"道路"概念对1994年的"奴隶之路"和1995年的"铁之路"(已证明非洲创造了自己的制铁工业),以及"安达卢斯之路"和"信仰之路"有着显著的启发作用,包括最近的"宗教间对话"计划——旨在重点关注创造宗教和信仰的人民之间的文化与精神[1]。

综上所述,教科文组织在"十年行动"中实施的系列化"文化间项目"以"对话之路"为主题标识和映射图式,已然具备了方法论和实践论的范式价值,尤其是"奴隶之路""信仰之路"和"安达卢斯之路"等项目表现出跨学科性和扎根于地方、次区域、区域及跨区域的特点,在具体的历史和地理背景下,这些特点表明文化间具有深刻的相互影响。由此,路路相连,话语相通,作为和平文化关键因素的文化间对话所具有的内在活力和当代价值得到彰显。"奴隶之路"项目在促进对贩卖黑奴的历史事实进行多学科研究以及揭示由其产生的相互关系的同时,还可以使有关的人民接受因相互接触而形成的历史记忆和共同遗产,以此创造进一步和解的条件,并认识到其各自文化演进的多元化活力。同样,"信仰之路"和"安达卢斯之路"项目力求阐明文化融合的过程,同时鼓励在属于不同的文化和宗教领域但具有共同的历史遗产和一些共同的价值观的社区之间建立对话的空间(151 EX/43)。

三 朝向共同的历史与记忆:"之路"系列项目的分蘖

在"十年行动"框架下,教科文组织在文化领域围绕"共同遗产与多元认同"的讨论,随着"之路"系列项目的展开愈加走向深入,尤其是为促进文化间对话、培育对话精神并发展"对话伦理"继续开展了一系列传统和创新活动,其主要路径可以概括为以下四个方面:(1)促进对文化认同和多元遗产的形成过程及其互动关系的相互了解,提高对"普遍性"和"多样性"的辩证认识;(2)倡导从时空、历史和记忆的角度看待对话;(3)加强传统文化与现代文化之间的联系;(4)拓展对话新场域及其研究。由此,从文化遗产与旅游、文化与社区、文化与创造力、文化与可持续发展(社会、经济及环境)等维度推动和平文化建设。与此同时,在组织编纂人类发展史和区域史的同时,实施系列化的跨区域文化间对话项目,致力于阐扬文化间互相影响、互相作用的复杂过程。

为推动旨在描述和证明各种文明和文化相互受益、相互汲取营养并丰富自身的学术工作,同时支持科研机构之间在国际上建立在线交流和联系的网络,教科文组织还努力将有关文明间对话的价值观纳入历史、地理和通识教育的教学大纲之中,促进采用各种有利于艺术教育的创新性方式和方法,并就这些领域应遵循的政策向会员国提供建议(171EX/40)。在"之路"系列项目的开放性框架下陆续完成的项目有阿拉伯计划、高加索项目、中亚文化间对话、地中海方案,以及通史和区域史书写等。以下,我们各择若干要点予以简述。

——阿拉伯计划

为在世界范围内加强对阿拉伯文化的了解,通过促进对话和交流,鼓励阿拉伯文化与

---

[1] UNESCO, "The Roads, an Idea Making its Way", *The New Courier*, 2004 (January), p. 14.

其他文化之间加深相互理解，进而推动文化间对话、文化多样性和发展，教科文组织与其成员国中的阿拉伯集团从 1989 年开始便酝酿"阿拉伯计划"（Arabia Plan），并于 1991 年正式启动。该计划当时有三个战略重点领域：其一，"连续性和变迁"，这意味着将文化遗产和文化认同理解为发展的推进器；其二，"创新与现代性"，这包括促进当代阿拉伯的创造和创造力；其三，"文化间对话与普遍性"，这侧重于阿拉伯文化在与世界其他文化互动中的作用。

该计划在前十年的实施中，取得了一些显著的成就。例如出版《阿拉伯国家历史上的外交档案（1523—1945）》、《伊斯兰文化面面观》（4 卷）、《世界棱镜中的阿拉伯穆斯林文明》等研究成果，编制"阿拉伯国家世界遗产清单"，设立"世界阿拉伯语日"和"教科文组织-沙迦阿拉伯文化奖"，推出"阿拉伯文化经由西班牙和葡萄牙对伊比利亚-美洲文化的贡献"项目（ACALAPI，后独立于"阿拉伯计划"）。时至 2001 年，教科文组织和阿拉伯集团明确意识到该计划必须更新，以应对新世纪的挑战，诸如全球化、互联网和新的传播趋势、人口移徙、恐怖主义和新的武力冲突。因此，各方提出了一套新的倡议——《阿拉伯文化发展行动计划》，其中新纳入促进阿拉伯世界和其他地方的图书馆之间的合作，利用因特网分享阿拉伯文化的主要作品，或促进体现阿拉伯文化遗产的音像制品等内容。直至今天，阿拉伯计划的使命也并未失去其必要性和紧迫性。

——地中海计划

教科文组织大会第二十七届会议决定承担并协调"地中海倡议"的相关行动，在总干事的建议下将实施重点下放到开罗，使之成为第一个在阿拉伯世界中心运作的"地中海计划"（Mediterranean Programme）。该计划专注于促进三个密切相关并被视为网络的标志性活动：（1）知识航行：历史上的海船制造网络；（2）地中海保护区：公园和花园网络；（3）手工艺网络。除了这些工作领域外，该计划还坚持与数字鸿沟和教育中的消极成见进行必要的斗争，并围绕以下三个主要问题而展开：（1）促进文化间的对话；（2）促进和平文化；（3）为可持续共同发展奠定基础。

——高加索项目

高加索地区连接欧洲和亚洲，处于许多文明和文化的交叉口，以其丰富的历史根性、传统及宗教为特征而堪称文化多样性的区域典范。1999 年，亚美尼亚、阿塞拜疆和格鲁吉亚提议在高加索地区国家、次区域和区域间发起共同行动，讨论社会可持续发展的条件和促进和平文化的共同价值观的方式方法，由此构成"高加索项目"（Caucasus Project），活动涉及教科文组织的所有领域。在项目范围内研究和解决的问题还包括该次区域的生态问题、全球气温升高问题和地震情况（30/C/DR.34）。在文化领域开展的活动主要有：（1）在保存、修复和展示文物古迹领域开展合作；（2）保护和进一步发展民族语言与本地语言，鼓励学习和提高外国语言知识，以推动次区域各民族之间的互动和与世界其他地区的交流；（3）开展文化交流，包括促进展览展示、民族艺术创作和传统手工艺，翻译和出版经典作品和现代作家的著作，联合摄制影视，协同组织文艺演出等。活动主要是在南高加索地区展开的，重点目标人群包括青少年和妇女，并在三个发起国设立了教科文组织高加索教席。

——中亚文化间对话项目

为落实促进文化多样性和不同文化间对话,尤其是中亚不同宗教之间对话的行动纲领,"中亚文化间对话"项目(Intercultural Dialogue in Central Asia Project)特别鼓励处于转型时期或冲突后局势中的国家之间展开文化间合作,以期加强该区域的社会凝聚力、团结及和平。项目本身侧重于中亚地区,既是因为该地区在人类文明和宗教文化的相互影响中发挥着重要作用,也是为了进一步阐扬教科文组织在其"丝路项目"中提出的"多重认同与共同遗产"的理念。这是从"丝路项目"延伸出来并发展得较为完善的一个次区域性部门间项目,在逐步扩大范围的同时,带动了一系列具有长期影响并产生乘数效应的丝绸之路活动。其间的平行举措主要包括:设立教科文组织中亚教席网络、撒马尔罕国际中亚研究中心、乌兰巴托国际游牧文明研究所,编纂《中亚文明史》(4卷),开展中亚文化多样性与对话节,支持在中亚建立丝路古代驿站和邮政系统清单,并参与联合国世界旅游组织促进中亚和丝绸之路沿线文化旅游项目的实施,协助申报世界遗产名录,以及在文明间对话的框架下开展宗教间对话。这种次区域性的合作模式和多向交流的对话理念,即便在项目结束之后也保持着活力。直到今天,我们依然能够看到中亚地区较为频繁的互动项目正在延展,仅在国际中亚研究中心的后续项目中就有十多个国家共同推动,但已超出中亚范围,中国、日本和韩国等东亚国家也参与其间。

——通史与区域史书写

教科文组织的"通史和区域史"(General and Regional Histories)编撰工程由来已久,其宗旨在于"让人民谱写自己的历史"。有相当多的地方权威史学家参与编纂工作,从而体现视角的转变。相继推出的《人类史》《非洲通史》《中亚文明史》《加勒比通史》《拉丁美洲史》《伊斯兰文化面面观》等一系列历史书写,举世瞩目,作为文化间对话项目的配套工具,为开展与历史、记忆、对话相关的系列活动,为重新发现人类观念以及由其自身命运形成的愿景并学会共处提供了助力。一方面,为读者提供对社会演变、文化繁荣、世界各地区间交流与互动的重要趋势的全球认识,以促进相互理解、相互尊重和相互欣赏;另一方面,就分裂社会的历史叙事与记忆性叙事问题开展建设性对话,以鼓励分析性学习、批判性思考和互动式辩论,以消除误解、偏见和歧视。在陆续推出通史和区域史的同时,还利用互联网启动了利用《非洲通史》的一个教学项目,以利形成民众的认同,并帮助他们了解作为任何区域文化多样性基础的共同联系,尤其是对非洲移民社区而言。

在以上文化间项目的陆续推进中,教科文组织不失时机地将由"道/路"和"记忆"两个关键词所激发的对话理念映射为各种文化交流的联结网络,由此演证人类的过去对当今世界文化和人类可持续发展的互动关联,并在区域、次区域乃至国家等不同层面推广历史书写和教学的新实践。正如杜杜·迪耶纳指出的那样,"谈到长期记忆——这才是'路线'概念(the concept of 'routes')的根本意义"[①]。以上陆续展开的文化间项目虽然各自都有不同的维度和重点,但大抵都既有对历史的检视和反思,也有对未来的期许和谋划,关注的重点依然是人类社会在精神、文化、艺术、知识、技术等领域的交往行动及其

---

① Diène, Doudou, "Introduction." *The Routes of Al-Andalus: Spiritual Convergence and Intercultural Dialogue*, Paris: UNESCO, 1997, pp. 7 – 8.

产生的深远影响，尤其是在历史与记忆之间展开文化间对话，强化并凸显了当今人类认识过去、反观自身、塑造未来的现实意义。而"丝路项目"产生的影响，犹如火种，不仅已经惠及当下的人类社会，还会有深远绵长的作用。人类社会的成员，或早或迟都会从自己或他者的历史与记忆中学到彼此相处的智慧和合理的做事方法，这也是教科文组织在教育领域倡导"学会共同生活"的目标。

四 从"对话之路"到"对话之道"

文化多样性是一种理念。围绕这种理念，不同文化之间可以组织富有成效的多向度对话。另一方面，文化多样性亦可作为文化表现形式、创造力、创新能力，以及谅解与和解能力的一种适应过程来加以体认，在文化间对话实践中加以保护。在教科文组织推出的一系列跨学科的部门间对话行动中，"丝路项目"以"路"为"道"的方法可谓影响深广，因其始终将观念及其实践落实到文化间对话这一主题上，在对话相关性的设定和树立实践范式方面为"十年行动"及其宗旨而执行的文化间项目奠定了方法论和实践论的基础。这些项目包括但不限于"拉丁美洲－加勒比 2000"（Latin America-Caribbean 2000）、"玛雅世界"（Maya World）、"巴洛克世界"（Baroque World），以及"阿拉伯文化经由西班牙和葡萄牙对伊比利亚－美洲文化的贡献"（The Contribution of Arab culture to Ibero-American cultures through Spain and Portugal，ACALAPI）等等（27 C/103）。

在促进多重形式的文化间对话方面，由"丝路项目"开启的"对话之路"当属最具示范效应的旗舰项目，成为后来以同样的基本思路发起的其他后续行动的样板。20 世纪 90 年代以来开展的"促进和平文化"计划，与各个"之路"项目、"两个世界相遇 500 周年"纪念活动，以及"阿拉伯文化发展计划"等深度融合，也成为"国际理解"的一个个重要标志。1999 年，"之路"系列项目被纳入联合国《和平文化行动纲领》（A/66/273）的实施范围，不仅使教科文组织的部门间行动产生了倍增效应，也带动了该组织在其主管的各领域先后主推的各种文化间项目或计划。此后，教科文组织还开展了一系列传统的和创新的活动，建立新型的公/私合作伙伴关系，加强各机构间和各组织间的合作，使得文化间对话活动在次区域、区域及跨区域层面显著增强。例如，在哲学和人文科学领域有"区域间哲学对话"、"思想之路"（亦作"通往第三个千年之路"）和"艺术之路"，在教育领域有"未来之路"，在文化、教育及信息和传播的部门间项目中有"电影与文化间对话""数字丝绸之路"和"伏尔加河大道"。在文化遗产保护领域，"迦太基之路""腓尼基人之路"和"安第斯大道：文化之路"等项目，先后与欧洲委员会的"文化线路计划"、世界旅游组织的"遗产之旅"和"记忆之旅"，以及世界遗产委员会推动的"遗产线路/文化线路"形成多重呼应。与此同时，还在国家、区域或次区域乃至跨区域等层面拓展为了一系列后续行动，诸如中欧和中南欧地区的"蓝色多瑙河"和"橄榄之路"、太平洋次区域的"海洋之路""非洲独立之路：解放的遗产"、亚太地区的"陶瓷之路"等等。从上述这些实例中我们不难发现，"之路"项目的方法论价值在许多地区得到了印证；与此同时，也充分说明加强文化间对话、促进文化多样性和推动可持续发展是全球开展和平建设行动的重要支柱；保护文化多样性作为和平对话和可持续发展的共享资源则有利于培育创造的多样性，并加强文化间能力。在更大的框架内（包括宗教间对话），教科文组织特别关注鼓励地方、地区和国家层面的文化多样性与政策多元化，鼓励区域和次区域的相关创议，彰显文化间传递和交流的重要意义。所有各方的行动都对文化间对话起着决定性作用。

作为"对话之路"系列项目的"模板","丝路项目"将"陆路"和"水路"本身作为对话方法和路径的策略，以其机巧的辩证思考和灵动的形象表述，开启了以"道/路"与"相遇"互为表里的话语关联和阐释空间，而且"之路"的标识性符号和话语意义也在不断复制、翻版及拓展中彰显出实践论意义和应用价值，对步入新世纪的国际社会走向文化多样性的深入讨论和对话伦理的知识再生产形成了积极的助力。2004年10月，教科文组织执行局就"文明间对话的新路径和具体行动"展开辩论，其背景文件对"之路"系列项目的借鉴价值予以了高度评价。

通过欧洲-阿拉伯对话、地中海项目或教科文组织、阿拉伯文化组织和伊斯兰教科文组织之间的三角合作等项目，可以更好地认识到文化间对话在保护文化多样性方面的作用和积极影响。具体行动是加强特定区域和社会背景下的社会凝聚力（例如在中亚、东南欧、高加索、印度洋、地中海地区，以及"阿拉伯计划"），进而通过"道路/路线"项目突出互动和相互影响，对丝绸之路、非洲铁之路、安达卢斯之路、信仰之路、橄榄之路、伏尔加河大道和奴隶之路（促进各地区大学之间的具体项目，研究跨大西洋奴隶贸易的成因和形式）以及戈雷[-阿尔马迪纪念馆]项目予以特别关注，以利培育文明之间、文化之间和宗教之间的相互理解（170 EX/INF.5）。

正是随着"之路"型项目的不断"落地","丝路项目"开启的"对话之路"也在不断延伸和扩展，而"道路"和"相遇"这两个颇有说服力的象征符号，以内嵌的隐喻和阐释张力说明了"道/路"即方法、方法即"道/路",由此引领着不同文化间的多向对话及其实践之道，稽古揆今，深入人心。在"十年行动"走向尾声之际，法国作家弗朗索瓦-贝尔纳·于热曾以"在路上"为题，对"之路"项目的意义作出如下评价：

> 教科文组织正确地采用了"路线"这一主题，由此将各种互为孳衍的相关项目与文化对话连接起来。这些亘古绵延的路线因其曾经运输过某种贵重品而得名：丝绸、生铁，甚至奴隶。另一些路线，大多不是由于贸易的取道，而是取决于道路所交汇的中心，例如，耶路撒冷——三大一神教的圣城；古安达卢斯——三大文化曾经在此和平共存。
>
> ……我们在这里看到的正是由身心屏障、地形路线和人类谋略构成的一个复杂的综合体，并由其决定着某个思想是否能超越时空，在某一特定地域和特定文化中产生的某段书写是否能对某块大陆的另一端产生影响。传播是刻意的还是偶而为之的？当归功于扩张力还是吸引力？一种思想从一地传播到另一地，是缓慢的渐进过程抑或是历史性灾难的结果？思想的旅程，取决于地理的恒常抑或是战争的命数，还是取决于各古代文明中心的十字路口抑或某条新路线的发现？若想了解自己来自何方，我们还有很长的路要走，还须重返过去的大道小径①。

正所谓"路即思想之道"。古往今来，不同文化间的对话和交流正是沿着"大道小径"孳孳不息，成为驱动人类文明进步的必不可少的动力。与生物的线性进化不同，文

---

① Huyghe, Francois-Bernard, "On the Road", *The UNESCO Courier*, 1997 (June), p.7.

化的非线性进化特质,就让生活在地球上不同区域的人们,能够通过相互学习和借鉴,通过有用的知识和好的做事方法的彼此启迪和共享,而大大加快文明进程的步伐。人类以往在地球上的活动,总体而言是十分成功的。今天,随着科学的不断进步,信息和传播技术的超速发展,以及人们越加频繁的移徙,文化间的对话比起历史上的任何时候都要复杂和丰富。不论怎样,过去、当下乃至未来的"路网"依然在延伸,需要人们在"相遇"和"对话"中不断前行,也要不断回首,尽管道路依然迢遥。

五 "跨文化对话"还是"文化间对话":厘清语境

进入 21 世纪以来,"丝绸之路"和"奴隶之路"作为"对话之路"的两个项目几经沉浮和曲折,浴火重生[①],在联合国系统促进和平文化建设的一系列后续行动中一直被当作实践样板,尤其是在"国际文化和睦十年"(2013—2022)和"非洲人后裔国际十年"(2015—2024)等一系列国际对话进程中显现出强劲的活力。目前,这两个素有"旗舰"或"灯塔"之称的文化间对话项目主要由教科文组织社会科学部社会变革与转型处文化间对话科和历史与记忆对话科两个部门分别主导,并在部门间共同行动中确保了跨学科研究目标和在地化实施效果。教科文组织在其官网上给予"对话之路"(Routes of Dialogue)专题的解释,说明了作为方法的"丝绸之路"直指当下并朝向未来的对话意涵及其深远意义:

> 纵观历史,各国人民通过艺术、贸易和移徙交流了文化经验、思想、价值观和货物。人类历史就是这些旅程的故事。当我们进入 21 世纪之际,我们也踏上了一个旅程——其目的地乃是为所有人的正义、福祉及和平共存而恪守的承诺。在这些相遇中,横跨整个大陆和海洋的每一位行者或各社区传递了他们的思想和习俗,教科文组织通过一系列项目为这样的相遇鼓与呼[②]。

教科文组织认为,"道路/路线"作为概念的提出,是以各国人民与各种文化的相遇为前提的,是知识、思想和"他者"的表述互相交流的结果,更是在不同的思想体系中相互影响的写照。所有的"道路/路线"项目都突显了保持相遇和互动的动力之所在,而且最终表明文化间的交汇和互动过程是源远流长的(171 EX/40)。这一系列文化间对话项目所形成的智力成果、实践方略,乃至经验教训,印证了不同文化之间的相互尊重、彼此包容及平等对话对于人类实现永久和平所具有的重要意义,对推进"一带一路"话语体系建设也当有着借鉴意义。

2012 年以来,习近平主席积极倡导构建"人类命运共同体",这一"中国方案"与教科文组织的"于人之思想中构筑和平"的目标高度契合。2017 年 5 月,习近平主席在

---

① "奴隶之路"项目在 2008 年得以恢复,网址: http://www.unesco.org/new/en/social-and-human-sci-ences/themes/slave-route/, 2018 - 10 - 02;"丝绸之路"项目以网络平台方式重启于 2013 年,网址: https://en.un-esco.org/silkroad/unesco-silk-road-online-platform, 2018 - 10 - 02.

② UNESCO. Routes of Dialogue, http://www.unesco.org/new/en/culture/themes/dialogue/routesof-dialogue/, 2018 - 10 - 02.

"一带一路国际合作高峰论坛"的演讲中首次提出要将"一带一路"建成和平之路、繁荣之路、开放之路、创新之路、文明之路,即在"五通"的基础上发展出"五路"的目标。"和平之路"被置于首位:没有对话,就没有和平;没有和平,就没有繁荣。而开放和创新则是实现文明交流互鉴的必经之路。和平与发展之间存在相互依存的关系,这同样在联合国《2030年可持续发展议程》中得到确认:"没有和平,就没有可持续发展;没有可持续发展,就没有和平。"该《议程》中的可持续发展目标便是"创建和平、包容的社会"。面对当前的全球经济形势、纷繁复杂的国际和地区局势,加强并推动有关文化多样性和可持续发展的对话活动,传承和弘扬丝绸之路所凝聚的对话精神,对构建人类命运共同体尤显重要。

这里,我们还需要在"文化间对话"与"跨文化对话"之间厘清概念的使用及其语境。教科文组织的专家认为,同化论、多元文化论和当前的"文化间性论"(interculturalism)都曾被建议作为可用于管理社会和文化多样性的政策渠道;而教科文组织出版的《十字路口上的文化间性:比较观照中的概念、政策及实践》则侧重于"文化间性"(Interculturality)这一概念,一方面提供新鲜的学理分析、政策讨论和实践案例,另一方面通过来自世界各地的个案研究深入探索不同文化间的对话、策略及能力建设[①]。那么,我们回到"一带一路"话语体系的建设问题上来看"民心相通"这一合作之本,基于"文化间性"的对话和交流当更为接近习近平主席有关"文明交流互鉴"这一思想的理论基础。因此,在文化政策领域,我们应当在"文化间"(inter-cultural)与"跨文化"(cross-cultural 或 trans-cultural)之间作出明确的区分,并在涉及"文化间对话"这一关键词时审慎表述。尽管"文化间对话"(intercultural dialogue)有助于"跨文化传播/交流"(cross-cultural communication),但需要在"文化间对话"与"跨文化对话"之间进行学理上的辨析和语用上的区分,毕竟用于文化政策领域的概念有其需要设定的语境和场域。联合国系统长期采用且一以贯之的政策术语正是"inter-cultural dialogue"(文化间对话),而绝非"cross-cultural dialogue 或 trans-cultural dialogue"(跨文化对话)[②]。两相比较,后者无疑带有"居高临下"意味,实则无益于不同文化间的平等对话。

文化间对话的确事关哲学、社会科学和人文科学等学科参与国际事务的能力建设。教科文组织于世纪之交在哲学、伦理学和人文科学领域开展的"思想之路"项目已成果累累。举办各种研讨会并发行出版物,促进对下列情况引起的伦理问题进行跨学科和跨文化分析:全球化、平等获取知识和信息的机会,并在文化和语言多样性世界中共处;为致力于促进对全球伦理问题进行跨学科对话的学者和非政府组织创造更多的接触与交流。在该计划框架内开展的活动,阐明了教科文组织一向的立场——动员国际级的研究人员和财源机构贡献力量,促进就各种世界性问题开展学科间和文化间对话。而术语的确当使用显然已成为我们在文化政策制定和参与具体对话的过程中需要考量的一个基本维度,尤其是需要我们充分纳入古今中外有关"对话"的经验、思考和智慧,为尊重世界文化多样性和

---

① Mansouri, Fethi ed. *Interculturalism at the Crossroads: Comparative Perspectives on Concepts, Policies and Practices*, Paris: UNESCO, 2017.

② 可重点参考教科文组织:《世界报告:着力文化多样性与文化间对话》,巴黎:教科文组织,2009年。诚然,在联合国系统乃至教科文组织官方网站的中文网页乃至部分中文文件表述中,也存在着"文化间对话"与"跨文化对话"的混用,但与英文书写进行比对,问题不言自明。

旨在促进和平的对话伦理提供符合国际话语语境的"中国方案"①。

值得述及的是，近期教科文组织统计研究所首次发布了来自 199 个成员国有关文化间对话的问卷调研结果，其中的相关数据说明：语境对于定义和应用文化间对话至关重要；文化间对话是社会凝聚力与和平的必要环境，有助于实现相关目标；人们越来越认识到文化间对话对维护和平社会和预防冲突的贡献；文化间对话是一个范围广泛的概念，多种利益相关方的参与是确保其实施的关键。而在促进和达成文化间对话方面，经济发展被归为最不相关的因素②。诚然，文化间对话确实是一项重要而又艰巨的任务，因其必须建立在承认人类是一个整体并具有共同的价值观，承认人类文化多样性以及各种文明和文化具有同等尊严的基础之上。提倡平等、宽容、对话、共享、合作，正是国际和平与安全的最佳保障。教科文组织，抑或任何一个国家，都无法独自行动并取得成功。

"对话之路"系列项目的发起和持续性推进与教科文组织建设和平的使命紧密相关。因而，强调该组织在调动联合国系统内外所有利益相关方支持文化多样性，促进文化间对话，以及建设和平文化进程中的关键作用，对今天的国际社会而言也有着不言而喻的重要意义。"对话之路"系列项目立足于长期坚持的"文化间对话"的平等立场，并以其广泛的实践、经验乃至教训，凝聚了方法论和实践论价值，当为"一带一路"布局中的"民心相通"提供前鉴和思路，值得我们予以认真的关注、跟踪和研究。

近五年来，共建"一带一路"倡议及其核心理念被纳入联合国、二十国集团、亚太经合组织、上合组织等重要国际合作机制的成果文件之中，彰显了"中国理念"和"中国方案"对全球治理的重要贡献。截至 2018 年 10 月，已有 108 个国家和 29 个国际组织与中国签署共建"一带一路"合作文件③，涉及亚洲、非洲、欧洲、拉丁美洲、南太平洋地区。在此背景之下，重温丝绸之路给人类留下的"共同遗产"，我们唯有"不忘本来，吸收外来，面向未来"（习近平主席语），方能把握"一带一路"话语体系建设的进路。而如何充分开掘促进文化多样性的学术潜力和构筑"人类命运共同体"的文化间对话空间，也是中国哲学社会科学界需要回答的关键问题。

（原载《西北民族研究》2018 年第 4 期）

---

① 例如，在中国古代哲人庄子那里，"道"这个字既指"道路""途径""方法"，又指人的"行"与"言"，其中便蕴含着"对话"的哲理。参见徐克谦《论作为道路与方法的庄子之"道"》，《中国哲学史》2000 年第 4 期。

② UNESCO：*UNESCO Survey on Intercultural Dialogue* 2017：*Analysis of Findings*，Paris：UNESCO，2018，p. 16.

③ 申冉：《发改委：六个务实推动"一带一路"能源合作伙伴关系建立》，https：//www.yidaiyilu.gov.cn/xwzx/gnxw/69157.htm，2018 - 10 - 19.

重要论文摘编及摘要

【非物质文化遗产与中国文化的自愈机制】
张举文[1],《民俗研究》2018年第1期

"传统"便是日常生活实践的主体,是流动的进程,不是静态的结果,所以它的存在本身表明了它具有不断适应和吸收新文化元素的能力和进程。这样的"传统性"特别明显地表现在中国文化漫长的历史中。由此而形成的"持续性"本身也证明了"文化创新"("第三文化")的过程——在多元文化冲突的困惑中,基于其"核心信仰与价值观"而获得"文化自觉"(其实质是对自己传统文化之根的认同),进一步展示"文化自信"(其实质是在跨文化或多元文化交流中,在文化自觉的基础上,建设和维系"文化平等观";把握不好或错误认识这个平等观,便会导致"文化自卑"或"文化自大",引发新的"文化危机"),从而达到"文化自愈"。这个过程就是"文化自愈机制":一种文化不仅能在危机中重新回归其根本,更突出的是能吸收新文化元素,达到文化创新,从中获得新的生命力。

【劳作模式:民俗学关注村落生活的新视角】
李向振[2],《民俗研究》2018年第1期

"本土化"应立足于本土社会语境和民俗事象,并以此为基础,抽象或提炼出本土学术概念和理论体系。作为一种研究策略,民俗学"本土化"实际上是一种学术知识的生产过程。在此过程中,需要研究者走进民众日常生活现场,在田野中"感受"和体验当地人生活状态,并对其做出同情式理解。需要说明的是,从本土社会事实出发提炼学术概念,并不是要求学者完全摒弃西方理论体系,而是要在借鉴这些理论时,形成一种认识论上的自觉,即要认识到源自西方社会经验的理论并不总是能适切地解读本土社会事实,这也是学术研究"本土化"的观念依据及必要性之所在。

【现代技术、日常生活及民俗学研究思考】
张翠霞[3],《民俗研究》2018年第5期

现代技术及高科技产品不仅成为我们民俗志研究所倚靠的手段和工具,而且也有可能成为当代民俗志文化表述的可能"文本"形式。就此而言,我们应当扩展作为日常生活文化表述的"文本"的民俗志的内涵和外延。一方面,民俗志"写作"使用的工具,可以是文字符号,也可以是现代技术应用下的镜头和影像。从一定意义上而言,镜头、影像、数字化图片、视频及音频等,可以作为民俗志研究和撰写的"另一支笔";另一方面,民俗志"写作"完成并最终呈现的"文本",也不应当仅仅局限于文字民俗志作品,应用现代数字多媒体技术"写文化""记生活"的影像民俗、数字民俗志作品也应当被囊括于民俗志"文本"之列。它们的区别仅仅在于,与文字符号表述的民俗志文本不同,影像民俗志、数字民俗志用镜头"写文化",用计算机语言"记生活"。

【口头传统与图像叙事的交互指涉——以浙南畲族长联和"功德歌"演述为例】
孟令法[4],《民俗研究》2018年第5期

口头传统与图像叙事的交互指涉之所以存在媒介,其根本原因就在于口头传统

---

[1] 张举文:美国崴涞大学东亚系教授。
[2] 李向振:武汉大学社会学系讲师。
[3] 张翠霞:云南大学滇西发展研究中心讲师。
[4] 孟令法:华东师范大学社会发展学院博士后。

与图像叙事并非纯粹的文本间指涉，而是具有相应语境的言语间互释系统。虽然仪式活动的程式固定性远高于史诗"创编"所依赖的程式规则，因而"传统作为一种叙事方式可以根据不同的语境被调用"的实践倾向，对类似于畲族"功德歌"这种必须依据固化文本才能不影响仪式进程的口头传统来说，的确需要一个转译过程。但"本土社会的地方知识体系中存在着一整套的"叙事话语，而这充分反映了叙事传统中的人——作为叙事传统的"秉持者（bearer of tradition）"——演述人、听众乃至地方学者"对叙事传统的感知经验、价值判断及实际操演，即"传统本身所具有的阐释力量"是我们发现"图"与"言"叙事"媒介"的基础。进一步讲，口头传统与图像叙事的交互指涉是在特定语境中发生的，而作为媒介的身姿只有在此时才能发挥叙事功能，并成为纠正"错位"的显性手段。

【反对社区主义——也从语词层面理解非物质文化遗产】

吕微[①]，《西北民族研究》2018年第2期

社区-共同体是文化传承的主观性相对性语境条件，还是道德实践的主观兼客观性语境条件？或者，社区-共同体是现实中自然传承的文化主体，还是因自由实践而可能的道德主体？这是"非遗"保护实践的理论难题。"非遗"保护如果仅仅赋权给现实中作为自然传承的文化主体的社区-共同体，而不是作为因自由实践而可能的道德主体的社区-共同体，就可以被称为"社区主义"。社区主义的"非遗"保护路径，首先既不能维护道德主体自由实践的应然自律权利（人权），最终也就不能有效地保护文化主体自然传承的实然实践形式（文化多样性）。

【以社区参与为基础构建人类命运共同体——社区在非物质文化遗产保护中的重要地位】

安德明[②]，《西北民族研究》2018年第2期

以社区为中心的非遗保护，在坚持文化多样性理念，承认和尊重文化差异的基础上，既能使更具体、更个别的诉求得到充分的表达，又能使相关文化传统的个性化特征得到相对完整的体现和彰显。这种充分的表达与彰显，为不同社区和群体之间的相互了解、相互沟通与相互理解，创造了必要的条件，并为从本质上解决不同文化之间的冲突，进而促成范围更大的社区或共同体，提供了重要前提。可以说，在构建人类命运共同体已成为国内外诸多相关领域日益关注的重要理念的形势下，立足于社区来开展非物质文化遗产保护，是建设人类命运共同体的一条重要途径。

【非遗保护标准与文化多样性的矛盾与调谐】

胡玉福[③]，《文化遗产》2018年第6期

非遗保护标准是一种经过多方协商、在达成共识的基础上形成的、经官方机构认证的约束性文本。它以制度化的形式对保护工作予以管理，对生产性保护秩序予以规范，对核心技艺加以记录和保存，从根本上符合保护文化多样性的理念。从民间文化的特征来看，标准化与在地化之间始终存在着一种张力，并不会因标准化的引入而导致文化的单一化、固态化，抑制文化创新的活力。作为一项公共文化事务，

[①] 吕微：中国社会科学院文学研究所研究员。
[②] 安德明：中国社会科学院文学研究所研究员。
[③] 胡玉福：中山大学中国非物质文化遗产研究中心博士研究生。

非遗保护工作标准化的"最佳秩序"理念能为促进文化多样性发展提供制度性保障,在确定了项目传承精髓的同时,也为多样性的文化表现与传承形态留下发展空间。标准制定过程中多元主体的协同参与,可以保证相关项目的文化内涵在标准文本中得到充分呈现。

【民俗认同：民俗学关键词之一】

张举文[①],《民间文化论坛》2018年第1期

因为民俗实践的核心是认同的构建和维系,民俗研究的核心是对认同的研究;因为群体认同的核心是共享的民俗,并且对此共享的民俗的认同也构成不同群体互动和新传统形成的驱动力,所以,民俗认同(folkloric identity)是指以民俗为核心来构建与维系认同和传承传统的意识与行为。关注民俗认同就是在研究民俗传承和认同构建的进程中,要以民俗传统本身为主线,记录和分析该传统的传承和演变机制,以及该传统如何与其他传统互动而创造新传统。民俗认同强调的是不应在限定特定实践者群体的前提下去看某传统的传承进程,而要承认一个民俗传统的传承是基于所有认同和实践该传统的不同群体的成员来维系的。

【日常生活实践的"战术"——以北京"残街"的"占道经营"现象为个案】

王杰文[②],《民间文化论坛》2018年第2期

有关"现代性"以及"后现代性"的学术反思直接引发了中国民俗学的思考,一部分民俗学家持"未完成的现代性"理论,认为中国亟待更加彻底的现代化改革;另一部分民俗学者则同情"势不可挡的后现代潮流",认为中国已经在新媒介、新技术的裹挟之下,进入信息化与消费社会,一切现代性的弊病同样困扰着当下中国社会,况且,那些坚持现代化理性的主体本身可能是打着"普世价值"的口号推行有利于自身的社会主张。总之,"现代理性"本身是需要反思与质疑的。

【口头传统专业元数据标准定制：边界作业与数字共同体】

巴莫曲布嫫 郭翠潇 高瑜蔚 宋贞子 张建军[③],《民间文化论坛》2018年第6期

口头传统田野研究要求我们要从采集与语境两个维度来高度关注民俗学的"证据提供"(documentation),也就是说要纳入田野研究的一系列操作性环节,包括田野作业(fieldwork)、访谈(interview)、田野笔记(fieldnotes)、田野誊录(transcribing)、田野报告(reporting)、田野迻译(translating)、田野的文本化(textualizing)到最后形成一个系统的田野归档(archiving,包括田野文献识别、获取、处理、存储和传播等),才能最终支撑起被呈现、被阐释的文本。在田野实地工作中,只有经过这一完整的、有步骤的、充满细节的工作进程,才能最终提供并支撑一种能够反映口头传统特质的,以演述为中心的民俗学文本及其文本化制作流程。与此同时,我们还将事先知情同意原则、权利让渡的获取,以及建档涉及的学术伦理纳入了田野采集规范的编制范围。

[①] 张举文：美国崴涞大学东亚系教授。

[②] 王杰文：中国传媒大学艺术研究院教授。

[③] 巴莫曲布嫫,中国社会科学院民族文学研究所研究员;郭翠潇,中国社会科学院民族文学研究所助理研究员;高瑜蔚,中国科学院计算机网络信息中心工程师;宋贞子,中国社会科学院民族文学研究所博士后;张建军,中国社会科学院研究生院少数民族文学系博士研究生。

【生活叙事："敞开"和"共情"的民俗研究】

黄静华[1],《民族艺术》2018 年第 2 期

作为生活实践的生活叙事写作，需要写作者在自己的知识积累和生活经验中找到契合，也须确证到自身和叙事者间的共通性，所谓的"直观""还原"或"不预设任何形而上学前提的、在生存处境——日常生活的有限历史文化情境中研究人与社会的认知向度"等才有抵达预期之想的可能。顺之，具体写作过程也绝不是将零碎事象进行所谓的逻辑梳理，而是在融入生活世界之后，逐渐地参与、逐步地理解呈现于前的生活整体，使其在文字上显露为细节上可见、情感上可知、逻辑上可说的经验过程。或许，这种写作并不志在创造出有关民众生活过程的种种理念或学说，即便有创造，也绝不就此凌驾于生活过程之上。

【"通过民俗"：从生活文化到行动意义的摆渡——兼论当代民俗学研究的日常生活转向】

李向振[2],《云南师范大学学报（哲学社会科学版）》2018 年第 1 期

从某种意义上说，日常生活转向是民俗学学科在社会转型时期针对自身发展困境的理论自觉。在现代性日益渗透到人们生活的方方面面时，作为关注生活文化的民俗学，需要从传统的以民俗事象为研究对象的藩篱中走出来，将学术目光投向日常生活整体。当代民俗学从对文化事象的结构性解读到以民俗为路径对生活意义的探析，既是其在自身遭遇学科危机时进行的积极探索，又是其对现代生活自觉的学术回应。在研究范式的日常生活转向中，正视"现代性"并与之和解，无疑是当前民俗学科的自我救赎之途。

【羌人尚白与夏人尚黑——文化文本研究的四重证据法示例】

叶舒宪[3],《文学人类学研究》2018 年第 1 期

本文分为上、下两篇。分别从理论建构和研究实践两方面说明国内文学人类学研究的新动向。上篇评说作为新兴学科的文学人类学、文化文本及其符号编码理论、四重证据法和田野作业，聚焦解释这四组关键词。下篇以第十次玉帛之路考察的甘肃武山县田野调研为例，论述羌族白石崇拜礼俗的史前西部文化渊源；推论武山鸳鸯玉（墨绿色蛇纹石）在距今 5000 多年前如何被石岭下类型文化所发现，并沿着渭河的天然水道，向东传播到中原仰韶文化庙底沟期社会，成为高等级墓葬中仅见的玉礼器——玄钺的材料来源。兼论从 5000 年至距今 4000 年间的"玄玉时代"作为中原玉文化起源的第一个时代，如何奠定华夏文明国家的思想和价值观原型。充分利用考古新发现提供的第四重证据，重建华夏的文化文本发生期的实物证据链，重新诠释上古文献中一向难解的谜题：从《山海经》"黄帝播种玄玉"说，到《周易》"天玄地黄"说，再到《礼记》"夏人尚黑"说和《尚书》《史记》有关三代最高统治者的玄圭玄钺叙事，找出老子"尚玄"哲理乃至墨家"尚墨"观念之史前实物原型。说明文化文本从一级编码到二级编码和三级编码的传承演变规则。

---

[1] 黄静华：云南大学文学院副教授。
[2] 李向振：武汉大学社会学系讲师。
[3] 叶舒宪：上海交通大学文学人类学研究中心教授。

【民俗学的田野范式与伦理反思】

张建军[①]，《贵州民族大学学报》2018年第3期

中国现代民俗学的田野实践实现了从搜集整理到田野作业，再到田野研究的范式转换。在田野研究阶段，民俗学的关注对象实现了由"物"到"人"的转换，更加强调主体间的田野对话关系。由此，田野实践中交互主体的伦理关系也被纳入学科研究范畴。探讨与反思田野伦理关系，是审视田野角色、革新民俗志书写范式、重回学科本位和价值立场的重要路径。

【反思与革新：中国神话学的前沿发展】

谭佳[②]，《民间文化论坛》2018年第5期

十余年来，中国神话学前沿发展的总况可以说是：一致百虑，殊途同归，在全面反思学科史中批判既定结论、寻求突破性革新，重建中国神话学的观念与研究路径。2017年秋相关领域的代表性学者在中国社会科学院文学研究所参加"神话中国"工作坊："神话学反思及思想研究"，该文是这次工作坊论文集的评述与介绍。各位学者的研究已然突破了百年来形成的中国神话学格局，也是论文集以"神话中国"为大标题的原因。在这批神话学者开创的全新研究视野和诉求中，神话不再仅是文学或民间故事，它成为反思中国现代学术话语、重新走进中国历史文化、理解当下中国的一条重要线索，甚至是不可或缺的重要视角。换言之，"神话"一词成为我们表述中华文明上下五千年的核心术语和关键点，它体现并带动着我们对中国的理解。

【神话与现代性问题】

马修·斯滕伯格　王继超[③]，《长江大学学报（社会科学版）》2018年第3期

神话思维可以作为对现代性的创新回应，一种在"世俗时代"保持超验的策略。但是，神话学更多的是为现代性中的超验创造可能而不是反对它，因为神话可以简单定义为不被经验验证的话语范畴，神话思维以一种被认为与现代理性相容而非对立的方式表达精神驱动。

【从《长生宴》到《神话与史诗》——杜梅齐尔的东方神话研究】

沈玉婵[④]，《长江大学学报（社会科学版）》2018年第2期

从早期的理论探索到后期"三功能"学说的提出，东方神话作为杜梅齐尔主要的研究对象，启发和影响着其学术思想的发展。东方神话是杜梅齐尔学术发展的基石和重要的组成部分，"三功能"学说从萌芽到成熟的发展过程，依赖于他对东方神话的研究。回顾杜梅齐尔的学术生涯，有助于我们思考东方神话在神话学研究中的意义和价值。

【蟹与蛇：日本、东南亚和东亚之洪水和地震的神话与传说】

山田仁史　王立雪[⑤]，《民俗研究》2018年第6期

日本自古便多发地震、海啸、火山喷发一类的自然灾害。特别是2011年的东日本大震灾之后，灾害研究不仅在自然科学领域，在社会科学和人文科学领域也逐渐

[①] 张建军：中国社会科学院研究生院少数民族文学系博士研究生。
[②] 谭佳：中国社会科学院文学研究所副研究员。
[③] 马修·斯滕伯格，日本早稻田大学副教授；王继超，华中师范大学文化产业研究中心。
[④] 沈玉婵：北京大学外国语学院博士研究生。
[⑤] 山田仁史，日本东北大学文学研究科副教授；王立雪，日本东北大学文学研究科博士研究生。

受到了很大关注：历史学家们收集有关地震的历史文献，调查人们的应对方法；民俗学者和人类学者探寻如何重建受灾地群众的人际关系网以及地域交流网。以日本东北部与自然灾害相关的神话和传说为考察对象，并将其与东南亚和东亚的神话传说进行比较，有助于探索这些神话传说是否反映了前人想要将实际的灾害体验和紧急情况下的对策心得传达给子孙后代的愿望的可能性。

【现象学神话理论概览】
胥志强[1]，《长江大学学报（社会科学版）》2018 年第 1 期

运用现象学方法进行神话研究，在 20 世纪早期已经出现了初步的探索。到本世纪初，这一探索经历了从自发借用到方法论自觉，从局部问题探讨到神话本体论思考，从零碎研究到理论体系建设的过程。尤其是 20 世纪七八十年代以后，涌现出了几位重要的理论家，他们在神话的定义、功能、神话本体论以及现代神话学反思等方面提出了诸多革新性的观点。

【神话与科学：格雷戈里·施润普的神话学思想与研究实践】
张多[2]，《长江大学学报（社会科学版）》2018 年第 4 期

格雷戈里·施润普（Gregory Schrempp）是美国印第安纳大学民俗学与民族音乐学系神话学教授，他在神话思想史、波利尼西亚神话田野调查、神话—科学研究、比较神话学等领域的建树，使其成为当今世界最为优秀的神话学家之一。民俗学与人类学的训练是其神话学思想重要的底色。他尤其关注神话—科学这个经典话题的钻研，在科普书写与神话、烹饪—火神话与技术、科学话语与神话思维等具体论题上有较为精深的论述。此外，他在印第安纳大学数十年的神话学教学活动，也是其神话学研究不可忽视的重要实践。

【心理学视角下的神话与神话主义——以罗洛·梅的《祈望神话》为中心】
赖婷[3]，《长江大学学报（社会科学版）》2018 年第 4 期

美国存在心理学之父、存在主义精神分析学家罗洛·梅的《祈望神话》一书，对神话与神话主义研究有一定的启示。"神话"是神圣叙事，旨在帮助人超越世俗，实现神圣化的存在。而"神话主义"则是现代人对神话的一种实践，也是现代人祈望神话的一种表现。人对神话的需求，是神话及神话主义的心理动力。神话主义的心理机制正是发挥神话功能的过程。神话与神话主义有各自的研究取向。神话的神圣性是用神话最核心、最普遍的特质，来区分神话与其他民间叙事文类，区分神话与神话主义现象的关键要素。

【历史中的神话与神话中的历史——1949 年后西南少数民族历史书写中的神话重述】
高健[4]，《西南边疆民族研究》2018 年第 1 期

神话一直与历史相关，在民族史的书写中，神话被提炼出来，成为民族的一种"修辞"，整个重述过程不仅将神话学术化，还将历史开端神圣化、地方知识公共化。其中在简史阶段，神话的主要任务是

---

[1] 胥志强：华中师范大学文学院讲师。
[2] 张多：中国社会科学院民族文学研究所博士后。
[3] 赖婷：北京大学中文系博士研究生。
[4] 高健：云南大学文学院讲师。

追溯族源，并描绘"中华各民族大家庭"以及由原始社会到社会主义社会进化的双重景象；而在通史阶段，神话突破"人类童年时期"的藩篱，与历史融为一体，甚至成为民族史的主干。针对神话在当下的一些改变，神话学研究视阈与范式也应在一定程度上转向差异研究、传播研究以及政治学研究。

【巴·布林贝赫蒙古史诗诗学思想之论演】

朝戈金[①]，《西北民族研究》2018年第4期

巴·布林贝赫关于蒙古史诗诗学法则的总结，集中体现在其《蒙古英雄史诗诗学》一著中。概括地说，其诗学思想生发自对本土材料的熟稔和对西方诗学传统的融会贯通。在结构安排和论域展开上，该书充满原创性；在诗歌法则的总结上，则兼备细节上的格外精审和体系上的格外宏阔。作为一宗开创性的学术工作，该著从大处着眼，举重若轻，从史诗生成的社会历史背景交代到故事人物的形象塑造，以八章的篇幅完成了蒙古史诗诗学的体系化总结。

【从诗歌美学到史诗诗学——巴·布林贝赫对蒙古史诗研究的理论贡献】

斯钦巴图[②]，《民族文学研究》2018年第4期

该文在梳理巴·布林贝赫基于美学视角的史诗诗学框架体系基础上，归纳了他的两个突出理论贡献。一是他将蒙古史诗范式化特征归纳为形象体系的类型化、场景描绘的模式化、故事情节的程式化三个层面，其中把形象体系的类型化作为蒙古史诗程式化特征的重要方面提出，对史诗形象之程式化塑造的口头程式理论具有重要的借鉴意义。二是他提出将"母题"与"意象"相结合研究蒙古史诗的观点，对于史诗研究具有普遍的方法论意义。

【诗心与哲思——论巴·布林贝赫《蒙古英雄史诗诗学》的汉译问题】

陈岗龙[③]，《西北民族研究》2018年第4期

巴·布林贝赫是蒙古英雄史诗理论研究的重要奠基者之一，其史诗理论建树集中体现在《蒙古英雄史诗诗学》一书中。巴·布林贝赫的《蒙古英雄史诗诗学》不仅构建了蒙古英雄史诗的美学体系，而且提出了结合叙事学理论和美学理论研究蒙古史诗内容和结构的学术理念。但是，因为巴·布林贝赫著作的深邃内涵和难以模仿的语言风格等问题，《蒙古英雄史诗诗学》拖至今天才被笔者译成汉文出版。

【卫拉特—卡尔梅克《江格尔》在欧洲：以俄罗斯的搜集整理为中心】

旦布尔加甫[④]，《民族文学研究》2018年第1期

在欧洲，从18世纪中叶就已开始出现有关卫拉特—卡尔梅克《江格尔》的报道，而正式记录、整理、出版，则从19世纪初开始，至今已有二百余年历史。文章以记录整理者及其活动为主线，勾勒了19世纪至20世纪欧洲搜集、记录、整理、出版卫拉特—卡尔梅克《江格尔》的历史脉络，并介绍了搜集记录者用卡尔梅克文出版的四十多种论著以及用各语种出版的六十多种《江格尔》，从而较完整地呈现了欧洲搜集、记录、整理、出版卫拉特—卡

[①] 朝戈金：中国社会科学院民族文学研究所研究员。
[②] 斯钦巴图：中国社会科学院民族文学研究所研究员。
[③] 陈岗龙：北京大学外国语学院教授。
[④] 旦布尔加甫：中国社会科学院民族文学研究所研究员。

尔梅克《江格尔》的历史概貌。

【作为体裁的史诗以及史诗传统存在的先决条件】

尹虎彬[①],《民族文学研究》2018年第2期

从社会历史外部视角看待史诗,史诗曾经被冠以"古代的""古典的""中世纪的""原始的""神话的""英雄的""民族的""民间的""迁徙的""溯源的"等名称。即使从文学内部研究来说,人们关于史诗的观念也经历了许多变化:从作为一般性的文学作品的史诗,到作为体裁的史诗,从作为体裁的史诗,到作为一个特定的史诗传统中的史诗。这些关于口传史诗的经验实证研究,尽管不可或缺,但并不能回答什么是决定史诗成为史诗的唯一的、先在的、绝对的条件。

在口头传统之中,史诗融合了多种体裁,因此,人们也不能简单把史诗当作一般的体裁来加以理解和阐释。人们从史诗单一体裁观念,开始关注某一个传统的生态系统意义上的多种体裁相互交织的整体观念。史诗的力量来自何处?让史诗成为史诗的先决条件是什么?在形式主义者看来,内容并非判定长篇史诗的唯一条件,内容决定论不能完全解决我们关于史诗种类的理解。一部史诗在根本上同一个类似故事集子是不一样的。其中,篇幅长短显然也不是先决条件。冗长并不构成史诗的本质特征,而只是它的一种可能。体裁作为"遗留物的科学"对象,业已成为民间文学的传统领域。那些建立在经验实证基础上的文学和民俗学的教条都只是一把尺子,它对于揭示像史诗这样的充满超越性意义的事物,往往成为自身的桎梏。

在纯粹的形式与对象化的史诗作品之间,创造性的叙述者与受众是必要的前提,它是史诗传统作为历史过程得以延续的不可或缺之条件。史诗作为体裁具有超越性,其意义超越了某一个史诗作品的局限。这种意义是创造性的叙述者与史诗受众的个人经验相互作用而生成的。

【口头史诗的文本与语境——以《玛纳斯》史诗的演述传统为例】

阿地里·居玛吐尔地[②],《民族艺术》2018年第5期

近年来,柯尔克孜族史诗《玛纳斯》那鲜活生动而又妙趣横生的演述场景已经随居素普·玛玛依等老一辈玛纳斯奇的辞世而离我们渐行渐远。千百年来的口头叙事传统正在从"演述中的创作"进入一个新的阶段,并为半书面的吟诵形式所取代。目前,当我们还能够捕捉到口头史诗的传统演述形式之际,从文本与语境之间的复杂关系出发,对口头史诗的叙事传统及其演变态势进行系统的梳理和探究是当务之急。

【拉祜族史诗的生长与延展:书写文本的意义阐释】

黄静华[③],《民族文学研究》2018年第2期

拉祜族史诗的文本形态容纳了口头文本与书写文本。用"史诗"对拉祜族表述传统所进行的命名,始于多部书写文本的整理与出版。书写文本中,拉祜族拥有在史诗文学类型上的相对完整性,并被放置在线性时间中进行阐说,成为特定时期的文化遗存物。书写文本的意义建构中,"史诗"一词主要被予以作品意义的阐说,具有可阅性却在歌唱性上有所缺失。书写意味着一种崭新叙述的生成,这不仅显现

---

① 尹虎彬:中国社会科学院民族学与人类学研究所研究员。
② 阿地里·居玛吐尔地:中国社会科学院民族文学研究所研究员。
③ 黄静华:云南大学文学院副教授。

为叙述者的新生和多元，也在媒介载体、语境形态、受众期待、功能阐释等的更换中重新建构文本意义。

【傣族史诗的演述人与演述语境】
屈永仙[1]，《民族艺术》2018 年第 5 期

在不同的傣族聚居区，其史诗演述传统不尽相同。西双版纳以傣泐支系为代表，既有口传歌手"章哈"在"上新房""祭寨神勐神"等传统语境中口头演述史诗，也有"康朗""波占"等演述人在一些日常生活中手持文本复诵史诗。而德宏以傣那支系为主，并没有专门口头演述史诗的歌手，而主要以"贺鲁""摩整"等演述人在仪式生活中手持文本复诵史诗，或者在戏剧舞台上演绎史诗。在不同的演述语境中，这些演述人群体可以互相转换身份，在史诗的创作、抄写和演述的过程中扮演不同的角色，彼此合作最终达成傣族史诗的演述与传承。

【音像记录者在场对史诗演述语境影响】
杨杰宏[2]，《民族艺术》2018 年第 5 期

演述人、文本、受众、事件、仪式、传统构成了史诗演述语境的主要因素。音像记录者在场对史诗演述语境的影响存在积极性与消极性两个方面。研究者及演述者对于史诗演述语境的指向是一致的——理想的"自然语境"状态，但二者对具体的目标诉求是趋于分化的。田野研究者与演述者、受众群体达成信任、融洽的合作关系是保障演述语境的前提条件，而要达成这种关系，积极主动地学习、理解地方性知识是关键的内因。在演述语境里，音像记录者身份不只是个旁观者，而是变成了仪式的有机组成部分。

【多元化的南方史诗类型思考——基于创世史诗《布洛陀》与《崇般突》比较研究】
杨杰宏[3]，《中央民族大学学报（哲学社会科学版）》2018 年第 4 期

创世史诗《布洛陀》与《崇般突》在文本结构、演述方式、故事范型等方面存在着诸多相似性，但在叙述主题方面存在着不同的旨归，《布洛陀》史诗突出了稻作文化的特质，《崇般突》强调了祭天文化对纳西族历史文化的深刻影响。从全观的史诗视域而言，南方史诗类型的划分是多元的。《布洛陀》称作"稻作史诗"，《崇般突》称为"祭天史诗"，更符合这两部史诗的文本主旨，也更契合其特定的历史文化语境，而仪式类史诗是从南方史诗的演述载体来定位的，祭祖史诗则是依据南方创世史诗的共性主题来界定的。

【比较视野下的《玛纳斯》研究与口头诗学】
荣四华[4]，《民族文学研究》2018 年第 5 期

20 世纪 90 年代是中国《玛纳斯》研究的转捩点，口头诗学带来了研究范式的转换，文本更多地被还原到"演述场景"之中，呈现出聚焦于"口头文本"的研究路向。随着我国《玛纳斯》研究与世界史诗学界对话的不断深入，比较视野下的《玛纳斯》研究也成为必然。目前我国《玛纳斯》比较研究的两大流脉主要集中于"书面文本"的研究路向；在比较视野下，将"口头文本"和"书面文本"相结合成为第三种研究路向。

---

[1] 屈永仙：中国社会科学院民族文学研究所助理研究员。
[2] 杨杰宏：中国社会科学院民族文学研究所副研究员。
[3] 杨杰宏：中国社会科学院民族文学研究所副研究员。
[4] 荣四华：江西师范大学文学院讲师。

【中国文化生态保护实验区保护传承理论创新——以格萨尔文化（果洛）生态保护实验区为中心】

桑子文 金元浦[①]，《福建论坛（人文社会科学版）》2018年第4期

"功能—情境—角色"三位一体的理论创新以情境保护为核心，颠覆了"非遗"保护的形式主义，着重于实验区本体的最鲜明特色，这种鲜明的特色需要多维度地营造文化情境，推动区域内文化链联动，达到格萨尔文化生态保护的理想目标。"功能—情境—角色"的理论创新把格萨尔文化保护放在更宏观、更具现实意义的情境中。从顶层设计确立县域特色形象定位，形成州级统领、县域发展的合力。通过完善传承传习的四个体系来塑造传承特色情境。优化传承人管理增设职业发展情境，提升传承水平。规范传习场所管理明确优化原则和匹配制度。提升重要信仰场域的情境建设，重视数字技术在传播中的运用。传承民俗节庆情境三管齐下，为消失的、现有的、活跃的节庆情境设计保护举措。格萨尔文化生态的核心竞争力在于重视格萨尔史诗说唱"非遗"项目多样化的体验塑造，通过物、力的集聚来巩固薄弱的传承链条，实现格萨尔文化生态的良性可持续发展。

【《格萨尔》史诗说唱与藏族文化传承方式】

丹珍草[②]，《中国藏学》2018年第3期

"说唱"是藏族民间文化传播的一种非常重要的方式。从藏族文化的发展来看，藏族的说唱传统或者口耳相传的文化传播方式源远流长。从传说时代到近代，甚至现当代，数千年的历史进程，经过了"仲""德乌""苯"时期的口传人、游吟诗人、"疯狂者"，到高僧大德的讲经说法、民间艺人的说唱表演，这种文化传承方式不仅从未终止过，而且传承有序。无论是寺院教育，还是民间艺人说唱，学院与民间、高僧与草根、口头与书面，虽然有很大的差异性，却一脉相承。《格萨尔》史诗说唱传统与藏族文化传统传承方式相辅相成、相得益彰，都源于藏族文化传统的内在规定性，是文化整体性的表现。

【壮族布洛陀叙事的历史化与经典化】

李斯颖[③]，《民族文学研究》2018年第6期

布洛陀叙事是壮族文化记忆的重要部分，既包括关于布洛陀形象的诸多"碎片化"描述，也有被纳入文字与仪式系统的长篇书写。作为"回忆形象"的布洛陀凝聚着壮族的集体记忆，塑造出壮族历史上的"布洛陀"时代，并通过时空关联增强了民族的内部认同。韵文体的布洛陀叙事多被用方块壮字记录于文本之中，通过专职的文化记忆储存人——布麽在各种重要的节日与庆典仪式中传承，具有神圣性、权威性色彩，实现了文化记忆的"经典化"。布洛陀叙事的发展是民族文化记忆能动选择的结果，同时也为民族的发展提供了"神话动力"。

【论《格萨尔王传》人物唱段音乐的多样性——以西藏那曲地区艺人的演唱为例】

郑龙吟[④]，《西藏大学学报（社会科学版）》2018年第3期

藏族著名史诗《格萨尔王传》流传时

[①] 桑子文，上海市教委教研室综合教研员；金元浦，中国人民大学文学院教授。
[②] 丹珍草（杨霞）：中国社会科学院民族文学研究所副研究员。
[③] 李斯颖：中国社会科学院民族文学研究所副研究员。
[④] 郑龙吟：西藏大学艺术学院博士研究生。

间久远，流布地域宽广，篇幅规模宏大，描写内容丰富。如此庞大的史诗内容不仅以说唱艺术的形式传承与发展，而且存在着纵向历时性的同源性与横向共时性的差异性，并呈现出音乐形态的多样性与开放性。《格萨尔王传》说唱艺术包括"说"与"唱"两个部分："说"，即念诵形式，讲述故事情节，属于叙述故事的环节；"唱"，即人物唱段，属于人物对话，通过不同人物的唱段呈现人物性格，塑造人物形象。文章以人物唱段音乐为研究对象，以乐谱分析为研究方式，从音乐本体的角度探究《格萨尔王传》人物唱段音乐的结构多样性、技法多样性和风格多样性。

【五十步笑百步：历史与传说的关系——以长辛店地名传说为例】

施爱东[1]，《民俗研究》2018年第1期

对同一历史事件的不同叙述，形成了相互竞争的传说，正是基于更可靠的史料、更有效的逻辑，"历史"具有了高于一般"传说"的话语权威。人类知识需要积累，更需要不断地否定和淘汰，否定的力量主要来自权威和级差。而在那些文字缺失的地方，历史望洋兴叹之处，却是传说的英雄用武之地。民间传说"历史文学化"的处理方式让历史变得生动有趣，"文学历史化"的实际效果又让历史变得丰富完整；而历史的挑剔和淘汰作用，则让那些优秀的传说得以脱颖而出，免于泯然众说。研究者们所从事的，就是在不断否定的历史考辨中，以更加丰满的证据和更为科学的认识，一方面不断生产新的传说，另一方面通过修正、淘汰或更替，建设起更丰富多彩、更稳定有效的人类知识体系。

【民间信仰起源传说的嬗变——以潮州双忠信仰为例】

李国平[2]，《汕头大学学报（人文社会科学版）》2018年第2期

钟英于北宋熙宁年间携双忠神物入潮阳的传说始于元代，而明清以来，官绅等不断复述、增添及丰富了许多内容，努力重构双忠信仰的起源历史，并制造实物证据。潮阳县城赵氏与双忠信仰紧密结合后，催生了赵嗣助携神入潮的传说。韩愈曾刺潮为张巡、许远辩白，双忠公成为潮阳县城的守护神，这些史实为其他入潮传说的产生奠定了基础。

【清代彝文抄本《董永记》整理与研究】

普学旺　龙　珊[3]，《民族文学研究》2018年第2期

清代彝文抄本《董永记》是近年在云南省新平县发现的一部彝文古籍文献，以篇幅较长、情节丰富、描写细腻而引起关注。文章对彝文《董永记》的不同抄本流传情况、文本来源、变异特点及传播路径等进行了梳理与探索，认为彝文《董永记》是董永传说资料的又一次重要发现，对推进董永传说研究具有重要意义。此外，该抄本是西南边疆少数民族文化与汉文化互融互动的真实写照，对当下中华文化认同及非物质文化遗产保护的研究有重要价值。

【族群历史记忆与多元文化互动——河湟汉人"南京珠玑巷移民"传说解读】

赵宗福[4]，《西北民族研究》2018年第2期

河湟流域汉人中广为流行的"南京珠玑巷移民"祖源传说，实为明代朱元璋上元节

---

[1] 施爱东：中国社会科学院文学研究所研究员。
[2] 李国平：莱比锡大学东亚研究所博士研究生。
[3] 普学旺，云南民族大学民族文化学院；龙珊，云南民族大学民族文化学院。
[4] 赵宗福：青海省社会科学院教授。

观灯野史传说和南京珠玑巷传说相结合的产物，是在明代万历年间的特殊时期由于汉人族群的文化需要而出现并被逐渐传播开来，形成一种族群历史记忆的。之后由于多民族文化的互动，又出现了在汉、藏、土族等多民族中演化互动的现象，从中反映出多民族地区祖源传说生成的机制性特点。

【顾颉刚"层累说"的再审视——以大禹传说研究为中心】

马竹君①，《民俗研究》2018年第3期

随着出土文献的日益增多，顾颉刚古史研究的史料审订工作"考年代"与"辨真伪"两方面不断招致非议。但通过以顾颉刚大禹传说研究为中心的具体考察，发现新出土文献和史料真伪因素变化对顾氏大禹传说研究的结论虽有所校正，其变动仍在顾氏旧有论证框架之内，也并未撼动"层累说"的根基。顾氏大禹传说研究论证框架的造成，不在于传统的"考年代"和"辨真伪"工作，而在于顾颉刚对古史传说及相关材料性质的独到了解，即"故事的眼光"。再加上顾颉刚有着以假设为中心、以材料为根本指向的治学特点，"层累说"实际上是围绕"传说的转变"搭建起的"开放式"论证框架。在此基础上，他重新定位了不同文献的不同性质，得以更准确地论证大禹传说的转变。

【民间传说与文化景观的叙事建构——以嫘祖传说为例】

毛巧晖②，《贵州民族大学学报（哲学社会科学版）》2018年第3期

"一带一路"倡议，激活了"丝绸之路"，赋予这一古老文化带以崭新的时代内涵。中国丝绸对于世界的影响众所周知，而嫘祖传说则是民众对于远古养蚕、缫丝、纺织起源的技术记忆与文化表述。在非物质文化遗产保护中，口头文学相较于其他门类，保护及存续难度更大。民间传说的存续与活化依赖于"文化展示"，而其展示大多与景观交融。在我们的认知中，景观是传说的物化显示，往往忽略其作为传说"物"的表述之同时，对传说所进行的反向建构。文章在对嫘祖传说及相关景观的阐述中，呈现了以信仰为支撑的互生共构。

【"老獭稚"故事的中国渊源及其东亚流播——以清初《莽男儿》小说、《绣衣郎》传奇为新资料】

潘建国③，《民族文学研究》2018年第3期

"老獭稚"故事广泛流传于东亚地区，近百年前引发了东亚学者的共同关注与研究。1935年，钟敬文提出该故事发源地在中国的学术观点，惜因缺乏早期文献证据而难获定谳。文章介绍了新发现的清初小说《莽男儿》和清初传奇《绣衣郎》，确认它们是目前所知东亚老獭稚故事中问世时间最早的例证，不仅为钟敬文的"中国发生说"提供了文献铁证，也将东亚老獭稚故事文本的形成时间提前到了清代初期。文章还结合传世文献与口传资料，对老獭稚故事在东亚地区的流播及其演化，进行了较为深细的学术考察。

【藏族湖泊来历传说"泉水成湖"母题研究——兼与汉族湖泊来历传说"地陷为湖"母题比较】

王丹④，《中国藏学》2018年第3期

在山川、湖泊广布的青藏高原，藏族

---

① 马竹君：山东大学儒学高等研究院研究生。
② 毛巧晖：中国社会科学院民族文学研究所研究员。
③ 潘建国：北京大学中文系教授。
④ 王丹：中央民族大学中国少数民族研究中心副教授。

民众以湖泊为中心，创造了适应高原生活的信仰系统和知识系统，赋予湖泊神性、人性和灵性，并且从生活角度对湖泊来历进行解释。藏族湖泊来历传说"泉水成湖"母题与汉族湖泊来历传说"地陷为湖"母题构成了中华民族湖泊地方传统知识的重要类型，也从生活观念、意义表达，以及叙事逻辑、母题构成等方面表现出一定的相似性与差异性。

【传说的框定：全国性神灵的地方化——以山西洪洞地区的杨戬二郎信仰为例】

王 尧[1]，《民族文学研究》2018年第3期

山西洪洞地区存在多种不同的二郎信仰。其中，杨戬常被视为本地诸多二郎中的一员，其传说有与本土信仰进一步融合的可能，但实际的转化过程却不够彻底，其传说未能摆脱通行叙事的框定。由此可知，外来信仰传入后，即便是已有相当影响力的全国性神灵，也须全面建构和发展地方性传说，在本地的神灵谱系中占据位置，才可能进入地方性神灵集团的核心。

【试论青海湖形成传说——以《中国民间故事集成·青海卷》收录者为考察范围】

彭衍纶[2]，《民俗文化学》2018年第4期

拥有"大美之美"称誉的青海省，位于中国青藏高原东北部，其省名由来即因境内拥有中国最大的内陆咸水湖"青海湖"。亦传说西王母（王母娘娘）的原型即出自青海湖地区古羌部落女首领，青海湖乃西王母最大的瑶池，而且青海湖还是藏族祭海的重要场所。集科学主义、浪漫主义、神秘主义于一身的湖泊，对于它的形成，民间亦有数种不同的说法流传。今即以《中国民间故事集成·青海卷》收录者为考察范围，对这些形成传说进行相关论述。

经过检索，《中国民间故事集成·青海卷》计收录七篇青海湖形成传说，笔者将之分类并命名为龙子创造形成型、井泉涌喷形成型、神仙打斗形成型、河流汇集形成型。考察这些传说可获得三项特色：其一，传说主角身份的多元变换；其二，常见故事情节的穿插结合；其三，其他风物由来的连带解释。

此外，部分形成传说已联结历史名人，当地方风物在传说中与拥有巨大光环的历史人物相遇时，何者方是主角？值得深思。

【祖先崇拜、家国意识、民间情怀——晋地赵氏孤儿传说的地域扩布与主题延展】

段友文 柴春椿[3]，《山西大学学报（哲学社会科学版）》2018年第3期

晋地赵氏孤儿传说，在历时的传承过程中，经过层累的凝聚与转移，因历史背景、地域环境、民众心理等原因，产生核心人物的更换与主题内涵的流变，在晋南襄汾、晋北忻州、晋东盂县三地分别衍生出祖先崇拜、家国意识、民间情怀的主题。襄汾以褒扬赵盾为核心的祖先崇拜体现为血缘观念下的排他性、外化的祭祀仪式、伦理观念下的人文崇拜；忻州以颂扬程婴为核心的家国意识表现在官方对忠义形象的塑造、文人对复仇母题的置换、民间对忠义精神的传承；盂县以尊奉赵武为雨神的民间情怀渗透在多重民间叙事之中，如文本化的口头叙事、仪式叙事、空间叙事。赵氏孤儿传说在层累的历史传承过程中被不断赋予了新的时代精神，经久不衰。

---

[1] 王尧：北京师范大学文学院讲师。
[2] 彭衍纶：台湾东华大学中国语言学系教授。
[3] 段友文，山西大学文学院教授；柴春椿，山西大学文学院博士研究生。

【论牛女传说在古代诗歌中的反映】

赵逵夫①，《文史哲》2018年第4期

"牵牛织女"传说西周末年在周秦之地流传。过去学者们只看到《诗经·小雅·大东》一诗中说到牵牛、织女、天汉，因该诗是借此以讽刺周王室对东部诸侯国的剥削，故认为先秦时代"牛女传说"尚未形成。其实分别形成于秦早期活动区域和汉水流域周人活动地区的《秦风·蒹葭》《周南·汉广》两诗所表现的情节、意境，同后代的牛女传说是一致的，只是没有点出"牵牛""织女"而已。西汉末年所成《易林》中《夹河为婚》《天女推床》二首，和传为枚乘之作的《兰若生春阳》，也是写牛女传说的。南北朝以后有以牵牛织女口吻所作的诗数首；而更多的诗作反映的情节、人物要素，对认识牛女传说在古代民间的流传状况、文人们对它的关注及上层统治阶级对它的态度有很大意义。

【"五鼠闹东京"传说的类型与意义】

祝秀丽　蔡世青②，《民俗研究》2018年第4期

采用丁乃通的类型法、格雷马斯的叙事理论研究当代"五鼠闹东京"故事的类型和意义，可归纳出真假包公、鼠精作乱、外国贡鼠三个亚类型，并说明主角、对象、助手、支使者、承受者六类角色的特点，进而揭示包含杀老习俗的异文群的叙事意义在于：对抗与废除杀老法令的过程，也是年轻英雄在老人的忠告之下解开鼠精作乱的超自然启示，最后平息鼠乱并重建自然契约的过程。禁令与违禁、杀老与养老是这一故事类型语义结构的基本对立项。

【传说文本与历史记忆：明清时期洱海地区白族的族群认同及其历史变迁】

刘灵坪③，《思想战线》2018年第5期

当代人类学、民族学的族群研究理论已揭示出族群身份认同在族群形成中的关键作用。在今天云南白族的形成过程中，其所具有的稳定自我认同的族群历史过程，并非止步于南诏与大理国时期，而是经历了漫长而曲折的历史变化。13世纪以降，随着国家力量的深入，洱海地区的白族知识精英对祖源的追溯，经历了从认祖于九隆到追祖于南京应天府的转变。与此同时，遵循着白人上层最初的九隆祖源，在白族准精英引领下的民间社会，表现出相对稳定的"白"的认同。自清末民初起，白人认同内部的这一张力由于其上层集体身份意识向"白人"认同的回归而趋于消解。因此，在20世纪50年代的民族识别之前，白族已经成为具有稳定自我认同的自觉的族群。

【神奇记忆：一个重要的欧洲传说学概念】

刘文江④，《民间文化论坛》2018年第5期

"神奇记忆"和"虚构传说"是瑞典民俗学家冯·西多所提出的传说分类体系中的重要概念。在数十年的时间里，欧洲的民俗学家们围绕这两个概念做了大量研究工作，在传说研究中开辟出来了"传说的形式""真实性""相信性"及与信仰的关系等与传统的"史实性"研究取向不同的领域。同时，"神奇记忆"这一概念所包含的个体特征对新时代的传说学研究也

---

① 赵逵夫：西北师范大学文学院教授。
② 祝秀丽，中国科学技术大学科技传播与科技政策系副教授；蔡世青，中国科学技术大学科技传播与科技政策系硕士研究生。
③ 刘灵坪：云南大学历史与档案学院讲师。
④ 刘文江：兰州大学文学院副教授。

具有极强的启发性。

【在"逃离"与"加入"之间：从吴将军传说看山地族群的国家认同】

刘秀丽[1]，《中山大学学报（社会科学版）》2018年第6期

"吴将军"传说在位于南岭走廊的山地族群"民瑶"当中广泛流传，其以"生要护朝，死要护瑶"为主旨，故事情节则经历了由顺服到反抗、最终反抗失败而服膺于朝廷的曲折过程。这则传说与"民瑶"自身的历史叙事形成互文关系："民瑶"等山地族群自宋代以来"叛服不常"，明朝在南岭设立卫所之后，叛乱才逐渐平息；清朝时，"民瑶"建立起一套"叛乱—平叛"历史叙事以对应这段历史事实，而这正与吴将军传说的"顺服—反抗—顺服"叙事相呼应。吴将军传说与地方历史叙事显示出边缘山地族群对中央王朝的矛盾认知，其与国家之间的关系，是介于华南学派所称的"加入"与斯科特所称的"逃离"之间的一种充满矛盾和张力的策略性共存关系。

【他者"制造"与家园守护——"老虎外婆"型故事中的儿童教育观】

毛巧晖[2]，《杭州师范大学学报（社会科学版）》2018年第2期

当下的儿童教育大多忽略儿童成长中传统文化在社会文化进程中的作用，而民间故事中的儿童教育观恰恰可以弥补这一薄弱之处。"老虎外婆"型故事作为蕴含中国传统之于儿童教育观念的典型，既是启蒙儿童的故事，也是教育儿童的故事。作者通过运用类型分析的方法，对不同地域、不同民族的"老虎外婆"型故事进行阐述，从宏观上分析比较了其作为文学性文本所呈现的中国传统社会对儿童的看法及其成长教育的理念。通过分析大人外出事由与精怪形象，表明相对于"家"而言的"他者"为危险来源。而通过分析"老虎外婆"型故事中的轻信者与看家护院，表现了这一故事对年幼孩子的劝诫、警示，同时也体现了对年长孩子看家护院观念的强调，这与中国宗法社会中对长子的重视息息相关。

【"老鼠嗷铁"型故事及图像在古代亚欧的源流】

陈明[3]，《西域研究》2018年第4期

"老鼠嗷铁"型故事在古代亚欧地域已见流传，通过梳理这一故事的传播与发展过程，溯其源头，观其流变，能为探讨丝绸之路佛教故事文学的复杂性提供更多例证。文章将这一故事流传地域分为印度及东南亚、西亚、古代欧洲、新疆地区四个部分进行阐述，并运用比较研究的方法探讨了这些不同异文之间的差异，指出这一故事隐含强调"诚信"价值观的共通主题，其背后还隐含着诸多不同地区的商业、贸易流通与诚信的社会因素。同时，将与其相关的故事图像找出，分析其与故事文本的关系能丰富我们对古代丝绸之路文学插图本的认知，增强对不同文化的认知和理解。

【"丝绸之路"沿线民族宝物故事的宝物类型与意涵】

王丹[4]，《云南师范大学学报（哲学社会科学版）》2018年第5期

宝物故事影响着"丝绸之路"沿线民

---

[1] 刘秀丽：中山大学人类学与社会学学院、中山大学移民与族群研究中心副研究员。
[2] 毛巧晖：中国社会科学院民族文学研究所研究员。
[3] 陈明：北京大学东方文学研究中心教授。
[4] 王丹：中央民族大学中国少数民族研究中心副教授。

族的价值观、审美观，作用于多民族和谐关系的建立和发展。一直以来，"丝绸之路"沿线的宝物故事传续不绝，这既是"丝绸之路"沿线民族对以"宝物"为中心的生活理想的追寻，也是其寄托生活情感、记录民族关系的历史。文章将视野聚焦于丝绸之路沿线上不同的宝物类型故事，探讨"宝物"类型下不同民族交流的社会生活和文化关系。动植物类宝物、与水有关的宝物、生活器具类宝物、与宗教有关的宝物、金银类宝物、魔力类宝物以及"引宝"类宝物七种"宝物"型故事体现了"丝绸之路"上沿线各民族思想、文化的相互碰撞、相互融合，逐渐形成相似或相同的文化传统、价值观念和审美习惯，并由此构成了以"丝绸之路"为核心的文化共同体和生活共同体。

["诞生"与"出世"：中日幽灵育儿故事比较研究]
毕雪飞[1]，《民族文学研究》2018年第6期

中日民间故事在许多地方都有着极大的相似性，其中幽灵育儿故事在两国均流传广泛，其母题链上的核心母题也大致相同。文章以文本分析为中心，对中日幽灵育儿故事的类型、分布、承继以及故事生成与传播的社会背景进行比较分析，指出了中日之间此类故事的重要差异主要体现在母题链最后环节"出世型"的"幽灵儿去向"不同，中国故事中婴儿最终向着非富即贵的方向发展，而日本大多最终成为名僧。通过分析日本这一故事生成和传播的社会背景，表明儒家思想的影响、视死如归的灵魂观念、日本翻案文学的摄取以及佛教东渐日本等是影响中日幽灵育儿故事生成和传播的主要因素。由此可知，在探究故事生成和传播的社会背景过程中，深刻认识中日文化的深层流动，既要尊重故事发生在中国的事实，也要关注故事传播于日本之际借由文化实践建构文化认同的本末。

[索引与故事类型研究文献搜集]
宁稼雨[2]，《天中学刊》2018年第6期

故事索引对于民间故事的类型研究具有十分重要的意义，在电子数据检索被广泛接纳的当下，纸本文献索引使用有其必要性。文章以类书文献索引、史传文献索引、集部文献索引和研究论著索引等对故事类型研究文献搜集的作用和方法为例，说明了文史研究领域纸本文献及其含索引在内的检索方式仍有不可替代的作用。

[顺服与反抗：关于"天子地"故事的文化分析]
陈进国[3]，《民俗研究》2018年第5期

"天子地"是中国民间故事常见的一个类型。作者借鉴文化记忆的理论，从中国政治文化传统中的"正统论"入手对"陈王迁墓"风水公案及"天子地被破坏"故事类型进行分析，探讨了其作为"神话化的历史"，如何反映民间文化的双重记忆的问题。以"陈王迁墓"的风水公案为例，说明其蕴含着"正统"与"潜伪"之辨，是一种"作为顺服的回忆"，是地方社会对于"正统"观念认同的心态反映。而分析"天子地被破坏"故事，其透露出王朝政治对于地方的风水术数活动的高度警惕，并强调了一种"飞龙承天"或"奉天承运"等神话化的政治正确话语，从而宣示了"正统性"的王朝在边陲地区的象

---

[1] 毕雪飞：浙江农林大学外语学院副教授。
[2] 宁稼雨：南开大学文学院教授。
[3] 陈进国：中国社会科学院世界宗教研究所副研究员。

征性在场和文化性征服。

【故事流：历史、文学及教育——燕大的民间故事研究】
岳永逸[1]，《民族艺术》2018年第4期

在中国民间文学研究的演进史中，顾颉刚、周作人、黄石、钟敬文等人引领下的燕京大学系列毕业论文对传说、故事、寓言、童话的研究有着一席之地。受古史辨之方法论的引导，黄帝制器的故事、龙与帝王的故事都成为证伪的一部分，人们力图澄清事实、还原历史。在对主要出现在唐传奇等古籍中的古镜、金刀、梦与枕、南柯、离魂、杜子春、小幽灵、斩蛇、昆仑奴、盗马、狐书、化虎、虎道士、虎媒、虎妻、猎人、报恩虎、龙洞、柳毅传书等同型故事的纵横比较研究中，杨文松受进化论和同源说的影响，提出了跨越时空的"故事流"之概念。在社区—功能论的主导下，对北平郊区灵验故事的研究则是情境性的，讲述者的主位视角跃然纸上。对于寓言、童话，人们在尝试厘清其特质的同时，儿童情绪和环境、故事本身和讲者技巧都成为研究的对象，俨然"表演理论"的本土先声。在社会转型的大背景中，民间故事"牧道"的工具性传统被强化并成为一种必然。

【从叙事心理学角度看靳景祥对其故事讲述人身份的建构】
李敬儒[2]，《青海民族大学学报（社会科学版）》2018年第2期

目前，对民间故事讲述人的研究大多通过文化人类学与社会学研究的实地调查方法获得故事材料，极少关注故事讲述人独特的成长历程，而叙事心理学能为其提供新的视角，通过对其个人叙事的研究，探究其心理世界，发现故事讲述人身份的建构过程。文章运用叙事研究法，以靳景祥为例分析了故事讲述人身份的建构过程。通过将政府官员杨荣国多用故事性的情节和场景化的描写突出靳景祥作为民间传承人的表率作用以及靳景祥自身对其故事讲述人的建构具有明显的主体意识作对比，指出了个人叙事与他者叙事的不同，这也就是个人叙事与他者叙事对于故事讲述人身份建构的不同影响。

【《六度集经》与中韩民间故事和小说】
李官福　权　辉[3]，《北京联合大学学报（人文社会科学版）》2018年第3期

中韩两国在文化上具有许多相似之处。《六度集经》作为一部汉译佛经，经中国传入韩国，在许多故事中都能找到二者文化的共通性。文章通过运用比较研究的方法将中韩古代民间故事和小说与《六度集经》中的对应故事进行比较，探讨了《六度集经》对中韩古代民间故事和小说的影响，以及不同文化背景下的差异。通过"理家本生（财主和鳖的故事）"与"鲤鱼报恩"型故事、"难王本生（摩天罗王经）"与"不要救黑发之兽"型故事、"弥兰经（弥兰王本生）"与"老鼠求婿"型故事、"理家本生（金鼠故事）"与"善用小钱成巨富"型故事、"兄（猕猴）本生"与《兔子传》五则故事类型的比较，旨在探寻中韩古代民间故事与小说的佛经渊源，以及佛经故事在不同文化背景下的变异，进而阐明佛教文化在东亚文学坐标中的重要位置。

---

[1] 岳永逸：北京师范大学文学院教授。
[2] 李敬儒：北京大学中文系博士研究生。
[3] 李官福，延边大学朝鲜—韩国学学院教授；权辉，延边大学朝鲜—韩国学学院博士研究生。

【从民间故事看中国家族关系——论"傻女婿""巧媳妇"的回娘家情节】

鹿忆鹿①,《民俗研究》2018 年第 4 期

中国人注重家族关系,包括婆媳、翁婿、连襟、妯娌关系,从傻女婿与巧媳妇的故事类型中,可看出女婿与岳家的纠葛,以及媳妇与公公的互动。"回娘家"的情节表现出即使女子出嫁,还是与原生家庭有割不断的脐带关联。故事不止涉及翁婿或翁媳关系,也牵涉到连襟或者妯娌间复杂的较量。此外,部分回娘家的歌谣,也展现了出嫁女儿在夫家的处境以及对娘家的依恋、怨怼之情。巧媳妇故事里,往往由公公替儿子选择媳妇,同时也讲述婚后公公对媳妇的考验,只有通过考验的媳妇,最后成为当然的持家人选。这样的情节,可见出家庭中丈夫的相对弱势,对照"回娘家"情节中"傻女婿"痴傻无能,"巧媳妇"出面理家,似乎是攸关家族存亡而不得不然。

【"嘴茬子"与"笔头子":基于满族"民间故事家"傅英仁的建档研究】

高荷红②,《民间文化论坛》2018 年第 1 期

作为"民间故事家"、民研会成员、曾被培养的小萨满、满族说部重要传承人、宁安满族民间文化的重要传承人,傅英仁堪称"嘴茬子"和"笔头子"都过硬的传承人。文章通过对散落在各种文本、文集中的资料进行汇总、梳理和分析,建档研究,厘清了傅英仁在满族说部、神话及民间故事三种主要文类方面的传统篇目和个人才艺,肯定了其在民间故事方面所作出的贡献。从"嘴茬子"到"笔头子",傅英仁留下的"故事篓子"有助于进一步研究满族文学传承和发展的若干重要问题。

【当代民间故事活动的价值发生研究】

张琼洁③,《民族文学研究》2018 年第 1 期

既有的民间故事价值研究主要集中于对故事的"求真"上,绝少有对"价值"如何的追问与深思。文章从价值发生角度探究了各价值范畴的建立过程以及相关互联,将"活动"视为一个"开放的活的结构"且具有发生"场"的功能,承载各种价值关系的形成与关联,厘清民间故事作为价值客体时与价值主体之间的关系。从线性、双向的关系研究模式扩展为全面、立体、多向的结构系统研究模式。由此,价值的发生过程与活动结构的建构过程并行。

【中国少数民族屠龙故事文本与禳灾传统】

李永平　樊　文④,《民族文学研究》2018 年第 1 期

屠龙故事广泛分布于中国境内各民族,文章以 27 个少数民族 44 则屠龙故事文本为基础,将民间口成故事文本与古代记录相结合,以跨文本研究的方式探讨了屠龙文本背后隐含的文化传统。依据"屠龙原因"将屠龙故事划分为龙致灾祸型,龙残害人、吃人,引起人类复仇而屠龙型,为完成考验,屠龙成为英雄成人仪式中"标志性动作"型三大类型并加以具体分析,从而归纳出龙的几大恶行,考察屠龙背后隐藏的禳灾文化传统。通过比较各民族屠龙文本中杀死或镇压怪物龙时保存的禳解仪式中使用的法物、法术等巫术记忆,指出这其实体现了不同民族的民族信仰与禳灾文化传统。将其与西方龙神话加以对比,指出"龙问题"是西方激荡中的问题产

---

① 鹿忆鹿:东吴大学中文系教授。
② 高荷红:中国社会科学院民族文学研究所副研究员。
③ 张琼洁:南开大学文学院博士研究生。
④ 李永平,陕西师范大学文学院教授;樊文,陕西师范大学文学院。

生，"龙的传人"的表述是移植自西方的"中国龙"话语，中国"屠龙"和"龙王"其实是同一机制呈现的两种面相。

【中日学者眼中的《桃太郎》】
乌日古木勒[①]，《民间文化论坛》2018年第3期

日本家喻户晓的民间故事《桃太郎》在中国也引起了学者的广泛关注。文章运用比较研究的方法比较了中日文化交流视野下的《桃太郎》作品，在中国方面，从中日文化交流视野下的《桃太郎》、对芥川龙之介小说《桃太郎》的评价以及多重视野下的《桃太郎》三个角度进行论述，并引用宋协毅、韩若冰、张应林、李慧婷、秦刚、李常清等学者的观点，指出中国学者主要从文化史与中日文化交流和影响比较的视角出发探讨《桃太郎》的起源。而在日本方面，以柳田国男、关敬吾、野村纯一几人对于《桃太郎》故事的解读与评价为例，指出日本学者主要站在一国民俗学的立场上，研究"桃太郎"的诞生问题和文化内涵。

【民间的视角与立场：钱南扬先生戏曲研究的特色】
朱恒夫[②]，《民间文化论坛》2018年第4期

为建立、发展中国南戏学作出了筚路蓝缕、以启山林杰出贡献的钱南扬先生，其研究南戏的动机在于力求复原被忽视、涂改的这一民间戏剧的真实面貌；他利用文献中所记载的民间故事弄清楚所辑南戏残曲的剧情本末，让人们了解到剧目的内容；他运用彼时的俚言市语、民俗知识、社会生活的知识和现在仍存在于民间的语言等注释今人全然不知的南戏剧本中的方言术语。他站在民间的立场上看待与研究戏曲，不仅仅是一种研究方法，还是出于对劳动人民的深厚感情和对民间文艺的敬重态度。

【20世纪民间小戏研究路径及其范式考察——以新中国成立至20世纪末为主要讨论对象】
王 萍[③]，《戏曲研究》2018年第4期

自新中国成立至20世纪末，民间小戏研究经历了由起步到深入发展两个阶段。20世纪50年代末60年代初，北京大学率先将民间小戏作为独立研究对象引入了民间文学课程教学体系，并且形成民间文学路径下的民间小戏研究格局及其范式。20世纪60、80年代，以周贻白、张庚、郭汉城等为代表的民间小戏研究，奠定了戏剧戏曲路径下的研究格局及其范式。两种路径的研究格局及其范式，此消彼长，相得益彰，为民间小戏理论建构打下坚实的基础，对后来民间小戏研究产生了重要影响。同时，这一时期留下的一些亟待梳理、解决的问题，成为21世纪民间小戏研究应该具有的历史思维空间。

【山东地方戏曲小剧种分类方法研究】
周爱华[④]，《戏曲艺术》2018年第3期

1983年，李赵璧、纪根垠主编的《山东地方戏曲剧种史料汇编》中，将山东境内的戏曲剧种分为弦索系统、梆子系统、肘鼓子系统、由民间演唱形式发展而成的剧种以及"其他"，此后一直被沿用。它是新中国成立后山东省文化局戏曲编写组理论研究者的重要研究成果，对于

---

① 乌日古木勒：中国社会科学院文学研究所研究员。
② 朱恒夫：上海师范大学影视传媒学院教授。
③ 王萍：兰州城市学院文史学院教授。
④ 周爱华：山东艺术学院戏曲学院教授。

厘清山东地方戏曲的发展脉络、寻找剧种之间的关联与差别，具有非常重要的价值，多年来在实践应用和学术研究等方面都起着积极的理论指导作用。但是，这种分类方法中存在着两个分类标准的问题，而且30多年过去了，戏曲剧种的存续是动态变化的，原来的分类已不能完全涵盖现存小剧种，因此该文在充分认可和尊重现行分类方法的前提下，也是在对现存山东地方戏曲剧种发展历史及现状进行充分调研的基础上，将这种分类方法做了进一步修改和完善。

【伞头秧歌考——兼论《元史》记载中的金门大社问题】

彭恒礼[1]，《民间文化论坛》2018年第6期

伞头秧歌源于唐代佛教的水陆法会，是佛教禳灾仪式与民间秧歌艺术相结合的产物。元代宫廷组织的"游皇城"活动对伞头秧歌的普及与传播起了关键性作用。"游皇城"活动中所记载的"金门大社"指的是实力雄厚的村落组织的社火队伍。"金门大社"是当时衡量秧歌队是否有资格进京表演的重要条件。

【"丁戊奇荒"视野下的山西演剧】

段金龙[2]，《戏曲艺术》2018年第4期

发生在清光绪年间的"丁戊奇荒"对作为受灾最为严重的山西造成了深重的灾难。在如此灾荒侵袭之下，政府救灾能力的匮乏与自身应对灾荒的不足，致使民众通过为神灵修建、重修庙宇和戏台，并演剧献祭，以期求得神灵之护佑。这种精神性献祭在客观上成为民众应对灾荒的手段之一，故而出现了灾荒期间越困难越演剧以敬神灵的悖论做法。而政府召集戏曲艺人编演新剧以助其度荒的行为拓展了山西"非常"时期的演剧空间，为晋剧保存了有生力量。而民众则通过民间小戏对所经历的灾荒记忆进行艺术呈现，一方面为我们了解身处灾荒旋涡中的民众的日常和心路历程提供了一个窗口，另一方面则在客观上成为构筑当时受灾群体共同记忆的有效组成部分。

【"大闹"与"伏魔"：《张四姐大闹东京宝卷》的禳灾结构】

李永平[3]，《民俗研究》2018年第3期

"张四姐大闹东京"故事流传久远，意蕴深厚。在长期的演述中，该文本种类繁多，其中包括多种宝卷文本。从文明演化来看，中国没有经历过类似古希腊哲学和科学兴起时期的轴心时代，支撑我们精神传统的核心依然是本土天人贯通的神话思维。在民俗仪式中，表现为"大闹"—"伏魔"（审判）的原型结构，该结构只是原型编码的一种，考古图像、民俗仪式、节日等文化事象同样是原型编码。"张四姐大闹东京"故事的"表述的变异""演述动力"源自"大闹"—"伏魔"（审判）的原型结构，而这一结构与其他文化文本形成互文结构，镶嵌在中国文化大传统之中。

【行业神做为地方保护神：福建作场戏中所见"戏神群"探析】

林鹤宜[4]，《文化遗产》2018年第6期

自2009年福建大田县朱坂村和永安市槐南村作场戏被发现以来，以福建学者群为主的研究团队，已就各个面向陆续发表

---

[1] 彭恒礼：河南大学黄河文明与可持续发展研究中心教授。
[2] 段金龙：信阳师范学院传媒学院讲师。
[3] 李永平：陕西师范大学文学院教授。
[4] 林鹤宜：台湾大学戏剧学系暨研究所教授。

相当完整的研究成果，并获得普遍的肯定。论文着眼于作场戏整体"信仰场域"中透现的强烈"乡人傩"气息，以及演出中出现的戏神群像，首先就两地传说和相关文献，论述作场戏信仰核心的宗族保护神"张大阔公"所兼具的戏神神格，及其可能的背景；接着论证两地作场戏所见的"戏神群"，体现的正是在大腔戏和大腔傀儡戏流传脉络下的"子弟扮仙戏"本质。最后从两地作场戏在不同步骤中表现的鲜明仪式性，进一步论述整体历史文化中，由傩神到戏神的信仰发展脉络，以及宗教科仪和地方流行剧种对于民间信仰观念的渗透，甚至活动方式的植入。

【艺术性与神圣性——太行山说书人的民俗认同研究】
卫才华[①]，《民俗研究》2018 年第 2 期

艺术性与神圣性之间的互动关系是说唱曲艺传承的重要原因。太行山说书人通过一系列神圣性要素的构建，长期保持了说唱行业紧密的内部传承关系，并通过旧时的妙庄王、三皇等信仰，强化了艺人间的身份认同与行业规矩，绵延着盲艺人特有的生存智慧和文化感受。"神书"介于民间仪式生活和鼓书说唱之间，是传统时期和当下都非常有市场的说唱曲艺形式。太行山说书人在仪式信仰、礼俗生活，以及代际传承过程中表现出独特的社会互动意义和价值。

【地方戏曲复兴与乡村社会重建——艺术人类学视野中的宛梆剧种研究之二】
赵倩[②]，《民族艺术》2018 年第 1 期

从对河南宛梆的田野考察中可以发现，"礼俗"是地方戏曲与乡村社会的黏合剂，礼俗中的戏曲表演不仅对乡民知识结构和精神世界的完善具有重要意义，而且对礼俗的建构与乡村社会发展亦具有不可忽视的功能。然而，随着时代发展而出现的乡民流失与礼俗式微等现实困境，同样也需要予以重视及合理解决，唯此，才能真正推动地方戏曲复兴与乡村社会重建、推动中华优秀传统文化的伟大复兴。

【国家意识形态整合下的乡民艺术："戏改"背景下的徽州戏曲变迁】
陈元贵[③]，《戏曲艺术》2018 年第 4 期

20 世纪 50 年代的戏曲改革，使徽州戏曲的艺人身份、运行保障、传承机制、价值诉求以及甄别机制各方面均发生深刻变化，彰显出国家意识形态对于乡民艺术的深入整合作用。徽剧的复兴、黄梅戏剧团的成立以及目连戏的禁绝，彰显出徽州戏曲变迁独特的"地方性"。戏曲改革不仅重塑了徽州戏曲的文化身份，而且影响了它在此后数十年的命运轨迹。

【戏曲传承的路向抉择】
宋俊华[④]，《戏曲艺术》2018 年第 2 期

戏曲传承主要有两种方式：一种是社会传承，另一种是学校教育。社会传承是在社会实践中一种自发发展的戏曲传承方式，包括家族传承、戏班传承、教坊传承等，以民俗生活为基础，以表演技艺为核心，既重视戏曲的艺术意义，又肯定戏曲的民俗意义，强调戏曲传承是通过代与代之间共同的民俗生活、艺术实践来实现的，突出个性化的口传心授实践。学校教育是在社会传承基础上发展起来的新的传

---

① 卫才华：山西大学文学院副教授。
② 赵倩：中国艺术研究院，《中国艺术时空》杂志社编辑。
③ 陈元贵：安徽师范大学文学院副教授。
④ 宋俊华：中山大学人文科学学院教授。

承方式，强调教材、教学方式的规范性和统一性，知识和技能的平衡性、体系性，突出戏曲知识、技艺、审美的教学，强调共性大于个性，强调理论大于实践。戏曲传承应在社会传承与学校教育两种模式之间寻找新的平衡点和突破口，既要发挥学校教育的设备、师资、教材、学科及规范性优势，又要发挥社会传承中的实践性、个性和灵活性特点，把戏曲传承与普及、演员培养与观众培养相结合，民俗戏曲、艺术戏曲与遗产戏曲相结合，戏曲遗产传承才能真正走向创新和可持续发展的道路。

【"政府主导"非遗保护模式意义再探讨——以国家级非物质文化遗产胡集书会为个案的分析】

王加华[1]，《节日研究》2018年第1期

"政府主导"是当前我国非遗保护的最主要工作模式。对于这一模式，学界基本以"社区参与"为观照点对其持一种批评性的意见，如认为其违背了非遗项目发展规律、忽略了民众主体性等。从非遗保护整体性的角度来看，这些批评并无不当之处。但非遗保护内容庞杂、项目众多，每一个非遗项目所面临的社会与生存境遇亦并不相同。对那些已没有多少生存土壤、正日益远离民众生活需要的非遗项目来说，离开政府的主导作用可能是万万不行的。对这类项目来说，虽然政府主导存在这样那样的问题，不是最为理想的工作方式，但却是一种最为有效的保护方式。

【变与不变：技术世界中的定州秧歌】

谷子瑞[2]，《民间文化论坛》2018年第4期

技术与民俗的关系是民俗学当前的研究热点之一，但目前研究者较多关注新技术催生的新民俗，相对忽视了传统民俗也在被技术的洪流裹挟着前进这一事实。以地方小戏——定州秧歌为个案，立足于田野现实，可以探讨现代技术下传统民俗传播与传承的实相。以交通技术、信息技术、舞台技术为代表的现代技术，深刻改变了定州秧歌的传播样态。技术改变的是外在条件，不变的是口传身授的传承方式、是乡土本色。坚守本色、重返民间或是技术世界中定州秧歌发展的可取路径。

【时代、人物及问题：现代歌谣学的三个维度】

万建中　廖元新[3]，《民族文学研究》2018年第1期

现代歌谣学是一个既定的学术过程和事实，对其理解和阐释显然不只是重复和陈述，还是重构。角度的选择即切入点是强化阐释力度和实现重构的关键所在。时代、人物及问题是现代歌谣学最富阐释力的三个维度。"时代"构成了背景式的学术话语呈现模式和思维定式，可以使学术史书写更具厚度和深度；"人物"的学术史关注主要侧重于个人学术活动和学术情怀，以期展示歌谣研究的多元、差异与个性品格；"问题"不是研究领域或对象，而是所要论证的观点和阐述的学术思想，与每一阶段的学术热点和方法论的运用密切相关。以此三方面考察20世纪歌谣学，可以比较完整地把握其基本的学术指向和基调，并且提升阐释的学术品位。

---

[1] 王加华：山东大学儒学高等研究院教授。
[2] 谷子瑞：北京师范大学文学院硕士研究生。
[3] 万建中，北京师范大学文学院教授；廖元新，南昌大学法学院。

【保守与激进：委以重任的近世歌谣——李素英的《中国近世歌谣研究》】

岳永逸[①]，《开放时代》2018年第1期

对于中国歌谣学而言，长期被学界忽视的李素英在燕京大学的硕士学位论文《中国近世歌谣研究》是系统总结歌谣运动的第一篇文章。在周作人、胡适、顾颉刚等人的影响下，她将近世的时长拉伸到明季，对歌谣的形式和内容两方面的文学性进行了言必有据的诠释，还对北平歌谣、吴歌、客音和藏地歌谣进行了人文区位学研究，创新性地提出歌谣是"介于旧诗词与新体诗之间的一种执中的诗体"。同时，基于对歌谣、文学与社会的理解，她无意识地指出了歌谣之入世、激进、革命的另一面相，以及"歌谣运动"向"歌谣革命"嬗变的可能，即新文艺的主潮应该是以民众为本位、对象和主体的旧瓶新酒的大众化，直至民众自己创作。以此观之，《在延安文艺座谈会上的讲话》的横空出世，实乃大势所趋，有着深刻的历史必然性。

【行走的歌谣："三原"论视阈下瑶族信歌探赜】

袁君煊[②]，《西北民族大学学报（哲学社会科学版）》2018年第6期

"三原"理论是梅新林在其原创的"二元"理论基础上借鉴西方文学地理学研究成果而构建的文学地理学理论。"三原"理论即"版图复原"、"场景还原"与"精神探源"，其核心要义是通过文学"场景还原"这一中介，将文学对应于外层空间的"版图复原"与对应于内层空间的"精神探源"相贯通。梅氏"三原"论的诞生为文学批评的空间转向打开了一扇新的大门，具有本土意义与实践价值。现存瑶族信歌标识了历史时期瑶族的空间分布、板块结构与迁徙路径，是瑶民运行轨迹的"文化遗存"；信歌记载的人事物景拼接成一幅幅瑶民生活的生动场景，是瑶民的"生命现场"；信歌构建的特殊的社会文化传统可以理解为瑶民探寻精神家园的隐喻。

【中国民间歌谣文学经典化的路径与价值】

陈书录[③]，《河北学刊》2018年第1期

中国歌谣虽然带有草野性、俚俗化等特征，但在口头上的不断流传中体现出鲜活的生命力，其中的精品佳作代代相传，有可能通过不同的途径逐步地经典化，不断地呈现出生生不息的民族精神和美学价值。其经典化的主要途径是民间传播、下情上达、文人参与等。其经典化中的价值取向，主要包括浑朴质实、清新自然的美学价值及认识价值、历史价值。

【歌谣的形式美学：生发于"歌谣运动"的文学语言观】

曹成竹[④]，《文艺理论研究》2018年第6期

歌谣语言看似简单质朴、形式自由，但其具体的形式技巧和整体的形式观念又是无处不在的。它不仅有内在的形式法则，更保持着与口语方言、精英文学乃至社会生活变迁之间的密切关联，是一种既稳定又开放的形式。更值得新文学借鉴的，并不是歌谣中的妙语金句，也不是其简单自然的语言风格或表露民众心声的勇气，而是歌谣语言的形式经验。这一经验不仅为文学语言的革新提供了有益的借鉴和滋养，

[①] 岳永逸：北京师范大学文学院教授。
[②] 袁君煊：贺州学院科研处副教授。
[③] 陈书录：南京师范大学文学院教授。
[④] 曹成竹：山东大学文艺美学研究中心副教授。

更从情感结构和现实内容上充实了新文学，推动了中国文学表达方式和审美内涵的现代转向。

【从节气歌谣、谚语看二十四节气的活态传承】

季中扬[1]，《南京师大学报（社会科学版）》2018年第2期

二十四节气作为时间经验框架，是一种抽象的形式，具体的生产、生活经验构成了二十四节气文化丰富多彩的内容，内容与形式的自由结合产生了既有普遍性、又有地方性的二十四节气知识。二十四节气内容与形式之间的自由结合关系，使其传播有着超空间性，传承具有超时间性。二十四节气作为一种知识，歌谣、谚语是其主要存在形态与传承方式。在当代社会，各种传统的节气歌作为文化遗产已经得到或者应该得到保护，但更为重要的是，出现了大量新编节气歌。这说明二十四节气作为时间经验框架在现代社会仍然有着实用功能，而且歌谣、谚语仍然是其主要存在形态。

【"四音"应"八调"，韵味亦盎然：雷州歌即兴歌唱及创作规律分析】

周迎[2]，《音乐创作》2018年第11期

传统雷州歌谣腔仅用do、re、mi、sol或do、re、fa、sol四音唱出雷州方言的八个声调，对唱腔和雷剧唱腔在"四音"的基础上扩展到五、六、七音，但仍以"四音"为主即兴歌唱和创作，以"四音"为核心的巧妙组合既恰当表达了雷州方言的韵律与含义，又使腔词音调关系朴素自然，并坚守和传承着雷州歌浓郁的地方特色。

【从"他者"到"本土"：民国至今珠江三角洲疍民咸水歌的历史叙事与文化变迁】

李萍[3]，《中国音乐》2018年第6期

"他者"与"自我"，是身份认同（identity）理论中一对互为前提又立场相对的关键词。广东地区的咸水歌，是居住在珠江水系及沿海等地的水居疍民所吟唱的歌谣。疍民地位卑微，他们的文化一直处在"被书写"的地位。在旧时传统社会中，咸水歌专属于疍民，也一直被排斥在主流文化之外。而在民国至今近一百年的历史变迁中，这种带有"他者"特征的音乐文化却经历了从"他者"到"本土"（自我）的转变过程。该文以民国至今珠江三角洲疍民咸水歌的历史变迁为例，展现音乐文化中"他者"与"自我"之间互相转化、互相依存的复杂关系，以期引发学人对身份边界问题的审视与思考。

【西南边地少数民族歌谣与中国现代文学】

彭兴滔[4]，《中南民族大学学报（人文社会科学版）》2018年第5期

现代中国学界对西南边地少数民族歌谣进行了一定发掘整理，不少现代作家与文学研究者也将边地歌谣与现代文学进行对照，期望以此丰富现代文学创作与研究。在现代文学语境中，西南边地少数民族歌谣样式丰富，呈现出鲜明的地域文化共性，具有质朴灵活的表现形式、执着求真的美学风格等特点。它是西南边地传统文学的代表，也起到沟

---

[1] 季中扬：南京农业大学人文与社会发展学院教授。
[2] 周迎：岭南师范学院音乐与舞蹈学院讲师。
[3] 李萍：江汉大学音乐学院副教授。
[4] 彭兴滔：贵州民族大学文学院。

通主流知识界与边地、少数民族、民间、民间文学的媒介作用，并由此进一步充实了中国现代文学。

【儿歌：自觉于现代文学语境的百年】
崔昕平①，《中国现代文学研究丛刊》2018年第5期

韵文类儿歌、童谣是儿童文学的源头之一，是幼儿最早接触的文学样式。新文化运动以来，伴随"发现儿童""儿童本位"等儿童观的确立，有识之士投身童谣整理与儿歌研究。自1918年刘半农、周作人等在全国范围内征集民间歌谣起，儿歌自觉于现代文学语境整整一百年。从民间童谣发展而来的现代儿歌创作，走过了一条由从无到有到摸索前行，由激情高涨到边缘沉寂，由儿童观主导到多元共生的发展历程。行至当下，儿歌发展的制约与趋向均待引起足够关注。

【由"匠"至"心"：论民族艺术美学中的生命本体与历史理性】
吴震东②，《民族艺术》2018年第4期

少数民族艺术既是技匠式的"生存技艺"，也是叙述内心意绪的"情感符号"，言说着特定族群的生存样态、历史演进和文化境遇。少数民族艺术及其审美文化的成形过程，同时也是族群本质力量对象化的过程，并关涉着对其生命本体、历史理性的确证、肯定与超拔；昭示着"匠"与"心"、"技术"与"艺术"、"生命"与"审美"、"个体存在"与"族群历史"之间的互渗与同构。

【想象的农民与农民的想象——龙门农民画的规训与传播】
储冬爱③，《民族艺术》2018年第3期

作为中国三大民间绘画之一的广东龙门农民画，以诞生晚、突围快、风格"奇葩"引人注目，从"大画壁画"到"农民画"，再到"现代民间绘画"，其发展、演变揭示了农民画不是简单的"农民的画"，而是一种"想象的农民"与"农民的想象"，是"规训"的产物。经由政治话语权的身份与思想规训，知识话语权的文化与经济规训，农民完成了身份认同与乡土想象，农民画实现了从"乡土叙事"到"国家话语"的构建。

【手工艺共同体的理论、意义及问题——以陕西凤翔泥塑村为例】
孟凡行④，《民族艺术》2018年第2期

手工艺是一种生态性的知识体系，手工艺社区的良性运行所依附的村落应具有共同体的性质。中国20世纪的社会和经济革命所导致村落共同体大量解体。在作为村落共同体基础的传统耕种劳作模式基本退场，而文化遗产、传统工艺备受重视的今天，手工艺是复原村落共同体刚性社会联系、进而复兴村落共同体的一种可靠路径。凤翔泥塑制作群体由利益自发走向利益自觉，培育起了人文资源意识，建立了手工艺合作社，成为一个准手工艺共同体。但因个人文化自觉的缺环和"非遗"政策及行政与地方实际情况的不适应，难以达成有利于整个群体利益的共识，阻碍了共同体形成的过程，并出现内部秩序紊乱、发展前景不明的态势。

---

① 崔昕平：太原学院中文系教授。
② 吴震东：武汉大学哲学学院博士后。
③ 储冬爱：华南理工大学新闻与传播学院教授。
④ 孟凡行：东南大学艺术学院副教授。

【失语与言说之间：非物质文化遗产语境中池州傩戏的不同话语与角力】

李 静[1]，《民族艺术》2018 年第 2 期

通过对与傩相关的学术研究与政府文件的话语分析，呈现日常生活实践中多元实践主题的言说的傩与失语的状态，力图整体化、立体化地呈现非遗语境中各层级主体之间相互角力的动态、混杂图景。从话语形成过程、话语限制形式等入手分析知识与权力的内在关系。虽然这样的图景是具有不稳定性、相对性和变化性的，但仍可辨析出其中复杂的权力结构关系。试图勾画出非遗语境中各层级主体之间相互作用、角力之下所形成的动态与混杂的图景，借此反思《中华人民共和国非物质文化遗产法》条例中一些模糊之处，同时反思非遗实践中乡村文化特色化的同时也存在狭义化倾向的现状。

【凝结在手工艺中的时间——论手工艺品的时间性】

姜坤鹏[2]，《民族艺术》2018 年第 3 期

艺术不是静止的，艺术作品是时间性的存在。时间具有流逝性和不可逆性，凝结在手工艺中的时间，以材料的痕迹、手工艺品的效果、把玩手工艺品体现出来。手工艺中的自然材料，本身凝结了时间的痕迹，手工艺生产的过程和手工劳动时间直接以生命时间和气力作用于物，具有不可逆转性。正是手工艺品所具有的独特时间性、偶然性，制作后的手工艺品才被人喜爱、欣赏、收藏。手工艺品不但体现了生产方式中的时间性，也凝聚了把玩者赋予手工艺品的时间痕迹，通过人和物的接触，慢慢承载了岁月的痕迹和故事并呈现出来。

【从历史功能论角度谈传统手工艺的复兴——以潍坊风筝为例】

安丽哲[3]，《民族艺术》2018 年第 4 期

传统手工艺作为凝聚着民间智慧的文化项目，经历着生产、发展、壮大、衰亡的过程。不过，已经衰落或者灭亡的手工艺，在相应的历史条件下，经由该有机体各个部分合力的作用，仍然能够重新兴起，从而开始下一个发展循环。潍坊风筝作为一项历史悠久的传统手工艺，在应对社会转型与全球化发展的过程中形成了清晰的生存与复兴策略。该策略主要包括技术革新、产品分化以及功能转换三项基本内容。

【"非遗"语境中民间艺人社会身份的构建与认同——以山东潍坊年画艺人为例】

荣树云[4]，《民族艺术》2018 年第 1 期

当下，关于民间艺术品的市场价值界定，在中国"非遗"语境中发生了变迁。该语境中的民间艺术品，不再以艺术本体而是以出自"谁"的"艺术品"为评判标准，通过制作者身份高低来判断艺术品的价值标准，这凸显了民间艺术由使用功能到符号功能的转换。故当代民间艺人对社会身份的积极建构与认同表现出了极大的热情。以山东省潍坊年画艺人为个案，可以窥见民间艺人对社会身份的建构与认同是"国家在场"及市场主导双重影响因子的结果，也是民间艺人获得文化资本、社会资本以及经济资本的有效图景。民间艺人在建构新的社会身份的同时，又重新塑造着他们的社会关系、价值观、行为模式、文化规则（"非遗"中的各类文化政策）

---

[1] 李静：华东师范大学人类学研究所博士研究生。
[2] 姜坤鹏：高级工艺美术师。
[3] 安丽哲：中国艺术研究院艺术人类学研究所副研究员。
[4] 荣树云：山东工艺美术学院讲师。

以及手工艺品的多元生产机制。

【一座移民村落对传统的再生与利用——以广州市沙坑村及其龙狮团为中心】

彭伟文①，《民俗研究》2018年第5期

沙坑村的醒狮作为国家非物质文化遗产项目广州醒狮的代表，是沙坑村从佛山市郊外迁移到广州市番禺区现址时带来，并在移居地复活的传统。这一传统的复活，村支书周镇隆的个人意志和人脉起到了很大作用。通过对这一传统的再生和利用，作为移民村落的沙坑村也实现了对本地社会的融入，获得文化上的认可。在沙坑村对传统的成功再生和利用背后，是广东醒狮发源与传承的中心区域粤语方言区的城乡一体特征，以及醒狮传统在都市和农村之间的共用与共享。

【现代性的两面性与民俗艺术的传承困境、机遇及其应对——以湖州石淙蚕花为例】

季中扬②，《民俗研究》2018年第5期

现代性是有着两面性的，它在否定过去、传统之时，又可能"发现"或"发明"过去、传承新的价值。一方面，在社会的现代化进程中，大多数民俗艺术都丧失了其固有的社会与文化功能；另一方面，恰恰是现代性意识赋予了它文化遗产价值与独立的审美价值。这两种价值是民俗艺术在现代社会中实现功能转换与价值转向的前提。民俗艺术要真正融入现代社会的血肉、肌理之中，就不能仅仅成为文化遗产或画廊中的"纯艺术"，必须在"日常生活中传承传统"与"审美转向"之间找到一个结合点，在现代日常生活中将文化遗产价值与审美价值统一起来。浙江湖州石淙蚕花在现代社会中的传承困境、机遇及其应对，为阐述现代性文化逻辑下民俗艺术的功能转换与价值转向提供了一个较为典型的案例。

【身体性与祛身化：一种关于共同体衰变机制的分析】

黄　剑③，《民俗研究》2018年第1期

共同体成员经常性的面对面互动是以身体在场为前提的，因此身体性是共同体属性的一个重要层面；共同体生活的形成和呈现需以身体感知为基础，共同体的属性和规则也反映在了身体的意义和活动中。当代社会的共同体出现了衰变的趋势，其中一个明显的征候就是祛身化。物品对社会生活的嵌入导致了身体间的隔离以及身体感知的钝化，而抽象系统的扩张则加剧了身体的隔离和流动，这两方面均导致了共同体纽带的松动，共同体生活也变得抽象而单一。分析身体性的嬗变有助于反思共同体衰变的机制，从而可以从身体维度来思考如何恢复共同体的原初状态和基本功能。

【从柳宗悦到柳宗理——日本"民艺运动"的现代性及其启示】

刘晓春④，《民族艺术》2018年第1期

受19世纪英国"艺术与手工艺运动"影响的日本"民艺运动"，是以柳宗悦为代表、以手工艺的浪漫主义抵抗机械主义的理论与实践。柳宗悦的儿子柳宗理作为现代设计大师，祛除了民艺的浪漫化"魅惑"，从物性功用、技术工具等方面，发掘民艺的现代性特质，将传统的手工技艺与现代工业设计连接起来。日本"民艺运动"对于当前中国传统工艺复兴的

---

① 彭伟文：浙江师范大学体育与健康科学学院副教授。
② 季中扬：南京农业大学民俗学研究所教授。
③ 黄剑：岭南师范学院法政学院副教授。
④ 刘晓春：中山大学非物质文化遗产研究中心教授。

启示在于，传统工艺的现代性转换应该是通过器物自身的材料、形式特质来呈现民族特色，而不是使器物成为民族特色的附庸。

【从"高地"到"低地"——从"佐米亚"概念看清代云南边境的普洱茶贸易与族群互动】

肖坤冰[1]，《民俗研究》2018年第2期

普洱茶产于中国云南边境，这一区域正好属于近年来广受历史地理研究关注的Zomia地区。自清代以来，随着普洱茶贸易网络在亚洲腹地的形成，大量汉族移民迁徙至六大茶山，使得西双版纳成为清中央王朝与傣泐地方政权、高地族群与低地族群交融互动的一个活跃地带。通过这一案例，我们可以对James Scott有关Zomia的研究进行些许反思与思考。简而言之，Scott似乎过于强调政治和军事等"国家效应"在"高地"形成中的作用，而低估了更为缓和的经济（物质贸易）的影响。

【面食之路与"秃秃麻食"】

周星 惠萌[2]，《青海民族大学学报（社会科学版）》2018年第4期

连接东亚和欧洲的丝绸之路，同时也是"面食之路"，甚至在远比丝绸之路更为古老的时代，"面食之路"便已经存在，至今仍在沿线各国有很多饮食民俗可以作为它的凭证。从文化人类学（饮食人类学）和民俗学的立场出发，基于田野考察和文献梳理，对"秃秃麻食"这一极具特色的民俗美食，自元代以来，在中国北方逐渐为多民族所共享的历史进行了必要的梳理，进而对其跨域传播以及现在的大面积分布状况进行了初步的揭示，由此为"面食之路"的假说提供明确无误和强有力的学术论证。"面食之路"的存在是客观的世界性事实，对于它的研究，并不是简单的"传播论"式的研究，而应该是基于实证且旨在理解全人类各相关民族在日常生活文化层面的互动、互渗和互相涵化之复杂关系的研究。

【女为悦己者容：中国古代女性服饰表征与审美取向】

宋金英[3]，《民俗研究》2018年第3期

抛开表象化的外在因素，从男权的角度研究中国古代女性服饰特点和审美取向，通过对典章史籍的资料搜集与整合，发现古代男权社会影响下女性社会地位的不稳定性决定了女性对男性特殊的依赖与屈从。这种依赖与屈从，主要体现在内在心理上无条件地服从与外在服饰审美上的取悦，并深受我国古代哲学思想的影响。因此，古代女性服饰特点在一定程度上缺少"己悦者容"的独特性，而更多的是"悦己者容"的迎合性、趋同性、规则性和哲学性。审美取向则是由社会制度的阶级化、道德化、哲学化所决定的。

【"神圣空间"的理论建构与文化表征】

王子涵[4]，《文化遗产》2018年第6期

"神圣空间"的理论建构始于"神圣/世俗"这一对概念的辩证关系，伊利亚德

---

[1] 肖坤冰：西南民族大学西南邻组研究院副研究员，上海纽约大学环球亚洲研究中心——复旦大学亚洲研究中心联合博士后。

[2] 周星，日本爱知大学国际中国学研究中心教授；惠萌，陕西师范大学中国西部边疆研究院博士研究生。

[3] 宋金英：山东理工大学鲁泰纺织服装学院副教授。

[4] 王子涵：中南大学中国村落文化研究中心博士研究生。

在理论上阐述了空间如何在宗教学视域下成为意义生成、感知生成、社会关系生成的非中立性载体。随着宗教学的发展，"神圣空间"更为全面的理论框架逐渐形成，并具体由建构、功能与编码三个部分组成，由此揭示了"神圣空间"的固定性与延展性并存、与外部因素"共谋"以及与文化世界充分互动的倾向。基于此框架，作为富有中国本土化特色的神圣空间的祠堂，其建构、功能与编码却彰显出西方神圣空间所不具备的"不纯粹性"，它与世俗空间、自然空间、文化空间存在更为交融、互嵌的关系，这也折射出东西方宗教文化思维的潜在张力。

【藏族碉楼的"神性"——理性与遗产性】
李春霞[1]，《民族艺术》2018 年第 3 期

遗产运动中"藏羌碉楼和村寨"的遗产属性和价值落在"真实性"和"起源"，它们常被合二为一：即何人何时为何修建了碉楼，此实为其原真性基础内容。这又集中在碉楼是否起源于宗教原因？在一个有古碉藏族村落的民族志里，研究者意识到，碉楼的神性是"现存实有"的，集中体现在当地人对"把碉楼'看成'是什么""什么是修建"这两个问题的认知理解中。现存实有的神性碉楼，突破了把碉楼仅定义为古建筑思路的局限，也对国际主流古建筑基本遗产属性："真实性"提出挑战，更引发对碉楼探源之智识模式，如文化和科学二模式的反思。

【门的信仰：符号与图像】
解玉峰[2]，《民族艺术》2018 年第 1 期

在中国古人观念中，宅门之外可能有妖魅一类的存在。门既是人类出入住宅的通道，也是这些妖魅的必经之地。故早期中国曾长期流行磔牲衅门的习俗，这种习俗消歇后，铺首、艾草、芦苇、桃符、春联等符号、图像则相继发挥了辟邪功能，与此相伴的则是门神观念的出现以及各种类型门神画像的产生，各种符号和图像共同护佑宅门内人们的平安。以门的信仰为核心，产生了与信仰相关的各种符号、图像，也催生了春联一类的文学。

【从桃符到春联的演进——基于祝由文化兴衰的视角】
钱钰 刘涛[3]，《民间文化论坛》2018 年第 1 期

基于祝由文化兴衰的视角，对从桃符到春联的演进进行诠释，强调桃符演进为春联背后的社会功能继替与转换。在文化遗产活化传承的大背景下，这一视角不仅有助于深入研究、全面理解春节民俗的形式与内涵，也可以为合理利用非物质文化遗产代表性项目开发具有地方、民族特色和市场潜力的文化产品和文化服务提供新的思路。

【中国香文化的学术论域与当代复兴】
孙亮 张多[4]，《民间文化论坛》2018 年第 4 期

中国香文化源远流长，它不仅贯穿中华文明史，而且对周边区域产生影响。但长期以来，学界对香文化的学术研究比较缺乏，尚未形成一个系统的学术领域。中国香文化从香料体系、工艺仪轨、交往流通，到宗教信仰、民俗生活、文学艺术、传统医学，已经渗入中国传统文化的各个

---

[1] 李春霞：四川大学文学与新闻学院教授。
[2] 解玉峰：南京大学文学院教授。
[3] 钱钰，南京师范大学社会发展学院民俗学硕士研究生；刘涛，河南大学文化产业管理系副教授。
[4] 孙亮，中国民俗学会中国香文化研究中心主任；张多，中国社会科学院民族文学研究所博士后。

方面。有鉴于此，中国香文化的研究有必要从基础研究入手，重视研究领域建设、学术史梳理，并进行学理归纳和提升，以期最终能整合跨学科的研究力量，开拓中国香文化研究的新局面。

【视觉文本与史诗口头文本的互文性——以彝族毕颇身体装饰及祖师坛神像为中心】

李世武①，《民族艺术》2018 年第 3 期

《教路·分家》是彝族罗罗颇社区歌手毕颇在丧葬仪式中活形态演述的一部濒危的口头史诗。史诗的演述形式以口头文本为主体，同时涉及歌手的身体装饰、歌手供奉的祖师坛神像等作为视觉文本的物质文化。毕颇的身体装饰及祖师坛神像与史诗口头文本之间，存在结构化的互文性关联。史诗演述传统中的物质文化，对口头文本具有极强的依赖性。在丧葬仪式中，物质文化作为神圣的象征符号，协同口头史诗文本，综合了视觉维度、听觉维度和语义维度，创造出多感官参与的演述场域，强烈地刺激着歌手与受众，使史诗演述成为一种融视觉符号、器乐、诗歌为一体的表演行为。

【谁是正统：中国古代耕织图政治象征意义探析】

王加华②，《民俗研究》2018 年第 1 期

耕织图，就是以农事耕作与丝棉纺织等为题材的绘画图像，中国古代曾创作了一系列呈体系化的耕织图像。耕织图的创作，具有多方面的目的与意义，其中一个重要方面即是体现王朝的"正统性"，而这在南宋、蒙元、清三个朝代又体现得最为明显。之所以如此，与南宋以后"华夷之辨""严华夷之防"的正统观有着直接关系。耕织图与正统性的关联，深刻体现出中国传统政治的象征性面向。

【交换的礼物：艺术人类学视域下"中国红"之名与实】

张　颖③，《民族艺术》2018 年第 2 期

"中国红"是多民族中国最重要的视觉象征符号。从他者命名到本土色尚，"红色中国"的视觉经验凝聚并非孤立僵化的历史遗存，而是一个不断生成、接纳、转化和传递的动态过程。"中国红"的符号建构和族群认同，体现了本土与外界器物交换、技术交换、制度交换和观念交换的历史成果。作为文化遗产的"中国红"也因此包含两个面向：一是基于认同的文化统合力；二是强调区别的艺术生产力。

【生命礼仪的过渡意义及精神价值】

邢　莉④，《重庆三峡学院学报》2018 年第 1 期

个体生命礼仪的文化链是社会民俗的重要组成部分。生命礼仪构成人本身的民俗性格，并且与社会、集体发生密切关系，完成其社会角色的转换和社会资质的担当。生命礼仪是各个族群对待个体生命累积的各个族群的本土文化知识和文化记忆。文化的人和社会的人在透射个体生命的时候，建立了对个体生命过渡时期的仪式行为。世代传承的集体行为具有象征性、神圣性、场域性等特征，具有重要的人文价值。

---

① 李世武：云南大学艺术与设计学院副教授。
② 王加华：山东大学儒学高等研究院教授。
③ 张颖：四川美术学院中国艺术遗产研究中心副研究员。
④ 邢莉：中央民族大学文学与新闻传播学院教授。

【中国都市民俗学的学科传统与日常转向——以北京生育礼俗变迁为例】

岳永逸[①]，《云南师范大学学报（哲学社会科学版）》2018年第1期

该文浅描了当代北京人生育礼俗的动态图景，新北京人的生育习俗：既有母女链条的纵向传承，也有依赖现代信息传媒同代人之间的相互学习，还有子女将自己从医生、同辈以及书本上学来的"科学"的生育理念、知识反哺给长辈。生育习俗已经发生了从神圣、神秘到世俗、理性的整体性位移。从新北京人生育习俗的动态赛局，我们同样能一窥北京城以及近现代中国整体上去神化（渐渐远离乡土宗教与文化）而世俗化、理性化的历程。

都市的乡土性日渐淡化，乡野的日常生活也有着或浓或淡的都市色彩。这就要求作为现代学的民俗学要发生从守旧、回望的乡土民俗学向直面现代的都市民俗学转型。笔者指出应该抛弃乡土民俗学基于单线进化论的"向下看"和"向后看"的基本姿态与体位，并力图打通在空间意义上对都市和乡村的机械割裂，强调当下都市民俗的乡土性和乡土民俗的都市性，即不同空间民俗相互影响交织、涵盖的互融性。都市民俗学实际是指向当下日常生活和现代性的"现代民俗学"，而非仅仅关于都市的民俗学。作为一种认知范式的都市民俗学，也即现代的或者说新的中国民俗学既是对此前中国民俗学抱残守缺的守旧心态的批判，也是对当下民俗学对政治、时尚的亦步亦趋的"工具"心态的批判。

【"人"的再生产——清末民初诞生礼俗的仪式结构与社会意涵】

李洁[②]，《社会学研究》2018年第5期

该文从社会学的角度展开探讨：胎儿诞生后先与"超自然彼岸世界"的脱离，再经由母体过渡，在各个人生关口举行一系列的通过仪礼，最终与社会的整合。"隔离""净化""重组""聚合"等这四个相互独立但又彼此依存的仪式环节不仅使人类生物繁衍具有一定的社会文化意涵，同时实现了真正意义上"人"及其社会关系的再生产。这一发现对我们反思工具理性背景下的产育期照料模式和家庭关系有所启发。

【当代成人礼俗的类型、源流与发展】

贺少雅[③]，《文化遗产》2018年第4期

我国大致以长江沿线为界，北方和南方地区分别存在着"过十二岁"和"做十六岁"两种成人礼俗传统。作为特殊的生命转折，两个年龄点的确定具有一定的科学依据，积淀了丰富的文化内涵。成人礼俗在儿童教育、家庭发展和社区关系调适等方面发挥着不可或缺的作用，仍将作为地方性文化传统在家庭、村落中自发传承，亦被纳入学校教育体系加以制度化，还被看作一种文化资源进行改造、表演和推销，呈现多面向发展态势。

【潮汕"出花园"成人礼之袄教因素探究】

赵洪娟[④]，《文化遗产》2018年第5期

中古时期，陆路丝绸之路和海上丝绸之路两条古丝路逐渐兴盛发展起来，丝绸之路沿线国家的文化与宗教对中国中古时期节日风俗的变迁及新节庆的产生均有重

[①] 岳永逸：北京师范大学文学院教授。
[②] 李洁：中华女子学院社会工作学院。
[③] 贺少雅：北京师范大学中国社会管理研究院、社会学院博士后。
[④] 赵洪娟：山东大学儒学高等研究院博士研究生。

要影响。潮汕地区现今仍极为盛行的"出花园"成人礼与祆教（琐罗亚斯德教）成人礼在习俗、成人年龄、日月重合的仪式举行时间等方面极其相似。该文通过考证孩童十五岁"出花园"成人礼之源起，探究"出花园"之祆教因素及祆教文化对中国传统节日习俗的影响，这对重新认识中国古代文化、宗教风俗与丝路国家的关系，推动我国与丝路国家的文化交流具有重要意义。

【便溺·生育·婚嫁——马桶作为一个隐喻的力量】

周　星[1]，《杭州师范大学学报（社会科学版）》2018年第5期

"马桶"曾经是江南地方最为普及的便溺之器，在中国各地，围绕着马桶曾经形成了很多独特的民俗。但在20世纪90年代以后，伴随着中国都市化进程的扩展，"抽水马桶"在乡村也逐渐普及，遂使得马桶走向了终被淘汰的命运。然而，各地民间长期以来形成的以马桶为陪嫁品之一的传统民俗却并没有完全消失，那些不再在日常生活中具有实用性功能的马桶，在民间婚礼上仍然是极具重要性的陪嫁品。该文从民俗学的立场出发，分析了马桶作为一个"隐喻"所内含的力量和意义，亦即它作为新娘子随身具备的"生殖力"的象征物而为婚姻及婚礼所不可或缺。

【回族"耍公婆"婚礼习俗的文化解读】

钟亚军[2]，《回族研究》2018年第3期

回族民间故事《耍公婆》从表层来看，讲述了回族婚俗"耍公婆"的情景，但深层面却是以狂欢的姿态、戏谑的方式，使婚礼仪式具有戏谑与狂欢的双重文化意义。戏谑是使人处在一种"反生活常态"的狂欢状态，正是在这种"反生活常态"的狂欢仪式中，公婆与新娘、亲朋好友得以坦诚相见，促进了彼此间的了解与和谐，进而为重构家庭伦理秩序提供最佳契机。

文章首先分析了回族民间社会"耍公婆"故事投射出两重含义：一是"家长式的父权/母权"的权威性，二是婚姻礼俗延续性。其次，作者认为颠覆既有的伦理秩序，将父权/母权的权威置于大庭广众之下，成为被"戏耍"、被嘲弄的目标，这种反常态的做法不仅仅是为了建构新的伦理秩序，同时也是对新建的家庭伦理秩序的一种调和姿态，一种主动性的沟通行为。最后，"耍公婆"仪式是回族民间的一种狂欢活动，在这种集体性的狂欢中，日常生活中形形色色的人都可以逾越年龄、性别、社会等级、人伦秩序等界限，进入一种非常态的民俗空间之中，肆意狂欢、戏谑，无所顾忌，它将原来的生活状态"反转"过来，用"狂欢"的戏谑方式，展示人的另一种生活状态，另一种民俗生活空间。

【家国情怀：民国以前南洋华人婚礼的"上头"仪式】

王琛发[3]，《民俗研究》2018年第5期

"上头"是新人进入婚礼迎亲场面之前的必要，所谓"上头"，实际上就是新人改换成年人发型，在祖先与神圣跟前圆满此种仪式的神道设教。这是"送嫁娘"需要为婚礼开头，协助家庭嫁女或迎亲前完成的功课。对尚未经历成年礼的年轻人来说，婚前"上头"确有包括了即刻举行"成年礼"之实，但其内容包括很多成年礼缺乏的元素，尤其添加一层沉重的民族

---

[1] 周星：日本爱知大学国际中国学研究中心教授。
[2] 钟亚军：宁夏大学人文学院教授。
[3] 王琛发：马来西亚道理书院院长。

教育意义。而其之所以不同于成年礼，即在举行过成年礼的新人临到婚礼前夕一样还得"上头"。在过去人的共识，新人从上头穿那件素服，到婚礼时犹罩在礼服底下，不仅是"为祖先戴孝"的象征，是真的孝服，又有福寿衣的作用。新婚礼服遮掩着穿在下层的一套孝服，这样就在内化生命重要时刻的永恒记忆同时，也把"上头"礼仪的叮嘱潜移默化于生命观念。南洋婚礼"上头"礼仪的内容，其中不论仪式形式或者文字传达，总是要拜天祭祖，由长辈在祖先灵位前向新人说道理，牵扯出许多相关民族大义、家国情愁的内容。在发展的过程中"上头"仪式虽已简化却还是离不开一环接一环的敬重神明、祖先、长辈的礼节，都在提醒着大家重视慎终追远、长幼有序、亲友互尊的伦理关系。

【当代民间礼俗秩序与日常生活——以湖南湘乡丧礼为例】

龙晓添[①]，《文化遗产》2018 年第 4 期

该文尝试以当代湖南湘乡丧礼的实践为切入点，讨论民间礼俗秩序的建构、维系，及其对民众日常生活的影响。

湘乡的丧礼是复合型礼仪，以礼生主持的儒家仪式为主体，融合民间风俗，构成丧礼中的祭奠仪式；然后再依照地方习俗，配合道教超荐法事。丧礼的民俗实践在"慎终追远"背后是一个复合型的信仰体系。儒礼满足"孝"的教化，巩固家族地位，实现社会规范；佛道满足超验的信仰需求，释放、安抚；功利性的祝愿既能满足即时需求，又能恰当推动仪式的存续。湘乡丧礼实践根植于当地的民间信仰之中，信仰是日常生活的常识，所有社会心理、社会意识的基础或基本内容。信仰作为一种生活状态而产生对各种信仰实践的需求，建构一种社会秩序。民众参与信仰实践，有节奏、有时限、有空间。无论生产方式、生活方式如何发生变化，在此间信仰实践乃与整个日常生活融为一体。民间信仰是认识中国社会团结发生机制的一个核心范畴。仪式与信仰的背后是一种现实社会的建构，维持一种内在和外在和谐的社会秩序。这种建构方式有历史传统，也曾断裂，如今之复兴是因为民众生活的需要，且知识传统仍存在。传统丧礼作为一种地方民众生存方式和生活样态的表现，有着无法割裂的历史脉络，又基于一些生活恒久性的本质问题，因此不可能在短时间内根本上被取代。

【祖先祭祀与乡土文化传承——以浙江松阳江南叶氏祭祖为例】

萧放 邵凤丽[②]，《社会治理》2018 年第 4 期

浙江省松阳县作为江南叶氏祖源地，叶氏族姓文化是该地区社会文化的重要内容，叶氏祭祖不仅是叶氏族人寻根问祖的仪式行为，也是松阳地区乡土文化传承的重要依托与载体。近年以来，在多方力量的推动下，叶氏祭祖开始恢复。文章从六个方面分析了叶氏祠祭在当代的传承状况：第一，文化空间的重建。文化空间的转换在一定程度上是由始祖到家族名人的转换。反映出当代叶氏族人对家族发展历史认同的两个维度，一是先赋的血缘传承关系，二是历史影响度的考量。第二，祭祀时间的现代选择。叶氏家族目前尚未明确祭祖的时间，这种情况既受礼仪重建过程的直接影响，实际上也在一定程度上影响了祭礼的神圣性。第三，祭祀共同体的扩大与泛化。第四，祭祀主体的显著增长。第五，祭祀经费来源扩大。第六，祭礼仪节的现

[①] 龙晓添：广西师范大学文学院副教授。
[②] 萧放，北京师范大学社会学院教授；邵凤丽，辽宁大学文学院副教授。

代传承与创新。在祭祀服装方面，为了突出活动的组织性，也为了强化认同感，此次祭祖的主要参加人员统一祭祀服饰；在祭品准备方面更加丰盛；此外还有道教仪式表演；童声诵读家训；调整主祭、副祭的选择；祭文的宣读；祭奠仪式后聚餐。文章在最后分析了叶氏祭祖在当地的价值。在日常生活中，叶氏祭祖承载着传承孝道，践行社会主义核心价值；重温亲情，促进基层社会治理；传承历史，加强地方文化建设；强化社区认同，推进非遗保护等多重功能与价值，为乡土文化的良性传承提供了重要保障。

【当代祭祖礼仪传统重建的内在生命力】
邵凤丽[①]，《文化遗产》2018 年第 4 期

祭礼的重建过程，实质上是祭礼内在生命力的绵延，表现为具有神圣性且被高度认同的历史传统的存在，并通过祠堂、墓地等"原初"空间而可视化，经由家族组织筹集充足的祭祀经费，进行有效的管理，最终促成祭礼仪式的当代重建。首先，对于当代中国人来说，"礼莫大于祭，祭也者，所以申孝思敦化理者也"。孝道、伦理、秩序是中国人赋予祭礼的神圣的"克里斯玛"。当代人正是为了展现"克里斯玛"，才重视祭礼重建。同时，作为曾经长期存在的生活方式，祭礼早已规训了中国人的身体，内化为岁时节庆的重要组成部分，不可或缺。

其次，从祭礼举行的地点看，大型祭祖多是发生在家庙、祠堂，或者墓地，两者均是祖先安身之所，亦是家族的标志性建筑。在当代祭礼重建过程中，家族组织依然重视对家庙、祠堂、墓地这样的神圣空间的保护与坚守。再次，"礼仪经济"都是祭礼举行的重要物质基础。最后，家族是祭礼传承过程中的执行主体，是真正的礼仪操作者、实践者。当代家族组织的复兴和重建尚属于萌发期，各地区、各家族之间的发展程度具有不均衡性，有传统宗族型、松散型和向现代社会俱乐部型过渡的大陆"宗亲会"型。当代家族在恢复家族活动时，再次强调血缘共同体的特殊性，凸显血缘传承的神圣性，努力使之成为凝聚家族共同体的重要方式。

由此可见，在这个过程中，只有礼仪传统、"原初"空间、"礼仪经济"与家族组织四者并存，相辅相成，才保障祭礼传统的顺利重建。

【"信仰惯习"：一个分析海外华人民间信仰的视角——基于新加坡中元祭鬼习俗的田野考察】
李向振[②]，《世界宗教研究》2018 年第 1 期

该文在前人研究基础上，引入"信仰惯习"分析视角。根据田野观察，两种不同的信仰实践模式并存，是华人民间信仰的重要特点。一种是以神职人员为中介而形成的"神灵—神职人员—信众"模式；另一种是没有神职人员参与的"神灵—信众"模式。相对而言，弥散于日常生活的"神灵—信众"模式更为普遍。作者认为以西方基督教研究为中心的宗教市场理论过分强调信众的"人身依附性"和专职神职人员的不可或缺性，在面对华人民间信仰事实时呈现出明显的不足，尤其是在面对民间信仰时，"宗教市场"理论难以解释没有专职神职人员参与的信仰如何成为可能并长时间持续稳定的存在。另外，立足于新边际主义经济学理论的宗教市场理论在阐释华人宗教信仰及仪式实践时也存在缺陷。在民间信仰及其仪式实践上，信众选择何种宗教信仰并不总是完全受理性支

[①] 邵凤丽：辽宁大学文学院副教授。
[②] 李向振：武汉大学社会学系博士后、讲师。

配，更常见的情况是受所处的家庭环境与文化传统影响，而且其赋予信仰的意义也主要是在仪式实践过程中完成的，而不是在事先已经确定。

新加坡华人群体在发展历程中将儒释道等多种信仰和知识体系的内核糅合在一起，形成了根深蒂固的"信仰惯习"。信仰惯习强调的是信众赋予宗教意义并不完全是以结果为导向的，而是贯穿整个实践过程之中。作者认为信仰惯习理论一定程度上能够克服源自宗教社会学的宗教市场理论在面对华人宗教信仰时阐释力不足问题。

【多元祭祀与礼俗互动：明清杨家埠家堂画特点探析】

龙　圣[①]，《南京艺术学院学报（美术与设计）》2018 年第 1 期

该文主要以冯骥才主编《中国木版年画集成·杨家埠卷》收录有明、清版家堂画这两幅家堂画为对象进行以下几个方面的讨论。

第一，对我国古代家堂祭祀对象及礼仪进行梳理；家堂，即民居正宅中间的屋子，俗称"正堂"、"中堂"或"堂屋"。家堂祭祀的对象主要包括祭祀土地、祖先和家堂神三个方面。第二，探讨多元祭祀与礼仪制度在明清家堂画中的展现及变化。首先，"三代宗亲"字样以及图像，是明代杨家埠家堂画对祭祖礼制的表达，杨家埠明版家堂画虽由民间艺人创作，但同时也受到国家礼仪制度的深刻影响，可谓礼俗互动的产物。其次，明代杨家埠家堂画中包含多元祭祀内容，老者代表土地公、土地婆，牌位则代表祖先，画顶部的"家堂神位"和底部的神祇则代表家堂神。最后，清代杨家埠家堂画的继承与变化，反映了后世家堂画祭祀内涵从多元走向单一的趋势。第三，杨家埠家堂画的祭祀内涵原本是多样的，祭祀祖先作为其唯一内涵经历了一个历史演变的过程。而与此同时，"家堂"这一词汇的含义也有了变化，古代主要强调堂屋、土地，现在更多的意思是指家堂轴子和祖先。

通过分析杨家埠明清家堂画可知，其祭祀内涵不仅仅局限于祭祖，还包括祭祀土地和家堂神，呈现出多元祭祀的特点；此外，明代家堂画隐喻着国家礼仪制度，并非单纯的民间艺术，而是礼俗互动的产物。

【现代日本社会的"祭礼"——以都市民俗学为视角】

王晓葵[②]，《文化遗产》2018 年第 6 期

该文通过爱知县的花祭和起源自高知县的 YOSAKOI 祭，并联系几个相关的事例，讨论现代日本祭礼的基本特征，同时结合传承和传承母体这两个基本概念，探讨都市民俗学的可能性。

首先，从花祭的传承现状来看，作者认为从本质性的地缘和血缘等纽带建立起来的传承母体的概念，扩展到自由选择性的"选择缘"的现代传承母体。伴随非物质文化遗产认定和保护的世界性潮流，从地域传承转变为社会传承，可以说是当代社会的一大特征。

以民俗学的视角分析 YOSAKOI 祭礼，这类新式的城市祭礼，其传承母体，已经不再局限在特定的地域认同，而民俗学的地域共同体论，通常以实体性的地缘为核心，福田亚细男的传承母体论，其中传承母体的条件之一是"占有一定的土地"，就是指特定的地域。而当传承行为扩展到全国甚至更广泛的区域的时候，传承的地域

[①] 龙圣：山东大学儒学高等研究院副教授。
[②] 王晓葵：南方科技大学社会科学高等研究院教授。

性因素是否可以放弃遭到质疑。矢岛提出了"全国性参加的网络群体,即都市文化的传承母体"的观点。对这个传承母体,他总结了如下几个特征,第一个特点是松散性,亦即,参加团体不局限在特定的地域,而从更广域的范围内获取资源,其空间性呈现出差序性结构。第二个特点是多样性的结合原理,也就是有多重形式的参入机制,而不是单一的诸如血缘或地缘的标准。第三个特点是动态性,第四个特点是传承母体单位非常重要。很多支持舞团的母体单位,不仅仅在祭礼期间存在,平时也有活动。这些小单位的存在,是舞团作为传承母体存在的基础。第五个特点是全国性网络群体的存在,全国各地的参与者作为一个传承母体的存在是这个祭礼存续的重要条件。第六个特点是,通过互相竞争而强化了各自的传承力。

由此可见,他者的出现,往往是自我认同产生的前提。现代都市的开放性,为不同文化表象自我提供了舞台,这个表象的过程也是其主体自我建构和自我认知的过程。

【袭旧与更新:近代经济变迁中的民间祭祀组织——以杭州湾南岸地区为例】
蒋宏达[①],《民俗研究》2018 年第 2 期

19 世纪末叶以来,中日两国棉纺织工业的兴起导致原棉需求迅猛增长,从而刺激了杭州湾南岸滨海沙涂的开发热潮,沙涂的大规模开发又促进了控产宗族与神会组织的扩张。在新的经济环境下,当地祭祀组织的结构发生变动,专门化的经理阶层成长起来,所有权与经营权出现分离态势。这些新兴的控产组织为清末民初新政改革和地方自治运动提供了组织基础。杭州湾南岸的案例显示,民间祭祀组织并非历史孑遗,而是在承袭传统的过程中经历着更新和再造。它们是因应近代经济变迁的社会主体。

【文人礼书"以礼化俗"的基本类型——以朱子《家礼》祭礼为例】
邵凤丽[②],《中国文化论衡》2018 年第 1 期

明清时期,为了实现"以礼化俗"的礼治目的,儒家精英以"执礼""议礼""考礼"为名,大力注读朱子《家礼》,出现了注释类礼书、简化类礼书和辨疑类礼书三种类型。以"执礼"为名的注释类、简化类礼书以规范现实家族礼仪作为直接目的,将社会现状与《家礼》文本进行对比思考,试图寻求适合礼仪实践的新型家礼理论。以"议礼""考礼"为名的辨疑类礼书,重点发掘祭礼的历史渊源,为人们了解祭礼的历史脉络和文化内涵提供了理论依据。

文人阶层对《家礼》祭礼的关注一方面出自礼仪探讨的学术诉求,另一方面为了指导、规范民俗生活,加速国家礼治的实现。文人礼书既要按照国家礼典的规定来设计礼仪程序,不能违反国家礼制规定,同时又不能背离生活需求,尤其当礼制与习俗发生冲突的时候,文人礼书必须针对矛盾进行全面的分析、阐释、抉择,最终给民众生活提供一套简易可行的礼仪范式。在"以礼化俗"过程中,不同类型的文人礼书发挥了不同功能。以"议礼""考礼"为名的文人礼书,从家礼发展的历史和内涵方面给予深入阐发,为人们提供把握家礼历史发展脉络和文化含义的理论依据。而以"执礼"为名的礼书以服务现实家族礼仪需求为目的,将当时社会的家族礼仪现状与《家礼》文本进行对比,将实践和文本结合思考,试图寻求适宜当时家族礼

---

① 蒋宏达:香港中文大学历史系博士后。
② 邵凤丽:辽宁大学文学院讲师。

仪实践的家礼理论。

【明清谱碑与鲁中宗族地域性的形成】

周晓冀[①]，《社会史研究》2018 年第 2 辑，总第 6 辑

在鲁中地区，乡村宗族的自我组织经历了曲折的过程。鲁中宗族的构建既基于事实，又基于文化需求，反映族群意识和现实权利的宗族文化需求。在当地社会历史条件下，鲁中宗族形成现实生活团体的动机不强，宗族功能定位在礼仪而非社会控制与经济利益上。祖茔是宗族发展的物质基础，用来聚合族人、划分族属关系以及族群边界。而谱碑则具有墓祭功能，谱碑世系主要是围绕祖茔祭祀而建立的宗族范畴，其构建过程和具体形式与茔地的位置、数量和祭祀范围有关。谱碑在宗族个体发展史上也常作为记录世系的临时手段，反映出宗族从无谱向有谱阶段过渡的生存状态。祖茔在宗族构建过程中起着先导的作用，迁居必然要确立新茔，分支宗族成立的标志是对新茔的确认，以及在新茔刻立谱碑。于是，共同的祭祖活动成为整合族人的前提，建构祖茔园地是为了形成永久的祭祀空间，祖茔和谱碑构成鲁中宗族地域性的主要标志。这种对祖茔及祭祀的集体认同，来自对传统文化的继承，是其宗族组织化的历史内涵。

【影像的神力：高淳的庙会与禳解法】

杨德睿[②]，《文化遗产》2018 年第 6 期

该文的主旨在从宗教认知人类学的理论视角来探讨庙会如何陶铸当地人的精神气质。具体地说，该文意图论证：特定庙会传统中最富于感官刺激性的仪式情景（出菩萨和演酬神戏）和物件（馗头和面具），如何可能会召唤并强化某种认知倾向（"妈妈的理论"），从而培养出当地人独特的美感风格（对人脸和人形特别强烈的兴趣）和行为定势（四处刻画人脸和人形的癖好、对实践和观赏"变容"的癖好），并进而扩散到庙会之外的其他生活领域（禳解灾病）。为支持上述论点，作者检视了江苏省南京市高淳区的庙会中最为关键的"出菩萨"仪式，进而分析此一庙会仪式如何陶铸了自 20 世纪末以来流行于当地的一种禳解法。除了记载和报道当前高淳的独特庙会形式与禳解法以外，这份案例研究更核心的目标在于希望证明：宗教人类学的庙会研究，不仅限于结构分析、意义阐释和集体记忆这三大传统路径，新兴的宗教传承/传播研究也是具有极大潜力的一种路径。

【江南庙会的现代化转型：以上海金泽香汛和三林圣堂出巡为例】

郁喆隽[③]，《文化遗产》2018 年第 6 期

江南民间庙宇不同于体制性宗教的庙宇宫观，是一个开放性场域与地方权力关系的枢纽，混合神圣与世俗性的诸多元素，因此民间信仰的江南庙会对外部环境的改变更为敏感。江南庙会除了受到政策管制之外，还面对诸多现代化的挑战。该文以上海青浦区金泽镇香汛和浦东新区三林镇圣堂出巡为例，来探讨当下江南庙会面临的转型压力。金泽香汛虽然还保持着较大的规模，但存在香客老龄化、低学历等现状，地方政府成为"秩序维护者"。而在三林圣堂庙会的案例中，地方政府成为主导者和实际组织者。出巡仪式的主体不再是信徒，而是"代理仪式专家"，出巡仪式出现了"意义空心化"。近年江南地区

[①] 周晓冀：泰山学院历史学院讲师。
[②] 杨德睿：南京大学社会学院教授。
[③] 郁喆隽：复旦大学哲学学院副教授。

的庙会出现了明显的"国家赞助人"制度。急剧的城市化、仪式的表演化和景观化，以及其他一些未曾预料之现代化后果，例如乡镇的人口空心化和老龄化，都对庙会构成了极大挑战。面对庙会这一内嵌于现代化处境中的流变对象时，政府有关部门有必要跳出"管制—被管制"这种二元映射关系的思维框架，关注更广阔的社会背景和文化环境。

【庙宇宗教、四大门与王奶奶——功能论视角下的燕大乡土宗教研究】

岳永逸[1]，《世界宗教研究》2018 年第 1 期

在社会学本土化的诉求中，燕大社会学系始终与国际学术同步发展。20 世纪 30 年代盛行的功能主义很快被燕大社会学的师生融入了对其社会学实验室——平郊村的诸多研究之中。燕大社会学师生基于平等交流和参与观察，揭示出为顾颉刚等人所忽略的妙峰山香会相关事实，摒弃了先入为主的意识形态偏见的乡民信仰实践不再是"迷信"，而是宗教。在偏重于社会制度和文化功能认知而对庙宇宗教和四大门宗教精彩的"热描"中，王奶奶成为活生生的人神、妙峰山红火的香火呈现出更清晰的纹理。作为社会制度的香头、家庭宗教的提出以及拜神求佛之"家务事"属性的发现，对全面深透地认知中华文化与中国社会也有着非凡的价值。功能主义引导下的四大门宗教和庙宇宗教为主体的乡土宗教民俗学志意义非凡，它尽可能摆脱既有"迷信"观，直面民众的敬拜实践；研究者不但实地观察，还以身试法，实现了方法论的革新；调查不再是旁观，研究者与合作者之间也成为观察、记录、分析的对象。这些研究由此保留了七八十年前北平乡土宗教的实况。

【民间信仰的公共化困境——以浙江海滨社区的民间信仰为例】

赵翠翠[2]，《世界宗教文化》2018 年第 1 期

围绕着海滨社区的民间信仰及其民众的信仰方式，从信仰实践的私人化角度，探讨民间信仰的公共化困境，旨在揭示民间信仰虽能为民间公共生活提供一套价值观念和精神资源，但这一信仰形式却并不能将一个个"私人"真正得以连接，构建一种基于信仰而来的团体资源及其行动规则，乃至对信仰场所或信仰组织、信仰建构者的归属与认同，表达这种信仰组织或场所的社会性，反而因为现实生活中各种私人化的神人关系所主导的利益分隔，呈现出民间信仰在传承和实践中的私人性与不稳定性。民间信仰内容庞杂，信仰方式也由于"分散"而多变，极为私人化，且信仰者一般都局限于家族、熟人的生活方式，并以此生活中的关系为信仰实践的关系，从而无法做到对私我的超越，无法表现出公开的或公共的信仰特征。一己之利成为左右神灵或公或私的规则，偏私或者为公主要在于人们的选择。如何挖掘和探索民间信仰的公共价值和资源理念等，建构民间信仰之社会化路径，依然值得关注和研究。

【仪式中的礼物流动——以苏州上方山庙会为例】

苏 静[3]，《民俗研究》2018 年第 6 期

香客参与民俗活动，敬拜神灵从而获取神灵的祝福，信奉并尊敬神成为庙会空间秩序生成的基础。以交换为核心，围绕着礼物的流动，地方自组织庙会的秩序规

---

[1] 岳永逸：北京师范大学文学院教授。
[2] 赵翠翠：华东师范大学社会发展学院博士后。
[3] 苏静：南京农业大学人文与社会发展学院讲师。

则逐步被庙会主体建立，在民俗活动中形成了一套无形的礼制。依据信仰程度，礼制将人群划分在表演者、核心香客、外围香客的不同圈层中，引导并规制人群在庙会空间内的行为，体现出信仰模糊、香头组织、圈层流动的自组织庙会特性，形成一个互相契合的自组织运行系统，最终在敬神拜神获取祝福的民俗活动中完成礼俗互动，推动着庙会的运转和传承。这成为当下乡土自治实践模式的典型。从更宏观的视角来看，庙会的礼俗秩序仍是俗的一部分，其自发性建构受到主流话语权的重要影响。庙会的断裂—复兴是国家礼俗互动的博弈，主流话语权及国家权力对地方的渗透，并不能消解民俗活动，而是以更加隐晦的方式潜藏在地方的秩序之中。从庙会自治到地方自治，需要国家权力意志与地方传统相结合，引导地方民俗进入社会公共价值的礼治之中。

【明清巴蜀地区迎神赛会的演进轨迹】

张志全[1]，《宗教学研究》2018 年第 3 期

迎神赛会作为明清以来民间社会常见的文化现象，承载着丰富的文化内涵。迎神赛会的兴衰与国家权力和民间意识紧密相连，既显现为国家权力与民间秩序的互动，也是一场此消彼长的博弈。朱明开国，出于"神道设教"的目的，推行祭祀礼仪的改革，依托神灵整合地方社会秩序，可官场促成了一场盛况空前的"造神活动"，民间神灵获得官方的认可。这场运动体现出不折不扣的官方意志，但民间赛会的发展却不时偏离官方的意志，寻求自我秩序的建构。清代以后，官府从湖广填四川，到重建地方祠庙、恢复乡土信仰，导致民间自治意识的进一步强化，迎神赛会开始了民间意志的彻底释放。乾嘉以后，巴蜀地区虽然出现白莲教暴动和诸多教门事件，因其官府饬禁，民间赛会依然按照自己的逻辑演进。随着晚清袍哥势力扩张，赛会成为袍哥主持地方公共事务中的重要活动，袍哥整合各方势力，促成赛会的娱乐化蜕变。从朱明到晚清，国家权力的式微与民间自治力量的扩张，成就了迎神赛会由仪式到狂欢的彻底蜕变。

【清代江南与徽州之间的运棺网络及其协作机制——以善堂为中心】

张小坡[2]，《清华大学学报（哲学社会科学版）》2018 年第 5 期

清代江南的商品经济最为发达，是徽州人外出经商、务工的主要集中地。清中后期，江南各地的徽州会馆先后成立义庄和丙舍等慈善设施，设专人管理，单独收支，规章严密。徽州善堂的主要功能是为身故同乡寄放掩埋棺木和扶柩回里。由于杭州独特的地理位置，新安惟善堂成为连接江南各地徽州善堂与家乡的中转站，为运送回里的棺柩提供暂厝、转运服务。徽州境内的各处登善集负责停放外地运回的棺柩，确保将其送到死者家中安葬。江南各地的徽州善堂、惟善堂、登善集三者在逻辑结构上是分、总、分的关系，构成了一条完善、有序的运棺网络，并在长期的运行过程中形成了内外联动的协作机制，一定程度上解决了旅外徽州人的后顾之忧，有助于发挥徽商的群体优势。清代以来江南各地徽州善堂的有序运行较好诠释了旅外徽州同乡组织"事死如事生"的慈善理念，他们所构建的独立于官方之外的民间社会救助体系，体现了旅外徽州人互相周恤，互相照应的团结协作精神。

---

[1] 张志全：重庆工商大学文学与新闻学院副教授。

[2] 张小坡：安徽大学徽学研究中心、中国社会科学院历史研究所博士后。

【礼物的竞争与调剂：民间信仰活动自我扩张的社会机制——以浙东福村为例】

袁 松[①]，《民俗研究》2018 年第 5 期

在市场经济深入的背景下，从国家—社会框架、宗教市场论、民众精神需求的角度理解民间信仰活动的持续扩张皆有局限。文章将重点置于信众群体的社会活动，而非其心理状态，通过礼物范式阐释民间信仰活动自我扩张的社会机制，在人神关系的建构与表达中重新思考社会变迁。在浙东的信仰实践中，农民许愿时点烧"佛纸"作为敬神的礼物，而心愿的实现被视为神佛的回馈。随着乡村经济增长，熟人社会的分化日益明显，富有的上层通过"夸富宴"式的礼物呈现获得地位优势，这引来中下阶层的被动跟从。不同阶层围绕着人神关系的远近展开竞争，这成为民间信仰扩张的内在动力；另外，在规模逐步扩大的礼物生产过程中，过剩的财富从上层到中下层扩散，分裂的村庄以敬神的礼物为媒介实现了贫富之间的资源流动与财富调剂，并强化村民共享的观念、情感与道德。两种机制在中国民间信仰的日常实践中共同发生作用，形塑出一个以神佛为中心的村落权力地位的差序场。人—神礼物互往蕴含着社会本身的自愈能力。

【慧能信仰与地域祭祀共同体建构的人类学考察——广东新兴县"六祖轮斋"的个案研究】

区锦联[②]，《宗教学研究》2018 年第 2 期

祭祀共同体通常依据一定的文化规则供奉神祇，在社会变迁过程中呈现出相应的分化与组合。在强调祭祀圈乃至信仰圈的组织形态研究时，除了强调祭祀规则与人群区分外，还应将祭祀活动置于复杂的地缘关系中，研究围绕神明及其信仰所形成的祭祀活动的动态性演变过程。在田野调查基础上，以广东新兴县梭榔七乡六祖轮斋习俗为例，探讨习俗仪式背后的信仰共同体的形塑与村庄联结过程。民间社会以禅宗六祖慧能作为信奉对象，形成特定的祭祀活动与供奉规则，构成相对独立的祭祀范围。随着六祖信仰的传播，不断有村庄借助历史记忆建构人神之间的契约关系，合法加入供奉慧能的轮斋圈。为了满足民间祭祀需要，出现了"坐坛"与"巡游"的神像分工，并延展出相应的内外祭祀圈层。六祖轮斋超越了原来村落间庙会组织的边界，通过神像分工、轮斋圈的变化将拥有不同庙会组织的人群、被排斥出庙的人群以及缺乏庙会组织的村寨人群联结了起来，促成新的超越村落边界和地方界限的地缘性与仪式性相结合的祭祀共同体。

【社会组织、治理与节庆：1930 年代平郊的青苗会】

岳永逸[③]，《文化遗产》2018 年第 2 期

节庆已经被习惯性地界定为日常生活的反动，但强调节庆的狂欢、非常、反结构的"热闹""红火"的一面，也应当强调其与忙碌、紧张的日常相对立的休闲/闲暇、娱乐、放松的一面，强调其之于常态生活调节的节律之美。对于已被先入为主界定为节庆的青苗会，有必要回到社会史研究中，对作为一种乡土社会组织的青苗会之经济、政治属性加以厘清。20 世纪 30 年代，因应社会变迁而处于演进状态的北平北郊清河一带的青苗会，依旧是乡土社会强有力的社会组织，除原本有的看青职能之外，新增了保卫一定地界范围内群体成员生命财产安全、对外交际和兴办学校等多种功能。只有在交了

[①] 袁松：浙江师范大学法政学院讲师。
[②] 区锦联：贵州师范大学国际旅游文化学院讲师。
[③] 岳永逸：北京师范大学文学院教授。

地钱与底钱之后，青苗会内的成员才能参加谢秋时的祭神与聚餐等庆典。因此，以节庆形态表现出来的青苗会实则是特定群体的成员在履行其责任与义务之后而享有的权利。作为节庆的青苗会，实则是因应特定生产生活而与时俱进的地方化的社会治理机制。事实上，这种强调"治"的规范也是所有似乎以"乱"为表征的中国节庆的潜在基础与共性。

【乡村剧团与社会动员——以1944年河北阜平县高阶《穷人乐》的编演为中心】

韩朝建[①]，《民俗研究》2018年第3期

既有研究多从文艺理论、政策措施的角度，自上而下探讨中共对戏剧的改造利用，而乡村剧团作为沟通官方与乡村大众的桥梁，在社会动员中的作用并没有受到应有的重视。文章通过考察阜平高街村剧团编演《穷人乐》的过程，探讨该剧团的性质、人员构成、与专业剧社的互动、与观众的关系等问题，换言之，就是谁来动员、谁被动员、如何动员，以及这种动员过程与既有的乡村社会结构的互动关系。抗日战争时期的晋察冀根据地，村干部和各类积极分子组成的乡村剧团，经常配合政策进行演出。1944年，河北阜平县高街村剧团在专业剧社的帮助下创作了话剧《穷人乐》，其开创的"真人演真事"的编排模式，模糊了戏剧与现实的界限，无论对演员还是观众都具有强烈的规训和改造的色彩。该剧作为群众文艺路线的典型在边区推广，推动了更广泛的乡村动员。该个案显示，晋察冀根据地乡村剧团与社会动员的关系可从三个层面理解：根据地新的乡村社会结构，是乡村剧团发挥社会动员功能的基本背景；乡村剧团囿于文化水平、政治觉悟等诸多短板，需要被改造和提升；乡村剧团对观众（群众）的影响需要置于宏观社会背景下考察。

【以民众为本位：当代节日志的价值旨归与实践追求——以"传统节庆文化论坛"相关讨论为核心】

朱振华[②]，《民俗研究》2018年第1期

围绕《中国节日志》大致呈现出了以下三个维度的思辨趋向：第一，关注节日中独特的身心体验和文化设置，视节日为民众建构社会关系的生活交流实践，从知识生产的过程反思节日志书写中的主体间性；第二，当下节日志研究，应将类型化的抽象概括和丰富的民众交流实践更密切地结合起来，以多元主体复调、多声部的织体形态生成节日志数字资源建设的"元数据标准"；第三，关注节日中独特的生活叙事传统，探索当下国家政治、地方社会和民众主体之间的"礼俗互动"模式。

【遗产化与民俗节日之转型：基于"2017'敛巧饭'民俗风情节"的考察】

毛巧晖[③]，《北京联合大学学报（人文社会科学版）》2018年第1期

在村、镇政府的组织与规划下，"敛巧饭"习俗活动由村落习俗逐渐转换为社会公共空间的新型"民俗节庆"活动。在现代视域与社会秩序的规范下，在传统节俗的基础上，这一活动具有了新的内涵，如现代性、娱乐性，但是从中我们也看到了传统节俗的某些文化因素也被抛弃了，除了其核心要素仪式展演渐趋"陌生化"外，民俗节庆的文化内涵也开始单一化，主要成为元宵节北京的民俗文化活动之一，虽然有地域性特色，但已将"鸟信仰"

[①] 韩朝建：山东大学历史文化学院副教授。
[②] 朱振华：齐鲁师范学院历史与社会发展学院讲师。
[③] 毛巧晖：中国社会科学院民族文学研究所研究员。

"乞巧"等文化意蕴抛弃,主要存续了现代社会主题"感恩"。具有女性性别意识的"乞巧"并没有被张扬,这是可以充分利用的新型民俗节庆的生长点。另外就是民俗节庆功能单一化、平面化,在文化宣传与仪式展演中只是彰显其旅游文化的意义,而其调节村落人际关系的功能却逐渐减弱。对于这一重要的文化资源,如何让其在新型民俗节庆中进一步发扬,需要主办者与主持者进一步思考,是否能在"敛巧饭"的图像展演及展板宣传中突出这一重要文化功能,这也正是当下和谐社会可资借鉴的文化资源。

【一个藏族村落"男人节"的多层社会记忆——普兰县科迦村节庆"普堆羌"的传统及其变迁】

任赟娟[1],《中国藏学》2018 年第 1 期

旧时的"普堆羌"所表达的科迦村落集体敬拜神灵、祭祀禳灾的公共感情被新式的"男人节"替代。从"普堆羌"到"男人节"的变迁作为社会的侧影,呈现了当地人对自己集体生活的一种文化设计,同时也表现了人们对集体记忆的公共选择。现实处境让人们对记忆不断进行着"改写""删除"和重新设计。在"男人节"中既有对曾经诸如战争、火灾和水灾等历史事件的纪念,也有对从古至今西藏西部社会实况的协商,更有一些集体性的遗忘。发生过的历史事件是社会记忆的原型酵母,它在不同群体、文化和社会关系中不断裂变。节日接受着记忆共同体对过去的编码,发送了民众当下的交际讯息。对节日中的社会记忆之建构和维持,并不是单纯为了抵抗消弭的遗忘,而是为更好地同当下对话并协调时空秩序。从"普堆羌"到"男人节"的记忆转向,也说明了西藏西部地域文化和社会变迁。

【"凝视"他者与女性身体展演——以广西龙胜瑶族"六月六"晒衣节为中心】

冯智明[2],《民族艺术》2018 年第 1 期

在从私密到公众的身体展演过程中,红瑶女性的身体及其表征被规训和重构为一个想象的"原生态"他者符号,而传统身体观和信仰却正在失落。这是地方、企业、摄友、游客等多重力量"凝视"下的结果,游客、摄友通过"凝视"他者身体符号获得迥异于己文化的旅游体验和景观认知,满足自身的"凝视"欲望和怀旧情结;政府、地方精英等通过打造典型的红瑶女性身体标识传扬红瑶文化,重构民族文化和旅游资本。红瑶人面对各方"凝视"也不是完全被动的,而是积极地进行文化调适和重构,策略性地扮演新的社会角色和实现新的个人价值。

【节日狂欢与日常"律动":苏州评弹与近代江南乡土休闲节律】

郝佩林[3],《文化艺术研究》2018 年第 1 期

岁时,作为中国普通民众特殊的时间体验,是理解民众的生活节律的重要切口。评弹休闲中呈现的岁时节律,正反映了江南普通民众,特别是乡土社会生活本色。在普罗大众的印象里,近代江南乡民的娱乐活动向来单调而匮乏,仅有出庙会、看戏、听书等几项。比起一年中难得开演几回的春台戏,到茶馆书场听书显然是江南乡民日常生活中最为普遍、通俗的休闲方式。无论是辞旧迎新的年档盛况,抑或是溽暑时节的消夏说唱,评弹展演都弥漫着既绵延四季,又应和农事节律的日常魔力。在聆听说唱的过程中,听客在沉醉于书场

---

[1] 任赟娟:中央民族大学民族学与社会学学院博士研究生。
[2] 冯智明:广西师范大学文学院教授。
[3] 郝佩林:苏州大学社会学院博士研究生。

惬意舒心的氛围之余,亦可领受艺术、美食带来的感官愉悦。总之,遍布于乡野码头、小街细巷的评弹演艺填充了江南乡民的年度休闲空间,黏合起民间艺术与水乡民众日常时空的表里关系。

【节气与节日的文化结构】
陶思炎[1],《民族艺术》2018年第2期

"节气"与"节日"是既相互区别,又有联系的一对文化概念,前者主要出自对自然宇宙的观察,后者主要来自社会生活的需要;前者是以农耕生产为服务中心的计时系统,后者主要是以民族生活为满足的文化体系;前者属太阳观测的阳历,后者包容阴历和阳历的双向来源。就功能与应用而言,节日比节气具有更为完整的文化结构。

【寒食节的礼仪解读】
柯昊[2],《史林》2018年第2期

从历史文献资料来看,介之推历史叙事年代约在公元前7世纪,主要人物晋文公和介之推是礼仪身份定位中的君臣关系。这段叙事是比较典型的精英叙事;介子推信仰叙事在公元前1世纪到公元后1世纪。信仰的表现方式是祭祀礼仪,介之推是被祭祀的神、灵,这是与官方立场相对的民间风俗。信仰区域由太原郡向全国不断拓展,在公元6世纪成为全国节日。

【民族节日旅游中的文化表演及地方建构——以广西侗族多耶节为例】
方昌敢[3],《湖北民族学院学报(哲学社会科学版)》2018年第2期

地方是有意义、有情感的地方;意义、情感和地方则要通过文化表演的形式来体现和感受。文化表演成为节日阈限下人们的意义、情感和意义依恋的手段。节日地的文化表演实际上是一种被展示的交流行为,表演者是展示的经营者,其表演的过程是一个协商与展示"他者"的过程。在节日旅游中,他者对异质文化的好奇和追求,促使他们通过文化表演去了解地方社会、了解地方的人们如何思考、如何行动等。可以说,节日旅游地的文化表演,在积极地对地方进行建构,在建构的过程中,面临着如何协商和展示地方和国家认同的问题,同时,文化表演过程中的个人,也在对地方意义和空间进行着建构。可以说,节日旅游地的文化表演和地方之间是一种互动的关系。

【闽台中元节习俗的特色、功能与治理】
郭荣茂[4],《集美大学学报(哲学社会科学版)》2018年第2期

中元节属于中华全民共同参与的节日,在闽台中元节习俗治理上,我们可采取相应的措施:1. 应当将其作为文化遗产加以更好的保护,以增强我们的民族文化自信,而不能简单地视为封建迷信活动而予以取缔;2. 应该借鉴我国台湾地区的中元节习俗治理经验,即对传统习俗和文化彰显包容性治理,让当地居民能尽享节日带来的安详和乐趣,以更大限度地保护和传承传统习俗和文化;3. 对于中元节不能简单地认为它是迷信活动,不能像以往那样将之排斥拒绝,而在新时代对待传统习俗要多一些包容性;4. 闽台利用中元节关怀弱势群体、和谐邻里关系、维护社会稳定和促进社会发展的成功经验,在社会治理上值得我们推广。

---

[1] 陶思炎:东南大学艺术学院教授。
[2] 柯昊:中共陕西省委党校文化与科技教研部教师。
[3] 方昌敢:梧州学院经济管理学院副教授。
[4] 郭荣茂:华侨大学哲学与社会发展学院副教授。

【传统节日的现代性危机与日常生活批判】
黄治国①,《文化遗产》2018年第3期

节日文化仪式和过程回归生活,除非必要,尽量消除机械主义、符号主义等对节日文化发展带去的工业化痕迹;一定程度上保留节日文化的神秘性、神圣性和圣洁性,保存和保留节日文化的内在气质和品质;尊重节日文化的流变性,保存节日仪式的精华和精髓;保持节日与人的关系和距离,让节日成为拉近文化与人的纽带;重视节日文化的光晕效应,发挥节日文化对社会生活和现代化建设的积极作用;增强民众对节日文化的自觉、自知、自信及自强;等等。

【都市春节的重构与理想主义学术情结】
万建中②,《文化遗产》2018年第3期

理想主义让民俗学者失去了应有的批判意识。民俗学者一贯主张让民俗生活本身说话,民俗包括传统春节在内是自然延续的结果,那是爱和自由的生活世界。没有哪个学科对自己的研究对象如此溺爱。如果有人对民俗传统尤其是春节习俗说三道四,便是大逆不道,必然遭来口诛笔伐。以现代化的眼光审视民俗传统,一方面令人萌生敬畏之心,另一方面又觉得总有一些不合时宜。另外,都市春节发展不可能是一个自然的过程,不可能完全由市民自己抉择。都市春节的理想命运并不由持理想主义的民俗学者所掌控,只能寄希望于理想的政府。

【宋元节日文化与元杂剧孙悟空形象的塑造】
潘超青③,《戏剧艺术》2018年第3期

节日是全民节日,集体性和传统性是其显著特征,它和人们生活息息相关,尤其在相对封闭的中古文化环境下,杨景贤置身其中,不可能不参与,也不能不受熏陶,他所形成的节日感受与节日文化的精神内涵是高度一致的。从孙悟空形象的塑造,我们发现,其性格特点与民间节日文化感受世界的方式非常类似,特别是"丑"在节日文化中体现出的诙谐性、逾矩性以及宗教感深刻地影响并塑造着孙悟空的性格,使之从一个平面的护法者形象成长为具有丰富性格特点和艺术气质的独特个体,在蓬勃的元代杂剧表演中脱颖而出,并深刻影响了后来的小说创作。从元杂剧开始,无论取经故事如何纷纭递变,孙悟空的形象塑造都延续了杂剧所确立的形象特点,在其构建的框架内日渐丰富。可以说,元杂剧一举奠定了孙悟空人物形象的基础,也间接地影响了整个取经故事的氛围和思想意趣,这些都凝聚着宋元节日文化丰富深厚的思想滋养和艺术力量。

【消费视角下的北宋东京节日生活】
董德英④,《民俗研究》2018年第5期

宋代节日生活中具有鲜明的都市化特色,节日生活也呈现出鲜明的消费特色:1. 节日消费时空扩大;2. 节物丰富、制作精巧;3. 节日饰人、饰门户、饰店铺;4. 价格影响节日消费分层;5. 注重节日市场竞争;6. 注重节日礼物馈赠与交换;7. 休闲旅游与文化娱乐消费成为节日消费的重要内容。

【节日的定义、分类与重新命名】
张 勃⑤,《节日研究》2018年第1辑

节日是以历法为基础的、在社会生活

---

① 黄治国:信阳师范学院历史文化学院副教授。
② 万建中:北京师范大学文学院教授。
③ 潘超青:厦门大学海外教育学院副教授。
④ 董德英:青岛大学《东方论坛》编辑。
⑤ 张勃:北京联合大学北京学研究所研究员。

中约定俗成的、具有特定习俗活动的特定时日，是特殊名称、特殊时间、特殊空间、特殊活动、特殊情感的五位一体。节日分类涉及为什么分类、谁来分类、以什么样的原则来分类、为谁分类等一系列问题，节日分类必须明确标准。传统节日的重新命名现象值得学界予以更多关注，这一现象也提醒节日研究者应该特别重视节日的名称及其变化。

【节日民俗志的提出及其关注重点】

王霄冰[①]，《节日研究》2018年第1辑

传统节日作为一种人为建构的、综合性的民俗活动，其分类应从三个层次上去把握：特定群体自身的节日认知；官方话语系统中的节日体系；学术化的、带有普遍意义的节日分类。节日民俗志旨在对节日进行系统记录和深度描写，在观察和记录时应重点关注四个方面：对特定节俗的有效时空及其承载主体的辨析；注重地方性节日内在的系统性；节日仪式及其表演程序；节日符号的文化阐释。

【作为一种规训与整合机制的节日——以平郊的青苗会为例】

岳永逸[②]，《节日研究》2018年第1辑

青苗会不仅仅是一场节日庆典，而且还是一种基于村落生产、生活的社会组织，以及在此基础上建构而成的社会制度。在特定的历史文脉中，这种村落社会的基层组织还会承担更加复杂的社会职能。有鉴于此，对于传承性节日的研究，不应只关注表象性较强的节日终端，节日终端背后的社会制度和组织原则才是更为重要的部分，节日的本质即是一种社会的规训与整合机制。

【地方节日与区域社会——以山东曹县花供会为例】

刁统菊[③]，《节日研究》2018年第1辑

山东曹县花供会，除了满足信仰需求以外，最主要的功能就是在区域社会上有较强的凝聚作用。"正月初七桃源集——人心最齐"，这种人心是有层次的，体现在桃源集镇、桃源集村乃至桃源集村内部各个行政村。

【民节官庆：民族传统节日的发明与实践】

蒋彬[④]，《节日研究》2018年第1辑

就民族节日羌年而论，整体意义上"民族传统节日"其实是不存在的，节日本身就是一种区域性的，村寨内部日常生活中某个时间节点上的活动。所谓整体意义上的"民族传统节日"，实质上是一种基于民族认同基础上的文化建构，或者说是霍布斯鲍姆所说的"传统的发明"。羌年即是依据羌族内部"小年""大年""牛王会"等村寨活动被发明出来的传统节日，但这一节日并没有成为羌族的新传统，而是在民间自发的节日和官方组织的庆典之间出现了一种保护与传承的错位。

【重振传统节日体系】

李汉秋[⑤]，《青年记者》2018年第33期

我国的传统节日一般都是综合性、多义性的，缺少单项突出的人伦主题节日，而现代社会又很有表达单项人伦感情的需要，于是西方的此类节日就乘虚而入。但

---

① 王霄冰：中山大学中文系、中国非物质文化遗产研究中心教授。
② 岳永逸：北京师范大学文学院教授。
③ 刁统菊：山东大学儒学高等研究院副教授。
④ 蒋彬：西南民族大学民族研究院教授。
⑤ 李汉秋：第七、八、九、十届全国政协委员。

异质文化的人伦节日难于承担传承中华人伦传统之任。而且长此以往，势必影响中华文化的主体地位，不利于民族精神的弘扬和培育。所以，笔者一直建议主动设置植根中华文化土壤的以夫妻、亲子、师生三大人伦关系为主题的中华人伦主题节日。中华情侣节、中华父亲节可以分别叠加在七夕节、重阳节上。中华母亲节当在春天，以孟母生孟子而成母亲的农历四月初二为基准日。再加上教师节共成九大节。

【儿童传统民间体育游戏的传承与创新】
密 渊 段晓娅[1]，《体育文化导刊》2018年第4期

传统民间体育游戏作为我国传统文化的重要组成部分，在儿童身体、认知和社会性等方面具有巨大的价值。作者分析我国儿童传统民间体育游戏传承方式和创新方法，认为儿童传统民间游戏的形式传承是前提，文化传承是立足点，规则传承是保障，精神传承是精髓，提出从形式、文化、规则和精神四个方面促进儿童传统民间体育游戏的创新发展。

【民间游戏资源在农村小学体育教学中的开发与利用】
许 莉[2]，《教学与管理》2018年第7期

民间游戏是重要的儿童教育方式之一，在学校教育中引进民间游戏意义重大。但目前农村的体育游戏教育缺乏"学生视角"，以致严重影响了民间游戏在小学体育教学中的运用实效。该文以学生为本位，结合实践调查，阐述了基于"学生视角"的农村小学民间游戏选改策略和运用策略，具有一定的借鉴意义。

【闽南民间体育游戏资源的开发与利用】
刘雪芬[3]，《学前教育研究》2018年第6期

在闽南地区的民间体育游戏的生存空间日益萎缩，在这种境遇下儿童面临着环境代际失忆和自然缺失症的问题，而幼儿园则是开展民间体育游戏的重要场所，对儿童的游戏进行具有重要的承载意义。该文提出幼儿园可以通过多元立体式网络收集游戏资源，立足多维度可行性原则选择游戏资源，采用多样化方法开发游戏资源，借助多层面自主模式实施游戏课程。

【白族民间儿童游戏的演变及开发对策】
李秀芳[4]，《陕西学前师范学院学报》2018年第7期

游戏对于儿童发展具有不可替代的作用，白族传统民间游戏蕴含民族文化精华，贴近白族儿童生活，且游戏资源丰富。随着现代化的加深和电子媒介的普及，白族传统的民间儿童游戏面临严峻挑战，表现为游戏种类减少、文化根基削弱、物理环境逐渐消失、文化功能减弱。为保存和发展优秀的白族民间儿童游戏资源，作者提出在开发白族民间游戏资源过程中，必须坚持文化性和生活性原则，将民间游戏融入幼儿园课程和亲子活动是主要的开发途径。

【游戏话语的历史转换】
王炳钧[5]，《外国文学》2018年第6期

游戏在历史进程中被不同的观察视角

---

[1] 密渊，汉江师范学院教育二系讲师；段晓娅，汉江师范学院教育二系。
[2] 许莉：钦州学院体育教学部讲师。
[3] 刘雪芬：泉州幼儿师范学校附属幼儿园副园长。
[4] 李秀芳：大理大学教育科学学院讲师。
[5] 王炳钧：四川外国语大学德语系教授。

理解、界定、阐释。游戏或被看作是严肃的对立面，或被理解为有别于劳作的消遣或教育的手段。在不同的历史阶段，游戏或因迎合社会秩序的运作机制而被推崇，或因其非生产性所具有的颠覆性而遭到排斥。该文通过这种历史的、发展的视角，梳理了"游戏"概念从18世纪到21世纪初的历史发展脉络，并分析了每一时期转变的社会历史原因。

【藏族传统体育的历史文化内涵】

耿献伟[①]，《体育文化导刊》2018年第7期

藏族传统体育有着悠久的历史和深厚的文化内涵，结合历史文献资料对藏族传统民间体育文化进行研究，作者认为藏族传统民间体育起源于生产、宗教祭祀和军事训练中。传统体育凸显其藏民族特征，注重人与自然的和谐，注重礼仪教育、娱乐及文化交流。在历史的演进中成为藏民族一种重要的文化符号，雕塑着他们的民族性格，并成为人们生活中不可或缺的娱乐与健身文化。

【人类学仪式理论视角下的射柳功能分析】

杨志林　孔德银[②]，《体育文化导刊》2018年第2期

该文从人类学仪式理论的角度对民间体育游戏——射柳的功能进行分析，作者认为射柳具有祭天、生存、娱乐、维护社会秩序、凝聚民族团结的功能，具体表现为：射柳在祭天仪式中是人类原始信仰的遗留；是北方少数民族生存的需要；是一项从贵族到平民的娱乐游戏；是统治阶级巩固礼制、维护政权、稳定社会秩序的手段；是女真部落无形的纽带。在民族传统体育文化传承的过程中，射柳具有提升文化自觉、提高民族认同、坚定文化自信的价值。

【困境与出路：新时代民族传统体育与学校教育的共生研究】

冯发金　王岗[③]，《北京体育大学学报》2018年第12期

新时代背景下我国民族传统体育在与学校教育互动的过程中，面临前所未有的挑战。通过文献资料和实地调查，作者发现民族传统体育与学校教育共生的理论逐步深入，效果也在改善。但在实际运行中还存在改造舍本逐末、学段知识设置不合理、应试"绑架"教学等问题。作者提出传统体育应突出民族性与现代性、构建多元共生模式、凸显文化主体区保护、创新教学模式和强化学段加固。通过建立民族传统体育与学校教学协同、互惠互补的共生关系，促进民族传统体育更好地传承。

【少数民族传统体育文化资源的旅游开发及应用】

昝胜锋　陈旭[④]，《贵州民族研究》2018年第7期

少数民族传统体育文化资源的开发不仅能发挥少数民族的独有特色，对促进少数民族地区经济发展和精准文化扶贫具有重要作用。但是在少数民族传统体育开发过程中还存在认识深度不足、缺乏创新性、重视程度低等问题，制约了少数民族体育的开发进展。对此，该文提出要加强专业人才的培养、打造体育文化品牌，并加强相关资源的产业生态整合，以更好地发挥

---

① 耿献伟：西藏民族大学体育学院副教授。
② 杨志林，吉林化工学院体育部副教授；孔德银，宁夏大学体育学院。
③ 冯发金，黔南民族师范学院副教授；王岗，武汉体育学院武术学院。
④ 昝胜锋，山东大学体育产业研究中心副教授；陈旭，山东大学体育产业研究中心教师。

少数民族传统体育文化的价值。

【村落民俗体育文化传承问题的社会根源及解决对策】

黄 聪 李金金[①],《北京体育大学学报》2018年第12期

为了探索影响村落民俗体育文化传承问题的主要社会根源,并探讨解决村落民俗体育文化传承问题的对策,作者通过文献资料与实地调查研究发现乡土社会的变化以及政府的干预是村落民俗体育传承问题的主要社会根源。乡土社会西方化与城市化对农村和农民产生巨大的影响,也是在消解民俗体育的生存土壤。而政府主导的"送体育下乡"虽然有利于村民进行健身锻炼,但挤占了民俗体育的传承空间,在一定程度上制约了村落民俗体育文化的传承。解决传承问题要首要解决造成问题的社会根源,作者提出要以政府主导政策研制与路径选择作为前提,以促进文化主体价值观念转变作为突破点,最终完成基层文化模式创新。

【民俗学视域下的朝圣旅游研究——以普陀山观音圣地为中心的考察】

游红霞[②],华东师范大学博士学位论文,2018年

在朝圣旅游中,从景观的生产到朝圣旅游的建构和运营,都呈现了信仰的生产和消费的过程,裹挟着信仰与旅游、神圣性与世俗性的双重属性。信仰的生产是一个各相关群体密切互动的过程,建构者、受众群体(朝圣旅游者)、中间人等参与主体集齐于圣地这一公共空间之中,生产着冲突、矛盾、妥协、调适与联合等复杂的社会关系。朝圣旅游需要信仰行为与旅游行为的联合与统一,要在不同群体间寻求最大公约数,才能顺利实现信仰的世俗化、现代化和旅游化的进程。各方面的参与主体与朝圣旅游是一个互动交流的过程,主体建构了朝圣旅游,朝圣旅游也带给主体一定程度的生命体验和信仰体验,这样的生命体验和信仰体验又再一次作用于朝圣旅游,引导了朝圣旅游的走向。朝圣旅游兼具信仰性与旅游性、神圣性与世俗性的特性。朝圣旅游体现了信仰与旅游的关系,以及旅游民俗现象在现代多元化结构的社会中存在着的多种变体。通过对朝圣旅游的审视,可以探讨旅游民俗学的几个基本问题:第一,民俗景观的生产,体现了民俗文化的观赏性、审美性特征,也构建了民俗的记忆之场和传承之场;第二,景观叙事是民俗旅游的生命力,是一种旅游吸引力,也推动了民俗文化的传承;第三,民俗旅游是民俗文化被加工、被利用,从而转化为现代旅游所依托的对象资源的过程,是在多元主体的合力建构下实现的;第四,民俗旅游与相关行为主体是互动关联和相互影响的。

【民俗旅游中被发明的传统与景观文化——以观陵山风景区的开发为例】

赵涵[③],辽宁大学硕士学位论文,2018年

在旅游带来的全球化影响下,传统文化有着独特的魅力,民俗旅游强化了传统的价值和人们对传统的珍爱,强化了民族意识,许多发明传统的现象随着旅游业的兴起而出现,为了发展民俗旅游,政府对传统文化的开发有着天然的热忱,也有着更大的话语权和能力,可以打造出人文景观以此促进旅游的发展,在这一过程中,或多或少会对文化的真实性有一些影响。

---

① 黄聪,陕西师范大学体育学院教授;李金金,烟台大学体育学院。
② 游红霞:华东师范大学民俗学专业博士研究生。
③ 赵涵:辽宁大学民俗学专业硕士研究生。

而对于游客来说，对于文化真实性的判断是发生在特定的文化背景之下，文化真实性的再现，不等于传统文化本身。民俗旅游在一定程度上对传统文化起到了保护的作用，我们应当用动态的眼光来看待这个观点，在具体的环境下进行分析，在关注经济效益的同时更好地保护传统文化，使传统文化重新焕发生机。

【"不灭窑火"与非遗旅游开发——基于民俗主义视角的讨论】

官茹瑶[1]，浙江师范大学硕士学位论文，2018年

民俗学家康拉德·科斯特林认为："民俗主义产生的背景往往是一种地方文化面临危机，人们为了寻找心理上的安全感和文化认同才会去重塑传统。所以，民俗主义实际上是一种社会性的理疗机制。它的出现并不是因为与陌生人的交往或者旅游业的兴起，而是有它群体内在的需求在起作用。这种需求在根本上来源于当代社会的现代化进程，由此带来的人与传统的异化以及失去家乡（即乡土生活）之后人们的失落感。"正因如此，民俗主义的存在可以给非遗旅游开发带来相应的思考。因为非遗的活态保护需要通过重新塑造和建构传统，延续传承脉络，保障其生命活力，进而达到维持和延续族群记忆，巩固和增强族群文化认同的目的。保护的关键是维持和延续非遗的传承机制，也就是对非遗传承地点和其生存环境的保护与建构。保护的核心和重点是传承载体的延续，即保护作为载体的非遗传承人、与非遗相关的民俗活动以及开展这些活动所需的环境和条件。

【鲁南地区民宿建筑空间改造设计研究——以日照任家台民俗旅游村改造为例】

甘丹丹[2]，山东建筑大学硕士学位论文，2018年

乡村是活着的文化宝库，除了自然风貌、建筑装置，当地居民的日常生产生活活动，也是体现乡村特色的主要方面。一味地将乡村建筑回收再改建，而缺少对当地居民生活方式的思考是不可取的。民宿的设计应考虑到村民的使用习惯，改善他们的生存环境，保留他们的空间文化。民宿作为一种家庭式经营模式，除了对外提供服务，居民也将建筑环境区域作为自住的范围，如何将民宿业主生活与产业融合，如何保护民宿发展热度之后的居住环境，让建筑空间永续留存，是当下民宿业发展缺乏思考的部分。

【民俗生态旅游与非物质文化遗产传承协同发展研究】

邓广山[3]，《价格理论与实践》2018年第4期

作为民俗生态旅游资源的重要组成部分，非物质文化遗产是现代经济文化不断创新、发展的动力，为民俗生态旅游经济的发展提供资源支持、价值导向和精神动力。非物质文化遗产资源的合理配置和有效利用，不仅可以有效推动民俗生态旅游的发展，还可以避免其本身遭受破坏，是发展文化产业、特色经济的重要途径。民俗生态旅游产业的发展要实现经济、社会和环境效益的最大化，必须充分考虑非物质文化遗产的特征及民俗生态旅游发展的动力，探究民俗生态旅游发展中非物质文化遗产的利用与保护路径。

---

[1] 官茹瑶：浙江师范大学民俗学专业硕士研究生。
[2] 甘丹丹：山东建筑大学艺术设计专业硕士研究生。
[3] 邓广山：重庆城市管理职业学院。

【我国民族传统体育改革发展40年回顾与展望】

白晋湘[1]，《上海体育学院学报》2018年第5期

在对我国民族传统体育改革发展40年3个阶段进行归纳的基础上，总结取得的成就：建立系统的民族传统体育文化保护和发展制度体系；一批民族传统体育项目得到抢救和发展；塑造一批有影响的民族传统体育文化赛会品牌；民族传统体育文化进校园成效显著。对新时代中华民族传统体育文化发展路径进行展望：加强新时代民族传统体育文化的认同和自信，助推我国体育强国战略目标的实现；强化民族传统体育文化的"体医结合"，为推动"健康中国"战略贡献力量；推动优秀民族传统体育文化的"场景化"和"生活化"传承，满足大众"美好生活"愿景；开发民族传统体育文化创意产业，助力乡村振兴和扶贫攻坚战略。

【民族国家建构视野下民族传统体育形成的历史动因】

王广虎　冉学东[2]，《首都体育学院学报》2018年第5期

我国的民族传统体育是近代社会发展进程中形成的历史产物。我国的近代史，从一定意义上讲，也就是民族国家为求得国家独立、民族解放的建构史。在此历史进程中，对民族传统体育的理解，既要分清"体育""传统""民族"的三重含义，又要把握好三者的内在联系，使之有机地结合为一个现代语境中的学术概念。民族国家建构这一历史背景，为揭示民族传统体育形成的历史动因，提供了宏大而严肃的历史视野。据此，民族传统体育形成的历史动因，可归结为："民族国家"与"王朝国家"的历史交遇，为其注入了国家理念和国家意志；"国家民族"与"传统民族"的历史交遇，为其注入了民族理念和民族精神；"西方文化"与"东方文化"的历史交遇，为其注入了人文理念和科学精神；"兵式体操"与"武艺武功"的历史交遇，为其注入了体育理念和体育精神。

【社会思潮影响下国人近代体育观变迁研究】

崔乐泉[3]，《体育学研究》2018年第1期

采用文献资料法，对近代不同社会思潮影响下国人体育观的变迁进行了分析。研究认为：1840年鸦片战争以后，随着洋务运动、戊戌维新运动、辛亥革命、新文化运动兴起以及20世纪20—30年代出现的"土洋思想"交锋，伴以西方社会思潮而至的西方体育，在传播的同时亦对社会发展进程中的国人体育观产生了深刻的影响。晚清时期，强兵、御侮和强种、强国的思潮，促使国人开始探讨体育救国之路；在军国民体育思潮的熏陶下，体育救国成为人们一种"理想化"的选择；而在民主与科学思潮激荡下蜂拥而至的实用主义体育与自然体育思潮、国粹主义体育与民族体育思潮，则使人们更加全方位地了解传统体育和西方体育，使人们从融健身、娱乐、竞技为一体的角度开始走向体育的真义与本质。这是中国体育在由传统向近代转变过程中国人体育观变迁的最主要特点，也是中国近代体育发展的主要特点。

---

[1]　白晋湘：吉首大学教授。
[2]　王广虎，成都体育学院教授；冉学东，成都体育学院教授。
[3]　崔乐泉：上海体育学院特聘教授。

【论体育民族志研究的方法论及其新趋势】

韦晓康　熊　欢[①]，《北京体育大学学报》2018年第9期

以体育民族志研究的方法论为研究对象，运用文献资料法对中外体育民族志研究及其方法论的沿革进行了梳理，通过比较中外体育民族志研究方法论特征及其变化趋势，发现当前我国研究存在的问题，并提出体育民族志研究方法论的发展方向。研究表明，体育民族志是对与人类身体活动及其相关文化田野调查研究的真实记录、描述与阐释，以"异文化"研究来反思作为"民族传统体育"表现形式的"他者"与"研究者"的本体论贯通；同时需实现从"关于身体的写作"到"通过身体的研究"的转变，进而实现以身体活动为表现形式的体育文化在当今社会对人类生存与发展担当重任与发挥作用。对于实证、整体、相对的体育民族志方法的认知和理解需要更多的认识论和方法论和研究方法方面的新形态。

【"国家—社会"关系中的民俗体育考察——来自骆山村"骆山大龙"的田野报告】

杨中皖　袁广锋　麻晨俊　高　亮[②]，《体育与科学》2018年第3期

存在于村落的中国民俗体育，一直以来蕴含了未被当前中国意识形态所制度化的原生态元素。随着国家文化自信的强势扶持，在强调改善"治理"状况的背景下，国家与社会在互惠、双赢的理念下形成了"相互在场"局面，村落舞龙获得了"国家—社会"所形成的合力。研究应用体育人类学方法论，在田野调查的基础上，以骆山村春节期间的舞龙活动"骆山大龙"为例，对其起源、风格特征、开展现状、运动强度、舞龙流程、管理现状进行了全景的民族志式深描。基于此，研究指出：非物质文化遗产认定是骆山大龙当前得以传承的国家意志，而村民"龙崇拜"所形成的社会在场则是传承至今的核心支柱。在今后的一段时期，村落舞龙和优秀民俗体育将在"国家—社会"相互在场的基础上促进传承与发展。

【城市化进程中城市社区与城中村体育组织发展差异研究】

崔雪梅[③]，《中国体育科技》2018年第3期

城市社区体育对城中村体育的发展具有示范意义。以参与观察法为主，对城市社区与城中村体育组织的差异进行研究后发现：1）城市社区居委会下辖的体育组织管理体系具有一元特征，而城中村村委会下辖的体育组织管理体系具有二元特征；2）城市社区体育组织比较健全，能够为社区体育发展提供基本的组织保障；城中村体育组织从数量和结构上均不健全，还不能为城中村居民提供基本的体育服务；3）城市社区体育组织在生活的空间分布结构是圈层模式，而城中村体育组织在生活的空间分布结构是楔形模式，不同体育组织空间结构模式形成了不同的开展体育活动的方式；4）城市社区体育组织的经费来源是多渠道的，而城中村体育组织的经费来源单一。建议：建立和完善城中村体育管理体系，适当提高城中村体育公共服务设施的建设标准；优化城中村体育环境，扶持草根民间体育组织的发展；构建体育服务的网络共享模式。

[①] 韦晓康，中央民族大学教授；熊欢，华南师范大学。
[②] 杨中皖，阜阳师范学院体育学院副教授；袁广锋，福建师范大学体育科学学院；麻晨俊，南京师范大学体育学院；高亮，南京师范大学体育学院。
[③] 崔雪梅：廊坊师范学院副教授。

【以竹为生：乡村传统手工艺的集体记忆建构及价值传承】

鲁可荣　胡凤娇[1]，《广西民族大学学报（哲学社会科学版）》2018年第5期

基于集体记忆的理论视角，调查分析浙江M村"以竹为生"传统手工艺的传承及其集体记忆建构。研究发现，传统手工艺传承与村民们的生产生活紧密联系相互影响，贯穿于村庄发展的始终，完整地承载着乡村集体记忆以及乡村多元化价值。在新时代乡村振兴战略背景下，要激发多元主体的文化自觉，充分挖掘和整合乡村资源，合理重构乡村集体记忆，有效推动产业兴旺、促进乡村文化振兴，重建乡村共同体的精神家园。

【遗产语境下民俗体育文化展演与族群认同——以连城隔田村"天川胜会"为例】

冯　涛[2]，厦门大学硕士学位论文，2018年

"天川胜会"是闽西连城县隔田村的一种标志性地方文化，传承至今已有353年历史，它是客家人在迁徙中对文化选择的一种体现和历史还原，是客家人寄托心理慰藉和信仰的重要活动。该研究运用文献资料法、实地调查法、比较分析法和逻辑分析法，对隔田村"天川胜会"深入调研，分析客家族群特点与客家文化特征，追溯了隔田村"天川胜会"源起与传承，探讨了不同历史背景下"天川胜会"文化展演与族群认同关系，究其非遗时期影响"天川胜会"文化展演嬗变及其族群认同变迁的主要因素，进而提出推动"天川胜会"的发展思路。研究结果认为：1)"天川胜会"是连城隔田村正月二十进行的迎神祭祖节庆仪式和以连城拳为主要武术展演内容的客家民俗体育活动。2) 不同历史背景下的"天川胜会"文化展演与族群认同关系表现为：传统时期"天川胜会"是以宗族血亲为基础开展的宗族内部活动，作为"外来人"，该活动为隔田黄氏宗族提供凝聚族群力量、内化族群秩序的场合，拥有广泛的群众基础。新中国成立至改革开放时期，受政治力量干预，人们的精神信仰被打压，活动开展的物质基础被破坏，行为受到抑制，造成传统文化流失和文化认同淡化迹象。非遗时期，民俗体育"天川胜会"的开展虽然受到政府以及社会各界的关注与支持，但是活动原有的文化内涵却随着社会环境的变迁渐渐弱化，同时文化展演形式的变化影响着族群认同出现多样化。3) 非遗时期影响"天川胜会"文化展演嬗变及其族群认同变迁的主要因素为：地方政府的介入、市场观念的影响、社会关系的变迁、"天川胜会"作为一种村落文化资本向经济资本的转型。4) 基于非遗视角下民俗体育"天川胜会"的发展思路："天川胜会"的传承与发展需要地方政府部门的支持；重视对民俗体育传承主体的培育；在民俗体育表演性日益繁荣的背景下，重视其核心文化的构建；从文化自觉到文化自信：要讲好客家民俗体育中的"客家故事"；开展民俗体育活动场地与设施的规划落实。

【蚶江海上泼水节变迁的田野考察】

陆昌兴[3]，福建师范大学硕士学位论文，2018年

闽台两岸，文缘相承，拥有众多相同的民俗文化。这些民俗文化在闽台两岸民间交流和祖国统一中起着积极作用。民俗体育文化作为民俗文化的重要组成部分，在闽台两岸交流中扮演着重要角色。因此

---

[1] 鲁可荣，浙江师范大学法政学院教授；胡凤娇，浙江师范大学农村发展管理专业硕士研究生。
[2] 冯涛：厦门大学民族传统体育学专业硕士研究生。
[3] 陆昌兴：福建师范大学体育人类学专业硕士研究生。

促进闽台民俗体育活动的兴盛开展是十分必要的，但是目前许多闽台民俗体育活动的开展要么存在困难，要么流于形式。政府虽然对其进行保护和支持，但是大多数是"输血式"的维持，活动一旦离开政府的支持，就很难开展，更别说要有所发展。因此该文选取闽台对渡习俗的产物——蚶江海上泼水节作为研究对象，采用田野调查、访谈法、历史复原与剖面分析等方法从文化变迁的角度对海上泼水节的变迁历程和动因进行研究。该文根据海上泼水节开展的兴衰情况把海上泼水节变迁历程划分为五个阶段：传统时期、衰落时期、复兴时期、兴盛时期、波动起伏时期，分别从经济、政治、文化三个层面对其进行分析，得出蚶江海上泼水节具有开展情况兴衰起伏，组织主体不断变化，活动逐步组织化、规范化，活动规模扩大化，活动宣传多样化五个变化特征。根据海上泼水节变迁特征，对蚶江海上泼水节的发展进一步进行思考，认为海上泼水节具有以下四个方面的当代价值："品牌效应"促进蚶江当地经济发展；海上泼水节促进石狮文化的发展；基于海上泼水节平台，推动两岸关系的发展；促进"台湾海上泼水节"文化的形成。并提出以下四点建议：加强基础设施的建设；进一步加强安全举措；打造常态化的海上泼水节活动；积极促成台湾鹿港海上泼水节的开展。

【"非遗"保护视域下农村民族民间体育的文化再生产】

花家涛 余涛 孙继龙[1]，《北京体育大学学报》2018年第5期

运用文献资料、田野调查等方法，在"非遗"保护视域下，以安徽皖南体育类"非遗"保护实践为案例，探讨其由乡土社会向后乡土社会转型过程中的文化再生产经验，总结出以"文化再生产"为核心内容的农村民族民间体育整合保护模式。研究认为，在内部"微观（非遗本身）—宏观（文化空间）"与外部"政府—社会"两大维度构成"非遗"整合保护模式的四大象限中，农村民族民间体育的保护实践，既要在静态类型中分类实施经济建设、文化建设、社区治理、日常生活的四种导向，又要在动态类型中实施四大象限的相互嵌入工作，共同形成一个完整的保护策略，做到保护形式与保护内容、文化保护与社会建设、政府主导与社会主体的统一，才能做好"非遗"的有效传承。

【体育非物质文化遗产概念及分类的诠释与重构——基于对达斡尔、鄂温克、鄂伦春族聚居区的田野考察】

丛密林 张晓义[2]，《沈阳体育学院学报》2018年第2期

运用文献资料、逻辑分析和比较分析等方法，对我国体育非物质文化遗产的概念、分类及其相关概念之间关系等问题进行诠释与重构。主要结论：体育非物质文化遗产是"在我国各族中，被其视为本民族文化的组成部分，并能够世代相承流传至今的体育活动，包括与之相关的器材和场地。"根据体育非物质文化遗产的共同性和差异性特点，将其分为九个类别，又将其与民族传统体育、民族传统体育文化、民俗体育、文化空间等概念之间的相互关系进行了论述。目的在于加强我国体育非物质文化遗产的理论建构，科学合理地指

---

[1] 花家涛，安徽师范大学体育学院副教授；余涛，安徽师范大学体育学院；孙继龙，安徽师范大学体育学院。

[2] 丛密林，内蒙古民族大学民族研究院民族体育研究中心副教授；张晓义，东北师范大学体育学院教授。

导我国体育非物质文化遗产的保护与传承工作。

【闽台宋江阵的仪式、象征与认同研究】
郭学松[1]，福建师范大学博士学位论文，2018年

宋江阵是闽台乡土社会武术组织，是闽台最具代表性的民族传统体育事项，凝聚了闽台民众数百年的历史记忆，是闽台同源文化的特殊例证。运用文献调研、参与式观察、访谈、口述历史、个案探讨等研究方法，以闽台宋江阵武术文化作为研究对象，从追本溯源伊始，对宋江阵的发展历程、仪式文化进行挖掘整理，基于此而阐释隐含在宋江阵仪式文化中的象征内涵，从而解构隐藏在广大民众内心的历史心性，透析这种仪式文化中的自我认同、族群认同、中华民族认同的内涵，以及三者之间的相互建构逻辑。研究结果得出：一、考证了宋江阵之源起，挖掘整理了宋江阵仪式文化。通过文献考究和实践调查得知，闽台明确标记"宋江阵"印迹的相关文献与实物出现于清朝末年。在宋江阵源起的种种传说之中，论证了宋江阵成型于抗倭中的"鸳鸯阵"，提出了宋江阵源自水浒传的质疑，解构了郑成功"寓兵于农"、南少林反清复明、民团自卫等历史事件对宋江阵发展的推动作用。对闽台宋江阵的兵器、乐器、衣物等器物文化进行了系统挖掘与整理，其中呈现出我国台湾地区对这些文物保存的完整性；并从宋江阵整个仪式的"前阈限"、"阈限"和"后阈限"三个阶段，重点探讨了闽台两岸宋江阵仪式的身体展演过程。在这三个阶段中，我国台湾地区宋江阵在仪式内容、仪式过程等方面与福建地区体现了较大差异，唯有武术技术体系和演练风格相似。二、梳理了闽台宋江阵不同历史时期的发展历程。在近代，福建宋江阵的社会记忆主要与鸦片战争、抗法斗争、抗日斗争等历史事件关系密切；在日据时期，台湾地区宋江阵的主要功用是参与日据前期的抗日斗争以及日据中后期的庙会建醮仪式。该历史阶段，两地宋江阵在保持彰显尚武特质的基础上，我国台湾地区宋江阵较多已转型到乡土宗教、宗族、节庆等场域。在新中国成立之际，宋江阵逐渐在各种庆典中参与展演，而"文革"初期宋江阵只能以"隐文化"的形式存续；在台湾三十多年的戒严期间，宋江阵文化并未中断，甚至在某种程度上得到鼓励和支持，呈现出两地宋江阵受到社会环境影响的共同特性，以及福建宋江阵传承的曲折性与我国台湾地区宋江阵发展的顺畅性之差异。在改革开放以后，福建宋江阵文化展演出现在节庆、祭祀、庆典活动等场域之中；台湾解严之后，宋江阵不仅在庙会等场域中继续保持生命力，同时又融入大中小学教育之中，而且还成为休闲观光赛事的内容；多元化传承及功能彰显方面，我国台湾地区远胜福建地区。三、阐释了蕴藏在宋江阵仪式中仪式内容、仪式过程、器物、展演场域、身体模仿等方面的象征内涵。在宋江阵仪式的展演中，"前阈限"过程中的保护神祭拜仪式表征了对农耕文化的集体记忆与象征。在"阈限"过程中，宋江阵文化是对早期战场搏斗历史场景的记忆、再现与象征。在"后阈限"过程中，宋江阵仪式展演文化体现了圆满的象征文化内涵，这种象征文化唯有我国台湾地区存续，福建地区已基本消失。宋江阵中的兵器是人们在不同历史时期的社会存在与社会延续的历史记忆或集体记忆；锣、鼓、钹是一种中国传统文化及其精神的象征；香炉、符箓等象征了乡土宗教文化；传统武术服

---

[1] 郭学松：福建师范大学体育教育训练学专业博士研究生。

装是对中国传统武术文化的重要识别与记忆，其中草鞋是生活化象征；宋江阵中脚巾是中国传统武术门派的象征；打面的色泽和线条是梁山好汉等英雄主义崇拜的文化象征。在传统武术门派识别、打面文化等方面所体现的象征寓意，更多地出现在我国台湾地区宋江阵文化之中。在乡土宗教祭祀仪式场域中，宋江阵被视为勇武本质的象征；在村落宗族或族群祭祀场域中，表征了族人对英雄祖先的尊崇；在节日活动中，宋江阵是中华民族传统文化的展演与象征。四、解构了隐藏在宋江阵仪式文化中广大民众的自我认同、族群认同、中华民族认同心性，以及三者之间的建构逻辑。在宋江阵仪式展演场域中，个人的自我认同主要源自于个体需求而产生，并在族群内部以及族际之间形成社会影响；而我国台湾同胞的自我认同还包括对自我中华民族子民身份认同成分。宋江阵仪式文化中的族群认同有根基性的，主要源自本族群先人所参与宋江阵展演的历史文化；也有情境性的，将宋江阵文化建构成为本族群的文化组成部分，这种情境性以我国台湾同胞的移民特质得以彰显；在某种场域中，这种"原生性"和"情境性"所形成的族群认同是交替互补的格局。在中华民族这种场域中，宋江阵作为一种"惯习"，往往通过其特殊的历史记忆来烘托这种场域，并勾勒乡土民众的中华民族认同思绪。当自我认同得以实现时，才有可能凝聚成族群认同，最后思考中华民族认同；中华民族认同反过来影响族群认同的形成或自我认同的形塑；以自我认同为中心，可直接上升到族群认同，或者上升到中华民族认同的层面；然而，中华民族认同同样也直接影响个体的自我认同型构。

【场域演化与民俗体育文化再生产关系研究】

贺鑫森[①]，《体育文化导刊》2018年第2期

采用文献资料法等对场域演化与民俗体育文化再生产关系进行研究。主要结论：场域演化使得民俗体育文化再生产发生转变。在宗族力量主导场域中，民俗体育文化是一种"复刻性"再生产；在"国家、市场、传统"力量共存场域中，民俗体育文化是一种多元推动下的"多样性"再生产。对待这一正在生成的"现代民俗体育"，既不应执着于对"原生态"的追逐，而采取简单的复古式保护，也不应忽视文化的主体地位，人为创造出一些"取悦他者"的伪民俗体育。

【中华优秀传统体育文化传承发展的理论与实践——《关于实施中华优秀传统文化传承发展工程的意见》解读】

崔乐泉　孙喜和[②]，《北京体育大学学报》2018年第1期

主要采用文献资料法，通过对《关于实施中华优秀传统文化传承发展工程的意见》的解读，以国家顶层设计战略为引领，对中华优秀传统体育文化传承与发展的重点任务、组织实施和保障措施等要求进行了初步梳理，并就传承和弘扬中华优秀传统体育文化的主要思路和举措做出了分析。研究认为：加强对中华优秀传统体育文化内涵和中华体育精神的阐发，推进传统体育进校园，从非遗角度加强对传统体育文化的保护与传承，打造传承弘扬传统体育文化的平台，将传统体育项目融入大众生活，大力彰显传统体育文化的魅力以及推动中外体育文化的交流互鉴，将是目前甚至将来一段时间内传承、发展并全面复兴中华体育文化的重要"工程"。

[①] 贺鑫森：南昌工程学院体育教学部讲师。
[②] 崔乐泉，上海体育学院特聘教授；孙喜和，浙江师范大学体育与健康科学学院。

【民族传统体育与区域文化的通融性诠释——河湾村摆手舞保护研究的再发现】

张世威 袁革 李福良 张伟[①],《北京体育大学学报》2018年第9期

主要采用田野调查法对重庆酉阳河湾村摆手舞保护的持续跟踪研究发现,民族传统体育与区域文化的通融性发展,这既是民族传统体育生发之本质规律,更是保护之根本方法,主要表现在:1)民族传统体育与区域文化之间存在着从冲突走向融合,相互嵌合无限渐进循环式发展的通融逻辑与表象;2)民族传统体育与区域文化的通融发展,正好回应了民族传统体育事象生存发展的本源性载体和内涵性、原真性、生态性等诉求。因此,在民族传统体育保护中:1)应与民俗文化变量通融发展,通过对民族传统体育及民俗文化的活动开展、挖掘与整理,促进民族传统体育与民俗文化之间的相互丰富与发展;2)应与人口变量通融发展,保证必要和足够数量的传承人和族群,并始终把民族传统体育融汇于"人"即民族居民的发展中;3)应与自然变量通融发展,保持和维护好自然地理生态概貌,构建、保护民族传统体育事象空间地标,并在民族传统体育中融入、彰显其"人"与自然的情怀;4)应与物态变量通融发展,保持和保护好村寨风貌、器物图文等,将民族传统体育符号植入物态变量中。

【传统村镇活态文化保护的闽台合作机制——以福州嵩口镇社区营造为例】

耿羽[②]撰文,摘自耿羽、陈萍:《美丽乡村 美丽两岸》,海风出版社2018年版

大陆地区在开展传统村镇文化保护过程中,一些地方忽视村民需求,存在过分积极的"大拆大建"和过分消极的"不拆不建"两种极端。该文以福州嵩口镇的闽台合作保护为例,分析台湾地区社区营造团队以传统建筑、文创产品、节庆三元素为主导的保护实践,探讨传统村镇文化保护的第三条道路——从村民本位出发的"活态保护"。嵩口闽台合作保护文化的启示是,传统村镇保护需要厘清具体语境中的"活态",需要与大陆地区城镇化状况相适应,需要与村民多次往返穿梭式的"进城—返乡"模式相适应,既不干扰村民自发自主的城镇化进程,又注重提升返乡村民福祉。嵩口镇因地制宜地重构了台湾地区社区营造"人、文、地、产、景"的五类议题:保持稳健的田宅制度,营造整体性社区景观,发展新型家庭经营业态,重建乡村文化自信和文化自觉,最终培育村民低成本高福利的村庄生活。

【视觉描述与族群边界:历史书写中的景颇族认同考察】

罗瑛[③],《民族文学研究》2018年第5期

文献叙事中的文化表述与认同书写,是探索族群边界形成的重要途径。历史文献中对景颇族祖先外形、服饰、装饰、习俗和名称等的视觉描述,展现出了他者视角之下的景颇人形象,而视觉形象上的差异判定本身即是边界的存在。从唐代至民国时期,景颇人主体表述缺失,被他者认同和自我认同的归属意识,都依赖汉人知识分子的表述。作为他者的汉文书写,用内群价值观念和文化规则来塑造景颇人的族群形象,这些被持续认同和书写的刻板形象,帮助文化书写者确

---

① 张世威,长江师范学院巴渝体育文化研究中心体育与健康科学学院教授;袁革,长江师范学院巴渝体育文化研究中心体育与健康科学学院;李福良,长江师范学院巴渝体育文化研究中心体育与健康科学学院;张伟,长江师范学院巴渝体育文化研究中心体育与健康科学学院。

② 耿羽,福建社会科学院社会学所副研究员。

③ 罗瑛:云南大学文学院讲师。

立了传统中国的中心与正统世界观。

【鄂伦春族日常生活节奏的变迁与适应】
张雨男[1]，《民族研究》2018年第3期

近年来，鄂伦春族的生计方式出现了由游猎到定居农业的转变。在此过程中，由资源快速消耗、与猎物生长周期同步、群体活动中穿插个体活动的传统日常生活节奏，逐渐转变为剩余不断积累、与农作物生长周期同步、以家庭为运转单位的农耕节奏。鄂伦春族在应对禁猎和农耕的外来冲击中出现了问题，世代狩猎生活所形成的节奏难以适应农业生活所要求的节奏，这是禁猎转产以来部分鄂伦春族群众陷入生存困境的深层次原因。

【傣族传统稻作农业生产体系的生态人类学考察】
张海超　雷廷加[2]，《云南社会科学》2018年第2期

该文以傣族地区传统土地利用和傣族传统稻作中的水资源管理为切口，叙述了傣族传统耕作技术中浅耕、不施肥、疏于田间管理的特征，阐述了在土地的可持续利用方面，傣族更依赖田地自身的修复能力，一年只种一季粮食，主要通过休耕来实现地力的自然恢复，直接表明傣族主要的物质生产方式。

【摩梭人"依米"文化及其变迁——基于云南落水村的调查】
格则清珠　李安辉[3]，《北方民族大学学报（哲学社会科学版）》2018年第4期

"依米"汉语译为"祖母房"，是摩梭人文化价值观念的核心。"依米"兴盛是摩梭人家屋、家族兴旺的重要标志。在旅游开发背景下，摩梭人的新"依米"不再是摩梭人日常生活起居的重要空间，它逐渐变成接待游客的重要场所，"依米"的建筑结构、功能作用、仪式象征等随之发生变迁。

【畲族服饰中传统元素的文化内涵以及应用研究】
吕亚持　方泽明[4]，《贵州民族研究》2018年第10期

该文在研究畲族传统服饰中的图案纹样，以及刺绣、编织等工艺手段及其文化内涵的基础上，结合畲族服饰传统元素的运用状况，阐述了畲族传统服饰元素与现代服装设计相结合的思路方法。将传统元素与现代工艺相结合，创造出既具有民族特色，又符合现代审美的服饰，为现代服装设计创新提供灵感来源的同时，也促进了畲族传统服饰文化的传承和发展。

【白族本主崇拜：儒释道融合的民间典型】
杨晓薇[5]，《贵州民族研究》2018年第12期

本主崇拜是大理白族长期以来稳固的民间信仰，白族先民博采中原文化之长，形成了以儒家文化承袭和转化为主，佛道共济，"三教共拜"为特征的本主信仰。基于自身文化的特殊性，促使"三教合一"在白族地区呈现独有的样貌。具体表现在丰富的多神崇拜、多层次的文化结构和形式多元的宗教活动中，白族汉化的过程很大程度上即是儒释道三家在大理合流

---

[1] 张雨男：南京大学社会学院博士研究生。
[2] 张海超，云南大学人类学博物馆副馆长；雷廷加，云南大学民族学与社会学学院硕士研究生。
[3] 格则清珠，云南大学旅游文化学院教师；李安辉，中南民族大学民族学与社会学学院教授。
[4] 吕亚持，闽江学院海峡学院教师；方泽明，福建师范大学美术学院副教授。
[5] 杨晓薇：南京大学哲学系博士研究生。

的过程。

【鄂伦春族自然现象起源神话之日月星辰的产生】

杨金戈[1],《黑龙江民族丛刊（双月刊）》2018年第1期

该文以鄂伦春族日月星辰起源神话为例，对其神话文本及其所包含的寓意进行了必要的阐释。鄂伦春族先民对自然现象都感到无比的神奇，并对它们充满无限敬畏和崇拜。鄂伦春族先民们以自己的思维方式和审美追求为标准，对这些自然现象的出现给予了各种各样的遐想，并给出了各种神圣性的解释，创造了丰富多彩的神话故事，抒写着自己民族的传奇。

【当代裕固族鄂博祭祀的复兴与变迁——以肃南县明花乡"小海子"鄂博为例】

钟梅燕 贾学锋[2],《西北民族大学学报（哲学社会科学版）》2018年第3期

近年来裕固族地区鄂博祭祀作为传统文化重要载体得到复兴和发展。在肃南县明花乡小海子鄂博田野调查的基础上，揭示裕固族鄂博在当代复兴过程中其内容、功能及祭品等诸方面发生的变迁，以及裕固语祭祀颂词逐渐流失、多民族共同参与等新时代特征。

【从相遇到相离：一个多民族村落族际交往与分离的社会学考察】

旦正才旦[3],《中南民族大学学报（人文社会科学版）》2018年第1期

不论是族际交融还是族际分离，都是在特定的社会结构和时空中发生的。青海M村藏族和穆斯林群体从族际交往到冲突再到分离的过程中，既有具体微观因素的影响，又有社会宏观结构因素的形塑，这些因素以综合交错的方式共同促成了这一过程。

【"显"与"隐"：从新旧族谱看赣南畲族族群认同的变迁】

曹大明[4],《广西民族大学学报（哲学社会科学版）》2018年第5期

该文从人类学的角度探讨赣南畲族新旧族谱中族群认同的显隐之变，有助于深入认识族群认同的本质以及族谱文本的社会价值和意义。族谱的撰写、编修体现了一个社群对"我群"及其历史的认知，也反映着社会变迁。赣南畲族新旧族谱所体现的族群认同的显隐之变，既是畲民原生情感压抑性的喷发，也是适应民族关系场域结构性变迁的工具性选择，是对历史缺损和遗憾的追补，是对当代民族政策所建构的社会语境的心语表达和纵情放歌。

---

[1] 杨金戈：内蒙古民族大学文学院副教授。
[2] 钟梅燕：北方民族大学马克思主义学院讲师；贾学锋：宁夏大学政法学院副教授。
[3] 旦正才旦：中国藏学研究中心研究实习员。
[4] 曹大明：三峡大学民族学院副教授。

优秀学术随笔

创造性转化　创新性发展

朝戈金

习近平总书记在党的十九大报告中提出，要"推动中华优秀传统文化创造性转化、创新性发展"，这句话为今后我国文化建设事业的发展指明了方向。

推动中华优秀传统文化创造性转化、创新性发展，首先需要深入理解这句话的含义。在笔者看来，要领会这句话的意思，至少要考虑以下几个层面的问题：

第一，要全面、科学认识中华优秀传统文化。中华传统文化，是中华民族在历史上创造和传承的一切文化的总和。中华优秀传统文化，则是指整个中华传统文化中有利于推动社会发展和进步的文化，这些文化往往也是长期发挥正能量的文化。我们都知道，在历史上形成并长期存在的文化，并不都是优秀文化。有些文化在创造之初或许具有进步意义，但随后逐渐演变为代表腐朽没落势力的文化，失去了进步意义；还有的文化事项，历史上曾经是人们日常生活的有机组成部分，只是由于无法适应新的社会历史环境和条件，逐渐淡出了人们的生活；更有一些文化，以今天的价值观看，从创造之初起，就是以压制人性、反人道为导向的，它们也不属于我们所说的优秀传统文化的范畴。

今天，当我们说"中华优秀传统文化"时，指的是中国各个民族所创造和传承的优秀文化。从范围上说，包括精神文化、物质文化和制度文化等；从民族属性上说，包括汉族和各少数民族；从阶层属性上说，包括上层文化和底层文化、精英文化和草根文化；从传播形态上说，有书面文化和口传文化等。

联系习近平总书记关于文化的一系列论述来看，笔者认为，党的十九大报告里强调的创造性转化和创新性发展，是对优秀传统文化的继承和发展问题的又一次强调，而且特别提到"创造性"和"创新性"这两个特性，提到"转化"和"发展"这两个归旨。

第二，为什么要继承和发展优秀传统文化。有人会问，我们身处21世纪，这是一个高科技、数字技术、人工智能等飞速发展的时代，智能移动终端的普及在极大地改变着人们的生活方式，也改变着社会组织管理方式。传统文化已经越来越成为远离我们日常生活的"遗产"，真的有必要在今天保护、弘扬和发展它们吗？

我们的回答是肯定的。这个问题牵涉的环节很多，只能究其大端，简要说明。

传统文化是人民大众在千百年历史进程中经过长期实践发展出来的成果，是他们智慧的结晶。他们不仅在历史上发挥了重要作用，而且在今天还有很大的学术、文化、艺术、情感等价值。仅举几例以示：传统文化的思想体系中，包含大量有积极意义的成分，对于我们科学地认识和解释自然与人类自身仍有进步意义；传统的文学艺术创造中具有永恒魅力的仍不在少数，今天依然是重要的美育资源；传统的生产生活方式、工艺技术、社会组织方式、民俗传统等，是形成我们的历史认同感的重要基础。

第三，既然历史上形成的优秀传统文

化具有如此多方面的价值，为什么还要对它们进行创造性转化和创新性发展呢？对这个问题的回答，笔者想到这么几个方面：一则，文化从来不是一成不变的，而是伴随着历史的进程，随时发生着或快或慢的、时显时隐的、这样那样的变化，有时候是文化的内在特质发生变化，有时候是外在表现方式发生变化，还有的时候是人们对特定文化的阐释和解读发生了变化。总之，变化是文化的恒常存在方式，一成不变的文化反倒是不存在的。二则，文化是人们活动的产物，当然会随着社会生活的变化而变化。但文化也会反过来作用于人，规范和引导人们按照特定文化的范式而生活。三则，文化是人们有意无意创造和传承的。人们并不总是做文化的奴隶，很多时候还会做文化的主人。人们不仅经常被动地接受特定文化，也往往会主动地改造文化。历史上众多的改革乃至革命，都是试图推翻旧事物建立新事物的努力。四则，文化的转化和发展，在许多情况下是自发完成的。一个文化事项被赋予了新的内容，新的属性，就是一种转化。今天，人民大众作为文化的持有人和实践者，被新时代的条件赋予了新的历史使命，那就是积极能动地推动文化的变革和创新，创造更大的发展空间，更多的发展机会，让文化事业在新时代获得更大的发展，以满足人民群众日益增长的对精神文化产品的需求。

推动中华优秀传统文化的创造性转化和创新性发展，不只是一个号召，不止于停留在纸上、存活在人们观念中的尚不可及的远景，还是在火热生活实践中随时随处发生的充满活力的时代大潮。科学技术的飞速进步，带来了无数新的契机和新的可能。例如知识生产、传播和应用的景观已经发生巨大的变化。大数据、海量存储、便捷搜索等，带来新的学术维度和新的学术生长点。各领域之间亘古未见的广泛合作和交互影响的时代已然来临。以笔者比较熟悉的非物质文化遗产工作而论，其历史轨辙、现实遭际、地方知识、美学品格、传承规律、实践方式、社会功能、文化意义等，都在通过迥异于传统的方式和平台，以难以想象的速度和广度传播和接受。声音、文字、影像、超文本链接、云技术等，即便没有取代传统非遗的存在方式和传播方式，也已经成为非遗传承和传播的新业态、新走向。能够大为便捷地接触到非遗，就为人们的学习和欣赏、继承和发展、改编和创新提供了极大的便利。

转化和发展的成功事例很多。在艺术领域，可以举出改编自传统故事大获成功的影视作品；在商业转化领域，可以看到传统习俗信仰与当代生活的对接，如招财猫就借势宠物消费潮流形成商业热点，如传统刺绣工艺大踏步进入高端时尚设计等，都是眼前随处可见的事例。人们在享受舒适便捷健康的当代产品和服务时，没有失去历史连续感，没有失去文化基质的传承、文化养分的汲取，以及文化自信心和自豪感的确立。

（原载《光明日报》2018年3月29日第2版）

从"刘基文化"看民俗认同

张举文

"刘基文化"之所以有生命力，是因为它根植于中国传统文化的核心信仰与价值观，而不只是具有实用性，由此而成为地域文化和中国文化的核心认同符号。从"刘基文化"的主要内涵，可以看出其具体表象和内在本质的逻辑关系。

"诚意伯"与忠义观

刘基临终前被封为诚意伯，后来又被追封谥号文成，都说明了官方对儒家伦理价值的宣扬和民间对这些价值观的遵从。这些德行是儒家"大一统"价值观的前提，而"大一统"是中国传统文化的核心信仰与价值观之一。也正是基于这些伦理价值观，刘基得到正史的肯定，几百年来被视为忠臣良相。对此，可以从端午节对屈原和伍子胥等人忠诚的歌颂，以及其他类似的传统活动中，看到中国文化历史中将抽象的信仰与伦理，通过真实的英雄来宣扬，从而达到规范社会伦理的目的。

"三不朽"与价值观

将刘基视为"立德、立功、立言"的"三不朽"伟人，这不仅延续了《左传》中的传统观点，也强化了积极入世的人生观和社会观。在规范社会伦理的同时，通过史实和传说构建日常生活中的伦理模范，树立做人的榜样。这一思想是中国"士文化"和科举制度的基础。刘基12岁考中秀才，23岁考中进士，随后开始仕途，生逢乱世而独善其身，遇明主出山助其鼎定乾坤。他所经历和印证的正是儒家价值观。这样入世的人生经历也是中国社会进步的动力之一。例如，在官方文本和民间传说中，刘基不仅以儒家文化从政，也展示出人格魅力、爱民情怀及高尚的文人品德。这些都有助于对他的"神化"，将真实的刘基与传说中的刘基融合成构建"刘基文化"的认同符号。

"太公祭"与伦理观

"太公祭"整合了地方传统和国家传统，以及正统礼仪和流行文化，综合了祭祖、祭天和祭地，以及岁时节庆仪式。不仅具有一般的仪式功能，也具有为家族兴旺、生意兴隆、风调雨顺、国泰民安等全民祈福的作用。

以祭祖为核心内容的"太公祭"是一种祖先崇拜的实践行为，其中突出的"家"观念又是儒家伦理观的核心载体。此外，"太公祭"维系着中国传统文化中的宗族认同和地域认同。

在中国的"家"观念中，这个"家"既是社会存在，也是象征体，是共同价值观的认同基础。这个基础在本质上不基于血缘，因为亲属关系是基于姻亲得以维持，姻亲是血亲的延续。而血亲不是生物意义上的，而是伦理意义上的。这正是民俗认同的前提。祭祖仪式起到了整合和维系民俗认同的作用。同理，国家也是一个认同的象征体，不基于血缘，而基于民心。从这一层面来看,"太公祭"的实践不仅维系着宗族认同和地域认同,也凝聚了国家认同。

风水文化与人生观

从历史来看,风水观是从自然宇宙观中发展出来的,后来被注入儒家伦理观和其他诸子百家的宗教观和神秘论。

构成"刘基文化"非常重要的一部分是有关他的风水实践传说。之所以风水成为"刘基文化"中最为百姓所接受的部分,是因为它所体现的是趋吉避凶的核心信仰与价值观。通过风水实践来达到趋吉避凶,方法或许是非科学的,不过却反映了积极的人生观,而不是被动的宿命论。另外,这也是刘基由"人"向"神"转化的重要原因,使其形象更容易为百姓所接受。

创造英雄与民俗认同

通过民间故事和传说,英雄被创造出来,成为生活的楷模。换言之,民间叙事不但具有娱乐功能,还有社会伦理教化、规范化等功用。数百个关于刘伯温的传说正是发挥了这些功用。同时,这些传说也成为地域认同的符号,以及跨地域多元一体文化的纽带。由于刘伯温传说和"太公祭"承载了中国文化的典型意义,因此,它们也自然成为中国传统文化核心认同符号的一部分。

由此衍生出的相关概念,如刘伯温传说、刘伯温民俗圈、"太公祭",以及刘伯温文化圈等,这些都体现了"刘基文化"的文本与口传、官方与地方等的传统互动,也构成了中国本土传统信仰体系的一部分,即基于核心信仰与价值观体系的地方性"变体"。

借着"太公祭"和刘伯温传说两项地方传统成为国家级"非遗"项目的契机,"刘基文化"完成了从地方到国家、从官方到民间、从文本到口头、从地域到跨地域的转型。这个转型进一步证明,只要是符合核心信仰和价值观的民俗传统,就可以成为地域认同的根基和核心认同符号而得到传播,并能在不同时代整合新的文化因素,凝聚新的认同,最终得到全新发展。

(原载《浙江日报》
2018年1月15日第11版)

从三个故事看文化遗产保护与"民心相通"

朝戈金

20世纪50年代以来,"文化遗产"的概念从内涵到外延都有了重大的变化。这一进程反映了国际社会从尊重文化多样性和人类创造力角度加强文化遗产保护的努力,也与联合国教科文组织持续在文化领域制定多边准则有直接关联。

而传统丝绸之路沿线国家和区域的文化遗产保护,随着"一带一路"建设的推进,越来越具有超乎文化领域的意义。通过对联合国教科文组织非遗名录项目进行大致的分析,可以发现以文化多样性推广人类共同遗产这一理念,不仅仅是文化领域的重要事项,也越来越与人类社会可持续发展的意涵发生深度关联,成为"一带一路"的话语体系建设和文化遗产保护的当代实践之间可资深入观察和总结的研究场域。

一 "丝绸之路:长安—天山廊道的路网"申报"世遗"的启示

在过去的半个多世纪里,联合国教科文组织不断更新"遗产"的传统定义。文化遗产的概念从内涵到外延发生了重大变化,指涉越来越广:不仅指分布在世界各地的物质遗产,也指植根于不同文化传统中的非物质遗产,尤其是那些与人的生活世界息息相关的口头传统、表演艺术、仪式、节日、传统知识和传统手工艺等文化表现形式。这样的拓展显示出一种相辅相成的双重导向:一则引导人们承认"共享遗产",并将之作为"人类共同遗产"来进行表述;二则引导人们承认文化多样性及其形塑的多重文化认同,并将之视作推动可持续发展的创造力源泉。

2014年,哈萨克斯坦、吉尔吉斯斯坦和中国共同申报的"丝绸之路:长安—天山廊道的路网"被列入世界文化遗产名录。这一跨境遗产案例为"一带一路"话语体系建设如何结合文化间对话促进文化多样性提供了参照和前鉴。它充分显示了类似的跨境遗产保护行动可促进缔约国之间的协作,带动缔约国与咨询机构、政府间委员会、专业研究中心以及当地社区进一步互动与沟通。

非物质文化遗产本身就具备源远流长的人文传统,既是文化多样性的熔炉,也是可持续发展的保障;而文化多样性既是人类的共同遗产,也是"一带一路"国家至关重要的文化资源。在"一带一路"话语体系建设中,中国和相关国家的非物质文化遗产构成了提供对话活力和资源的重要抓手。

截至目前,中国与联合国教科文组织开展了富有活力的合作。双方在文化、教育、科学、信息传播等领域的合作取得了丰硕成果:联系学校8所,教科文组织教席和姊妹网络20个,生物圈保护区33个,创意城市8个;世界遗产名录52处,非物质文化遗产名录39项,以及世界记忆名录10项。这些基于国际合作的一系列实践,依托的是联合国教科文组织与成员国之间的互动和协作,相关项目和计划同样在许多成员国形成了辐射。文化遗产保护已然成为《保护非物质文化遗产公约》（以下简称《非遗公约》）缔约国普遍关注的共同事项，并在几十年的发展中形成了国际社会共同使用和相互理解的话语系统，这为"一带一路"建设倡议的话语体系建设提供了良好的话语资源和对话空间。

二 麦西热甫的生命力和影响力

非物质文化遗产维系着相关社区、群体和个人的文化认同和持续感，在民众的传承和实践中世代相传，在当下具有重要的文化意义和社会功能。

习近平主席在"一带一路"国际合作高峰论坛开幕式上的主旨演讲中表示，"一带一路"建设植根于丝绸之路的历史土壤，重点面向亚欧非大陆，同时向所有朋友开放。不论来自亚洲、欧洲，还是非洲、美洲，都是"一带一路"建设国际合作的伙伴。

依据国家信息中心主办的"中国一带一路网"的"各国概况"栏目中所列入的"一带一路"沿线和周边国家，加上已与中国签署了合作协议的国家，那么包括中国在内的"一带一路"国家共计84个。

根据联合国教科文组织官网非遗专题的相关数据统计，这84国中共有78国加入了《非遗公约》，其中63个缔约国已有非遗项目入选《非遗公约》名录，共计258项。目前，全球已加入《非遗公约》的国家共174个，在联合国教科文组织公布的429项非遗名录项目中，由"一带一路"国家独立申报或联合申报的项目数量占60.1%，比例明显高于全球各地区列入名录的平均水平。在以国家计名入选《非遗公约》名录超过10项的13个国家中，中国、韩国、克罗地亚、土耳其、蒙古国、印度、越南和伊朗8个国家属于"一带一路"范围，申报项目也高于全球平均水平。

就目前的分析看，在"一带一路"国家中，尤其是在传统的丝绸之路沿线国家中，非遗得到这些国家社会各界的重视。在抢救、保护、传承、弘扬、清单编制、申报等环节的工作中，这些国家的政府、民众和相关专业人员都秉持积极姿态，以不同的方式努力落实联合国教科文组织在非遗保护方面所倡导的原则和方法。

较其他地区而言，传统丝绸之路沿线上的国家，因自然环境相近、地域上彼此相邻、文化上长期互动和交流、天然阻隔不多，更容易形成民族学所定义的"经济文化类群"和"历史民族区"等区域性文化板块。若是结合这一区域的名录项目，把文化遗产的保护工作与人类社会发展进步的关联作为主要考量维度，该区域和次区域目前为外界所知晓的遗产项目，从诸多方面为我们提供了大量鲜活的样例。这些项目昭示着人类文明的进步和发展，民众的诗性智慧和惊人的创造力，在不同的国家或地区文化传统中成为维系和协调社会组织、传递知识和价值观、提供审美愉悦、建构人与自然的关系、发展人自身的综合能力的重要源泉。

在中国新疆维吾尔自治区的维吾尔民族中长期流传的麦西热甫，就是一个生动的事例。麦西热甫是维吾尔族传统文化的一个极为重要的载体。作为一种综合性的文艺表现形式，该项目集纳着成系列的民俗实践和表演艺术形式，将饮食和游艺、音乐和舞蹈、戏剧和曲艺等整合为一体。不仅如此，麦西热甫是民间的"法庭"，负责断是非、调节冲突；也是"课堂"，教导民众礼仪规矩、道德伦理、文化艺术及传统知识等。这就等于说，一个综合性的民间文化遗产，以其生命力和影响力参与了社会文化的模塑和建构。

三 "猎鹰训练术"和"诺鲁孜节"

在《非遗公约》的框架下，联合国教科文组织的三类非遗名录，连同国际援助一道成为保护非物质文化遗产的四重国际合作机制。

与生物进化的线性特征不同，文化的进化往往是通过非线性的方式达成，有时可能要跨越遥远的时空距离。不同文化之间的交流互鉴，对于人类进步而言，其意义和作用往往超乎我们的预想。文化交流上的难和易，也往往都与文化交流的特质有关。

综观非遗名录，有个现象引起我们注意，那就是"一带一路"国家完成的跨国联合申报，比起其他地区来，数量多、参与范围广、规模也较大。在"一带一路"国家已列入名录的258个项目中，有20项是两个或两个以上国家联合申报的，占所有联合申报项目的2/3。其中有两个项目的联合申报有十多国参与：一是"猎鹰训练术"，由18个国家联合申报；二是"诺鲁孜节"，由12个国家联合申报。这两个项目都是在传统丝绸之路沿线国家的主导下完成的。

阿拉伯联合酋长国牵头发起"猎鹰训练术"的联合申报，参与国家还有奥地利、比利时、捷克等17国，这些国家横跨亚洲、欧洲和非洲。

"诺鲁孜节"由伊朗发起，参与申报国家还有阿塞拜疆、印度等11国。丝绸之路沿线国家尤其是中亚国家联合申报的项目明显高于其他地区，是这类文化遗产拥有诸多共享因素的一个表征。

假如我们看一看保护非物质文化遗产政府间委员会评审机构就"猎鹰训练术"所作的决议，就会对《非遗公约》及其《操作指南》所蕴含的理念有更为切近的理解。决议指出："猎鹰训练术"最初是一种获取食物的方法，但随着时间的推移，该传统在社区内部和不同社区之间逐渐形成了与自然保护、文化遗产及社会参与的更多关联。

决议特别强调，该传统为相关社区提供了归属感、自豪感和持续感，以及增强了文化认同；也强调该传统对"自然状态"的尊重，以及对自然环境的保护和对保护猎鹰物种的积极意义。

这个决议传递了至少这样几层意思，包括但并不限于：关于非物质文化遗产的保护，有助于增强关于人类文化多样性的理解和包容；有助于鼓励和推动不同文化之间的彼此欣赏和对话；有助于增强特定文化传统的社区和民众对自身文化的自豪感和自信心；有助于环境保护和人类在利用自然资源时应有的小心谨慎、取用有度的态度；有助于在动物的使用和驯养过程中，具有人性和人道主义的情怀等。这些层面的考量，乃是一种既尊重不同文化传统，又符合现有联合国人权精神的立场。这个决议鲜明传递了关于非物质文化遗产保护与人类社会可持续发展之间的直接关系，进而对这种关系之于人类社会长久发展的意义作出了比较完整的阐释。

共同参与"诺鲁孜节"申报的12个国家在地域上相邻，文化上长期相互影响，具有彼此相同或相近的文化事象，这并不难理解。从联合申报这个行动本身，也可以看到历史上丝绸之路在推动各个国家之间相互交流、相互影响方面的直接或潜隐的作用。另外，这种基于扩展的分批多次申报的过程，也是增进相互了解和彼此欣赏的有益实践。

四 非遗的跨界共享与"民心相通"

布歇在其题为《文化间交流的语用学：一个矛盾视角的有界开放性》的文章

中，解释了"为什么文化间沟通总是应该在语境中进行"的问题。人类无法避免评估各种情境、语境、关系、人群和文化，关键是应持有相互尊重和开明的态度，而不是鄙夷和偏见。只要承认人类各种互动方式都是有意义的，以及他们行动或相互行动的逻辑是多元化的，文化间交流就变得更加可敬。价值理解是良善和合理的，因为这种多样性和多元性总是使社会充满活力，乃至比以往任何时候都更能促进现代生活的创造性和互动性。

"民心相通"的话语资源，在我们熟悉的大量非遗项目中都能观察到。例如，近年来列入《非遗公约》名录的烤馕制作和分享文化、蒙古包制作技艺、皮影戏、剪纸艺术等，到处都洋溢着文化彼此影响的痕迹，到处都体现着人类极为出色的学习能力和再创造能力。就以"沟通民心"而言，从口头传统（如玛纳斯、格萨尔、江格尔、兰嘎西贺等史诗）到表演艺术（木卡姆、阿依特斯、呼麦、多声部民歌），从传统节日（端午、春节、中秋、清明、泼水节）到人生仪礼（成年礼、婚礼），从有关自然和宇宙的知识和实践（珠算、二十四节气、中医针灸、太极拳、少林功夫）到传统手工艺（宣纸、龙泉青瓷、坎儿井、多民族的乐器），这些传统文化表现形式不论进入公约名录与否，大多跨界共享，通过民间互动、交流对话而水到渠成。润物无声的文化互鉴，往往比官方设计并推行的规划更为有效和持久。

中国是世界上文化多样性和生物多样性最为丰富的国家之一，拥有56个民族，说着130多种语言，语言系属复杂。各民族操持着不同的经济生活方式，拥有不同的文化传统，发展出令人叹为观止的地方性知识体系。这些知识和文化，既是顺应环境的结果，也是指引人们更好生存和发展的智慧。

习近平总书记引用司马迁总结先秦、秦汉历史有关"夫作事者必于东南，收功实者常于西北"的说法，指出："一带一路"建设，对民族地区特别是边疆地区是个大利好。要深入实施西部大开发战略，加快边疆开放开发步伐，拓展支撑国家发展的新空间。这一"新空间"就包括了边疆民族地区的文化多样性优势，还包括了承载多样性文化因素的各民族人民在实现"以人为本"的发展中发挥的对外"人心通"的优势。从这个意义上说，中国民族政策中尊重差异、缩小差距的基本理念，与"一带一路"大棋局倡导的人文精神和互利共赢理念，是完全相通的。

五 既讲好"中国故事"，也讲好"人类故事"

2017年5月，习近平主席倡导要弘扬"和平合作、开放包容、互学互鉴、互利共赢"的"丝路精神"，为丝绸之路注入新的时代内涵。

作为"增进民心相通"平行主题会议上的首位发言人，联合国教科文组织总干事博科娃也回顾道："在几千年里，丝绸之路的传奇故事讲述着遇见——民众间、文化间、宗教间、知识间的遇见。丝绸之路讲述了相互理解驱动下的人类进步的故事，提醒我们没有一种文化能够孤立封闭地发展繁荣。"她指出，文化遗产保护与"民心相通"关系密切，发掘其中的话语资源可以为共建"一带一路"提供基于历史文化记忆、人文思想脉络和多重身份认同的智力支持，丰富"文明交流互鉴"的学理阐释。

以"共商、共建、共享"的理念为当前的全球治理提供中国方案，已经体现在国家层面的庄严表述中——利益共同体、责任共同体和命运共同体，成为中国向世界发出的诚挚吁请。冲破地域或区域障碍，沟通世界、促进人类和平，"一带一路"

倡议当能发挥积极作用。文化遗产保护的中国实践能为促进世界文化多样性和维护人类永久和平提供何种对话资源，则是我们今天应当思考的重要话题。

民心相通是"一带一路"建设的社会根基。有学者认为，"一带一路"不仅是一个经济事件，更是一个文化事件，是中国文明崛起的标志。一些学者已经从尊重文化差异和促进文化间对话的视角关注"一带一路"区域合作问题及其发展走向。只有营造文化间对话的和谐氛围，让文化遗产成为交流、合作和相互理解的话语资源，既讲好"中国故事"，也讲好"人类故事"，我们才能在地方、国家、双边或多边、区域或次区域层面，改进我们与世界各国文化间对话及和平文化建设的环境、能力和方式。

（原载《中国民族报》2018年2月9日第11版）

村落庙会彰显官民合作的管理水平

万建中

传统庙会是举办方与参与者依托某寺庙场地，怀着敬畏之心而共同建构起来的具有信仰性思想情感基础的文化活动。这种文化活动在特定时间以神灵祭祀为核心，伴有商业贸易、文艺表演、饮食娱乐等多种形式。庙会组织所构建的公共文化空间，承载着民间日常生活化的信仰形式，蕴藉着中国传统礼仪规范与和合理想，聚合了民间社会的信仰共同体，隐现着传统文化的某种理想和秩序，是非物质文化遗产保护的主体。庙会规模宏大，参与人数众多，是一种完全开放型的民间信仰活动。井陉庙会持续时间长，气氛热烈，活动高潮迭起，秩序井然，进展有条不紊，这说明井陉庙会形成了良性运行的管理机制。这一管理机制既是对庙会管理传统的继承，又充分地体现了新时代村落社会治理的水平。

"无庙不成村"。明清以来，在井陉县，每一个村庄里都有大大小小的庙宇。不同的庙里供奉着不同的神灵。财神庙、关帝庙、观音庙、龙王庙、五道庙……这些庙几乎是过去井陉每一个村庄的标配。庙会因庙而生，可以说有多少庙，就有多少会。虽然"文革"中大多数寺庙被摧毁了，但自20世纪末期以来许多村落又复建起来。根据组办庙会的村落单元和"会""社"的组合关系，以及参与庙会的民众来源，可以把庙会分为村落庙会、乡镇庙会和地区庙会等几个类型，从管理形式上可以分为官方庙会、民间庙会和宗教组织的庙会。村落庙会是井陉地区民间庙会的主体，也叫村会、亲戚会。

民间庙会，是指由民间"会""社"组织承办的庙会。自古以来，庙会主要由单一村社主办或者多个村社联办，这种民众自发、自主、自愿组办的庙会，类型多样，内涵不一。苍岩山福庆寺庙会（市级非遗）、赵庄岭火神庙会（县级非遗）、栾庄海龙湾庙会（省级非遗）、大里岩相公崖庙会（县级非遗）、云盘山人祖祭典（省级非遗）、小寨双龙观道教祭典（县级非遗）、长岗金灯节（县级非遗）、南峪牟尼寺庙会（县级非遗）、台头邳彤祭典（省级非遗）、威州古庙祭典（市级非遗）、井陉东岳庙文化节（省级非遗）等。既有纪念祖先的，也有原始崇拜的宗教性类型，还有俗世生活类型的庙会。

民间庙会的组织机构具有传承性和稳定性的特点，庙会的组织者或核心成员多是各宗族推举出来的，由会首、德高望重者及地方文化精英组成。多年的社会经历和治家理财的经验为地域内民众理膺。他们的能力主要表现在协调各方利益方面，当然，老规矩和传统的做法是其处事的依据。有些庙会理事会借鉴了现代管理模式，成立了庙会管理委员会，设会务组、后勤组、治安组等分别负责各自相关职能。会首及管委会成员都是在当地有一定威望的村镇文化精英，虽然不是一个宗族的成员，但是，长期居住在村落，血缘和地缘关系凝聚而成的乡亲感情使他们以近邻意识和神缘认同心理，广纳八方来客，热心服务庙会工作。他们上承传统，下顺民意，颇具感召力。

当然，即便是村落庙会，运作过程主要由各族代表组成的理事会掌控，但也离不开政府的大力支持。随着政府加强对宗教意识形态的控制和文化旅游部门的介入，纯粹意义上的宗教组织管理的庙会形式已不多见，著名的寺庙圣地所举办的庙会大都形成以官方管理为主、僧侣管理为辅、民间组织参与的庙会管理模式。2018年元宵节期间的天长镇庄旺村祭河神仪式、天长古城南门前的庄旺拉花、东关渔家乐、梁家鹦垴拳等系列民俗活动顺利开展，都是村委会、理事会、神职人员、政府职能部门共同协作的结果。为了有效预防，积极应对和控制庙会可能引发的安全事故，及时采取措施，有序、高效地组织应急救援工作，最大限度地减少突发事件对寺庙带来的危害和损失，保障香客身体健康和生命财产安全，维护正常的庙会秩序，政府都要制定突发事件预案。

庙会是农村所有活动中参与人数最多、延续时间最长的，最能检验村落社会的组织管理和服务水平。从历年井陉村落庙会的开展情况看，效果极为理想，各方力量密切配合，相互协调，已形成了严密的管理操作规程。既发挥了政府管理部门的作用，又丝毫没有影响庙会按照传统的规程正常开展。村民满意，职能部门也放心。村落庙会自发组成与政府管理相结合，尽管时效短暂，影响范围有限，但却功能显著，意义深远。

在村落之内，庙会的神缘认同将不同宗族的人联系在一起，形成社区共同体，在村落之上，处在一个广大地域的不同社区或者不同职业的人群通过庙会结成为信仰共同体。与宗族相比，庙会更具有开放性和包容性，以神缘认同为主要纽带的同时也容纳了地缘、血缘、业缘等联结方式。庙会社会功能的实现，需要健全的管理和服务机制，井陉县村落社会治理的经验值得认真总结和推广。

（原载《中国艺术报》2018年3月14日第7版）

庙会文化是乡村文化振兴有效途径

萧 放

井陉，是一个与地形有关的词。井陉是千年古县，历史文物特别丰富，是秦皇古道所在地，很多文化在这里沉积，31个国家级传统村落，国家级非遗4项，省级非遗30多项。庙会文化在井陉表现得非常突出，在考察过程中我有一个体会，庙会文化为井陉的乡村振兴提供了一个路径。

它为什么能承担这样一种责任和任务，因为庙会具有四大要素：神、民、艺、货。

庙会的第一个要素是"神"，即信仰。信仰不是迷信，是老百姓的精神需求，是他们的精神生活。祭祀祖先不是迷信，祭祀于谦、关羽、陈馀这些历史人物也不是迷信，这里实际体现的是一种家国情怀，符合今天的正能量。在南康庄，我看到几副对联，"每思祖国金汤固，便忆英雄铁甲寒"，是对国家、祖国的情怀，还有一副是"时华新世第，古道旧家风"，强调家风传承，家和国是一体的，家、国的情怀不是抽象的，它具体到这些村民的生活之中。要把在历史上、地方上有重大影响的历史人物相关的庙会，给予特别重视，利用历史伦理的价值来做今天的道德教育，即利用庙会来做教化，这是非常重要的。如果一个庙会没有体现民众信仰，那它是单薄的。我们在城市里面看到很多庙会变成"羊肉串节"，之所以觉得没有意思，就是因为它没有信仰，信仰是非常重要的，这是庙会的第一因素。

庙会的第二个要素是"民"，就是民众。庙会是社会秩序、社会关系协调的重要载体，有很强的社会功能。所谓神就是人的信仰，最终是为了民众的内心安定、社会秩序的和谐，庙会的参与者、庙会的主体是普通老百姓，庙会不是被观看的，而是要参与的，庙会就是老百姓自己的文化，他们陶醉自己所做的事情，庙会的集体性、庙会的人人参与是非常突出的。井陉的庙会可能成为吸引外来人的一种重要文化资源，但是最重要的它是井陉人自己生活的一种满足，强调适应井陉人民自己的生活需求。

庙会的第三个要素是"艺"，可以说是审美，审美当然是大众审美，井陉拉花是很有名的，看到在庙会上面有那么多的表演，会感到强烈的艺术震撼。庙会里面应该有艺、有快乐、愉悦，如果一个庙会不能给参与者心灵的享受，不能满足审美的需求，庙会是不成功的。当然艺不单单是艺术表演，它还有武术、武艺表演，这个武术不是竞技性的武术，而是一种庙会武术，是跟戏剧表演结合的，很群众性的活动方式。我们在做庙会建设的时候，可以把"艺"的技巧性、竞技性加以提升，设计一些项目，除了能让本地人参与，也让外地人能玩好。

庙会的第四个要素是"货"，是物资交易、消费活动，因为庙会不仅是精神性的、社会性的、艺术性的，还是一个经济性的活动。庙会经济自古以来都是一个重要方式，是我们讲的庙市，有庙有市，有宗教活动，又有经济活动，经济与宗教之间互动，在庙会期间开展物资的交易、交流、贸易。要利用庙会这个特殊时间，把经济诉求放进去，开展品牌的建设，比如商货的展销，本地物资的交流，外地物资的进入，把庙会变成一个大家可以得到物质享受、物质满足的地方。

庙会的四大元素"神、民、艺、货"，就是精神的、社会的、审美的、经济的这几个方面，如果这几个方面做得比较圆满，庙会就是成功的。之所以北京庙会每年办每年都不大令人满意，最根本的一条就是没有太考虑老百姓需要，直接做"货"的方面，失去庙会的综合功能。

对井陉庙会民俗有几点建议。第一，古朴还得古雅。要古朴也要古雅，不是要把民俗的东西变成高雅的，民俗就是民俗，要雅也是俗雅，我们应该在古朴基础上做得更古雅一些。第二，古老还得时尚。在1600年前南朝《荆楚岁时记》书中就有"攃虚耗"的记载，就是冬春交替之际，怎么把寒冷的东西赶走，这是一个非常古老的民俗，今天还能保存非常罕见，它怎么跟时尚结合，就是古老的东西怎么与现在的手段、形式结合变成一个可以观赏的对象，如何成为当代民众积极参与的集体活动。第三，丰富还得精练。从丰富的文化资源中提炼出几个井陉的文化品牌，让井陉一年四季都有吸引点，都有魅力展现的时间，在庙会大观园里找几朵非常鲜艳的花让它更有传播的力量，就是在丰富的基础上提炼出品牌。第四，自足还要分享。主体的文化满足很重要，除了自足之外能不能彰显给世人，吸引外面的人来欣赏我们的文化？在文化分享方面还需要做很多工作，就我们的传播手段、传播方式、理念方面，包括跟外界的交流方面，可以借鉴松阳村落保护经验，跟宜兰学习乡土社区营造，在京津冀一体化的过程中可以分享更多东西。

（原载《中国艺术报》2018年3月14日第7版）

清明节源流考

陈连山

清明从节气演变为节日，跟寒食节直接相关。

首先，隋代灭火寒食两天之后，于清明节取新火。隋代初年，王劭上表要求效法《周官》四时变火的礼仪。于是，重新复活了改火仪式。隋代杜台卿《玉烛宝典》卷二："今世常于清明节前二日断火。"清明节前两天灭掉旧火，到清明日改生新火。

唐代统治者来自太原，宫中仍有改火仪式。《辇下岁时记》云："至清明，尚食内园官小儿于殿前钻火。先得火者进上，赐绢三匹、金碗一口。"皇上得到新火之后，派人用蜡烛传送火种给各位公卿。谢观《清明日恩赐百官新火赋》："国有禁火，应当清明。万室而寒灰寂灭……桐花始发，赐新火于公卿。"韩濬《清明日赐百僚新火》更加详尽："玉骑传红烛，天厨赐近臣。火随黄道见，烟绕白榆新。荣耀分他室，恩光共此辰。更调金鼎膳，还暖玉堂人。灼灼千门晓，辉辉万井春。应怜萤聚者，瞻望及东邻。"

这样，清明就成为寒食节结束的日子。南宋《梦粱录》卷二："寒食第三日，即清明节。"孟元老《东京梦华录》卷七也有类似说法。这证实了清明作为节日和寒食节的关系。

其次，隋唐时代出现寒食节墓祭，就是扫墓。

中国自古以来就盛行祖先崇拜，认为死者有魂灵，而且祖先的魂灵能够保护子孙，这是一种信仰。它跟科学与否无关。我们不必为祖先崇拜感到羞耻。五四以来，流行用科学观点干涉信仰，把祖先崇拜批判为迷信，这是不对的。

崇拜祖先，体现在行动上，就要祭祀。而祭祀祖先的方式有两种，一个是庙祭，另一个是墓祭。

上古时期有无墓祭，学术界有争论。王充《论衡·四讳》云："古礼庙祭，今俗墓祀。"于是，后来一些学者认为上古时代只有庙祭，没有墓祭，墓祭是汉代才出现。这种说法太绝对了。《周礼·春官·冢人》云："凡墓祭，为尸。"证明先秦时代有墓祭。《左传·僖公二十二年》："初，平王之东迁也，辛有适伊川，见披发而祭于野者，曰：'不及百年，此其戎乎？'"清代学者赵翼认为既然辛有对"披发而祭于野者"感到诧异，表明三代以上本来无墓祭。杨琳认为，辛有感到诧异的不是"祭于野"的现象，而是"披发"。正如杜预所指出："被发而祭，有象夷狄。"先秦时代，披发左衽被看作是夷狄的装束，是野蛮人的标志。如果伊川人束发而祭，就不会诧异了。因为当时的确存在墓祭。《孟子·离娄下》齐人有一妻一妾的故事里，那个齐人就是"卒之东郭墦间，之祭者乞其余；不足，又顾而之他。"东郭墦间，就是城东的墓地。

但是，上古时代墓祭的时间跟寒食、清明无关。

隋唐时期民间开始流行寒食"上墓"，就是在寒食节的时候上坟扫墓的习俗。唐初政府是禁止的。根据北宋王溥《唐会要》记载，唐高宗龙朔二年（662年），朝廷发布诏令，禁止民众"临丧嫁娶"和"送葬之时，共为欢饮"。同时，也禁止寒食节上坟，禁止在扫墓之后郊游："或寒食上墓，复为欢乐。坐对松槚，曾无戚容。既玷风猷，并宜禁断"（《唐会要》卷二三）。主要原因不是时间问题，而是寒食扫墓之时往往有其他娱乐活动，没有悲伤气氛。

但是禁令无效，民间照样。玄宗开元二十年（732年），朝廷顺应民意，发布新诏令，准许寒食扫墓，并定为常式："寒食上墓，礼经无文。近世相传，浸以成俗。士庶有不合庙享，何以用展孝思？宜许上墓，用拜扫礼。于茔南门外奠祭，撤馔讫，泣辞。食余于他处，不得作乐。仍编入礼典，用为常式（《唐会要》卷二三）。"虽然承认了寒食扫墓习俗，但是，仍然禁止在墓地用餐、娱乐。开元二十九年（741年）正月十五日，玄宗敕令："凡庶人之中，情礼多阙，寒食上墓便为燕乐者，见任官典不考前资，殿三年；白身人决一顿。"可是，民间扫墓仍然无法禁止就地吃祭品，顺便春游踏青。当时交通全靠步行，实在难以达到政府的要求。现代清明节扫墓，交通方便了，也就不需要在墓地吃饭了。

唐政府的节假日制度（根据日本仁井田升《唐令拾遗》复原的《假宁令》）："一甲诸元日、冬至并给假七日（节前三日，节后三日）。寒食通清明，给假四日。八月十五日、夏至及腊各三日……"《唐会要》卷八十二云："（开元）二十四年二月二十一敕：'寒食、清明四日为假。'"

这两个节日越来越大，至贞元六年（790年），寒食与清明的节假日已经增加到7天之多。唐代王冷然的《寒食篇》中说："秋贵重阳冬贵蜡，不如寒食在春前。"

寒食扫墓如何发展为清明扫墓？

由于寒食节很长，扫墓可以随意选择其中一天。唐代熊孺登《寒食野望》诗："拜扫无过骨肉亲，一年唯此两三辰。"寒食节中两三天都可以，自然包括清明日。白居易《清明日登老君阁望洛城赠韩道士》诗云：

"风光烟火清明日，歌哭悲欢城市间。何事不随东洛水，谁家又葬北邙山？中桥车马长无已，下渡舟航亦不闲。冢墓累累人扰扰，辽东怅望鹤飞还。"

写的就是清明上墓。

后代普遍采用清明扫墓。其具体时间也是清明前后数日均可。甚至十日之内均可。《兴化县志》："清明佩柳祀先，先后十日扫墓。"《永丰县志》："清明扫墓以前三后七为期。"今年清明期间，我到浙江嘉兴南湖区新丰镇调查，当地习俗也是清明节前后10天（一说7天）都可以扫墓。

这里有一个特别值得注意的细节跟寒食扫墓向清明扫墓发展有着十分微妙的关系。那就是唐代普遍流行为死者烧纸钱的习俗。唐代封演《封氏闻见记》卷六云："纸钱，今代送葬为凿纸钱，积钱为山，盛加雕饰，异以引柩。按古者享祀鬼神，有圭璧币帛，事毕则埋之。后代既宝钱货，遂以钱送死。《汉书》称盗发孝文园瘗钱是也。率易从简，更用纸钱。纸乃后汉蔡伦所造，其纸钱魏晋已来始有其事。今自王公逮于匹庶，通行之矣。凡鬼神之物，其象似亦犹涂车、刍灵之类。古埋帛金钱，今纸钱皆烧之，所以示不知神之所为也。"由于寒食节禁火，所以，如果在寒食期间扫墓，实际是无法烧纸钱的。而清明日重新点火，正适合扫墓烧纸钱。这一点可能导致那些需要烧纸钱的人们逐渐选择清明扫墓了。

宋代是生活日趋都市化的时代，也是

民俗向娱乐方向发展的时代。为了让人们能够在清明扫墓、踏青，宋代延续七天假期。并特地规定太学放假三日，武学放假一日。《清明上河图》反映的就是前所未有的盛世清明。孟元老《东京梦华录》卷七："寒食第三节，即清明日矣（邓之诚按语：节、日二字，疑当互易）。凡新坟皆用此日拜扫。都城人出郊。禁中前半月，发宫人车马朝陵……节日，亦禁中出车马，诣奉先寺、道者院（祭祀阵亡军阵亡殁孤魂）、祀诸宫人坟。……四野如市，往往就芳树之下，或园囿之间，罗列杯盘，互相劝酬。都城之歌儿舞女，遍满园亭，抵暮而归。"清明扫墓与踏青，本来是两个不同的文化主题，唐、宋时代就融为一体，并不断地被赋予肯定的文化意义。

很明显，清明节跟着寒食节的发展而发展，成为节日。明代后期，寒食节开始衰亡。清明节取代寒食成为以扫墓为核心的节日。

清明节民俗有两个主要方面，祭祀祖先和踏青娱乐。

到野外坟地去扫墓祭祖是最主要活动。修理坟墓，除草，培土。摆好供品，烧纸钱，磕头祭拜。现代有用鲜花作祭品，用冥币代替纸钱，用鞠躬代替磕头的。

1949年以后，特别是"文化大革命"期间，批判祖先崇拜，一度禁止给祖先上坟。现在政府不再干涉民众崇拜祖先，而且于2007年正式宣布：从2008年开始，清明节成为国家法定假日，放假一天。

近年来，各地祭祀民族始祖活动一般也在这时进行。陕西黄帝陵、河南新郑黄帝故里、湖南炎帝陵都是清明节举行公祭。

清明时节春光最好，扫墓同时顺便就有踏青娱乐活动。人们常常阖家携带酒食，到郊外园地亲近自然。

远足踏青中常见的活动有传统的插柳与戴柳。这是清明特有的风习时尚。柳树为春季应时佳木，得春气之先。另外还有荡秋千、拔河、扑蝶、采百草、放风筝、植树等习俗。民国时期，清明节还曾一度成为"植树节"。

（原载《中国艺术报》2018年4月18日第7版）

清明礼俗文化的传承与创新

萧 放

清明是传统社会节气、节日合一的重要时间。节气是"天时",是纯粹的自然时间,节日是"人时",它是社会文化的时间选择。清明兼具自然与人文两大内涵,它既是自然节气点,也是传统社会的重大春祭节日。清明真正体现中国天人合一观念。

一 清明两大节俗传统

清明节俗丰富,但归纳起来有两大节俗传统:一是礼敬祖先,慎终追远;二是亲近自然、珍重生命。这两大传统礼俗主题在中国传承千年,至今不辍。

(一)礼敬祖先,慎终追远

清明虽然晚出,但它有着久远的历史源头,是传统春季节俗的综合与升华。对于祖先的祭祀中国向来十分重视,上古四时祭仪中春季祭祀宗庙的大礼称为春礿(后为春祠)之礼,当时尚无墓祭的礼俗,要祭逝去的先人,就立一名为"尸"的神主在宗庙祭祀。春秋战国时期,墓祭风气渐起。汉代随着儒家学说的流行,宗族生活的扩大,人们因现实社会生活的需要,返本追宗观念日益增长,人们对于祖先魂魄托寄的坟墓愈加重视,上墓祭扫之风转盛。唐人沿袭前代祭墓风俗,并扩大到整个社会。由于寒食与清明节气的相连,寒食节俗很早就与清明发生关联。寒食禁火,清明取火,扫墓亦由寒食扩展到清明。如果说唐朝寒食与清明并列,清明地位逊于寒食的话,那么宋朝清明已基本上完成了对寒食的置代,除禁火冷食仍为寒食特有外,清明已承担了许多原属于寒食的节俗功能。明清时期,寒食基本消亡,春季大节除新年外唯有清明了。

祭祖扫墓是清明节俗的中心。上坟祭扫,包括两项内容:一是挂纸烧钱;二是培修坟墓。唐代以前已有烧钱祭亡的习俗,但因寒食期间禁火,墓祭亦不能火化纸钱,人们将纸钱插、挂在墓地或墓树之上,有的压在坟头,表示后辈给先人送来了费用。但民间习惯一经形成,就往往成为一种特定的民俗传统,它在后世已不禁火的环境下仍然流传,挂钱成为清明墓祭的特色之一。修整坟墓,培添新土,清除杂草,是清明扫墓的又一活动。在雨水到来前的春季,人们借清明祭祀的时机,对坟墓进行清整,既保全了先人,又尽了孝心。

清明祭祖除扫墓的"山头祭"外,后世还有祠堂祭,有的地方径直称为"清明会"或"吃清明"。以同食共饮的形式分享祖宗福分,团聚宗族,是古已有之的传统。

清明处在生气旺盛的时节,也是阴气衰退的时节,人们一方面感念祖先亲人的恩惠,同时以培土、展墓、挂青的形式显示后代的兴旺。这样,祖先墓地不仅是生命之根,同时也是情感之结,在传统社会里,人们无论走到哪里,都牵挂着乡里庐墓。

(二)踏青游春,珍重生命的仪式行为

清明是踏青郊游、珍重生命的节日。

踏青是清明的又一重要节俗。清明时节，杨柳青青，自然界生机一片，人们借祭墓踏青郊游。清明时节的户外运动，其原始的意义在于顺应时气，是月生气方盛，阳气发泄，万物萌生，人们以主动的姿态顺应，进而促进时气的流行。踏青、蹴鞠、秋千、拔河、放风筝、斗蛋等大都是有助于阳气发散的活动。

插柳或戴柳是清明踏青与护佑生命的仪式行为。柳树为春季应时佳木，得春气之先。除门户插柳外，清明还有戴柳的习俗。人们以结成球状的柳枝或柳叶戴于头上，民谚曰："清明不戴柳，红颜成皓首。"城居的人们很喜欢这一习俗，鬓插青柳，既吉祥又有生气。插柳与戴柳在民间还有招魂与安魂的解释，有说"插柳留春"。青柳留春，意味着在春季将逝的时节，人们用青青的柳枝来象征对青春的挽留，"留青"，也就留住了"红颜"，留住了生命。

中国人重视时令养生护生，清明的饮食与春季养生护生相关，有寒食燕、清明团、清明饭等。这些清明食品的原料来源于中草药，人们认为清明时节食用它们可清凉解毒，驱邪保健。

春天饮食中，不能不提春茶。清明茶是清明时节采摘的茶叶嫩芽，它色泽翠绿，叶质柔软，茶叶中富含多种维生素和氨基酸，香气四溢，味道醇厚，清明茶是饮食民俗中的养生佳品。"新火试新茶"曾是古代最流行的时尚。

在生命之花竞相绽放的明媚春天，中国人传承着古老天人合一的理念，追念亡人，祭祀祖先，踏青郊野，助阳护生，践行着生命传递的意义。

二　清明在当代社会的传承与创新

清明是传承民族信仰、家庭人伦的重要载体，是人们亲近自然、珍重生命的重要时间。清明关系到民族的文化生命，是我们今天需要特别重视的节日。我们需要传承清明所蕴蓄的伦理观念与自然意识，同时也要看到当今时代变化的环境，对清明节俗作适应性的调整与更新。

（一）感念先人，进行生命传递的伦理教育

中国人受传统文化心理的影响，有着强烈的家庭观念，尤其重视家族、祖先。几千年来，我们民族并没有绝对意义的宗教信仰，更多时候是对祖先亡灵的崇拜、返本归宗的意识特别浓厚，在清明节祭扫祖先是对亡故先人的特殊缅怀方式。古罗马哲学家西塞罗早就说过："血缘通过善意与关爱将人们紧紧地联系在一起，因为具有同一家庭的传统、同一家族祭祀的仪式、同一祖先的墓地，是非常重要的。"与此同时，每逢清明佳节，海内外华人也会共同缅怀中华民族人文祖先，让华夏儿女感受到血浓于水的殷殷情愫，从而增强民族认同感与凝聚力。清明祭祀重在祭扫过程的严肃与真诚，祖先祭祀实际上是一次生命传递伦理的教育、感念先人功德的教育。我们尤其要提倡感恩的情怀。感恩是社会基本的伦理基础，对亡故先人怀有一颗尊重之心和深深的缅怀之情，这是我们民族文化心理的重要组成部分。这种朴素的感情有利于整个社会层面的感恩文化的培养。

慎终追远是清明节的文化精神。我们利用清明时节，追思祖先业绩，提倡家庭、社会对先辈历史的尊重，保持对先人的敬畏之心与感恩之心。在人心躁动的现代社会，清明节更有着特殊的意义，它能够给人一个理性、冷静思考人生的机会。

（二）贯彻环保理念，传承与更新祭祀方式

清明祭祀是我们的文化表达，是感恩先人、密切人情的重要方式，传统社会的一些祭祀方式，在城市化的过程中，面临调整与更新。传统的乡土祭祀是独立的家族墓地，祭祀是私人性的表达，祭品在祭祀之后由家人分享。在城市公共墓地，清明祭扫的空间较之传统发生了重大变化，人们的祭祀活动处于开放状态，因此清明祭扫不纯粹是私人活动，而是成为公共活动的组成部分。因此，在祭祀方式上必然会出现相应的变化，传统的三牲祭品让位于果品、鲜花，纸钱鞭炮也因环境问题而大大减少。我们应该倡导祭扫中的环保理念与安全理念，尽量减少祭扫过程中环境的污染与资财的耗费。

清明节是传统节日，清明节给我们预备了祭奠先人的时间与机会，这是我们祖先为我们留下的重要文化遗产，它让当代的人们在春天停下脚步，跟自己的先辈有一个对话的机会。如果不能回到故乡亲自叩拜，只能遥寄思念。人们可在网上献花、虚拟祭扫，在形式上也满足了部分人的心理需要。现代技术为传统节日活动提供了新的选择与途径。清明是中国人特有的情感寄托，也是民族文明的一种传承方式。

（三）踏青郊野，激扬生命

清明是厚重的，同时也是轻盈的。中国人在春天哀悼亡者，同样在春天激扬生命。人作为生命个体，因生理与社会原因，总会周期性地出现一定程度的这样或那样的身心疲惫与精神困顿，所谓"春困"是现象之一。要调节身心，振作精神，就需要特定的仪式与娱乐活动，以"动心劳形"。清明时节我们在与祖先对话中获得了精神力量，同时我们也通过踏青郊野，与自然对话，获得身心的放松与精神的愉悦。

清明是春天的节日，是我们亲近自然、品味春天、激发生命活力的时节。踏青郊游，是清明时节与春祭并存的古老主题。在春意盎然的郊野，人与自然交融，放风筝、荡秋千、踢毽子、蹴鞠、拔河等娱乐，成为人们踏青郊游的时令娱乐。人们在生命成长、展开的季节，以户外活动的方式，娱乐身心，调节精神。

除了游春踏青之外，春天是需要品味的。清明的时令饮食值得我们总结与推广，清明的野菜饼、青团、清明茶是健康的美食时饮，我们可以利用清明尝春的口号，促成清明时令饮食风尚在城市生活中的回归，让更多的人在清明时节走出水泥森林，品味春天的美好。

清明是庄重的，我们面对先人，在祭拜的静默中，回想祖先的恩德，增强持守祖先基业、传递民族香火的责任。清明是愉悦的，我们踏青郊外，沐浴温暖的春风，让生命在自然中清新地跃动。清明常在，民族不老。

（原载《中国艺术报》2018年4月18日第6版）

从招财猫传统到借势宠物消费

——非遗传承新业态的创造性转化与创新性发展

朝戈金

我们身处21世纪，这是一个高科技、数字技术、人工智能等飞速发展的时代，智能移动终端的普及极大地改变着人们的生活方式，也改变着社会组织管理方式。因此，有人会问，传统文化已经越来越成为远离我们日常生活的"遗产"，真的有必要在今天保护、弘扬和发展它们吗？

回答自然是肯定的。传统文化是人民大众在千百年历史进程中经过长期实践发展出来的成果，是他们智慧的结晶。他们不仅在历史上发挥了重要作用，而且在今天还有很大的学术、文化、艺术、情感等价值。

比如，在传统文化的思想体系中，包含大量有积极意义的成分，对于我们科学地认识和解释自然与人类自身仍有进步意义；传统的文学艺术创造中具有永恒魅力的仍不在少数，它们在今天依然是重要的美育资源；传统的生产生活方式、工艺技术、社会组织方式、民俗传统等，是形成我们的历史认同感的重要基础。

习近平总书记在党的十九大报告中提出要"推动中华优秀传统文化创造性转化、创新性发展"，这为我国文化建设事业的发展，特别是非遗的传承和传播指明了方向——推动中华优秀传统文化创造性转化、创新性发展，在笔者看来，至少要考虑以下几个层面的问题。

中华传统文化，是中华民族在历史上创造和传承的一切文化的总和。中华优秀传统文化，则是指整个中华传统文化中有利于推动社会发展和进步的文化，这些文化往往也是长期发挥正能量的文化。我们都知道，在历史上形成并长期存在的文化，并不都是优秀文化。有些文化在创造之初或许具有进步意义，但随后逐渐演变为代表腐朽没落势力的文化，失去了进步意义；还有的文化事项，历史上曾经是人们日常生活的有机组成部分，只是由于无法适应新的社会历史环境和条件，逐渐淡出了人们的生活；更有一些文化，以今天的价值观看，从创造之初起，就是以压制人性、反人道为导向的，它们也不属于我们所说的优秀传统文化的范畴。

今天，当我们说"中华优秀传统文化"时，指的是中国各个民族所创造和传承的优秀文化。从范围上说，包括精神文化、物质文化和制度文化等；从民族属性上说，包括汉族和各少数民族；从阶层属性上说，包括精英文化和草根文化；从传播形态上说，有书面文化和口传文化等。

"创造性转化"和"创新性发展"，是对优秀传统文化的继承和发展问题的又一次升华，而且特别提到"创造性"和"创新性"这两个特性，强调"转化"和"发展"这两个归旨。

既然历史上形成的优秀传统文化具有如此多方面的价值，为什么还要对它们进行创造性转化和创新性发展呢？笔者认为：一则，文化从来不是一成不变的，而是伴随着历史的进程，随时发生着或快或慢的、时显时隐的各种变化；有时候是文化的内在特质发生变化，有时候是外在表现方式发生变化，还有的时候是人们对特定文化的阐释和解读发生了变化。总之，变化是文化的恒常存在方式，一成不变的文化反倒是不存在的。二则，文化是人们活动的产物，当然会随着社会生活的变化而变化。但文化也会反过来作用于人，规范和引导人们按照特定文化的范式而生活。三则，文化是人们有意无意创造和传承的。人们并不总是做文化的奴隶，很多时候还会做文化的主人。人们不仅经常被动地接受特定文化，也往往会主动地改造文化。历史上众多的改革乃至革命，都是试图推翻旧事物建立新事物的努力。四则，文化的转化和发展，在许多情况下是自发完成的。一个文化事项被赋予了新的内容、新的属性，就是一种转化。今天，人民大众作为文化的持有人和实践者，被新时代的条件赋予了新的历史使命，那就是积极能动地推动文化的变革和创新，创造更大的发展空间，更多的发展机会，让文化事业在新时代获得更大的发展，以满足人民群众日益增长的对精神文化产品的需求。

推动中华优秀传统文化的创造性转化和创新性发展，不只是一个号召，不止于停留在纸上、存活在人们观念中的尚不可及的远景，而是在火热生活实践中随时随处发生的充满活力的时代大潮。科学技术的飞速进步，带来了无数新的契机和新的可能。例如知识生产、传播和应用的景观已经发生巨大的变化；大数据、海量存储、便捷搜索等，带来新的学术维度和新的学术生长点。各领域之间亘古未见的广泛合作和交互影响的时代已然来临。

以笔者比较熟悉的非物质文化遗产工作而论，其历史轨辙、现实遭际、地方知识、美学品格、传承规律、实践方式、社会功能、文化意义等，都在通过迥异于传统的方式和平台，以难以想象的速度和广度传播和接受。声音、文字、影像、超文本链接、云技术等，即便没有取代传统非遗的存在方式和传播方式，也已经成为非遗传承和传播的新业态、新走向。能够大为便捷地接触到非遗，就为人们的学习和欣赏、继承和发展、改编和创新提供了极大的便利。这方面，转化和发展的成功事例很多。在艺术领域，可以举出改编自传统故事大获成功的影视作品；在商业转化领域，可以看到传统习俗信仰与当代生活的对接，如招财猫的传统就借势宠物消费潮流形成商业热点，如传统刺绣工艺大踏步进入高端时尚设计等，都是随处可见的事例。非物质文化遗产的创造性转化和创新性发展，能够让人们在享受舒适便捷健康的当代产品和服务时，不会失去历史连续感，不会失去文化基质的承传、文化养分的汲取，并建立坚定的文化自信心与自豪感。

（原载《中国艺术报》2018年4月27日第7版）

非遗代表性传承人保护的中国实践

林继富

6月9日，我国将迎来第13个"文化和自然遗产日"，今年的口号是"见人见物见生活"。

我国自开展非物质文化遗产（以下简称"非遗"）保护以来，十分注重对传承人的保护。从2006年开始，我国实施了代表性项目和代表性传承人保护制度。截至目前，我国完成了五批国家级非遗项目代表性传承人的评审和认定，共计3068名；地方认定的省级项目代表性传承人数量更多，形成了以代表性项目和代表性传承人为核心的非遗保护实践体系，充分体现了以人民为中心的保护主旨，"见人见物见生活"的科学保护理念得到了充分的表达，走出了非遗传承人保护的中国道路。

建立在制度层面的传承人保护工作，是我国政府在考量非遗传承人的历史贡献和当代意义基础上，以非遗保护为基本出发点，从非遗保护的生活实践、社区参与、文化创造力与文化多样性等方面作出的科学、全面的制度安排。非遗绝大部分是集体、共享的生活传统，每项非遗传承人多，传承历史长、流传范围广，在长期的非遗活动中，涌现出许多传承的杰出代表。这些代表在该项非遗流传的社区、村落具有良好的人际关系，积累了与此项非遗相关的丰富、深厚的传统知识。他们在传承非遗方面积极性高，并在继承和创新等方面表现出特殊能力，因此，选择保护代表性传承人，针对性强、效果明显，具有可操作性和可持续发展性，有利于带动非遗项目保护，并促进与此项目有关社区或村落传统的保护和发展。

每一个非遗项目都是在传统中传承，在当代生活中运行的。这个"生活"，不仅是历史生活，也是非遗传承人、传承人群及民众的现代生活。比如，《阿诗玛》诞生于云南石林彝族撒尼人的歌唱生活，是撒尼人歌唱传统的代表。以《阿诗玛》为中心的歌唱传统，是无数撒尼传承人在歌唱实践中形成的生活传统。我们在保护作为非遗的《阿诗玛》时，不仅要着力于《阿诗玛》文本、演唱过程的保护，更要保护彝族撒尼人的歌唱传统，尤其是保护善于演唱彝族撒尼人民间叙事诗的传承人。因此，代表性传承人保护，实现了从代表性项目保护到以代表性传承人为中心的保护，传承人以及传承人生活社区的广大民众的生活成为保护的对象，凸显了非遗保护的主体性。

代表性传承人的保护，从根本上来说，是要保护非遗传承人的传统生活，再现、记录非遗传统发展过程中的现代样态。从传承人角度讲，传承人的保护是现在性保护，是传承人传承活动的保护。从非遗角度来讲，保护该项非遗传统发展中的当代存在形式，就是保护以传承人为中心的社区生活方式、社区民众生活关系和文化关系。传承人生活在社区之中，非遗以社区传承为基本单位。尽管在非遗项目中，有许多项目在多个地区和多个民族中流传，但是生活层面的非遗则是特定范围内，民众共享的生活传统和文化传统，记忆着该范围内社会发展历史，寄托了该范围内的民众生活情感，因此，非遗传承人的保护就是保护非遗流传范围的生活传统。然而，现代化生活逐渐瓦解了民众的传统生活方式，非遗传承的范围发生了改变，非遗在传统村落和街区的存续出现了问题。为了更好地适应民众生活上的改变，与民众精神生活上、文化活动上步伐相一致，需要使非遗类优秀传统文化参与到社区、街道的文化建设之中。非遗传承人移居社区，或者进入社区传承非遗，就能很好地实现传统非遗与现代生活的有机结合，并引导和丰富城镇社区、街道的文化生活。

代表性传承人保护的实践，以社区、群体的当代生活为核心，这种建立在当代生产、生活需要基础上的保护，决定了非遗并非只有传统的面相，还有活灵活现的现代生活面相。生活需要是非遗传承、传播的动力。非遗的传统精神、文化功能满足了人们今天的生活需要，于是，非遗以活态的形式在民众生活中得到了传承和再创造，许多地区的非遗甚至成为改善民众生活的文化资源。传承人生产出来的非遗产品，不仅供当地民众享用，而且作为民族、地域产品，帮助民众实现创收、增收。许多传承人将非遗作为谋生的手艺，政府为传承人提供传承传习，以此带动传承人及其家庭脱贫致富。

比如四川省绵阳市大力促进羌绣的传承发展，目前绵阳有绣娘、绣郎2000多人，他们已成为带动当地群众脱贫致富的生力军。青海省黄南藏族自治州热贡艺人尕藏组建农民工工会，组织100多名贫困艺人发挥非遗技艺优势，每年到省外进行彩绘、泥塑、壁画等创作、创收。这些事例显示，传承人在非遗传承中积极融入当代生产生活，并在国家倡导的"工匠精神"鼓舞下，可以走上带动社区民众共同致富的道路。

为鼓励传承人进行非遗传承活动，我国在非遗保护的制度设计上，将传承人保护置于非遗保护的重要位置，中央财政每年为每位国家级项目代表性传承人提供2万元的经费补助。这些经费在一定程度上保障了传承人的传承活动，激发了传承人传承非遗的主动性和积极性。

随着工业化和城市化进程快速推进，非遗存续和发展的文化生态环境发生了重大变化。为了提供传承人适应环境的能力，增强传承后劲，文化和旅游部、教育部、人力资源和社会保障部共同实施了"中国非遗传承人群研修研习培训计划"。传承人进入培训班后，拓展了眼界，丰富了非遗传承的创作内容，提高了技艺，发现了自身的价值和潜力；许多学员成为当地非遗传承的领头人，出现了"培训一人，带动一片"的现象。传承人在秉承非遗传统、不失其本的基础上，实现了"为民族传承、为生活创新"。

截至目前，全国已有80多所高校参与该计划，培训学员1.8万人次；各省区市均有相应研培班，全国累计参与人数达5.6万人次。非遗传承人群培训班定位为"研培研习"，让传承人与高校、业界相关学人共同探讨"非遗如何更好地实现创造性转化、创新性发展，更好地融入现代生活之中，实现可持续发展"等问题。这些措施和实践充分表明，传承人在非遗保护中的主体地位不可动摇，非遗留下的是祖先的记忆，更是民众创新生活、创造文化的动力源泉。

鼓励非遗传承人进入校园与学生交流，传承非遗，也成为当前文化领域一大亮点。"非遗进校园"不是终点而是起点，非遗进了校园，还得走出校园，这里的"进"和"出"是传承人以及传承人携带的非遗，在传承人、学生、民众中流动起来，并且构成流畅、生动的传承链环，建立有效、有益的非遗生产、生活机制。比如，湖北省长阳土家族自治县庄溪小学实施"都镇湾故事"进校园活动，探索"小手牵大手"传承方式，使都镇湾故事"活"了起来。都镇湾故事传承人刘为芬、刘泽刚等进入庄溪小学为学生讲故事；学校布置学生回家采集故事，学生在家长的陪同下深入乡亲之中探寻故事根脉。民间故事在传承人、学生之间将社会传承、家庭传承与学校传承进行了卓有成效的结合，民间故事在今天都镇湾人的生活中"活"了起来。

中国非遗项目代表性传承人保护实践，是以民众生产生活为中心的优秀传统文化实践，是传承中创新、创新中发展的实践。在此过程中，在民众生活需求的驱动下，在科学方法的指导下，中国政府、学界和民间社会探索出非遗项目代表性传承人的保护路径，形成了从传承人立场保护非遗的宝贵经验；在与传承人的接触中，在调查、研究传承人之于传承发展中的彼此理解，寻找到当代中国非遗保护可持续发展路径；传承人、家庭和村落、社区构成的共同体，历史传统与现代生活结合的关联体，成为中国非遗保护实践操作体系的根本出发点，以及理论话语体系建立的基本目标。

（本文是国家重大攻关项目"中国民俗学学科发展与理论创新研究"阶段性成果，项目编号：16ZDA162）

（原载《中国民族报》2018年6月8日第9版）

民间文学：在政治与文艺之间多面向重构

毛巧晖

20世纪10年代从西方引进科学意义的民间文学研究，到目前已有百余年历史。国家社会科学基金优秀项目"国家话语与民间文学的理论建构（1949—1966）"（项目编号为13CZW090）指出，在民间文学学术发展历程中，1949—1966年极为特殊。这一时期民间文学的学术研究蓬勃发展，但长期以来学者较少关注。事实上，民间文学围绕国家话语而建构的理论体系，影响着当下民间文艺学的理论思路与实践发展。

亟须梳理的学术史

1949—1966年民间文学处于政治与文学之间发展，与当前民间文学本质的研究直接相关。对其梳理与阐述，能够推动民间文学理论中民间文学的文学性、中国民间文学的理论格局的探讨向纵深发展。这一时期的民间文学还是20世纪上半叶的延续，它们之间有着一体性、连续性。通过对这一时期民间文艺学思想史的勾勒，可以完善20世纪中国民间文艺学学术史、思想史以及20世纪中国文学史、思想史的研究，并补充1949年以后民间文学研究梳理之缺乏和不足。

在此立意之下，我们梳理了1949—1966年民间文学的基本问题、基本话语，重新检视了民间文学的理论建构，并在他人研究基础上，重点探究了这一时期民间文学多民族性话语、民间文学介于文学与政治之间依靠自身的张力所建构的独特的理论体系等。在对这些问题进行探究与重新思考的基础上，希望通过全面呈现1949—1966年民间文学研究的整体性与理论脉络，为整个新中国民间文学理论的发展提供一个参照，同时也可以为作家文学、少数民族文学提供有价值的镜鉴；而且对这一时期民间文学理论特性的考量，除了对民间文学自身的理论反思有一定的价值，同时也可以为当前非物质文化遗产思潮中民间文学理论的重新建构提供切实的参考意义。

新中国形象塑造与民间文学学科重构

口头叙事相较于书面文学而言，其文学形式最显著的特征就是没有固定文本。资料搜集并将民间文学文本"固定化"，成为民间文学研究的开端；建立民间文学资料总藏则是民间文学领域的终极追求。1949—1966年间"搜集"不再仅仅限于网罗材料，它与"整理""改编"等成为民间文学话语系统的重要概念，也成为民间文学研究领域的基本问题。通过对搜集整理讨论钟敬文编纂出版《民间文艺新论集（初编）》，刘魁立和董均伦、江源就民间文学搜集工作所展开的讨论，《牛郎织女》入选中学《文学》课本，民间文学搜集"十六字方针"形成等事件，呈现了民间文艺对社会主义新型文学的构建，以此接驳并回应现代民族国家构建及塑造社会主义"新人"的国家话语；同时民间文学领域也试图进行民间文学批评话语的构拟。只是在"研究"与"鉴赏"被区隔之后，民间文学自主批评的话语渐趋消解。

这一时期民间文艺发展的另一重大特色就是少数民族民间文学的大规模搜集与研究。新中国民间文学话语与国家话语紧密关联，其意识形态特性极其鲜明。她被纳入"革命中国"构建的进程，成为文学接驳国家话语的重要场域。民间文学在表层政治权力话语的影响中成为"人民文学"的核心与中坚，但不容忽视的是这一时期民间文学深层运作的理论自觉。在这两者中形成了一定的张力，逐步酝酿并形成了1949—1966年民间文学领域的独特性话语。通过对中国民间文艺研究会（当下的"中国民间文艺家协会"）的成立始末的论述以及《民间文学》刊物对民间文学领域学术话题的组织、学术方向的导引等的阐述，整体分析了他们对于这一时期民间文艺学发展的规范与意义。

民间文学重构的多文类呈现

1949—1966年的民间文学，在新的体制内获得了一席之地，同时也被纳入国家管理体制，在中国民间文艺研究会的领导下，全国民间文学搜集与研究全面发展。正如劳里·杭柯（Lauri Olavi Honko）所说："文类的概念对于民俗学者、学生和民俗解释者来说，都至关重要。不只是他们，还应包括民俗的使用者，即那群需要用民俗进行文化交流的人。"这一时期，民间文学不同文类，即民间故事、歌谣、民间传说等依照书面文学划分的散文体、韵文体都得到发展。同时，民间文学成为新的国家话语与国家形象塑造的一个重要领域。基于民间文学材料改编的戏曲、影视蓬勃发展，尤其是新中国成立后，随着少数民族政策的全面实施与推广，壮族的《刘三姐》、彝族的《阿诗玛》、傣族的《召树屯》、侗族的《秦娘美》等兴盛一时。此外，民间文学的作品与研究进入各个领域，除了民间文学的专门性研究刊物《民间文学》外，新中国成立初期，《光明日报》《诗刊》等党政机关报以及主流文学的刊物都大量刊载民间文学作品及研究文章。因此可以说，1949—1966年民间文学，不仅各个文类都得到发展，而且研究辐射范围全面拓展。其中较为典型的就是这一时期童话的多向度重构、新民歌运动中民歌的跨界域发展与影响、刘三姐传说的创编、少数民族神话在民族国家与文化遗产共构语境中的建构和拓展等。

1949—1966年童话在现代中国的兴起与民间的发现休戚相关。最初她是塑造"新民"的文艺样式之一。到了新中国，现代学术意义上的童话已历经近半个世纪的发展，她在新的语境中实现了蜕变，在"民间"与"多民族"文学语境中，从教育价值与幻想层面进行了重构。1958年新民歌运动是中国文学史上的重要事件，对于中国民间文学学术史而言亦极为重要。在这一历史事件中，民间文学出现了大繁荣，民歌带动了诗风的改变，打破了"民间艺人"与"作家"的阈限，新型的"农民诗人"成为社会主义"文艺战线上的先锋"，他们与作家共同书写新的政治生活和劳动生活，民间文学的价值与功能发生了变化，同时作家文学和民间文学的"目标受众"都发生了转换。20世纪五六十年代，刘三姐家喻户晓，且影响延续至今。"刘三姐"从地域性传说演化为"人民文学"的经典。1949年以后，国家有关少数民族的政策承继和延续了中国共产党在1949年之前的民族政策，同时借鉴了苏联的民族理论。由于很多民族有语言无文字，而且他们的文学以口头流传为主，因此，少数民族民间文学成为关注重点。以少数民族神话为例，除了继续20世纪初至40年代所注重的民族文化认同外，焦点转向新的人民的文学实践以及从文学上呈现新的社会主义多民族国家制度。在这一构建与实践过程中，少数民族民间文学（尤其是神话）成为重要的民族文化遗产和珍贵的文化史料。

重新思考民间文学的理论构建

民间文学的第一性是文学性，她与作家文学（或书面文学）共同分享着文学的本质。但研究对象与研究方法不同，她的文学性表现与后者有显著差异，即她的特殊性，这正是民间文艺学的学科特质。

通过对1949—1966年民间文学的研究，我们可以看到，在这一时期文学与国家话语交融过程中，民间文学理论建构呈现出独特性。这一特性并不能用意识形态一语以蔽之，其复杂性以及在政治与文学交融中民间文学的独特价值与功能得以彰显。但这一独特性在新时期、20世纪90年代学术反思中被视为"资料搜集"，不具有科学性，民间文学作品文学化显著，"故事改写"被简单否定，等等。进入21世纪后，伴随着对1949—1966年文学的重新思考，对于这一时期的民间文学以及相关文学事件更多开始了理性反思，重视它在文学史进程中的意义，从文艺战略、现代性建构等视域将其回复到具体历史语境，阐述它的复杂性。同时我们也看到，随着"大文学观"的推广，尤其是近年来随着非物质文化遗产保护的兴起，民间文学发展迅速，人们逐渐改变过去"知识精英文学话语"的"一元性"文学之理解。同时也要逐渐改变单一视角对文学本质的解析，实现文学的"多元共生"性。当然，这不是一蹴而就的事情。

（原载《社会科学报》
2018年8月16日第5版）

中国节：我们内心深处的幸福密码

刘晓峰

只要是真正的美，一定会受到千千万万人的喜爱，而这分喜爱会变成一股巨大的文化创造的动力。

中秋节期间，受文明对话论坛的邀请，我在中国人民对外友好协会主持了一场主题为"传统节日与当代价值"的国际学术对话。来自巴基斯坦的年轻外交官马里亚姆·萨伊德女士，对传统节日给出了一个令人耳目一新的定义。她说，节日不仅是传承文化，而是人类追求艺术的极致表达。

这句话如同一道闪电，让我眼前一亮。余音绕梁，几天来这句话一直萦绕在我的头脑里。

我们20世纪60年代出生的这批人，成长在革命的岁月。在童年时代，日历牌上标为红色的节日除了春节，都是和革命相关的。即便是春节，那个时代也主张"过一个革命化的春节"。我至今记得，大年初一早上，父亲背着工具兜去单位上班的样子。

那是物资非常匮乏的年代，中秋节时，家里几个孩子各自分得了一块月饼。孩子们舍不得马上吃，要等到晚上和伙伴们一起看月亮时才吃。月饼的馅大都是五仁的。邻居的婶婶会烘月饼。一块块面团装进那刻着纹样的木头模子，倒出来就是一簇簇美丽的忍冬花纹。民间木工的工艺之美，在满街的大字报和口号式的旋律中，深深地浸染了我的内心。

年年中秋，年年月圆。中秋这个日子，与月饼和团圆一起，拼合成了记忆中一道深深的褶印。20世纪90年代，我在日本京都大学留学。说起来，中国重要的节日如新年、端午、七夕、重阳，在唐代大都传入了日本。但中秋节很特殊，尽管在唐代已有很多人在八月十五赏月玩月，但中秋节真正成为一个大节，却在五代至宋期间。所以，日本不仅宫廷节日中没有中秋，而且绝大多数日本人也不过中秋节，市面上也就没有月饼。

有一年中秋，我特别想吃上一块月饼。忽然听人说，神户的中华街有月饼可买。于是我从京都到大阪，由大阪到神户，千辛万苦总算买到了一盒月饼。那时京都大学的留学生不少。这一盒月饼东家一块，西家一块，最后只剩下一块。当我们一家人站在楼上把月饼切成几块分着吃一起看月亮时，心中涌起的乡情，我这一生都不能忘记。圆圆的放在盘子上的月饼，饼面上是朴素的万福图案。

什么是节日？汉字里面节日的"节"，思想含义很深。"节"本意取自竹节。我们生活在时间流中，从纯粹物理学意义上，每一天、每一小时长短是一样的。然而我们的生活需要对这时间之流做出切割。这切割的点就是节。节就是为无穷无尽的时间之流安排出刻度，而不同的民族根据不同的自然条件和文化，赋予这刻度以意义。八月十五这一天，本就是每年十二个圆月中的一个。但就是因为有了裹着五仁或枣泥，刻忍冬花纹或万福图案的月饼，因为有了"海上生明月，天涯共此时""但愿人长久，千里共婵娟"的美丽诗句，有了从儿时到长大一次次亲人们欢会的记忆，它变得充满温馨，充满祥和气息，成了我们中国人内心深处与幸福紧密相连的时间密码。

2008年，清明节、端午节、中秋节等传统节日被编入了国家法定节假日，这是顺应民心的适时之举。改革开放以来，人民的物质生活变得越来越丰富，社会整体在不断发展与进步。这是一个将我们投身于世界的时代，也是整个民族面对世界重新自我定位的时代。正是在这样的时代，这一在共和国日历上出现的巨大变化，是非常具有象征意义的。它标志着生长于中国农业文明基础上古老的传统节日，被重新纳入了当代中国文化建设领域，标志着中国文化发展走上重新自我认识之路。

转眼10年过去了，回头看传统节日在当代社会的发展如何呢？一方面，我们已经习惯了每到节日互相问候，主流媒体和商业、旅游业都努力围绕着传统节日做文章；另一方面，伴随城市化发展进程，传统节日最为依托的农村一天天在萎缩。由于与城市实际生活关联度小，节日传统存在空洞化的风险。如何维系节日民俗？我认为最重要的是提高民众的参与程度，在路径上，一定要以艺术为核心。

《孝经》说："移风易俗，莫善于乐。"艺术是人类文化的终极表达。只要是真正的美，一定会受到千千万万人的喜爱，而这分喜爱会变成文化创造的巨大动力。中华民族是富有艺术创造力的民族。小小一团面，被造出形状五花八门、图案千变万化的月饼；薄薄的一张纸，会被剪成种类纷繁的美丽窗花。面对时代变化，只有发挥这份创造力，在保持节日文化的内涵的前提下，在尊重民心、民情、民意的基础上，利用包括现代科技在内的各种手段，赋予传统节日艺术的多重表达，才可能创造出为人民喜闻乐见、有强烈感染力的新的节俗文化产品——那应该是闻声而令人心从、润物细无声的产品，能够唤起民众对于节庆活动自发、自觉、自愿参与的产品。

开贞起元，推陈出新，此其时也！

（原载《中国青年报》2018年9月26日第2版）

每个人都是二十四节气的传承人

安德明

2016年11月30日,在埃塞俄比亚首都亚的斯亚贝巴,联合国教科文组织通过决议,将中国申报的"二十四节气——中国人通过观察太阳周年运动而形成的时间知识体系及其实践"列入"人类非物质文化遗产代表作名录"。作为联合国教科文组织非遗审查机构中国民俗学会评审团队的成员之一,我在现场亲历了这一激动人心的时刻,感到万分荣幸。

二十四节气是在中国农耕文明发展的历史长河中逐渐形成和完善起来的一套知识系统,它以黄河流域的气候、物候为基础而确立,但影响却遍及全中国,甚至远及东亚和东南亚许多国家,成了中国以及不少邻国的民众理解自然变化并据以安排农事生产和日常行动的根本参照。其中所体现的以对自然的观察和认识为基础、通过调整人类行动方式来顺天应时以达到天人合一境地的基本观念,流传尤其广泛。

在传统的农业时代,不仅各项重要农业生产活动的安排离不开节气知识,日常的衣食住行和一般的社会生活也常常会受到节气系统的约束。这一点,仅从"种田无定例,全靠看节气""清明前后,种瓜点豆""冬至大过年"之类人们耳熟能详又不胜枚举的谚语中,就可见一斑。在城市化、工业化进程不断加快的背景下,随着社会生产与生活方式的逐渐转型,二十四节气在具体生产活动中发挥指导作用的机会也逐渐减少,但是,它对日常生活的影响却始终在延续,甚至还在一些方面焕发出了新的生命力。例如,北京一些大医院夏天推出"三伏贴",冬季推出"三九贴",这种治疗方式的时间依据正是夏至和冬至这两个节气。可见,在人们的观念中,人的生命运行规律同以节气所标定的自然运行秩序处在相互感应、协调一致的状态,二十四节气知识已经融会在广大民众的宇宙观和生命观中,成了人们思考相关问题和处理日常行动的基本指南。

从古至今,二十四节气长期鲜活地在中国人的日常生活与生产活动中发挥着重要影响。这种特征,同相关学术界及社会上大都把非遗与"濒危性"直接对应起来的认识之间有着很大的差距,但是,这却恰恰体现了"非物质文化遗产"的真正内涵,即"被各社区、群体,有时是个人,视为其文化遗产组成部分的社会实践、观念表述、表现形式、知识、技能以及相关的工具、实物、手工艺品和文化空间"。也就是说,一种传统文化事象究竟能否被看作非遗,能否列入代表作名录,同它是否处于濒危状态并没有必然的联系,最关键的,反而是它在现实生活中的活态传承:它必须是一种活着的遗产,与活着的人的生活实践密不可分。相反,假如某种文化现象已经不在实际生活中存活而变成了博物馆保存的内容,那么,它就不能够被当成非遗来看待。这一点,可以说是二十四节气列入人类非遗代表作名录在纠正相关认识方面所具有的特殊意义。

二十四节气的活态性特征,尤其突出地表现在不同地方对这一庞大知识系统的理解与实践的多样性上。前文所提到的谚语"清明前后，种瓜点豆"，也有不少地方表述为"谷雨前后，种瓜点豆"，这类有关同一种农事活动具有差异性的安排时间的谚语十分丰富，从中可以清楚地看到不同地方根据具体环境对同一套知识系统的灵活运用。

更加值得注意的是，一般来说，这二十四个节气在人们生活中并非均质地发挥着影响，它们当中，有的"声名显赫"，备受关注，有的则"默默无闻"，似乎只充当着整个知识系统中"螺丝钉"的角色。不过，这只是从相对静态的角度得出的概括性分析，假如结合不同地区有关各个节气的动态处理方式来看，我们又会发现，每个节气在具体生活中都有可能大放异彩，展示出具有地方适应性的独特魅力。例如，湖南省安仁县春分时节有盛大的赶分节，浙江杭州要在立夏时举行盛大的庆祝活动，湖南花垣等地则在立秋时要组织赶秋节，等等。可以说，对于二十四节气这一完整的知识体系，不同地区的人民在接受其整体的前提下，又有选择地对其中某些与自己关联密切的要素予以了特别的关注。

二十四节气是中国人的发明，但其影响早已跨越国界，成为东亚和东南亚各国人民共享的知识。有关二十四节气的诸多具体知识，或许只有特定地区或较少数量的人群有比较清晰的掌握，但这一知识系统却潜移默化地影响着几乎所有中国人的日常生活，也就是说，我们每个人都是二十四节气的传承人。就此而言，围绕二十四节气相关问题进行积极的调查、搜集、研究、出版和推广等工作，对于我们更加全面、深入地了解和认识这一作为自己传统重要有机组成部分的知识体系，更为有效地维护这一知识体系的传承和发展，都具有不可忽视的意义。而这一点，也正是《花开未觉岁月深：二十四节气七十二候花信风》这本书出版的价值所在。

(原载《北京日报》2018年10月16日第14版)

从中华民族神话中寻找追梦精神

王宪昭

习近平总书记在论述中华民族伟大复兴的中国梦时，多次谈及神话的意义和作用，特别是在第十三届全国人大一次会议上明确指出，"盘古开天、女娲补天、伏羲画卦、神农尝草、夸父追日、精卫填海、愚公移山等我国古代神话深刻反映了中国人民勇于追求和实现梦想的执着精神"。中华民族在漫长的发展历程中创造并积累了丰富多彩的神话，许多神话不仅体现了中国各民族优秀的文化传统和集体智慧的结晶，而且也深刻影响着人们的价值观念和精神信仰。许多神话特别是创世神话的母题，已成为中华民族崇拜英雄、善于创造、敢于创新的内在精神力量。

中华神话体现了一种集体"追梦"精神。神话是先人们凭借自己的想象与创造而形成的文化叙事，也可以说是人类精心编织的关于自身生存与发展的"梦"，体现了一种集体性追求。所以不少人提出神话是人类规范自我的"神圣叙事"。从人类的发展规律看，当人们解决了衣、食、住、行等赖以生存的客观物质需求后，一定会在精神层面上产生更高的追求与目标，我们称之为"理想"，也可用通俗的词语形象地表达为"梦"。为什么说有些"神话"很好地反映出人类的"追梦精神"？这主要源于神话的叙事传统及文化功能。

神话中所追的"梦"并不是一般意义上的个体意念，神话的"梦想"是人的一种集体意志层面的思考。特别是在远古时代，神话在很大程度上是早期人类建构信仰的重要载体。当然，任何神话的产生与传承都不是个体行为，而是一个群体意识的体现。至于我们今天所看到的存世神话，更是基于千百年来具体的认知、接受与自觉传承。如《夸父逐日》神话，表象上看，是一个人为了某种目的而去追赶太阳，是一种个体行为，但在不同讲述人与不同受众互动的神话语境中，夸父则成为一种追求目标、永不停息的符号和象征。夸父不仅代表巨人族群体，同时也代表着早期人类积极认知世界的态度。夸父虽然在追日过程中饥渴劳累而死，但他积极奋进的精神却在后人的传扬中不断发扬光大，神话在描述他的结局时，虽然悲壮，但不是悲剧。他死后手杖化为邓林，也与盘古化生万物一样，是化生出新的生命，是精神不死的颂歌。如果把《夸父逐日》神话与《愚公移山》中所说的"子子孙孙无穷匮也"联系起来思考的话，可以发现许多神话的创作实质，无一不是为了给人一种充满"正能量"的鼓舞，是希望不灭、奋斗不止的经验总结和人生启迪。所以，神话虽然看似简单，但千百年来却一直被后人念念不忘，口耳相传。即使生产方式改变了，生活环境变迁了，而神话却如传家之宝，让人神思梦牵。最根本的原因之一就是，它为人类提供了自我定位的价值体系，人类的生存与理想之梦就蕴含其中。

中华神话承载了人类的文化传统与生存智慧。目前见到的传世文化种类中，神话无疑是最早的。神话的产生依赖口头语言而不是文字。与目前发现的三千多年前的甲骨文相比，语言的产生要早得多。神话研究者一般认为，神话早在1万年左右的新石器晚期已经出现，那么，随着时间长河的冲刷，为什么许多文字记载的东西已经淡出人们的视野，而作为口耳相传的神话却充满魔力似的在民间得到广泛流传，并且经久不衰？一方面源于神话在人类发展进程中，逐渐形成了集口头、文物、习俗、文献等于一体的大文化传统，几乎在人类生产生活的所有时空中都能发现神话的影子；另一方面也源于它的经典性以及被集体所公认的价值观、人生观和世界观，诸如文学、历史、哲学、律法等许多文化类型的起源都可以追溯到古老的神话。

神话内容丰富，类型繁多，与其他文化类型相比，它不仅是人类发展进程中最早的文化记忆，而且还把人类千百年来生产生活的经验，视如至宝般地一代代口耳相传。之所以说神话是神圣的，并不仅仅是因为它在内容上涉及了神，而且因为它通过对神的事迹的塑造标示出人类的历史经验和价值判断。如果对神话进行深度解读，就会发现与其叙事表象存在很大区别。以女娲神话为例，主要母题有"女娲造人"与"女娲补天"两项。分析"女娲造人"时，不同的专业学术背景可以有不同的解读，专业研究者可能从哲学、文化人类学、社会学等角度发现性别塑造与社会形态的关系，洞察出神话作为神圣教科书的历史根源。"女娲补天"，也并不是简单地塑造了一个女英雄，而是通过"箭垛式"的创作方式，使她成为福泽后世、当之无愧的中华民族的文化祖先。正如马克思在分析神话的产生方式时所说，任何神话都是人们用想象或幻想的方式把自然力加以形象化，是人们通过想象或幻想用一种不自觉的艺术方式加工过的自然世界和人类社会形式的本身。同时，马克思进一步明确指出，这些古老的神话直至今天并没有过时，它仍然能够给我们以艺术享受，而且就某方面说还是一种规范和高不可及的范本。追忆祖先、仿效英雄正是人类文明进程中的生存智慧，神话恰恰给后人提供了这种用之不竭的信念支持与精神原动力。

中华神话展现了中国特色与文化力量。中华民族神话展现出中国精神、中国价值和中国力量，同时也蕴含着中华民族文化自信。这种文化传统也是一个国家、一个民族发展中更基本、更深沉、更持久的力量。中国神话特别是创世神话往往体现出中华民族的文化共识，如许多民族神话中广泛流传的盘古神话、伏羲女娲神话、炎黄尧舜禹神话，在这些神话的传承与接受中，我们都可以看到中华民族的文化自信。这种自信不同于西方一些国家神话信仰传统中所说的上帝创世，而是塑造中华民族自己的文化祖先形象本身，源于对人自身的观照。无论是盘古开天辟地，伏羲女娲婚生人类，还是炎黄、唐尧虞舜的文化发明创造，都意味着他们是接地气的创世者，是无数个文化祖先、文化英雄的代表和化身，是中国人按照自己的本土文化不断丰富和发展而形成的神性创造者。

从中华民族神话中，还可以发现一种社会担当精神。例如，那些表达民族团结与各民族共同奋斗建设家园的神话，不仅是中华民族优秀的传统文化和中国神话的一个突出的特点，也是各民族共同拥有的坚不可摧的梦想。在汉族和各少数民族中广泛流传着多民族同源的神话，把众多民族的来源解释为生来就是密不可分的兄弟姐妹，彰显出鲜明的中国特色。如阿昌族神话说，大葫芦中走出汉族、傣族、景颇族、傈僳族、阿昌族、德昂族等民族。布朗族神话说，天上的兄弟下凡，成为汉族、佤族、布朗族、拉祜族、傣族等民族。德昂族神话说，50对男女婚生汉族、傣族、傈僳族、景颇族、德昂族、白族、回族等民族。哈尼族神话说，女始祖感生汉族、哈尼族、彝族、傣族、白族等民族。佤族神话说，石洞中走出汉族、佤族、拉祜族、傣族等。彝族神话说，人与天女婚生汉族、藏族、彝族等。藏族神话说，汉族、藏族、珞巴族是兄弟。不必累述，像许多神话中叙述的洪水后兄妹结婚，生育出今天各个民族的祖先，是神话对古老民族关系的选择性表达，体现的是积极向上的文化信念。这种文化信念很好地支撑了当代各民族大团结的文化自信，是中国作为统一的多民族国家客观历史的具体体现。这类神话必然是鼓舞中国各民族团结奋斗的文化力量。这种千百年来的追梦传统，以无可辩驳的文化事实有力地证明，党的十九大报告明确提出的"铸牢中华民族共同体意识，加强各民族交往交流交融，促进各民族像石榴籽一样紧紧抱在一起，共同团结奋斗、共同繁荣发展"，是中华民族的共同心声。

神话不仅承载了中华民族的优秀文化传统，而且也与新时代所倡导的社会主义核心价值观高度契合，将进取意识、民族精神、家国情怀等融入润物无声的春风细雨之中、神话传扬之中。神话中所称颂的创新创造、奉献精神、文化秩序、生存规则等，充分表达出中国各族人民有史以来向往中华民族富强、民主、文明、和谐的伟大梦想。追梦是中华民族一直没有中断的文化命脉。盘古、女娲、伏羲、神农、夸父、精卫、愚公等一系列神话形象，鼓舞了世代后人造福人类、敢于担当的梦想。这一梦想，必将在新时代中华民族伟大复兴的进程中产生积极而深远的影响。

（原载《中国社会科学报》2018年10月22日第6版）

留住民间文学中的民族记忆

孙正国

最近一项调查显示，当代中国青少年最喜爱的 20 个动漫形象中，19 个来自海外，本土动漫形象只有一个"孙悟空"，受调查的青少年对"孟姜女""田螺姑娘"等民间文学中的人物知之甚少。这是民间文学在当代社会生活中地位失落的又一个缩影。

不少"80 后"的童年记忆中，尚且保留着民间文学故事的影子。为何短短一代人的时间，民间文学消亡得如此迅速？

民间文学以口头讲述为媒介，近二三十年，书面阅读与数字化体验的迅速普及，湮没了民间文学口头讲述的生活现场。同时，信息社会文学艺术的发展趋势是融合创新，受众的审美意识也变得新奇自由，可传统民间文学的审美表达，往往以传承性和群体性为主，其走向衰落似乎是一种必然。

中华上下五千年，每个时代的民间文学都既反映着历史环境，又彰显出时代背景，同时还承担着文化传承功能，是中华儿女文化认同的重要基础。民间文学的衰落冲击了这种认同的基础，可能会导致未来的青少年"不知道自己从哪里来"。

一地一风，一风一俗。每个中国人都从自己家乡成长起来，都深受家乡风俗影响，从方言和方言所承载的故事、歌谣和谚语中获得了生命之初的情感与意义。这种由乡音、乡俗和家乡故事传说而编织起来的童年记忆，必然产生浓烈的乡土认同意识和文化皈依情结，在人们心中孕育出"底色的乡愁"并永远镌刻在人的一生中。

所以说，民间文学的传承实现了民间社会对文化同源观念的认同，培育了中国人极其重要的乡土意识，而文化同源观念与乡土意识正是中国文化中家国情怀的逻辑前提。

从更大的层面讲，中国各民族各地区的民间文学，无不殊途同归地反映着民族友好、政治大同、社会和谐的中华文明主题；都对孔子、屈原、诸葛亮、苏东坡等著名历史人物的思想品格高度认同；都有对牛郎织女、孟姜女、白蛇传、梁祝等故事类型用各自的方式接受并传承。从某种意义上讲，在千百年的历史演进中，分散在中华大地上的各族群众，正是通过民间文学的形式传承着中华民族共同的价值观。所以说，民间文学是费孝通先生关于"中华文化多元一体格局"文化命题的民间基础。

而如今，中国民间文学中的人物形象、故事类型、叙事结构等，均被外来的新的文学系统所挤压，尤其是儿童成长初期所接受的童话教育几乎全是西方文本——白雪公主替代了田螺姑娘，奥特曼替代了葫芦娃，小红帽替代了阿凡提。长此以往，当孩子们对中国传统民间文学中的人物逐渐陌生以致淡忘，中华优秀传统文化和中华民族共同的价值观，将如何在下一代人中传承？这种情形，细思起来令人忧虑。

面对严峻的传承危机，我们认为亟须采取有效措施以增强民间文学的创新能力和传承能力，使其重新回归日常生活，有效融入当代社会。

笔者认为，首先要深度发掘中国民间文学的智慧资源，汲取中国民间文学宝库中的教育资源、伦理资源、政治资源和文化资源，理解中国民间文学关于善良、勤劳、奉献、和睦、友爱、正义、协作等价值观的叙事模式，重新建构这些智慧资源的日常生活路径，逐渐增强人们接受本土智慧资源的信心，从而实现让民间文学重回日常生活的目标。

比如，可以中国民间文学资源为素材，开发原创游戏产品，让中国民间文学资源进入当代文化消费领域。最近几年，有关部门组织实施的中国经典民间故事动漫创作工程就是很好的尝试。通过对盘古开天辟地、精卫填海等民间故事进行再创作，让这些故事里的经典形象重新立起来，既提供了新的文艺产品，又让传统民间故事得到了保护和传承。

传统民间文学的传承多是口口相传，在失去原有传承场景的情况下，需要采取新的传承方式。在这方面，我们可以借鉴国外的一些做法。比如，英国的《魔戒》《哈利·波特》等畅销小说，都吸纳了西方的神话资源，并进行了充分利用，让传统故事焕发出新的生命力。而在日本，《幽灵公主》《千与千寻》等也都取材于广泛流传的民间故事。这些国外的文艺作品，将传统民间文学资源与现代人的审美需求进行了有效嫁接，找到了传统民间文学资源与现代文艺作品的转化路径。就我们中国而言，对传统民间文学资源的利用，整体上尚处于挖掘整理阶段，很多时候停留在出个故事汇编或根据故事做个绘本等浅层次。今后我们可以借鉴国外的成功经验，对传统民间文学资源进行创造性转化，尤其要将传统民间文学资源与现代文化产业有效嫁接起来，那样传统民间文学才能凭借新的载体重新走进当代人的生活。

需要指出的是，由于距离今天年代久远，很多民间文学故事的表达方式和思维观念，都与现代社会有所脱节。有时候即便把传统的故事用很精彩的方式讲述出来，现代人可能也不接受。在笔者看来，遇到这种情况倒也不必强求，最重要的不是让人们记住那些故事的细枝末节，而是要将故事所承载的忠、孝、仁、义等价值观传承好、传播好。

（原载《太原日报》
2018年12月5日第6版）

重塑"小世界"的"大上海"

陈志勤

如果回顾一下这四十年间上海城市以及周边城镇的传统民俗变迁过程，可以看到似乎被抛弃的传统，却在文化保护背景以及城市化进程中被重新发现，其固有的文化传统和历史脉络以现代的视角被重新解读，传统民俗创新成为连接农村和城市的小城镇再生产的主要源泉。其中，城乡关系的作用和意义也被重新建构。从上海周边古镇传统民俗创新之于城乡关系重构的视角，或许可以较好地透视和把握改革开放四十年以来上海民俗文化的传承与变迁。

首先是罗店镇从"金罗店"到"龙船罗店"的地方符号重构。历史上的罗店镇在明末即有"金罗店"的美誉，它标志着经济发达的商业大镇的成立。其中，罗店划龙船习俗就是在商业发达的基础上完善起来的一项民俗活动。但在漫长的历史时期中，因为淹没在"金罗店"的美誉之下，罗店划龙船如同其他诸多民俗活动那样，并不是被外界认知的罗店镇的文化符号。从1983年罗店镇举办民间文化年会开始，其间经历了几次罗店龙船文化节、宝山国际民间艺术节等，罗店划龙船作为体现罗店特色的传统文化以不同的形式重现于主要表演项目中。之后，在端午节日法定化和非物质文化遗产保护的双重背景下，2008年"罗店划龙船习俗"入选第一批国家级非物质文化遗产扩展项目名录。从此，"金罗店"就成为历史的记忆，而"龙船罗店"成为新时期的罗店镇文化符号。

其次是七宝镇从"棉花集散地"到"饮食汇聚地"的地方品牌重塑。七宝镇因寺而得名，与佛教文化有着很深的渊源。就生产活动而言，棉纺织业曾是七宝的支柱产业，当时七宝作为棉花交易集散地颇具名望。经历了保留原貌、修旧加固的古镇改造。七宝镇自2001年12月30日正式开街，现在以小吃一条街和休闲街著称。其中，出现于上海大街小巷的"十年上海看浦东，百年上海看外滩，千年上海看七宝"的宣传口号功不可没。它将作为小城镇的七宝镇置于上海大都市文化的整体范围之中，在体现上海的现代——浦东和体现上海的历史——外滩之中巧妙地结合。在便利的地铁交通连接下，七宝作为上海的十大休闲街之一，人们毫无违和感地在此享受着大都市文化。

最后是朱家角镇从"佛教的放生"到"景观的放生"的地方传统再生。朱家角镇最大的景观——放生桥是横跨于漕港河上的明代建筑五孔石桥。作为上海地区最古老的石拱桥之一，它不仅体现了朱家角镇过去发达的信仰文化，也体现了朱家角镇现在昌盛的旅游文化。在宣传朱家角镇的图片、影像片中，放生桥的介绍都是最主要的内容。在放生桥上体验放生习俗，也是去朱家角镇的游客的一个旅游项目。在历史上，放生活动主要分为两种：一种是佛寺主持的放生，另一种是居民行为的放生。而现在基本可以分为三类：游客游览的放生体验、圆津禅院组织的放生、"端午民俗文化旅游节"安排的放生。这三种类型的放生都具有作为地方传统对外展示的功能，构成了旅游开发后朱家角镇一种象征地方传统的景观。

费孝通关于小城镇的发展模式虽然基于历史时期传统文化的考量，但基本上以经济发展为指向，具有将之归结为工业模式或商业模式的可能性。而现在，经历了几十年的文化保护或者非遗保护的大量实践，可以看到利用传统文化创新发展地方社会的事例比比皆是。从以上三个古镇换新貌的案例可知，存在把小城镇发展归结为区别于工业和商业的一种发展模式——文化模式的可能性。在文化遗产保护背景中的"古镇""古村落"开发，使得农村的意义被重新诠释，城市的功能被重新界定，城乡一体化具有了新的文化内涵。城市人带着怀旧的喜悦向往自然的田园式的文化，农村人怀着体验的心情憧憬现代的都市式的生活，城市与周边地方的关系不仅仅体现在为了生存需求的经济纽带之上，同时也体现于为了精神满足的文化关联之中。

上海作为国际化的大都市，聚集了大量的外来人口，其城市文化的彰显不能只关注当地城镇和农村居民，而是要面对很多地方移民甚至海外人士。从文化多元性角度来说，中国各地的文化以及世界各国的文化也已经融入上海文化之中，成为其中的一部分。基于新的城乡关系建构的视角，诠释和理解当代上海的文化氛围，它不仅仅只有"文艺"、"艺术"以及"文学"的概念，也不仅仅是一个偏重于文化事业的"小文化"概念。理解以生活方式定义"文化"的重要性，更应该是个包括各种群体、涉及生活层面的"大文化"概念，我们需要关注多元的文化认同以及社会价值，以真正重塑作为"小中国""小世界"的"大上海"。

（本文感谢"改革开放四十年上海民俗文化的传承与变迁"研讨会支持）

（原载《社会科学报》2018年12月20日第8版）

学人评介

孙末楠：Folkways 与燕大民俗学研究

岳永逸

一 重视民俗研究的燕大社会学系

1922年，燕京大学（燕大）创办了社会学系，由美国人步济时（John. S. Burgess，1883—1949）任系主任，开设的课程以及研究成果多与宗教相关，内容侧重于宗教服务，"明显具有外国宗教服务性的特点"①。1924年，在美国爱荷华大学获取哲学博士学位后，28岁的许仕廉归国。同年，在甘博（Sidney. D. Gamble，1890—1968）的推荐下，许仕廉赴燕大社会学系任教，并于1926年到1933年出任该系主任，是燕京大学社会学系第一位中国籍系主任。就在这一时期，吴文藻（1901—1985）、雷洁琼（1905—2011）、杨开道（1899—1981）、李景汉（1895—1986）等留美才俊，纷纷加盟燕大社会学系。稍晚些，燕大社会学自己培养的学生李安宅（1900—1985）、赵承信（1907—1959）、严景耀（1905—1976）等在赴美深造后也纷纷回母校任教。

在担任燕大社会学系主任期间，许仕廉明确提出了"本土社会学"的理念，确立了燕大社会学中国化学科建设的基点，逐步缩减宗教性课程，初步建立了中国化的社会学课程体系，有选择地引入了人文区位理论，开拓了社会学原理与中国实际结合的学术路径。② 1927年，许仕廉主持创办了《社会学界》年刊，1928年主持创办了偏重于"乡村建设"的清河试验区。1928—1929学年度，燕大社会学系的课程有了相对完整的四个板块，即社会理论与人类学、应用社会学、社会调查和社会服务，该系学生人数也跃居全校第二，选修社会学系课程的人数达604人，比上一个学年度增加了78人。③ 到1932年，社会学系的毕业生人数已经是燕京大学各系之冠。④

---

① 傅愫冬：《燕京大学社会学系三十年》，《咸宁师专学报》1990年第3期。
② 在对中美社会学教学、研究、社会服务以及从业者工作等的比较基础之上，许仕廉在上任之初，就明确提出了燕大社会学系的这些教育方针，即中国本土化的社会学、科学式的社会研究以及有系统的翻译和创办社会学系自己的出版物等。参阅许仕廉《燕大社会学系教育方针商榷》，《燕大周刊》1926年第104期；《燕大周刊》1926年第105期；《建设时期中教授社会学的方针及步骤》，《社会学界》第三卷（1929）。在领军燕大社会学系数年之后，基于自己数年的实践与观察，许仕廉对中国蓬勃的社会学运动进行了系统而深刻的反思。参阅许仕廉《中国社会学运动的目标经过和范围》，《社会学刊》第二卷第二期（1931）。关于许仕廉对燕大社会学中国化的系统推进，可参阅杨燕、孙邦华《许仕廉对燕京大学社会学中国化的推进》，《北京社会科学》2015年第10期。
③ 许仕廉：《燕京大学社会学及社会服务学系1928至1929年度报告》，《社会学界》第四卷（1930）。
④ 《燕京大学社会学及社会服务学系1931—1932年度报告》，《社会学界》第六卷（1932）。

就许仕廉主政燕大社会学系时期的科学研究而言，"中国风俗研究"位列在人口、犯罪、劳工、乡村、社会思想史、家庭状况、种族问题、人民生活状况和社会运动状况等十大研究之首。① 1927 年，粟庆云的本科毕业论文就是《周代婚嫁礼俗考》。为了加强研究，并符合学生兴趣、意愿，从 1931 年开始，燕大社会学系从三年级起施行了"个人导师制"。每人可选专题研究，由学系指定导师。这样，学生选择自由、易于专精，师生之间也可以往复切磋。②

1933 年，吴文藻接掌社会学系系务。他延续社会学系既往的方针，继续高举社会学本土化的大旗，亦注重民俗学的研究。在教书之外，吴文藻"自己研究特别注意社区研究方法"，"注重学生研究工作"，还指导学生课外的出版和研究事宜。③ 1934—1935 学年度，许地山（1894—1941）在燕大社会学系开设了"中国礼俗史"。④ 1936 年，吴文藻休学术年假，游学欧美，社会学系主任由张鸿钧（1901—1972）接任。1937 年春，张鸿钧因任他职，系主任由赵承信代理。是年夏天，归国的吴文藻复主系政。1937 年，杨堃（1901—1998）开始在燕大兼任讲师，开设了"家族制度"。1938 年，吴文藻南下后，系主任仍由赵承信代理，杨堃、黄迪（1910—?）等留守北平。同年，社会学系开启了对作为"社会学实验室"的平郊村（前八家村）研究，直到 1941 年珍珠港事件爆发。1946 年，燕京大学还校北平，平郊村研究又迅疾恢复展开，林耀华（1910—2000）也加盟其中。⑤

根据傅愫冬的统计，1927 年到 1933 年社会学系的 87 篇毕业论文中，民俗学 8 篇，约占总数的 9.2%。⑥ 费孝通（1910—2005）的《亲迎婚俗之研究》、陈怀桢的《中国婚丧风俗之分析》都是完成于 1933 年。1932 年，运用个案研究法，基于 50 个人访谈的案例，姚慈霭对婆媳关系的历史背景、婆媳之间的心理关系、冲突的主要原因进行了详细分析。⑦ 1934 年，燕京大学关于民俗的学士毕业论文出现了一个小高峰，计有 5 篇，分别是：张南滨的《中国民俗学研究的发展》、刘纪华的《中国贞节观念的历史演变》、陆懿薇的《福州年节风俗的研究》、汪明玉的《中国杀婴的研究》、刘志博的《北平印子钱之研究》。1935 年的毕业论文中，除林耀华、陈礼颂研究闽粤的宗族之外⑧，邱雪峨的论文直接以"礼俗"命名，研究的是清河试验区的产育礼俗，即《一个村落社区产育礼俗的研究》。其中，费孝通、陈怀桢、张南滨、陈礼颂、邱雪峨论文的指导教师都是吴文藻，刘纪华、陆懿薇、汪明玉、刘志博四人的指导教师是杨开道。

为何如此重视民俗研究？这得回到中

---

① 许仕廉:《建设时期中教授社会学的方针及步骤》,《社会学界》第三卷（1929）。
② 《燕京大学社会学及社会服务学系 1931—1932 年度报告》,《社会学界》第六卷（1932）。关于 1933 年前燕京大学社会学系教学、实验、科研与出版的总体状况,亦可参阅李安宅《社会问题研究及调查机关之介绍（九）燕京大学社会学及社会服务学系概况》,《国际劳工消息》第五卷第二期（1933）。
③ 《燕京大学社会学及社会服务学系 1934—1936 年度概况》,《社会学界》第九卷（1936）。
④ 《燕京大学社会学及社会服务学系 1934—1936 年度概况》,《社会学界》第九卷（1936）。
⑤ 《社会科学各系工作报告·社会学系》,《燕京社会科学》第一卷（1948）。
⑥ 傅愫冬:《燕京大学社会学系三十年》,《咸宁师专学报》1990 年第 3 期。
⑦ 姚慈霭:《婆媳关系》,燕京大学法学院社会学系 1932 年学士毕业论文。
⑧ 林耀华:《义序宗族研究》,燕京大学法学院社会学系 1935 年硕士毕业论文；陈礼颂:《一个潮州村落社区的宗族研究》,燕京大学法学院社会学系 1935 年学士毕业论文。

国社会学在开创之初主要继承美国社会学传统的中国社会学运动的发展脉络中来。其中,在1906年出版了Folkways一书的美国民俗学家和社会学家孙末楠(William G. Sumner,1840—1910),又扮演了举足轻重的关键角色。

在初创时期,燕大社会学系基本是有着教会背景和身份的外籍教师,诸如步济时、甘博等。在许仕廉执掌社会学系后,燕大社会学系的教师渐渐以有着留美背景的华人为主。无论是许仕廉还是吴文藻,这些留学归来的才俊在经常走出去的同时,也不时聘请欧美一流的学者来华讲学。这样,燕大社会学系的师生对同期国外研究的动向、思想、学派有着及时、广泛且不乏深入的了解,并使得燕大社会学系的教学水准、研究层次、创新精神在同期中国大学的社会学系中,始终保持着领先地位。

因为步济时和甘博的关系,燕大社会学系初期的师生们对1914年美国的"春田调查"(Springfield Survey)[①]并不陌生。1918年9月起,历时一年零三个月,当时还是北京青年会的干事甘博和步济时受春野城调查的影响,开展了对北京的调查,其成果即至今仍有影响的《北京社会调查》。[②] 1932年秋天,许仕廉迎请美国芝加哥大学的派克(Robert. E. Park,1864—1944)来燕大讲学。派克将其以研究美国都市为主的人文区位学(Human Ecology)系统介绍到了中国[③]。在相当意义上,人文区位学是反抗改良式社会调查的产物,研究的是人类的社区和人与人的关系,竞争、互助、共生(关系)等是其关键词。在强调实地观察、访谈的同时,人文区位学也有着历史的视野。1935年10月,当时翘首世界的功能主义大师布朗(Alfred Radcliffe-Brown,1881—1955)来燕大讲学一个半月,系统地介绍了其偏重于初民社会研究的功能论与比较社会学。1936年秋,美国密歇根大学的怀特(Leslie Alvin White,1900—1975)在燕大社会学系讲授人类学及方法论,德国的经济学家魏特夫(K. A. Wittfogel,1896—1988)也于此时受聘前来燕大指导研究。1947年,派克的女婿、时任芝加哥大学的人类学系主任瑞菲德(Robert Redfield,1897—1958)来燕大讲学,主讲其关于乡土社会的研究。

与这些亲自前来燕大现身说法的名家不同,孙末楠是一个虽未出场却对包括燕大社会学在内的中国社会学界以及民俗学界产生了广泛而深刻影响的美国学者。

二 孙末楠民俗学说的引入及运用

孙末楠(又被音译为撒木讷、萨姆纳等),1863年毕业于耶鲁大学。在瑞士日内瓦、德国哥廷根和英国牛津游学三年后,他于1866年回到耶鲁大学任教至终老,主要从事政治与社会科学方面的教研工作,包括币制和财政、社会学以及民俗学等。其间,孙末楠曾于1869年至1872年离职做了三年牧师。孙末楠长于辞令,读大学

---

① 春田调查,当年又被译作"春野城调查",其主要目的是发展城市居民的社区意识(community consciousness),以此作为社会改良运动的助力。因为调查是本地居民要求的,所以本地居民主动参与性强,并出力甚多。这样分为搜集材料、分析和解释材料、社会改良建议、材料和建议在教育方面的应用等四部分的春野城调查就被"运动化了"。参阅赵承信《社会调查与社区研究》,《社会学界》第九卷(1936)。

② Gamble, Sidney D., *Peking, A Social Survey*, New York: George H. Doran Company, 1921.

③ 人文区位学是20世纪30年代对Human Ecology通用的译法,现今学界则有人文生态学、人类生态学和人间生态学等多重译法。为了行文方便,本文采用了原有的译名。

时，每次辩论赛都是获胜者。在教学上他勇于创新，是最早将《纽约时报》作为课堂教学资料的教授之一，因此其教学深得学生和同事的好评，甚至被不少教授效仿学习。1876年，他在耶鲁开设了社会学课程，是美国教授社会学的第一人，并率先使用持进化论观点的英国哲学家斯宾塞（Herbert Spencer，1820—1903）的《社会学研究》（Study of Sociology）作为教材。这在耶鲁大学引起轩然大波，虽然事端最终得以平息，却使孙末楠几欲离开耶鲁。孙末楠博学多才，精通英、法、德、希腊、拉丁、希伯来等多种语言。在45岁之后，他还学会了瑞典文、挪威文、荷兰文、西班牙文、葡萄牙文、意大利文、俄文和波兰文。①

广泛阅读的孙末楠，勤于笔记，以至于他常专门雇请一位书记员帮助自己抄录读书笔记。在临终前，孙末楠写满剳记的读书卡片积满了整整五十二箱，约十六万张。这些剳记卡片每张长八寸半，宽四寸半，因内容不同而颜色有别：从书上抄下来的文章，是白卡片；书目是红卡片；孙末楠自己的观察与论断，是绿卡片；文章的纲目，则是黄卡片。对这些卡片，孙末楠倍加珍惜。晚年，有一次邻居家失火，怕延烧到自己的房子，他就把一箱一箱的卡片，从三层楼上的书房搬到了楼下的后院中。在火熄之后，没有力气再搬回原处的孙末楠只得雇人来搬。②正因为建构了庞大的"数据库"，其著述中资料的博洽、事实的充分深得好评。

孙末楠，是20世纪二三十年代中国学界较为通行的译名。然而，对他出版于1906年的 Folkways 一书③，学界有多个译名。孙本文（1892—1979）、吴景超（1901—1968）将之翻译为"民俗论"，游嘉德、赵承信翻译为"民俗学"，黄迪等翻译成"民风论"，李安宅、杨堃译为"民风"。④为行文方便，本文在后文统一采用了"民俗学"之译名。因为该书，在20世纪首尾，孙末楠两度与中国学界结缘。前一次是以社会学家的身份，主要以"孙末楠"的名字出现。后一次则是以民俗学家的身份，乃当代中国民俗学界早已耳熟能详的"萨姆纳"。在至今影响深远并被他人反复诠释的专著——《民俗文化与民俗生活》中，高丙中几乎花费了将近四分之一的篇幅译介萨姆纳"注重生活和整体"的民俗观。⑤

1929年，在以孙本文等归国留美生为主体的东南社会学会的会刊——《社会学刊》的创刊号上，有三篇文章同时介绍孙末楠，分别是：吴景超的《孙末楠传》、

---

① 吴景超：《孙末楠传》，《社会学刊》第一卷第一期（1929）。关于孙末楠的生平及著述，亦可参阅黄迪《孙末楠的社会学》，燕京大学研究院社会学系1934年硕士毕业论文，第1—16页。

② 吴景超：《孙末楠的治学方法》，《独立评论》1934年第120期。

③ Sumner, W. G., Folkways: A Study of the Sociological Importance of Usages, Manners, Customs, Mores, and Morals, Boston: Ginn and Co., 1906.

④ 分别参阅吴景超《孙末楠传》，《社会学刊》第一卷第一期（1929）；孙本文《孙末楠的学说及其对于社会学的贡献》，《社会学刊》第一卷第一期（1929）；游嘉德《孙末楠与恺莱的社会学》，《社会学刊》第一卷第一期（1929）；赵承信《社会调查与社区研究》，《社会学界》第九卷（1936）；黄迪《孙末楠的社会学》，燕京大学研究院社会学系1934年硕士毕业论文；黄迪《派克与孙末楠》，北京大学社会学人类学研究所编《社区与功能：派克、布朗社会学文集及学记》，北京大学出版社2002年版，第171—178页；李安宅《仪礼与礼记之社会学的研究》，商务印书馆1931年版，第4页；杨堃《民人学与民族学（上篇）》，《民族学研究集刊》第三期（1940）。

⑤ 高丙中：《民俗文化与民俗生活》，中国社会科学出版社1994年版，第76—102、172—208页。

孙本文的《孙末楠的学说及其对于社会学的贡献》、游嘉德的《孙末楠与恺莱的社会学》。孙本文毕业于纽约大学,吴景超和游嘉德均在芝加哥大学获得博士学位。①同年,吴景超还另文介绍过孙末楠的研究方法,将孙末楠的民俗研究与英国人蒲斯(Charles Booth, 1840—1916)伦敦东区贫穷研究所用的访谈法和汤姆士(W. I. Thomas, 1863—1947)研究波兰农民使用的"传记法"(即现在所说的生命史、生活史)相提并论。因为孙末楠的《民俗学》是在其多年做的十六万张卡片基础之上写成的,所以吴景超将之视为是用"考据"的方法,研究相对简单的初民社会和社会中的风俗。②

1907年,孙末楠当选为1905年才成立的美国社会学会的会长,这多少让众多的社会学教授有些意外。二十年之后,德高望重的密歇根大学顾勒教授(Charles H. Cooley, 1864—1929)将孙末楠的《民俗学》一书视为美国社会学界"脚踏实地根据事实的著作"中最受欢迎的一本。③在五十岁之前,孙末楠的注意力主要在经济学。此后,他的注意力更多地集中在了社会学。然而,当他1899年开始整理自己的读书笔记时,才发现"民俗"至关重要。吴景超写道:"起初他想写社会学的,后来觉得'民俗'一个观念,极其重要,所以把社会学放开,写他的《民俗论》。此书于1906年出版,共六百九十二页。在此书的序文中,最后一句是:'我们第二步工作,便是完成社会学。'"④ 换言之,民俗、民俗学在孙末楠的社会学研究中有着重要的位置。甚至可以说,孙末楠的社会学是以民俗学为基础的。

至于孙末楠在社会学界中的地位,在《孙末楠的学说及其对于社会学的贡献》一文中,孙本文将之与德国社会学家齐美尔(Georg Simmel, 1858—1918)、法国社会学家涂尔干(Émile Durkheim, 1858—1917)等人相提并论。对于其归纳的孙末楠的民俗论、社会进化论和社会学系统三大学说,孙本文基本花费了大半的篇幅在梳理孙末楠的民俗论。孙本文指出,孙末楠民俗论的中心思想是:"民俗是人类生活唯一最重要的要素;他是支配人类一切活动的。"孙本文详细地从下述13个方面全景式地介绍了孙末楠的民俗论:1. 民俗的定义与产生;2. 民俗的产生是不觉得的;3. 民俗的起源是神秘的;4. 民俗是一种社会势力;5. 民俗与幸运的要素;6. 作为重要民俗的德型(Mores);7. 德型是一种指导的势力;8. 德型和社会选择;9. 德型规定是非的界限;10. 德型是非文字的、保守的与变化的三种特性;11. 德型和革命;12. 德型是可以改变的但是渐变的;13. 政治力量不易直接改变德型。关于"德型"一词,根据孙末楠原书,孙本文特别加注说明,Mores是拉丁文,"意即风俗,不过这类风俗是关系安宁幸福而有相传神秘的权力,所以是具有神圣不可侵犯

---

① 关于留美生对20世纪二三十年代中国社会学的影响,参阅陈新华《留美生与二十世纪二三十年代的中国社会学》,《社会科学研究》2003年第2期。

② 在该文中,孙末楠被翻译为了"匈谟涅"。参阅吴景超《几个社会学者所用的方法》,《社会学界》第三卷(1929)。显然这篇文章的写作时间应该早于同年发表在《社会学刊》上的《孙末楠传》。此后,吴景超在其文章中,将Sumner统一为了"孙末楠"。

③ Cooley, C. H., "Sumner and Methodology", Sociology and Social Research, vol. 12 (1928), p. 303. 转引自吴景超《孙末楠传》,《社会学刊》第一卷第一期(1929)。

④ 吴景超:《孙末楠传》,《社会学刊》第一卷第一期(1929)。亦可参阅吴景超《几个社会学者所用的方法》,《社会学界》第三卷(1929)。

的大权"①。最后,孙本文将孙末楠对于社会学的特殊贡献归结为注重调适的历程、注重民俗对于人生的影响、注重归纳的研究方法而非理论先行等三点。就民俗在孙末楠社会学研究中的重要性,孙本文基于阅读体验认同他人对于《民俗学》是"第一部科学的社会学著作"的评价。为此,孙本文写道:

> 民俗是民众的风俗;是一切行为的标准;他是范围人类种种方面的活动。举凡人类所谓是非善恶的标准,都受民俗的支配。人类不能一刻离民俗,犹之不能一刻离空气。所以民俗的研究,为社会学上极重要的部分。孙末楠对于民俗,加以一种极详细的分析。这是他第二种特殊贡献。②

在对孙末楠及其弟子的《社会的科学》③的评说中,游嘉德在陈述其专书的基本观念、资料与方法的同时,也从上述三个方面展开了尖锐的批判。诸如,孙末楠太受斯宾塞与爱德华·泰勒(Edward Burnett Tylor,1832—1917)进化论的影响,所引用的来自初民社会的资料参差不齐、客观性值得商榷,比较随意,等等。然而,游嘉德也反复指出,孙末楠和恺莱(Albert G. Keller,1874—1956)差不多前后耗时三十年的这部巨著,研究的对象和出发点是"人类适应他的环境,即研究习俗礼教制度等的演化"④。换言之,在孙末楠及其弟子等追随者搭建的社会学大厦中,民俗始终都是重头。事实上,《民俗学》一书,取材之丰富,内容之广博,分析之生动深刻,"不啻将整个社会隐含在内"⑤。

事实上,在中国社会学初创时期,学界并未仅仅停留在对孙末楠及其民俗学、社会学研究的密集的引入。1931年,李安宅出版的《仪礼与礼记之社会学的研究》一书,就使用了孙末楠关于民俗的认知论。在该书"绪言"中,李安宅引用孙末楠对"民俗"的定义来解释中国文化语境中的"礼"字,并总括了孙末楠 Folkways 一书前95页的内容。只不过,李安宅将 Folkways 翻译为了"民风",将 Mores 译为了"民仪"。原文如下:

> 中国的"礼"字,好像包括"民风"(folkways)"民仪"(mores)"制度"(institution)"仪式"和"政令"等等,所以在社会学的已成范畴里,"礼"是没有相当名称的:大而等于"文化",小而不过是区区的"礼节"。它的含义既这么广,所以用它的时候,有时是其全体,有时是其某一方面或某几方面。据社会学的研究,一切民风都是起源于人群应付生活条件的努力。某种应付方法显得有效即被大伙所自然无意识地采用着,变成群众现象,那就是变成民风。等到民风得到群众的自觉,以为那是有关全体之福利的时候,它就变成民仪。直到民仪这种东西再被加上具体的结构或肩架,

---

① 孙本文:《孙末楠的学说及其对于社会学的贡献》,《社会学刊》第一卷第一期(1929)。
② 孙本文:《孙末楠的学说及其对于社会学的贡献》,《社会学刊》第一卷第一期(1929)。
③ Sumner, W. G. and Albert G. Keller, *The Science of Society*, 4vols, New Haven: Yale University Press, 1927.
④ 游嘉德:《孙末楠与恺莱的社会学》,《社会学刊》第一卷第一期(1929)。
⑤ 黄迪:《派克与孙末楠》,北京大学社会学人类学研究所编:《社区与功能:派克、布朗社会学文集及学记》,北京大学出版社2002年版,第172—173页。

它就变成制度。①

随即，李安宅据此否认了人们认为"礼"是某某圣王先贤创造出来的"常识"。

孙末楠的《民俗学》一书是人文区位学的理论渊源之一。作为人文区位学的大师，派克1932年的到来，再次引起了中国学界对孙末楠的关注。不仅如此，派克本人还亲自撰文介绍、阐释孙末楠的社会观。只不过在派克的文章中，孙末楠的名字被音译为"撒木讷"，Folkways也被翻译成了"民风"。派克对孙末楠社会观的介绍主要依据的就是其《民俗学》这本书。派克阐释了孙末楠在该书中用的我群、敌对的合作、生存竞争、互助、共生（关系）等关键词与理念。如同前引的顾勒教授和孙本文对该书的肯定一样，派克在开篇写道："撒氏在1899年根据讲学材料起始写社会学教本，但在中途见有自述对于民仪（Mores）见解的必要，于是放下写教本的工作，写了一本《民风》。撒氏自认为《民风》为'我最后的著作'，当是美国作家对于社会学最有独到的贡献的著作。"②

在《论社会之性质与社会之概念》一文中，派克直白地说清了孙末楠以民俗研究为基础的社会学与他的人文区位学之间的关系。派克认为，在《民俗学》中，孙末楠升华了生存竞争与文化关系的理论，强调人的竞争既为基本的生存，也为在群体的位置，而且是群体性的。故群体有我群（we-group）、他群（others-group）之别。人口在空间的分布便是被这种竞争—合作的方式所配置，人类在大小社区内的安排亦并非偶然。进而，派克认为孙氏这种理论正契合人文区位学的区位结构论。③派克在继承孙末楠《民俗学》认知的基础之上，认为传统、习俗和文化是一个"有机体"。他关于文化的定义，显然是"民俗化"的，甚至完全可以将"文化"二字换成"民俗"。认为中国是一个不同于印度、西方的文化和文明的有机体、复合体——文明体④——的派克，写道：

> 文化是一种传统的东西。我们每个人都生长在这里面。我们的语言、习惯、情绪和意见都是不知不觉的在这里面养成的。在相当程度之下，它是一种出于各个人的习惯及本能的传习，它表示在各个人的共同及团体生活中，并且保持着某种独立生存和显示着一种个性。这种个性虽经历种种时间中的变端，仍能持久地遗传于后代的各个人。在这种意义之下，我们可以说，传统、习俗和文化是一个有机体。⑤

---

① 李安宅：《仪礼与礼记之社会学的研究》，商务印书馆1931年版，第4、9页。
② ［美］派克：《撒木讷氏社会观》，李安宅译，《社会学界》第六卷（1932）。
③ 北京大学社会学人类学研究所编：《社区与功能：派克、布朗社会学文集及学记》，北京大学出版社2002年版，第54—62页。在当年该文篇首的"编者识"中，燕大社会学系的编者直接将孙末楠称之为了美国的"民俗学家"。
④ 异曲同工的是，在21世纪初，甘阳也提出了相似的命题和诠释，参阅甘阳《从"民族—国家"走向"文明—国家"》，《书城》2004年第2期；《文明·国家·大学》，生活·读书·新知三联书店2012年版，第1—15页。
⑤ 费孝通译：《社会学家派克教授论中国》：《再生》第二卷第一期（1933）。亦可参阅《费孝通文集》（第1卷），群言出版社1999年版，第121—122页；［美］派克《论中国》，费孝通译，北京大学社会学人类学研究所编《社区与功能：派克、布朗社会学文集及学记》，北京大学出版社2002年版，第18页。

在燕大讲学期间，派克对孙末楠《民俗学》的推崇备至。这给当时"洗耳恭听"的黄迪留下了深刻的印象。黄迪记述道：

> 他来华后，第一天走进课室，所带来与我们相见的，便是孙末楠的《民风论》一书，而最后一课仍是诵读该书，对我们叮嘱言别。凡常到其办公室去的学生无不知道：《民风论》之于派克是不可须臾离的。至其平时在口头上、文字上对孙末楠思想的推崇佩服、扼要解释之处，比之季亭史与柯莱对孙末楠的好评，更为过火，更为精细。派克在燕京大学为社会学原理一课所编的讲义，亦显然以孙末楠的学说为中心。①

派克的力荐，使得其中国同仁们再次将目光投向孙末楠。不仅是前引的黄迪《派克与孙末楠》一文，1934 年，吴景超再次撰文介绍孙末楠的治学方法。② 同年，黄迪的硕士学位论文就是以 Folkways 为主要材料，专写孙末楠的社会学。在根据恺莱的文章再次介绍孙末楠的治学方法时，吴景超提到孙末楠的言必有据和资料的搜集整理与使用，还例举了《民俗学》这本书："我们读过他那本民俗论的人，看到事实之后，还是事实，最后才来一两句结论，便没有不相信他所说的。他所以能驾驭这许多事实，便是因为他平日做劄记之勤。"③ 同时，吴景超也强调孙末楠对史学方法的看重。

作为燕大社会学系的时任主任，吴文藻对民俗、民俗学的重视，因为派克的关系，也多少与孙末楠的《民俗学》发生了关联。1934 年 1 月 28 日，在给《派克社会学论文集》一书写的"导言"中，根据派克在燕大讲学，尤其是受其《论中国》一文的启发，吴文藻在转述派克对中国与美国比较时，更加明确地指明二者之间整体上是都市社会与乡村社会、工商社会与农业社会的差别。就他所列举的中国乡村社会的七条特征中，第三条和第五条直接用了"民俗""风俗"，而且孙末楠《民俗学》中重点诠释的"德型"也赫然在列。吴文藻的原文是："（三）宗法社会，以身份关系与宗亲意识的发达，而形成了家族主义与宗族主义（或称'民俗社会'）。……（五）传统主义，以风俗与道德（或为民风，礼俗与德型）为制裁（'礼治'）。"④

三 民俗与德型：黄迪对孙末楠的细读

1934 年，黄迪撰写的硕士学位论文《孙末楠的社会学》，在燕京大学通过了答辩。在该文中，黄迪将 custom 翻译为"风俗"，将 Folkways 翻译为"民风"。孙末楠认为："社会的生活是造成民风和应用民风，社会的科学可以认为是研究民风的科

---

① 黄迪：《派克与孙末楠》，北京大学社会学人类学研究所编：《社区与功能：派克、布朗社会学文集及学记》，北京大学出版社 2002 年版，第 171 页。
② 吴景超：《孙末楠的治学方法》，《独立评论》1934 年第 120 期。
③ 吴景超：《孙末楠的治学方法》，《独立评论》1934 年第 120 期。亦可参阅吴景超《几个社会学者所用的方法》，《社会学界》第三卷（1929）。
④ 吴文藻："导言"，北京大学社会学人类学研究所编：《社区与功能：派克、布朗社会学文集及学记》，北京大学出版社 2002 年版，第 13—14 页。

学。"① 有鉴于此，黄迪将民风、德型和制度并列在"社会秩序"一章之下。在"民风"一节中，黄迪对孙末楠《民俗学》一书中散见的关于"民俗"的描述性定义翻译之后②，总结道：

人生的第一件事是生活，所谓生活就是满足需要。在需要与满足需要的行为中间，是种种心理上的兴趣，因兴趣乃行为直接的动机。人类在满足需要的动作上，背后有兴趣（需要的化身）为其鞭策，面前有本能为其向导，两旁则有快乐与痛苦的情感为其权衡。如像初生的动物，人类满足需要的步骤，总是先动作而后思想，所以结果往往是尝试而失败。但在这尝试与失败（成功）的方法中，依快乐与痛苦的经验的教训，许多较好的满足需要的方法，便一一选择出来。人是生于团体中，满足需要是大家的事。各人的需要既相同，处境又一样，即使不相为谋，而结果，彼此满足需要的方法，也常会不谋而合，何况大家是相谋相济地分工合作。每个人可因其他各人的经验而得益。于是，由互相刺激，互相交换，互相贡献，互相甄别等的作用，那些被选择的满足需要的方法，便为大家所一律采用，一律奉行。这时候它们就不只是一个人的习惯，它们已是许多人的习惯，这所谓许多人的习惯就是民风。③

在随后对孙末楠之于初民社会民俗起源的推测性的功利性定义之辨析中，黄迪也指出了孙末楠四散的论述中，同样强调竞争、暴力、强权与霸道、鬼怪、个体的社会性等之于民俗的重要性。④ 根据孙末楠对民俗的描述，黄迪进一步归纳总结出了孙末楠所阐释的民俗的特征，即：1. 社会空间上的普遍性，它是所有社会制度、上层建筑的基石；2. 在时间连续性上的传统性；3. 对于个体与群体而言，身不由己先天习得的无意识性；4. 一个时代或一个地域民俗的彼此关联、互相交织和牵制的系统性与整体性，即民俗的一贯性；5. 作为最重要的社会势力，民俗的控制性。⑤ 另外，孙末楠也注意到民俗的过程性，注意到街车、电话等新的工具、技术、生产方式的出现会促生新的民俗，注意到民俗不同于有行政力量、司法等支撑的法律的控制力的柔性特征。⑥

在孙末楠的民俗学体系中，德型（Mores）是一个与民俗相提并论的重要概念，它来自民俗，却是一种特殊的民俗，甚或是一种高阶的民俗。因为权利与义务观念、社会福利的观念，最先与"怕鬼及来世观念相连着发展"，这一领域的民俗也就最先上升为德型，即德型是"关于社

---

① Sumner, W. G., *Folkways: A Study of the Sociological Importance of Usages, Manners, Customs, Mores, and Morals*, Boston: Ginn and Co., 1906, p. 34.
② Sumner, W. G., *Folkways: A Study of the Sociological Importance of Usages, Manners, Customs, Mores, and Morals*, Boston: Ginn and Co., 1906, pp. 2, 19, 30, 33 - 34, 67. 参见黄迪《孙末楠的社会学》，燕京大学研究院社会学系1934年硕士毕业论文，第127—129页。关于孙末楠对于民俗、德型/范的精彩论述，亦可参阅高丙中《民俗文化与民俗生活》，中国社会科学出版社1994年版，第172—208页。
③ 黄迪：《孙末楠的社会学》，燕京大学研究院社会学系1934年硕士毕业论文，第130页。
④ 黄迪：《孙末楠的社会学》，燕京大学研究院社会学系1934年硕士毕业论文，第130—133页。
⑤ 黄迪：《孙末楠的社会学》，燕京大学研究院社会学系1934年硕士毕业论文，第134—140页。
⑥ Sumner, W. G., *Folkways: A Study of the Sociological Importance of Usages, Manners, Customs, Mores, and Morals*, Boston: Ginn and Co., 1906, pp. 19, 35 - 36, 117 - 118.

会福利的哲学及伦理结论"①。德型包括这些重要范畴：道德，禁忌，仪式，贞洁，检点、谦和、得体等社会准则，时髦、虚饰、嗜好、身份等。② 常识和直觉强化了德型的神圣性，从而使之对传承享有者具有更大的约束力，对于一个群体更具有持久性。③ 但是，在孙末楠的表述体系中，德型经常与民俗又是混用的，很难分清。孙末楠曾经这样定义民俗："民俗是满足一切兴趣正当的方法，因为它们是传统的，并存在于事实之中。它们弥散到生活的各个方面。打猎、求偶、装扮、治病、敬神、待人接物、生子、出征、与会，以及其他任何可能的事情中，都有一种正确的方法。"④ 与此同时，孙末楠也曾将德型定义为："它们是一个社会中通行的，藉以满足人类需要和欲望的做事方法，以及种种信仰、观念、规律，和良好生活标准。这标准是附属于那些方法中，并与之有来源关系。"⑤

难能可贵的是，在孙末楠众多关于民俗的比喻性描述中，黄迪机敏地捕捉到了孙末楠将德型视为空气的比喻。孙末楠写道：

> The mores come down to us from the past. Each individual is born into them as he is born into the atmosphere, and he does not reflect on them, or criticise them any more than a baby analyzes the atmosphere before he begins to breathe it.⑥

黄迪的翻译如下：

> 德型是从过去传下给我们的。每一个人之呱呱坠地，而生于其中，如同他生于空气中一样。他之不把德型为思想对象，或批评它们，也正如他在未呼吸之前，不去分析空气一样。⑦

正是在对 Folkways 的细读中，黄迪将前引的孙末楠之于民俗的总体认知"社会的生活是造成民风和应用民风"，创造性地补充为"社会生活是在于造成民风，应用民风，和传递民风"⑧。如果再加上孙末楠关于民俗产生的功能说，那么黄迪的这一定义，已经与20世纪末权威的民俗学教科书中关于民俗的定义高度吻合。六十多年后，在这个民俗的权威定义中，"造成""应用""传递"仍然是关键词：

> 民俗，即民间风俗，指一个国家或民族中广大民众所创造、享用和传

---

① Sumner, W. G., *Folkways: A Study of the Sociological Importance of Usages, Manners, Customs, Mores, and Morals*, Boston: Ginn and Co., 1906, pp. 29-30.
② 黄迪：《孙末楠的社会学》，燕京大学研究院社会学系1934年硕士毕业论文，第148—159页。
③ Sumner, W. G., *Folkways: A Study of the Sociological Importance of Usages, Manners, Customs, Mores, and Morals*, Boston: Ginn and Co., 1906, pp. 76-80.
④ Sumner, W. G., *Folkways: A Study of the Sociological Importance of Usages, Manners, Customs, Mores, and Morals*, Boston: Ginn and Co., 1906, pp. 28.
⑤ Sumner, W. G., *Folkways: A Study of the Sociological Importance of Usages, Manners, Customs, Mores, and Morals*, Boston: Ginn and Co., 1906, pp. 59.
⑥ Sumner, W. G., *Folkways: A Study of the Sociological Importance of Usages, Manners, Customs, Mores, and Morals*, Boston: Ginn and Co., 1906, pp. 76.
⑦ 黄迪：《孙末楠的社会学》，燕京大学研究院社会学系1934年硕士毕业论文，第138页。
⑧ 黄迪：《孙末楠的社会学》，燕京大学研究院社会学系1934年硕士毕业论文，第135页。

承的生活文化。民俗起源于人类社会群体生活的需要，在特定的民族、时代和地域中不断形成、扩布和演变，为民众的日常生活服务。民俗一旦形成，就成为规范人们的行为、语言和心理的一种基本力量，同时也是民众习得、传承和积累文化创造成果的一种重要方式。①

事实上，作为孙末楠界定"民俗"的关键词，生活、需要、行为、心理、兴趣、动机、情感、满足、本能、个人、群体、习惯等，早就频频出现在燕大社会学系诸多毕业论文关于"风俗"和"礼俗"的界定之中。在某种意义上，与中国古代之于风、俗、礼的认知一样，孙末楠对于民俗的定义是这些后学者界定他们自己所研究的"风俗""礼俗"的知识来源之一，成为其知识系谱中关键的一环。

四　风俗与礼俗：孙末楠对燕大民俗学研究的影响

应该说，尽管有着程度的差异，但在燕大社会学系读过书的人大体都知道孙末楠及其《民俗学》的。1935年，因为吴文藻从问题意识、理论材料等诸多方面对陈礼颂的循循善诱之功、之情②，后者对其故乡潮州澄海县斗门乡的宗族及其礼俗发生了浓厚的兴趣。在其详尽的民族志书写中，孙末楠 Folkways 一书中的我群、他群、我群中心（ethnocentrism）、勉强合作（antagonistic cooperation）等成为陈礼颂回观、分析他所置身的宗族和乡风民俗的基本概念。③ 不仅如此，在论文"导言"中，陈礼颂还明确提出了宗族制度对风俗的决定性影响，由此指出："要了解中国社会的风俗习惯，需要先研究宗族（包括家族），因为它影响到整个的中国社会组织。"④ 事实上，在1935—1936学年度的燕大社会学课程中，吴文藻讲授的四、五年级社会学主修生的必修课"当代社会学说"，孙末楠之学说是必讲内容之一。⑤

1947年，在费孝通写就的《从欲望到需要》一文中，还有这样一段文字："于是另外一种说法发生了。孙末楠在他的名著 Folkways 开张明义就说：人类先有行为，后有思想。决定行为的是从试验与错误的公式中累积出来的经验，思想只有保留这些经验的作用，自觉的欲望是文化的命令。"⑥ 同年，在瑞菲德来燕大讲学时，孙末楠的名字再次与燕大社会学发生了关联。在张绪生翻译的瑞菲德《乡土社会》一文中，瑞菲德引用了孙末楠《民俗学》一书中的"初民社会"一词，来为自己的"乡土社会"佐证和添砖加瓦，并征引其 Folkways 一词来阐释其乡

---

① 钟敬文主编：《民俗学概论》，上海民间文艺出版社1998年版，第1—2页。
② 陈礼颂：《一个潮州村落社区的宗族研究》，燕京大学法学院社会学系1935年学士毕业论文，第7、103页。
③ 陈礼颂：《一个潮州村落社区的宗族研究》，燕京大学法学院社会学系1935年学士毕业论文，第3—4、10页。
④ 陈礼颂：《一个潮州村落社区的宗族研究》，燕京大学法学院社会学系1935年学士毕业论文，第6页。
⑤ 《燕京大学社会学系学程——民国二十四年至二十五年》，《社会学刊》第五卷第一期（1936），第155页。
⑥ 费孝通：《费孝通文集》（第5卷），群言出版社1999年版，第386页。

土社会的特质。①

显然，在燕京大学和中国社会学界引起巨大关注的孙末楠的《民俗学》以及《社会的科学》影响到了人们对于民俗的认知，对于民俗（学）与社会学关系的认知。正如前引众人指出的那样，在这两部巨著中，孙末楠引用的丰富材料不是他生活其中的美国都市社会，而是来源多样的初民社会，因为他要探知的是人类基于饥饿（食）、性欲（色）、虚荣（名）、畏惧（宗教与禁忌）等共性，即他所言的"德型"而生成的人与人之间的关系和社会制度。因此，吴文藻等人通过派克延续了孙末楠的学说，将当时的中国社会视为与都市社会对立的乡村社会。这是在进化序列中的一种比美国都市社会、工业社会落后，但又比初民社会发达、高阶的中间阶段的社会。在将燕大社会学系的清河试验区界定为一个"村镇社区"时，赵承信指出了村镇社区不同于人文区位学关注的"都市社区"（Metropolitan Community）和比较社会学抑或功能社会学所指的"初民社区"（Primitive or Tribal Community）的特质，将其定义为"一先工业化的社区，但同时其社会结构实已超乎无定居及初定居的初民社区"②。

这样，就不难理解为何民俗——后来也经常被称为"礼俗"——的研究在燕大社会学系始终占有着重要的位置。当然，就整体情形而言，燕大的民俗学研究与当时社会学运动发展的阶段相吻合。在相当意义上，在同期的社会调查与乡村建设运动中，清河试验区虽然有新的突破、尝试，但其底色还是出于社会改良的"乡村重建运动"③。自然而然，在 20 世纪 30 年代前半期，也即燕大社会学系的清河试验区时期，虽然有数篇对某个村落自然、地理、历史、人口、政治、经济、宗教、社会组织、教育、娱乐等"概论"的全景记述④，但立足于某一民俗事象的"社会学调查"、社区研究并不多。因此，邱雪峨的《一个村落社区产育礼俗的研究》⑤，俨然是同期毕业论文中的另类。反之，前文所罗列的 1933—1935 年的燕大关于民俗研究的不少学位论文都有着"社会调查运动"的特色，更加偏重的是民俗在面上的广博状态，是区域性的、长时段的，明显有着"概况""概论"性质。而且，可以简单地称之为"风俗学"，抑或说"区域民俗学"的这些研究，明显有着孙末楠和派克一路下来的浓郁的"人文区位学"的影子。

卢沟桥事变后，清河试验区也被迫中断。在新任系主任赵承信的张罗、主持下，留守在北平的燕大社会学系的民俗学研究，也就进入赵承信、杨堃、黄迪等人领军的对燕大"社会学实验室——平郊村"⑥之基于局内观察法的社区研究时期。在前，燕大社会学系的民俗学研究大多都是围绕平郊村展开的，不少论文的题目都是别有深意地以"礼俗"命名，诸如："一个村庄之死亡礼俗""北平婚姻礼俗""北平妇女生活的禁忌礼俗""北平儿童生活礼俗"等。因为强调礼与俗

---

① [美] 瑞菲德：《乡土社会》，张绪生译，《燕京社会科学》第二卷（1949）。
② 赵承信：《社区研究与社会学之建设》，《社会学刊》第五卷第三期（1937）。
③ 苗俊长：《中国乡村建设运动鸟瞰》，《乡村改造》第六卷第一期（1937）。
④ 万树庸：《黄土北店村的研究》，燕京大学研究院社会学系 1932 年硕士毕业论文；蒋旨昂：《卢家村》，燕京大学文学院社会学系 1934 年学士毕业论文。
⑤ 邱雪峨：《一个村落社区产育礼俗的研究》，燕京大学法学院社会学系 1935 年学士毕业论文。
⑥ 赵承信：《平郊村研究的进程》，《燕京社会科学》第一卷（1948）。

之间的互动，在经验研究中贯穿着文献和历史的视角，"风俗"不再被频频使用。整体而言，这一时期的民俗学或者又可称之为"社区民俗学"。限于篇幅，这一转型的详情将他文再述。

（原载《民俗研究》
2018 年第 2 期）

江绍原：一生清贫的民俗学者

刘锡诚

2018年是著名民俗学家和宗教学家江绍原先生诞辰120周年和逝世35周年，我和他的结识与交往的一幕幕浮现在脑际。

回想60年前，我在北大读书时，毕业论文选了中国民间文学。我的这个偏门选题得到了系主任、我的导师曹靖华先生的认同。为了准备写这篇论文，我常常到北大图书馆所属民主楼的小阁楼上那个很少有人光顾的藏书室里去查阅收藏的北大歌谣研究会和《歌谣》周刊时代的旧杂志和旧报纸。在那里，我不仅了解了最早提倡歌谣和传说故事的周作人、刘半农、沈兼士、顾颉刚等的业绩，也对25岁就成了北大教授、稍后又荣任中国现代学术史上最早成立的民俗学会——风俗调查会主席、著有《发须爪——关于它们的迷信》（开明书店1927年版）、《现代英吉利谣俗及谣俗学》（中华书局1932年版）和《中国古代旅行之研究》（商务印书馆1935年版）等著作的江绍原产生了仰慕和崇敬之情。江绍原先生是1957年我踏入社会第一个结识的著名学者，那时他才59岁，是中国科学出版社的编审。

江绍原先生祖籍安徽旌德，1898年出生于北京，青年时期就读于上海沪江大学预科，不久去美国加利福尼亚求学，后因病回国。1917年在北京大学哲学系作旁听生。1920年，中华书局出版了他的第一本宗教学著作《乔达摩底死》。同年，去美国芝加哥大学攻读比较宗教学，1922年在该校毕业后，又在伊利诺伊大学研究院哲学专业学习。1923年回国，到北京大学文学院任教授。1927年，江绍原应鲁迅之邀赴广州，任中山大学文学院英吉利语言文学系主任、教授，兼任国文系课程，开设了"迷信研究"课程。1930年夏与钟敬文、钱南扬、娄子匡等联合发起成立中国民俗学会，创办《民俗周刊》（在杭州出了40期），先后在这个刊物上发表了《最近民俗研究范围与倾向》《民间的疾病传染》《宁波端午老虎画集序》等文稿。中华人民共和国成立后，先后任山西大学英语系教授、科学出版社编审、商务印书馆编审和顾问。

我在中国民研会研究部工作时，职责是翻译苏联和其他国家（包括欧美）的民间文学资料，联系"五四"时代的民间文学专家，组织学术活动。我陆续翻译了一些苏联民间文学研究的资料和文章，在研究部主任路工和《民间文学》编辑部主任汪曾祺的帮助与支持下，在内刊上和《民间文学》上发表。江绍原也在全力关注苏联民间文艺学界的学术动态，其专业方向也从民间俗信研究与比较宗教学转移到了民间文学上，原本熟练掌握英语等多种外语的他，又自学了俄语，陆续翻译出版了一些俄文版的民间故事集，如《塔吉克民间故事集》（1952）、《哈萨克民间故事》（1954）、《印度民间故事》《西非神话寓言动物故事集》（1957）、《鹦鹉讲的故事》（1958）等。同时还翻译和研究马克思主义经典著作家与苏联民间文学理论，出版了苏联民族学家的多人合集《苏维埃人种学译丛》（生活·读书·新知三联书店

1955年版)、以"文种"为笔名翻译的布宾诺夫等著《资产阶级民族学批判译文集》(生活·读书·新知三联书店1956年版)等。当他在杂志上读到我翻译的波米兰才娃的《苏维埃民间文艺学》、契切罗夫《民间文艺学》(为《苏联大百科全书》所撰词条)和《苏维埃民间创作的历史材料》以及古雪夫的《论俄罗斯民间文艺学史的研究》等当时苏联著名学者写的民间文艺学文章后,对我这个初登译坛的年轻人倍加注意,开始引为同道。我也开始常去拜访求教于他。他把所译之《资产阶级民族学批判译文集》一书签名赠送给我。他的活动范围大致只有三个地方:一是他的家。他借住在好友周作人西城区八道湾11号住宅的北屋里,只有一间住房,很狭窄,室内一张大床上躺着常年卧病(瘫痪)在床、懂俄语能翻译书稿、被称为"中国的保尔·柯察金"的儿子江幼农。二是文津街北京图书馆的阅览室,他经常到那里借书看书查资料和伏案翻译外国学者的著作。三是朝阳门内大街117号科学出版社的编辑室。就是在他的编辑室里,他要我把已经译成中文的苏联学者的文章合编为一集,他要帮助出版,这就是我和妻子马昌仪合译、索柯洛娃等著《苏维埃民间文艺学四十年》(科学出版社1959年版)。我约他撰写马克思主义经典著作家民间文学观的文章,他把一篇研究恩格斯的《德国民间故事书》的论文《恩格斯论德国民间传说中的龙鳞胜和》交给了我,经我的手在《民间文学》1961年第9期上发表了。这大概是这位25岁就当上北京大学民俗学和比较宗教学教授、为中国民俗学的理论奠基作出了很大贡献的学者,在《民间文学》上发表的唯一的文章。

1962年8月23日,我受命在国际俱乐部主持组织了民间文学界"专家交谊会",重点邀请了一些在京的"五四"时期的民间文学专家到会,有顾颉刚、魏建功、江绍原、常惠、容肇祖、杨成志等,还组织他们在颐和园乘船游昆明湖,在听鹂馆用餐,并全体留影。

那些年,我常去他的府上求教,和他成了忘年之交。他对后学的无私教诲和倾情帮助,使我永志不忘。后来他调到商务印书馆任编审、顾问,我则先后到新华社和《文艺报》工作,来往就少了。1983年9月,我应文艺界老领导之召,从中国作家协会调回到年轻时供职的中国民间文艺研究会,担任书记处常务书记,主持研究会的日常工作。哪想刚刚到任没几天,江绍原先生就逝世了。噩耗传来,我非常悲痛。鉴于我与江先生的交情,他又是中国民间文艺研究会的顾问,商务印书馆的领导要我在他的追悼会上致悼词,我在悲痛中接受了这一委托。冥冥中我意识到,我和江先生的相识结缘,也许是一种缘分吧。

他逝世后,我派王文宝同志去就他的藏书进行沟通,他的家属将其捐赠给了中国民研会。民研会图书资料室成立之初,无论是藏量还是珍藏,在全国文联所有协会研究会的图书资料室中是首屈一指、有口皆碑的,曾先后接受过许多文化名人的捐赠,如疑为刘半农的《绥远民歌集》手稿,周作人的《绍兴童谣》手稿,容肇祖的《粤讴》《迷信与传说》《二荷》与《歌谣》周刊,程砚秋的寒亭年画,公木的《陕北信天游》等一大批捐赠品,当时又增添了江绍原先生的包括《北京大学国学门周刊》在内的"五四"时期民间文学报刊私藏,这在那时甚至现在,都是很珍贵的。我作为研究会的负责人,特批了五百元人民币给家属,作为报偿。后来王文宝从他的遗存书刊材料中挑出几种,与他的女儿江小蕙女士一起编成《中国礼俗迷信》(天津渤海湾出版公司)、《古俗今说》(上海文艺出版社)等出版了。

江先生一生追求进步。抗日战争时不忍离国他去,不任伪职,过着清贫的生活。

抗日战争胜利后，参加1946年的中共地下党组织的反对选举伪国大代表的中山公园音乐堂大会，并在《解放日报》上发表《拼死争自由》的文章。商务印书馆起草由我宣读的《悼词》中说："江先生在国家民族遭受严重危难时期，追求真理，不畏强暴，表现了民主革命精神、爱国主义精神和高度的民族气节；中华人民共和国成立后，他拥护党的十一届三中全会以来的方针政策，对祖国的现代化建设事业充满信心。"这种政治思想上的追求和情操，表现在学术研究上，就是他的创新和开拓精神。我在青年时期同江绍原先生结下的学缘，前后经历了漫长的26个春秋，他是我的良师益友，他的为人品德和治学精神一直鼓舞和激励着我。

（原载《中国社会科学报》2018年3月19日第8版）

杨堃：学术"同工"的批评

岳永逸

杨堃（一九〇一至一九九八），河北大名人，一位生前颇负盛名的民族学家、社会学家与民俗学家。然而，在其过世二十年后，他的名字已经不常被学界提起，变得陈旧、古老，俨然一个渐行渐远的"传说"。其实，不仅仅是他身后寂寥，有"蒙尘"之实，因为对学术的忠诚与坚守，跨界的杨堃生前也大抵是孤寂的，至少显得"不合群"抑或说"不合时宜"。杨堃的学术努力使得20世纪三四十年代的中国社会学、民族学、民俗学、历史学以及人类学这些中国现代社会科学具有了多样化的理论倾向。

杨堃早年留学法国，师从古恒（Maurice Courant，1865—1935）、莫斯（Marcel Mauss，1872—1950）和葛兰言（Marcel Granet，1884—1940）诸教授，专攻社会学、民族学。一九三〇年五月，他在法国里昂大学获得博士学位。其博士学位论文《中国家族中的祖先崇拜》（*Rechérches sur le culte des ancêtres comme principe ordonnateur de la famille chinoise*）一九三四年在里昂鲍恩克兄弟出版社出版。一九三一年初，他与同样在法国获得博士学位的妻子张若名（一九〇二至一九五八）一道回国。归国后，杨堃先是在河北省立河北大学任教七个月，旋即任教于国立北平师范大学至一九三七年七月，其间也在中法大学、北平大学等高校兼课。一九三七年九月，杨堃入职燕京大学社会学系，开设了初民社区、社会学、家族与社会、比较宗教、当代社会学说、民族志、中国社会史等多门课程。

一九四一年，太平洋战争爆发，美日宣战。留守沦陷区北平的燕京大学遭日军封闭，被迫关停。同年，法国由交战国变成了中立国。因应这种"微妙"的变化，当时的驻华法国大使馆为发扬其汉学研究的传统，创办了中法汉学研究所。离开燕京大学的杨堃，到中法汉学研究所出任民俗学专任研究员。一九四四年，将社会学的方法运用到历史以及民俗研究之中，杨堃撰写出了他引以为自豪的长文《灶神考》，并将之视为中国新史学运动中社会学派的标志性成果之一。同期，他还主编该所的《民俗季刊》的创刊号。因注册登记出了问题，稿子已经齐备的创刊号未能面世，胎死腹中。后来，因为中法研究所的总务长杜伯秋（Jean Pierre Dubosc，1904—1988）试图与杨堃合作用法文发表论文，并强行要署第一作者，杨堃愤而辞去了专任研究员的职务（米有华：《杨堃传略》）。一九四七年，在孙本文的介绍下，杨堃接受了云南大学校长熊庆来的邀请，南下昆明任教。

从归国之始，一直到一九五〇年，杨堃始终都在积极倡导、宣扬法国社会学（民族学），"想利用法国社会学派的观点、理论和方法，研究我国各民族的民间文化与原始文化"（《杨堃民族研究文集》）。因此，对其了然于胸并且视为"科学"的法国社会学的译介，几乎占据了杨堃这二十年学术写作的半壁河山。其中，他直接翻译的有《法国现代社会学》（一九三一）、

《法国社会学史略》（一九三二），导读、提要类的有《介绍雷布儒的社会学学说》（一九三三）、《法国民族学之过去与现在》（一九三六）、《法国民族学运动之新发展》（一九三七）、《莫斯教授的社会学学说与方法论》（一九三八）、An Introduction to Granet's Sinology（《葛兰言中国学研究导论》，一九三九）、《葛兰言研究导论》（一九四二至一九四三）、《法国社会学家莫斯教授书目提要》（一九四四）、《孔德以前的社会学》（一九四四）、《孔德社会学研究导论》（一九四四）、《勒普来学派社会学研究导论》（一九四六）等。另外，他还专文介绍过自己如何在法国学习社会学，也介绍过巴黎的中国学院，即一九三一年的《在法国怎样学社会学》和一九四六年的《谈巴黎中国学院》。

本着将学术作为神圣志业的热忱与童心，杨堃将学界同仁视为与自己一样的学术"同工"（《与娄子匡书：论"保特拉吃"》）。因此，在那二十年期间，他持之以恒地保持着其刚回国时的迅猛势头，风头甚健地展开了学术批评。对于自己一直引以为同道的吴文藻，杨堃除多次礼赞其对功能学派、社区研究的倡导和实践，还热情洋溢地赞誉吴文藻"学问渊博而有卓识，并且有学派领袖之态度"[《中国近三十年来之出版界（社会学之部）》]。然而，赞誉、肯定，丝毫不影响杨堃严谨、精准且犀利的批评。一九三二年，许地山、吴文藻、黄华节（黄石）、江绍原、李安宅五人发起了编纂"野蛮生活史"的倡议，公开刊载了他们编纂的方针与策略。看到这份倡议之后，杨堃立刻撰文批评，指出这篇"缘起"文字过于通俗、武断，带有种族或阶级的成见，标准不一，立场不明，及至于发问："不知道他们的立场是科学的，还是道德的？他们要编纂的'野蛮生活史'是一部科学的著作呢，抑或是一部道德经呢？"（《编纂野蛮生活史之商榷》）

在译介涂尔干和莫斯等人创设的社会形态学时，除点明黄国璋编的《社会的地理基础》"不得要领"之外，杨堃同时提及倡导并译介都市社会学的吴景超、专攻农村社会学的杨开道。他非常"可惜"这些留美归来的社会学同行的相关著作，认为这些著作"或者仅是一种叙述的工作，或者仅是一种表面的或局部的说明，而未能站在社会形态学之立场，将此种社会本体之真正的原因，一一告诉我们"（《社会形态学是什么？》）。

一九三二年，杨堃刊发在《鞭策周刊》第一卷第三、第四期上的《中国现代社会学之派别及趋势》依旧是一篇火药味很浓的批评。文中，对于作为文化学派代表的孙本文的专著《社会学上之文化论》，杨堃认为该书介绍的仅仅是美国的文化学派，而非社会学的文化学派，有"以一代全之弊"，而且忽略了心理学派对文化学派的影响，有着对比较法的误解。对李达《现代社会学》一书，则批评其"明示社会改造之方针"等论断的武断。进而，杨堃指出，因为对不少既往研究的误判、误用，李著"对不起'现代'二字"，从而建议将书名改为《历史唯物论之社会学》。

出于社会改良之目的，一九二七至一九三五年间，全国上下掀起了轰轰烈烈的社会调查运动和乡村建设运动。对此，批评之声与赞誉之声同在。因其典型性和巨大的社会影响，晏阳初、李景汉等主导的定县平民教育运动和社会调查始终是被关注的重点。一九三五年，廖泰初厚重的硕士毕业论文——《定县的实验：一个历史发展的研究与评价》——对定县的实践展开了全面的评估。次年，廖泰初还专门撰文《从定县的经验说到农村社会调查的缺欠和补救的方法》评说此前社会调查的不足，明确倡导用长期生活在乡间、与老百姓同吃同住的"居住法"进行研究。同样，在对国内外调查历史的梳理中，主要以《定县社会概况调查》为靶子，赵承信对主观性很强的社会调查运动展开了全面的批评。在方法论层面，他提出了有别于"社会调查"的"社会学调查"，呼吁研究者抛弃先入为主的对农村、农民的价值评判，实实在在地进行"社区研究"（赵承信：《社会调查与社区研究》）。

相较廖泰初、赵承信等人对社会调查运动的批评而言，杨堃的批评似乎"尖刻"了很多。与廖、赵二人一样，杨堃以研究初民社会的局内观察法（Methode intensive），也即廖泰初所言的"居住法"为准绳，直言不讳地将"社会调查"视为"骗人"的把戏，认为绝大多数所谓的调查报告"连一篇较好的游记还不如"（《民族学与史学》）。其实，早在一九三三年，杨堃就评说过李景汉的《实地社会调查方法》。虽然肯定了该书乃"国货"而迥异于同类著作的难能可贵，但杨堃批评文章的大半篇幅都是在一一数落其不足。诸如：作为社会调查家的李景汉对"亲属称谓"等民族学知识的缺乏，对社会调查史上勒伯莱（Le Play）和杜尔沟（Turgot）等法国重要学者的遗漏，对调查者服饰应该从俗的忽视，对列举了太多的表格而少使用说明和参考书目避重就轻的缺憾，对仅仅依靠调查表格的社会调查功效的盲目乐观，等等（《评李景汉著〈实地社会调查方法〉》）。

同样，对尚在萌芽状态的民族学调查，杨堃认为，《广西凌云瑶人调查报告》、《台湾番族之原始文化》与《云南民族调查报告》等调查报告过于幼稚、简单："今竟当作中国最高学府的国立中央研究院之专刊，那真连我们亦有点不好意思了！"对"还可原谅"的刘锡蕃的《岭表纪蛮》一书，杨堃指出，因为于史学有相当根基的作者缺乏民族学的训练，虽然在"无史民族"内奔走多年，也劳而无功，"价值不会甚高"。即使是对于和自己有着同门之谊的凌纯声的《松花江下游的赫哲族》，杨堃虽然将其视为我国民族学界"一部像样的著作"，但仍对其调查的时间仅是"历时三月"和成果"亦仅有此两册"表达了遗憾。顺势，杨堃将批评矛头指向了当局的教育机关及其政策，认为民族学的这些不足相当一部分源自普通的大学教育中没有开设民族学课程（《民族学与史学》）。

自归国起，出于共同的学术爱好，杨堃很快就与娄子匡由笔友成为好友，甚至在北平帮着娄子匡"代销"杂志。然而，就是对这样一位朋友，杨堃的批评也一丝不苟。一九三二年，在为娄子匡《中国新年风俗志》撰写的"序"中，杨堃对娄著没有明白说出"资料搜集的方法与整理材料的方法"而遗憾。有意思的是，杨堃不但自己批评，还希望有更多的人加入到批评、讨论中来。为此，他也不时扮演挑战者的角色，希望更多"名流"应战。对娄子匡的《打擂台》一文，杨堃不仅根据自己对"保特拉吃"（Potlatch，今常译为"夸富宴"）的所学所思，指出其是与非，还摆出擂台，吁请早已经在国内学界功成名就的史学家顾颉刚和神话学家兼民俗学家江绍原二人，"对此问题，亦有兴趣来发表意见"（《与娄子匡书：论"保特拉吃"》）。

杨堃的评论触角不单单指向那时中国的社会学、民族学，还明确伸向了中国的史学、民俗学、人类学等多个领域。他希望这些幼稚、"还全在萌芽时代，故尚谈不到科学的研究"的中国社会科学"社会学化"，尤其是"科学化"。

一九三四年，林惠祥在商务印书馆出版了《文化人类学》一书。书中，林惠祥将人类学定义为"是用历史的眼光研究人类及其文化之科学：包含人类的起源、种族的区分，以及物质生活、社会构造、心灵反应等的原始状况之研究"。对这个人类学定义，杨堃并不赞成。在杨堃看来，尽管历史的方法有益于人类学，但研究人类学并不一定要"用历史的眼光"，因为历史的方法不是人类学的"唯一方法"（《民族学与人类学》）。相反，在历史学的研究中，他特别强调葛兰言关于中国研究重要的方法论意义及其示范意义。杨堃倡导，历史研究应该像葛兰言那样，将社会学的分析方法应用到历史研究之中，从而使历史学和社会学相向而行，两相融合，建立社会学化的历史学，或者说历史学研究中的社会学派。因为史学"必须采用社会学的方法与理论，方有出路"（《民族学与史学》）。为此，在对其他学科的建设性批评中，除民俗学之外，杨堃用力最勤的是对既有史学研究的批评，并身体力行地写出了《灶神考》这样的长文。

在《民族学与史学》一文中，杨堃并不否认"最近二十年内"中国史学的巨大进步。然而，他也清楚地意识到，这一进步"大半是得自近年来考古学上的新发现与语言学方法的进步"，反之对同期民族学（社会学）方面的材料、方法与理论，中国史学界并未能予以应有的重视和充分的利用，尽管胡适、陈垣、顾颉刚等人已经注意到了民族学的重要性。除认为"考今"在相当意义上更重于考古之外，他始终强调，要避免或者说改变冥顽不化的"化石史学"之实况，就必须从语文、技术、礼俗和思想四个方面吸收民族学的营养。自然而然地，他将郭沫若的《中国古代社会研究》、傅斯年的《东北史纲》和江绍原的《中国古代旅行之研究》等的成功都与民族学联系了起来。

杨堃认为，郭著最大的贡献在于"打破我国史学界因袭的观念，首先采用民族学的方法并唤起一般学人对于民族学研究的兴趣与重视，因此，我国的史学界乃能另进入一个新的阶段"。这个赞誉不可谓不高。但是，杨堃的批评似乎更严厉。他写道："然而该书的错误，乃在乎作者不明了民族学在最近五十年内一切的新的进展。致使前人犯过的错误今仍不能更改；早已证明不确的理论，今犹引用得津津有味。"就傅斯年旁征博引的"兴会"的新史学之成功，杨堃认为傅斯年显然使用了民族学强调的比较的方法，因而傅著是"比较的与综合的新史学，而非旧日的'化石的史学'也"。原则上而言，杨堃是以自己熟悉的"科学"与"方法（论）"之标准，以学术为"终身事业"，品评不同学科的研究者及其著述的。他坚信，无论是西方还是中国，所有那时冠之以科学名目的学科都在发展之中，而中国的相关科学则尤其"幼稚"。因此，对推崇法国社会学的杨堃而言，他甚至矫枉过正地倡导："现在已经取得科学名称的一切科学"不但都是社会形态学的部分，而且"全应接受社会形态学的观点与方法"，才能"由杂乱而系统化"，最终成为真正的科学（《莫斯教授的社会学学说与方法论》）。他谦卑地将自己视为学术的"同工"，"完全是出于善意的"就事论事，以希望将这些尚在发展中的"幼稚"科学推向正途与成熟，因为"一切学术在开创时全是浅薄得很"（《民族学与社会学》）。其不揣冒昧、直言不讳地左右开弓、四处出击，虽不一定让人接受、信服，也未必有回应，却言必有据。不仅如此，杨堃还特别声明："我不说法国社会学是怎样了不得的一种宝贝，我个人亦不是法国社会学派的一个信徒。"（《中国现代社会学之派别及趋势》）然而，在那个百家争鸣的年代，有着学术抱负并以学术为志业的他，依旧俨然是法国现代社会学、民族学与民俗学的"代言人"，倡导"史学的社会学派""社会学的民俗学"也就在情理之中。在归国后数年，其大体量、高质量、多学科的学术写作、译介与批评，使杨堃在20世纪30年代初期迅速引人注目。

悖谬的是，杨堃对学术的虔诚、严谨与勤奋，却像一把双刃剑。事实上，始终未能有一个围绕着他的、相对固定的、长期的学术圈子（抑或说学术共同体）形成。也许是他太前沿、太精密、太善于"抓辫子"，也许是他太客观、太真诚，即使对于国内的主流学者圈而言，他也仿佛始终是在边缘。回国之初，只想做研究的杨堃，"由于种种关系"，直接被中央研究院和北平研究院拒之门外，"未被聘用"，他"只好在各大学任教"，如一个"替补"队员（《杨堃民族研究文集》）。不但如此，当狼烟四起之时，他"气定神闲"地留守沦陷区北平，心无旁骛地传道授业解惑，写作自己的长篇论文，而当人们欢庆胜利纷纷北归时，他却南下去了边陲之地——昆明。与此同时，从其著述文后浩繁的注释和参考文献，我们可以看到杨堃对国内外诸家相关研究的频频征引。但是，他高质量的学术写作，却应者寥寥。我们很难看见他人对其著述的反向引用。对于中国社会科学界这个"江湖"而言，一本正经呐喊的杨堃，常常如"持戟独彷徨"的无门无派的斗士。

在我看来，杨堃是凌空高冷而任我行的"独行侠"，抑或说喃喃自语、自得其乐的"呆侠"。再加之他与原配——以研究法国作家纪德而著称的一代才女张若名——充满传奇色彩又令人唏嘘的政治经历（杨在道编：《张若名研究资料》），杨堃及其学问，也就始终处于被人们有意的遗忘和淡淡的记忆之间，终难逃"蒙尘"之宿命。

（原载《读书》2018 年第 6 期）

钟敬文：抗战时期在广东的岁月

孙诗晴

钟敬文（1903—2002）原名谭宗，曾用笔名敬闻、静闻，广东省海丰县人。他是我国著名的民间文艺学家、民俗学家、教育家、诗人、散文家，曾任中国民间文艺家协会主席、中国文联荣誉委员、中国民俗学会理事长、中华诗词学会副会长、北京师范大学中文系主任等职。1920年，考入陆安师范学校。受北京大学《歌谣周刊》的影响，他走上了建立和发展中国民俗学、民间文艺学的道路。1927年秋，到广州中山大学中文系任助教，11月与顾颉刚、容肇祖、董作宾等发起成立中山大学民俗学会，并先后参加《民间文艺》《民俗》周刊和民俗丛书的编辑工作。1928年，中山大学校方指责钟敬文编辑的民俗学丛书中有败坏社会风气的内容，对他强行解聘。同年秋，钟敬文来到杭州，先后在浙江大学文理学院和浙江民众教育实验学校任教。1930年，成立了杭州民俗学会，后改为"中国民俗学会"。他自感在民间文艺理论方面基础薄弱，于1934年毅然放下教鞭，和妻子陈秋帆一起赴日本深造。1936年夏天，潜修后的钟敬文回到杭州，仍旧在之前工作的浙江民众教育实验学校任职并继续从事民俗学研究，此时他已经成为这个学科的带头人。但是西子湖畔简单纯粹的生活并不长久，当卢沟桥的炮声响起，所有中国人都被卷入一场旷日持久的浩劫之中。

开始颠沛流离的生活

1937年8月13日，淞沪会战打响。11月12日，上海沦陷，敌军的炮火很快烧向浙江。其实在当年11月初，日军第10军约10万人已经在杭州湾金山卫登陆，浙江许多城市相继陷落。12月18日，日军发起杭州战役，在经历近一周的奋战后，杭州也沦陷了。正受风寒病折磨的钟敬文只好跟随学校一道，踏上撤退的路。在女埠镇一处祠堂歇脚时，钟敬文回想起由于国民政府抵抗不力，大片国土沦丧，内心激愤异常，他感到唤醒民众抗日救国是当务之急，于是动手写了两副对联贴在祠堂柱子上：

> 世事在人为，谁道危机难挽救？
> 溪山随处好，莫教敌骑妄玷污！
>
> 把民众组织起来，这正是时候了！
> 让国家沉沦下去，你能逃责任吗？

一位叫王启发的人在一篇回忆父亲抗日经历的文章中提到了这两副对联对他父亲的影响："那年，父亲21岁……当他走进祠堂，看到钟敬文先生写的对联贴在柱子上，只觉得热血沸腾。那时恰好小镇上来了一个兵站医院，父亲便毅然要求医院领导批准入伍……50多年过去了，钟敬文先生写于小镇上的两副对联，仍深深地留在父亲的脑子里，因为正是在这两副对联的激励下，父亲加入了抗日的行列而义无反顾。"①

在女埠镇住了近两个月后，浙江民众教育实验学校因为经费不足而解散。此时钟敬文的病情已稍稍稳定，就和妻子由上饶转南昌、衡阳，再由衡阳向西行进，最终在桂林停下来。经朋友介绍，钟敬文暂时到从无锡迁来的江苏教育学院等校教课。

战时的桂林，敌机不断进行轰炸，警报声时常响起。白天听着头顶上震耳欲聋的爆炸声，看到尸横遍野的惨状，钟敬文简直恨到咬牙切齿。站在讲台上，他神情激昂，向学生灌输爱国救亡的思想，可是内心的愁苦总是挥之不去，愈加深重。钟敬文不甘心就这样躲在后方，他太想为抗敌救国出份力了！恰巧，1938年春天，他意外遇见好友尚仲衣②。

尚仲衣是中共党员。1937年全面抗日战争爆发后，他会同中共地下党人士、抗日民主人士和国民党左派，在广州成立抗日战争教育实验社，举办抗日战争教育实验训练班，这是第二次国共合作期间广州高级知识分子自发成立的抗日战争组织。尚仲衣经常在广州活动，之所以能和钟敬文在桂林相聚，是因为尚的家眷住在这里，他是回来探亲的。在民族危难的特殊年代，好友见面自然有谈不完的忧国忧民的心绪，钟敬文向尚仲衣表达了自己想要参与抗敌的决心，正所谓"想到众生千百劫，合从人海作瞿昙"③。

挟笔从戎赴前线

1938年七八月间，国民党第四战区长官司令部的政治部在广州成立，尚仲衣被任命为第三组（宣传组）组长。他明白钟敬文的心思，一再来电催促钟到他这里，共同挽救民族危难。钟敬文立刻辞去职务，和陈秋帆告别，乘船一路南下，经过梧州后到达广州，时任政治部秘书长的左恭④和尚仲衣热情接待了他。钟敬文在政治部的职务是上校视察专员，实际上是帮助第三组做对民众及敌军的宣传工作。穿上一身草绿色中山服的钟敬文，内心油然生出强烈的使命感，"位卑未敢忘忧国"，他常常想起在生命最后时刻依然关心国事的陆放翁，正义的力量时刻鼓舞着他。

与钟敬文一同在政治部工作的还有著名音乐教育家廖辅叔，他在秘书室任职。

---

① 王启发：《小镇上的抗日对联》，原载《金华日报》1995年5月，参见杨哲编《中国民俗学之父——钟敬文生涯·学艺自记与学界评述》，安徽教育出版社2004年版，第283—284页。

② 尚仲衣，河南罗山人，近代著名教育家、社会活动家、中共党员。1924年从清华学校毕业后赴美留学，获得麻省皮博迪师范学院儿童教育学学士学位，哥伦比亚大学心理学硕士学位和教育学哲学博士学位；回国后曾任中央大学、浙江省立民众教育实验学校、勷勤大学、广西大学教授兼中山纪念学校校长，中山大学教育研究所主任；1933年至1936年，担任北大文学院教育系教授，曾是北大"一二·九"运动中同北平学联联系的两位负责人之一（另一位是许德珩）。

③ 1939年冬天，战区政治部在江西南部信丰县举办西南地区军需人员训练班。钟敬文被临时抽调去讲解《抗战建国纲领》，住在县城外一个庵堂里。当时庵堂内祀奉释迦牟尼，寺院虽小却景色清幽，钟敬文遂口占绝句《信丰城外庵堂小住书感》，全诗是："梅花红叶绕斯庵，小有风情是赣南。想到众生千百劫，合从人海作瞿昙。""瞿昙"即释迦牟尼的姓"乔达摩"（Gautama），亦作佛的代称。钟敬文看到侵略者铁骑纵横、炮火连天，而当政的国民党不顾及人民死活，自身在战区又难以施展，于是借此诗表达他希望救民族于苦难之中的迫切心情，所以笔者在这里引用该诗后两句。参见赵仁编《钟敬文文集·诗词卷》，安徽教育出版社2002年版，第24页。

④ 左恭于1933年加入中国共产党，一直做地下工作。他以国民党官员身份作掩护，利用其内部派系间的矛盾，从事统一战线和情报工作，掩护和帮助党的地下工作者，还曾营救过一些被捕的革命工作者。夏衍、孙大光、尚仲衣、钟敬文、陈原、何思贤等都曾受他领导。

廖辅叔之前在报纸副刊《倾盖》上读过钟敬文的散文，感觉那些文字具有社会性并且情感真挚，一直希望有机会能见到作者。这次二人在政治部一起工作，从此建立起多年的深厚友谊。在政治部第三组中，还有孙大光、黄新波等许多共产党员。他们每天都要起草唤起军民抗日、控诉日军侵略暴行的文件，整个宣传组团结一致，大家通力合作，虽然工作繁重，但心情是愉悦激昂的。政治部中虽然有国民党内的人密切关注着钟敬文等人的一举一动，但此时国共合作还没有受到较大影响，整个广州抗敌救国的气氛仍很热烈。

那年1月1日，由夏衍任总编辑的《救亡日报》在广州复刊，这份抗日战争期间几经辗转、命途多舛的进步报刊继续发挥着沟通前方和后方的积极作用。夏衍通过这份报纸广泛联络了不少当时在广州有名望的教授和文化工作者，石辟澜、左恭、姜君宸、梁威林、左洪涛等人都为《救亡日报》撰写过评论文章和文艺作品，钟敬文、尚仲衣成为特约撰稿人。钟敬文也非常乐于参加爱国青年组织的各种演出活动和集会，他投身人民群众之中，把宣传工作落到实处。

正当广州各救亡团体进行紧张而繁忙的工作时，10月12日凌晨，日本派遣军约七万人在大亚湾登陆，开始了侵略广东的疯狂行动。由于广东军队备战情况不尽如人意，日军登岸后，一天之内就占领了从平山至淡水、澳头的大片土地，巩固了阵地，为直击广州打下了基础。其时，信号弹跃上天空，惊醒了广州市民的酣梦，花城顿时成了危城。各救亡团体的工作计划被打乱了，市民纷纷逃到城外，前方又一直传来失利消息。钟敬文与同仁们面面相觑，等待上方传达接下来该如何行动的命令。

跟随政治部北撤之后

撤退！在敌人逼近广州之际，战区司令部立即向三华北撤，政治部也准备北撤翁源。钟敬文跟随政治部北撤时，乘坐的是从广州开出的最后一趟火车。火车站人头攒动，大家都惴惴不安。夏衍和钟的好友林林等《救亡日报》社的同志来给尚仲衣、郁风、钟敬文等人送行。在车上，钟敬文恰巧和乔冠华坐在一起。钟与乔是在日本留学时认识的，当时乔冠华在东京帝国大学读书，也常去钟敬文所在的早稻田大学，这些在海外求学的中国学生一见如故，很容易就结识了。战争期间，他们都在政治部共事，乔冠华负责编辑内部通讯性的刊物《国际一周》，两人可以经常见面。现在大家都在撤退，混乱中能够偶遇实属不易。

经过一段时间的长途跋涉后，政治部在翁源暂时驻扎下来，钟敬文和同事们住在城外一座古寺里。在翁源已经听不见枪炮声，此时的政治工作也几乎停滞，但大家都不敢放松警惕。钟敬文身穿戎装，双手紧握步枪到岗巡逻，霜月下宛若一名泣血沙场的战士。10月21日，敌军冲进广州市政府，广州沦陷了，余汉谋部队退守粤北山地一带。钟敬文听到这个消息后悲恸不已，虽然这是意料之中的事，可是谁曾想到祖国的南大门这么快就落入敌手？与他在一起的还有廖辅叔、黄苗子、祝秀侠等文艺界朋友，他们忧愤满怀，只能以诗笔为战刀，"谣中白燕真成谶，梦里黄花浪有香。微力未宣私议在，翁流宁识此心伤？"[①]

前线战况不利，很快大部分人又移往连县，政治部被安置在城外的野寺里。部

[①] 原诗是一首七律，题为《翁源重阳书感一律》，作于1938年重阳节之际，当时第四战区政治部已经撤到翁源。钟敬文和好友廖辅叔在山中漫步时，谈到广州失守，于是口占了这首诗。详见赵仁编《钟敬文文集·诗词卷》，安徽教育出版社2002年版，第20页。

内成员四处流散，尚仲衣也因为公务暂时离开，所以由钟敬文和第四组组长吴超代为主持政治部工作。自全民族抗日战争以来，上海、武汉、广州等城市在会战中相继陷落，群众中弥漫着一种悲观情绪。面对这种情势，各机关、各团队都开展了积极的动员运动。特别是这年（1938）11月12日，在国民党焦土政策引导下爆发的长沙大火，使军中失望情绪迅速蔓延。总部坚定决心，将重振士气、团结民众放在工作中极重要的位置。钟敬文再次忙碌起来，夜以继日地起草文件，在群众中开展宣传和慰问工作，真情召唤同胞们加入抗日战争的队伍中。大家的努力终于初见成效，从广州撤退下来的几千名未经训练的青年，成为广东遭受劫难后得力的民众运动工作干部。

在动员工作不断深入的同时，钟敬文也感到一股暗流正向他袭来。1939年1月21日，国民党召开五届五中全会。会上确立了"溶共、防共、限共、反共"的反动总方针，设立专门的"防共委员会"，蒋介石消极抗日战争、积极反共的真面目彻底暴露出来。在国民党内部控制"思想不纯正分子""异党分子"的形势下，一些中共地下党员和抗日进步分子率先成为被攻击的对象。四战区长官司令部被改组，政治部第三组更是难逃此劫，组长尚仲衣和许多成员都被强行解职。钟敬文作为宣传组一员，平日和共产党员一同工作，本人在思想上也积极进步，自然成为上级"关照"的对象。

1939年春天发生了一件令钟敬文终生难以忘怀的事情。尚仲衣被迫离开政治部后，广东省教育厅厅长许崇清邀他就任省民众教育馆馆长。上任之前，他去香港接家眷途经潮州时，不幸覆车身亡。钟敬文得知后极度悲伤，为这位进步志士的早逝而惋惜，两人并肩作战的日子一幕幕浮现。他一直忘不了战争中的那段岁月，1989年去广东开会时，依然写诗追怀挚友①。

钟敬文感到落寞和失望，好友同仁们走的走，死的死，国民党当局一直在明里暗里打压他们，他内心压抑到快要窒息。不久，钟敬文主动交上辞职书离开了政治部。

编辑《新军》和深入粤北战地

钟敬文离职后留在了广东战时省会韶关，在广东绥靖公署工作。此时左恭来找他，希望他能帮助编辑《新军》杂志。《新军》是中共地下党宣传抗敌的综合性月刊，由钟天心、左恭主办，但编辑、发行这类具体工作则由钟敬文和陈原来完成。为提高讯息时效性，他们又办起一份报纸《反侵略周报》。

当时的环境很恶劣，编辑部就是一间江边的茅草棚，还要躲避敌机轰炸的危险。国民党省党部图书审查委员会对每期刊物的稿件都要进行查审，钟敬文为了应付官员们的检查，想出许多巧妙的办法，比如每期稿件都多准备几篇，以备某些文章被裁下的不时之需；把新华社、塔斯社等敏感名词改成化名再发出去，等等。在那个特殊时期，办刊物的所有工作都要钟敬文等人亲自完成，每天忙到昼夜不分；大家都是义务劳动，上边发的所有资金都用来支持编辑部工作。这样的日子虽然艰苦，但钟敬文感到充实有意义。

---

① 1939年春尚仲衣车祸身亡后，悲痛中的钟敬文曾赋诗《悼尚仲衣博士》；1943年，在抗日战争后期，钟回到中山大学（当时从云南搬到广东坪石）任教，写下一首《追怀仲衣博士》；1989年赴广州开会时，又写作《纪念尚仲衣博士四绝》。详见赵仁编《钟敬文文集·诗词卷》，安徽教育出版社2002年版，第29、47、364页。

1939年11月，日军为切断西南国际援华补给线，发动桂南会战。同时，为配合桂南会战，同年12月在粤北发动攻势，企图占领曲江，打通粤汉铁路。由此爆发了第一次粤北会战。这次战役是广东战区规模最大、历时最长的战斗，以日军失败而告终。1940年5月，野心勃勃的敌军又发动大规模进攻，第二次粤北战役打响。在中国军队的顽强抵抗下，日军再败。两次粤北大捷稳定了华南抗日战争大局，极大振奋了军民士气。

为了继续鼓舞全民族抗日战争情绪，1940年5月中旬，受战区编委会委托，钟敬文、黄药眠、杨晦等作家和抗敌文协干事郭弼昌一起到粤北战地前线慰劳军民，并收集材料创作各种形式的文学作品。钟敬文负责的是散文、报告。由于战争原因，他的散文写作基本中断，这次出于客观形势需要，奋然提笔，也是其学艺生涯中的一次飞跃。对钟敬文来说，报告文学是生疏的，但他认为"自己所制作的是一种战斗的精神武器，它关系到民族的生死存亡，关系到作为民族成员的自己是否尽到应尽的责任等问题"①，所以他始终带着极严肃的态度去构思。

在粤北前线的两个多月里，钟敬文走过被敌人践踏的村落，看到遭受了炮火洗礼的山冈，采访过江民众、自卫队队长、陆军步兵一五七师的官兵等奋勇杀敌的民族英雄，感激和崇敬之情涌上心头。从战区采访回来后，他很快完成了《良口之战》、《粤北二次大战中的民众动员》、《如火如荼的士气》、《战地巡礼忆记》、《银盏坳》、《残破的东洞》及《抗日老英雄萧阿彬》等十几篇报告，有些马上就发表在《新军》杂志上。这些作品充满血色，动人心魄，作为民族革命时期军民奋战情形和民族所受沉重灾难的留影，它们具有珍贵的历史文献价值。

别了，广东！

钟敬文结束战地之行后不久，中山大学迁回粤北坪石，校方盛情邀请钟敬文夫妇回校执教。1941年初，钟敬文来到中大文学院任职。坪石中山大学在抗日战争期间是粤北青年运动的中心，尤其文学院更是政治敏感地带，各派政治力量在这里进行着错综复杂的斗争。在党的地下组织领导下，文学院学生运动进展十分顺利，这也得益于钟敬文、黄学勤、石兆棠等一批有强烈爱国心的进步教授的支持。钟敬文完全拥护共产党抗日民族统一战线的主张，深受进步青年爱戴，遂使他成为特务学生的眼中钉。

在中山大学任教的几年里，钟敬文一直与倾向进步、心怀正义的师生团结在一起。1942年，他公开发表《历史的公正》一文，抵制国民党反动派的文化"围剿"政策。1946年12月，北平一美国士兵强奸北大女学生沈崇，他大胆声援中山大学组织的反对美军暴行的学生运动。钟敬文的思想和言行始终处在特务的严密监视下，他们利用导师制，派出一名特务成为他的研究生，以便能经常出入他的寓所掌握其行动。为了摆脱特务纠缠，钟敬文只好每天晚上都躲到同事家里。

1947年夏天，中大校方迫于反动派压力，强行解聘了钟敬文、梅龚彬等六位知名教授。钟敬文拿起笔来，痛斥反动当局的一系列暴行。形势不容乐观，中共地下党组织通知钟敬文，他已经上了"黑名单"，必须设法尽快转移。这年7月末，

---

① 摘自钟敬文1988年4月中旬写于北京友谊医院的回忆文章《我与散文》，参见杨哲编《中国民俗学之父——钟敬文生涯·学艺自记与学界评述》，安徽教育出版社2004年版，第182页。

钟敬文在亲戚护送下，乔装登上开往香港的夜船，离开了广州。

"战争真是一个洪炉，它烧毁了许多东西，也炼铸了许多东西。"① 抗日战争期间，钟敬文在故乡广东，用手中之笔谱写出嘹亮的"战歌"。

（原载《炎黄春秋》2018年第3期）

---

① 摘自钟敬文1993年9月4日写于京郊西下庄的回忆文章《我与我们的时代·祖国》，参见《中国民俗学之父——钟敬文生涯·学艺自记与学界评述》，第129页。

张振犁：中原神话学田野上的如歌行者

史周宾　贺　杉　陈朝友

清华大学前校长梅贻琦曾说："所谓大学者，非谓有大楼之谓也，有大师之谓也。"河南大学张振犁教授便是这样的一位大师。作为新中国第一代民俗学研究生，他师从著名民俗学家钟敬文。在近七十年为学、执教生涯中，他始终坚持躬身在学术园里辛勤耕耘，为中国的民俗学研究、特别是中原神话学研究作出了不可磨灭的贡献。

躬身入学海　成就如星斗

张振犁，1924年生，河南新密人，河南大学文学院教授，长期从事民间文学、民俗学以及中国神话的研究，开拓出中原神话流派，被誉为"中原神话的拓荒者"，曾任中国民俗学会副理事长、中国民间文艺研究会理事、中国民间文艺研究会河南分会副主席等。

"水有源，树有根。"这是张振犁在学术研究中所坚持的观点，而他与中原神话的结缘，也可追根溯源。1949年，25岁的张振犁考入北京师范大学中文系，经过著名民俗学家钟敬文先生的点拨，他逐渐对民间神话研究产生了浓厚的兴趣。"文化大革命"后，中国民俗学学科得以重建。当时，学术界普遍缺乏文化自信，而"中国神话不如希腊神话"的观点也充斥其中。在这样的学术氛围中，张振犁为国内神话研究在国际上没有一席之地而深感不安，结合前期的积累和发现，他躬身走入神话学研究的殿堂。

20世纪80年代，张振犁在讲授民间文学课时，从学生收集的民间故事中发现大量依然流传在民众口头的古典神话故事。鉴于此，张振犁带领学生在1982年至2000年近20年的时间里，先后10多次到全省神话蕴藏的重点地区的23个县、市进行了科学考察，发现了活态的"中原神话群"。他在《情系中原神话》一文中回忆道："北上太行、王屋，南下桐柏、伏牛；西登秦岭夸父之山，东去商丘火星之台。"于是，中原神话宝藏像一串串奇珍异宝一样被挖掘出来：盘古、女娲、伏羲、神农、燧人氏的故事得以一一重现。

对此，钟敬文等学者认为，"在中原地区发现的若干古典神话的延续，推翻了过去中国神话贫乏、仅有断简残章的片面结论，大大丰富了中国和世界神话学"。张振犁的学生、著名作家孟宪明认为，"先生发现了中原神话的意义和价值，并且从理论的高度对它进行阐述，这是具有开创性意义的"。

2007年，鉴于张振犁几十年从事中原神话的深入发掘和研究以及在国内外产生的重要影响，第八届中国民间文艺"山花奖"组委会将"终身成就奖"颁给了他。"山花奖"为中国民间文艺的最高奖，与电影"百花奖"、电视"金鹰奖"，戏曲"梅花奖"、舞蹈"荷花奖"等同属中国文艺界的最高奖项。当年，"山花奖·终身成就奖"全国只有四名获奖者。

十年之后的2017年，在他93岁高龄之时，张振犁数十年的心血倾注而成的

《中原神话通鉴》一书出版。《中原神话通鉴》（全四册）计174万字，393幅图片，800多篇民间神话故事。书中内容以一故事一评论的独特形式，集中展现了数千年来中原神话的丰富性。《中原神话通鉴》为中原神话学的奠基之作，填补了中原神话领域出版的空白，极大地丰富了中国乃至世界神话学，彰显了中国文化的巨大价值与魅力。

《中原神话通鉴》一书仅资料搜集就长达30年。在正式编写的十余年间，张振犁及他的几名弟子耗费大量心血，数度易稿，不断完善，终成这部中原神话故事集大成的皇皇巨著。

回忆起该书的编写过程，作为张振犁助手之一的孟宪明表示极其不易，"先生30年间的资料搜集整理很多都是写在纸条、纸片上，大大小小装了几十袋。""因为十几年间计算机更新换代很快，电子稿因此丢了两次，前前后后让印刷厂打稿子打了三次。"

道理贯心肝 忠厚填骨髓

学高为师，德高为范。除了学术成就，张振犁更以其品格魅力潜移默化影响着身边的人。千教万教教人求真，千学万学学做真人。张振犁曾表示，以恩师钟敬文先生作为自己为人处事的典范。而张振犁教授的为人业已成为他的弟子们的典范。

作为张振犁教授的研究生，文学院吴效群教授深情回忆起与导师相识的三十年。比起外人眼中"文人斗士""学术偶像""中原神话研究的拓荒人"这些光彩夺目的称号，吴效群眼中的"先生"更多的是一个满身烟火味的血肉之躯。

"张先生的忠厚，在学界是出了名的。"在吴效群看来，无论外界为老师冠以多少名号，老师始终是那个心地明净无渣滓的人，全无当下的飘忽与浮躁。

"巧诈不如拙诚。"张振犁的"拙诚"让他在学术传薪中备受垂青。在羽毛未丰、渴盼翱翔之时，太多人落入了眼高手低、急功近利的窠臼，而张振犁却行远自迩、务于点滴。20世纪四五十年代的大学生是众人眼中的"天之骄子"，对于誊抄资料这样的繁枝细节，很多人弃之如履。张振犁非但没有避之不及，还一笔一画地躬身誊抄。落笔如云烟，其势雄如峰。朴茂工稳的字体背后，是张振犁一丝不苟的向学态度，这让他在众人之中崭露头角，获得钟敬文先生的青眼相加。

对于现在社会上部分学者在教学中"不把金针度于人"的做法，吴效群不以为然："我们师门中从来没有过这种情况，张先生总是毫无保留地教授我们知识。"张振犁在教学过程中的以己渡人深深影响了他的弟子们的教学观念，良好的师风学风也因此而薪火相传。"可以说，民俗学专业至今依旧保持的纯朴学风与张先生的带领密不可分。"

张振犁心无旁骛，生活质朴，不求世俗功利。了解他的学生都表示，"他从不把学术当作获得功名利禄的垫脚石，淡泊得仿佛看破一切得失荣辱"。他在漏雨深巷中坚守古礼，寒泉淡食甘之如饴，不慕荣利，寒素如昨。

耕耘象牙塔 桃李满天下

从1980年张振犁在河南大学中文系开设民间文学课程起，先后培养了一大批热爱民俗学研究的专业人才，其中孟宪明、程健君、陈江风、高有鹏、吴效群等人如今都成为活跃在民俗学领域的知名学者。除了他们之外，还有不少张先生的再传弟子，分布在全国各地，传播着中原神话研究的种子。

21世纪初，钟敬文先生驾鹤西游。作为钟敬文的得意弟子，张振犁承其衣钵，成为民俗学界的大师,在"后钟敬文"时代起到了承前启后、举足轻重的作用。"张先生是河南大学民俗学科的开创者,没有张先生,就没有我校的民俗学专业。"民俗学者、河南大学黄河文明与可持续发展研究中心副教授彭恒礼谈道。

孟宪明对此也深表认同,"如果没有先生就没有河大的民间文学课,没有民间文学课,就不可能有一群人去做民间文学,以至于后来变成了民俗学、民间文化、非物质文化遗产研究等等"。上大学之前就对民间故事兴趣浓厚的孟宪明认为,张先生对学生的成长与引导居功至伟,"跟着老师学习我们才知道民间故事、神话故事原来是一门学问、一种文化。"

多年来,张振犁教授和他的弟子们笔耕不辍,出版了《中国古典神话流变论考》《中原神话研究》《东方文明的曙光——中原神话论》等多部有关神话研究的著作,推动中国神话研究不断走向深入。由于研究成果丰厚,不仅令神话学已成为一门独具特色的学科,而且逐渐形成了中原神话学派。

有学者指出,中原神话学派"采用将古代文献与田野作业相结合的研究方法,突破了传统的考据、义理、辞章这种狭隘的治学方式,将整个社会活生生的生活事项作为一部大书,从民间文化、民间生活、民间社会的角度来研究神话"。中原神话学派对于推动中国民俗学学科建设和民俗学理论与方法的提升都具有积极意义。

中原神话学派强化了中国神话研究的薄弱环节、填补了其中的空白,对世界神话学也有所突破和贡献。在以张振犁教授为首的中原神话学派的努力下,大量丰富的、不断采录公布的民间活态神话令全世界学者惊叹和羡慕。原苏联鲍·李福清院士这样认为,中原神话"注意到神话传说在口头流传的情况,从根本上说是中国神话研究的一个新的方向"。

"所谓大学者……系道德高尚、学问渊深之谓也。"张振犁教授身体力行地证明着这句话。跨越时代,我们无法摄录他落地生长的故乡,无法摄录他赶路匆匆的行迹,却可管中窥豹,识得他为学为人的一斑。

(原载《河南大学报》
2018年5月20日第2版)

乌丙安：穿透云层的那束光

宋丹丹

第一个 25 年求学、求知，追求人生理想；第二个 25 年完全在坎坷中，理想全破灭；第三个 25 年局面一下子打开，甩开膀子干事业；第四个阶段迈入耄耋之年，却是一生中最"冲"的时候。在一次接受媒体访谈时，我国民俗学大家乌丙安曾兴致勃勃地将自己的人生划分为以上四个阶段。

很多人都以为，这位"90 后"会一直奋战在民俗学学科建设和"非遗"保护第一线至百年，甚至更久。

很突然地，德国柏林，当地时间 2018 年 7 月 11 日 6 时 45 分，乌丙安于睡梦之中溘然长逝，享年 90 岁。

"从草原来到了天安门"

1929 年农历十一月十三日，乌丙安出生于内蒙古呼和浩特的一个满蒙联姻的大家庭。父亲给排行老二的他取名——巴·乌海良。

他出生的前几年，当地遭遇连年特大饥荒，家里的日子本就不好过。后来，母亲又在他少年时辞世，家境日渐艰难。

父亲以牧马为生，他跟随父亲走遍了鄂尔多斯草原和河套平原，听了许多内蒙古西部的牧歌、爬山歌，还有许许多多民间传说和故事。途经的草原，生活着蒙、满、藏、汉等多个民族，少年时的他就深深为五彩缤纷的民风民俗所着迷。

尽管日子难过，所幸家中一直重视教育。困顿之中，乌丙安读完了小学和中学。历经人世沧桑的父亲严格要求他从小就学好汉族文化，祖父还教会他读诗词、练书法。

1947 年，乌丙安以优异的成绩考上了当地的国立高中。

高中期间，他对文学创作展现出了极大的热情，在当地报刊连续发表多篇诗歌散文，在当时的进步文学青年中小有名气。除此之外，他还显露出了过人的领导力和决断力：在担任校学生会主席时，成功组织了一次反饥饿、反内战的罢课。随即，他在当局的搜捕中遭到拘押。

1949 年 6 月底，被营救的他只身徒步投奔晋察冀解放区，后又辗转来到刚刚和平解放的北平。

从一个时间节点到另一个时间节点，文字难以还原家族故事和生离死别。唯一能肯定的是，在那个动荡的年代，这样的出走和告别，需要超出常人的魄力。

1949 年的北平，崭新而又混沌。

华北和平津两地的大学复课招生的消息传遍京城，20 岁的乌丙安下定决心做新中国第一批大学生。由于人地两生、身无分文，他只能边打工边复习数学、外语。

冒着酷暑跑遍北平内外的多个考场后，他被四所大学同时录取，却最终决定去天津的河北师范学院学习中国文学。因为在那里，可以享受甲等助学金，吃住零用钱都不用愁。

"在共和国成立的 10 月 1 日早晨，我背着行李经过天安门广场，从前门火车站踏上了去天津的火车。"上午 10 点钟，乌丙安已经从天安门广场来到天津市，走在国庆游行的大学生行列中了。

"怀着一颗火热的心",乌丙安用三年半修完了本科所有课程,还攻读了俄语,最终成为全校提前半年毕业的4名优秀生之一。

1953年3月5日斯大林逝世那天,乌丙安留校担任中文系助教,并兼任教育系现代散文与写作课教师。

同年,在学校的推荐下,他报考了北京师范大学民间文学专业,成为当时全国重点大学招收的首批研究生之一,还幸运地师从钟敬文——中国民俗学的重要奠基人之一。

乌丙安曾谈起与民俗学的渊源,一方面来自幼时经历的影响,另一方面也深感自己的长项就在于民间艺术、传统艺术。在他看来,那些属于"老百姓的文艺"胜过诗歌、散文,尽管他自己也写诗歌、散文。

行行重行行

在北京师范大学度过了充实又紧张的两年学习时光,1955年夏天,研究生毕业的乌丙安被分配到沈阳师范学院中文系任教。

与传统社会推崇的敏于行讷于言的内敛型君子风不同,他性喜张扬奔放,文笔与口才都居上乘。当年9月,他便在中文系本、专科十几个班的几百名学生中讲授"人民口头文学概论"和"文学概论"两门课程,深受学生欢迎。他的个人文学创作和学术著作都趁年轻之势陆续刊发。不到一年,他又完成了近18万字的专著《人民口头文学概论》,被当时的高等教育部确定为新中国第一部民间文学高校交流教材,在内部印刷出版。

彼时的他,意气风发,在学界初露锋芒,被前辈寄予厚望。1957年,上海文化出版社还专程派人到沈阳和他签订了出版三本民间文艺理论书籍的协议。

不承想,同一年,一场浩劫很快降临——"反右派"斗争开始了。

7月,开始遭受批判。第二年3月,因一篇文艺评论被划为资产阶级右派分子,在省市各大报刊上遭点名批判。他先是被遣送到辽北农村修水库,随后又被送到辽西矿山接受劳动改造。

学术和教学生涯被迫中断,转身投入"外练筋骨皮"的繁重体力劳动中,乌丙安的体能和意志力都经受着严峻考验。

直到1962年春,他头上的"右派帽子"才被摘掉,回到辽宁大学继续任教。可接踵而至的"四清"和"文革",又一次"眷顾"了他。

1969年冬,乌丙安全家被遣送到偏远农村,继续改造。这一去就是9年多,直到1978年秋粉碎"四人帮"之后,他才重返辽宁大学。

"当年正在二十七八岁的大好年华,对人生充满了美好的或浪漫的理想,却无端惨遭迫害,九死一生活了下来,真是奇迹。"在一封给友人的邮件中,他曾这样写道。

风雨苍黄的年代,因了对民俗学的热爱,于绝境之中,乌丙安找到了支撑。作为一个民俗学者,他将自己多年的农村艰苦生活,看作3000多个田野工作日。

那段日子,他不但结识了农民、工匠、艺人甚至巫医神汉等各类人物,他本人更是对民俗传统、底层百姓生活和丰富多彩的民间文化,有了最真切的了解并亲身参与其中。他几乎忘记了屈辱和艰苦的境遇,如饥似渴地采集了很多珍贵的第一手民俗资料。

行行重行行。1979年冬天,几番波折后,乌丙安带着300多万字的第一手民俗调查资料,和妻子儿女回到沈阳。

"不愧前人庇后人"

半生坎坷,受尽屈辱,劫后归来已是

人至中年。

20年来艰险的逆境并没有让乌丙安一蹶不振，反而转变为他重新奋起的动力。那时，辽大人人都知道从农村回来了一位"不知疲倦的老师"。

一回来，他就连续用了3天夜深人静的时间，写成了大型论文《戏曲古源辨》，发表在1978年第4期的《戏剧艺术》上。这篇论文的发表，不但坚定了他重新开拓民俗学事业的自信心，也使得学界同行对他的惋惜变成了惊叹。

经过"极左"思潮摧毁的民俗学、民间文艺学，几近奄奄一息。乌丙安一面笔耕不辍，编写教材，出版著作，为民俗学科的重建打下坚实的基础；一面大声疾呼，向有关部门提交了《重建中国民俗学的新课题》大型论文，希望能够拯救这门"绝学"。

1980年3月，乌丙安重登阔别多年的讲台，在辽大首开"民俗学"系列讲座。1982年秋，辽宁大学民间文学专业民俗学方向获批招收硕士研究生，乌丙安被任命为研究生导师和学科带头人，同时担起本科生、研究生和留学生的民俗学教学重担。

走过仄径与危滩，局面一下子打开，年过半百的先生开始"甩开膀子干事业"。

恢复教学以来，乌丙安勤撰文，常讲座。学界曾有人将他近三十年来先后出版的三部民俗学专著——《民俗学丛话》《中国民俗学》与《民俗学原理》，形象地誉为"撑起中国民俗学理论建树的'三级跳'"。除此之外，他还著有《神秘的萨满世界——中国原始文化根基》（1990年）和《中国民间信仰》（1995年）等专著。2014年1月，八卷本的《乌丙安民俗研究文集》正式出版。

"吾侪肩负千秋业，不愧前人庇后人。"这是乌丙安的老师钟敬文于八十岁时所作的诗句。和恩师一样，乌丙安也始终将民俗学建设和传承视为自己的"千秋大业"。

他在《民俗学原理》的前言中这样写道："中国民俗学经历了将近40年的历史断层，迫使我们这一代学人肩负起补救和重建民俗学的重任。"在他看来，民俗学作为人文基础学科，具有持久发展的价值和意义。在这一点上，民俗学人理应"守土有责"，他自己更是"一手托两家"，一边负责辽大的民俗学专业，一边还要负责中国民俗学会的重要事务。

"我们的历史曲曲折折，总是有一条正确的路在那里往前走。我觉得自己每逢这种情况，选择都是正确的。哪怕选择正确的时候，被逼得几乎到了濒临死亡，我也要坚持。我觉得活路就是这么闯出来的。"经过两代人的努力，民俗文化连同研究它的民俗学从漫长的"休眠时期"逐渐苏醒，也取得了许多奠基性的成果。但是在乌丙安看来，直到20世纪末，与其他相邻近的人文学科相比，民俗学的客观影响依然微弱，学术地位偏低，在社会学科全面发展的热烈氛围中依然遭遇冷落。于他而言，年轻的生命就是未来的希望。

2017年，中国民俗学年会的开幕式上，他亲切地以从事民俗学研究的年轻人为友，感谢他们选择民俗学专业——"因为这是个冷门专业，靠民俗学发财是不可能的，要付出！"

晚年的乌丙安，已是民俗学界的泰斗，头衔无数，但是在众多学子看来，他始终是热心纯真的"乌爷爷"。这位可爱的老头，曾向后生们自我介绍："我不是什么大家乌丙安，我是大家的乌丙安。"

踏履行歌为民苦

乌丙安人生的第四个阶段，用他自己的话说，是"各种荣誉迎面走来"。他颇感欣慰，但并不止步于此。

他谈到民俗学治学的方法："民间文化的根基在民间，它有自身的活动轨迹和传承路线，它在世世代代的发展和变异中，形成了自己独特的和丰富多彩的文化模式和规范。大多数民间文化事象几乎从不见经传，它们只贮存在人民生活的底层，展现在田野山乡。因此，对民间文化的探索只能采取调查实证的研究方法，别无他法。"

如此治学之道，注定了民俗学家不应该做"高楼学者"。

"通过我的生活史，看我的专业。我认为，民间文艺绝不能离开民间，在农村，不要离开农民，在城市，不要离开工人。永远离不开这个根基。根，文脉是先有根脉，再有须脉。植物的脉络和文化的脉络是一样的。我的专业是带有永恒性的，不会有做完的时候。"耄耋之年的乌丙安，一年有半年时间仍在田野中度过。

他眼中的田野调查，并不仅仅局限于走马观花式的调查。在他看来，在民俗学的学科实践中，过分推崇田野调查并把调查本身当作研究的倾向，已经造成大量的调查因缺乏相应理论的指导而质量水准低下的弊害。偶尔出现某些理论性的探讨，也往往多是民俗学方法论的叙述与归纳，缺乏对民俗本身及其承载者群体与个体的人文特色的剖析。

在《民俗学原理》一书中，乌丙安完成了方法论的转向。"除了坚定自己原来关注'民俗传承人'的研究外，对于民俗群体、个体的民俗养成，人在习俗中的外化和内化的种种实践及民俗对人们的种种控制等等领域，给予更多的关注。"

然而，将目光转移到俗民群体身上之后，他强烈地感受到，随着现代化的发展或者是某种文化上的偏见，这种发自人性本质的"生灵的叹息"或将成为绝响。

这，令他忧心不已。

2001年，联合国首次公布了第一批人类口头及非物质遗产的杰作共19件，其中包括中国的昆曲。乌丙安敏锐地关注到了"非遗"对于文化保护和传承的价值。他把自己的专业和"非遗"结合起来，从民族历史文化、民俗学理论、民族宗教等多个领域，为保护传承中国文化遗产，奔走呼吁，不遗余力。

"非遗"的大热，也令他喜忧参半。

长期的奔波劳累倒是其次，最让他寒心的是，很多时候一腔热血去保护遗产，有的人根本听不进。他曾给一些部门上课，下课后一起吃饭的时候，一些领导很直率地说他讲的东西"不实际"，"现在地方最需要的就是开发、赚钱"。

而在他看来，申请"非遗"的目的，在于为民族、国家维护文化的根基，为国人的日常生活保留宽广的文化空间。

乌丙安一直有一个动力——这一生永远画正号，无论做人做学问，必须这样。"在人生道路上确实有正反两方面的选择，但是只要不怕任何艰难困苦，坎坷不平，也要坚持走自己的正路，那才有资格做个有脊梁的中国人。我们对国家、对民族要负责。"

2018年7月15日，一位辽大民俗学研究生在纪念乌丙安的文章中这样写道："世上的人，如同天上的云，各有姿态，又匆匆变化。哪些人来，哪些人毫无预兆地出走，哪些人消失却以某种形式强烈地留下。乌老可爱，追着那片云，成为一束光。光亮穿透云层，总会照亮新路。"

注：本文部分参考乌丙安著作《民俗学原理》《中国民俗学》《神秘的萨满世界——中国原始文化根基》《生灵叹息》，文中访谈和引文据中国民俗学官网"深切缅怀乌丙安教授：纪念专辑"中文章摘录整理所得，部分细节系作者据乌丙安博客"丙安小屋"内容补充。

（原载《中国民族教育》2018年第9期）

叶春生：民俗学是用脚走出来的学问

施爱东

"岭南民俗学派"作为中国现代民俗学的一个地域流派，是我的导师叶春生教授创立的。老师今年虚岁80，十年前退休，离开了他心爱的讲台，接着，先后从中国民俗学会副理事长、广东省民间文艺家协会副主席、广东省民间文化遗产抢救工程专家委员会主任等位置上退下来。但他并没有从学术战线上退下来，每次电话打过去，接电话的总是师母。师母一听我的声音，第一句话就是："你老师又出去了。"所谓出去，就是出广州，去乡下，混迹于三教九流之中。

停不住的脚步，做不完的调查，一直持续到今年老师小中风病倒。

走路不利索，是老师中风之后最大的烦恼，也是对他学术生涯的巨大打击。老师常常把"民俗学是用脚走出来的学问"挂在嘴上，也常常用他20世纪60年代第一次见到导师钟敬文先生时，钟先生说过的这段话来教育我们："我们搞民俗学的人，就得扎根在民间。田野就是我们的课堂，研究民俗学离不开田野作业，它帮助我们取得第一手资料。"这意思也许是钟先生的，但表述却肯定是老师自己的。钟先生的教诲，转化成老师的学术方针，再借助老师的言传身教，成为指引和驱策学生励力前行的严厉教鞭。

已故著名民俗学者王文宝最早将团结在叶春生身边的民俗学群体命名为"岭南民俗学派"。老师虽然没把岭南民俗学派挂在嘴上，但我知道，老师一直朝着这个方向默默地不懈前行。那么，什么是岭南民俗学派？老师从来没有给过一个明确的定义。我想，如果以老师自己的学术道路和学术成就来进行归纳，或许是最好的界说方式。

一 坚定不移的"岭南"本位

老师1939年出生于云南河口，16岁就来到了广州，扎根岭南60多年。这期间，他踏遍了广东的山山水水，结识了数不清的各阶层的人物，写下了500多万字的各种文章，仅个人独立完成的学术专著就多达20余部。这些著作中，多数都有一个共同的关键词"岭南"，如《岭南俗文学简史》《岭南民间文化》《岭南民俗文化》《岭南民俗事典》《岭南杂俎》《岭南风俗录》《岭南百粤的民俗与旅游》《岭南春俗识广东》等。当然，还有比岭南更具体的地域称谓，如《广东民俗大典》《广府民俗》《广州的传说》《春俗如歌——广东春节》，以及《观光都市的传说——广州》（日文版）等。"岭南"和"民俗"成了老师安身立命的学术根本。

2004年，老师在《区域民俗学》中对这种区域本位的学术取向进行了总结："区域民俗是指特定区域内由于人文地理的原因而形成的具有共同特点的民俗事象。研究这些事象的成因、特征、功用、关系等的学科，就是区域民俗学。"

二 万能胶般的知识体系

与典型的学院派学术范式不同，老师

是个混迹"俗人"当中，结交了无数"俗友"，掌握了驳杂"俗学"的民俗学者。老师说："我是教民俗学、民间文学的，所以特别注意结交底层文化的朋友，这中间有贩夫走卒、高僧贫道、匠人术士、江湖郎中。只要有一技之长的人，我都拜他为师，跟他学艺。态度谦恭，人家才肯教你。总之不要自己把自己关在象牙塔里，别人有什么事找到自己，能帮的一定要帮，不图回报。"

学问之道，关键是"学"和"问"。民俗学应该向谁学，向谁问？老师肯定地说，向民间"俗友"学和问。老师特别偏爱"俗界异人"，认为他们不仅是故事篓子，还是岭南风俗最权威的解码人，其中不少人还身怀绝技，能从他们身上学到很多东西，这比简单搜集一些精彩故事和普通民俗事象更有价值。这些"俗友"掌握着你从书斋里永远学不到的真正的民间文化。

曾听老师说过他早年的一次调查经历。老师去开平调查，那时住宿需要介绍信，招待所服务员一看是中山大学来的，说："你是中山县来的？正好，103房住着两个中山县的打石工，你跟他们住吧。"老师二话没说，背上行李就去了。结果，他和两位客人成了朋友，他们给他讲了许多石匠"落千斤"的故事，成为这次调查的意外之喜。

老师有点语言天赋，这是一个民俗学者得天独厚的本领。客家话、潮州话、西南官话，甚至越南话、沙人话他都可以来上几句。这种入乡随俗的融入方式，很容易拉近他与对象的距离。我曾听他自得地炫耀说："我出生的河口，就在中越边界，是个民族杂居地，衣冠纷呈，语言驳杂，我从小就听别人用彼此不同的语言对话。天然的，见什么人讲什么话，见什么菩萨打什么卦。"

老师最得意的还有他的"万能胶"绰号，他说："我们搞民间文化的，上至天文下至地理，人情世故、医药卫生、饮食男女、趋吉避凶，都得懂一点，如果连这些基本的民间知识都不懂，又谈何研究呢？"有一次带学生下乡，下着小雨，他说，早上下雨，下午晴，下午下雨到天明，果然。小病小痛，自己开个方，六君汤、八珍汤；感冒发烧，有汗桂枝，无汗麻王。

三　与众不同的焦点关注

老师特别喜欢结交民间异人，他还有个著名绰号"叶半仙"，因为他懂风水，会看相。我是大弟子，从硕士到助教到博士，跟着老师整整泡了12年，虽然没有像老师一样把风水当作一门学问，但是见得多了，自然也学到一些，有时被朋友戏称为"施小仙"。以前从未觉得这些知识对我的学术研究有何意义，直到2016年，在湖南汝城金山村，我突然体会到了风水知识在民俗研究中的非凡意义！

金山村是个典型的宗族社会，民众对风水的迷信几乎无处不在，一个民俗学者如果完全不懂风水，根本无法理解这里的村落、祠堂、民居、道路等物质文化，更无法理解这里的祭祀仪礼、社会组织、人际关系等非物质文化。幸亏我还揣着老师给的钥匙，用上了老师教的知识，这才如鱼得水地融入了金山村的民俗生活。离开老师身边十几年，我再次深深地体会了老师的谆谆教诲："懂风水不是为了看风水，而是为了更好地理解民众，理解民众的精神生活和民俗文化。"

老师一向认为民俗研究不应以"价值观念"为先导。无论良俗恶俗，只要是民间存在的，就应该认真关注。缠脚、溺婴、俗信、械斗，这些都是具有负面价值的民间文化现象，但我们不能当他们不存在，不能蒙上眼睛做学问，首先要正视，要了解，然后才能提出问题，做出评判，给出建议。

四　不遗余力的学术引领

岭南民俗学派之所以引人瞩目，关键是有一群跟老师一样，为岭南民俗文化的保护、宣传和弘扬作出了不懈努力的岭南民俗学者。

老师不仅自己扎根岭南、热爱岭南，他还手把手地将弟子们引上了岭南民俗研究的学术大道。在他与学生、同行共同完成出版的学术专著中，"岭南"两字依然是最显眼的关键词，如《岭南圣母的文化与信仰：冼夫人与高州》《岭南古代诞会习俗》《岭南民间游艺竞技》《岭南民间墟市节庆》《岭南衣食礼仪古俗》，至于落实到具体区域文化空间中的民俗事象研究，诸如《悦城龙母文化》《顺德龙舟》《番禺飘色》《黄阁麒麟文化》《广东动物舞蹈》《南海诸岛的传说》《珠海民俗》《潮汕民俗大典》《粤港澳三地传说的融通》等，更是难以计数。以我的不完全统计，老师合作撰写及主编的以"岭南"为主题的民俗学专著，多达31部。

为了培养本科生对民间文化的兴趣，早在20世纪80年代，老师就自己掏钱印刷了六期《民俗》小册子，每年都将上届学生在"民间文学"选修课上的优秀作业印刷成书，免费发给下届选修的学生当参考资料。我的作业虽然未能光荣入选，但是不可否认，我从此爱上了民间文学，并有幸成为老师的开山弟子之一，还幸运地留校，协助老师创办了《民俗学刊》，后移名拓展，仍不忘初衷，该刊现已成为中国民俗学界重要的中文核心期刊。

老师自从1978年回到中山大学之后，在讲台上一站30年，这30年中，培育过无数的学生。如果以专业方向来分，老师培养的民俗学专业硕士博士也有将近50名。老师毕生为之努力的岭南民俗学派，正在师生齐心协力的实践中一步步将蓝图化作现实。这批民俗种子，已经广泛地撒播到了华南理工大学、暨南大学、华南师范大学、华南农业大学、广州大学、广州外语外贸大学、东莞理工学院、广西师范大学、广西民族大学等十几所高等院校。细细一想，30年春华秋实，结出的累累硕果真是让人兴奋莫名。

一个沉潜于乡间田野的民俗学者，无论他如何努力工作，如何德高望重，都不可能做出什么惊天动地的伟大事业，但是，他的思想、他的学说，却能借助于他的学生、他的文字，穿越时空而流播天下。

（原载《羊城晚报》2018年7月15日A08版）

朝戈金：面向人类口头表达文化的跨学科思维与实践

姚 慧

姚慧（以下简称姚）：朝老师您好！近几年来，您的研究主要集中在少数民族文学和民俗学两个领域，在民俗学中更偏重于口头传统，口头传统中又侧重于对史诗的研究。在这一点上可以看到民俗学与文学的衔接。除案头工作之外，您还广泛参与社会实践，比如"非遗"的国际参与和评审工作，以及某些国际学术活动的参与和策划，乃至推动。我们的这次访谈将围绕您的这几个重点领域展开，意在梳理您的学理性思考。我注意到，您在中国史诗学学术史回顾与国际学术话语体系，特别是前沿理论的梳理、总结等方面做了不少工作。您这样做的动机是什么？像您这样随时追踪把握国内外研究前沿和问题域，对您提出的"构筑'中国史诗学'体系"以及"创立口头传统研究的'中国学派'"的主张，有什么样的助益？

朝戈金（以下简称朝）：其实任何一个学者，假如想清楚地知道自己的学术突破、学术创建和学术特点是什么，都需要在整个学术阵营中找到自己的位置，这也是驱动我们梳理学术史的原因。有时，新话题的出现是由新技术、新观念和新的认知世界方式的提升所带动的。在这一点上，自然科学与社会科学是一致的。比如在物理科学领域，19世纪经典物理学肯定没能囊括低温超导等前沿领域。我们有些社会科学的学者不能很好地参考同行的成果，只是关起门来做自己的学问，如此一来，就出现了一些问题：一是大量重复前人的成果，缺少创新性问题意识，缺少对自己学术的精准定位，二是自己的研究长期处于停滞状态。当然了，任何一个领域的学术梯队构成都呈金字塔形，真正能够拉动学术前进的只是很少一部分人，多数人做的只是材料梳理和知识传播工作。当然这也符合事物的正态分布规律。

姚：对学术脉络的梳理与总结看似简单，但实际操作起来却不容易，尤其是对于青年学者而言。

朝：当然！你首先需要长期的积累。我曾说过，劳里·杭柯（Lauri Honko）和约翰·弗里（John Miles Foley）是20世纪两位最伟大的史诗研究专家，像双星闪耀；格雷戈里·纳吉（Gregory Nagy）和理查德·马丁（Richard P. Martin）是杰出的古典学者；涅赫留多夫和日尔蒙斯基是20世纪俄苏学术体系中的著名专家；德国的海西希（Walther Heissig）在蒙古史诗母题系列等方面贡献卓著；卡尔·赖歇尔（Karl Reichl）是欧洲当今最权威的突厥史诗专家。我有底气这么说，不是因为我会神机妙算，不是因为别人先这样讲，我不过是重复，而是因为我做了扎实的资料准备工作。学术史的梳理不是随口就能说的，你如何定位和评判同行，这是需要积累的。不做大量功课，怎么能说出来龙去脉和彼此的异同呢？

姚：我大概能理解您说的，认识别人和认识自己往往也是相通的。

朝：可以这么讲。

姚：在这类成果中，我注意到《国际史诗学若干热点问题评析》像是一个转折的标志，此文是在国际理论前沿和世界各国田野案例的基础上，围绕中国史诗资源和史诗学理论的讨论而展开的，再以中国丰富多样的史诗案例来回应、反思国际学界的既定概念、理论和方法，其中所讨论的史诗界定的新维度、比较诗学的研究方法等论题都给人留下了很深的印象，这里呈现的是基于中国史诗研究实践而产生的对史诗的传统要素及认同、本真性和典范性等问题的深入思考。从中可看到我国史诗研究界在理论和方法论上的自觉意识。如果说直到20世纪末中国的史诗学者多是在努力追随西方学界史诗理论的话，那么近几年的中国学者，尤其是您本人，在《史诗认同功能论析》《国际史诗学若干热点问题评析》《"回到声音"的口头诗学：以口传史诗的文本研究为起点》《"多长算是长"：论史诗的长度问题》等几篇论文中，已经在主动参与国际学界前沿学术问题的深度思考与建构，由此，是不是可以认为，口头传统理论的本土化实践正在逐步实现？那么，您认为现在与未来中国史诗学研究的重点、难点以及创新点分别是什么？

朝：这个"转折"是你的解读，我倒不完全赞同。其实我在《从荷马到冉皮勒：反思国际史诗学术的范式转换》一文中已经涉及了你说的问题。我们之所以要改造口头程式理论，是要实现其在地化，而且这个过程中一直伴随着中国材料的大量运用，同时力求国际化的问题意识。我们的追求是，一方面，不是给西方理论做中国的注脚；另一方面，也不沉溺于强调自己文化的特殊性而认为我们事事独特，跟你无法对话。有些问题是大家可以讨论的，学术界有通则，有基本的学理性概念术语和规则。虽然我们用的材料有所不同，你偏重印度，他注重中东，另外一个人可能侧重中国，但大家到最后都会回到基本理论问题的讨论上。鲁斯·芬尼根（Ruth Finnegan）之所以在国际学界有名，就是因为她一直从非洲的材料出发做利姆巴人（limba）故事讲述等非洲口头传统的研究，她提出的"史诗是世界性现象吗"等问题，最后也都回到了基本理论的探讨上。我认为，杰出的人文学术并不在意你用的是什么材料。比如在《多长算是长》一文中，我尽量用不同国家的材料来讨论一些更基本的规律，因为只建立在中国材料基础上的理论提炼，有可能会被认为是基于地方经验，所以最好是兼用东西方材料。

我是一直朝着这个方向努力的。我曾对史诗学的术语阐释设定过基本规则，目的就是在讨论问题之前就告诉大家我谈的口传史诗、句法、步格、韵式等分别是怎样界定的，这些概念至少在我的话语体系内部是清楚的，有理论来源的，其中一些概念既参考了文学理论工具书的表述，也基于我的研究论域进行了拓展或附加说明，如我们怎么界定"传统"。这样的努力其实本身就是朝向建设中国史诗学体系和口头传统的。所以说，我觉得这里所说的转折，不见得是从《国际史诗学若干热点问题评析》这篇文章才开始的。再说，我在早前与弗里合写的《口头诗学五题：四大传统的比较研究》，也是在广泛的中外比较中谈基本问题，如什么是一首诗，很多人觉得这都不是问题，但它就是问题。在不同的传统中，对一首诗的理解千差万别。还有，像"什么是语域"这样的讨论，其实一直都是在广泛国际对话与比较视野中进行的。至于《国际史诗学若干热点问题评析》一文，那是我在史诗讲习班上做的一个总结发言，后经整理形成文字的。虽然是偶然之作，但没有长时间的积累也无从谈起。

姚：您认为，现在口头传统理论在当下中国的本土化实践进展如何？

朝：主要的理论创建最初是洋人做的。中国在今天和今后能做什么，可能做什么？我想，需要考虑几个维度：其一，中国口传的活形态性。现在中国拥有极为丰富的口头传统，形态多样、分布广泛、活态传承，是最好的田野场，这是世界上很多地方不能比拟的。具体说，中国多样复杂的语言类型、经济生活、文化生态、族群特点、宗教信仰等，为观察研究提供了最好的土壤；其二，中国拥有像苗族的指路经、布依族的盘歌、彝族的克智论辩、哈萨克族的阿肯弹唱、蒙古族的好来宝等很多地方性的独有文类，对它们的深入研究，既可为整体性的思考提供新鲜经验，也有助于解决更根本的全局性的问题；其三，虽然中国学者在最初的理论建设上参与较少，但我们后来并没有被落下太远，而且紧随其后，追踪他们的主要学术脉络和基本的学理性思考，这为我们在他们的基础上拓展和发展我们自己的学术提供了良好基础。要知道，这也不是所有国家都能做到的，比如日本，他们关于口头传统的相关研究一直都不太积极，在这一点上我们走在了有些国家的前头，我们既有丰富的资料，又有比较好的眼光向外博采众长的姿态，如果二者结合得好，相信是能够做出成绩来的。

姚：您刚才提到其他一些国家没有做到，我们做到了，这得益于当时您、巴莫曲布嫫和尹虎彬老师赴芬兰暑校学习的经历吗？或者说原因是什么？

朝：有关系，当时民俗学圈子里被称作"口传"的"四大金刚"的，在我们三个人之外，还有刘宗迪。2003年我们一道在《读书》上发表了谈口传的四篇文章。我们几个人先后参加芬兰暑校，在美国学习，这些经验可能给我们带来了重新看待当时国内知识体系与知识生产状况的别样视角。与史诗研究相类似，当时国内的整体研究主要偏重于基于文学的民间文艺研究，而且还多少受到庸俗社会学方法的影响。而与之相比，西方同行已经在别的维度和层面上讨论一些更涉及对象内在特质和规律的话题了。所以，有所倡导，有所实验，也是顺理成章的了。

回想起来，当时通行的民间文学研究的理论范式已经越走越窄，歌谣学偏重于社会背景和文化思潮的讨论，故事学则侧重于形式结构的故事母题分析，研究论域上很少拓展。我们不是将口头传统看作一个个具体的事项，只停留在信息技术的层面来讨论它，而是将其作为一种认识论和方法论，从更基本的层面来讨论问题。我们的史诗研究之所以在口头文类的研究中发展顺利，也与此有关。对口头传统、口头诗学整体性的理解提升了我们对史诗理解的理论层次。当然，史诗研究整体上也有很宽的谱系，有些文章是一般性的资料梳理，有些是重复前人的观点，有些则属于前沿性、探索性的，关注更为根本理论问题的成果。

姚：20世纪民族音乐学界也出现了类似的学术范式转换，音乐学学者开始转向以田野调查为基础的民族音乐学或音乐文化人类学的理论与实践研究，事实上口头诗学理论与此类研究在方法与视角上有相通之处，您认为几乎在同一个时期、不同学科先后出现相类似的学术范式转型的原因是什么？

朝：不光是民族音乐学，诸如口述史等新学科的出现也与此有关，赵世瑜称其为"眼光向下的革命"。从《原始思维》《野性的思维》到20世纪60年代关于口承与书写"大分野"的争论，再到70年代末80年代初联合国教科文组织《保护民间创作建议案》的推出，再联系到整个20世纪殖民地国家的民族独立和解放运动所形成的大时代背景，就可以理解是什么催生了这种"眼光向下"。

就拿我们熟悉的领域说，20世纪70

年代出现的"民族志诗学"的宗旨也是要打破欧洲韵律和诗歌的观念。总之,整个20世纪对底层文化、边缘文化的关注,是一种明显的趋势。只不过不同学科怎么转,何时转,彼此有差异而已。依照我们的一般推断,最容易抱残守缺的一个人文学科,应该是古典学,但在20世纪六七十年代他们也在不断地完成类似的范式转向。米尔曼·帕里(Milman Parry)是古典学者,荷马是口头诗人便是由他提出的。

姚:这种现象的出现是否受到了人类学的影响?

朝:并不完全是,人类学的影响只是一方面。大的时代背景下产生的思潮,不会简单由某一单一学科发动,进而形成席卷之势。信息技术的讨论、古典学的追问、人类学的成果、语文学的推演、民俗学的深耕,所有这些学科,都发挥了或多或少的作用。

姚:可能在同一时代背景下大家会有一种共同的看待问题、看待事物的方法?

朝:对。准确点说,是至少会有一批人在立场转换上、方法论更新上,形成某种趋同性。

姚:如果说口头程式理论赋予了中国史诗学方法论嬗替和论域转换的话,那么当下的热点领域非物质文化遗产保护又带给了中国史诗学怎样的影响?

朝:"非遗"保护其实是一种实践操作和工作技术路线,并不怎么涉及学科理论。当然它对学术工作是有影响的,如史诗研究中就有一些与"非遗"保护相结合的新话题。随着"非遗"保护工作的实施与推进,地方政府越来越重视非物质文化遗产工作,不仅配备人员、下拨经费,而且在政策方面也给予大力支持,以致在学术研究中产生了某些连带性的反应,其中包括对三大史诗、南方史诗学术研究的影响。同时,在资料建档和传承工作方面,也都有各方重视带来的影响,当然,这些影响也不都是正面的,学术还是需要特立独行,卓尔不群,需要有眼光,有见地,不是哪里热闹,就群起追随。

姚:"非遗"保护确实有实践操作的层面,但我想可能还有另一个层面,就是全球一体化中人亡歌息的现象,它与"非遗"保护其实是同一层面上的问题,这应该也是一个国际社会需要共同面对的挑战与现实。您作为国际哲学与人文科学理事会主席和承担联合国教科文组织非物质文化遗产国际评审机构的中国民俗学会会长,在与国际学界的密切交流中,您认为有哪些问题是国际学界共同关注或达成共识的,中国学者在这一领域的当下与未来又能为国际学界提供怎样的经验与智慧?

朝:这就不是一个纯学术的问题了,这个话题可以说得简单点——全球经济一体化和文化标准化是一个晚近的趋势。所谓"标准化",是一个更宽泛的概念,比如英语等语言的广泛使用;流行音乐、好莱坞电影行业的整体性全球化运作以及这套文化产品生产制作的全球同步化;讨论哈利波特的,除了其生产国,还可能有法国人、肯尼亚人、韩国人;发布活动可能这次在巴黎,下次在上海。全球文化市场的整合在不断将大家的文化与经济生活的各个方面放置在一个共同的消费场域中,而今天的互联网又在继续加剧这套运作模式。

在这个大背景下,所谓的"人亡歌息",宽泛地理解就是传统文化艺术正在全球的不同地域遭受很严重的冲击,不论在棉兰老岛、印度支那,还是在非洲、东亚和中亚,人亡歌息的现象随处可见,作为专业工作者,我们所能做的也是有限的,有时候就像古建专家一样,要研究古建筑的建造图式、具体的工艺流程及其背后的知识体系等,寄希望于尽量长久地保护它,尽量别让它垮掉。同理,民间文化的研究者也希望能尽量保留那些优美的传统,使其活在当代。但大家都知道，历史的车轮滚滚向前，不少不能适应当代社会的传统就会淡出人们的生活，还有一些可能变换形式后，在新的历史条件下生存与发展。譬如我们或许是希望老百姓除了看电视，还能听评书就好了，但不知道这种愿望能否实现。当然咯，传统也不会说消失就消失的。文化发展有其规律，老百姓也有聪明才智，新时代也需要植根在历史的沃土上，所以，无论是"非遗"保护工作，还是民俗学学者的职业态度，我们都应该将社区、传承人与老百姓的文化自主权放在首位。我们不能替他们决定什么，我们所能做的，就是恪守专业伦理守则，知道我们专业工作的界限在哪里。

姚：中国史诗学刚刚入选中国社会科学院的优势学科阵列，您作为这个项目的负责人，同时又是中国史诗学学科建设的领军人物，您将会在优势学科的平台上从哪些方面继续推进这一学科未来的发展？您对中国史诗学的青年学者寄予怎样的期待与希望？

朝：这个话题不好说，学术当然是薪火相传好，但也有很多因素会影响学术传承，比如虽然19世纪到20世纪，欧洲一些国家都出现了大师级的东方学家，但他们的薪火并没有都得到很好的传承。全世界到处都一样，一个学术制高点，一个重镇，说衰退也就衰退了。学术的管理体制是否健全，学校当局是否会把它当一回事来重视和好好经营，或者年轻的一代学者是否有这个抱负和胸襟，发展特定学科的历史条件到底是不是合适，有时候战争、经济危机等因素也会影响学科建设和梯队建设。所有这些变数加在一起，你只能寄希望于学术的传承，好好教育学生，指导学生，然后听天由命吧。

姚：从学术层面看，中国史诗学的未来会是怎样的一番景象？

朝：我不乐观，也不悲观。口传史诗研究首先要勤奋，要对社会人生有整体性的理解，光是书本知识不见得够用。史诗学很多问题的解答，不是足够聪明就能推导出结论来，不懂得民间艺术在民间生活中的样子，不懂得老百姓的真实生活，有时候说起话来就会荒腔走板，不得要领。此外，语言的训练，年轻一代未必就能够轻易超越前辈。眼下中国人文学术处在一个颇为尴尬的时期，许多人文学科，都面临类似的问题，古文字、宗教、历史等学科，都面临杰出人才短缺的局面。优渥的报酬、轻松的工作、舒适的生活，是年轻人普遍追求的生活状态。很少有人愿意皓首穷经，花多年工夫去做一件很艰苦的事。所以也不好说今后的史诗学术一定会步步提升，精彩迭现。

姚：从1995年您的《第三届国际民俗学会暑期研修班简介——兼谈国外史诗理论》开始，口头程式理论不仅影响到汉族民间叙事的研究，而且也被应用到藏、蒙古、彝、土、满、苗、壮、瑶、白、回、傣、京、锡伯、纳西、土家、哈尼、柯尔克孜、哈萨克、裕固、保安、维吾尔、达斡尔、傈僳、赫哲族等众多少数民族口头文学的研究中，尤其还被邻近学科的学者所采纳，被应用到民族音乐学、戏曲和曲艺、民间美术等的研究中，在敦煌变文、山西秧歌、戏曲口头剧本、诗经、楚辞等专题研究中，可以看到有多方面的运用。您如何看待口头程式理论在中国的这种多民族、多领域、跨文类、跨文化的多样化实践？为什么口头程式理论能够对中国20世纪末以来的多学科领域产生学术视野与研究方法层面的有力影响？

朝：原来我曾想就民间艺术的某些基本规律做些探讨。其实对口头文类的规律总结，口头程式理论有见地，抓住了核心特质。但从另一方面说，民间艺术还有更为根本的规律，其中语词艺术的规律总结，只是一个环节。不过，这个环节和其他民间艺术门类在整体精神上是相通的，就是某种程式化的表达方法，在语词艺术领域，程式、典型场景、故事范型等，都有一套被美国的弗里教授叫作"大词"的表达单元，如某些"特性修饰语"的运用，如特定场景的处理，像形容将军的勇敢、姑娘的美丽、战争的残酷、景色的优美等，它都有一套相对固定的对应办法，以"经济"或"俭省"的策略，以尽量有限的手段，处理繁纷复杂的故事情景，这是民间艺术的智慧。

再往远一点说，炕围子画、剪纸、泥塑、年画、民歌等，哪个艺术形式不是高度程式化的？固定的主题，模式化的表达手段和技巧，相对固定的含义指涉，在长期的发展中逐渐被符号化了，岁寒三友松竹梅、仙鹤神龟长寿、蝙蝠寓意福、鹿寓意禄、花儿中的牡丹，蒙古民歌中的骏马等，不一而足。符号化是一种艺术具象的抽象化，而抽象化带来的"典型化"和艺术感染力，又是不够抽象的艺术所不大具备的。

对这些民间艺术现象进行深入思考后，会觉得这些艺术形式背后的规律是相通的。现在民族音乐学的某些成果也受到了口头程式理论的影响，假如不久后其他民间艺术门类的专家也从口头程式理论中获得启示，我也不会奇怪，因为民众日常生活和他们的艺术智慧，在处理相似情景时有相似的策略。口头程式理论虽是针对文学和口头传统而提出的，但它总结出来的规律却可以在很多艺术门类的分析研究中发挥某种示范作用。

姚：您最初引进口头程式理论到中国来时，有想到日后这套理论会对学术界有如此广泛的影响吗？

朝：想过。最初我陪赖歇尔去新疆做调查时，翻译了他的一篇关于口头程式理论的论文，当时我对民间文学不太感兴趣，只是觉得译了一个新鲜的东西而已，并没有太深的印象。从90年代开始，从参加芬兰暑校开始，转向做一些民间文学的研究。我的研究领域也从作家文学转到了蒙古史诗、草原文化研究上，在这一转向过程中，我一开始也是不自觉的，后来在芬兰暑校的史诗小组，就发现他们讨论的话题都很深入，也有意思，就逐渐萌生了通过新方法论的引入，冲击一下当时国内的学术。一次，在哈佛旁边的灯塔街（Beacon street）的公寓，我和尹虎彬在那儿聊天喝酒，聊到有哪几个理论介绍到国内是最有用的，我们俩一致想到了口头程式理论，所以引介这套理论到中国来，我们是有策划的，不是随机生发的。当时我们觉得此事若能促成，将来定会是件很有意思的事情。

姚：近年来，很多学科领域都在关注跨学科或跨界研究，您在《国际史诗学若干热点问题评析》一文中提到"比较诗学"的研究视野，此类研究可以打破学科壁垒与边界，使研究者跳出自身的局限，观察人类共有的文化思维与表达之根，但同时跨学科的比较研究又会对研究者提出更高的要求，对此您有什么样的经验与方法可以与学界同仁分享？

朝：其实所谓跨界不跨界是比较匠气的说法，学富五车、融会贯通的大师，他才不会管你什么领域界限的事儿，他一出手往往就是漂亮活儿，他的境界和眼光就在那儿。像季羡林，高兴了弄一下糖史；像王世襄老先生，鸟笼子蝈蝈罐儿、桌椅板凳，无不是精深学问。我认为，对学术工作是否有兴趣，对文史哲相关知识是否有统揽式的眼光、广博的知识积累，逻辑思维是否绵密，语言表达是否精准，这些都是人文学科学者必备的基本素养。所以说，对一些问题的通盘考虑，会让你具有不同的眼光，你分析问题、回答问题时，你就不大会受限于学科本身。你说我谈论的是一个戏剧学的问题，还是一个历史学的问题？我才无所谓呢。所以所谓跨界不跨界，这都是奇怪的说法。如果是经营领域，原来是搞电商的，后来跨到了金融领域，这是跨界，但学术没有这样的界限。

姚：有时候某些看法是被自己设定的一些条条框框所束缚。

朝：而且是没出息的人才会这样做，因为知识本身是没有边界的。当它作为人类更广阔的精神领域谱系中的特定环节和部分时，我们为了研究方便对其进行分类，用动物学、植物学、社会科学、自然科学等学科来划定其范围。说你是某某领域专家的时候，是指你要在某个领域从事某项工作，而不是说你只能在这个领域回答问题。当然你要谨慎，跨出去讲话时，你得小心，准备不足说错话会让人家笑话，但不是说我是个历史学家，我谈论文学就犯规。

姚：您今天谈论的话题很有意思，使我受益匪浅，相信也会带给其他青年学者更多的启示，谢谢您在百忙之中接受我的采访，我们今天的专访到此结束。

（原载《社会科学家》
2018 年第 1 期）

学术活动纪要

【第十三届中国民间文艺山花奖颁奖活动在广州举行】

2018年1月13日，在一年四季花开不谢的花城广州，民间文艺的"山花"绚烂绽放。由中国文联、中国民协、广东省文联主办的"恰是山花烂漫时——第十三届中国民间文艺山花奖"颁奖典礼在广州举行。中国文联主席、中国作协主席铁凝，广东省委常委、宣传部长慎海雄，中国文联副主席、中国民协主席潘鲁生，中国文联党组成员、书记处书记陈建文，以及邱运华、许钦松、程扬等中国民协、广东省文联负责人，刚刚荣获"中国文联民间文艺终身成就艺术家"称号的民间文艺家乌丙安、冯骥才等出席开幕式。

该届山花奖共设立四个子奖项。作品《布依族火龙》《放驴》《禾楼舞》《山南鼓舞》《幺姑筛茶来》荣获优秀民间艺术表演奖；《秋荷听雨》《桃花源》《戏曲人物》《一带一路》《美人记》《南丝路一带缘，藏汉人一家亲》《和颜悦色》荣获优秀民间工艺美术作品奖；甘桂芬的《不为天子为良匠》，老海的《东北民间故事》和《刘三姐歌谣·风俗歌卷》三部作品荣获优秀民间文学作品奖；《背过身去的大娘娘》《中国民间游戏总汇》《运河记忆——嘉兴船民生活口述实录》《中国民间叙事诗史》荣获优秀民间文艺学术著作奖；苏绣《红军三大主力会师》获得当晚"组委会特别奖"。

潘鲁生表示，中国民间文艺山花奖由过去的一百多个奖项减少到目前的二十多个，最大的特点是获奖作品水平和质量的提升。除此之外，近年来在民间文化传承方面，新秀也在不断脱颖而出；除了各级政府和文艺团体对民间文艺的共同重视，民间文艺家们也增强了文化自信，找准了发展路径，自觉担负起中华优秀传统文化的践行者、发展者、推动者的责任，从专家学者到普通的民间文艺传承者，无论是汉族还是边疆少数民族，优秀的民间文化正在中华大地生根发芽、开枝散叶。

在获颁"中国文联民间文艺终身成就艺术家"称号后，乌丙安、冯骥才两位民间文艺家非常激动。已近九十岁高龄的乌丙安被誉为"我国第二代最富有声望的民俗学家""世界级著名民俗学家"，多年来从事民间文学和民俗学的教学和研究工作，以一系列具有前瞻性和里程碑意义的民俗学专著，为中国与国际民俗学事业和民俗学专业教学的发展作出了卓越的贡献。他表示："民间文艺家的初心就是爱人民、爱人民的文艺、保护好发展好民间文艺。"作为中国文联荣誉委员、中国民协名誉主席，冯骥才认为，民间艺术经过多年积累，从默默无闻到登上大雅之堂，今后依然要坚定地走在田野间的路上。此次山花奖颁奖典礼增加了走红毯的环节，冯骥才说："民间文艺工作者以前都是走过绿色的田野、黄色的土地和灰色的道路，走红地毯还是第一次，这证明了国人的文化自觉。"

此次颁奖典礼演出以二十四节气为线索，分为《惊蛰·启》《夏至·炫》《秋分·瑰》《冬至·泰》《立春·衍》五个篇章。丘克军、马雄福、刘华、李丽娜、吴元新、沙马拉毅、程建军等参加活动。

【获奖名单】

优秀民间艺术表演获奖名单

吹歌作品《放驴》——获奖单位：河北省定州市子位吹歌民间艺术学校

民歌作品《幺姑筛茶来》——获奖单位：湖北省恩施市非物质文化遗产保护传承展演中心

民间鼓舞鼓乐作品《山南鼓舞》——获奖单位：西藏山南市琼结县久河村卓舞表演队

民间广场歌舞作品《禾楼舞》——获奖单位：广东省云浮市郁南县"禾楼舞"

表演队

舞龙作品《布依族火龙》——获奖单位：贵州省册亨县者楼村火龙表演队

优秀民间工艺美术作品

陶瓷《戏曲人物》——作者：范安琪

红木雕刻《姑苏繁华图》——作者：施冬妹、任建华、王杨春等

仙居花灯《和颜悦色》——作者：陈彩平

陶艺雕塑《一带一路》——作者：付绍相

刺绣《美人记》——作者：苗炜

石雕《秋荷听雨》——作者：陈礼忠

木雕《桃花源》——作者：郑春辉

农民画《南丝路一带缘，藏汉人一家亲》——作者：着着

优秀民间文学作品获奖名单

《东北民间故事》（上、下）——作者：李海生

《刘三姐歌谣·风俗歌卷》——作者：廖明君、韦丽忠

新故事作品《不为天子为良匠》——作者：甘桂芬

优秀民间文艺学术著作

《背过身去的大娘娘：地方民间传说生息的动力学研究》——作者：陈泳超

《运河记忆——嘉兴船民生活口述实录》——作者：顾希佳

《中国民间叙事诗史》——作者：贺学君

《中国民间游戏总汇》——作者：林继富

组委会特别奖

苏绣作品《红军三大主力会师》——创作者：苏州市苏绣文化艺术研究中心、苏州市中外名人研究会

中国文联终身成就民间文艺家

乌丙安、冯骥才

（供稿：白伟）

【《中国民间文学大系》出版工程全面启动】

2018年1月23日，在中共中央办公厅、国务院办公厅印发《关于实施中华优秀传统文化传承发展工程的意见》一周年之际，中国文联副主席、中国民协主席潘鲁生在河南郑州召开的中国民协第九届主席团第四次会议及中国民协2018年工作会议上，向与会主席团成员、全国各省市自治区和新疆生产建设兵团民协的负责人宣布，即日起全面启动实施《中国民间文学大系出版工程》编纂工作。

编纂出版《中国民间文学大系》是"传承发展工程"设立十五个重大工程之一，该工程由中国文联总负责，由中国民协具体组织实施。《大系》的总体目标是：通过整理和收集中国民间文学资料，出版大型文库《中国民间文学大系》和电子文献数据库，并通过这一工程的运行，开展一系列中国民间文学为主题的社会活动，促进全社会共同参与民间文学的发掘、保护、传播，形成全社会热爱民间文学的热潮，形成德在民间、艺在民间、文在民间的共识，以进一步坚定文化自信与文化自觉，不断筑牢和夯实建设社会主义先进文化的群众基础。

"传承发展工程"文件发布后，中国文联立即组织召开全国民间文艺界专家座谈会，筹备组建了工程领导小组、专家委员会、编纂工作委员会和协调工作办公室；中国民协面向全国各省市自治区做了20多次调研和座谈会，召集专家研究出版体例，编纂了《编纂工作手册》以征求意见。同时，向全国民间文艺界发出了《关于实施

中国民间文学大系出版工程的调查问卷》，得到了各地的强烈反响和积极回应，并反馈了其所在区域民间文学类别、资源分布、调查研究现状、人才队伍与相应保障措施等方面的信息。通过一系列前期工作，中国民协对项目做了宣传动员，并了解了各地民间文艺人才队伍现状和前期基础成果，明确了示范卷编纂工作要点，讨论了跨区域协作、交流与合作机制等问题。与此同时，中国民协主持实施的"中国民间口头文学数据化工程"（第一期）采集了近十亿字的数据资料，第二期还有十多亿字文本资源汇集，这些都将为《大系》工程提供重要的基础资料和可供借鉴的工作经验。

《大系》是在全面调研和收集整理的基础上，充分吸收当代民间文学研究的新理念、新成果，按照科学性、广泛性、地域性、代表性的"四性"原则编选，以省、自治区、直辖市及新疆生产建设兵团（包括港澳台地区）的行政区划立卷，属于依照体裁归类的民间文学作品及理论研究成果总集。

《大系》萃取经典、服务当代，通过专家甄别遴选出民间文学各个门类当中符合中华人文精神的经典性作品，以供汲取中国智慧、弘扬中国精神、传播中国价值。《大系》立足区域特色、彰显民族民间文化的多样性，把握民间文学实质，尊重民间文学规律，凸显全国各区域民间文化的传统与丰富样式，表现当代民间日常生活。

《大系》按照神话、史诗、民间传说、民间故事、民间歌谣、民间长诗、民间说唱、民间小戏、谚语、民间文学理论等类别与系列编选，精中选精，计划出版1000卷，每卷100万字。2018年分批推出示范卷。

《大系》是中华民族有史以来第一次付诸出版的大型民间文学文库。随着全球工业化进程加快，中国社会全面进入工业化时代，也是一次完全意义上的对传统社会民间文学资源的全面搜集、系统整理和汇总结集。伴随着两个一百年奋斗目标征程，《大系》将为进一步增强民族自豪感提供坚实的民间文化基础。有鉴于此，《大系》出版工程必定作为中华民族民间文学的绝唱而载入史册。

（供稿：中国民间文艺家协会）

["中国二十四节气保护传承能力建设培训会"在衢州举办]

2018年2月5日，由文化部非遗司指导，中国农博馆、中国民俗学会主办，柯城区委宣传部、柯城区教育体育局（文化局）承办的二十四节气保护传承能力建设培训班在柯城区召开。中国农业博物馆副馆长苑荣、文化部非遗司管理处调研员张晓莉、柯城区委宣传部部长贵丽青以及中国农业博物馆、中国民俗学会有关专家学者，来自浙江省、湖南省、广西壮族自治区、贵州省的社区组织代表等40余人参加培训。

张晓莉为此次培训致辞，她说二十四节气是我国农耕文明的代表，申遗成功是非遗保护工作的重要里程碑，既是压力，也是动力。我们要以联合国教科文组织《保护非物质文化遗产公约》以及《实施〈保护非物质文化遗产公约〉操作指南》为纲，加强《公约》和《操作指南》的培训与学习，进一步提升传承保护能力，做好履约工作。

贵丽青指出，此次培训会的召开，对柯城区立春文化的保护与传承，既是鼓励也是鞭策。中国农历二十四节气是老少皆知的传统民俗，也是民间用于指导农事活动的规律。柯城区作为二十四节气的保护单位，将认真贯彻落实习总书记传承和弘扬中华传统文化系列重要精神，以九华立春祭这一非遗项目为主抓手，以保护传承能力建设为着力点，努力打造二十四节气保护传承的柯城样本。

巴莫曲布嫫教授为参训人员接连带来三场精彩讲座。她就《保护非物质文化遗产公约》进行了详细解读，精读《公约》相关条款，分析了《公约》的宗旨、非遗概念的定义与框架，从认识论和实践论两个层面指出一系列违背公约精神的不当用词提请大家的注意。同时，巴莫曲布嫫教授以"有关自然界和宇宙的传统知识与实践"为主线，结合各地保护二十四节气的做法，解读《公约》名录项目与保护措施的实施与更新。对非物质文化遗产保护九步骤"确认、建档、研究、保存、保护、宣传、弘扬、传承和振兴"等一系列概念精细确认。

巴莫曲布嫫教授就《实施〈保护非物质文化遗产公约〉操作指南》作出述要，对提升社区建设目标能力与履约实践作总体辅导。

浙江师范大学副教授、中国立春文化研究中心副主任宣炳善老师与大家分享了他参与浙江省龙泉青瓷传统烧制技艺申报过程的体会，以及该项目从申报到履约过程中涉及的建档问题、数据采集及伦理关切问题。

随后，各社区、项目保护单位代表、专家学者等踊跃发言，围绕社区参与和能力建设过程中的问题与对策展开交流讨论。

中国二十四节气研究中心副主任黄景春在总结中指出，今后不仅要做好二十四节气中某一个节的传承和保护，更要在二十四节气的整体传承上多做思考和努力。各个社区在培训班结束后，要继续加强《公约》以及相关文件的学习，吃透精神，把本社区涉及的二十四节气做好，做到位。做好汇报工作，争取领导重视和支持。多举办活动，多培养传承人，共同做好二十四节气的传承与保护。

（供稿：柯城区教育体育局）

["我们的节日"春节民俗展演暨传统村落与庙会文化的当代价值研讨会在井陉举行]

2018年3月2日至5日，由中国民协、河北省文联共同主办，河北省民协、井陉县委县政府承办的"我们的节日"春节民俗展演暨传统村落与庙会文化的当代价值研讨会在河北井陉举行。来自中国社科院、复旦大学、北京师范大学、中央民族大学、河北师范大学、河北科技大学等高校、科研院所的专家学者调研考察了井陉庄旺村祭河神放河灯、大梁江村成人礼"开锁儿"、南康庄村跑阵表演、邢氏祠堂"告祭""撑虚耗"等民俗活动，专家们结合实地调研，围绕新时代背景下村落与庙会文化的当代价值展开了研讨。研讨会由中国民协顾问、河北民协主席郑一民主持。

中国民协副主席、北京师范大学教授万建中表示，井陉的自然风光并不优越，但传统文化资源丰富，在加大宣传力度的同时，应在县一级层面进行顶层设计，把村落文化传统加以整合，进行整体性开发。中国节日文化研究中心主任、北京师范大学教授萧放认为，未来井陉庙会可以在提炼内涵、提升品牌，传统与时尚结合，文化自足与文化传播、文化交流、文化分享方面继续努力，改善庙会周边环境条件，为实现乡村的全面振兴创造有利条件。上海复旦大学郑土有教授说，井陉庙会因其活动时间差异，空间分布不同，形成了春节特色活动的网络，此起彼伏，相互参与，相互支持，相互激励，相互借鉴的"集群效应"，促进了井陉春节民俗的有效传承。中央民族大学林继富教授认为，在庙会的时间体系中，人们更多体验的是精神上的获得感。建议在坚持它的自主性的同时，更应该梳理和挖掘与之相关的知识体系，使之与当代社会生活更好地互动融合。中国社会科学院毛巧晖研究员提出，在当下社会关注民俗文化资源转换为文化资本的过程中，应注意文化消费的边界，警惕打破民俗文化的时间阈限与仪式去神圣性的行为。中国社会科学院邹明华研究员认为，应当正面看待民间信仰和民众的文化认同，加强传说与信仰的研究，使春节民俗和庙会文化积极的精神文化价值更好地发挥。温州大学黄涛教授表示，庙会是传承春节文化和其他传统文化的重要而有效的方式。井陉县传统村落里的春节庙会使这里的民众有更强的幸福感。河北科技大学副教授刘立军提出了专项特色旅游以及建立特色民俗博物馆的建议，他倡议与高校合作建立校外"第二课堂"，或研究实践基地。

中国民协分党组书记邱运华在讲话中谈了三点体会。第一，井陉有着独特的历史地位和文化地位，应该坚持文化的多样性与独特性；保持传统村落建设与民俗文化传承兼容中的仪式感；坚持物质文化遗产建设与非物质文化遗产建设之间的相辅相成、相互支撑、共同着力。第二，探索井陉各村镇民俗活动的组织形式，通过指导、商议、协议的方式保证乡村振兴战略中村落文化的健康蓬勃发展。第三，拓宽视野、拓宽思路，在强调活态传承的同时，拓宽传统文化的传承方式与路径。

（供稿：李航）

【"太湖流域民间信仰文艺学术研讨会"在北京大学召开】

2018年4月6日，北京大学中文系主办的"太湖流域民间信仰文艺学术研讨会"，暨国家重大课题"太湖流域民间信仰类文艺资源的调查与跨学科研究"（17ZDA167）开题会，在北京大学李兆基人文学苑6号楼顺利召开。此次研讨会由北京大学陈泳超教授主讲，中国社会科学院尹虎彬研究员主持，特邀刘魁立研究员、邢莉教授、叶涛研究员、吕微研究员、安德明研究员、陈岗龙教授评议。

首先，陈泳超教授对该课题的研究对象、学术价值、学术史反思、工作方案与规划进行了详细论述。在研究对象方面应注重"太湖流域"文化的一体性，将重点放在覆盖面大、叙事性强的宣卷和神歌两类民间信仰文艺形式上。在研究成果方面设立"两套丛书"与"两部提要"的目标，即学术性的田野调查丛书和原始资料丛书的出版，以及太湖流域宝卷与神歌总目提要的汇编。该课题对于信仰文艺的本体研究、通俗文学之间的互文研究、民间信仰研究、文学人类学研究、跨学科研究以及当前的政策研究都具有重要意义。

会议期间，各位专家畅所欲言，提出了许多宝贵建议。尹虎彬研究员对太湖流域民间传统文化的保存予以赞赏，指出"方言"的跨学科研究是一大亮点。刘魁立研究员认为太湖流域的宝卷资料是名副其实的"最后一网大鱼"，应特别注重区域文化的整体性和同质性，并体现出作为宣卷活动主体的"人"以及作为文本背景的"环境"的作用。此外，他还强调了"视频记忆"的重要性，该课题录制的视频资料将成为宝贵的历史档案。邢莉教授指出民间信仰是民俗文化的核心，在非遗保护与民间信仰消退的时代背景下，该课题对于民间信仰研究具有示范意义和保护作用。

吕微研究员从"为什么神话研究属于文学范畴"的问题入手，指出文艺和信仰的关系是民间文学研究的根本问题，是"格林命题"的基本出发点。该课题在前人研究的基础上又有调整和思考，显示出前沿的学术眼光；学者在田野调查中的个人投入值得关注，本文化和异文化的冲突能够激发出前所未有的问题，这是田野调查的困境，也是机遇和挑战，关键看调查者是否"走心"。此外，信仰是永远存在的，传统信仰不是真的消失，而是以新形式重现。该课题有助于我们揭示出传统信仰的动态变化和发展走向。

安德明研究员提出五点建议：其一，除了调查内容更加深入全面、研究更加精致系统之外，该课题在记录手段方面应更加多样化，为后人留下宝贵的资料；其二，在研究范围方面，除了强调太湖流域文化的同质性之外，还应注意区域多样性和差异性；其三，应注重理论创新，提炼太湖流域民间信仰中的基本结构框架，将有益于我们探讨信仰结构与家国观念和民族认同之间的逻辑关系；其四，在进行跨学科研究时，应注重研究内容之间的有机统一性；其五，体裁划分只是学术界的惯用方法，在实际调查过程中，应参照当地民众生活的整体性来讨论学术范畴中的文学互文性。

陈岗龙教授认为，该课题的研究思路是对前人纯文本研究的一种反思。如何将文本置于日常生活中观察并用学术性的田野调查记录下来，即将文本与语境结合起来，这是我们日后的工作重点。做好这项工作，将有益于我们加深对古老文明的理解。

课题组成员代表吴真副教授在资料方面提出两点建议：一是在1937—1945年的日占期间，日本学者设立的东亚研究所、上海自然科学研究所和东亚同文书院三所机构保存了大量调查报告；二是在民国期间，中日学者都有一些关于江南调查的学术报告，我们有必要对其进行系统化的整理。

总体而言，各位评议人对该课题持积极肯定的态度，认为大有可为，期待出现领先成果。在此基础上，课题组主要负责人和部分成员又于4月21—22日召开了一次启动会。出席会议的有扬州大学车锡伦研究员、王定勇副教授，复旦大学郑土有教授、白若思副研究员，杭州师范大学顾希佳研究员、袁瑾副教授，以及浙江师范大学宣炳善副教授、常熟理工学院王健教授、中国人民大学吴真副教授、江汉大学李萍副教授，另有特邀代表江苏省常熟市古里镇文化站长邹养鹤、苏州大学文学院博士生裘兆远、南京师范大学出版社编审王欲祥等。

顾希佳研究员结合自身的田野调查经历，对海盐、桐乡、嘉善及嘉兴郊区等地神歌的传承情况、抄本及持有者状况进行了介绍。白若思副研究员提出两点建议：其一，当前学界对于信仰与文艺的分类方法主要来自西方，而民间往往不加分类，应当尊重民间，从跨学科的角度进行研究；其二，应持续关注国际方面的最新研究成果，并多关注档案资料等文献。

车锡伦研究员介绍了宝卷研究的最新出版成果。郑土有教授提出有必要对宝卷和神歌的仪式场所进行标注。李萍副教授表示愿意为各调查点提供记谱服务。王欲祥编审对于专家们有关图书排版、彩图印刷、方言注释等方面的问题进行了解答。袁瑾副教授和王健教授分别介绍了《杭州师范大学学报》和《常熟理工学院学报》两本杂志的特色，表达了与该课题合作的意愿。

此次会议两个场次都反响热烈。各位专家踊跃讨论，达成了高度共识，对课题的开展充满信心。北大中文系民间文学专业的研究生和宝卷读书会的成员们也积极参与，收获良多。

（供稿：苏筱）

【中国民俗学会非遗团队与新加坡来宾举行会谈】

2018年4月9日下午，中国民俗学会非遗工作团队会见正随新加坡总理李显龙访华的新加坡国家文物局局长章慧霓（Hwee Nee CHANG）和非遗项目官员陈莉莉（Kelly TAN）一行。双方在恭王府中国二十四节气研究中心召开了"非遗保护座谈会"。

朝戈金会长首先致欢迎词，随后重点

介绍了中国民俗学会参与非物质文化遗产保护工作的相关实践。章慧霓局长表示，新加坡于2018年2月22日批准《保护非物质文化遗产公约》，成为第177个加入该公约的国家。此行专程拜访中国民俗学会可谓"取经"之行。非遗团队成员向来宾分享了参与国家和国际层面履约工作的经验。双方就两国非遗保护实践和《公约》名录申报机制进行了深入交流。

参加会谈的学者有朝戈金、巴莫曲布嫫、叶涛、安德明、陈晓文、孙冬宁、央吉卓玛等。

据了解，新加坡国家文物局从2018年开始推行"新加坡文化遗产计划"的首个五年计划；4月7日，国家文物局公布了新加坡首批50个非物质文化遗产项目清单，其中包括南音、到龟屿进香、武术、小贩中心和清明节祭祖仪式等。

（供稿：中国民俗学会）

【推动"三大史诗"在新时代的传承与发展——贯彻习近平总书记关于弘扬中华优秀传统文化系列重要讲话精神工作会议在京召开】

2018年5月24日，由中国社会科学院民族文学研究所主办、口头传统研究中心承办的"推动'三大史诗'在新时代的传承与发展——贯彻习近平总书记关于弘扬中华优秀传统文化系列重要讲话精神工作会议"在京召开。会议由中国社会科学院民族文学研究所党委书记、副所长朝克主持。

在东西方文化传统中，希腊史诗、印度史诗、巴比伦史诗、芬兰史诗、中国少数民族史诗等都成为一个民族或一个国家文化的象征和文明的丰碑。因而每一个民族的史诗传统，不仅是认识一个民族的百科全书，也是一座"民族精神标本的展览馆"（黑格尔语）。中国少数民族的口头史诗蕴藏丰富，类型多样，分布广阔，源远流长。举世闻名的"三大史诗"——藏蒙史诗《格萨（斯）尔》、蒙古族史诗《江格尔》和柯尔克孜族史诗《玛纳斯》，内涵丰富，情节曲折，结构恢宏，气势磅礴，皆为几十万诗行的鸿篇巨制，当之无愧地跻身于人类最伟大的英雄史诗之列。

习近平总书记在中央民族工作会议、文艺工作座谈会、第十三届全国人民代表大会第一次会议等重要场合述及"三大史诗"，激励中华各族儿女发扬伟大创造精神，实现中华文化的创造性转化和创新性发展。习近平总书记关于弘扬中华优秀传统文化的系列重要讲话是习近平新时代中国特色社会主义思想的有机组成部分，是进一步做好"三大史诗"传承发展工作和推进学术研究的根本遵循。全国《格萨（斯）尔》工作领导小组组长、中国共产党十八届中央委员会候补委员、中国社会科学院副院长、学部委员李培林指出，党和国家长期关心和支持以三大史诗为代表的少数民族文化艺术工作。习近平总书记对三大史诗的重视和肯定，首先与上一代党和国家领导人对三大史诗的关怀与支持是一脉相承的。其次，也是在新时代中国特色社会主义思想指引下对中华优秀传统文化的新定位、新要求和新的发展路径。李培林认为，三大史诗震撼人心的伟大之处在于其跨省区、跨民族、跨国界传播的宏伟格局；三大史诗震撼人心的伟大之处还在于结合口头与书面形式的活态传承体系；三大史诗震撼人心的伟大之处还在于恢宏的内容与结构。

李培林在讲话中肯定了中国社会科学院民族文学研究所在"三大史诗"的抢救、保护及研究工作中所取得的成就。他表示，民族文学研究所在人才队伍建设、资料建设、理论建设、研究基地建设以及国际学术交流方面，取得了可喜的成就，成为驰名中外的三大史诗研究重镇和学术中心。基于此，李培林提出六点建议，一是研究制订切实可行的"三大史诗非物质文化遗产统筹保护计划"，加强三大史诗流传地区文化生态的保护，推动三大史诗的整体保护与传承；二是坚持以人民为中心的工作导向，尊重人民的主体地位，加大对传承人的培养，推动三大史诗的代际传承；三是夯实三大史诗资料基础，创新和提升史诗理论，推动新理论、新学说的诞生；四是促进"一带一路"沿线国家和地区学者、文化工作者以及传承人之间的学术交流，增进不同文化间的沟通与对话，扩大中国文化在世界的影响力；五是积极推动《江格尔》列入联合国教科文组织"人类非物质文化遗产代表作名录"的申报工作。希望看到《江格尔》也能名列"人类非物质文化遗产代表作名录"，与世界上其他的伟大史诗传统交相辉映；六是树立文化自信，增强三大史诗文化凝聚力，把三大史诗工程作为民族文化工程、民族团结工程、民心工程，对全社会产生多方面的积极影响。

李培林强调，新时代意味着新起点、新征程，在习近平总书记系列重要讲话精神指引下，推动三大史诗在新时代的传承与发展，把三大史诗工程做出中国特色、中国风格、中国气派，为弘扬中华优秀传统文化再立新功！

在"通报：我国'三大史诗'保护工作情况"环节，中国社会科学院学部委员、民族文学研究所所长朝戈金研究员不仅向与会代表详细介绍了国际史诗研究的现状、国内各民族史诗的分布现状，同时汇报了有关"三大史诗"保护和研究工作所取得的相应成果。

朝戈金研究员谈到，中国各民族史诗，按传承和流布的地域、历史民族地理区和经济文化类群可分为南北两大系统。北方民族主要以长篇英雄史诗见长，南方民族的史诗则多为中、小型的创世史诗和迁徙史诗。这些本土史诗类型的历史累层和广泛流布，一同构合为"北方英雄史诗带"和"南方民族史诗群"；同时又因相关族群叙事传统所依托的地理环境和文化生态的不同，被学者形象地称誉为"雪域史诗"、"草原史诗"和"山地史诗"，堪与古希腊的"海洋城邦史诗"和印度的"森林史诗"一道并肩而立，成为世界文学地图上相映成辉的人类文明盛景。因此，不论在北方还是在南方，中国少数民族的史诗传统，大都以气韵生动的口头演述和极具生命情态的表现形式，长久地承载着相关族群的历史源流、人文传统、文化认同和生活世界，一直被人们珍视为历史的"根谱"和文化的"宝典"。从歌手到听众，从语言传统到口头演述，从传承轨范到传播形态，从文本到语境，各民族史诗既反映了一个民族的精神世界及其卓尔不群的诗性智慧，也印证了中国族群文化的多样性和人类文化的创造力。朝戈金认为，以"格萨（斯）尔"、"江格尔"及"玛纳斯"为代表的人类非物质文化遗产，不仅是增强我国文化自信的核心元素之一，同时也是接轨国际，体现国家软实力的重要资源。从传承、保护的角度出发，各民族史诗在当代社会的复兴与发展，既是对习近平总书记多次强调"三大史诗"重要性的落实，也是各族人民站在国际舞台表现自我的能动性发挥。总之，对少数民族传统文化的保护，也是对中华民族伟大创造的传承，更是维系人类文化多样的重要组成部分。

据了解，格萨尔史诗是关于藏族古代英雄格萨尔神圣业绩的宏大叙事，藏语称为"岭仲"。史诗以韵散兼行的方式讲述了英雄格萨尔一生的神圣功业，以独特的串珠结构，将许多古老的神话、传说、故事、歌谣、谚语和谜语等口头文学，融汇为气势恢宏、内涵丰富的"超级故事"，经过一代代说唱艺人的不断创编和广泛传唱，形成了规模浩大的史诗演述传统；玛纳斯史诗是《玛纳斯》、《赛麦台》、《赛依铁克》、《凯耐尼木》、《赛伊特》、《阿斯勒巴恰与别克巴恰》、《索木碧莱克》和《奇格台》八部叙事史诗的总称。史诗以一代英豪玛纳斯及其七代子孙的英雄业绩为主线，展示了柯尔克孜人民为保卫家园、抗击外来侵略者和追寻生活理想的历史遭际，歌颂了百折不挠的民族精神，洋溢着崇高的英雄主义格调；江格尔史诗核心内容是圣主江格尔和他的六千零一十二位勇士如何英勇地保卫美丽富饶的宝木巴国，同形形色色凶残的敌人进行惊心动魄的战斗历程。就史诗特定的演述形态和叙事结构而言，"江格尔"被称为"史诗集群"。因为史诗故事大都围绕着婚姻和征战这两个最基本的蒙古史诗主题来展开，形成许多在内容上相互联系、在情节上彼此独立的"诗章"。每一个诗章都是一个独立的故事，又是整个史诗系统的一个有机部分。

此外，此次会议是中国社会科学院登峰战略优势学科"中国史诗学"建设项目组的年度重大计划之一，共有一百余名各界人士参加了会议，包括来自"三大史诗"的代表性传承人、史诗学、民间文学、民俗学、少数民族文学等平行学科专家学者代表、全国《格萨（斯）尔》工作领导小组保护传承基地合作方代表、中国社会科学院民族文学研究所"三大史诗"田野研究基地合作方代表、中国社会科学院业务主管部门代表、文化和旅游部非遗保护主管部门代表、中国社会科学院民族文学研究所老中青三代学者和在读硕士博士研究生、民族文学研究所信息化建设合作方中国科学院计算机网络信息中心和北京中研网的数据库专家。

（供稿：郑成宏、高莹、黄亚楠）

【"2018年民俗学与非物质文化遗产暑期学校：社区如何向他者展示自身"在美国新墨西哥州举办】

2018年6月2日至12日，由美国民俗学会、中国民俗学会及日本民俗学会联合主办的"2018年民俗学与非物质文化遗产暑期学校：社区如何向他者展示自身"（2018 Summer Institute on Folklore and Intangible Cultural Heritage: "How Communities Present Themselves to Others"）在美国新墨西哥州圣达菲市高级研修学院（The School for Advanced Research）举办。该期暑校得到亨利·鲁斯基金会（the Henry Luce Foundation）的资助，来自美国、中国及日本三个国家的民俗学者和研究生20余人参加了此次暑期学校。

该期暑校以个案研究为重心，集中讨论社区如何创造、协商、塑造、审查、改变及评价他们自身的展示方式，以及他们如何向他者展示其自身的文化表现形式。教员授课、学员发表、讨论及田野考察交叉进行。教员来自中国、美国和日本三个国家，包含了著名民俗学家、青年民俗学者和公共民俗学家。学员同样是来自三个国家不同民族的青年民俗学者和研究生，每位学员都结合自己的研究工作，围绕本期暑校主题进行一小时的非正式发表，并在发表后进行了充分的讨论。

在开幕式上，美国民俗学会执行理事杰西卡·特纳（Jessica A. Turner）对来自各国的学者表示了欢迎，并就该期暑校的主题进行了简单的阐释，希望大家围绕主题展开深入细致的讨论和交流。在接下来的几天里，各位教员和学员从不同的角度出发，探讨了不同文化语境下社区展现自我的原因、方式、功能等内容。

一 背景与方式

在当代都市化、现代化与全球化的背景下，在遗产保护与旅游发展等语境中，社区为何展示自我、如何展示自我等问题需要更加深入细致的思考。日本东京大学的雷婷，就以上海的金山农民画为例，探讨了在全球化的背景下，本土艺术的多层次、动态的真实等问题。她指出在全球化的背景下，许多"外来者"造访了当地，同时也带来了许多不同的价值标准。大多数"内部艺术家"乐于向外来者展示他们的本土艺术，但如果他们希望自己的作品被外来者完全接受，有时会以改变或重新定义艺术本身为代价。评价艺术的标准对金山农民画这种本土艺术形式的影响，通常也被视为艺术实践的一部分。神户女子大学的川森博司教授则研究了都市化背景下日本乡村社区的转型与民俗文化的呈现问题，他认为在旅游发展的背景下，日本民俗学家需要改变他们对社区的看法，引入新的研究方法，如文化人类学中的"写文化"争论，但在民俗研究中有更多的方法来应对这一问题。他指出结合人类学实地研究和文本研究是解决这一问题的关键，因为我们研究的人已经用不同的方式书写了他们的文化。

同样是出于写文化的思考，中国社会科学院的央吉卓玛则以青海玉树藏族自治州一个抄写格萨尔史诗的家族为例，探讨了口头和书面交流之间的互动，并讨论了《格萨尔史诗》文本的组织和叙事规则的三个方面：寺院书写文本与民间书写文本的相似与差异、"写"史诗与"抄写"史诗之间的内在关系、史诗传统中抄写和写作的区别。她认为在演唱者、观众和写作者中，口传艺术的"悦耳"概念不仅是"书面"史诗文本的内在机制，还是书面史诗口头表演时的交际机制。

虽然在当前非物质文化遗产保护的背景下，申遗是社区展示其文化的重要途径，但有些社区却反其道而行之。日本新潟大学的加贺谷真梨，就以冲绳的社区为案例，探讨其在没有将社区实践认定为文化财的情况下怎样实践公共生活。虽然将仪式和民间娱乐认定为文化财或组织纪念活动可能是社区向他人展示自己文化和历史的有效途径，但在冲绳，一些岛屿社区却不愿意将他们的仪式认定为文化财，他们通过以下几种方式来维持他们的公共生活：（1）秘密进行仪式（小滨岛）、（2）停止仪式表演（久高岛）、（3）通过已确定历史的输入来淡化他们的历史（波照间岛）。

此外，以文化遗产的在地化、整体性与主体性保护为宗旨的生态（社区）博物馆也是社区展示自我的重要方式，美国弗吉尼亚理工大学的艾米丽·比安基（Emily Bianchi）就讨论了博物馆化的问题，她通过对比 Sabbathday Lake 和 Pleasant Hill 两个震教徒（Shaker）村庄社区，探讨了每个地点如何呈现震教徒叙事，以及如何整合社区资源和本土知识。而在田野实践中，世界遗产地陶斯印第安村，除了独特的建筑风格外，社区民众的选择性居留和生产生活文化的展示，也可以说是社区博物馆的一种独特代表。

二　角色与关系

在社区展示自我的过程中，社区民众、学者、政府等的角色定位与相互关系至关重要。中国民俗学会会长、中国社会科学院民族文学研究所所长朝戈金研究员就介绍了政府、学界和社区民众在二十四节气的申报过程中的作用。他通过梳理中国"二十四节气"的申遗历程，总结了中国政府、学界、社区和传承人等多方组成的协作机制在这一申报过程中协作并申遗成功的经验。政府、社会团体、个人、大众传媒和其他社会参与者形成了多元行动方，而社区则在申报过程中起着中心作用。他特别强调了在地赋权，指出当地民众决定一切，并反思了非政府组织在中国面临的挑战，如其社会力量的限制、成员依附于其他资格等问题。

美国加州大学戴维斯分校的迈克尔·戴伦·福斯特（Michael Dylan Foster）同样反思了社区与民俗学者的角色及关系等问题。他梳理了联合国教科文组织的非物质文化遗产保护历程，以日本男鹿市传统节日生鬼节（Namahage）为例，通过 Metaculture 和 Esoculture 的概念，指出应始终将本地关注的 Esocultural narrative 放在话语的最前端，详细情况应先于一般情况，实践应该引导有关这些实践的政策。

与中国和日本不同，美国独特的国情也使其在文化保护方面独辟蹊径。美国国家艺术基金会前主席、印第安纳大学民俗学与民族音乐学系客座研究员比尔·艾伟（Bill Ivey）就梳理了美国的文化政策，美国由于没有文化部，没有全国性的文化政策，也没有加入联合国的非遗公约，非遗目标无法把政府和传统文化及拥有传统文化或者个别拥有民俗艺术家的团体联合起来。这些外部环境创造出美国民俗的问题以及起点。他借用米歇尔·福柯批判（critique）的概念，指出我们必须不停地质疑我们在对待传统艺术和传统艺术家个人的设想偏见和动机，并且不断地挑战那些代表传统文化群体的人的动机，包括受我们尊敬学习的群体成员。

美国民俗学的一大特点在于其公共民俗学的发达，许多公共民俗学家长期致力于社区的发展等问题，做出了骄人的成绩。公共民俗学家、费城民俗项目的负责人塞琳娜·莫拉莱斯（Selina Morales），就以自己长期所从事的项目为个案，探讨了公共民俗学方法中的伦理、理论和实践。她认为繁荣的民俗和传统文化与社区活力、自主性和清晰/自信的交流直接相关，所以在费城民俗项目（PFP）中，他们的许多工作都侧重于支持社区和艺术家"展现自我"，因为从社区开始有助于采取行动，建立牢固的基础，并培养伙伴关系。她以与费城藏族协会（TAP）的长期合作关系为例，重点介绍了PFP加强基础工作的目标怎样与TAP"向他人展示自己"的目标和谐相融。

三 区别与认同

对于社区来说，文化展示不仅是面对他者区分你我的重要手段，也是面向内部构建认同的重要符号象征。中国社会科学院的赵元昊老师，讨论了中国的回族人如何使用唐瓶这样一个民间器物，来对他者和自我展现其民族特色。他分析了三种不同语境下不同用处的唐瓶，包括舞台上的舞蹈表演、回族商贩制定的清真标志习俗和关于这个习俗的叙事。在这些不同但同时并存的展现中，不同的社会角色——所有这些都涉及回族，突出了唐瓶的不同目的。同时，通过不同的语境，他们在国家、民族和地方各级层面上回答了"谁是回族？"这一问题。他认为，同样的物质文化对象，在不同的表演背景下，可以提供不同的识别策略，以区分一群人以及他们空间的轮廓边界。

美国马里兰大学的艾什莉·明纳（Ashley Minner）则以第二次世界大战后从北卡罗来纳农村大批搬迁到马里兰州巴尔的摩的隆比族（Lumbee）印第安人为例，探讨了移民的认同和文化展现等问题。这一数千人的社区，没有出现在大众对这个城市的描述中，甚至可以被称为"隐形"，但其存在标志着独特文化景观和建筑环境，通过一系列的活动，他们也在建立着联系与认同。

而上海社会科学院的程鹏同样关注到了社区文化展示对构建认同的作用。他指出借助于景观生产和景观叙事，社区可以讲述历史、唤起记忆，引起共鸣，满足受众审美和对历史记忆的社会需求。而仪式展演则通过年复一年的操演，在展示社区文化的同时，强化民众体认实践，加深记忆，构建认同。他结合上海市浦东新区三林镇的具体案例，探讨了其通过重建三桥、文昌阁、照胆台，建设名人廊、民俗馆等项目，举行圣堂庙会、中秋祭月、城隍出巡等仪式，在展现自我、发展社区旅游的同时，也对非遗传承、社区教育、民众认同有着重要作用。

中美日三国虽然国情不同、政策各异，但在社区展示、民俗学实践等很多方面都有许多可以交流互鉴的内容。此次暑期学校注重充分交流，给教员和学员们留下了充足的讨论时间，大家围绕着社区、文化、空间、民间艺术等问题展开了深入细致的交流讨论，并引发了更加深入的思考和探索。此次暑期学校低调自由的会风和注重讨论的方式，也给与会者留下了深刻的印象。中美日民俗学与非物质文化遗产暑期学校的再次成功举办，进一步推动了三国民俗学年轻学者间的交流互动，为大家建立起了学术联系，也为今后的合作研究和学科建设积累了经验。

（供稿：程鹏）

【中国当选联合国教科文组织保护非遗政府间委员会委员国】

2018年6月6日，在法国巴黎联合国教科文组织总部举行的《保护非物质文化遗产公约》（以下简称"《公约》"）缔约国大会第7届会议上，中国以123票高票当选保护非物质文化遗产政府间委员会委员国（任期为2018年至2022年）。文化和旅游部党组成员于群率中国政府文化代表团出席了会议。

保护非物质文化遗产政府间委员会由24个缔约国组成，具有执行缔约国大会决议、修订实施《公约》的操作指南、评审各国非遗申报项目、审议缔约国履约报告、拟定非遗基金使用计划等重要职能。该届会议改选了半数委员国，与中国同时当选委员国的还有荷兰、阿塞拜疆、波兰、牙买加、日本、哈萨克斯坦、斯里兰卡、喀麦隆、吉布提、多哥和科威特。

自2004年加入《公约》以来，中国一直积极开展履约工作，曾两次担任保护非物质文化遗产政府间委员会委员国，与联合国教科文组织和各缔约国在双边、多边层面开展多种形式的非遗保护交流与合作，为《公约》发展贡献中国智慧，充分展示中国积极履约的负责任大国形象和对人类非遗保护事业的郑重承诺。此外，中国政府在北京建立亚太地区非物质文化遗产国际培训中心（联合国教科文组织二类中心），为实施联合国教科文组织的全球能力建设战略、提升各会员国非遗保护能力作出有益贡献。

（供稿：联文）

【"2018中国·嘉兴二十四节气全国学术研讨会"在嘉兴举行】

2018年6月18日至20日，中国民俗学会、嘉兴市节庆活动组委会办公室联合主办的2018中国·嘉兴二十四节气全国学术研讨会在嘉兴举行，它也是2018中国·嘉兴端午民俗文化节的一项重要活动。来自全国各地的50余位专家学者出席了研讨会。

嘉兴是中国民俗学会在端午文化研究上设立的第一个研究基地。中国端午文化研究基地自成立以来，以研究嘉兴端午习俗为主线，在保护和弘扬包括端午习俗在内的民俗文化的生态性、多样性、独特性方面作了诸多有益的探索，为民俗文化参与现代化的建构提供了理论支撑和学术指引。目前，嘉兴端午文化研究已形成了以中国民俗学会专家和本土学者为主的研究队伍。

据悉，2018年是嘉兴市举办端午学术研讨会的第八年，主题将以节日节气为主进行时间文化研究。二十四节气作为中国人特有的时间知识体系，鲜明地体现了中华民族尊时守位、知常达变、开物成务、修齐治平的基本思想理念，彰显出中国人对宇宙和自然界认知的独特性及其实践活动的丰富性、与自然和谐相处的智慧和创造力，是中华民族文化认同的重要载体，也是我们为之足之蹈之的精神依归。2016年11月，"二十四节气——中国人通过观察太阳周年运动而形成的时间知识体系及其实践"被列入联合国教科文组织人类非物质文化遗产代表作名录，这也代表了二十四节气作为中国传统文化的象征进入了国际视野。研讨会期间，专家学者们将围绕"中国二十四节气形成史及其内部结构""二十四节气的文化精神与中国社会""中国二十四节气对人与自然与社会关系的调和"课题展开探讨与研究，并观摩"二十四节气与民俗风情"嘉兴市美术作品大展，考察嘉兴民俗文化。

为推动研讨会举办地嘉兴市有关二十四节气文化调查与研究，自2018年3月30日至4月10日，中国民俗学会组织近二十位专家学者赴嘉兴农村开展二十四节气与民俗文化的田野调查。2017年12月至2018年4月，主办方积极面向海内外专家定向征稿和面向社会公开征稿，共收到来自海内外的论文和调查报告62篇，经中国民俗学会组织专家评审，评出入选论文20篇。

（供稿：孔月华）

["纪念居素普·玛玛依诞辰100周年座谈会"在乌鲁木齐举行]

2018年6月21日，由中国文联指导，中国民间文艺家协会、新疆维吾尔自治区文联主办，新疆维吾尔自治区民间文艺家协会承办的"纪念居素普·玛玛依诞辰100周年座谈会"在乌鲁木齐成功举行。

中国民协分党组书记、驻会副主席邱运华，中国文联办公厅副主任鲁航，中国文联国内联络部副主任杨发航，中国民协副主席、新疆民协主席马雄福出席会议。

中国社会科学院民族文学研究所研究员郎樱、诺布旺丹、阿地里·居玛吐尔地，北京大学教授陈连山等知名专家在座谈会上发言。座谈会由马雄福主持。

居素普·玛玛依曾任中国文联第四届委员，中国民间文艺研究会理事，新疆文联副主席、名誉主席，是我国唯一一位可以把八部二十多万行的《玛纳斯》全部背诵下来的著名玛纳斯奇。居素普·玛玛依的一生充满了传奇色彩。特别是他在文学艺术上的天赋，加上他刻苦努力，使得他演唱的《玛纳斯》变体不仅篇幅宏大、结构严谨、人物关系清晰、故事情节跌宕起伏，而且文学表现力特别强，作品的知识信息丰富而意境深远，成为世界《玛纳斯》不同演唱版本中最完整、最有代表性、最长的一个唱本。

邱运华在讲话中指出："《玛纳斯》作为一部'一带一路'上传唱千年的文化瑰宝，见证着中华民族和世界各民族友好往来交流的历史，共同分享着传唱千年的故事，共同讴歌赞美着人类的英雄，更重要的是，它通过世界共享的故事彰显了中华民族的文化自信，有力地推动'一带一路'的民心相通。居素普·玛玛依对柯尔克孜族英雄史诗《玛纳斯》的抢救、整理、出版、传承传播作出了巨大贡献，在开拓、发展中国民间文艺事业中立下了汗马功劳。本次'纪念居素普·玛玛依诞辰100周年座谈会'的召开，将《玛纳斯》及其传承传播方面的研究再次引向深入。"

杨发航在发言中说："我们今天纪念居素普·玛玛依，就是要深切缅怀他卓越的艺术成就，铭记他为民间文艺事业发展做出的巨大贡献；就是要学习他对艺术的不懈追求，学习他对民间文艺事业、对民族文化的热爱，进一步增强文化自信，积极推动中华优秀传统文化创造性转化、创新性发展；就是要宣传他的艺术家风采，发挥他的示范引领作用，鼓励广大文艺工作者学习他的高尚品德，自觉追求德艺双馨，传承和弘扬中华优秀传统文化，努力攀登艺术高峰，积极践行'爱国、为民、崇德、尚艺'的文艺界核心价值观，为实现中华民族伟大复兴作出积极贡献。"

马雄福在作会议总结时说："研究《玛纳斯》史诗，不仅仅是民间文艺学术上的命题，更是我们通过优秀传统文化探讨社会主义核心价值观的大课题。史诗在这方面给我们的启示是多方面的，涉及的学科面也是广泛的，但主题是十分鲜明的，那就是要创建一个人与社会、人与自然和谐共享的生态文明、社会文明的理想家园，这可以说是史诗共有的特点。英雄精神是高尚的，是社会文明进步不可缺失的；英雄精神是跨时代的，不论是过去，现在，还是将来，英雄精神都是鼓舞我们坚忍不拔、勇往直前的动力。所以，传承研究史诗是一项光荣而艰巨的使命，愿我们携手共进，为优秀传统文化的传承与保护，为推进社会文明、和谐、进步，为实现中华民族的伟大复兴中国梦而努力。"

近几年来，习近平总书记在文艺工作座谈会以及其他几次重要讲话中，都提到了柯尔克孜族的英雄史诗《玛纳斯》，盛赞"不仅为中华民族提供了丰厚滋养，而且为世界文明贡献了华彩篇章"。此次座谈会就是为学习宣传党的十九大精神，贯彻落实习近平总书记系列重要讲话特别是在文艺工作座谈会上的重要讲话精神而召开的。

（供稿：谭源）

【"中国创世神话产业开发学术研讨会"在上海大学举行】

2018年6月21日，中国创世神话产业开发学术研讨会在上海大学乐乎新楼隆重举行，来自中国社会科学院、北京大学、复旦大学、华东师范大学、华中师范大学、辽宁大学、河南大学、山西大学、云南民族大学、上海社会科学院、河南社会科学院、上海大学等二十几家高校和科研单位的学者以及上海市社会科学界联合会领导共40余人参会，多家学报、学术期刊也派代表参加了此次会议。

会议开幕式在乐乎新楼思源厅举行，上海大学中文系主任黄景春教授主持了开幕式。上海大学文科处处长曾军、华东师范大学终身教授陈勤建、上海市社会科学界联合会副主席任小文先后致辞，高度评价会议主题的学术意义，祝贺此次会议的召开。

接着，会议进入主题发言阶段。北京大学陈泳超教授首先做题为《从感生到帝系：中国古史神话的轴心转折——兼谈古典神话的层累生产》的发言。陈教授认为：从自为的各部族感生神话发展到建构的华夏民族共同的帝系神话，代表了分散的原生神话向体系化次生神话的转折，是原始思维向理性思维的转折，是上古神话史的轴心转折。华东师范大学王晓葵教授在《神话与记忆政治》的发言中，阐述了交际记忆向文化记忆的转变，中国近代的困境和文化记忆的建构等几个问题。他认为：神话曾经是王朝统治正当性的来源，也是近代民族国家自我认同建构的重要资源，神话叙事与政治合法性有着密切关联。中国社会科学院民族文学研究所毛巧晖研究员以嫘祖传说为中心，讨论了民间传说与文化景观的叙事互构，阐释了信仰在两种情节构筑中的功能与意义，说明了通过"文化展示"打造"文化记忆"对神话产业化的影响。王宪昭研究员依据自己多年做神话母题分类研究的经验，提出创世神话研究的基本方法问题。辽宁大学江帆教授以辽河口古渔雁神话调查为例，探讨了文化原型的续码重构，对始祖想象中的实践理性做了深度解析，揭示了古渔雁神话叙事对中原经典神话原型的加工和重构，渔雁文明对自身渊源和传统的建构展现了清晰的文化身份定位。上海交通大学高有鹏教授主持本阶段研讨，复旦大学郑土有教授做学术评议。

下午，各位学者在上善厅和海纳厅分两场分别进行研讨。第一分场（上善厅）学者就盘古神话、女娲神话、大禹神话、阿昌族神话、彝族神话，以及这些神话的产业化开发问题，展开深入探讨。第二分场（海纳厅）则主要围绕创世神话的基本特征、少数民族神话、中原伏羲女娲的活态传承进行论述。与会学者针对创世神话产业化这一主题进行全面、系统讨论，在国内学界还是第一次。各位学者深入分析了创世神话研究中存在的需要关注和解决的一些问题，如创世神话世俗化、传说化问题，创世神话与儒家价值观的交织问题，创世神话与印度神话关系问题。对创世神话在游戏开发过程中出现的形象变质、主题扭曲问题，有学者提出批评的同时，也认为产业化是创世神话传承的重要渠道。黄景春教授指出：借鉴欧美各国开发古希腊罗马神话的经验，在艺术创作、旅游观光、娱乐休闲中传承中华创世神话，弘扬其中的民族精神，是当前我国文化产业开发面临的一项重要任务，也是创世神话保护的必由之路。

此次研讨会由陈泳超教授做学术总结。他认为，神话学家的任务是弄清楚本学科的基本问题，学术研究应排除外在的利益诱惑，因为它会对学科发展起到不良的干扰作用。神话学家只有立足于本学科，然后才能贡献于其他学科。此次学术会议在讨论创世神话的基础上，再进一步探索创世神话产业化的可能性和未来走向，这是一个正确的思路。

此次学术会议在一些关键问题上达成了基本共识：中国创世神话内涵丰富，其中包含了珍贵的民族精神和文化记忆，深入研究创世神话对于加强中华民族文化认同感和凝聚力具有不可替代的作用。创世神话的产业化能够助推经济发展，也能够促进优秀传统文化的创造性转化，因此，对创世神话的产业化研究，具有重要的现实和学术意义，值得有关部门和相关学者持续推进。上海大学中文系老师杨万里、梁奇、石圆圆和十余位硕博研究生参加了此次学术会议。

（供稿：陈婵娟）

【"民俗学的本土话语与学科建设"学术研讨会在华东师范大学召开】

2018年6月23日，"民俗学的本土话语与学科建设"学术研讨会在华东师范大学中北校区举行。此次大会由华东师范大学国际汉语文化学院和华东师范大学中国非物质文化遗产保护研究中心共同主办。

中国民俗学、民间文艺学、文学人类学等学界高端专家学者齐聚一堂，旨在讨论民俗学研究如何突破西学的藩篱，回归中国语境，建立本土学术话语，树立文化自信，进行理论创新，亦回顾了国际汉语文化学院终身教授陈勤建先生民俗学、文艺民俗学本土化建构的学术路径。共有来自中国社会科学院、北京大学、复旦大学、南京大学、北京师范大学、中山大学、山东大学、华中师范大学等国内外二十余所高校和科研院所的近九十位专家学者参加了此次研讨会。

一 大会开幕式

6月23日上午8时半，由华东师范大学国际汉语文化学院副院长叶军教授主持了开幕式。华东师范大学汪荣明副校长致辞，他代表学校对各位专家学者的远道而来表示热烈的欢迎和诚挚的感谢，也肯定了陈勤建教授对学校、学院、学科所做的杰出贡献。

二 嘉宾致辞

汪荣明副校长在致辞中表示，感谢陈勤建教授在师大讲台上42载的辛勤耕耘；希望国际汉语文化学院继续播撒中华优秀文化的种子，传播积极正面的中华文化。

朝戈金（中国社会科学院学部委员、国际哲学与人文学理事会主席、中国民俗学会会长）在致辞中表示，华东师范大学是中国民俗学的一个重镇，陈教授是重镇中的核心人物。他是最早把中国民俗学者的风采、思想和学术问题带到国际层面对话的学者；他对于中国非遗的推动、项目评估、政策制定等发挥了多方面的咨询作用，这是一个学者用知识和智力贡献国家文化建设的表现。华东师范大学有陈教授这样的学者，是学校的骄傲。

万建中（中国民协副主席、北京师范大学民间文学研究所所长）在致辞中表示，陈老师与中国民协的渊源始于20世纪80年代初，在他担任上海民间文艺家协会副秘书长、秘书长期间，上海民间文艺家协会的工作成绩在全国名列前茅，在民间文学、民俗学理论研究方面成绩尤其突出。他以民间文艺学术为抓手，支撑上海民间文艺家协会理论建设。不仅利用刊物普及了民间文学知识，还为全国高等院校与相关学者提供了在当时不可多得，甚至稀缺的民间文艺学术阵地。

沈文忠（上海市文学艺术界联合会专职副主席、党组成员）在致辞中表示，陈教授是上海民俗学界的扛鼎人物，也是我们文学艺术界联合会所属的上海民间文艺家协会的副主席。他关心、指导、帮助民协工作，发挥了主心骨作用。早在20世纪八九十年代，他就曾担任过上海民间文艺家协会的秘书长，对协会发展做出过巨大的贡献，也是在那个阶段，陈教授已经着手致力于江、浙、沪吴语民俗、民间文学的田野调查和理论研究，并根据其吴越文化内涵的相似度首先提出了"长三角"这样一个概念。

三　主旨发言

嘉宾致辞结束，由中国民俗学会副会长、中国社会科学院文学研究所民间文学室主任安德明主持了大会主题发言，共有六位专家学者分享了自己的学术研究成果及与陈勤建教授的学术友谊。

叶涛教授（中国社会科学院世界宗教研究所研究员、中国民俗学会副会长兼秘书长）、吕微教授（中国社会科学院文学研究所研究员，原民间文学教研室主任）、黄永林教授（华中师范大学国家文化产业研究中心主任，华中师范大学原副校长）、杨利慧教授（北京师范大学文学院副院长）、郑土有教授（中国民俗学会副会长，复旦大学中文系教授）或分享了最新的民俗学研究成果，或阐述了陈勤建教授在民俗学研究中的独特见解和原创理论，现场反响热烈。国际汉语文化学院尹笑非副教授亦从教学的角度，阐述了陈勤建教授在汉语国际教育及国际文化传播中的民俗学理念与实践。

四　分会场讨论

下午的会议分两个分会场，并各设上下半场，分别以民俗学的本土话语与学科建设、非物质文化遗产及学科交叉研究为主题展开发言和讨论。共有32位学者从各自不同的研究视角做了精彩发言，各会场讨论热烈，成果丰硕。

五　闭幕式

经过一天的高效讨论，大会于当天傍晚闭幕。闭幕式由国际汉语文化学院副院长、国际汉语教师研修基地副主任丁安琪教授主持，由中国民俗学会副会长、北京大学中文系教授陈泳超先生作学术总结，国际汉语文化学院副院长叶军教授致闭幕词。

陈勤建教授也在闭幕式上发表了感想，就自己几十年的工作科研经历做了回顾，感叹自己与民俗学的奇妙缘分，并寄语民俗学或非物质文化遗产保护都能够回归生活，成为服务大众、经世济民之学。

（供稿：华东师范大学国际汉语文化学院）

【"第十五届民间文化青年论坛"在中国艺术研究院召开】

2018年7月13日至15日,第十五届民间文化青年论坛在中国艺术研究院召开,中国艺术人类学会会长方李莉教授致辞,刘魁立研究员作大会主旨发言,来自全国30多家高校和科研机构的40位研究生和青年学者提交论文并参会讨论。会后辑录了第十三届和第十五届的部分获奖论文和参会的研讨论文,贴合"技术与民俗"的主题,结集而成《民俗传承与技术发展》,由国家社会科学基金项目资助,于2018年12月出版。

(供稿:第十五届民间文化青年论坛组委会)

【"口头与书面文学及其他——中国与澳大利亚少数民族及原住民文学"学术研讨会分别在贵阳和西江苗寨两地举行】

2018年7月27日至28日,由中国社会科学院、澳大利亚人文科学院主办,中国社会科学院国际合作局、中国社会科学院民族文学研究所承办,贵州民族大学、贵州民族大学人文科技学院和西江千户苗寨苗族文化研究院协办的"口头与书面文学及其他——中国与澳大利亚少数民族及原住民文学"学术研讨会分别在贵阳和西江苗寨两地举行。

7月28日,会议开幕式在贵阳花溪河畔孔学堂举行。昆士兰大学教授、澳大利亚人文科学院院士(团长)大卫·卡特,澳大利亚人文科学院执行主任克里斯蒂娜·帕罗林,科廷大学教授、澳大利亚人文科学院院士金·斯科特,太平洋地区濒危文化数码资料档案馆悉尼分馆馆长、研究员阿曼达·哈里斯,悉尼大学高级讲师赵晓寰,格里菲斯大学高级讲师斯图尔特·库克;中国社会科学院民族文学研究所所长、学部委员、联合国教科文组织非物质文化遗产专家朝戈金,外国文学研究所理论研究室主任、研究员徐德林,文学研究所副研究员王莹,民族文学研究所副研究员朱刚,民族文学研究所助理研究员赵元昊,中国科学院国际合作局美大合作处处长张丽华,中国科学院国际合作局美大合作处项目官员许文锋,贵州民族大学副校长肖远平等出席开幕式。

中国社会科学院民族文学研究所所长、学部委员、联合国教科文组织非物质文化遗产专家朝戈金致开幕辞。他表示,我国拥有多姿多彩的少数民族口头文学财富,其中绝大多数保持了较好原生形态。从多面相维度对口头文学进行比较研究是十分有益的,其实践过程具有多民族、多语言、多类型、多面相、多功能的特点,表达形式包括了口头传统与视觉、听觉、肢体等,同时它也是语词艺术、表演艺术、造型艺术和视觉艺术的综合表现。

昆士兰大学教授、澳大利亚人文科学院院士(团长)大卫·卡特表示,能够参加这次研讨会感到非常荣幸,相信通过交流一定能够加深双方对彼此文化的了解,分享两国文化蕴含的深层次内涵。

澳大利亚人文科学院执行主任克里斯蒂娜·帕罗林发言,她说非常高兴能参加中国主办的这次研讨会,人文学者在两国之间的文化理解中发挥着非常重要的作用,他们到这里来是为了更多地了解中国少数民族文化的领先研究人员,分享更多关于澳大利亚丰富的土著文化遗产的信息。

贵州民族大学副校长肖远平教授代表贵州民族大学对出席研讨会的领导、专家表示欢迎。他说贵州自古以来是一个多民族聚居的省份,蕴含着丰富的少数民族文学资源,尤其拥有发达的民间口头传统,如侗族大歌、屯堡地戏、苗族古歌、彝族史诗等,希望通过此次会议让各位专家进一步了解贵州丰富多彩的民间口头传统,并期待专家们一如既往地关注贵州,关注贵州民族大学民俗学、少数民族文学学科的发展!

开幕式后,与会专家就"少数民族及原住民文学"问题展开了深入的探讨。研讨会上斯图尔特·库克博士作了《释译一个口头传统:挑战、可能性及抗拒》发言,讲述了自己英译土著诗歌的经历,还阐述了土著诗歌的形式和语义特征,以及如何有效地对其进行英译。肖远平教授作题为《地戏是戏吗:屯堡地戏仪式性思考》发言,指出屯堡地戏的仪式性是一个具有巨大张力的学术问题,它关涉着地戏的渊源流变、根本属性、文化内涵等诸多内容,是研究中国戏剧由仪到戏发展脉络的好样本。朱刚副研究员重点探讨了石宝山歌会的民俗内涵及社会功能,试图通过多学科的视野,把握现代民俗学研究发展的新动向,以此建构一种研究歌会民俗的新视角:从交流的角度看待歌会。赵元昊助理研究员选取了回族奇迹故事作为研究内容,从文本整体的符号学意义和故事的内在逻辑两个角度,分析了奇迹故事对回族群众理解自己历史和文化的重要作用等。

7月28日,作为会议构成单元之一的"苗族古歌活态传承与发展学术座谈会"在贵州西江苗寨的千户苗寨文化研究院举行,20多名与会专家和西江苗寨6名传统歌师进行了座谈。

座谈中,中澳两国专家和西江苗寨歌师就苗族古歌的来源、分类、演唱、习得以及在现代化和城市化进程的过程中面临的问题与挑战进行了深度交流与讨论。

中国社会科学院民族文学研究所所长、学部委员、联合国教科文组织非物质文化遗产专家朝戈金认为,在西江千户苗寨直接与西江苗寨歌师对话十分有意义,在现代性的背景下,西江苗寨众多的歌师能做到文化的坚守与活态传承实属不易。

贵州民族大学教授、西江千户苗寨文化研究院院长李天翼向各位来宾介绍了西江苗寨的旅游开发和文化传承保护的情况,认为通过"西江模式"的带动,西江千户苗寨民族民间文化得到复兴的同时,也面临着传承和保护的挑战,这需要各方的努力。

座谈会结束后,70多岁的西江歌师毛文坚表示,这次座谈会不仅开阔了苗寨歌师们的眼界,更加坚定了把苗歌一代一代传下去的信心。

来自澳大利亚的金·斯科特教授是一位澳洲原住民,他说很羡慕西江苗寨还能有自己的文化传承主体,而在他的国度他的民族缺乏像西江苗寨这样的文化保护传承主体。看到西江苗寨发展得这么好,作为一个国外的原住民,他很"嫉妒"。在谈及民族文化保护发展时,他认为少数民族既要实现现代化,又要保持自己的传统,这很难。但他也说,"我们可以成为动物园的创建者,但我们少数民族绝不要成为人类动物园的被观赏者"。

此次西江苗寨座谈会的举办,不仅加深了中澳专家和西江民间歌师的理解与互动,也将有利于如何有效地对像苗族古歌这样一些人类优秀口头传统传承保护路径的思考与实践。

(供稿:贵州民族大学人文科技学院)

【"民俗学的实践研究:村落传统与社会治理研讨会"在京召开】

2018年9月15日,由北京师范大学中国社会管理研究院/社会学院主办,北京师范大学民俗典籍文字研究中心共同举办的"民俗学的实践研究:村落传统与社会治理研讨会"在京召开。来自北京大学、北京师范大学、山东大学、中央民族大学、华东师范大学、台湾大学、台湾东华大学等全国二十多所著名高校与中国社会科学院等研究机构的五十余位民俗学教学科研骨干参与此次会议研讨。《人民日报》光明网、中国社会科学报、中国文化报、半岛晨报等多家新闻媒体,以及数十所高校与科研院所的教师与研究生参加了会议。

为继承钟敬文等老一辈民俗学者的学术遗产，回顾与总结中国民俗学科近二十年来的发展历程与学术成果，探讨新时代民俗学的发展机遇和未来方向，推动民俗学科的理论提升、服务乡村社会治理，会议围绕"民俗学的实践研究"这一主题，从四个方面展开讨论。

北京师范大学中国社会管理研究院/社会学院党委书记兼副院长、教授赵秋雁代表魏礼群院长对各位嘉宾的到来表示欢迎，并简要介绍了此次会议召开的背景。北京师范大学民俗学专业由中国民俗学之父钟敬文先生创建于1952年，在很长一段时间内不仅是全国民俗学教学科研的中心，也是中国民间文化调查与研究的中心。2015年，北京师范大学民俗学正式转入社会学一级学科下建设，在社会学学术研究与社会治理智库建设方面都发挥了重要的骨干作用，以民俗学为主体进行的"百村社会治理调查"项目，列入了国家重大委托项目子课题。此次研讨会将国内一流民俗学者齐聚一堂，既讨论学术议题，也紧扣时代脉搏，显示出北京师范大学民俗学面向未来的责任感，在新时代背景下具有重要意义。

国际哲学与人文科学理事会主席，中国民俗学会会长，中国社会科学院学部委员，民族文学研究所所长、研究员朝戈金在致辞中强调了当下民俗学讨论"实践"议题的重要性。他以非遗工作为例，强调非遗保护不仅是政府和学者的责任，更是社区成员自己的权利，因此必须坚持尊重不同主体的伦理原则。当多主体共同参与后，理论与实践必然不断相互影响，这促使民俗学者站在"实践"的立场上深化理论反思，而民俗学的研究领域也会随之拓展。例如，美国和西欧同行们推行的"计算民俗学"、文学实验室与数字人文等研究方法，都是理论与实践互相启发的产物。

作为国内最为资深的民俗学者之一，中央民族大学教授陶立璠先生特别强调了村落传统研究的紧迫性与民俗学科发展的重要性。他指出，改革开放以来，中国社会发生了翻天覆地的变化，但村落社会也正在面临危机。大批乡土建筑逐渐消失、村落空心化、传统伦理道德瓦解等问题，迫切需要社会的关注，尤其需要民俗学的深度参与。北京师范大学是中国民俗学的大本营，为中国民俗学学科发展和人才培养做出了极为重要的贡献。在学科调整之后，民俗学学科所面临的机遇与挑战都是空前的，保持民俗学学科的独立性与生命力，对保护、传承与研究我国优秀传统文化，探讨乡村振兴的本土途径，都有不可替代的价值和意义。

华中师范大学国家文化产业研究中心主任、原副校长，中国民俗学会副会长黄永林在致辞中强调，党的十九大报告提出了乡村振兴战略，但乡村振兴要靠文化，文化振兴之根在传统，尤其是民间文化。民俗学学科参与乡村振兴战略至关重要，但学科发展也需要和现代生活相结合，坚持站在发展的立场上才能有更广阔的空间。

北京师范大学民俗典籍文字研究中心主任、文学院教授李国英代表北京师范大学民俗典籍文字研究中心对远道而来的嘉宾表示欢迎，并感谢境内外的专家长期以来对北京师范大学民俗学发展的支持。作为熟悉民俗学学科调整历史的学者，李国英教授深知民俗学从中国语言文学一级学科转入社会学一级学科后面临的挑战，并高度赞扬了"村落传统"与"社会治理"相结合的路径，认为这代表了学科转型的重要尝试，并对民俗学今后的发展寄予厚望。

在主旨发言环节共有四位嘉宾发表了精彩演讲。

山东大学文化遗产研究院教授、中国民俗学会副会长刘铁梁做了题为《村落劳作模式与日常交流模式的转变》的主旨演讲。他强调，民俗学不同于其他学科的地方在于它直接面对活生生的人。当我们把民众视为自己生活实践的主体时，民俗学可以扮演中介者的角色，一方面浸润于民众的生活实践之中，与民众对现实生活的认知和感受息息相通，另一方面也让他们的知识进入主流话语。在这样的"实践"观指导下观察村落社会的变化，我们会发现，近年来中国农民的日常生活实践方式发生了根本性的变化，突出表现为"村落劳作模式的转变"与"日常交流模式的转变"。

黄永林教授主旨演讲的题目是"乡村文化振兴与非物质文化遗产的保护利用——基于数据与案例的分析"，他用大量的统计数据剖析了乡村及其文化发展的现状：农耕文化根基动摇；乡村社会"空心化"，人才大量流失；城乡差距加大，农村贫困问题严重；农村和农民被城镇化、乡村文明日益衰落。而面对这些现实问题，非遗可以在农村文化振兴中发挥重要作用。非遗可以振奋乡村文化精神、建设乡村文化产业，对于乡村的产业兴旺、生态宜居、乡风文明、治理有效、生活富裕都有促进作用。

中国农业大学社会学系教授、农业部全球重要农业文化遗产专家委员会委员孙庆忠教授发言的题目是"村落传统：乡村振兴的文化根基"，他以长期农村调查的丰富案例与数据证明，农村缺乏活力的重要原因之一是"集体失忆"，表现为与家庭生活的游离、与自然环境的疏离、对家乡历史的无知、对村落礼俗的漠然。而陕西佳县古枣园的实践证明，从搜集民俗文化开始，唤醒村落集体记忆，让村民看到了自己的传统，他们也就看到了未来的希望。村落凝聚力得以复兴、公共秩序得以重建，新的村庄活力开始形成，只有这种内生动力被唤醒后，乡村的全面振兴才有可能实现。

北京师范大学中国社会管理研究院/社会学院人类学与民俗学系主任、中国民俗学会副会长萧放教授结合"百村社会治理调查"项目谈了《实践民俗学与北师大民俗学的乡村研究》这一话题。"实践"是一个首先产生于西方的学术概念，因此他首先回溯了西方民俗学的实践理论与争论焦点，其次反观中国民俗学的实践传统，指出中国本土"风俗"概念中丰富的"实践"意涵。在总结并回应当下中国民俗学语境中使用的三种"实践"概念之后，他重点介绍了北京师范大学民俗学专业的乡村研究路径。他指出，以"实践"概念为核心，"百村社会治理调查"项目体现了北京师范大学民俗学的三种转向：从民俗学研究到风俗研究、从行动者到自觉的行动者，以及从民俗事象传承到行动者实践轨迹研究的转向。

在下午的分论坛中，专家学者们围绕"观风知政与民俗化导""非物质文化遗产保护实践与国家治理""村落传统与社会治理""日常生活实践研究"四个议题进行分组讨论。

中国社会科学院世界宗教研究所陈进国研究员，北京大学中文系民间文学教研室主任陈连山教授，北京联合大学北京学研究基地副主任、研究员张勃，台湾大学中文系洪淑苓教授，山东大学文化研究院副院长张士闪教授，北京大学中文系王娟副教授，北京师范大学中国社会管理研究院/社会学院王海侠老师等，以"移风易俗"为关键词，围绕禁放鞭炮、天价彩礼、丧葬改革等一系列社会热点问题展开了讨论。学者们一方面回溯古代"观风知政与民俗化导"的传统，另一方面也思考当下"移风易俗"的合法性，从传统文化教育、农村党建、信仰组织日常生活、民俗教化与生存策略等不同角度出发，进行了激烈的辩论与对话。

中国社会科学院民族学与人类学所研究员、辽宁大学文化传播学院江帆教授、东华大学中文系刘惠萍教授、中国社会科学院民族文学研究所毛巧晖研究员、北京师范大学文学院副院长杨利慧教授、山西大学民间文学与民俗学学科点负责人段有文教授等，就"非物质文化遗产保护实践与国家治理"这一议题各抒己见，分析了官方主导非遗保护这一做法给民间社会带来的利弊两方面影响，反思了在"非遗"保护与传承过程中学者所应扮演的角色问题，并对"非遗"是否应该观光化这一议题展开了热烈讨论。学者们认为，在当今社会，要使"非遗"在承续传统的同时进行良性重构与发展，把握"官民协作"以及"学者参与"的尺度、全面考虑观光化给"非遗"带来的影响是非常值得研究的重要问题。

中央民族大学民族学与社会学学院林继富教授、华东师范大学社会发展学院副院长田兆元教授、东华大学中国语言文学系彭衍纶教授、华东师范大学民俗学所徐赣丽教授、南京农业大学人文与社会发展学院季中扬教授、北京师范大学中国社会管理研究院/社会学院谢琼教授、杭州师范大学袁瑾副教授等，就"村落传统与社会治理"这一议题展开了充分交流。基于在乡村社会的田野调查与研究经历，学者们认为村落日常生活中蕴含着丰富的治理经验、独特的治理智慧，及相对独立有效的治理体制。以社会治理为关切点，以基层村落为抓手，在当代语境下重新审视村落传统，对于传扬优秀传统文化，实现历史与当代的融合，顶层设计与基层实践的对话，甚至是跨学科的交叉研究有重要意义。家族、信仰、乡贤、规约、组织是研讨会中重点讨论的关键词。

在日常生活实践研究分会场上，中国社会科学院户晓辉研究员和尹虎彬研究员、山东大学刘宗迪教授、中国传媒大学王杰文教授等就关于什么是实践、实践是否等于行动，以及先验性的实践是否具有意义展开热烈讨论。学者们认为实践不等同于应用，实践民俗学也不是公共民俗学，同时，从康德等哲学出发的实践，最好是使其成为民俗学的一种方法，这样民俗学才能落地，才能真正指导学科。北京师范大学董磊明教授和尉建文教授就乡村日常生活中的社会治理个案的微观表现，指出了民俗传统的运用与理解在今天社会建设与发展中的重要性，这些观点也让在座的学者对社会学是如何看待和理解民俗学有了更多的认识。此外，中央民族大学陶立璠教授、中国社会科学院安德明研究员、中山大学王霄冰教授以及辽宁大学周福岩教授分别以村落传统的修复和道德伦理建设、家乡民俗学、民俗定义以及文化政治性与风俗衰微为题进行了主旨发言。

会议在学科对话和多元化对话中圆满结束。据悉，北京师范大学民俗学还将推出系列民俗学活动以进一步深化民俗学的实践研究，应对当下民俗学转型的挑战。

（供稿：贾琛、刘洁、王惠云、武千千）

【"中国秃尾巴老李传说学术研讨会"在济南举行】

2018年10月12日，由中国民间文学大系出版工程领导小组、中国民间文艺家协会、山东省民间文艺家协会、山东省民俗学会、山东大学主办，山东大学民俗学研究所承办的"中国秃尾巴老李传说学术研讨会"在泉城济南成功举办。来自中国社会科学院、中国艺术研究院、中央民族大学、北京师范大学、华东师范大学、南京农业大学、浙江师范大学、辽宁大学、沈阳师范大学，以及山东大学、青岛大学等全国各高等科研院所以及地方民俗学会的20多位学者专家出席了此次学术研讨会。

在开幕式上，山东大学文化遗产研究

院副院长、山东省民俗学会会长张士闪，山东大学人文社会科学一级教授、北京师范大学教授刘铁梁，中国民间文学大系出版工程领导小组办公室主任王锦强先后致辞。与会学者结合各自的研究旨趣，围绕"断尾龙传说"展开了为期一天的学术研讨。

以秃尾巴老李为代表的"断尾龙传说"广泛流传于我国各地，大致以"神奇诞生、断尾离家、回乡上坟、孝亲佑乡"为主要情节。"秃尾巴老李"则是华北、东北地区民众对该传说主人公的普遍昵称。刘铁梁在发言中认为，传说是口头叙事的一种文本形式，也是依靠一定的日常交流实践方式来传播、体认地方或群体内部的共有知识。对于秃尾巴老李这一传说的理解，民俗学界值得做更多的田野调查。

浙江师范大学教授陈华文探讨了秃尾巴老李（龙）的地方文化认同问题。他认为秃尾巴老李（龙）的传说传达出血缘、亲缘和文化在故事同构中的缠绕关系，并在地方文化认同基础上形成恋母文化、乡情文化、故土故乡文化以及福佑祈愿文化等等。中国相当数量的传说，如秃尾巴老李、梁祝等传播范围极广的传说，本身就是融合了普世性（跨区域）母题和地方性母题的产物。青岛大学马光亭副教授以青岛即墨小龙山地区为调查点开展调查，以龙牌为题引，从自然空间、气候灾害、庙会与地区交往、国家与文人书写等角度，分析了秃尾巴老李的传说如何在本土与更大地域的内外合力中建构当地的文化空间的过程。

华东师范大学教授田兆元指出，秃尾巴老李（龙）的传说是龙文化传说谱系的一个支系，而与龙母文化关系密切。自广东，沿海北上，过上海，到山东，至东北，秃尾巴龙的传播过程，与中国文化发展与民族发展密切关联。随着中国文化的格局的形成，秃尾巴龙的谱系也随之形成。民俗谱系是认同性与互动性制度性构成，其有着时间、空间和族群的特定系统。秃尾巴龙传说自身的情节母题的生长与秃尾巴龙文化谱系的形成也是密切关联的。因此，民俗谱系学说对于故事研究也有其独特的解读路径。

在"龙的母亲"母题的民间故事中，岭南龙母传说与山东"秃尾巴老李"故事的影响最大，二者关系也一直为学界关注。南京农业大学教授季中扬提出，两宋时期，岭南龙母传说影响到了江浙地区，但对山东地区影响较小，到了明清时期，江浙地区龙母信仰衰微，小白龙探母故事从龙母传说中脱胎而出，影响到淮河流域，可能沿着运河进而影响到了山东地区，并对山东秃尾巴老李故事主人公由龙母转变为秃尾龙产生了一定影响。因此，山东地区的秃尾巴老李叙事是多重因素不断变异和塑造的产物。

中国民俗学会副会长、中国社会科学院研究员施爱东则强调，民间传说能将秃尾龙、白龙、黑河三个本来互不相干的传说体系整合为一个如此著名的地方传说，充分说明了地方民众在特定时空的话语力量。中国民俗学会副会长、辽宁大学教授江帆以"'秃尾巴老李'出关：民间信仰的传承动力与演化逻辑"为题，通过透视山东半岛"秃尾巴老李"信仰以闯关东移民为载体出关，在辽西地区的扩布与演化，阐释民间信仰作为一种象征性的文化资源，在闯关东移民群体文化建构中的认同功能与策略功用，进而揭示民间信仰在传承与演化中的动力机制及内在逻辑。

在辽东半岛，至今仍有许多关于"秃尾巴老李"的民间叙事，这些民间叙事不仅在资料本中有记载，在当地百姓的日常生活中仍有口头流传。沈阳师范大学教授詹娜指出，辽西、辽南地区每年三月三仍然会有祭祀"李龙王"的庙会。每到下雹子时会有往天上扔菜刀的习俗，究其根源，皆是李龙王信仰的遗留。"秃尾龙"故事、"李龙王"庙会、扔菜刀习俗作为闯关东的文化符号和象征，至今在辽宁地区仍发挥着传承历史、追宗溯源、凝聚百姓的重要心理功能。她以辽宁地区搜集到的"秃尾巴老李"叙事和龙王庙信仰为关注点，揭示辽东半岛地区的秃尾巴龙信仰分布形态。

作为存在状态的民间故事"秃尾巴老李"与作为实践的"秃尾巴老李"，如何从不可见到可见？如何从存在到实践？辽宁大学教授吉国秀分别从"被说的世界"与"在说的世界"、被书写传统排除在外的声音、日常生活中的实践状态、民俗学的干预机制四个方面做了具体阐释。山东大学教授刘宗迪则以"屠龙与治水：论中国的九头龙与希腊的九头蛇的神话象征"为题，通过比较《山海经》和古代西方神话的妖怪叙事，指出"秃尾龙"的神话原型可能与东方苍龙七宿的尾宿有关，尾宿九星，就是《山海经》中"相柳"的九首。因此，砍掉相柳的九头，其实就是砍掉苍龙的九尾，而在古人心目中，苍龙就是雨水的象征。这意味着，秃尾巴老李的故事，最初可以追溯到上古时期的龙星崇拜。

此外，辽西朝阳市级非遗项目传承人宋殿武就老家谱及辽西秃尾巴老李庙会基本情况做了发言。中央民族大学教授林继富、中国艺术研究院副研究员杨秀、青岛市民间文艺家协会副主席鲁汉、莱芜市民俗学会会长李胜华、潍坊市柳毅文化研究会会长张宝辉、也分别围绕秃尾巴老李传说做了会议发言。

此次研讨会以秃尾巴老李传说为题，与会学者从多维视角进行讨论分析，提出建议和观点，在选题和研究方法上呈现出清晰的学术脉络，对于学术传承表现出强烈的使命感和责任感，显示出了新气象、新格局，表明秃尾巴老李传说研究更加成熟与自觉。此次论坛是山东民俗学界近年继"大禹神话与口头传说"学术研讨会后，围绕民间传说举办的又一次较大规模的学术研讨会。此次会议的成功举办，对我们进一步关注、重视与民间叙事相关的口头传说有促进意义。

（供稿：张春）

【"都市化进程中的民俗走向"高端论坛在沪举行】

2018年10月12日，由上海民间文艺家协会和上海大学人文学院联合主办的"都市化进程中的民俗走向"高端论坛在上海举行。

上海大学党委副书记、纪委书记段勇作书面致辞。上海市文学艺术界联合会副主席兼秘书长沈文忠，上海民间文艺家协会主席何承伟，中山大学中国非物质文化遗产研究中心教授刘晓春参与会议并致辞。华东师范大学国际汉语文化学院终身教授陈勤建主持开幕式。复旦大学教授、上海民间文艺家协会理论专委会副主任郑土有作总结发言。上海民间文艺家协会秘书长刘祎呐主持大会闭幕式。

上海大学文学院中文系主任黄景春教授主持主旨发言并作专题发言。上海民间文艺家协会副主席蔡丰明，中山大学中国非物质文化遗产研究中心教授刘晓春，上海文艺出版社编审徐华龙、郑土有，上海交通大学人文学院教授高有鹏，浙江农林大学外国语学院教授毕雪飞分别以"上海城市民俗的风格特征与民俗精神""传承、记忆与认同——后传承时代民俗学""现代都市服装改革之梦""再度'融合'：新时期上海民俗变迁特征探讨""都市民俗与语言健康问题""杂糅的祭礼：日本都市中的七夕"为主题进行主旨发言。

上海大学国际教育学院副教授常峻、上海社会科学院文学研究所副研究员毕旭玲、华东政法大学副教授赵李娜等分别主持了分会场讨论。

都市民俗学的现代化转向

段勇认为，我国都市化进程的快速发展给人们生活方式带来了巨大的变化，也造成了当代民俗文化的深刻变化。我们要继承弘扬优秀传统文化，关注过去，也要密切关注当代都市化民俗的新态势。正气昂扬的当代民俗文化，对于社会和谐、人民幸福都具有十分重要的意义。

民俗文化是传统文化的重要组成部分，历史久远、积淀深厚。沈文忠表示，改革开放以来的40年是中国都市化进程发展最快的40年。在都市化进程中，出现了由于过度追求物质而产生的情感冷漠、精神空虚、道德缺失等问题，现代民俗学应该抓住当代，研究当代，在当代社会生活中发挥更积极、更重要的作用，通过展现相关研究成果，促进传统文化和当代城市生活的交融互动。在当代生活中弘扬优秀文化传统，推动对民俗文化遗产的抢救保护、研究和弘扬，将民俗文化与都市文化相融合，充分发挥都市民俗文化的正能量，有利于增强国家文化软实力，建设一个真正的文化强国。

民俗学不是过去之学，而是分析当代生活文化、揭示当代生活中产生的问题的现代之学。何承伟认为，习俗伴随着生活的演变不断在发展。以前的民俗学研究大都聚焦在对传统习俗的解读上，致力于挖掘习俗现象形成的原因和背后的文化社会价值。当代民俗学研究要深入到生活中去探索，习俗是人民群众创造的，要以尊重人民的态度挖掘人民中的优秀元素，然后予以推广、普及，这是新时期社会主义文化建设的要求。学者应该从民俗学角度担负起社会主义文化建设的任务，推动精神文明建设。

面对迅速变化的现代生活，通过考察历史和传统对于当下的意义，民俗研究将过去与现在结合在一起。刘晓春表示，研究民俗学，要从生活中去把握、去追问"为什么"，知道它为什么会发展到今天和它背后的意义。民俗是一个研究传承的学问。随着技术条件、居住空间、生计模式的变化以及人口的大量流动，传统意识可被把握的传承母体（村落、地域、宗族等）日益崩解，与民俗现象的媒介化、生产化并存，民俗日益渗透到日常生活的方方面面。

都市民俗学的研究核心

民俗精神是研究城市民俗的价值取向和最终目标。蔡丰明表示，要对都市民俗进行研究，传统民俗学需要做出突破，不能一味沿用旧的理论和方法，需要引进新的理念和思路，需要依靠民俗学、社会学、人类学、历史学、文学等多方面的力量；努力建设完善都市民俗学的理论体系，不应该停留于表面的民俗事项研究，需要提高到城市精神的新高度，获得其他学科的认可。我们要提高对民俗学研究的重视，不但要研究城市的民俗形态，更要从研究中提炼出城市正面的精神价值。

郑土有认为，在民俗学研究中，民俗的变迁变异是一个非常重要的课题。民俗变迁是一个非常复杂的问题，在不同历史阶段，不同区域民俗文化会呈现出不同的特点，尤其是在上海这样一个商业化国际大都市和移民程度很高的城市，民俗文化的变迁情况更为复杂。在上海民俗发展变迁过程中，"融合"始终是一个关键词或最主要的特征。真正的上海民俗特色的形成是在上海开埠以后。上海民俗的底色是吴越的民俗文化，然后经历了五方杂处和中西合璧之后融合形成了独具特色的上海民俗。

城市个性的民俗学研究更应该是一个"大文化"的概念，仅仅以"文艺"来理解的"小文化"概念早已过时，还需关注各类群体的文化认同以及社会价值。上海大学社会学系副教授陈志勤表示，民俗学研究的对象"民俗"，曾经被理解为是在传统农村的过去历史时期的遗留物，但随着人文社科的学术发展，从世界范围的民俗学这个学科来看，应该是把"民俗"定义为"生活文化"。在民俗学研究中以生活世界、生活文化为学术前提，我们才有可能摆脱来自农村、过去的方法论束缚，才能开掘对城市、现在（甚至未来）的现实研究。岩本通弥提到的德国民俗学的变化——"就是在德国民俗学中，精确地记述、分析至今发生变化的现实的过程，才是民俗学的方法、民俗学的使命，这在20世纪50年代初开始提倡，已经成为民俗学存在的大前提"——也应该给中国民俗学带来城市研究甚至现在民俗学研究的新的方法和新的视野。上海这个国际化的大都市，聚集了大量的外来人口，其城市文化的彰显就不能只关注当地城市居民，而是要面对很多地方移民甚至海外人士，从文化多元性角度来说，中国各地的文化以及世界各国的文化，也已经融入上海文化中，成为其一部分。

人的价值始终是都市民俗学的核心。上海大学文学院讲师石圆圆表示，风景代表着人文内涵，风景是人心的投射。聚焦上海新旧八景的变迁，有助于我们在日常生活中探讨都市景观民俗的历史特征。以新旧沪城八景为例，它们不仅是上海的景观表达，还是市民生活方式的展现。新沪城八景继承了历史和自然的遗留物，自然的相关属性被极度弱化，且它的出发点不再是从个体的日常生活入手，而是受消费主导的城市的"异乡人"的文化指引。上海市民不再是参与景观的主题而是成为景观的所有者。

分会场中，毕旭玲就"浅析当代上海都市民俗空间的延伸转移"、黄景春就"上海宗教民俗的几个新形态"、上海市道教协会副秘书长李纪就"新时期宗教民俗与城市治理研究——上海城隍庙'祭城隍'仪式探究"、上海工程技术大学讲师李琦就"世俗向神圣的转化——以上海城隍庙正月初五财神开光仪式为例"、赵李娜就"晚清民初中国知识群体的风俗关注与撰述表达——以上海为中心的考察"、华东师范大学社会发展学院教授李明洁就"也谈《琵琶有情》之从桃花坞到旧校场"、华东师范大学民俗学研究所讲师中村贵就"上海春申君传说研究——申城的产生与'春申文化'的建构"、上海大学文学院博士后陈冠豪就"中国当代鬼灵传说之概念指涉"、上海大学文学院硕士研究生龚雅淳就"经久不息：校园传说流传原因探析"、上海师范大学教授戴建国就"礼乐嘉定都市仪礼的模式"、上海民间文艺家协会会员叶邦叔就"都市民俗与棕榈叶编织创作"、上海民间文艺家协会会员朱亚夫就"理想书房的三种模式"、复旦大学中国语言文学博士后吴昉就"秉承海派精神的上海都市手工艺传承与发展"、华东师范大学社会发展学院教授徐赣丽就"城市空间的民俗变异——以传统节日为主要对象"、华东师范大学社会发展学院讲师王立阳就"现代都市的文化自我：妙峰山与作为地方的北京"、浙江台州学院讲师屈啸宇就"牌坊集群的分布变迁与传统地方城市的文化空间生产"、上海社会科学院文学研究所助理研究员程鹏就"上海都市民俗研究史"、华东师范大学社会发展学院博士后游红霞就"非遗传承人的传承能力研究——基于上海地区非遗传承人口述材料的考察"等题目作专题发言。

（供稿：查建国、仝薇）

【"从启蒙民众到对话民众——纪念中国民间文学学科100周年学术研讨会"在京召开】

2018年10月21日至22日，北京大学中文系举办了"从启蒙民众到对话民众——纪念中国民间文学学科100周年学术研讨会"。

中国的民间文学学科诞生于20世纪初，以1918年刘半农、沈尹默、周作人、钱玄同发起的"歌谣运动"为标志。而这场由北大发起的运动，是在"五四"新文化运动的潮流中产生的，吸引了全国众多知识分子的目光。战乱年代，知识分子不断迁徙，运动的火苗也随之燃到了全国各地。最初的二十年间，最优秀的人文学者纷纷投身于民间文学的研究领域，涌现了一大批著作，也为学科奠定了良好的基础。1942年，毛泽东《在延安文艺座谈会上的讲话》中提到，文学创作要向人民大众学习。政治方针的支持掀起了解放区民间文学搜集的热潮。新中国成立后，政府重视对全国各地民间文学的搜集、整理工作，同时，学科内部也逐渐确立了理论框架。如今，我国的民间文学已成为一门理论丰富、跨学科的综合性学科。在理论上，不仅广泛吸纳西方理论，而且积极创造适应本土的理论；在研究方法上，立足田野调查，结合传统文献考证，并不断探索新的研究方法。

2018年，正值中国民间文学学科在历史上走过百年。在这样一个具有纪念意义的历史时刻，北京大学中文系号召学科内同仁共聚燕园，于10月21日至22日举办了纪念中国民间文学学科100周年的国际学术研讨会。陈连山在开幕式中提到，此次大会的宗旨是："辨章学术，考镜源流"，总结学科发展的经验与教训，思考学科未来的发展方向。因此，大会选取"从启蒙民众到对话民众"为主题，回到学科的起点，回顾百年之路。大会上共计28位专家学者发表论文并参与讨论，论文涉及民俗学研究的目的、知识分子与民众的关系、民间文学的学科属性及伦理原则、研究方法与学术取向、民间文学作为非物质文化遗产等多个领域。

研讨会共分六场，分别围绕"歌谣""启蒙与对话""神话传说故事""民间文艺""民俗""非遗"为主题，每场由四名到五名学者分别发言。其中前四场讨论安排在21日，上午、下午各两场，后两场安排在22日上午。在每场主题讨论之后，均留有一定时间供学者间交换意见、自由讨论，场面十分活跃、热烈。

（供稿：刘雪瑽）

【"中国少数民族文学学会2018年年会"在桂林市召开】

2018年11月10日至11日，由中国少数民族文学学会、广西师范大学主办，广西师范大学漓江学院与广西师范大学文学院/新闻与传播学院联合承办的中国少数民族文学学会2018年年会在桂林桂湖饭店召开。来自中国社会科学院、中国艺术研究院、香港中文大学、中山大学、四川大学、中央民族大学、江南大学、湖南大学、辽宁大学、中南民族大学、广西师范大学、广西师范大学漓江学院等115个科研院所和高校的230余位专家、学者及在读研究生参会。

中国社会科学院学部委员、民族文学研究所所长、《民族文学研究》主编、中国少数民族文学学会会长朝戈金研究员，广西师范大学党委副书记赵铁，广西师范大学文学院/新闻与传播学院院长吴大顺教授在开幕式上分别致辞。西北民族大学社会科学研究院副院长、中国少数民族文学学会副会长多洛肯教授在闭幕式上作大会小结。广西师范大学漓江学院校长、中国少数民族文学学会常务理事杨树喆教授，中国社会科学院民族文学研究所南方民族文学研究室主任、中国少数民族文学学会秘书长吴晓东研究员分别主持了大会开幕式和闭幕式。

大会分四个分会场和五个时段，围绕

"中国少数民族文学学科建设""民间文学大系编写""少数民族历史书写的经验与教训""少数民族地方性书写与国家认同""少数民族文学仪式文本的书写与实践""民间文学的跨学科研究""跨境与中国民族海外文学研究"等七个议题展开研讨。会议期间,与会代表在会上分享学术论文234篇,其中,涉及的单个民族有壮族、蒙古族、藏族、苗族、瑶族、彝族、满族、维吾尔族、白族、土家族等25个民族;从内容上看,涉及古代少数民族文学研究的论文20多篇、现当代文学方面的论文有110篇,民间文学与口头传统方面的论文有77篇,涉及少数民族文学学科建设的学术论文有20多篇。

(供稿:广西师范大学漓江学院党政事务部)

【"《民俗》周刊创刊九十周年纪念"学术研讨会在广州召开】

2018年11月25日至27日,由中山大学中文系和中国非物质文化遗产研究中心主办的"《民俗》周刊创刊90周年"学术研讨会在中山大学中文堂912室召开。此次会议围绕"民俗学的'实践性'"主题,探讨当下中国民俗学的发展路径问题。来自多个学科的30多名学者参与讨论。

26日上午,中山大学中文系主任彭玉平教授在开幕式上致辞,他高度肯定了《民俗》周刊的历史价值和意义,也对中山大学的民俗学研究提出新的期望。

会议分五个主题展开。

第一场主题为"《民俗》周刊的意义"。中山大学历史系刘志伟教授率先发言,他提出《民俗》周刊《发刊词》是中国新史学的宣言,对中国新史学研究有深刻影响。北京师范大学萧放教授回顾了《民俗》周刊期间的谜语研究,高度肯定白启明《河南谜语》一书的研究价值。随后,广西科技大学的金乾伟副研究员和青岛大学董德英博士都系统地谈到了《民俗》周刊对学科史的价值。

第二场主题为"实践民俗学的反思性"。南方科技大学王晓葵教授探讨了民俗学对战争、灾害等"非日常事件"的研究路径。上海大学黄景春教授从社会记忆理论,探讨国家和地方对黄道婆传说的建构。华东师范大学徐赣丽教授从都市民俗学角度,勾勒出上海田子坊的民俗主义表现。华东师范大学王立阳博士从"地方"的概念出发,分析由妙峰山香会构建的、关于北京城的地方想象及其变化过程。中山大学社会学与人类学学院夏循祥副教授以"人狗冲突"为例,提出"将国家带回实践民俗(学)的中心"。武汉大学李向振副教授认为实践民俗学研究应回归叙事取向。广西师范大学龙晓添副教授阐释了丧礼仪式的生死空间建构及其行动表述问题。

第三场主题为"实践民俗学的理论"。中国社会科学院吕微教授犀利地指出,非遗《伦理原则》第六条是"社区主义"的,应该修正《公约》,重置社区、群体与个人之间的权利关系。辽宁大学周福岩教授以列维纳斯的思想家为例,探讨了非遗保护与后现代伦理思想的关系。中国传媒大学王杰文教授从维柯与赫尔德"文化多元论"理论来谈表演理论的基础。浙江师范大学宣炳善教授和华中师范大学胥志强博士都强调,要把中国儒家思想引入实践民俗学的讨论。

第四场主题为"民俗学的日常生活转向"。中国社会科学院户晓辉教授提出田野应该朝向知识求真还是信仰求真的问题,认为实践民俗学应该关心普通人的欲求能力,实现实践求真。北京师范大学鞠熙副教授通过研究乾隆皇帝御制碑,指出乾隆帝也是民众的一员。认为转向日常生活的民俗学,应该将个体放在集体性文化背景中看待。中山大学刘晓春教授提出民俗学日常生活转向的一种路径是探究日常生活的"民俗性",即探求群体如何在意向性生成的语境中民俗化地认知、表象世界。郑州航空工业管理学院周全明博士、香港岭南大学温翠艳博士、中山大学张超副研究员均围绕具体的调查资料作了理论阐发。

第五场主题为"从学术史发现民俗学的实践性"。中国社会科学院安德明研究员分析了郑振铎文学观中对民众的关怀和对民间文学的观照。中山大学王霄冰教授、王玉冰同学以40年民间信仰的研究来看中国民俗学研究范式的走向,认为民俗关系是定义民俗与民俗学的新路径。北京师范大学程浩芯同学回顾了20世纪二三十年代民俗调查的情况,探讨其"为教育的""为社会的"实践立场。中山大学禤颖同学梳理了身体民俗学的研究综述。天津社会科学院桂慕梅博士探讨了天津民俗博物馆对天津皇会非遗保护的个案。

最后,吕微作总结发言,再度阐明了实践民俗学的立场、目的和方法。重申民俗学的实践目的应该回到"民众的立场"。

（供稿：刘梦颖）

【中国"藏医药浴法"正式列入联合国非遗名录】

在毛里求斯首都路易港举行的联合国教科文组织保护非物质文化遗产政府间委员会第13届常会2018年11月28日通过审议,批准中国申报的"藏医药浴法"列入联合国教科文组织人类非物质文化遗产代表作名录。

中国文化和旅游部副部长、联合国教科文组织保护非物质文化遗产政府间委员会第13届常会中国参会代表团团长张旭在致辞中表示,"藏医药浴法"是中国藏族民众有关生命健康和疾病防治的传统知识和实践,与他们的日常生活息息相关。该遗产项目既体现了相关社区民众通过沐浴防病、疗疾的民间经验,也是以《四部医典》为代表的传统藏医理论在当代健康实践中的继承和发展。

"藏医药浴法",藏语称"泷沐",是藏族人民以土、水、火、风、空"五源"生命观和隆、赤巴、培根"三因"健康观及疾病观为指导,通过沐浴天然温泉或药物煮熬的水汁或蒸汽,调节身心平衡,实现生命健康和疾病防治的传统知识和实践。

作为藏医学"索瓦日巴"的重要组成部分,"藏医药浴法"以青藏高原的雅砻河谷和宗喀山脉的藏族农牧区为集中传承区域,广泛流布于西藏、青海、四川、甘肃、云南等地的藏族地区,为保障藏族民众的生命健康和防治疾病发挥着重要作用。该遗产项目承载着藏族天文历算、自然博物、仪式信仰、行为规范、起居饮馔等传统知识,同时也通过藏族神话、传说、史诗、戏剧、绘画、雕刻等文化表现形式得以广泛传播,既为藏族人民提供了持续的认同感,又丰富着人类的健康知识与实践,是世界文化多样性和人类创造力的见证。

随着"藏医药浴法"的列入,我国共有40个项目列入联合国教科文组织非物质文化遗产相关名录,其中32个项目列入代表作名录,7个项目列入急需保护名录,1个项目入选优秀实践名册。这体现了我国日益提高的履约能力和非物质文化遗产保护水平,对于增强社区、群体和个人的认同感和自豪感,激发传承保护的自觉性和积极性,继承和弘扬中华优秀传统文化,具有重要意义。

（供稿：文浩）

【在新起点上开启履约保护新征程——记"藏医药浴法"列入联合国教科文组织人类非物质文化遗产代表作名录保护工作座谈会】

当地时间11月28日16时34分,毛里求斯首都路易港,当联合国教科文组织保护非物质文化遗产政府间委员会第13届常会通过决议,将我国申报的"藏医药浴法——中国藏族有关生命健康和疾病防治的知识与实践项目"(以下简称"藏医药浴法")列入联合国教科文组织人类非物质文化遗产代表作名录时,全场响起热烈掌声,各国代表纷纷来到我国代表团席位前表示祝贺。

当天北京时间20时40分,这一喜讯传到了国内,被各大媒体转发、置顶报道,引起热烈反响。作为列入联合国教科文组织非物质文化遗产相关名录的第40个中国非遗项目,"藏医药浴法"体现了我国日益提高的履约能力和非遗保护水平,对增强社区、群体和个人的认同感,激发传承保护的自觉性和积极性,继承和弘扬中华优秀传统文化具有重要意义。然而,申遗成功并不代表任务的终结,而是再次起航的起点,接下来,如何有效加强对"藏医药浴法"的保护传承才是我国申遗和履约保护工作的重中之重。

为此,12月14日,文化和旅游部在北京召开"藏医药浴法"列入联合国教科文组织人类非物质文化遗产代表作名录保护工作座谈会。来自文化和旅游部、中央西藏工作协调小组办公室、国家民族事务委员会、国家中医药管理局、西藏自治区和青海省人民政府的有关同志,中国非物质文化遗产保护中心、"藏医药浴法"相关社区代表、专家学者齐聚一堂,围绕"藏医药浴法"保护工作畅谈心得、交流献策。

体现可持续发展理念

"藏医药浴法"是藏族人民以土、水、火、风、空"五源"生命观和隆、赤巴、培根"三因"健康观及疾病观为指导,通过沐浴天然温泉或药物煮熬的水汁或蒸汽调节身心平衡,实现生命健康和疾病防治的传统知识和实践。联合国教科文组织保护非物质文化遗产政府间委员会决议中对其特别评价道:"突显了有关自然界和宇宙的传统知识的重要性,提供了人类与其环境间可持续关系的积极例证。"中国参会代表团成员、中国社会科学院民族文学研究所研究员巴莫曲布嫫感慨地说,这是联合国教科文组织保护非物质文化遗产政府间委员会决议中出现的极为少见的高度评价。"因此,'藏医药浴法'的一个突出亮点就是其体现出人与环境的可持续发展。"她举例说,我国藏医药在采集草药时一般遵循适时、适地采集植物的适当部位,这样既关系到药材的效力,也有利于自然资源的管理和可持续利用;在获取、利用及管理水资源时,也非常注重保持环境的可持续发展。"藏医药浴法"是一项安全、绿色、经济和便利的健康实践,体现出人与环境可持续发展的理念。"对'藏医药浴法'的后续保护要充分关注可持续发展,其他中医药的保护都可以汲取'藏医药浴法'的经验。"巴莫曲布嫫说。

对此,中国中医科学院民族医学研究室主任甄艳持相同看法。她说,"藏医药浴法"是一种关于调养和养护的知识体系,关注的重点在于人而非病,它强调人与自然界和宇宙的相互关系,希望实现的是人与自身、人与人、人与社会以及人与自然万物生命之间的和谐共存。

凸显多重价值与意义

"藏医药浴法"是我国藏医药疾病防治治疗的重要手段之一,它承载着藏族天文历算、自然博物、仪式信仰、行为规范、起居饮馔等传统知识,也通过藏族神话、传说、史诗、戏剧、绘画、雕刻等文化表现形式得以广泛传播,既为藏族人民提供了持续的认同感,又丰富着人类的健康知识与实践,是世界文化多样性和人类创造力的见证。因此,该项目不仅具有重大的医疗、科学价值,而且具有重要的文化价值。"藏医药浴法"的申报成功,对我国文化、医疗等各方面来说，都具有非常重要的意义。

与会代表一致认为，该项目列入人类非物质文化遗产代表作名录，既提升了"藏医药浴法"乃至藏医药的整体国际可见度，也体现了我国对保护、传承包括藏文化在内的各民族优秀传统文化的鲜明态度，向国际社会宣誓了我国政府及广大人民群众保护文化遗产的决心和责任。

会上，国家民族事务委员会、国家中医药管理局等单位的相关负责人从各自角度分别阐述了"藏医药浴法"申遗成功的重要意义。他们认为，申遗成功有助于传统医学的传承发展、各民族文化的交流互鉴以及国际社会对我国民族优秀传统文化的关注和认识，有助于提高民族文化自信和更好地发展民族医药事业。

从促进文化多样性和尊重人类创造力的角度，与会代表分别表达了相同的看法。他们认为，该项目吸收了其他传统医学知识的养分，形成了体系化的知识与实践，印证着不同文明交流互鉴的历史和现实，有助于理解并尊重世界文化多样性，激发人类的文化创造力。其秉持的传统健康观念和疾病防治方法，在国内外的认知度不断提高，有助于促进不同文化之间的相互尊重和相互欣赏，有助于认识对人类福祉有益的健康实践，从而促进对文化多样性和文化创造力的尊重。

多举措推动保护

如何对"藏医药浴法"进行有效的保护，使之可持续地发展下去，与会代表纷纷建言献策。

作为具体保护"藏医药浴法"的主要省区，青海省人民政府和西藏自治区相关负责人就具体保护措施进行了交流。

据介绍，青海省将通过采取提高认识、整理挖掘、调查研究、人才建设、标准化建设、宣传展示等措施，对"藏医药浴法"进行保护。在标准化建设方面，将联合青海省科技、中藏医药、藏医院等部门加强标准化建设，为广大人民群众提供安全有效的医疗服务。

西藏自治区将通过能力建设、加强普查和建档、加强研究、推进地方法律法规建设、妥善管理实践场所、促进基层社区的健康实践等途径，提升"藏医药浴法"的保护水平。在推进地方法律法规建设方面，将尽快研究制定《藏医药发展保护条例》以及《藏医药文化建设规划》《藏医药植物的药材绿色贸易手册》等，从法律制度层面加强对"藏医药浴法"的保护，为古老的藏医药在新时代焕发新的生机与活力作出努力。

其他相关单位负责人认为，应加大政策支持，完善机制体制，进一步夯实民族医药事业的基础，加强民族医药基本理论的传承、保护、研究以及文献的抢救整理，进一步推动科技创新，使之更好地在保护人类健康中发挥应有的作用。

围绕"藏医药浴法"的保护，与会代表一致认为，应从传承、研究、保护、宣传、振兴五个角度进行全方位保护。第一，从传承的角度来看，应加强能力建设，开展专项职业培训，建立传习基地；推动进校园活动，组织编写适合中小学生的知识读本，提高青少年保护意识。第二，从研究的角度来看，应加强资源普查和系统化建档工作，推进记录工作和数字化建档；组织传承人、实践者、专家、学会及诊疗机构开展健康实践研讨活动，推动国内国际学术交流，促进跨学科对话，出版系列研究成果。第三，从保护的角度来看，要协助推进地方法律法规建设，妥善管理实践场所。第四，从宣传的角度来看，要提升公众的保护意识，共享药浴健康的实践经验。第五，从振兴的角度来看，要促进基层社区的健康实践，合理利用藏药材资源。

截至目前,全世界共有508个项目列入联合国教科文组织非遗相关名录,其中,我国有40个项目,居世界第一位。申遗成功不是句号,而是就遗产项目保护作出的庄严承诺,只有认识到这点,才能真正把握好非遗保护的方向和目标。

(供稿:杜洁芳)

【中国民俗学会中国香文化研究中心在毛里求斯举办文化雅集】

2018年11月29日,中国驻毛里求斯大使馆、中国民俗学会中国香文化研究中心在使馆官邸举办以香道、茶道为主题的中国文化雅集活动。中国驻毛里求斯大使夫人王菊主持活动。雅集邀请了毛里求斯总理夫人科碧塔、内阁资政夫人萨洛吉妮、前副总统贝勒波、外交部外秘卡纳巴蒂、对外交通部常秘玛杜以及多位政要夫人、驻毛使节夫人、杰出华人女性代表等嘉宾出席。

毛里求斯共和国为非洲东部一岛国,位于印度洋西南方,距马达加斯加约800公里,与非洲大陆相距2200公里,是一个火山岛国。毛里求斯物产丰富,也有香料出产。此次中国香文化研究中心随中国民俗学会代表团赴毛里求斯参加联合国教科文组织保护非物质文化遗产政府间委员会第13届常会,同时也带着实地考察毛里求斯人民使用香料情况的目的,以期拓展中国香文化研究中心对印度洋地区香文化的认知。

王菊在致辞中表示,毛里求斯是一个多元文化交织并存、高度融合的国度,为世界各国文化交流提供典范。这次雅集活动主要展示中国"香道"和"茶道",欢迎来宾们在体验氤氲芳香和悠然茶韵的同时,进一步了解中国传统文化。期待这次活动为中毛文化交流互鉴做出新贡献。

中国民俗学会中国香文化研究中心孙亮主任和荆淑坤老师向来宾们展示并讲解"香道"和"茶道"。孙亮介绍,此次带到毛里求斯的香方,是中国香文化研究中心根据古方新配伍的清心系列香方。在孙亮指导下,来宾们亲手制作了香囊,佩戴于服饰中。

荆淑坤伴着悠扬的古琴音乐展示了产于江西修水的宋代贡茶双井茶的茶道技艺。来宾们还亲手体验中国茶道的行茶流程。

雅集中,孙亮从中国香文化的起源娓娓道来,为来宾们讲述中国香文化的历史底蕴与当代传承。他还向来宾们展示了用中国非遗项目"和香制作技艺"复原的唐代宫廷香方所制的香丸,并请来宾逐一传递香炉,品闻这款名香。"花气无边醺欲醉,灵芬一点静还通",大家沉浸在中国名香的宁静神秘的氛围中。

来宾们高度称赞此次雅集活动带来了视觉、味觉、嗅觉、听觉的多重审美享受,让人惊艳、印象深刻。总理夫人科碧塔表示,第一次欣赏到专业级的中国"香道"和"茶道"展演,茶与香完美融合,将中国传统文化的精髓演绎得淋漓尽致,给人美好又难忘的体验。

此次雅集是中国香文化研究中心海外交流活动的又一次重要实践,对于加深中非、中国—印度洋地区香文化的交流合作具有重要意义。

毛里求斯国家电视台、《挑战报》、《毛人报》、《快报》等毛里求斯主流媒体记者对活动进行了采访和报道。

(供稿:中国民俗学会
中国香文化研究中心)

【"一带一路"国家的非物质文化遗产保护与乡村振兴国际学术研讨会在北京师范大学召开】

2018年12月8日至9日,"'一带一路'国家的非物质文化遗产保护与乡村振兴"国际学术研讨会(International Symposium on Intangible Cultural Heritage Safeguarding and Rural Revitalization in The Belt and Road Countries）在北京师范大学召开。会议由北京师范大学文学院主办，北京师范大学文学院民间文学研究所承办，国际民俗学会联合会（International Federation of Folklore Societies，IFFS）和中国社会科学院文学研究所民间文学研究室协办。

参加此次会议的与会学者共40人，均是非物质文化遗产保护和研究领域的知名专家和青年骨干。外国专家13人，来自包括日本、韩国、美国、比利时在内的11个国家，其中7位学者来自"一带一路"沿线国家，包括希腊、塞尔维亚、波兰、保加利亚、伊朗、越南和印度。国内专家27人，分别来自北京、天津、上海、山东、辽宁、内蒙古、新疆、贵州、广东、广西等地的十余所高校和科研院所。开幕式由北师大文学院副院长杨利慧教授主持。

北京师范大学副校长王守军、文化和旅游部非物质文化遗产司司长陈通、国际哲学与人文科学理事会主席朝戈金、国际民俗学会联合会主席代表Michael Foster、北师大文学院分党委书记康震出席了开幕式，联合国教科文组织非物质文化遗产部前主任、现日本文化厅非物质文化遗产顾问爱川纪子、中山大学中国非物质文化遗产研究中心主任宋俊华教授分别做了大会主旨发言。

朝戈金教授在讲话中指出，"一带一路"的倡议，是要通过各个国家文化上频繁的交流和接触，增进彼此更多的了解和欣赏、学习和借鉴，从而消除误会，减少冲突，因而有益于人类整体；通过此次会议这样一个国际学术交流的平台，能听到不同国家的乡村建设经验，激发学者不同的思考，让知识服务民众、服务人类的文明进步，此次大会就是一个服务过程的生动、实在、具体的体现。

美国加利福尼亚大学的Michael Foster教授宣读了国际民俗学会联合会主席Timothy Lloyd先生发来的贺信。Lloyd先生表示，期待有更多的国家加入到联合会中来；美国民俗学会与中国民俗学会合作开展了多项活动，希望建立民俗学者和民俗学研究者之间更好、更活跃的网络，在未来继续保持这种伙伴关系。

北京师范大学文学院党委书记康震教授代表主办方向与会代表表示了诚挚的欢迎，并向在座学者介绍了北京师范大学文学院、文学院民俗学专业悠久的历史传统以及文学院民俗学学科的学者在参与非物质文化遗产保护和民间文化的实践中所起到的重要推动作用。

开幕式的最后，杨利慧教授总结了北京师范大学文学院组织召开此次国际学术研讨会的目的：分享相关各国的有益经验，彼此启迪，同时反思其中存在的问题，共同探讨非遗保护与乡村振兴实践中的规律，进而从这一特殊角度，推进各国的非遗保护与乡村振兴建设。她指出此次国际交流具有多方面的理论和现实意义：第一，充分借助已经十分成熟并具有广泛国际影响的非遗保护这一平台，加强"一带一路"国家的文化交流，这既可以极大地充实和丰富"一带一路"建设的内容，又具有促进"民心相通"的重要作用。第二，分享国际经验，促进乡村振兴。加入"一带一路"倡议的国家中，有许多面临着与中国乡村类似的挑战。通过会议多元议题的深入探讨，发掘相关国家在非遗保护与乡村振兴方面积极有效的国际经验，并通过翻译、编辑和出版会议论文，可以为中国以及其他国家的发展提供智力支持，尤其为各国的乡村振兴提供有益的参考。第三，深化非遗保护与研究领域的对话与合作。通过充分交流"一带一路"国家的非遗保护的经验，特别是有关非遗创造性转化和创新性发展的经验，反思其中存在的问题，可彼此开阔视野，加强和提升现有非遗研究水平，从而为这一全球性的社会文化工程更加健康的发展发挥积极作用。

国际非遗保护领域的资深专家爱川纪子女士介绍了在联合国教科文组织发动的非物质文化遗产保护框架内，利用保护措施来促进地方经济社会发展的历程以及日本的经验。在非物质文化遗产的框架内，利用遗产的保障措施促进地方经济社会发展是谨慎地开发的。事实上，因为非遗在身份话语中的作用，许多文化人类学家对于非遗的经济增值过程持有保留态度（Bendix，2009），在联合国教科文组织《保护非物质文化遗产公约》中，并未明确表明保护非物质文化遗产与经济和社会发展进程之间的联系，尽管经济在文化传统的可持续性中发挥了重要作用。自"公约"于2006年生效以来，"保护非物质文化遗产政府间委员会"（以下简称委员会）谨慎地处理了这一话题。首先，委员会更关注非遗的商业化对其保护的不利影响。随后，讨论逐步转向承认对非遗的经济开发可能对其可持续性和振兴以及相关社区的经济和社会发展做出的贡献。2015年，委员会决定通过一项决议，在"公约"业务指南中增加一章，涉及"在国家层面保护非物质文化遗产和可持续发展"，特别是题为"包容性经济发展——创收和可持续生计、生产性就业和体面劳动，以及旅游业对非物质文化遗产保护的影响，反之亦然"的分章，非遗在经济和社会发展中的作用最终得到确认。她的演讲全面回顾了委员会和缔约国大会的辩论如何在这一主题上进行讨论以及它的演变历程。她还以日本通过修改有关保护文化遗产政策作为案例研究，阐明该国如何逐步将遗产保护与地方发展联系起来，最后推动在2018年对"国家文化遗产保护法"进行了重大修订。根据修订后的法律，遗产保护政策的实施权力下放到省级和地方行政部门，遗产保护活动的主要目标是为相关省级地区和当地社区的经济和社会发展做出贡献。

两天的会议紧密围绕"非遗保护与乡村振兴"而展开，与会专家深入交流了各国在非遗保护和实现乡村振兴方面的举措、经验以及目前存在的问题，话题广泛涉及非遗如何促进乡村振兴：理论探索与实践经验；社区主体性、遗产旅游、民间工艺等与乡村振兴的关系；作为资源的口头传统；列入非遗名录对乡村的影响，以及对遗产化的反思；等等。

会议期间，还同时举办了北京民间工艺展示活动，面塑、风筝、糖人、鬃人等民间艺术的非遗传承人在现场为参会代表进行了生动展示。此外，会议还同时举行了"'一带一路'国家非物质文化遗产名录项目展播"活动，对相关国家列入联合国教科文组织各类非遗名录中的项目进行了视频宣传，对听众了解"一带一路"国家的非物质文化遗产，起到了很好的传播作用。

（供稿：北京师范大学文学院民间文学研究所）

【"中国蒙古民俗研究百年历程回顾与展望学术研讨会"在内蒙古师范大学举办】

2018年12月16日，为纪念现代意义上蒙古民俗学研究诞生100周年，当代意义上民俗学学科形成40周年，由内蒙古师范大学主办，内蒙古师范大学非物质文化遗产研究院、校科技处承办的"中国蒙古民俗研究百年历程回顾与展望学术研讨会"在内蒙古师范大学召开。包括国际哲学与人文科学理事会主席、中国社会科学院学部委员、文学与哲学分委会主任、民族文学研究所所长、博士生导师、内蒙古师范大学非物质文化遗产研究院朝戈金教授，中央民族大学著名学者、博士生导师满都呼教授，内蒙古师范大学副校长、博士生导师赵东海教授，长江学者、内蒙古大学蒙古学学院博士生导师额尔敦白音教授等在内的来自中国社会科学院、北京大学、中央民族大学、西北民族大学、内蒙古社会科学院、内蒙古自治区文化和旅游厅、内蒙古自治区民族委员会、内蒙古自治区文学艺术界联合会、内蒙古大学、内蒙古师范大学、呼和浩特民族学院、赤峰学院、呼伦贝尔学院等单位的50余名专家学者出席会议。

开幕式上，赵东海教授、朝戈金教授分别致辞，满都呼教授向内蒙古师范大学赠书，西北民族大学著名学者郝苏民教授发来贺信。开幕式由内蒙古师范大学科技处处长王志强主持。内蒙古师范大学副校长赵东海教授在致辞中谈到，1918年蒙古族学者罗布桑却丹撰写的《蒙古风俗鉴》，标志着现代科学意义上的蒙古民俗研究的诞生。《蒙古风俗鉴》成书后以手抄本的形式流传。1978年，当代蒙古民俗学研究的开创者暨内蒙古师范大学民俗学学科奠基人哈·丹碧扎拉桑教授汇集《蒙古风俗鉴》不同抄本，率先对该著作进行了较为系统全面的研究，并于1978年发表了研究成果，随后校勘出版了《蒙古风俗鉴》，使沉睡半个多世纪的蒙古民俗研究得到复苏。随之，蒙古民俗学科体系逐步形成，蒙古民俗学术成果不断增多，学术影响持续扩大。近年来，蒙古民俗学研究在文物和非物质文化遗产保护、新型城乡建设、文化和创意产业发展等方面发挥着重要作用。

朝戈金教授在致辞中对罗布桑却丹、哈·丹碧扎拉桑等前辈对中国蒙古民俗研究所做出的卓越贡献以及对蒙古民俗学科体系的形成做了高度评价，从《蒙古风俗鉴》成书时代背景、民俗学学科属性、文化多样性角度阐释了研究《蒙古风俗鉴》的价值。

与会学者围绕会议主题各抒己见，讨论热烈，对蒙古民俗学学科未来的发展提出了诸多有价值的建议。

（供稿：内蒙古师范大学科技处）

【2018"中国非遗年度人物"揭晓】

为盘点过去一年中为非遗保护传承事业作出突出贡献的标志性人物，梳理一年中非遗领域的重大事件，记录非遗传承发展的生动实践，由文化和旅游部非物质文化遗产司指导，《光明日报》、光明网主办的2018"中国非遗年度人物"推选结果于2019年1月13日在京揭晓。

10位2018"中国非遗年度人物"分别是：

冯骥才
中国民间文艺家协会
第九届名誉主席

夏菊花
国家级非物质文化遗产项目
武汉杂技国家级代表性传承人

蔡正仁
国家级非物质文化遗产项目
昆曲国家级代表性传承人

连丽如
国家级非物质文化遗产项目
北京评书国家级代表性传承人

甘而可
国家级非物质文化遗产项目
漆器髹饰技艺（徽州漆器髹饰技艺）国家级代表性传承人

田青
中国艺术研究院研究员

王秀英
国家级非物质文化遗产项目香包（徐州香包）市级代表性传承人

季海波
浙江省温州市非遗中心副主任

姚惠芬
国家级非物质文化遗产项目
苏绣国家级代表性传承人

杨昌芹
省级非物质文化遗产项目
赤水竹编市级代表性传承人

国家级非物质文化遗产项目藏医药（山南藏医药浴法）国家级代表性传承人明珠等20人被推选为"2018中国非遗年度提名人物"。

2018"中国非遗年度人物"推选活动自启动以来，共收到23个省（区）文旅厅的推荐。活动组委会和《光明日报》非遗传播专家委员会经过第一轮评议，先确定了100名候选人名单；随后，经过专家委员会第二轮投票、评议，从100位候选人中确定了30位提名候选人；最后，专家委员会经过第三轮投票、评议，从30人中最终确定了10位2018"中国非遗年度人物"。

此次活动上，2018"中国非遗十大年度事件"同步揭晓，藏医药浴法被列入联合国教科文组织人类非物质文化遗产代表作名录、第一批国家传统工艺振兴目录发布、第五批国家级非物质文化遗产代表性项目代表性传承人确定等被评为2018"中国非遗十大年度事件"。

《光明日报》总编辑张政在致辞中指出，与传承千百年的非遗项目相比，刚刚走过两年的"中国非遗年度人物"推选活动还很年轻，但它却得到了文化界的广泛关注和支持，逐渐有了非遗新品牌的气象。因为这些厚爱和支持，那些默默无闻、兢兢业业的传承人站在了高光之下，那些非遗界的标志事件和重大新闻走进了公众视野，"中国非遗年度人物"推选活动本身也得以成为记录文化实践、讲好中国故事的载体。未来，《光明日报》要以创新传播助推非遗事业创新发展，以持续性的宣传凝聚社会共识，努力与非遗界、文化界一起深入挖掘传统文化的新时代内涵，展现非物质文化遗产跨越时空、融通中外、贴近当代的魅力。

《光明日报》副总编辑陆先高说，被推选出的100人、30人、10人是可以计数的，但被辐射和影响的人却是无数的；一个活动的容量是有限的，但其中释放的精神价值却是无限的。"中国非遗年度人物"推选活动将在社会各界的支持下，以公开、公平、公正的严谨态度，脚踏实地继续向前走。

文化和旅游部非物质文化遗产司司长陈通指出，非遗保护是一项社会文化事业，需要全社会共同参与。以《光明日报》、光明网为代表的广大媒体和社会机构，主动承担传承传播优秀传统文化的使命任务，不断创新传播方式，推动非遗保护意识持续深入人心，形成了人人传承发展中华优秀传统文化的生动局面，希望《光明日报》、光明网一如既往地支持非遗保护事业，继续办好这个品牌活动，使其逐步成为非遗保护传承的年度大事。

整场活动散发着浓浓的非遗韵味，赫哲族鱼皮画、南通蓝印花布、泥塑等非遗技艺的展品分布在会场，让人仿佛置身于非遗的世界。部分非遗传承人和艺术家进行了昆曲、杂技、戏法等非遗技艺的展示，让人领略了传统文化的魅力，把活动推向高潮。

（供稿：韩业庭）

【2018中国非遗十大事件】

一年来，以习近平新时代中国特色社会主义思想和总书记关于传承弘扬中华优秀传统文化的重要论述精神为根本遵循，非遗界人士开拓进取、勇于创新、扎实推动各项工作，非遗保护传承形成新的气象和格局，非遗传承实践日趋活跃，保护非遗正在成为社会自觉。《光明日报》和中国文化传媒集团共同评选发布"2018中国非遗十大事件"。

习近平总书记高度重视传承发展中华优秀传统文化

2018年10月22日至25日，习近平总书记在广东考察。文化传承是此次习近平总书记在广东考察的重要内容之一。10月24日下午，习近平总书记来到广州市荔湾区西关历史文化街区永庆坊。广彩、广绣、粤剧……一条老街，一间间老店铺，仿佛一幅徐徐展开的画卷。习近平总书记边走边看、边听边问。他沿街察看旧城改造、历史文化建筑修缮保护情况，走进粤剧艺术博物馆，同粤剧票友亲切交谈，希望他们把粤剧传承好、发扬好。总书记强调，城市规划和建设要高度重视历史文化保护，不急功近利，不大拆大建。要突出地方特色，注重人居环境改善，更多采用微改造这种"绣花"功夫，注重文明传承、文化延续，让城市留下记忆，让人们记住乡愁。

藏医药浴法列入联合国教科文组织人类非物质文化遗产代表作名录

11月28日，在联合国教科文组织保护非物质文化遗产政府间委员会第十三届常会上，中国申报的"藏医药浴法——中国藏族有关生命健康和疾病防治的知识与实践"通过审议，列入人类非物质文化遗产代表作名录。藏医药浴法列入人类非物质文化遗产代表作名录，从整体上提升了藏医药的国际可见度，表明了中国政府对保护传承包括藏文化在内的各民族优秀传统文化的决心，提升了中华文化的国际影响力，增强了各族人民对伟大祖国、对中华文化的认同，进一步巩固和促进了中华民族共同体的意识。

文化和旅游部、工业和信息化部发布第一批国家传统工艺振兴目录

5月24日，文化和旅游部、工业和信息化部联合发布第一批国家传统工艺振兴目录，苏绣、蔚县剪纸、青神竹编等共计383个国家级传统工艺类非遗项目入选。第一批传统工艺振兴目录重点考虑面广、量大、传承人群较多，有助于形成国家或地方品牌的传统工艺项目，适当向革命老区、少数民族地区、边疆地区、贫困地区倾斜，对增强民族手工艺品牌的影响力，带动贫困偏远地区人员就业，提高收入水平，推动传统工艺在当代生活中得到新的广泛应用具有重要的政策意义。

文化和旅游部表彰全国非物质文化遗产保护工作先进集体和先进个人

为表彰先进、树立典型，激励全国非物质文化遗产保护工作者进一步奋发向上、开拓进取，6月5日，文化和旅游部决定授予北京市珐琅厂有限责任公司等50个单位"全国非物质文化遗产保护工作先进集体"称号，授予杨凤一等99人"全国非物质文化遗产保护工作先进个人"称号。这是我国政府层面对非遗工作者开展的专项褒奖，对激励全国非遗保护工作者奋发有为，进一步提高保护传承水平，起到了重要作用。

第五批国家级非物质文化遗产代表性传承人公布

5月8日，文化和旅游部确定并公布了第五批国家级非物质文化遗产代表性项目代表性传承人名单，共1082人。这有利于建立健全我国非遗传承梯队，鼓励他们发挥示范作用，积极开展传习活动，带动传承人群提高传承实践水平，促进非物质文化遗产更好地与现实生活相融合，在当代社会焕发新的活力。

"多彩非遗、美好生活"——2018文化和自然遗产日系列活动精彩纷呈

6月9日是2018年的"文化和自然遗产日",全国各地围绕"多彩非遗,美好生活"的主题共举办了3700多项丰富多彩的非物质文化遗产宣传展示活动。在天津举办的主场活动——全国非遗曲艺周,首次将全国所有曲艺类国家级非遗项目进行集中会演,对促进曲艺传承振兴、保护语言与方言的多样性、保护地方记忆和乡土文化具有重要意义。《非遗公开课》于6月8日晚黄金时间在中央电视台综合频道播出,向社会公众普及了非遗知识和保护理念。非遗服饰秀、非遗影像展、非遗讲座月等系列活动,多角度展示了多彩非遗的生动实践。

第五届中国非物质文化遗产博览会成功举办

由文化和旅游部、山东省人民政府共同主办的第五届中国非物质文化遗产博览会于9月13日至17日在山东济南成功举办。该届博览会以"活态传承、活力再现"为主题,包含展览、展演、比赛、体验和论坛五大板块。5天时间里,共吸引82万人次参观、参与,近6000万人次在线观看了博览会各项活动。此次博览会对于传承弘扬中华优秀传统文化,践行"见人见物见生活"的非遗保护理念具有重要意义。

文化和旅游部、教育部、人力资源社会保障部联合印发《中国非物质文化遗产传承人群研修研习培训计划实施方案(2018—2020)》

4月26日,文化和旅游部、教育部、人力资源社会保障部联合印发《中国非物质文化遗产传承人群研修研习培训计划实施方案(2018—2020)》。该实施方案对于帮助非遗传承人群强基础、拓眼界、增学养,增强文化自信,提高专业技术能力和可持续发展能力,提升非遗保护传承水平,丰富参与院校的学术和科研积累,完善相关学科体系建设,将发挥重要作用。

《国家级文化生态保护区管理办法》制定颁布

12月10日,文化和旅游部出台了《国家级文化生态保护区管理办法》(文化和旅游部令第1号)。该办法将于2019年3月1日起正式施行。设立文化生态保护区,整体保护非遗及其孕育发展的人文生态环境,是我国独具特色的非遗保护制度。

印发《关于大力振兴贫困地区传统工艺助力精准扶贫的通知》《关于支持设立非遗扶贫就业工坊的通知》,全面推进"非遗+扶贫"工作

6月27日、7月11日,文化和旅游部、国务院扶贫办连续印发《关于大力振兴贫困地区传统工艺助力精准扶贫的通知》和《关于支持设立非遗扶贫就业工坊的通知》。"非遗+扶贫"工作的全面推进,对于充分发挥传统工艺在促进居家就业、增加群众收入等方面的独特优势和带动作用,贯彻落实党中央关于深度贫困地区脱贫攻坚的总体部署将发挥积极作用。

(微信公众号"非遗传承人群研培计划"2019年1月13日发布)

索 引

A

安德明　31，32，37，43，81，108，115，420，554，642，703—705，714，719，726

B

巴莫曲布嫫　32，54，99，103，113，137，420，440，441，445，534，555，692，702，705，727

《保护非物质文化遗产公约》　25，27，83—85，89，115，418，421，422，483，618，701，702，705，710，731

布洛陀　130，140，141，143，293，518—525，561，562

巴·布林贝赫　135，559

变迁　39，68，80，83，86，97，101，102，106，126，130，144，149，168，173，177，180—183，203，206，214，216—218，221，224，225，227，228，230—234，240，242，245，250，252—255，261，263—265，271，272，277，281，282，288—290，298，301，302，305—309，311，317—320，322，325—327，329—333，336，338，340，342，344，350，352，355—357，384，388—390，398，480，493，496，500，503，504，508，509，518，543，566，573，575，576，578，583，588，592，594，602，604，605，609，610，644，649，650，721—723

表演　25，27，28，46，65，69，76，82，94，95，97，108，125，126，134，138，139，142，144，158，169，174，178，179，181—183，187，191，200，203—205，208，223，239，256，264，272，324，327，346，348，349，354，388，409，414，443，466，478，484，530，562，569，572，573，582，583，586，595—597，617，618，620，622，624，649，699，702，708，709，715，725

C

传统工艺　9，16，21，25—28，61，64，65，71，72，74，76，77，87—89，118，202，203，216，577，579，580，733—735

朝戈金　31，32，34，37，51—59，81，135，137，449，559，613，617，632，690，704—706，708，714—717，724，730—732

陈泳超　31，32，68，99，105，108，121，145，361，424，447，700，703，712—714

春节　69，77，150，257—259，261—263，265—270，272—274，324，346，394，442，506，508，581，596，603，620，640，702，703

长辛店　151，384—387，563

传说动力学　145，447，452，455

传统婚礼　232—235，322，480—486，488，489

村落　7，19，32，60，61，68，72，76，

索　引

106，110，130，201，209，212，226，231，254，255，271，289，293，295，299，306，308，318，320，325，340，347，357，377，385，491—493，553，572，577，579—581，583，592—594，597，600，603，604，607，610，622—625，634—636，664，678，688，702，703，716—719，722

传统节日　21，176，190，218，257—275，293，324，337，346，500—509，518，525，584，596，597，620，631，640，641，709，723

传说　35，48，68，82，86，95，99，100，105，108，110，121，123，128—134，138，140，145—159，162，168，170，171，180，195，196，199，207，238，250，257，259，315，324，325，329，341，342，346，348，350，351，364，366，367，369—375，384，385，387—389，417，425—427，432，443，447—456，464，469，473，499，520，522，525，536，540，557，558，562—567，569，573，606，615，616，638，647，666，669，682，683，701，703，706，712，719—721，723—727

传统　7，10，14，25，27，28，36，38，40，43，45，48，52—61，64—69，71—73，76，77，79，81—83，86，87，89，94，96，97，99—106，108，113，115，117，119，121，123—125，127，130，131，133—135，137—140，142，143，145，147，152，160，161，165—170，173，174，176，177，179，180，182—185，187，190—194，196—198，201—204，206，208，209，212—217，219—227，230，233—244，246，248—251，253—256，258—260，262—266，269—272，274，275，277，279，281—284，287—290，299—323，325，327—330，332，333，335—341，344，346—

357，361，364，366，368，370，371，375—380，389—391，394，395，397—401，409，411，414—418，420，421，424—426，433，438，440—442，449，458，468，469，472，473，475，477—489，496，498，500，502—508，510，512—517，519，524，527，528，534，537，539，541—543，545，553—556，559—562，564—570，572—579，581—589，591，593—609，613—620，622—624，628—636，641—650，655，659，660，662，669，682，684，691，693，694，701—703，705，706，708，709，712，716—719，721—724，726—728，730，731

朝圣旅游　300，600

传统文化　7，16，18，19，21，23—27，30，31，43，60，61，64，65，67，73，76，80—82，85，86，89，100，105，120，130，133，141，143，144，165，195，206，217，222，225—227，235，243，250，253，257，259，265，266，268，269，271，274，281，283—285，295，298，300，310，311，319，320，323—326，329，330，334—337，339，341，345，347，349，351，353，366，376，397，399，400，413—416，420—423，480，482，485，486，488，500—506，508，509，516，527，531，542，553，567，573，581，589，598，600，601，604，606，607，610，613—616，618，620，622，630，632，633，635，636，642，645，647，649，650，693，699，701—703，705，706，709，711—713，717—719，722，726—729，733—735

陈连山　32，126，260，426，626，711，718，724

传承　7，16，18—21，23—29，35，36，44，48，56，60—68，71—73，75—82，

85, 86, 96, 100—102, 104, 113, 115, 117, 122, 125, 132, 133, 135, 137—139, 141—144, 148, 151, 156, 162, 164, 168, 170, 176, 178—181, 183—185, 187, 188, 190, 191, 193, 195, 199, 202, 208, 212, 213, 216, 217, 219—221, 223, 226, 234—236, 240—243, 245, 248—251, 253, 257, 261—266, 268—271, 274—277, 281—283, 287—291, 293, 294, 296, 298—300, 302—312, 315, 318, 320, 321, 323, 325—328, 330, 331, 333—341, 343, 346, 348—350, 352, 354—357, 364, 367, 370, 371, 376, 378—380, 393, 395—400, 414, 418, 419, 423, 440, 443, 444, 446, 461, 462, 480, 482, 483, 486, 490, 492, 493, 495, 500—514, 516—518, 521, 524, 525, 529, 548, 554—556, 561—563, 565, 570, 573, 574, 576, 579, 581—583, 585—591, 595, 597—607, 609, 613, 614, 618, 624, 629—636, 640, 642—645, 647—650, 662, 663, 685, 686, 692—694, 699—707, 710—713, 716—723, 726—729, 732—735

城市化 251, 289, 590, 600, 603, 631, 635, 641, 642, 649, 716

D

多元认同 541, 542

大禹神话 127, 713, 721

都市化 584, 596, 627, 707, 708, 721, 722

都市民俗学 97, 227, 245, 493, 583, 587, 722, 723, 725

地方 5, 7, 10, 13—15, 19, 24, 29, 34, 35, 44, 46, 47, 56, 61, 62, 68, 74, 79, 81, 89, 113, 129, 145, 147—150, 152, 154, 156, 164, 167, 171, 175, 178, 181, 184, 187, 189, 195, 203, 205, 207, 214—217, 220, 221, 244, 246—248, 250—255, 258, 259, 264, 270—272, 274, 293, 295, 300, 311, 312, 320, 335, 337, 340, 343, 346, 370, 372, 374, 377, 385, 389, 393, 406, 408—412, 447—455, 474, 480, 482—486, 489, 492, 494, 498, 501, 504, 506, 507, 511—516, 519, 522, 524, 537, 539, 540, 542—545, 554, 558, 563, 565, 567, 568, 571—574, 576, 577, 580, 581, 584—586, 588—595, 597, 601, 604, 608, 614—616, 621, 622, 624, 625, 629, 633, 634, 642, 643, 649, 650, 667, 686, 691—693, 709, 718—720, 723, 725, 728, 731, 734, 735

E

二十四节气 35, 69, 84, 85, 190, 518, 576, 620, 642, 643, 699, 701, 702, 704, 708, 710, 711

儿童游戏 280, 282, 283, 512, 514, 598

F

非物质文化遗产 16, 18—21, 23, 24, 29, 31, 36, 37, 51, 52, 56, 59—61, 65—68, 71—87, 89, 93, 115, 117, 118, 156, 212, 217, 221, 250, 265, 287, 299, 303—305, 311, 319, 320, 327, 331, 333—341, 347, 350, 353, 354, 367, 371, 375—379, 392, 413, 418—420, 422, 423, 484, 485, 507, 518—520, 522—524, 535, 553, 554, 574, 578, 579, 581, 587, 601, 603, 605, 606, 614, 617—619, 633, 634, 637, 642, 649, 682, 693, 703, 705—707, 710, 711, 714—716, 718, 721, 724—735

非遗传承人 13, 24, 29, 64, 67, 74, 87, 106, 117, 212, 334, 601, 634,

索　引

635，723，731，733，735
非遗代表作名录　35，63，376，642
非遗进校园　85，86，635
非遗旅游　300，601
非物质文化遗产保护　19—21，23，31，32，35—37，56，60，67，68，71—76，78—86，106，116，183，257，316，333，334，336，338，392，408，413，419，421，423，484，518，554，563，564，619，622，639，649，693，699，702，705，708，709，713，714，718，719，726，727，729—732，734

G

《格萨尔》　53，55，103，136，138，140—144，562
顾颉刚　66，108，171，187，188，249，361—365，367，425，428，432—434，437，438，447，490，494，495，498，564，569，575，590，666，667，671，672，674
故事类型　152，160，164，165，167，462，468，474，566，568—570，647
国家话语　69，211，223，263，518，577，637—639
歌谣运动　68，107，186—188，190，192，194，199，377，575，724

H

活态文化保护　608
寒食节　260，261，268，273，324，595，626—629
黄景春　32，380，702，712，713，721，723，725

J

《江格尔》　51，53，55，56，58，59，138，142，143，442，445，559，560，705，706
见人见物见生活　16，18，25，60，64，73，78，80，634，735
文化扶贫　599
集体记忆　144，145，152，153，156，181，304，331，345，463，499，562，589，594，604，606，718
节日民俗　261，269，271，276，324，506，597，641
祭祀　61，69，128—130，132，133，144，148，150，156，179，195，225，234，240—244，246，251，254，255，264，267，272，274，287，288，317，321，324—329，346，400，426，441—446，464，483，494，495，501，504，522，523，525，565，585—589，591，592，594，595，599，606，607，610，622，624，626，628—631，688，720
江绍原　488，666—668，670—672

K

口头性　47，48，55，414
口头文学理论　51
口头传统　48，51—55，59，83，94，95，104，113，114，135—138，144，170，207，222，224，388，443，540，553—555，560，617，620，690—692，695，705，715，716，725，731
口头讲述　148，164，511，647
口头程式理论　55，98，559，691，693—695

L

联合国教科文组织　35—37，52，56，63，65，71，78，79，81，83—85，116，376，379，413，417，420，534，617—620，642，692，693，701，706，708，710，711，715，716，726，727，729—731，733，734
吕蒂　158，159
旅游民俗　292，296，301，391，600
刘锡诚　100，200，366—374，666

历史民俗学　98，107，235，246，480，490，493，495，497，499

劳作模式　106，209，553，577，718

历史记忆　144，151—154，241，321，331，349，515，539，542，563，564，566，592，606，607，709

礼俗互动　110，237，238，244，480，481，587，591，593

林继富　32，101—103，105，634，700，702，719，721

岭南民俗学派　687，689

M

毛巧晖　32，66，96，99，100，103，110，156，165，263，293，518，564，567，593，637，702，712，719

民俗学　31，32，34—40，43，46，51—54，56—58，66—69，93—100，102—111，113，114，118—120，130，133，145，159—161，171，179，180，185—187，191，196，199，200，214，218—222，224，225，227，230，239，243，245，246，249，250，256，257，259，275，277，281，290，294，300，301，303，304，329，331，345，349，361—366，377，378，380，381，387，390—396，405—412，461，462，479，480，490—499，506，518，553，555—558，560，571，574，579，580，583，584，587，590，600，636，653—658，660—665，667，669，671，672，674，680—690，692，693，699，707，709，710，713—719，721—726，729—732

民间文学　32，34，36，43—50，68，69，78，82，93—95，97，99，100，107—110，114，117，132，137，145，148，159，161，163，171，172，176，177，185—188，192，196，198，199，337，340，350，365，367—371，374—377，387—391，413—417，419—422，426，429，448，449，457，464，560，569，571，577，637—639，647，648，666，667，680—682，684，685，688，689，692，695，699—701，703，704，707，714，718，719，723—726，730，731

民族主义　43，370，424

《玛纳斯》　53，55，103，139，140，142，143，163，376，442，560，561，705，706，711，712

民俗认同　100—102，153，555，573，615，616

民间歌谣　82，147，189—191，193，197，351，368，369，387，388，575，577，701

民间艺术　32，178，181，200—205，208，211—213，223，244，338，347—350，375—378，475，479，578，587，595，684，694，695，699，710，731

民间游戏　277，281—287，289—291，510—517，598

民俗旅游　292—298，300，301，600，601

民俗体育　289，293，294，302—315，600，603—605，607

民间文艺学　100，109，158，159，366—370，390，391，396，397，637—639，667，674，685，713

民间故事价值　160

民俗志　67，105—107，129，163，357，391—393，395，405—410，498，553，557

蒙古英雄史诗　135，136，138，559

民间信仰　32，95，110，111，123，130，134，144，146，148，149，179，180，210，227，242，245，248，250，254，258，292，295，299，325，341，344，355，356，382，440，443，446，563，573，585，586，589，590，592，609，622，703，704，720，726

母题　48，58，95，96，113，120，125，127，129，130，133，135，140，144，

146，154，156，158，159，161—166，171，202，211，431，434，437，453，462，521，559，564，565，568，644，645，690，692，712，720

民间故事　46，48，82，96，108—110，129，146，155，158—172，207，232，319，348，366，368，371—373，387，388，429，450，455，457—460，462—464，468，516，557，567—571，584，616，636，638，648，666，680，682，701，720，721

庙会　128，149，225，246，249—251，254，256，268，300，466，589—592，594，606，622—625，702，703，709，720，721

民俗主义　300，301，601，725

民族记忆　268，647

《民俗》　66，363，365，494，674，689，725

孟姜女传说　362

《民俗研究》　439，509，517，553，557，563，564，566，568，570，572，573，579，580，582，584，588，590，592，593，596，665

《民间文化论坛》　380，396，499，555，557，566，570—572，574，581

《民族艺术》　412，446，456，479，556，560，561，569，573，577—579，581，582，594，595

N

年画　77，85，200—202，208，210，212，378，578，667，695

Q

漆凌云　96，110，158，164，171

清明节　257，258，260，267，268，274，508，626—631，641，705

R

日常生活　66，73，93，96—98，101，102，104，106，113，128，146，179，193，205，206，208，211，214，218，221，223，224，227，241，250，262，281，285，305，316—319，323，330，345，347，350，374，386，398—400，407，409，450，460，464，465，468，478，480—482，484，487，503，508—510，515，524，533，553，555，556，561，578—580，583—586，592，594，596，597，605，609，613，615，622，632，642，643，647，648，663，686，695，701，704，718—723，725，726

人生仪礼　32，218，225，226，228，230，243，245，258，322，441，620

人类命运共同体　81，531，533，547—549，554

S

俗文学　44，46—49，108，176，478，703

神话　45，67，82，95，96，99，100，103，105，110，120—134，138，140，148，153—156，158，159，161，168，211，222，326，329，341，348，350，351，366—375，387—389，406，424—434，436—439，449，450，452，461，464，521，522，525，536，557—559，562，570，572，610，638，639，644—646，648，671，680—682，701，703，706，712，713，721，724，726，727

史诗　45，51—56，58，59，82，94，103，126，135—144，155，163，222，223，330，350，353，368，369，373，375，376，388，425，431，440—446，537，554，559—563，582，620，690—695，701，705—708，711，712，715，726，727

少数民族口头文学　51，694，715

实践民俗学　66，93，96—98，719，725，726

施爱东　31，32，68，99，116，151，366，384，413，494，563，687，720

神奇记忆　114，146，566

社会组织　8，26，62，230，246，249，251，254—256，258，323，325，338，347，490，492，507，592，597，613，618，632，663，664，688

丝绸之路　79，84，99，137，161，163，218，378，527，528，534—539，544—549，564，567，568，580，583，617—620

社区主义　115，116，554，725

社区　8，24，27，35，54，56，58，66，73，81，83，94，108，115—118，150，203，233，240，248，250，254，255，282，297，305，308，320，333，337，343，356，385，388—390，413，414，416，417，419，423，443，503，508，541，542，544，547，554，569，574，577，582，583，586，590，603，605，608，617—619，623，625，634—636，642，654，655，659，664，665，669—671，694，701，702，707—710，717，725—728，731

生活叙事　97，556，593

神话主义　98，120，124，558

手工艺　80，81，83，112，201—203，208—212，216，219，304，316，376，535，539，543，577—579，604，617，620，723，734

身体　78，98，104，106，110，114，128，139，158，169，193，215，222，264，279，284，286，304，326，345，347，392，399，510，512—514，579，582，586，594，598，603，606，623，726

孙末楠　653，655—664

史诗学　54，103，690，691，693，694，707

三大史诗　55，693，705—707

社会　3—16，18，20，21，23—25，28，29，31，32，34—39，43，47，49，51，53，54，57，60—63，66—69，71，76—78，80—83，85，86，89，93—97，100，104—107，109，111，113，115，116，118—122，124—127，131—133，135，142，143，146，152，156，159，161—168，170，175，178—184，187，190，191，193—197，199，201，203—206，208，209，212—224，226—238，240—258，260—265，267—269，271，272，275，277—283，285，288—291，295，298，299，302，304—316，318—328，330—333，335—340，342，344—352，354—357，365—372，375—380，384，387—401，405—408，414，415，417，419—423，426，427，429，432，434，440，443，445，446，448—450，452，454，472，473，475，476，478—484，486—488，490—498，500—510，512—514，516—522，524，526—528，530，533—540，542—549，553—557，559，560，566—569，571，573—597，599—607，610，613—625，629—639，641，642，645—648，650，653—658，660—664，666，669—675，681，682，684，685，688，690，692—694，696，700—703，705—709，711—728，730—735

生活文化　46，66，97，104，320，331，345，393—395，487，510，517，556，663，708，722，723

T

田野研究　54，440，441，555，557，561，707

童话　46，108，158，159，166，171，569，638，647

图像 103，104，122—125，130，139，161，180，194，195，206，207，210，214，222—224，321，377，520，540，553，554，567，572，581，582，587，594

W

文化生态保护区 16，18—21，60—63，73—75，80，735

文化和旅游部 16—25，27，29—31，71—75，77—80，84，294，301，635，707，710，726，727，730，732—735

文化行政部门 25，28，29，62，63

万建中 31，32，100，107，109，152，186，190，263，405，457，574，596，622，702，714

文化建设 4，5，7，8，20，31，34—36，39，66—69，72，79，105，118，156，201，262，305，312，339，397，398，540，542，547，586，605，613，621，632，635，641，714，722

文旅融合 71—73，80

文化自愈机制 100—102，553

文化认同 67，102，145，152，153，156，157，164，181，195，206，219，237，241，251，263，266，304，305，351，423，451，503，506，515，516，522，528，529，535，542，543，563，568，601，604，617—619，638，647，650，703，706，711，720，723

文化展示 293，295，518，524，525，564，709，712

武术 281，303，307，314，349，526—533，604，606，607，624，705

文化多样性 72，81，84，85，115，117，122，163，376，418，425，534，538—540，543—546，548，549，554，555，617，619—621，634，726—728，732

文本 37，51—55，57，58，68，69，81，94—96，104，108—110，114，117，121，122，127—133，136—144，146—148，151—154，156，157，159—163，165，166，168，174—176，192，194，195，197，199，200，207，208，220，222，223，227，242，245，326，329，332，344，350，352，353，355，365，377，381—383，388—390，405—409，412，425，432，441，443—449，451，452，455，457—462，464，465，468，473，479，481，482，521，522，553—556，560—568，570，572，582，588，610，614—616，633，634，637，647，701，703，704，706，708，716，720，725

文化景观 101，296，336，564，709，712

文化遗产 7，20，24，56，60，61，66，67，72，73，84，115，212，213，319，335—337，355，356，367，375—377，379，417—420，519，524，528，540，542，543，545，576，577，579，581，582，595，617—621，631，638，639，642，650，686，687，703，705，708，715，717—719，722，728，731，735

乌丙安 32，111，457，683—686，699，700

物质民俗 214，224，258，316，318，345

X

乡村振兴 3—16，21，61，67—69，82，83，87，88，118，201，283，306，329，602，604，624，703，717，718，729—731

现代性 123，127，199，203，204，208，216，244，248，262，290，315，325，478，489，543，555—557，579，580，583，593，596，599，639，716

信仰惯习 245，586，587

乡土宗教 110，249，583，590，606，607

萧放 31，32，66，98，226，241，275，503，702，718，725

学科建设　31，32，34，37—39，68，109，131，302，315，391，397，499，653，682，683，694，710，713，714，725

香文化　35—37，222，581，582，729

Y

一带一路　6，67，82，93，99，118，136，141，307，309，315，357，526—529，531，532，534，535，547—549，564，617—621，706，711，729—731

岳永逸　66，97，107，108，110，171，187，188，227，249，254，268，569，575，583，590，592，597，653，669

语境　44，46，47，51，54，55，57，68，94，95，103，104，107，110，121，123—128，130，131，136，139，141，153，177，180，183，190，192，197，201，202，209—212，215，223，233，235，265，302，327，329，332，339，352，370，379，387—390，409，419，421，440—446，448，449，452，456，458，460，465，468，469，478—480，482—486，489，500，504，506，511，518，519，523，524，528，541，547—549，553—555，560，561，576—578，602，604，608，610，620，638，639，644，658，704，706，707，709，713，718，719，726

仪式　88，103，123，125，127—129，133，134，138，143，144，149，150，153，156，166，174，176，180，181，195，206，207，209，210，220—242，244，245，248—251，254，255，260，262，263，266，267，270，272，273，287，300，304，318，319，321—329，337，339，346，349，353，374，377，379—382，400，408，411，441—445，447，449，453，454，481—486，495，501—504，506，524，554，561，562，565，570，572，573，582—587，589—594，596，597，599，604，606，607，609，615，617，623，626，629—631，658，662，703—705，708—710，723，725—727

遗产化　83，101，116，263，339，593，731

燕京大学　108，110，171，187，188，199，249，569，575，653，654，660，664，669

杨堃　108，654，656，664，669—673

叶春生　687

叶涛　31，32，408，703，705，714

Z

《中华人民共和国非物质文化遗产法》　16，18，25，27，63，75，85，117，422，423，507，578

中国民俗学会　31，32，34，36，38—40，52，68，93，642，666，674，680，685，687，693，701，704，705，707，708，710，711，714，717，718，720，729，730

郑振铎　43—50，52，108，367，478，726

中国现代民俗学　51，362—365，557，687

周星　66，98，112，214，218，232，580，584

藏医药浴法　71，83，726—728，733，734

张举文　100—102，112，113，159，553，555，615

《钟敬文全集》　109，396，397

中秋节　86，257，258，261，264，272，274，324，500—508，640，641

宗教　9，36，103，111，112，123，126—130，132—134，144，151，156，161，179，217，220—224，236，238，239，242，245，249—251，256，258，269，274，287，288，295，316，317，319—323，325—328，331，334，341—344，346，350，351，353，354，356，

357，366，381—384，386，387，391，399—401，442，445，455，468，501，504，538，540—544，546，568，573，581，583，584，586，587，589，590，592，599，609，622—624，630，653，664，666，669，686，692，694，714，718，723

族群认同　144，152，237，245，255，268，304，305，323，327，331—333，566，582，604，606，607，610

族谱　153，247，248，332，341，610

中华神话　644，645

钟敬文　44，47，48，51，57，105，109，155，171，172，192，362—365，367，387，391，393，395—397，408，457，501，564，569，637，666，674—681，684，685，687，717

张振犁　680—682

《中国民间文学大系》　82，700

中国非遗年度人物　732，733

中原神话研究　681